图书在版编目(CIP)数据

扬州市维扬区志. 1989—2011/扬州市邗江区地方志编纂委员会编. —北京:方志出版社,2017.10
ISBN 978-7-5144-2331-0

Ⅰ. ①扬… Ⅱ. ①扬… Ⅲ. ①区(城市)—地方志—扬州—1989—2011 Ⅳ. ①K295.33

中国版本图书馆 CIP 数据核字(2016)第 324317 号

扬州市维扬区志(1989—2011)

编　　者:扬州市邗江区地方志编纂委员会
责任编辑:李 静

出 版 人:冀祥德
出 版 者:方志出版社
　　　　　地址　北京市朝阳区潘家园东里 9 号(国家方志馆 4 层)
　　　　　邮编　100021
　　　　　网址　http://www.fzph.org
发　　行　方志出版社图书经销中心
　　　　　电话(010)67110500
经　　销:各地新华书店
印　　刷:扬州邗城数码印艺有限公司

开　　本:889×1194　1/16
印　　张:58.5
字　　数:1651 千字
版　　次:2017 年 10 月第 1 版　　2017 年 10 月第 1 次印刷
印　　数:0001～2000 册

ISBN 978-7-5144-2331-0　　　　定　　价:280.00 元

城 乡 建 设

CHENGXIANGJIANSHE

扬州火车站

漕河春色

维扬广场

扬州工业博物馆

古运河南巡御道碑亭

平山堂路风光带

御马头

甘泉街道双塘村董庄组一景

文昌西路街景

友谊广场

双桥街道鸟瞰

西湖镇台农农庄

建松大厦

御 园

海德庄园

经济建设

JINGJIJIANSHE

省级开发区——维扬经济开发区挂牌

维扬经济开发区远眺

维扬经济开发区创业园

2007年3月26日，扬州公铁水物流集聚区举行中美合资·扬州波特物流仓储有限公司奠基典礼

江扬电缆

江苏牛牌集团

扬州铭辉数控机床有限公司

扬杰电力光伏电站

2009年3月，江苏通宇钢管集团生产的螺旋缝埋弧焊管，成功用于中亚天然气管道项目

扬州美迪集团

扬州三布厂

2007年5月18日，第二届中国扬州毛绒玩具礼品节暨毛绒玩具礼品博览会在五亭龙国际玩具礼品城开幕

2007年6月，位于扬子江北路与念四桥路交叉口东北侧，集购物、娱乐、休闲等功能于一体的德豪·瘦西湖新天地开业

2009年6月18日，位于扬子江北路与四望亭路交叉口东北侧，集购物、休闲、娱乐、餐饮于一体的大型综合性商业中心——嘉信茂广场开业

2007年7月，位于扬子江北路与秋雨路交叉口西北侧的时代超级购物中心开业

2008年10月18日，地处维扬经济开发区内的扬州国际汽车城举行启动仪式

平山采茶

被征地农民基本生活保障卡首发仪式

维扬区财政涉农补贴“一折通”发放仪式

社区居民为子弟兵送粽子

区政协医卫界委员送医进社区

春节前夕，公安民警向市民送祝福和治安宣传资料

双桥街道“红马甲”义工队为四川灾区捐款

梅岭小学西校区奠基

祥和的社区生活

西湖镇金槐村农民拆迁安置住宅小区一角

梅岭街道锦旺社区

2008年8月，城北乡瓦窑村村民广场建成使用

2006年10月16日，市民喜庆扬州市获联合国最佳人居奖

农民拆迁集中安置小区——西湖花园

2008年9月7日，翠岗社区举办花卉比赛

2008年，维扬区率先在扬州市完善城乡社区（村）卫生服务网络，建立健全药品零差价等惠民措施

2008年5月2日，“市民日”活动在维扬广场举行

2006年8月7日，夕阳红戏迷大联欢在双桥社区举行

2009年9月18日，维扬区“庆祝新中国成立60周年”诗歌朗诵大赛在梅岭小学西校区举行，区内12支代表队200多名选手参加

2007年7月1日，维扬区党员志愿者红马甲服务部组建暨“党员义务奉献月”活动启动仪式在双桥街道武塘社区广场举行

甘泉街道双塘村农家书屋成为村民学习的好去处，2008年该书屋被评为省百佳农家书屋

孩子们展示自己的书画作品

街头巡游表演展示民俗文化风情

社区举办端午民俗文娱表演

2007年10月，维扬区首届体育运动会田径比赛在扬州体育场举行

2008年6月19日，蜀冈西峰村民开展一年一度的民俗文艺表演

孝行天下——感恩励志教育现场会

风景名胜

FENGJINGMINGSHENG

平山堂

万花园

邗沟故道

邗沟大王庙

双峰云栈

扬州革命烈士陵园

蜀冈西峰生态公园

石壁流淙

陈园石舫

甘泉山

冶 春

竹西公园

史公祠

宋夹城

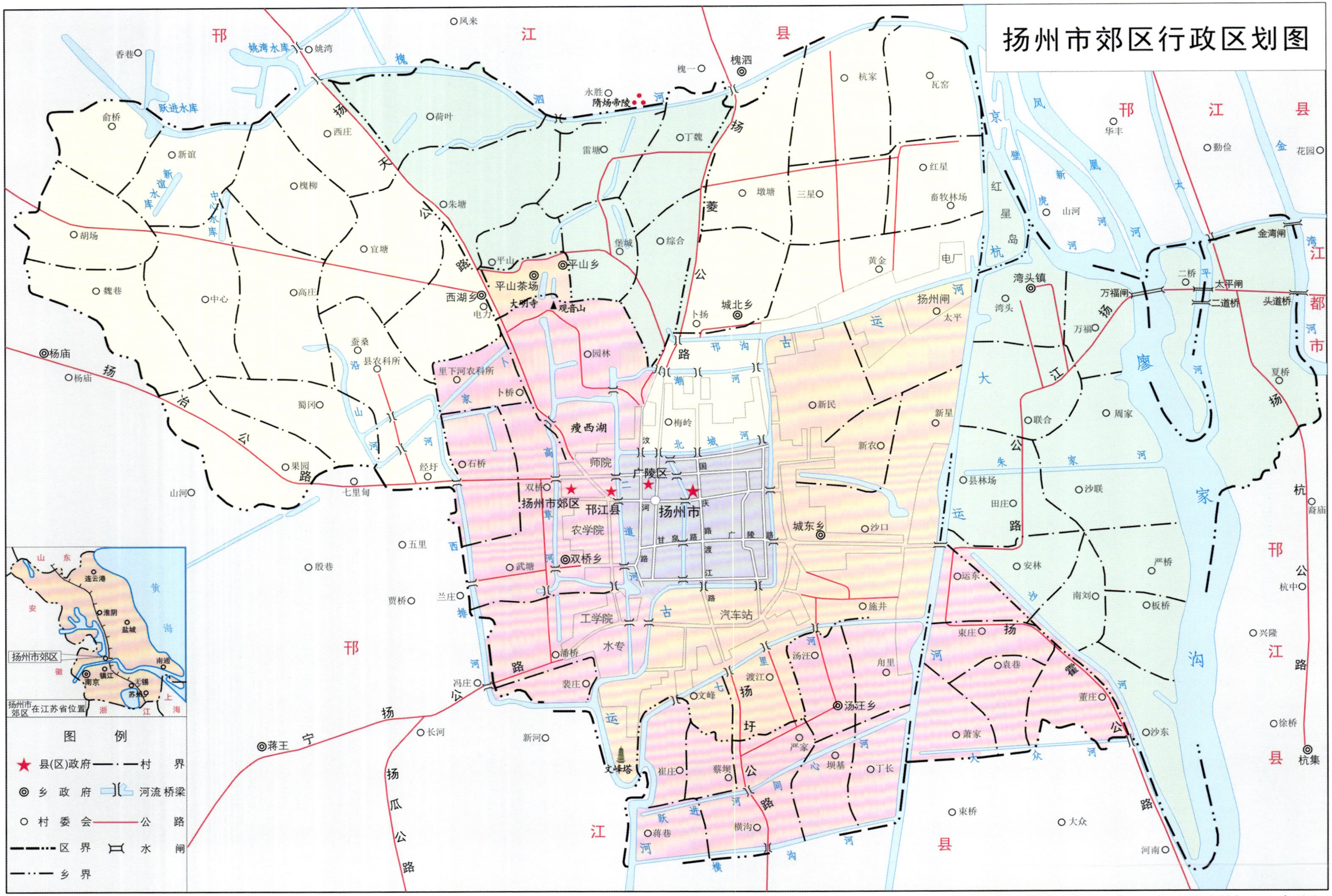

摘自《扬州市郊区志》 方志出版社1996年版

2002年维扬区政区图

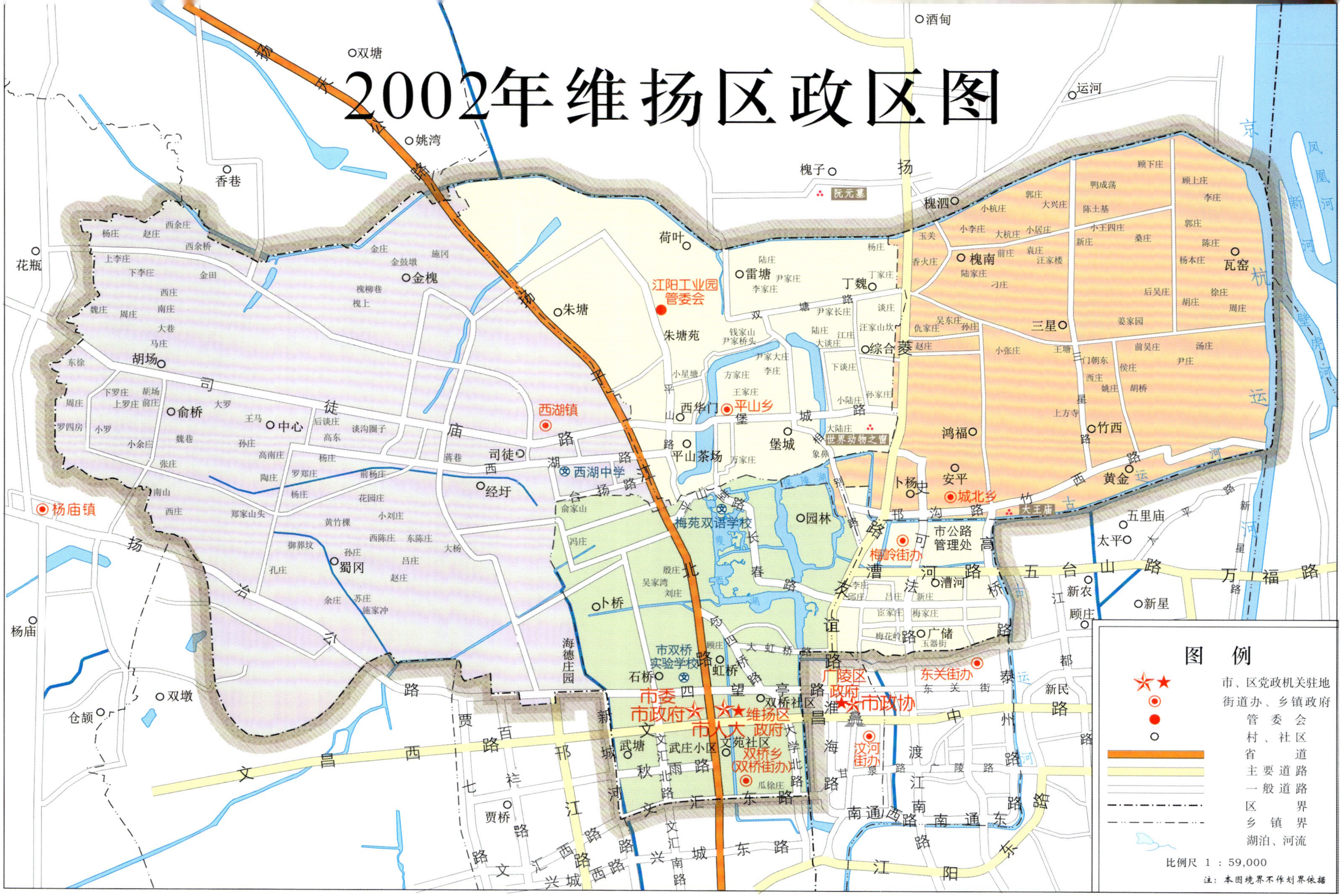

江苏易图地理信息科技股份有限公司　　编制

地图审查编号：苏K（2017）008号

2011年维扬区政区图

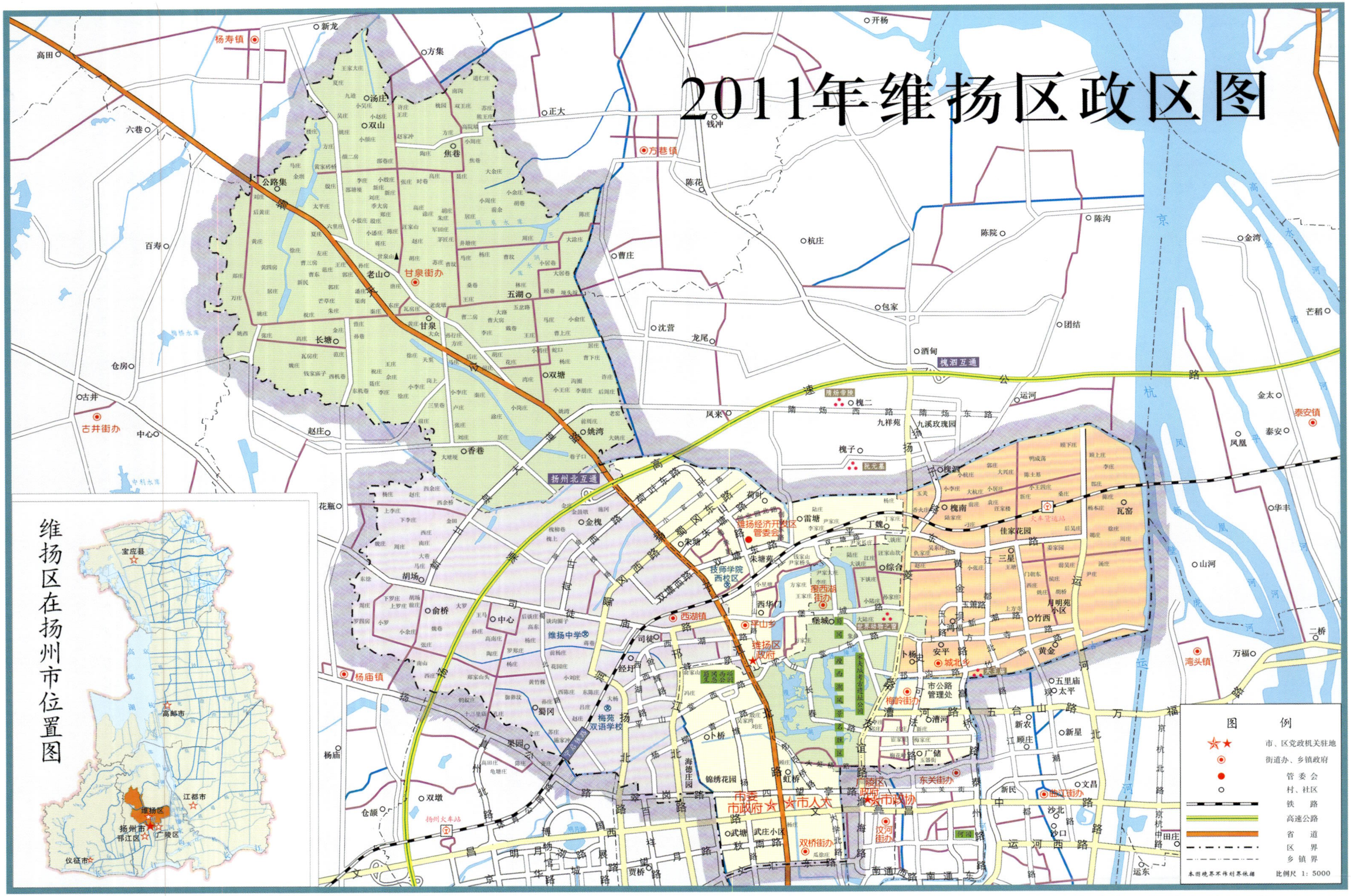

江苏易图地理信息科技股份有限公司　编制　　审图号：苏K(2016)003号

序

1983年，扬州市郊区建立；2002年，扬州市郊区更名为扬州市维扬区；2011年底，维扬区撤销，整体并入邗江区。本着对历史负责的态度，邗江区义不容辞地承担起续修维扬区志的重任。呈现在读者面前的《扬州市维扬区志（1989～2011）》为维扬区历史编修划上圆满句号。该志与1996年出版的《扬州市郊区志》相衔接，完整记录了郊区、维扬区的发展历程。

该志记载的断限是1989～2011年。历经22年的艰苦奋斗和改革开放，维扬区产业结构从以农业为主，发展成为以工业、商贸业为主的格局，区域特点从原来的郊区逐步融入到城市，并成为扬州主城区的重要组成部分。2006年，维扬区被中国轻工业联合会授予“中国毛绒礼品玩具之都”称号；2009年，被民政部授予“全国和谐社区建设示范城区”称号。22年间，地区生产总值从2.44亿元增加到167.38亿元，财政总收入从1946万元增加到32.37亿元，农民人均纯收入从784元增加到1.54万元，城镇居民人均可支配收入从986元增加到2.48万元。透过志书的记述，我们分明感到，维扬区域的形象呈现出古代文化与现代文明相融合、历史传承与时代精神相辉映的风采。

该志是在维扬区撤并之后重新启动编纂的。为不折不扣完成省、市政府下达的二轮志书编纂任务，编纂班子克服区划调整后机构撤并、人员分流、资料不全等不利因素，在5年多的时间里，多方走访调查、查阅搜集，六易其稿。省、市方志领导和专家多次莅临指导和审稿，组织评审和验收。在此，我们谨代表中共邗江区委、邗江区人民政府，向编纂班子成员以及方志部门的领导和专家表示崇高的敬意和衷心的感谢！

维扬区作为行政区虽然退出历史舞台，但该志却全方位地记述了维扬区的发展历史，为后世留下了堪存堪鉴的文献资料，这对新邗江的发展无疑是一笔宝贵的文化财富。编史修志，重在致用。诚挚地希望全区上下通过阅读这部志书，从中吸取历史的智慧，体味悠远的乡愁，在了解去过的同时，把握现在，开创未来。

2017年8月21日

（张耀武：中共扬州市邗江区委书记　钱峰：中共扬州市邗江区委副书记，区人民政府区长）

凡　例

一、本志以马克思列宁主义、毛泽东思想、邓小平理论和“三个代表”重要思想为指导，贯彻落实科学发展观，全面、系统、客观地记述断限内维扬的自然、政治、经济、文化和社会的历史与现状，力求达到思想性、科学性和资料性的统一，突出时代特征和地方特点。

二、本志是1996年出版的《扬州市郊区志》的续志。上限为1989年，以与前志相衔接。为保持事物发展的连续性和完整性，部分内容视情适当上溯，前志缺载事物记自发端。下限至2011年。志中所称“现”“今”指2011年。

三、本志记述的地域范围为2011年扬州市维扬区域范围。2002年1月扬州市区区划调整，划出湾头、汤汪、城东3个乡镇，划出的区域在此以后不列入记述范围。1989年至2001年，全区性统计数据包含划出的区域，未予剥离。

四、本志采用编章节体式结构。志首列图照、序言、凡例、目录，总述、大事记与专志各篇为一级并列，志末置附录、索引和编后记。专志按自然、经济、政治、文化、社会和人物六大部类排序，设编、章、节、目四个基本层次，必要时设子目。编首设无题概述，章下设无题述，但不求一律。

五、本志采用述、记、志、传、图、表、录诸体裁，以志体为主。大事记以编年体为主，辅以纪事本末体。随文表、图、照的阿拉伯数字编号，第一个数字为编，第二个数字为章，第三个数字为所在章中的序号。

六、本志人物篇由传略、简介和表录组成。人物传略坚持“生不立传”原则，并收录前志应收而未收的人物。立传人物以本籍为主，兼收对维扬经济社会发展做出重大贡献的客籍人物。排列先后以卒年为序。人物简介扼要记载国家级劳模和先进工作者，国务院特殊津贴享受者和中小学特级教师，有突出贡献的或影响较大的名人、专家、学者以及曾经担任区四套班子主要领导。人物表录辑录市级以上劳动模范和省级以上先进人物、高级专业技术职务人员、在外乡贤、能工巧匠、百岁老人、烈士英模等。

七、本志采用规范的语体文、记述体。除引用原文外，均以第三人称记述。

八、本志纪年，清代及清代以前，采用朝代纪年括注公元纪年；民国纪年，在同一段落中首次出现时，括注公元纪年，其后不加括注；中华人民共和国成立后，采用公元纪年。志中所使用的年代，凡未注明世纪的，均指20世纪的年代。

九、本志原则上使用法定计量单位，个别单位按习惯，仍沿用原市制。

十、本志人名，除引文及为反映某一历史事实必要冠以职务外，一律直书姓名。本区地名以市地名管理部门命名认定的名称为准。涉及古地名时，括注今地名。外国的国名、地名、人名和机构、书刊等译名，均以新华社译名或专业工具书通用译名为准。组织机构、法律法规、文件、会议等专有名称在各篇首次使用时用全称，并括注简称，之后一般用简称。中国共产党江苏省委员会、江苏省人民政府分别简称“省委”“省政府”，中国共产党扬州市委员会、扬州市人民政府分别简称“市委”“市政府”，中国共产党扬州市维扬区委员会、维扬区人民政府分别简称“区委”“区政府”。对于省属、市属、区属单位名称的记述一般省去“江苏”“扬州”和“维扬”字样。乡镇街道概况各章中涉及扬州市的加“扬州”字样。

十一、本志采用的统计数据，凡列入统计部门统计的，以统计部门公布的为准。未列入统计部门统计的，采用业务主管部门提供的统计数据。

十二、本志所用资料主要由各有关部门和单位提供，部分资料为编者查阅档案、书刊及其他文献所得，一般不注明出处。

目　录

Contents

总 述

维扬区地处江苏省中部，为扬州市主城区之一。东南以运河、北城河与广陵区为界，西北与邗江区接壤。区境北部，十里蜀冈，绵延起伏，风光秀丽；南部为长江冲积平原，河网密布，阡陌纵横。宁启铁路横贯东西，京杭运河、扬子江路纵穿南北，启扬高速环区而过。铁路客货站分布区境东西两端，汽车北站紧依启扬高速扬州北出入口，公铁水联运码头沿京杭运河西岸而建。水陆交通连接大江南北；公铁运输直达四面八方。

2011年，维扬区总面积120.5平方千米，辖1个镇、2个乡、4个街道，总人口23.05万人。全区实现地区生产总值167.38亿元、财政收入32.37亿元。农民年人均纯收入15379元，城镇居民人均可支配收入24780元，均居扬州市各县(市、区)之首。2006年，被中国轻工业联合会命名为“中国毛绒玩具礼品之都”；2009年，被民政部授予“全国和谐社区建设示范城区”称号。

(一)

“维扬”之名，始见于《尚书·禹贡》“淮海惟扬州”。周敬王三十四年(前486)，吴王夫差为北上争霸，在今维扬区境北部蜀冈之上构筑邗城，城下凿邗沟，以沟通江淮。西汉时期，这里先后为吴王、江都王、广陵王国都。东汉至南北朝，一直为州、郡治所驻地。隋唐时期，维扬成为漕运、盐铁转运中心。商贾如云，是东南一大都会，有“雄富冠天下”之誉。扬州城由蜀冈之上扩建至蜀冈下的平原上，人口近百万。“十里长街市井连”“夜市千灯照碧云”“犹自笙歌彻晓闻”。此时维扬，经济繁荣，风景优美，人文荟萃，群贤毕至。“故人西辞黄鹤楼，烟花三月下扬州”“天下三分明月夜，二分无赖是扬州”“谁知竹西路，歌吹是扬州”的诗句广为流传。

元至正十七年(1357)，朱元璋兵取扬州。至正二十一年(1361)，设立维扬府，自此，维扬成为一个行政建置名称。明《嘉靖惟扬志》载，维扬“据江海之会，所统会三州七邑，为东南咽喉枢要之地”。清代，扬州分析为江都、甘泉两县，今维扬区大部分属甘泉县。民国元年(1912)，江都、甘泉两县合并，维扬全境属江都县。

1949年1月，扬州解放，设立扬州市。1951年10月，在今维扬区城北乡黄金坝集镇设立郊区人民政府，隶属扬州市管辖。1956年10月，郊区人民政府撤销，原郊区所属各乡直属扬州市管辖。1978年3月，中共扬州市委决定成立中共扬州市郊区工作委员会。1980年4月，设立扬州市郊区工作办公室，与郊区工委合署，全面负责郊区各乡的党务和行政工作。

1983年3月1日,经国务院批准,扬州市改由省管辖,同时,成立扬州市郊区区公所(县级),作为扬州市人民政府派出机构。1984年8月,经国务院批准,撤销郊区区公所,成立扬州市郊区人民政府。2002年1月,省政府决定调整扬州市区行政区划;11月,国务院决定扬州市郊区更名为扬州市维扬区。

(二)

1989～2011年的22年,维扬和全国一样,是历经风雨洗礼的22年,是发生沧桑巨变的22年,是经济社会大步前进的22年。改革、开放、发展,始终是22年的主旋律。

经济快速发展。22年间,维扬区实现从综合实力薄弱的郊区向实力全面提升的主城区的转变。1989年,以农业为主的经济底子薄、实力弱,工业企业寥若晨星,第三产业几乎是空白。如今的维扬经济产业结构明显优化,从一般加工业向先进制造业转变,高端化、规模化、品牌化不断推进;从传统商贸业向现代服务业转变,现代物流、创意设计、旅游配套的新业态加速集聚;从粮油蔬菜生产向精致高效农业转变,花卉苗木、观赏鱼养殖、生态观光,项目优势放大,效益稳步提高。风雨写春秋,拼搏铸辉煌。22年间,维扬发生翻天覆地的变化,地区生产总值从2.44亿元增加到167.38亿元;财政总收入从1946万元增加到32.37亿元;农民人均年纯收入从787元上升到15379元。2008年,维扬区在全市率先实现全面小康。

改革全面深化。1989～2011年,改革全面持续深入进行。从农业到工业,从农村到城市,从经济到社会,从经济基础到上层建筑,改革成为经济、社会发展的主动力。从1998年继续实施农村第二轮土地承包,到2001年,实施农村税费改革。2004年,维扬区在全市率先实现免征农业税。随着农业产业化的进程,农村专业合作经济组织相继建立,都市型休闲观光农业快速发展。企业管理制度改革,从经营承包责任制起步,到企业产权制度改革,全面推行股份制。环球商场成为扬州市首家公开募股的股份有限公司。产权制度的明晰,企业制度的创新,公司治理结构的完善,促进了企业发展,壮大了企业规模,理顺了企业和市场、企业和政府的关系。同时,劳动人事制度改革和行政管理体制改革不断深入进行。

对外开放不断扩大。1989～2011年,维扬实现从"小农经济"发展模式向开放型经济发展模式的转变。外向型经济从发展外贸起步,1988年成立第一家合资企业乐凯玩具有限公司,发展到2011年,全区共计成立外商及港澳台投资企业226家,实际利用外资及港澳台资18.8亿美元,全年外贸出口7亿美元。1992年邓小平南方谈话后,改革开放更是春潮涌动。同年4月,郊区经济技术建设区建设拉开帷幕。2001年,规划面积9.68平方千米的江阳工业园成立。2006年,江阳工业园晋升为省级开发区,更名为省维扬经济开发区。2008年,甘泉街道划入,维扬开发区进一步扩大。同年12月,落户维扬开发区的亚联钢管在加拿大成功上市,成为扬州市第一家在境外上市的企业。至2011年底,入园企业250多家。2007年,省重点物流基地——扬州市公铁水联运物流集聚区在城北乡启动。园区规划面积7.68平方千米,依托宁启铁路货运站和京杭运河码头。至2011年,有20家企业入驻。2006年,维扬区与韩国釜山市海云台区缔结为友好区，对外友好交流与经济合作进一步扩大。

城乡面貌明显改变。1989～2011年，维扬实现从城乡二元体制向城市化和城乡一体化转变。随着经济社会加快发展，城乡基础设施和配套功能不断完善。22年间，城市建成区面积从18.98平方千米扩大到76.13平方千米，动迁房屋面积480万平方米，建设用地合计2596公顷，新建商品房面积650万平方米，新建道路335千米，整治老小区115万平方米。注重生态环境建设，蜀冈西峰生态公园、邗沟风光带、维扬广场、十里蜀冈生态长廊相继建成。数字化城市管理网络实现全覆盖。为扬州市获国家卫生城市、国家园林城市、全国文明城市和联合国人居奖等称号做出贡献。

社会生活深刻转型。1989年，维扬城镇居民恩格尔系数53.9%，居民生活水平处于温饱阶段；2011年，恩格尔系数下降为38.6%，居民生活进入小康并向富裕迈进。人们的膳食结构优化，讲究营养均衡；成衣购买量增加，讲究时装化、品牌化；家用电器不断升级换代；交通工具由自行车、摩托车向汽车转变；住房条件明显改善，讲究设施配套、环境优美；春节拜年方式不断更新，由BP机短信呼，到语音通信，发展到与世界各地视频通信，使人真实感受到"天涯若比邻"。

民生事业协调发展。公共财政重点向民生事业倾斜，建立健全社会保障、社会福利、社会救助的民生保障体系。2005年7月，实行被征地农民基本生活保障。2008年，维扬在苏中地区率先实现城乡低保一体化，新型农村合作医疗率先将筹资标准提高到每人100元，率先实施被征地农民养老保障和失地农民养老补助。义务教育均衡发展。2007年，全部实行义务教育阶段免收学杂费，2008年实现免费提供教科书。2008年，梅岭小学西区校建成招生。2011年，维扬中学迁建工程竣工并投入使用。2009年，集文化馆、图书馆、少儿活动中心于一体的区文化艺术中心建成开放，完善区、乡镇、社区(村)三级公共文化服务网络。2007年，与中央电视台成功举办"欢乐中国行·魅力扬州"大型文艺晚会。竞技体育取得丰硕成果，建成市少儿体操训练基地，并在省第16届运动会上勇夺少儿组鞍马冠军，实现金牌"零"的突破。双桥、梅岭街道被授予群众体育工作先进集体。2007年，举办区首届体育运动会。健全村、社区卫生服务体系，建成5家社区卫生服务中心、5家社区卫生服务站和29家村卫生室，社区卫生覆盖率100%。2008年，在全市率先推行婚检费用由区政府统一支付的政策，推行对计生低保家庭的奖扶措施。2010年，获省计生优质服务先进区称号。生态环境不断改善。2010年，城市森林覆盖率19.59%。

(三)

1989～2011年的22年，随着国家经济、社会的深刻转型，维扬区不断推进民主法治建设、社区和基层政权建设、精神文明建设和党的建设，从而促进全区经济社会持续发展。

民主法治建设取得成效。1986～2011年，全区连续实施普法宣传教育5个五年计划。2003年开始，"平安维扬""法治维扬"建设深入推进，"大调解""大防控""大稳定"体系不断完善，全区连续获得"省社会治安安全区"称号，西湖镇经圩村获"全国民主法治示范村"称号。

社区建设成果丰硕。2002年区划调整后，维扬社区建设工作起步。2004年5月1日，中共中央总书记胡锦涛视察安平社区，对社区“走家串户了解人，社区服务关心人，真心实意帮助人，为党分忧凝聚人”的做法给予充分肯定。在总书记鼓励下，全区大力推进特色社区、和谐社区建设，同时随着城市化进程，社区建设不断向农村社区延伸。2007年，维扬区成为首批全国农村社区建设实验县(市、区)。2009年，维扬区获得首批“全国和谐社区建设示范城区”称号。双桥街道卜桥社区被评为全国社区志愿服务活动示范单位。

精神文明建设扎实推进。22年间，文明行业、文明社区、文明单位创建活动深入开展，城乡居民道德素质和科学文化素质不断提高。平山村被中央文明委评为全国文明村镇创建工作先进村。

党的建设不断加强。1989～2011年，维扬区党的建设在不断创新实践、强化保障中得到加强。坚持围绕中心、把握大局，以党的基本路线教育、“三讲”教育、“三个代表”重要思想教育、保持党员先进性和科学发展观等学习教育活动为抓手，全面提升党员干部的思想政治素质。探索实践基层党建工作新模式，丰富党的建设新内涵。农村党建社区化、党员服务网络化、非公企业“党群一体化”做法得到充分肯定，并获得工作创新创优奖。加强干部队伍建设，深化干部人事制度改革，坚持“广选秀才、公选贤才、比选良才”，一批年轻干部走上领导岗位。切实加强党风廉政建设，认真实施《建立健全教育、制度、监督并重的惩治和预防腐败体系实施纲要》，22年间查处341名违纪党员干部。

(四)

22年弹指一挥，22年风雨兼程。维扬区在追随着全国改革开放的浪潮中，在经济社会建设快速发展的历程中，有着深深的感慨和体会。

始终坚持解放思想、锐意改革、开拓创新，是各项事业不断推向前进的重要法宝。改革开放以来，维扬区发展所实现的每一个跨越、建设所取得的每一点成就、群众得到的每一项实惠，无一不是解放思想、勇于创新的成果。全区着力破除封闭保守意识和小农经济意识，不断树立市场意识、开放意识、机遇意识和竞争意识，把解放思想与推进改革、创新举措、促进发展紧密结合起来，始终做到解放思想不停步，奋力推动发展实现新跨越。

始终坚持发展第一要务，与时俱进、科学决策，是各项事业不断推向前进的关键所在。维扬区始终坚持审时度势、科学谋划，在各个重要的历史节点上，先后提出并实践“服务城市，富裕郊区”“城内建大商场、城外建大市场”“把郊当作城来思考、把村当作乡来建、把三产当作实业来办”“工业向园区集中、人口向城镇集中”“融入城市、建设城市、管理城市”“农村向城市转变、农民向市民转变、农业向工商业转变”“三区联动”“五大板块互动”等战略性思路。

始终坚持争先进位、负重奋进、务实进取，是各项事业不断推向前进的强大动力。80年代，全区经济基础比较薄弱。维扬区直面现实、自我加压、负重拼搏、奋勇争先，以超越自我的追求提升标杆，以无功即过的意识抢抓机遇，以激励竞争的机制营造氛围，以闻鸡起舞的激情，以锲而不舍的韧劲，对于认准的事一以贯之、一往无前地干，对于目标确定的事百折不挠，持之以恒地干，对前瞻性的事敢冒风险、义无反顾地干，不断推动全区经济社会又好又快发展。

始终坚持以人为本、关注民生、富民惠民，是各项事业不断推向前进的价值取向。维扬区始终坚持把富民惠民作为发展的根本追求和小康建设的核心内容，想问题、作决策、办事情始终着眼于大多数群众，着力解决群众最关心、最直接、最现实的利益问题，坚持不懈地推动创业富民、扩大就业惠民、完善社保安民、扶贫帮困济民、维护稳定佑民，让广大群众共享改革发展的成果。

始终坚持加强党建、锤炼队伍、永葆先进，是各项事业不断推向前进的根本保证。维扬区始终围绕各个发展阶段的战略任务，加强党员干部队伍的思想建设、组织建设、作风建设和反腐倡廉工作，坚持用马克思主义中国化的最新理论成果武装党员干部头脑，在改革开放的实践中强化干部能力作风建设，打造一支奋发有为、亲力亲为、善谋善为、敢作敢为、有所作为的“五为”干部团队。

时光荏苒，光阴如梭。维扬由郊区发展为扬州的主城区，由农村蜕变为现代化欣欣向荣的城市。随着维扬并入邗江，我们坚信，区域经济社会发展的空间将更加广阔，人民生活的前景将更加美好。

大事记

1983 年

3 月 1 日　扬州地区行政公署撤销，扬州市改由省管辖，实行市管县体制。将原扬州市所辖范围，分设广陵区和郊区，以原扬州市城区设为广陵区，以原扬州市郊区 3 个公社、1 个国营场圃以及从邗江县划入的湾头、汤汪、西湖 3 个公社设郊区，成立区公所，为市政府派出机构，相当于县级，驻地为石塔路 10 号。

3 月 5 日　程启旭任中共扬州市郊区委员会书记，俞广涛任郊区区公所区长。

3 月　湾头、汤汪、西湖 3 个公社由邗江县划归郊区管辖。

6 月 3 日　市委印发《关于郊区党委组成人员的通知》，中共扬州市郊区委员会由程启旭、俞广涛、许万和、张彭年、杨国梓、韦来里组成。程启旭任书记，俞广涛任副书记。区委驻淮海路 42 号。

6 月 11 日　全区实行政社分开，撤销各人民公社管理委员会，建立乡人民政府。原公社及平山茶场所辖的生产大队、生产队分别改称村和组。

6 月 12 月　成立中国人民解放军扬州市郊区人民武装部，隶属于扬州军分区。

6 月　棉布票、絮棉票在郊区停止使用，棉布、纺织品一律敞开供应。

6 月　经市政府批准，汤汪乡新建蔬菜基地 94.7 公顷。

是年　全区实现工农业总产值1.25亿元、财政收入 259.17 万元。

1984 年

1 月 17～19 日　全区范围内普降大雪，降雪量 30～40 毫米，积雪深度 25～26 毫米。

1 月 23 日　上沃尔特共和国外长阿马·阿尔巴·迪亚洛率领政府代表团到扬州访问，参观湾头乡。

1 月　日本唐津市友好城市访华团到扬州参观访问。在扬州期间，参拜大明寺，瞻仰鉴真纪念堂，游览瘦西湖、唐城遗址、文峰塔等风景名胜。

3 月 25 日　日本第 16 次早稻田船上大学参观团一行 17 人，在湾头乡田庄村体验生活，参加施肥、植树、育苗等农业劳动。

7 月 12 日　经国务院批准，撤销扬州市郊区区公所，以其原辖区域建立扬州市郊区人民政府。

7 月 26 日　圭亚那副总统比亚韦沃·拉姆隆罗普率领圭亚那人民全国大会党代表团一行 7 人参观湾头乡。

8 月 27～31 日　中共扬州市郊区第一次代表大会召开。大会选举产生区委委员 19 人、候补委员 4 人、纪委委员 8 人。在区委一届一次全委会上，选举产生区委常委 7 人(程启旭、俞广涛、陈宝田、朱福生、朱福元、龚伯麟、盛志远)，书记程启旭，副书记俞广涛、陈宝田、朱福生。在区纪委一届一次全会上，选举产生区纪委常委 3 人，书记陈宝田。大会还选举产生出席扬州市党代会的代表。

9 月 1～12 日　全区受 10 号、11 号台风侵袭，降雨量 300～400 毫米，农作物普遍受灾。

10 月 18～22 日　郊区第一届人民代表大会第一次会议召开。会议选举产生郊区第一届人民代表大会常务委员会及郊区第一届人民政府及区法院和区检察院负责人。程启旭当选区人大常委会主任，朱福生当选区长，索洪才当选区法院院长，陈瑞荣当选区检察院检察长。

10月26日 郊区人民武装委员会成立，朱福生任主任委员。

10月31日 建立扬州市郊区第一届人大常委会党组，由程启旭、李建华、王正之、孔庆升、张菊芬5人组成，程启旭任党组书记，李建华任党组副书记。

11月10日 建立扬州市郊区人民政府党组，由朱福生、朱福元、许万和、汤希来、张兆林、蔡雨晴等6人组成，朱福生任党组书记，朱福元任党组副书记。

11月 美国国际人口计划生育考察团一行3人，参观城东乡文峰村。

是年 全区实现工农业总产值1.67亿元，其中农业产值2559万元、多种经营产值2660万元、乡镇工业和其他工业产值1.15亿元，第三产业营业额3944万元，财政收入358.65万元。

1985年

4月 美国康培尔食品饮料公司一行2人参观双桥乡武塘村花园组，了解番茄生产情况。

6月10日 湾头、城东、双桥、城北、西湖、汤汪6家卫生院改称为医院。

7月10日 全区开始办理村民建房宅基地使用证和乡村企事业单位建设用地使用证。

7月25日 区委印发《关于区级机关整党的部署意见》，从7月下旬开始，参加这一批整党的共有33家单位，计21个党支部，210名党员。

10月3日 郊区区委机关驻地由淮海路42号，区人大、区政府机关驻地由石塔路10号，迁至双桥路15号新址。

12月10日 省政府批复同意新设平山乡，以原属平山茶场的平山村、堡城村为基础，将西湖乡的朱塘、荷叶2个村，城北乡的丁魏、雷塘、综合3个村划归平山乡管辖。

是年 全区实现工农业总产值2.45亿元，其中工业产值1.99亿元、农业产值0.46亿元，第三产业营业额5273万元，财政收入1068万元。

1986年

5月22日 郊区与邗江县交界处的西排涝河土方工程竣工放水。该河北起蜀冈南麓的沿山河，南至龙衣庵注入古运河，干流全长6千米。该工程完成浚河土方20万立方米、围堰土方6万多立方米，建成桥梁1座、涵洞65座、电灌站6座、块石直立墙200米，形成6千米的"城西干道"土路基。

6月4日 陈宝田任中共扬州市郊区委员会书记。

6月9日 中国人民解放军扬州市郊区人民武装部改为地方建制，更名为扬州市郊区人民武装部。

6月24日 马里共和国总统穆萨·特拉奥雷由化工部部长秦仲达和副省长陈焕友陪同到扬州，参观湾头乡田庄村。

6月27日 1982年春动工兴建的江苏省第一座钢架结构公路桥——扬州运河大桥通过验收，并交付使用。

6月29日 赞比亚联合民族独立党总书记亚历山大·祖庐率领的代表团一行31人，由中联部副部长蒋先华和省委副书记沈达人陪同到扬州，游览瘦西湖，参观湾头乡，访问湾头村薛家村民小组，并到村民陈兴明家作客。

7月11～14日 刚果劳动党中央委员、妇女革命联盟总书记马蓬·艾丽丝·泰雷丝夫人一行3人到扬州访问，参观城东乡、湾头乡等地。

10月27日 坐落在双桥乡园林村的二十四桥风景区开工建设。12月，景区一期工程竣工并对外开放。

11月25日 以解放巴勒斯坦民主阵线总书记纳耶夫·哈瓦特迈赫为团长的代表团到扬州访问，参观湾头乡等地。

是年 全区实现工农业总产值3.03亿元，其中农业产值5013万元、工业产值2.53亿元，财政收入1258.5万元。

1987年

2月26日 毛岸青、邵华夫妇到扬州，参观西湖玻璃制品厂设计室、生产车间和样品陈列室。

4月5～9日 政协扬州市郊区第一届委员会第一次会议召开。会议选举产生政协扬州市郊区第一届常务委员会，俞广涛为主席，韩季良为副主席，倪世琪为秘书长。

6～9日 郊区第二届人民代表大会第一次会议召开。会上，程启旭当选区人大常委会主任，朱福生当选区长，索洪才当选区法院院长，陈瑞荣当选区检察院检察长。

7月5日 孟加拉国总统侯赛因·穆罕默德·艾尔沙德和副总理艾哈默德等一行45人到扬州访问，参观湾头乡田庄村地下排灌设施。

7月23日 省委副书记孙颔、副省长张绪武到扬州，考察西湖乡工贸联营玩具厂和湾头乡田庄农机厂生产的多功能播种机等新式农机具。

8月3日 下午3时左右，平山乡荷叶村砖瓦厂工棚遭雷击，在工棚内躲雨的14名工人，有2人被雷击身亡，2人被击成重伤，10人当场被击昏倒。雷雨期间又刮起龙卷风，造成周围部分房屋倒塌，树木电线被折断。

是年 全区实现工农业总产值3.88亿元，其中工业产值3.4亿元，农业产值0.48亿元，财政收入1462.5万元。

1988年

1月16日 由平山茶场等单位集资600万元兴建的环球商场开业。该商场建筑面积4000多平方米，为整体框架结构，主楼5层，两翼3层。

1月20日 市编制委员会批复建立郊区人民医院，为全民事业性质，设床位80张，核定人员编制104人。

5月21～22日 省委农业经济调查组由省委副书记孙颔带队到扬州考察湾头、城北、双桥3个乡农业经济工作。

5月23～26日 中共扬州市郊区第二次代表大会召开。会议审议通过陈宝田作的区委工作报告、杨国梓作的区纪律检查委员会工作报告。会议选出区委委员23人、候补委员4人。在区委二届一次全委会上，陈宝田当选区委书记，朱福生、许德涛当选副书记；杨国梓当选区纪委书记。

7月4～20日 市区连续高温17天，日最高气温均在35℃以上。因高温中暑死亡6人，其中年龄最大的83岁，最小的25岁。

8月6日 蜀冈—瘦西湖风景名胜区被国务院公布为第二批全国重点风景名胜区。

8月29日 湾头乡撤乡建镇。

8月 郊区民间文学“三套集成”采编工作结束，共采录民间故事500多篇、歌谣220多首、民谚近1000条，共计34.7万字。在此基础上选编成《中国民间文学集成·扬州市郊区卷》4辑，共计12.8万字。

9月9日 市蔬菜局建立，由区长朱福生兼任市蔬菜局局长。

9月10日 日本新潟县入广濑村青年友好访问团到湾头镇参观访问。

10月6日 合资企业扬州乐凯玩具有限公司建立。该公司由西湖沪扬玩具厂、中国轻工业进出口公司江苏省分公司和香港中山有限公司合资创办，是全区第一家与港商合资企业。

10月14日 市公安局批复，茱萸湾公园苗圃村民小组299人就地转为城镇户口，由广陵公安分局进行日常户籍管理。

12月10日 郊区地方志编纂委员会成立，由21名成员组成，区长朱福生任主任。

12月 汤汪、城北、平山3个乡设人大主席团。至1990年初，全区各乡镇陆续设立人大主席团，分别设主席1人。

是年 全区实现工农业总产值5.19亿元，其中工业总产值4.68亿元，地区生产总值2.04亿元，财政收入1647.5万元，社会商品零售总额2.01亿元，外贸收购额4328万元。

1989年

2月7日 （正月初二） 上午，国家主席杨尚昆一行，在省委书记韩培信、省长顾秀莲、南京军区司令员向守志陪同下，走访湾头镇田庄村养猪专业户高菊香、沙联中学教师田家祥家庭。

4月5日 日本新潟县入广濑村友好访问团一行21人访问湾头镇，并与湾头镇缔结友好关系。

4月 扬州市第一个农民公园——竹西公园在古禅智寺遗址附近动工兴建。8月26日，公园建成开放。

9月19日 省“七五”计划重点项目，扬州至江都一级公路上的廖家沟大桥（位于湾头镇境内）开工，主桥长786.9米，全长956.9米，宽23米。

9月29日 中共扬州市郊区党员代表会议召开，选举产生出席中共扬州市第二次代表大会代表14人（含市派选代表2人）。

是年 全区实现工农业总产值6.09亿元，其中工业总产值5.57亿元，地区生产总值2.44亿元，财政收入1946万元，农民人均纯收入787元，第三产业营业额3.18亿元，社会商品零售总额2.16亿元，外贸收购额5173万元。

1990年

1月11日 杜青山任中共扬州市郊区区委委员、常委、书记。

2月19日 经省政府批准，撤销双桥乡双桥村邵庄村民小组，武塘村扬中、新庄村民小组，卜桥村薛庄村民小组，设邵庄、扬中、新庄、薛庄居民小组。4个村民小组共552人就地转为城镇户口，由双桥集镇居民委员会管辖。

2月 经省政府批准，撤销城东乡文峰村通扬、万元桥村民小组，设通扬、万元桥居民小组。两个村民小组共264人就地转为城镇户口，由城东集镇居民委员会管辖。

2月 经省政府批准，撤销湾头镇湾头村赵家村民小组，设赵家居民小组，共309人就地转为城镇户口，由湾头居民委员会管辖。

4月2～5日 政协扬州市郊区第二届委员会第一次会议召开。会议选举俞广涛为政协郊区委员会主席。

4月9～12日 扬州市郊区第三届人民代表大会第一次会议召开。大会选举许德涛为区人大常委会主任，朱福生为区长，帅巧芳为区法院院长，陈瑞荣为区检察院检察长。

6月中旬 湾头镇万福闸南廖家沟沙东村徐庄段发生坍江，坍长650米，坍进25米。

6月23日 经省政府批准，撤销城东乡沙口村桥东、电力、王巷、沙中村民小组，设桥东、电力、王巷、沙中居民小组。4个村民小组共318人就地转为城镇户口，由城东集镇居民委员会管辖。

6月 经省政府批准，撤销城北乡梅岭村新庄、梅岭村民小组，设新庄、梅岭两个居民小组。两个村民小组共230人就地转为城镇户口，由城北集镇居民委员会管辖。

7月1日 全国第四次人口普查。经普查，郊区有48110户156060人，其中男78446人、女77614人，农业人口119424人、非农人口36636人，平均每户4.03人。

7月28日 双桥小学更名为双桥实验小学,增挂“扬州师范学校附属小学”牌子。1995年和2004年石桥小学、念四桥小学先后并入该小学。2002年,双桥实验小学更名为维扬实验小学。

8月31日～9月1日 第15号台风袭击区境,24小时降雨114毫米,最大风力10级。

9月12日 区政府同意城北乡建立城北居民委员会,辖740户,2019人。

9月10日 全国政协视察团一行64人到扬州,参观扬州乐凯玩具有限公司。

9月12日 区政府同意双桥乡建立双桥居民委员会,辖1200户2400人。

9月15日 朝鲜劳动党中央委员、中央军委委员、最高人民议会代议员、人民武装力量部副部长金光振大将率领的朝鲜人民军军事代表团一行,在南京军区参谋长张宗德陪同下参观湾头镇服装厂,并应邀到居民朱志华家作客。

9月20日 区政府同意城东乡建立城东居民委员会,辖1190户1924人。

12月30日 经省政府批准,撤销城东乡施井村花园、沙口村陈家两个村民小组,设花园、陈家居民小组。两个居民小组共145人就地转为城镇户口,由城东居民委员会管辖。

是年 全区实现工农业总产值7.02亿元,其中工业总产值6.45亿元,地区生产总值2.81亿元,财政收入2107万元,农民人均纯收入884元,第三产业营业额3.75亿元,社会商品零售总额2.37亿元,外贸收购额6815万元。

1991年

3月30日 由政治局委员恰瓦利亚率领的洪都拉斯改革党代表团,参观湾头镇。

4月1日～5月10日 全区雨日22天,累计降水量195毫米,分别比常年同期雨日增长56.6%,降水量增长57.9%,全区蔬菜田受淹,其中受灾严重的有400公顷。

4月11～12日 日本新潟县入广濑村经济考察团一行4人参观湾头镇工厂企业。

4月18日 中共中央政治局常委李瑞环到扬州视察,参观扬州纱厂等驻区企事业单位。

4月25日 大型旅游项目“乾隆水上游览线”建成。该水上游览线是参照清代乾隆皇帝在扬州游览的一条水上线路,经过整修建设而成,起于扬州天宁门外的御马头,行经瘦西湖,至蜀冈中峰平山堂南麓,全长5公里。

5月6日 大明寺举行复建栖灵塔奠基仪式。1993年8月27日,栖灵塔重建工程动工。1995年12月竣工,1996年8月5日对外开放。

5月8日 朱福生任中共扬州市郊区区委书记。

5月22～25日 中共扬州市郊区第三次代表大会召开。大会选举产生区委委员23人、候补委员4人,区纪委委员11人。在区委三届一次全委会上,朱福生当选区委书记。

7月1～12日 扬州累计降雨量481毫米,造成特大洪涝灾害。

7月15日 下午2时许,位于扬州东南郊的通运闸崩塌,晚上南京部队400名官兵与夜里省军区增派的200名官兵共同参与抢险,至16日21时溃坝合拢。

7月19日 水利部副部长周文智考察郊区水利设施和洪涝灾情。

7月 全区取消猪肉凭票定量供应,实行有指导的议购议销。

9月13～16日 日本新潟县入广濑村友好访华团一行5人,到湾头镇参观考察。

10月11日 中共中央总书记江泽民陪同朝鲜劳动党中央总书记、朝鲜民主主义人民共和国主席金日成一行于下午6时到扬州参观访问。次日上午游览瘦西湖,参观大明寺,下午参观史可法纪念馆,第三天上午参观扬州博物馆。

11月17日 以日本爱知县丰田农地开发事务所所长木神原忠雄为团长的爱知县农地保全对策调查团一行5人,考察湾头镇田庄村沼气建设。

11月18日 经省政府批准，撤销城东乡沙口村沙口、姜庄两个村民小组，设沙口、姜庄居民小组。两个村民小组共112人就地转为城镇户口，由城东乡居民委员会管辖。

12月25～26日 全区普降大雪和暴雪，降雪量150～271毫米。

是年 全区实现工农业总产值9.33亿元，其中工业总产值7.95亿元，地区生产总值3.19亿元，财政收入2268万元，农民人均纯收入974元，第三产业营业额4.68亿元，社会商品零售总额3.04亿元，外贸收购额10031万元。

1992年

1月20日 扬州市双桥110千伏变电所投入运行。

1月29日 郊区获"全国平原绿化先进单位"称号。

3月27日 城北乡瓦窑村发生生猪烈性传染病。为控制疫情，区政府发布封锁令，采取有效措施，消灭疫情。4月9日，封锁令解除。

4月8日、11日、24日 在双桥乡潘桥村童三组、双桥村新庄组和城北乡三星村侯庄组连续发生3起生猪烈性传染病，区政府发布封锁令，及时采取防治措施。

4月17日 全国政协副主席王恩茂视察扬州乐凯玩具有限公司。

4月 双桥乡潘桥、裴庄两个村及文汇路以南的武塘村部分村民小组划归市经济技术开发区。

4月 境内通运闸、太平闸、宝轮寺闸、高桥闸、安墩闸划归市涵闸管理处管辖。

5月3日 扬州天山汉墓博物馆(位于平山乡象鼻桥)开馆。

4日 翁振进任中共扬州市郊区区委书记，提名许万和任扬州市郊区人民政府代区长。

6月18日 以朝鲜祖国统一战线中央委员会书记局局长刘浩俊为团长的朝鲜祖国统一战线代表团一行6人参观扬州乐凯玩具有限公司等企业。

6月 郊区经济技术建设区破土动工，一期开发面积35公顷。

7月15日 通运闸重建工程竣工。

7月20日起 全区持续12天高温(最高气温35℃以上)。

8月19日 经省政府批准，撤销城北乡梅岭村太平村民小组、窦庄村民小组，设太平、窦庄两个居民小组，归城北居民委员会管辖。撤销城东乡沙口村林庄村民小组、施井村陈庄村民小组，设林庄、陈庄两个居民小组，归城东居民委员会管辖。原太平、窦庄、林庄、陈庄4个村民小组共502人就地转为城镇户口。

9月25日 经省政府批准，撤销双桥乡武塘村田庄村民小组，设田庄居民小组，归双桥居民委员会管辖。原田庄村民小组164人就地转为城镇户口。

10月8日 经省政府批准，撤销西湖乡，以其原辖区域建立西湖镇，实行镇管村体制。

11月23日 全国政协民族委员会考察组到扬州考察，参观扬州乐凯玩具有限公司。

是年 扬州唐城遗址(郊区境内)被评为全国十大考古新发现。

是年 全区实现地区生产总值4.24亿元，工农业总产值11.91亿元，其中工业总产值10.44亿元，财政收入2631万元，农民人均纯收入1272元，第三产业营业额9.08亿元，社会商品零售总额4.42亿元，外贸收购额1.86亿元。

1993年

1月11日 扬州市首家公开募股改制企业环球商厦股份有限公司成立。该公司股本总额3000万元。

2月4～8日 全国政协副主席、中国佛教协会会长赵朴初一行到扬州视察大明寺、观音山禅寺，游览扬州盆景园和瘦西湖。

2月9～10日 国务院侨办副主任李星浩一行4人到扬州考察扬州乐凯玩具有限公司。

2月10～13日 区政协第三届委员会第一次会议召开，钱存昱当选区政协主席。

2月17～20日 区第四届人民代表大会第一次会议召开，许万和当选区长。

是月 为纪念郊区成立10周年，郊区政府编写的《绿杨城郭数风流》正式出版发行。

5月5日 出席在南京召开的国际人口方案管理研讨会的25个国家、10多个国际组织的44位代表到双桥乡园林村考察计划生育工作。

5月19日 郊区建区10周年庆祝大会在市体育馆举行。参加庆祝大会的有冶金工业部原部长李菲平，省委原书记、全国政协常委韩培信，省委副书记曹鸿鸣，省人大常委会副主任凌启鸿等。

5月27～28日 由美国妇女理事会执行委员会主席爱尼德·派克夫人率领的美国妇女代表团一行5人，访问双桥乡双桥村3户农民家庭，并游览瘦西湖风景区。

5月31日 经省政府批准，撤销双桥乡双桥村陶庄组，城北乡梅岭村邱庄组、广储组、李庄组，城东乡渡江村东花园组、翟庄组，沙口村嵇庄组等7个村民小组，共627人就地转为城镇户口。

6月2～3日 由《中国时报》周刊总编吴克、《联合报》记者汪丽娟、《自由新闻报》记者林锦秀等组成的台湾记者考察团一行到扬州，参观扬州乐凯玩具有限公司等单位。

6月11日 国家防汛抗旱指挥部副总指挥、水利部部长钮茂生率领的国家防汛工作检查组一行15人，在副省长姜永荣陪同下到扬州检查万福闸维修加固工程。

8月30～31日 以朝鲜劳动党江原道委员会责任书记林亨九为团长的江原道委代表团一行7人，在省人大常委会主任沈达人陪同下到扬州参观访问。市委书记李炳才等市领导陪同参观史可法纪念馆、乾隆水上游览线和扬州乐凯玩具有限公司等单位。

是月 扬州金陵西湖山庄动工。山庄位于大明寺南，由郊区投资6500万元，按三星级宾馆标准设计建造。山庄于1995年5月开业。

是年 全区实现地区生产总值7.02亿元，其中第一产业增加值1.03亿元、第二产业增加值4亿元，第三产业增加值1.98亿元，实现工农业总产值22.9亿元，财政收入3954万元，农民人均纯收入1568元。外贸收购额4.8亿元，社会商品零售总额9.01亿元。

1994年

1月5日 经省政府批准，撤销城北乡梅岭村马庄村民小组，设马庄居民小组，归城北居委会管辖。原马庄村民小组133人就地转为城镇户口。

1月 经省政府批准，撤销双桥乡双桥村缪庄、裴庄村张庄、卜桥村刘庄、武塘村新庄4个村民小组，设缪庄、张庄、刘庄、新庄4个居民小组，归双桥居民委员会管辖。原缪庄207人、张庄131人、刘庄167人、新庄134人就地转为城镇户口。

1月13日 双桥一中划归市教育局直属，并更名为市西苑中学。

7月18日 郊区人民医院门诊大楼动工兴建，大楼总建筑面积3460平方米。1995年4月28日落成启用。

8月10日 区委召开全区党员代表会议，选举产生出席中共扬州市第三次代表大会代表15人。

10月30日 城北中学与城北二中合并，更名为市邗沟中学；区职业技术学校更名为市旅游学校；黄金中心小学更名为市竹西小学。

11月27日 经省政府批准，撤销双桥乡双桥村梅庄村民小组，撤销城东乡施井村园田、小街两个村民小组，3个村民小组共235人就地转为城镇户口。

是年 全区实现地区生产总值11.17亿元，其中第一产业增加值1.16亿元、第二产业增加值6.93

亿元、第三产业增加值 3.08 亿元，工农业总产值 37.44 亿元，财政收入 4790 万元，农民人均纯收入 1872 元，利用外资及港澳台资 806 万美元，外贸收购额 9.58 亿元，社会商品零售总额 10.46 亿元。

1995 年

1 月 13 日 赵昌智任中共扬州市郊区区委书记。

2 月 17 日 位于双桥乡武塘村的西苑中学教学楼建成。是月，新华中学由市区皇宫迁至西苑中学，西苑中学并入市新华中学。

3 月 29 日 经省、市政府批准，撤销双桥乡武塘村武塘、石桥村赵庄两个村民小组，设武塘、赵庄两个居民小组，归双桥居民委员会管辖，行政隶属双桥乡政府。原武塘、赵庄两个村民小组共 400 人就地转为城镇户口。

9 月 2 日 市委、市政府在湾头镇万福闸桥西堍举行“侵华日军万福桥大屠杀遇难同胞纪念碑”揭幕仪式。

11 月 16 日 郊区政协文史资料委员会组织编纂的《扬州市郊区地名考・名村录》出版发行。

12 月 11 日 经省、市政府批准，撤销双桥乡石桥村崔庄村民小组、双桥村宰庄村民小组，设崔庄、宰庄两个居民小组，归双桥居民委员会管辖。崔庄、宰庄两个村民小组共 329 人就地转为城镇户口。

是年 继扬州唐城遗址考古被评为全国十大考古新发现之后，扬州唐宋城遗址考古(包括 1993～1995 年宋大城、宝祐城、夹城等宋三城的钻探及宋大城西门的发掘)被评为“八五”期间全国十大考古新发现。

是年 全区实现地区生产总值14.39亿元，其中第一产业 1.41 亿元、第二产业 8.97 亿元、第三产业 4.01 亿元，完成财政收入 6072 万元，农民人均纯收入 2370 元，利用外资及港澳台资 1101 万美元，外贸收购额 13.10 亿元，社会商品零售总额 11.51 亿元。

1996 年

1 月 郊区被国家教委公布为全国第二批实现“两基”(基本普及九年制义务教育、基本扫除青壮年文盲)县(区)。

5 月 13～15 日 中共扬州市郊区第四次代表大会召开。选举产生中共扬州市郊区第四届委员会和纪律检查委员会。在区委四届一次全会上，选举赵昌智为书记，许万和、杨明荣、潘长正为副书记；在区纪检委一次全会上，选举张家仁为纪委书记。

5 月 15 日 经省、市政府批准，撤销双桥乡武塘村赵庄村民小组，设赵庄居民小组。原赵庄村民小组 169 人就地转为城镇户口，归双桥居民委员会管辖。

9 月 18 日 经省政府批准，撤销城北乡杨村马庄村民小组。

11 月 29 日 经省政府批准，撤销城北乡梅岭村刘庄、糜庄两个村民小组。

是年 全区实现地区生产总值16.56亿元，其中第一产业增加值 1.48 亿元、第二产业增加值 10.46 亿元、第三产业增加值 4.62 亿元，财政收入 7365 万元，农民人均纯收入 3061 元，利用外资及港澳台资 1000 万美元，外贸收购额 14.37 亿元，社会商品零售总额 12.6 亿元。

1997 年

1 月 27 日 经省政府批准，撤销城东乡施井村东亚村民小组，设东亚居民小组，归城东居民委员会管辖。原东亚村民小组共 117 人就地转为城镇户口。

1 月 经省政府批准，撤销双桥乡卜桥村殷庄村民小组，设殷庄居民小组，归双桥居民委员会管辖。原殷庄村民小组共 110 人就地转为城镇户口。

2月3日 潘天骐任中共扬州市郊区区委书记。

3月7日 区第四届人民代表大会第五次会议召开，潘天骐当选区人大常委会主任。

6月20日 区政府举行《扬州市郊区志》首发式。

7月24日 几内亚共和国农业、水利和林业部秘书长埃利·达梅一行5人参观湾头镇田庄村农田水利建设。

8月18～20日 受11号强台风影响，郊区连降暴雨，造成部分民房倒塌、损坏，大部分农田受灾，田间蔬菜损失严重。

10月15日 杨明荣任郊区人民政府副区长、代理区长。

12月16日 经省政府批准，撤销双桥乡武塘村秋雨村民小组，设秋雨居民小组，归双桥居民委员会管辖。原秋雨村民小组199人就地转为城镇户口。

是年 全区实现地区生产总值18.97亿元，其中第一产业增加值1.48亿元、第二产业增加值11.55亿元、第三产业增加值5.94亿元，财政收入8236万元，农民人均纯收入3394元，利用外资及港澳台资305万美元，外贸供货额13.11亿元，社会商品零售总额13.83亿元。

1998年

1月3～6日 政协扬州市郊区第四届委员会第一次会议召开。会议选举产生区政协第四届委员会，钱存昱为主席，刘秀华、陈勇、王小盾、严功林、周武忠为副主席。

4～8日 扬州市郊区第五届人民代表大会第一次会议召开。会议选举产生区第五届人大常委会。许万和为主任，杨国梓、汪家法、高恒余、吴永余、陈瑞荣为副主任；杨明荣为区人民政府区长，张家仁、裴增宝、顾敏、姚苏华、董德利为副区长；陈克鸣为区法院院长，任开志为区检察院检察长。

4月2日 位于平山乡的省级爱国主义教育基地——市革命烈士陵园，举行扩建工程落成暨祭扫仪式。完成一期工程扩建后的市革命烈士陵园，占地44公顷，建筑面积2400平方米，有12个展厅，陈列展出从辛亥革命至社会主义建设各个时期210名革命烈士的事迹。

是月 金陵西湖山庄经省旅游局评审批准为三星级旅游宾馆。

8月2～4日 省长郑斯林、省委副书记许仲林、副省长姜永荣、省人大常委会副主任俞敬忠先后到扬州，分别考察湾头镇沙东村沙河坍江段和长江六圩弯道水情。

12月28日 经省政府批准，撤销双桥乡双桥村双桥村民小组，设双桥居民小组，归双桥居民委员会管辖。原双桥村民小组140人就地转为城镇户口。

是年 全区实现地区生产总值为21.88亿元，其中第一产业增加值1.68亿元、第二产业增加值12.86亿元、第三产业增加值7.34亿元，完成财政收入9440万元，农民人均纯收入3893元，利用外资及港澳台资201万美元，外贸供货额14.12亿元，社会商品零售总额14.73亿元。

1999年

4月5日 湾头镇政府举行湾头镇与日本新潟县入广濑村缔结友好村镇10周年庆祝活动，以日本新潟县入广濑村村长为团长的访华代表团参加庆祝活动。

4月 扬州天山汉墓博物馆更名为扬州汉广陵王墓博物馆。

6月底 全区基本实现乡镇村政务公开。

7月 扬州乐凯中学与扬州市蜀冈小学合并为九年一贯制试验学校，更名为扬州市西湖实验学校。

8月20日 马耳他共和国卫生部副部长一行5人到郊区人民医院考察。

11月23日 市文物考古部门在西湖镇魏巷村发现一座清代古墓葬，出土一具完好的女性干尸。

是年 全区实现地区生产总值24.2亿元，其中第一产业增加值2.03亿元、第二产业增加值13.59

亿元、第三产业增加值8.59亿元,财政收入1.07亿元,农民年人均纯收入4204元,利用外资及港澳台资120万美元,外贸供货额15.01亿元,社会商品零售额15.92亿元。

2000年

3月30日～5月20日 区委在全区领导班子和领导干部中开展以"讲学习、讲政治、讲正气"为主要内容的党性、党风教育活动。

4月17日 西湖镇村级区划调整。电力村与宣塘村合并,村名为司徒村;高庄村与中心村合并,村名为中心村;新谊村与俞桥村合并,村名为俞桥村;魏巷村与胡场村合并,村名为胡场村;果园村与蜀冈村合并,村名为蜀冈村;蚕桑村与经圩村合并,村名为经圩村。

4月24日 城北乡村级区划调整。红星村与瓦窑村合并,村名为瓦窑村;墩塘村与杭家村合并,村名为槐南村。

5月17日 郊区公安分局摧毁城东乡渡江村以田某某为首的"血水圣灵重建教会"邪教组织,收缴大批邪教书籍和材料。

6月15日 城北乡吴庄小学并入城北乡三星小学,校名为三星小学。

8月9日 区政府、区政协联合编纂的《扬州市堡城村志》举行首发式,这是全市第一部村志。

9月1日 经省、市政府批准,撤销城北乡梅岭村锦旺村民小组,设锦旺居民小组,归城北居民委员会管辖。原锦旺村民小组83人就地转为城镇户口。

9月20日 经省、市政府批准,撤销双桥乡武塘村蒋西村民小组,设蒋西居民小组,归双桥居委会管辖,行政隶属双桥乡人民政府。原蒋西村民小组206人就地转为城镇户口,由新城公安分局统一管理。

11月1日 全区开展第五次全国人口普查。经普查,登记户籍人口179866人,其中男89778人、女90088人;常住人口159094人,其中男79323人、女79771人。

是年 全区实现地区生产总值26.9亿元,其中第一产业增加值2.33亿元、第二产业增加值15.12亿元、第三产业增加值9.45亿元,财政收入1.27亿元,农民人均纯收入4611元,实际利用外资及港澳台资407.7万美元,外贸供货额16.07亿元,社会商品零售总额17.22亿元。

2001年

1月12～14日 区政协四届四次会议召开。会议同意钱存昱辞去区政协主席职务,选举吴红为区政协第四届委员会主席。

1月14日 高瑞芹任中共扬州市郊区区委书记。

3月28～30日 中共扬州市郊区第五次代表大会召开。大会选举产生区委第五届委员会和区纪律检查委员会,选出区委委员23人、候补委员4人,区纪委委员11人。

3月30日 区委五届一次全委会召开。会议选举高瑞芹、杨明荣、潘长正、张家仁、马和建、张建、翁进进等7人为区委五届委员会常务委员,高瑞芹当选书记,杨明荣、潘长正当选副书记。同日,区纪委五届一次会议召开,会议选举张长金、葛长龙、张啸华、董志友、唐铁扬等5人为区纪委常务委员,张长金为书记,葛长龙为副书记。

4月5日 古运河—邗沟—瘦西湖水上游览线基础设施工程在黄金坝开工。

4月9日 经省政府批准,撤销双桥乡武塘村果园村民小组。

7月2日 白天最高气温38.8℃,是1953年以来同期最高值。

7月 由平山乡与西湖镇划出部分地域建立江阳工业园,前期规划9.67平方千米。

8月6日 中共扬州市郊区党员代表会议召开,选举产生郊区出席中共扬州市第四次代表大会代

表27人。

9月 郊区在全市率先对农村中小学教师工资实行统一发放。

10月12日 扬州西北绕城高速公路(启扬高速)开工。

是年 全区7个乡镇全面进行农村税费改革,全区农民年人均税费负担减少68.55元,下降61%,基本实现乡乡、村村、组组、户户减免的目标。

是年 全区实现地区生产总值29.45亿元,其中第一产业增加值2.46亿元、第二产业增加值16.6亿元、第三产业增加值10.4亿元。财政收入1.63亿元,农民人均纯收入4906元。实际利用外资及港澳台资704.90万美元,外贸供货额18.13亿元,社会商品零售总额18.89亿元。

2002年

1月15日 市区行政区划调整,郊区城东乡并入汤汪乡,划归广陵区管辖;湾头镇划归广陵区代管;广陵区东关街道办事处9个居委会、汶河街道办事处25个居委会划归郊区管辖。区划调整后,郊区行政管理区域81平方千米,人口19.74万人。

1月20日 随市区行政区划调整,郊区公安分局辖区新增四季园、梅岭、便益门和瘦西湖4个派出所,原辖区的城东、湾头、汤汪3个派出所划归广陵公安分局管辖。

1月23日 宁启铁路开工动员大会在城北乡瓦窑村举行。铁道部部长傅志寰、省委书记回良玉等在扬州为宁启铁路奠基。

1月24日 经市政府批准,设立梅岭街道办事处和双桥街道办事处。同时成立中共扬州市郊区梅岭街道工作委员会和中共扬州市郊区双桥街道工作委员会。

1月26日 梅岭、双桥街道办事处挂牌成立。

2月6日 区委、区政府制定《扬州市郊区党政机构改革方案》。根据方案,区委设工作机构5个、部门管理机构3个,区纪律检查委员会机关与区监察局合署办公。区政府设工作机构17个、直属事业局2个。市、区双管不列统工作机构4个。调整后合署办公机构均为正科级建制,原开发区管委会并入江阳工业园区管委会。区级机关行政编制精简15%。精简后编制数为218人,加上新设街道机关编制25人,共243人。乡镇机关行政编制精简25%,扣除划出3个乡编制数,精简后编制数135人。

2月9日 刘在銮任扬州市郊区人民政府代区长。

2月20日 区政府印发《扬州市郊区城乡最低生活保障制度实施意见》,2002年3月1日起,全区城乡全面实施最低生活保障制度。

2月25日 区政府决定全区婚姻登记、婚前体检从2002年4月1日开始在区婚姻登记处统一办理。

2月28日 中共扬州市江阳工业园区工作委员会成立。

4月19日 中共中央台办、国务院台办常务副主任李炳才考察江阳工业园等单位。

5月6日 扬州汉广陵王墓博物馆二号汉墓"王后寝宫"对外开放。二号墓为汉广陵王刘胥的王后墓,也是"黄肠题凑"木椁墓。

6月11日 区政府印发《扬州市郊区城镇职工基本医疗保险制度改革实施意见》,决定全区城镇职工基本医疗保险制度于2002年6月开始实施。

9月24日 区政府同意城北乡建立安平、竹西社区居民委员会,同意梅岭街道建立友谊、凤凰桥、锦旺、丰乐、邗沟、广储、便益门社区居民委员会,同意双桥街道建立武塘、文苑、石桥、双桥、卜桥、园林社区居民委员会,同意西湖镇建立翠岗、司徒社区居民委员会。

11月7日 市政府批复,调整双桥、梅岭街道办事处管辖区域。双桥街道行政管辖区域范围为:南自文汇西路与新城河交汇处起,沿文汇东路向东至大学南路,折南沿大学南路至江阳中路,折东沿江阳中路至二道河三元桥，向北经二道河、大虹桥、长春桥；北至农科所、大明寺、观音山北侧一线，西至新城河，向南至文汇西路。梅岭街道管理区域范围为：东至古运河，南至北护城河，西至大虹桥、长春桥一线，沿保障湖南岸，北到邗沟河。

11月15日 省政府转发国务院批复，扬州市郊区更名为维扬区。更名后，其行政隶属关系、行政管辖范围及政府驻地不变。

11月28日 中国国民党革命委员会扬州市维扬区支部成立。

12月15日， 区委、区政府举行维扬区揭牌仪式，2003年1月1日统一启用新公章。

是年 全区实现地区生产总值16.27亿元，其中第一产业增加值1.18亿元、第二产业增加值9.9亿元、第三产业增加值5.19亿元，人均地区生产总值8319元，财政收入2.13亿元，农民人均纯收入5285元，城镇居民人均可支配收入7833元，实际利用外资及港澳台资1607万美元，自营出口7531万美元，社会消费品零售总额11.17亿元。

2003年

1月4～7日 政协维扬区第五届委员会第一次会议召开。吴红当选区政协主席，陈勇、吴耀庭、潘长海、吴明菊、党琦为副主席。

1月5～8日 维扬区第六届人民代表大会第一次会议召开。会议选举潘长正为区人大常委会主任，朱飞云、姚文放、李宝山、陆文瑞、任开志为副主任。刘在銮为区长，顾敏、严功林、徐宝林、赵宝庆、金秋芬、张卫为副区长。陈克鸣为区法院院长，姚家驹为区检察院检察长。

2月16日 维扬区召开全区防治非典型性肺炎工作会议，全面部署“非典”防治工作。

4月27日 区委、区政府决定，全区“非典”防治工作由区委书记高瑞芹、区长刘在銮总负责，并将原区“非典”防治工作领导小组改为区“非典”防治工作指挥部，总指挥顾敏（区委常委、常务副区长），办公室主任徐长金（区政府办公室主任）。

5月15日 区慈善协会成立。

5月26日 区委、区政府迁入平山堂路1号新址办公，同时举行建区20周年庆典。

6月18日 上午5时50分左右，城北乡黄金闸西侧污水管网窨井有毒气体外泄，致3名清洁工及1名施救消防队员中毒，其中两名清洁工死亡，另1名清洁工和施救消防员受伤。

6月24日 区政府印发《关于表彰扬州市维扬区劳动模范的决定》，首批授予刘宝玉、谢根华等20人“维扬区劳动模范”称号。

7月4～5日 入汛以来，全区连降暴雨，累计降雨量430多毫米，是常年同期降雨量的1.7倍。特别是7月4日20时至7月5日8时，降雨量212毫米，是近50年来最大一次降水。自此，防汛工作进入紧急期。

8月2日 最高气温达39.9℃，日最高气温创扬州市有气象纪录以来的最高值。

10月25～28日 维扬区举办首届社区文体活动巡展暨老年艺术节。

10月26日 市体操项目训练基地在梅岭小学挂牌建立，这是由维扬区承办的第一个市级体育训练基地。

是月 维扬广场建成。该广场位于维扬区行政中心南侧，用地3.5公顷，总投资2000万元。广场分停车场和绿化广场两大板块。

11月～次年5月 中国社会科学院考古研究所、南京博物院、扬州文物考古队联合组成扬州唐城考古队，对扬州宋大城北门和北水门遗址进行部分抢救性发掘工作。发现的遗存有北门城墙、瓮城和水门，构成北门遗址的完整体系，这对完整揭示宋大城的内涵具有重要意义。

11月22日 总投资3亿元的五亭龙国际玩具城在江阳工业园开工。建成后的玩具城将成为亚洲地区最大的玩具专业研发和交易中心。

11月26日 中国民主建国会扬州市维扬区支部建立。

是年 全区实现地区生产总值18.66亿元，其中第一产业增加值1.07亿元、第二产业增加值11.67亿元、第三产业增加值5.92亿元，人均地区生产总值9275元，财政收入2.72亿元，农民人均纯收入5750元，城镇居民人均可支配收入8705元，实际利用外资及港澳台资2943万美元，自营出口7915.6万美元。社会消费品零售总额12.18亿元。

2004年

4月1日 宁启铁路货运站投入营运。该站位于城北乡，占地5.14公顷。

4～12月 全区进行地名普查工作，并形成一整套数字化地名管理资料。

5月1日 下午4点，中共中央总书记、国家主席胡锦涛，在中共中央政治局候补委员、书记处书记王刚，省委书记李源潮，省长梁保华，市委书记孙志军陪同下，到城北乡安平社区视察工作，并走访黄金苑小区居民开卫星家，为其女儿开妍题词"努力学习，立志成才"。

6月9～10日 全国人大常委会副委员长、民建中央主席成思危到扬州市及维扬区视察工作。

6月12日 中共中央政治局常委李长春在省委书记李源潮、省长梁保华陪同下，到扬州市及维扬区视察工作。

是月 维扬区开展全国第一次经济普查工作。

8月3日 全国老龄办常务副主任、中国老龄协会会长李本功考察维扬区平山乡堡城村老年人活动中心、梅岭街道锦旺社区老龄工作情况。

8月25日 区文教局公布首批区级名校长5人、学科带头人6人、中青年教学骨干15人、教坛新秀17人。

9月17日 中国民主促进会扬州市维扬区支部成立。

9月26日 "维扬之夜"大型文艺晚会暨区第二届社区文化体育活动巡展、区第二届老年艺术节闭幕式文艺晚会在维扬广场举行。

9月 维扬区实验小学岳乃红被教育部表彰为全国优秀教育工作者。

10月 扬州西北绕城高速公路(启扬高速市区段)通车。西北绕城高速公路东起京沪高速丁伙枢纽，向西跨淮江公路、京杭大运河后折向西南，跨宁启铁路，止于南绕城公路，与润扬长江大桥北接线相连，全长34.96公里，双向四车道，全封闭、全立交，路基宽28米。

11月23～24日 中共中央政治局常委、国家副主席曾庆红在省委书记李源潮、省长梁保华陪同下视察扬州市。先后视察瘦西湖水环境综合治理工程、大明寺、蜀冈西峰生态公园、漕河风光带、古运河改造工程、便益门广场、市工艺美术馆。

11月28日 区社区服务中心挂牌成立，区"1890"市民求助中心同时成立，便民求助热线"7301890"开通。

12月12日 瘦西湖街道办事处挂牌成立。其辖区包括笔架山风景区、唐城遗址和蜀冈风景区的一部分，总面积9.2平方公里，下辖园林、堡城、综合、滨湖、友谊等5个社区(村)。

12月28日 省民政厅副厅长侯学元率领的考核验收组对维扬区创省级社区建设示范区工作进行考核验收。

是年 全区实现地区生产总值22.35亿元，其中第一产业增加值1.09亿、第二产业增加值14.47亿元、第三产业增加值6.79亿元，人均地区生产总值10755元，财政收入3.58亿元，农民人均纯收入6350元，城镇居民人均可支配收入9851元，实际利用外资及港澳台资5046.5万美元，自营出口10420.8万美元，社会消费品零售总额14亿元。

2005年

4月7日 区政府决定将广储社区居委会分设为广储、漕河社区居委会。

4月26～28日 全国人大常委会副委员长、全国工商联主席黄孟复带领调研组对扬州市及维扬区新能源开发利用和私营个体经济发展情况进行调研。

4月30日 中共中央政治局常委、全国人大常委会委员长吴邦国在省委书记李源潮、省长梁保华陪同下出席润扬长江大桥通车典礼，并对扬州市及维扬区进行视察。

6月6～7日 中共中央政治局委员、书记处书记、中央宣传部部长刘云山，中央宣传部副部长雒树刚，在省委书记李源潮等陪同下，视察扬州市，考察维扬区文明城市创建、文化建设、城市建设、旅游资源利用等工作。

6月22日 省军区司令员陈一远少将到维扬区人武部检查指导工作。

7月2日 民政部部长李学举一行考察安平社区。

7月24日 圭亚那共和国总理塞穆尔·阿奇博尔得·安东尼·海因兹率领访华团一行，参观维扬区明轩堂红木家具厂等家具生产厂家。

8月12日 菲律宾马尼拉市市长赠予维扬区区长刘在銮象征城市贵宾的“城市金钥匙”，并与维扬区确立经济贸易文化合作关系。

9月12～14日 全国政协副主席、民革中央常务副主席周铁农视察维扬区。

9月15～17日 全国政协副主席张思卿带领全国政协专题调查组，到维扬区考察南水北调工程中的文物保护情况。

9月19日 区档案馆通过省二级国家综合档案馆考核验收。

9月20～22日 以全国政协副主席李蒙为团长的全国政协循环经济发展情况视察团视察维扬区。

9月24～26日 全国政协副主席张怀西到维扬区视察城市建设、水环境整治等情况。

10月4日 中共中央政治局委员、全国人大常委会副委员长、中华全国总工会主席王兆国一行，在省委书记李源潮陪同下，到维扬区考察城市建设、文化建设和旅游资源等。

10月21日 平山乡平山村被中央文明委授予“全国文明村镇”称号。

10月29～30日 中共中央政治局委员、国务院副总理曾培炎与随行的国务院副秘书长汪洋，在省委书记李源潮、省长梁保华陪同下，视察维扬区城市建设、文化建设和旅游资源等。

11月14日 中国民主同盟扬州市维扬区支部成立。

11月24日 省军区副司令员刘长意检查指导维扬区征兵工作。

11月30日 《维扬年鉴》2005年创刊号首发，维扬政务网开通。

11月 扬州市新建蜀冈—瘦西湖风景名胜区管理委员会，瘦西湖街道划属该管委会代管。

是年 全区实现地区生产总值27.1亿元，其中第一产业增加值1.13亿元、第二产业增加值17.89亿元、第三产业增加值8.08亿元，人均地区生产总值12937元，实现财政收入7.34亿元(新口径)，农民人均纯收入7182元，城镇居民人均可支配收入11351元，实际利用外资及港澳台资7521万美元，自营出口额13886万美元，社会消费品零售总额16.30亿元。

2006年

3月27日 全省社会治安综合治理基础工作会议在扬州召开。与会代表260多人参观金槐村和安平社区。省委常委、政法委书记林祥国，省人大常委会副主任李佩佑，省公安厅厅长黄明等参加活动。

4月28日 首届中国扬州毛绒玩具礼品节暨博览会在江阳工业园五亭龙国际玩具礼品城举行。

5月23日 区六届人大常委会第二十三次会议召开。会议接受刘在銮辞去区长职务,决定顾敏为代理区长。

5月27～30日 中共扬州市维扬区第六次代表大会召开。高瑞芹、顾敏、张建、张长金、周玉清、基国平、金秋芬、马顺圣、苏满满当选区委常委,高瑞芹为区委书记,苏满满为区纪委书记。

6月8日 省委常委、常务副省长赵克志参观五亭龙玩具城。

7月18日 维扬公安局开展"烈火行动",涉嫌毒品分销的念四桥路阿凡提饭店窝点被取缔。

7月 扬州市公铁水联运物流集聚区建设指挥部挂牌成立。

9月12日 江阳工业园更名为维扬经济开发区,维扬经济开发区举行升级挂牌仪式。

10月16日 联合国副秘书长、人居署执行主任安娜·蒂贝琼卡考察维扬区金槐村、安平社区黄金苑小区。

11月19日～12月4日 应马来西亚茂和有限公司、印尼中华总商会、菲律宾J·V国际公司邀请,以代区长顾敏为团长的区侨务经济考察团一行11人赴新加坡、马来西亚、印尼、菲律宾考察。

22日 上海市委政法委副书记林化宾、政治部主任李和平、上海市综治办副主任乐伟中等考察城北乡安平社区基层平安创建工作。

12月2日 省军区司令员陈一远少将率工作组到区人武部考察调研。

12月27日 应省政府台湾事务办公室邀请,台湾部分新当选的乡镇长及县市"议员代表团"一行13人到扬州市开展"锦绣江苏行"活动。其间,代表团参观维扬经济开发区,并通过走进农家等形式参观西湖镇金槐村社会主义新农村建设。

是年 全区实现地区生产总值32.17亿元,其中第一产业增加值1.13亿元、第二产业增加值20.47亿元、第三产业增加值10.57亿元,人均地区生产总值15697元,财政收入10.08亿元,城镇居民人均可支配收入12828元,农民人均纯收入8030元,实际利用外资及港澳台资5829.7万美元,自营出口额17665万美元,社会消费品零售总额25.05亿元。

2007年

1月15～17日 以韩国釜山广域市海云台区区长裴德光为团长的友好代表团一行到维扬区考察访问,双方共同签订结为友好区的正式协议。

1月22～25日 区第六届人民代表大会第五次会议召开,顾敏当选维扬区人民政府区长。

3月15日 省军区副政委杨森少将带领工作组到区人武部检查指导社会主义核心价值体系教育工作。

3月16日 位于唐城遗址博物馆内的崔致远纪念馆开工建设。

3月22日 中国红十字会常务副会长、党组书记江一曼一行到梅岭街道锦旺社区考察社区红十字服务站工作。

5月18日 由维扬区承办的"欢乐中国行——魅力扬州"大型文艺演出在市体育场举行。

7月9～11日 区体操队参加在常州市举办的省少儿体操比赛,崔昊获得少儿男子丙组鞍马金牌。

7月22～27日 比利时友好访问团到扬州开展"布瑞周"活动。26日,到维扬区访问,走访区玩具协会,考察五亭龙玩具城和嘉瑞琪玩具有限公司。

7月23日 区政府同意西湖镇金槐村、司徒村、经圩村,平山乡朱塘村、荷叶村、平山村组建社区居委会。

7月 维扬区被民政部确定为全国农村社区建设实验县(市、区)。

8月18日 区委常委会研究决定撤销平山茶场乡级党委建制和科级建制,由平山乡政府代管。

8月28日 梅岭小学西校区奠基。校区位于维扬路,占地约2公顷,校舍总面积1.8万平方米。

2008 年 9 月 1 日，梅岭小学西校区建成。

10 月 29 日 市委决定，姚苏华任区委书记。

11 月 9 日 区首届体育运动会在市体育中心开幕。本次运动会是建区以来首次举办的规模最大的综合性体育运动会，共有 22 支代表队、452 名运动员参加 16 类共 84 个项目比赛。

12 月 26～29 日 区政协第六届委员会第一次会议召开，尹宏宝当选区政协主席，潘长海、吴明菊、刘学根、姚家驹当选区政协副主席。

12 月 27～30 日 区第七届人民代表大会第一次会议召开，潘长正当选区人大常委会主任，李宝山、吴华祥、严功林、赵宝庆、陈克鸣当选副主任。顾敏当选区长，李广春、陈德宏、曹占田、申高青当选副区长。谢应松当选区法院院长，钱晓宝当选区检察院检察长。

是年 全区实现地区生产总值49.03亿元，其中第一产业增加值 2.07 亿元、第二产业增加值 28.95 亿元、第三产业增加值 18.01 亿元，完成财政收入 13.67 亿元，城镇居民人均可支配收入 14902 元，农民人均纯收入 9100 元，实际利用外资及港澳台资 7869.4 万美元，自营出口额 2.28 亿美元，社会消费品零售总额 30.36 亿元。

2008 年

1 月 18 日 平山乡荷叶、朱塘、西华门社区挂牌成立。

1 月 23 日 省委常委、省纪委书记冯敏刚，副省长李全林等一行 5 人，到维扬区安平社区慰问 3 户低保困难家庭。

2 月 1 日 自即日起，维扬区实施婚检费用由区政府统一支付。

2 月 维扬区为台湾农民詹境福在西湖镇新开设的一家农庄发放营业执照，这是扬州市核发的第一份涉台个体营业执照。

4 月 22 日 区档案局(馆)举行申宝俊个人档案资料捐赠仪式。在捐赠仪式上，申宝俊将自己从 1968 年 4 月至 2008 年 4 月共计 79 本日记及《凡人春秋》作品手稿 41 件档案资料捐赠给区档案馆。

5 月 4 日 经区政府常务会议讨论通过，维扬区城乡低保实现并轨，农村低保发放标准与城市低保标准相统一，均按月人均 270 元标准发放，2008 年 1 月 1 日起实施。

5 月 13 日 区委、区政府为四川汶川特大地震举行捐款仪式。至 6 月 16 日，区慈善协会累计募集赈灾资金 204.87 万元，募集赈灾物资折合人民币 6.68 万元，募集“5 · 19”慈善捐款 63.73 万元。

6 月 4 日 市政府将原属邗江区的甘泉社区和长塘、公路集、双山、老山、焦巷、五湖、双塘、姚湾、香巷 9 个村区域设立甘泉街道办事处，并将其划归维扬区管辖。7 月 3 日，甘泉街道挂牌成立。

6 月 10 日 区级机关 40 名党员干部组成的志愿者服务队，团区委组织的 40 名青年志愿者和区人武部组织的 60 名民兵志愿者队伍，相继赶往阿珂姆野营用品有限公司，充实到救灾帐篷生产一线，支援生产民政部下达的 12 万顶帐篷的紧急任务。

6 月 17 日 江扬电缆有限公司接到省电力公司指令，迅速组织生产近万米优质电缆，于 6 月 18 日下午装货完毕，运往四川绵竹地震灾区，支援 8 所学校校舍重建。

7 月 11 日 区七届人大常委会第五次会议通过《关于成立双桥街道人大工作委员会的决定》和《关于明确扬州市朴席镇人民代表大会届次的决定》(朴席镇人民代表大会工作由维扬区人大代管)。

8 月 7 日 蜀冈生态新区党工委、管委会成立。

8 月 27 日 杨蓉任中共扬州市维扬区委委员、常委、副书记，免去顾敏中共扬州市维扬区区委副书记、常委、委员职务，免去葛社清中共扬州市维扬区委副书记、常委、委员职务。

8 月 28 日 区七届人大常委会第六次会议决定任命杨蓉为维扬区人民政府副区长、代理区长。

9 月 9 日 维扬实验小学副校长岳乃红、梅岭小学副校长冯长宏被评为省第十批特级教师，梅岭小学教师陈冬云被评为市特级教师。

10月29日 加勒比高级外交官访华团一行参观市社会主义新农村建设先进示范村——西湖镇金槐村。

10月29～30日 双桥街道、梅岭街道先后成立康乐社区党委、锦旺社区党委，成为维扬区首批成立的社区党委。

11月5日 市区公交45路开通仪式在平山乡举行，至此，维扬区6个乡镇(街道)全部开通城市公交。

12月9日 扬州亚联钢管有限公司在加拿大多伦多证券交易所上市，成为扬州市第一家在海外上市的企业。

是年 全区实现地区生产总值58.82亿元，其中第一产业增加值2.12亿元、第二产业增加值35.46亿元、第三产业增加值21.24亿元，财政收入16.3亿元，城镇居民人均可支配收入17202元，农民人均纯收入10200元，实际利用外资及港澳台资12003万美元，自营出口额2.87亿美元，社会消费品零售总额36.74亿元。

2009年

1月6～8日 区七届人大二次会议选举杨蓉为区长。

1月18日 沃尔玛扬州购物广场开业，成为世界上最大的连锁零售商在中国的第136家分店。

2月10日 维扬区获"全国村务公开民主管理示范单位"称号。

3月31日 扬州市全面小康达标验收组对维扬区全面小康建设进行达标验收，2008年维扬区建设全面小康社会四大类18项25个指标全部达到省定全面小康指标值。

4月28日 城市商务区建设指挥部揭牌。

5月2日 维扬公安分局蜀冈风景区派出所副所长兼友谊社区民警徐兆华获2009年全国五一劳动奖章，出席全省庆"五一"建功立业表彰大会并作大会发言。

5月6日 徐兆华被人力资源和社会保障部、公安部联合授予"全国公安系统一级英雄模范"称号。6月28日，市委举行授予徐兆华"全国公安系统一级英模"称号仪式。7月21日，省委常委、政法委书记、省公安厅党委书记林祥国，省公安厅党委副书记、副厅长柳玉祥一行到维扬看望民警徐兆华。

8月30日 全区6个乡镇(街道)全部建成计生世代服务中心，45个村(社区)全部建成计生世代服务室，实现全区人口和计划生育优质服务体系全覆盖。

10月19日 维扬区获首批"全国和谐社区建设示范城区"称号，城北乡安平社区获首批"全国和谐社区建设示范社区"称号。

12月28日 顶津食品有限公司二期项目在维扬经济开发区开工，海峡两岸关系协会驻会副会长李炳才、市委书记王燕文、代市长谢正义等出席开工仪式。

是年 全区实现地区生产总值115.13亿元，其中第一产业增加值2.61亿元、第二产业增加值52.68亿元、第三产业增加值59.84亿元，财政收入20.37亿元，城镇居民人均可支配收入19350元，农民人均纯收入11500元，实际利用外资及港澳台资16014万美元，自营出口额4.02亿美元，社会消费品零售总额43.77亿元。

2010年

1月13日 维扬公安分局副政委、社区民警徐兆华当选首届"江苏省十大爱民警察"。

4月1日 维扬区举行银企合作签约会，43个项目获得信贷总额13.1亿元。

4月26日 城市综合商业体"大上海御龙湾"项目举行奠基仪式，该项目由上海界龙集团兴建，总投资约18亿元,规划面积14.6万平方米,建筑面积28万平方米。

5月5日 投资规模达13亿元的税友软件集团南方基地(扬州)项目正式落户维扬经济开发区。

5月27日 加拿大旺市市长凌婕舜(Linda Jackson)率友好代表团到维扬区访问。

8月18日 维扬中学新校区建设工程正式动工。

8月 扬杰电子科技公司与扬州大学合作研发生产的“改进型贴片式超高频桥式整流器”填补国内空白,其性能指标均达到国际同类产品先进水平。

10月12日 在省第十七届运动会体操比赛中,梅岭小学的倪佳诚获男子丙组鞍马项目冠军。

是年 全区实现地区生产总值139.47亿元,其中第一产业增加值2.75亿元、第二产业增加值64.98亿元、第三产业增加值71.74亿元,财政收入25.71亿元,城镇居民人均可支配收入21529元,农民人均纯收入13000元,实际利用外资及港澳台资24300万美元,自营出口额5.42亿美元,社会消费品零售总额56.76亿元。

2011年

1月1日 区民政局举行大病救助款发放仪式,36名大病特困群众每人获得6000元大病救助款。

1月6～8日 区七届人大第四次会议选举尹宏宝为区人大常委会主任,许玛明为区检察院检察长。

2月28日～3月11日 区委书记姚苏华率队赴英国、德国和瑞士,参观特易购、宝马、西卡、蓝宝等公司,会见德国法兰克福布丁根市市长、议长。

4月24日 新疆维吾尔自治区新源县委书记贾伊生率党政代表团一行到维扬区就工业经济、城市建设等工作进行考察。

4月25日 韩国釜山广域市海云台区区长裴德光率代表团一行访问维扬区。

6月10～13日 中共扬州市维扬区第七次代表大会和七届区委、区纪委第一次全会召开。会议选举姚苏华、杨蓉、苏满满、刁顺勤、潘学元、袁余富、李广春、徐德林、孟德和等9人为中共扬州市维扬区第七届委员会常委,选举姚苏华为区委书记,选举徐德林为区纪委书记。

6月24日 2011“海外华侨华人高层次人才江苏行”活动走进维扬,美国、加拿大、法国等国家8名高层次专业人才考察维扬。

7月21日 瘦西湖隧道工程开工。

9月1日 维扬中学新校区落成仪式暨开学典礼举行,市长谢正义为维扬中学揭牌。落成仪式上,维扬经济开发区企业家向学校捐赠100万元成立维扬中学助学奖学基金。

11月10日 省政府决定对扬州市部分行政区划实施调整,将邗江区李典、头桥、沙头、杭集、泰安等5个镇划归广陵区;撤销扬州市维扬区,将维扬区行政区域与划出5个镇的邗江区合并,合并后的邗江区政府驻邗江中路338号。

是年 全区实现地区生产总值167.38亿元,其中第一产业增加值2.89亿元、第二产业增加值74.28亿元、第三产业增加值90.21亿元,财政收入32.37亿元,城镇居民人均可支配收入2.48万元,农民人均收入1.54万元,实际利用外资及港澳台资23.09亿美元,自营出口额7.01亿美元。社会消费品零售额50.1亿元。

第一编

政区环境

维扬之名，始见于《尚书·禹贡》"淮海惟扬州"。周敬王三十四年(前486)，吴王夫差为北上争霸，在今维扬区境北部的蜀冈之上构筑邗城——即历史上最早的扬州城。西汉时期，这里先后为诸侯国吴王刘濞、江都王刘非、广陵王刘胥的国都。东汉以后至南北朝，维扬区一直为州、郡治所驻地。隋、唐时期，是维扬历史上空前辉煌的时期。隋炀帝继位后，长期滞留维扬，政令皆由此出，使这里一度成为实际上的隋代都城。至唐代，维扬成为全国漕运、盐铁转运中心，经济繁荣，商贸发达，风景优美，人文荟萃，群贤毕至，盛极一时。

维扬在经历隋、唐繁荣之后，至晚唐、五代，屡遭战火浩劫，城市逐渐衰落。至南宋，北方为金人占领，维扬成为与金兵对抗的前沿阵地，因蜀冈"凭高临下，四面险固"，知州郭棣即在汉唐扬州城故址上重新筑城，名为"堡城"，并在堡城与宋大城之间筑"夹城"，以沟通堡城与宋大城，从而形成南宋时"扬州三城"格局。其中，堡城即在今维扬区北部蜀冈之上。

至元、明、清，扬州城规模很小，但一直为扬州府治驻地。民国时期为江苏省江都县治驻地。

1951年10月，设置郊区人民政府，隶属原县级扬州市管辖。经多次区划调整，1983年3月实施市管县体制，设立县级郊区区公所。1984年7月，撤销郊区区公所，以原辖区域设立郊区人民政府。2002年11月，郊区更名为维扬区。2011年，全区设4个街道、3个乡镇，有25个行政村、27个社区。同年11月，撤销维扬区，并入邗江区。

第一章　建置区划

第一节　区　位

维扬区位于江苏省中部、扬州市区西北隅。距长江北岸12千米、省会南京以东100千米处，地理坐标为北纬32°38′～32°53′、东经119°26′～119°53′。南部自东往西依次以古运河连接北护城河、二道河、文汇路、新城河、扬冶路为界，分别与广陵区曲江街道、东关街道、汶河街道，扬州经济开发区文汇街道，邗江区邗上街道相邻；西与邗江区杨庙镇接壤；北依槐泗河，与邗江区槐泗镇、杨寿镇为界；东自槐泗河口依京杭大运河向南至古运河口，与广陵区湾头镇隔河相望。全区总面积120.5平方千米。

第二节　建　置

西周时期，今维扬地属邗国。春秋战国时期先后为邗城、广陵城。西汉时，维扬地域先后是荆国、吴国、江都国、广陵国等诸侯国的都城。东汉时，为广陵郡郡治所在。晋代及南北朝时期，地属吴州广陵县。隋代，隋文帝开皇九年(589)，吴州改名扬州，这是今扬州在历史上正式作为一个行政区域建置的初始。其时，维扬地属扬州广陵县(后广陵县又先后改名为邗江县、江都县、江阳县)。唐代，维扬地属扬州江都县，为扬州大都督府治所。宋代，维扬地属扬州江都、广陵两县，为扬州州治所在。元、明两代，江都、广陵两县合并为江都县，维扬地属扬州府江都县。元至正十七年(1357)，朱元璋部将缪大亨兵取扬州。至正二十一年(1361)，在此设立维扬府，这是维扬作为一个行政建置名称之始。《嘉靖惟扬志》载，此时的维扬"据江海之会，所统会三州七邑，为东南咽喉枢要之地"。清代，江都县分析为江都、甘泉两县，今维扬区绝大部分辖地属甘泉县。民国元年(1912)，江都、甘泉两县合并，维扬地域遂属江苏省江都县。

民国38年(1949)1月，扬州解放，设立扬州市，维扬地属扬州市。1951年10月，在扬州北郊黄金坝集镇，设立郊区人民政府，隶属县级扬州市管辖。

图 1-1-1　双桥路 15 号区政府机关门楼

1956 年 10 月，郊区人民政府撤销，原郊区 5 个乡合并为瘦西湖、运东、城北 3 个乡，直属扬州市管辖。

1983 年 3 月，实行市管县新体制。经国务院批准，扬州市改为省辖市，同时以原扬州市郊区 3 个人民公社和平山茶场，加上从邗江县划出的西湖、湾头、汤汪 3 个人民公社，成立扬州市郊区区公所(相当于县级)，作为扬州市人民政府派出机构。此时，全区面积 133 平方千米，人口 13.24 万人。

1984 年 7 月，经国务院批准，撤销郊区区公所，以其原辖区域成立扬州市郊区人民政府，为扬州市下属的县级行政区。

2002 年 11 月，经国务院批准，扬州市郊区更名为扬州市维扬区。次年 5 月，区机关驻地由双桥路 15 号迁至平山堂东路 1 号。

2011 年 11 月，国务院决定撤销维扬区，并入邗江区。

第三节　区　划

1989 年初，郊区主要管辖扬州城郊接合部，以乡镇为主，下辖湾头镇、双桥乡、城北乡、西湖乡、平山乡、城东乡、汤汪乡、平山茶场，计 72 个村民委员会，609 个村民小组，3 个集镇居民委员会。

1989 年维扬区行政区划一览表

表 1-1-1　　单位：个

乡镇(场)	村(居)民委员会	村(居)民小组数	村(居)民小组
湾头镇	沙东村	9	曹家庄、徐庄、周家庄、华家庄、曹庄、邱庄、孙庄、东高桥、陈桥
	湾头村	8	桑家沟、薛家、吉家庄、新村、福兴庄、三星庄、廖家、赵家场
	联合村	5	陈家庄、游家海、韩家庄、丁家庄、运河
	田庄村	4	田家庄、杨家庄、尤家庄、小张庄
	安林村	2	林家庄、安家庄
	周家村	5	七里庵、苗庄、小前庄、周家庄、朱家庄
	沙联村	5	草刘庄、方家庄、大张庄、高家庄、十里甸
	南刘村	1	南刘庄
	严桥村	6	王家庄、姜庄、董庄、严桥、卜庄、小朱庄
	二桥村	10	廖前、小南圩、管陈庄、尤家庄、罗庄、廖庄、孙家庄、赵家庄、头桥、大桥
	夏桥村	6	夏家桥、朱家桥、孙五房、阳关、杭李庄、十里村
	万福村	4	蔡吴庄、方家跳、小周庄、戴家庄
	板桥村	2	许家庄、罗家桥
	湾头镇居委会		

续表 1-1-1

乡镇(场)	村(居)民委员会	村(居)民小组数	村(居)民小组
汤汪乡	汤汪村	11	三元、曾家庄、西汤汪、洼坎、大陈庄、小陈庄、刘家庄、陶家庄、丁庄、邵家庄、朱家庄
	角里村	7	碾子、角里庄、朝阳、新河、新村、新华、河东
	崔庄村	10	九龙桥、张家巷、谢庄、袁庄、徐家套、高庙、郭家庄、崔庄、戴庄、徐家庄
	蔡坝村	2	严家凹、后庄
	严家村	8	韩家巷、赵家巷、红庙、花园庄、白果树、居家庄、董家庄、马家庄
	横沟村	8	陈家庄、吴庄、新兴庄、横沟桥、丁家坝、花园、殷庄、螺蛳坝
	丁长村	6	祁家庄、丁庄、新庄、华家庄、运河、丁家套
	坝基村	7	朱庄、老坝基、孙庄、韩庄、陈庄、杭庄、西庄
	运东村	3	韩家跳、姚庄、朱庄
	束庄村	6	束庄、尹常、徐庄、大唐庄、万家、宦家桥
	肖家村	3	肖家庄、仲套、金院
	袁巷村	9	小袁巷、戴家庄、徐巷、周庄、陈圈、王巷、小董庄、大袁巷、十井
	蒋巷村	5	仇庄、蒋家庄、仓房庄、杨庄、蒋家巷
	董庄村	8	桃园、何桥、倪院、曹庄、东高桥、单坝、董庄、唐家坝
	汤汪镇居委会		
城东乡	文峰村	12	谈庄、季庄、梅庄、吴巷、步庄、花园庄、万元桥、宝塔湾、陆庄、杨庄、新庄、新龙潭
	渡江村	13	田家巷、八大家、焦庄、倪家巷、高家庄、刘庄、薛家庄、吴庄、黄庄、金鱼塘、东花园、翟庄、蒋庄
	施井村	9	西庄、薛家庄、东庄、施家井、丁家坝、王庄、施井花园、小陈庄、老鸦庄
	沙口村	12	杨家庄、翟家庄、东庄、西庄、谢家庄、新桥、大王巷、费家庄、鸡毛庄、嵇庄、板凳树、林庄
	新民村	5	东汪、新庄、卞庄、五台山、凹字街
	新农村	6	花园庄、顾家庄、孙家庄、李家庄、尤家庄、董家庄
	新星村	3	黄凌沟、大袁庄、胡湾
	太平村	8	桥南、桥北、范家、吴家、太平、李庄、大庄、霍陈
双桥乡	裴庄村	7	裴庄、安墩、张庄、吕家庄、陶庄、大庄、新河
	潘桥村	12	蒋庄、新庄、土坝、小王庄、石庄、小袁庄、潘桥、童家套、夏庄、朱庄、谈魏庄、龙庄
	武塘村	15	陈庄、瓜徐庄、小高庄、花园、新庄、杨庄、赵庄、邬庄、朱庄、殷杨庄、佘家湾、蒋巷、曹庄、田庄、秋雨
	石桥村	6	孙姚庄、崔庄、石桥、大庙庄、小庙庄、谢庄
	双桥村	12	缪庄、大缺子、新庄、梅庄、王庄、顾庄、宰庄、大任庄、双桥、杨中、邵庄、贾庄
	卜桥村	11	刘庄、孙庄、念四桥、薛庄、小任庄、殷庄、葛庄、吴家湾、经庄、卜家桥、蒋家庄
	园林村	11	杨家庄、童家庄、大庄、小庄、陈庄、梁家楼、汪家庄、童家、俞家山、郭家山、五亭桥

续表 1-1-1

乡镇(场)	村(居)民委员会	村(居)民小组数	村(居)民小组
城北乡	梅岭村	14	新庄、梅家庄、太平、马庄、花家庄、窦家庄、宦家庄、吕庄、井汪、刘庄、邱庄、邓庄、李庄、糜庄
	卜杨村	8	安家庄、四圩子、财神庙、马家庄、余田、铁佛寺、桑树脚、杨家园
	三星村	21	王塘、新民、沈家山、林山、姚庄、胡桥、侯庄、西庄、耿田、门朝东、姜家园、叶家桥、张巷、下庄、陈庄、小刘庄、杭沟圈、老庄、刁庄、汪家楼、袁庄
	黄金村	14	小银庄、山头上、童家庄、郭庄、宋庄、俞庄、黄金坝、魏家庄、冈庄、盐厅子、北庄、东庄、西庄、董家庄
	红星村	10	胡庄、花园庄、汤庄、尹庄、前吴庄、王庄、周庄、莫庄、焦庄、后吴庄
	瓦窑村	8	郭庄、徐庄、杨本庄、陈庄、李庄、顾上庄、顾下庄、新庄子
	杭家村	12	新庄、小王四庄、杭庄、小杭庄、郭庄、小居庄、前庄、大兴庄、鸭成汤、陈土基、桑庄、李庄
	墩塘村	14	赵庄、肖家山、吴墩塘、王家田、吴东庄、仇家庄、姚庄、张家庄、陆庄、香火庄、李庄、小李庄、孙庄、玉关
	渔业村		
西湖乡	电力村	9	上庄、花园庄、夏家松园、居巷、王三房、龚庄、新庄、郭庄、曹庄
	魏巷村	9	张家庄、罗四房、小余庄、小罗庄、魏巷、西庄、小陶巷、山头、大陶巷
	宣塘村	8	徐庄、老徐庄、朱下庄、江家板、小刘庄、宣塘、大宗巷、小宗巷
	中心村	17	王庄、谈庄、郭下庄、小王庄、小郭庄、小余庄、马庄、大殷庄、小周庄、瓦屋、大罗庄、孙庄、杨庄、前杨庄、高南庄、罗郑庄、陶庄
	蜀冈村	15	赵庄、西张庄、窑庄、苏庄、施家冲、余庄、孙庄、黄竹棵、西陈庄、东陈庄、宗庄、吕庄、杨庄、孔庄、御葬坟
	俞桥村	8	赵庄、南庄、西俞桥、西俞庄、杨庄、下李庄、马庄、西庄
	新谊村	9	大李庄、老坝头、郭庄、小高庄、小李庄、大巷庄、金田庄、小魏庄、胜利
	经圩村	5	施庄、经家圩、经家庄、周家庄、东张家庄
	果园村	9	高庄、小高庄、蚂蚁庄、高田庄、十三里庙、龟塘庄、瓦屋庄、张庄、陈庄
	高庄村	7	东杨庄、小杨庄、高庄、谈榜、谈沟圈子、南庄、花园庄
	胡场村	7	胡场、上罗庄、下罗庄、小周庄、东徐庄、建隆寺、魏庄
	西庄村	7	施家冈、小绕庄、金庄、西庄、尚桥、祝庄、小刘庄
	蚕桑村	12	罗庄、施庄、焦庄、杨庄、李庄、蒋巷、小刘庄、刘家沟圈、赵家庄、冯庄、孔庄、谈庄
	槐柳村	6	小王庄、涂庄、刘庄、张巷、谈巷、槐柳巷
	西湖镇居委会		

续表 1-1-1

乡镇(场)	村(居)民委员会	村(居)民小组数	村(居)民小组
平山乡	平山村	6	徐庄、小星塘、北徐、南徐、林业、朱家庄
	堡城村	14	许家巷、尹家大庄、李庄、王庄、店门口、陆庄、象鼻、西河湾、方家庄、前庄、凌家庄、万家庄、西华门、测字街
	综合村	11	大谈庄、小谈庄、下谈庄、江庄、汪家山坎、小陆庄、大陆庄、孙家庄、陆庄、小茅山、卜家冲
	雷塘村	8	李家庄、钱家山、尹家桥头、尹家豪子、陆庄、陈庄、尹家庄、雷塘桥庄
	丁魏村	7	谈庄、小魏庄、尹家长庄、大魏庄、丁家庄、杨庄、小丁庄
	朱塘村	15	陈庄、鞠巷、大颜庄、小颜庄、焦庄、小朱庄、冯庄、棋杆庄、碾砣庄、郭庄、赵庄、韩庄、朱塘庄、冲庄、殷庄
	荷叶村	17	花庄、荷叶庄、杨庄、王庄、张庄、陈庄、闵庄、唐庄、袁庄、朱下庄、小谈庄、涂庄、大袁庄、施岗、东陈、西陈、小颜庄
平山茶场			

1992 年 4 月，经省政府批准，双桥乡潘桥、裴庄村及文汇路以南武塘村部分村民小组划入市经济技术开发区。同年 10 月，撤销西湖乡，以其原辖地建西湖镇。

1999 年 12 月 3 日，区政府同意西湖镇将西庄村与槐柳村合并，合并后村名为金槐村。

2000 年 1 月 7 日，西湖镇村级区划调整，电力村与宣塘村合并，村名为司徒村；高庄村与中心村合并，村名为中心村；新谊村与俞桥村合并，村名为俞桥村；魏巷村与胡场村合并，村名为胡场村；果园村与蜀冈村合并，村名为蜀冈村；蚕桑村与经圩村合并，村名为经圩村。

2000 年 1 月 24 日，城北乡部分村级区划调整，红星村与瓦窑村合并，村名为瓦窑村；墩塘村与杭家村合并，村名为槐南村。

2000 年 5 月 8 日，汤汪乡村级区划调整，董庄村、肖家村、袁巷村合并，村名为龙泉村；蔡坝村、崔庄村、蒋巷村合并，村名为九龙村；束庄村、运东村合并，村名为宦桥村；甪里村、汤汪村、严家村合并，村名为连运村；丁长村、坝基村合并，村名为同心村。

2000 年 5 月 26 日，湾头镇村级区划调整，湾头村、万福村合并，村名为万福村；联合村、周家村合并，村名为联合村；田庄村、安林村合并，村名为田庄村；沙联村、严桥村合并，村名为沙联村；南刘村、板桥村、沙东村合并，村名为万寿村。

2001 年 7 月，建立江阳工业园，由平山乡与西湖镇划出部分地域建设，前期规划 9.67 平方千米，是扬州市“一区五园”经济发展战略部署的重要组成部分，作为郊区发展规模经济新平台。

2002 年 1 月，扬州市政府调整市区部分行政区划。效区汤汪乡划入广陵区管辖。广陵区东关街道办事处的花家巷、窦庄、马庄、工人第二新村、石狮子巷、便益门、高桥、老虎山、黄金坝等 9 个居委会，汶河街道办事处的丰乐、梅岭、建隆巷、凤凰桥、安庄、友谊路、叶公桥、柳湖南苑、贾庄、念四桥、扬子江北路、王庄、瘦西湖、梅庄、新庄、西苑、秋南苑、春竹苑、夏荷苑、秋桂苑、冬梅苑、苏农、扬大师范学院、康乐新村、杨庄等 25 个居委会划入郊区管辖。效区湾头镇划归广陵区代管。

2002 年 1 月，省政府批复决定对市区进行区划调整，将湾头镇、城东乡、汤汪乡划属广陵区。从广陵区划出叶公桥、友谊路、丰乐、梅岭新村、建隆巷、凤凰桥、安庄、花家、窦庄、马庄、工人第二新村、高桥、便益门、石狮子巷、老虎山、黄金坝计 16 个居委会及从城北乡划出梅岭村，合并新建梅岭街道。同时将原属广陵区的市区二道河以西的柳湖南苑、贾庄、念四桥、扬子江北路、王庄、瘦西湖、梅庄、新庄、西苑、秋南苑、春竹苑、夏荷苑、秋桂苑、冬梅苑、苏农、扬大师范学院、康乐新村、杨庄等 18 个居委会划入郊区，和双桥原辖地的行政村合并新建双桥街道，与双桥乡两块牌子、一套班子。至此，郊区下辖梅岭、双桥两个街道，西湖、城北、平山3个乡镇，平山茶场1个国营场圃，经重新整合计17个社区、24个村，面积81平方千米，人口19.74万人。此时郊区成为城郊接合的行政区域。

2002年维扬区行政区划一览表

表1-1-2　　单位：个

镇、乡、街道、场	行政村(社区)	村(居)民小组数	村(居)民小组
西湖镇	经圩村	16	施庄、林庄、经一、经二、周庄、桃园、张庄、孔庄、罗庄、冯庄、赵庄、李庄、刘家沟圈、杨庄、蒋庄、刘庄
	蜀冈村	22	西张、大杨、吕庄、东陈、西陈、赵庄、苏庄、窑庄、张庄、俞庄、孙庄、黄竹、御葬坟、孔庄、宗庄、凤凰、瓦屋、龟塘、陈庄、高庄、蚂蚁、三里
	中心村	25	前庄、后庄、杨庄、高东、高西、谈沟圈子、上庄、南庄、花园、谈塝、郭下、小王、王马、大英、瓦屋、大罗、孙庄、西杨、大杨、罗郑、小陶、高南、老谈、后谈、大王
	胡场村	20	胡场、林业、前庄、罗庄、周庄、东徐、西徐、魏庄、建隆、罗四房、山头、大陶、小陶、西庄、南山、中魏、北魏、张庄、小余庄、小罗庄
	司徒村	19	南徒、北徒、上庄、花园、松园、居巷、王三房、小徐、老徐、朱下、江坂、西塝、大宗、小宗、宣塘、龚庄、新庄、曹庄、夏沟
	金槐村	19	祝庄、刘庄、施冈、南庄、西庄、金庄、饶庄、张上、张下、槐上、槐中、槐下、冯庄、谈庄、王庄、涂庄、东刘、西刘、尚桥
	俞桥村	22	上坝、下坝、上大李、下大李、高庄、郭庄、小李、大巷、魏庄、金田、陈坟、南庄、马庄、西庄、桥头、俞桥、冯庄、赵庄、杨庄、上庄、下庄、俞庄
	司徒社区	7	一组、二组、三组、四组、新一、新二、机关宿舍
	翠岗社区	20	(居民小组以楼栋命名)
平山乡	平山村	5	小星、朱庄、南徐、北徐、朱庄宿舍楼
	朱塘村	16	鞠巷、陈庄、朱庄、殷庄、光明、冯庄、小朱、棋杆、大颜、小颜、郭庄、团结、焦庄、赵庄、韩庄、冲庄
	丁魏村	6	尹西、尹东、谈庄、魏庄、丁庄、杨庄
	荷叶村	14	杨庄、荷叶、王庄、张庄、花园、闵庄、东陈、西陈、唐庄、袁庄、湖塘、涂庄、朱下、施冈
	雷塘村	8	钱家、尹家、胜利、花园、爱国、建设、和一、和二
	综合村	11	江家山坎、江庄、下谈、小谈、大谈、小陆、大陆、孙庄、小茅山、卜家冲、陆家庄
	堡城村	10	象鼻、陆庄、王庄、李庄、前庄、方庄、许巷、万庄、凌庄、西河
城北乡	黄金村	18	北庄、东庄、西庄、董前、董东、董西、盐厅、综合、童西、童东、郭前、郭后、宋庄、余前、余后、黄金坝、魏庄、渔业队
	槐南村	31	肖东、肖西、北庄、赵庄、王田、墩西、墩东、吴东、仇庄、张庄、姚庄、陆庄、香伙、上李、下李、玉关、大杭、小杭、杭庄、郭前、郭西、郭东、大兴庄、陈土基、鸭成荡、新庄、小王四、王四西、王四东、桑庄、小李庄
	三星村	16	新民、沈家山、林山、王塘、西庄、红旗、胡桥、侯庄、姜家园、陈巷、汪家楼、刁庄、袁庄、老庄、杭沟圈、叶家桥
	瓦窑村	21	汤庄、尹庄、前吴东、前吴西、贵王庄、后吴东、后吴西、胡庄、焦庄、周庄、花园庄、徐庄、顾下庄东、顾下庄西、顾上庄、李庄、杨本庄、郭庄东、郭庄西、陈庄东、陈庄西

续表 1-1-2

镇、乡、街道、场	行政村(社区)	村(居)民小组数	村(居)民小组
城北乡	卜杨村	7	安南、安北、桑南、桑中、桑北、佘田、杨庄
	安平社区	22	安庄新村(1～10组)、竹西花苑(1～3组)、黄金苑(1～4组)、竹西新村、安庄二村(1～2组)、竹西北院(1～2组)
	竹西社区	17	二院宿舍、竹西公园居民楼、黄金苑、文化站宿舍、教师楼、水泥厂宿舍、供销社宿舍、砖瓦新村、玻璃仪器厂宿舍、煤球厂宿舍、黄金新村、电厂宿舍、九〇一库、纺织品仓库宿舍、抗排站宿舍、扬建宿舍、机床厂宿舍
双桥街道(乡)	双桥社区(村)	14	王庄、任庄、顾庄、白塔、张庄、贾庄、劳动、邵庄、新庄、陶庄、缪庄、双桥、宰庄、梅庄
	卜桥社区(村)	11	孙庄、念四桥、任庄、葛庄、刘庄、殷庄、吴湾、经庄、卜桥、蒋庄、薛庄
	武塘社区(村)	10	秋雨、果园、赵庄、蒋东、蒋西、武塘、田庄、武庄、新庄、杨庄
	石桥社区(村)	7	石桥、姚庄、赵庄、崔庄、谢庄、新庄、周庄
	园林村	12	杨一、杨四、杨五、杨六、童家、大庄、小庄、陈庄、梁楼、蜀冈、西湖、五亭
	文苑社区	64	(居民小组以楼栋命名)
梅岭街道	丰乐社区	40	(居民小组以楼栋命名)
	广储社区	21	(居民小组以楼栋命名)
	便益门社区	48	(居民小组以楼栋命名)
	锦旺社区	56	(居民小组以楼栋命名)
	凤凰桥社区	52	(居民小组以楼栋命名)
	友谊社区	45	(居民小组以楼栋命名)
	邗沟社区	12	(居民小组以楼栋命名)
平山茶场			

2004年10月，从平山乡划出堡城村、综合村，双桥乡划出园林村，城北乡划出卜杨村部分村民小组设立滨湖社区，梅岭街道划出友谊社区新建瘦西湖街道。

2005年11月，扬州市新建蜀冈—瘦西湖风景名胜区管理委员会，瘦西湖街道划属该管委会代管。

2007年8月，平山茶场管理体制调整后，归属平山乡管辖。

2008年6月4日，市政府将原属邗江区甘泉社区和长塘、公路集、双山、老山、焦巷、五湖、双塘、姚湾、香巷等9个村区域设立甘泉街道办事处，并将其划归维扬区管辖。甘泉街道面积39.5平方千米，人口2.7万人。

2011年，维扬区下辖梅岭、双桥、甘泉、瘦西湖4个街道，西湖、城北、平山3个乡镇，计27个社区、25个村。区域面积120.5平方千米，人口23.05万人。

2011 年维扬区行政区划一览表

表 1-1-3　　　　单位:个

镇乡、街道	行政村(社区)	村(居)民小组数	村(居) 民 小 组
西湖镇	经圩村	18	施庄、林庄、经一、经二、周庄、桃园、张庄、孔庄、罗庄、冯庄、赵庄、李庄、刘家沟圈、杨庄、蒋庄、刘庄、金庄、蚕场
	蜀冈村	15	西张、大杨、吕庄、东陈、西陈、赵庄、苏庄、窑庄、俞庄、孙庄、黄竹、御葬坟、孔庄、宗庄、茶园
	中心村	25	前庄、后庄、杨庄、高东、高西、谈沟圈子、上庄、南庄、花园、谈塝、郭下、小王、王马、大英、瓦屋、大罗、孙庄、西杨、大杨、罗郑、小陶、高南、老谈、后谈、大王
	胡场村	20	胡场、林业、前庄、罗庄、周庄、东徐、西徐、魏庄、建隆、罗四房、山头、大陶、小陶、西庄、南山、中魏、北魏、张庄、小余庄、小罗庄
	司徒村	19	南徒、北徒、上庄、花元、松元、居巷、王三房、小徐、老徐、朱下、江坂、西塝、大宗、小宗、宣塘、龚庄、新庄、曹庄、夏沟
	金槐村	19	祝庄、刘庄、施冈、南庄、西庄、金庄、饶庄、张上、张下、槐上、槐中、槐下、冯庄、谈庄、王庄、涂庄、东刘、西刘、尚桥
	俞桥村	22	上坝、下坝、上大李、下大李、高庄、郭庄、小李、大巷、魏庄、金田、陈坟、南庄、马庄、西庄、桥头、俞桥、冯庄、赵庄、杨庄、上庄、下庄、俞庄
	西峰社区	28	开发新村、北徒组、南徒组、上庄组、松园组、夏沟组(5 组)、新庄组、曹庄组、花园组机关宿舍(2 组)、新二村、新一村、久扬小区(东苑 3 组)、久扬小区(西苑 2 组)、供销社宿舍、五泉制衣(2 组)、开发新村(2 组)、西湖中学宿舍、新东方中学宿舍
	翠岗社区	50	(居民小组以楼栋命名)
平山乡	西华门社区	6	平山、小星、朱庄、西华苑、朱庄宿舍楼、茶场宿舍楼
	朱塘社区	16	鞠巷、陈庄、朱庄、殷庄、光明、冯庄、小朱、棋杆、大颜、小颜、郭庄、团结、焦庄、赵庄、韩庄、冲庄
	荷叶社区	15	杨庄、荷叶、王庄、张庄、花庄、闵庄、东陈、西陈、唐庄、袁庄、湖塘、涂庄、朱下、施冈、养怡花园
	雷塘村	8	钱家、尹家、胜利、花园、爱国、建设、和一、和二
	丁魏村	6	尹西、尹东、谈庄、魏庄、丁庄、杨庄
城北乡	黄金村	18	北庄、东庄、西庄、董前、董东、董西、盐厅、综合、童西、童东、郭前、郭后、宋庄、余前、余后、黄金坝、魏庄、渔业队
	槐南村	31	肖东、肖西、北庄、赵庄、王田、墩西、墩东、吴东、仇庄、张庄、姚庄、陆庄、香伙、上李、下李、玉关、大杭、小杭、杭庄、郭前、郭西、郭东、大兴庄、陈土基、鸭成荡、新庄、小王四、王四西、王四东、桑庄、小李庄
	三星村	16	新民、沈家山、林山、王塘、西庄、红旗、胡桥、侯庄、姜家园、陈巷、汪家楼、刁庄、袁庄、老庄、叶家桥
	瓦窑村	21	汤庄、尹庄、前吴东、前吴西、贵王庄、后吴东、后吴西、胡庄、焦庄、周庄、花园庄、徐庄、顾下庄东、顾下庄西、顾上庄、李庄、杨本庄、郭庄东、郭庄西、陈庄东、陈庄西
	卜杨社区	2	安南、安北

续表 1-1-3

镇乡、街道	行政村(社区)	村(居)民小组数	村(居)民小组
城北乡	安平社区	22	安庄新村(1～10组)、竹西花苑(1～3组)、黄金苑(1～4组)、竹西新村、安庄二村(1～2组)、竹西北院(1～2组)
	鸿福社区	72	(居民小组以楼栋命名)
	竹西社区	13	二院宿舍、竹西公园居民楼、黄金苑、砖瓦新村、玻璃仪器厂宿舍、电厂宿舍、九〇一库、纺织品仓库宿舍、抗排站宿舍、扬建宿舍、机床厂宿舍、扬州电厂宿舍、月明苑小区
双桥街道	石桥社区	27	石桥、姚庄、赵庄、崔庄、谢庄、新庄、周庄、念四二村、双桥新村、东方百合园、念四三村、正文大院、干休所宿舍、党校宿舍、商行宿舍、弘扬花园、嘉丰苑、锦绣花园、口岸委宿舍、旺庭公馆、文艺苑、梅庄新村、石桥新苑、姚庄小区、文教局宿舍、江扬107幢、煤气宿舍
	卜桥社区	15	吴湾、经庄、刘庄、薛庄、任庄、蒋庄、卜桥、念四、殷庄、葛庄、孙庄、扬州天下、念香苑、农科所宿舍、俞山
	双桥社区	14	贾庄、陶庄、双桥、任庄、张庄、劳动、王庄、顾庄、缪庄、宰庄、梅庄、柳湖南苑、贾庄新村、梅庄新村
	武塘社区	16	蒋东、蒋西、田庄、武塘、赵庄、秋雨、杨庄、武庄、新庄、果园、四季园小区、秋南苑、派出所宿舍、扬大宿舍、武塘3幢、秋南新寓
	康乐社区	12	康乐新村 、杨庄街坊、海华宿舍、名门都汇、渔管宿舍、春江新村、康文苑、市政府宿舍、康武苑、教工楼、建行宿舍、广陵区宿舍
	文苑社区	12	新庄新村、新庄二村、苏农二村、苏农五村、邵庄新村、张庄小区、京剧团宿舍、新华书店宿舍、老干部别墅、中医院宿舍、煤校宿舍、电台宿舍
	虹桥社区	4	念四新村 、孙庄新村、柳湖北苑、念四东苑
梅岭街道	丰乐社区	70	(居民小组以楼栋命名)
	广储社区	62	(居民小组以楼栋命名)
	便益门社区	71	(居民小组以楼栋命名)
	锦旺社区	92	(居民小组以楼栋命名)
	凤凰桥社区	75	(居民小组以楼栋命名)
	邗沟社区	59	(居民小组以楼栋命名)
	漕河社区	82	(居民小组以楼栋命名)
甘泉街道	甘泉社区	13	甘东、甘西、王庄、曹二、李庄、前庄、后庄、马庄、大众、黄庄、瓦房、姚庄、方庄
	香巷村	14	俞桥、李庄、王庄、香一、香二、居庄、大塘、刘庄、李巷、卢庄、三东、三西、小李、徐庄
	老山村	27	赵庄、胡庄、军庄、高庄、涂庄、朱庄、陈庄、江庄、郑庄、季庄、刘庄、李庄、邵庄、新庄、张庄、唐庄、郭庄、王庄、范庄、左庄、曹东、曹西、西庄、徐庄、下庄、六里、太平
	五湖村	18	桑一、桑二、桑三、大路、曹大、戴巷、五岔、林庄、顾巷、电站、马庄、上庄、下庄、小居、涂东、涂西、陈东、陈西
	焦巷村	29	曹庄、马庄、井塘、杨庄、小于、曹坟、周庄、胡庄、胡东、前余、居庄、胡西、王巷、高庄、聂庄、焦东、焦西、孔庄、方庄、许庄、下王、小余、大余、高院、熊王、苏庄、道仁、南岗、胜利
	姚湾村	14	巷口、吴庄、居庄、王庄、苗巷、顺利、涂庄、秦庄、公路、三墩、姚湾、大姚、前周、后周

续表 1-1-3

镇乡、街道	行政村(社区)	村(居)民小组数	村(居) 民 小 组
甘泉街道	双塘村	18	周庄、余庄、曹上、居庄、蛇口、曹下、许庄、沟圈、双塘、陈庄、湾庄、瓦房、花庄、胡庄、西庄、东庄、王庄、杨庄
	双山村	17	时巷、邵巷、陶庄、团结、前赵、红星、前王、后王、吴庄、九道、中兴、后赵、许庄、汤庄、王冲、上庄、下庄
	长塘村	31	居庄、姚东、姚中、团结、长塘、魏庄、高庄、张庄、余庄、王行、范庄、朱庄、祝庄、芒草、新民、曾庄、渠南、渠东、潘庄、东庄、秦庄、孙巷、王庄、佘庄、东任、西任、聂庄、徐庄、李庄、西机、机匠
	公路集村	20	路南、三星、后黄、上黄、下黄、郑一、郑二、黄一、黄二、吴庄、上姚、姚庄、七里、砖桥、马庄、金坝、路北、柏庄、邵塘、殷庄
瘦西湖街道	堡城村	10	象鼻、陆庄、王庄、李庄、前庄、许巷、万庄、凌庄、西河、方庄
	综合村	11	综合一组、综合二组、综合三组、综合四组、综合五组、综合六组、综合七组、综合八组、综合九组、综合十组、综合十一组
	园林村	12	五亭、西湖、童家、大庄、小庄、陈庄、梁楼、蜀冈、杨四、杨五、杨六、杨一
	友谊社区	2	小刘庄、糜庄
	滨湖社区	5	桑北、桑南、桑中、余田、杨庄

第二章　自然环境

维扬区境内大地构造处于扬子准地台东端江都至扬州弧形断褶带内，地表为第四纪沉积物所覆盖，地势西北高东南低。北部为蜀冈丘岗地，地面海拔高度 10～30 米；南部为长江冲积地带，地势平坦，地面海拔高度 5～10 米。

1989 年，全区东西长 15 千米、南北宽 12 千米，总面积 133 平方千米。2002 年市区区划调整，区域东西长 14.6 千米、南北长 8.1 千米，总面积 81 平方千米。2008 年，市区区划再度调整，区域总面积 120.5 平方千米。区内有京杭大运河、古运河以及众多河流水库，水源丰富。区境位于北亚热带，气候温和湿润，年均气温 15.9℃，四季分明；雨量充沛，年均降雨量 1046.6 毫米；光照充足，年均日照时数 1932.2 小时；无霜期较长，年均 212.1 天。土壤肥沃，适宜多种植物生长。但降水年际之间差距很大，年内分布不均，以夏季降水为多，以致洪涝、旱灾时有发生。由于城市化进程日益加快，人口密度增大，耕地逐步减少，野生动物资源濒临枯竭，天然动植物基本消失。

第一节　地质地貌

一、地质

维扬区位于江淮之间、长江下游北岸、淮河入江水道尾间，属淮河流域。大地构造处于扬子准地台江都—扬州弧形断褶带内的扬州—江都断陷隆起带上，地质构造受扬州—铜陵大断裂带控制。全区表层为第四纪沉积物所覆盖，厚度平均 50 米以上；下部是侏罗系灰岩，或白垩系棕红—紫红色砂岩泥岩。

境内地质变化以蜀冈为界，分为南北两部分。蜀冈（蜀冈西峰—司徒庙—观音山—桑树脚—上方寺—扬州电厂）一线以北，属下蜀系黄土，上部为浅黄色黏土、亚黏土，底部有少数铁锰结核，形成于第四纪上更新世，距今约 10 万年，基岩深度 75 米。工程地质参数，塑性指数 17 左右，地基计算强度 20～

25吨/平方米。第三纪新构造运动微弱隆升,经长期侵蚀,地表起伏成冈地。蜀冈以南部分为第四纪全新世长江冲积平原,形成约1万年。上层为河漫沙相沉积,土质为壤土和黏性壤土,下层河床相沉积,土质为青沙或粉沙质壤土。地基计算强度8~10吨/平方米。城乡接合部多为瓦砾土层,小部分地区有淤泥,基岩深度56~64米。

二、地貌

区境位于长江下游北岸的三角洲区和宁镇扬丘陵区交界处。地势走向呈西北高、东南低,平均高差20米左右。在地貌上以蜀冈为界,分为两大类型。黄色黏土地区分为冈丘与高地,黄色沙土地区分为平原与圩区。北部为蜀冈丘陵区,地面高程10~30米。地势呈波状起伏,北缓南陡,以西北部西湖镇司徒村附近较显著,有高差10多米的陡坡,形成平原与冈丘两大地貌分区自然界限。从西往东冈丘渐低,至上方寺扬州电厂以东隐伏于漫滩平原之中。此区属堆积—侵蚀地貌,属长江一级阶地。

丘陵区西北至杨寿镇,东北至槐泗河,南临沿山河、冷却河一线,东依大运河和入江水道,西达赵家支沟。槐泗河流域,地势西北高,东南低,自然地形复杂,冈冲交错,起伏变化较大,南北岭部甘泉街道至西湖镇地面高程35.1~25.2米,中部冲田由西向东高程18~5.1米,高差悬殊较大。排涝河流域,由西湖镇冈丘地区的张庄至丘下的经圩地面高程8.4~7.4米,形成又一个地貌分区自然界限。

1989年,冈丘区内有3乡1场(西湖乡、平山乡、城北乡北部,平山茶场)26个村303个村民小组,总面积54.57平方千米,占全区总面积的41.03%。耕地面积2241.12公顷,占全区耕地总面积的46.22%。在耕地面积中水田1880.94公顷、旱田360.18公顷(其中常年蔬菜面积273.47公顷,占全区常年蔬菜面积的23.84%)。该区域粮食生产以水稻为主,稻麦两熟。灌溉用水较为困难,靠提水灌溉,有些田块需经五级提水方能灌溉。蜀冈丘陵以南为运河平原区,分布于城区四周,为沉积堆积地貌,属长江三角洲漫滩平原。运河平原区总面积78.43平方千米,占全区总面积的58.97%。耕地面积2607.97公顷,占全区总耕地面积的53.78%。在耕地面积中,水田1007.17公顷、旱田1600.8公顷(其中常年蔬菜地面积873.77公顷,占全区常年蔬菜面积的76.16%)。

运河平原区地理位置分为东、中、西三片。

京杭大运河以东,金湾河以西为东片,属淮河入江水道沙河水系。湾头镇与汤汪乡京杭大运河以东一部,面积41.44平方千米,占运河平原区面积的52.84%,占全区总面积的31.16%。区内有金湾河、太平河、廖家沟、壁虎河、沙河、七零河、方跳河、中沟河、沙联河、朱家河、高罗河、安林河、团结河、大众河、红旗河、袁庄河等10多条河道。

京杭大运河以西,古运河以东为中片,为城东乡、汤汪乡京杭运河以西一部,面积22.27平方千米,占运河平原区面积的28.39%,占全区总面积的16.74%。区内河道有丁字河、新太河、新农河、沙施河、七里河、曲江河、渡江河、马泊河、横沟河、跃进河、同心河等分别汇入古运河和大运河。

古运河以西,新城河以东,冷却河、瘦西湖一线以南为西片,为双桥乡和城北乡南部,面积14.72平方千米,占运河平原区面积的18.77%,占全区总面积的11.07%。区内有邗沟河、高潮河、保障河、念四河、蒿草河、杨庄河、潘桥河、西沙河、花园河、二道河、安墩河、排涝河、西七里河、卜家河等,注入古运河。

运河平原区地面高程5~10米,地势平坦,自西北微向东南倾斜。区域内河网密布、土地肥沃、交通便利、环境优美、市场繁荣,是维扬区政治、经济、文化、交通和旅游中心。

2002年1月,市区区划调整,湾头镇、城东乡与汤汪乡划属广陵区管辖,新增由广陵区划入的34个居委会。维扬区域总面积减至81平方千米。冈丘面积仍为54.57平方千米,占全区总面积的67.37%;运河平原区面积只有26.43平方千米,占全区总面积的32.63%。2008年6月,市区区划再度调整,邗江区甘泉街道划归维扬区管辖,维扬区域总面积增至120.5平方千米。冈丘面积增至94.07平方千米,占全区总面积的78.07%。运河平原区面积不变,占全区总面积的21.93%。

第二节 气 候

一、四季气候

维扬区属亚热带气候区，气候温和湿润，雨量充沛，季风气候显著，四季分明。气候主要特点是：盛行风向随季节有明显变化。冬季盛行干冷的偏北风，以东北风和西北风居多。夏季多为从海洋吹来的湿热的东南到东风，春季多东南风，秋季多东北风。冬季偏长，4个多月；夏季次之，约3个月；春秋季较短，各为2个多月。

二、气象要素

日照 1989～2011年，维扬区年均日照时数1931.3小时，日照百分率43%。一年之中，8月日照最丰富，平均日照时数191.4小时；1月最少，平均日照时数仅130.2小时。年日照时数最多的是2004年，共有2112.7小时；最短的是1993年，仅有1737.8小时。

1989～2011年维扬区年平均日照时数统计表

表1-2-1 单位：小时

年 份	1989	1990	1991	1992	1993	1994	1995	1996	1997
日照时数	1754.7	1964.6	1778.5	2025.8	1737.8	2031.2	2048.8	1847.2	1907.7
年 份	1998	1999	2000	2001	2002	2003	2004	2005	2006
日照时数	1884.2	1923.3	2041.4	1932.2	1975.8	1823.7	2112.7	2092.4	1861.3
年 份	2007	2008	2009	2010	2011				
日照时数	1948.1	1912.9	1877.9	2040.2	1897.9				

气温 1989～2011年，维扬区年平均气温16℃，最高年份2007年16.9℃，最低年份1991年14.9℃。一年之中1月最冷，月平均气温2.4℃。极端最低气温-12.0℃，出现在1991年12月29日、30日。7月最热，月平均气温28.2℃。极端最高气温39.9℃，出现在2003年8月2日。

1989～2011年维扬区年均气温统计表

表1-2-2 单位：℃

年 份	1989	1990	1991	1992	1993	1994	1995	1996	1997
平均气温	15.1	15.9	14.9	15.2	15.1	16.7	15.7	15.4	16.2
年 份	1998	1999	2000	2001	2002	2003	2004	2005	2006
平均气温	16.8	15.9	16.3	16.4	16.6	15.8	16.7	16.1	16.7
年 份	2007	2008	2009	2010	2011				
平均气温	16.9	16.1	16.2	16.0	15.6				

降水 1989～2011年，维扬区年平均降水量1069.2毫米。年际间差异很大，年降水量最大年份为1991年1645.1毫米，年降水量最少年份为1994年610.2毫米，两者相差1034.9毫米，后者仅为前者的37.1%。一日最大降水量249毫米，出现在2003年7月5日。最长连续降水日数13天，出现在2001年12月1日至13日；最长连续无降水日39天，出现在1995年10月25日至12月2日。

1989～2011年维扬区年均降水量统计表

表1-2-3　　单位：毫米

年　份	1989	1990	1991	1992	1993	1994	1995	1996	1997
降水量	1213.0	1095.4	1645.1	917.5	1095.9	610.2	741.4	1213.6	923.2
年　份	1998	1999	2000	2001	2002	2003	2004	2005	2006
降水量	1238.0	1016.6	932.4	697.6	1071.2	1390.1	809.0	1182.0	1094.4
年　份	2007	2008	2009	2010	2011				
降水量	1028.3	967.8	1240.0	1119.8	1348.6				

霜期　维扬区平均初霜日在11月8日，初霜期最早出现时间是1988年和1998年的10月17日，最迟出现时间是2006年2月4日；平均终霜期是4月5日，最晚为2008年4月24日，最早为1997年和1998年的3月22日。霜期平均150.4天，最长的为188天，出现于2008年；最短的54天，出现于2006年。

1989～2011年维扬区霜日统计表

表1-2-4　　单位：天

年　份	初霜期(日/月)	终霜期(日/月)	初终间日
1988～1989	17/10	5/4	171
1989～1990	10/11	2/4	144
1990～1991	20/10	27/3	160
1991～1992	24/10	12/4	171
1992～1993	30/10	27/3	149
1993～1994	23/10	3/4	163
1994～1995	2/11	3/4	154
1995～1996	18/11	24/3	127
1996～1997	27/10	22/3	147
1997～1998	4/12	22/3	109
1998～1999	17/10	29/3	165
1999～2000	2/11	4/4	154
2000～2001	30/10	4/4	156
2001～2002	2/11	23/3	141
2002～2003	23/10	8/4	167
2003～2004	27/10	8/4	163
2004～2005	27/10	4/4	159
2005～2006	4/2	29/3	54
2006～2007	7/11	4/4	149
2007～2008	20/10	24/4	188
2008～2009	10/11	2/4	144
2009～2010	3/11	16/4	165
2010～2011	28/10	5/4	160

雪　维扬区降雪初日平均出现在12月14日，降雪初日最早为2009年11月16日，最晚为2001年1月17日；平均终雪日为3月1日，终雪最早为2006年12月9日，最晚为2010年4月14日。

风　全年东风为最多。春夏两季以东南风为主，秋季多东北风，冬季多西北风。年平均风速2.2米/秒。一年之中，3、4、5月风速最大，月平均风速2.5米/秒；10月风速最小，月平均1.9米/秒。每年7～10月为台风活动期，通常称为台风季节。极大风速28米/秒，出现在2007年7月30日；次为20.5米/秒，出现在2005年9月12日。

第三节　河　流

一、运河

古运河　该运河始于春秋末期邗沟。隋大业元年至大业六年(605～610)，隋炀帝杨广开凿南北大运河。北宋天禧二年(1018)，"议开扬州古河，绕城南接运渠"，古运河河道改走今绕城东南的位置，原由螺丝湾穿城而过的古运河遂成为城内河。境内古运河长4.8千米，河面宽约50米，水深2～2.4米，历史最低水位1.9米，最高水位6.73米，可通航600吨位船队，为六级航道。1998～2011年，对古运河综合整治，包括河道驳岸、河道疏浚、河滨绿化、污水管网截流、道路拓宽等，初步形成运河风光带。

京杭大运河扬州段　为避开古运河在城区的多处弯道，1958年10月起开辟从境内城北乡瓦窑铺向南到原邗江县境内长江六圩渡口的新运河航道。该运河组织20万名民工挑挖，至1960年工程竣工。境内长3.5千米，河面宽约100米，通航水位3.5米，通航水深4米，最高洪水位7.3米，通航能力可通过双线2000吨位船驳，为二级航道。

二、区属骨干河道

瘦西湖　位于瘦西湖街道境内，原名炮山河、保障河、长春河。清代乾隆年间，钱塘诗人汪沆将杭州西湖与扬州保障河作对比，赋诗一首："垂杨不断接残芜，雁齿虹桥俨画图。也是销金一锅子，故应唤作瘦西湖"。故得名瘦西湖。该河北起大明寺脚下的接驾厅，南流约1千米至念四桥，西流汇合念四河，东流汇合莲花河，经五亭桥、大虹桥与二道河相连。瘦西湖总长约4.5千米。湖身曲折逶迤，瘦削多姿，风光旖旎。2004年4月，市政府筹资1.97亿元，修建瘦西湖活水工程，引邵伯湖水，注入瘦西湖，使瘦西湖水更活更清。

槐泗河　东西流向，又名槐子河。是维扬区东北部与邗江区的界河。西南起自甘泉街道长塘村，东北至城北乡瓦窑村，全长17.2千米。境内长13.9千米，流经西湖镇俞桥村，通过扬天公路大官桥，经平山乡荷叶村、雷塘村、丁魏村，再通过扬菱公路槐泗桥经城北乡槐南村、瓦窑村后注入京杭大运河，是区境北部丘陵地区的主要排灌河道。

邗沟　东西流向。位于城北乡境内。周敬王三十四年(前486)，吴王夫差为北上与齐国抗衡，在蜀冈之下开邗沟以利运输。如今从螺丝湾桥到黄金坝一线为邗沟遗址，长1.9千米，河面宽22米，邗沟南流注入高潮河(漕河)，向西通保障河，向东汇入古运河，2002年列入瘦西湖活水工程项目，经过整治成为景色秀美的风光带。邗沟历史上对扬州的古代文明、经济繁荣起过十分重要的作用。1982年，古邗沟遗迹被列入市文物保护单位。

新城河　南北流向，又称西排涝河，是维扬区西部与邗江区的界河。北起西湖镇蜀冈村沿山河，流经西湖镇经圩村，双桥乡(街道)卜桥、石桥、武塘、潘桥村(社区)等至龙衣庵入古运河。长6.24千米，河面宽约21米。该河开挖于1957年，开挖目的是为排泄蜀冈山洪和引进江淮之水灌溉。40多年来，由于水土流失、乱倒垃圾，河床淤塞，排灌效益日趋衰减。2000年，对该河整治，吟月桥至赏月桥段清淤驳岸。总长3.02千米，清淤5万立方米。2005年，进行综合整治、绿化、美化。

漕河　东西流向，又称高潮河、高桥河。明嘉靖十八年(1539)开浚，西起长春桥和瘦西湖相连，北通邗沟、冷却河，南连玉带河、北城河，向东流经迎恩桥，至高桥闸注入古运河。长2.4千米，河面宽15

米。1999 年 3 月，对漕河实施清淤、驳岸、绿化。2003～2005 年深化整治，建成漕河风光带。

蒿草河　南北流向，又称外城河、古城河、宝带河。原为唐代罗城西城墙外护城河。北起念四河，西通杨庄河，向南在土坝桥处与安墩河汇合，经安墩闸注入古运河。长 4.1 千米，河面宽 20 米。1998 年 2 月，全线治理，对二十四桥至顾庄淤塞的老河道实施清淤驳岸，改造顾庄闸，建设换水工程，增建提水泵站。2004 年，重新全面整治。

二道河　南北流向，又称护城河。是维扬区和广陵区的界河。原为明初佥院张德林所筑的扬州旧城西护城河。北起柳湖(牛大汪)，过大虹桥与瘦西湖相连，南流经石塔桥、双虹桥入荷花池。长 3.7 千米，河面宽约 20 米，为城区主要防洪、排涝河道之一。2003 年，对二道河综合整治，河道两岸修建数个亲水平台和凉亭，配套绿化、亮化，面貌为之一新，成为人们休闲散步的好去处。

杨庄河　东西流向，又名小运河。东起蒿草河，西止新城河，穿通四季园小区。长 1.3 千米，河面宽 12 米。因该河位于双桥乡杨庄庄台南面得名，开挖于 1958 年，用于抗旱排涝。1998 年 2 月，对杨庄河实施综合整治，至 5 月竣工。2000 年，打通四季园小区内河道，铺设直径 80 厘米管道 120 米，使死水变活。

北城河　东西流向，又名护城河、镇淮门市河。西连瘦西湖，从二道河北端向东至便益门闸入古运河。长 2.6 千米，河面宽 20 米。天宁寺御马头以西是明初张德林守扬州筑旧城时的北护城河，御马头之东是明嘉靖三十四年(1555)扬州知府吴桂芳和石茂华筑新城时的北护城河。清康熙、雍正年间，两次复浚。北城河东段原是扬州画舫集中地。1979 年、1987 年疏浚，1987 年兴筑块石护坡，2001 年实施水环境治理，2005 年进行景观绿化。

冷却河　东西流向，位于城北乡境内。东起扬州发电有限公司，向西经黄金路西，向南入邗沟。1962 年开挖，长 3.9 千米，宽 12 米。主要用于原扬州发电厂的热水冷却循环，同时用于解决城北乡农田灌溉。80 年代，电厂二期工程扩建，水源无保证。

沿山河　东西流向，东起新城河，西止邗江区与仪征市界河友谊河。境内长约 1.3 千米，1977 年开挖。历史上，雨季蜀冈山上洪水下流水势太急，时常淹没山下农田与住户。为了泄洪，沿山下面开挖河道以泄洪水，故名沿山河。2003 年 12 月，扬州城市防洪综合整治工程开工，市政府投资 1.3 亿元，对沿山河进行大规模整治，包括河道开挖，两边驳岸、绿化、亮化，配建建筑物，工程征地 17.72 公顷，拆迁民居 59 户、厂房 3 座。2004 年，完成主体工程。

三、湖泊水库

保障湖　位于瘦西湖街道境内，平山堂东路铁佛寺南侧。始于南宋，原为宋夹城城壕。因年代久远，逐年淤塞。2002 年，对保障湖进行全方位整治。当年 1 月开工，清淤 36 万立方米，构造围堰 7 万立方米，打木桩 1 万多根，浆砌驳岸 500 米，机械镇筑湖心 63 万立方米，木桩护岸 2.5 千米，铺设环湖小道面积 0.24 公顷，绿化面积 0.5 公顷。同时在保障湖内修建城区第一个人造游泳区 1 公顷。整治后的保障湖总长 2 千米，水域面积 3 公顷，常年水位 5～5.2 米，与邗沟相通，是瘦西湖活水工程水源地。

姚湾水库　位于甘泉街道姚湾村。建于 1974 年 2 月。属淮河流域。水库泄洪时洪水下泄至槐泗河二级河，集水面积 7.34 平方千米。水库总库容 23.6 万立方米，兴利库容 14.57 万立方米，属小(2)型水库。水库功能以防洪、灌溉为主。水库主体建筑物有：均质土坝 1 座，最大坝高 4.4 米，坝顶高程为▽ 20.9 米(废黄河高程，下同)，长度 60 米，宽度 4 米；溢洪道 1 座，位于大坝中部，为开敞式 C25 钢筋混凝土结构；堰顶高程▽ 19.5 米，共 8 孔，单孔净宽 6 米，总净宽 48 米；管理用房 1 幢，面积 80 平方米。水库工程等别Ⅴ等，永久建筑物级别五级。水库大坝洪水复核标准采用 10 年一遇洪水标准设计、20 年一遇洪水标准校核。

长塘水库　位于甘泉街道长塘村。建成于 1974 年 2 月。属淮河流域。水库泄洪经王冲涧汇入邵伯湖，集水面积 2.03 平方千米。水库总库容 20.18 万立方米，兴利库容 13.6 万立方米，属小(2)型水库。水库功能以防洪、灌溉为主。水库主体建筑物有：均质土坝 1 座，最大坝高 6 米，坝顶高程▽ 27.5 米，长度 60 米，宽度 3 米；溢洪道 1 座，位于大坝西侧，为开敞式 C25 钢筋混凝土结构；堰顶高程▽ 25 米，共 5 孔，单孔净宽 4.6 米，总净宽 23 米。管理用房 1 幢，面积 78 平方米。水库工程等别Ⅴ等，永久建筑物级别五级。水库大坝洪水复核标准采用 10 年一遇洪水标准设计、20 年一遇洪水标准校核。

金坝水库　位于甘泉街道公路集村。建成于 1975 年 3 月。属淮河流域。水库泄洪经王冲涧汇入邵伯湖，集水面积 7.20 平方千米。水库总库容 28.86 万立方米，兴利库容 3.82 万立方米，属小(2)型水库。水库功能以防洪、灌溉为主。水库主体建筑物有：均质土坝 1 座，最大坝高 4.2 米，坝顶高程▽ 18.5 米、长度 78 米、宽度 4 米；溢洪道 1 座，位于大坝中部，为开敞式 C25 钢筋混凝土结构；堰顶高程▽ 16 米，共 5 孔，单孔净宽 6 米，总净宽 30 米；管理用房 1 幢，面积 80 平方米。水库工程等别Ⅴ等，永久建筑物级别 5 级。水库大坝洪水复核标准采用 10 年一遇洪水标准设计、20 年一遇洪水标准校核。

香巷水库　位于甘泉街道香巷村。建成于 1974 年 4 月。属淮河流域。水库泄洪至槐泗河二级河，集水面积 5.5 平方千米(含上游俞桥水库的 3.5 平方千米)。水库总库容 12.02 万立方米，兴利库容 6.1 万立方米，属小(2)型水库。水库功能以防洪、灌溉为主。水库主体建筑物有：均质土坝 1 座，最大坝高 3 米，坝顶高程▽ 21.5 米，长度 58 米，宽度 4 米；溢洪闸 1 座，位于大坝中部，为钢筋混凝土结构，3 孔，每孔净宽 2 米，底板面高程▽ 18.5 米(平底板)；溢洪闸两侧各新建 3 孔溢洪道，单孔净宽 5 米，底板面高程▽ 20.5 米；管理用房 1 幢，面积 80 平方米。水库工程等别Ⅴ等，永久建筑物级别五级。水库大坝洪水复核标准采用 10 年一遇洪水标准设计、20 年一遇洪水标准校核。

荷叶水库　位于维扬经济开发区荷叶村。建成于 1977 年 2 月。属淮河流域。水库泄洪至槐泗河一级河，集水面积 6 平方千米。水库总库容 25.7 万立方米，兴利库容 10.9 万立方米，属小(2)型水库。水库功能以防洪为主。水库主体建筑物有：均质土坝 1 座，最大坝高 6 米，坝顶高程▽ 17.8 米，长度 220 米，宽度 4 米；溢洪道 1 座，位于大坝中部，为开敞式 C25 钢筋混凝土结构，堰顶高程▽ 15 米，共 3 孔，单孔净宽 6 米，总净宽 18 米；管理用房 1 幢，面积 80 平方米。水库工程等别Ⅴ等，永久建筑物级别 5 级。水库大坝洪水复核标准采用 10 年一遇洪水标准设计、20 年一遇洪水标准校核。

俞桥水库　位于西湖镇俞桥村。建成于 1977 年 2 月。属淮河流域。水库泄洪至槐泗河二级河，集水面积 3.5 平方千米。水库总库容 11.43 万立方米，兴利库容 5.5 万立方米，属小(2)型水库。水库功能以防洪、灌溉为主。水库主体建筑物有：均质土坝 1 座，最大坝高 5.8 米，坝顶高程▽ 23.6 米，长度 60 米，宽度 2 米；溢洪道 1 座，位于大坝中部，为开敞式宽顶堰结构，堰顶高程▽ 21.5 米，共 6 孔，单孔净宽 5.6 米，总净宽 33.6 米；输水涵洞 1 座，为直径 60 厘米预应力钢筋混凝土圆管涵结构，进口底高程▽ 20.2 米，洞身长 8.4 米；管理用房 1 幢，面积 80 平方米。水库工程等别Ⅴ等，永久建筑物级别五级。水库大坝洪水复核标准采用 10 年一遇洪水标准设计、20 年一遇洪水标准校核。

向阳水库　位于甘泉街道公路集村。建成于 1974 年 4 月。属淮河流域。水库泄洪经王冲涧汇入邵伯湖，集水面积 3.92 平方千米。水库总库容 40.52 万立方米，兴利库容 32.1 万立方米，属小(2)型水库。水库功能以防洪、灌溉为主。水库主体建筑物有：均质土坝 1 座，最大坝高 5.2 米，坝顶高程▽ 21.4 米、长度 130 米，宽度 4.5 米；溢洪道 1 座，位于大坝中部，为开敞式宽顶堰结构，堰顶高程▽ 20.2 米，净宽 65 米；管理用房 1 幢，面积 80 平方米。水库工程等别Ⅴ等，永久建筑物级别五级。水库大坝洪水复核标准采用 10 年一遇洪水标准设计、20 年一遇洪水标准校核。

胡巷水库　位于甘泉街道焦巷村。建成于 1975 年 4 月。属淮河流域。水库泄洪经方巷小运河汇入邵伯湖，集水面积 1.6 平方千米。水库总库容 11.60 万立方米，兴利库容 6.14 万立方米，属小(2)型水库。水库功能以防洪、灌溉为主。水库主体建筑物有：均质土坝 1 座，最大坝高 5.1 米，坝顶高程▽ 21.5 米、长度 73 米、宽度 4 米；溢洪道 1 座，位于大坝中部，为开敞式宽顶堰结构，堰顶高程▽ 19 米，净宽 5 米。水库工程等别Ⅴ等，永久建筑物级别五级。

第四节　自然灾害

一、雨涝

1991年4月1日至5月10日，雨日22天，累计降水量195毫米，比常年同期雨日增长56.6%，降雨量增长57.9%。全区蔬菜田受淹400公顷。

1991年7月1～12日，累计降雨量481毫米，遭受特大洪涝。全区计有433.68公顷粮田、420.14公顷菜地被淹，963户2137间民宅进水，605户1755间房屋损坏，431户938间房屋倒塌，46.69公顷鱼池漫水，近100吨鱼流失。全区因灾停产、半停产企业分别达到97家和67家，占总数26%和18%，直接经济损失1359万元。15日下午2时许，位于汤汪乡的通运闸突然崩塌，大运河洪水沿七里河向西冲向城东、汤汪两乡和广陵区的住宅区、工厂区。死亡2人，338.84公顷粮田、186.76公顷菜地被淹，28.68公顷鱼池漫水，2640户民宅进水，403户1200间房屋倒塌，39家工厂进水，5395名群众被迫转移。晚，南京部队临汾旅400名官兵火速赶到；夜间，省军区增派200名官兵参与抢险；至16日21时，溃坝合龙。

1996年6月3日入梅，7月22日结束，为时50天。7月初，连降大雨，境内大运河水位4.5米，淮河入江水道万福闸下游涨潮时水位5.5米，全区内涝水面2001公顷。

2003年6月21日入梅。入梅后，全区连降暴雨，整个汛期(6～9月)总降雨量623毫米，槐泗河水位超过历史最高水位0.5米(1991年最高水位真高8米)。造成荷叶水库堤坝塌方长500米，坍进1米；尚桥水库塌方长150米，坍进3米。荷叶水库下游唐庄滚水坝翼墙倒塌，槐泗河沿岸涵洞由于年久失修、闸门缺损，外河水倒灌，形势严峻。同年7月4日20时至7月5日8时，降雨量212毫米，是近50年来最大一次降水，扬子江路、念四路等主要道路积水30～50毫米。全区农作物受灾严重，内涝面积467公顷，其中花木受灾面积15.34公顷，蔬菜受灾面积42.69公顷(其中绝收12.14公顷)，水产养殖受灾面积21.48公顷。

2006年7月20日凌晨3点到下午1点，受北方冷空气和副热带高压西北侧暖湿气流共同影响，全区普降暴雨，局部大暴雨。受大暴雨影响，城区普遍出现积涝，内河水位猛涨，不少居民家中进水，城区道路积水深度40～60厘米，最深80～100厘米，交通严重受阻，不少电力线路中断，居民生活和部分企业生产受到影响。

2007年7月5～9日，受副热带高压西北侧暖湿气流和北方冷空气共同影响，大部分地区出现连续性强降水天气，给农作物造成较大损失。

2010年7月12日凌晨至13日早晨，受冷空气和中低层切变线共同影响，全区出现大暴雨，过程雨量207毫米，城区低洼路段出现较严重积水，给交通和市民出行带来影响。9月10日傍晚，受冷空气和第10号强热带风暴倒槽共同影响，出现短时强降水，两小时雨量91.9毫米。此次短时强降水过程造成城区低洼路段出现短时积水，给交通和市民出行带来影响。

二、风灾

1990年8月31日至9月1日，受15号台风影响，出现暴雨大风，最大风力10级。全区水稻倒伏853公顷，蔬菜受淹92.38公顷，房屋倒塌378间，供电线路故障173处，伤2人，直接经济损失170多万元。

1992年5月6日、7月13日、8月31日、9月6日，连续发生龙卷风、台风袭击。

1996年7月2日、3日，连降暴雨，区内受到强烈龙卷风、暴风雨袭击。

1997年8月18～20日，受11号台风影响，全区连降暴雨，倒塌房屋78间，损坏房屋95间，损毁蔬菜大棚90个，131公顷蔬菜减产或绝收，31.6公顷水稻倒伏，直接经济损失150多万元。

1998年8月10日下午3～4时，西湖乡遭受雷雨大风袭击，部分农户房屋受损。

2004年8月12～13日，受台风“云娜”外围影响，出现大风阵雨天气，过程雨量24.3毫米。2005年影响全区的台风有3次，分别是9号台风“麦莎”、13号台风“泰利”和15号台风“卡努”。其中“麦莎”和“卡努”影响较大。9月12日，凌晨15号台风“卡努”影响全区，最大风力10级。

2006年5月27日，受华北低涡东移入海的影响，全区出现8～9级大风。大风吹倒城区10多株绿化树，部分田块小麦、油菜倒伏。6月29日，城区出现雷雨大风天气，造成数十株树木倒伏或折断。城区许多广告牌被风刮倒、刮落，未造成人员伤亡。

2007年5月5日，受北方南下冷空气影响，同日19～23时，全区出现雷雨大风、局部冰雹、雷电等强对流天气。受强对流影响，全区出现7～9级大风。其中冰雹最大直径约4厘米。7月29～30日，由于北方弱冷空气扩散南下，连续两天午后到傍晚出现强对流天气。受强对流云团影响，城区最大风速23.2米/秒(9级)，并伴有短时间强降水。

2009年8月9～11日，受第8号台风“莫拉克”影响，全区普降大到暴雨，局部大暴雨，最大风力6～8级。

三、大雾

1997年12月27～31日，受孟加拉湾暖气流和北方频频南下的弱冷空气相互影响，连续5天出现自1970年以来罕见的连续大雾天气。由于雾浓，能见度极差，为保证安全，关闭船闸，停航汽渡，封闭公路。

2004年，出现大雾24天，其中1月2天、2月7天、3月1天、4月1天、5月2天、9月2天、10月3天、11月1天、12月5天。

2007年11月7～9日、24～25日，全区大部分地区连续出现大雾天气。由于雾浓，能见度极差，为保证安全，关闭船闸，停航汽渡，封闭公路。是年，共出现大雾40天，其中1月4天、2月3天、3月4天、5月3天、6月3天、7月3天、9月1天、10月5天、11月5天、12月9天。

四、高温

1994年7月上旬，平均气温32.9℃，较常年偏高5.3℃，全年35℃以上高温有23天。

2001年7月2日，极端最高气温38.8℃，是1953年以来同期最高值。

2003年8月2日，极端最高气温39.9℃，是1953年扬州有气象纪录以来的最高值，突破2001年的最高值。

2010年，全区高温日19天，高温集中时段分别为8月1～5日、8月11～15日和8月20～21日。

五、雪灾

1989年2月25日，全区大雪，积雪最大深度150毫米。

1991年12月25～26日，全区普降大雪和暴雪，雪量150～271毫米。

1994年3月19～20日，全区普降大雪，气温陡降18℃，最低气温-2℃。

1996年，全区出现两次暴雪。1月17日，降雪量20毫米，积雪深度6～15厘米。2月17日，降雪量15～20毫米，积雪深度8～12厘米。

2008年1月26～29日，全区出现连续低温雨雪冰冻天气，降雪集中，雪量大，为50年罕见。连续低温雨雪冰冻天气对交通造成较大影响。

2009年11月15日夜至17日，受冷暖空气共同影响，全区出现雨夹雪和雪，过程雨雪量20～34毫米，并形成明显积雪。

2010年，出现5次较大影响的雨雪冰冻天气过程，分别为2月10日夜里～11日、2月14～15日、3月6日和9日，以及4月14日。

六、雷电

2008年8月11日上午11时许，市涵闸河道管理处瘦西湖引水总站遭受雷击，造成户外高压架空线末端杆上高压避雷器三相全部击穿，室内变压器前端高压室高压熔丝三相中两相被击穿。雷击造成机器设备停止运行 2 天，至第三日修复。

2008 年 8 月 11 日上午 11 时左右，重宁寺藏经楼遭雷击，西头龙吻顶部被击毁，同时房屋立柱和地板起火，消防官兵迅速赶到现场将大火扑灭，灾害造成直接经济损失 10 万元。

第五节　自然资源

一、土地资源

1988 年，维扬区土地总面积 133 平方千米。其中陆地面积 1.1 万公顷，占总面积的 85.82%。全区耕地面积 6921.46 公顷，人均占有耕地 0.05 公顷，远远低于全市水平。1992 年 4 月，双桥乡裴庄村、潘桥村划归市经济技术开发区，土地面积 2.2 平方千米。2001 年 7 月，建立江阳工业园，由平山乡与西湖镇划出部分地域建成，规划土地面积 9.67 平方千米。2002 年 1 月，市区区划调整，城区二道河以西、北城河以北的居委会从广陵区划属郊区，郊区湾头镇、城东乡、汤汪乡划属广陵区，土地面积 49.8 平方千米。是年，全区土地总面积 81 平方千米。2008 年 6 月，市区区划调整，邗江区甘泉街道划归维扬区管辖，新增土地面积 39.5 平方千米。2011 年，维扬区土地总面积 120.5 平方千米，耕地面积 3801.17 公顷，人均占有耕地 0.02 公顷。

二、水资源

地表水　1988 年，全区共有水面积 1886.68 公顷，占土地总面积的 14.18%。其中，河流面积 1090.14 公顷，占水域面积的 57.78%；芦苇面积 61 公顷，占水域面积的 3.23%；坑塘面积 312.97 公顷，占水域面积的 16.59%；鱼塘面积 422.48 公顷，占水域面积的 22.4%。

区境河道纵横，水源丰富，共有大小河道 59 条，可供航运里程 32 千米。境内年地表径流 3.24 亿立方米，径流深 249.5 毫米。因年际降水量不均，丰水年 1520.7 毫米，枯水年仅 440.6 毫米，但有水利工程调蓄，供水基本解决。除降水外，外来水主要来自淮河与长江，引水形式采取自引和抽提两种。长江水利用高潮自流引江。淮河水年际变幅很大，干旱年基本无水下泄，只能在汛后拦蓄，补给灌溉水源。

地下水　区境地下水源十分丰富。地下水基本可分为潜水（3～5 米以内土壤渗漏水）、浅层地下水（5～10 米）以及深层地下水（10 米以下）三种。丘陵区农用土井一般为潜水和浅层地下水，埋藏深度 5～10 米左右。西湖镇司徒村通过定位观测昼夜水位变化，潜水位变化不明显，稳定地下水层埋藏 5～10 米，涌水量 11.5 吨/昼夜，渗透系数 3 米/昼夜，地下水总硬度 9.20～13.31 度。大部分地区潜水和浅层地下水硬度及含铁量较高，经过处理后可作饮用水，但不适宜作工业用水。经初步估算，丘陵地下水资源约 1.3 亿立方米。平山堂、观音山、汉广陵王墓博物馆等地因为是名胜古迹，无大型工厂分布，污染源较少，深层地下水质较好

三、生物资源

植物　主要有食用植物、园艺植物、水生植物、药用植物等。

食用植物有：粳稻、糯稻、籼稻、小麦、大麦、元麦、玉米、山芋、高粱、大豆、赤豆、绿豆、蚕豆、豌豆、油菜、芝麻、花生、向日葵、蓖麻等。

园艺植物有蔬菜类：青菜、黄芽菜、花菜、雪里蕻、包菜、菠菜、苋菜、韭菜、芫荽（香菜）、空心菜、茼蒿、药芹、辣椒、莴苣、茄子、番茄、萝卜、胡萝卜、土豆、毛豆、扁豆、豇豆、刀豆、菜苜蓿（草头）、豌豆、冬瓜、南瓜、白瓜、丝瓜、菜瓜、笋瓜、瓠子、蘑菇、平菇、金针菇、荠菜、马兰、菊花脑、葱、蒜、生姜等。瓜果类：西瓜、香瓜、黄瓜、桃、杏、梨、桔、李子、枇杷、柿、枣、银杏、葡萄、苹果、樱桃、石榴、无花果、草莓、山药果、马牙枣等。树木类：杨、柳、榉、榆、楝、槐、桑、茶、椿、松、柏、冬青、洋槐、梧桐、泡桐、水杉、池杉、白杨、黄杨、枫杨、棕榈、女贞、银杏、悬铃木等。花木类：月季、牡丹、芍药、凤仙、鸡冠、菊花、桂花、琼花（聚八仙）、蜡梅、玉兰（白玉兰、广玉兰）、杜鹃、茉莉、珠兰、香橼、蔷薇、玫瑰、迎春、金橘、万年青、兰花、君子

兰、水仙、含笑、海棠、芙蓉、牵牛、紫荆、绣球、石竹、文竹、紫薇、美人蕉、荆葵、蜀葵、秋葵、晚饭花等。其他还有竹、芦竹、杞柳等。

水生植物有:河藕、茭白、慈姑、荸荠、水芹、蒲、菱、水浮莲、水葫芦、水花生、绿萍等。

药用植物有:金钱草、车前草、马齿苋、蒲公英、枸杞、女贞、土大黄、枇杷、石楠、茱萸、野菊、合欢花、瓜蒌、芦苇、楝树、桂树、槐树、荷、荠菜、金银花、决明子、薄荷、桑树、茴香、土牛膝、凤尾草、鸡冠花、凤仙花、卷心竹、蒺藜、泽漆、马鞭草、石菖蒲、鸭跖草、艾等。

动物 可分饲养动物和野生动物两类。

饲养动物有畜禽类:马、牛、羊、驴、骡、猪、狗、猫、兔、鸡、鹅、鸭、鸽、鹌鹑、水貂、鸬鹚、黄莺、鹦鹉、八哥、画眉、娇凤等。水产类:青鱼、草鱼、鲤鱼、鲢鱼、鲫鱼、鳙鱼、鳊鱼、团头鲂、鲶鱼、虎头鲨、黄颡鱼(昂刺鱼)、鳜鱼(季花)、罗非鱼等。

野生动物有哺乳类:狐、獾、鼠、刺猬、黄鼠狼、野兔等。鸟类:野鸡、野鸭、蝙蝠、麻雀、喜鹊、乌鸦、布谷鸟、燕子、老鹰、白头翁、翠鸟、猫头鹰、啄木鸟、斑鸠、苦哇子、杜鹃、鹁鸪等。水生类:黑鱼、鳗鱼、黄鳝、泥鳅、青蛙、蟾蜍等。爬行类:龟、鳖、蛇、壁虎等。节肢动物:蚕、蜜蜂、虾、蟹、龙虾、蜻蜓、螳螂、蟋蟀、蜘蛛、蜈蚣、蝉、天牛、蚂蚁、蝶、胡蜂、蟑螂、萤火虫、纺织娘以及蝗虫、蝈蝈、螟、蝼蛄、虻、蠡、腻虫、蚱蜢、螽斯等多种农作物害虫。软体动物:螺、蚌、蚬、蜗牛、蛞蝓等。环节动物:蚯蚓、蚂蟥等。

第二编

名胜古迹

扬州是一座风景优美的旅游城市，是一座历史悠久的文化城市，扬州的主要风景名胜古迹大都集中在维扬区。蜀冈—瘦西湖风景名胜区于1988年被国务院公布为第二批国家重点风景名胜区。瘦西湖风景区被命名为全国文明风景旅游示范点、国家AAAAA级景区。瘦西湖因地制宜利用河流、丘壑自然风貌，亭廊楼阁依势而筑、傍水而建，形成集锦式的湖上古典园林群落。史有著名二十四景，现存虹桥揽胜、长堤春柳、卷石洞天、西园曲水、四桥烟雨、小金山、五亭桥、白塔、二十四桥景区、万花园、静香书屋、石壁流淙等，是全国湖上园林的杰出代表。蜀冈景区有始建于南朝宋代的名刹大明寺，始建于元代的观音禅寺，北宋欧阳修在扬州任太守时建造的平山堂，为中日文化交流作出贡献的唐代高僧鉴真的纪念堂，重建的栖灵塔等景点。区内有许多著名历史人物及英雄陵墓，如汉广陵王墓、史可法衣冠冢、熊成基墓及扬州革命烈士陵园等。另有天宁寺、重宁寺、唐衙城遗址、古邗沟遗址、宋夹城遗址等古迹遗存。

第一章　风景名胜

第一节　蜀　冈

一、平山堂

坐落在蜀冈中峰之上，位于大明寺内西侧，系北宋庆历八年(1048)文学家欧阳修任扬州知州时营建。宋嘉祐八年(1063)，堂圮，工部郎中领府事刁约复修。元祐以后屡有兴废。因登此堂远眺，“江南诸山，拱揖槛前，若可攀跻”，故名“平山堂”。平山堂面南而建，屋宇5楹，硬山屋顶，西南设卷棚，北有短廊与谷林堂相接。堂北檐下悬“远山来与此堂平”匾额，点明“平山堂”名的缘由。堂内悬有“风流宛在”“坐花载月”等匾额。两侧悬挂朱公纯书联：“晓起凭栏，六代青山都到眼；晚来对酒，二分明月正当头。”汪国祯书联：“山色湖光为一览，欧公坡老峙千秋”。两廊壁间石刻众多，尤以苏东坡手书《西江月·平山堂》词最引人注目。堂前筑平台，原有琼花一株、紫藤两株，为民国时所植，后又补植一株欧公柳，栽培春梅、蜡梅、紫薇、竹等植物。平山堂后为谷林堂，面阔5间，是北宋元祐七年(1092)苏轼在扬州做太守时，为纪念恩师欧阳修而增建的，并从自己“深谷下窈窕，高林合扶疏”的诗句中集取两字，取名“谷林堂”。宋后久废，清同治九年(1870)，盐运使方浚颐重建，并题书“谷林堂”匾额和“遗址在栖灵，稚竹老槐，风景模糊今异昔；开轩借真赏，焚香酹酒，仙踪莅止弟从师”联。新中国建立后多次维修，但原有匾额、楹联无存。谷林堂单檐硬山，东山墙与大明寺大雄宝殿相连。前有走廊，廊前庭院中植有一株老松，东西沿墙各有一个砖砌方形花台，上面分植天竹、蜡梅，每至隆冬，构成一幅松、竹、梅“岁寒三友图”。堂中悬挂扬州浅刻家黄汉侯据苏东坡法帖恢复的“谷林堂”匾额和孙龙父书写的“深谷下窈窕，高林合扶疏”联。东壁挂李亚如草书的《东坡谷林堂》诗，西壁挂高顺康、朱旭、鞠伏强、郭荣所画的《赤壁夜游图》。堂内陈设古朴的海梅桌椅条台，供游客休息。欧阳修任扬州知州时，政绩卓著，社会安定，文人雅士来往频繁，人称“文章太守”。后人为纪念欧阳修知扬州之德政，建生祠于旧城，岁久祠废，移祠谷林堂后六一祠，亦称欧阳祠，是光绪五年(1879)两淮盐运使欧阳正墉集族人白金五千余重建，系面阔5间带走廊的单檐歇山式建筑。中楹上悬“六一宗风”匾，祠内北墙壁上嵌有临摹欧阳修的全身石刻像。由于光线和观看角度的关系，远看白须，近看黑须，神态自若，不管你站在哪个角度看他，他都看着你笑，他的脚尖都始终对着你，引人流连。石刻像两侧有联：“歌吹有遗音，溯坡老重来，此地宜赓杨柳曲；宦游留胜迹，访先人手植，几时开到木兰花”。为欧阳正墉所题。祠的东西壁挂欧阳修诗文碑刻拓石。祠前金桂环绕，旧有两株古木兰树，70年代末枯死，1982年补植白玉兰3株。

二、鉴真纪念堂

位于大明寺内大雄宝殿的东侧，是为纪念唐代高僧鉴真大师而建。1963年奠基，1973年11月建成。扬州建筑设计院依据梁思成修正的设计方案负责设计。1984年，获城乡建设环境保护部全国优秀设计一等（一级）奖，并获国家计划委员会颁发的国家优秀设计金质奖章。2004年被国家列为经典建筑。由陈列室、门厅、碑亭、正殿4部分组成。碑亭内有汉白玉纪念碑，正面刻着郭沫若亲题的“唐鉴真大和尚纪念碑”，背面刻有赵朴初书写的碑文。中间的须弥座上端放着鉴真大师座像，是1980年由扬州工艺美术大师、著名女雕塑家刘渝按日本奈良唐招提寺的“国宝”干漆夹纻鉴真像原像复制的。供案置日本天皇赠送的铜制香炉，壁悬西安大雁塔、广东肇庆七星岩、日本秋妻屋浦和奈良唐招提寺金堂四地风光的绢画，展现鉴真东渡途中的重要场景。殿前庭院置有唐招提寺森本孝顺长老赠送的石灯笼。

三、成象苑

1990年，市政府于唐衙城遗址西南角兴建扬州唐城遗址博物馆，即成象苑。因当年隋炀帝所建的江都宫内有成象殿，故沿用此名。今成象苑占地0.67公顷，南端沿蜀冈断崖建有一段仿唐城墙，长80米，高6米，宽6米，中为城门，门楣上书“天星门”字样。城墙上旌旗林立，两个阙楼上各树一面“唐”字大旗。登临城楼，扬州风物一览无余。

图2-1-1 成象苑

仿唐城阙和延和阁是成象苑的主要建筑。城墙双阙骈立，门道居中，门道和门楣均具有唐代宫城的特色，与西安、南京的明城墙有明显区别。延和阁在城阙正北50米处，有条石通道与城阙相连，系沿用唐代扬州最后一任节度使高骈所建“延和阁”之名，按照庑殿重檐的唐代宫殿建筑风格建造而成。进入大厅，迎面是一幅依据有关资料绘就的唐衙城、罗城大型国画，展现唐代扬州城风貌与辉煌。厅内陈列扬州唐代出土文物300多件，展品中有唐三彩和铜器等珍贵文物。成象苑内还有假山、水榭等，花草树木，郁郁葱葱，具有浓郁的扬州园林特色。

四、崔致远纪念馆

崔致远是中韩文化交流史上的重要人物，是永远值得我们纪念、景仰和研究的历史名人。扬州作为崔致远的第二故乡，一直致力于留存崔氏遗迹，研究崔氏文化，促进中韩友好。2007年，市政府拨款在唐城遗址博物馆中增建崔致远纪念馆。崔致远纪念馆位于蜀冈中峰之上扬州唐城遗址博物馆内，占地1.24公顷，建筑面积1956平方米，唐代建筑风格，与唐城遗址博物馆及周边环境融为一体，成为扬州又一新的旅游景点。该馆主要分为纪念堂、展厅和研究中心三大部分。纪念堂内有一座崔致远全身塑像，并展示崔致远在扬州有关活动场景、崔致远所著《桂苑笔耕集》以及唐代扬州城模型等。展厅展示崔致远在扬州供职、笔耕、生活留下的众多历史资料。研究中心主要征集、收藏、展示各国专家学者研究崔致远的成果、论著、史料和文物。

五、玉钩斜

位于今蜀冈西峰。蜀冈西峰公园所在，古称玉钩斜，这里曾经是隋炀帝无数妃嫔与宫女的墓葬之地。隋大业元年(605)，杨广即位后，三下扬州巡幸，每次均携百官群僚、数千宫妃，乘龙舟，浩浩荡荡沿大运河南下。龙舟前行，隋炀帝以宫女赤脚拉纤，牵船而进。这些宫女任由日晒风吹、汗泪夹流、皮破流血。到达扬州后，宫女因饱经辛劳和折磨，迭有死亡，死后均葬于此。由于此地是一片由高渐低的斜坡，故称宫人斜。此地在傍晚时可见草木扶疏，新月如钩，故又称玉钩斜。从此，这里便成为隋炀帝因骄奢淫逸而亡国的一个历史见证。至唐代，李夷简镇守扬州，在此建“玉钩亭”，古文大家皇甫湜作《玉钩亭记》以应和，从此玉钩斜声名远播。宋时，苏东坡在扬州做太守，留下“路失玉钩芳草合”之句。清初，吴梅村路经扬州在此逗留，咏叹出“玉钩斜畔泣婵娟”的名句。长洲才子尤侗为此写下一篇缠绵悱恻的《玉钩斜赋》。

第二节　瘦西湖

瘦西湖景区位于扬州西北郊，起于北城河，止于蜀冈脚下，被命名为全国文明风景旅游区示范点、国家 AAAAA 级景区，全长 4.3 千米，占地 289 公顷，水域面积 28.97 公顷。瘦西湖曾用名保障湖、炮山河、长春河，本是扬州蜀冈诸山之水汇合流入运河的一段自然河道。因清代钱塘诗人汪沆有“垂杨不断接残芜，雁齿虹桥俨画图。也是销金一锅子，故应唤作瘦西湖”诗句歌咏此处风景，故后人改称此河为瘦西湖。景区内亭榭满园，虹桥错列，七八里长河道清瘦秀丽，别具姿色。

自隋唐开始，便有诸多商贾于此择地构园，经过历次改建和艺术加工，特别是清康熙、乾隆皇帝南巡，盐商、士绅不惜斥资万金，聘请造园名家沿湖造园，从天宁寺御马头到蜀冈平山堂南麓，十里湖岸“几无一寸隙地”，创造出巧夺天工的湖上胜境，形成“两岸花柳全依水，一路楼台直到山”的盛况。瘦西湖南大门傲然而立像一道屏障，使瘦西湖诸景半藏半露，恰似美人“犹抱琵琶半遮面，千呼万唤始出来”。门厅檐口的“瘦西湖”三字匾，是扬州已故书法家孙龙父的手笔。门厅廊柱上一副楹联这样写道：“天地本无私，春花秋月尽我留连，得闲便是主人，且莫问平泉草木；湖山信多丽，杰阁幽亭凭谁点缀，到处别开生面，真不减清闷画图。”是扬州诗人李鼎撰题，并由其女儿扬州书法家李圣和书写。父女合作，联书俱妙，实为联坛、书界佳话，也使瘦西湖风光更添几分滋力。瘦西湖景区以湖上集锦式古典园林群著称。

一、虹桥揽胜

位于瘦西湖南大门外东侧，为一座跨度 30 米的三孔石栏拱桥。始建于明崇祯年间。原为红栏木桥，故称红桥，又名板桥。“朱栏数丈，远通两岸，虽彩虹卧波，丹蛟截水，不足为喻……诚一郡之丽观也”。清乾隆元年(1736)，改建为石拱桥，始名虹桥。清代诗人王士祯有诗云：“红桥飞跨水当中，一字栏杆九曲红。日午画船桥下过，衣香人影太匆匆。”名士诗酒唱和，红桥闻名遐迩。乾隆皇帝游览湖上，赋诗赞赏：“绿波春水饮长虹，锦缆徐牵碧镜中。真在横披画里过，平山迎面送春风”。两淮盐运使卢见曾(号雅雨)继以虹桥为诗酒雅集之地，作虹桥修禊诗，和者 7000 多人，编成 300 多卷诗集，绘有《虹桥揽胜图》纪胜。今桥为 1972 年改建。登桥远眺，北为长堤春柳，南为西园曲水，清澈的湖水穿桥而过，极富诗情画意。

二、长堤春柳

位于虹桥西首，逶迤十里至蜀冈。是乾隆三十年(1765)盐商黄为蒲所筑。嘉庆、道光后荒废。民国 4 年(1915)建徐园时，修复虹桥至徐园一段，即今长堤春柳。堤西高阜迤逦，林木葱葱；堤边湖石围拢花境，植四季花草。长堤中段临水设亭，悬“长堤春柳”匾额，为清代陈重庆手书。依栏小憩，湖风习习，沁人心脾。堤两侧，桃柳相间成行，每至烟花三月，桃花柳丝相映成趣，漫步其间，游人如入画图，令人陶醉。2005 年 11 月，瘦西湖风景区采用天然石材，铺装长堤春柳道路，堤宽 5 米，长约 650 米。

三、徐园

位于长堤春柳北端，占地 0.6 公顷，原是清初韩园桃花坞故址。民国 4 年(1915)，改为徐宝山祠堂。桃花坞为当年湖上观桃胜地。《扬州画舫录》描述其详：“桃花坞在长堤上，堤上多桃树”“北郊桃花以此为最”“白桃花以东岸江园为胜，红桃花以西岸桃花坞为胜”。今日桃林，仲春烂若红霞，蔚为壮观。桃林西侧瓦墙“桃花坞”石额，存“千树桃花万年乐”意境。1987 年，电视连续剧《红楼梦》摄制组在此拍摄“黛玉葬花”一节。园门呈满月形，门额“徐园”二字系晚清书法家吉亮工所书。园内，迎面为一荷池，池周叠以湖石，环植桃柳。池东有青石平桥。池北为“听鹂馆”，原为徐宝山飨堂，面南 3 楹，取杜甫诗句“两个黄鹂鸣翠柳，一行白鹭上青天”之意。抱柱联为“绿印苔痕留鹤篆，红流花韵爱莺簧”。馆前为开阔的冰裂纹平台，前缘对植两株白玉兰，旁有一对相传为南朝梁时的镇水之物——铁镬。铁镬直径 2 米多，斑驳锈迹有沧桑之感。听鹂馆东南为四角攒尖式碑亭，曰“羊公片石”，亭内《徐园碑记》为仪征吴恩棠所撰。西有面东厅屋 3 楹，三面廊额为“春草池堂吟榭”。榭北开有八角门，门内修廊婉蜒起伏。廊尽头为一组建筑，其西北有精舍 3 间，后加抱厦，即旧时冶春后社。清末民国初，扬州文人雅士常以此为诗酒唱和之所，留下许多诗篇。屋西侧建有疏峰馆，面南 3 楹，花脊，四面卷廊。1980 年，在疏峰馆西侧滨湖处新建水榭 3 楹，四面廊，额“澄鲜水榭”。

图 2－1－2　徐　园

四、四桥烟雨

为园景总称，又名黄园、趣园。位于瘦西湖东岸，与小金山隔湖相望，建于清康熙年间。乾隆南巡时，赐名趣园。光绪三年(1877)，于此重建三贤祠，祀欧阳修、苏轼、王士祯。园景久废。1960 年秋，于旧址建四桥烟雨楼，楼高二层，面西 3 楹，重檐花脊，四面廊，三面借景。楼前平台围以砖混栏杆，东西两侧有石阶层级。极目远眺，南面大虹桥、春波桥，北面长春桥，西面五亭桥尽收眼底。诸桥形态各异，每当风雨潇潇、烟雨苍苍之际，四桥飞跨烟雾里，极富飘渺之趣，故称“四桥烟雨”。1965 年，建混凝土仿石制曲桥，并于岛上建双亭。2005 年 2～4 月，瘦西湖风景区投资，扬州古典园林建设公司承建，复建趣园景区。在四桥烟雨楼东南有丛桂亭，东北有澄碧楼，面北而建，为歇山式仿古二层建筑。面北悬蒋永义书“澄碧”匾及下雪松书“柳风斜月影，香叶去尘心”联。建筑面积约 300 平方米。改造后外形基本保持原样，内部采用中式风格装修，设有书香厅、凝烟厅、棋语厅、画意厅、合翠厅、琴音厅、澄碧厅等，可品茗、赏景。澄碧楼西北侧有曲池、假山、翠竹等。

五、小金山

位于徐园北端，原名长春岭，建于清代中叶，是湖心最大的岛屿，远远望去似天然山水盆景。扬州园林以富书卷气著称，此处更是集其大成，古今名士题额、楹联不胜枚举。庭院中有敞厅 3 楹，即旧时关帝殿。院中置北宋末年天然船形钟乳石一块，传为宋花石纲遗物，系 1953 年从东圈门壶园移至此处。风亭位于山顶，四角攒尖顶，翼角飞翘。亭上联曰“风月无边，到此胸怀何似；亭台依旧，羡他烟水全收。联句巧嵌“风亭”二字，写景述怀，逗人情思。庭院东西各有 200 多年银杏树一株，高耸入云。正门向南，上嵌桑榆书大篆体“小金山”石额。门前跨湖原有玉版桥，久圮，1953 年建红栏木桥，1957 年改建为仿古红栏水泥拱桥。正门两侧一副楹联由扬州国画院老院长李亚如撰写：“借取西湖一角堪夸其瘦，移来金山半点何惜乎小。”点出扬州园林善于借鉴却不落俗套的妙处。东侧有琴室一座，前后两进，以粉墙相连，前进面南 3 楹，中为敞间，两侧间设半截木栏。后进面西开八角门，东有曲廊与月观等建筑相连。小金山南侧为月观，单檐歇山式，临湖 3 楹，坐西朝东，三面廊，饰以雕花水槛，窗棂空阔，翰墨生香。梁上悬“月观”大匾，上有跋文，陈重庆撰书。梁柱两侧移用郑板桥诗句“月来满地水，云起一天山”。两面壁悬挂王板哉、李圣和、吴砚耕等当代名家花鸟画屏。月观内陈设的家具，做工精致，式样古朴，真切地体现乾隆年间扬州木雕工艺的精湛程度。中秋佳节，丹桂飘香，为观月佳处。

六、吹台

又称钓鱼台，相传乾隆南巡时在此钓鱼。三面临水，四壁皆圆门，其以门借景艺术向为行家称道。东正门为落地雕花罩格门，其余皆为满月洞门，西可见五亭桥横卧清波，南可见白塔矗立晴云，北门洞收景“水云胜概”，一门数景，精妙无双，实为中国园林建筑借景艺术典范。台阁内悬沙孟海题额“吹台”，外挂刘海粟题额“钓鱼台”，“浩歌向兰渚，把钓待秋风”对联为启功所书。

七、五亭桥

图 2-1-3　五亭桥

古称莲花桥，建于乾隆二十二年(1757)。当时两淮盐运使高恒，为迎接乾隆皇帝第二次南巡，特雇用能工巧匠设计建造。咸丰年间毁于兵火。民国 21 年(1932)重建。新中国成立后，政府多次拨款修缮，遂成新貌。此桥仿北京北海桥和五龙亭构造，将桥亭合二为一，成为中国桥梁建筑史上杰作。因建在莲花埂上，又似绽开莲花，故又名莲花桥。桥身束瘦西湖之腰，因桥上建五座桥亭，故名五亭桥。以 28 根大红圆柱支撑着五座亭子，中间一亭最高，四周各亭互相对称。每亭四角飞翼，呈飞动状。四角系以铜铃，风来清音悦耳。亭内彩绘五龙藻井，绚烂瑰丽。亭顶黄瓦青脊，金碧交辉；檐下雕梁画栋，周围石栏的柱端皆成狮形，雕刻精巧；桥基为大青石砌成，桥身为拱形；桥下纵横大小 15 个拱形桥洞，大桥洞有 3 个，可供画舫出入。洞洞相连，通小游艇。每当满月之夜，各洞衔月，倒悬波心，妙不可言。桥梁专家茅以升评价此桥为“中国最秀气最具艺术代表性的桥梁”。

八、凫庄

位于五亭桥东南、钓鱼台西南，湖中河屿之上。岛上有一临水建筑，远望似一野鸭浮于水上，故名。始建于民国 10 年(1921)，原为乡绅陈臣朔的别墅。凫庄构景纤巧玲珑。东为水榭，临水平台围以白矾石栏杆，岸植杨柳，下栽芙蓉；北岸矶石突入水际，上连湖石假山。山上花木扶疏，藤萝缠绕，野趣横生。庄西水阁数间，以曲廊连接假山，临流把钓，荷香鱼跃。庄南水阁 3 楹。荷池位于庄中，环植梅、桃数株，翠竹几丛。凫庄似浮若漂，庄上亭、榭、廊、阁小巧精致，山池木石缀置得宜。《望江南百调》述：“亭榭高低风月胜，柳桃杂错水波环，此地即仙寰。”

九、白塔

位于五亭桥南面，建于乾隆年间，仿造北海公园喇嘛塔外形建成，但有别于北海白塔的厚重工稳，以柔秀见长，外形秀美。传说乾隆皇帝第六次南巡时，扬州盐商为取悦于皇帝，在一夜之间派人用盐包堆成一座白塔，深得皇帝赞赏，乾隆皇帝走后改为砖石建筑。台基四周墙体嵌有砖雕，是“扬州八刻”佳作。塔身为砖石结构，分成刹、龛室、台基三部分，高 27.5 米。顶部的“刹”高 6 米，周以十三道圆锥形层级。刹端置六角形宝盖，角端悬风铃，塔顶上置青铜葫芦。中层塔身高 6.3 米，形似古花瓶，腹中空，面南设眼光门即龛室，内供观音佛像。塔身下砌砖石雕花须弥座，八角四面，每面各有三个小龛，内雕十二生肖，象征一年十二月、一天十二时辰。筑台五十三级，象征童子拜观音的五十三参图。相轮十三层，象征天的最高处十三天。处处有象征，处处有暗示。下层台基，筑长方形高台，四周围以石栏，柱头皆雕石狮，形态各异。白塔高耸，挺拔秀美，为全湖点睛之笔。

十、二十四桥景区

位于瘦西湖由西向北转折处。1986 年 10 月，根据《扬州画舫录》记载和故宫博物院所藏乾隆南巡盛典图复建。1991 年 5 月，二十四桥景区开放暨杜牧诗碑揭幕仪式在熙春台举行。二十四桥景区复建工程获省优秀设计二等奖。该景区由熙春台、望春楼、小李将军画本轩、二十四桥、吟月茶楼等景点组成。

熙春台，又名春台祝寿（传说乾隆在此为母亲祝寿），按原貌复建。主楼坐西朝东，上下两层，规模宏大，金碧辉煌。“熙春台”匾额由舒同书。两侧有启功书写的对联：“胜地据淮南，看云影当空，与水平分秋一色；扁舟过桥下，问箫声何处，有人吹到月三更。”楼下立柱为堆漆云饰，巨幅壁画《玉女月夜吹箫图》，采用扬州漆画工艺，楼上迎面一排仿古编钟，后墙两壁为半圆竹筒图案，上刻历代名家歌咏扬州的诗句；顶层 365 只竹编灯笼，色彩纷呈，熠熠生辉。1994 年 7 月、2000 年、2002 年先后三度对其内装缮。熙春台两翼附属建筑如“八”字，南翼为湖石假山和复道，假山置小亭；北翼以曲廊与十字阁通。十字阁，碧瓦朱柱，四面为廊。熙春台与五亭桥处于同一轴线，隔湖遥遥相对。临水露台，花岗岩叠砌。左为二十四桥，右为九曲石栏平桥。露台上立汉白玉杜牧诗碑《寄扬州韩绰判官》：“青山隐隐水迢迢，秋尽江南草未凋。二十四桥明月夜，玉人何处教吹箫。”为毛泽东手书。

玲珑花界位于湖之南岸，以九曲桥通熙春台。按原貌复建。以湖石围成多个花台，分区培植牡丹、芍药，含“洛阳牡丹、广陵芍药”之意。鲜花丛中，几间厅房，一楹水榭，一座方亭。厅亭之间以游廊相接。

二十四桥位于熙春台左侧，从西向东由落帆栈道、拱桥和曲桥三部分组成。落帆栈道高跨湖汊，由黄石假山、竹排、铁链构成，雄浑古朴。拱桥单孔，长 24 米，宽 2.4 米，高 5 米。桥两端踏步各 24 级，桥两侧围以 24 根汉白玉栏柱，上镌云纹，栏板上刻有彩云追月图。拱桥东接四曲平桥，桥堍置一方亭，名吹箫亭。桥形似玉带，凌青波之上，明月之夜，给人以空幻神奇之感。

二十四桥东南为小李将军画本轩，按唐代李昭道（又名小李将军）画意所建。重檐翘角，架空花脊，西扇面景窗，收入熙春台景观；东六角景窗、南北矩形景窗，有“画幅窗”的借景效果。李昭道与其父李思训被明代董其昌尊为“北宗”山水画创立者。

小李将军画本轩东侧是望春楼，5 楹，花脊，飞檐翘角。下层北侧为山庭，南侧为水院，将室外风光引入室内环境。上层为活动门窗，卸去即为露台，炎夏可纳凉，中秋宜赏月，“望春楼”匾额，乃集郑板桥墨迹。吟月茶楼位于二十四桥景区西南角，迎湖门厅有楹联“念桥杜牧三生梦，吟月扬州第一楼”。

十一、卷石洞天

位于新北门桥西北侧，清初为古郧园。乾隆时为北郊二十四景之一。清代李斗《扬州画舫录》云：“郧园以怪石老木为胜，今归洪氏。以旧制临水太湖石山，搜岩剔穴，为九狮形，置之水中。上点桥亭，题之曰‘卷石洞天’，人呼之为小洪园。”“郊外假山，是为第一”。清咸丰年间毁于兵火。80 年代后期复建，1990 年 5 月 1 日对外开放。

门厅东向，大门两侧为明末两个抱鼓石，门楣悬书法家舒同手书“卷石洞天”匾额，抱柱楹联为书法家孙轶青所书“水榭朝曦花绽露，山房晚照柳生烟”。步入园门，迎面是“龙屏鹤舞”，貌似龙舞的太湖石为景屏，黄杨树鹤舞造型点缀其间；刚劲的黑松和柔美的青枫分别置于迎面所见的廊桥两端。入门北折为群玉山房，向南为薜萝水阁，其间以迭廊桥亭相连。“群玉山房”四字为当代书法家武中奇所题。壁泉三迭，潭水半泓，片石铺装，蒲草点苔，竹联“一石则泰华千寻，半勺亦江湖万里”，点明景意。进人大厅，北墙有贴壁假山，下置环绕水池；东侧以“知音舫”半只点缀，通过巨幅镜面倒影，画舫的艺术造型完美体现，与西南角窗外象形石“听琴峰”相应，取意于“伯牙破琴谢知音”的典故。群玉山房西侧小院，体现“旱园水意”的巧妙构思：黑、黄两种鹅卵石按流水形态铺地，水口与山洞相连，水从洞出，曲水缓缓，流入江河，此处无水胜有水。穿曲廊过桥亭，南端为薜萝水阁，阁为二层，上层三面设美人靠，北面有画窗，可观山、赏水、望亭；下层设坐栏，可观瀑、望莲、听松，为休憩、赏景佳处。湖石假山位于廊之西侧,是卷石洞天的主景。洞口宽5米,进深8米,梁柱式结构,湖石叠构,天衣无缝,宛自天工。穿过山洞向南,迎面峰顶置飞来石。西入峡谷,屏障相阻,近前才发觉绝路逢生,豁然开朗。整座假山上实下虚、上明下暗、上散下整,如卷云飘逸轻盈,如山峦浑厚深远。山上建有四面八方亭,古朴飘逸。

十二、西园曲水

旧为北郊二十四景之一。建于清乾隆三十年(1765),原为西园茶肆,位于南湖、北城河、瘦西湖三水交汇处,水势曲折,故名。此园依水曲治亭馆,昔有濯清堂、觞咏楼、水明楼、拂柳亭诸胜。园之中心,旧筑草堂4间,堂外垂柳拂槛,苍松如塔。堂之东南隅,有土墩一,可登临远眺蜀冈诸胜,上置“西园曲水”石额。园西有荷池。今高墩、荷池尚在,墩上增建一亭,池内置一石舫。水曲处,濯清水堂、拂柳亭已复旧观。

十三、静香书屋

图2-1-4 静香书屋

在二十四桥东北侧,原是清乾隆时石壁流淙的景点。复建于1992年,占地0.67公顷。取名静香,典出于北宋林和靖“疏影横斜水清浅,暗香浮动月黄昏”的咏梅名句。因金农工于画梅,故以静香名之。入园,一方荷池,约0.07公顷。池北为水乡房舍一间,青砖墙,筒瓦屋顶。池东一簇芦苇,石舫半在水中。楠木曲廊自石舫逶迤至书屋东院,水院有小渠与池通。渠上廊桥,有“天然桥”匾。过桥接屋廊,屋前铺卵石,临池有石栏,凭栏观鱼,妙趣横生。书屋面阔3间,黑底色匾额书“静香书屋”,集扬州八怪之一金农墨迹。室内陈设一色海梅家具,刻梅花纹饰,正间有楠木雕刻的松、竹、梅罩槅,正间与东西两间以太师椅、茶几、花架等关隔。西间置画案、书架、博古架。东间4张圆凳围着梅花桌,乃读书作画之佳处。庭园西南隅为黄石假山,巍峨险峻,峰顶为寿龟翘首状。半山置一亭,题名“龟山亭”。庭园西面筑写意山冈,植物配植梅花,夹以桂花、柳树、松柏、竹类,依冈西望,则绿水映带,长廊逶迤。1993年,以1∶1比例将此园复制参加德国斯图加特国际园林博览会“中国园”展出,获金杯奖,在德国当地被永久性保存。

十四、万花园

位于瘦西湖公园西北,北临平山堂路,东连长春路。据康熙《扬州府志》记载,“万花园,宋端平三年(1236)制使赵葵,即宝城统制衙为之”。现今的万花园建于2007年,总投资约1.8亿元,占地33.3公顷,是蜀冈—瘦西湖风景名胜区的新景点。万花园强调与瘦西湖相融合,强调“万花会”主题,在塑造群芳竞秀氛围的同时,多方位展示花与城市、花与名人、花与诗词、花与民俗、花的寓意等花卉文化。走进万花园,迎面而来的是一组用红绿草、佛甲草等10多种草本花木编织成的“琼花仙子”立体花坛,以及采用四季海棠、矮牵牛、三色堇等春花制作的占地约1000平方米的奥运主题花坛。道旁岸边、屋前宅后遍植花木,木本、草本、立植、盆栽各具形态,摇曳生姿,奇花异草,各展风姿。一路走去,万花齐放,实为名副其实的万花园。

十五、石壁流淙

原址在白塔晴云之北,为瘦西湖二十四景之一。原为徐氏别墅,乾隆南巡,赐名“水竹居”。清晚期,颓败于战乱,胜景不再。2007年,在万花园内重建石壁流淙,由水竹居、阆风堂、丛碧山房等三组建筑和一组黄石假山组成。其假山叠石为目前扬州最大,石壁以雄浑见长,东西长80米,南北宽25米,不仅体量最大,更是展示扬州园林叠石艺术的高水准。山上飞瀑川流不息,响声震耳,跌落池中水花四溅,最高落差达13.8米的6条瀑布分别从不同出口、不同高度一泻而下,非常壮观。

十六、簪花亭

建于万花园内,它是六角形仿宋建筑,亭边坡台广种芍药,亭下是根据北宋时期典故,用紫铜塑造北宋时期先后为宰相的韩琦、王珪、王安石、陈升之饮酒簪花的场面。庆历五年(1045),韩琦任扬州太守时,官署后花园中有一种叫“金带围”的芍药一枝四杈,每杈开一朵花,而且花瓣上下呈红色,一圈金黄蕊围在中间,因此被称为金缠腰 ,又名金带围。此花不仅花色美丽、奇特,而且传说此花一开,城中就要出宰相。当时,同在大理寺供职的王珪、王安石两个人正好在扬州,韩琦便邀他们一同观赏。因为花开四朵,所以韩琦便又邀请州黔辖诸司使前来,但他正好身体不适,就临时请路过扬州也在大理寺供职的陈升之参加。饮酒赏花之际,韩琦剪下这四朵金缠腰,在每人头上插一朵。说来也奇,此后的三十年中,参加赏花的4个人先后做了宰相。故传为有名的“四相簪花”的故事。

第三节 冶春园

位于天宁寺西侧河边,东临御马头,西至问月桥。是清代诗人王渔洋当年举办诗社之处。旧园已圮废,今园始建于清末民国初。1958年,市饮服公司将庆升茶社(水绘阁)、香影廊茶社、冶春花社连成一片,将康熙年间的“冶春诗社”之名移此,统称“冶春”,亦称之为“后冶春园”。

冶春园将树、水、桥、榭巧妙地融合在一起,是自然园林风光的佼佼者。园内著名景点有水绘阁、香影廊、餐英别墅等。园之东门上“冶春”二字原是冶春花社的旧额石刻。

园内绿树成荫,花木繁茂,四时飘香,诸般盆景,错落有序。一进园门,有草庐数间,半架于坡岸,半延入湖心。草庐以金色稻草为顶,木板为壁,雕花为窗。草庐门额上有“水绘阁”三个字,系套用明末清初如皋冒辟疆家中“水绘园”的名称。草庐上的飞檐翘角,映入清波,杨柳依依,一派村野风韵。水绘阁的西边有曲栏,连接着一处水榭,名叫“香影廊”。“香影廊”之名是取自王渔洋“衣香人影太匆匆”之意。廊有数间,朱栏一曲,掩映于清流翠柳之间。倚窗凭栏,桥下流水,对岸花木,尽收眼底,颇有韵味。“香影廊”匾额系重宁寺僧海云所书。水绘阁及香影廊至今仍为茶社,并统称为冶春茶社,以出售维扬细点及各式小吃著称于世。

冶春园西便是老树蔽荫的餐英别墅。餐英别墅原系清代园艺家余继之的住宅,内有引晖馆及余香花舍,室内陈设典雅,可供游人观赏。餐英别墅西接清新雅致的问月山房,相传问月山房系因邻近问月桥而得名。问月山房现不存,旧址改建为露天舞台和儿童乐园。

1995年,冶春园经过修复、扩建,成为乾隆水上游览线的起点。登上龙舟,全园美景逐次映入眼帘。龙舟一路前行,可穿越瘦西湖、二十四桥等著名景区,直达蜀冈脚下。

第四节 竹西公园

位于古运河畔、城北乡黄金坝东侧,占地8.67公顷,其中水面约占60%,是苏北地区由农民集资建成的第一家古典园林。唐代,这里是禅智寺所在地。禅智寺又名竹西寺、上方寺,是当时的风光胜地,曾吸引不少文人墨客到此游览。诗人杜牧在此留下“谁知竹西路,歌吹是扬州”的千古名句,致使“竹西”成为后人对扬州的别称。竹西公园取名即源于此典故。

1989年7月,城北乡农民以城北乡花木场为基础,筹建竹西公园。1990年9月,公园对外开放。一年后,省农林厅在这里举办省第六届花卉盆景展览会。自此,“竹西佳处新景观”的美名声扬全国。

该公园门厅有书法家林散之题名的匾额和女书法家李圣和题书的楹联。门厅后耸立一座高大的景屏,透过景屏隐约可见园内部分景点。园内清溪垂柳,掩映成趣;花卉盆景,绚丽缤纷。还有竹西精舍、月明桥、竹西亭、芍药圃、留芳亭、拱平双桥、垂钓池、郁金香圃等景点和集吃住、娱乐、购物为一体的综合服务楼以及花鸟虫鱼市场。园中水面宽广,有莲池,有鱼塘。跨月明桥往东南,便是花卉盆景观赏、生产区。1990年,竹西公园被省农林厅确定为盆景出口基地。1993年,竹西公园举办苏北地区首次郁金香展览。

第二章　古迹遗存

第一节　唐衙城遗址

即唐代扬州城遗迹。唐代扬州城是由一个方形的子城和一个长方形的罗城组成。在蜀冈之上的名子城，亦称牙城(即衙城)，由内城、外城和附郭东城等三重城组成。周长6.8千米，东西南北4座城门虽久圮，但土筑城垣上还保留着缺口。衙城西南和东北角依旧保留着很高的角楼基础，尤以西南角观音山附近最为突出。

衙城南城墙西起观音山，向东至铁佛寺，全长1.9千米，沿蜀冈南缘建造；西城墙南起观音山，向北沿西华门路直至堡城西河湾，全长1.4千米；北城墙西起堡城西河湾，向东至堡城李家庄，再向东北折至堡城尹家庄，然后再向东延伸至今综合村江庄，全长2千米；东城墙北起衙城东北角楼，向南至铁佛寺西，全长1.5千米。

南门是唐衙城的正门，地处蜀冈边缘较高地势上，可远眺长江。该门规模宏伟，建筑精致，由3个并排的门洞组成，皆用城砖包砌，中间的门洞宽7米，两侧门洞各宽5米，门洞长14米，城墙厚9米。西门即西华门，东门即东华门。两处均有省政府于1983年立的“唐城遗址——江苏省文物保护单位”标志碑。1996年11月，扬州城遗址(隋—宋)被国务院公布为第四批全国重点文物保护单位。

第二节　古邗沟故道

位于城北乡黄金坝以西至螺丝湾桥之间，2006年被列为全国重点文物保护单位。

周敬王三十四年(前486)，吴王夫差为北上伐齐开挖邗沟，以沟通江淮，此举亦系扬州建城史的发端。邗沟的开凿，不仅为古扬州经济发展奠定基础，而且是中国运河史上最早的篇章。因年久淤湮，今仅遗存螺丝湾桥至黄金坝东西向一段，长约1.45千米，宽50～60米，两侧淤积层约20～25米，中间沟床约10米。中段有明清时修建的邗沟桥横跨。此桥为两头门石桥，两边山花墩上均嵌“邗沟桥”石额。

2002年清淤改造后，面貌一新。其中段复建一桥，名邗沟桥。在邗沟故道东端又复建旧时的吴王庙，用以祭祀吴王夫差和西汉初年的吴王刘濞。解放后，在邗沟先后出土唐代木船桅杆和以楠木围筑的驳岸一段。在邗沟沿岸，还出土一些几何印纹硬陶残片，经考古工作者考证，系春秋战国时期遗物。

第三节　宋夹城遗址

扬州宋代有“一地三城”之说，分别为宋大城、宝祐城、宋夹城。宋夹城位于保障湖南畔，在宝祐城和宋大城之间，即今童家套一带，为联系两城的军事通道，状如蜂腰，又称蜂腰城。呈南部略偏东、北部略偏西的狭长方形，至今有800多年历史，虽经战乱等历史因素影响，但城池地貌特征依稀可见。如今的宋夹城考古遗址公园是在原址上复建的，占地约100公顷，城垣土基高出地面1～3米，四周皆有城河环绕。宋夹城东西南北各有城门。据考，其中西门是双瓮城的形式，正门前有月城，作为战略碉堡，以阻击敌军袭击。城内除粮草仓、练兵场、兵器库等备战设施外，有两条联系东西南北的十字街作为军事通道，其位置依然清晰可见。如今建成遗址体育公园。

第四节　陵　墓

一、汉陵苑

又称为汉广陵王墓博物馆，位于扬州北郊蜀冈之上，保障湖北岸，占地27公顷，为国家AAA级风景区。苑内地势起伏，建筑古朴雄浑，林木葱郁、绿草成荫，是一座融文物与园林为一体，反映扬州汉文化的展示中心。

图2-2-1　汉陵苑

走进仿汉阙的汉陵苑大门，拾级而上，迎面便是具有汉代建筑风格的主展厅。展厅内主要展示1979年春在高邮天山乡一号、二号汉墓中出土的文物，其中最为珍贵的是西汉第一代广陵王刘胥及王后的木椁墓。两座墓同属于帝王级的黄肠题凑式木椁墓。广陵王刘胥墓题凑精细讲究，全部用榫铆结构组成，有全榫、中榫、半榫、单榫、双榫、燕尾榫和各种企口、暗栓共数十种之多，全部木料都是涂有黄色防腐材料的金丝楠木，共有856根，规模宏大，结构严谨，是全国罕见的大型汉代墓葬之一。距今有2000多年历史。王后地宫采用地面建筑与地下建筑相结合的手法，以墓道与墓室相通，内有原二号墓内车马椁和国家一级文物三叟戏乐俑，以及镌有铭文的木牍和“广陵私府”的印泥。

主展厅外，东西两边各有一排陈列室，里面陈列着有关汉代广陵国的图片资料和出土的近1000件精美的玉器、银器、铜器、铁器、漆器、陶器、木俑、丝绸、绣品等物。一号墓中的全套铜、陶浴器，二号墓中的兵器“带钩盾”，均为考古中发现的罕见之物。另外还有“兴盛的汉代扬州”陈列和“扬州第一美女——刘细君”故事介绍，以及汉代娱乐活动等。

因该墓发掘地高邮天山(又名神居山)石质松散，不利于墓葬就地保护，省政府决定将其迁于现址复原，建馆展示。1990年底，该馆一期工程广陵王地宫竣工，1991年对外开放。2002年，又完成二期工程王后地宫并对外开放。

2000年10月，国家主席江泽民陪同法国总统希拉克到此参观，并题字留念。

二、史可法祠墓(史公祠)

史公祠位于广储门外护城河北岸，是纪念明末抗清英雄史可法的祠堂。这里原是一片空地，明万历二十年(1592)，扬州知府吴秀疏浚城壕，将挖出的淤泥在这里堆成土岭，岭上广植梅花，取名梅花岭。环岭建亭馆台榭，作为扬州的府、县官吏休憩之所，吴秀题之为“平山别墅”。

清顺治二年(1645)，南明兵部尚书、东阁大学士史可法督师扬州。清豫亲王多铎率兵围扬州，史可法死守，殉难前有遗言：“我死当葬于梅花岭上。”4月25日，清兵破扬州，史可法殉节，其嗣子史德威寻其遗骸不得，乃将史公生前的衣冠葬于梅花岭上。清乾隆年间，世人在其墓西侧建立祠堂，后于咸丰年间毁于兵燹，同治九年(1870)重建，民国24年(1935)和民国37年两度维修。现存建筑遗墨厅、梅花仙馆外，大部分为晚清所建。1949年后，多次修缮，现为史可法纪念馆。1956年，史可法祠、墓被公布为省文物保护单位，也是扬州市爱国主义教育基地。

史公祠坐北朝南，朱红大门，右悬全国人大常委会委员长朱德亲笔题写“史可法纪念馆”楠木馆牌。门内有石砌通道，通道两侧各有一株参天蔽日古银杏树。院中为飨堂，堂内明间有云纹形梅花罩格，堂前廊柱上挂着两副楹联，其一是"数点梅花亡国泪，二分明月故臣心"。其二是"时局类残棋，杨柳城边悬落日；衣冠复古处，梅花冷艳伴孤忠"。飨堂正中供奉1985年为纪念史可法殉难340周年而塑的一尊身着明代官服的史可法坐像。塑像上方悬"气壮山河"大匾，两旁立柱上有两副对联：一副是郭沫若的"骑鹤楼头，难忘十日；梅花岭畔，共仰千秋"。一副是严保庸的"生有自来文信国，死而后已武乡侯"。飨堂后便是史可法衣冠墓，墓周围以短墙，墙内筑石为台，封土为丘，墓前立一石碑："明督师兵部尚书兼东阁大学士史公可法之墓"。墓门上嵌有"史忠正公之墓"隶书石额。短墙外的院墙，左右各辟一圆门，门上嵌有"梅花岭"石额。飨堂之西便是史公祠，始建于清乾隆三十三年(1768)。祠分3楹，中间一楹高于两厢。祠堂正中砖砌台基上的神龛内供着史公牌位及彩绘明服遗像，上方挂着今人杜平中将手书"亮节孤忠"横匾。东墙壁嵌有史公生平年表石刻，西墙壁嵌清代学者全祖望的《梅花岭记》石刻。祠内橱柜内陈列有乾隆皇帝题词和御制书文拓片，并陈列着胡厥文、陈叔通、蔡廷锴、金日成等现代名人题词，还有《史忠正文集》《史可法集》《扬州十日记》等文献。堂后是遗墨厅，厅柱上有史可法自撰对联："斗酒纵观廿一史，炉香静对十三经"。厅中墙壁上嵌着史可法写给其母、岳母和妻子的遗书及《复清摄政王多尔衮书》手迹石刻。

1991年，在梅花岭南侧掘塘叠石，并建梅亭于塘畔，厅前蜡梅有200多年树龄，是扬州最古的蜡梅，为游人赏梅佳处。

三、熊成基墓

熊成基，清光绪十三年(1887)出生，字味根，扬州人，清末民主革命者。光绪二十八年(1902)，入安徽武备练军学堂，后入南洋炮兵学堂，毕业后分配在新军第九镇任炮兵排长，后调任安徽新军混成协马营和炮兵队官。曾参加安徽岳王会和浙江光复会等革命团体。光绪三十三年(1907)，在徐锡麟安庆起义失败后，辗转到日本加入同盟会。宣统元年(1909)春，熊成基接受黄兴指派回国。为了完成筹款和准备起义的任务，熊成基于9月间冒险再至东北三省，因臧冠三贪利告密，次年1月在哈尔滨被捕。同盟会会员多方营救，均未成功，2月27日就义于吉林省长春巴尔虎门外的刑场。临刑前，熊成基说："今生已矣。我死，愿中国之富强日进一日，庶几瞑目矣。"时年仅23岁。民国元年(1912)7月，其灵柩由临时大总统府顾问杨士香、同盟会特派员章梓和熊成基二哥熊成模等迎回扬州，葬于大明寺万松岭上。墓前有墓碑，上书楷书"味根熊公墓"。1988年，大明寺东园扩建时熊成基墓被圈入大明寺。同年，市政府拨款整修熊墓，改为水泥墓冢，重立墓碑，石碑改为隶书"熊成基烈士墓"。

四、汪中墓

汪中，字容甫，清江都人。毕生致力于经世致用之学，在哲学、史学、文学诸方面均有很高造诣，被世人赞为通儒，有"无书不读"之誉，是清代扬州学派杰出的代表人物。乾隆五十九年(1794)，受聘赴杭州文澜阁检校《四库全书》，年末病逝于西湖僧舍。后归葬于扬州城北乡三星村叶家桥。因原墓地在"大跃进"时被毁，市政府于1984年专门拨款，在原址西北角重新修建其墓。墓前铺设砖砌墓道，并砌建粉墙青瓦带花窗牌坊一座，上嵌有"汪中墓"石额。牌坊后为水泥包框的汪中墓台，台上墓冢高约2米，前列墓碑一方，碑上镌有"大清儒林汪君之墓"，系清扬州知府伊秉绶所题。墓区植有松柏，四季葱郁。墓西侧有一长方形池塘。该墓被列为市级文物保护单位。

五、革命烈士陵园

始建于1954年，扩建于1997年，改建于2005年，占地5.3公顷。坐落于大明寺东首，观音山西首，蜀冈风景区万松岭，依山傍水，怀抱自然。烈士陵园由入口牌楼、凭吊广场、烈士诗抄碑、烈士纪念碑、烈士墓区、烈士事迹陈列馆等部分组成。入口牌楼古朴典雅，上面镌刻着江泽民亲笔题写的"扬州革命烈士陵园"八个金光闪闪的大字。凭吊广场占地0.5公顷，可一次容纳5000人祭扫。广场两侧建有6座碑壁，上面镌刻着全国著名烈士诗抄。革命烈士纪念碑长19.97米、高7.1米，整体采用红花岗岩饰面。烈士纪念碑呈现雄伟庄严的风格，正面镌刻毛泽东"为国牺牲永垂不朽"遒劲有力的字迹，背面镌有市委、市政府撰写的碑文。烈士墓区位于纪念碑北侧，嫣红色花岗岩墓碑沿坡安放，静卧在浓郁的草地中，表达烈士生命不灭、与大地共存的意境。革命烈士事迹陈列馆建筑面积 2500 平方米，馆内陈列展出辛亥革命先驱熊成基、“二七”大罢工领导人之一曾玉良、扬州历史上第一个中共组织领导人曹起溍、皖东北抗日根据地创始人之一江上青、中共苏中地委书记韦一平等扬州各个革命时期 200 多名烈士的生平事迹和史料。1992 年，扬州革命烈士陵园被市政府列为重点烈士纪念建筑物保护单位。1997 年，被定为省爱国主义教育基地。2008 年，被定为省重点烈士纪念建筑物保护单位。2009 年 3 月，被国务院列为全国重点烈士纪念建筑物保护单位。

第三章　寺庙道观

第一节　大明寺

一、大明寺

位于蜀冈中峰，初建于南朝宋大明年间(457～464)，故称大明寺。隋仁寿元年(601)，于寺中建一座供奉舍利的栖灵塔，寺从塔名，改大明寺为栖灵寺。清初改名法净寺。唐代高僧鉴真，曾在此讲律传戒，名闻遐迩，享“江淮化主”之誉。为兴隆佛教，弘法东洋，六次东渡，历经磨难，以致双目失明，仍以 66 岁高龄成功抵达日本，实现夙愿。1957 年，被列为省级文物保护单位。1980 年 4 月，为迎接鉴真大师塑像从日本回扬州“探亲”，恢复大明寺原名。今存之寺庙为清同治年间(1862～1874)重建。1983 年，大明寺被定为汉族地区全国重点寺院。寺院由山门殿、大雄宝殿、平远楼、藏经楼几个部分组成。山门殿大门三洞，正门上系唐代扬州书法家李邕题书的“大明寺”石额。山门殿内侧围墙上各嵌有楷书大型横碑，东墙上刻着北宋词家秦观“淮东第一观”题词，系清代书法家蒋衡所书；西墙上刻着“天下第五泉”，为清代书法家王澍题书。大雄宝殿面南三楹三重檐，重檐如翼，气势恢宏。大殿内佛幡下垂，香烟缭绕。平远楼在山门殿东侧偏后，三楹三层。初为清雍正十年(1732)光禄寺卿汪应庚建二层，至其孙汪立德，增高为三层，取宋代画家郭熙《山水训》“自近山而望远山，谓之平远”之意，命名平远楼。藏经楼在大雄宝殿东北角东园内，底楼东间是方丈室，西四间为敞厅。楼前筑平台，围以汉白玉栏杆，清静幽雅。

图 2-3-1　大明寺

二、西园

位于平山堂西侧，又称御苑、芳圃。初建于清雍正年间，后光禄寺卿汪应庚于乾隆元年(1736)扩建。咸丰年间毁于兵火。同治年间，两淮盐运使方浚颐重修。1951 年、1963 年、1979 年均有修缮，1980 年大修，1991 年又经改建。经多次修缮，西园日臻完善，占地约 0.67 公顷，四周冈阜起伏，层峦叠翠，中部一泓池水，碧波涟漪。池西、池北翠竹森森，古木萧萧，筑水轩于其间。池东南有黄石假山，气势雄浑，中空外奇。还有康熙御碑亭、乾隆御碑亭、天下第五泉、船厅、鹤冢、听石山房、楠木厅、石涛墓塔、美泉亭、佛光宝殿等景点。其中最著名的是第五泉，石碑系明嘉靖徐九皋题书，碑前一眼井，因该泉水曾被古人列为天下第五而得名。

三、栖灵塔

位于大明寺东部，初建于隋仁寿元年(601)，原在栖灵寺(大明寺)内，塔内供奉佛骨，谓佛祖遗灵即在此处，故称栖灵塔。栖灵塔高九层，高耸入云，最宜登临远眺。唐代李白、高适、刘长卿、刘禹锡、白居易等许多诗人曾登临此塔，写下众多脍炙人口的诗篇。唐会昌三年(843)，栖灵塔遭火焚。宋景德元年(1004)，僧人可政曾募资在原地建一座七层塔，取名“多宝塔”，后朝廷又赐名为“普惠塔”。南宋时再度毁圮。此后，虽屡有重建之议，终未施行。1980年，鉴真大师塑像回扬“探亲”，各界人士倡议重建栖灵塔。后于1988年选址奠基，经多方筹集资金，于1993年8月动工兴建，1995年12月竣工，1996年春节对外开放。塔身呈方形，塔底层平面为22×22米，面积484平方米，9级佛塔置于2.5米高的承台之上，塔下设地宫，深4米，塔高73米，建筑总面积1865平方米。仿唐风格，主体结构为钢筋混凝土，木构楼阁式，东西南北每面四柱三间，一门二窗。该塔气势雄伟，雄踞蜀冈之巅，置身塔上扬州景观尽收眼底。

第二节　观音禅寺

位于蜀冈东峰，与大明寺隔壑相望，是扬州重要的风景名胜之一。始建于元代。明洪武年间，惠整和尚重修寺庙，初名功德寺，又名功德林，山因此得名功德山。明末，因寺内主供观音菩萨，改寺名为观音禅寺，山名亦改为观音山。该寺庙屡毁于兵火，近代经过多次修葺，原有的山门、天王殿、圆通宝殿、文殊殿、普贤殿、赐福堂、永怡堂、迷楼、藏经楼等古建筑均旧貌换新颜，还增添三圣殿、素菜馆等新景观。青瓦红墙，依山而建，山景寺庙融为一体。拾阶而上，“江淮南北，一览可尽”。

图2-3-2　观音禅寺

观音禅寺门前立一对石狮，门楼上有题额，正面为“观音山”，背面为“功德林”。寺门上刻着“观音禅寺”四个大字，寺门内塑丈六金身哼哈二将。折西，拾级而上即至天王殿。天王殿面南3楹，内置弥勒及韦陀神龛，两厢分立四大天王。门外偏西，围以短垣，建有焚香池，名曰“梵天香海”。主殿圆通宝殿面南3楹，重檐花脊，高大壮丽。檐下是赵朴初题书“圆通宝殿”匾额。殿内塑观音菩萨像，左侍龙女，右侍善财，两边分立32尊观音应身像。殿后为藏经楼。

寺的东南部为原隋炀帝“迷楼”所在，系隋炀帝所建的最豪华宫殿之一。相传隋炀帝即在迷楼被部下宇文化及所杀，楼亦遭毁。为警戒世人，后人在此建造“鉴楼”。楼面南二层5楹，西隔间为陈列室，内有隋炀帝摹拟像、隋运河图、迷楼图等。

寺的西南角为紫竹林，园内种植紫竹数百竿，另有树龄200年的松柏一株。花木葱茏，小院清幽，是游人歇足的绝佳境地。每当月上中天，万籁中竹枝摇曳，风景独好。墙端有角门通“上苑”，又称琼花园，园内植琼花多株。

观音禅寺香会以观音成道日农历六月十九为最盛。每年此日，从大江南北赶来的香客数以万计，从夜至旦，天王殿前“梵天香海”中香火熊熊燃烧，照耀数里，蔚为壮观。

第三节　天宁寺

位于北护城河北岸，系省文物保护单位。后倚重宁寺，前临御马头，西靠御花园，东傍梅花岭。天宁寺是扬州的佛教名刹，迄今有1600多年历史。相传是东晋时谢安捐出别墅建寺，以供尼泊尔僧人佛驮跋陀罗在此翻译《华严经》。《宝祐惟扬志》记载，天宁寺始建于武则天证圣元年(695)，以年号为名，最初称为证圣寺。北宋真宗大中祥符五年(1012)，改名为兴教院。直至宋政和二年(1112)，宋徽宗准昭庆军节度使蔡卞所请，赐名为天宁禅寺。南宋绍兴十三年(1143)，又改名为报恩光孝寺。元末，寺倾圮，明洪武十五年(1382)重建，仍名天宁禅寺。

天宁寺极盛时期，是清代康熙、乾隆年间。这里不仅是康熙南下的巡幸之地，也是乾隆南巡时的行宫所在，而且是曹寅受命设局刊刻《全唐诗》、纂修《佩文韵府》的场所。乾隆四十五年(1780)，寺内建文汇阁，收贮《四库全书》一部。

天宁寺作为清代扬州八大古刹之首。“一庙五门天下少，两廊十殿世间稀”，其建筑规模之宏伟为全国少有。山门殿、天王殿、大雄宝殿、华严阁诸雄伟建筑，在同一轴线上，进深100多米，东西两侧廊房85间，将4座主建筑围成一体。

清咸丰年间，天宁寺毁于兵火。同治四年(1865)，僧人真修请于两淮盐运使方浚颐拨款重建。20世纪以来，天宁寺长期作为军营，寺宇多有破坏，佛像更是荡然无存。1982年，天宁寺被列为省文物保护单位。1984年至1987年10月，国家文物局和省市地方政府共同拨款重修。1988年10月，将扬州博物馆迁入天宁寺(2005年迁出)。现辟为佛教展览馆。

2007年9月，开工建设万佛殿。该殿与藏经楼相距约30米，占地0.06公顷，采用三重檐歇山造型，材料及色彩与天王殿和大雄宝殿相统一。据《扬州画舫录》记载，万佛殿里曾摆放1.1万多尊大小不一的佛像，个个惟妙惟肖。修复后的万佛殿不再陈列佛像，而是作为佛教文化的陈列展示大厅，从文化的角度对佛教进行解读，通过声、光、电结合的现代手法，充分展现扬州佛教的历史与文化。2007年底，修建后的天宁寺面貌焕然一新。2008年“4·18”国际经贸旅游节前对外开放。

第四节　重宁寺

位于天宁寺北(今长征路中段北侧)，系市级文物保护单位，清代扬州八大名刹之一。该寺建于清乾隆四十九年(1784)，乾隆皇帝赐“万寿重宁寺”“普现庄严”“妙香花雨”三石额，又亲撰寺记并勒石。咸丰年间毁于兵火，同治年间重建，光绪年间再建。

图2-3-3　重宁寺

重宁寺原本规模较大，现存天王殿、大殿、文昌阁、僧房，建筑面积约2000余平方米。门外植古榆树数十株，筑一大戏台。山门内第一进为天王殿，内塑四大天王。第二进为大雄宝殿，殿后开3门，中曰“普照大千”，左曰“香林”，右曰“宝华”。寺有西园，园内有宋代书法家米芾书写的“城市山林”碑额。寺门外原有一亭，亭内立石，上镌“皇恩浩荡”“万寿无疆”8个大字，系为乾隆皇帝祝寿所建。旧有文昌阁3层，登阁可望江南诸山。寺东为江氏东园，内有熙春堂、俯鉴室、琅玕丛诸胜，并附于寺。该寺与园均毁于兵火。光绪十七年(1891)，僧人瑞堂募资重建。该寺天王殿、大雄宝殿、藏经楼均位于一条中轴线上，步步升高。今回廊和僧房等大部分建筑及3方御赐石额仍存。大雄宝殿内的8根方形正柱，高约15米，均用难燃于火、易沉于水的铁藜木制作，极为珍贵。

重宁寺最大的特色是佛像极其考究，按照皇宫大内寺庙的工艺作法。殿中佛像、罗汉像，出自宁波名塑工之手。佛像后，有海岛，穷极工巧，仿制普陀山海岛形式，佛像今不存。光绪二十七年(1901)，寺僧长惺与其徒雨山、宝茎等，又建3层楼阁，以复旧观，署名“藏经阁”。藏经阁与天宁寺3层楼前后相望，均被称为佛寺之宏大建筑。

第五节 大王庙

又名吴王庙,位于古邗沟南岸。相传该庙初建于汉,庙内供奉两位吴王:夫差和刘濞。他们分别是春秋时期和西汉时期诸侯国吴国国王。

周敬王三十四年(前486),吴王夫差为北上争霸,在蜀冈之上构筑邗城——即历史上最早的扬州城。在城下开凿邗沟,以沟通江淮。在古代陆路交通不发达的情况下,邗沟对商贸交流、经济发展发挥了极其重要作用。西汉时期,吴王刘濞封地亦在今扬州一带。他在位期间,西开铜山铸钱,东煮海水制盐,同时致力于发展农业,并实施很多惠民政策,造福于扬州,使扬州经济富庶、百姓安乐。扬州人民为纪念这两位为开创扬州、振兴扬州作出过贡献的吴王,特建此庙以世代祭祀。这种"一庙供奉二王"的情况在我国历史上也是极为罕见的。

据李斗《扬州画舫录》载,清初,该庙香火旺盛,百姓人家常到此求财、求子,尤以每年农历初五财神日为盛。庙内外香客络绎不绝,爆竹声、鼓乐声,昼夜不停,形成一方盛事。

咸丰年间,该庙毁于战火,后重建,但规模大不如前,仅剩前后两进3间,前进为5架梁山门殿,后进为9架梁大殿,两进之间以廊房相连。庙门前旧有石狮一对。大殿前天井里的东、西两侧栽有梧桐树、银杏树。后进大殿正中并排供奉着夫差与刘濞的木雕坐像,两旁是泥塑的玄坛赵公元帅和民间俗称的瘸腿财神,上悬"海甸清风"4个大字的匾额。神龛两旁楹联为"一殿两王天下少,庙门朝北世间无"。在高大的神台下,东置钟,西置鼓,鼓旁墙上旧砌有一块曾燠的《重建邗沟大王庙碑记》勒石。因年久失修,至解放时此庙破损不堪。1951年2月,该庙被拆除。

2006年,为振兴扬州历史文化,恢复和保存扬州的重要历史文物,市政府筹资,易地重建邗沟大王庙。今天的大王庙地处古运河和古邗沟风光带交汇处的北岸,仿汉代庙宇建筑风格。庙前有一个集休闲、商贸、餐饮于一体的大王庙广场。庙门正上方,悬刻"邗沟大王庙"5个隶书大字。进入大门,大殿上方悬一匾额,为"恩被干吴"4个金色大字。大殿正中,供奉两位神像,东为吴王夫差,西为吴王刘濞。大殿两边抱柱上各有两副楹联:一为"曾以恩威遗德泽,不因成败论英雄",一为"遗爱成神乡俗流传借元宝,降康祈福世风和顺享太平",表达扬州人民对两位吴王的感恩之情。

第三编

人　口

1989年,全区总户数47944户,总人口132810人,其中非农业人口12293人、农业人口120517人,分别占总人口9.26%和90.74%。1991年起,全区贯彻《江苏省计划生育条例》,不断优化人口控制工作、提倡晚婚晚育,区内人口良性发展。1992年后,农村产业结构调整和城市化进程加快,推动城乡人口不断向二、三产业和城市转移,外来务工经商人员逐年增多,区内人口构成变化明显,人口素质逐步提高。1996年后,区内人口增长速度明显放缓。1997～2003年,全区人口自然增长率连续7年低于1‰。其间2000～2002年连续3年全区总人口呈负增长。2002年,人口出生率从1989年17.79‰下降到2.82‰,为历年最低。2003年后,全区人口及计划生育工作进一步深化,围绕创建省人口协调发展区,人口和计生管理基础进一步夯实,低生育水平稳定。优质服务体系建设、人口信息化工作、流动人口管理取得明显成效。在稳定低生育水平的同时,注重人口结构调整和素质提高。坚持利益导向,倡导优生优育,加强流动人口管理和服务,人口信息化建设和计生优质服务体系建设取得显著成效。2010年,区人口和计划生育委员会被评为全省人口和计生优质服务先进单位。2011年,维扬区被省人口计生领导小组授予"'十一五'人口协调发展创建工作先进区"称号。

第一章 人口状况

第一节 人口总量

1989年,全区总户数47944户,总人口132810人,其中非农业人口12293人,分别比1988年增加2284户、428人、3611人。是年,人口超过2万人的乡镇有湾头、西湖。湾头镇人口居全区之首,为29060人;平山乡人口最少,为12174人。

1992年4月,市政府印发《关于加强扬州市郊区"农迁郊"人口管理的意见》。当年,全区总人口134448人。其后至1996年,全区人口总体呈下降趋势。1994年,双桥乡潘桥、裴庄两个村和武塘村部分村民小组近9000人户籍管理划归市经济开发区管辖。年末,全区总人口122981人。1996年,全区总人口121548人,比1992年净减少12900人。2001年,因扬州工业职业技术学院和扬州大学部分学院迁移,学生户籍划至其他区管辖,总人口比上年减少17188人,为117271人。2002年1月,市区行政区划调整,从广陵区划入34个居民委员会,全区人口总数激增。是年,全区总人口198070人。2004年,全区总人口211194人。2005年,因扬州职大新校区落户新城西区,全区人口减少。当年,全区总人口207757人。2008年,邗江区甘泉街道划归维扬区,全区人口数量再次增加。是年,全区总人口224511人。2010年,全区总人口229555人。2011年,市区行政区划调整,全区总人口230500人划入邗江区。

1989～2011年维扬区总户数、总人口统计表

表3-1-1

项目 年份	总户数(户)	总人口(人)	非农业人口(人)	项目 年份	总户数(户)	总人口(人)	非农业人口(人)
1989	47944	132810	12293	1993	52188	134238	15629
1990	48110	132916	11721	1994	47811	122981	14985
1991	48500	132607	11678	1995	47778	121965	14856
1992	51691	134448	15017	1996	47830	121548	14816

续表 3-1-1

项目 年份	总户数 （户）	总人口 （人）	非农业人口 （人）	项目 年份	总户数 （户）	总人口 （人）	非农业人口 （人）
1997	57368	139953	20601	2005	70297	207757	—
1998	58640	139626	21190	2006	69036	202188	—
1999	56622	136614	22216	2007	68694	197856	—
2000	56318	134459	22851	2008	77012	224511	—
2001	49239	117271	17284	2009	77406	226445	—
2002	69119	198070	146602	2010	78500	229555	—
2003	70058	204480	204463	2011	78671	230500	—
2004	70461	211194	211142				

说明：2005 年，江苏省取消农业、非农业户口，户籍人口统称家庭户

2006～2011 年维扬区各乡镇户数人口统计表

表 3-1-2

年份 项目 乡镇（街道）	2006		2007		2008		2009		2010		2011	
	总户数（户）	总人口（人）	总户数（户）	总人口（人）	总户数（户）	总人口（人）	总户数（户）	总人口（人）	总户数（户）	总人口（人）	总户数（户）	总人口（人）
双　桥	24048	74598	23689	71025	23686	69080	23498	68026	23486	61938	23275	61391
梅　岭	18729	53911	18499	51446	18576	50585	18658	50241	18680	50202	18449	49774
城　北	9529	24012	9705	24737	9939	25616	9969	25892	10206	26788	10321	27344
西　湖	8062	25862	8158	26616	8110	26953	8219	27586	8758	34571	9066	34833
平　山	2922	9229	2916	9389	2904	9455	3718	11358	4043	12332	4264	13084
瘦西湖	5746	14576	5727	14643	5697	14721	5653	14709	5621	14655	5571	14609
甘　泉	—	—	—	—	8100	28101	7691	28633	7706	29069	7725	29465

第二节　人口密度

1989 年，全区人口密度 982 人/平方千米，为历年最低。1993 年为 993 人/平方千米。1994 年后，因双桥乡部分村、组区划变动，土地面积和总人口相应减少，全区人口密度总体呈平稳趋势，基本稳定在 1000 人/平方千米以上。1994 年，全区人口密度 1049 人/平方千米。1996 年，全区人口密度 1037 人/平方千米。2000 年，全区人口密度 1147 人/平方千米。2002 年，市区行政区划调整，城东乡、汤汪乡、湾头镇划归广陵区，原属广陵区管辖的 34 个居委会划归维扬区管辖，随着人口总量增加和土地面积减少，人口密度增长 1 倍以上。是年，全区人口密度 2674 人/平方千米。2005 年，全区人口密度 2804 人/平方千米，为历年最高。2008 年，邗江区甘泉街道划入维扬区管辖，全区总人口和土地面积相应增加，全区人口密度略有下降。是年，全区人口密度 2019 人/平方千米。2010 年，全区人口密度 2065 人/平方千米。2011 年，全区人口密度 1942 人/平方千米。

1989～2011 年部分年份维扬区人口密度统计表

表 3-1-3　　单位:人/平方千米

年份	密度	年份	密度
1989	982	2005	2804
1993	993	2006	2729
1994	1049	2007	2670
2001	1000	2008	2019
2002	2674	2009	2037
2003	2760	2010	2065
2004	2851	2011	1942

第三节　人口变动

一、自然变动

1988～1989 年,全区进入第三次人口生育高峰。1989 年,全区出生 2363 人,人口出生率 17.79‰,为历年最高;死亡人数 777 人,死亡率 5.85‰;人口自然增长率 11.94‰,为历年最高。1991 年,全区出生 1800 人,出生率 13.57‰;死亡人数 902 人,死亡率 6.8‰;人口自然增长率 6.77‰。1993 年后,全区人口出生率和自然增长率逐年回落。至 2002 年,人口出生率下降到 2.82‰,为历年最低。2003 年后,略有回升,但基本稳定。1992 年后,人口自然增长率逐年下降。1998 年,首次出现负增长,自然增长率 -1.79‰。2000～2003 年,连续 3 年全区总人口为负增长。其间,2000 年,全区人口自然增长率 -3.44‰,为历年最低。2011 年,全区出生人数 1592 人,出生率 7.37‰;死亡人数 1135 人,死亡率 5.26‰;人口自然增长率 2.12‰。

1989～2011 年维扬区人口自然变动情况一览表

表 3-1-4

项目 年份	出生人数(人)	出生率(‰)	死亡人数(人)	死亡率(‰)	自然增长人数(人)	自然增长率(‰)
1989	2363	17.79	777	5.85	1586	11.94
1990	1568	11.80	934	7.03	634	4.77
1991	1800	13.57	902	6.80	898	6.77
1992	1587	11.80	931	6.92	656	6.88
1993	1524	11.47	891	6.70	633	4.77
1994	1283	10.43	828	6.73	455	3.70
1995	1242	10.18	856	7.01	386	3.16
1996	1034	8.51	815	6.70	219	1.80
1997	932	6.66	837	5.98	95	0.68
1998	904	6.47	1154	8.26	-250	-1.79
1999	856	6.27	842	6.16	14	0.10
2000	919	6.83	1382	10.28	-463	-3.44

续表 3-1-4

年份＼项目	出生人数（人）	出生率（‰）	死亡人数（人）	死亡率（‰）	自然增长人数（人）	自然增长率（‰）
2001	846	7.22	1056	9.00	−210	−1.79
2002	558	2.82	772	3.90	−214	−1.08
2003	970	4.74	924	4.52	46	0.22
2004	1453	6.88	830	3.93	623	2.94
2005	1189	5.72	877	4.22	312	1.50
2006	959	4.74	897	4.44	62	0.31
2007	1235	6.24	887	4.48	348	1.76
2008	1160	5.17	1076	4.79	84	0.37
2009	1334	5.89	1303	5.75	31	0.14
2010	1394	6.07	1156	5.04	238	1.04
2011	1592	7.37	1135	5.26	457	2.12

二、机械变动

1989年，全区迁入1360人，迁出594人，机械增长率5.77‰。1989年后，因知青和60年代下乡城镇人口回城、子女顶替招工、学生录取户口变迁和小城镇户口“农转非”、职工家属“三投靠”（夫妻投靠、子女投靠、父母投靠子女）户口变动、井下矿工家属户口“农转非”、征用土地安置、教师“民转公”、被错划右派子女安置、婚出等按政策办理的各类户口迁移，迁入人数多于迁出人数。1994年，双桥乡潘桥、裴庄两个村及武塘村部分村民小组划入市经济开发区，近9000人划出。2002年后，因行政区划调整以及城市化进程加快等因素，全区户口变动除2006～2008年3年外，依然是迁入人数多于迁出人数。其间，2002年，因市区区划调整，全区迁入17063人，迁出12738人，机械增长率21.84‰，均较上年大幅增长。2011年，全区迁入3597人，迁出1571人，机械增长率8.55‰。

1989～2011年维扬区人口机械变动情况统计表

表 3-1-5

年份＼项目	迁入人数（人）	迁出人数（人）	机械增长率（‰）	年份＼项目	迁入人数（人）	迁出人数（人）	机械增长率（‰）
1989	1360	594	5.77	2001	1756	912	6.28
1990	1519	421	8.26	2002	17063	12738	21.84
1991	1396	306	8.22	2003	11938	7775	20.58
1992	2973	402	19.10	2004	12906	7337	26.37
1993	1108	—	—	2005	9745	9182	2.71
1994	1807	468	10.89	2006	6197	8435	−11.07
1995	1349	505	6.92	2007	4358	8169	−19.26
1996	1006	363	5.29	2008	4227	5940	−7.63
1997	1317	591	5.96	2009	5423	3738	7.44
1998	1058	393	5.46	2010	4303	1367	12.79
1999	1375	560	6.84	2011	3597	1751	8.55
2000	1709	1047	4.92				

第四节 人口构成

一、性别

1990 年第四次全国人口普查结果显示，全区总人口 156060 人。其中，男性 78446 人，占总人口 50.27%；女性 77614 人，占总人口 49.73%，男女性别比 101.07(女为 100，下同)。2000 年第五次全国人口普查结果显示，全区总人口 184955 人。其中，男性 94094 人，占总人口 50.87%；女性 90861 人，占总人口 49.13%，男女性别比 103.56。2010 年第六次全国人口普查结果显示，全区总人口 261288 人。其中，男性 129606 人，占总人口 49.60%；女性 131682 人，占总人口 50.40%，男女性别比 98.42。

2010 年第六次全国人口普查结果显示，全区男性人口略少于女性。但其中 0～9 岁年龄组男性 10028 人，女性 8740 人，性别比 114.74。

1990 年、2000 年、2010 年全国人口普查维扬区人口性别构成统计表

表 3-1-6

年龄组	1990 年			2000 年			2010 年		
	男(人)	女(人)	性别比(女=100)	男(人)	女(人)	性别比(女=100)	男(人)	女(人)	性别比(女=100)
合　计	78446	77614	101.07	94094	90861	103.56	129606	131682	98.42
0～9 岁	10368	9528	108.82	8842	8003	110.48	10028	8740	114.74
10～19 岁	12356	11478	107.65	13511	13828	97.71	16133	15577	103.57
20～29 岁	17925	18339	97.74	18499	18258	101.32	23178	25331	91.50
30～39 岁	14222	13868	102.55	20755	19482	106.53	21589	22949	94.07
40～49 岁	9969	9891	100.79	13951	12823	108.80	24603	24217	101.59
50～59 岁	6853	6329	108.28	9488	8862	107.06	16298	16254	100.27
60～69 岁	4627	4891	94.60	5916	5327	111.06	10351	10620	97.47
70～79 岁	1792	2511	71.37	2629	3259	80.67	5798	5809	99.81
80 岁及以上	334	779	42.88	503	1019	49.36	1628	2185	74.51

说明：1. 本表据第四次、第五次、第六次全国人口普查资料

2. 表中人口数为常住人口

二、年龄

1990～2010 年 3 次全国人口普查结果显示，全区 80 岁以上老年人口，2010 年比 1990 年增加 2700 人，反映社会进步和健康水平提高，同时说明全区进入老龄化社会时期。2010 年，区内共有百岁老人 4 人。

1990 年、2000 年、2010 年全国人口普查维扬区人口年龄构成统计表

表 3-1-7

年龄组	1990 年		2000 年		2010 年	
	总人口(人)	占比(%)	总人口(人)	占比(%)	总人口(人)	占比(%)
合　计	156060	100	184955	100	261288	100
0～9 岁	19896	12.75	16845	9.11	18768	7.18

续表 3-1-7

年龄组	1990 年		2000 年		2010 年	
	总人口（人）	占　比（%）	总人口（人）	占　比（%）	总人口（人）	占　比（%）
10～19 岁	23834	15.27	27339	14.78	31710	12.14
20～29 岁	36264	23.24	36757	19.87	48509	18.57
30～39 岁	28090	18.00	40237	21.76	44538	17.05
40～49 岁	19860	12.73	26774	14.48	48820	18.68
50～59 岁	13182	8.45	18350	9.92	32552	12.46
60～69 岁	9518	6.10	11243	6.08	20971	8.03
70～79 岁	4303	2.76	5888	3.18	11607	4.44
80 岁及以上	1113	0.71	1522	0.82	3813	1.46

说明：1.本表据第四次、第五次、第六次全国人口普查资料
　　2.总人口数为常住人口

三、民族

1990 年第四次全国人口普查结果显示，全区汉族人口 155641 人，占总人口 99.73%；少数民族人口 419 人，占总人口 0.27%。区内共有 4 个少数民族。其中蒙古族 1 人、回族 414 人、壮族 3 人、满族 1 人。

2000 年第五次全国人口普查结果显示，全区汉族人口 184335 人，占总人口 99.66%；少数民族 20 个，共有人口 620 人，占总人口 0.34%。其中回族 328 人、蒙古族 60 人、藏族 8 人、维吾尔族 8 人、苗族 25 人、彝族 13 人、壮族 5 人、布依族 9 人、朝鲜族 23 人、满族 22 人、侗族 12 人、瑶族 1 人、白族 3 人、土家族 83 人、黎族 1 人、哈尼族 1 人、土族 3 人、水族 1 人、傈僳族 1 人、畲族 6 人、其他未识别民族 7 人。

2010 年第六次全国人口普查结果显示，全区汉族人口 260076 人，占总人口 99.54%；少数民族人口 1212 人，占总人口 0.46%。其中蒙古族 39 人、回族 823 人、藏族 18 人、维吾尔族 26 人、苗族 29 人、彝族 18 人、壮族 8 人、布依族 11 人、朝鲜族 29 人、满族 26 人、侗族 15 人、瑶族 7 人、白族 7 人、土家族 103 人、黎族 6 人、哈尼族 4 人、土族 7 人、水族 6 人、傈僳族 5 人、畲族 10 人、其他未识别民族 15 人。

四、文化

1990 年第四次全国人口普查结果显示，全区 6 周岁及以上人口 143636 人。其中小学文化程度 57792 人（包括小学以上各级学校毕业、肄业和在校生），占 40.24%；文盲、半文盲（15 周岁以上不识字或识字很少的人）23658 人，占 16.47%；初中文化程度 47084 人，占 32.78%；高中文化程度 12879 人，占8.97%；中专以上文化程度 1278 人，占 0.89%；大专以上文化程度（包括研究生、大学本科、大学专科）945 人，占 0.66%。

2000 年第五次全国人口普查结果显示，全区 6 周岁及以上人口 175357 人。其中在扫盲班参加学习 5534 人，占 3.16%；文盲、半文盲人数 11229 人，占 6.4%；小学文化程度 48948 人，占 27.91%，比 1990 年下降 12.33 个百分点；初中文化程度 68108 人，占 38.84%，比 1990 年提高 6.06 个百分点；高中文化程度（含中专）29405 人，占 16.77%，比 1990 年提高 6.91 个百分点；大学或相当于大学文化程度 11781 人，占 6.72%，比 1990 年提高 6.06 个百分点；研究生由 1990 年的空白提高到 352 人，占 0.2%。

2010 年第六次全国人口普查结果显示，全区 6 周岁及以上人口 250492 人。其中小学文化程度 46978 人，占 18.75%；文盲、半文盲（15 周岁以上不识字或识字很少的人）5833 人，占 2.33%；初中文化程度 76332 人，占 30.47%；高中文化程度 60253 人，占 24.05%；大专及以上（包括研究生、大学本科、大学专科）文化程度 61096 人，占 24.39%。

1990年、2000年、2010年全国人口普查维扬区6周岁及以上人口文化程度统计表

表3-1-8

文化程度＼人数和占比＼年份	1990		2000		2010	
	人数(人)	占比(%)	人数(人)	占比(%)	人数(人)	占比(%)
研究生	0	0	352	0.20	3701	1.48
大学或相当于大学水平(含大专)	945	0.66	11781	6.72	57395	22.91
高中阶段(含中专)	14157	9.86	29405	16.77	60253	24.05
初中	47084	32.78	68108	38.84	76332	30.47
小学	57792	40.24	48948	27.91	46978	18.75
文盲或半文盲	23658	16.47	11229	6.40	5833	2.33

五、户籍

常住人口　1990年第四次全国人口普查结果显示，全区常住人口156060人。其中常住区内、户籍在区内的142200人，占常住人口91.12%；常住区内一年以上、户籍在外地的10028人，占常住人口6.43%；在区内居住不满一年、离开户籍登记地一年以上的678人，占常住人口0.44%；居住区内、户籍待定的3133人，占常住人口2.01%；原住区内、在国外工作学习、暂无户籍的21人。

2000年第五次全国人口普查结果显示，全区常住人口184955人。其中户籍在区内的110213人，占常住人口59.59%；居住区内半年以上、户籍在外地的68800人，占常住人口37.2%；在区内居住不满半年、离开户籍登记地半年以上的2443人，占常住人口1.32%；居住区内、户口待定的3405人，占常住人口1.84%；原住区内、在国外工作学习、暂无户籍的94人。

2010年第六次全国人口普查结果显示，全区常住人口261288人。其中户籍在区内的175559人，占常住人口67.19%；居住区内半年以上、户籍在外地的84341人，占常住人口32.28%；居住区内、户籍待定的1162人，占常住人口0.44%；原住区内、在国外工作学习、暂无户籍的226人。

暂住人口　1990年第四次全国人口普查对暂住人口未作统计。2000年第五次全国人口普查结果显示，全区暂住人口71243人，其中男性37587人、女性33656人，家住区内的81人、住市区的31893人、省内其他县市区的29156人、省外的10113人。2010年第六次全国人口普查结果显示，全区省外户籍暂住区内12652人，其中男性6867人、女性5785人。

第五节　农业与非农业人口

1988年4月起，全区实施对被征地农民"农转非"(农业户籍转为非农业户籍)和无地村民小组撤组转户。是年，撤销城东乡渡江村金鱼、蒋庄两个无地村民小组，"农转非" 225人。至2004年11月撤销双桥乡双桥村王庄组，全区共撤组59个，"农转非"7692人。

1989年，全区人口以农业人口为主，非农业人口所占比例较小。是年，全区总人口132810人，其中非农业人口12293人，占总人口9.26%。随着城市化进程加快，全区非农业人口所占比例逐年扩大。1990年，国家对60年代压缩城镇人口人员及其子女落实户口"农转非"政策，全区近6000人就地"农转非"。同时，对知青和下放农村的居民户、民办教师转公办教师等人员进行户籍政策调整，并对被征用土地农民就地"农转非"，全区近1000名农业户籍人员转为非农业户籍。由于全区农业户口人员转为非农业户后户籍均划入广陵区管辖，全区非农业人口数不仅未增加，还略有减少。1990年，全区总人口

132916人，其中非农业人口11721人，占总人口8.82%。1992年后，为促进城市发展和人才流动，解决部分群众进城入户难及子女入学、就业、结婚等问题，全区共办理地方非农业户口3700多人。1994年，全区非农业人口14985人，占总人口12.18%。1997年，因市人才服务中心将保留档案和户籍关系、待业或在外就业学生户籍关系划归双桥四季园派出所管辖，全区非农业人口增加5000多人。1998年，全区非农业人口21190人，占全区总人口15.18%。2001年，因驻区部分高校迁移，学生户籍划至其他区管辖，全区非农业人口比上年减少5567人。2002年，市区行政区划调整，全区非农业人口激增。是年，全区非农业人口146602人，占全区总人口74.02%。2005年起，全区取消农业、非农业户口，户籍人口统称家庭户。是年，全区户籍总人口207757人。

1989～2005年部分年份维扬区各乡镇人口情况统计表

表3-1-9

年份 / 项目 / 乡镇（街道）	1989				1994				2001				2002				2005	
	总户数（户）	总人口（人）	非农业人口（人）	非农业人口占比（%）	总户数（户）	总人口（人）	非农业人口（人）	非农业人口占比（%）	总户数（户）	总人口（人）	非农业人口（人）	非农业人口占比（%）	总户数（户）	总人口（人）	非农业人口（人）	非农业人口占比（%）	总户数（户）	总人口（人）
城　东	7661	16807	1762	10.48	7740	15338	3099	20.20	6840	12425	2859	23.01	—	—	—	—	—	—
城　北	7172	18118	2169	11.97	7699	17755	3228	18.18	7532	15722	3788	24.09	9576	22254	10735	48.24	9384	23309
双　桥	6801	16125	2154	13.36	3455	6428	1602	24.92	3952	6622	2382	35.97	23971	71398	66474	93.10	24222	76632
平　山	4237	12174	534	4.39	4488	12268	467	3.81	4730	12409	751	6.05	4815	12610	792	6.28	2955	9118
汤　汪	6142	18084	998	5.52	6985	18800	1409	7.49	7125	17542	1757	10.02	—	—	—	—	—	—
西　湖	6653	22442	1362	6.07	7368	23133	1490	6.44	8309	24461	1825	7.46	8451	24719	1873	7.58	8489	26634
湾　头	9278	29060	3314	11.40	10076	29259	3690	12.61	10751	28090	3923	13.97	—	—	—	—	—	—
梅　岭	—	—	—	—	—	—	—	—	—	—	—	—	22306	67089	66728	99.46	19414	57470
瘦西湖	—	—	—	—	—	—	—	—	—	—	—	—	—	—	—	—	5833	14594

第二章　人口控制

第一节　计划生育管理

一、组织机构

1983年3月，区计划生育委员会设在区文教卫生局内，各乡镇设计生科，有1～2名专职干部。各村、企业建立计划生育工作领导小组，由妇女主任具体负责计划生育工作。1988年4月，区计划生育委员会单列（副科级建制）。同年11月，区计划生育委员会升格为正科级建制。2002年11月，区计划生育委员会更名为区计划生育局。2005年，区计划生育局更名为区人口和计划生育委员会。2008年6月，区人口计生委内设办公室、政策法规科、规划统计科、科学技术科。

二、宣传教育

80年代起，全区把国情国策教育作为计生宣传工作重点，面向育龄人群宣传国情。1989年，全区开展以算账对比为主要内容的国情国策教育活动，明确西湖乡为国情国策教育试点单位。1990年后，全区每年开展冬春宣传节育活动。每年确定一个主题，利用广播、报纸、电台、宣传车、咨询台等形式，集中开展计生宣传服务"一条龙"活动。各乡镇场党员、干部冬训班安排计生专题讲座。每年春节前后，对外出回乡人员进行重点宣传。1999年3月和2001年11月，江苏卫视先后播放反映城东乡曲江小商品市场流动人口计生管理和全区"婚育新风进万家"活动开展情况的专题片。2004年7月，扬州维扬人口网开通，设立政务信息、计生信息等9个板块宣传计划生育。2009年10月，首期《维扬人口》简报发刊，为双月刊，至2011年3月共出刊10期，共印发3万余份。

1989年后，全区各乡镇和村分别建立人口学校和人口分校，全区共建人口学校8个、人口分校46个。1995年，双桥乡人口学校被省计生委评为全省先进乡镇人口学校。2001年后，各乡镇人口学校采取流动课堂，利用有关活动日、纪念日和纳凉晚会等群众相对集中的时机与场所，用授课、咨询、与育龄群众互动等形式，使广大育龄群众基本掌握择优选偶婚配、优生优育、避孕节育、生殖保健等方面知识。

1999年，区委宣传部、区计生委等14个部门联合印发《关于开展婚育新风进万家活动的意见》。2000年9月，在双桥乡园林村召开生育文化现场会。2001年，区计生委在康乐社区开展青少年青春期教育试点，成立全市首家青少年健康教育活动中心。2001～2003年，城北乡卜杨村、梅岭街道锦旺社区等先后开展"婚育新风进万家"活动，并召开现场会。2004年，区文教局、西湖镇、平山乡、平山乡堡城村、城北乡、城北乡卜杨村被评为全市"婚育新风进万家"活动先进单位，区计生委、双桥街道、梅岭街道被表彰为全省"婚育新风进万家"活动先进单位。

图3-2-1 2006年4月，区计生委开展婚育新风宣传活动

2006年4月，区人口计生委、区委宣传部、区文明办、区农水局联合印发《关于在社会主义新农村建设中开展倡导"婚育新风"，创建生育文化先进村、镇，建设"幸福家庭"活动的意见》，在西湖镇金槐村开展创建新型生育文化试点工作。是年12月，西湖镇金槐村为全市新型生育文化建设现场推进会提供观摩现场，该村被评为市生育文化先进单位。2007年，梅岭街道锦旺社区以"生育文明"为主题，培育良好的人文氛围，被省人口计生委表彰为宣传教育先进单位。至2010年，全区各乡镇、街道兴建人口文化广场7个、人口文化庭院23个、人口文化图书角46个，开展人口文化宣传系列活动。西湖镇金槐村，平山乡荷叶社区，梅岭街道锦旺社区，西湖镇，梅岭街道，城北乡安平社区，双桥街道，平山乡朱塘村，甘泉街道长塘村、双塘村先后被评为全市人口文化建设示范单位，双桥街道石桥社区、城北乡瓦窑村、市三布厂、平山乡西华门社区、平山乡、城北乡、甘泉街道先后被评为全市人口文化建设先进单位。全区13户家庭被评为全市计划生育幸福家庭。

2001年，区委宣传部、区计生委、区文教局、区计生协会多次联合举办计划生育群众文艺下乡巡回演出。是年9月，在平山乡堡城剧院举办"婚育新风颂"文艺会演。2003年9月，在平山乡堡城村举办全区独生子女家庭才艺表演。2004年9月，在冶春广场举办全区社区生育文化夜市系列活动。2007年11月，区人口计生委举办以"倡导婚育新风、共建和谐家园"为主题的人口文化专场文艺会演。2008年5月，区人口计生委会同区委宣传部、区科技局在梅岭街道凤凰桥社区开展广场宣传咨询活动。

2010 年 5 月，在双桥街道康乐社区举行全市纪念中国计生协会成立 30 周年暨人口文化传播机赠送和“扬州人·文明风”摄影大赛启动仪式。

三、考核奖惩

80 年代，全区执行市、区有关计划生育若干问题的暂行规定，对不实行计划生育的个人予以罚款，属党员、团员和在职干部、职工的，取消评先评优、晋升录用等资格，且给予纪律处分；对不能完成计划生育任务的单位，取消先进集体评选资格，后明确为“一票否决”；对有关责任人，视其情节轻重，予以处理。1989 年后，全区实施计划生育目标管理，每年初召开计划生育工作会议，区政府与各乡镇及相关部门签订计划生育目标管理责任书，各乡镇与村和企业签订计划生育目标管理责任状。

1990 年 11 月后，全区贯彻实施《江苏省计划生育条例》。区内对超计划生育对象，统一按规定征收社会抚养费；对不按收养法及有关规定收养孩子的，比照计划外生育处理；对未达到法定婚龄或达到法定婚龄未办理结婚登记手续同居怀孕、不终止妊娠坚持生育者，处以罚款。

2005 年 1 月，区政府印发《维扬区计划生育管理办法》，对计划生育困难家庭优先纳入低保范围或作为特困救助对象，对实行计划生育的独女家庭在一般低保基础上提高 15%享受低保或救助待遇。区相关部门对上述对象在扶贫贷款、以工代赈、社会救济、独生子女学杂费等方面给予优先照顾。

2005 年 10 月，区委、区政府印发《关于对计划生育相关困难群众实行优先优惠帮扶的若干意见》，建立长效机制，优先优惠帮扶计划生育困难群众，增强其致富能力，走少生快富道路。是年，区政府制定《农村部分计划生育家庭奖励扶助实施方案》，奖励扶助经费由区乡两级财政共同负担。全区首批 77 人共领取计划生育奖励扶助金 4.62 万元。至 2011 年，全区共有 699 人享受农村部分计划生育家庭奖励扶助金。

2007 年，区政府制定《独生子女伤残死亡家庭扶助实施方案》，奖励扶助经费由区级财政负担。至 2011 年，全区共有 108 人享受独生子女伤残死亡家庭奖励扶助金。

2008 年，为扩大计划生育家庭奖扶政策覆盖面，区政府制定《关于对维扬区城镇低保计划生育家庭实行奖励扶助制度的实施方案》，在计划生育农村奖扶和独生子女伤残死亡家庭特别扶助基础上，对全区城镇低保计划生育家庭奖励扶助。至 2011 年，全区共 8 人获此扶助。

2009 年 8 月 1 日起，全区对 1996 年 1 月 1 日至 2008 年 12 月 31 日期间退休未享受加发 5%退休金待遇的企业职工进行登记，实行持证企业退休职工一次性奖励 3000 元制度。至 2010 年 11 月 27 日，全区共登记 7060 人，经审核，其中区属企业 731 人，一次性奖励金由区财政负担。按照奖励金发放标准每人 3000 元，共计 219.3 万元，至 2011 年 8 月全部发放到位。

四、民主管理与民主监督

1996 年，区计生协在双桥乡开展计划生育民主参与和民主监督试点。是年 8 月，召开现场会在全区推广。1999 年 7 月，汤汪乡运东村进行计划生育村民自治试点。是年 12 月，在全市作经验介绍。2000 年 4 月，全区在汤汪乡运东村召开计划生育村民自治工作现场会，部署全区村级计划生育村民自治工作。2001 年，全区 24 个村开展计划生育村民自治工作，做到“五个参与”（参与组织领导和宣传发动、参与起草修改制定章程、参与实施章程、参与建立经常工作机制、参与检查考核和评选光荣户）。2004 年，全区村级计划生育民主管理、民主监督基本形成“双列席”工作机制（召开村委会会议时，邀请会长列席；计生协开会时，党政负责人到会）。全区村级计划生育民主管理、民主监督“三位一体”工作模式（党政负责人、计生协会会长、计生专干）全面建立，运作稳定规范。2010 年，参加国家和省人口计生基层群众自治万（千）村（居）示范创建活动。梅岭街道广储社区成为全国第一批人口计生基层群众自治示范村（居）。2011 年，城北乡瓦窑村成为全国第二批人口计生基层群众自治示范村（居），文苑社区、瓦窑村成为全省第一批人口和计划生育基层群众自治示范村（居）。

五、计划生育妇女创业致富

1994 年，区计生协组织各村计生协会开展“四带头”（带头学习宣传计生政策、带头实行计划生育、带头联系群众、带头勤劳致富)活动,引导计划生育妇女开展创业致富工作,提出“三三三”工程(每村至少帮助3户、每乡至少帮助30户、全区帮助300户)。1995年,区计生协在双桥乡石桥村开展计划生育妇女“帮富”试点活动。至2005年,全区各级计生协会共帮助620名计划生育妇女创业。2003年,区计生协确定平山乡堡城村花木大户陈再玲为区级计划生育妇女创业致富项目点。当年,该项目点帮助周边31户计划生育家庭销售花木5万多株(盆),实现收入7.8万元。2004年5月,区计生协会召开计生协会员创业成果汇报会,全区从事种植、养殖、加工、教育等行业的8位优秀会员介绍艰苦创业奔小康、服务国策作贡献事迹。2010年,业红足艺总经理周业红、万红园艺有限公司总经理宋慧红、扬州三布纺织有限公司副总经理徐静当选扬州市计生协会十大妇女创业之星。至2011年,全区实施妇女发展项目61个,实现产值5.6亿元,6200多名计划生育妇女通过创业致富。

六、人口信息化管理

2008年,为提高人口计生信息完整性和准确率,更好地发挥信息引导作用,区人口计生委强化人口信息平台建设,以“一登记、二建立、三核对、四补充”为重点,在全区开展育龄妇女个案信息补充登记,加强基础信息采集、补充、变更及净化工作。2008年6～7月,全面登记全区常住人口和流进3个月以上人员信息。2009年3月,区人口计生部门建立维扬经济开发区企业务工人员计生信息平台和甘泉街道人口计生城区版信息平台,实现全区育龄妇女综合信息平台区、乡、村三级统一和全覆盖。2009年5月,各乡镇、街道和村(社区)采取自主采集、部门交换、信息整合等措施,完成信息采集、核对、录入,建成全区20多万人口基础信息库,完成2000年至2009年人口计生基础信息核查工作。2010年,区人口计生委对人口错误信息进行修改及身份证补录,姓名和身份证一致率95%以上,实现全区人口统计数据国家直报。

七、省人口协调发展先进区创建

2006年,维扬区启动省“十一五”人口协调发展先进区创建工作。创建工作由区人口计生领导小组总负责,明确20家成员单位创建工作职责。区人口计生委协同各乡镇和相关部门采取4项举措强化督查。一是坚持电询,每两月电话回访服务对象,了解计生各项服务工作落实情况。二是组织暗访,对各乡镇抽取1～2个村、社区进行育龄群众问卷回访。三是建立创建督办专题会议制度,每月召开会议,通报各乡镇创建工作进展及存在问题,布置下一步重点工作。四是现场督办,加强沟通,协同解决突出问题,确保创建工作各项措施落到实处。

2008年7～8月,区人口计生部门对各乡镇(街道)、村(社区)人口计生工作自查评估,共访谈450名已婚育龄妇女,并通过市人口计生委复查评估。通过互查和自查,完成全区3个“十一五”中期评估省级监测点和118户育龄群众家庭入户调查工作。2010年7月,省专题评估督导组和市复核组对区创建工作评估验收,给予充分肯定。2011年6月,维扬区被省人口计生领导小组授予“‘十一五’人口协调发展工作先进区”称号。

第二节　计划生育服务

一、服务机构

1989年后,全区计划生育工作在强化计生管理的同时,注重对育龄妇女进行生殖保健指导和服务。各乡镇(街道)配备计生指导员,村(社区)明确1名专职计生服务员,村、居民小组明确计生信息员。全区共有6名计生指导员,57名村(社区)计生服务员,262名计生信息员,形成计划生育技术指导和服务网络。

2002年,全区以社区卫生服务室为基础,建立社区计生服务室,为育龄妇女提供生殖保健服务。2004年,区计生委印发《关于加强村(社区)计生服务室规范化建设的意见》,对村(社区)计生服务室设置、人员安排、管理服务等作出规范要求。2009年9月,全区6个乡镇(街道)按照省技术服务型或宣传倡导型标准完成计生服务机构新建和装修改造工作，全部建成计生世代服务中心。是年10月，通过市级验收。11月，全区45个村(社区)全部建成计生世代服务室，通过区验收合格，实现全区人口和计划生育优质服务体系全覆盖。2010年5月，区世代服务中心成立。是年7月，双桥街道、甘泉街道技术服务型世代服务中心通过省、市人口计生委验收。2010年，区人口计生委被评为全省人口和计生优质服务先进单位。

二、避孕药具服务

1989年后，全区实行避孕药具免费发放与市场供应相结合，免费避孕药具由乡、村、单位计生专干发放。1994年，区计生委对避孕药具推行"双合同"管理，即乡与村发药具人员签订合同，村与服用药具人员签订合同，落实责任，确保药具使用效率。2001年后，全区育龄群众根据避孕需求直接到村(社区)、楼道计生药具自助架自取避孕药具。2003年，在人员相对集中的社区，安装10台IC卡药具免费发放机。是年12月，国家计划生育药具管理中心在双桥街道武塘村、康乐小区举行中国计划生育免费药具金卡首发式，联合国人口基金会驻中国代表处派人参加，中央电视台、《中国人口报》《新华日报》等新闻媒体进行专题报道。2004年，利用30家大德生医药连锁店设避孕药具免费发放点，安装97台自动售套机，育龄群众和流动人员可24小时方便快捷获得所需避孕药具。2011年，全区实施人口家庭发展项目，实行药具免费发放模式多样化，在平山乡、双桥街道、维扬经济开发区安装二代身份证免费药具发放机50多台。

图3-2-2 2003年12月25日，中国计划生育免费药具IC卡首发式在区双桥街道康乐小区举行

三、生殖保健和人口公共服务

1998年，区政府印发《关于开展避孕节育全程服务和生殖保健服务工作的意见》，明确乡镇(街道)、村(社区)两级围绕避孕知识宣传、节育措施知情选择、术后随访、妇女病治疗和为退出育龄期妇女取环等开展优质服务。2000年后，全区扩大避孕措施知情选择范围，指导育龄群众在知情基础上选用安全、有效、适宜的避孕方法。建立不良反应监测与防治系统，开展规范化随访服务，逐步降低常见妇女生殖道感染患病率和可预防多发性出生缺陷发生率。2001年后，区计生委在全区开展育龄妇女生殖道感染综合防治，每3年对全区已婚育龄妇女进行一次生殖道感染预防、诊治和随访服务。2002年10月，区计生委被列为省计生委出生缺陷二级干预工程19家试点单位之一，全区共有727名孕妇参加唐氏和神经管畸形等体检筛查。区计生委在全区推广福斯福、叶酸等营养素，帮助妇女健康孕育胎儿。2008年2月起，在全市率先开展免费婚检，凡在区内结婚登记的男女双方当事人，双方或一方户籍在区内，婚姻登记前或登记后1个月内均可到指定的市计划生育指导所或双桥世代服务中心婚检。除国家规定婚检项目外，增加艾滋病测试项目，所有费用由区政府承担。是年，共有1250人参加免费婚检。2009年10月，全区对服用避孕口服药3年以上的123名育龄妇女提供免费健康检查，检查率100%。2011年，全区建成两个人口公共服务项目：双桥街道青少年健康服务中心，设有资讯室、视听室、阅览室、服务室、宣教室、健身室，具备讲授知识、提高技能、开展咨询、活动健身、法律引导、就医引导等功能；城北乡0～3岁早期教育及科学育儿指导基地，为区域内0～3岁婴幼儿提供优生、优育、优教等多形式的早期教育，形成政府倡导、部门协同、家庭参与、公益促进的优生优育促进模式。

第三节　计划生育状况

一、生育

1989年,全区已婚育龄妇女32278人,计划内生育2351人,计划生育率99.49%。1992年,全区已婚育龄妇女32891人,计划内生育1578人,计划生育率99.43%。1994年,全区已婚育龄妇女30970人,计划内生育1245人,计划生育率97.04%,为历年最低。1998年,全区已婚育龄妇女30272人,计划内生育902人,计划生育率99.78%。2002～2010年,全区连续9年计划生育率均达100%。2008年,全区已婚育龄妇女40461人,计划内生育1160人,计划生育率100%。2011年,全区已婚育龄妇女50902人,计划内生育1592人。

1989～2011年维扬区计划生育情况统计表

表3-2-1

项目 年份	已婚育龄妇女人数(人)	计划内生育人数(人)	采取节育措施人数(人)	计划生育率(%)	节育率(%)	性别比(女为100)	晚婚率(%)
1989	32278	2351	30714	99.49	95.15	110.04	83.77
1990	31369	1562	29919	99.62	95.38	118.99	83.96
1991	32488	1783	30157	99.06	92.82	115.05	83.04
1992	32891	1578	31277	99.43	95.09	105.57	79.81
1993	31087	1516	28922	99.48	93.04	112.85	83.20
1994	30970	1245	29583	97.04	95.52	108.62	81.31
1995	31384	1228	29780	98.87	94.89	124.59	77.16
1996	31558	1028	30310	99.42	96.05	108.89	76.32
1997	31639	928	30332	99.57	95.87	104.39	74.56
1998	30272	902	29083	99.78	96.07	118.89	74.40
1999	29421	855	27964	99.88	95.05	110.32	62.75
2000	31469	914	29320	99.46	93.17	113.72	64.13
2001	31926	845	29594	99.88	92.70	109.41	57.27
2002	33872	558	31100	100	91.82	107.43	67.12
2003	36888	970	34102	100	92.45	113.19	72.93
2004	41548	1453	36799	100	88.57	106.98	73.31
2005	40667	1189	36139	100	88.87	113.08	73.09
2006	37815	959	33671	100	89.04	109.84	77.22
2007	38551	1235	34307	100	88.99	118.97	79.44
2008	40461	1160	36195	100	89.45	111.29	81.41
2009	46516	1334	41532	100	89.29	110.07	74.44
2010	50240	1394	43320	100	86.22	119.87	71.54
2011	50902	1592	43758	99.75	85.96	99.49	75.68

说明:2002年前统计数字包含湾头镇、汤汪乡、城东乡

二、节育

1989～2011 年，全区加强避孕节育新技术推广与应用，推广使用节育环由单纯“O”形环发展到 Tcu380A、Tcu375、宫内 IUD 和活性 165IUD 等。女用口服避孕药为 1 号、2 号、0 号、复方 18 甲、探亲药等，长效药片、长效针剂、避孕套、皮下埋植剂等投入使用，基本满足各节育对象的不同需求。避孕率和避孕有效率不断提高。

1989～2011 年维扬区避孕节育情况统计表

表 3-2-2

项目 年份	已婚育龄妇女数（人）	生育率（%）	男扎（人）	女扎（人）	上环（人）	药具（人）	其他（人）
1989	32278	7.32	236	3625	23197	3646	10
1990	31369	5.00	172	3692	23756	2299	0
1991	32488	5.54	166	3818	23059	3114	0
1992	32891	4.83	143	3594	24835	2684	0
1993	31087	4.90	113	3269	24111	1429	0
1994	30970	4.02	103	2947	25326	1207	0
1995	31384	3.96	129	2763	25375	1433	9
1996	31558	3.28	130	2745	26036	1331	55
1997	31639	2.95	133	2837	26165	1197	0
1998	30272	2.99	124	2451	25230	1260	18
1999	29421	2.91	110	2154	21146	1282	2
2000	31469	2.92	89	1975	25848	1364	0
2001	31926	2.65	86	1868	25985	1643	0
2002	33872	1.65	75	1192	27976	2320	0
2003	36888	2.63	131	1606	30229	2121	0
2004	41548	3.50	44	820	33319	2616	0
2005	40667	2.92	33	799	30768	4527	0
2006	37815	2.54	33	695	27101	5842	0
2007	38551	3.20	30	552	27903	5822	0
2008	40461	2.87	30	487	28935	6743	0
2009	46516	2.87	223	717	32280	8312	0
2010	50240	2.77	223	705	33079	9313	0
2011	50902	3.13	212	666	32692	10187	0

说明：1. 2002 年前统计数字包含湾头镇、汤汪乡、城东乡

2. 该表中数据系区人口和计划生育委员会按照计生统计口径提供

三、生育二胎对象

1988 年至 1990 年 10 月，全区贯彻省委、省政府制定的照顾生育二孩的十四条规定。1990 年 11 月 1 日起，全区贯彻《江苏省计划生育条例》及其实施细则，对符合条例规定条件，可再生育一孩的对象，由夫妻双方提出书面申请，单位、村（居）民委员会张榜公布，上报乡镇政府审核，经区计划生育委员会审批，再次张榜公布，接受群众监督，公告无异议，发给二孩生育证。第一个孩子残疾，须经市病残儿童鉴定小组诊断鉴定。要求照顾再生育一个孩子的夫妻须持证生育。1989～2011 年，全区共核发二孩生育证 1576 人。

1989～2011年维扬区生育计划执行情况统计表

表3-2-3

项目 年份	出生总人数(人)	计划内出生人数(人)	计划内一孩数(人)	计划内二孩及以上数(人)	已婚育龄妇女人数(人)	已领独生子女证人数(人)	领证率(%)
1989	2363	2351	2230	121	32278	17057	52.84
1990	1568	1562	1490	72	31369	16864	53.76
1991	1800	1783	1705	78	32488	18813	57.91
1992	1587	1578	1502	76	32891	19935	60.61
1993	1524	1516	1467	47	31087	19974	64.25
1994	1283	1245	1201	44	30970	20964	67.69
1995	1242	1228	1187	41	31384	20154	64.22
1996	1034	1028	974	54	31558	21421	67.88
1997	932	928	873	55	31639	23923	75.61
1998	904	902	859	42	30272	23852	78.79
1999	856	855	787	66	29421	19550	66.45
2000	919	914	871	43	31469	14247	45.27
2001	846	845	805	40	31926	13124	41.11
2002	558	558	544	14	33872	12056	35.59
2003	970	970	942	28	36888	23791	64.50
2004	1453	1453	1398	55	41548	24761	59.60
2005	1189	1189	1143	46	40667	26135	64.27
2006	959	959	911	48	37815	22799	60.29
2007	1235	1235	1173	62	38551	19183	49.76
2008	1160	1160	1075	85	40461	20591	50.89
2009	1334	1334	1193	141	46516	20157	43.33
2010	1394	1394	1258	136	50240	19597	39.01
2011	1592	1588	1406	182	50902	18699	36.74

说明:1.2002年前统计数字包含湾头镇、汤汪乡、城东乡

2.该表中数据系区人口和计划生育委员会按照计生统计口径提供

四、外来人口计划生育管理

1989年,郊区成立流动人口计划生育工作领导小组,组织、协调有关部门对流动人口计划生育工作进行综合管理,并将此项工作纳入人口与计划生育目标管理责任制。2000年后,采取“三抓一堵”(抓源头、抓过程、抓结果,堵塞流动人口计划外生育漏洞)措施。遵循共同管理、属地管理原则,落实各项管理制度。对外出人员,全面推行双向管理,由村委会与育龄妇女签订流动人口计划生育管理服务合同,各乡镇(街道)计生部门监督。强化区外沟通,做好与人口流出地协调工作,主动与流入地联系,及时获取其信息,便于流入和流出地纳入管理。

2006年,在区计生协会对流动人口计划生育“以外管外”模式基础上,实行计生委、计生协会“双轮驱动”,点、线、面结合,推进流动人口计生管理和服务。“点”上,以村、企业、市场、园区为单位,以计生协会为载体,强化基础台账建立、婚育证明查验、宣传随访等流动人口计生管理和服务工作。全区在3家企业、4个市场、1个乡级工业园区开展试点。“线”上,以路为单位,沿街商铺建立流动人口计划生育宣传服务窗口,在双桥街道秋雨路,利用6家店面提供计生知识辅导、政策宣传、药具发放等服务。“面”上,以区公安、工商、计生、卫生、教育、建设等部门为主,协同联动,形成婚育证明查验等联动工作机制。

2008年,区人口计生委以流动人口管理服务为突破口,印发《关于加强流动人口计划生育综合治理

工作考核意见》，加强对各乡镇、街道及相关部门流动人口计生工作指导和督促考核，推动全区齐抓共管、综合治理措施落实到位。

2011年，全区跨省流入人口4472人，流入育龄妇女2195人；跨省流出人口735人，流出育龄妇女412人；省内流入人口2381人，流入育龄妇女1765人；省内流出人口316人，流出育龄妇女205人。是年，全区流动人口管理和服务工作获全市人口计生工作创新奖。

附：计划生育协会

1990年12月，区计划生育协会成立暨第一次会员代表大会召开。至2010年，区计划生育协会共召开5次会员代表大会。至1990年年末，全区乡镇场8个计生协会全部成立，建立村级协会64个（占应建数92.75%），发展会员2154人。1991年，完成所有村级协会组建工作。2011年，全区共有各类计生协会102个（其中企业、市场协会48个），会员小组880个，会员13290人。1995年，区计生协会获"全国计生协会工作先进集体"称号。2005年，市第三布厂计生协会获"全国计生协会工作先进单位"称号。2010年，双桥街道计生协会获"全国计划生育协会先进单位"称号。

1990年，城东乡、汤汪乡、双桥乡分别组织育龄妇女计划生育先进事迹宣讲团，在各村巡回演讲。1995年，全区组织"争当国策卫士"演讲68场，受教育群众6100多人。2001年，全区举办"婚育新风颂"文艺会演，并选送《五婆话媳》《王会长走马上任》等4个节目，参加市级会演，获得优秀创作奖和优秀表演奖。2002年，区计生协会创作剧本《夫妻学法》和《李记者巧遇四大嫂》，参加市计生协会"新春祝福"送文艺下乡巡演，并在苏中片计生协会工作会议上演出。2005年2月，选送歌舞、小品等6个节目参加市计划生育协会"手牵手"文艺慰问巡演活动。5月，区婚育新风宣传团成立并首演。9月，《婚育新风吹万家——戏剧诗歌选编》刊印完成。2010年6月4日，举办全区生育关怀事迹报告会，有7位典型从不同角度介绍他们开展生育关怀行动做法和感悟。

1993年，城东乡开展"一学"（党的方针政策）、"三议"（致富、文明、计划生育）活动。2001年，"五进家"（计生进家家家福、科技进家家家富、文明进家家家美、文化进家家家乐、法制进家家家安）活动在城北乡卜杨村试点成功，经验和做法是一座谈二上门三培训（干部群众一场座谈会，计生人员和科技、文化、法律工作者二次上门，计生政策、科技文化、法律法规三次培训）。2003年3月，在梅岭街道锦旺社区召开"四进社区"（婚育新风进社区、法律法规进社区、生殖保健进社区、扶贫助困进社区）现场会。

图3-2-3　2003年5月30日，全市首家青少年健康教育中心在双桥街道康乐小区成立

2002年，双桥乡被列入省级青少年生殖健康教育19个项目点之一。2003年5月，区计生协会在双桥街道康乐社区成立区青少年健康教育中心。2004年，平山乡被列入中国计生协会青春健康项目拓展试点单位。6月，区计生协会在西湖中学举办青春健康教育公开课。2008年5月，区计生协会在市特殊教育学校开设青少年健康知识讲座。

第四编

国土管理　环境保护

1988年1月,区土地管理局成立。1989年2月,全区7个乡镇建立土地管理所。城乡土地实行依法、有序、统一管理。1989年,全区土地总面积1.35万公顷,其中耕地5537.29公顷。1990～1998年,先后完成全区集镇总体规划和第二轮村庄建设规划、基本农田保护区规划、土地复垦整理规划等专项规划编制工作。配合市国土局完成市区土地利用总体规划(一轮、二轮),将全区土地利用和保护纳入科学管理轨道。贯彻《中华人民共和国土地管理法》,开展土地复垦开发利用和土地登记发证工作,加强建设用地管理,国有土地使用制度改革稳步推进。开展争创土地"无案"乡镇、"三无"(无违法批地、无违法用地、无违法管地)乡镇和土地执法模范区创建活动,土地依法管理取得明显成效。2002年,市区行政区划调整,湾头镇、城东乡、汤汪乡划属广陵区,全区土地总面积7408.15公顷。2008年,邗江区甘泉街道划入,全区土地总面积1.14万公顷。至2011年,维扬区建设用地累计2598公顷,其中农村宅基用地80.4公顷、乡镇集体建设用地5.2公顷、国家建设用地2512.39公顷。2008～2011年,维扬区连续3年获"省土地执法模范县(市、区)创建工作先进区"称号。

1985年10月前,区环境保护工作由市环境保护局统一管理。80年代后期,随着经济发展,环境保护工作越显重要。1989年,区环境保护局成立。1994年,区环境监测站成立。1997年,区环境保护局升格为正科级建制,列入区政府组成部门序列。区环保部门加强环保宣传教育,提升群众环保意识。建立行之有效规章制度,加强建设项目环评管理,加大环境资源保护和执法监察力度。推进生态建设,开展绿色社区(学校)建设和环境优美乡镇、生态村创建,强化环境综合整治和污染排放控制。至2011年,全区工业废水处理率100%,处理达标排放率100%,工业固体废物综合利用率100%,烟尘控制实现达标排放,噪声得到有效控制,区域环境质量综合指数稳步上升。

第一章 国土管理

第一节 机 构

一、区土地管理机构

1988年1月,区土地管理局成立。是年12月,区土地管理局设置综合股、建设用地股、监察检察股,核定行政编制5人。随着土地管理工作不断加强,相继设置地政地籍股(科)、法规监察队、地矿科、法规科。1989年1月,区土地管理局成立区用地服务站(1990年2月,区用地服务站更名为区土地管理事务所),是区土地管理局直属工作机构,全民事业单位,股级建制,核定编制5人。1999年1月,设置局办公室,综合股原有职责全部划归办公室。

1998年1月,区土地管理局更名为区国土管理局。2002年1月,区国土管理局更名为市国土资源局郊区分局。是年12月,更名为市国土资源局维扬分局,作为市国土资源局派出机构,人事、财务、资产全部由市国土资源局管理,内设机构有办公室、用地管理科、地政地籍科、地矿科、法规监察科、执法监察队和土地管理事务所。

二、乡镇土地管理机构

1987年3月至是年底,各乡镇土地管理工作由乡镇政府村镇建设科负责。1988年1月,各乡镇政府设土地管理助理。1989年2月,各乡镇建立土地管理所,乡镇土地管理所为全民事业单位,受乡镇政府和区土地管理局双重领导,以乡镇政府领导为主。1995年7月,乡镇土地管理所调整为以区土地管理局领导为主。同年12月,市编委、市土地管理局核定区乡镇土地管理所7个,编制26人。2002年1

月,市区区划调整,湾头镇、城东乡、汤汪乡土地管理所划归广陵区。2003 年 9 月,江阳国土管理所建立。2008 年 6 月,邗江区甘泉街道划属维扬区,甘泉街道国土管理所划归维扬国土分局管理。至 2011 年,市国土资源局维扬分局下辖西湖、甘泉、城北、双桥、平山和江阳 6 个国土管理所。

第二节　土地利用规划

一、区、乡村土地利用总体规划

图 4-1-1　2007 年 5 月 16 日,维扬国土资源系统业务知识培训班

1987 年,全区完成第一轮村庄建设规划编制工作。1990 年,全区完成集镇总体规划编制工作。1991 年 1 月,区土地管理部门参与编制《扬州市土地利用总体规划(1991～2000 年)》。是年底,配合市土地管理部门完成全市土地利用总体规划市区相关规划。1992 年,区土地管理部门完成全区第二轮村庄建设规划修编工作。1996 年 4 月,为加强对土地利用和村镇建设总体规划工作领导,区政府成立区社会主义新农村建设领导小组,领导小组下设办公室,负责全区各类规划编制。本着“三个有利于、一个服从”(集镇规模适度,有利于加快城市发展;村庄布局合理,有利于农业现代化;节约土地,有利于保护农田;服从扬州市城市总体规划,与农田保护规划协调一致)的原则,至 2000 年,编制完成 10 个中心村建设规划,完成建筑面积 2 万平方米的 3 个住宅小区规划。1997 年,对第一轮土地利用总体规划进行新一轮修编,区政府成立区土地利用总体规划编制领导小组。1998 年 5 月,配合市国土部门完成第二轮土地利用总体规划市区相关规划。2006 年,因经济建设快速发展、农村城市化和行政区划调整等诸多因素,区政府成立新一轮土地利用总体规划修编领导小组,在对第二轮全区土地利用总体规划实施情况进行评估和专题研究基础上,开始进行新一轮区土地利用总体规划修编工作。至 2011 年,在配合市国土局开展中心城区市级土地利用总体规划修编的基础上,重点做好甘泉街道土地利用总体规划编制工作,并上报省国土资源厅。

二、基本农田保护区规划

1992 年,根据《扬州市土地利用总体规划(1991～2000 年)》要求,区土地管理部门调查摸清各乡镇土地资源和土地利用情况,划定基本农田保护区,落实保护耕地措施。1993 年后,全区对不符合土地利用总体规划和占用基本农田保护区规划的建设用地一律不予批准。对国家重点建设项目确需占用基本农田必须先进行规划调整,确保规划严肃性,保证耕地资源合理利用。

1995 年 1 月,根据市政府下达的农田保护控制指标,全区以 1992 年划定的基本农田保护区为基础,重新划定基本农田保护区,全区划定一级基本农田保护区 2401.2 公顷。

1996 年 12 月,全区划定一级、二级基本农田保护区共 6 个,保护片 54 个,保护块 509 个。一级基本农田保护区面积 2410.27 公顷;二级基本农田保护区面积 2344.91 公顷,其中耕地 2038.09 公顷,茶、林地 306.82 公顷,全区总耕地保护率 80%。

2002年，市区区划调整后，全区基本农田面积1106.82公顷。2003年，全区基本农田面积703.75公顷，减少403.07公顷，其中规划调整383.93公顷，启扬高速公路、宁启铁路等省、市重点工程取土挖废9.74公顷，经市国土管理部门立案查处非法占用基本农田7.07公顷。2005年7月，市土地利用总体规划调整，维扬区不再承担基本农田保护任务。2008年6月，市区区划调整，甘泉街道划归维扬区，全区新增土地面积3913.89公顷，其中农用地2236.65公顷，农用地中耕地1777.17公顷。

第三节 地籍管理

一、地籍调查

1987年，全区组织20人的调查组，利用1:4000的航测影片配合1:10000的地形图，对全区土地利用现状实地测绘，历时2年，至1989年，完成区内土地总面积、各类土地利用现状、土地权属和行政界限调查。1989年，全区土地总面积1.35万公顷。

1989年郊区土地利用现状统计表

表4-1-1 单位：公顷

乡镇（场） 土地类别	城北乡	城东乡	双桥乡	平山乡	平山茶场	汤汪乡	湾头镇	西湖乡	合　计
小计	1889.36	1593.61	1223.23	1250.34	330.58	1565.92	2756.43	2914.85	13524.32
耕　地	981.21	313.61	230.92	701.11	120.00	716.42	1080.49	1390.75	5534.51
园　地	10.22	10.47	0.12	23.73	51.55	7.86	1.68	110.92	216.55
林　地	27.95	3.23	9.93	36.96	31.07	4.23	24.61	23.83	161.81
居民点用地	209.48	289.21	247.07	205.25	2.69	343.45	466.95	704.05	2468.15
工矿用地	367.81	824.67	645.72	30.38	43.54	152.19	745.51	103.15	2912.97
交通用地	66.64	38.97	10.54	29.21	9.17	32.80	53.07	80.75	321.15
水　域	209.55	109.32	69.35	198.85	40.03	300.84	363.79	378.57	1670.30
其　他	16.50	4.13	9.58	24.85	32.53	8.13	20.33	122.83	238.88

说明：总面积含里下河农科所、江苏农学院、省蚕种场土地331.62公顷

1991年4月起，区土地管理部门以第一次土地调查资料为基础，开展土地利用现状全面修、补测和国有、乡镇、村集体土地"三权"分离工作，历时两年半，至1993年10月完成。此次修、补测基本摸清全区土地利用现状，形成调查报告，并汇编出1：10000的土地利用现状彩图。是年起，开展年度土地变更调查。1995年，全区土地总面积1.17万公顷。其中耕地5418.09公顷，占土地总面积的46.19%；林地131.69公顷，占土地总面积的1.12%；园地193.16公顷，占土地总面积的1.65%；居民点及工矿用地3091.83公顷，占土地总面积的26.36%；交通用地402.35公顷，占土地总面积的3.43%；水域2295公顷，占土地总面积的19.57%；未利用土地198.12公顷，占土地总面积的1.69%。

2000年后，全区每年进行一次各类土地利用、变化情况更新调查，统一按3类土地(农用地、建设用地、未利用地)进行土地统计。

2002年1月，市区区划调整，湾头镇、城东乡、汤汪乡划属广陵区管辖。是年末，全区土地总面积7408.15公顷，其中农用地3613.61公顷、建设用地3534.29公顷、未利用地260.25公顷。

2002 年维扬区土地分类统计表

表 4-1-2 单位:公顷

项目 乡镇(单位)	土地总面积	农用地	建设用地	未利用地
西湖镇	2893.59	1689.22	1134.89	69.48
平山乡	1268.65	629.39	615.25	24.01
城北乡	1877.85	999.55	793.73	84.57
双桥乡	860.16	166.95	633.21	60.00
平山茶场	38.08	18.36	19.72	—
梅岭街道	301.26	8.13	276.36	16.77
里下河农科所	161.75	98.29	58.33	5.13
邗江区农科所	6.81	3.72	2.80	0.29
合　计	7408.15	3613.61	3534.29	260.25

2008 年 6 月,市区区划调整,邗江区甘泉街道划归维扬区管辖。2011 年,全区土地总面积 11117.16公顷,其中农用地 5684.79 公顷,建设用地 5006.1 公顷,未利用地 426.27 公顷。

2011 年维扬区土地分类统计表

表 4-1-3 单位:公顷

项目 乡镇(街道)	土地总面积	农用地	建设用地	未利用地
双桥街道	722.56	12.72	653.69	56.15
梅岭街道	307.89	0.85	291.04	16.00
瘦西湖街道	825.55	353.74	383.20	88.61
甘泉街道	3913.89	2919.94	883.29	110.66
西湖镇	2726.60	1338.20	1339.68	48.72
平山乡	908.76	287.73	599.57	21.46
城北乡	1711.91	771.61	855.63	84.67
合　计	11117.16	5684.79	5006.10	426.27

二、分等定级

1989 年,为贯彻农业税合理负担政策,弄清各类土壤耕作条件和生产能力,全区在乡村开展以查田定产为主要内容的土壤分类和土壤普查。城镇建设用地一般通过行政划拨实现产权转移,未进行定级估价。1993 年,市、区土地管理部门聘请省金陵土地资产评估高新技术公司参与编制市区土地定级估价任务书,区土地管理部门配合调查取样、资料采集等工作,历时 2 年,1995 年完成土地定级估价报告,全区土地共分 6 个级别,用地类分商业、住宅、工业三大类。

土地市场根据房地产出租、房地产出售、商品房开发、土地使用权出让等土地市场资料测算土地交易价。

1995 年维扬区土地市场地价一览表

表 4-1 4　　　　单位:元/平方米

土地级别＼土地类别	商业用地	住宅用地
一	3321.58	1767.82
二	2728.26	1519.35
三	1592.25	1067.43
四	1075.50	932.98
五	676.60	791.72
六	373.35	—

1995 年维扬区基准地价一览表

表 4-1-5　　　　单位:元/平方米

土地级别		一	二	三	四	五	六
商业用地	平　均	3200	2700	1600	1100	700	400
	变　幅	2900～3800	2200～3000	1300～2200	900～1300	500～900	250～500
住宅用地	容积率	1.78	1.68	1.51	1.46	1.23	1.00
	平　均	1750	1500	1050	850	650	350
	变　幅	1600～1900	1300～1600	900～1300	700～1000	500～800	250～500
工业用地	平　均	1100	900	650	550	400	300
	变　幅	1000～1200	750～1000	600～750	500～600	350～500	250～350
综　合		3000	2200	1300	800	500	300

1995 年,市区首次进行 52.45 平方千米范围土地定级估价工作。1997 年,省土地管理局、省物价局联合公布扬州市区土地级别调整,形成市区新的土地级别体系。1999 年,市国土局更新原定土地级别和基准地价。2003 年,随着市区城市建设发展,土地区位条件和市场变化较大,原有土地定级估价成果与现状不相符合。是年,市、区国土管理部门聘请省金宁达不动产评估咨询有限公司,联合开展城市土地价格调查,进行区土地综合定级、分类定级和基准地价更新,建立地价动态监测体系,为科学管理和合理利用土地,培育和规范土地市场提供科学依据。2005 年,全面完成《扬州市城市土地价格调查技术方案》,全区进行土地综合定级和分类定级。综合定级划分 7 个土地级别,商业用地划分 8 个土地级别,住宅用地划分 6 个土地级别,工业用地划分 5 个土地级别。

2005 年维扬区土地综合定级统计表

表 4-1-6

土地级别	一	二	三	四	五	六	七	合　计
土地面积(平方千米)	0.95	2.36	4.03	6.48	9.50	17.75	33.01	74.08
占总面积的比例(%)	1.28	3.18	5.44	8.75	12.83	23.96	44.56	100.00

2005年维扬区商业用地定级统计表

表4-1-7

土地级别	一	二	三	四	五	六	七	八	合 计
土地面积(平方千米)	0.44	0.99	2.50	2.57	3.49	5.26	14.34	44.49	74.08
占总面积的比例(%)	0.59	1.34	3.37	3.47	4.71	7.10	19.36	60.06	100.00

2005年维扬区住宅用地定级统计表

表4-1-8

土地级别	一	二	三	四	五	六	合 计
土地面积(平方千米)	2.98	4.42	4.36	8.40	15.36	38.56	74.08
占总面积的比例(%)	4.02	5.97	5.89	11.34	20.73	52.05	100.00

2005年维扬区工业用地定级统计表

表4-1-9

土地级别	一	二	三	四	五	合 计
土地面积(平方千米)	1.80	9.63	16.08	25.59	20.98	74.08
占总面积的比例(%)	2.43	13.00	21.71	34.54	28.32	100.00

三、登记发证

集体土地使用权登记发证　1985年,全区对集体和个人用地进行清查登记,对权属合法、界址清楚、无违章、无矛盾的发放村民建房宅基地使用证和乡镇企业单位建设用地使用证。全区宅基地总面积599.99公顷,户均占地151平方米。全区符合发证条件的农户38305户,因有违章搭建缓发证868户,因批准手续不全或未经批准427户。乡村企业381家,获得建设用地的企业243家,需补办征地手续企业138家。

1989年,区政府印发《扬州市郊区农户宅基地管理暂行办法》。全区换发村民宅基地使用证4.16万本。1997年,发放村民集体土地使用证3.2万本,占应发证的75%。1998年,发放乡镇集体土地所有权证69本、乡镇村企业集体土地使用证193本。2004年,发放村民集体土地使用证(新建户)103本。2005年10月,全区以平山乡为试点,启动村民宅基地使用证换发工作。至2009年,全区共有2386户村民宅基地换发使用证,并以此为依托,完成试点区5500宗集体土地使用证换发前地籍测量外业工作,为全区集体土地使用证换发工作打下良好基础。

国有土地使用权登记发证　1990年4月,受市政府委托,对区内乡镇撤组后国有土地使用权进行登记发证。是年共登记发证1882本,其中集体单位425宗114.78公顷,居民1457宗23.54公顷。区内国有土地使用权登记发证由市土地管理局直接办理,共登记发证单位2846宗5595.69公顷,居民3239宗95.93公顷。

第四节　建设用地管理

一、土地使用制度改革

1990年6月,为加强农村非农业建设用地管理,实行有偿使用制度改革,全区在湾头镇严桥村、双桥乡双桥村推行村民宅基地有偿使用改革试点。是年,两个试点村共收取宅基地超占有偿使用费2.68万元,全部用于试点村公共事业建设。1991年,全区共收取超占宅基地有偿使用费67.74万元;340户村民自动拆除违章占地建筑,退回集体土地 2.69 万平方米。1992 年,全区共收取超占宅基地有偿使用费 49.64 万元,对超占面积较大的 142 户违章建筑进行强制拆除,退回集体土地 6365 平方米。1991～1992 年共收取超占有偿使用费 117.38 万元。其中,10%上缴区土地管理局用于土地复垦和业务费用,其余 90%返回各乡镇用于公共事业建设。

90 年代前,区内国有土地使用历来实行无偿、无流通、无限期。单位建设使用国有土地,由政府或土地管理部门无偿划拨;严格禁止土地出租、买卖、交换。1992 年 9 月,根据市政府《扬州市土地使用制度改革方案》《扬州市城镇国有土地使用权出让、转让暂行办法》《扬州市外商投资企业用地管理办法》,改革土地使用制度,实行有偿、有流通、有期限供地,初步形成土地市场。2001 年,区内首次有偿出让地块 7 宗 5.95 公顷,总出让金 3862.37 万元,每公顷 649.14 万元。2003 年,出让地块 14 宗 54.35 公顷,是 2001 年的 9.13 倍,总出让金 4.26 亿元,每公顷 783.92 万元。2006 年,出让地块 8 宗 70.86 公顷,总出让金 14.97 亿元。2009 年出让土地 100.16 公顷,为历年最高。2011 年,出让地块 9 宗 53.78 公顷,总出让金 19.44 亿元,每公顷 3614.47 万元,为历年均价最高。至 2011 年,全区共出让土地 524.94 公顷,收取土地出让金 104.74 亿元。

2001～2011 年维扬区土地出让情况一览表

表 4-1-10

项目 年份	地块 (宗)	出让面积 (公顷)	总价 (万元)	公顷均价 (万元)
2001	7	5.95	3862.37	649.14
2002	9	20.59	31496.14	1529.68
2003	14	54.33	42590.48	783.92
2004	3	20.19	21844.29	1081.94
2005	9	52.48	73342.06	1397.52
2006	8	70.86	149662.19	2112.08
2007	6	37.92	77949.63	2055.63
2008	14	16.09	33059.30	2054.65
2009	32	100.16	182984.77	1826.92
2010	15	92.59	236244.20	2551.51
2011	9	53.78	194386.28	3614.47
合　计	126	524.94	1047421.71	—

二、用地计划与审批

计划管理　1989 年后,为加强土地管理,制止乱占滥用耕地,全区实行计划用地制度,每年用地指标由市政府下达区政府,再由区计经委、区土管局联合行文分解下达各乡镇。各乡镇按年度计划,统筹安排,合理使用。乡镇建设用地和农民建房用地计划不得相互调剂。1990 年,全区实行建设用地许可证制度。1992 年后,除村民建房宅基用地由区土管部门批准外,其他用地项目均由省、市土管部门批准。2000 年,市政府规定市规划区范围内村民不得新建住房。2003 年,全区范围村民不得新建住房。2004 年后,区国土管理部门不再有用地计划及审批事项。

审批制度　1988 年 7 月,区政府印发《关于办理建设用地审批手续暂行规定》。1989 年后,区土地管理部门严格按制度对全区土地使用进行审批。在建设项目用地审核报批前对用地界址、土地类别、地表附着物进行查勘,提高审批准确性;公布建设用地审批程序、报批材料内容和要求、税费标准等;用地申请材料报齐后,一般建设项目一周内办结,重点建设项目从商谈协议到交地放线实行"一条龙"跟踪服务;协调用地矛盾,现场划定四址,放线定桩,确保建设依法用地;跟踪管理,防止少批多用或批而不用等违法行为发生;建设项目竣工后,对建设项目占地位置、界址、面积、用途及时验收,合格者颁发土地使用证。

审批程序　1988 年 7 月至 1990 年 5 月,区属以外单位建设用地,区土地管理部门在收到市土地管理局征用土地通知书后与被征地乡镇协调落实各项补偿,形成方案后报市土地管理局复核。区内乡镇、村办企业建设使用集体土地,持建设用地申请书、建设项目批准文件、市规划部门规划定点用地平面红线图,经审核批准的相关材料及各项补偿协议报区土地管理部门,再经市土地管理局审核批准并缴纳耕地占用税和管理费用。1990 年 5 月,国务院颁布《中华人民共和国城镇国有土地使用权出让和转让暂行办法》,全区建设用地审批程序更完善。建设用地单位持建设项目批准文件、建设项目用地规划许可证、征(使)用土地协议及相关附件,向区土地管理局提出用地申请立项;区土地管理部门依据相关法规及年度用地计划、建设项目用地定额指标进行审核、组织实地查勘,提出预审意见,经区政府同意,报省、市土地管理部门批准;建设用地申请批准后,由区土地管理局颁发建设项目用地许可证;2002 年 8 月后办理用地手续,由区国土管理部门与用地单位签订土地出让合同,收取出让金。2002 年,市区区划调整后,建设用地征、供由市国土管理部门统筹安排,区国土管理部门受理辖区内用地报件、前期资料收集、补偿登记、协调矛盾等服务工作。

三、三项建设用地

1989 年,全区三项建设用地(国家划拨土地)共计 50.8 公顷,其中国家建设用地 42.6 公顷、乡镇集体建设用地 2.6 公顷、农村宅基地 5.6 公顷。1992 年,全区三项建设用地 93.8 公顷,其中国家建设用地 87.6 公顷、乡镇集体用地 1.27 公顷、农村宅基用地 4.93 公顷。1993 年起,乡镇集体建设用地由划拨改为出让,故三项建设用地实际仅 2 项。是年,全区建设用地 15.52 公顷,其中国家建设用地 10.06 公顷、农村宅基用地 5.46 公顷。1998 年,全区建设用地 32.75 公顷,其中国家建设用地 32.77 公顷、农村宅基用地 2.47 公顷。2001 年后,因国家交通道路设施、社会公用事业和园区建设加快,全区建设用地数量大幅增长。2002 年,全区建设用地合计 362.64 公顷,其中国家建设用地 344.29 公顷、农村宅基用地 18.35 公顷,均为历年最高。

2004 年起,因市区农村宅基用地停止审批,故建设用地实为国家建设用地。2005 年,全区建设用地 179.82 公顷,此后,全区建设用地基本稳定在 130 公顷以上。2011 年,全区建设用地 253.66 公顷。至 2011 年,全区三项建设用地合计 2596.71 公顷,其中国家建设用地 2511.15 公顷、乡镇集体用地 5.2 公顷、农村宅基用地 80.36 公顷。

1989～2011 年维扬区三项建设用地情况统计表

表 4-1-11　　单位:公顷

项目 / 年份	国家建设用地	乡镇集体建设用地	农村宅基用地	合计
1989	42.60	2.60	5.60	50.80
1990	16.33	0.73	4.67	21.73
1991	35.40	0.60	4.53	40.53
1992	87.60	1.27	4.93	93.80

续表 4－1－11

年份＼项目	国家建设用地	乡镇集体建设用地	农村宅基用地	合计
1993	10.06	—	5.46	15.52
1994	6.67	—	—	6.67
1995	5.25	—	4.55	9.83
1996	16.37	—	4.37	20.74
1997	34.25	—	2.87	37.12
1998	32.75	—	2.47	35.22
1999	4.00	—	—	4.00
2000	11.00	—	10.70	21.70
2001	194.20	—	8.98	203.18
2002	344.29	—	18.35	362.64
2003	319.90	—	2.85	322.75
2004	60.60	—	—	60.60
2005	179.82	—	—	179.82
2006	186.16	—	—	186.16
2007	198.99	—	—	198.99
2008	134.81	—	—	134.81
2009	133.96	—	—	133.96
2010	202.48	—	—	202.48
2011	253.66	—	—	253.66
合计	2511.15	5.20	80.36	2596.71

四、征地补偿安置

征地补偿　1989年，区内征地补偿费按征用土地前3年平均年产值的6倍计价。两熟制耕地每年每亩320～400元，蔬菜地每年每亩750元，精养鱼塘每年每亩700～900元。1992年1月，全区征地补偿费调整，两熟制耕地每年每亩500～600元，老菜地（3年以上高产菜地）每年每亩1200元，新菜地每年每亩800～1000元，精养鱼塘每年每亩1200～1500元，粗放鱼塘及放养水面每年每亩400～500元。

2002年5月，市政府制定新补偿标准，征用耕地按平均年产值的9倍补偿，精养鱼塘按邻近耕地平均年产值的10倍补偿，养殖水面按5倍补偿，果园或其他林地按10倍补偿；征用其他农用地按邻近耕地平均年产值的8倍补偿，征用未利用土地按5倍补偿，征用非农业用地按9倍补偿。耕地每年每亩1200元，蔬菜地每年每亩1700元。另外，补偿青苗损失费，小麦油菜每亩600元，水稻每亩650元，棉花每亩700元，蔬菜每亩850元。

2003年,全区征用耕地补偿费从原定9倍调整为10倍。耕地每年每亩从原1200元调整为1600元,蔬菜地从原1700元调整为2500元。

2004年,市政府对征地补偿标准作新的调整,征用耕地补偿费每亩1.6万元,菜地补偿费每亩2.5万元,其他农用地每亩1.28万元。

2011年,市政府再次提高补偿费标准,农用地征用补偿费每亩2.1万元,菜地补偿费每亩3万元,建设用地补偿费每亩2.1万元。

安置补偿　1989年,全区劳动力安置补偿费按“人地比”计算,需安置进大集体所有制企业以上单位的,每个劳动力安置最低不低于3000元(当时,全区执行每个劳力安置费3500元)。征地劳动力安置补偿费由区土地管理部门代收,按照规定标准和实际安置人数支付给劳动部门。低于标准的由用地单位补足至每人3500元。不经劳动部门安置的安置补偿费,由区土地管理部门直接转发给被征地村民小组。1993年,全区征地劳动力安置补偿标准是:由劳动部门统筹安置的劳动力安置补偿费每人4000元,本人自愿自谋职业的一次性发给自谋职业金7000元。1994年4月,全区征地劳动力安置费标准提高至每人1万元;本人自愿自谋职业的自谋职业金调整为1.5万元。1999年,征地劳动力按“土劳比”安置,即征用耕地数量除以征用前被征用单位平均劳动力占有耕地数量。对于人多地少村组按相应“土劳比”计算征地安置人数,安置费为每人7000元。同时,根据“谁征地谁负责安置、谁受益谁负担”原则,先落实劳动力安置方案,再办理征地审批。2004年,市政府调整征地劳动力安置补偿费标准,每人安置补偿费1.7万元。2011年8月,市政府再次调整征地劳动力安置补偿标准,每人安置补偿费2.3万元。

被征地农民合法权益维护　2001～2004年,区内国有土地使用权虽签订出让合同,但土地出让金收缴情况执行不严,拖欠现象严重。2005年,为保障农民征地补偿费及时到位,基本生活得到保障,防止国有土地资金流失,遏制土地交易腐败行为,在征地手续报批过程中,区国土分局严格执行国土资源部及省、市有关文件的规定,规范征地补偿程序,推进被征地农民基本生活保障,实行征地前先告知、听证,征地后公告;安置补偿费报批前预缴,征地后按基本生活保障工作规定要求返还与发放,防止拖欠,较好维护被征地农民合法权益。是年,全区首批2979名被征地农民在全市率先享受基本生活保障。第二批1412人当年末落实到位。是年11月,市政府在维扬广场举行被征地农民基本生活保障金发放仪式。2005年,区政府印发《维扬区被征地农民基本生活保障实施细则(试行)》。2006年,区政府印发《失地农民养老补助实施办法(试行)》。2007年,区政府印发《关于维扬区被征地农民基本生活保障实施细则的补充意见》。2011年,市政府印发《扬州市市区被征地农民社会养老保险实施办法》,以法规形式解决被征地农民社会养老的后顾之忧。

五、撤组转户

图4-1-2　2005年12月7日,省国土厅到维扬区实地调研被征地农民基本生活保障工作

1987年,区政府对人均耕地不足0.1亩不具备并组和迁移条件的村民小组,在申报征地项目时,申请撤销村民小组建制。是年,成立区撤组工作领导小组及其办公室,在城北乡梅岭村新庄村民小组进行撤销无地村民小组试点工作。1988～2004年,全区共撤销城东乡渡江村金鱼、蒋庄等59个村民小组,“农转非”7692人,安置就业1299人,由村集体组织实施老年村民生活供养1361人。2004年12月,市政府印发《扬州市征地补偿和被征地农民基本生活保障实施暂行办法》,维扬区不再办理撤组转户工作。

1988～2005年维扬区撤组转户情况统计表

表4-1-12　　　　　　　　　　　　　　　　　　　　单位：人

撤组年份	撤组名称	"农转非"人数	就业安置人数	老年生活供养人数
1988	城东乡渡江村金鱼组	107	29	15
	城东乡渡江村蒋庄组	118	37	24
1990	双桥乡双桥村杨中组	80	18	3
	双桥乡双桥村邵庄组	229	46	24
	双桥乡卜桥村薛庄组	103	7	24
	双桥乡双桥村新庄组	140	15	22
	城东乡文峰村万元桥组	131	27	14
	城东乡文峰村通扬组	133	13	11
	湾头镇湾头村赵家组	309	14	28
	城东乡沙口村沙中组	101	16	28
	城东乡沙口村电力组	58	8	7
	城东乡沙口村王巷组	92	17	24
	城东乡沙口村桥东组	67	20	11
	城北乡梅岭村新庄组	127	13	21
	城北乡梅岭村梅岭组	103	19	26
1991	城东乡施井村花园组	82	15	21
	城东乡沙口村陈家组	65	19	17
	城东乡沙口村姜庄组	85	20	10
	城东乡沙口村沙口组	27	3	4
1992	双桥乡武塘村田庄组	163	52	29
	城东乡施井村陈庄组	122	26	12
	城东乡沙口村林庄组	72	20	9
	城北乡梅岭村太平组	140	20	21
	城北乡梅岭村窦庄组	168	32	31
1993	双桥乡双桥村陶庄组	119	39	22
	城北乡梅岭村广储组	117	8	24
	城北乡梅岭村邱庄组	27	1	9
	城北乡梅岭村李庄组	68	12	16
	城东乡沙口村嵇庄组	76	13	16
	城东乡渡江村翟庄组	75	14	18
	城东乡渡江村东花园组	145	32	25
1994	双桥乡卜桥村刘庄组	167	50	17
	双桥乡裴庄村张庄组	131	15	25
	双桥乡武塘村新庄组	134	22	23
	双桥乡双桥村缪庄组	207	65	25
	城北乡梅岭村马庄组	133	18	21
	城东乡施井村园田组	86	7	24
	城东乡施井村小街组	46	6	13
	双桥乡双桥村梅庄组	103	15	22

续表 4-1-12

撤组年份	撤组名称	“农转非”人数	就业安置人数	老年生活供养人数
1995	双桥乡石桥村赵庄组	201	3	37
	双桥乡武塘村武塘组	269	38	49
	双桥乡石桥村崔庄组	197	20	36
	双桥乡双桥村宰庄组	164	21	34
1996	双桥乡武塘村赵庄组	169	18	39
	城北乡瓦窑村新庄组	164	41	21
	城北乡卜杨村马庄组	133	18	27
	城北乡梅岭村刘庄组	89	12	16
	城北乡梅岭村縻庄组	104	10	16
1997	城东乡施井村东亚组	117	25	41
	双桥乡卜桥村殷庄组	110	9	17
	双桥乡武塘村秋雨组	199	26	28
1998	双桥乡双桥村双桥组	140	39	36
1999	双桥乡石桥村石桥组	223	72	31
	汤汪乡丁长村丁长组	240	48	40
2000	双桥乡武塘村武庄组	165	24	54
	双桥乡武塘村杨庄组	131	21	30
	城北乡梅岭村井汪组	83	13	14
	双桥乡武塘村蒋西组	206	33	59
2004	双桥乡双桥村王庄组	132		
合　计		7692	1299	1361

第五节　土地开发与保护

一、复垦开发

维扬区地处蜀冈山脉上下，分为平原与丘冈两大地貌。平原地区种植排灌较方便。丘冈地区经长期流水侵蚀切割，形成大小不等、高低起伏的冈、冲、凹等梯式地块，地面高程在10～30米范围内，灌溉用水较为困难。1990年，针对区内地形地貌和土地利用现状，区土地管理局组织土地后备资源调查，对可复垦开发地块按不同性质和用途绘制平面图和规划图，制订年度实施计划，申报上级主管部门立项。

丘冈地区土地复垦开发主要对荒山、荒坡及取土挖废地夷为平地、平冈整地、平坟还田、清理小土窑、修建方形梯田；平原地区主要通过落实土地利用总体规划，从实际出发，因地制宜，将土地复垦开发和实施乡镇建设规划有机结合，合理布局村民住宅小区建设和零散老庄台拆迁，分批规划，逐步实施，同时整治废河塘、填沟造渠、方整地块、排灌配套、修路建桥、增加耕种面积。

1990年，全区复垦土地10公顷。1993年，全区复垦土地26.67公顷。1995年，全区复垦土地52.97公顷，为历年数量最高。1999年，全区复垦土地33.33公顷，新增耕地14.13公顷。2001年，全区复垦土地30.20公顷，新增耕地21.39公顷，为历年新增耕地最多。2008年，全区开发土地157.83公顷，新增耕地6.57公顷。2010年，全区开发土地197.32公顷，为历年开发数量最高，新增耕地6.25公顷。2011年，全区复垦土地47.01公顷，开发土地27.73公顷，新增耕地18.50公顷。至2011年，全区共复垦土地448.35公顷，开发土地382.88公顷，先后投入资金2083万元，净增耕地面积141.06公顷。

2000年后，全区通过实施年度耕地占补平衡项目库建设，基本实现全区使用耕地占补平衡自给自足。

1990～2011 年维扬区土地复垦开发情况一览表

表 4-1-13

项目 年份	复垦面积(公顷)	开发面积(公顷)	新增耕地(公顷)	补助经费(万元)
1990	10.00	—	—	1.00
1991	10.93	—	—	1.20
1992	23.73	—	—	16.00
1993	26.67	—	—	24.00
1994	38.67	—	—	12.50
1995	52.97	—	—	6.00
1996	27.33	—	—	10.00
1997	52.90	—	—	16.00
1998	6.67	—	—	11.00
1999	33.33	—	14.13	7.70
2000	23.53	—	17.09	20.00
2001	30.20	—	21.39	50.80
2002	—	—	—	—
2003	10.55	—	7.69	43.85
2004	20.98	—	19.43	116.60
2005	7.83	—	9.67	66.30
2006	10.45	—	6.25	62.72
2007	14.60	—	14.09	98.55
2008	—	157.83	6.57	626.40
2009	—	—	—	—
2010	—	197.32	6.25	741.60
2011	47.01	27.73	18.50	150.78
合计	448.35	382.88	141.06	2083.00

二、基本农田保护

1995 年，区政府根据市政府下达的基本农田保护指标为 2401.2 公顷的要求，对全区农用地进行详细调查。当年，全区土地总面积 1.17 万公顷，其中耕地面积 5418.09 公顷。划定一、二级基本农田保护区 6 个，保护片 54 个，保护块 701 个。一级基本农田保护面积 2441.62 公顷，二级基本农田保护面积 2344.92 公顷，其中耕地 1980.8 公顷，茶园 107.37 公顷，林地 256.75 公顷。全区耕地总保护率 82%。由于全区人多地少、土地资源严重不足，同时绝大多数乡、村在市区规划区范围内，既要保证市区建设发展用地，又要保证市民蔬菜、鱼、禽、蛋等农副产品供应。1996 年，市政府对全区基本农田保护指标作相应调整，划定基本农田保护区 6 个、保护片 54 个、保护块 509 个。一级基本农田保护面积 2410.27 公顷，二级基本农田保护面积 2344.84 公顷，其中耕地 2038.09 公顷，茶、林地 306.75 公顷。区、乡两级政府分别成立基本农田保护区划定工作领导小组，下设办公室，分别设在区国土管理局和乡镇国土所。按照各乡镇具体情况和市区发展走向，以近郊保菜地、远郊保粮田原则，将市控制指标分解落实到各乡镇。

区国土管理部门对划定的保护区严格执行规范要求和操作程序，坚持图、表、牌和实地田块相一致，做到"五个统一"，即统一标准、统一技术要求、统一图件绘制着色、统一标志牌规格、统一资料归档。基本农田保护区划定后，以基本农田保护条例为依据，依法确定基本农田不可随意占用。2002 年，市区区划调整后，全区基本农田面积 1106.82 公顷。2003 年，全区基本农田面积 703.75 公顷，减少 403.07

公顷,其中规划调整383.73公顷。2005年7月,扬州市土地利用总体规划调整,全区不再承担基本农田保护任务。2008年,邗江区甘泉街道划归维扬区管辖,全区新增农用地面积2236.65公顷,基本农田保护面积1451.8公顷。

1996年维扬区基本农田保护指标分解情况一览表

表4-1-14　　单位:公顷

乡　镇	粮　田	菜　地	小　计
湾　头	600.00	—	600.00
汤　汪	133.33	144.80	278.13
城　东	—	63.07	63.07
平　山	200.00	40.93	240.93
西　湖	866.67	40.00	906.67
城　北	266.67	54.80	321.47
合　计	2066.67	343.60	2410.27

第六节　土地执法监察

一、监察网络

1990年,各乡镇确定各村村委会分管主任为土地监察信息员,各乡镇土管所所长为土地监察第一责任人,全区形成区、乡、村三级土地管理监察网络。1991年11月,区土管局制定《土地管理监察工作制度》。1992年3月,区土管局特聘市律师事务所律师为常年法律顾问。1997年4月,区人大常委会原主任程启旭首批被市政府聘为市土地监察专员。1998年7月,成立区土地监察队,性质为全民事业单位,实行巡查责任制。2004年3月,全区在乡镇、街道、园区聘请23名行风监督员,对区国土系统行风建设和用地实施监督。

二、执法检查

1989年,全区对超宅基面积建房和圈院墙等违法用地行为进行全面清查。共查出未经批准占地建房9户,占地1720平方米;超占宅基地建房157户,占地3686平方米。当年处理结案146件,拆除建筑物退出土地3371平方米,结案率88%。1994年6月,全区组织土地执法大检查,共查出沿公路两侧私搭乱建房屋93处,强行拆除1300平方米违章建筑;对未批先用的42家企业在依法处理后,补办相关用地手续。1995年10月,省市监察、土地管理部门对全区进行土地执法检查,共查出违法用地47.82公顷,其中耕地2.2公顷。1997年6月,区政府成立非农业建设用地清查工作领导小组,清查1991～1997年全区非农业建设用地。共清查三项建设用地15935宗857.43公顷(国家建设用地427宗394.53公顷,集体建设用地504宗301.05公顷,村民建房用地15004宗161.85公顷),其中违法用地6012宗232.41公顷(国家建设用地48宗46.62公顷,集体建设用地246宗141.57公顷,村民建房用地5718宗44.22公顷)。是年,按国家规定补办建设用地手续101宗63.76公顷。

三、案件查处

1989年,全区共查处各类土地违法案件27件,收回土地675平方米,拆除违法建筑1956平方米,罚款4010元。1991年4月,没收赵某、胡某某未经土地管理部门批准,擅自在原扬州市西郊良工阀门厂内新建私人住宅2幢,建筑面积430.8平方米。同年11月,没收西湖乡槐柳村东刘组刘某某未经土地管理部门批准非法占用耕地新建住宅楼1幢,建筑面积280.5平方米。是年,查处各类土地违法案件16件,收回土地1514平方米,拆除违法建筑550平方米,罚款1128元。1994年7月,对双桥乡园林村杨四组王某某等4人违法占地作出行政处罚。1996年9月,对城东乡沙口村刘某某非法超占土地作出行政处罚。1997年8月,对城东乡渡江村焦家组王某某非法占地作出限期拆除处罚决定。2004年5

月，将西湖镇俞桥村西庄组李某某非法占用集体土地私建厂房、破坏基本农田0.63公顷的违法行为移交司法机关立案查处。同年7月，区国土分局与市、区纪检监察部门联合对拆迁安置小区建房进行清查，先后对西湖镇金槐村无合法手续代建27幢房屋、蜀冈村高庄组4户非法占地建房作出没收处理。是年，查处各类土地违法案件4件，收回土地1.35公顷，拆除违法建筑7290平方米，罚款16万元。2005年4月，拆除平山乡荷叶小区违法占地建房210平方米。同年5月，对西湖镇蜀冈村龟塘组7户村民无审批手续占地1000平方米建房，依法实施全部拆除处理。2008年，查处各类土地违法案件27件，收回土地10.57公顷，拆除违法建筑3612平方米，罚款66.21万元，收回土地和罚款数为历年之最。2011年，查处各类土地违法案件5件，收回土地160平方米，罚款8.76万元。至2011年，全区共查处各类土地违法案件211件，拆除违章建筑14.65万平方米，收回土地20.9公顷，罚款89.1万元，补办完善用地手续101件，依法处理行政责任人9人。

1989～2011年维扬区土地违法案件查处情况统计表

表4-1-15

项目 年份	违法案件(件)	收回土地面积(平方米)	拆除违法建筑面积(平方米)	罚款(元)
1989	27	675	1956	4010
1990	5	296	495	260
1991	16	1514	550	1128
1992	13	468	590	350
1993	—	—	—	—
1994	5	138	138	—
1995	3	—	274	—
1996	2	99	220	—
1997	3	944	24	—
1998	4	475	273	13620
1999	8	972	972	
2000	7	782	647	3000
2001	8	1036	936	1400
2002	8	1675	—	9500
2003	2	2057	2057	20000
2004	4	13476	7290	160000
2005	4	160	1221	—
2006	26	—	—	—
2007	7	6800	1690	15600
2008	27	105700	3612	662100
2009	22	71600	35183	—
2010	5	—	808	—
2011	5	160	87600	—
合计	211	209027	146536	890968

四、创建活动

1992 年,全区开展创建土地管理“三无”(无违法管地、无违法用地、无违法批地)乡镇活动。2000 年,将创建“三无”乡镇活动提升为创建“土地执法模范乡镇”活动,促进土地管理和用地规范,土地违法行为得到有效遏制。2008 年 3 月,召开全区创建“土地执法模范区”动员大会,区政府与各乡镇签订创建目标责任状,层层落实责任,分解目标任务,把创建土地执法模范区活动列入重要工作议事日程。2008 年,维扬区被市政府授予“土地执法模范区”称号。2008～2010 年,维扬区连续 3 年获“省土地执法模范县(市、区)创建工作先进区”称号。

图 4－1－3 2008 年 3 月 1 日,区召开创建“土地执法模范区”暨村组干部国土资源法律知识宣传教育培训动员大会

第二章 环境保护

第一节 机 构

1983 年至 1985 年 10 月,郊区环境保护工作由市环境保护局统一管理。1985 年 11 月,成立区环境保护办公室(股级),隶属于区基建局,协助市环保局管理区环境保护工作。1989 年后,市环保局逐步将区环保工作移交给区环保办公室管理。是年 7 月,区环境保护局成立,为副科级建制,隶属于区建设委员会,核定编制 5 人。1990 年 6 月,成立区环境监测站,为区环保局下属事业单位,股级建制,核定编制 5 人。1994 年 11 月,成立区环境监理站,为区环保局下属事业单位,股级建制,核定编制 5 人。1997 年 3 月,区环保局升格为正科级建制,内设综合股、监察宣教股、计划管理股 3 个职能科室。2010 年 8 月,区环保局内设办公室、项目管理科、污染控制科、生态法宣科 4 个职能科室,核定行政编制 10 人。

第二节 环境质量

一、大气环境

1989 年后,境内大气环境监测工作由市环境监测站每年按冬、春、夏、秋进行 4 次,每次连续 5 天,取日平均值进行监测,监测项目为二氧化硫、二氧化氮、总悬浮微粒和降尘。区内空气监测点有 3 个,分别是平山茶场、市第四人民医院、市环境监测站。监测结果表明,1989～2011 年,二氧化硫年日平均浓度范围 0.021 毫克/标准立方米～0.063 毫克/标准立方米,日平均浓度均值 0.039 毫克/标准立方米;二氧化氮年日平均浓度范围 0.018 毫克/标准立方米～0.047 毫克/标准立方米,日平均浓度均值 0.029 毫克/标准立方米;总悬浮微粒年日平均浓度范围 0.094 毫克/标准立方米～0.296 毫克/标准立方米,日平均浓度均值 0.143 毫克/标准立方米。均达到国家二级标准。

1989 年,降尘量 7.4 吨/平方千米·月,1991～1995 年均在 7 吨/平方千米·月以内,其中 1993 年为5.6吨/平方千米·月，为历年最少。其后，区内降尘量呈上升趋势，2010年达最高值11.8吨/平方千米·月，是1993年的2.1倍。2011年为10.7吨/平方千米·月。23年中有13年低于平均值(7.8吨/平方千米·月)。

1989～2011年维扬区大气环境监测情况一览表

表4-2-1

年份＼项目	二氧化硫(毫克/标准立方米)	二氧化氮(毫克/标准立方米)	总悬浮微粒(毫克/标准立方米)	降　尘(吨/平方千米·月)
1989	0.063	0.047	0.296	7.40
1990	0.056	0.038	0.283	7.20
1991	0.052	0.036	0.237	6.80
1992	0.045	0.032	0.209	6.40
1993	0.030	0.026	0.226	5.60
1994	0.032	0.028	0.153	5.90
1995	0.035	0.030	0.178	6.20
1996	0.028	0.021	0.092	7.60
1997	0.030	0.024	0.096	7.90
1998	0.045	0.035	0.106	8.40
1999	0.052	0.041	0.114	8.90
2000	0.049	0.039	0.109	8.90
2001	0.021	0.035	0.108	7.00
2002	0.026	0.027	0.138	5.90
2003	0.041	0.023	0.132	6.80
2004	0.056	0.035	0.122	9.00
2005	0.042	0.030	0.097	9.70
2006	0.033	0.019	0.101	7.90
2007	0.034	0.018	0.100	9.40
2008	0.034	0.018	0.100	7.00
2009	0.034	0.018	0.100	6.60
2010	0.033	0.023	0.096	11.80
2011	0.030	0.020	0.094	10.70
国家二级标准	0.150	0.100	0.150	—

说明：因所测定项目数据变化较小，故本表保留小数点后3位数

二、水环境

古运河维扬段　境内水环境省控断面是古运河断面。1989年后，断面实施16个监测项目，逢单月监测，全年6次。根据监测结果，所测项目年均值可达GB 3838－2002《地表水环境质量标准》二类标准。

1989～2011年部分年份维扬区古运河水质监测情况一览表

表4-2-2 单位:毫克/升

项目 年份	酸碱度	氨氮	溶解氧	高锰酸盐指数
1989	7.67	0.18	8.12	3.17
1991	7.52	0.21	8.19	2.93
1993	7.46	0.28	8.27	3.21
1995	7.85	0.31	8.34	3.15
1997	7.56	0.19	8.16	2.97
1999	8.13	0.26	8.21	3.06
2001	7.63	0.32	8.29	3.42
2003	7.88	0.36	8.32	3.47
2005	8.01	0.42	8.51	3.57
2006	7.94	0.41	8.47	3.53
2007	7.47	0.44	8.17	3.43
2008	7.41	0.15	8.15	3.02
2009	7.99	0.28	8.10	2.74
2010	7.47	0.22	8.34	2.85
2011	7.84	0.36	8.13	3.21

城市河流　1989年,境内主要河道有七里河、新太河、沙河、安墩河、蒿草河、二道河、念四河、邗沟河、槐泗河、古运河及京杭大运河等。2002年区划调整后,区内主要河道有蒿草河、二道河、念四河、邗沟河、槐泗河及古运河等,其中省控断面1个、采样点1个。内城河流,每条河流设1个断面、1个采样点进行监测,市环境监测站一年按枯水期、丰水期、平水期进行监测。除蒿草河为Ⅳ类水外,其他河流水质低于Ⅳ类水标准。

1989～2011年,境内地下水监测由市环境监测站监测,对承压含水层、潜水深水层、潜水浅水层每年监测1次。

1989～2011年维扬区主要河流水质监测情况一览表(一)

表4-2-3 单位:毫克/升

项目 年份	七里河			新太河			安墩河		
	溶解氧	生化需氧量	氨氮	溶解氧	生化需氧量	氨氮	溶解氧	生化需氧量	氨氮
1989	3.32	34.61	8.35	3.41	47.55	0.61	—	8.40	5.61
1990	3.39	34.59	8.44	3.47	47.59	0.6	—	8.60	5.62
1991	3.45	34.75	8.56	3.44	47.61	0.61	—	8.80	5.62
1992	3.59	35.01	8.63	3.56	47.61	0.63	—	8.80	5.61
1993	3.46	34.83	8.58	3.51	47.65	0.61	—	8.70	5.63
1994	3.49	34.79	8.52	3.44	47.63	0.62	—	8.60	5.63

续表 4-2-3

项目/年份	七里河			新太河			安墩河		
	溶解氧	生化需氧量	氨氮	溶解氧	生化需氧量	氨氮	溶解氧	生化需氧量	氨氮
1995	3.35	34.71	8.57	3.40	47.66	0.64	—	8.60	5.65
1996	3.28	34.75	8.46	3.36	47.64	0.66	—	8.70	5.66
1997	3.21	34.65	8.4	3.36	47.61	0.63	—	8.90	5.62
1998	3.12	33.87	8.33	3.32	47.61	0.65	—	8.50	5.62
1999	3.23	34.17	8.27	3.29	47.57	0.62	—	8.50	5.62
2000	3.19	34.02	8.35	3.28	47.55	0.61	—	8.60	5.61
2001	3.10	33.91	8.31	3.26	47.55	0.59	—	8.40	5.58

说明:2002年起,因区划调整,七里河、新太河、安墩河不属维扬区管辖

1989～2011年维扬区主要河流水质监测情况一览表(二)

表 4-2-4　　单位:毫克/升

项目/年份	蒿草河			二道河			槐泗河		
	溶解氧	生化需氧量	氨氮	溶解氧	生化需氧量	氨氮	溶解氧	生化需氧量	氨氮
1989	7.51	20.14	0.91	3.90	32.48	6.77	3.35	9.42	0.55
1990	7.51	20.12	0.95	3.60	32.49	6.77	3.36	9.42	0.56
1991	7.53	20.13	0.95	3.80	32.49	6.79	3.36	9.39	0.53
1992	7.53	20.15	0.95	3.50	32.45	6.79	3.36	9.42	0.58
1993	7.51	20.14	0.99	3.30	32.43	6.79	3.39	9.44	0.57
1994	7.51	20.14	0.98	3.70	32.47	6.82	3.39	9.45	0.57
1995	7.55	20.14	0.97	4.10	32.48	6.84	3.42	9.46	0.59
1996	7.55	20.17	0.99	3.90	27.49	6.85	3.45	9.41	0.62
1997	7.53	20.19	0.99	3.80	22.44	6.88	3.41	22.42	1.63
1998	7.50	20.16	0.93	3.60	22.44	6.82	3.39	39.40	1.79
1999	7.47	20.10	1.21	3.70	22.41	6.80	3.39	39.40	1.88
2000	7.47	20.08	1.30	3.50	22.41	6.80	3.35	42.36	2.15
2001	7.45	20.09	1.90	3.40	22.40	6.02	3.35	43.30	2.53
2002	7.46	20.05	1.90	3.50	22.40	5.60	3.31	48.30	3.11
2003	7.48	20.05	1.90	3.00	22.48	6.90	3.30	51.30	3.29
2004	7.45	20.01	1.89	3.70	22.30	6.84	3.36	53.26	3.49
2005	7.41	20.01	1.89	3.80	22.30	6.87	3.38	55.26	3.46
2006	7.61	19.23	1.86	3.90	22.10	5.23	3.41	56.20	3.37
2007	7.21	18.56	1.93	2.80	22.80	7.21	3.45	56.30	3.39
2008	7.26	18.53	1.91	4.00	22.40	6.95	3.48	58.30	3.41
2009	7.21	18.49	1.88	5.00	22.90	4.09	3.49	59.40	3.42
2010	7.23	18.52	1.86	4.80	22.10	2.91	3.49	59.30	3.39
2011	7.26	19.30	1.89	4.95	22.40	2.16	3.51	59.10	3.77

三、声环境

1989年,按照环境噪声监测技术规范要求,市环境监测站在区内按网格布点法开展区域环境噪声监测,同时对主要干道交通噪声进行监测。境内噪声污染源主要是生活噪声和交通噪声。1991年后,环境噪声呈逐年下降趋势,到2001年后保持稳定态势。随着城市道路建设以及禁鸣措施落实,在机动车激增情况下,区内道路交通噪声基本稳定在同一水平。环境噪声、道路交通噪声均符合国家标准要求。

1989～2011年维扬区环境噪声等效声级值统计表

表4-2-5 单位:分贝

年　份	区域环境噪声等效声级值(A)	交通噪声等效声级值(A)	年　份	区域环境噪声等效声级值(A)	交通噪声等效声级值(A)
1989	53	65	2001	51	67
1990	53	65	2002	52	65
1991	51	66	2003	53	66
1992	49	67	2004	52.5	65
1993	47	69	2005	52.9	67.1
1994	46	70	2006	54	67
1995	45	72	2007	53.9	66.9
1996	43	73	2008	53.8	67
1997	46	76	2009	53.9	66.3
1998	47	70	2010	53.8	66.5
1999	50	67	2011	53.9	66.8
2000	51	67.9			

四、固体废物及辐射

工业固体废物　1989年后,区内工业固体废物主要为金属边角料、炉渣、粉煤灰、废布料等,另有少量废水处理污泥、废机油、废酸等危险固体废物。其中,炉渣、粉煤灰均来源于扬州发电厂,金属边角料主要来源于机械制造加工行业,废布料主要来源于服装、玩具等行业。2000年前,多数固体废物均未作妥善处置,如扬州发电厂粉煤灰,堆存量20多万吨,不仅大量占用农田,且严重影响附近群众日常生活。随着环保和资源意识增强,特别是2005年4月《中华人民共和国固体废物污染环境防治法》实施后,区内一般工业固体废物均综合利用。炉渣、粉煤灰用于砌块砖生产和市政道路建设;金属边角料、废塑料由物资部门回收,有关厂家再加工利用。全区工业固体废物综合利用率98%以上,超过市平均水平。

危险工业固体废物中,废酸及废水处理污泥占比较大,主要来源于电镀加工及玻璃蚀刻企业;废机油、废乳化液主要来源于机械加工行业。2000年后,危险工业固体废物均委托有资质单位进行安全处置。其中,废机油、废乳化液主要委托仪征东晟固废环保处理有限公司处置,废水处理污泥、废酸等主要委托江都宁达贵金属处理有限公司处置,并按国家危险废物管理法律法规和制度实行申报、转移联单和监管。

1998年维扬区工业固体废物情况一览表

表4-2-6 单位:吨

废物名称	金属边角料	炉　渣	粉煤灰	废布料	废塑料	废水处理污泥	废机油	乳化液	废　酸
年产生量	1800	24000	67000	200	120	350	12	30	380

生活垃圾　1989年后,全区完善垃圾收集网络建设,实行“组保洁、村收集、镇转运、市处理”城乡环

卫一体化管理模式。至2001年,全区建有垃圾中转站5座,全部采用压缩式设备,实行无害化转运和处置,做到"日产日清"。2002年,扬州市建成高标准日处理垃圾500吨的赵庄垃圾填埋场,是省内第一批无害化Ⅰ级生活垃圾填埋场。是年起,全区生活垃圾全部送至赵庄垃圾填埋场进行卫生填埋。2008年12月,市区开工建设垃圾焚烧发电项目,全区生活垃圾全部用于焚烧发电。

医疗废物　2000年前,全区医疗废物监管比较薄弱。2006年后,区环保局和区卫生局联合加强全区医疗废物监管,区内所有医疗废物全部委托扬州恒星环保公司集中处置,实现村以上医疗机构医疗固体废物集中处置全覆盖。是年起,全区所有新建医疗机构(包括诊所),在环评审批阶段均需提供医疗废物委托处置协议,从源头上加强医疗废物监管。

辐射污染源　2000年,区内共有5家涉及放射源及射线装置使用单位,全部申领辐射安全许可证。其中,涉源单位1家,为扬州三维光学材料有限公司;公司生产设备测厚仪中有Ⅴ类放射源1枚;射线装置使用单位4家,分别为扬州通宇钢管有限公司、建业庆松集团有限公司、江苏亚联钢管有限公司、扬州一万制冷设备有限公司,涉源均为工业探伤设备,属Ⅳ类射线装置,共15台。2010年,扬州三维光学材料有限公司因生产工艺改变,不再使用测厚仪,需进行涉源设备退役处理。为妥善解决环境安全隐患,经向省、市环保部门请示后,由市核与辐射安全管理中心联系放射源回收单位处置。2011年,区内共有射线装置使用单位4家,Ⅳ类射线装置15台,主要用于工业探伤处理,经检验和监测,均安全运行。

第三节　污染治理

一、大气污染治理

1989年,全区开展创建烟尘控制区工作,对区内炉、窑、灶污染物排放加强管理。至1990年,全区烟尘控制区覆盖率97%以上。2004年,根据市政府大气污染专项整治工作部署,全区开展燃煤设施整治工作。先后拆除金陵西湖山庄、唐城五金装潢公司等单位锅炉、窑炉。至2008年,累计淘汰4吨/小时以下锅炉、窑炉、生活大灶等燃煤设施158台(套),降低高污染燃料消耗量,有效改善全区大气环境质量。2004～2007年,维扬经济开发区共投入7500万元用于集中供热工程,入园企业除扬州国联制衣有限公司因工艺需要使用燃油锅炉外,其余全部使用管道蒸汽,减少柴油、煤炭等燃料使用量。区内西北部西湖镇小砖窑(含小土窑)较多,最多时有85座。2001年,区内仍有33座小土窑生产经营。是年11月,区环保局会同区安监局、区发改委、区公安分局及区国土分局等部门联合进行执法检查和清理,4天内33座小土窑全部关停。另有10家砖瓦制造企业经整治,通过环保安全评估验收,领取生产许可证。至2011年,全区砖瓦生产企业均关停。

2005～2011年维扬区废气处理情况统计表

表4-2-7

项目 年份	废气排放总量 (亿立方米)	废气治理设施处理能力 (万标立方米/小时)	废气治理设施运行费用 (万元)
2005	2.53	22.32	58.20
2006	10.16	24.38	69.00
2007	42.51	26.55	150.00
2008	231.56	859.38	10220.00
2009	698.05	3003.56	20505.10
2010	768.60	3335.38	21698.20
2011	759.51	3401.25	22071.50

说明:1989～2004年区废气处理由市环保部门负责,有关数据区未统计

二、水污染治理

1989年，全区围绕水资源保护，逐步开展污染源治理，对严重污染环境的电镀、印染等行业污染点、源，采用化学法对毒害较大的含铬、含氰废水实施控制，在防治污染、改善环境方面取得明显成效。1998年，区内含铬、含氰废水基本得到有效控制。至2005年，全区共投资772.41万元，完成59家工业企业限期治理项目，341家企业实现达标排放。2006～2011年，全区进一步加强废水污染治理力度，加快基础设施建设，完善污水配套管网和加压泵站，提高污水收集能力，累计投入约5亿元，铺设污水收集管网60多千米，新建污水提升泵站5座。维扬经济开发区、公铁水联运物流集聚区实现污水处理全覆盖。每天约有5000吨污水通过市政管网进入汤汪污水处理厂深度处理，有效降低废水排放对周边河流影响，改善区域生态环境。

图4-2-1　2009年3月，区环保部门深入企业取水样

2010年，全区投入5000万元对四季园小区、杨庄街坊、新庄新村等6个老小区进行改造，按照雨污分流原则重新铺设排水管网，对小区环境按“硬化、绿化、美化”要求进行综合整治，建设休闲广场、亲水平台、亭廊水榭，沿河亮化、美化，区域内水环境总体质量有所改善。是年，全区结合污染物总量减排、农村环境综合整治及各类环保专项行动，加强对排污大户监管，关闭西湖兴达电镀厂、双桥毛巾二厂等重污染企业；对超人运动器材公司、西湖皮革制品厂等企业进行限期治理；在扬州顶津食品有限公司、扬州金绒毛纺有限公司等3家重点污染物排放企业安装COD自动监测和在线监控设备，并与市环保局联网，有效降低水污染物排放总量。

2005～2011年维扬区废水治理情况统计表

表4-2-8

项目 / 年份	废水排放总量(吨)	生活废水	经处理废水排放量(吨)	处理率(%)	达标废水排放总量(吨)	达标率(%)
2005	1001.70	934.00	682.36	68.12	66.45	98.15
2006	2036.86	1051.20	1391.57	68.32	602.10	98.13
2007	1312.72	1211.80	900.37	74.30	100.92	99.90
2008	2001.10	1387.00	1670.92	83.50	552.05	90.00
2009	3388.92	2387.34	2847.20	84.01	995.06	98.46
2010	3265.02	2162.26	2749.05	84.20	1055.66	95.73
2011	3185.28	2203.56	2705.90	84.95	870.25	98.83

说明：1989～2004年，区废水治理由市环保部门负责，有关数据区未统计

三、噪声治理

2002～2005年，区内东方百合园、锦旺小区、海德庄园3个住宅小区达到国家《城市区域环境噪声标准》二类混合区标准，即昼间60分贝、夜间50分贝，为安静小区。2004年5月，区环保局对扬州高强聚酯厂、扬州津扬化工有限公司下达整改要求。两家企业制定整改措施，对噪声较大的空压机屏蔽隔声，封闭靠近民宅的聚酯生产楼所有窗户，注塑加工及吹瓶生产避开夜间和中午休息时间等，噪声影响有所下降。2007年，维扬经济开发区开展噪声达标区建设，9.67平方千米范围全部建成噪声达标区，并通过市环保局验收考核。是年，全区噪声达标区面积26.95平方千米，环境噪声达标区覆盖率

89.8%。其间，对未达标的11家企业，下达限期治理通知。至2011年，全区共完成噪声治理项目38个，分布在35家企业。

四、秸秆禁烧

1999年，全区采取疏堵结合方针，推广秸秆禁烧和秸秆全量还田，加大督查巡查力度，强化目标管理和责任追究，每年出动禁烧巡查人员500多人次，确保夏、秋两季秸秆禁烧工作措施有效落实。每年夏收、秋收季节，区环保局牵头组织区公安、农水等部门成立秸秆禁烧工作组，实行分组包干、划片检查，对涉农乡镇(街道)进行全天候、不间断巡查。同时建立禁烧工作责任制，将禁烧任务分解落实到各乡镇和村，明确具体责任人，发挥基层组织作用，落实各项有效措施，严防死守。至2011年，区内虽有零星火点，但未发生大面积焚烧秸秆现象。

第四节　环境管理

一、环保法制教育

1989年后，区环保部门利用每年“6·5”世界环境日等重大节日及绿色创建系列活动等进行环境宣传和法制宣传教育，提高全民环境保护意识和环境法制观念。2002～2006年，区环保局共举办10期环保法律法规和业务培训班，聘请市环保局专家作环保法律法规和环保知识专题讲座。2009年，组织人员参加市环保局组织的环保通讯员培训班，组织全区重点污染企业负责人和乡镇环保员参加市环保局举办的企业厂长、经理培训班，至2011年，共有80多名相关人员参加培训，获得结业证书。2001年，围绕“世界万物，生命之网”宣传主题，区环保部门组织人员参加市环境保护知识竞赛，取得优异成绩。2004年，在由市环保局、市教育局联合开展的“小哥白尼杯扬州少年环保行动”活动中，经过问卷填写、以身边生态建设环境保护为课题完成设计文稿、扬州电视台直播现场答辩等环节，区环保部门选送的少年参赛选手均取得优异战绩，受到市环保局和市教育局表彰。2005年，市文明办、市人大城乡建设环境保护工作委员会、市环保局联合举办《江苏省长江水污染防治条例》法规知识竞赛，区环保局选派4名年轻干部参赛，取得较好成绩。2010年，区环保局组织人员参加市环保局组织的《中华人民共和国固体废物污染防治法》知识竞赛获三等奖。

图4-2-2　2008年6月5日，区环保部门向群众宣传推广环保知识

二、建设项目管理

1990年，全区启动建设项目环境管理工作。区环保局认真执行国家环保法律法规和省、市相关环境政策，执行国家产业政策规定，严格按照国家《建设项目环境影响评价分类管理名录》规定的审批登记和审批权限进行环境评价审批。依法履行环保职能，严格把好建设项目环保准入关、“三同时”(建设项目中防止污染和生态破坏的设施，必须与主体工程同时设计、同时施工、同时投产使用)验收关。同时严把建设项目选址布局关，严格控制新改扩建设项目在风景名胜区、饮用水源地等敏感生态功能区内建设，优化工业布局，实施污染集中控制，确保生态安全。

1989～2011年，区环保局共审批建设项目5799个，依法否决287个国家明令禁办、限办、工艺落后且污染严重、环境容量不能承载，或不符合规划定位，可能会对周围环境和居民生活产生影响的项目。区内无违反环保法律法规和国家产业政策的新污染源产生，污染从源头上得到控制。

三、排污整治

1990~2002年,区环境保护委员会每年不定期组织各成员单位听取乡镇环境保护工作汇报,现场检查群众关注的环境热点问题,促进老污染源治理。2003年后,全区连续开展“整治违法排污企业,保障群众生活健康”环保专项行动,先后开展建设项目环境执法专项检查,污染设施运转专项检查,取缔死灰复燃“十五小”“新五小”企业专项行动,农村畜禽养殖污染专项检查,大气污染物专项整治,医疗固体废物污染专项检查,涉重金属企业专项检查,污染减排重点行业专项检查,化工酸洗行业专项检查,餐饮业油烟治理设施专项检查,挂牌督办环保案件督查等专项检查和整治活动。

2005年,市唐城装潢五金机械有限公司反射炉烟尘超标排放,严重影响周围大气环境;扬州宗辉纺织有限公司因规划不合理,与居民楼仅数米之隔,周围居民对该单位机械噪声扰民问题反应强烈。区环保局对这两家单位实施挂牌督办,依法报请区政府批准对企业实施限期治理。治理期限内,扬州宗辉纺织有限公司调整厂区布局,采取隔声、吸声等措施,实现达标排放;市唐城装潢五金机械有限公司将反射炉推倒重建,新建消烟除尘设施,烟尘污染得到有效控制。是年,江苏牛牌纺织机械有限公司立项,报批相关审批手续,2007年建成投入试生产,较长时间未申请建设项目“三同时”验收,被列入2008年市级挂牌督办单位。经市、区两级环保部门督办,该单位完善废气、废水等治理设施,经市环境监测中心站监测,废气、废水、噪声、油烟等各项指标均符合规定排放标准,于2008年10月通过验收。

2010年,梅岭街道北门外街酒吧噪声扰民问题突出。该路段房屋规划性质为商住楼,一楼商业用房有7家店铺经营酒吧业务,因酒吧在经营过程中噪声扰民,当地居民反应强烈。是年4月,区政府组织区工商分局、区环保局、区卫生局、区公安分局、区城管局以及梅岭街办等部门对北门外街酒吧噪声扰民问题3次专项集中整治,耐心做酒吧业主工作,劝其搬离。政府给予适当补偿,7家酒吧全部搬离,噪声扰民问题得到解决。至2011年,全区“整治违法排污企业,保障群众健康环保”专项行动共出动人员1.5万人次,现场检查企业4624家次,对19家企业实施市、区挂牌督办,有效遏制环境违法行为。

2003~2011年维扬区违法排污整治情况一览表

表4-2-9

项目 年份	出动人次(人)	检查企业(家)	市挂牌督办企业(家)	区挂牌督办企业(家)
2003	151	48	—	—
2004	1516	493	3	—
2005	1052	386	1	9
2006	843	302	1	—
2007	1806	422	2	—
2008	1886	440	2	—
2009	2586	852	0	—
2010	2516	815	1	—
2011	2622	866	0	—
合计	14978	4624	10	9

说明:1989~2002年统计数据缺失

四、环境执法

环境执法监督　1989年,区环境现场执法工作起步。主要任务是督促提高污染治理设施运转率、促进老污染源治理、依法征收排污费、调处环境信访纠纷等。执法监管范围主要是化工、电镀、氧化、酸洗等行业。

1994年,区环境监理站成立。是年起,区环保部门加大执法力度,每年适时更新重点监管单位,对重点监管单位每月监察不少于1次。同时，加强对一般监管单位监管，对企业污染治理设施运行状况、污染处理效果、有无偷排现象等进行检查，发现并查处擅自停运设施、偷排、直排企业。2006年，市唐城化工厂未经批准，擅自新上铝氧化生产线，被责令停止使用铝氧化生产设备，并处以1万元罚款。2007年，扬州永创皮革有限公司擅自停运水污染处理设施，经取样监测，部分污染因子超过国家规定排放标准，被责令恢复正常使用水污染处理设施，并处以2万元罚款。2008年，市美鑫五金配件有限责任公司部分电镀废水未经处理，直接排入附近水体，经取样监测，有毒、有害物质超过国家规定排放标准，被责令立即改正违法行为，并处以3万元罚款。2010年，扬州宝宝熊饮食连锁店加工中心配套环保设施未经验收投入使用，被责令停止生产，并处以3万元罚款。至2011年，全区共制止环境违法行为1191件，对306家企业限期整改，实施行政处罚35件。

1998年后，区环保局严格按照建筑施工噪声管理规定，加强对建设工地噪声现场检查和管理，增加现场督察频次，及时制止违法施工，查处环境违法行为。2008年，南通建工集团股份有限公司承建的扬州瘦西湖华庄项目工地，违法进行夜间施工，被处以2000元罚款。每年在学生高考、中考期间，区环保部门安排连续一个月夜间巡查，并与城管、公安等部门配合，联合执法，确保考生有一个安静学习、考试环境。

环境信访处置　1989年，全区环境信访仅10件，其后逐年上升。2000年，全区环境信访投诉量超过百件，尤其是餐饮业污染扰民问题，居民投诉率居高不下。2001年起，区环保局开展餐饮服务业综合整治，对油烟、废水排放不符合环保要求的餐饮企业实施限期整改并加强督查。同时，针对城区商住楼办餐饮影响环境的信访投诉，区环保局对全区商住楼新办餐饮项目严格把关，遏制新污染扰民源产生，环境信访投诉明显减少。至2011年，全区共有387家餐饮企业按要求完成油水分离装置和油烟净化器改造安装。

1989～2011年维扬区环保信访办理情况统计表

表4-2-10　　单位：件

项目／年份	信访总数	信访内容分类					办理数
		废水	废气	固体废物	噪声	其他	
1989	10	4	5	0	1	0	10
1990	12	5	5	0	2	0	12
1991	15	6	6	0	3	0	15
1992	12	3	4	0	4	1	12
1993	23	6	10	0	7	0	23
1994	28	8	12	0	8	0	28
1995	33	8	19	0	5	1	33
1996	29	9	11	0	9	0	29
1997	39	15	16	0	8	0	39
1998	45	12	19	0	12	2	45
1999	43	10	18	0	14	1	43
2000	112	30	44	0	36	2	112
2001	96	10	45	0	39	2	96

续表 4-2-10

项目 年份	信访总数	信访内容分类					办理数
		废水	废气	固体废物	噪声	其他	
2002	108	13	49	0	40	6	108
2003	276	15	157	0	95	9	376
2004	378	11	172	0	182	13	378
2005	346	16	121	0	193	16	346
2006	418	19	168	0	221	10	418
2007	377	21	170	1	143	42	377
2008	329	19	164	1	123	22	329
2009	514	38	194	0	240	42	514
2010	717	38	274	0	368	37	717
2011	721	39	275	5	373	29	721

环境安全管理　2007年后，区环保部门开展环境安全隐患排查和环境应急管理工作，排查环境安全隐患，对发现的环境隐患问题，及时责令整改，做到责任、措施、资金、时间、预案五落实，并加强监控。是年7月，区政府印发《维扬区环境污染事故应急预案》，区环保局组织区内环境安全隐患重点单位制定突发环境事件应急预案。2008年后，扬州优邦生物制药有限公司、扬州高能新材料有限公司、扬州金绒毛纺有限公司等10多家企业每年开展突发环境事件应急演练，有效保障区域环境安全。

排污费征收　1989年，区内排污费征收由市环保局移交给区环保局。征收对象主要是电镀、化工等重污染企业。1990年，对41家企业共征收排污费20.11万元。1991年后，区环保局不断加大排污费征收力度，排污费征收额逐年递增。2004年，排污费征收116.58万元。2011年，征收排污费311.58万元。1990～2011年，全区共征收排污费2067.01万元。

1989～2011年维扬区排污费征收与环保设施投资情况统计表

表 4-2-11

项目 年份	排污费征收		环保投资（万元）	罚款（万元）
	企业(家)	金额(万元)		
1989	—	—	—	—
1990	41	20.11	21	—
1991	49	22.34	22	—
1992	65	26.77	43	—
1993	75	30.66	60	—
1994	80	38.52	72	—
1995	82	39.56	88	—
1996	92	42.34	85	—
1997	96	45.20	96	—
1998	102	48.88	131	—
1999	108	53.22	121	—
2000	112	60.03	135	0.2
2001	116	63.55	168	—

续表 4-2-11

年份 \ 项目	排污费征收		环保投资（万元）	罚款（万元）
	企业(家)	金额(万元)		
2002	118	64.33	142	1.6
2003	139	90.12	138	5.0
2004	148	116.58	226	1.1
2005	156	111.82	411	1.0
2006	170	142.30	622	1.0
2007	172	151.98	543	7.5
2008	184	157.64	882	7.2
2009	194	183.02	876	2.0
2010	216	246.46	1034	3.0
2011	221	311.58	1221	—

第五节 生态保护

一、绿色社区(学校)建设

2002年，全区开展环保“四进”（进学校、进农村、进企业、进社区）活动，强化环境渗透教育和环境保护教育基地建设。至2011年，全区共创成国家级绿色学校1所、省级绿色学校6所、市级绿色学校28所，省级绿色社区6个、市级绿色社区21个。

2002～2011年维扬区绿色学校创建情况一览表

表 4-2-12

级别	获得年份	学校(幼儿园)
国家级绿色学校	2002	工人子弟小学
省级绿色学校	2003	念四桥小学
	2006	市级机关第二幼儿园
	2008	西湖中心小学
	2009	四季园小学
	2010	梅岭小学
	2011	明月幼儿园
市级绿色学校	2002	念四桥小学
	2004	友谊幼儿园
	2005	梅岭小学、西湖中心小学、市级机关第三幼儿园、金太阳幼儿园
	2006	平山中心小学、竹西小学
	2007	四季园小学、明月幼儿园、久扬艺术幼儿园
	2008	扬州大学第一幼儿园、明月幼儿园文昌分园、蓝天学校
	2009	维扬实验小学、西湖实验学校
	2010	扬州大学第二幼儿园、扬州大学第三幼儿园、大地四季幼儿园、世明双语幼儿园、甘泉幼儿园、金苹果鸿福幼儿园、康乐幼儿园、维扬中学、新东方中学、梅苑双语学校
	2011	小星星幼儿园、东方剑桥石油山庄幼儿园

2002～2011 年维扬区绿色社区创建情况一览表

表 4-2-13

级　别	获得年份	社　区
省级绿色社区	2006	西湖镇翠岗社区
	2007	梅岭街道凤凰桥社区
	2009	梅岭街道锦旺社区、双桥街道康乐社区
	2011	双桥街道武塘社区、双桥街道虹桥社区
市级绿色社区	2005	城北乡安平社区、梅岭街道锦旺社区、西湖镇翠岗社区
	2006	梅岭街道便益门社区、梅岭街道邗沟社区、梅岭街道漕河社区
	2007	双桥街道卜桥社区、双桥街道康乐社区
	2008	双桥街道文苑社区、双桥街道武塘社区、梅岭街道广储社区、梅岭街道丰乐社区
	2009	城北乡竹西社区、双桥街道虹桥社区、双桥街道石桥社区
	2010	平山乡石油山庄社区、双桥街道双桥社区
	2011	平山乡荷叶社区、城北乡鸿福社区、城北乡卜杨社区、西湖镇西峰社区

二、环境优美乡镇、生态村创建

1990 年开始，区环保部门加强宣传，强化目标管理，将环境优美乡镇、生态村建设工作列入区、乡镇、村目标任务考核内容。推广生态种植、生态养殖模式，减少农药化肥施用量，提高农作物秸秆综合利用率，全区农村生态环境明显改善。至 2011 年，全区共创成国家级生态镇 1 个、省级生态乡 1 个、市级环境优美乡镇 3 个、省级生态村 6 个、市级生态村 21 个、省级生态工业园区 1 个。

1998～2011 年维扬区环境优美乡镇、生态村创建情况一览表

表 4-2-14

称　号	获得年份	镇(村)名
国家级生态镇	2010	西湖镇
省级生态乡	2011	城北乡
市级环境优美乡镇	2005	西湖镇
	2007	平山乡
	2008	城北乡
省级生态村	2004	平山乡堡城村
	2009	平山乡雷塘村、甘泉街道双塘村
	2010	西湖镇胡场村、西湖镇金槐村
	2011	城北乡瓦窑村
省级生态工业园区	2011 年	维扬经济开发区

续表 4-2-14

称　号	获得年份	镇(村)名
市级生态村	1998	平山乡堡城村
	2002	双桥乡园林村
	2004	平山乡丁魏村、城北乡黄金村
	2005	西湖镇俞桥村、平山乡雷塘村
	2006	西湖镇胡场村、西湖镇金槐村
	2007	西湖镇经圩村、西湖镇司徒村
	2008	西湖镇蜀冈村、城北乡槐南村
	2009	西湖镇中心村、城北乡瓦窑村
	2010	甘泉街道长塘村、甘泉街道公路集村、甘泉街道双山村、甘泉街道老山村
	2011	甘泉街道焦巷村、甘泉街道五湖村、城北乡三星村

三、环境管理体系认证

2002年后，区环保部门引导企业开展ISO 14000环境管理体系认证工作，企业环保意识和环境管理水平不断增强。2005年，扬州科派工贸有限公司等企业通过ISO 14000环境管理体系认证。2006年，扬州艾尔菲特电子有限公司等5家企业通过ISO 14000环境管理体系认证。2008年，扬州雅伦玩具有限公司、扬州世和电子有限公司等9家企业通过ISO 14000环境管理体系认证。至2011年，扬州久扬渔具有限公司、扬州德龙科技有限公司、扬州扬杰电子有限公司等43家企业环境管理体系认证工作取得明显进展，通过省环保部门考核认证。

四、绿色环保企业创建

1998年后，区环保部门坚持环保、生态优先，树立科学发展理念，引导企业转变经济发展方式，创建绿色环保企业，走绿色、低碳发展之路。2002年，区环保局与区发改委等部门配合，制定全区工业企业集中生产、污染集中处理计划，推进污染行业“退城进园”，实现集约、积聚、集中发展。是年，关停并转兴达电镀厂、双桥毛巾二厂、唐城化工厂等10多家污染严重的电镀、印染企业。2005年后，开展工业企业清洁生产，注重对企业原材料选择、设计、生产、最终处置等各个环节把关，实行污染全过程控制。完成西湖皮革制品厂、扬州金绒毛纺有限公司等5家重污染企业强制性清洁生产审核；江扬电缆有限公司、美迪制衣有限公司等31家重点企业开展清洁生产工作。2008年，在企业开展环保宣传教育，督促企业负责人参加市环保培训班，提高企业环境保护意识，降低各类污染物排放总量，促进经济增长方式转变。是年，扬州中汇化妆品有限公司创成市级环境友好企业。至2011年，全区共有40多家企业通过绿色环保企业考核认证。

第五编

城乡建设与管理

维扬区是扬州市主城区之一，区内城市规划、建设、管理均由市政府统一组织实施。1989 年，区建设委员会作为区政府城乡建设和管理的综合职能部门，在城市建成区和城乡接合部配合市相关职能部门做好规划、建设和管理工作；在远郊乡镇做好乡村规划、乡镇道路建设管理、村民建房审批工作。2002 年市区区划调整，区内城市建成区面积扩大，市政府下放部分规划、建设、管理权限。区规划分局、区城管局先后成立，在市政府规划、建设、城管、交通等职能部门指导下，独立开展相应工作。2002 年前，区建委相继编制湾头、司徒庙、汤汪 3 个集镇总体规划和建设规划，完成 72 个行政村村庄建设规划。2002～2004 年，区规划分局编制完成 2 个分区规划；2006～2010 年，编制完成 8 个片区控制性详细规划，并完成 2 个片区总体规划和城市设计。

1989～2011 年，全区共新建道路 335 千米，房屋开发建设面积 650 万平方米，整治老小区面积 115 万平方米，基本完成城市建设改造任务。同时建成一批城市广场和沿河绿化风光带。2005 年，农村地区实现由市自来水公司统一供水，保证农村用水安全。

城市管理工作从无到有。2002 年，成立区城管局和区环卫管理处。2006 年，实施数字化城市管理，通过创建工作，市容市貌显著改观，城乡环境面貌一新。

第一章　城乡规划

第一节　区域规划

一、西北分区规划

2003 年，区规划分局着手编制维扬区西北分区（西湖镇、平山乡部分区域）规划。2004 年，西北分区（西湖镇、平山乡部分区域）规划编制完成并送审。

规划范围：东至友谊路、蜀冈—瘦西湖风景名胜区一线，南至沿山河、蜀冈西峰一线，西、北至润扬北路及西北绕城高速公路（启扬高速）一线。总用地面积 18.51 平方千米。

规划期限：近期 2004～2010 年，远期 2011～2020 年。

人口规模：近期 4.2 万人（2010 年），远期 5 万人。

功能定位：集行政、商业金融服务、文化、教育科研于一体，以发展高新技术和机械产业为主导的相对独立的综合性城市分区，是维扬区行政文化中心。

规划布局：以扬子江北路为分区南北发展主轴，以司徒庙路及工业园区中心大道为分区东西发展副轴。其中司徒庙路为生活居住用地副轴，园区中心大道为产业发展副轴，形成一个中心区和四大功能区的用地布局结构。中心区：结合西湖老镇区改造，在邗江北路与司徒庙路交会处附近规划形成集行政办公、商业金融、文化娱乐为一体的分区中心，是维扬区行政办公核心区。规划布置行政办公、商业、文化、娱乐等用地，将西湖中心区建成综合服务功能一流、环境优美的中心功能区。四大功能区为：居住区（包括西湖居住区、西湖平山居住组团、江阳工业园居住区）、江阳工业园、蜀冈西峰生态区、仓储服务区。

二、东北分区规划

2003 年，区规划分局着手编制东北分区（城北乡、梅岭街道区域）规划。2004 年，东北分区（城北乡、梅岭街道区域）规划编制完成并送审。

规划范围：东至京杭大运河，南至古运河及北城河一线，西至瘦西湖路，北至宁启铁路扬州段。总用地面积 15.73 平方千米。

规划期限：近期2010年，远期2020年。

人口规模：近期9万人，远期10.3万人。

功能定位：规划建设为扬州铁路、公路、水路联运的货运枢纽。是以发展物流产业和配套加工业基地，以发展生态可持续居住片区为目标的城市东北分区，同时是城市中心区(老城区)外延发展的主要腹地。

规划布局：分为三大功能分区，即物流加工片区、城北居住片区、梅岭居住片区。物流加工片区：位于东北分区北部，东至京杭大运河，西至瘦西湖路，南至北城路，北至宁启铁路一线，规划占地7.9平方千米。城北居住片区：位于东北分区中部，规划确定为北部物流园区和加工业基地的综合配套区，是连接北部物流加工片区和南部梅岭居住片区的核心。其范围：东至运河北路，西至瘦西湖路，南至漕河、古运河一线，北至北城路，规划占地5.6平方千米。梅岭居住片区：漕河以南至北城河以北，瘦西湖路以东，古运河以西以建成区为主，占地2.23平方千米。

第二节 控制性详细规划

一、公铁水联运物流集聚区控制性详细规划

2006年，《公铁水联运物流集聚区(N4单元)控制性详细规划》通过市规划委员会审查。2007年4月，市政府批准《公铁水联运物流集聚区(N4单元)控制性详细规划》。

规划范围：东至京杭大运河，南至北城路、扬州发电厂一线，西至新民北路，北接宁启铁路、火车货站，用地面积3.88平方千米。

功能定位：运用公铁水联运优势，为扬州及周边地区物流转运提供配送、集散，满足建材、粮食、农资等大宗货物集装箱的公、铁、水联运以及市区商贸货物配送，建成辐射苏中、苏北、皖东等地区，衔接苏南的区域性物流枢纽。

规划布局：确定三大物流功能链，即基本功能链、延伸功能链、发展功能链。基本功能链：满足钢材、建材、农资等大宗生产资料储存、加工、运输需要，同时成为扬州重要的货运市场、市区及其周边地区的配送中心，并辐射苏中、苏北及皖南、皖东。规划设计仓储功能，货物集散功能，流通加工功能，配送功能，信息管理、停车管理、车辆辅助服务功能。延伸功能链：规划设计商务办公服务、物流配套服务和物流咨询培训服务。发展功能链：形成对现代物流相关产业与企业的引进、集聚、发展、扩散，产生新的持续发展增长点。

二、四望亭路以北控制性详细规划

2009年8月，《扬州市四望亭路以北(N5单元)控制性详细规划》通过市规划委员会审查。

规划范围：东至念四路，南至四望亭路，西至润扬路，北至平山堂西路，规划面积4.9平方千米。

功能定位：以生活居住为主，增加商贸和文化设施，作为老城区商业文化功能的补充。完善各项基础设施特别是大型商业、文化等设施，注重突出居住小区个性特征，形成一个能体现扬州现代文明、环境优美舒适的新居住区。

规划布局："一心、两轴、四点、四区"。"一心"为在维扬路形成一个服务本区的片区中心，"两轴"分别为沿四望亭路和维扬路两条生活型道路的商业轴，"四点"为布置4个居住社区中心，"四区"为该区域分为四大居住社区。

三、四望亭路以南控制性详细规划

2009年8月，《扬州市四望亭路以南(W1单元)控制性详细规划》通过市规划委员会审查。

规划范围：江阳路以北、四望亭路以南、新城河路以东、二道河以西，规划面积5.92平方千米。

功能定位：集居住、行政、商贸、科教为一体的区域。

规划布局：分为两个区域：一是集商业金融、行政办公、居住为一体的综合生活片区；二是保留的科

教用地——扬州大学农学院、扬州大学江阳路校区、扬州大学荷花池校区，沿文昌路、维扬路和大学路两侧分布的商业办公廊道，以及市级公园——荷花池公园。

四、蜀冈生态新区控制性详细规划

2009 年 8 月，《蜀冈生态新区（N6 单元）控制性详细规划》通过市规划委员会审查。

规划范围：东至平山北路，南至平山堂西路、润扬路、扬冶路一线，西、北至宁启铁路一线，规划面积 6.01 平方千米。

功能定位：城市经济和建设向西北辐射的重要区域，城市生活的绿色庭院，维扬区政治、商业、文化中心及特色明显的和谐居住社区。

规划布局："一心、一带、三片"。"一心"为扬子江北路与邗江北路之间区域，为维扬区政治、商业、文化娱乐中心，"一带"为蜀冈西峰十里绿化带，为城市户外活动的绿色庭院，"三片"为扬子江北路以东的唐城旅游配套片区及邗江北路以西两个生活片区。

五、维扬经济开发区控制性详细规划

2009 年 4 月，《维扬经济开发区（N7 单元）控制性详细规划》获得市政府批准。

规划范围：东至槐泗河，西至司徒庙路，南至宁启铁路，北至西北绕城高速公路（启扬高速），规划面积 10.87 平方千米。

功能定位：以产业功能为主，配备完备的居住和产业设施服务功能。

规划布局："一轴、三区"。"一轴"为扬子江北路，作为主要商业功能和景观轴线。"三区"为沿扬子江北路，以现有商贸城周边建设综合市场服务区；以汽车北站和现有汽车 4S 店建设汽车产业服务区；扬子江北路西侧以发展工业组团为主，东侧结合现有住宅开发规划完整的居住组团及相关集中配套区。

六、梅岭片区控制性详细规划

2009 年，《梅岭片区（N2 单元）控制性详细规划》通过市规划委员会审查。

规划范围：东至古运河，南至北城河，西至蜀冈—瘦西湖风景名胜区，北至邗沟路，规划面积 3.07 平方千米。

功能定位：面向瘦西湖风景区旅游的综合功能服务区，展现扬州城河水系的历史文化展示区，立足于明清古城的传统工艺展览区。

规划布局：在"唐水韵文化网"的空间框架基础上，形成"一区、两片、三带"的布局结构。"一区"为明清古城以北传统工艺美术文化展示区，"两片"为漕河路以南和漕河路以北两个生活片区，"三带"为邗沟文化展示休闲服务带、瘦西湖旅游配套设施带和古运河风光带。

七、城北片区控制性详细规划

2009 年，《城北片区（N3 单元）控制性详细规划》通过市规划委员会审查。

规划范围：东至运河北路，南至邗沟路及古运河一线，西至唐子城护城河，北至规划中的北城路，规划面积 5.01 平方千米。

功能定位：城市东北居住片区。

规划布局："一心、两片、三带"，即 1 个分区中心、两个居住片区以及 3 条滨水景观带。

八、甘泉片区启动区控制性详细规划

2011 年 9 月，《甘泉片区启动区控制性详细规划》通过市规划委员会审查。

规划范围：东临邗江区槐泗镇，西至西湖镇和邗江区杨庙镇，南靠西北绕城高速公路（启扬高速），北至首善路，规划面积 10.39 平方千米。

功能定位：城市西北重要门户、北部拓展区商业居住配套区域、维扬经济开发区空间拓展与产业升级腹地。

规划布局：规划居住用地 2.4 平方千米，分成东、南、北 3 个居住区，空间形态上形成外围为低层住宅建筑，中间为多层和中高层住宅建筑；规划公共设施用地1.92平方千米，成带状分布，主要布置在扬子江北路、新甘泉大道、邗江北路两侧，片区中心为集商业、办公、研发、文化娱乐等功能为一体的综合性功能区，同时兼顾片区内商业配套服务功能；规划工业用地4.12平方千米，主要布置在香巷水库西南侧到司徒庙路东北侧，成块状布置，形成较大的工业集中区，形成产业集聚效应。

第三节　概念性总体规划和城市设计

一、蜀冈生态片区概念性总体规划

2006年，《蜀冈生态片区概念性总体规划》通过市规划委员会审查。

规划范围：西至西北绕城高速公路(启扬高速)，南至扬冶路、蜀冈路、沿山河一线，北至司徒庙路、宁启铁路扬州段，东至蜀冈—瘦西湖风景名胜区西边界，规划面积13平方千米。

人口容量：按照居住地块规划指标测算，规划区可容纳13万人。

功能定位：扬州市北部行政文化商业中心，最具丘陵山区特征、最适宜人居的生态住区，西北分区中最具文化底蕴的魅力小镇。

规划布局："一心"：扬州市西北片区中心区，位于规划区东部、扬子江北路两侧、蜀冈西峰公园北麓，既服务于整个规划区，又为整个西北分区尤其是维扬经济开发区居住组团提供服务。"一廊"：城市生态绿廊。保留沿瘦西湖风景区、蜀冈西峰公园和向西延伸的大片城市绿地，结合西侧低洼地和河渠，布置多条生态廊道和住区有机结合在一起。"两片"：被宁启铁路划分成东西两大片。东片区主要由西北分区区级中心区、西湖魅力镇区、西湖住区和蜀冈西峰公园等组成。西片区主要是相对独立的山丘特征生态住区，由1个片区中心和4个邻里中心组成。

二、甘泉片区核心区城市设计

2011年2月，《甘泉片区核心区城市设计》通过市规划委员会审查。

规划范围：东至扬子江北路，南至槐泗河，西至香巷水库，北至首善路，规划面积4.07平方千米。

功能定位：创意产业区、研发办公区和产业配套区三大分区，复合互动。

规划布局：以"创智宜居"为设计主题，形成"两轴六区、一环两带、两心三湖"的布局结构。"两轴"为以新甘泉大道以及扬子江北路纵横两条主干路作为区域的发展轴线；"六区"为以新甘泉大道、邗江北路、姚湾水库为界限，将区域分为6个板块，各个板块相对独立又相互联系，强调板块的功能复合；"一环"为规划环状次干道，联系板块的主要功能设施，与主干路网构成完善的路网体系；"两带"为延续香巷水库和姚湾水库两条水脉，形成蓝绿交织生态廊道，沿线发展休闲、旅游、观光等产业，构建生态型新城区；"两心"为轴交汇处形成的地区中心，两幢地标建筑打造地区门户空间，拓展新甘泉大道周边水系形成开放空间，构成地区综合中心；"三湖"为依托主要水网，在两河交汇处拓宽水面形成的3条宽阔水面，打造重要的门户空间，轴线接合处形成生态绿心，构成区域重要生态节点，周边聚集重要的公共设施，引领整个地区发展。

第四节　镇村规划

一、集镇总体规划

1989年，区建委进行湾头镇集镇规划编制工作试点，后编制司徒庙、汤汪两个集镇总体规划。9月，湾头、司徒庙、汤汪3个集镇总体规划，经市规划局专家认可，形成"两图一书"(集镇现状图、集镇规划图，规划说明书)，报市政府审批。

规划年限：1989～2000年。集镇规模：司徒庙集镇人口规模控制在1万人。用地规模控制在1平方千米，其中建设用地88.44公顷，占总用地88.4%；非建设用地11.56公顷，占总用地11.6%。

1996年，“两区”（基本农田保护区、村镇建设规划区）划定时，西湖、湾头、汤汪3个乡镇，对司徒庙、湾头、汤汪3个集镇规划再次调整修编。

二、集镇建设规划

1994年，对司徒庙集镇司徒庙路（原中心路）进行沿街建设详细规划。2003年，完成西湖生活居住区1.6平方千米控制性详细规划编制工作及报批。2004年，完成司徒庙集镇司徒庙路、西湖路、西峰路（原台扬路）整治规划初稿。1989～2011年，编制的集镇建设规划还有：司徒庙集镇久扬小区、开发新村、新庄小区、西湖镇政府等多项建设规划。

三、村庄规划

1989年，完成全区72个行政村，714个村民小组，920个自然村庄第一轮村庄建设规划，规划成果为“两图一表”（农房建筑现状示意图、规划示意图和农房规划建设明细表）。确定农民建房实行“三定”（定建房年限、定建房位置、定建房层数和面积）。

1990年，全区72个行政村全面开展第二轮村庄建设规划编制工作。年内，完成42个行政村村庄建设规划，占总数的58%。1991年，全区72个行政村村庄建设规划全部完成。同年，扬州工学院扩建，征用双桥乡潘桥村蒋庄组土地，区建委与双桥乡共同完成蒋庄公寓式拆迁安置小区规划编制。

1996年4月，开展“两区”（基本农田保护区、村镇建设规划区）划定工作，全区开展中心村建设规划编制。同年8月，区委、区政府在双桥乡召开社会主义新农村规划建设管理现场会。年末，全区70个行政村（原双桥乡潘桥、裴庄两个村划归市经济技术开发区）“两区”划定工作和50个居住小区规划及老村庄改造规划基本完成。

1997年，各乡镇开始编制中心村、农民公寓小区规划。

1998年，完成平山乡平山村中心村建设规划。同年6月，区委、区政府在平山村召开中心村建设规划专题现场会。

2001年10月，为建设西北绕城高速公路（启扬高速），区建委与西湖镇及金槐村结合拆迁和中心村建设，编制总用地20公顷的金槐村中心村小区建设规划。2002～2005年，先后完成江阳工业园两个拆迁安置小区（平山乡朱塘村鞠巷小区和平山乡荷叶村王庄小区）建设规划，扬子江北路（平山堂路—宁启铁路段）拓宽改造拆迁安置小区（西湖镇司徒小区）建设规划。2006年，编制完成农民集中安置居住区布点规划，并通过市规划委员会审查。

2011年，组织编制甘泉镇南侧53.33公顷农民居住区及甘泉大众小区修建性详细规划。

第二章　城市建设

第一节　市政设施建设

一、城区道路建设

1989年后，境内道路按市统一规划主要由江苏环建集团公司负责实施。1993年，根据市政府“以房带路”政策，房地产企业开发房地产项目时自行组织实施路段建设。1995年，市政府成立市区道路建设工程指挥部，负责市区道路建设统一指挥、统一规划、统一协调（含区内市区道路）。1996年，市建设投资体系逐步由政府统包模式向多元化、多渠道投资新体制转变，开始动员社会力量参与市政建设，市政工程逐步实行项目法人责任制、工程招标制、工程监理制。境内邗沟路拓宽工程成为第一个招标工程和第一条实施工程监理的道路项目。

1988～1989 年,境内主要实施石塔西路一期、江都北路一期、东花园路、老虎山路新建工程。1990～1994 年,境内主要实施解放东路、梅岭西路、石塔西路三期新建工程。1995～2000 年,境内先后新建通港北路、新城北路、漕河东路、文昌东路、漕河西路。1996 年起,道路新建改造采用彩色人行道砖和无障碍设计,方便残疾人轮椅上下。1999 年起,道路建设由水泥混凝土路面为主向沥青混凝土路面为主转变。

2001 年 9 月,市区开始实施大规模城市环境综合整治工程,以建设迎宾道路、景观道路,实施主干道供电、供水、燃气、电信杆线下地和路网结构调整为目标,道路建设投资力度、整治速度显著加大。至 2004 年,市区主干道全部拓宽改造完毕。

2011 年 8 月,境内瘦西湖地下隧道工程开工。

至 2011 年,境内城区主要道路网络基本形成。

江都北路 原名大庆路。北起漕河路,南至运河西路。长 2525 米。1988 年 7 月,新建江都北路(解放东路—江都路),长 1250 米。1996 年 12 月,江都北路向北延伸至解放北路,长 454 米,宽 32 米。

江阳路 原名通扬路。为扬州过境公路(328 国道)。西起蒋王收费站,东至运河西路,全长 7310 米。分江阳东路、江阳中路、江阳西路。运河西路—通扬桥为江阳东路,境内通扬桥—原迎新桥为江阳中路。1992 年升级改造为一级公路。南绕城公路建成后,该路成为城市主要道路之一。2001 年,拓宽改造,道路宽度 50 米,双向 6 车道,沥青混凝土路面。

运河东路 原名宁通公路。为扬州过境公路(328 国道)。西起扬州大桥,东至严桥立交,长 3200 米,宽 20 米,混凝土路面。2001 年 10 月,运河东、西路作为扬州市环境综合整治首条拓建出入口道路,路幅拓至 50 米,机动车道宽 23 米,双向 6 车道,机动车道与非机动车道分隔带各两米,两侧非机动车道各 5.5 米,人行道各 6 米,铺设花岗岩火烧板。

运河西路 原名江都路。为扬州过境公路(328 国道)。西起跃进桥,东接扬州大桥。因位于京杭大运河西侧而改名。1960 年兴建,长 2360 米。1965 年、1979～1980 年改建,宽 40～50 米,机动车道为双向 4 车道,混凝土路面。非机动车道为沥青路面。

扬子江路 原名通港路。为城区南北向交通主干道。境内段南起江阳中路,北至西北绕城高速公路(启扬高速)。1992 年 6 月,新建杨庄路—文汇东路(原苏农路)段,长 225 米,宽 25 米。1993 年,延伸文昌路至四望亭路(原双桥路)段,长 400 米,宽 34 米。1994 年,新建文昌中路—杨庄路段,长 729 米,宽 40 米。1996 年,市房屋开发总公司"以房带路",牵头建设通港北路延伸工程(双桥路—念四桥路),长 1200 米,宽 40 米。2002 年 3 月,扬子江路(江阳中路—平山堂路)拓宽整治,路幅 50 米,杆线下地。2003 年 8 月,拓宽扬子江路(平山堂路—西北绕城高速公路),长 3000 米,宽 50 米,机动车道宽 23 米,双向 6 车道,两侧非机动车道各 5.5 米,人行道各 6 米。人行道铺花岗岩火烧板,设置盲道等无障碍设施。

漕河路(万福路) 东起新民路,西至友谊路,以史可法路为界,分为漕河东、西路。长 2430 米。漕河东路长 1450 米,1995 年新建,路宽 34 米,其中机动车道 14 米,机动车道与非机动车道分隔带各 1 米,两侧非机动车道各 4.5 米,人行道各 3.5 米。漕河西路长 980 米,1998 年新建史可法路至玉带河段,长 880 米,宽 32 米。2003 年,向西延伸至友谊路,在施工过程中发现宋大城北门遗址,路幅缩至 22 米。

文昌路 文昌路为城区东西向交通主干道。分为文昌东路、文昌中路、文昌西路。境内东至二道河,西至扬子江路为文昌中路,原名石塔西路。扬子江路至境内新城河段及以西为文昌西路。大学路—新城河段长 1895 米。1988 年、1991 年,分期完成大学路—扬子江路、扬子江路—新城河段建设,路宽 34 米。2002 年,拓宽翻建,道路宽度 50 米,机动车道宽 23 米,双向 6 车道,机动车与非机动车分隔带各两米，两侧非机动车道各 5.5 米，人行道各 6 米。

邗沟路 原名扬湾路。东起高桥路，西接友谊路。长 1287 米。因路南侧有古邗沟而得名。始建于 1959 年，1976 年、1982 年、1996 年 3 次改建。2005 年，邗沟路拓宽至 35 米，其中，机动车道 14 米，双向 4 车道，机动车道与非机动车道分隔带各两米，两侧非机动车道各 4.5 米，人行道各 4 米。

竹西路 原名扬湾路。西起高桥路，东至运河北路。2008 年拓宽改造竣工。长 2150 米，宽 35 米，双向 4 车道。工程投资 9932 万元。

文汇东路 东起淮海路，西接维扬路。原名苏农路，因路北江苏农学院而得名。始建于 1963 年，1994 年、1995 年拓宽、改建，1998 年更名为文汇东路。路宽 40 米，机动车道宽 14 米，双向 4 车道，机动车道与非机动车道分隔带各两米，两侧非机动车道各 5.5 米，人行道各 5 米。2007 年 5 月，文汇东路（淮海路—扬子江路）整治。12 月竣工。道路长 1267 米，宽 40 米，双向 4 车道。总投资 4500 万元。

文汇西路 东起维扬路，西接揽月桥，原名苏农路。长 599 米。1996 年，苏农路三期工程改造，同年 12 月完成。1998 年更名为文汇西路。路宽 39 米，机动车道宽 14 米，双向 4 车道，机动车道和非机动车道分隔带各两米，两侧非机动车道各 5.5 米，人行道各 5 米。

梅岭东路、梅岭西路 东起高桥路，西接友谊路。以史可法路为界，划分为东、西路，长 1985 米。2000 年，拓宽改造梅岭东路，宽 22 米。2005 年，梅岭西路段拓宽改造竣工，长 840 米，宽 22 米，混合车道。工程总投资 2046 万元。

四望亭路 原为西门街、双桥路。西门街东起汶河北路，西至念四桥路。1989 年，拓宽西门街时改名四望亭路。双桥路东起念四桥路，西至新城河，1998 年，拓宽双桥路，改名四望亭路。2003 年，拓宽改造东起汶河北路，西至扬子江北路段，长 1700 米，宽 22～28 米，混合车道。境内段东起二道河，西至新城河。2011 年，实施下水道全面升级改造。

翠岗路 原扬冶路。东起新城河路，西至润扬路（原贾七路）。长 1128 米，宽 20～35 米。

秋雨东路、秋雨西路 东起扬子江中路，西至新城河。以维扬路为界，分为东西路，1995 年 4 月建成。道路全长 1195 米，宽 22 米，混合车道。2008 年，实施秋雨路改造工程。工程总投资 1516 万元。

五台山路（万福路） 东起江扬大桥，西至五台山大桥。长 2200 米，宽 40 米。2001 年建成。

平山堂东路 东起扬菱路，西接扬子江北路段，2002 年 5 月始建。长 2100 米，宽 18～22 米。2005 年，新建扬菱路—黄金坝北路路段，路长 1142 米，宽 22 米。

上方寺路 2005 年 10 月，上方寺路（扬菱路—黄金坝路）工程开工新建。道路长 1109 米，宽 22 米，混合车道。2006 年 4 月竣工，工程投资 650 万元。2007 年 1 月，上方寺路（黄金坝路—规划中的新民北路）延伸工程开工建设，道路长 480 米，宽 22 米，混合车道，同年 4 月竣工。总投资 1900 万元。2008 年 1 月，上方寺路（新民北路—三星路）延伸工程开工建设，道路长 733 米，宽 22 米，混合车道。同年 9 月竣工。工程总投资 680 万元。2009 年 2 月，上方寺路（三星路—运河北路）延伸工程开工建设，道路长 575 米，宽 22 米，混合车道，同年 4 月竣工。工程投资 1868 万元。

平山堂西路 东起扬子江北路，西接润扬路。2003 年，新建扬子江北路—邗江北路段，长 1620 米，宽 20 米，混合车道。建路过程中为保护八卦塘古迹，建八字形匝道与维扬路连接。2006 年 4 月邗江北路—润扬北路段开工建设，道路长 910 米，宽 22 米，混合车道，同年 9 月竣工。工程投资 2215 万元。

鉴真路 西起扬子江北路，东至鉴真佛学院。2010 年 6 月开工新建。道路长 350 米，宽 28 米，同年 11 月竣工。工程投资 550 万元。

锦绣路 东起新城河，西至邗江北路。2010 年 6 月开工新建。道路长 366 米，宽 28 米，同年 11 月竣工。工程投资 550 万元。道路绿化面积 1.34 万平方米。

念四桥路 南起四望亭路，北至扬子江北路。长 760 米。始建于民国 22 年（1933），原为扬天公路一段,1987年翻建,2003年扩建,路宽22米,混合车道。2005年2月,念四桥路(大虹桥路—扬子江北路)拓宽改造,道路长650米,宽22米,混合车道。9月竣工。工程投资300万元。

大学路　原名文化路。南起江阳中路,北至四望亭路。长2207米。原为扬天公路一段,始建于民国22年(1933),并于1960年、1962年、1968年、1979年改建,路宽18米。因路两侧多学校科研机构,曾名文化路。1998年改名为大学路。2003年,大学路拓建,宽40米。机动车道宽14米,双向4车道,两侧非机动车道各宽5.5米,人行道2.5～7.5米,铺花岗岩火烧板,设置盲道等无障碍设施。

友谊路　南起盐阜路,北至西北绕城高速公路槐泗出入口,原为扬菱公路一段。始建于1951年,改建于1975年、1982年。盐阜路—邗沟路段长1845米,宽17米。因该路段西侧有友谊服装厂而得名。2002年1月,友谊路迎宾馆至新北门桥段拓宽整治,宽34米,机动车道宽15米,双向4车道,两侧非机动车道各5.5米,人行道各4米。2002年,友谊路迎宾馆至邗沟路段拓宽改造,并延伸至平山堂东路,宽50米,机动车道宽15米,双向4车道,两侧非机动车道各5.5米,人行道各6米。机动车道两侧各留有6米宽绿化带,为机动车道拓宽预留空间。2004年8月,平山堂路至宁启铁路段改建,2005年5月竣工,工程投资3960万元。长2100米,宽50米,双向6车道。2007年1月,铁路桥—西北绕城高速公路入口完善工程开工建设,4月竣工。道路长2780米,宽40米。工程投资4400万元。2011年,友谊路(梅岭西路—槐泗河段)道路再次实施拓宽改造,自槐泗出入口至迎宾馆段形成快速路,并辅以辅道和非机动车道。

史可法路　南起盐阜路,北接邗沟路。南段(梅岭路以南)始建于1979年,因毗邻史可法纪念馆而得名。长1838米。1981年续建。1987年,史可法路从梅岭西路延伸至邗沟路。2004年10月,史可法路拓宽改造。工程分两段实施,盐阜路至梅岭西路长712米,宽30米;梅岭西路至邗沟路长1126米,宽36米,均为双向4车道。2005年竣工。工程投资5563万元。2005年10月,史可法北路(邗沟路—平山堂东路)拓宽改造工程开工,2006年4月竣工。道路长120米,宽22米,混合车道。工程投资55万元。

维扬路　境内段南起江阳中路,北接平山堂西路,始建于1992年,原名新城路。1998年,以文汇路为界,更名为文汇南路、文汇北路。2003年,拓宽改造并向北延伸至平山堂西路,同时全线更名为维扬路。文汇东西路以南路段宽40米,其中机动车道14米,两侧非机动车道各7.5米,人行道各5.5米;文汇东西路以北路段宽34米,其中机动车道宽14米,两侧非机动车道各7.5米,人行道各2.5米。

高桥路　南起盐阜东路,北至邗沟路,长1739米。原为明代高桥街,因漕河上高桥得名,宽5米。2002年,拓宽至35米。

邗江北路　邗江路始建于1992年,因邗江区政府于该路西侧而得名。境内为邗江北路,南起翠岗路(后更名四望亭路,原扬冶路),北至司徒庙路(原中心路),长3150米。2002年,新建四望亭路—沿山河段,长1130米,宽50米。2003年11月,始建沿山河—司徒庙路段。长2020米(包括沿山河桥),宽50米。工程投资3000万元,2004年4月建成。

润扬北路　2006年11月,翠岗路—平山堂西路段开工新建。道路长1400米,宽50米,双向6车道,2007年3月竣工。工程投资5920万元。2009年5月,润扬北路(平山堂西路—司徒庙路)延伸段开工建设。道路长2316米,宽50米,同年10月竣工。工程投资1.08亿元。2011年5月,润扬北路西延工程开工。东起蜀冈路南延,西至荷叶路南延,道路长1329米,宽50米,2011年12月竣工。工程投资1490万元。

黄金坝北路　南起邗沟路,北至平山堂东路。2006年6月,拓宽改造,道路长660米,宽35米,双向4车道,9月竣工。工程投资3569万元。2009年7月,黄金坝北路(平山堂东路—北环路)拓宽改造,道路全长1768米,宽35米。2010年3月竣工。工程投资4290万元。

扬天路　南起西北绕城高速公路,北至双塘路,道路长1994米,宽18～50米。2010年7月,实施改造,2011 年 9 月竣工。工程投资 4130 万元。

大虹桥路　东接友谊路,西至念四路。2003 年拓宽改造,长 760 米,宽 12～16 米。

长征东路　西起北门外街,东至史可法路。道路长 580 米,宽 12～18 米,混合车道。2008 年 2 月翻建,4 月竣工。工程投资 500 万元。

史可法东路、史可法西路　西起北门外大街,东至高桥路。2005 年 10 月起,实施延伸、拓宽改造工程。道路长 1704 米,宽 18 米,混合车道。2006 年 4 月竣工。工程投资 700 万元。

马太路　盐阜路—史可法东路段,2009 年 2 月开工新建,道路全长 240 米,宽 22 米,4 月竣工。工程投资 315 万元。

凤凰桥街　梅岭西路—漕河西路。2006 年 8 月实施改造工程,街道长 480 米,宽 15 米,中间混合车道 9 米,两边人行道各 3 米,2007 年 2 月竣工。工程投资(不含拆迁费)约 400 万元。

1989～2011 年维扬区城市主要道路工程建设情况一览表

表 5-2-1　　　　单位:米

建设年份	工程项目	起讫点	长度	宽度	结构
1988	石塔路西段拓建	东接文化路,西至通港北路	870	34	沥青混凝土
1988	江都北路新建	南接江都路,北至解放东路	1250	30	沥青混凝土
1988	新民路新建	南接解放北路,北至陶瓷厂南路	1280	25	水泥混凝土
1989	联谊路拓宽改建	南接七里河,北接 328 国道	430	12～14	沥青混凝土
1989	解放东路新建	东接江都北路,西至解放桥	682	34	水泥混凝土
1991	石塔西路延伸	东接通港北路,西至排涝河	1025	34	水泥、沥青混凝土
1991	文峰路二期翻建	南起扬州农药厂,北接 328 国道	715	12	水泥混凝土
1992	新城南路新建	南接苏农路,北至石塔路	1020	35	沥青混凝土
1992	解放北路拓建	东接运河北路,西至邗江粮食机械厂	1380	14	沥青混凝土
1992	新城北路新建	南接杨庄路,北至苏农路	225	25	水泥、沥青混凝土
1993	新城北路新建	南接杨庄路,北至石塔路	400	34	水泥混凝土
1994	通港北路新建	南接杨庄路,北至石塔西路	729	40	水泥混凝土
1995	新城北路延伸	南接石塔路,北至双桥路	466	34	水泥混凝土
1995	苏农路二期翻建	东接文化路,西至通港北路	933	34	水泥混凝土
1995	梅岭西路扩建	东接史可法路,西至友谊路	761	22	沥青混凝土
1995	漕河路新建	东接新民路,西至史可法路	1450	32	水泥、沥青混凝土
1996	秋雨路新建	东接通港北路,西至新城南路	595	22	水泥混凝土
1996	苏农路三期翻建	东接新城南路,西至新城河	599	34	水泥、沥青混凝土
1996	邗沟路翻建	东接高桥路,西至扬菱路	940	22	水泥混凝土
1996	施井路拓建	东接运河南路,西至通扬路	1800	10～22	沥青混凝土
1996	江都北路续建	南接文昌东路,北至解放北路	454	32	水泥、沥青混凝土

续表5-2-1

建设年份	工程项目	起讫点	长度	宽度	结构
1997	柳湖路新建	南接四望亭路,北至大虹桥路	465	16	沥青混凝土
1998	解放北路扩建	东接江都北路,西至解放桥	731	22	沥青混凝土
1998	漕河西路新建	东接史可法路,西至玉带河	880	32	沥青混凝土
1999	兴城东路新建	东接扬子江路,西至江阳学院	400	32	水泥混凝土
1999	文昌东路新建	东接沙施河,西至胜利桥	650	34	水泥、沥青混凝土
2000	梅岭东路拓建	东接高桥街,西至史可法路	1145	22	沥青混凝土
2000	施井路拓建	东接运河南路,西至东花园东路	1037	22	沥青混凝土
2001	江扬大桥西接线	东接江扬大桥,西至江都北路	2200	40	沥青混凝土
2001	328国道改造(运河东、西路)	东接严桥立交,西至跃进桥	5560	50	沥青混凝土
2002	友谊路拓建	南接新北门桥,北至迎宾馆	640	35	沥青混凝土
2002	文昌中路拓建	东接文昌阁,西至扬子江路	1670	34～44	沥青混凝土
2002	高桥路拓建	南接盐阜路,北至邗沟路	1739	35	沥青混凝土
2002	邗江路延伸	南接四望亭路,北至沿山河	1130	50	沥青混凝土
2002	文昌西路拓建	东接扬子江北路,西至咏月桥	1200	50	沥青混凝土
2002	扬天路拓建	南接平山堂路,北至西北绕城公路	3000	50	沥青混凝土
2002	平山堂东路新建	东接扬菱路,西至扬子江北路	2100	18～22	沥青混凝土
2002	北门外街翻建	南接盐阜路,北至梅岭西路	663	16～23	沥青混凝土
2002	扬菱路拓建	南接梅岭西路,北至平山堂东路	2098	50	沥青混凝土
2003	大虹桥路拓建	东接友谊路,西至念四桥路	760	12～16	沥青混凝土
2003	念四桥路拓建	南接四望亭路,北至扬子江路	760	22	沥青混凝土
2003	平山堂西路新建	东接扬子江路,西至邗江北路	1620	14	沥青混凝土
2003	文汇北路延伸	南接文汇西路,北至平山堂西路	2800	40	沥青混凝土
2003	扬子江北路拓建	南接文汇东路,北至平山堂路	3607	50	沥青混凝土
2003	双塘路拓建	东接平山路,西至扬天路	1605	40	沥青混凝土
2003	平山堂西路新建	东接平山堂路,西至扬子江路	510	18	沥青混凝土
2003	大学路拓建	南接江阳西路,北至四望亭路	2207	35	沥青混凝土
2003	四望亭路翻建	东接汶河北路,西至扬子江路	1700	25	沥青混凝土
2004	扬冶路拓建	东接新城河路,西至贾七路	1128	20～35	沥青混凝土
2005	邗沟路拓建	东接高桥路,西至扬菱路	1287	35	沥青混凝土
2005	念四桥路	东接大虹桥路,西至扬子江北路	650	22	沥青混凝土
2005	扬菱路拓建	南接平山堂东路,北至宁启铁路	3000	50	沥青混凝土
2005	史可法路改建	南接盐阜路,北至邗沟路	1838	30～36	沥青混凝土

续表 5-2-1

建设年份	工　程　项　目	起　讫　点	长度	宽度	结　　构
2005	梅岭西路改建	西接友谊路,东至史可法路	840	22	沥青混凝土
2005	长春路改建	南接友谊路,北至平山堂路	2180	22	沥青混凝土
2005	史可法东、西路改建	东接东接泰州路,西至北门外街	1704	18	沥青混凝土
2005	平山堂东路新建	东接黄金坝北路,西至扬菱路	1442	22	沥青混凝土
2006	凤凰桥街拓建	南接梅岭西路,北至漕河路	480	15	沥青混凝土
2006	平山堂西路延伸	东接邗江北路,西至润扬北路	910	22	沥青混凝土
2006	润扬北路新建	南接翠岗路,北至平山堂西路	1400	50	沥青混凝土
2007	文汇东路改建	东接淮海路,西至扬子江路	1267	40	沥青混凝土
2007	平山堂东路延伸	西接黄金坝北路,东至江都北路	480	22	沥青混凝土
2007	友谊路延伸	南接铁路桥,北至西北绕城公路入口	2780	40	沥青混凝土
2008	竹西路拓建	西起高桥路,东至运河北路	2150	35	沥青混凝土
2008	平山堂东路延伸	新民北路至三星路	733	22	沥青混凝土
2009	平山堂东路延伸	三星路至太平路	575	22	沥青混凝土
2009	润扬北路新建	南接平山堂西路,北至司徒庙路	2316	50	沥青混凝土
2009	黄金坝北路拓建	南接平山堂东路,北至北环路	1768	35	沥青混凝土
2010	鉴真路新建	西起扬子江路,东至鉴真佛学院	350	28	沥青混凝土
2010	海德南路新建(锦绣路)	东起新城河,西至邗江北路	366	28	沥青混凝土
2010	扬天路拓建	南起西北绕城公路,北至双塘路	1994	18～50	沥青混凝土
2011	润扬北路西延	东起蜀冈路南延,西至荷叶路南延	1329	50	沥青混凝土

说明:表中"工程项目"和"起讫点"中的路名均为施工时所用名

二、城区河道整治

境内城市河道主要有:邗沟河、宋夹城河、漕河、蒿草河、保障湖、新城河、杨庄河、念四河、二道河、四望亭河等。这些河道(包括桥梁、涵闸)均由市政管理处和市涵闸管理处管理、养护。

2003年,区建设局参与邗沟河北岸整治,铺设沿河小道3000平方米,绿化1万平方米,建设黄金坝木桥1座。2005年,完成邗沟风光带(一期)改造工程,清运砖杂4500立方米,更换种植土3200立方米,新增绿化1.8万平方米,预埋亮化管线3000米,铺装广场1200平方米,安装水池湖石500吨,铺设园路2350米,新建四角亭、八角亭各1座,安装水泵两台。

2003年,二道河作为城市水环境综合整治项目之一再次实施景观改造,绿化、美化、亮化沿岸环境,新建生态驳岸、叠石驳岸300多米,安装铁栏杆、花岗石栏杆2100米,建亲水平台950米、水上巴士站7座,沿河小道1万平方米,砌筑围墙1500米。2007年,再次实施二道河沿线景观提升工程,区政府组织实施拆迁房屋3.3万平方米。

三、排水

境内城市道路排水由市市政建设处建设养护。扬州市城市排水体制为合流制、截流制、分流制并存。2005年,排水管网布置初步形成。维扬区雨水排放在瘦西湖区域排水管网之内,污水排放在东北分区(蜀冈—瘦西湖分区)、西北分区和西部分区。

2011年维扬区城市主要道路雨水管道情况一览表

表5-2-2

道 路 名 称	管径(毫米)	长度(米)	排 入 水 体
邗江北路	600～1000	2700	念四河、沿山河
维扬路	600～1000	6350	念四河、新城河
扬子江中路、扬子江北路	600～800	3470	念四河、蒿草河
大学路	600～800	1600	蒿草河
友谊路	600～1000	3600	漕河、邗沟河
史可法路	500～800	1400	护城河、漕河、邗沟河
四望亭路	600～800	—	二道河、蒿草河、新城河
文昌中路	600～1000	2480	新城河、蒿草河、二道河
文汇东路、文汇西路	600～1000	2475	二道河、蒿草河、新城河
邗沟路、竹西路	—	—	邗沟河
漕河东路、漕河西路	600～800	—	漕河
高桥路	400～600	1600	古运河
梅岭东路、梅岭西路	600～800	2000	古运河、玉带河
润扬路	600～1000	—	蒿草河

四、照明

境内城市道路照明由市路灯管理处统一安装管理，随路而设。路灯造型各异，形成“一路一品”。文昌中路为3灯头御伞灯，扬子江路为双叉灯，友谊路为双叉竹节灯，维扬路为三火风帆灯，高桥路为单叉灯，平山堂路为单叉方形灯，大学路为双叉圆球灯，漕河路为两叉三火玉兰灯，文汇路为三火灯，四望亭路为双叉灯，史可法路为双叉灯，梅岭路为单叉灯等。城市主干道及沿线建筑物和绿化区内安装景观灯。路灯以一杆二灯居多，文昌中路和文昌西路为一杆三灯，并设有景观灯和脚灯。

第二节　城市公交

一、场站

1989年，郊区无公共交通管理机构，区内城市公交由市建设局和市交通局负责管理。3月，位于友谊路8号的市公交总公司停车场地，几经征地扩建，形成1.4万平方米规模。1996年10月，市公交总公司租用平山堂东侧约2500平方米场地做停车场。2005年10月，建成江阳工业园(维扬开发区)停车场4000平方米。2010年，城北客运中心建成站内停车场6400平方米、社会停车场4400平方米。2011年，世界动物之窗公交首末站投入使用。

二、线路

1970年9月，市区第一条公交线路——2路公交线开通，由渡江桥扬州汽车站开往湾头轮船码头。至2011年末，市区公交线路共有89条。其中，公交首末站或起讫站点设在境内的公交线路分别是：城北客运站有5路、7路、31路、40路、50路、63路、216路，石油山庄(维扬开发区)回车场有13路、39路、43路和55路晚班车，世界动物之窗首末站有15路、17路、37路、58路、63路，宋夹城停车场有4路、27路、29路、62路等。起讫站点设在境内的还有6路、8路、11路、20路、25路、30路、36路。

第三节　老小区改造

一、老小区整治

2002年市区区划调整后，由企事业单位自建或开发商开发建设的住宅小区实行属地管理。境内建于2002年前的老小区有友谊新村、四季园新村、念四新村、梅庄新村、康乐新村、杨庄街坊、新庄新村、新庄二村等10多个，总占地面积约400公顷。这些老小区设计标准低、产权混杂、年久失修、居住环境相对较差，且基本没有物业管理服务。

2005年起，市、区政府决定将老小区整治作为政府为民办实事项目。第一轮整治老城区1996年前交付使用、面积两万平方米以上、未实施物业管理的小区。2006年，维扬区投资180万元对西梅庄小区进行综合整治。2007年，投入120万元对东梅庄小区进行综合整治，翻建道路1900平方米，整修窨井，铺设下水道1400米，整治路牙800米，墙面翻新8000平方米，更换邮政信箱326个，更换垃圾桶20只，补栽绿化。

2008年6月，区建设局成立区老小区综合整治办公室。当年，投入1200万元，对窦庄小区、念四新村进行综合整治，翻建小区道路1.48万平方米，更换下水管道1472米，整治路牙6798米，改造窨井1110个，墙面翻新6.33万平方米，更换邮政信箱326个，更换环卫设施486个，补栽绿化2.42万平方米。

2009年，投入1000万元，完成凤凰新村、念四二村两个老小区综合整治，翻建小区内部道路面积1.68万平方米、下水道3672米，整治路牙7198米，改造窨井962个，墙面翻新2.33万平方米，更换邮政信箱298个，更换环卫设施220个，补栽绿化1.63万平方米。

2010年，综合整治杨庄街坊、新庄二村、四季园3个老小区。其中四季园小区为全市最大的老小区。3个小区总建筑面积40万平方米、140幢居民楼，涉及住户4749户，总投资4500万元。共翻建小区道路3.9万平方米、下水道8000米，整治路牙3000米，更换窨井3000个，墙面翻新2.9万平方米，更换邮政信箱800个，补栽绿化1.2万平方米。

2011年，完成安庄新村、新庄新村、玉带河小区、邵庄新村、孙庄小区、柳湖北苑、马太巷30号、凤凰东巷46号、史可法路4号等11个小区整治，整治建筑面积51万平方米、166幢居民楼，涉及住户4821户，总投资4551万元。共翻建小区道路3.5万平方米、下水道2.8万米，整治路牙2.3万米，改造窨井800个，墙面翻新29.8万平方米，更换邮政信箱4821个，补栽绿化6.8万平方米。

2006～2011年，全区老小区综合整治投资1.16亿元。翻建小区道路107.8万平方米、下水道42.54万米，整治路牙40.8万米，改造窨井5872个，墙面翻新421.51万平方米，更换邮政信箱6571个，更换环卫设施726个，补栽绿化110.52万平方米。

二、街巷翻建

1989年，境内城市建成区和政府机关、企事业单位建设的职工宿舍以及开发商开发新建的住宅小区均属广陵区管辖，街巷翻建由市建设局负责。2002年市区区划调整后，街巷、住宅小区实行属地管理。

2002年，区建设局共翻建马太巷、贾庄巷等26条街巷(路)，总长3594米，面积2.25万平方米；完成街巷道路两侧披水4573平方米，铺设或更换250～400毫米下水管道2372.8米；总投资286万元。2005年，筹措资金近200万元，完成20条街巷翻建，总长度1660米，面积4870平方米。2011年，完成石狮子巷、

图5-2-1　2010年9月，背街小巷整治一新

玉器街、四季园派出所北侧、维扬路翠岗中学南侧等 20 条街巷翻建，长 7750 米，面积 3.27 万平方米，投资 764.5 万元。

2005～2011 年，全区共投入资金 2034.5 万元，翻建街巷累计总长 2.16 万米，面积 8.44 万平方米。

三、城中村改造拆迁

20 世纪末，扬州创建全国卫生城市，城中村(老庄台)改造被列为区政府为民办实事项目。区建设局编制城乡接合部老庄台改造规划，200 多个老庄台，计划每年改造 50 个，用 5 年时间改造完成。2002 年市区区划调整，城市建设推动城中村改造速度加快。

2002～2005 年，扬子江路(江阳路—平山堂路)拓宽改造，拆除沿路双桥乡武塘村杨庄组，双桥村孙庄组、缪庄组，卜桥村念四组、葛庄组和区政府直属的家禽组部分住户；文昌路(文昌阁—扬子江路)拓宽翻建，拆除双桥乡双桥村梅庄组庄台；二道河两次综合整治，拆除双桥乡双桥村邵庄组住户。扬子江北路拓宽，拆除西湖镇司徒村南徒组、北徒组、花园组部分住户。德豪·瘦西湖新天地"一条街"建设，拆除双桥乡双桥村新庄组、石桥村念四组庄台。邗沟路拓宽，拆除城北乡卜杨村安南组、黄金村黄金组部分住户。同年，邗沟风光带改造工程，拆除城北乡卜杨村邗沟组、黄金村黄金组部分住户。

2006 年起，城中村改造进入高潮。养怡花园、瘦西湖·唐郡、桐园、扬州天下花园、中信泰富·锦苑、碧水栖庭、花样年华、阳光水岸、旺庭公馆、西湖岭秀、万科城等住宅小区建设和扬州市重点工程项目实施，境内城市主干道两侧、蜀冈—瘦西湖风景名胜区、蜀冈西峰公园等景区内城中村基本拆迁完毕。

2008 年，全区仍有 90 多个城中村需要改造，涉及 2800 户住宅，建筑面积约 95 万平方米，占地 86.67 公顷。

2011 年，开始改造双桥乡武塘村秋雨组、蒋东组、蒋西组、武塘组地块，石桥村经庄组、刘庄组、殷庄组、吴湾组、薛庄组地块；城北乡古运河北侧黄金村渔业、董前、盐厅组，槐南村墩东组地块；梅岭街道吕庄、李庄地块；西湖镇司徒村上庄组、花园组，蜀冈村西张庄组地块。具有代表性的城中村改造拆迁安置小区有双桥乡念香苑，西湖镇西湖花园、山水锦城，城北乡瘦西湖新苑、月明苑等。

第四节　房屋拆迁

一、管理机构

1989 年 1 月至 1991 年 7 月，扬州市城市房屋拆迁由市政府统一制定政策，具体管理和实施工作由市拆迁安置办公室负责。90 年代，随着房地产业兴起，城市拆迁量逐渐增加。1991 年 8 月，市政府将拆迁管理和实施拆迁分开。1992 年 5 月起，市房管局直接负责拆迁管理。1995 年 12 月，区拆迁安置办公室成立，负责区内拆迁管理工作。

2006 年 4 月，区拆迁安置办公室改制为拆迁公司，区建设局增设拆迁安置管理办公室，按照市房屋拆迁管理部门授权，负责区内房屋拆迁管理工作。2007～2008 年，区政府成立市区重大拆迁项目专项拆迁指挥部，对拆迁实行统一指挥。

2009 年 10 月，市政府印发《扬州市市区集体土地房屋拆迁管理暂行办法》。

二、拆迁实施单位

80 年代末，境内城乡建设基本没有拆迁项目，偶有建设项目征地涉及少量私有房屋，均作为地面附着物给予补偿，安排被拆迁户易地建房。1995 年 12 月，区拆迁安置办公室负责房屋拆迁。2006 年 4 月，区拆迁安置办公室体制改革后，新成立维扬拆迁安置服务公司和江阳拆迁安置服务公司，经营房屋拆迁，并负责拆迁安置。

三、拆迁项目

1992～1996年，区内拆迁项目有扬子江路（原通港路）、维扬路（原新城路，后更名为文汇南路、文汇北路）、328国道、开发大厦、扬州商城、热电厂、邮电大厦等。

1996年，建设五台山大桥和漕河路，市拆迁安置办公室共拆迁区内居民105户，拆除房屋建筑面积1.6万平方米。2002年，实施漕河路（史可法路至友谊路段）拆迁，共拆迁居民96户，拆除房屋建筑面积1.1万平方米。

2001年9月，市城市环境综合整治指挥部安排拆除扬子江路两侧房屋4万平方米，拆除通扬桥向东经扬州大桥至宁通高速公路入口处沿线两侧各类房屋6.6万平方米。

2002年，石狮小区（后改为莱茵苑小区）拆迁，拆迁居民956户，搬迁单位23家，拆除房屋建筑面积10.7万平方米。至2004年3月，市拆迁办完成868户拆迁工作。剩余88户由市拆迁办改制重组的扬州大仕房屋拆迁有限公司、建业房屋拆迁有限公司和苏中房屋拆迁有限公司继续实施拆迁，2005年完成拆迁。

1989～2004年，区内较大规模拆迁项目还有西北绕城高速公路建设工程，扬州职业大学建设工程，宁启铁路建设工程，典藏园·御园别墅小区建设工程，江阳商贸城建设工程，五亭龙玩具城建设工程，维扬路、邗江北路等道路建设工程以及扬天公路、扬菱公路和维扬开发区各项建设工程。其间，2002年扬天公路（扬子江北路）拓宽改造工程，拆除房屋建筑面积8.5万平方米。其中拆迁企业44家，面积3.2万平方米；拆迁民房270户，面积5.3万平方米；补偿费用3700多万元。同年11月，扬菱公路（瘦西湖路）拓宽改造工程，拆除房屋建筑面积4.36万平方米。其中拆除民房93户，面积8410平方米；拆除集体宿舍6户，面积424.6平方米；拆除单位房屋29家，面积3.47万平方米；补偿费用1700万元。当年，完成鸿大房地产开发公司、虹源房地产开发公司委托拆迁和西湖镇经圩村拆迁安置点拆迁，共拆迁民房222户，面积6.42万平方米，补偿费用3950万元。

2005年，完成市体育公园、鉴真佛学院、邗沟风光带、沃尔玛超市、维扬开发区等一批市、区重点建设项目拆迁任务，拆除房屋建筑面积20.38万平方米，补偿费用2.3亿元。

2006年，完成中信泰富、高桥园、莱茵苑、凤凰桥街、北辰一期、润扬北路、平山堂西路、黄金坝北路、蜀冈路、双塘路、扬天路等18个拆迁项目，拆迁民房1084户、公房38处，拆除房屋建筑面积25万平方米，补偿费用1.77亿元。

2007年，完成莱茵达、二道河文化园（邵庄二期）、北辰二期、运河北路、北环路、汽车北站、琼花园、西湖花园二期、西湖景园、天宁寺、重宁寺、工艺坊等拆迁项目31个，拆迁民房2278户、公房128处，拆迁房屋建筑面积67.26万平方米。

2008年，完成邗沟风光带、佳家花园、新江扬电缆厂、竹西路拓宽、物港路、西湖花园三期、台扬路等拆迁项目13个，拆迁房屋1725户（处），其中民房1681户、公房44处，拆迁房屋建筑面积42.18万平方米。

2009年，实施拆迁项目25个，拆迁房屋1459户，其中民房1363户，拆迁房屋建筑面积55.4万平方米。主要拆迁项目有润扬北路、太平路、三星路、新甘泉路、甘杨路、赛德电缆、原邗江县政府大院（文昌中路与大学路东北角）等。

2010年，完成北环路、宁启铁路复线电气化工程、崔庄、化工学校、日模邗沟、天然气管道续建、维扬中学、西湖花园四期、扬城北苑安置点等34个项目，拆迁2800户，拆迁房屋建筑面积120万平方米。拆迁户数、拆迁房屋面积为境内历年拆迁量之最。

2011年，实施拆迁项目27个，拆迁2239户（处），其中民房1732户、公房507处，拆除房屋建筑面积90.36万平方米。其中拆迁面积10万平方米的有3处：扬子江北路西侧（西湖镇境内）拆迁项目、扬城北苑建设拆迁项目和甘泉街道甘泉新苑集中居住区拆迁项目。

2005～2011年，区内共拆迁各类房屋建筑面积420.58万平方米。

四、拆迁安置小区

境内第一个用于安置被拆迁户的住宅小区是新城花园小区。位于原双桥乡潘桥村，由市经济开发区房地产开发公司建设，1992年开工，1996年建成交付使用。占地11.61公顷，建筑面积12.88万平方米。

2001～2011年，境内建成一定规模的拆迁安置小区主要有两种类型：一是自拆自建，以二、三层建筑为主的小区，主要有金槐、经圩、司徒、朱塘、荷叶等5个小区(详见“村庄建设”一节)；二是政府统建，以多层和高层建筑为主的小区，主要有念香苑、西湖花园、山水锦城、西湖景园、瘦西湖新苑、鸿福家园、月明苑、扬城北苑(佳家花园)等小区。

念香苑　位于维扬路与杨柳青路交会处西南角。工程分两期建设。2004年，一期工程开工建设，由安心开发公司承建，2008年建成，共建多层住宅楼50幢，总建筑面积16万平方米，安置被拆迁户住房1669套。2008年，二期工程开工建设，2009年交付使用，共建多层住宅楼6幢，总建筑面积1.75万平方米，安置被拆迁户住房188套。主要安置对象为双桥乡双桥村新庄、白塔、缪庄、王庄，卜桥村念四、孙庄、卜桥和区政府直管的家禽组等村民小组被拆迁户。

图5-2-2　农民拆迁集中安置小区——西湖花园

西湖花园　位于邗江北路与平山堂西路交会处西南角。分西湖东苑和西湖西苑两块。2008年，西湖东苑开工建设，2009年10月交付使用。占地9.53公顷，共建多层住宅楼35幢，总建筑面积12.1万平方米，安置被拆迁户住房877套。主要安置对象为双桥乡双桥村邵庄组、西门菜场、卜桥村蒋庄组和西湖镇经圩村经圩、周庄、孔庄、桃园组被拆迁户。西湖西苑，为安置“琼花园”的被拆迁户而建。2009年，西湖西苑开工建设，2010年交付使用。共建多层住宅楼16幢，总建筑面积3.5万平方米，安置住房388套。

山水锦城　一期工程位于邗江北路与司徒庙路交会处西南角、宁启铁路东侧，为多层住宅，由山水置业有限公司承建。2008年6月开工，2010年10月交付使用。占地13.67公顷，建多层住宅楼50多幢，总建筑面积约23万平方米，安置被拆迁户1399户。二、三、四期工程位于宁启铁路以西、司徒庙路以南。二期工程由扬州丰盛置业有限公司承建，2010年1月开工建设，2011年11月建成。占地12.33公顷，小区均为高层住宅楼，总建筑面积20多万平方米，安置被拆迁户1380户。三期工程由扬州锦汇置业有限公司承建，2011年4月开工建设。占地8公顷，规划建筑面积11.53万平方米，计划安置被拆迁户420户。

西湖景园　位于司徒庙路以南西湖镇中心村。因维扬经济开发区建新甘泉路等工程项目拆迁而建，由维扬经济开发区负责工程设计、施工。一期工程于2010年9月开工建设。占地17.8公顷，规划建高层住宅楼39幢，建筑面积30万平方米，计划安置被拆迁户1714户。

扬城北苑(佳家花园)　位于维扬经济开发区东侧平山乡雷塘村，北邻槐泗河。工程规划总用地21.59公顷，总建筑面积26.08万平方米，分3期建设。一期建筑面积4.7万多平方米，二期建筑面积8.14万平方米，三期建筑面积13.23万平方米。2008年，一期工程开工建设，2010年交付使用，共建多层住宅楼13幢，安置被拆迁户422户。2011年末，二期和三期A区同时开工，二期计划建多层住宅楼26幢，安置764户；三期A区计划建多层住宅楼22幢，安置610户。

月明苑　位于城北乡黄金村，由城北乡负责建设，是市政重点工程建设拆迁安置的新型小区。2005年8月，一期工程交付使用，占地3.42公顷，建筑面积4.5万平方米，共建多层住宅楼12幢，安置房420套。2008年12月，二期工程开工建设，2009年5月交付使用，占地4.27公顷，建筑面积4.8万平方米，共建多层住宅楼13幢，安置370户。2009年12月，三期工程开工建设，2010年5月交付使用，占地11.23公顷，建筑面积13.8万平方米，共建住宅楼34幢(其中4幢高层)，安置1077户。2010年9月，四期工程交付使用，占地4.93公顷，建筑面积8.8万平方米，共建多层住宅楼23幢，安置795户。2011年5月，五期工程开工建设，占地11.89公顷，规划建多层住宅楼35幢，全部为框架结构，分设地上、地下停车位，设计总建筑面积18.57万平方米，安置1512户。

第五节　园林和广场建设

一、蜀冈西峰生态公园

位于扬子江北路西侧，古名吴公台，又俗称斗鸡台、弩台。相传隋炀帝下扬州时，其龙舟"殿脚女"(拉纤宫女)多有劳累病故者，即合葬于此，故史称"宫人斜""玉钩斜"。2004年1月，市政府在此兴建蜀冈西峰生态公园，东与维扬广场隔扬子江北路相望，南邻平山堂西路，西近邗江北路，北至台扬路。总面积66.67公顷。该公园以原有生态环境为基础，恢复玉钩亭等历史景点，建成长1.7千米、宽6米的沥青路面、环形闭合型主干道，修整河渠水塘，并广植乡土树72种60多万株，绿树葱茏，空气洁净，自然情趣盎然，为集生态、休闲、旅游于一体的新景区。

二、世界动物之窗

位于蜀冈之上，占地9.13公顷，东依瘦西湖路，南临平山堂东路，西傍铁佛寺，俯瞰保障湖。景区内由3座主体建设物构成，内存大量非洲动物标本。

世界动物之窗综合馆建筑呈斜拉金字塔，外形独特，建筑面积697平方米。馆内以动物知识为核心，以多媒体展示为主要形式，主要分为表演知识区、互动知识区、被动知识区和休闲礼品区，采用高科技手段，充分利用光电、影视成像、卡通动画、多媒体网络等手段，实现动物科普展示与娱乐休闲的有机结合。馆内同时演出中国首部多媒体儿童卡通剧，以扬州地方特色动物——"大头鹅"为主线，与大熊和小猴进行动物PK秀，形象逼真，生动有趣。

世界动物之窗非洲标本馆建筑外观似古城墙，玻璃外罩，外形酷似金字塔的综合馆高14米，主要陈列有狞猫、长颈鹿、非洲象等37个种类65只非洲珍稀动物标本，展览还原野生动物生存环境，热带雨林、草原、沙漠等，利用大规模、全覆盖式的场景画结合多媒体技术，营造出白天、黄昏、黑夜的效果。16米高的非洲馆由专门烧制的城墙砖堆砌而成，面积约2180平方米。

世界动物之窗融集知识性、趣味性于一体，属非洲生态景观，整个外环境充分利用扬州园林建设手段，依据特有的地形特征和地域文化，山、水、草、木、花、石有机结合，再现扬州园林特色风貌。

三、维扬广场

地处维扬区行政中心(平山堂路1号)南侧，东临金陵西湖山庄，西至扬子江北路(原扬天公路)，南临唐郡别墅小区(原市蔬菜研究所)。占地3公顷，其中绿地面积2.1公顷。广场总投资约2000万元，2003年2月开工建设，同年10月完工。广场由生态停车场、城市森林区、灯光水影区、休闲娱乐区4个部分组成。生态停车场设有100多个停车位，配有乔木、灌木、草坪灯、射灯。城市森林区植有390株胸径20～30厘米香樟、银杏等乔木和桂花、桃花、琼花及30万株常绿灌木，石板小径、鹅卵石园路曲径通幽，有城市森林意境。灯光水影区人工开挖3个水池，植有杨柳，四周叠石相围，并设弧形泛光廊桥，大面积草坪中58盏高杆灯、300多盏草坪灯，形成动静结合、灯光水影视觉效果。原有的一条季节性灌溉渠，改造为明暗沟相结合的水渠，辅以适量滴水瀑布，使广场景观富有动感。休闲娱乐区中0.4公顷中心广场路面由新型材料水洗石铺成，地灯、草坪、四季花坛点缀其中。广场西南角建有300平方米落地透明玻璃墙面茶室，四周青松环抱、翠竹葱葱，既可品茶，又可观景。此后，市政府在广场南侧路口建成"蜀冈—瘦西湖风景名胜区"牌楼。

四、便益门广场

位于五台山大桥西南，高桥路东侧古运河畔，因地处古城便益门附近，故名。该广场系新中国成立前扬州仅有的“两爿半厂”之一的扬州麦粉厂旧址(该厂建于20世纪30年代)。2000年该厂关闭后，保留该厂两幢厂房，改建为市工业展览馆。广场占地1.84公顷，原建筑面积1510.72平方米，翻建建筑面积2366.57平方米，机动车停车场850平方米，硬质铺装及长廊0.3公顷，绿化面积1.12公顷。设有树阵广场、木制长廊、亲水平台、园路、小径、花坛、坐凳等，植有香樟、银杏、广玉兰等高大乔木，罗汉松、五针松、法青等小乔木，花草类有一串红、羽衣甘蓝等。2004年建成，工程投资1200万元。

五、友谊广场

位于友谊路与长春路交会处西北侧。是蜀冈—瘦西湖风景名胜区入口广场，占地4.35公顷，工程总投资约1.7亿元。建筑占地0.82公顷，总建筑面积3.19万平方米，结构为框架4层，分南北两幢，道路广场面积1.64公顷，其中绿化面积1.05公顷，水景面积0.42公顷，停车场面积0.42公顷，绿化率39%。友谊广场内设有市区最大音乐喷泉、水幕电影、水景街、瀑布长廊及室外运动场，是集旅游产品展示、交易与市民休闲娱乐为一体的商业、文化娱乐广场。始建于2004年，2005年9月建成开放。

六、廉政广场

原名市民广场，位于文昌中路与维扬路交会处东南角。广场以成片刚竹作为绿色背景，土丘高低错落有致，植有银杏、女贞、雪松、桂花等乔木，配植合欢、红叶小檗、小叶黄杨、杜鹃、洒金柏等，构成各种流线型图案。草坪为四季常绿高羊茅草坪。广场由“一石”“一亭”“一镜”3组景观构成。广场西北角设有3面铜镜，由南到北分别为仿战国铜镜“正衣冠”、仿西汉铜镜“知兴替”、仿唐铜镜“明得失”，意为“以铜为镜，可以正衣冠；以古为镜，可以知兴替；以人为镜，可以明得失”。广场东北角设有一块高约6米、直径约为3米的立石。石的正南面雕刻有郑板桥清癯的画像。北面雕刻有橄榄轩主人郑板桥的诗句“衙斋卧听萧萧竹，疑是民间疾苦声。些小吾曹州县吏，一枝一叶总关情”。东面刻有郑板桥生平简历，表明板桥爱民如子，嫉恶如仇，具有刚直不阿的独立人格和高风亮节。广场南边建有一亭，名为“春风亭”。“春风亭”匾额两侧楹联为“一丝一粒，我之名节；一厘一毫，民之脂膏”。朝东两侧楹联为清代廉臣张伯行卸官时扬城百姓的赞语联：“公在任，止饮江南一杯水；今将去，无却子民一点心”。亭正面门东侧卧立一块石碑，刻有张伯行生平简介。广场绿地总面积1.2公顷。2009年12月，被列为市区永久性保护绿地。2011年，广场扩建，新建篮球场1处，公厕1座，绿化景观得到进一步提升。提升后的廉政广场，绿地面积2.45公顷。

七、漕河风光带

位于漕河南侧，东起高桥闸，西至瘦西湖路，长1.6千米，绿地及水域总面积9公顷。风光带分为漕运标志区、市民健身区、生态栽植区和文化休闲区4个区域，包括绿化、园路、卵石滩、人行木桥、门球场、“华祝迎恩”仿古建筑群、休闲广场、亲水平台、水上巴士及假山、亭阁等，总投资近1亿元。1999年，市政府拨款初步整治。2004年，市政府投入3000多万元治理漕河河道，并实施风光带绿化改造工程，植物品种近80种，绿化最宽处50米，其中高大乔木有银杏、栾树、国槐等，观赏植物有红叶李、桃、梅等，成为集生态、休闲、旅游、文化为一体的景观风光带。同年11月，被列入扬州市十大文化工程建设项目。12月，入选“新扬州十景”之一，被誉为“河道与环境并重，碧水与风景媲美”的市民休闲区。

2005年3月，开工扩建漕河北岸风光带工程，东起高桥，西至凤凰桥，10月竣工。建有重檐仿古青砖牌坊、园路、桥梁等，植有孝顺竹、广玉兰、花桃、金丝桃、蜡梅、榉树、紫薇、雪松、小叶黄杨、大叶黄杨等，绿化面积0.8公顷，植物品种多样，既有高大乔木和常青灌木，又有大面积草坪。

八、邗沟风光带

位于邗沟北岸。东起黄金坝闸，西至螺丝湾桥。河边种植垂柳、花桃、桂花、红叶李、棕榈、蜀桧等，是扬州市水环境综合整治工程重要组成部分。2005 年实施一期改造工程。新增绿化 1.8 公顷，预埋亮化管线 3000 米，铺装广场 0.12 公顷，安装水池湖石 500 吨，铺设园路 1350 米，新建四角亭、八角亭各 1 座，安装水泵 2 台。工程总投资 582 万元。2009 年，进一步完善邗沟南岸绿化风光带。拆迁平房、披棚 70 户，铺设园路 330 平方米，新增绿化面积 0.2 公顷，砌筑仿古围墙 110 米、临时围墙 185 米。2009 年，被列为市区永久性绿地。

第三章　镇村建设

第一节　集镇建设

一、基础设施建设

1989 年，境内有湾头、司徒庙、汤汪 3 个集镇，分别为湾头乡、西湖镇、汤汪乡政府驻地。2002 年市区区划调整，湾头、汤汪集镇划归广陵区，境内仅有司徒庙 1 个集镇。2008 年，邗江区甘泉街道划归维扬区，原有甘泉集镇市政建设与管理由维扬经济开发区负责。

道路　1989 年，全区集镇道路总长 10 千米，面积 5 万平方米。1991～2001 年，区内集镇道路建设实行增加道路数量与提高道路等级并举，投资 2063.34 万元，新建道路 50 千米，面积 38.96 万平方米。1993 年，西湖镇在司徒庙集镇南侧沿蜀冈西峰建西峰路（东西走向，原名台扬路）。1994 年，西湖镇在司徒庙集镇中心区西峰路与西湖路之间建久扬路（南北走向）；在西湖路（西湖中学以东）与司徒庙路（原中心路）之间建日新路（南北走向）。1998 年，扩建司徒庙路四达玩具厂至胡场段。同年，延伸西峰路至魏巷路。1999 年，司徒庙路全线建成水泥路。2000 年，汤汪乡投资 210 万元建设汤汪北路。2001 年末，境内 3 个集镇道路总长 60 公里，面积 43.96 万平方米，分别是 1989 年初的 6 倍和 8.79 倍。其中普通道路 9 千米，面积 7.76 万平方米；高级、次高级道路 51 千米，面积 36.2 万平方米。2002 年市区区划调整后，境内唯一的司徒庙集镇受到城市建设和维扬经济开发区（原江阳工业园）建设辐射，集镇道路建设投入加大。当年，用于道路升级改造资金 1779 万元。2003～2005 年，随着贯穿西湖镇区的扬子江北路拓宽改造，集镇主要道路逐步升格为城市道路。至 2005 年末，司徒庙集镇道路总长 25 千米，面积 20.61 万平方米。其中普通道路 3 千米，面积 4.15 万平方米；高级、次高级道路 22 千米，面积 16.46 万平方米。2011 年，司徒庙路（扬子江路—蜀冈南路）完成拓宽改造，路宽 40 米，双向 4 车道 14 米，两侧非机动车道路各 5 米。

图 5-3-1　2006 年 11 月 9 日，区举行西湖中心路升级改造开工典礼

绿化　1989 年，区内集镇绿化都是利用零星空隙地植树，树种单调。集镇路边绿化以水杉（司徒庙）、梧桐（湾头、汤汪）居多，政府机关、企事业单位庭院绿化有雪松，辅以黄杨点缀。1989 年编制集镇总体规划时，开始将绿化纳入集镇总体规划。此后，全区集镇绿化投入加大，绿化覆盖面积明显增加，

集镇新建项目都安排一定比例的绿化，主要道路两侧或中间建有绿岛；办公用房、住宅小区建设，生产性建筑开始注重绿化建设。2001年，全区集镇绿化覆盖面积43公顷，园林绿化面积7公顷，建制镇集镇人均绿地面积1.67平方米，乡集镇人均绿地面积1.14平方米。

二、公用事业

供水　1989年，湾头镇自来水厂专供集镇居民用水。1994年，西湖镇建成自来水厂，供集镇部分居民用水。1995年，汤汪集镇接通市自来水公司管道，集镇居民用上城市自来水。2004年，市、区政府投入300多万元收购西湖自来水厂供水设施。2005年末，司徒庙集镇居民全部由市自来水公司供水。

照明　1989年，全区3个集镇共有路灯不足50盏，分散安装在主道路两侧。1993年，集镇路灯总数达到176盏。至2001年末，全区集镇路灯总数增加到988盏。各集镇主、次街道照明率100%。集镇高大建筑物周边还安装廓灯和射灯。2002年市区区划调整后，区内集镇仅有司徒庙集镇1个，有路灯599盏，至2005年发展到730盏。2005年后，随着城市建设发展，集镇路灯建设安装与市区并轨。

环卫　1989年，集镇只有少数几人打扫主街道和集贸市场。2001年末，全区3个集镇共有环卫管理人员46人，各类环卫机械17辆(套)，公厕19座，排水管道29千米。2002年5月，维扬城管分局成立，集镇成立环卫所，负责集镇环卫工作。2005年末，西湖镇拥有环卫管理人员65人，各类环卫机械28辆(套)，公厕8座，集镇环卫实行城市化管理。

三、房屋建设

民用建筑　1990年末，区内湾头、司徒庙、汤汪3个集镇居民住宅总面积22.89万平方米，人均住房面积湾头19.13平方米、司徒庙18.38平方米、汤汪20.43平方米。1992～1998年，各乡镇成立房地产开发公司，集镇开发共投入5000多万元，建成2层、4～6层商住楼30幢，建筑面积5万平方米。其中湾头集镇建成多层商住楼8幢，建筑面积1.5万平方米；司徒庙集镇建成各类商住楼18幢，建筑面积2.7万平方米；汤汪集镇建成各类商住楼4幢，建筑面积8000平方米。1990～2001年，3个集镇居民住宅建设投入5363万元，新、改、扩建住房13.53万平方米。乡镇房地产开发主要是利用集体土地，审批手续不完善或无审批手续，俗称“小产权房”。1998年起，乡镇“小产权房”建设被禁止。2001年末，湾头、司徒庙、汤汪3个集镇居民人均住房面积分别为38.49平方米、39.2平方米和27.6平方米。2002年市区区划调整，为保护耕地，严格控制集镇居民建房，只允许对原房屋排险维修，集镇居民住宅建筑面积基本没有合法增加，但房屋质量和外装饰有一定提高。2004年起，司徒庙集镇周边商品房开发迅速发展。2011年末，邗江北路两侧、司徒庙路以南，建成碧水栖庭、华纺·西湖岭秀、西湖印象华府、山水锦城等商品房和拆迁安置住宅小区建筑群。

公共建筑　1990年末，全区3个集镇共有公共建筑6.35万平方米。1991年起，各乡镇加大对集镇公共建筑投入。是年，3个集镇公共建筑建设投入超过100万元。1995年，公共建筑建设投入327.55万元。1996年，公共建筑建设投入突破1000万元。1997年，公共建筑建设投入增至1520万元。2001年，全区公共建筑建设投入1600万元，为历年最多。至2001年末，全区3个集镇共有公共建筑16.36万平方米，比1990年末净增10万平方米，其中楼房面积14.29万平方米。集镇新建公共建筑，多集中在主街道两侧，融经营、居住为一体，形成集镇中心地段、商业一条街，集镇面貌得到较大改观。2002年市区区划调整后，城市近郊各项建设停止审批，司徒庙集镇作为维扬区唯一的集镇，纳入扬州市城市规划建设管理，各项公共建筑按城市规划统一实施。

生产性建筑　1989年，全区3个集镇生产性建筑建设投资6万元，共有生产性建筑11.28万平方米。1992年，全区3个集镇生产性建筑建设投入70万元，是1991年的2.19倍。1993年，全区集镇生产性建筑建设投资750万元，是1992年的10.71倍。2001年末，全区集镇生产性建筑发展到21.85万平方米，是1989年的1.94倍。2002～2005年，司徒庙集镇用于旧厂房和生产技术改造的生产性建筑建设累计投资2830万元，其中2002年、2003年，生产性建筑投资连续两年过1000万元。2005年末，西湖镇集镇生产性建筑面积23.48万平方米，其中楼房面积22.48万平方米，比2001年末3个集镇的生产性建筑面积总和还多1.63万平方米。随着城市生产性建筑外迁和维扬开发区（原江阳工业园）建设西进北扩，至2011年，西湖镇扬子江北路以西、司徒庙路以北，形成生产性建筑群。

1989～2001年郊区集镇房屋与市政公用设施建设投资情况一览表

表5-3-1 单位：万元

项目 年份	小计	房屋建设			公用设施	
		住宅建筑	公共建筑	生产性建筑	自来水	道路
1989	194	35	153	6	0	0
1990	57	40	9	8	0	0
1991	344	79	116	32	55	62
1992	292	157	0	70	20	45
1993	1220	435	0	750	3	32
1994	1379	587	131	549	29	83
1995	1745	597	328	790	19	11
1996	2383	318	1060	804	28	173
1997	2533	390	1520	400	35	188
1998	2669	426	614	916	242	471
1999	2054	812	798	230	26	188
2000	2652	852	809	447	30	514
2001	2585	670	1600	10	20	285
合计	20107	5398	7138	5012	507	2052

2001年郊区各集镇房屋与市政公用设施建设情况一览表

表5-3-2

集镇名称	建成区面积（平方千米）	公共建筑面积（万平方米）	生产性建筑面积（万平方米）	住宅建筑面积（万平方米）	人均住房面积（平方米）	街道长度（千米）	路灯（盏）	下水道长度（千米）	桥梁（座）	公共厕所（座）
司徒庙	1.19	6.96	8.40	15.64	39.2	24	599	16	1	8
湾头	2.03	3.97	9.04	26.56	38.5	21	321	9	2	8
汤汪	1.00	5.43	4.41	9.11	27.6	15	68	4	3	3
合计	4.22	16.36	21.85	51.31		60	988	29	6	19

1990～2001年郊区集镇人均住宅建筑面积一览表

表5-3-3

项目 年份	湾头集镇		司徒庙集镇		汤汪集镇		合计	
	建筑面积(万平方米)	人均面积(平方米)	建筑面积(万平方米)	人均面积(平方米)	建筑面积(万平方米)	人均面积(平方米)	建筑面积(万平方米)	人均面积(平方米)
1990	10.14	19.13	6.62	18.38	6.13	20.43	22.89	19.24
1991	10.84	20.45	6.70	18.61	6.15	20.50	23.69	19.91
1992	11.04	20.44	6.77	18.29	6.18	20.60	23.99	19.83
1993	11.09	19.98	7.10	19.98	6.25	20.83	24.44	21.00
1994	11.55	16.53	7.25	18.80	6.60	21.29	25.40	20.82
1995	11.70	17.20	7.59	19.46	6.83	22.00	26.12	21.41
1996	24.71	35.81	14.38	36.87	9.35	29.22	48.44	35.36
1997	24.92	36.65	14.61	37.46	9.54	29.80	49.07	35.52
1998	24.97	36.72	14.66	37.59	9.92	30.06	49.55	35.91
1999	25.52	37.53	15.24	38.10	9.96	30.18	50.72	36.49
2000	26.23	38.01	15.35	38.38	9.11	27.60	50.69	36.47
2001	26.56	38.49	15.64	39.20	9.11	27.60	51.31	36.65

第二节　村庄建设

一、基础设施建设

道路　80年代末，境内农村道路总长约100千米。西湖、平山两个乡镇和城北乡北部道路都是泥土路，湾头、汤汪两个乡镇有一小部分是砂石路。1989～1991年，全区农村(包括城东乡、双桥乡和城北乡、梅岭村，下同)道路建设投入很少。1992年，全区农村道路建设投入315万元，改造部分土路。1994年，全区农村道路建设投入首超500万元，达到668万元，道路总长增长到324千米。1995～2000年，全区农村道路建设投入连续6年在800万～1100万元。2000年末，全区农村道路总长541千米，农村“行路难”问题有较大改变。2001年，全区农村道路建设投入469万元，修建道路总长543千米，是1989年5.43倍；面积229.23万平方米。

2002年市区区划调整后，境内农村道路减少到289千米。2002年，全区农村道路建设投入1342万元，是2001年的2.86倍。2004年，全区农村道路建设投入1500万元。2002～2005年，全区农村道路“通达工程”累计投资5122万元，共拓宽改造道路110千米。其中2005年，农村“通达工程”完成乡村道路拓宽改造8.71千米，基本实现农村道路网络化、路面黑色(硬质)化。

至2005年，境内农村道路总长289千米，其中高级、次高级道路长188千米，占农村道路总长65.1%。2006年，共投资1770万元，完成乡村道路拓宽改造硬化18.56千米。2007年，完成乡村道路拓宽改造硬化26.1千米，共投资3236.5万元，创区内农村道路建设投入历史之最。2008年，共投资450万元，完成乡村道路拓宽改造硬化10.7千米。2009年，共投资285万元，完成乡村道路拓宽改造硬化10千米。2010年，共投资700万元，完成乡村道路拓宽改造硬化10千米。2011年，全区农村进村入户道路全部硬化，并电子录入省公路网，实施长效管理。

绿化　80 年代以前，境内农民家家户户房前屋后有树木，尤其零散村落、单门独户人家树木较多。农村道路、沟渠两旁及水库河塘堤岸是绿化植树的主场地，以栽植白杨、白榆、柳树、槐树、水杉等速生树居多，桑树、楝树次之，桃、杏、枇杷和胡桑、篾竹等经济树种少量栽种。部分城市近郊农户庭院为美化环境，栽种龙柏、黄杨等苗木；单位绿化可见雪松之类常青树。进入 80 年代，随着农民普遍建设楼房，农村绿化率一度有所降低。进入 90 年代，农户栽树以经济苗木和常绿植物为主，既增加家庭经济收入，又绿化、美化环境。堡城村集体和农户均种植花木；西湖镇境内蜀冈之上广种茶树；湾头镇、汤汪乡部分农户竹园得到发展；区内有种植银杏树的，多为零散栽种，成片栽种的少见。建于 90 年代中期、原城北乡黄金坝的竹西公园，是市区第一个农民公园。2008 年，维扬区成立蜀冈生态新区建设指挥部，打造十里蜀冈生态长廊。

1989～2005 年维扬区农村住房面积一览表

表 5-3-4

项目 年份	总建筑面积 （万平方米）	其中		人均建筑面积 （平方米）
		楼房面积	占比（%）	
1989	294.47	53.57	18.19	24.12
1990	316.28	91.06	28.79	25.55
1991	331.22	108.41	32.73	25.88
1992	344.74	122.48	35.53	26.91
1993	361.13	140.88	39.01	28.19
1994	415.20	208.60	50.24	35.73
1995	429.72	229.83	53.48	36.02
1996	440.61	240.06	54.48	34.86
1997	452.64	230.17	50.85	34.19
1998	459.04	241.00	52.50	33.56
1999	468.14	247.05	52.77	36.37
2000	481.52	264.05	54.84	37.41
2001	492.04	279.61	56.83	38.17
2002	195.83	130.89	66.84	39.80
2003	219.35	155.27	70.79	28.90
2004	201.79	166.22	82.37	26.59
2005	166.20	143.98	86.63	26.42

二、公用事业

供水　1988 年末，全区农村自来水受益人口 7.43 万人。1989～2001 年，全区农村自来水建设共投资 2215 万元，用于自来水厂建设及供水管道、水表等设施。水厂及供水主管道建设（市区以主要道路为限，郊区以乡镇主要道路为限）为政府投入，近郊双桥、城东、城北 3 个乡由市自来水总公司按规划具体实施，远郊湾头、西湖、汤汪、平山、城北 5 个乡镇由乡镇政府实施，每个乡镇各有一家自来水厂。1998 年末，全区农村自来水受益人口超 10 万人，自来水普及率 73.54%。2001 年末，全区农村自来水受益人口 12 万人，自来水普及率 93.1%。2002 年市区区划调整，辖区内农村范围缩小。年内，自来水投资降到历史最低，只有 8 万元。2003 年起，市政府实施城市区域供水工程。2003 年、2004 年，自来水建设资金投入(包括用于收购乡镇个人承包的自来水经营权)连续两年超过300万元。至2005年末,全区农村100%用上市自来水总公司生产的自来水。

照明　1988年末,全区农村全部通上电。农村电网改造后,达标线路通村通组,确保用电安全,无拉闸断电现象。至2001年末,全区农村公共照明路灯近2000盏,覆盖大部分农村道路。2002年市区区划调整,农村结合"通达工程"实施,照明投入加大。至2006年,境内农村通村道路全部安装路灯。

三、房屋建设

1989年,全区农村住房以人字头、瓦屋面的平房居多,楼房约占15%。其中远郊楼房率低于近郊,西北片低于东南片。1989～2001年,农民为改善居住条件,共出现两次建房高潮。民宅建设不仅数量多、面积增,而且质量上升,更新周期缩短;尤其是远郊,建房数量倍增。

1989～1995年,为农户第一次建房高潮。1989年,境内农民建房1900多户,建筑面积29.08万平方米。1991年,市区发生洪涝灾害,郊区部分民房受损,推动农民翻扩建房屋进程。是年,农民建房2400多户,建筑面积26.76万平方米,为建房户数最多年份。6年间,全区共有1.25万户农民建房,年均建房户数2083户;累计投资6.5亿元,建筑面积161.85万平方米,其中楼房面积112.68万平方米,占总建筑面积69.62%。1993～1995年,全区农民每年建房建筑面积均在20万平方米以上,楼房率82.78%。1989年,全区农村共有人口12.21万人,房屋建筑总面积294.47万平方米(其中楼房面积53.57万平方米,占18.19%),人均住房建筑面积24.12平方米。至1995年,全区农村共有人口11.93万人,房屋建筑总面积429.72万平方米(其中楼房面积229.83万平方米,占53.48%),人均住房建筑面积36.02平方米。1996年,全国开展村镇建设"两区"(基本农田保护区、村镇建设规划区)划定。在新一轮村镇建设规划未经政府批准前,境内农民除危旧房屋,建房暂停审批。1997～2001年,为农户第二次建房高潮。建房户不仅是为增加住房面积,更注重改善居住条件,大多数是建新型楼房。房屋从砖木、砖混结构向框架结构转变;屋面多为琉璃瓦,外墙装饰贴面砖,造型新颖多样,具有时代特征;点式楼、别墅式、3层楼不鲜见。2000年,全区建房户楼房率占当年建房户数的95.82%。2001年末,房屋建筑面积比1989年净增197.57万平方米,人均建筑面积38.17平方米。2002年市区区划调整后,区内严格控制个人住房新、扩建。确实需要建房的农户,只能按原建筑面积翻建。因拆迁,经批准后在统一规划区内建楼房。2004年起,拆迁安置统一建多层或小高层、高层住宅楼。1989～2005年,全区农村共翻扩建、新建住房22950户,建筑面积317.05万平方米,其中楼房面积268.62万平方米,占总面积84.72%。

1997年7月,平山乡平山村被省建委确定为100个中心村规划建设试点单位之一。8月,省建委印发《江苏省村镇文明住宅小区建设标准(试行)》,推动农村居住小区(中心村)建设进程。至2008年,以平山中心村为样板,结合市、区重点工程建设拆迁,农村建成平山乡平山、朱塘、荷叶小区,西湖镇金槐、司徒、经圩、蜀冈小区等具有一定规模的居住小区。

平山小区　位于平山堂北侧平山村小星组和北徐组两个老庄台之间,由平山建安开发公司开发建设,1998年8月开工建设。新建别墅式两层住宅楼45幢,用地6.67公顷,建筑面积9500平方米。建成后,与原老庄台自成一体。

朱塘小区　位于扬子江路东侧,双塘路以南、平山路两侧。因维扬开发区项目拆迁,2002年建第一批住宅。至2007年,小区共建有两层住宅楼708幢,总建筑面积16.3万平方米。小区建成后由政府统一建设配套设施。

荷叶小区　位于荷叶东路与平山路交会处东北角。因维扬开发区项目拆迁,2004年建第一批住宅。至2007年,小区共建有2层住宅楼635幢,总建筑面积14.6万平方米。小区建成后由政府统一建设配套设施。

金槐小区　2001年12月,开工建设,一次性规划,分期实施。第一期启扬高速(西北绕城高速公路)公路拆迁建设96户,按人口和经济实力分大中小3种户型,由政府统一打基础,各户自行建房。

2008年，共建成两层别墅式楼房576幢，建筑面积10多万平方米，入住人口2400人；建公共建筑7500平方米，绿化、健身场地近1万平方米；道路、给排水、路灯等各项设施配套齐全。是市区第一批小康村和新农村建设样板小区。

司徒北苑　2003年，扬子江北路拓宽改造，为安置拆迁户，西湖镇启动司徒北苑小区建设。由西湖镇政府统一办理建设手续，现场放线并指导、管理施工，各户自行建房。至2006年，司徒北苑小区建成两层别墅式楼房500多幢，建筑面积近10万平方米，入住人口1500人左右。小区绿化、道路、给排水、路灯等各项公共设施配套齐全。

经圩花园　2002年，邗江北路（翠岗路—沿山河段）建设，为安置拆迁户，西湖镇政府启动经圩花园小区建设。其后，中信泰富（扬州）置业有限公司开发建设锦苑住宅小区，拆迁户被安置到经圩花园小区建房。由镇政府统一办理建设手续，现场放线并指导、管理施工，各户自行建房。至2004年，经圩花园小区建成150幢3层别墅式住宅楼。

第四章　城市管理

第一节　机　构

一、区住房和城乡建设局

1989年3月，区基建局更名为区建设委员会，内设人事秘书股、规划村建股、建筑安装管理股。1990年，区建委增设城管科，负责卫生城市创建工作和区域环境卫生工作。1997年，区建委成立区城市建设监察队，负责查处违章建筑和部分路段市容管理工作。2002年初，区建设委员会更名为区建设局，内设办公室、城乡建设道路管理科、建筑开发管理科3个职能科室。2009年6月，区房产管理局在区建设局挂牌，内设综合科、房屋建设管理科、房屋权属登记科、住房保障科、拆迁管理科，与区建设局两块牌子、一套班子。2010年6月，撤销区建设局，建立区住房和城乡建设局。2010年12月，区住房制度改革办公室工作职责划归区住房和城乡建设局。整合后的区住房和城乡建设局内设办公室、城乡建设科、建筑管理科、拆迁管理科、房屋建设管理科、住房保障科等6个职能科室。

二、市规划局维扬分局

1999年4月，在区建委规划村建科基础上，成立区规划处，受市规划局委托，负责乡镇各项规划编制与管理。2002年初，区规划处升格为市规划局郊区分局，区划调整后更名为市规划局维扬区分局。内设办公室、规划管理一科和规划管理二科3个科室。2007年，区规划局成立规划督查科。2010年，市规划局维扬区分局更名为市规划局维扬分局。

三、市城市管理行政执法局维扬分局和区城管局

2000年12月，在区建委城管科和城市建设监察队基础上，成立区城市管理监察大队。2001年，更名为市城市管理监察支队郊区大队。2002年5月，成立市城市管理行政执法局郊区分局，同时加挂“区城市管理局”牌子（两块牌子、一套班子）。内设办公室、督查科、组织人事科、违章违法处理科、市容管理科5个科室，下设4个执法大队。2003年，更名为市城市管理行政执法局维扬分局、区城市管理局。2008年，邗江区甘泉镇划归维扬区，设五大队。

四、区环卫管理办公室

2002年，成立区环境卫生管理办公室，负责环境卫生工作，隶属于区城市管理局，性质为差额拨款事业单位，编制5人，内设财务科、业务管理科。是年，组建双桥、梅岭、西郊3个环境卫生管理所。

第二节　规划管理

1989年,区内规划管理由区建委负责,规划监管由市规划监察队负责。在市规划区范围内,各项建设由市规划局定点、审批,镇村各项建设由区编制镇域规划和农村庄台建设规划,报市政府(规划局)批准实施。

1994年4月,区政府成立区规划工作委员会,实施重大项目定点联合审查制度。区内农村建设实行"一书两证"制度,即建设工程规划定点(选址)意见书、建设用地规划许可证、建设工程规划许可证。1999年4月,区规划处成立,负责全区规划管理。1999～2001年,区内规划监管由区城建监察队负责。2002年后,由市城市管理行政执法局维扬区分局负责。2002年,规划部门停止双桥街道、梅岭街道范围内村(居)民建房审批。2007年,区规划分局成立规划督查科,专门负责项目审批后建设管理工作。

第三节　建设管理

1989年,区政府制定《扬州市郊区村镇建设暂行规定》,规定农民建房需遵循以下审批规定:近郊双桥、城东、城北3个乡及平山茶场和区政府直属的蔬菜研究所、家禽组,新建、翻建住宅由区基建局审批。远郊西湖、平山、湾头、汤汪4个乡镇新建住宅由区基建局审批,翻建住宅由建房人所在乡镇政府审批。集体(含乡、村及所属企事业单位)建房报市规划办公室审批。

1989年,区建委设建筑安装管理股,区内各项建设(乡镇以下集体及所属企事业单位建房),在领取建设许可证后,须到所属乡镇建管站登记、办理建设工程施工许可证,由乡镇建管站派人放线施工。

1990年4月《中华人民共和国城市规划法》实施后,区建委规定:西湖集镇和电力村,汤汪集镇和汤汪村、角里村,湾头集镇和湾头村、田庄村、联合村,农民住宅翻建审批权限收归区建委。

1991年至1994年3月,区内各项建设(乡镇以下集体及所属企事业单位建房)按审批权限批准后,由区建委或所在乡镇政府核发省建委统一印制的村镇建设许可证。1994年4月起,区内各项建设统一核发建设部印制的建设工程规划许可证。1999年4月起,区内各项建设(乡镇以下集体及所属企事业单位建房)均由区规划处审批。

1989～2001年,区内建设市场、工程质量等监督工作由市城建监察队负责。

第四节　市容管理

一、市容整治

1989年,结合扬州市迎春元宵灯会、琼花艺术节、全国戏曲现代戏观摩演出等活动,集中力量开展市容综合整治。1991年特大洪涝灾害后,开展以防病、防疫为重点的环境卫生综合整治活动。

1991～1992年,为创建国家卫生城市,区建委城管科配合市规划监察队,对近郊城东乡、城北乡、双桥乡部分沿街、沿路违章搭建和乱堆乱放行为进行整治,拆除苏农路、双桥路等主要路段违章建筑近万平方米,清理乱堆乱放杂物场所30多处。1993年,在区内主要交通干道开展"五乱"(车辆乱停、牌子乱挂、摊子乱摆、堆子乱放、棚子乱搭)专项整治活动。

1994～1999年,区内主要路段市容管理与执法工作主要由市城管监察支队承担。1999年8月,区城建监察队配合市城管监察支队二大队,集中40多天,整治群众反应情况较多的玉器街地段。

2001年9月,为迎接第六届世界华商大会近500名参会华商到扬州参观考察,区城管大队与市城管监察支队联合整治市区东大门(运河东路沿线),拆除违章建筑5000多平方米,清理废品收购、轮胎翻新等有碍市容的经营点4处。同时,以扬子江中路、文昌路为突破口,拆除沿路违法建设721处3.5万平方米,取缔机动车洗车点26处。

2002年,对占道经营、违章搭建、夜市大排档、户外广告、“牛皮癣”(喻墙面地面反复出现的乱写、乱画现象)、不卫生死角和暴露性垃圾采取专项整治行动。区城管部门印发宣传材料两万多份,组织搬迁念四路马路市场,取缔大虹桥东路临时疏导点,取缔马路市场占道经营1116处,收缴各类占道工具630多件,清除新城河等河道杂草、漂浮物270多车。同时,在主要道路、重点地段实行定人、定岗、定时包干,整治市容环境秩序。

2003～2004年,围绕城市管理创优、“城市管理质量年”、国家卫生城市复查等重大活动,区城管部门开展环境综合整治,清理占道经营摊点5000多摊次,清除夜市大棚137处,清理“牛皮癣”1.52万处,拆除违章设置有碍市容的雨阳篷、广告灯箱720处,暂扣作业工具1240多件,教育处罚2280件,清除占道60多处,清理垃圾1.6万吨。

2005年,组织开展30多次市容环境综合整治活动,加大对城市“六乱”(乱摆摊、乱拉挂、乱扔倒、乱停放、乱堆挖、乱张贴)的整治力度,以主干道为线,以重要活动场所、旅游景点为窗口,以街道为块,以社区为点,先后在梅岭东路(玉器街)、梅岭西路(重宁北巷一带)、长征西路(锦旺一带)等地段及校园周边开展占道摊群专项整治活动。“牛皮癣”的整治采取“清、查、整、防”四大举措。区委、区政府开展“违法建设突击整治月”活动,整治拆除风景旅游线路周边、新建道路两侧、重点部位违章建筑。

2006～2009年,组织开展市容环境综合整治“百日竞赛”,开展“三违”(违法用地、违章建筑、违规经营)专项整治。开展集中整治行动120多次,为确保整治效果,采取疏堵结合做法,夏季设立13处西瓜销售点。

2010～2011年,落实路段承包责任制和动态管理机制,强化对20条主干道严禁、37条次干道严控、城区背街小巷严管的措施,建成瘦西湖新苑附近、四望亭路等5处临时经营疏导点,整治、清理占道经营4万多次,暂扣作业工具500多件。

二、路段管理

1989年前后,区内近郊路段管理工作,由市相关部门负责,区建委配合。1999～2001年,秋雨路、联谊路、渡江南路、梅岭路等由区城建监察队负责管理。

2000～2005年,根据市政府“门前六包”(包绿化、包卫生、包秩序、包无流动摊点、包无乱搭乱建、包无出店经营)要求,落实区内“门前六包”内容,签订“门前六包”责任状,签约率95%,每条道路实行路段长制,定期检查评比,重点治理占道经营、占道洗车、乱倒垃圾等行为。

2006～2008年,采取“清、查、整、防”四大举措,实施路段承包责任制,整治“牛皮癣”和沿街橱窗乱贴乱画。对马路市场现象严重的玉器街、秋雨西路、文汇东路、富达路等地段实施反复拉网式整治。

2009～2011年,对不同等级道路实行相应管理措施,对市区20条主干道实行从早6点至晚10点不间断地定人、定点、定责管理。全面开展《扬州市市区市容环卫责任区管理办法》进商铺宣传活动,签订市容环卫责任告知书2000多份。

三、街景美化

1989～1990年,结合创建卫生城活动,区创建卫生城市办公室组织人员粉刷主要街巷、住宅外墙面,200多条街巷全部刷白出新。彻底整修沿街商店容貌、装饰橱窗,并拆除影响市容的雨棚等构造物。1993年,组织各乡镇(场)粉刷沿街围墙,出新墙面总面积3万平方米。

1995年,对长期占据在扬州友谊服装厂门口、扬州友好会馆一带的非法从事营运的三轮车予以现场集中销毁,共销毁三轮车20辆,扣押三轮货车30多辆。

1996年,采取先拆除后安装方法,逐路清理整治沿街店面雨阳篷,拆除零乱雨阳篷1865处,并按统一规格、统一式样、统一高度的要求,重新安装色彩鲜艳的雨阳篷共1360处。

1999～2002年,围绕创建卫生城市,开展对影响市容市貌的违章建设专项整治行动,先后完成对漕河路、大学路、扬冶路、史可法东路等市区主次干道沿线违章建筑整治、拆除，强制拆除一批影响古运河整治的违章建筑，共拆除违章建筑500多处，拆除面积3.2万平方米。综合整治苏农路、老北门广场等区域流动摊群，共办理简易程序案件780多件、一般程序案件60多件。

1998～2002年，结合创建卫生城市工作，改造沿街商铺卷帘门、店牌、店招、雨阳篷等，粉刷围墙113处9600多平方米。出新路牙2.36万米，封闭卷帘门958处，清除雨阳篷、店招、条幅等1300条(块)。

2003年，每月组织一次围绕工业园区建设发展的专项市容环境综合整治活动，拆除雨阳篷、店牌、店招260多处，取缔占道经营和乱堆乱放500多处，新建维扬路北段沿街围墙120米。

2003～2006年，先后多次开展"违法建设突击整治月"活动。采取以"拆违推动拆迁"的方法，先后拆除14户连体别墅、五泉制衣厂厂房、红园市场内14户(单位)、秋雨小区31号楼、西梅庄38号楼、扬州职业大学生活区北门外私搭乱建的披棚等一批违法建筑，共18万多平方米。

2004～2009年，先后对文昌中路、扬子江北路、友谊路、平山堂路、漕河路、梅岭西路、邗沟路、大虹桥路、维扬路、念四路等路段6.5万平方米临街建筑物立面和围墙进行粉刷出新，组织建设景观围墙1000多米，拆除广告、店招、雨阳篷、灯箱、霓虹灯等3400多处，清理占道堆放的建材和平整建筑垃圾7000多吨。2008年，区内近100个邮电亭更新改造为和旅游城市相协调的仿古式邮电服务亭。2007～2009年，区城管局将防违控违工作重点放在各乡镇，采取"定人定责定地段"的方式防违控违，做到"一日两巡"，及时掌握违建房屋基本动态，及时发现，及时拆除。为配合秋雨路改造工程，区城管局对秋雨西路北侧住户违章建设的59间房屋集中拆除。共进行90多次拆违行动，拆除各类违章建筑8万多平方米。

2010年，统一安装美化扬子江路、梅岭东西路、四望亭路沿线店招店牌。完成扬子江路、文昌路沿线57块楼顶广告、100多块户外灯箱和4块大型立柱广告牌集中拆除任务。共清除主干道沿线窗户招贴、吸塑字广告以及墙体广告字等6万多处，暂扣灯箱广告700多个。2010年5月，综合整治维扬路北段沿线两侧搭建的披棚、简易房、堆放物等，共拆除违章建筑2000多平方米，清理乱堆杂物近1000吨，清理出土地约3公顷。全年依法拆除违章建筑400多处，面积4.6万平方米。

2011年3月，由区城管局牵头，现场强制拆除五亭龙国际玩具城4户违建户共560平方米的违章建筑。全年查处违章建筑260多处，其中拆除80多处，面积约1.3万平方米。

2011年，清除招贴、灯箱、戗牌及"牛皮癣"等5000多处，清理乱堆、乱放、乱挂200多处，拆除电子显示屏522块、大型楼顶广告10多块。

2002～2011年维扬区拆除违章建筑情况统计表

表5-4-1　　单位：万平方米

年　份	2002	2003	2004	2005	2006	2007	2008	2009	2010	2011
拆除面积	2.6	3.1	3.4	3.9	4.6	3.0	3.0	2.0	4.6	1.3

第五节　环卫管理

2002年前，郊区环境卫生管理工作由市环卫处统一负责。2002年，区环境卫生管理办公室成立，下设梅岭、双桥和西郊3个环卫所，负责辖区街巷、住宅小区、庄台卫生保洁，垃圾收集清运。

2002～2004年，成立蜀冈环卫所。新建垃圾中转场1座，新翻建厕所12座，新建垃圾房236座，新增垃圾桶和果壳箱2297只。其间，近郊西湖、平山、城北3个乡镇创建省级卫生乡镇，对近郊乡镇垃圾实行统一集中清运。为创建卫生城市和其他重大活动，共组织1.7万人次，出动车辆1600多辆次、板车2600多车次，集中清运暴露性垃圾1.1万吨。

2005 年，组建区渣土管理办公室。至 2006 年，全区新改建厕所 14 座，新建垃圾房 43 座，新配垃圾桶 477 只。

2007～2008 年，全区逐步实行道路保洁市场化运作，首先对扬子江北路、文昌西路进行试点，与万杨物业公司签订清扫保洁承包协议。随后区内 25 条主次干道全部实行市场化保洁。全区所有乡镇垃圾集中处置率 100%。先后建成红园和贾庄巷口等公厕 5 座，新建油田小区垃圾中转站 1 座，新建垃圾房 120 多座，新增垃圾桶、果壳箱等 660 只。

2009～2011 年，全区 232 条 45 万平方米道路街巷保洁全部实行市场化运作，并实行道路巷道清扫、绿岛保洁、"牛皮癣"清除"三位一体"市场化管理。实行清扫质量末位淘汰制，形成物业公司之间良性竞争。新建窦庄、四季园、维扬路等处垃圾中转站 8 座，改造旱厕 34 座。新增垃圾桶、果壳箱等垃圾容器 1500 多只(套)。

第六节　数字化城市管理

2005 年 7 月，扬州市被建设部确定为全国数字化城市管理试点城市。8 月，市委、市政府成立市数字化城市管理试点工作领导小组，建立"一级监督(市)、两级指挥(市、区)、三级管理(市、区、街道乡镇)、四级网络(市、区、街道乡镇、社区)"的数字化城市管理模式。同月，区数字化城市管理工作领导小组建立，领导小组下设办公室，办公室设在区城管分局。

2006 年 4 月，区政务信息中心和数字化城市管理中心建立。性质为全额拨款事业单位，合署办公，核定编制 5 人。4 月 18 日开通试运行，数字化管理覆盖双桥、梅岭两个街道，14 个社区，11 万人口。6 月 5 日正式运行至 12 月 20 日，共受理事项 13803 件，处置完毕 13653 件。区环卫办受理事项 2963 件，处置完毕 2951 件。

图 5-4-1　维扬区数字化城管监控室

2009 年 3 月，区政务信息中心和区数字化城市管理中心分设。区政务信息中心划归区政府办公室管理。区数字化城市管理中心划归区城管局管理。

2007～2011 年，区数字化城市管理中心共受理事项 21.2 万件，处置 19.87 万件。2011 年，全区数字化城市管理工作逐步实现信息化、标准化、精细化、动态化，确保数字化城市管理工作中出现的问题能够及时反映、及时处置、及时解决。

第五章　城市创建

1989～2011 年，扬州市创建成国家卫生城市、国家环境保护模范城市、国家园林城市、国家森林城市、全国优秀旅游城市等称号，获联合国人居奖。维扬区作为市区主城区之一，承担大量的具体创建工作任务。

第一节　创建国家卫生城市

一、全民健康教育

1990年,区健康教育领导小组和健康教育所建立。是年,在全区所有居民小区、工厂企业、单位、学校、医院开展健康教育活动。全区印发5万多份健康教育材料,区健康教育所在康乐社区开展"科技、文化、卫生、法律"四进社区活动;在平山乡开展健康知识竞赛活动;在各中小学开展"一个学生带动一个家庭、一所学校带动一个社区"的健康促进活动,全区所有医院设立健康教育宣传栏、健康咨询台、健康教育处方、健康活动室,全区主要地段和主要场所设立健康知识宣传栏56处。举办健康教育讲座两场,就合理膳食、适量运动、戒烟限酒、心理平衡等健康理念为主要内容进行健康知识教育。

二、整顿市容市貌

1990年,先后发放创建国家卫生城市的宣传动员材料2万多份,接受综合整治任务18批,853项,完成846项,取缔马路摊点、占道经营1116处,收缴各类占道经营作业工具630多件。对影响市容、市貌的违规行为处罚210起,清除辖区内承包河道杂草、漂浮物270多车次,刷新刷白沿街墙面9600多平方米,出新主次干道路牙2.36万米,拆除违章建筑近3万平方米,拆除雨阳篷260多个,拆除广告、店招396块,清除乱贴、乱画4300多处,横幅、条幅630多条。组织力量,完善"门前四包"(包市容卫生干净整洁、包园林绿化整齐美观、包市政设施完整无损、包公共秩序和谐有序)责任制,与沿街商店、企业、居民签订"门前四包"责任状,推动全民担负起城市市容环境卫生管理的责任。每条路段专门聘请一名路段长,每10户商户为一个小组,轮流值守,定期检查、评比,发放流动红旗,与1700多名沿街商户、企业、住户签订"门前四包"责任状。2002年,全区开展以提升扬子江中路、文昌西路等主干道市容环境为目标的综合整治活动,拆除各类违章建筑、披棚721个,取缔机动车洗车点26处,取缔占道经营点12处。此次整治活动,历时15天,参与人员1500人次。

三、环卫管理工作

1990年,投入200多万元,在双桥、梅岭两个街道兴建垃圾房168座,添置垃圾桶900多只、果壳箱500只,出动人员6.8万人次,机动车辆2600多辆次,整治路段43条,小区、庄台110多个,拆除违章建筑4000多平方米,清运垃圾1.6万余吨。在各主要路段和住宅区兴建垃圾池300多个,推广使用垃圾袋装化回收,减少垃圾对道路的污染。

2002年,全区开展向垃圾宣战的专项活动,组织区、乡镇机关干部、广大村(居)民清除住宅小区、庄台、小街小巷内的卫生死角和暴露性垃圾、杂草、乱堆乱放物。在突击整治中,共出动干部群众9.61万人次,各类车辆3800多辆次,清运暴露性垃圾3000多车,消灭卫生死角280多处。新组建的维扬区环卫处职工,对城区内主次干道,实行保洁定人、定岗、定路段办法,从早晨5:00至晚上10:00全天候保洁,确保每条道路卫生、整洁。

四、除"四害"

2002年,全区集中开展6次除"四害"工作,先后投放鼠药2.8吨,灭蟑药1.55万盒,灭蝇药敌敌畏3200多瓶,蚊蝇敌260多瓶,除害净300瓶,粘鼠板1800多张;发放除"四害"宣传资料1万多份,全区"四害"密度全部控制在国家标准以内。

五、改水改厕

2000年起,区爱卫办对地处城市边缘、尚未完全实现自来水全覆盖和无害化户厕改造工作的平山、西湖、城北3个乡镇开展改水改厕扫尾活动,乡镇每年拿出100万元用于改水改厕工作。乡镇为每户配套改厕资金400元,由区卫生局按照全国爱卫办"三格式、无害化"改厕要求推进无害化户厕改造工作。至2004年,3个乡镇共改造三格式无害化厕所3100座,改厕工作达到无害化厕所占98%的要求。

六、卫生监督

1990年起，区卫生监督所要求各食品生产经营单位持有有效卫生许可证，张挂上墙，亮证经营。全区各食品生产经营单位均有专兼职食品卫生管理人员，卫生管理组织网络覆盖基层岗位。食品从业人员上岗前参加市疾控机构卫生培训电教中心卫生知识培训，取得健康证和卫生知识培训合格证后方可上岗。全区有一定规模的餐饮单位均采用洗碗机等高效热力消毒设施，其他单位采用热力和药物相结合的消毒方式，确保消毒效果，是年检测全区餐具消毒合格率98%。全区建有完善的食物中毒等突发事件监测、处置体系，做到应急反应及时、处理得当，食物中毒事故原因查明率100%。历时13年，至2002年10月，扬州市获"国家卫生城市"称号。2003年底，平山乡、西湖镇获省爱卫办授予的"江苏省爱国卫生乡镇"称号。

1994～2003年受省表彰的爱国卫生先进单位一览表

表5-5-1

年　份	卫生单位	卫生村
1994	扬州瘦西湖公园　扬州宾馆	—
1998	扬州市湾头镇　扬州金陵西湖山庄	双桥乡武塘村　平山乡平山村　城北乡梅岭村　城东乡沙口村
1999	—	双桥乡石桥村　平山乡堡城村　城东乡新民村　城北乡卜杨村
2001	扬州市旅游学校	—
2002	双桥街道康乐新村	—
2003	—	西湖镇司徒村　平山乡朱塘村　平山乡荷叶村

第二节　创建国家环境保护模范城市

一、发展生态经济

2003年后，全区各级政府和有关企业运用生态经济学原理和系统工程方法，大力发展投入少、产出高、排放少、能循环、可持续的生态经济。2005年，配合扬州市编制《扬州市循环经济建设规划》，并鼓励全区有条件的10多家企业开展循环经济试点。2006年协助维扬经济开发区编制《省级生态工业园区建设规划》，并指导实施。2011年，维扬经济开发区创成省级生态工业园区。

二、企业生态化改造

2003年起，在园区建设中，注重开展生态设计，推行清洁生产，对企业实施全方位生态化改造，努力实现经济建设与环境保护"双赢"。推动工业企业集聚发展，实现工业企业清洁生产，强化工业企业环境管理。

三、污染减排

2003年后，按照创建国家环保模范城市的要求，完善环境基础设施建设，根据污染减排、环境扩容、城市发展等实际需求，系统性建设一大批环境基础设施，一是截污导流设施建设，二是发展清洁能源，三是解决垃圾处理问题，四是实施饮水安全工程，城市环境功能日趋完善。至2011年，全区生活污水集中处理率提升到89.58%，工业固体废物处置利用率提高到98.96%，生活垃圾无害化处理率保持100%。全区4家乡镇以上医疗机构及村级医疗单位全面实现医疗固体废物集中无害化处置。

四、优化人居环境

2002年后，全区围绕优化人居环境，开展城市环境综合治理，整治污染，修复生态，美化环境，体现“古今辉映、水绿相依、精致宁静”的城市个性。建设“亲水”城市，实施蓝天工程，恢复绿杨城郭。至2011年，建成沿路、滨河、环城三大“绿色长廊”，蜀冈西峰生态公园，50多个公共小游园。蜀冈西峰生态公园、万花园、笔架山景区等272.93万平方米绿地得到永久性保护。

第三节　创建联合国人居奖城市

2002年，市政府决定申报“中国人居奖”。区成立由区长任组长，区政府相关部门参加，社区、居民代表参与的居民住房条件改善工作领导小组，负责人居目标制定，组织指导人居项目实施。

2003年起，区政府针对人居环境保护的薄弱环节，相继开工建设四大人居工程：一是住宅小区整治和城中村改造工程，二是城市道路改造和农村道路通达工程，三是拆迁安置工程，四是广场建设工程。建成维扬广场、便益门广场和友谊广场。

2006年，扬州市获联合国人居奖。

第四节　创建国家园林、森林城市

一、国家园林城市

2001年8月，市委、市政府成立市创建国家园林城市领导小组和创建指挥部。

扬州市创建国家园林城市，以维扬区境内总面积12.23平方千米的蜀冈—瘦西湖风景名胜区为龙头，以规划引导建设。区政府配合或独立完成六项工程：一是对流经市区的古运河和市区河道沿岸建设绿化带，再现扬州水城美景；对西北绕城公路、宁启铁路等重大工程构建50～100米防护林带；对城市出入口增加绿地面积，形成“先见绿色后见城”的绿化效果；重新建设文昌路、扬子江路等多条道路绿地，美化城市街景。二是新建市民广场，为广大市民创造良好的绿色休闲空间。三是创建园林式单位和园林式居住区。主干道两侧的单位全部拆墙透绿、拆违增绿，单位绿化与道路景观融为一体。四是蜀冈—瘦西湖风景名胜区新建和复建瘦西湖二十四桥景区、湖滨长廊、大明寺栖灵塔、宋大城遗址等建筑，将古典园林的造园技法融合于城市园林绿地之中，新城老城和谐共生。五是加强古树名木的保护管理，杜绝擅自侵占、破坏城市绿化和砍伐树木的行为。六是调整产业结构，大力发展都市观光农业。

至2002年末，建成区城市绿化覆盖面积2029公顷，绿化覆盖率37.9%；绿地面积1835.5公顷，绿地率34.3%，人均公共绿地面积9.21平方米。境内先后新建维扬广场、市民广场(廉政广场)、便益门广场、友谊园、国际友好园等多处街头绿地，以及漕河、邗沟、古运河风光带。全市39家省级园林式单位，其中12家在区内。四季园小区、康乐新村、东方百合园小区等被评为省级园林式居住区，新庄新村、锦旺苑小区、扬州大学苏农五村等被评为市级园林式居住区。

2003年8月，扬州市创建国家园林城市工作通过省创建国家园林城市考核组的考核。2003年11月，建设部创建国家园林城市专家组检查考核扬州市创建国家园林城市工作，宣布扬州市已达到创建国家园林城市标准。2003年12月，建设部发布《关于命名国家园林城市的决定》，扬州市被命名为国家园林城市。

二、国家森林城市

2009年后，围绕创建国家森林城市目标，结合“绿色维扬、生态维扬”建设，全区以道路、景观、示范村、成片林建设为抓手，实施沿路风光带建设工程，完成宁启铁路、润扬北路、新甘泉大道、扬菱路(瘦西湖路)、扬子江北路、运河北路等28条道路的绿化和提升改造，栽植乔木8.5万株，绿化长度35千米，造林 172.49 公顷;完成西北绕城公路(启扬高速)扬州北出入口绿化提升工程,总投资 3705 万元,绿化 11.2 公顷,栽植乔木 8500 多株、灌木 1.5 万株,铺植草坪 9.8 公顷;实施十里蜀冈生态长廊、四季园小区绿地广场、漕河风光带等绿地广场提升建设工程,绿化造林 37.89 公顷,栽植乔木 1.2 万株、灌木 1.8 万株,铺植草坪 1.5 公顷;完成西湖花苑、碧水栖庭等 36 个小区绿化以及扬子江北路、运河北路沿线 18 家企业的绿化提升工程;28 个村按照省级绿化示范村要求,共绿化造林 140.01 公顷,四旁植树 26 万株。至 2011 年,全区造林总面积 933.34 公顷,成片造林 800.01 公顷,栽植树木 62 万株,新增绿地 30 公顷。

第六编

改革开放

80年代，全区经济体制改革全面推开。1982年起，全区农村全面推行家庭联产承包责任制，赋予农民生产自主权，农业生产方式发生变革。90年代中后期，进一步完善农村家庭联产承包责任制，开展土地二轮承包，推进适度规模经营，加快农业产业化步伐。2002年起，实施农村税费改革，农民收入稳步提高。2011年，全区农民人均纯收入15379元，比1989年农民人均纯收入784元，增长19.61倍。农村改革推动城市改革，工业、建筑业、商贸服务业改革有序展开。80年代末期，全区工业、建筑业、商贸服务业企业在开展管理体制、经营机制改革后，开始产权制度改革试点。至1994年，全区工业、建筑业、商贸服务企业全面进入产权制度改革。通过多元投资主体股份制改造、出售、兼并、职工身份置换、企业破产、清理等改革，实现生产要素合理配置与流动，出现一批私营、股份制、股份合作制企业。新的经济体制与机制焕发出新的生机，为全区经济健康快速发展提供有力保障。

全区外向型经济起步于农副产品对外出口。至1988年，外贸企业发展到36家，外贸产品发展到7大类50多种，主要有长毛绒玩具、玉器工艺品、运动健身器材等。1988年，西湖镇西湖玩具总厂与香港钟山有限公司、省轻工(集团)进出口公司共同出资成立合资企业扬州乐凯玩具有限公司，拉开引进外资及港澳台资序幕。1989年，以外贸收购额100万元以上骨干企业和拳头产品为重点，逐步形成具有郊区特色的货源基地，外贸收购额5172.9万元。1991年，新建中外合资雅伦玩具有限公司，外向型经济开始由外贸出口为主向引进外资及港澳台资转变。1992年，区政府印发《郊区鼓励发展外向型经济的奖励政策》，全区利用外资和外贸工作均取得较大发展，新增外资及港澳台资企业5家，总投资309万美元；外贸收购额1.86亿元，比上年增长72.48%。1994年，全区累计兴办外资及港澳台资企业98家，合同利用外资及港澳台资3688万美元，实际利用外资及港澳台资959万美元。1996年，新办外资和港澳台资企业13家，项目总投资1890.3万美元，实际利用外资及港澳台资1005万美元，外贸收购额14.37亿元，外贸自营出口5300万美元。2001年3月，区委、区政府印发《关于举全区之力招商引资的决定》。2002年，以江阳工业园为载体，签订外资及港澳台资项目10个，总投资2240万美元。是年，全区合同利用外资及港澳台资6760万美元，实际利用外资及港澳台资1430万美元。2004年，全区合同利用外资及港澳台资1.95亿美元，实际利用外资及港澳台资4329万美元，投资500万美元以上项目11个。2006年，合同利用外资及港澳台资3.81亿美元，实际到账5153万美元，其中注册500万美元以上项目13个。2008年，全区合同利用外资及港澳台资5.57亿美元，比上年增长54.1%；实际到账外资及港澳台资1.2亿美元，比上年增长52.5%。2010年，区委、区政府坚持狠抓"重大项目、重要产业、重点企业"，强势推进招商引资和项目建设。全年组织大型招商活动5次，完成外资及港澳台资到账1.92亿美元，实施亿元以上工业项目38个、重点服务业项目55个。至2011年，全区累计兴办合资企业226家，累计投资总额29.93亿美元、注册资本18.8亿美元，合同利用外资及港澳台资16.07亿美元。

第一章 经济体制改革

第一节 农村经济体制改革

一、家庭联产承包责任制

1982年，城东、城北、双桥3个乡推行土地大包干责任制，改变过去"三级所有，队为基础"的农村经营管理模式。1984年，区委印发《关于全区推行农村联产承包责任制的意见》，全区6个乡、1个国营场圃均实行联产承包责任制。首轮土地承包期限15年，始于1982年，止于1997年。

1998年,市委农工部组织召开二轮家庭联产承包责任制工作会议,举办全市土地联产承包政策业务培训班。6月,市委、市政府印发《关于进一步稳定和完善农村土地承包关系的意见》,全面开展土地二轮承包工作,将承包期延长为30年。区委、区政府从"服务城市,以蔬菜生产为主"的实际情况出发,稳妥推进二轮土地承包工作,实行大稳定、小调整,基本上延续首轮土地承包关系。对以生产蔬菜为主的乡(城东乡、双桥乡)进行灵活处置,二轮家庭联产承包期按5年发包;对以粮食生产为主的乡镇(湾头镇、西湖镇)和半粮半菜生产区(汤汪乡、城北乡、平山乡)实行分开管理,生产粮食的村、组二轮承包期按政策要求发包30年,生产蔬菜的村、组按5年发包。全区对7个乡镇72个村4670多公顷土地进行续包,共计发放土地承包经营权证书4.05万份,其中粮食生产区2.65万份,蔬菜生产区1.4万份,承包经营权证书发放到户率98.1%。1998年末,第二轮土地承包发包工作全面完成。

二、农村税费改革

2002年,全区开始实施农村税费改革,主要是"三取消、两调整、一改革",即取消乡统筹费,取消农村教育集资等面向农民征收的行政事业性收费和政府性基金、集资等,逐步取消劳动积累工和义务工;调整农业税,调整农业特产税征收;改革村级提留征收使用方法。区、乡、村三级实现"减负、稳定、运转"目标。农民负担稳中有降,2002年,农民人均减负68.55元。

2004年,国务院决定5年内取消农业税。是年,维扬区在全市率先实现免征农业税,提前5年取消农业税。农村税费改革和农业结构优化调整,大大提高农民收入。农村税费改革前的1998年,全区农民人均纯收入3893元,2002年增加到5285元,增长35.75%。2011年,全区农民人均纯收入15379元,比2002年人均纯收入增加10094元,增长52.36%。

三、农村专业合作经济组织建设

1999年,全区建立第一家农业专业协会——金鱼业商会,拥有会员180人(户),在传统以家庭为单位养殖金鱼的基础上,扩大金鱼养殖范围,从城北乡梅岭村拓展到该乡槐南村、瓦窑村。平山乡雷塘村和丁魏村合建20公顷规模的大型金鱼专业养殖场。全区金鱼养殖从零散型家庭副业向集聚型观赏鱼产业发展。金鱼业商会组织技术交流、外出参观学习,开展品种更新、改进饲料加工、鱼病防治和组织销售等方面活动,推动全区金鱼业发展。至2005年,全区观赏鱼水产养殖面积16公顷,年产各类观赏鱼700多万尾,实现销售额500多万元、利润70多万元。继金鱼业商会成立后,全区先后成立盆景协会、花木协会、兰花协会。2009年,经工商部门注册登记的农民专业合作社10家,其中养殖专业合作社3家、种植业专业合作社5家,带动农户2273户;组建土地股份合作社11家,入股土地面积81.1公顷,入股农户1040户;组建农村社区股份合作社57家(其中村级10家),折股量化净资产1.15亿元。润扬豆品专业合作社被扬州市命名为"十强"农民专业合作社,甘泉四维特禽养殖专业合作社、黄金村社区股份合作社被命名为市级示范农民专业合作社。至2011年,全区共成立"三大合作"组织105家。其中农村专业合作经济组织18家,入会入社农民6800人,带动农户4080多户,占全区农户总数38%;成立土地股份合作社19家,入股土地208.44公顷,入股农户1090户;组建农村社区股份合作社68家。合作社采取保底分红、固定分红等形式确保入股农户得到收益。是年,一批农民专业合作联社成功实现产销对接、农超对接。润泽农产品销售合作社在市区开设农产品超市6家。

图6-1-1 甘泉农民在家门口的润扬豆品专业合作社就业

第二节　工业体制改革

一、经营机制改革

1983年，全区工业企业有区属集体工业企业、乡村组集体工业企业和个体、联户办私营工业企业，分别占全区工业企业数4.4%、84.8%、10.8%。乡村组集体工业企业是全区工业企业主体，也是工业企业改革重点。

1984年，区委、区政府组织乡镇场党政负责人赴无锡县堰桥乡学习乡镇工业企业实行"一包三改"承包经营责任制经验，在全区推行"一包三改"承包经营责任制，即包经济承包指标(含工业产值、技术改造投入、盈利积累和税费上缴等指标)，改干部任免制为选聘制、改固定工资制为浮动工资制、改工人长期用工制为合同制，打破"铁饭碗"，企业干部、职工收入与企业经济效益挂钩。是年，全区262家乡村工业企业，实行"一包三改"的企业有238家，占90.84%；其余24家"小、微、亏"企业实行租赁制承包，通过租赁承包把所有权和经营权分开，其集体所有制性质不变。1985年，全区推行集体承包，实行厂长负责、一年一订、综合考核的承包经营责任制。适当划小内部核算单位，有条件企业实行车间向厂部承包。1986年，强化工业企业内部改革，企业营销普遍推行"定销售量、定资金回笼、定费用包干、定奖惩办法和浮动工资"的"四定一浮"销售承包责任制。是年，全区工业产销率较上年增长8.8%，三项资金(库存产品积压资金、应收款和发出商品货款)占用下降3%。

1989年，根据企业生产经营状况对承包经营形式和内容实行一厂一策，因企制宜。主要承包经营形式和内容有"招标承包""递增包干""定额包干""扭亏包干""费用包干""基数包干、超收分成""专项承包"和"联产联利联耗包干"等。承包经营期一般3年，少数企业延长至4年。由主管部门与承包人签订合同，办理鉴证手续。为确保承包经营责任制落实，每年年末各乡镇组织专业审计队伍，税务、财政、银行有关部门派员参加，对照承包经营合同，核查企业经营实绩，进行年度考核审计。区计经委、区工业局、区劳动局和区审计局等部门，对乡镇审计结果进行抽查复审。是年起，为增强承包经营者风险意识，全区工业企业普遍推行风险抵押制度。承包者须缴纳承包风险金，未完成利润指标的，从承包风险金中扣除，解决"负盈不负亏"的问题。

1990年，区委、区政府印发《关于完善乡镇工业企业承包经营责任制若干问题的意见》，明确1991年起，在承包形式上，以集体承包为主。承包方不再由个别经营者承包，改由企业经营集团承包，由企业厂长(经理)及厂级(公司级)其他领导成员组成承包集团。厂长(经理)是主承包人，对承包经营负主要责任。对小型、微利、亏损企业租赁承包，取消"一脚踢"(租赁方每年只需向出租方缴纳一定租赁费用，其余均由租赁方处置的一种租赁经营模式。极易造成租赁方短期行为，导致企业内亏严重，甚至租赁期内停产歇业)。对符合国家产业政策，有一定管理水平和发展后劲，生产前景比较明朗的乡镇重点骨干企业，报经区政府审核批准，可适当延长承包期至5年。在考核指标上，进一步健全考核体系，加强3项指标考核，即经济效益指标考核(净产值、销售收入、实现利润、上缴利税、销利率、资金利税率、百元净产值工资含量、三项资金占用数、外贸收购额等)、企业发展指标考核(提全提足各项费用和计税工资、技术改造、新品开发、固定资产增值、流动资金增补)、企业管理指标考核("七项管理"基础整顿、升级目标、全员劳动生产率、主要原材料耗用率、产品质量、安全生产、治安保卫、环境保护和精神文明建设)，各项承包基数力求科学合理。在经营者选择上，保持相对稳定、严格考核。为稳定人心，避免承包者短期行为，对承包期满的承包人，只要具备条件，动员其续包。确需调整的，由上级委派或在企业内部采取招聘、推荐方式选用。在年终奖惩兑现上，采用百分制或千分制对经营承包者进行年度考核。企业经营成效显著的厂长(经理)收入可高于企业职工年均收入1～3倍。经营者未完成承包合同的，扣减其收入，直至保留基本工资的50%。企业领导班子成员也承担相应的经济责任。凡更换承包经营者的企业，均进行全面审计，以分清前后任的经济责任。

1992～1995年,继续实行承包经营责任制,为期4年。其间,1992年,企业承包实行"生产要素承包,资产滚动增值"做法。1993年,70%的"小、微、亏"企业推行"改、卖、包"等改革措施。1995年,全区乡村工业完成产值35.4亿元,比1991年的6.65亿元增长4.32倍;实现利税2.66亿元,比1991年0.51亿元增长4.21倍。由于主客观因素,企业承包经营责任制存在产权不够明晰、责任不能完全分清的问题,造成"厂长负盈、企业负亏、银行负债、政府负责"的被动局面,迫切需要实施以产权制度改革为核心内容的企业制度改革。

二、产权制度改革

股份合作制　1985年9月,区政府在市电扇厂和市电力机具厂两家企业试行股份合作制。股份构成为企业集体股、职工名义股、个人持币股。其中职工名义股是从原企业收益积累资产中剥离80%的资产,依据相关条件和系数在持股职工名下形成的股权。试点单位制定股份合作章程,明确股东权利、义务及分配、管理等规定,选举产生董事会和监事会,实行董事会领导下的厂长责任制。1986年2月,在市电力机具厂召开推行股份合作制现场交流会,加快推行股份合作制步伐。是年,在市管道工具厂、市钢窗厂、市西湖工具厂等15家企业开展股份合作制改造。至1988年末,全区共有股份合作制企业56家,其中乡办企业36家、村办企业20家,共吸收个人持币股股金367.7万元。

1989年6月,区体改委对推行股份合作制企业进行跟踪调研,区委转发区体改委《关于认真做好股份合作制配套完善工作的意见》。调查中发现,有的企业把股份合作制作为一种集资手段,股金一收了事,不抓制度建设,未按股份合作制要求建立新的企业运行机制。企业对股金普遍管理不严。有的用股金归还以往集资款,没有建立股金账目,甚至退股只凭厂长一句话。大多数企业对股份制配套、完善工作不力。企业资产评估手续不完备,股东代表大会流于形式等。针对出现的问题,区委要求,所有股份合作制企业必须制定股份合作制章程。对职工个人所投的持币股,明确要求拿出部分直至一半作为基本股,其余作为期限股。股票按基本股、期限股两种全部发放到持股个人,建立股金专用账户。纠正、取消职工名义股,不再把集体资产剥离。所吸股金只限于增加企业流动资金,严格控制固定资产投资。强化风险意识,股金不得既保息又分红,股东参股有风险,形成利益共享、风险共担的风险机制,切实做到职工切身利益与企业经营好坏挂钩。

至1994年,全区工业企业产权发生明显变化,基本实现"3个三分之一"。股份合作制企业累计118家,占全区工业企业总数32.7%,吸收股本总数1.52亿元;利用外资及港澳台资兴办合资企业99家,占全区工业企业总数的26.8%;与国有大中型企业、科研单位和大专院校挂靠为重点的横向经济联合企业115家,占全区工业企业总数31.1%。全区推行股份合作制的企业,由于职工人人参股,经营者投股不多,与责、权、利不相适应,董事会领导下的厂长负责制流于形式。1997年起,逐步转入以建立现代企业制度为主的企业改制。

资产重组　1985年,市城北五金厂与市城北锉刀厂合并,成立市电扇厂,生产五亭牌电风扇。1987年6月,市电扇厂与国营南京长江机械厂联合,成立扬州捷康集团有限公司。长江机械厂将两条蝙蝠牌电扇生产线及"蝙蝠"注册商标、销售经营渠道全部转移至捷康集团,这是全区首家跨地区、跨所有制的资产重组企业。1989年,平山乡平山村村办企业市平山钣金厂挂靠扬州客车制造总厂,实行松散型联合,生产亚星牌JT663型客车外壳,供总厂组装。1993年6月,市平山钣金厂与扬州客车制造总厂实行紧密型联合,共同出资1300万元,组建扬州客车制造总厂特种车辆厂,生产亚星牌双层卧铺客车和普通客车。1995年,成为省级亚星客车集团核心成员单位之一。至2005年,全区共有43家企业通过联合、兼并、组建集团等多种形式进行资产重组。

歇业破产　1997年,扬州乐凯玩具有限公司受外部国际市场变化和内部企业管理不能适应规模扩张等多种因素影响,难以维持正常生产,3方投资主体一致同意歇业,在清算企业资产后宣布破产解体。解体后,存量资产切割分块,由原公司中高层管理人员出资买断部分资产,引领部分职工重新组合,先后成立嘉瑞琪、雅伦、利达、磁扬、万坤、杰越、宏盛等玩具企业。区属企业市轧钢厂,是生产直径6.5～12

毫米建筑用小型钢材的轧制企业，能耗高、效益低、污染大，不符合国家产业政策，2004年起生产不正常，处于停产、半停产状态，至2007年经法院审理后宣布破产。企业场地置换开发房地产，原有98名职工中，95名职工的工龄经买断后依法解除劳动合同关系。至2005年，全区有破产歇业工业企业45家。

双置换　1997年，区委召开全区企业改制工作会议，印发《完善企业产权制度改革工作意见》《终止国有、集体企业性质工作实施办法》等系列文件，启动改制企业"双置换"（即置换投资主体、置换职工身份）工作。汤汪乡是全区工业企业改制试点乡，在实施企业改制中，坚持"谁投资、谁所有、谁受益"的产权界定原则，对部分小企业通过先售后股、先抵后股、先赊后股、先租后股、增量扩股、零资产出售等多种形式实行资产置换。放手发展私营个体经济，加快非公有制工业经济发展。是年，该乡拍卖工业企业4家，收回资本41.4万元；兼并7家，资产重组176万元；转为私营个体企业21家，资产1360万元；建立有限责任公司2家。

1998年，全区对挂集体牌子，长期处于个人负盈、集体负亏的戴"红帽"工业企业全面进行产权改制。至2002年，全区摘"红帽"企业377家，其中建立股份合作制企业104家、有限责任公司23家、歇业45家，其余205家转为民营企业，并及时更换营业执照。

至2005年5月，全区共完成445家工业企业改制工作，改制面99%，改制企业职工身份置换率100%。2005年后，全区工业企业改革重点转为加快非公有制经济发展，培植、引进规模私营企业，发展私营个体经济。2006年，全区500万元以上规模私营工业企业54家，较2001年增加40家；实现产值23.74亿元、利税1.01亿元，产值、利税分别增长8.5倍和9.3倍。至2010年，全区500万元以上规模私营企业154家，较2006年增加100家；实现产值114.48亿元、利税6.75亿元，产值、利润分别增长3.82和5.68倍，私营企业成为全区工业经济主力军。

第三节　建筑业体制改革

一、产权制度改革

1989年，区直属建筑企业有3家：市第四建筑安装工程公司、市第四工业设备安装工程公司、江苏环建建设集团公司，企业性质均为区属集体企业。市邗沟装饰工程公司隶属于城北乡卜杨村，企业性质为村办集体企业。

1993年，市邗沟装饰工程公司与日本日模株式会社以中方75%、日方25%投资比例共同组建中外合资企业——扬州日模邗沟装饰工程有限公司，是区建筑系统唯一一家中外合资企业，中方投资主体为城北乡卜杨村。2000年，公司进行二轮改制。中日双方投资比例不变，公司法人代表从卜杨村一次性买断产权，改为由自然人控股与外方合资的合作企业。

2001年，区直属建筑企业启动产权制度改革。8月，市第四工业设备安装工程公司由集体所有制企业改制为自然人控股的民营企业，更名为市恒进设备安装工程有限公司，注册资本1065万元。2002年6月，市第四建筑安装工程公司由集体所有制改制为自然人控股的民营企业，更名为市第四建筑安装工程有限公司，拥有固定资产2100万元。2003年，江苏环建建设集团公司由集体所有制改制为自然人控股的民营企业，更名为江苏环建建设投资有限公司。2006年9月，该公司与中国机械工业建设总公司结为战略性合作伙伴，由江苏环建建设投资有限公司配股给中国机械工业建设总公司参与分红，企业更名为中机环建建设工程有限公司，公司注册资本5100万元。

二、项目经理负责制

1997年以前，建筑施工管理均由公司职能部门指派专人负责管理。1997年起，市第四建筑安装工程有限公司率先在公司内部推行项目经理负责制。在该公司第二工程处承建的扬州郊区运输公司综合楼项目，首先试行项目施工承包管理。项目经理对工程项目实行全过程承包，独立核算，施工所用设备实行内部租赁，由项目经理统一调配材料、人员和资金，并对项目成本核算、工程质量、安全生产、工程款回收等经营活动负总责。项目经理不因承包工程项目而改变与原单位的行政和业务关系。1998年，市第四工业设备安装工程公司和江苏环建建设集团公司两家企业均实行项目经理负责制，对各自承建的规模工程，推行项目施工承包管理。项目经理经过培训考试合格后，持证上岗。

至2005年，全区建筑业拥有一级项目经理28人、二级项目经理110人、三级项目经理290人，项目经理部逐步取代建筑业工程队(处)等内设机构，成为企业组织实施项目的主体。

三、人事制度改革

1989～2005年，区属建筑企业在改制过程中，对人事、用工和分配制度进行相应改革。首先，精减人员、优化结构，取消档案工资，实行岗位工资，从公司各科室、工程处到承包队组负责人进行竞争上岗，层层选聘，对落聘人员实行待岗，逐步形成公平竞争、注重效率的新机制，着力解决捧“铁饭碗”、吃“大锅饭”弊端。同时，试行代理制、试用制和助理制，直接从大学毕业生中招聘人才，加大后备干部队伍培养力度。1989年起，全区建筑企业把职工技术培训作为人才发展战略，推荐优秀骨干到职大、电大脱产学习，进行学历培训；区建设局委托市第四建筑安装工程公司开办职工培训学校，先后举办培训班6期，培训187人次。各建筑企业还组织职工参加省、市有关部门组织的各项培训，包括职称培训、项目经理培训、施工员培训、预算员培训、安全员培训等。先后培训各类专业技术人员1000多人次。2011年，全区建筑企业拥有职称的工程技术人员1286人，其中高级和中级职称人员324人。

第四节　商贸服务业体制改革

一、经营机制改革

“四放开”经营　1992年起，全区商贸服务企业全面实行经营、价格、用工、分配“四放开”，除烟、盐、粮食等国家专控商品外，大多数商品逐步退出计划分配，企业自主经营、自行进货、自主定价；用工除国家统一分配大中专毕业生及退伍军人外，其余由企业自主招聘和辞退，推行职工优化组合竞争上岗和干部公开招聘，形成能上能下竞争机制；分配实行工效挂钩、上下浮动、利润包干、超利分成、联销联利计酬、万元销售工资含量等多种形式。至1997年，全区商品供应从计划管理逐步转向面向市场经营，物资、商业企业不再受以往商品经营分工限制，呈现多种经济成分、经营形式和营销渠道并存的竞争机制。

承包经营　1989年，全区物资系统有物资总公司、机电设备公司、木材公司、生资公司等10家单位。商业系统有市环球商场、扬州文昌商场、市郊区新大新家电总汇等12家企业。1990～1992年，全区商贸企业全面实行承包经营责任制和经理负责制。承包经营形式有“承包基数、超利分成”和“三包一定”，即包销售、包费用、包利润(毛利)，定报酬，承包面100%。至1992年，为期3年的承包期结束。第一轮承包企业销售、利润有较大幅度增长。是年，区机电设备公司完成销售1.04亿元、利税103万元，承包期3年每年均以20%以上幅度增长，成为全区物资系统销售首超亿元、利税超百万元的龙头企业。1993年起，实施第二轮承包(续包)。在新一轮承包中，增加基数递增承包、超收全留、风险抵押承包和硬性扭亏包干承包等形式。企业内部内包和外包同步落实，指标落实到每个职工，层层包、层层保。

组建商贸(集团)总公司　1994年，全区物资系统按照“小行政、大实业”思路，探索行业管理部门向经济实体过渡改革路子，整合成立扬州兴城物资集团总公司。1997年，该集团总公司因连锁债务链困扰而解体。

二、产权制度改革

股份制和股份合作制　全区商贸服务企业产权制度改革始于1992年。1993年，市环球商场实施股份制改革。经省市体改委批准，向社会公开募股成立股份有限公司，核定总股本金3000万元，更名为扬州环球商厦股份有限公司，是扬州首家成立的规范化股份制商业企业。2001年9月，该公司宣告破产。破产后，其场地出租给上海世纪联华超市。2000 年 3 月，区属新大新家电总汇进行股份合作制改造，由原企业法人代表投股 45 万元、职工参股 5 万元，成立股份合作制企业市新大新家电有限公司，注册资本 50 万元。

1998 年，区物资系统在机电设备公司率先推行股份合作制，公司 28 名职工全员参股，组建市中联机电产品销售有限公司，注册资本 57 万元。1999 年，区化轻公司改制为金太阳化轻产品销售有限公司，区物资公司改制为机床工具有限公司。至 2002 年，全区 85％商贸企业实施股份制改革。

资产重组 1998 年，区金属材料公司、区生资公司和区长城公司(原区人武部所属企业)等 7 家企业处于追货款难、资产被保全和账户被查封的被动局面。区财贸委设法使固定资产变现，把区生资公司大楼部分办公用房、运河南路仓储用地、区物资公司汶河南路办公和经营用房、区机电设备公司荷花池经营用房等盘活，产生 800 多万元有效资产。针对部分尚有市场份额、业务骨干和经营渠道的单位，利用原业务骨干和经营渠道，重组燃化贸易中心、矿产资源中心、远东化工金属材料贸易中心和中联机电产品销售公司等 4 家企业，职工得到较好安置。

歇业破产 1997 年，区物资系统扬州兴城物资集团总公司累计负债 4330 万元(不含银行罚息)，无法维持正常经营，企业破产。1998 年，难以为继但不符合破产相关条件的区木材公司、区煤炭公司、区物资开发公司等 7 家公司宣布歇业。至 2004 年，全区商贸服务企业破产两家、歇业 7 家。

“双置换” 2002 年，区商贸服务企业实施产权关系置换改革，公有资本逐步退出，改制为民营企业；职工身份置换，由“企业人”转变为“社会人”。通过资产评估，制定职工买断工龄经济补偿方案等程序，分期分批推进。2004 年 7 月，区属西湖山庄实施改制。该企业是全区国有资本最多和最后一家退出公有资本的商贸服务企业。是年末，西湖山庄 124 名在册职工身份置换工作全部完成，其中两人办理退休手续(其中 1 人提前退休)，1 人办理病退，121 名职工签订调整劳动关系协议书(11 人选择置换职工身份，108 人选择解除劳动合同，2 人选择协保)。职工返聘及重新录用上岗率 93.3％。改制中，企业用 298.3 万元支付改制职工转换身份置换金和退休、协保、病退人员安置费以及欠发加班费等。8 月，西湖山庄原有资产以 5104 万元出售给南京汇金房地产公司，并变更为扬州家天下西湖山庄酒店有限公司。至 2005 年，全区商贸服务企业改制结束，国有、集体资本退出率和职工身份置换率均达 100％。

第二章 外向型经济

第一节 招商引资

一、政策举措

优惠政策 1989 年后，全区加快配套设施建设，注重政策引导和协调服务，为发展外向型经济营造良好投资环境。区政府在制定招商引资优惠政策时坚持，凡是国家、省和市出台的各项优惠政策，在全区都能得到充分落实；凡是国内同类地区实行的各项优惠政策，同样可以参照执行；凡是中外客商新办、注册资本较大、合同外资较多的生产性企业，其享受优惠政策可个案处理。2001 年 7 月，维扬经济开发区建立。为推进园区建设，区委、区政府进一步加大招商引资政策引导力度。土地供应实行“一事一议”，在用地指标安排、土地价格、规费收取等方面，予以政策范围优惠服务。原则上用于保障国家和省批准的重大外资工业项目，凡国家批准的重大外资工业项目必须确保供地；对于重点工业项目，根据

计划供给可能性,优先安排供应;对极个别重特大项目,土地出让业务费、土地用途变更费、国有土地有偿使用费等相关费用只需上缴省、市部分,区级部分予以照顾减免。对重特大工业项目,按序时进度建设期间内,参照国内同期最优惠条件,按项目实际投资额分期奖励,并给予多种税收优惠,实行开票收入税点返还、投资总额内进口自用设备免征关税(除《外商投资项目不予免税的进口商品目录》所列商品外)、奖励资金免收个人所得税等优惠。

奖励政策　1989 年,区政府制定《关于鼓励发展外向型经济的奖励规定》,明确对企业利用外资及港澳台资有贡献的人员实行嘉奖。利用外资及港澳台资 30 万美元以上项目,对项目引进人予以 3000 元奖励等。1991 年,修订《扬州市郊区鼓励发展外向型经济的奖励规定》,更具体地对项目单位给予多方面奖励。

2001 年,区委、区政府制定《全区工业外向型经济目标管理考核意见》,对各部门和乡镇实际利用外资及港澳台资等方面考核做出明确规定,采用百分考核办法,对各部门和乡镇场进行考评。2002 年,区委、区政府组织招商引资工作开门红赛、过半赛、攻势赛、冲刺赛,并分别制定考核办法,加大招商引资奖励力度。

招商活动　1989 年后,区政府每年召开全区招商引资工作会议,部署任务、签订责任状,全区上下联动,开展节会招商、推介招商、媒体招商等活动,落实项目,引进资金,兴办企业。1991 年,在扬州琼花艺术节期间共邀客商 46 人,其中外商 22 人,签订项目 4 个。9 月,赴上海参加海峡两岸经贸洽谈会,签订项目两个。其后,每年参与扬州琼花艺术节、"烟花三月"国际经贸旅游节、二分明月节、中秋赏月会、金秋招商会、"迎新春"招商活动等。坚持"引进来"和"走出去"并举。多批次外出招商推介,拜访国内外知名企业,如日韩推介会、香港招商行、百团千人南方行、厦门投资洽谈会、上海招商推介会等。1998 年,全区调整招商引资工作思路,改变引资方法,精心筛选和包装项目,在国际互联网发布项目招商信息,并在台湾《中国财讯》杂志刊登招商项目简介。2004 年,建立区对外贸易经济合作局网站,定期更新发布项目信息,吸引客商。2007 年,招商触角延伸到日本、韩国以及经济发达的深圳、温州等地,邀请客商突破 1000 人,签订项目 150 多个。2008～2009 年,招商场次年均在 5 次以上,签订项目均超过 100 个。2011 年,5 次招商活动有 4 次在外地举行,签订项目 70 多个。

二、招商项目

农业项目　1989 年,全区针对城郊型经济特点,利用花木种植技术优势招商引资,兴办外资及港澳台资农业合资合作项目。2003～2011 年,先后引进港台资金兴办扬平园艺有限公司、新甘泉生态园有限公司、半山庄园园林绿化发展公司、奇胜(扬州)生态开发有限公司和江苏昊辰银河花木种植有限公司等 5 家企业,累计总投资 4503.1 万美元,注册资本 3133.9 万美元,合同利用外资及港澳台资 2880.3 万美元。

2003～2010 年维扬区利用外资及港澳台资农业项目一览表

表 6-2-1　　单位:万美元

属地	企业名称	合作形式	批准年份	投资总额	注册资本	合同利用外资及港澳台资
甘泉街道	新甘泉生态园有限公司	独资	2005	845	608	608
平山乡	扬平园艺有限公司	合资	2003	15.1	10.9	7.3
	半山庄园园林绿化发展公司	独资	2006	643	515	515
蜀冈生态区	奇胜(扬州)生态开发有限公司	独资	2009	1000	1000	1000
城北乡	江苏昊辰银河花木种植有限公司	合资	2010	2000	1000	750

工业项目　1989～2011 年，全区累计落实利用外资及港澳台资工业项目 188 个，累计投资总额 22.19 亿美元，注册资本 14.09 亿美元，合同利用外资及港澳台资 9.17 亿美元。其中投资额 1000 万美元以上工业项目 53 个，累计投资额 15.19 亿美元，注册资本 8.58 亿美元，合同利用外资及港澳台资 7.95亿美元。

图 6－2－1　2006 年 4 月 18 日，扬州市“烟花三月”国际经贸旅游节维扬区项目举行开工仪式

2006 年 5 月，维扬经济开发区引进杭州顶津食品有限公司与开曼群岛康师傅饮品控股公司，合资兴办扬州顶津食品公司，项目总投资 8500 万美元，生产康师傅系列食品。2010 年 7 月和 12 月，外方先后增资 150 万美元和 50 万美元，生产康师傅系列茶饮料。企业拥有 13 条高速无菌罐装生产线，日产各类饮品 65 万箱，成为华东地区规模最大的饮料公司。2011 年，实现工业产值 32.34 亿元，成为全区规模最大的工业企业。

2008 年 2 月，扬州通宇钢管集团公司与加拿大亚联钢铁有限公司共同出资 9800 万美元合资兴办中加合资亚联钢管有限公司，并在加拿大多伦多成功上市，是区内唯一的境外上市公司，也是全市第一家境外上市企业。

2005～2011 年落户维扬经济开发区的三维光学材料、新力生物技术、美莱尔光电科技、绿洲源新能源、扬杰电子科技、尼通太阳能电池、诺瓦之星医疗科技、蓝宝汽车电子、维美生物科技和李尔汽车系统等一批科技含量高、节能减排成效明显的高新技术项目，有力推进全区工业结构调整。

2002～2011 年维扬区利用外资及港澳台资投资额 1000 万美元以上工业项目情况一览表

表 6－2－2　　单位：万美元

企业名称	合作形式	批准年份	投资总额	注册资本	合同利用外资及港澳台资
素辉金属有限公司	独资	2002	1320	700	700
茂群电子科技有限公司	独资	2003	2500	2000	2000
利星行机械(扬州)有限公司	独资	2004	2700	1200	1200
柏玛科技(扬州)有限公司	独资	2004	10000	3300	3300
扬州通亚钢管有限公司	独资	2004	1000	1000	600
圣泰科技发展(扬州)有限公司	独资	2005	2840	1500	1500
扬州三维光学材料有限公司	合资	2005	1000	800	400

续表 6-2-2

企业名称	合作形式	批准年份	投资总额	注册资本	合同利用外资及港澳台资
扬州天瑞机械有限公司	合资	2006	1200	1000	250
扬州顶津食品有限公司	合资	2006	8500	2850	1425
扬州嘉华电气有限公司	合资	2005	1000	800	480
扬州伟格利机械有限公司	独资	2006	1600	1000	1000
霖昶(扬州)电子材料有限公司	独资	2006	2980	1500	1500
扬州德昌电机有限公司	独资	2007	2000	1350	1350
鼎昌科技有限公司	独资	2007	1500	600	600
正威科技产业有限公司	独资	2007	2000	1000	1000
扬州利泰机械有限公司	合资	2007	2998	1200	624
扬州金维电子有限公司	合资	2007	2998	1200	624
扬州亚联钢管有限公司	合资	2008	9800	3800	3230
扬州黑鹰实业科技有限公司	独资	2008	2000	2000	2000
美莱尔光电科技产业有限公司	独资	2008	9800	4000	4000
帕伯立克实业有限公司	独资	2008	2980	1500	1500
绿洲源(扬州)新能源科技公司	独资	2009	6000	2000	2000
扬州日精电子有限公司	合资	2009	2000	1500	1000
江苏倍奇汽车零部件有限公司	独资	2009	6000	4000	4000
艺博环境工程设计有限公司	独资	2009	1500	1000	1000
扬州起亚工程开发有限公司	独资	2009	3000	3000	3000
新吉绅(扬州)实业有限公司	独资	2009	2900	1500	1500
宝冶实业发展有限公司	独资	2009	3000	3000	3000
宝硕光电有限公司	独资	2009	1500	1000	1000
天力新能源(扬州)有限公司	合资	2010	1800	1000	600
扬州精泽汽配有限公司	合资	2010	1200	1000	700
扬州佳境环境设备有限公司	独资	2010	1500	1000	1000
扬州余辉光电科技有限公司	独资	2010	1000	1000	1000
扬州金威健身器材有限公司	合资	2010	1000	1000	900
江苏嘉捷机械有限公司	独资	2010	6000	3000	3000
维英纳(扬州)电子电气有限公司	合资	2010	2980	2980	2980
扬州亚西电子有限公司	独资	2010	1500	1000	1000
扬州吉曜科技有限公司	独资	2010	1800	1500	1500
尼通太阳能电池(扬州)有限公司	独资	2010	2980	2980	2980
立信(扬州)纤瓷板有限公司	独资	2010	2000	1000	1000
扬州华谱科发能源设备有限公司	独资	2011	1500	600	600

续表 6-2-2

企业名称	合作形式	批准年份	投资总额	注册资本	合同利用外资及港澳台资
扬州擎澳实业有限公司	独资	2011	1256	1000	1000
扬州维辉益实业有限公司	独资	2011	2980	2980	2980
江苏维美生物科技有限公司	独资	2011	7500	3000	3000
扬州新丰泰汽车有限责任公司	独资	2011	1000	500	500
扬州禾创机械制造有限公司	独资	2011	2500	1500	1500
江苏老莱科技有限公司	独资	2011	1000	800	800
扬州庆创机械制造有限公司	独资	2011	2500	1500	1500
扬州彦泰新材料科技有限公司	独资	2011	2800	2500	2500
江苏顶立环保材料有限公司	独资	2011	2980	1500	1500
李尔汽车系统(扬州)有限公司	独资	2011	3500	1200	1200

服务业项目　全区服务业招商项目起步较晚，相对集中在近郊梅岭街道、双桥街道、城北乡和物流园区。以餐饮酒店、商务会所、物资仓储业为主。至2011年，全区利用外资与港澳台资兴办服务业项目共12个，累计投资9089.4万美元，注册资本6784.7万美元，合同利用外资及港澳台资5677.1万美元。

1989～2011年维扬区利用外资及港澳台资服务业项目情况一览表

表 6-2-3　　单位：万美元

属地	企业名称	合作形式	批准年份	投资总额	注册资本	合同利用外资及港澳台资
双桥街道	扬州珍宝舫大酒店有限公司	独资	2007	57	57	57
	扬州皇家新娘摄影有限公司	独资	2010	25.6	25.6	25.6
梅岭街道	扬州公爵渔港餐饮有限公司	独资	2002	10	7	7
	新泰大酒店有限公司	合资	2003	16.8	12.1	8.5
	扬州名城商务会所有限公司	合资	2005	600	303.03	100
	扬州金三源娱乐发展有限公司	合资	2006	100	100	40
物流园区	扬州金鼐仓储有限公司	合资	2009	300	250	245
	东美(扬州)经营管理有限公司	独资	2011	2000	1500	1500
城北乡	扬州尼斯酒店管理有限公司	合资	2010	2000	800	560
	扬州宏利泰仓储实业有限公司	合资	2010	2980	2980	2384
	扬州润邗商业有限公司	独资	2010	500	250	250
蜀冈生态区	区发展投资公司	独资	2010	500	500	500

房地产项目　1992年12月，全区房地产业利用外资及港澳台资起步。是年，区属市第四建筑安装工程公司与香港文信国际洋行共同投资84.3万美元兴办文信房地产开发有限公司。此后，近郊双桥街道、西湖镇、城北乡及蜀冈生态新区房地产业招商引资力度加大，房地产开发企业增多。2010年，单体最大合资项目是万科企业股份有限公司与日本东京建物株式会社合资兴办的扬州万维置业有限公司，总投资1.67亿美元，注册资本8346万美元，合同利用外资2921万美元。至2011年，全区房地产业累计兴办合资企业22家，投资总额7.41亿美元、注册资本4.55亿美元、合同利用外资及港澳台资3.54亿美元。

1992～2011年维扬区利用外资及港澳台资房地产项目情况一览表

表6-2-4　　　　单位:万美元

属地	企业名称	合作形式	批准年份	投资总额	注册资本	合同利用外资及港澳台资
西湖镇	虹源房地产开发有限公司	合资	2001	456.7	338.6	311.6
	丰盈房地产开发有限公司	合资	2005	500	500	250
	中信泰富(扬州)置业有限公司	独资	2005	9784	6000	6000
	扬州嘉联置业发展有限公司	合资	2006	1000	1000	1000
双桥街道	英华房地产开发公司	合资	2003	350	350	262.5
	德豪(扬州)房地产开发有限公司	独资	2003	2000	970	970
	俊杰房地产开发公司	独资	2004	1154	705	705
	扬州凯德房地产经营管理有限公司	独资	2005	3723	1443	1443
	扬州文昌特易购地产有限公司	独资	2009	8236	6000	6000
	利豪置业发展有限公司	独资	2010	5400	4000	2700
	扬州四方置业发展有限公司	独资	2009	1400	700	700
城北乡	众鑫置业有限公司	独资	2004	800	500	500
	宝鑫置业有限公司	独资	2007	800	400	400
	扬州宏利泰房地产开发有限公司	独资	2010	3200	3200	2560
平山乡	扬州美迪房地产开发有限公司	合资	2004	810	658	400
区属	文信房地产开发有限公司	合资	1992	84.3	60.24	25
	瘦西湖置业有限公司	独资	2009	500	500	500
物流园区	扬州博润实业发展有限公司	合资	2010	6000	3300	3000
蜀冈生态区	扬州万胜置业有限公司	合资	2010	2994	2470	1210
	扬州恒趣慧金实业有限公司	合资	2010	2200	1100	539
	扬州万维置业有限公司	合资	2010	16692	8346	2921
	扬州金辉置业有限公司	独资	2011	6000	3000	3000

三、外资及港澳台资利用

概况　全区利用外资及港澳台资起步于1989年。是年,西湖镇西湖玩具厂与香港钟山有限公司、省轻工(集团)进出口公司共同出资80万美元,成立江苏省玩具行业第一家合资企业——扬州乐凯玩具有限公司。1990～1996年,全区利用外资及港澳台资逐年增加,外商及港澳台商投资企业增多。1996年,全区有外商及港澳台商投资企业90家,累计投资额9833万美元,注册资本7925万美元,合同利用外资及港澳台资6411万美元。1997年后,由于外商及港澳台商投资企业投资规模普遍偏小(投资额100万美元以下企业占65%),加之受亚洲金融风暴影响,部分外商及港澳台商投资未能及时到位,招商项目未真正落实。2001年,全区外商及港澳台商投资企业仅有67家,较1996年减少23家。累计投资总额5568万元,注册资本4263万美元,合同利用外资及港澳台资3256万美元,分别比1996年下降43.4%、46.2%和49.2%。2002～2011年,区政府加大招商引资力度,开发区、物流园区和蜀冈生态新区发挥园区优势,成为招商引资主力军。全区招商项目由工业项目拓展到农业和服务业项目,特别是随着城郊型经济发展,房地产业投资规模不断增大,全区利用外资及港澳台资数额大增。2002 年,累计投资总额 1.08 亿美元。2008 年,累计投资总额 11.33 亿美元。至 2011 年,全区累计兴办外商及港澳台商投资企业 226 家,较 2001 年增加 159 家。累计投资总额 29.93 亿美元,注册资本 18.79 亿美元,合同利用外资及港澳台资 16.07 亿美元,分别比 2001 年增长 52.75 倍、43.08 倍和 48.35 倍。

1989～2011 年维扬区外商及港澳台商投资企业情况一览表

表 6-2-5

年 份	企业(家)	投资总额(万美元)	注册资本(万美元)	合同利用外资及港澳台资(万美元)
1989	1	80	60	20
1990	2	140	104	44
1991	8	478	361	214
1992	27	2105	1209	362
1993	77	5943	4406	2317
1994	98	8523	5969	3688
1995	87	8860	7153	4414
1996	90	9833	7925	6411
1997	81	7496	6143	4120
1998	76	5288	4189	2736
1999	63	4824	3817	2795
2000	56	3962	3052	2408
2001	67	5568	4263	3256
2002	88	10758	8401	6760
2003	107	26471	17711	14375
2004	114	39838	23052	19450
2005	124	73887	39509	34102
2006	123	87449	46953	38086
2007	129	94828	52785	43172
2008	143	113338	64390	55708
2009	172	175278	109499	95058
2010	205	242931	155619	128402
2011	226	299299	187930	160693

合资、合作企业　外商及港澳台商到区投资合作形式,早期以合资居多。1989～1993 年,合作形式均为合资。1994 年后,合作形式为合资和独资。1996 年,全区利用外资及港澳台资兴办企业 90 家,其中合资企业 71 家、合作企业 2 家。随着投资结构变化,合作形式逐步变为独资企业居多。2001 年,全区 67 家外商及港澳台商投资企业中,合资企业 39 家、合作企业 1 家,较 1996 年独资比例虽上升 21.41

个百分点，仍以合资形式为主体。2005 年起，全区利用外资及港澳台资项目规模增大，投资总额均在 2000 万美元以上。2005～2011 年，7 年累计兴办投资规模 2000 万美元以上合资企业 19 家，投资总额 8.43 亿美元。至 2011 年，全区 226 家外商及港澳台商投资企业中，合资企业 92 家，占 40.7%。

2005～2011 年维扬区投资规模 2000 万美元以上合资企业情况一览表

表 6-2-6　　单位：万美元

序号	企业名称	批准年份	投资总额	注册资本	合同利用外资及港澳台资
1	瘦西湖置业有限公司	2005	2998	2000	1600
2	扬州联行荣华置业有限公司	2006	2980	1250	1250
3	扬州顶津食品有限公司	2006	8500	2850	1425
4	扬州波特仓储有限公司	2007	2500	1240	1200
5	中也波特实业有限公司	2007	2500	1240	1200
6	扬州利泰机械有限公司	2007	2998	1200	624
7	扬州金维电子有限公司	2007	2998	1200	624
8	扬州亚联钢管有限公司	2008	9800	3800	3230
9	扬州日精电子有限公司	2009	2000	1500	1000
10	江苏昊辰银河花木种植有限公司	2010	2000	1000	750
11	扬州尼斯酒店管理有限公司	2010	2000	800	560
12	扬州博润实业发展有限公司	2010	6000	3300	3000
13	扬州宏利泰房地产开发有限公司	2010	3200	3200	2560
14	扬州万胜置业有限公司	2010	2994	2470	1210
15	扬州万维置业有限公司	2010	16692	8346	2921
16	扬州恒趣慧金实业有限公司	2010	2200	1100	539
17	扬州宏利泰仓储实业有限公司	2010	2980	2980	2384
18	江苏嘉捷机械有限公司	2010	6000	3000	3000
19	维也纳(扬州)电子电气有限公司	2010	2980	2980	2980

独资企业　1989～2001 年，全区利用外资及港澳台资合作方式以合资为主，独资企业少，投入规模小。2002～2011 年，全区利用外资及港澳台资兴办独资企业数增多，投资额增大。2011 年，全区新增外资及港澳台资企业 21 家，其中独资企业 20 家，占 95%。至 2011 年末，全区累计兴办独资企业 134 家，占 226 家外商及港澳台商投资企业的 59.3%。其中投资规模 2000 万美元以上的独资企业 39 家，合同利用外资及港澳台资 9.59 亿元。外商及港澳台商独资企业中工业项目 30 个，占 76.92%。江苏倍奇汽车零部件有限公司、绿洲源(扬州)新能源科技公司、扬州美莱尔光电科技产业有限公司、尼通太阳能电池(扬州)有限公司、江苏顶立环保材料有限公司、江苏维美生物科技有限公司和扬州彦泰新材料科技有限公司等独资企业的建立，为全区工业结构调整，培植新兴产业，发展规模经济作出贡献。

1989～2011 年维扬区投资规模 2000 万美元以上独资企业情况一览表

表 6－2－7　　　　单位：万美元

序号	企业名称	批准年份	投资总额	注册资本	合同利用外资及港澳台资
1	德豪(扬州)房地产开发有限公司	2003	2000	970	970
2	茂群电子科技(扬州)有限公司	2003	2500	2000	2000
3	利星行机械(扬州)有限公司	2004	2700	1200	1200
4	柏玛科技(扬州)有限公司	2004	10000	3300	3300
5	圣泰科技发展(扬州)有限公司	2005	2840	1500	1500
6	中信泰富(扬州)置业有限公司	2005	9784	6000	6000
7	霖昶(扬州)电子材料有限公司	2006	2980	1500	1500
8	扬州凯德房地产经营管理有限公司	2005	3723	1443	1443
9	扬州德昌电机有限公司	2007	2000	1350	1350
10	扬州正威科技产业有限公司	2007	2000	1000	1000
11	扬州美莱尔光电科技产业有限公司	2008	9800	4000	4000
12	扬州黑鹰实业科技有限公司	2008	2000	2000	2000
13	扬州帕伯立克实业有限公司	2008	2980	1500	1500
14	绿洲源(扬州)新能源科技公司	2009	6000	2000	2000
15	扬州文昌特易购地产有限公司	2009	8236	6000	6000
16	扬州伟态建设工程有限公司	2009	4800	2880	2880
17	扬州维港工程开发有限公司	2009	5000	5000	5000
18	江苏倍奇汽车零部件有限公司	2009	6000	4000	4000
19	扬州起亚工程开发有限公司	2009	3000	3000	3000
20	新吉绅(扬州)实业有限公司	2009	2900	1500	1500
21	扬州宝冶实业发展有限公司	2009	3000	3000	3000
22	江苏嘉捷机械有限公司	2010	6000	3000	3000
23	扬州四方置业发展有限公司	2010	5400	4000	2700
24	维英纳(扬州)电子电气有限公司	2010	2980	2980	2980
25	尼通太阳能电池(扬州)有限公司	2010	2980	2980	2980
26	立信(扬州)纤瓷板有限公司	2010	2000	1000	1000
27	东美置业(扬州)经营管理有限公司	2011	2000	1500	1500
28	扬州维辉益实业有限公司	2011	2980	2980	2980
29	江苏藏龙卧虎实业发展有限公司	2011	2000	1000	1000
30	扬州维美建筑安装工程有限公司	2011	8000	2980	2980
31	江苏维美生物科技有限公司	2011	7500	3000	3000
32	扬州禾创机械制造有限公司	2011	2500	1500	1500
33	扬州庆创机械制造有限公司	2011	2500	1500	1500

续表 6-2-7

序号	企业名称	批准年份	投资总额	注册资本	合同利用外资及港澳台资
34	扬州金辉置业有限公司	2011	6000	3000	3000
35	扬州彦泰新材料科技有限公司	2011	2800	2500	2500
36	江苏顶立环保材料有限公司	2011	2980	1500	1500
37	扬州宝能泰富有限公司	2011	5016	3215	3215
38	李尔汽车系统(扬州)有限公司	2011	3500	1200	1200
39	扬州惠顿家具仓储有限公司	2011	2500	2200	2200

第二节　对外贸易

一、外贸收购

1988 年，国家改革对外经济贸易体制，提倡多口岸出口，发展外贸经济。是年，区政府印发《关于鼓励外贸生产，扩大出口创汇试行办法》，鼓励企业扩大出口商品生产。在保证完成省既定口岸出口货源的基础上争取多口岸经营，先后开辟苏州、上海、南京、天津、山东、安徽、浙江、广西、广东、湖北等地口岸。是年，全区外贸收购额 5160.5 万元。

1989 年，全区外贸收购额 5172.9 万元，新开发出口品种 12 个，新增硫酸锌、多用台虎钳、双用扳手、行李车、汽车灯罩、碳膜、电位器等产品出口，出口产品计 7 大类 58 个品种，初步形成玩具、健身器具、汽车装饰件、乳胶手套等拳头产品。外贸企业由 1988 年的 36 家增加到 40 家，其中外贸收购额 100 万元以上的企业 10 家，西湖、汤汪两个乡镇出口总额均超过 1000 万元。

1991 年，国家实行取消补贴、自负盈亏、平等竞争外贸体制重大改革，区政府修订《扬州市郊区鼓励发展外向型经济的奖励规定》，促进全区外贸出口稳定增长。是年，全区外贸收购额 1.08 亿元，占全区工业总产值和占国民生产总值比重分别由 1990 年的 10.9%和 27%，上升到12.9%和31.4%。全区贯彻“多品种出口和多企业创汇”指导思想，出口产品结构和产业结构趋向合理。全区新开发绞轮、拼羊皮包、花木盆景、割草机等出口产品 15 个，出口产品总数 79 个。新增花木盆景出口，填补全区创汇农业产品出口空白。新增外贸生产企业 11 家，总数 57 家。

1993 年，全区外贸收购额 4.81 亿元，增长幅度为历年之最，占全区工业总产值的 22.7%。按“能快则快”方针和外向带动战略，促进全区外贸企业摆脱传统模式，外贸体制朝着代理、自营出口方向改革。全区新开发瓷砖切割机、木工机床等出口产品 15 个，出口产品总数 102 个，新增外贸生产企业 6 家(含“三资”企业)，总数 75 家。

1995 年，全区出口商品交货额首次突破 10 亿元大关，达 13.1 亿元，比上年增长 36.77%。同年，全区出口企业发展到 105 家，其中出口交货额 1000 万元以上 12 家、500 万～1000 万元 16 家、300 万～500 万元 19 家、100 万～300 万元 48 家。

1998 年，面对亚洲金融风暴影响，区外经贸委先后组织企业参加华中地区进出口商品交易会、广州进出口商品交易会、昆明交易会和美国、加拿大经贸洽谈会，帮助企业拓宽眼界，调整市场营销方向，努力开拓新兴市场，培植规模骨干企业，全区实现外贸收购额 14.12 亿元，比上年增长 7.68%。扬州久扬渔具有限公司、汤汪玩具厂等 8 家企业年出口交易额过 4000 万元，扬州威达礼品厂、扬州市海星玩具厂等数十家企业出口交易额超过 1000 万元。引导企业加大调整外贸出口产品结构，开发高科技含量、高附加值产品，开发高压冲洗泵、蹦床等新产品 8 个，当年形成出口供货值 3000 万元。1999 年，开发自动调节水泵钳、摩托车等适销对路外贸新产品 10 个。

2001年，全区实现外贸收购额18.13亿元，年增幅重返双位数，达12.6%。区政府进一步加大产品结构调整力度，加快外贸出口骨干企业培植，扩大出口份额，全区实现外贸收购额5000万元以上出口规模企业11家。2002年，市区区划调整，全区实现外贸收购额14.7亿元。

1988～2002年维扬区外贸收购额统计表

表6-2-8

年　份	数额(万元)	比上年增长(%)	年　份	数额(万元)	比上年增长(%)
1989	5172.9	0.24	1996	143673	9.69
1990	7344.2	41.97	1997	131142.2	−9.13
1991	10808.4	47.17	1998	141220.3	7.68
1992	18642.2	72.48	1999	150000	6.22
1993	48120.2	158.13	2000	161000	7.33
1994	95769.1	99.02	2001	181300	12.61
1995	130981.3	36.77	2002	147000	−18.11

二、自营出口

1992年，区内外商及港澳台商投资企业开始组织商品自营出口。是年，全区外商及港澳台商投资企业自营出口152万美元。1993年，全区外商及港澳台商投资企业增多，区政府指导和帮助企业由原来的出口收购型向自营出口转变，扬州乐凯玩具有限公司、扬州雅伦玩具有限公司、扬州久扬渔具有限公司成为全区自营出口大户，全区自营出口1500万美元，比上年净增8.87倍。1994年，经贸部下放自营进出口权，全区自营出口3137.4万美元，其中西湖镇2130.6万美元，在各乡镇中率先突破1000万美元大关。1996年，沪扬电机厂取得自营出口权，全区自营出口上升为5403.9万美元，是1989年的35倍。1998年，区内7家企业加入中国电子商务网，开始尝试互联网贸易。2002年，全区自营出口8630万美元。2004年，全区自营出口首次突破1亿美元，达1.04亿美元。2007年，全区自营出口首超两亿美元，实现2.28亿美元，其中外贸流通企业出口8055万美元，生产企业自营出口4482万美元，外商及港澳台商投资企业出口1.03亿美元。2008年，全区外贸出口在金融风暴影响下，仍保持良好发展势头，实现自营出口2.87亿美元。外商及港澳台商投资企业、自营出口生产企业、外贸流通企业出口额均呈增长态势，分别为1.27亿美元、6060万美元、9948万美元，分别比上年增长15.4%、39.93%、32.9%。2010年，全区自营出口5.42亿美元。151家出口企业中有14家超1000万美元，其出口额合计3.76亿美元，占全区出口总额的69.37%。2011年，全区自营出口7.01亿美元，其中生产企业与外贸流通企业各占一半，分别实现自营出口额3.5亿美元和3.51亿美元，分别占49.9%和50.1%。

2003～2011年维扬区自营出口总额统计表

表6-2-9　　单位：亿美元

年　份	数额	年　份	数　额
2003	0.79	2008	2.87
2004	1.04	2009	4.08
2005	1.39	2010	5.42
2006	1.77	2011	7.01
2007	2.28		

2011年维扬区自营出口额100万美元以上工业企业一览表

表6-2-10　　单位:万美元

行业类别	企 业 名 称	出口额
户外休闲	扬州华德旅游运动用品有限公司	767.90
	扬州耐力户外用品有限公司(华德)	1402.46
	扬州美智箱包有限公司	334.09
	扬州鑫源户外用品有限公司	3995.36
	扬州金凯利体育用品有限公司	568.12
	扬州金叶体育用品制造有限公司	297.47
	扬州久毅五金机械有限公司	863.99
	扬州久美渔具有限公司	1077.82
	扬州久扬渔具有限公司	668.06
机　　电	扬州诚拓机电有限公司	191.62
	扬州五亭桥缸套有限公司	862.32
	扬州青松机械有限公司	122.92
	扬州力创机床有限责任公司	3403.26
	扬州扬杰电子科技股份有限公司	433.29
	日精电机(扬州)有限公司	305.95
	扬州金力电动工具有限公司	149.51
	江苏牛牌纺织机械有限公司	171.93
	扬州嘉耀金属有限公司	665.63
	扬州嘉华电气有限公司	264.19
	扬州亚联钢管有限公司	166.05
玩　　具	扬州万坤玩具有限公司	632.81
	扬州新凤凰光电制品有限公司	174.75
	扬州天瑞礼品玩具有限公司	307.98
	扬州千禧玩具有限公司	276.05
	扬州中恒工艺品有限公司	234.80
	扬州大唐工艺品有限公司	219.38
	扬州雅伦玩具有限公司	810.96
	扬州美度工艺品有限公司	622.76
	扬州利达机动玩具有限公司	592.76
	扬州磁扬工艺品有限公司	1173.18
	扬州嘉瑞琪工艺品有限公司	1314.55
	扬州宏宇玩具有限公司	135.30
	扬州杰越玩具有限公司	124.08
	扬州钟美玩具有限公司	211.63
	扬州宏捷玩具有限公司	106.14
	扬州希芭玩具有限公司	399.23

续表 6-2-10

行业类别	企　业　名　称	出口额
纺织服装	扬州东升毛纺织有限公司	101.59
	扬州和泰毛绒毯业有限公司	141.93
	江苏美迪制衣集团有限公司	234.60
	扬州三布厂	246.94
	扬州富铭塑料有限公司	211.34
	扬州嘉庆针织有限公司	493.75
	扬州国联制衣有限公司	1460.89

2011 年维扬区自营出口额 1000 万美元以上流通企业一览表

表 6-2-11　单位：万美元

企　业　名　称	出口额
扬州易凡进出口有限公司	5147
扬州国泰贸易有限公司	5113
扬州化工股份有限公司	4164
扬州苏美达国际贸易有限公司	4016
扬州中宇进出口有限公司	3033
扬州金茂进出口有限公司	1864
扬州化工进出口有限公司	1676
扬州丰盛贸易有限公司	1282
江苏舜天扬州苏迈克斯进出口有限公司	1196
扬州索普家庭用品有限公司	1062

三、出口商品

轻工纺织品　区内轻工出口产品主要有各种面料服装、玩具、白坯布、鞋帽等系列，各种刷子、牙刷、桅灯、木衣架、百叶窗架、缝纫机罩、竹枕、塑料袋、人造革包、毛笔、油画笔、玻璃制品、小百货等。1992 年，全区轻纺产品外贸收购额 8808.87 万元，占当年出口总量的 47.4%。2002 年，全区轻纺产品外贸收购额 4.15 亿元，比 1992 年增长 4.7 倍。2011 年，全区完成轻纺产品自营出口额 13.76 亿元，比 2002 年增长 2.32 倍。毛绒玩具是主要出口产品。区内雅伦、嘉瑞琪、磁扬、海星、利达、捷达、万坤等玩具公司和汤汪玩具厂是出口玩具的主要生产企业。毛绒玩具产品造型生动，规格齐全，年年有新品种、新款式，在国际市场上具有较强竞争力，出口数量逐年上升，从 1992 年 150 万美元发展到 2011 年 7443 万美元。纺织出口产品主要有白厂丝、混纺纱、扎染、绣什品以及羊毛衫、运动衫、腈纶衫、针织内衣等。1989 年外贸收购额 264.1 万元，占当年出口总额 5172.9 万元的 5.11%。1992 年外贸收购额 4180 万元，占当年出口总额的 22.42%，较 1989 年增加 17.31 个百分点。2011 年，全区纺织服装类产品出口总额 4458 万美元，其中扬州国联制衣有限公司和扬州嘉源服饰有限公司出口额均超过 1000 万美元。区内户外体育用品类主要出口产品有旅游帐篷、救灾帐篷、军用帐篷、户外防雨休闲服装、登山背包、旅行及休闲背包、部队装备包、杜邦棉睡袋、羽绒睡袋及中空棉睡袋、蹦床、渔具、户外运动器材等，生产企业集中在甘泉街道和西湖镇，重点企业有江苏阿珂姆野营用品有限公司（扬州鑫源户外用品有限公司）、扬州耐力户外用品有限公司（华德）、扬州久美渔具有限公司和扬州金凯利体育用品有限公司等。

土畜产品　区内土畜产品出口主要有羽绒、兔毛、尾毛、猪鬃、猪肠衣、山羊板皮、裘皮制品及各类皮件。1988 年外贸收购额 43.1 万元。1992 年外贸收购额 5552.47 万元。1993 年后出口逐年减少。

土畜品外贸生产企业集中在城东、汤汪两乡。2002年，市区区划调整，土畜品外贸生产企业划入广陵区管理。至2011年，全区无土畜产品出口。

工艺品　区内工艺产品出口主要有工艺鞋、漆器、红木制品、白云石制品、玉雕、玛瑙、柳制品和扇类等。1989年外贸收购额197万元，1992年外贸收购额4289万元。1993年后出口逐年减少。

五金机电产品　建区初期，区内五金机电类产品外贸出口以小五金产品为主，主要有自行车零件、弹簧铰链、双头扳手、木螺丝、弓摇钻、钢支柱、螺纹管、黄铜管、连接管、合页、锉刀、木工夹、汽车装饰件、电位器和钓鱼器具等。1989年出口额111.4万美元，比1988年的69.6万美元增长60.06%。2002年，五金类出口产品新增大力钳、管子台虎钳、三脚管子铰板、麻花钻、镀铬手锯、剪刀、按扣、绞轮和割草机等。2003年后，全区机电产品制造业发展迅速，出口额逐年上升。至2011年，主要出口产品有机床、换热器、电子设备、纺织机械、光学仪器、电动工具、热水器、电线电缆和钢管等。是年，全区机电产品出口额7121.6万美元。其中，扬州力创机床有限公司出口额3402万美元，占全区机电行业出口总额的47.77%。

四、企业选介

江苏阿珂姆野营用品有限公司　成立于1991年，位于甘泉镇。有职工2000多人，其中技术人员300多人。占地32公顷。主要设备从日本、意大利等国引进，是国内生产旅游帐篷、军用帐篷、服装、各式背包和睡袋等旅游用品的大型企业，公司拥有自营进出口权。2011年，公司实现自营出口额3995万美元。

扬州久扬渔具有限公司　创建于1991年，位于西湖镇。由台湾商人卢汉吉和区荣祥五金机械厂共同投资成立，是专业生产渔线轮、渔竿的合资企业。注册资本1030万美元，固定资产6800万元，占地6公顷，有职工1600人。年产高、中、低档各种系列渔轮500万只、中高档碳素渔竿200多万支，产品远销欧、美、澳、东南亚等40多个国家和地区，被评为省乡镇企业名牌产品。2002年，公司通过ISO 9001:2000质量管理体系认证，被评为全国出口创汇先进乡镇企业。2011年，公司实现自营出口额1745万美元。

扬州力创机床有限公司　成立于2000年9月，位于维扬经济开发区荷叶西路198号，占地15公顷，是由原扬州机床厂改制而成的民营企业，主要从事数控机床、通用机床和专用机床等机电产品研发、生产和销售，是中国机床工具工业协会会员，拥有自营进出口权，是省高新技术企业。2011年，公司实现自营出口额3402万美元。

扬州国泰贸易有限公司　公司是2001年经商务部批准注册拥有进出口经营权的大型外贸公司，拥有5家工厂作为出口产品生产基地，主要经营产品有医疗器械、医用敷料、日用百货和玩具等。产品出口10多个国家和地区。2011年，公司实现自营出口额5133万美元。

第三节　对外经济技术合作

一、劳务合作

1989～2011年，全区仅有1家企业从事对外劳务合作，即扬州海盛对外经济技术合作有限公司(2001年更名为扬州四通对外经济技术合作有限公司)。1999年12月，公司在江都设立劳务输出报名点，招引江都农民多人报名，收取报名费。后因报名费被中介方所骗，未能成行。

二、境外经营

2005年，全区境外经营起步，至2011年共有3家境外企业。

2005年1月，扬州力佳旋转工具有限公司在香港成立香港商兴(国际)工具有限公司，注册资本0.98万美元。

2010年2月，扬子江投资发展集团有限公司在台湾台北京华城建立扬州冶春淮扬美食有限公司，注册资本335万美元，成为大陆国有企业在台湾投资餐饮业的首家企业。

2011年6月，扬州瘦西湖旅游发展集团有限公司在香港成立瘦西湖中国控股有限公司，注册资本1100万美元，主要经营范围为旅游宣传、策划及瘦西湖品牌宣传推介等。

第七编

开发园区建设

1992年4月,郊区经济技术建设区(以下简称“建设区”)建立,规划面积0.48平方千米,地处邗江县蒋王乡冯庄村范围,即新城河路以西、中华玩具厂以东、迎新路(328国道)以南、开发路以北,主要承担市、区联动分片开发管理任务。至1999年,建设区共引进各类企业18家,总投资超过1亿元,生产用厂房总建筑面积25.2万平方米。2001年,建设区辖地及区内企业划归市经济开发区管理。同年7月,市委、市政府为进一步提高扬州工业经济集中度,加快城市化进程,加大招商力度,调整市区工业经济布局,作出建设“一区四园”决策。同月,江阳工业园成立。园区位于平山乡、西湖镇境内,南起宁启铁路线,北至扬州西北绕城高速公路(启扬高速),东至槐泗河、双塘河,西达西湖镇花园庄、大宗巷一线。首期规划面积9.68平方千米,定位为机械工业园。2002年2月,郊区经济技术建设区管委会并入江阳工业园管委会。2006年,江阳工业园晋升为省级经济开发区,定名为江苏扬州维扬经济开发区。2008年,开发区发展空间进一步扩展,规划范围东至槐泗河、甘泉双塘工业园一线,南至宁启铁路,西至司徒庙路,北至首善路。总规划面积21.46平方千米,并预留10平方千米作为三期开发拓展区。2009年,一期启扬高速以南9.68平方千米全部开发结束。至2011年,维扬经济开发区开发面积超过10平方千米,二期甘泉片区路网框架全部拉开,形成以机电及先进装备制造业为主体、以现代服务业为支撑的产业格局。共有250多家企业入驻,注册项目401个,总投资150多亿元。2011年,开发区实现业务总收入330亿元、工业产品销售收入234亿元、地区生产总值69亿元,各项综合指标在全省省级经济开发区中排名第30位。先后获得“全国先进科技产业园”“省生态工业园区”“省‘两化’融合示范区”等称号。

2003年,市委、市政府提出依托铁路火车货站建设扬州北部物流园战略构想。2006年初,明确以维扬区为主体,开发建设市公铁水联运物流集聚区。2007年3月,物流集聚区建设指挥部成立。集聚区紧贴扬州主城区,离市中心直线距离不到5千米,北侧为宁启铁路扬州货运站,东临京杭大运河与区域生态中心茱萸湾公园相望,规划面积7.68平方千米。至2011年,共有20家企业落户集聚区,其中外资项目4个、民资项目16个,12家企业建成投产。

2007年4月,蜀冈生态新区管委会成立。2008年8月,正式挂牌。蜀冈生态新区位于市区西北部,历史文化底蕴深厚,自然生态环境优美,东临蜀冈一瘦西湖风景名胜区,南至沿山河与扬冶路,西至启扬高速公路,北靠维扬经济开发区,规划面积13平方千米。至2011年,新区共引进企业19家,项目总投资100多亿元,基础设施建设投资超过10亿元,有7条道路相继建成通车。

第一章 维扬经济开发区

图7-1-1 2006年9月12日,江苏扬州维扬经济开发区正式挂牌

维扬经济开发区前身为建于2001年7月的江阳工业园,2006年4月被批准为省级经济开发区,同时更名为维扬经济开发区。开发区地处扬州北部,位于蜀冈之上,紧依瘦西湖风景区和大明寺,规划总面积30平方千米。2009年,一期9.68平方千米基本建成,二期甘泉新区建设全面启动。截至2011年,共有250多家企业入驻,形成机电及先进装备制造、特种车辆、汽车电子及汽车关键零部件、医药健康、软件创智等特色产业板块。

第一节 规划布局

一、规划

维扬经济开发区土地规划坚持集中成片、相对完整原则，布局突出工业开发优先，兼顾服务业发展，利于基础设施配套，使工业用地较为完整，形成配套完善、设施齐全的现代化园区。

2009年4月，《维扬经济开发区（N7单元）控制性详细规划》获得市政府批准。开发区一期的具体布局要点安排如下：工业用地，集中在司徒庙路、宁启铁路以北，扬子江北路以西；居住用地，以宁启铁路为界，集中在扬子江北路以东至槐泗河、蜀冈路以南区域；商贸服务业用地，集中在扬子江北路东西两侧，荷叶路南北两侧。

2010年，组织编制维扬经济开发区甘泉新区总体规划。开发区二期（甘泉新区）总体规划分三大板块：第一板块，启扬高速公路以西、司徒庙路以北为界，西湖镇中心村、胡场村、俞桥村向西北至香巷水库共4平方千米，为高新技术产业区，打造机电装备制造、医药健康、汽车零部件和智能电子新材料四大产业基地；第二板块，以香巷水库为界向东北跨姚湾水库至扬子江路共6平方千米，为新区商住区，打造新区高品质生活配套区；第三板块，从扬子江路向东北与邗江北山工业园相连接，共8平方千米，为北部机电装备工业园和商务办公区，打造经济、科技、文化密集区，具备金融、贸易、服务、展览、咨询等多种功能。

二、土地开发与利用

维扬经济开发区本着集约、高效、合理原则规划土地利用。至2011年，开发区总用地1667公顷，其中工业仓储用地592.01公顷。

2001～2011年维扬经济开发区企业用地情况一览表

表7-1-1　　　　单位：公顷

序号	名　称	用地面积	序号	名　称	用地面积
1	扬州优邦生物制药有限公司	7.35	21	江苏通宇钢管集团有限公司	6.69
2	扬州美韩制衣有限公司	4.38	22	扬州嘉耀金属有限公司	6.86
3	扬州日利达新材料有限公司	3.13	23	扬州天泓科技实业有限公司	2.67
4	扬州佳境环境设备有限公司	2.6	24	扬州铭辉数控科技有限公司	3.34
5	扬州宏福铝业有限公司	10.92	25	扬州维普生物制药有限公司	3.34
6	扬州绿源生化科技有限公司	2.55	26	扬州扬杰电子科技有限公司	8.53
7	扬州双环弹簧科技有限公司	3.34	27	扬州新浪环保设备有限公司	5.82
8	江苏美迪制衣集团有限公司	9.53	28	江苏奥尼特电缆有限公司	3.39
9	扬州柳工机械有限公司	13.39	29	扬州万能电器科技有限公司	4.98
10	扬州亚联钢管有限公司	18.68	30	扬州庆松化工有限公司	14.12
11	江苏牛牌纺织机械有限公司	6.05	31	江扬电缆集团有限公司	23.50
12	利星行机械（扬州）有限公司	5.99	32	日精电机（扬州）有限公司	4.49
13	江苏中显集团有限公司	6.09	33	扬州凯斯特机械有限公司	2.22
14	扬州双良阀门有限公司	2.00	34	扬州麦斯通复合材料有限公司	4.00
15	扬州扬开电气科技有限公司	3.86	35	扬州泰利特种装备有限公司	12.67

续表 7-1-1

序号	名　　称	用地面积	序号	名　　称	用地面积
16	扬州力创科技有限公司	4.18	36	江苏荣镁轮毂有限公司	6.67
17	江苏罗思韦尔电气有限公司	4.76	37	扬州李尔汽车电子有限公司	7.87
18	江苏中凌高科技有限公司	4.76	38	扬州正威科技有限公司	4.71
19	扬州顶津食品有限公司	19.54	39	江苏嘉捷机械有限公司	12.64
20	扬州天瑞机械有限公司	5.88			

商贸服务业用地 51.03 公顷。一期区域规划在启扬高速公路以南、扬子江北路两侧，扬子江北路以东、荷叶路两侧；二期区域规划在邗江北路北延段向东北跨姚湾水库至扬子江北路东侧。

住宅用地 62.24 公顷。一期区域规划在扬子江北路以东至槐泗河、蜀冈路以南区域，二期区域规划以香巷水库为界向东北至扬子江北路。

2011 年维扬经济开发区土地利用情况一览表

表 7-1-2

类　　别	面　积（公顷）	占开发区土地总面积比例（%）
总面积	1667	
已建成城镇建设用地	875.68	52.53
住宅用地	62.24	3.73
工业仓储用地	592.01	35.51
交通运输用地	162.96	9.78
商贸服务业用地	51.03	3.06
公共管理与公共服务用地	7.44	0.45
未建成城镇建设用地	734.64	44.07
已建成农村建设用地	110.25	6.61
其他未建成城镇建设用地	624.39	37.46
不可建设土地	56.68	3.4
河湖及其蓄滞洪区土地	56.68	3.4
自然、生态保护区土地	—	—
其他不可建设土地	—	—

第二节　基础设施

一、道路桥涵

维扬经济开发区基础设施以道路为先导，雨水、污水管道配套工程同步建设。2002 年，建成双塘东路、双塘西路，总长 2.89 千米。2003～2004 年，建成蜀冈路、荷叶路、朱塘路，总长 8.53 千米。2005～2006 年，建成小官桥路、平山路、金槐路，总长 4.78 千米。2008 年，建设道路总长 16.2 千米。2009 年，建设道路总长 26.5 千米。至 2011 年，建成横一支路、新甘泉大道等高标准主干道路 21 条，总长 31.26 千米。

2001～2011 年维扬经济开发区主要道路建设情况一览表

表 7-1-3　单位：米

序号	道　路　名　称	起　讫　点	建成年份	长度	宽度
1	双塘西路	徐庄路—扬子江北路	2002	940	30
2	双塘东路	扬子江北路—宁启铁路	2002	1950	30
3	蜀冈西路	司徒庙路—扬子江北路	2003	1900	50
4	蜀冈东路	扬子江北路—荷叶小区	2003	1870	50
5	荷叶西路	司徒庙路—扬子江北路	2003	2480	40
6	荷叶东路	扬子江北路—平山路	2004	1300	40
7	朱塘路	扬子江北路—荷叶小区	2004	980	28
8	小官桥路	扬子江北路—槐泗河	2005	1730	28
9	平山路	双塘东路—荷叶东路	2005	1850	40
10	金槐路	高蜀北路—蜀冈西路	2006	1200	40
11	汽车 4S 店集中区道路	国际汽车城内部	2008	500	36
12	江阳创业园内部道路	江阳创业园内部	2004	2300	18
13	高蜀北路	司徒庙路—金槐路	2009	1530	22
14	南庄路	蜀冈西路—刘庄路	2009	300	22
15	刘庄路	南庄路—司徒庙路	2009	450	18
16	徐庄路	双塘西路—蜀冈西路	2009	700	40
17	新甘泉大道	扬子江北路—司徒庙路	2010	4000	40
18	横一支路(科技园路)	新甘泉大道—纵一路	2011	1700	18
19	柳东路	蜀冈西路—尚桥水库	2011	500	8
20	纵一路(大官桥西路)	横一支路—司徒庙路	2011	1160	14
21	纵二路(新谊路)	槐泗河—司徒庙路	2011	1920	14

二、排水系统

维扬经济开发区排水系统为雨污分流制。2001～2008 年，完成道路两侧雨水管道 38.99 千米、污水管道 22.8 千米。2009 年，完成道路两侧雨水管道 5.64 千米、污水管道 3.58 千米。2010 年，完成道路两侧雨水管道 9.6 千米、污水管道 4.8 千米。2011 年，完成道路两侧雨水管道 6.34 千米、污水管道 6.34 千米。因规划区域地势起伏大，相对高程最大差 20 米，管线布置较为复杂。扬子江北路以西区域雨水经尚桥水库排入槐泗河，路东区域经雨水管道直接排入槐泗河。

排污实行污水收集。按市统一规划与汤汪污水处理厂相接，实现集中处理。污水排放依据相关地势位置分设 4 座污水提升泵站。2005 年，扬子江北路铁道污水提升泵站、平山路污水提升泵站建成。2006 年，荷叶东路污水提升泵站、创业园北路污水提升泵站建成，蜀冈西路、双塘西路污水管道与扬子江北路污水管道接通，将开发区区域污水送出处理。至 2011 年，开发区区域污水提升排放管网全部建成。

三、供水、供电

2008 年，维扬经济开发区供水供电设施基本完善。自来水供应设计能力 75 万吨，管网覆盖整个开发区，水质综合合格率 100%。规划面积内有 110 千伏变电所 3 座，架设 10 千伏及 20 千伏电力专供线路，可接 380 伏三相电与 220 伏两相电，电力充足，电源稳定可靠；区域内采用双回路、地下环线供电系统，可靠率大于 99.9%。所有企业均为两路电源，确保生产生活所需。

四、供气、供热

2008 年,管道煤气通达区域内主干道,日供气量 6.4 万立方米。供热为过热蒸汽,压力 0.8～2.5 兆帕,供气量 55 吨/小时以上。

五、通信

2008 年,开发区内程控电话网、移动通信网、计算机多媒体、数据通信网、光纤接入网等俱全。为满足电子信息等高科技产业发展需求,2005 年后,园区投资兴建区域信息基础网络工程,通信做到居民每户两线以上。开发区内有线电视开通多个频道,实现宽带共享式接入。

第三节　招商引资

一、招商政策

利用外资政策　1991 年,区政府围绕发展外向型经济战略,印发《扬州市郊区鼓励发展外向型经济的奖励政策》。2001 年 3 月,区委、区政府印发《关于举全区之力招商引资的决定》。2002 年,区政府印发《关于加快江阳工业园建设与发展的意见》。2006 年,区委、区政府制定《关于加强经济开发区、物流集聚区、生态新区建设的若干意见》,进一步明确招商引资优惠政策,推动开发园区建设。

行业优惠政策　依照市政府《扬州市工业奖励扶持政策实施办法》《扬州市工业鼓励类产业发展指导目录》《关于实施"8631"行动计划推进科技创新型经济发展的意见》《关于发展科技创新型经济奖励扶持的意见》,鼓励机械制造、高端装备制造、汽车零部件、电子信息、新能源新光源新材料、轻工轻纺、医药健康等行业进入开发区。

依照市政府《扬州市关于促进 LED 和太阳能光伏产业发展的实施意见》《关于鼓励促进软件和信息服务业加快发展的意见》《扬州市促进软件和信息服务业加快发展的补充政策》以及《扬州市绿扬金凤引才计划》等文件,重点鼓励各类投资主体投资 LED 和太阳能光伏产业,大力发展软件和信息服务产业。对进园项目在税收优惠、专项发展基金、土地供应、人才引进等方面落实各项优惠措施。

二、招商方式

节庆招商　2001 年起,每年 4 月 18 至 5 月 18 日,维扬经济开发区参加历届市"烟花三月"国际经贸旅游节活动,取得较好招商成果。2004 年,经贸节期间签订外商及港澳台商投资项目 8 个,注册资本 500 万美元以上项目 6 个,总投资 4000 万美元。2008 年,经贸节期间签约 15 个项目,总投资 40 多亿元,其中 12 个外资及港澳台资项目注册资本 4.9 亿美元、9 个民资项目注册资本 9.1 亿元。2011 年,投资推介会现场签约项目 20 个,总投资折合人民币近 80 亿元。2001～2011 年经贸节累计签约内资项目 173 个,总投资 34 亿元人民币;外资及港澳台资项目 52 个,总投资 7.85 亿美元。

会议招商　2001 年后,维扬经济开发区通过在本地及发达地区举办各类投资环境说明会、招商联谊会、项目恳谈会、学术研讨会等大型活动,以及参加市、区组织的各类经贸洽谈会,拓展"三源"(客商源、信息源、项目源),提高开发区知名度和对外辐射力,签约项目质量和技术含量逐年提高。大型活动有:2006 年维扬区北京投资环境说明会、2007 年中国扬州毛绒玩具礼品节经贸洽谈及产业发展推介会、2008 年中国·扬州维扬区金秋(上海)投资推介会、2009 年深圳投资推介会、2010 年汽车零部件项目上海推介会、2011 年中国扬州源悦国际汽车电子研讨会等。2001～2011 年,共举办并参加各类会议 100 多次,签约项目 150 个。

赴外招商　2001～2005 年,维扬经济开发区初期招商重点以中国港澳台地区为主,后逐渐突出日本和韩国,并拓展到欧美地区。2006 年,赴台湾考察,成功签下顶津康师傅食品项目,至 2011 年,扬州顶津成为康师傅在内地最大饮料生产基地。2010 年,赴美国成功引进全球财富 500 强李尔集团汽车电子项目。2011 年,赴德国参加投资推介活动,引进宝马大厦项目。2001～2011 年,参加市、区组织的各类赴外投资说明会、经贸洽谈会、专题考察共 30 多次。

驻外招商　2001年后，为吸引国内大集团、大公司和上市企业到维扬经济开发区投资置业，开发区分别在北京、上海、深圳等地设立招商办事处，实施驻点招商、敲门招商，走访各类企业总部、行业协会、高等院校，拓展信息源、项目源。

以商招商　2001年后，维扬经济开发区通过对区内企业定期走访，为他们排忧解难，使企业感受到开发区优质服务，并通过他们做“红娘”，引来新投资项目。2004年，利星行机械（扬州）有限公司成立，总投资1200万美元。2010年，通过利星行引荐，德国梅赛德斯一奔驰公司在维扬经济开发区设立奔驰零配件配送中心，总投资5000万欧元，是继北京、上海、广州零配件配送中心之后，奔驰集团在中国建设的第四家零配件配送中心，也是唯一一个完全由德国梅塞德斯一奔驰公司直接投资建造的零配件配送中心。2011年7月，中心对外运营，当年纳税约5000万元。

三、招商项目

2001～2004年，维扬经济开发区共招引项目83个。其中内资项目56个，总投资4.53亿元；外资及港澳台资项目27个，总投资1.98亿美元。2005年，共招引项目87个。其中内资项目64个，总投资5.92亿元；外资及港澳台资项目23个，总投资2.47亿美元。2008年，共招引项目65个。其中内资项目41个，总投资9.55亿元；外资及港澳台资项目14个，总投资2.22亿美元。2009年起，项目统计口径变化，统计数字变化幅度较大。2009年，开发区招商引资项目8个。其中内资项目7个，总投资5.71亿元；外资及港澳台资项目1个，总投资6000万美元。2011年，开发区共招引项目10个。其中内资项目7个，总投资2.12亿元；外资和港澳台资项目3个，总投资6047万美元。

2001～2011年维扬经济开发区招商项目投资情况统计表

表7-1-4

项目 / 年份	注册项目（个）	内资项目		外资及港澳台资项目	
		数量（个）	总投资（亿元）	数量（个）	总投资（万美元）
2001～2004	83	56	4.53	27	19791
2005	87	64	5.92	23	24715
2006	81	67	6.56	14	20262
2007	55	49	8.96	6	10462
2008	65	41	9.55	14	22161
2009	8	7	5.71	1	6000
2010	12	7	1.10	5	9300
2011	10	7	2.12	3	6047

四、招商服务

招商项目评审服务　2001年后，维扬经济开发区加大招商引资力度，推动外向型经济加速发展。为提高引进项目质量，以开发区招商引资项目评审领导小组为平台，对每一个新项目及在手信息源认真甄选，在项目选择上注重科学化。通过严格把控新进项目质量，摒弃追求数量、应付指标、盲从潮流的招商形式。通过评审筛选把符合开发区发展定位及产业特色的项目招进来，招商引资更趋合理化、科学化。

落户项目跟踪服务　2001年后，维扬经济开发区引进一批“高大新外”（高科技、大投入、新产业、外向型）项目。为加快项目落户进程，项目签约后，由开发区招商局协助完成注册手续。具体负责协助办理项目建议书、可行性研究报告、合同章程，进口设备、原辅材料批准证书申报与审批，协调驻开发区工商所办理企业注册登记及营业执照。入园企业领取营业执照后，招商局协助办理企业代码证、税务登记证，开立银行账户。完成入园企业注册后，招商局负责将所有前期手续一起移交给其他服务部门，并由项目责任人对项目跟踪服务,包括协调解决项目建设过程中规划、国土、建设、财务、物管等方面问题和困难,遇重大问题上报区领导研究决定。

投产项目常态服务　项目落户后,定期到企业走访,为企业排忧解难。顶津康师傅于2007年入驻开发区,2009年,在二期项目土地证办理、蒸汽使用、收费减免优待证办理以及"三重"(重要产业、重大项目、重点企业)、"双创"(工业技术创新、企业二次创业)奖励扶持政策兑现等方面遇到一些困难,企业发展一度陷入停滞状态。开发区了解情况后,做好协调、服务工作,很短时间内就解决问题,企业得到顺利发展。2010年,康师傅二期生产线投产,当年实现利税8000多万元,是2008年的16倍,创造了3年翻四番业绩。

图7-1-2　2009年9月28日,扬州国际汽车城汽车4S店集中开工

第四节　产业经济

一、经济规模与结构

维扬经济开发区按照"统一规划、分步实施、滚动发展"的思路历经四个发展阶段。2001～2004年,完成起步,园区道路、水、电、气等各项基础设施基本建成,入园企业76家。2005年,入园企业60多家,投产企业38家。当年完成工业产值25.12亿元,基本形成机电、生化和轻工三大特色产业板块。2006年,升级为省级经济开发区,确立"以高新技术产业为导向,以现代工业为基础,第三产业协调发展"的发展目标。当年完成地区生产总值10.87亿元。其中第二产业8.87亿元,占总产值的81.60%,第三产业2亿元,占总产值的18.40%。2008年,启扬高速公路以南区域基本开发结束,投产企业200多家,全年完成工业产值68亿元。2009年,启动启扬高速公路以北甘泉新区建设,以"升级转型、二次创业"为主线,不断优化产业结构,强化招商引资及项目建设,改善投资环境,产业经济快速发展。2011年,开发区实现总收入330亿元、工业产品销售收入234亿元、地区生产总值69亿元,初步形成以机电及先进装备制造业为主导,以特种车辆、汽车关键零部件及汽车电子、医药健康、软件创智产业为特色的产业格局。

2006～2011年维扬经济开发区主要经济指标一览表

表7-1-5

项目　　　　　年份	2006	2007	2008	2009	2010	2011
工业产品销售收入(亿元)	42	58	68	126	183	234
规模以上工业增加值(亿元)	8	12	16	29	42	53
地方一般预算收入(亿元)	1.1	1.3	1.9	2.5	3.6	4.7
进出口额(亿美元)	0.8	0.9	2.1	1.6	1.6	2.6
出口额(亿美元)	0.7	0.8	2	1.4	1.5	2.4
实际到账外资及港澳台资(亿美元)	0.4	0.29	0.76	0.48	0.74	1.7
全社会固定资产投资(亿元)	17	25	30	40	68	76

2006～2011年维扬经济开发区产业构成情况一览表

表7-1-6

项目 年份	地区生产总值(亿元)	第二产业		第三产业	
		增加值(亿元)	占比(%)	增加值(亿元)	占比(%)
2006	10.87	8.87	81.60	2.00	18.40
2007	15.27	12.60	82.51	2.67	17.49
2008	19.90	16.90	84.92	3.00	15.08
2009	35.25	31.33	88.88	3.92	11.12
2010	53.00	47.00	88.68	6.00	11.32
2011	69.00	59.00	85.51	10.00	14.49

二、工业

至2011年，开发区共吸引20多个国家和地区250多家企业落户发展，总投资150多亿元，注册资本136亿元。累计完成注册外资及港澳台资17.4亿美元，实际到账外资及港澳台资6.4亿美元，进出口总额11亿美元。2011年，实现业务总收入330亿元、工业产品销售收入234亿元、规模以上工业增加值53亿元。与建区初期相比，各项指标均增长30～40倍。顶津康师傅、卡特彼勒、李尔汽车电子、柳工机械等多家行业领军企业相继落户开发区内。

机电及先进装备制造产业　开发区早期突出以机电及先进装备制造产业为主的“招商选资”，引进一批投资规模大、发展前景好的项目。至2006年，先后引进柳工建设机械、牛牌纺织机械、利星行机械、江扬电缆、中显科技等一批体量较大、科技含量较高的项目。2008年，注册资金3800万美元的亚联钢管项目实现当年签约、当年到资、当年建设，并在加拿大多伦多证交所成功上市，成为扬州市首家境外上市企业。2011年，开发区初步形成工程机械、纺织机械、环保机械、化工机械、电动工具、五金机械、液压机械、医疗机械等从零部件生产到整机制造的产业链。芯片及芯片封装和其他电子元器件生产也逐步形成产业集聚。

汽车电子及汽车零部件产业　2009年，在以高端装备制造为主导产业的基础上，开发区依托扬州传统的汽车产业优势，提升发展以卡特彼勒、中集泰利、嘉捷特种车辆、麦斯通板材、荣镁轮毂、五亭缸套、李尔汽车系统、罗思韦尔电气等为代表的特种车辆、汽车关键零部件及汽车电子产业。至2011年，建设中的汽车电子及零部件产业园吸引20多个汽车产业关联配套项目落户。是年，开发区汽车电子及汽车零部件产业实现产值29亿元。

高新技术产业　2005年后，开发区大力引进高新技术企业，一批技术密集、成长潜力大的企业迅速成长。以艾迪生物、唯美生物、优邦制药等为代表的医药健康产业逐步成形，扬杰电子、中显科技等一批中小型企业快速成长，在各自领域具备较强竞争力。总规划面积45公顷的生态科技园有多家创新创业型企业孵化成长，研发设计产品涵盖芯片、电子、通信及工业自动化等多个领域。2010年，开发区实现高新技术产业产值60亿元，占全区规模以上工业产值30%以上。至2011年，累计获批国家级高新技术企业17家，省、市两级院士工作站3家；拥有产学研联合体80家、省以上科技项目70个、国家创新基金项目12个；拥有100多位行业领军人物和海归精英，国家“千人计划”学者2人。获批国家重点新产品11个、省高新技术产品113个，江苏中显太阳能电池及电站研发项目获批科技部“863计划”。2011年，开发区实现高新技术产业产值78亿元。

三、第三产业

2005年后，开发区利用良好的区位优势，发展软件创智、商贸流通等现代服务业，初步形成以甘泉软件研发城、国际汽车城、五亭龙玩具城为代表的“三城”服务业格局。总投资13亿元的税友软件及总投资4亿美元的宝能软件相继落户软件研发城。

2008年,市政府规划的扬州地区唯一汽车4S店集聚区在维扬经济开发区开始建设。是年,实现汽车销售额1.3亿元。2009年,实现汽车销售额8亿元。2010年,实现汽车销售额20.36亿元。至2011年,入驻奔驰、宝马、大众、凯迪拉克等30多家汽车4S店。汽车城内同时配有二手车交易市场、尾气检测站等系列公共服务平台,形成购车消费、售后维修、保险理赔等一条龙服务。是年,汽车城实现销售额28亿元、税收8900万元。

2003年12月,华东地区最大的专业玩具礼品商贸中心五亭龙国际玩具城开始兴建,占地22公顷,2006年4月投入运营,形成设计、研发、生产、销售一条龙产业链。主要分为五大区域,即玩具辅料区、玩具成品区、物流仓储区、电子商务交易区、玩具精品馆。2007年,五亭龙国际玩具城实现销售额5.18亿元;2008年,实现销售额5亿元;2009年,实现销售额5.85亿元;2010年,实现销售额6.15亿元。至2011年,共有商铺1200多间,从业人员3000多人,是中央电视台动画形象毛绒玩具产品研发基地和市动漫设计衍生产品工程技术研究中心。是年,实现玩具销售额6.5亿元。

四、企业选介

扬州扬杰电子科技股份有限公司　位于维扬经济开发区江阳创业园内,成立于2006年,一期注册资金3200万元。主营业务为分立器件芯片、功率二极管及整流桥等半导体分立器件产品研发、制造与销售,是半导体分立器件行业新兴企业,国家“火炬计划”重点高新技术企业。公司拥有从芯片制造到封装测试全套生产工艺和装备,为国内少数生产、制造全系列二极管、整流桥规模企业之一。2010年,扬杰电子二期项目启动,项目投资1亿元,占地5公顷,建筑面积近两万平方米。2011年,公司完成股份制改革,成立扬杰电子科技股份有限公司,注册资本6900万元,职工近648人。是年,公司实现产值4.12亿元、利税4600万元。

扬州顶津食品有限公司　位于维扬经济开发区荷叶西路,成立于2006年,占地19.47公顷,是台湾顶新国际集团康师傅控股下属企业,江苏地区最大的“康师傅”饮品生产公司,项目一期总投资8500万美元,2008年4月投产。2009年末,启动项目二期,总投资1.09亿美元。主要产品有“康师傅”系列茶饮料、果汁饮料等。至2011年末,公司拥有13条高速无菌灌装生产线,日产饮品65万箱。是年,公司实现产值7.7亿元、利税1.9亿元,为“康师傅”在内地最大饮料生产基地。

扬州柳工建设机械有限公司　是广西柳工集团有限公司控股子公司。位于维扬经济开发区蜀冈西路,成立于2003年3月,注册资本2.54亿元,占地13.33公顷,建筑面积5万平方米。主要生产经营混凝土搅拌输送车、电工机械产品。公司通过ISO 9001质量管理体系认证。2011年,公司实现产值3.9亿元、主营业务收入2.33亿元。

江苏中显集团有限公司　位于维扬经济开发区荷叶西路,成立于2004年,原名江苏中显机械有限公司,占地6.67公顷,建筑面积近3万平方米,注册资本5400多万元,是一家专业从事节能减排研发、生产、运营为一体的高科技企业。2009年,获批国家级高新技术企业,拥有外贸进出口权,更名为江苏中显集团有限公司。2011年,通过质量管理体系、环境管理体系、职业健康安全管理体系“三标一体”认证。公司设有院士工作站,先后承担国家“863”科技项目、国家发改委战略性新型产业和产业振兴规划、省重大科技成果产业化推广项目。2011年,公司实现产值3.1亿元、销售收入1.05亿元、利税860万元。

利星行机械(扬州)有限公司　成立于2004年3月,总投资1200万美元,建筑面积1.12万平方米,2006年11月投入运营。是利星行机械集团在中国大陆第三家运营中心,是首家获得质量认可的国内最大租赁中心及二手发动机、工程机械翻新中心。其经营范围包括工程机械、发动机、发电机组翻新、维修、加工、出租及技术服务、技术培训和技术咨询，工程机械零配件制造、加工与销售，加工、翻新工程机械销售（包括进口二手工程机械）。2011 年，公司实现产值 2.56 亿元、销售收入 1.65 亿元。

江苏牛牌纺织机械有限公司　公司于 2004 年迁入维扬经济开发区荷叶西路，注册资本 4000 万元，占地 8.67 公顷，是中国纺织机械器材协会理事单位、ISO 9001 质量管理体系认证企业、国家重点高新技术企业。公司下辖扬州、高邮、吴江 3 个核心制造基地。拥有各类生产和检测设备近 100 台。是国内最大的从事喷水织机、喷气织机、剑杆织机、片梭织机开口装置的专业研发和生产基地之一，年生产 VSC 系列凸轮开口装置、GD50 系列多臂开口装置、GT401A 旋转多臂开口装置超万台。2011 年，公司实现产值 2.45 亿元、销售收入 1.53 亿元、利税 2562 万元。

江苏罗思韦尔电气有限公司　位于维扬经济开发区蜀冈东路，2006 年 4 月成立，2007 年 12 月建成投产，占地 5.2 公顷，注册资本 6000 万元。从事汽车电子和汽车电器产品研发、制造和销售。主导产品涵盖车身电子控制系统、车载电子装置和汽车电器 3 大类 12 个系列，为国内 10 多家商用车和轿车企业提供专业配套和技术服务。公司有高、中级工程师 15 人，专业技术人员 32 人，与南京理工大学合作成立省汽车电子工程技术研究中心，2009 年 8 月被科技部评定为国家级高新技术企业。2011 年，公司实现产值 2.32 亿元、销售收入 1.91 亿元、利税 3050 万元。

扬州优邦生物制药有限公司　位于维扬经济开发区金槐路，成立于 2004 年 1 月，项目总投资 9000 万元。公司专业从事动物疫病预防、治疗用生物药品研究开发、生产、销售。占地 6.67 公顷，建筑面积 5794 平方米，职工 2136 人。2007 年 6 月通过农业部兽药 GMP 验收，是农业部指定生产猪繁殖与呼吸综合征（猪蓝耳病）灭活疫苗的定点生产企业。2011 年，公司实现产值 1.16 亿元、销售收入 4977 万元。

梅塞德斯—奔驰（扬州）零部件配送中心　中心总投资 5000 万欧元，是继北京、上海、广州零配件配送中心之后，由奔驰公司在中国建设的第四家零配件配送中心，也是唯一一家完全由世界 500 强德国梅塞德斯—奔驰集团直接投资建造的零配件配送中心。中心内全部采用全球领先的智能化仓储管理设备和系统，做到高效和节能统一。辐射范围涵盖江苏、浙江、安徽、湖北等地。该项目于 2010 年 4 月启动，2011 年 4 月建成，同年 7 月投入运营。当年纳税 5000 万元。

扬州泰利特种装备有限公司　位于维扬经济开发区甘泉新区，由中国国际海运集装箱（集团）股份有限公司全资控股，成立于 2010 年，总投资 2 亿元，占地 12.67 公顷。产品涉及军需装备类、野营装备类、军交装备类、卫生装备类、指挥通信类、维修保障类等多个领域。2011 年底，公司投入运营。

扬州日精电机有限公司　公司由日精电机（香港）有限公司和上海日精电机有限公司出资兴建，是日精集团在中国投资的重点项目。公司成立于 2008 年，计划两期用地 6.67 公顷，总投资 3000 万美元，2010 年建成投产。日精集团是全球排名第二的薄膜电容器专业制造商，其前身为日本日精电机株式会社，于 1959 年在日本东京成立。2011 年，日精集团将日本本部研发机构及生产流水线迁至扬州，当年完成产值近两亿元。

图 7-1-3　2009 年 10 月 18 日，维扬区产业投资项目集中开工

2011 年维扬经济开发区规模以上工业企业情况一览表

表 7-1-7

名　　称	主营业务收入(万元)			职工人数(人)	成立年份	登记注册类型	企业控股情况
	2009 年	2010 年	2011 年				
扬州金力电动工具有限公司	4718.7	6967.0	6688.9	245	1998	私营有限责任公司	私人控股
江苏凤凰扬州鑫华印刷有限公司	8300.0	9830.3	13111.1	664	1999	其他有限责任公司	集体控股
扬州金伦化学纤维有限公司	4158.2	5364.3	6824.5	120	2000	私营有限责任公司	私人控股
江苏牛牌纺织机械有限公司	9179.0	13499.0	15287.4	188	1993	私营有限责任公司	私人控股
扬州佳宝科技有限公司	1337.4	1618.7	—	32	2008	私营有限责任公司	私人控股
扬州五亭电子材料有限公司	832.5	1676.7	2944.2	38	2007	私营有限责任公司	私人控股
市万能科技发展有限公司	7656.1	5004.0	5048.6	132	2008	私营有限责任公司	私人控股
扬州华越电子有限公司	1009.8	2068.1	—	97	2009	私营有限责任公司	私人控股
扬州宁良过滤器有限责任公司	1029.4	1477.7	—	25	2009	私营有限责任公司	私人控股
银星多晶硅有限责任公司	772.2	3985.1	—	92	2009	其他有限责任公司	私人控股
扬州扬开电力控制设备有限公司	10032.3	6600.0	11672.8	65	1998	私营有限责任公司	私人控股
扬州邦德家私制造有限公司	717.8	757.3	—	36	1998	私营有限责任公司	私人控股
扬州双鸿电子有限公司	1781.0	2845.5	3277.9	150	1999	私营有限责任公司	私人控股
扬州国联制衣有限公司	30218.4	32648.6	31217.3	1470	2000	与港澳台商合资经营	私人控股
扬州美德制衣有限公司	3145.6	2658.5	2503.1	238	2002	中外合资经营	私人控股
市华昌织造有限公司	924.8	1016.9	—	40	2002	私营有限责任公司	私人控股
扬州德龙科技有限公司	4323.4	3588.0	—	55	2002	私营有限责任公司	私人控股
扬州通宇散热器有限公司	6079.7	12138.6	16079.6	586	2006	私营有限责任公司	私人控股
扬州维益电力机具有限公司	1638.2	1451.2	—	47	2003	私营有限责任公司	私人控股
扬州新凤凰光电制品有限公司	5417.2	14178.6	9012.8	207	2002	私营有限责任公司	私人控股
扬州杰越玩具有限公司	735.5	901.4	—	100	2002	中外合资经营	私人控股
扬州新能源门窗配套有限公司	1357.6	1816.9	—	20	2002	私营有限责任公司	私人控股
扬州市维扬区科中五金电器厂	1890.3	2355.5	2829.1	88	2003	私营独资	私人控股
扬州赛叶散热器有限公司	556.3	1316.0	—	21	2002	私营有限责任公司	私人控股
扬州柳工建设机械有限公司	6247.3	33488.9	23282.3	300	2003	其他有限责任公司	其他
市中意建材机械有限公司	1180.5	1877.9	2054.9	56	2003	私营有限责任公司	私人控股
扬州铭洪胶业有限公司	2353.1	3088.8	2970.7	50	2004	私营有限责任公司	私人控股
扬州致达机械有限公司	1373.6	2256.8	2212.7	61	2004	私营有限责任公司	私人控股
扬州嘉源服饰有限公司	8114.3	9827.0	9745.4	142	2003	中外合资经营	私人控股
扬州钟美玩具有限公司	1749.7	1554.0	—	105	2003	外资企业	外商控股
扬州爱和工艺辅料有限公司	590.0	818.1	—	67	2002	私营有限责任公司	私人控股
扬州远翔发展有限公司	2136.6	1688.1	—	79	2003	私营有限责任公司	私人控股

续表 7-1-7

名　　称	主营业务收入(万元)			职工人数(人)	成立年份	登记注册类型	企业控股情况
	2009 年	2010 年	2011 年				
扬州利祥纺织有限公司	504.0	818.1	—	12	2003	私营有限责任公司	私人控股
扬州优邦生物制药有限公司	8956.7	5337.5	4977.1	108	2004	其他有限责任公司	其他
江苏科凌医疗器械有限公司扬州分公司	1072.8	1406.8	—	102	2004	私营有限责任公司	私人控股
利星行机械(扬州)有限公司	15093.5	17616.6	16503.6	150	2004	港澳台商独资	港澳台商控股
扬州汇丰橡塑制品有限公司	894.7	2906.7	—	40	2004	与港澳台商合资经营	私人控股
江苏华山光电有限公司	1623.9	1690.1	—	20	2004	私营有限责任公司	私人控股
扬州中恒工艺品有限公司	636.0	1808.6	—	30	2004	私营有限责任公司	私人控股
扬州金力工业有限公司	12350.4	9353.2	9319.4	255	2004	私营有限责任公司	私人控股
江苏高标阀门有限公司	1539.3	3468.3	3268.4	76	2004	私营有限责任公司	私人控股
江苏中显集团有限公司	15022.0	15500.0	10500.0	120	2004	私营有限责任公司	私人控股
扬州天泓科技实业有限公司	1117.2	1588.4	—	20	2004	私营有限责任公司	私人控股
扬州启泰电器有限公司	575.5	1189.0	—	26	2005	私营有限责任公司	私人控股
扬州双良阀门有限公司	5055.4	3183.0	5243.8	74	2005	私营有限责任公司	私人控股
江苏硅谷光电产业有限公司	7480.0	—	—	68	2007	私营有限责任公司	私人控股
扬州汇源仪表电缆制造有限公司	2017.8	3241.6	2700.0	18	2006	私营有限责任公司	私人控股
扬州江阳管件有限公司	809.5	1329.4	—	15	2006	私营有限责任公司	私人控股
江苏罗思韦尔电气有限公司	16270.3	19343.4	19099.2	472	2006	私营有限责任公司	私人控股
江苏中凌高科技有限公司	7890.2	5351.1	4562.5	131	2006	私营有限责任公司	私人控股
扬州顶津食品有限公司	100060.7	148449.3	176982.7	1248	2006	与台商合资经营	其他
扬州扬杰电子科技有限公司	18708.0	33439.2	41152.5	648	2006	与港澳台商合资经营	港澳台商控股
江苏奥尼特电缆有限公司	78510	95134	94915	91	2006	私营有限责任公司	私人控股
江苏绿天源系统工程有限公司	905.5	1316.1	—	45	2006	私营有限责任公司	私人控股
扬州京隆科技有限公司	—	3687.2	5033.2	157	2009	其他有限责任公司	其他
扬州麦斯通复合材料有限公司	—	—	8634.7	107	1996	外资企业	外商控股
扬州百德光电有限公司	—	—	2537.4	116	2007	外资企业	外商控股
扬州凯思特机械有限公司	—	—	4203.8	77	2011	私营有限责任公司	私人控股
扬州杰利半导体有限公司	—	3985.1	6224.9	222	2009	其他有限责任公司	私人控股
扬州德威新材料有限公司	—	—	12730.5	76	2005	与港澳台商合资经营	港澳台商控股

说明:1.所列企业仅为开发区所属企业,不包含开发区内维扬区其他乡镇所属企业

2.2011 年,规模以上企业统计口径发生变化,原有部分规模企业不在统计之中

第五节　管理机构

2001 年 7 月 17 日，根据市政府“一区四园”规划建设方案，成立市江阳工业园管委会，内设综合处、招商处、建设处、农村工作处和财务处。2002 年 1 月，设立江阳工业园区投资服务中心。2002 年 3 月，成立江阳工业园开发建设有限公司，负责开发区银行贷款、基础设施建设及外引内联等工作。与江阳工业园区投资服务中心合署办公。

2002 年 3 月，成立中共扬州市江阳工业园区工作委员会，代表区委对开发区实施党的领导和党的建设工作。园区党工委与管委会合署办公，实行两块牌子、一套班子。

2004 年 6 月，区政府成立区招商局，与江阳工业园招商处合署办公。同年 6 月，园区管委会增设经贸科技处和党群综合处，建设处更名为规划建设处，农村工作处更名为城乡工作处。2005 年，成立园区党政办公室。

2006 年 12 月，开发区招商处更名为招商局，经贸科技处更名为产业发展处，城乡工作处更名为社会事业处，财务处更名为财政局。

2009 年，撤销党群综合处，纪检、宣传、组织等工作职能划入党政办公室。同年，开发区招商局分设为 4 个招商分局。2010 年，规划建设处更名为规划建设局，产业发展处更名为经济发展局，社会事业处更名为社会事业局。至 2011 年，维扬经济开发区设“一办四局”(党政办公室、规划建设局、财政局、经济发展局、社会事业局)和 4 个招商分局，均为副科级建制，同时有国土所、规划所、工商所 3 个区职能部门派驻机构。

2001～2011 年维扬经济开发区党政负责人一览表

表 7-1-8

职　务	姓　名	任　职　时　间	职　务	姓　名	任　职　时　间
党工委书记	徐宝林	2002.3～2003.8	管委会副主任	尹恒林	2001.7～2002.3
	尹宏宝	2003.8～2006.12		徐海舟	2001.7～2002.3
	顾　敏	2006.12～2008.8		徐建群	2001.7～
	杨　蓉	2008.10～2011.11		王　斌	2001.7～2004.6
党工委副书记	谈立才	2001.7～2005.4		梁　春	2002.4～2007.6
	李宗林	2002.3～2003.2		罗玉林	2003.8～2010.6
	管正明	2002.11～2006.3		林　蔚	2005.4～2009.4
	周立成	2003.2～2006.12		俞扬元	2007.3～
	葛长龙	2003.3～2006.12		庄绪梅	2008.2～2009.1
	王亚军	2004.6～2008.2		刘义同	2008.2～2009.4
	曹占田	2004.12～2006.12		徐安朝	2009.7～2010.1
	王国兴	2006.12～		姚海雷	2009.10～
	赵同生	2010.6～		徐长金	2010.1～2010.12
管委会主任	董德利	2001.7～2002.3		张宏硕	2010.6～
	徐宝林	2002.3～2003.8		顾永良	2010.12～2011.9
	李广春	2003.8～2006.6		孔雪雁	2010.12～2011.9
	曹占田	2006.12～2008.2		许　平	2011.9～
	王相柏	2008.6～			

第二章　公铁水联运物流集聚区

扬州公铁水联运物流集聚区是市委、市政府“十一五”期间重点发展的四大物流基地之一，也是扬州市唯一拥有公路、铁路、水路多式联运叠加优势的综合性物流园。集聚区一期规划3.88平方千米，总规划面积7.68平方千米，同时在宁启铁路以北至槐泗河预留4平方千米发展余地。2007年3月成立后，集聚区先后引进企业20家，其中外资及港澳台资4家、民资16家。12家企业建成投产。2011年，完成服务业营业额21亿元、投资总额2.7亿元，民资注册1.1亿元，合同利用外资及港澳台资3000万美元，实际利用外资及港澳台资1408万美元。

第一节　规划布局

一、规划

2006年7月，集聚区建设指挥部成立后，立即编制集聚区控制性详规。2007年4月，市政府批准集聚区规划，明确规划面积3.88平方千米。2008年9月，根据扬州市“一体两翼”发展要求，集聚区规划面积增加至7.68平方千米，同时铁路以北至槐泗河4平方千米调整为园区发展预留地。2011年，随着扬州市东北区域城市化步伐加快，集聚区与市、区规划部门对接，形成核心区域3.28平方千米城市规划，同时启动宁启铁路以北至槐泗河以南4平方千米控制性详规编制工作，推动物流园区和槐泗粮食物流园整合发展。城市设计提出圈层结构发展格局，并将园区两大主干道运河北路和江平东路沿线地块调整为商业用地，为集聚区加快发展构建更为科学的空间布局。

规划总体目标：利用运河北路、江平东路等交通干道优势，重点发展以专业市场为主的商贸性物流。发挥铁路、港口优势，谨慎发展对铁路、港口依赖性强、货物吞吐量大、市场竞争力强、经济回报稳定的加工性物流。发挥城市化优势，积极引进融资金流、实物流、信息流为一体的第三方物流。

商务服务核心圈层　在园区南北轴线太平路和东西轴线物港路交会处周边区域，依托临近居民区、毗邻主城区和瘦西湖风景名胜区优势，重点发展商务办公、研发机构、酒店、金融保险等高附加值服务产业和总部经济，打造功能齐全、环境优雅的中心商务区，为入园企业及周边居民、游客提供全方位工作与生活配套服务。

商贸流通过渡圈层　在运河北路和江平东路两侧，依托月星家居、绿洲国际、聚龙建材等专业市场集聚基础，重点发展高档家居建材、电子产品、医药保健品、文化生活用品等与城市生活密切关联的专业市场集群。同时在专业市场周围地块，鼓励高端第三方物流企业进园经营。

多式联运仓储配送外围圈层　在运河码头周边和宁启铁路货站沿线，择优谨慎招引对铁路或港口依赖性大、市场竞争力强、占地规模小、经济回报稳定、对周边环境影响小的流通加工、货运仓储型物流企业，为第三方物流企业入驻提供市场空间，实现服务集中、产业集聚、资源集约。

二、土地开发利用

2009年，先后征地33.33公顷，拆迁106户，为聚龙建材、医药物流、物港路二期等项目建设提供用地保障。是年，以独立选址方式向省国土部门争取15.33公顷用地指标。2010年，在市、区划拨土地指标基础上，以点供、独立选址、先行用地等方法，争取省、市土地指标46.67公顷，全年共落实土地指标66.67公顷，拆迁103户，征地35.4公顷，为开平钢铁、新伟仓储、新凯建材、帕伯立克、波特物流等11个项目建设提供用地保障。2011年，共征地20.6公顷，通过独立选址方式，向上争取土地指标11.67

公顷。全年共为绿杨水泥、苏中电子城、高扬二期、中亚糖烟酒、联能电子等6个项目供地16.67公顷，完成项目拆迁74户，交地24.67公顷。至2011年底，集聚区共征用土地89.33公顷，实际利用土地68.73公顷，实际开发面积56.8公顷。

第二节　基础设施

一、码头道路建设

公铁水联运码头　2009年2月建成运营，总投资3800万元，码头岸线总长610米。

图7-2-1　2008年8月，在建中的扬州市公铁水联运物流集聚区水运码头

运河北路延伸段　南起江扬大桥西接线，北至江平东路，全长3.35千米，包括210米长的古运河大桥，宽50米，双向六车道。工程总投资1.9亿元。工程2007年6月开工，2008年初建成通车。

物港路　东起运河码头，西至新民路延伸段，全长2712米，宽34米，双向四车道。与扬州电厂铁路专线相交，采用下穿式立交方式，立交跨度分别为7.2米、16米和7.2米。工程总投资9100万元。分二期实施。一期工程(含铁道过路涵)自运河北路至码头作业区，全长960米，宽34米。2007年7月底开工，2008年7月建成。二期全长1725米，投资5600万元，2009年初开工，11月竣工。

江平东路　全长3260米，宽50米。总投资1.8亿元。2010年6月开工建设，2011年7月竣工。

高桥北路　全长986米，宽35米。总投资1050万元。2009年初开工，2010年建成通车。

货站路单段　全长430米，宽7米。总投资50万元。2009年全线贯通。

太平路　全长1100米，宽30米，工程预算总投资1200万元。2010年开工建设，2011年建成通车。

二、配套设施

2010年，建设集聚区排污、通信、公交等配套工程。2011年，中石油加油站建成运营，运河北路、江平东路道路绿化、亮化工程全面完成，运河北路公交停车场主体部分建成投入使用，启动建设集聚区陆上货运交易中心。

三、公用设施

供水　管网辐射整个集聚区，水质合格率100%。

供电　规划面积内有110千伏变电所两座，确保园区用电需求。

供气供热　管道煤气通达主干道，日供气量6.4万立方米，气化率65%。规划区域内供热管道直接扬州电厂热力管道。

污水处理　建成雨、污分流地下排水系统，污水排至污水处理厂处理。雨水经地下雨水管网排入古运河。

通信　程控电话网、移动通信网、多媒体宽带数据通信网、光纤接入网等实现全覆盖。

第三节　招商引资

一、招商方式

2007年3月，物流集聚区成立后，突出招商引资，充分放大集聚区优势，开展多层次、多形式招商活动。是年，组织参加苏州中国国际物流博览会等活动。2008～2011年，先后组织参加"烟花三月"投资环境推介会，扬州市服务业集聚区和服务业项目专项推介洽谈会，深圳、温州招商推介会等活动，加强集聚区对外宣传，精心包装项目，在招引优质项目上求突破。主动走出去，采取多批次、点对点、小分队等方式，招引补链扩链型项目、配套型项目，落实多个体量大、业态新、效益好、带动性强的项目。通过战略合作伙伴、商会、中介机构等实施中介招商、代理招商和以商招商，在经济发达的长三角、珠三角等重点区域聘请招商引资资讯员，拓展招商渠道。

二、招商服务

2007年后，物流集聚区树立产业为本、项目为王、招商为先理念，创新招商思路，强化招商服务。对所有入园项目，提供"一条龙"全程跟踪服务，实行园区领导与项目推进挂钩制度，与入园项目搞好衔接与联系服务工作。通过组织召开项目推进协调会，及时分析各个项目企业存在的困难，主动为其解决影响项目建设进程的各项问题，协助企业完善各种手续，促进企业尽快运转达效，以优质服务环境吸引更多项目、更多企业入园发展。按照特事特办、急事急办、难事快办、限时速办的工作要求，提升服务项目建设实效；加大对上对外政策争取力度，拓宽融资渠道，盘活土地资源，确保不因土地、资金影响项目建设。2008～2011年，物流集聚区为聚龙建材、新港物流、波特物流等投产企业搞好服务，强化税收征管。对在建的医药物流、新凯建材物流、新伟仓储物流等项目强化协调，加快推进，促其早投产、快达效。对进园的高扬国际商贸城、联能电子、中亚仓储配送、绿杨水泥等项目，从土地挂牌、立项、环评、报建等方面实行"一条龙"服务，促其早开工、快建设。同时推进企业组团发展，加强产业资源整合，以项目集群化导向提升园区形象。

三、招商成果

2007年物流集聚区成立至2011年，成功招引20家企业落户区内，其中外资及港澳台资项目4个、民资项目16个，12家企业建成投产。

2007～2011年扬州市公铁水联运物流集聚区招引项目情况一览表

表7-2-1

序号	项目名称	公司名称	注册资本	经营范围
1	医药物流	国药控股江苏有限公司	6000万元	医药仓储、配送
2	新港仓储物流（码头一期）	扬州新港物流有限公司	7200万元	货物装卸、仓储、运输、配送、联运服务、公路运输代理、运输信息咨询等
3	荣佳混凝土	江苏荣能集团扬州荣佳混凝土有限公司	1000万元	商品混凝土制造与销售
4	钢铁开平	扬州凯通新港物流有限公司	2000万元	钢材贸易与卷材开平
5	新伟仓储	扬州新伟仓储有限公司	3000万元	苏中、苏北塑料产品主要集散地
6	金城混凝土	扬州金城混凝土有限公司	1200万元	商品混凝土制造与销售

续表 7-2-1

序号	项目名称	公　司　名　称	注册资本	经营范围
7	新凯建材	扬州市新凯建材物流有限公司	5000 万元	钢材、建材销售,普通货物运输
8	扬农仓储	扬州扬农化学品运输有限公司	5000 万元	化工物流仓储
9	帕伯立克	扬州帕伯立克实业有限公司	1500 万美元	承建物港路二期工程
10	聚龙建材	江苏聚龙国际建材物资交易港有限公司	4.1 亿元	建材五金交易、加工、物流中心
11	中石油加油站	中石油江苏销售有限公司	1000 万元	汽油、柴油、润滑油销售
12	波特物流基地	扬州波特仓储有限公司(中美合资)	550 万美元	以货物分拨、配送、仓储物流服务为主,发展中短途专线配载和“江苏快货”品牌专线
13	新盟物流(码头二期)	扬州新盟物流有限公司	3360 万元	商品混凝土制造与销售
14	新铁物流	扬州新铁物流有限公司	3000 万元	物流仓储配送
15	中亚糖酒配送中心	江苏中亚经贸有限公司	3000 万元	糖烟酒仓储配送
16	高扬(月星)国际家居广场	扬州博润实业发展有限公司	1800 万美元	商铺租赁、市场管理、房地产开发
17	联能电子研发中心	江苏联能测控技术有限公司	5000 万元	高性能电子陶瓷及相关器件加工制造、销售、仓储
18	赛格苏中电子城	扬州东美实业发展有限公司	1500 万美元	电子产品批发销售、商铺租赁、市场管理
19	绿洲国际广场	扬州绿洲置业有限公司	2 亿元	高档灯饰、五星级酒店
20	亚邦物流中心	扬州亚邦物流中心有限公司	2 亿元	医药用品、快速消费品等仓储、配送,第三方物流等

第四节　产业经济

一、产业概况

2007 年,物流集聚区根据区位优势,确立以培育税源经济为导向,大力发展商贸性物流,谨慎发展加工性物流,鼓励发展第三方物流,不断壮大产业规模。是年,新港仓储物流、凯通钢铁开平、新伟仓储等一批规模企业成功落户,产业经济初具规模。2008 年,强化产业招商,加快引进配套加工、贸易等临港产业项目,年内引进 8 个物流项目全部注册到位,一批重点物流商贸项目和生产性服务业项目落户园区,项目投入运营后可形成 100 亿元物流总额。2009 年,集聚区明确产业发展思路,优先发展以多式联运为代表的特色物流,依托园区内河港口、铁路和公路配载市场,实现公、铁、水运输方式无缝衔接。新港物流、凯通钢铁开平、新盟物流等建成运营。引导波特物流等货运配载市场转型,发展运输业“总部经济”,放大铁路优势,完成铁路支线等中转联运设施建设,新铁物流等建成运营。2010 年,物流集聚区服务业投资总额 4.21 亿元,完成服务业营业额 3.2 亿元。2011 年,先后在运河北路—江平东路—物港路等重点路段引进亚邦物流、国药控股、月星家居、绿洲国际、中亚糖酒、聚龙建材、赛格苏中电子城等一批知名企业和重点项目。是年，物流集聚区服务业投资总额 2.7 亿元，完成服务业营业额 21 亿元。

二、企业选介

国药控股江苏有限公司 由国药控股(江苏)有限公司投资建设。注册资本 6000 万元。项目占地 3.33 公顷，一期总投资 1 亿元，建筑面积近两万平方米，建成集采购、仓储、配送、销售于一体的现代化医药物流供应链。项目于 2010 年 1 月开工建设。

图 7-2-2 2010 年 1 月 25 日，医药物流中心举行开工典礼

聚龙国际建材交易市场 成立于 2009 年 5 月，注册资本 4.1 亿元(含担保公司注册 9000 万元)，占地 8.67 公顷。项目业态包括信息化多功能写字楼、数字化商务金融中心、6 幢商务办公楼、网络平台和休闲娱乐餐饮配套设施，总建筑面积 5 万平方米。

临港产业物流园 (码头一期)占地 7.6 公顷。其中新港物流有限公司注册资本 7200 万元，主营货物装卸、仓储、运输、配送、联运服务、公路运输代理、运输信息咨询等；凯通新港钢铁物流有限公司注册资本 2000 万元，建设大型钢板超市；荣佳混凝土有限公司、金城混凝土有限公司注册资本分别为 1000 万元和 1200 万元，年生产能力 150 万吨，约占扬州混凝土市场份额的 1/3。

波特物流基地 是集聚区第一个入驻项目，注册资本 550 万美元，占地 4.17 公顷，主营货物分拨、配送、仓储、运输等物流服务，发展中短途专线配载和"江苏快货"品牌专线。至 2011 年，入驻德邦物流等 20 多家配载物流专线。

新伟仓储 注册资本 3000 万元，占地两公顷，主要经营中石化、中石油、上海赛科、LG 化学等塑料和化工原料销售、仓储和物流。

新凯建材 注册资本 5000 万元，占地两公顷，主营钢材、建材销售、普通货物运输。

月星国际广场 注册资本 1800 万美元，占地 14.47 公顷，主营商铺租赁、市场管理、商业地产开发。

绿洲国际广场 由扬州绿洲置业发展有限公司投资建设，注册资本两亿元，总投资 10 亿元，主要从事陶瓷洁具、灯饰配件、建材、家具等家装家饰材料批发零售，为家居建材一站式购物广场，广场还配套建设扬州北部片区第一家五星级酒店。

联能电子研发中心 注册资本 5000 万元，占地两公顷，主要从事高性能电子陶瓷及相关器件加工制造、销售。

中亚糖酒配送中心 注册资本 3000 万元，占地 2.67 公顷，主要承载苏中、苏北地区烟酒等日用百货仓储配送。

新铁物流中心 项目总投资 3000 万元，主要从事铁路货物仓储、装卸、转运，发挥铁路货站功能，为苏北区域铁路货物中转基地。

新盟物流(码头二期) 由绿杨水泥、新港物流和集聚区开发公司共同出资建设，注册资本 3360 万元，为入园企业提供公共服务平台。

第五节　管理机构

2006年7月,区委、区政府成立扬州市公铁水联运物流集聚区建设指挥部,下设办公室。12月,成立集聚区党工委和管委会,管委会下设综合处、招商处、经贸科技处、规划建设处4个处室。2007年3月,集聚区党工委、管委会挂牌。集聚区管委会成立两家下属事业单位:投资服务中心和投资中心。同年9月,由两家事业单位共同出资成立市公铁水联运物流集聚区开发投资有限公司,并引进一批物流、经济、金融等专业人才,形成一支结构合理、知识互补的专业团队。

2007～2011年扬州市公铁水联运物流集聚区党政负责人一览表

表7-2-2

职　务	姓　名	任　职　时　间	职　务	姓　名	任　职　时　间
党工委书记	马顺圣	2007.3～2010.2	管委会主任	苏　剑	2007.3～2009.1
	李广春	2010.2～2011.11		徐安朝	2009.1～2011.11
党工委副书记	苏　剑	2007.3～2009.1	管委会副主任	殷九龙	2007.3～2009.4
	徐安朝	2007.3～2011.11		王继山	2007.3～2011.11
	许乃坤	2007.3～2009.1		陆志福	2007.3～2010.1
	朱　强	2007.3～2008.8		石　毅	2007.3～2011.11
	赵　鼎	2008.8～2009.4			
	杜国法	2008.8～2011.11			
	朱义东	2010.1～2011.11			

第三章　蜀冈生态新区

蜀冈生态新区位于市区西北部,东接瘦西湖风景名胜区,南至沿山河与扬冶路,西连新城西区和启扬高速公路,北靠维扬经济开发区,面积约15平方千米。新区于2007年开始规划建设,2008年8月挂牌成立。建区后,始终坚持"生态立区、文化铸区、项目兴区、产业强区"理念,稳步推进各项事业建设发展。至2011年,完成固定资产投资20亿元。基础设施建设初见规模,新建道路12条,总里程近20千米;绿化面积333.5公顷,累计拆迁面积近140万平方米,建设安置区72万平方米,引进企业12家,项目总投入100多亿元。聚集一批国内外一流地产、旅游休闲、研发创意文化产业、商业等领域客户。

第一节　规划布局

一、规划

2007年4月,蜀冈生态新区管委会成立。新区功能定位为市区西北部新的城市区域中心,致力打造扬州现代服务集聚区、文化创意动力区、生态人居示范区,实现市区"向南融入、向北领先"城市发展战略。2007年4～5月,美国易道总公司先后提交蜀冈生态新区第一、第二阶段总体规划设计方案,并上报市规划委员会讨论。2008 年 1 月，市规划委员会原则通过新区概念总体规划方案。新区规划面积 15 平方千米，其中建设绿地约 430 公顷，绿地率超过 32%，道路、水系及市政公建设施比例接近 20%；新区可开发用地占总地域比例 47%，其中居住用地 38%、商业及服务设施用地 9%。逐渐构建成五大功能区：

十里蜀冈生态长廊　沿蜀冈西峰向西，打造以瘦西湖为起点，贯穿整个片区的绿色廊道。在廊道上建设生态公园、风情休闲、文化展示和运动广场等，实现生态与文化、环境与人的融合，勾画一条绿色、美丽且富有活力的风景线。

核心商务区　该区域横跨扬子江北路两侧，位于平山、西湖两乡镇的镇区，毗邻瘦西湖、唐城遗址、大明寺，资源丰富，建成集商务、商业、娱乐为一体，多元混合的核心区。

休闲商务区　该区域位于宁启铁路以西中部，结合生态公园和绿色廊道，包含一系列公共设施和商业设施。

品质生活社区　位于新区西南片，通过低密度开发、控制建筑高度保持优美的天际线，将生活与景观融为一体。

现代生活社区　包括邗江北路以西片区和新区西北部北区，将合理安排中小学、邻里中心、医院等公共服务设施。

2009 年，新区组织编制控制性详规和产业规划，实现与概念总体规划"三规叠加"。是年，新区确定生态、文化、市政、公建设施等专项规划 10 个，其中水、电、气、高压杆线改造等专项规划逐步开展，铁路以东地区多个专项规划基本完成。

2010 年，调整优化新区东片区城市设计和控制性详规。委托设计部门编制防洪规划，并对西区板块研发创意产业园项目进行概念策划。

图 7-3-1　2008 年 8 月 8 日，蜀冈生态新区挂牌

2011 年，调整新区东区控制性详规，形成以产业发展为重点的西区研发创意园概念策划，启动西部片区城市设计，至 10 月基本完成市政工程、公建设施、水电气、高压杆线改造等各类专项规划。

二、土地开发

2008 年，为保证蜀冈生态新区基础设施与安置区建设用地，分两次划拨土地 16.44 公顷，用于台扬西路与山水锦城安置区一期建设。2009 年，出让司徒庙路以南、邗江北路东侧 7.33 公顷、西侧 3.73 公顷和台扬路北侧、邗江北路东侧 14.67 公顷 3 个地块，土地出让金 6.3 亿元。2010 年，划拨 10.4 公顷土地，用于西湖南路、司徒庙路东延和新维扬中学建设；出让扬子江北路西侧地块 35.27 公顷，西湖路南侧地块 15 公顷，土地出让金 9.25 亿元。2011 年，出让润扬北路东侧地块 5.33 公顷、邗江北路西侧地块 15.8 公顷，土地出让金 6.55 亿元。

三、土地利用

2007 年 8 月，蜀冈生态新区项目指挥部就规划建设范围内各类土地和建筑进行统计和拆迁预算工作。

2008 年，针对新区内农用地较多情况，争取省、市土地部门支持，征地 18.67 公顷，主要包括山水锦城安置区一期、台扬西路、西湖路等项目，并对扬子江北路东侧、维扬区政府北侧、维扬中学新校址用地、山水锦城东侧地块、西湖镇区 5 个地块（共 55.4 公顷）进行土地储备；完成邗江北路两侧 3 个地块上市准备工作。

2009 年，新区征地 72.8 公顷，完成司徒村龚庄、大宗、小宗组，经圩村沟圈、杨庄等处 281 户民房和

15 家企业、商户动迁，为地块招商奠定基础。

2010 年，新区征地 38 公顷，主要包括万科综合体项目、罗思韦尔汽车电子研发中心项目；先后开展 478 号地块，扬子江北路东侧 2、3、4 号地块，572 号地块，工业安置预留地，公安分局大楼用地，峰尚汇酒店用地，司徒庙路拓宽改造用地等多个项目拆迁工作，完成 968 户住宅、93 家企事业单位共 40 多万平方米建筑拆迁任务。

2011 年，新区配合区国土分局、西湖镇政府共交地 80.8 公顷。完成四季金辉项目 11.33 公顷征地工作，并开展扬子江路西侧、司徒庙路拓宽改造、蜀冈路南延、润扬路西延拆迁工作，完成 790 户住宅、103 家企事业单位 40 多万平方米建筑拆迁任务。

第二节 基础设施

一、市政建设

2009 年，新区台扬西路、经圩二路、锦城路、西湖南路等 4 条道路相继建成通车，总长 4326 米，总投资 4653 万元。完成占地 12 公顷的十里蜀冈绿化长廊一期工程和润扬北路、邗江北路、平山堂西路(新区段)道路绿化工程。2010 年，新区完成 220 千伏扬玉线和 110 千伏蒋西线高压杆线迁移工程；锦汇路、锦汇北路、学苑路相继建成通车，总长 1235 米，总投资 755 万元；7 条新建道路标线并安装交通信号灯；邗江北路、润扬北路沿线绿化提升工程完成，占地 7 公顷，投资近 600 万元。

2011 年 3 月，十里蜀冈绿化长廊二期工程完成，绿化面积约 1.2 公顷，总投资 200 万元；4 月，完成经圩二路南侧绿化工程，绿化面积 2.3 公顷，总投资 420 万元。

2008～2011 年扬州市蜀冈生态新区道路建设情况一览表

表 7-3-1

路段	时间		路况(米)		总投资(万元)
	开工	竣工	长	宽	
台扬西路(邗江北路—润扬北路)	2008.11	2009.4	1127	35	1717
锦城路(司徒庙路—西湖南路)	2009.4	2009.10	248	18	167
经圩二路(邗江北路—润扬北路)	2009.5	2009.10	985	20	1107
西湖南路(邗江北路—平山堂西路)	2009.6	2009.11	1966	22	1662
锦汇路	2010.6	2010.12	428	18	190
锦汇北路	2010.6	2010.12	488	18	285
学苑路	2010.6	2010.12	319	18	280
司徒南路(西湖南路—经圩二路)	2011.3	2011.12	926	18	430
蜀冈路南延	2011.4	2011.11	1951	40	2775
司徒庙路东延	2011.6	2011.12	531	16	293

二、安置区建设

山水锦城安置区一期　位于市区西北分区西湖路和司徒庙路之间，西至北环路，项目总用地13.67公顷，总建筑面积20.3万平方米。其中多层住宅48幢、1390套，建筑总面积15.2万平方米；菜市场、超市、社区服务中心、会所等配套公共建筑1.17万平方米。2008年4月，小区开工建设。2009年10月，首批21幢住宅楼交付。2010年1月，第二批13幢住宅楼交付。2010年11月，第三批14幢住宅楼交付。

山水锦城安置区二期　位于宁启铁路以西、司徒庙路以南，项目总用地12.33公顷，总建筑面积18.3万平方米。小区由32幢多层、7幢小高层及3幢公寓组成，其中多层建筑面积9.83万平方米，小高层建筑面积4.48万平方米，超市、社区服务中心、会所等配套公共建筑9276平方米，规划安置人口4860人，安置户1390户。2010年6月，小区开工建设。

山水锦城安置区三期　位于司徒庙路以南、润扬北路以东。项目总用地8公顷，总投资2.5亿元，总建筑面积12万平方米。小区由36幢多层住宅与两幢配套公建房组成，其中多层建筑面积10.22万平方米，配套公建房建筑面积3280平方米，规划安置人口3500人，安置户990户。2011年4月开工建设。

山水锦城安置区四期　位于宁启铁路以西、锦汇路以南，项目总用地11公顷，总建筑面积19.7万平方米。小区由22幢小高层及高层组成，超市、社区服务中心、会所等配套公共建筑5200平方米。规划安置人口5682人，安置户1894户。2011年4月，开展立项、环评等前期准备工作。

第三节　招商引资

一、招商方式

采用会议招商方式，在部分城市举办招商推介会和发展论坛。主要有：2009年，北京、深圳、西安推介会，蜀冈生态城杭州推介会暨项目招商会，蜀冈生态城宁波推介会，生态城市发展高层论坛暨扬州蜀冈生态城推介会，上海、福建、深圳招商会。3月，新区与江苏一德集团签署合作协议，利用该公司在区域规划、项目策划、运营管理和招商服务方面优势，协助蜀冈生态新区开发、建设、运作和管理等各项工作。2010年，蜀冈生态城（香港）现代服务业投资说明会。2011年，制定“以区域价值营销为基本面，以团队定向招商为突破口”的招商策略，确定上海、南京、北京、深圳、杭州5大重点招商区域和文化创意产业、休闲旅游业、商业综合体、高档特色酒店、住宅地产5大重点招商领域，积极创新招商服务机制，挖掘招商资源，为招商选资提供良好支撑。

二、招商项目

至2011年11月，新区东片区多个地产商业项目签约落户，建设交付。新疆美特公司建设的碧水栖庭项目、北京华纺置业建设的西湖岭秀项目、万科投资的城市综合体项目开工建设。同时，东区两大综合体项目开始招商。

核心区商业综合体　项目位于蜀冈生态城东区，东至扬子江路，南至台扬路，西至规划中的蜀霞路，北至司徒庙路。建设用地总面积43.33公顷（不含配套的学校用地、周边公共市政道路及道路绿化用地），主要建设以大型商业、金融 、居住、文化休闲为主题的综合体项目，计划总投资60亿元。至2011年11月，该项目用地区域处于拆迁阶段。

16号、17号地块综合体项目　位于润扬路西延段以南，蜀冈路南延段以西和荷叶路南延段以东。项目用地面积22.67公顷，主要建设高档度假酒店和低碳节能地产项目。2011年，地块进入拆迁阶段。

三、招商服务

2008年后，新区在招商引资工作中，建立长效工作机制与入园企业进行联系与沟通，为其提供全方位服务。在每个项目前期，安排专人跟踪服务，部门负责人挂靠，及时掌握项目进展，为企业排忧解难。

在公司注册,项目立项、环评、开工、竣工与投产等阶段,提供“一站式”服务,为入园企业解决后顾之忧。在后期阶段,帮助企业策划宣传新楼盘各种形象推荐,帮助其策划营销,提升蜀冈生态新区自身板块价值与入园企业品牌价值。2010年,新区构建招商引资“五化”模式(招商引资手段多样化、项目管理化、方法科学化、产品重点化、服务品牌化)。在日常工作中,全方位跟踪了解招商项目和重点项目进展情况,及时掌握并收集各项资料,发布至蜀冈生态城招商网站中,便于相关企业查询。

第四节　产业经济

一、概况

至2011年,新区东部片区开发建设基本完成,西部开发逐步拉开,形成以现代服务业和研发创意产业为中心的东西两个产业中心,“三线两区”产业格局初步形成。“三线”,即扬子江北路、邗江北路、蜀冈路南延段等3条道路沿线。扬子江北路沿线,以万科住宅和商业金街,以及即将建设的西湖核心区综合体为核心,重点打造西北门户走廊;邗江北路沿线,以上海中星、北京华纺、江苏华利、嘉联置业地产、金辉地产为代表,构筑新区中心新面貌;蜀冈路南延沿线,以罗思韦尔研发中心以及即将落户的南大苏富特软件园、上海联创国际设计管理中心项目为支撑,打造西区产业高地。“两区”,新区以宁启铁路为界,划分为两个区域,并根据各区域特点,逐渐形成铁路东片商业综合体集聚区和铁路西片研发创意产业社区。

二、企业选介

扬州万维置业有限公司与扬州万胜置业有限公司　由深圳万科公司于2010年12月注册成立,负责开发建设万科城项目,注册资本分别为5.5亿元、1.68亿元。万科城项目占地43.33公顷,位于扬子江北路以东,平山堂路以北,重点打造低密度花园社区、园林式度假酒店以及特色商业风情街等,总建筑面积31万平方米,其中住宅面积25万平方米、商业用房6万平方米,综合容积率不足1.1。项目一期于2011年10月开盘。

扬州金辉置业有限公司　负责开发建设四季金辉地产项目,2011年10月成立,注册资本6000万美元。项目位于邗江北路以东14号、15号地块内,占地15.8公顷,容积率1.8,规划建筑面积36万平方米。

江苏亚辰置业有限公司　负责开发建设罗思韦尔研发中心项目,2011年7月成立,注册资本2000万元。项目位于蜀冈路南延北侧、润扬北路东侧,定位为打造成国内一流的专业汽车电子研发基地。项目一期规划用地5.33公顷,总投资4亿元,2011年5月开工。

扬州华纺置业有限公司　由华纺房地产开发有限公司、江苏恒佳置业有限公司、北京华瑞兴业置业有限公司等股东组成,负责开发建设华纺西湖岭秀项目,2009年6月成立,注册资本8000万元。项目位于邗江北路与司徒庙路交合处东南角,占地7.33公顷,总建筑面积16万平方米,由23幢情景洋房和小高层组成,共计868户。

扬州华利建设有限公司　负责开发建设西湖印象华府项目,2009年成立,注册资本1亿元。项目位于邗江北路西侧、西湖路北侧,规划占地3.7公顷,总建筑面积7.9万平方米,由5幢小高层、3幢高层和1幢商业楼组成,重点建设北部优质商住社区。

第五节　管理机构

2007年4月,成立蜀冈生态新区建设指挥部。2008年1月,成立蜀冈生态新区建设领导小组。7月,成立中共蜀冈生态新区工作委员会。8月,设立蜀冈生态新区管理委员会,内设党政办公室、经济发展处、财务处、规划建设处。2009年1月,设立蜀冈生态新区招商局。

2008～2011 年蜀冈生态新区党政负责人一览表

表 7-3-2

职　务	姓　名	任　职　时　间
党工委书记	潘学元	2008.7～2011.11
党工委副书记	李宗林	2008.7～2010.6
	印德明	2008.7～2010.1
	徐长金	2008.7～2010.1
	郎　俊	2008.7～2010.6
	赵　鼎	2009.4～2010.6
	王庆伟	2010.1～2011.11
管委会主任	王庆伟	2010.6～2011.11
管委会副主任	李宗林	2008.7～2010.6
	郎　俊	2008.7～2010.6
	刘　勇	2008.7～2010.6
	柴双喜	2008.7～2010.6
	顾永良	2008.7～2010.12
	夏菊香	2008.7～2011.11
	孙雷霆	2008.7～2011.11
	赵　斌	2008.8～2011.11
	赵　鼎	2009.4～2010.6
	马九圣	2010.1～2011.11

第八编

农业　水利

1989 年，区农业水利主管部门有区农业委员会、区农水局、区多种经营管理局和区蔬菜局。1993 年，为适应全区农村工作和经济发展需要，深化机关改革，区农业委员会、区农水局和区多种经营管理局合署办公，更名为区农村工作委员会。1998 年，区农村工作委员会与区蔬菜局合并，建立区农业经济委员会。2002 年后，区农村经济委员会更名为区农业水利局。

1983 年，全区农业生产实行家庭联产承包经营。1989 年后，随着家庭联产承包责任制不断完善和市场经济体制逐步建立，全区围绕服务城市、富裕农民主题，不断推进农业向市场化、特色化、产业化方向发展。

1989～2001 年，郊区农业经济以粮食、蔬菜和多种经营等产业为主。近郊以蔬菜生产为主。1989 年，全区有双桥、城东两个蔬菜专业乡，28 个蔬菜专业村，221 个蔬菜专业村民小组。当年蔬菜种植面积 1.72 万亩，总产量 12.78 万吨。2001 年，蔬菜种植面积 1.42 万亩，总产量 12.91 万吨。远郊湾头、汤汪、城北、平山、西湖等 5 个乡镇以粮食种植为主，一年稻麦两熟。1989 年，全区粮食种植面积 9.28 万亩，总产量 3.54 万吨。2001 年，粮食种植面积约 6 万亩，总产量 2.27 万吨。2002 年，市区区划调整，部分乡镇划出，同时因城镇化步伐加快，全区耕地面积锐减。当年，全区粮食种植面积 3.19 万亩，总产量 1.14 万吨；蔬菜种植面积 4900 亩，总产量 4.1 万吨。面对农业生产不断萎缩态势，全区加快农业结构调整，坚持缩粮扩经，推广设施栽培、无公害生产，先后建起花木基地、农业生态示范园、高档盆景及观赏鱼、特禽、特种水产养殖等 26 个农业重点产业基地和龙头企业。2005 年，全区完成农牧渔业总产值 2.66 亿元，农民年人均纯收入 7182 元。2006 年后，按照“产业化提升农业、城市化带动农村发展”思路，全区加快推进以精品特色农业、生态休闲农业、观光旅游农业为主的城郊型、都市型农业发展，农业产业化水平不断提高。至 2011 年，全区初步形成具有城郊型区域特色的农业农村经济业态。当年，全区完成农牧渔业总产值 4.36 亿元，农民年人均纯收入 15379 元。

1989 年，全区推广条播机、开沟机等农业机械，手扶拖拉机及双铧犁、旋耕机迅速普及，三麦种植基本实现全程机械化。是年，全区农机总动力 4.12 万千瓦。1998 年，全区耕、耙、播、排灌、植保、农产品加工及运输等农业生产环节基本实现机械化。2000 年，全区农机保有量 5472 台套，总动力 3.42 万千瓦。2002 年后，由于区划调整和城市化加快，全区农业机械逐年减少。2005 年，全区农机总动力 1.42 万千瓦。2011 年，全区农机总动力 2.31 万千瓦。

区内河汉密布，地形复杂，受江淮水位和气候影响，洪、涝、旱、渍灾害频发。1989 年后，全区各级政府重视水利，动员组织干部群众除水患、修水利。在淮河入江水道（维扬段）筑堤防、治坍坡，建设丘陵山区水源，整治城乡河道，加固涵洞，加强水资源和水利设施管理，增强应对洪、涝、旱抗灾能力。

第一章　农业结构调整与产业化经营

第一节　农业结构调整

1989 年，全区有耕地 7.2 万亩，其中集体耕地 6.36 万亩，农民自营地 8414 亩；粮食种植面积 9.28 万亩，农业总产值（按 1980 年不变价计算）5336.23 万元，其中种植业 2600.26 万元，林业 19.97 万元，畜牧业 1804 万元，副业 642 万元，渔业 270 万元，农经比48.73∶51.27。

1989 年，为稳定蔬菜生产面积，全区确立汤汪乡、城东乡太平村、双桥乡园林村等乡、村为蔬菜生产保护区，总面积 1.72 万亩，投入资金改造蔬菜低产田，安装灌排设施，施肥浇水、耕田耙地、喷药治虫等实现半机械化。1991年，对西湖镇、城北乡、平山乡部分低产田实施旱改水工程，实现水旱两熟轮作。全区农民发展养猪、养鸡、养鱼等副业生产，渔场建起猪场，猪鱼协同发展，实现生态循环，农民收入不断提高。

1996年起，区政府针对农村发展中出现的新问题，引导农民面向市场，扩大茶业、果树、花卉苗木种植面积。2001年，全区种植茶叶906亩，年产茶90吨；桃、梨、苹果、葡萄等果园181亩，年产量176吨；植树造林面积568亩。全区46个村均建有花木场，栽培品种主要有菊花、梅花、一串红、杜鹃、海棠、芍药、琼花、牡丹、郁金香、蝴蝶兰、君子兰等四时花卉，苗木主要有龙柏、蜀桧、紫薇、红枫、紫樱、香樟、大叶黄杨、桂花等。宜农则农、宜养则养，发展畜禽养殖专业村、专业户，推广三元杂交猪和选留二元母猪，商品猪育肥从过去的6～7个月缩短为5个月左右，猪胴体瘦肉率51.48%～53.4%，日增重604～684克，饲料报酬3.26∶1～3.42∶1。家禽养殖逐步由传统副业转变为集约化、商品化生产，形成58家规模养殖单位和83户专业养殖大户。改造低产低洼田，开挖精养鱼塘发展渔业生产，在鳙、鲢、草、鲫养殖品种基础上，引进罗非鱼、日本白鲫、异育银鲫等品种，增加虾、鳖等特种养殖，利用电厂冷却水培育早繁幼蟹，水产养殖结构不断优化。2001年，全区耕地面积5.55万亩，农林牧渔总产值3.01亿元，其中种植业1.76亿元，林业775万元，畜牧业9584万元，渔业2137万元。

2002年初，市区区划调整，全区农田面积大幅度减少，农业生产规模收缩，畜禽饲养总量下降。当年生猪饲养量10.55万头，家禽饲养量22.44万只。23个渔场被先后征用，水产养殖面积不足3000亩。面对新的形势，区政府要求减地不减效，全区先后建起花木基地、农业生态示范园、高档盆景园、观赏鱼良种引繁中心等26个农业重点项目。2002年，全区耕地面积3.09万亩，农林牧渔总产值1.63亿元。2008年，全区耕地面积4.42万亩，农林牧渔总产值4.56亿元。2004年，区属市蔬菜研究所在甘泉镇新建种子科研基地100亩，在外省建立良种育苗基地3000亩，实现销售收入400万元，利润20万元。扬平园艺公司投资40万元建立兰花种植园，年产蝴蝶兰15万盆，实现销售收入120万元，利润60万元。2005年，西湖镇中心村投入100万元，新建农业生态示范园，建成百亩葡萄园、百亩花木基地、百亩蔬菜园和休闲垂钓乐园。2005年，瘦西湖街道堡城村、城北乡黄金村、西湖镇司徒村、平山乡平山村、朱塘村率先进入小康先行村行列，西湖镇成为全市农村现代化试验示范镇。

2006年以后，全区农村融入城市步伐加快，先进生产要素向农村流动，基础设施向农村延伸，公共服务向农村覆盖，现代文明向农村传播，城乡一体化水平显著提高。2008年，全区实现建成全面小康社会目标。2010年，集观光休闲、科普教育、苗种繁育于一体的省国债项目维扬区观赏鱼良种繁育基地一期5000平方米工程通过省验收。累计投资1亿多元的生态农庄初具规模。胡场人家、金泓农庄、甘泉竹箬园、城北亲水忠树园等生态休闲农庄相继建成开业。2011年，全区耕地面积4.23万亩，农林牧渔总产值4.36亿元，其中种植业2.17亿元，林业2998万元，畜牧业1.69亿元，渔业2002万元，农经比49.77∶50.23。

第二节　农业产业化经营

一、农业产业化基地建设

1989年后，全区加快农业结构调整和农业适度规模经营，以扬州市"两群两带"(丘陵山区食草畜禽特色产业群、农业龙头企业集群，沿江高效畜牧产业带、沿江高效花木产业带)为主线，加强农业产业化基地建设。是年，城东乡施井村农民窦少春兴办全区第一家机械化养鸡场，年饲养鸡30万只。1991年，城北、平山等地兴办10多家花木场。全区有专业种植养殖大户34户。至1993年，全区有三分之一村形成以专业户为主的农业产业化规模经营。

1994年，通过组织农民联合经营，在龙头企业、专业合作组织和能人带动引领下，形成一定规模的专业合作经济组织50多个。1996年，全区共有专业大户近400户，农副产品生产加工基地20多个，包含花木、盆景、鸡、鸭、鹅、鱼、猪、鹌鹑等近20种类型的专业种养。

1999年后，全区各乡镇围绕“两群两带”建设，加快贸工农一体化，形成花卉、苗木、茶叶、特禽、金鱼、生猪、家禽、特种水产品等8大重点基地。当年，三杉、竹西、堡城三大花木基地新增花木面积357亩。双桥乡卜桥村、城东乡新农村建成两个万头猪场，湾头镇沙东村等建成两个山羊养殖基地和罗氏沼虾、青虾养殖基地。

2002年市区区划调整后，全区蔬菜生产以观光休闲、水生蔬菜和特色品种蔬菜种植为主，打造特色蔬菜品牌。是年，区属市蔬菜研究所、区种子公司改制，市蔬菜研究所有限公司投入200万元建设精品园艺植物科技示范园，建设数座大棚，用现代滴灌技术生产高档绿色产品，以点带面，促进全区蔬菜产业化基地建设。

2004年，全区新增30个农业产业化经营项目，新增花木种植面积600亩，总面积3800亩；新增观赏鱼养殖面积4万平方米，总面积26.5万平方米。其中平山500亩观赏鱼产业园项目，使全区传统特色产业观赏鱼养殖取得新进展。都市型休闲农业特色进一步显现。是年初，投资兴建的堡城垂钓休闲园、盆景观赏园、诺尔信垂钓园初具规模。蔬菜生产坚持抓好无公害标准蔬菜基地建设，推广种植反季节蔬菜和特种蔬菜。当年，全区水芹种植面积1600亩，5亩以上种植大户7户。是年，茶叶、食用菌栽培，蟹苗繁育，波尔山羊、梅花鹿饲养等形成规模化生产，实现销售收入3.04亿元、利润1600万元。

2008年，编制都市农业区总体规划，谋划实施华实特种林、山林外丞文化园、竹箬生态园等项目，至2010年，建成百亩蟹苗繁育基地、百亩葡萄园、千亩花木带、随缘百万盆杜鹃生产基地等一批特色农业产业化项目。

2011年，全区加快推进以精品特色农业、生态休闲农业、观光旅游农业为主要内容的城郊型、都市型农业发展，进一步提升农业产业化水平，初步形成具有区域性特色的7大农业产业化基地：西湖蜀冈、平山茶场茶叶生产基地；城北乡竹西村、平山乡平山村为重点的花木盆景基地；城北、平山等乡镇金鱼养殖基地；双桥、西湖、甘泉等乡镇蛋鸡、肉鸡生产基地；西湖、平山等乡镇生猪基地；双桥、西湖等乡镇特禽基地；西湖、甘泉、城北水产基地。

二、龙头企业和市场建设

1989年，针对近郊地少人多特点，全区培育和发展18家农业龙头企业和13个专业市场。1994年，全区农副产品加工企业发展到48家，多种经营规模场(户)51个。其中竹西集团花卉盆景、平山养殖场工厂化养鳖、西湖蜀冈茶叶公司新品茶叶开发项目分别被列入“八五”省、市农业重点项目和国家第三期黄淮海农业综合开发项目。是年，全区有农业专业市场8个，年成交额4.5亿元，其中扬州联谊农贸市场年成交额1.5亿元，扬州花卉鱼鸟市场年成交额3000多万元，平山牲畜市场年成交牲畜3.6万多头。1999年，区委、区政府提出打造沿运高效畜牧产业带、沿江高效花木产业带、丘陵山区食草畜禽特色产业群。是年，全区多种经营产值4.14亿元，批发市场成交额1.5亿元。2002年市区区划调整，土地面积减少，全区进一步整合资源，优化资源配置和生产要素，把金鱼、花木、休闲观光农业培育成3大特色产业，形成新的增长点。是年，全区农业龙头企业总数虽减少11家，但经营总量同比基本持平。2004年，全区共规划和实施56个农业项目，投资总额4750万元，其中500万元以上项目2个，200万元～500万元项目7个，创建2家市级龙头企业、5个科技示范园区和竹西花卉鱼鸟市场、武塘花木市场、瘦西湖花木市场等专业市场。是年，区花木、盆景、兰花协会成立。2008年，全区农业龙头企业增加到48家，实施农业项目30个，市蔬菜研究所有限公司、市蜀冈园林工程有限公司、扬州华实特种林食品加工厂、扬州宏顺金鱼养殖场等企业跻身市级农业龙头企业行列。至2011年，全区共有农业龙头企业20家，其中市级企业6家，实现销售收入5.17亿元，利税5500多万元；有各类市场18个，年交易额7.6亿元；有各类营销流通组织192个，农民经纪人4500多人，金鱼、茶叶、花木、盆景、兰花协会团体成员18个，个人会员250多人。

2011年维扬区农业龙头企业情况一览表

表8-1-1　　　　单位:万元

序号	企业名称	生产经营项目	固定资产	销售收入	驻　　地
1	郊区瘦肉型种猪场	仔猪繁育	251	435	双桥乡卜桥社区
2	双桥养殖场	蛋鸡	217	220	双桥乡双桥社区
3	平山茶叶公司	茶叶	350	460	平山乡
4	西湖蜀冈茶场	茶叶	180	290	西湖镇
5	绿园动植物良种场	屯鸭等育种	50	145	平山乡丁魏村
6	竹西集团(竹西公园)	盆花、盆景	450	550	城北乡黄金村
7	梅岭花木公司	盆花、盆景	150	310	梅岭街道
8	随缘花木场	杜鹃生产	150	350	城北乡槐南村
9	平山园艺公司	盆花、苗木	98	205	平山乡西华门社区
10	扬州大学花木场	苗木	160	350	西湖镇中心村
11	梅岭花木场	金鱼养殖	120	215	梅岭街道
12	扬州邦达种业有限公司★	蔬菜种子、种苗、脱毒苗等	354	1528	维扬经济开发区
13	江苏寒鸟服饰有限公司★	羽绒服装	998	20148	甘泉街道
14	市蜀冈园林工程有限公司★	园林工程	396	673	蜀冈生态新区
15	扬州大学试验农牧场★	液态奶、饮料	6950	11380	双桥乡
16	市蔬菜研究所有限公司★	蔬菜种子	350	850	双桥乡
17	扬州华实特种林食品加工厂★	樱类食品系列	560	1580	甘泉街道
18	西湖镇金泓生态农庄	农业休闲旅游	8000	5000	西湖镇金槐村
19	西湖镇胡场人家	农业休闲旅游	1500	3000	西湖镇胡场村
20	甘泉竹箬生态园	农业休闲旅游	3000	4000	甘泉街道

说明:企业名称后标有★号的为市级龙头企业

第三节　生态观光农业

1989年,全区各乡镇根据历史形成的特色,兴办多家生态观光农业园。1990年,城北乡竹西公园建成花卉鱼鸟市场,有经营大棚4500平方米。公园内有花卉苗木种植区、珍禽养殖繁育区、垂钓区、野炊区以及艺术展览区。1992年,汤汪乡近100亩大棚番茄种植区和湾头镇100户大棚草莓种植户,采取进棚自由采摘、过秤付钱的方式,吸引众多消费者。2004年,西湖镇、城北乡等兴办盆景观赏园;堡城垂钓俱乐部投资100万元,建立诺尔信垂钓休闲观光园,实现年产值300万元,创利50万元。当年,全区观赏鱼养殖面积新增4万平方米,总面积26.5万平方米。2008年,全区都市型休闲农业进一步发展,农业生态旅游项目形成规模。是年,金泓生态农业园开始兴建。该园位于西湖镇金槐村,总投资8000万元,占地26.8公顷,集住宿、餐饮、垂钓、休闲和体育运动为一体。全园种植多种树木、花卉、盆景,绿化率60%以上。生态餐厅面积1万平方米,内有多种温室植物,大小包厢46个,大厅可容80桌,可同时供1200人就餐。2009年,该园通过省四星级乡村旅游景点验收,被市旅游局批准为乡村旅游示范点。2008 年 3 月，西湖镇兴建胡场人家生态旅游园，占地 10 公顷，项目投资 1500 万元。2009 年，项目一期工程竣工，2010 年 2 月被省旅游局批准为三星级旅游点。

2010 年，随着全市旅游业发展，全区休闲农业发展迅猛。位于甘泉街道、总投资 3000 万元的甘泉竹箬生态园一期建成并营业。总面积 5 平方千米的老山风景区扬州汉唐文化体验旅游度假区开始策划与招商；总投资 2 亿元、占地 66.7 公顷的山林外丞文化园项目启动。全区生态休闲农业发展质态进一步提高。至 2011 年，全区共建成生态观光农业项目 17 个，累计投入 1.47 亿元，当年实现营业额 1.15亿元、利税 3800 多万元。

第二章 种植业

第一节 蔬 菜

一、面积与产量

20 世纪 80 年代，郊区种植业以蔬菜生产为主。1989 年，全区蔬菜面积 1.72 万亩，总产量 12.78 万吨。2002 年，市区区划调整，郊区原管辖的 7 个乡镇减少到 4 个乡镇，蔬菜面积锐减。当年，全区蔬菜面积 4900 亩，总产量 4.1 万吨，分别比上年下降 65.44%和 68.26%。2004～2009 年，全区蔬菜面积基本稳定在 4000～5000 亩，总产量前 3 年年产 3.4 万吨左右，后 3 年年产均在 3 万吨以下，其中 2007 年总产 2.14 万吨，为历年最低。2011 年，全区蔬菜面积 6100 亩，总产量 2.48 万吨。总产值 5749 万元，以小白菜、豇豆、大椒、茄子、苿菜、韭菜、毛豆、番茄等品种为主。季节性菜地 2730 亩，蔬菜复种面积 1.5 万亩，主要分布在甘泉街道、城北乡和平山乡。

1989～2011 年维扬区蔬菜种植面积与总产量一览表

表 8-2-1

年　份	面积(万亩)	总产量(万吨)	年　份	面积(万亩)	总产量(万吨)
1989	1.72	12.78	2001	1.42	12.91
1990	1.76	13.10	2002	0.49	4.10
1991	1.76	12.23	2003	0.39	3.57
1992	1.77	12.50	2004	0.49	3.38
1993	1.91	13.46	2005	0.52	3.41
1994	1.91	14.99	2006	0.45	3.45
1995	1.73	14.85	2007	0.40	2.14
1996	1.77	15.02	2008	0.50	2.64
1997	1.57	14.70	2009	0.49	2.47
1998	1.62	15.10	2010	0.50	2.40
1999	1.79	12.35	2011	0.61	2.48
2000	1.43	11.50			

二、生产体制改革

1989 年，郊区蔬菜生产以计划调节为主，工作重点是稳定蔬菜种植面积，落实蔬菜生产计划，茬口布局安排和全年均衡供应，做到计划生产、计划供应，确保蔬菜价格平稳，供应不断档。是年，全区蔬菜总产量 12.78 万吨，完成合同上市量 3005.6 吨，合同定购 30 个品种，满足市民消费需求。

90 年代，随着农业经济体制改革深化，蔬菜生产从计划调节逐步放开搞活，实行合同定购、市场调节。生产形式为抓大放小、放开搞活、培育市场，主抓当家品种和缺期主要品种。

2000 年后，蔬菜产销形成市场机制，外地产蔬菜大量流入，城市对近郊蔬菜依赖程度不断下降。但仅靠外地菜，难以保证市场均衡供应和价格稳定。全区蔬菜生产重点抓好“三缺”：“冬缺”主要是冬青菜排开播种、排开栽植、均衡上市和大白菜、萝卜冬贮；“春缺”主要是利用保护地种植反季节蔬菜，适当安排一定面积本地叶菜，保证市场供应；“伏缺”是“三缺”中时间最长、影响最大也是最难度过的时期，每年根据市场和季节状况，确定伏缺时间和蔬菜上市总量，适时播种，确保本地产蔬菜上市总量 1120 吨左右，调节市场。2011 年，蔬菜市场完全放开，区内菜农自由种植、自由上市经营。

三、品种和技术

80 年代，郊区蔬菜生产面积大、品种多、产量高，生产技术领先，市场供应充足。蔬菜种植主要品种有根菜类、白菜类、甘蓝类、芥菜类、绿叶蔬菜类、葱蒜类、茄果类、瓜类、豆类、薯芋类、水生蔬菜类和食用菌 12 个大类近 140 个品种。地方特色品种主要有乳黄瓜、大头红萝卜、晏种萝卜、扬州白萝卜、泡子萝卜、大头矮青菜、苿菜、二青、老乌、青菜薹、水芹菜、药芹、六十早大白菜、大平头包菜、莴苣、早熟冬瓜、花皮菜瓜等品种。这些传统品种栽培历史悠久、产量稳定，深受消费者喜爱。这一时期，引进部分蔬菜品种，主要有大白菜系列如城阳青、福山包、青杂 3 号、山东 4 号、小杂 55、小杂 56、鲁白 4 号、鲁白 5 号等，绿叶菜类如实心芹、蕹菜、木耳菜、尖叶菠菜、茼蒿、花红苋菜等，茄果类：番茄苏抗 1～10 号、红秀、佳美，辣椒品种有苏椒系列，茄子有艳丽长等品种。

全区蔬菜生产要求田块大小一致，畦面宽窄朝向一致，株行距一致，栽植秧苗大小一致。蔬菜田要求三沟配套，百日大旱保灌溉，日降雨量 300 毫米不受涝。全面推广优良品种，采用塑料大棚、中棚、小棚和地膜覆盖保护地栽培新技术，使蔬菜生长期缩短，品质提高。至 2011 年，蔬菜设施栽培面积基本稳定，全区采用大中棚栽培 328 亩，使用地膜覆盖 890 亩，使用遮阳网 270 亩，使用防虫网 138 亩，设施栽培占总面积 60%以上。

附：市蔬菜研究所有限公司

位于市区扬子江北路，创建于 1986 年，前身为市农业科学研究所，1997 年更名为市蔬菜研究所，为区属事业单位，职工 53 人，其中专业技术人员 12 人，试验生产面积近 23 亩。2002 年，改制为市蔬菜研究所有限公司，为民营企业。

市蔬菜研究所以郊区蔬菜种植为依托，选育新品种，走出一条产业化经营路子。2005 年后，公司研究推广应用无公害蔬菜生产配套技术，选育的扬豇 40、扬豇 12 等豇豆系列新品种，通过江苏省、陕西省、扬州市品种委员会审定。选育的长白 7 号、扬白 313 四季豆、四倍体青菜、扬州青 1 号、扬茄、扬椒等蔬菜新品种，在扬州及省内外推广，提高了蔬菜生产水平和经济效益。2006 年，公司投资 2000 万元，建成苏北地区规模最大的种子农资市场，利用自身优势注册“路路通”商标，吸引大批外地农资生产厂家和种子销售单位落户扬州，完成省农业资源开发项目——扬州市优质蔬菜种苗种植基地项目建设。同时，在邗江沙头镇兴办百亩蔬菜生产基地，在甘泉街道建立蔬菜科研示范基地。2011 年，销售蔬菜种子 15 万公斤，实现销售额 300 万元，利润 25 万元。

第二节　粮油作物

一、面积与产量

区内粮食、油料种植主要是水稻、小麦、油菜、大豆、芝麻、花生等。1989 年，全区粮食种植面积 9.28 万亩，总产 3.54 万吨，平均亩产 381 公斤。其中小麦 3.23 万亩，总产 8154 吨，单产 252 公斤；水稻 4.78 万亩，总产 2.44 万吨，单产 511 公斤。油料 5800 亩，总产 606 吨，单产 106 公斤。2000 年，全区粮食种植面积 6.78 万亩，总产 2.56 万吨，平均亩产 377 公斤。其中小麦 1.99 万亩，总产 5407 吨，单产 271 公斤；水稻 3.63 万亩，总产 1.72 万吨，单产 474 公斤。油料 9400 亩，总产 1254 吨，单产 133 公斤。2002 年，全区粮食种植面积 3.19 万亩，总产 1.14 万吨，平均亩产 358 公斤。其中小麦 7500 亩，总产 1693 吨，单产 226 公斤；水稻 1.55 万亩，总产 7495 吨，单产 483 公斤。油料 5670 亩，总产 679 吨，单产 120 公斤。2005 年，全区粮食种植面积 2.75 万亩，总产 9959 吨，平均亩产 362 公斤。其中小麦 5785 亩，总产 1672 吨，单产 289 公斤；水稻 1.41 万亩，总产 6273 吨，单产 446 公斤。油料 4902 亩，总产 641 吨，单产 131 公斤。是年，全区落实水稻直补资金 32.33 万元，7376 户农户和省、市单位（扬州军分区农场、扬州大学实验农牧场、江苏里下河农科所良种场）按 1.62 万亩种植面积，享受财政补贴。2008 年，因甘泉街道划入，全区粮食种植面积增至 6.77 万亩，总产 2.68 万吨，平均亩产 395 公斤。2011 年，全区粮食种植面积 6.27 万亩，总产 2.65 万吨，平均亩产 422 公斤。其中小麦 1.95 万亩，总产 6133 吨，单产 311 公斤；水稻 3.21 万亩，总产 1.72 万吨，单产 514 公斤。油料 5600 亩，总产 845 吨，单产 169 公斤。是年，全区发放粮食和农资补贴资金 518.6 万元。

1989～2011 年维扬区粮油作物面积与产量统计表

表 8-2-2

项目 / 年份	粮食			小麦			水稻			油料		
	面积（万亩）	总产（万吨）	单产（公斤/亩）	面积（万亩）	总产（吨）	单产（公斤/亩）	面积（万亩）	总产（万吨）	单产（公斤/亩）	面积（万亩）	总产（吨）	单产（公斤/亩）
1989	9.28	3.54	381	3.23	8154	252	4.78	2.44	511	0.58	606	106
1990	9.28	3.55	383	3.35	8792	263	4.76	2.41	506	0.52	580	111
1991	8.83	3.31	376	3.30	8729	264	4.54	2.23	491	0.58	627	107
1992	8.68	3.46	399	3.14	8632	275	4.64	2.39	516	0.85	1082	128
1993	8.08	3.30	408	2.75	7492	272	4.46	2.34	525	0.90	1170	130
1994	7.99	3.22	404	2.57	6921	269	4.36	2.37	543	0.92	1168	127
1995	7.71	3.15	392	2.38	6099	257	4.25	2.26	532	1.10	1526	139
1996	7.61	3.23	425	2.29	6573	287	4.22	2.26	536	1.20	1805	151
1997	7.48	2.88	384	2.32	6578	283	4.11	1.93	470	1.06	1608	152
1998	7.25	2.69	370	2.26	4905	217	3.99	1.95	489	1.06	1348	125
1999	7.11	2.78	391	2.13	5794	272	3.86	1.91	495	0.99	1367	139
2000	6.78	2.56	377	1.99	5407	271	3.63	1.72	474	0.94	1254	133
2001	6.00	2.27	378	1.59	4169	262	3.22	1.54	479	0.98	1374	140
2002	3.19	1.14	358	0.75	1693	226	1.55	0.75	483	0.57	679	120

续表 8-2-2

项目 年份	粮食			小麦			水稻			油料		
	面积(万亩)	总产(万吨)	单产(公斤/亩)	面积(万亩)	总产(吨)	单产(公斤/亩)	面积(万亩)	总产(万吨)	单产(公斤/亩)	面积(万亩)	总产(吨)	单产(公斤/亩)
2003	2.59	0.88	339	0.62	1375	222	1.25	0.56	448	0.53	655	121
2004	2.85	1.00	352	0.60	1482	248	1.50	0.66	440	0.53	657	124
2005	2.75	1.00	362	0.58	1672	289	1.41	0.63	446	0.49	641	131
2006	2.65	1.00	377	0.55	1656	303	1.43	0.64	450	0.44	613	140
2007	2.68	0.99	368	0.66	2057	313	1.38	0.59	428	0.36	488	134
2008	6.77	2.68	395	1.46	4783	327	3.82	1.77	464	0.75	1180	158
2009	6.83	2.86	419	1.48	4887	331	3.81	1.92	502	0.81	1246	153
2010	6.94	2.79	405	2.00	6234	310	3.77	1.81	481	0.68	1053	156
2011	6.27	2.65	422	1.95	6133	311	3.21	1.72	514	0.56	845	169

二、良种推广

杂交稻　1989年，区内杂交稻品种以汕优63为主。1997年，确定协优136为杂交稻后继品种。2000年，搭配种植协优136、协优559。2011年，以种植扬稻6号为主。

粳稻　1989年，湾头镇、汤汪乡种植粳稻，主要为武育粳3号、盐粳235、武育粳5号等中熟中粳新品种。1997年，湾头周家村试种迟熟中粳9156，1999年推广种植。2001年，为适应西湖镇和城北乡种植粳稻需要，推广杂交粳稻六优1号等品种。2003年后，主要推广扬稻6号、扬粳9538等抗条纹叶枯病品种，搭配种植镇稻99、盐稻8号和盐稻9号。2011年，以种植南粳44为主。

小麦　1989年，小麦品种以扬麦5号当家。1995年，开始推广扬麦158。2000年后，推广扬麦10号、扬麦11号。2005年，小麦当家品种为扬麦12号，搭配种植扬麦10号、扬麦11号，试种扬麦13号。2011年，以种植扬麦16号为主。

油菜　1989年，区内油菜种植以扬油1号为主。1994年，推广杂交油菜秦油2号。2000年，油研7号、油研8号取代秦油2号。2005年，推广扬油4号、史力丰等一批高产优质双低(低芥酸、低硫甙)新品种。2011年，油菜种植以秦油7号为主。

三、栽培技术

二麦栽培　2005～2011年，推广少免耕播种技术，推广应用面积占全区小麦播种面积90%以上。

稻套麦　2008～2011年，在城北乡、甘泉街道两地推广稻套麦种植技术。

水稻　直播技术　1995年后，区内水稻种植推广直播栽培，亩产550公斤左右，一般每亩省工3个左右，节约成本50元，劳动生产率高。2005～2011年，该技术应用面积占全区水稻种植面积50%左右。

塑盘育秧抛秧　1993年后，区内湾头镇、汤汪乡、城东乡等地零星采用塑盘育秧抛秧种植技术。

肥床旱育稀植技术　1996年后，在湾头、双桥、西湖等乡镇推广，面积占水稻种植总面积的30%左右。

四、主要病虫害

1989～2011年，区内农田杂草种类繁多，农作物常见主要病虫害约60种。稻田杂草共有11科18种，主要有稗草、鸭舌草、矮慈姑等，麦田及旱谷作物杂草主要有看麦娘、野燕麦、硬草、罔草、猪殃殃、巢菜、野老鹳草等。2005年后，区内常发生稻飞虱，危害较重，2008年尤为严重。2005～2009年，由灰飞虱传播的病毒病——水稻条纹叶枯病发生严重。2010～2011年，水稻纹枯病中等发生。2005～2011年，二化螟、三化螟、水稻纵卷叶螟等中等发生。

1989～2011年维扬区农作物主要病虫害一览表

表8-2-3

农作物名称	主　要　病　虫　害
水　稻	纹枯病、稻瘟病、水稻恶苗病、云形病、基腐病、稻曲病、条纹叶枯病、三化螟、二化螟、大螟、稻飞虱、稻纵卷叶螟、稻蓟马
三　麦	麦类赤霉病、麦类白粉病、麦类纹枯病、麦类病毒病、麦类黑穗病、麦蜘蛛、蚜虫、粘虫
油　菜	菌核病、霜霉病、油菜病毒病、油菜蚜虫、菜粉蝶、油菜潜叶蝇
旱谷作物	玉米纹枯病、山芋黑斑病、大豆病毒病、蛴螬、金针虫、蝼蛄、地老虎、卷叶螟、豆荚螟
蔬　菜	立枯病、猝倒病、软腐病、锈病、蚜虫、菜青虫、跳甲、斜纹夜蛾、蚕豆象、斑潜蝇

第三章　林　业

第一节　林木资源

一、森林资源调查

1987年，全区开展森林资源规划设计调查。1990年、1995年、2000年、2005年、2008年、2010年开展森林资源复查。2008年8月至2009年10月，开展森林资源二类调查工作。全区共调查1832个小班，林地面积1908.65公顷，"四旁"（宅旁、村旁、路旁、水旁）林地263个，古树名木255株。至2010年，全区林地1908.65公顷，占土地总面积的15.83%，其中生态公益林面积1727.08公顷，用材林面积152.43公顷，经济林面积15公顷，农田林网面积11.46公顷，宜林地面积2.68公顷。森林面积1817.44公顷，活立木总蓄积4.54万立方米，森林蓄积4.53万立方米。全区森林覆盖率16.37%，林木覆盖率19.59%。

二、树种

2001年，全区对森林资源区划实施界定调查，有树木32科65属101种，其中针叶树16种，阔叶树85种。

意杨　主要品种有72杨、69杨、351杨，其特点是生长快、适应性广，特别是在土壤肥沃、深厚的地方更能发挥其速生性能，成为全区森林资源主要树种，以河堤、道路两侧绿化种植为主。

池杉　是全区平原绿化、农田林网主要树种。

水杉　是全区平原绿化、农田林网主要树种。

刺槐　是河堤造林和"四旁"绿化树种。

泡桐　树干通直，树体高大，形态美观，是常用"四旁"绿化树种，也是重要的用材树种。

银杏　国家二级保护树种，扬州市树。全区现存百年以上银杏201株。

香樟　是用于行道树和园林绿化的树种。

女贞　是用于行道树和园林绿化的主要树种。

广玉兰　是用于行道树和园林绿化的主要树种。

马褂木　1994年引进，是全区绿化的常用树种。

第二节　植树造林

一、苗木培育

1989年后，全区每年育苗面积均在500亩以上。2000年，育苗面积3500亩。2011年，育苗面积5500亩，各类苗木出圃26万株。

二、农田林网建设

1980年后，全区开展农田基本建设，实现条田方整、水系配套，同时由点到面营造农田林网。1989年，全区新建和完善农田林网面积3.12万亩。1990～1995年，累计新建和完善农田林网20.94万亩，主要品种为水杉、池杉。1996～2000年，农田林网建设主要以更新为主，将女贞、蜀桧、紫薇等景观树种引入农田林网建设。2001年，新建和完善农田林网面积3.73万亩。2002年市区区划调整后，全区农田面积锐减，农田林网面积大幅度减少。是年，全区新建和完善农田林网面积2.01万亩，为历年最低。2008年，甘泉街道划入维扬区，全区新建和完善农田林网面积3.43万亩。2011年，全区新建和完善农田林网面积3.42万亩。

1989～2011年维扬区农田林网建设统计表

表8-3-1　　单位：万亩

年　份	新建和完善面积	年　份	新建和完善面积
1989	3.12	2001	3.73
1990	3.20	2002	2.01
1991	3.25	2003	2.32
1992	3.40	2004	2.35
1993	3.57	2005	2.59
1994	3.69	2006	2.70
1995	3.83	2007	2.65
1996	3.42	2008	3.43
1997	3.68	2009	3.59
1998	3.79	2010	3.53
1999	3.91	2011	3.42
2000	3.85		

三、绿色通道建设

1990年后，全区重点实施宁通高速公路郊区段绿色通道建设，至2001年，共栽植树木1.2万株。2004年，实施宁启铁路和西北绕城高速公路(启扬高速)维扬段绿色通道绿化工程，全长25千米，两侧绿化宽50米，造林243公顷，其中树木1.54万株，新栽红枫、女贞、香樟等10多种景观树3000株。2006～2011年，重点打造市北外环路(江平路)、扬子江北路、扬菱路(瘦西湖路)、润扬北路、新甘泉大道等46条道路绿化工程。其中北外环路(江平路)全长4千米，路幅宽50米，道路绿化4.8公顷，行道树3996株；润扬北路新建绿色通道21.34公顷；新甘泉大道新建绿色通道8公顷；扬菱路(瘦西湖路)新建绿色通道5.34公顷。

1992～2011年，全区重点实施沿山河、尚桥河绿化工程。沿山河绿化工程是国家城市防洪建设重点工程，境内全长4.86千米，两侧绿化30米，绿化面积14.5公顷，工程于2006年竣工。2008年，通过提高林相、改良树种等方式，提升绿化层次，并在城区范围内增加绿地景点，将蜀冈生态公园与沿山河绿化相衔接，形成一个新的绿色空间和屏障。

四、围庄林改造

1990年，全区村庄栽植零星树木41万株。1992年后，利用农户房前屋后零星隙地发展庭院经济，同时对围庄林实施改造。1992～2005年，区内有25个村完成围庄林改造，新栽各类经济林木9.8万株，其中银杏3.4万株，桃4.3万株，梨2.1万株。

1989年，全区开展“四旁”植树活动。当年，“四旁”植树18.5万株。1992年，“四旁”植树61万株。2000年，“四旁”植树49.19万株。2005年，“四旁”植树123.76万株，为历年最高。2011年，“四旁”植树29万株。“四旁”植树主要树种为柳树、刺槐、泡桐、枫杨、水杉、池杉、杨树、银杏、柿树等。

1989～2011年维扬区“四旁”植树统计表

表8-3-2　　单位：万株

年　份	数量	年　份	数量	年　份	数量
1989	18.50	1997	63.00	2005	123.76
1990	40.51	1998	57.34	2006	72.18
1991	22.89	1999	54.00	2007	26.02
1992	61.00	2000	49.19	2008	46.12
1993	30.00	2001	49.31	2009	53.34
1994	59.07	2002	46.25	2010	48.13
1995	65.92	2003	65.58	2011	29.00
1996	66.00	2004	80.93		

五、城市绿化

1997年，市政府印发《扬州市城市绿化管理暂行办法》，境内城市绿化建设步伐加快。2001～2011年，全区以绿杨城郭、生态维扬为建设目标，实施公共绿地建设工程，新增绿地面积3066.68公顷，其中新增公共绿地2333.35公顷。重点打造蜀冈西峰生态公园、竹西公园、邗沟风光带、漕河风光带等公共休闲绿地，实施扬子江北路、运河北路、维扬路等28条路段绿化改造工程，实施念四河、沿山河等河道绿化改造工程，完善古运河绿化风光带、维扬广场和多处街头绿地建设。

六、全民义务植树

1989年后，区政府每年春季组织机关干部、学生和广大农村干部群众，开展大规模植树造林活动。1989～2011年，全区共植树1140.56万株。随着义务植树活动深入开展，初步形成义务植树“四化一卡”制度（规范化、基地化、科学化、制度化和义务登记卡）。

第三节　林政管理

一、权属管理

2000年以前，全区征占用林地管理未得到落实。2000年，国家森林法实施条例颁布后，全区征用、占用林地审核、审批制度得到全面落实。2003年，为明晰产权，调动广大群众保护林木、发展林业积极性,全区开展林权发证工作,首批发证面积 8.34 公顷。后由于费用及农户意愿不高等原因,林木定权发证工作未持续开展。

二、森林病虫害防治

区内林木病虫害主要为杨树食叶类和松材线虫病害虫。1990 年 7 月,杨褐舟蛾虫害暴发,危害面积 65.34 公顷,占杨树成片林面积四分之一。8 月下旬,虫害基本扑灭。1994 年,暴发松树线虫病害,受灾面积 14.2 公顷,后采取药物防治等措施,虫害得到有效控制。1996 年,区森林植物检疫站成立。2000 年,全区林木出现杨褐舟蛾、梨木虱等病虫害,发生面积 40.67 公顷,防治面积 37 公顷,防治率 91%。2005 年后,全区重点推广胶粘带防治杨树草履蚧、树干注射法防治杨树食叶和蛀干害虫等实用先进技术,森林病虫害防治率提高到 95%以上。至 2011 年,全区食叶类害虫发生较轻,仅造成局部危害,通过清除病木、更新树种等方式,防治效果较好。

三、生态公益林

2001 年 4 月,全区历时 4 个月完成公益林区划界定工作。全区 1463 公顷林业用地,有林地 1154 公顷,区划公益林 825.64 公顷。其中省级公益林 451.33 公顷,占林业用地面积 30.84%;市级公益林 101.44 公顷,占林业用地面积 6.93%;县级公益林 272.87 公顷,占林业用地面积 18.65%。2005 年,全区对 2002～2005 年造林绿化进行外业核实、内业汇总和数据录入,形成最新森林分类经营数据库。2005 年开始,省级生态公益林每亩享受 8 元生态效益补偿。当年,全区发放补偿资金 3.56 万元。2008 年,甘泉街道划入,全区省级生态公益林补偿面积 480 公顷,市级生态公益林补偿面积 113.33 公顷,省级生态公益林补偿标准每亩 19 元,市级公益林补偿标准每亩 8 元。2011 年,全区发放补偿金 17.08 万元。

四、古树名木普查建档

2003 年 8 月,全区组织实施城乡古树名木普查建档工作,此为全区有史以来最广泛、最全面的城乡古树名木普查。全区查实有古树名木 27 科 35 属 47 种 255 株,其中国家一级古树(树龄 100～299 年)252 株、国家二级古树(树龄 300～499 年)3 株。

五、集体林权制度改革

2009 年,全区集体林权改革以甘泉街道为试点,2010 年全面开展,涉及 4 个乡镇、27 个村、472 个村民小组。至 2011 年,全区共完成 472 个村民小组调查摸底工作,制定 32 份实施方案,涉及总户数 1.88万户、人口 6.71 万人,完成林权改革面积 1348.66 公顷。其中均股均利 475.33 公顷,集体统一经营 93.33 公顷,其他经营形式 780 公顷。完善合同 186 份,面积 313.33 公顷;共核发股权证1.88 万户,面积 475.33 公顷;共核发林权证 52 本,宗地 192 宗,面积 573.33 公顷。“两证”发放率均达 100%。林权改革工作通过省、市两级验收。

第四节　茶叶与果树生产

一、茶叶生产

茶叶生产在区内有悠久历史,主要生产区域在西湖镇和平山茶场。1957 年,在平山堂、观音山北蜀冈丘陵上建立国营扬州市平山茶场,初建茶园 340 亩。至 1988 年,茶园面积稳定在 401 亩。1989 年,全区茶园面积 605 亩。1994 年,全区茶叶生产快速发展,栽植面积高达 1536 亩,共建立 5 个茶场,产量 35 吨,产值 840 万元。茶叶品牌有“绿杨春”“翠片”“雨尖”等,茶叶品种主要有龙井长叶、龙井 43 号、白叶茶系列以及早期的鸠坑、褚叶等 12 个品种。此外,自创两个知名商标,即“贡春茗茶”和“绿杨春”,其系列产品有“平山贡春”“绿杨春”“春芽”“雨前春”等。2002 年后,随着市区区划调整和城市建设加快,全区茶叶种植面积逐年减少。至 2011 年,全区茶叶面积 378 亩,年产量 38 吨,产值 1520 万元。

1989～2011 年维扬区茶叶生产情况统计表

表 8-3-3

年　份	面积(亩)	产量(吨)	年份	面积(亩)	产量(吨)
1989	605	41	2001	906	90
1990	637	46	2002	906	86
1991	637	55	2003	901	63
1992	592	60	2004	901	63
1993	1243	61	2005	746	47
1994	1536	35	2006	667	45
1995	1194	46	2007	465	32
1996	1234	55	2008	360	33
1997	1043	56	2009	460	35
1998	1084	68	2010	367	26
1999	832	75	2011	378	38
2000	957	82			

二、果树生产

1989 年，全区果树总面积 252 亩、总产量 72 吨，主要分布在西湖乡、平山茶场、平山乡和湾头镇。1998 年后，由于农业产业结构调整和土地征用，全区果树总面积呈下降趋势。是年，果树种植面积 56 亩，为历年最低。2005 年，全区果树面积 115 亩，产量 202 吨。2008 年，甘泉街道划入维扬区，全区果园面积增加。2011 年，果园面积 324 亩，产量 723 吨。此外，区内农民利用房前屋后零星栽培果树。全区栽植果树种类有桃、葡萄、苹果、柿子、银杏等。

1989～2011 年维扬区果树生产情况统计表

表 8-3-4

年　份	面积(亩)	产量(吨)	年份	面积(亩)	产量(吨)
1989	252	72	2001	181	176
1990	180	70	2002	225	237
1991	161	64	2003	190	184
1992	161	64	2004	190	184
1993	134	59	2005	115	202
1994	208	158	2006	168	246
1995	182	118	2007	173	261
1996	191	230	2008	317	544
1997	131	96	2009	304	591
1998	56	143	2010	310	701
1999	85	105	2011	324	723
2000	132	141			

第五节　花木产业

花卉苗木生产是全区传统农业项目，有着悠久历史，《扬州画舫录》对此有详细记载。1989 年，全区花卉苗木生产形成以乡办林场为主，村、组和专业户为补充的格局。当年，全区花木种植面积 4355 亩，产值 587 万元。1990～1992 年，全区先后兴办城北园林场、瘦西湖花木场等集体花木场 21 家，培植花木专业户 69 户。1993～1994 年，先后兴办梅岭花木场、水云花木场等集体花木场 23 家，培植花木专业户 119 户，并出现花木生产专业村，如平山乡堡城村家家有花园，户户是花农，种植花卉苗木品种 180 多个。1995 年，全区花木种植面积 6500 亩，花木品种 120 个，集体花木场和花卉苗木生产基地 62 个，专业从事花木生产经营农户 1000 多户，拥有工商注册的花木生产企业 26 家，资产超过 100 万元的龙头企业 15 家，花木经纪人 300 多人。2002 年市区区划调整，花卉苗木面积大为缩减。2005 年，全区花卉苗木生产总面积 2550 亩。2011 年，全区花卉苗木生产面积增加至 5500 亩，花木生产场圃 32 个，专业从事花木生产经营农户 132 户，销售额 1.7 亿元，资产超过 100 万元龙头企业 15 家。花卉苗木生产在区域范围内形成各自特色，主要有：平山乡以常绿苗木为主，生产基地规模 1500 亩；竹西公园以花卉盆景、扬派盆景为主，生产基地年产盆花、盆景 150 多万盆，年出口盆景 1.5 万盆；平山扬平园艺场以蝴蝶兰为主，生产基地利用自动化生产、无菌组培室和基因选育等技术，培育多种抗寒兰花新品种，年生产高档蝴蝶兰 10 万多盆；水云花木场以杜鹃为主，生产基地每年向社会提供各类盆花 500 万盆以上。全区苗木品种主要有松、柏、蜀桧、五针松、罗汉松、翠柏、龙柏、水杉、银杏、泡桐、法桐、海桐、柳树、桂树、香樟、广玉兰、女贞、琼花、大叶黄杨、雀舌黄杨、玉兰(白、红、黄、紫)、无患子、栾树、枫树、重阳木、槐树、夹竹桃、五边黄杨、红花木、檵木、苏铁、棕榈、十大功劳、六竹、桃叶珊瑚等。花卉品种主要有杜鹃、茶花、栀子花、紫薇、木槿、紫荆、春梅、蜡梅、海棠、连翘、迎春、丁香、芍药、牡丹、茉莉、扶桑、郁金香等。

盆景生产是花卉苗木生产的重要内容。扬派盆景，盛于明清，独树一帜，为全国五大流派之一。2004 年，王正生等人创作的“人生喜逢夕阳红(红枫)”获中国盆景艺术展二等奖、“三角枫”获省第十四届盆景艺术展金奖。2005 年，王正生等人创作的“汉柏凌云”获首届中国绿化博览会盆景艺术金奖、“榆树”获省第四届园艺博览会一等奖。

1989～2011 年维扬区林业生产情况统计表

表 8-3-5

项目 年份	造林面积(亩)	育苗面积(亩)	零星植树(万株)	林业产值(万元)			花木产值(万元)
				林木培育与种植	竹木采运	林产品	
1989	37	35	19	18	17	—	587
1990	35	42	41	20	39	—	692
1991	49	58	23	11	36	—	657
1992	47	44	61	25	29	—	745
1993	52	104	30	20	40	—	843
1994	130	—	59	39	55	—	946
1995	43	—	66	38	61	—	1094
1996	124	155	66	37	197	6	2226

续表 8-3-5

项目 年份	造林面积(亩)	育苗面积(亩)	零星植树(万株)	林业产值(万元)			花木产值(万元)
				林木培育与种植	竹木采运	林产品	
1997	256	235	63	43	114	—	1795
1998	130	239	57	40	57	2	2237
1999	15	314	54	156	41	—	2537
2000	10	373	49	104	33	—	2353
2001	568	110	49	48	1264	31	3400
2002	141	452	46	167	34	4	3463
2003	200	453	66	242	30	4	3887
2004	200	266	81	169	34	4	3898
2005	100	200	124	227	68	4	3478
2006	100	85	72	151	55	—	6475
2007	—	10	26	168	331	2172	5414
2008	854	82	46	142	416	1978	5815
2009	955	59	53	180	339	2199	6214
2010	571	64	48	227	381	2402	5118
2011	815	42	29	223	386	2389	5965

第四章　养殖业

第一节　家畜饲养

一、猪

建区初，全区有103家养猪专业场(户)。在规模经营政策影响下，区内部分渔场兼办猪场，走猪、渔结合良性循环的路子。1989年，全区对生猪经营单位和个人征收发展生猪生产基金。1989年，生猪饲养量10.86万头。其后，全区推广"四改一添"科学养猪技术，即改养本种猪为土洋杂交一代猪、改喂单一饲料为配合饲料、改熟食稀喂为干湿料生喂、改吊架子育肥为一条龙育肥。在饲料中添加猪用复合饲料添加剂，商品猪育肥期缩短，饲养效益增加。1992年，推广全价饲料。是年11月，区成立推广应用全价饲料领导小组，形成以区畜牧兽医站统供、乡镇站为销售点的推广网络。由于全价饲料推广应用，仔猪同期断奶窝重比传统饲养提高5～10公斤，每头母猪年净增加收入200多元。1994年，全区改收生猪技术改进费，促进生猪生产发展。全年饲养量14.53万头，比1989年净增3.67万头。1996年，随着农村千家万户饲养畜禽逐步减少，全区发展生猪养殖专业村、专业户。1998年，全区开展畜牧良种推广年活动，发展二元优质猪生产。2001年，饲养量18.42万头，为历年之最。2002年市区区划调整后，生猪发展空间缩小，生猪生产总量减少，全区加大生猪饲养大户、生猪养殖小区和生猪流通经纪人培育力度，实现生猪养殖由数量型向质量型转变。2004年饲养量8.76万头，其后呈下降趋势，2007年为6.88万头。2011年，生猪饲养量7.22万头，规模化养殖占85.3%。

二、牛

1989年,区内饲养的牛有役用牛和奶牛两种,役用牛又分水牛和黄牛。随着农业机械化程度提高,役用牛数量逐渐下降。是年,全区有役用牛1613头,其中水牛1524头,黄牛89头。2011年,有役用牛137头,其中水牛125头,黄牛12头。区内奶牛为中国荷斯坦牛(黑白花奶牛)。平山茶场奶牛场先后从上海、启东引进奶牛37头。经自繁自养,1989年存栏奶牛217头。1990年,饲养量为最高,栏存奶牛221头。此后逐年下降、波动发展。2003年,扬州大学奶牛场兼并平山茶场奶牛场,此后区内无奶牛饲养。

区内役用牛主要靠自然交配,近亲交配率很高,种群有退化趋势。区内奶牛也靠自然交配。1989年起,采用上海种公牛站DP系列、南京钟山种公牛站F0系列、北京种公牛站冷冻精液实施人工授精(冷配),普及率100%,受胎率69%。

三、其他家畜

羊 区内以本地土种山羊居多,黑山羊、绵羊较少。山羊属皮肉兼用型,体型较小。1989年,存栏85头。1992年,引进无锡奶山羊25头,当年羊存栏51头。1995年,存栏1291头。1997年,存栏1521头,饲养达到高峰。山羊繁殖均采取自然交配,近亲交配严重,致使山羊种质退化,饲养量逐年下降。2002年,市区区划调整,饲养量下降到242头。2008年,甘泉街道划入,饲养量上升至548头。2011年,全区存栏321头。

驴 区内毛驴体型小,肢细蹄坚,关节强健,行动灵活,耐寒耐劳,适于短途驮运,多数用于运输,少数用于粉坊、豆腐坊、油坊作拉磨之用,也有用于城郊风景区,作为游人代步工具。随着交通发达、生产力进步,驴的数量大幅度下降。2005年,全区有驴15头。2011年,全区无驴存栏。

兔 区内养兔历史悠久,兔产品受国际市场影响较大,养兔业发展历经曲折。1988年,存栏1011只。1989年急骤下降,存栏仅355只。1993年,存栏又增至610只。以后逐年下降,1995年存栏421只,2000年存栏321只。至2005年存栏仅40只。2006年后无存栏。

梅花鹿 为发展特种养殖,2002年,平山乡投资建场,引进梅花鹿饲养,走工厂化、规模化养殖之路,存栏近1000头。2004年,建立鹿酒厂,用鹿茸、鹿血造酒。后因经营不善及市场疲软等原因,企业难以维持,梅花鹿饲养急剧下降。2005年,全区梅花鹿存栏仅36头。2011年无存栏。

1989～2011年维扬区牲畜饲养情况统计表

表8-4-1

项目/年份	牛				生猪					羊			兔
	饲养量(头)	役用牛(头)	奶牛(头)	牛肉产量(吨)	饲养量(万头)	存栏(万头)	出栏(万头)	母猪(头)	肉产量(吨)	存栏(只)	出栏(只)	肉产量(吨)	存栏(只)
1989	2018	1613	217	7	10.86	3.94	5.17	1385	4849	85	20	0.5	355
1990	1969	1555	221	7.2	11.12	3.92	5.38	1220	4865	94	23	1	319
1991	1807	1545	205	6.9	11.43	3.80	5.46	1285	4958	104	28	1.2	264
1992	1621	1411	174	6	11.77	3.61	6.28	1295	4766	51	48	2.6	248
1993	1492	1476	85	1	13.12	4.17	6.79	1286	4888	250	65	3.5	610
1994	1408	1333	57	1	14.53	4.10	8.15	1201	10431	277	157	8.2	532
1995	1317	1260	39	1.5	15.44	4.32	8.48	1257	11118	1291	403	3.3	421
1996	1290	1204	33	1	15.35	4.21	8.67	1215	8479	855	963	22	356

续表 8-4-1

项目/年份	牛				生猪					羊			兔
	饲养量（头）	役用牛（头）	奶牛（头）	牛肉产量（吨）	饲养量（万头）	存栏（万头）	出栏（万头）	母猪（头）	肉产量（吨）	存栏（只）	出栏（只）	肉产量（吨）	存栏（只）
1997	1215	1096	32	1.2	14.89	3.62	8.95	1283	8521	1521	2021	21	296
1998	1153	1068	52	3	16.75	4.50	12.25	1450	9003	1057	2687	23	305
1999	1107	1061	90	6	16.68	3.75	12.92	1938	9079	1226	2913	43	355
2000	1037	948	110	4	18.70	4.01	14.77	1778	12894	1006	2668	34.8	321
2001	1042	882	188	9	18.42	4.03	14.39	1565	11470	979	3026	58	268
2002	651	513	130	37	10.55	1.86	8.70	946	6852	242	1008	27	76
2003	552	422	130	25	10.10	1.72	8.39	926	6549	185	126	23	60
2004	481	361	—	23	8.76	1.66	7.10	727	6055	185	550	9	56
2005	299	296	—	22	8.39	1.70	6.69	428	5460	110	525	8.5	40
2006	273	273	—	24	7.33	1.70	6.13	40	5072	90	120	9	—
2007	153	153	—	4.2	6.88	1.46	5.42	406	4803	—	90	5	—
2008	301	301	—	21.6	11.01	2.48	8.69	954	6582	548	1139	23	—
2009	221	221	—	12.6	11.23	2.41	8.82	873	6785	445	1147	34	—
2010	193	193	—	10.6	10.48	2.14	8.31	866	6214	330	511	15	—
2011	137	137	—	2.3	7.22	1.51	5.71	697	5130	321	531	17	—

四、牲畜疫病防治

口蹄疫　1992年3月，城北乡瓦窑村二组两头生猪发生该疫情。同年4月，双桥乡潘桥村与双桥村共6头生猪发生该疫情。区政府发布封锁令，实行“四停”，即停止收购、停止宰杀、停止调运、停止交易生猪及其产品。同年5月，解除封锁。

1993年1月，区内再次发生疫情，区、乡政府及牲畜防疫部门及时采取措施，控制疫情。1997年3月，区内市肉联厂发生疫情后，市政府办公室责令销毁病畜并检查防控。

1995年，区内首次用猪口蹄疫灭活苗给生猪预防接种。2001年后，区内口蹄疫防疫密度100%。

猪瘟　1989年后，猪瘟历年是重点防控的重大动物疫病。全区采用防（适时防疫）、检（产地、市场与屠宰检疫）、消（圈舍、经营场所消毒）、杀（隔离扑杀病猪）等综合性防治措施，防疫密度100%。至2011年，猪瘟发病死亡率接近于零。

猪高热病　2001年后，全区每年夏季暴发猪热性传染病，俗称“猪流感”。该病特点为：一是仅发生于猪；二是传播快，发病率高；三是病猪高热稽留（40℃～41℃），少食或不食，呼吸急促，多数有浆液性鼻漏，有的咳嗽，病程10天以上；四是危害大。该病有明显的季节性与区域性。2002年、2003年，病情稍轻一些。流行时间均从6月下旬开始，到8月上中旬平息，历时40多天。2006年夏天，全区发生以持续高热、皮肤发红、呼吸急促等临床症状为主要特征的猪高热病，给生猪生产造成较大损失。全区存栏生猪6477头，累计发病生猪2331头，发病率35.99%；死亡生猪116头（均深埋），占发病生猪4.98%。全区累计用药6.5万元，生猪死亡理赔3万元，挽回损失200多万元。2006年后，全区畜牧兽医人员到村组防疫和及时救治，猪高热病病死率逐年下降，由2001年2.5%降至2010年0.4%。

猪链球菌病　该病呈零星散发。1987年秋，全区首次暴发。1989年10月，城北乡发现病猪7头。1999年，西湖镇发现病猪7头，双桥乡发现病猪4头。其后，每年秋季，区畜牧兽医站组织猪链球菌苗预防注射。一旦发现疫病，及时采取扑杀、深埋病猪、疫点隔离消毒等措施，疫情得到有效控制。

牛血吸虫病　区内沿江沿运地区是牛血吸虫病老疫区。随着家畜普查普治的开展，1993 年起多年未出现病畜。“九五”期间(1996～2000 年)，全区重点推行“种草养鹅、水田改旱田、兴林抑螺、挖池养鱼”综合治理模式，螺区环境得到根本改变，血防工作稳步推进，获得较好的经济和社会效益。

猪螺旋体病　1991 年 4 月，湾头镇田庄村某规模养猪户发现病猪 24 头，死亡 8 头。区畜牧兽医部门及时用土霉素、五甲氧嘧啶等药物治疗，再结合病猪隔离、圈舍消毒，疾病得到控制。

猪附红细胞体病　2002 年 9 月，区内某养猪户，生猪发病 4 头，死亡 1 头。病猪用血虫净等药物治疗，疗效较好。

第二节　家禽饲养

一、鸡

1989 年，全区饲养的鸡有蛋鸡、肉鸡、蛋肉兼用型 3 类。蛋用型鸡品种主要有罗曼鸡、伊莎鸡、自来航鸡、赛克斯鸡、海赛克斯鸡、罗斯鸡、星杂 579 鸡等，肉用型鸡品种主要有三黄鸡、西山鸡、AA 鸡、星波罗鸡、红波罗鸡、迪高鸡等，蛋肉兼用鸡品种有白洛克鸡、新汉夏鸡等。

图 8－4－1　规模化养鸡场

区内养鸡业兴起于 80 年代。1989 年，全区兴办 15 个集体鸡场，同时发展 50 多户养鸡专业户。当年，全区鸡饲养量 90.85 万只，产蛋量 3889 万只，以后逐年萎缩。1991 年，鸡饲养量下降至 65.84 万只，产蛋量 3635 万只。1997 年，饲养量 56.48 万只，产蛋量 3436 万只。2000 年，饲养量 48.63 万只，产蛋量 3213 万只。2002 年市区区划调整，鸡饲养量大幅下降，仅为 18.63 万只，产蛋量 1273 万只。以后逐年下降，波动发展。2005 年，饲养量 10.34 万只，产蛋量 758 万只。2011 年，饲养量 7.92 万只，产蛋量 548 万只。

1989 年，全区家禽饲养以农村千家万户散养为主，采取网养和笼养，饲料一般使用饲料厂生产的混合饲料。1991 年后，养殖方式开始转变，逐步由传统养殖方式转变为集约化、商品化生产。2000 年后，向规模化、工厂化方向发展，养殖大户开始出现。至 2002 年，全区出现机械化和非机械化养鸡大户 16 户。由于规模养殖户重视饲养管理和疫病防治，提高了养殖质量和经济效益。

二、鸭、鹅

1989～2011 年，全区饲养的鸭以高邮麻鸭为主，绍鸭、高邮鸭与康贝尔鸭也有少量饲养。鹅以太湖鹅为主，也有少量灰鹅(四季鹅)。灰鹅个体大，能常年孵化小鹅，汤汪乡、西湖镇饲养量相对较多。1989 年，全区鸭饲养量 6.63 万只。1991 年 5.38 万只。1993 年 7.21 万只。以后逐年萎缩，1997 年 4.38 万只。2002 年市区区划调整仅 3.31 万只。2005 年 2.84 万只。2011 年 2.54 万只。

1989 年，全区鹅饲养量 3.52 万只。1990 年 1.96 万只。1994 年 3.98 万只。以后逐年萎缩，1995 年 3.22 万只。1997 年 1.6 万只。2001 年 1.57 万只。2002 年市区区划调整仅 0.5 万只。2005 年0.28 万只。2011 年 1.78 万只。

三、鹌鹑

全区鹌鹑饲养始于 80 年代，养殖规模仅次于养鸡业。区内蛋用鹌鹑有日本鹌鹑、朝鲜鹌鹑、中国白羽鹌鹑以及自别雌雄配套系鹌鹑。肉用鹑有法国肉用鹑、美国加利福尼亚肉用鹑等。全区饲养品种主要为朝鲜汉城系，其适应性好，生产性能高，年产蛋 260～280 只，在全区养鹑业中所占比例大，覆盖面广。

全区鹌鹑饲养户主要分布于双桥乡、西湖镇。1989 年，全区饲养量 90.88 万只，产蛋量 775 万只。1995 年，饲养量 133.16 万只，产蛋量 707.8 万只，为历年最高。随着区划调整和城镇化建设，一些鹌鹑饲养户被拆迁，鹌鹑养殖受到限制。2011 年，全区饲养量仅 22.44 万只，产蛋量 65 万只。

1988～2011年维扬区家禽饲养情况统计表

表8-4-2　　　　　　　　　　　　　　　　　　　　　　　　单位:万只

项目	家禽												鹌鹑		
	存栏				出栏				禽蛋产量						
年份	合计	鸡	鸭	鹅	合计	鸡	鸭	鹅	合计	鸡	鸭	鹅	存栏	出栏	蛋产量
1988	106.56	95.11	7.24	4.21	241.66	195.24	20.29	26.13	4530	3998	317	215	30.63	49.32	568
1989	101.00	90.85	6.63	3.52	250.62	206.45	21.12	23.05	4417	3889	349	179	32.36	58.52	775
1990	94.87	86.68	6.23	1.96	266.53	236.21	14.80	15.52	4232	3784	285	163	47.24	63.21	923
1991	72.91	65.84	5.38	1.69	221.38	195.25	13.45	12.68	4030	3635	242	153	56.35	69.54	963
1992	64.96	56.63	6.41	1.92	208.41	180.56	16.96	10.89	4196	3526	535	135	56.85	86.96	985
1993	81.42	72.36	7.21	1.85	188.92	163.36	14.52	11.04	4201	3693	396	112	58.69	83.68	996
1994	85.59	75.14	6.47	3.98	232.19	187.19	20.16	24.84	4471	3951	313	207	24.90	32.96	468
1995	90.02	80.58	6.22	3.22	241.44	199.70	19.54	22.20	4393	3873	345	175	37.51	95.65	708
1996	83.94	76.76	5.28	1.90	247.81	218.68	14.20	14.93	4016	3661	258	97	41.05	65.36	868
1997	62.46	56.48	4.38	1.60	212.82	188.28	12.15	12.39	3737	3436	216	85	39.58	56.00	802
1998	56.79	47.59	7.41	1.79	201.62	174.68	16.62	10.32	3977	3333	519	125	31.89	68.00	914
1999	57.72	50.94	5.21	1.57	176.01	152.36	13.41	10.24	4041	3563	368	110	28.96	61.02	869
2000	54.85	48.63	4.86	1.36	158.64	136.23	12.52	9.89	3641	3213	325	103	23.68	54.96	765
2001	50.20	44.32	4.31	1.57	172.08	148.30	13.97	9.81	3512	3046	330	136	28.30	201.40	498
2002	22.44	18.63	3.31	0.50	68.74	51.08	11.03	6.63	1636	1273	300	63	29.60	161.00	481
2003	18.78	15.47	2.88	0.43	63.94	45.38	11.03	7.53	1347	1081	227	39	10.00	88.00	287
2004	17.93	13.14	2.50	2.29	49.97	38.17	8.15	3.65	1117	920	176	21	33.00	122.00	116
2005	13.46	10.34	2.84	0.28	50.42	36.69	10.48	3.25	977	758	199	20	36.00	239.00	135
2006	9.60	8.23	1.08	0.29	36.63	27.84	5.82	2.97	740	625	76	39	12.00	166.00	120
2007	8.65	7.02	1.39	0.24	34.76	24.97	7.39	2.40	604	492	96	16	11.50	100.00	92
2008	21.98	16.33	3.29	2.36	91.71	60.32	18.16	13.23	1447	1030	231	186	2.56	24.69	14
2009	18.51	12.34	3.60	2.56	88.95	59.23	17.35	12.37	1225	774	252	199	2.57	20.89	67
2010	16.41	11.07	2.89	2.44	75.56	50.29	14.38	10.89	1078	686	202	190	1.73	8.42	60
2011	12.24	7.92	2.54	1.78	38.35	23.66	8.39	6.30	756	548	83	125	2.32	20.12	65

四、家禽疫病防治

鸡新城疫　1989年起,全区重点推行苗鸡一日龄免疫,再配合炕坊消毒、苗鸡共育等技术措施,有效杜绝鸡新城疫早期感染,提高苗鸡成活率。

鸡传染性法氏囊病　1990年开始,鸡传染性法氏囊病在区内较大范围流行,不仅肉鸡、良种鸡易发,农户土种鸡也发病。1991年后,全区采取两项措施:一是普及防治知识,二是及早诊断和治疗,鸡传染性法氏囊病传播明显减少。此后,鸡传染性法氏囊病控制基本依赖丁抗血清与抗病卵黄抗体。2003年后,鸡传染性法氏囊病得到有效控制。

禽流感　2000年后,面对国内外禽流感严峻形势,全区在严格检查外地家禽入境的同时制定禽流感防治预案,组织防疫,注射禽流感疫苗。至2003年,全区规模养禽户免疫密度100%,散养户免疫密度95%以上。2004年7月安徽巢湖和2005年10月安徽天长发生禽流感期间,全区突击强化防疫,建立免疫保护带。2006年3月,建立高致病性禽流感现场临床诊断专家组,组建由农牧、工商、公安、卫生等部门参加的高致病性禽流感应急处理预备队。其后,强化规模禽场、家禽屠宰加工场、交易市场和农贸市场监控,实行家禽定点宰杀。至2011年,全区未再发生禽流感疫情。

第三节　水产养殖

一、苗种培育

1977年后,城北乡黄金村盐厅一带利用扬州发电厂余热水繁育罗非鱼苗种。至1989年,有罗非鱼苗种繁育池82亩,越冬保种温室1140平方米。其中,区水产技术指导站苗种繁育面积18亩,越冬保种温室950平方米。黄金村三、四、五、六、七组繁育池64亩,温室160平方米。保种亲本5000公斤,保种越冬鱼种2300公斤,生产早繁苗1526万尾。苗种供应省内外养殖单位,由区水产技术指导站负责经销。郊区是省内3个罗非鱼种苗繁育基地之一。1990年后,因市场需求减少,冷却水水温随电厂发电设备更新逐年降低和产苗时间不断推迟而逐年减产。1993年,区水产技术指导站转向以生产越冬鱼种和繁育晚期鱼苗为主的生产经营模式。当年生产越冬鱼种7800公斤、鱼苗239万尾。1996年,生产越冬鱼种9000公斤、鱼苗691万尾(包括自用)。1998年后,市场对罗非鱼苗种需求继续下降,电厂冷却水失去利用价值,因生产条件差,规模小,竞争力不断下降。2007年,罗非鱼养殖停止。

1989～2007年维扬区罗非鱼苗种生产情况统计表

表8-4-3

项目 年份	繁育面积(亩)	越冬保种面积(平方米)	鱼苗(万尾)	越冬鱼种(公斤)
1989	82	1140	1526	2300
1990	82	1140	1000	1275
1991	82	1140	418	2573
1992	72	1140	336	2083
1993	48	1140	239	7800
1994	48	1140	374	7500
1995	45	1140	411	8500
1996	45	1140	691	9000
1997	45	1140	876	10200
1998	45	1140	653	6650
1999	45	1020	838	4250
2000	45	860	720	3100
2001	15	860	615	2500
2002	7	650	505	1500
2003	4	650	416	1500
2004	4	650	420	1500
2005	3	350	357	1250
2006	3	350	300	1000
2007	3	350	270	900

1989 年后，区水产技术指导站尝试利用电厂余热水开展“四大家鱼”早繁、异育银鲫早繁、甲鱼早繁、革胡子鲶早繁、淡水白鲳苗种繁育。1995 年，受制于生产条件等原因而停业。1997 年，市、区水产技术指导站合作，利用 140 平方米土坑搭建塑料大棚，试验利用电厂冷却水培育早繁幼蟹获得初步成功。1998 年后，区内养殖户利用原有罗非鱼种苗生产池塘搭建塑料大棚，栽植水草，利用电厂冷却水培育早繁幼蟹。至 2002 年，产量和效益达到高峰，培育面积 103 亩，培育幼蟹 1560 万只，每亩纯利润 7.8 万元。

2003 年，区内冷却河沿线生产早繁幼蟹面积扩大到 150 亩，搭建塑料大棚 90 座，因受“非典”疫情影响，幼蟹价格暴跌，幼蟹培育跌入低谷。至 2011 年，培育面积 50 亩，年生产幼蟹 350 万只。

二、养殖与捕捞

1989 年，全区水产养殖面积 7841 亩，水产品总产量 2611 吨，渔业产值 767 万元，有专业养殖场 47 个，生产面积 3793 亩，从业人员 347 人。养殖方式包括池塘精养和河沟、水库放养。养殖品种有青、草、鲢、鳙、团头鲂、白鲫、银鲫、罗非鱼等。精养池塘平均亩产 500～750 公斤，河沟、水库亩产 300 公斤左右。

90 年代，区内水产品生产应对市场变化调整养殖品种，增加夏季“热水鱼”上市和种草、养猪、养禽、开辟游钓等综合经营；经营体制由集体所有制经营逐步过渡到家庭个人承包经营，全区共有 17 个集体渔场改制由个人承包经营。伴随城市化进程加快，养殖面积逐年减少，里下河地区水产品供应持续大幅度增加，全区水产品生产竞争力不断下降，逐步退出供应城市“菜篮子”的历史地位。2002 年市区区划调整后，全区水产养殖仅限于西湖镇、平山乡、城北乡等丘陵地区，池塘水面不足 4000 亩。2005 年后，随着经济开发区、物流园区、住宅小区和城市水环境综合整治等建设项目推进，全区水产养殖规模迅速萎缩，剩余的近千亩鱼池基本转向以休闲垂钓、观赏鱼养殖、种养结合等为特色的城郊渔业生产模式。2007 年，全区水产养殖面积 1500 亩，为历年最少。2008 年，甘泉街道划入，全区水产养殖面积扩大至 4500 亩。

1989 年，区内从事渔业捕捞的有城北乡渔业村和湾头镇万福村方家渔业组。城北乡渔业村从事渔业捕捞专业渔民 30 户以及副业渔民 20 多人，捕捞水域主要是古运河和大运河，是年捕捞量 65 吨。90 年代后，水域污染严重，鱼虾基本绝迹。为解决渔民生活，2000 年，市、区政府鼓励有劳动能力的渔民改行转产，同时拨款 120 万元将 60 岁以上老年人纳入社保，划拨 30 亩土地给转产有困难的劳力生产蔬菜。湾头镇方家渔业组 17 户渔民主要在万福闸上下游约 5 千米水域捕捞作业，因该水域设有市自来水公司取水口，为保证市民饮水卫生安全并结合创建国家卫生城市，2001 年，市政府对该水域全面实施禁渔，同时给予渔民每户 9 万元的经济补偿。

1989～2011 年维扬区水产生产主要指标统计表

表 8-4-4

项目 / 年份	养殖面积（万亩）	池塘精养（万亩）	养殖产量（吨）	捕捞产量（吨）	总产量（吨）	产值（万元）
1989	0.78	0.65	2546	65	2611	767
1990	0.75	0.59	2506	96	2602	918
1991	0.74	0.57	2559	86	2645	1200
1992	0.74	0.57	2240	—	2598	1269
1993	0.77	0.64	2144	—	2619	—
1994	0.71	0.62	2285	—	2630	—

续表 8-4-4

项目 年份	养殖面积 (万亩)	池塘精养 (万亩)	养殖产量 (吨)	捕捞产量 (吨)	总产量 (吨)	产值 (万元)
1995	0.71	0.62	2557	85	2642	1282
1996	0.71	0.61	2240	—	2618	1893
1997	0.63	0.56	2142	—	2512	2336
1998	0.60	0.52	1625	—	2000	—
1999	0.59	0.50	1759	—	2156	1635
2000	0.59	0.50	1754	—	2298	1448
2001	0.59	0.50	1740	—	2266	1508
2002	0.39	0.36	1435	—	1815	—
2003	0.35	0.31	1324	—	1704	—
2004	0.35	0.31	1324	—	1704	—
2005	0.35	0.30	1172	—	1284	997
2006	0.25	0.20	800	—	800	1200
2007	0.15	0.10	400	—	400	1000
2008	0.45	0.30	1500	—	1500	1800
2009	0.45	0.30	1500	—	1500	1800
2010	0.45	0.30	1500	—	1500	1800
2011	0.45	0.30	1500	—	1500	1800

第四节　金鱼养殖

一、金鱼市

广储门外养殖金鱼的历史可以上溯至清初，广储门外也被称为“金鱼市”。至 50 年代，“金鱼市”的养鱼人自东往西有：张长义、张长福、黄道生、陈志山、许宏庆、许宏源、许宏宝、张长富、杨玉林、杨秀英、朱盈昌、朱仁祥、朱仁宝等，多是父子相承，世传其业，一直延续至“文化大革命”后期。

区内金鱼产量大，本地消费有限，大多数运销全国各地。养鱼人家既利用长江航运之便将金鱼销往沿江各埠，又沿铁路北上南下，远销东三省、大西北乃至云贵诸地。

70 年代初，扬州红园花木鱼鸟服务公司的前身——红园花木鱼鸟门市部尝试与“金鱼市”养鱼户分工合作，由商店提供养鱼饲料，养成的金鱼全部由商店收购。由于双方利益矛盾，这种经营模式持续两年后告终。

1973 年，红园花木鱼鸟服务公司在北城河外“绿杨村”遗址建金鱼饲养基地，吸收金鱼养殖户加入。为防止养殖户“身在曹营心在汉”“吃里爬外”，由市商业局、市工商局出面，是年将“金鱼市”鱼池尽数拆毁，养鱼劳力连同生产资料全部并入公司。

90 年代初，“金鱼市”逐渐被拆迁征用。

二、红园金鱼

区内红园花木鱼鸟服务公司经营花木鱼鸟水石盆景等生产出口业务，下属金鱼养殖场有 240 多口金鱼池，养殖水面 2500 平方米，职工 15 人。金鱼养殖出口是公司最好的经营项目。

红园培育的金鱼以本地传统名种为主，体型优美，色泽鲜艳，产量居江苏之首，在省内外颇负盛名，是中国土产畜产进出口公司江苏省分公司专属的出口商品。七八十年代，红园金鱼通过北京、上海、广州等口岸销往美国、英国、法国、德国、荷兰、意大利、比利时、土耳其、新加坡等多个国家以及中国港澳地区，年销量20多万尾。随着业务量扩大，还收购梅岭、双桥生产的金鱼，并派员到苏州、南通等地收购金鱼。

1989年，红园金鱼参加第二届中国花卉博览会，红白狮子头金鱼获二等奖，五花珍珠金鱼获科技进步奖。

1996年，根据市政府建设规划，金鱼养殖场连同观赏鸟养殖和水石盆景加工场全部改建成花鸟市场，成为扬州市民休闲、购物、淘宝、交流的场所。

三、梅岭金鱼

城北乡梅岭村与"金鱼市"毗连，养殖金鱼最早可以追溯到1959年。该村吕庄利用寺庙旧址中的放生池养殖金鱼，以后在原址上拆除破旧房屋，将金鱼养殖扩大到100多平方米，并且带动村民在自家房前屋后建金鱼池养殖金鱼。

8-4-2 梅岭金鱼繁育池

金鱼生产在农村集体经济非常薄弱的背景下，成为当时社、队发展经济的重点。该村13个村民小组，有10个相继兴办集体金鱼场。

改革开放后，国内外对金鱼需求旺盛，全村600多户村民，十之八九饲养金鱼，成为远近闻名的"金鱼村"。2000年后，因城市化发展，梅岭村土地陆续被征收，部分农民将自家房屋屋顶改造成养鱼池。至2011年，随着城中村改造，房屋拆迁，全村无人养殖金鱼。

四、规模化养殖

1989年后，金鱼养殖在区内城郊遍地开花，传统文化遗产为致富农民发挥作用。其时，双桥、城东、城北、汤汪、平山、湾头等乡镇金鱼养殖户795户，利用庭院、菜地、屋顶开辟鱼池养殖金鱼随处可见。由于应用小型水泵和机械增氧设备，高密度绿水饲养金鱼技术水平提高，加上精致生产管理，很多养殖户每平方米鱼池产量200尾以上。1999年，全区金鱼养殖面积10万平方米，年产金鱼800万尾，成为国内出口外销金鱼主要产地之一。是年11月，区工商联金鱼业商会成立，吸收会员180人。

为带动梅岭以北"山上"的农民致富，1989年，区政府因势利导，提出"金鱼上山"的号召，在三星村辟地5亩，建起乡办金鱼养殖场。由于"山上"土地相对宽裕，一些人利用房前屋后农田建起规模达数百甚至上千平方米的金鱼池，还有村民向生产队租用荒地建设更大规模的渔场。

2000年后，随着城东、梅岭、双桥等近郊融入城市，金鱼生产向城北、平山等地转移，分散的庭院副业生产逐步被专业养殖场以及连片生产基地取代，传统的庭院养殖转型为专业化、规模化生产。至2003年，全区观赏鱼养殖16万平方米，产量约1000万尾。生产规模3000平方米以上的基地有：振华金鱼养殖公司1.28万平方米，宏顺金鱼养殖场1.5万平方米，梅岭金鱼花卉盆景园8000平方米，城北乡金鱼养殖场3500平方米，城北乡魏玉云8000平方米，城北乡陆春宝3000平方米，城北乡槐南村集中连片金鱼生产基地9000平方米，平山乡雷塘村杜玉高等4000平方米。

2003年，平山乡将宁启铁路以北槐泗河以南低洼地(分属雷塘村和丁魏村约300亩)建成观赏鱼产业园区。2008年，组建平山观赏鱼养殖专业合作社，年产销金鱼275万尾，年收入128万元。至2011年，有李正强等10户养殖大户，建成百亩锦鲤养殖场1个和两万平方米金鱼饲养基地，年产销金鱼约200万尾。

2005年，全区金鱼生产面积、产量保持1999年生产规模。规模化养殖金鱼使传统金鱼饲养技艺和生产管理水平得到提升。是年,每个劳力可管理1000～1500平方米金鱼,每平方米金鱼产量80～150尾,年收入6万～10万元。

2010年,区水产技术指导站启动金鱼良种繁育基地建设,新建5000平方米养殖设施并投产。是年,扬州金鱼培育技艺被列入扬州市非物质文化遗产保护名录。

2011年,随着城郊城市化全面推进,全区金鱼养殖面积降至5万平方米,锦鲤养殖面积5万平方米,集中于城北、平山两地。是年,产销金鱼约500万尾,由上海、广州等地金鱼出口公司收购外销。

1989～2011年维扬区金鱼产值统计表

表8-4-5　　单位:万元

年　份	产　值	年　份	产　值
1989	321	2001	1925
1990	397	2002	1261
1991	483	2003	1589
1992	597	2004	1678
1993	630	2005	1933
1994	645	2006	1660
1995	674	2007	1496
1996	601	2008	1531
1997	483	2009	1348
1998	901	2010	1173
1999	1001	2011	1305
2000	1300		

第五章　农业机械

第一节　农机装备及作业

一、耕作机械

1989年,区内耕作机械主要是各类拖拉机和配套机械。是年,全区大中型拖拉机保有量45台,配套农具90部;小型拖拉机保有量1152台,配套农具930部。1995年开始,上海50拖拉机普及较快,与之配套的中型旋耕机随之增加,加上手扶拖拉机及配套农具,全区基本实现耕作机械化。中型机械作业速度快,质量好,手扶拖拉机保有量逐年减少。1996年,新增大型拖拉机36台。2002年后,由于城市化进程加快和区划调整,全区农业机械有所减少。2005年,全区仅有大中型拖拉机3台、小型拖拉机235台。2011年,全区有大型拖拉机44台、小型拖拉机677台。

二、收获机械

1989年,区内机械收割率80%以上,收割机械主要是桂林3号、桂林4号收割机。是年,联合收割机保有量40台,境内农作物收割以外来机械跨区作业为主。脱粒机主要是160型割晒机和工农—700型机动脱粒机。当年,工农-700型机动脱粒机保有量1082台,平均每个村民小组4台左右,稻麦脱粒基本实现机械化。1993年,全区推广与东风12型手扶拖拉机相配套的割晒机,因性能不稳定,操作技术要求高,后逐步淘汰。1995年,引进示范推广上海50拖拉机配套的桂林3号收割机。当年,湾头镇桂林3号收割机保有量38台,用于该镇农业项目区试点。2000年,湾头镇农业公司引进两台洋马收割机,大大改善水稻作业效率和工作条件。2002年市区区划调整,全区耕地减少,农机发展停滞不前。至2005年,全区仅有联合收割机10台、机动脱粒机402台。2011年,全区有联合收割机20台、机动脱粒机345台。

三、农用运输机械

80年代,区内农村运输机械主要有胶轮平板车、手扶拖拉机配置1吨拖斗以及农用汽车、运输机动船等。1989年,全区共有农用汽车110辆、机动运输船22艘、大中型拖车17辆、小型拖车744辆。后由于运输市场变化,农用运输机械逐年减少。2002年,全区有农用汽车28辆、机动运输船11艘、大中型拖车4辆、小型拖车215辆。2005年,全区有农用汽车19辆、小型拖拉机207辆。2011年,全区农用运输车24辆、小型拖车305辆。

四、农副产品加工机械

1989年,全区有饲料粉碎机24台、碾米磨面机189台、轧花机6台。1990年开始,区农机公司引进丹阳生产的NF114型碾米机,将S-195柴油机、碾米机、饲料粉碎机安装在一个共用底盘上,形同手扶拖拉机,流动作业,上门服务,一次完成碾米、扬净。2002年,全区有饲料粉碎机15台、碾米磨面机104台。后由于区划调整和种植结构变化,至2008年,全区有饲料粉碎机12台、碾米磨面机72台。2011年,全区有饲料粉碎机59台、碾米磨面机86台。

五、植保机械

全区植保机械主要型号为东方红-18型背负式弥雾机。该机体积小、重量轻、射程远、喷洒均匀,适用于水稻、小麦、棉花、果树、蔬菜等农作物病虫防治。1989年,全区机动喷雾机130台。至2002年,全区有植保弥雾机58台。2005年最低为32台。2011年有110台。

1989～2011年部分年份维扬区主要农业机械拥有量统计表

表8 5-1

年　　份	1989	2002	2008	2011
农业机械总动力(万千瓦)	4.12	1.66	1.20	2.31
1.柴油发动机动力(万千瓦)	1.42	0.63	0.45	1.03
2.汽油发动机动力(万千瓦)	0.82	0.30	0.29	0.20
3.电动机动力(万千瓦)	1.88	0.73	0.46	1.08
一、耕作机械				
1.大中型拖拉机(混合型)(台)	45	9	6	44
2.小型拖拉机(混合型)(台)	1152	297	177	677
二、农用排灌机械				
农用排灌动力机械(台)	1180	649	537	991
1.柴油机(台)	34	18	18	19
2.电动机(台)	1146	631	519	972
3.农用水泵(台)	1188	469	361	809

续表 8-5-1

年　　份	1989	2002	2008	2011
三、收获机械				
1. 联合收割机(台)	40	17	9	20
2. 机动脱粒机(台)	1082	438	254	345
四、植保机械				
机动喷雾(粉)器(部)	130	58	32	110
五、农产品加工机械				
1. 饲料粉碎机(台)	24	15	12	59
2. 碾米磨面机(台)	189	104	72	86
3. 轧花机(台)	6	—	—	—
六、运输机械				
1. 农用载重汽车(辆)	110	28	16	24
2. 机动运输船(艘)	22	11	—	—
3. 大中型拖车(辆)	17	4	—	—
4. 小型拖车(辆)	744	215	212	305
七、大中型拖拉机配套农具				
1. 旋耕机(部)	20	8	9	11
2. 播种机(部)	—	—	27	—
3. 反旋灭茬机(部)	—	1	—	3
八、手扶拖拉机配套农具				
1. 双铧犁(部)	299	215	158	120
2. 旋耕机(部)	481	213	169	182

六、排灌机械

1989 年,全区共有机电固定灌溉站 228 座,柴油机 34 台、装机容量 5841 千瓦,电动机 1146 台、农用水泵 1188 台、装机容量 1.22 万千瓦,受益面积 7.33 万亩。1998 年,全区排灌有柴油机 34 台、装机容量 809 千瓦,电动机 1146 台。2002 年,全区排灌有柴油机 18 台、装机容量 445 千瓦,电动机 631 台、装机容量 5275 千瓦,农用水泵 469 台。2008 年,全区排灌有柴油机 18 台、装机容量 445 千瓦,电动机 519 台、装机容量 4576 千瓦,农用水泵 361 台。2011 年,全区排灌有柴油机 19 台、装机容量 463 千瓦,电动机 972 台、装机容量 9219 千瓦,农用水泵 809 台。

全区机械排灌主要包括近郊蔬菜种植基地喷灌和丘陵山区农田提水灌溉。1989 年后,全区水源分 5 路供水,农作物生长主要依靠机械排灌、五级提水、互补、互治用水,弥补水源不足。

灌溉路径如下:

(1) 瘦西湖— 平山南 — 大烟墩 — 蒋巷 — 西杨庄
(水源) (一级站) (二级站) (三级站) (四级站)

(2) 槐泗河— 大官桥 — 新谊 — 新谊 — 新谊
(水源) (一级站) (二级站) (三级站) (四级站)

(3) 槐泗河— 大官桥 — 西庄 — 西榜 — 蒋巷 — 西杨庄
(水源) (一级站) (二级站) (三级站) (四级站) (五级站)

(4) 槐泗河— 荷叶 — 荷叶 — 蒋巷(补给)
(水源) (一级站) (二级站) (三级站)

(5) 槐泗河— 朱塘 — 荷叶 — 朱塘 — 蒋巷(补给)
(水源) (一级站) (二级站) (三级站) (四级站)

1989年,全区机械排灌有效灌溉面积5.64万亩,其中机电灌溉面积5.64万亩。1992年,有效灌溉面积7.1万亩,其中机电灌溉面积5.7万亩。2005年,有效灌溉面积3.51万亩,其中机电灌溉面积3.35万亩。2008年,因甘泉街道划入,有效灌溉面积最高为7.22万亩,其中机电灌溉面积7.2万亩。2011年,有效灌溉面积3.1万亩,其中机电灌溉面积3.06万亩。

第二节　农机管理

一、农机质量管理

1989年,全区农机管理工作主要是常规农机具日常管理、新农机试验推广、驾驶操作人员培训、农机维修网点管理、等级评定以及维修工证书发放,配合工商、质监部门加强对农机市场、农机产品质量监督管理,打击坑农害农现象。1990年,开始对全区农机维修网点发放维修工等级证书,当年发放28本。

1991年后,随着市场经济发展,农机公司独家经营局面被打破,农机产品生产和销售出现多元化,农机市场混乱,坑农害农现象时有发生。1992年开始,区农机管理部门每年会同市农机、质监和工商管理等部门检查、验收农机维修网点、农机门市部,专项整治农机市场,查扣伪劣农机产品。至1995年,全区共开展21次联合检查,收缴假冒伪劣产品360多件,案值6.5万元。1998年后,区农机部门把保证农机产品质量、实行“三包”列入农机质量管理与监督重要内容。定期对各农机经营单位库存商品进行质量检查,对查出的超保质期锈蚀商品,逐件进行维护保养,除锈、脱水、蜡封,重新包装。查出质量差、不合格产品,坚决报废。至2011年,全区共组织库存产品质量大检查11次,查出质量差须报废产品825件、金额4.15万元;查出不合格产品17种303件、金额2.2万元。

二、农机安全监理

1985年,成立区农机安全监理所,负责检审全区农用拖拉机及操作手。1989年,检审拖拉机708台,审验驾驶员719人。1991年,成立区农机安全互济协会,主要救助困难和受伤会员。当年,全区有400人参加互济协会。1997年,全区开始与市公安交警支队合作开展两用拖拉机年检年审工作,开创全省同公安交警部门合作开展农机监理的先例。是年,检审拖拉机603台,审验驾驶员603人。

1998年开始,区农机监理所同市交警二大队以及市农机安全监理所联合执法,开展田检路查,每年联合执法30次左右。至1999年,共查处违法违章驾驶操作人员200多人、农用机械85台次,有效提高全区农机上牌及检审率,确保农机安全生产。

2000年,检审拖拉机596台,审验驾驶员601人,年检率92%以上。2004年5月,《中华人民共和国道路交通安全法》《拖拉机登记规定》颁布实施,授权农机管理部门办理拖拉机及驾驶员发牌发证和年度检审等工作。是年,检审拖拉机198台,审验驾驶员201人。2008年,检审拖拉机140台,审验驾驶员145人。2011年,检审拖拉机112台,审验驾驶员115人,纠正各类违章375人次,农机事故率3‰以下。

1989～2011 年维扬区农机安全监理情况一览表

表 8-5-2

年份＼项目	检审拖拉机（台）	审验驾驶员（人）	年份＼项目	检审拖拉机（台）	审验驾驶员（人）
1989	708	719	2001	584	588
1990	689	696	2002	286	291
1991	678	683	2003	243	252
1992	656	661	2004	198	201
1993	634	636	2005	189	197
1994	608	610	2006	153	155
1995	605	609	2007	150	151
1996	604	605	2008	140	145
1997	603	603	2009	128	130
1998	601	612	2010	125	127
1999	598	599	2011	112	115
2000	596	601			

第六章　水　利

第一节　水利工程建设

一、河道治理

淮河入江水道湾头段系淮河下游行洪入江主要通道，它影响区内湾头、汤汪两个乡镇 18 个村、市属及邗江县等单位和扬江公路安危。1989～1997 年，区和有关乡镇先后 4 次对淮河入江水道湾头段进行治理。受资金、材料限制，工程简易、标准低，随着水情变化，加之缺乏维护，水患仍然不断。1998 年，全区对淮河入江水道堤防除险加固，工程防洪标准为 50 年一遇，除涝标准为 20 年一遇。淮河入江水道治理工程包括护岸治坍工程、护坡工程、防浪墙工程、小型涵闸整修工程。工程实施时间为 1998 年 3 月至 1999 年末，总投资 507.8 万元。

1995 年 3 月 15 日至 4 月 16 日，全面整治北城河御马头，计建成两处假山、3 座古式亭，浆砌 4000 平方米块石河底，安装 400 米沿河栏杆，铺设 700 平方米的沿河小道，清淤 550 立方米。

1998 年 2 月至 1999 年 5 月，对淮河入江水道沿线病险穿堤建筑物维修加固，内容为接长洞身及上下游翼墙，接长护坡，更换闸门等。投资 104 万元，整修沙河、中沟河等小型涵闸 16 座，完成土方 3745 立方米、石方 5440 立方米、混凝土 465 立方米。

1998 年 3～6 月，投资 19.5 万元，在金湾闸下游右岸，完成浆砌块石重力式防浪墙 430 米，墙高由 7

米加高至 8.8 米，完成石方 711 立方米、混凝土 17 立方米。

1998 年 6～10 月，投资 51.7 万元，完成湾头镇万福村沙东段抛石护岸工程，工程长 275 米、抛宽 30 米、石厚 0.8 米，完成石方 6600 立方米。

1998 年 12 月至 1999 年 10 月，投资 332.6 万元，完成湾头镇万福村沙东段护坡工程，全长 1800 米，护坡底高程 1.5 米、顶高程 7.8 米，浆砌块石护坡完成土方 9000 立方米、石方 1.35 万立方米。

图 8-6-1　整治后的邗沟河

区内沿山河总长 4.86 千米，其中双桥境内 750 米、西湖境内 3.56 千米、市农科所内 550 米。2003 年 2 月，二道河整治工程全面展开。同年 12 月，开工实施沿山河（维扬段）综合整治工程，新开河道 3.76 千米，拓浚老河道 1.1 千米。至 2005 年 4 月全部完工，工程总投资 1.6 亿元。

二、丘陵山区水源工程建设

1989 年，全区丘陵山区共有小（二）型水库 3 座（俞桥、尚桥、荷叶），总蓄水量 53 万立方米。塘坝 1699 座，总蓄水量 464 万立方米。山区补水线两条：西湖灌区大官桥引水站 7 台机组，总装机容量 620 千瓦，提水流量 2.63 立方米/秒；城北一级电灌站装机容量 150 千瓦，提水流量 1 立方米/秒；二级站 4 台机组，装机容量 320 千瓦，提水流量两立方米/秒。

针对丘陵山区提水级数多、灌溉补水线路长、水量损失大、灌溉成本高状况，2002 年，区农水部门编制完成《维扬区丘陵山区水源工程规划》，提出新辟补水线路，废除五级提水，扩浚主要当家塘方案。区丘陵山区水源工程规划内容为：2003～2005 年，计划投资 1820 万元，完成土方 342.7 万立方米，涵闸工程两座，扩塘 1699 座，浚库 3 座，新增蓄水量 424 万立方米，节水渠道 9.8 千米。由于农村城市化进程加快、上级投入政策调整以及全区开发建设区域扩展，为避免工程建成后就被拆除尴尬局面，全区丘陵山区水源工程建设规划未实施。

三、涵洞水库除险加固工程

全区小型涵洞主要兴建于六七十年代，维修加固主要靠上级投入。工程维修加固后防洪标准为 20 年一遇。1993 年，拆建双桥乡小板桥闸。2000 年，翻建邱庄大坝涵洞。2006 年，实施俞桥水库除险加固工程。2007 年，实施荷叶水库除险加固工程。2010 年，对甘泉 3 座水库实施除险加固工程。

1993～2010 年部分年份维扬区涵洞水库除险加固工程实施情况一览表

表 8-6-1　　　　单位：万元

项目／年份	工程名称	工程标准	总投资
1993	小板桥闸拆建工程	汇水面积 3.2 平方千米，排水流量 6.4 立方米/秒	64
2000	邱庄大坝涵洞翻建工程	过水断面 2×2.5 米	13
2006	俞桥水库除险加固工程	采用 10 年一遇洪水设计、20 年一遇洪水校核	95
2007	荷叶水库除险加固工程	采用 10 年一遇洪水设计、20 年一遇洪水校核	178
2010	香巷水库除险加固工程	采用 10 年一遇洪水设计、20 年一遇洪水校核	235
2010	长塘水库除险加固工程	采用 10 年一遇洪水设计、20 年一遇洪水校核	125
2010	金坝水库除险加固工程	采用 10 年一遇洪水设计、20 年一遇洪水校核	128

第二节 农田水利建设

一、菜田建设

1989年,全区中低产田改造基本结束。1990年,为提高农田经济收益,对部分农田进行改造,加强水利基础设施配套,使其有利于蔬菜种植。是年,改造菜田1052亩,涉及3个乡、4个村、16个村民小组。其中西湖乡经圩村新增菜地660亩,完成老菜地改造1227.95亩。完成主要水利配套工程有:安装6寸水泵8台(套),建成小电灌站9座、暗渠2872米、水池236个、节制闸106个、水池闸板160个、进田楼板1783平方米,建水泥路720平方米、放水井92个、分水井17个、窨井3个。总投资63万元。

二、碧水工程

2002年,针对区内农村水环境不断恶化状况,区农水局编制完成《维扬区2003～2007年县乡河道疏浚规划》,实施农村碧水工程。按照"一次规划、分年实施、先急后缓"原则,按每年工程量大致相等分步实施。至2011年,实施河道29条,疏浚河道总长度86.3千米,清淤总土方144万立方米。工程总投资1411.2万元。

2003～2011年维扬区碧水工程实施情况一览表

表8-6-2

项目 实施年份	河道(条)	河道名称	疏浚总长度(千米)	清淤总土方(万立方米)	总投资(万元)
2003	4	老人沟、大杨冲干河、念四河、卜桥河	11.0	13	108.1
2004	4	七里河、中心冲干河、二级河道、叶桥大沟	12.5	16	126.7
2005	3	新城河、蒿草河、杨庄河	11.5	20	169.0
2006	5	上桥冲干河、小运河、冷却河、江沟、夏家小桥河	15.0	35	396.5
2007	3	高潮河、蒿草河、杨庄河	8.8	15	138.0
2008	3	濠田河、顾庄河、邗沟	9.5	14	120.9
2009	3	苏庄河、高庄冲干河、鸭城河	8.0	18	140.0
2010	1	老七里河	3.0	4	37.0
2011	3	香巷河、魏庄冲干河、桥头冲干河	7.0	9	175.0
合计	29		86.3	144	1411.2

第三节 防汛防旱

一、组织机构

1989年后,区设立防汛防旱指挥部,指挥由区政府分管负责人担任,成员为相关部门负责人,主要任务是组织和指导全区防御水旱灾害工作。下设办公室,主任由区水利行政主管部门负责人兼任,负责掌握雨情、水情、工情、险情,组织汛前检查,提出年度防汛防旱工作意见和水利工程调度方案,拟定防汛工作责任书和防汛防旱经费、物资计划,日常灾情记录以及防汛防旱总结,上下联系,检查督促,组织协调,昼夜值班,处理日常事务。1989～1995年每年汛期,与广陵区联合成立市区防汛指挥部,统一指挥防汛工作。

1989～2011 年维扬区防汛防旱指挥部成员单位职责一览表

表 8-6-3

成员单位	职　　责
区人武部	根据需要，组织以乡镇基干民兵为骨干的抢险队伍培训，组织参与巡逻和抢险
区农水局	组织汛前检查，制定防汛防旱预案；提供雨情、水情、旱情、险情、工情、灾情信息；检查河道清障，堤防险段、病涵病闸，泵站排灌机组、闸门启闭；提出防汛防旱意见、经费物资及用油用电计划；防汛办其他日常工作
区发改委	储备、调度、供应防汛防旱物资
区财政局	安排、调拨防汛防旱经费、防洪保安资金并监督使用
区民政局	组织灾区灾民生活安置及救济工作
区卫生局	协调防疫及伤病抢救医疗
区公安分局	维护防汛抗旱秩序和灾区治安交通秩序，协助河道清障
区供销社	负责防汛物资筹备

每年汛期，各乡镇同时设立防汛防旱指挥部，由乡镇行政分管负责人任指挥，成员由乡镇有关单位负责人组成，并组织巡逻队、抢险突击队巡逻守护堤防、河道、水库涵闸。坚持 24 小时值班。

二、防汛防旱措施

汛前检查。对险工、险段、堤防薄弱环节、病涵病闸、病险水库、故障机组动态检查，做到心中有数；各排灌站及闸门开机试水，掌握设备情况，适时检修更新。对河道障碍如施工坝头、鱼网、鱼簖、违章建筑，限期拆除，确保安全度汛。

组织准备。恢复防汛机构，召开防汛会议，签订防汛责任状，明确职责，下发防汛防旱工作意见及水利工程调度方案，正常值班，组建防汛巡逻、抢险队伍等。

物资准备。筹集防汛防旱资金及物资器材，确保电力、柴油供应。

制定防汛方案。根据汛情、旱情，调整水利工程调度方案及运行计划。视雨情、水情发展，确定流域性河道和区、乡河道汛期控制水位和分别达到各级水位采取的应对措施。对在建工程，提出稳妥度汛措施。

区内重点流域性河道汛期控制水位不尽相同。淮河入江水道：警戒水位万福闸上▽ 6 米，设计水位▽ 7 米，超标准水位▽ 7.5 米；万福闸下▽ 5.5 米，设计水位▽ 6 米，超标准水位▽ 6.5 米。大运河：警戒水位▽ 6.5 米，设计水位▽ 7 米，超标准水位▽ 7.5 米。古运河：警戒水位扬州闸下▽ 5 米，设计水位▽ 6 米，超标准水位▽ 6.6 米。

根据水位情况，采取不同措施予以应对。当流域性河道达到设计水位时，沿线涵闸及时关闭，严格控制运行，及时封堵病渠涵闸。所有涵闸明确专人防守。当达警戒水位时，所有涵闸、堤防按划定的管理责任段实行专人 24 小时巡逻，防汛物资运至险工险段，各乡镇防汛负责人带领抢险人员驻堤防守。当达校核水位时，做好老弱病残人员和重要物资财产转移安置准备工作，如汛情继续恶化，除防汛人员以外，全部撤至安全地带，以保人畜、财产安全。在任何情况下，确保河堤安全。

同时，做好防旱应急措施。防旱标准是连续干旱 75 天，丘陵山区有灌溉水源。防旱重点是西湖镇、平山乡、城北乡等丘陵山区。根据天气预报，做好塘坝、小水库蓄水，实行计划、节约和科学用水。做好机电泵与灌溉设备正常运行和渠系配套。

三、重大抗灾纪实

1991 年抗洪救灾　是年，梅雨期长（56 天），梅雨量大而集中，是常年 2.4 倍。5 月 21 日至 7 月 15 日，梅雨总量 839 毫米。6 月初到 8 月上旬，有 10 次暴雨，日降雨 50 毫米以上大暴雨 8 次；总降水量

1000毫米，其中6～7月总降雨量817.8毫米。8月4～7日又降雨182.7毫米。此次水情水位高、持续时间长。7月13日，淮河入江水道受长江高潮位顶托，通运闸闸上水位一直居高不下，最高水位7.35米(扬州闸7.47米)。7月11日，古运河最高水位6.65米，仅比1954年低75毫米。7月14日，万福闸下游廖家沟高潮水位6.3米，大运河、古运河堤防、涵闸告急。由于雨情、水情告急，工情紧张，有21处堤防计3.96千米处于险工段，问题较严重的涵闸、站89处。其中通运闸处于长期高水位差、排涝站连续负荷运行的危急状态。7月15日下午2时15分，在长期2.25米水位差之下，发生闸室管涌，导致运行15年的城市与南区防洪门户水闸突然崩塌，洪水以100立方米/秒流量向西直泻，造成七里河沿线及以南地区大面积受涝。当晚南京部队400名官兵到达崩塌现场抢险，夜里省军区增派200名官兵共同参与抢险，16日21时，溃坝合龙。

是年，洪涝造成重大灾情，农田受涝1380.69公顷，其中菜田933.8公顷；冲毁桥梁11座、涵闸78座，倒塌民房1367间，受灾人口1.4万人，直接经济损失2000多万元。

在抗御特大洪涝灾害中，近郊22台(套)固定排涝机泵满负荷运行，排涝能力28.7立方米/秒，近100台(套)排涝临时机组全负荷开机排水。全区共投入劳力6.5万人次，抢做土方13万立方米，耗用“三袋”(草袋、麻袋、编织袋)18万只、柴油80吨、电60万千瓦时、木材30立方米、铁丝1.4吨、木桩毛竹1000根，共投入防汛经费100多万元。

1994年抗旱　1994年6～7月持续干旱，受旱地区主要是西湖镇、平山乡、城北乡。抗旱面积2334.5公顷，提水开机7101小时，投入总动力2360千瓦，用电72.7万千瓦时，总提水量422万立方米，用柴油50吨，投入经费14.09万元，其中电费9.6万元。

2001年抗旱　2011年5～7月，区内降雨严重偏少，丘陵山区旱情严重，部分水库和塘坝基本干涸，全区受旱面积2674.67公顷。电灌站于6月2日起开机供水，累计开机4000小时，供水310万立方米，用电42万千瓦时，投入经费近80万元。

2003年抗洪　是年6月21日入梅后，连续降雨。影响较大的7月，总降雨量505毫米。最大一次降雨是7月4日晚8时至7月5日晨8时，降雨量200毫米。汛期6～9月总降雨量623毫米。因7月4日突降暴雨，荷叶水库、尚桥水库超过1991年最高库水位。尚桥水库堤坝陡立，造成大面积塌方，塌方长度150米，坍进3米。荷叶水库塌方长度500米，坍进1米。其下游唐庄滚水坝因乙墙渗漏，7月5日高水位时造成乙墙倒塌。同期，槐泗河超过历史最高水位0.5米，造成外河水倒灌。暴雨后，区内多处积水，如扬州鑫生汽车配件有限公司内部积水深1.2～1.5米，念四路扬水印刷厂、扬州卫校、孙庄等地积水深0.6米，扬州大学瘦西湖校区积水深0.7米，并造成电力中断；瘦西湖南门西侧巷内积水深0.7米，致瘦西湖公园围墙倒塌两处各长20米；玉带河西岸长征西路24号市政府机关宿舍因受涝地面下沉发生煤气泄漏及车库楼板崩裂；玉带河西岸坍坡严重影响房屋安全；锦旺社区长征西路7～8幢居民楼部分地段浸水下沉，墙体开裂；象鼻桥上下水位落差3米，因排水冲刷，桥东路面部分下沉。面对险情，西湖镇、平山乡人武部迅速组织民兵赴水库抢险。梅岭街道人武部部长崔庭松带领20名基干民兵赶赴现场两小时内疏散居民56人。2003年“7·4”暴雨灾害造成直接经济损失4750万元(含企业损失)。抗洪工作共耗资300万元，完成土方5000立方米，耗用“三袋”3万只、木桩300根、铁丝200公斤、土工布200平方米、柴油40吨，用电500万千瓦时。

第四节　水利管理

一、机构

1995年，区水政监察大队建立。1996年，区运河堤防管理所建立。2002年市区区划调整，区运河堤防管理所划入广陵区。2008年，甘泉街道划入维扬区，全区新增6座省在编小(二)型水库，区山区水库管理所建立，负责全区水库管理、维修和养护。

二、水利设施管理

涵闸管理　1989年后，区内涵闸由所在乡镇水利站管理，负责日常维修、养护及管理，养护经费由区乡两级共同承担。所有涵闸由专人负责，汛期严格遵守涵闸管护及操作规程，确保涵闸运行安全。每年汛前、汛后由区农水局组织乡镇技术人员对涵闸实施专项检查，发现隐患及时采取加固措施。

水库管理　区内共有8座省在编小(二)型水库，小型水库安全管理实行三级责任人体系，由该水库所在地乡镇水利站为水库管理单位责任人，乡镇政府负责人为水库主管部门负责人，区级政府行政首长为政府责任人。

每座水库落实1名专职管护人员，签订水库管理责任书，明确管护员岗位职责。小型水库管护工作主要内容为坝体、坝基和坝区、输水涵洞及滚水坝巡视检查和维护。省水利厅从2007年开始拨付水库管理经费，每年每座水库5000元，专款专用。

堤坝管理　区内共有京杭大运河堤坝3.7千米，槐泗河9.8千米及蒿草河、新城河等市内主要河堤。堤防管理由区、乡镇(街道)两级共同负责。河道堤防实行巡回检查制度，大运河每半月巡查一次，槐泗河每月巡查一次，新城河等市内河堤每两月巡查一次。巡查主要内容：堤坝有无缺损、坍塌、松动，穿堤建筑物有无险情，河道堤防管理范围内有无违章建筑等。同时严格审批涉水项目，维护堤坝工程完好与安全。

河道管理　区内河道管理按属地管理原则进行，各乡镇水利站为河道管理单位，水利站建立健全常态化管护机制和网络，按照明确的管理范围承担境内河道日常管理任务，各乡镇水利站均明确河道管护人员。区政府每年拨付资金用于河道管理养护，河道管理纳入区“四位一体”(河道保洁、村庄、道路、绿化)考核，考核合格下达补助资金；每年编制工程维修经费预算计划，报批后实施。管护经费和工程维修经费专款专用。

水资源管理　维扬区是地下水限采区。1989年后，区农水局实行严格的水资源管理制度。严格控制开采地下水，加强用水计划管理，实行地下水“五个一”(一口井、一只表、一块牌、一本台账、一张照片)管理，做好取水许可年审工作。严格实施取水许可制度和水资源有偿使用制度，查处违法取用水行为。1995～2011年，全区共有地下采水井25口，发放取水许可证25本。

水利规费征收与管理　1989年后，区农水局征收水利规费，主要有水利工程水费、水资源费和河道堤防工程占用补偿费。1989～2011年，全区水利规费收入452.6万元，其中水利工程水费196.8万元，水资源费224.3万元，河道堤防工程占用补偿费31.5万元。水利规费纳入财政预算管理，实行专款专用，主要用于水利工程维修养护、加固更新。同时每年接受财政、审计、物价等部门监督管理。区农水局把规费征收工作纳入年度目标考核，与各乡镇水利站签订收缴工作责任状，实行收缴工作奖惩机制。

1989～2011年维扬区水利规费收入情况统计表

表8-6-4　　　　单位：万元

项目 年份	合　计	水利工程水费	水资源费	河道堤防工程占用费
1989	9.8	8.7	1.1	—
1990	10.3	9.5	0.8	—
1991	11.5	8.8	2.7	—
1992	11.3	10.2	1.1	—
1993	11.1	9.3	1.8	—

续表 8-6-4

年份 \ 项目	合计	水利工程水费	水资源费	河道堤防工程占用费
1994	10.5	8.7	1.8	—
1995	12.3	10.1	2.2	—
1996	21.8	10.0	1.8	10
1997	19.7	10.2	1.5	8
1998	11.4	9.5	1.9	—
1999	22.4	12.3	2.1	8
2000	14.7	9.7	2.0	3
2001	13.5	11.8	1.7	—
2002	15.7	12.9	2.3	0.5
2003	13.2	7.0	4.2	2
2004	13.8	6.5	7.3	—
2005	13.5	5.0	8.5	—
2006	38.0	6.5	31.5	—
2007	36.0	4.5	31.5	—
2008	38.8	7.3	31.5	—
2009	37.2	5.7	31.5	—
2010	37.6	6.1	31.5	—
2011	28.5	6.5	22.0	—
合计	452.6	196.8	224.3	31.5

水法宣传和查处 1989年起，每年“世界水日”(3月22日)和“中国水周”(3月22～28日)，区农水局围绕省、市宣传主题，利用施放气球、悬挂横幅、张贴宣传标语等形式宣传水法规知识。同时结合全区普法教育和市、区人大执法检查，学习宣传防洪法、水法、河道管理条例等法律法规。

1995～2011年，区农水局共查处涉水案件8件，其中河道堤防案6件、水资源案2件。

第九编

工　业

80年代,全区无全民所有制(也称国有)工业企业,工业所有制结构由乡村集体和私营个体经济成分组成,形成集体经济为主导、私营个体经济为补充的工业经济格局。1989年,全区工业企业2097家,其中区属集体企业46家、乡镇企业115家、村办企业296家、联户私营企业1640家。基本形成机械、电子电器、轻纺、工艺、化学、食品饲料、建材等20个门类工业体系。工业产品近40个大类350多个品种。当年,完成工业产值5.57亿元、销售5.17亿元、利税4222万元。1990年后,全区工业企业逐步转换经营机制,推行厂长承包责任制,改革劳动人事制度,企业经营自主权增加,促进全区工业发展。1995年,全区完成工业总产值48.72亿元、利税2.66亿元,分别比1989年增长7.75倍、5.3倍。1996年起,全区工业企业深化产权制度改革,推行股份合作制和股份制。1997年,进行第二轮改制,集体资本逐步退出(工业企业改革详见第六篇《改革开放》)。2001年,全区工业企业1211家,完成工业产值86.65亿元、销售80.81亿元、利税3.78亿元。2003年起,区委、区政府实施"工业强区"战略,推进招商引资和项目建设;调整经济结构,培育新兴产业;注重科技创新,发展规模经济;加快维扬经济开发区建设,园区工业企业支撑作用显现,全区工业呈现开放型跨越式发展态势。2006年,全区完成工业产值108.67亿元、销售10.29亿元、利税4.08亿元。2011年,全区完成工业产值257.2亿元、销售225.48亿元、利税13.94亿元,与2002年相比分别增长4.25倍和5.73倍,实现效益增幅好于产值增幅,全区工业经济运行质态走上良性发展轨道。

第一章　工业经济综述

第一节　工业规模

一、总量规模

1989年,全区工业企业2097家,实现产值5.57亿元、销售5.17亿元、利税4222万元。1992年,全区工业产值突破10亿元,达10.44亿元,销售9.6亿元,利税7143万元。其后,工业规模不断扩大,保持较快平衡发展。2000年,全区工业产值79.13亿元、利税3.72亿元。2002年,市区区划调整,湾头、汤汪、城东3乡镇划出;当年实现工业产值49.02亿元,比上年净减少37.63亿元;销售4.61亿元,比上年净减少3.47亿元;利税2.07亿元,比上年净减少1.71亿元。2006年,全区工业产值首次突破100亿元,达108.67亿元,实现销售10.29亿元、利税4.08亿元。2011年,全区实现工业产值257.2亿元、销售225.48亿元、利税13.94亿元,分别比1989年增长45.18倍、42.65倍和32.03倍。

1988～2011年维扬区工业主要经济指标一览表

表9-1-1　　单位:万元

年份＼项目	工业产值	销售额	利润	税金
1989	55653	51657	2329	1893
1990	64498	58333	2274	2118
1991	79505	70085	2669	2459
1992	104378	96091	3968	3175

续表 9-1-1

年份＼项目	工业产值	销售额	利　润	税　金
1993	211690	205918	8642	6589
1994	353850	295226	13077	8037
1995	487193	391022	15305	11306
1996	540130	463360	18361	12751
1997	594978	505933	18733	14386
1998	660987	583073	7722	15413
1999	731383	654114	7393	13224
2000	791330	720757	18450	18785
2001	866508	808076	16322	21521
2002	490178	460623	10718	10022
2003	590124	565560	13194	11752
2004	726044	692862	14976	14102
2005	917227	866788	17764	19213
2006	1086667	1029175	19325	21450
2007	1485520	1418113	36844	42683
2008	2238211	2102423	13813	54974
2009	2462219	2279226	63449	66683
2010	2964735	2744437	78777	80360
2011	2571983	2254835	75304	64132

二、行业规模

1989 年，西湖镇初步形成以工具、玩具、渔具和健身器具“四具”为主的特色产业，逐步带动全区工业产业结构优化。经过几年工业经济优化发展，全区行业规模初步显现，形成以轻纺、玩具、机电、渔具和健身器具、汽车配件、金属压延六大支柱行业。1995 年，全区第三次工业普查资料显示，乡及乡以上独立核算企业行业归类的轻纺、玩具、机电、渔具和健身器具、汽车配件、金属压延六大行业产值分别达 1.5 亿元、2.9 亿元、6.8 亿元、2.3 亿元、2.4 亿元、1.2 亿元，轻、重工业产值比为53.5∶46.5。2002年市区区划调整，全区年销售收入500万元以上规模工业企业产值比2001年下降34%，轻、重工业产值比为71.8∶28.2，轻纺、玩具、机电、渔具和健身器具、汽车配件、金属压延六大行业结构由2001年的8.8∶16.9∶39.8∶6.3∶13.5∶14.7转为35.1∶16.1∶19.6∶13.7∶8.8∶6.7。2003年后，区委、区政府实施“工业强区”战略，加快维扬经济开发区建设，科学运用园区资源，提高土地利用率，形成企业集群、产业集聚的规模经济效应。至2011年，全区工业产业结构逐步由劳动密集型转向技术密集型到资源集约化方向发展，轻重工业产业得到进一步优化，年销售收入2000万元以上工业企业轻、重工业产值比为41.5∶58.5。是年，全区规模以上工业主要门类25个，其中年产值超10亿元的行业有饮料制造业、纺织业、文体用品制造业、金属压延加工业、电气和机械设备制造业、通信设备及电子设备制造业等，形成以矿山机械、工程机械、纺织机械、建筑机械、环保机械等系列产品为主体的机械产业，以生物医药、节能环保、智能电网等系列产品为主体的新兴产业，以服装、纺织、玩具、健身器具等系列产品为主体的轻纺产业新格局，工业产业特色逐步显现，行业规模快速扩张，初步建成工业门类和行业布局较为齐全的现代工业体系。

2002 年、2011 年维扬区工业行业规模经济情况一览表

表 9-1-2　　　　单位:亿元

年份 项目	工业产值			主营业务收入			利税总额			资产总额		
	2002	2011	年均增长(%)	2002	2011	年均增长(%)	2002	2011	年均增长(%)	2002	2011	年均增长(%)
合　计	27.30	252.84	28.06	25.95	230.99	27.50	0.98	23.20	42.13	15.74	315.26	39.52
煤炭开采和洗选业	—	2.79	—	—	2.91	—	—	2.60	—	—	4.32	—
饮料制造业	—	32.34	—	—	23.22	—	—	2.09	—	—	157.79	—
纺织业	5.06	28.95	21.39	4.81	28.81	22.00	0.14	2.13	35.32	2.54	15.75	22.48
纺织服装、鞋、帽制造业	1.64	9.56	21.64	1.50	9.47	22.72	0.06	0.86	34.43	0.37	3.33	27.65
皮革、毛皮、羽(毛)绒制品业	1.71	4.96	12.56	1.69	4.90	12.56	0.05	0.61	32.04	0.48	1.57	14.07
家具制造业	0.27	1.38	19.87	0.13	1.49	31.13	0.02	0.07	14.93	0.39	1.58	16.82
造纸及纸制品业	—	1.35	—	—	1.35	—	—	0.20	—	—	0.73	—
印刷业和记录媒介的复制	—	2.18	—	—	1.85	—	—	0.25	—	—	1.17	—
文教体育用品制造业	7.76	14.79	7.43	7.34	14.56	7.91	0.21	1.17	21.03	2.85	4.95	6.33
化学原料及化学制品制造业	0.13	3.45	43.95	0.11	2.95	44.12	0.01	0.46	53.02	0.20	1.37	23.84
医药制造业	—	1.58	—	—	1.61	—	—	0.56	—	—	2.18	—
化学纤维制造业	—	0.67	—	—	0.68	—	—	0.04	—	—	0.15	—
塑料制品业	—	4.27	—	—	4.28	—	—	0.22	—	—	1.38	—
非金属矿物制品业	—	5.59	—	—	5.31	—	—	0.71	—	—	3.31	—
黑色金属冶炼及压延加工业	1.81	12.33	23.76	1.74	12.06	24.00	0.08	0.56	24.14	1.12	7.19	22.95
有色金属冶炼及压延加工业	—	6.53	—	—	6.30	—	—	0.25	—	—	1.93	—
金属制品业	0.29	2.50	27.04	0.26	2.39	27.95	0.01	0.16	36.08	0.18	1.09	22.15
通用设备制造业	0.20	13.34	59.47	0.17	13.06	61.99	—	0.80	—	0.09	8.60	65.97
专用设备制造业	0.15	5.14	48.10	0.14	4.42	46.75	0.01	0.07	24.14	0.17	5.01	45.63
交通运输设备制造业	2.46	5.33	8.97	2.39	4.98	8.50	0.19	0.44	9.78	2.19	2.16	−0.15
电气机械及器材制造业	—	35.48	—	—	29.92	—	—	2.03	—	—	23.73	—
通信设备及电子设备制造业	4.81	15.79	14.12	4.71	12.37	11.33	0.15	2.03	33.57	4.90	11.30	9.73
仪器仪表及文化、机械制造业	0.61	25.40	51.34	0.56	24.93	52.47	0.03	3.12	67.54	0.22	24.28	68.65
工艺品及其他制造业	0.40	3.56	27.49	0.40	3.48	27.17	0.02	0.45	41.33	0.04	3.47	64.20
电力、热力的生产和供应业	—	13.57	—	—	13.68	—	—	1.34	—	—	26.92	—

说明:2002 年数据为年销售收入 500 万元以上企业,2011 年数据为年销售收入 2000 万元以上企业

三、乡镇规模

1989 年,全区工业以乡镇工业为主,实现乡镇工业产值 5.35 亿元,占全区工业产值 96.05%。其中湾头镇实现工业产值 1.52 亿元(乡镇工业产值 1 亿元、组户工业产值 0.52 亿元),占全区乡村、组户工业产值 28.4%,名列全区第一,也是全市工业产值突破亿元的重点乡镇之一。1996 年,西湖镇工业产业结构进一步优化,工业规模迅速扩大,实现乡镇工业产值 9.6 亿元,比湾头镇高 1.9 亿元;乡镇工业资产 6.2 亿元,比名列第二的湾头镇高 3.5 亿元。2001 年,全区乡镇工业规模又发生变化,年工业产

品销售收入500万元以上工业企业数和工业产值排列前三的是西湖镇、平山乡、城北乡，年工业产品销售收入排列前三的是平山乡、西湖镇、城北乡。

2002年，市区区划调整，湾头镇、城东乡和汤汪乡划入广陵区。是年，全区工业产值49.02亿元，较上年86.65亿元下降43.43%；年销售收入500万元以上规模企业工业总产值27.3亿元，其中西湖镇8.9亿元、城北乡7.8亿元、双桥乡4.4亿元、平山乡4.3亿元、平山茶场1.8亿元、梅岭街道0.1亿元。

2003年，全区推进"工业强区"战略，加快工业园区建设步伐，乡镇工业退城进区。2006年，全区乡镇工业完成产值93.49亿元、利税3.59亿元，分别占全区工业产值和利税86.03%和87.99%。

2008年，甘泉街道从邗江区划入，全区乡镇工业经济规模进一步扩大。2010年，全区完成工业产值296.47亿元，其中维扬经济开发区67亿元，平山乡、西湖镇工业产值分别突破50亿元，城北乡、甘泉街道工业产值分别超30亿元。西湖镇、平山乡、城北乡、甘泉街道、维扬经济开发区工业利税总额过1亿元，其中维扬经济开发区4.32亿元，城北乡、平山乡、甘泉街道3个乡镇(街道)分别超两亿元。

至2011年，全区乡镇工业规模形成三个层次：第一梯队是维扬经济开发区，工业经济相对集中，且具一定规模；第二梯队是乡镇，以原乡镇办工业为主；第三梯队是街道企业。

2011年维扬区各乡镇(街道)及开发区2000万元以上规模工业企业主要经济指标一览表

表9-1-3

	维扬经济开发区	西湖镇	平山乡	城北乡	双桥街道	甘泉街道	梅岭街道
企 业（家）	34	40	24	23	3	20	8
产 值(亿元)	71.14	35.78	52.79	31.43	23.05	15.42	9.39
销 售(亿元)	55.69	35.20	51.50	30.98	19.98	15.25	8.47
利 税(亿元)	4.38	1.92	2.51	2.09	0.61	1.27	1.94

第二节 技术改造

1989年，为推进工业企业技术进步，提高技术创新水平，全区各工业企业逐步增加技术改造投入。是年，全区完成30万元以上工业技改项目54个，总投资1553万元，新增产值5101万元、利税506万元。逐步形成机械、轻纺、电器、汽车零配件等重点行业和十大重点产品，增添高新设备89台套，工业装备技术水平进一步提高。1992年，全区完成工业技改项目154个，总投资7974万元，新增产值3.32亿元、利税3960万元。1994年，全区完成工业技改项目117个，总投资2.75亿元，是1989年的17.73倍，主要项目以扩建厂房、更新设备为主，通过技术改造，全区工业企业技术装备水平和生产条件不断改善。1996年后，全区工业企业将技术改造与科技进步、技术创新紧密结合，并与国内外大企业进行技术合作。至2000年，全区共完成技改工业项目312个，累计投资19.8亿元。开发新产品162个，有68个新产品分别通过省级或国家鉴定。109个新产品批量生产，新产品销售率32%。2002年后，全区工业企业走产学研相结合之路，建立技术中心和科技信息网络，推进科技进步，启动技改项目建设和储备机制，确定以机电、纺织、生物医药等六大产业板块、1000万元以上项目为主体，形成一批梯形结构规模技改项目群。至2006年，全区共完成工业技改项目425个，累计投资64.87亿元，新增产值103.1亿元、利税3.66亿元；共开发新产品198个，有138个新产品投入批量生产，新产品产值率31.2%。2008年，全区完成工业技改项目42个，总投资27.78亿元。2010年，完成工业技改项目31个，总投资49.53亿元；亿元以上重点项目19个，总投资42.63亿元，其中荣镁汽车轮毂投资规模为全区之最，达10亿元。2011年，全区完成工业技改项目35个，总投资40.29亿元。其中亿元以上重点项目19个，总投资34.75亿元，比上年增长98.8%；10亿元以上项目3个，税友软件南方基地项目投入13亿元。

1989～2011年维扬区工业技术改造投资情况统计表

表9-1-4

年　份	投资额(万元)	比上年(%)	年　份	投资额(万元)	比上年(%)
1989	1553	—	2001	25230	25.1
1990	1690	8.8	2002	39730	57.5
1991	2064	22.1	2003	54203	31.4
1992	7974	286.3	2004	64780	18.9
1993	22498	182.1	2005	104299	61.0
1994	27530	22.4	2006	162380	55.7
1995	31560	14.6	2007	194183	19.6
1996	31320	-0.8	2008	277769	12.1
1997	15610	-50.2	2009	379316	36.6
1998	18320	17.4	2010	495330	30.6
1999	18010	-1.7	2011	402921	-18.7
2000	20170	12.0	合计	2398440	

第三节　工业结构

80年代，全区工业结构以“五小”工业(小农具、小五金、小纺织、小砖瓦、小食品加工)为主，没有形成产值过1000万元的产业。1989年后，通过治理整顿、深化改革、调整结构等一系列举措，全区工业开始改变广铺摊子、重复建设、粗放经营的发展思路，实施“改造、提高机电工业，配套、提升传统玩具工业，培植、壮大纺织服装工业，挂靠、开发汽车及配件业”战略，机电、纺织服装、休闲类产品、汽车及配件业取得较快发展。工业锅炉、电线电缆、钢管制造、化工机械、电动工具、线材轧制、管件铸造等机电产品成为主打产品。市第三布厂、扬州美迪制衣厂等纺织服装企业产值均超1亿元，成为纺织服装工业龙头企业。休闲类产品玩具、渔具、健身器具生产制造企业，利用港澳台资及外资壮大企业。传统毛绒玩具业初步形成一条“原辅材料—生产制造—包装配套—市场营销”相对完整的产业链。1994年，扬州乐凯玩具有限公司进入全省外资及港澳台资企业500强，获省创汇1000万美元金奖。挂靠扬州客车制造总厂、扬州柴油机厂配套生产汽车、柴油机零配件的产品有：城东乡客车座椅、柴油机配件加工，湾头镇缸套铸造，平山乡车灯、汽车铝型材和钢化挡风玻璃等。1993年，平山乡村办企业——市平山钣金厂与扬州客车制造总厂联合组建扬州客车制造总厂特种车辆厂，生产亚星牌双层卧铺客车和普通客车，并自主开发双排座农用汽车，1995年，成为省级亚星客车集团核心成员单位之一。是年，企业完成产值1.68亿元，排名全区第一。至1995年，全区形成机电、纺织服装、休闲用品、汽车及其配件业四大支柱产业。

1996年后，全区以结构调整为主线，推进技术创新，工业支柱产业和重点企业发展较快。重工业比重上升，轻、重工业比为45∶55，产业结构由“轻”转“重”。至2000年，全区工业累计投入10.34亿元，重点向支柱产业和超亿元的骨干企业倾斜，主要用于技术装备更新改造和新产品开发。规模亿元以上企业投资额8.5亿元，占82.5%。累计开发新产品162个，新产品产值率28%。培育优势重点产品：服装、棉布、管子铰扳、工业锅炉、家用电风扇、碟形弹簧、印刷机械、电线电缆、医疗器械、帘子布等56个。主要工业品产量达到：布3270万米、服装85万件、工业锅炉792蒸发量吨、电线电缆3.45万千米、电风扇90.1万台。

2001年，区委、区政府确立“工业第一方略”指导思想。是年7月，建立江阳工业园。园区建设加快，城区工业“退城进园”，逐步向工业园区集聚，推进工业化进程，加快支柱产业和重点企业发展。2003年，强势推进“双创”（工业技术创新、企业二次创业）、“三重”（重大项目、重点企业、重点产品）工作，产业组织形式明显变化。全区工业企业由星罗棋布转向工业园区集中，解决布局分散带来的土地浪费、环境污染、城镇化滞后、形不成规模经济等弊端；工业园区由集中办企业向集中做产业转变，汽车配件、玩具等产业形成完整的产业链，将相关企业集聚，增强企业产业关联，降低信息成本、产品开发成本和运输成本，工业逐步由粗放型向集约型转变，全区工业结构形成机械制造、电子信息、汽车配件、纺织服装、休闲用品、板材加工六大板块。2005年，全区工业实现产值91.72亿元、利税3.7亿元，其中支柱产业机械、电子和板材加工三大板块实现工业产值41.3亿元，占全区工业45.03%。

2006年后，全区各乡镇和维扬经济开发区注重引进高科技工业项目，推动工业结构优化，形成新特色。以新光源、新材料、智能电网和生物医药为代表的新兴产业迅速崛起，推动工业经济由量的扩张向质的提升转变，由高能耗、低产出向高效益、高科技型转变，由劳动密集型向集约化经营方向转变。全区工业结构形成“一主、一特、一新”三大产业。“一主”——高端装备制造业，“一特”——传统特色产业，“一新”——以新光源、新材料、智能电网和生物医药为代表的新兴产业。2010年，全区114家机电制造企业实现产值、销售收入、利润、税金数分别为108.7亿元、97.2亿元、2.7亿元和2.7亿元。主要产品有电缆、钢管、汽车配件、建筑机械、纺织机械、化工设备、装潢机械、电动工具和碟形弹簧等。重点企业有江苏江扬电缆有限公司、江苏通宇钢管集团有限公司、扬州宏福集团、扬州柳工建设机械有限公司、江苏牛牌纺织机械有限公司、扬州五亭桥缸套有限公司、江苏罗思韦尔电气有限公司、扬州金力电动工具有限公司和扬州核威碟形弹簧有限公司等。以食品、休闲用品、纺织品为主体的轻纺产业，实现产值、销售收入、利润、税金数分别为84.4亿元、76亿元、2.56亿元和2.4亿元，重点企业有扬州顶津食品有限公司、江苏阿珂姆野营用品有限公司、扬州鑫源旅游用品有限公司、扬州国联制衣有限公司、江苏美迪制衣集团有限公司、扬州久扬渔具有限公司和扬州雅伦玩具有限公司等。其中扬州顶津食品有限公司实现产值32.34亿元，名列全区工业企业之首。以太阳能光伏、生物医药、节能环保和智能电网等为代表的“四新”产业实现产值30亿元，重点企业有江苏中显集团有限公司、扬州扬杰电子科技有限公司、扬州日利达有限公司、扬州优邦生物制药有限公司和扬州维普生物科技有限公司等。

2011年，全区工业在调好、调新、调优产业结构的同时，注重企业科技创新、节能环保和“两化融合”等工作提升，增强企业核心竞争力。全区工业产值从2006年的108.67亿元增加到2011年的257.2亿元，年均增长16.6%。

2010年维扬区500万元以上规模工业企业主要经济指标一览表

表9-1-5

产业分类	企业（家）	产值（亿元）	销售（亿元）	利润（亿元）	税金（亿元）
机电制造业	114	108.67	97.24	2.66	2.73
轻纺业	93	84.44	76.08	2.56	2.40
“四新”产业	25	20.30	17.83	0.78	0.74
合计	232	213.41	191.15	6.00	5.87

第四节 工业管理

一、管理机构

1989年，全区工业综合管理部门为区计划经济委员会，内设人事科、生产科、企管科和统计科。区工业局(副科级)、区技术改造办公室、区工业三电(计划用电、节约用电、安全用电)办公室设在区计经委内,合署办公。是年,全区区属工业企业46家,分别由区计经委、区文教局、区供销社、区农业局和平山茶场等部门负责管理;乡镇企业115家,村办和联产个体工业企业1936家,业务主管为区工业局,行政主管为各乡镇,各乡镇设乡镇工业公司。1997年,区工业局更名为区乡镇企业管理局,乡镇工业公司更名为乡镇企业管理站(简称企管站)。2003年,区属企业陆续进行改制或歇业,各主办部门不再承担管理职责。2005年,区计经委更名为区发展改革和经济贸易委员会,继续行使工业综合管理职能。是年,区乡镇企业管理局更名为区中小企业局。2010年,区发展改革和经济贸易委员会更名为区发展改革和经济信息化委员会。2011年,全区有工业企业1463家,其企业管理职能由维扬经济开发区和各乡镇负责,区发展改革和经济信息化委员会负责综合管理。

二、目标管理

1989年,区政府对区属工业企业和乡镇企业实施目标管理考核。年初,依据上级下达的工业计划指标,按工业总产值、产品销售收入、利税总额和技改投入与上年实绩同比递增进行分解落实,对区属工业企业和各乡镇分别提出指导性计划目标,年终进行考核。考核计分办法为工业总产值、工业产品销售收入、利税总额完成各项指标的得基本分10分,超减按比例计分,每增减10%增减0.5分,最高增减限分5分。附加分:对工业统计报表、引进外资和内资、技术改造财务完成实绩酌情加分。倒扣分:对企业安全生产,发生伤亡、火灾事故,发生环境污染及职业病等按比例倒扣分。2001年,全区工业企业目标管理在原考核指标基础上增加规模以上工业企业计划目标管理,主要内容为绝对量、增长率、财政贡献,月度、季度、年度考核的结果作为评比先进和落实乡镇综合奖考核政策、工业奖励的重要参考依据。2003年,工业经济目标管理将"双创"(工业科技创新、企业二次创业)、"三重"(重要产业、重点企业、重大项目)工作各项指标纳入考核体系。2010年,全区工业经济目标管理又在原有目标管理考核基础上增加产品质量管理、工业开票销售收入、工业用电量、工业入库税收和引进设备抵扣税等目标管理考核指标。

三、企业管理

1989年初,区政府印发《关于加强工业管理工作意见》,提出把强化企业管理作为贯彻执行国家治理整顿方针、克服困难渡过难关的一项重点工作,引导企业眼睛向内,开展"双增双节"活动,促进生产稳步发展。1990年,全区工业企业开展"管理年"活动,掀起"学常柴、学省内行业排头兵,深入开展双增双节活动"的热潮。年末,有5家企业升级,其中1家企业通过省先进企业评比验收,两家企业通过市先进企业评比验收。1992年,全区开展"质量、品种、效益年"活动,要求达到6个目标:产品质量达历史最好水平,产成品占用资金恢复正常水平,优质品率进一步提高,品种适销对路,经济效益要有较大改善,各项费用支出、物质消耗比上年下降,同时要求经营性亏损得到扭转。是年,全区工业产品获部优质产品2个、省优质产品8个、市优质产品5个,优质产品率11.8%,产品质量稳定提高率84.5%。

1994年,全区加强对企业管理工作的推进和引导,主要着力点是改革、改组、改造和加强管理互动,提高经济效益。1995年,开展以"眼睛向内、深化改革、强化管理、增进效益"为主题、以"一促三压一提高"(促销,压库、压缩三项资金、压缩亏损,提高效益)为中心的"双增双节"活动。1997年,开展"转机制、抓管理、练内功、增效益"活动。1999年,重点开展"三改一加强"(改革、改组、改造,加强企业管理)活动。2001年,全区推进以比价采购为重点的降本增效工作,使强化企业管理基础与推行企务公开结合起来。2002年,在全区规模以上工业企业推行扬农集团战备管理、群发化工计算机集成制造管理、仪征双环精益生产方式和市自来水公司企务公开管理创新示范模式,推动全区工业企业管理创新。2003年后,企业产权制度改革逐步到位,强化企业管理成为企业自身要求。随着政府职能转变,管理行为逐步转移到宏观监控、市场准入、政策引导、市场规范等方面,全区工业主管部门不再开展统一的企业管理推进活动。

第二章 行业门类

第一节 机械制造业

一、汽车及零配件业

1989年，平山乡平山村村办企业——市平山钣金厂挂靠扬州客车制造总厂，专业从事亚星牌663客车外壳生产。1993年6月，与扬州客车制造总厂实行紧密型联合，共同出资1300万元，组建扬州客车制造总厂特种车辆厂，生产“亚星”牌双层卧铺客车和普通客车。是年，实现产值5368万元。1994年，投入670万元，开发生产“金牛”牌2310双排座、单排座农用运输车及12座农用客车和小型邮政车等新产品，当年实现产值1.2亿元。1995年，成为省级亚星客车集团核心成员单位之一。是年，完成产值1.68亿元。2003年，亚星客车集团改制，维扬区不再生产汽车。

1986年，市城东钣金厂生产汽车座椅，市沙联钢套厂生产铸铁钢套，市文峰机械厂配套金加工生产，市唐城车灯厂生产车灯，其产品均为扬州客车制造总厂“亚星”牌双层客车配套服务。1996年，汽车零部件生产企业不仅为扬州客车制造总厂一家配套服务，还面向市场开发产品，新增汽车配件产品有：市堡城汽车装饰配件厂生产铝件汽车装饰条、前后挡风钢化玻璃。2003年，区内部分工业企业退城进园，生产汽车零配件企业增加，主要有：扬州统一机械厂生产汽车支架、扬州通宇散热器有限公司生产散热器、扬州丽华汽车内饰件有限公司生产汽车内装饰制品等。2004年，汽配业向高档零部件配套生产方向发展。先后引进市恒超汽配有限公司、市劲风汽车设备有限公司、扬州弗莱克斯汽车系统有限公司、江苏罗思韦尔电气有限公司等汽车配件生产厂家。2010年，维扬经济开发区建立汽车电子及零部件产业园，吸引扬州嘉捷特种车辆有限公司、江苏荣镁轮毂有限公司、梅塞德斯—奔驰（扬州）零部件配送中心等20多家汽车产业关联配套项目落户产业园内。2011年，全区有汽车零部件生产企业26家，实现工业产值25.77亿元、销售收入24亿元、利税6.19亿元。

二、电缆和电力设备制造业

1989年，全区电缆制造企业有3家：湾头镇镇办企业市电缆厂、市塑料电线厂和双桥乡双桥村村办企业市江阳电缆厂。主要产品有民用塑料电线、灯头花线和橡塑电缆等，年产量8500千米。2002年，市区区划调整，湾头镇两家镇办企业划归广陵区管辖。1997年，市江阳电缆厂更名为江苏江扬电缆有限公司，企业生产产品增加核电站用电缆、电力电缆等12个。2002年后两次扩建搬迁，企业生产能力扩大到年产80万千米。2004年，维扬区新增扬州江源仪表电缆制造有限公司、江苏奥尼特电缆有限公司两家。2011年，全区电缆制造企业产量100万千米以上，实现工业产值31.2亿元。其中江扬电缆有限公司产量100万千米，产值22.15亿元，居全区机械制造业之首。

2003年创建的江苏中凌高科技有限公司，致力于电力电子技术和计算机控制技术相关产品研发、生产。其主要产品有智能高频开关电力直流电源系统、一体化（智能）电源系统、智能高频开关通信电源系统、智能高频开关通信高压直流电源系统、动力及环境监控系统、电力专用UPS绝缘监测仪、电池巡检仪、开关磁阻、永磁交流同步、直流无刷和直流有刷电机控制系统、矩阵变换器、工业PLC控制系统等。生产的大容量电源产品在长江三峡工程、金沙江水电站、国内1000兆瓦及多座600兆瓦发电厂、750千瓦及多个500千瓦电站等国家重点电力工程上长期可靠运行。中小容量电源及动力环境监护产品在全国500多个县市的数千座变电站及京九、武九、太中银等多条高速电气化铁路上可靠运行。

企业涉及电力、通信、铁路、石化、石油、煤矿和冶金等多个领域，产品远销东南亚、蒙古和土耳其等10多个国家和地区。

三、钢管制造业

图9-2-1 扬州亚联钢管有限公司生产现场

钢管制造业于1990年由平山茶场场办企业市化工管道设备公司起步。1993年，该公司投入350万元，实施交频焊管、螺旋焊管项目，实现卷管焊接检测全部自动化。1994年，更名为市钢管总厂。1998年，实现产值1.1亿元、销售1.03亿元，产销首破亿元关。1999年，投资500万元，新上双面螺旋焊接钢管生产线。2000年，投入1380万元，实施防腐工程项目。2002年，企业完成产权制度改革，成为民营性质的公司制企业，更名为江苏通宇钢管集团有限公司。主要产品有螺旋埋弧焊管、直缝埋弧焊管、保温管、不锈钢管、防腐钢管、压力容器及钢结构产品。年生产能力50万吨各类钢管，产品广泛用于石油天然气输送、城市供水供热、港口码头、桥梁、大型钢结构、化工设备等大型工程项目建设。2011年，江苏通宇钢管集团有限公司产销突破10亿元，实现产值12.3亿元。

四、设备制造业

1989年，全区500万元以上规模设备制造企业共有11家，其主要产品有工业锅炉、拖拉机和内燃机配件、印刷机械、电力线路金具、管件铸造及铁制农具等，实现工业产值1.8亿元。2002年，全区500万元以上规模设备制造业企业有19家。新增电动工具、水工机械、食品机械、肉类机械、碟型弹簧、不锈钢件铸造、电器开关柜、压力容器制造等产品，规模工业企业实现产值2.97亿元。2005年，全区500万元以上规模设备制造业企业24家，新增数控机床、化工机械、制冷设备、机床配件、汽车支架等机械类产品，规模工业企业实现产值6.5亿元。2011年，全区2000万元以上规模设备制造企业25家，新增纺织机械、建筑机械、建材机械、水利机械、医疗机械、冶金机电设备、电力控制设备、自动化设备及矿山成套设备等机械设备制造类产品，规模工业企业实现产值20.5亿元。

第二节　轻纺工业

一、纺织业

纺织业在全区工业经济中起步较早。1969年5月，区内出现小作坊式棉织厂。1988年，市第三布厂年产坯布1100万米，产值2450万元。1989年起，该企业年均投入1000万元以上开发新项目。2002年，企业改制民营后，组建唐城集团，含市第三布厂和市恒诚织布有限公司，成为全区纺织业排头兵。2011年，实现产值9.7亿元。1995年5月，西湖镇为延伸毛绒玩具产业链，由扬州乐凯玩具有限公司与台湾富钰有限公司共同出资750万元兴办扬州富钰纺织实业有限公司，专业生产毛绒玩具面料。

2002年，全区500万元以上纺织企业4家，实现产值5.1亿元。其中市第三布厂实现产值3.78亿元，名列全区第一位，扬州富钰纺织实业有限公司实现产值9025万元。2005年，市华信织带有限公司和扬州如泰毛绒有限公司等企业产值超1000万元。2011年，全区有纺织企业8家，其中超2000万元以上规模纺织企业6家，实现工业产值24.39亿元，比2002年增长3.8倍。

二、服装业

区服装业从家庭个体户到联户加工起步。1989年，全区乡镇场均有规模不等的服装企业。其中规模较大的有湾头镇办市第四服装厂、双桥乡办市五泉制衣厂、城北乡办市嘉富服装厂和平山茶场办市美德制衣厂等。缝纫设备以家用缝纫机为主，有少量电动工业缝纫机。全区21家服装生产企业年产值1650万元。

1995年，平山乡组建江苏美迪制衣集团有限公司。该企业具备进出口经营权，以生产、销售服装、鞋帽为主。2000年，新增纺织品生产，主要产品有长毛绒面料及纺织用品。服装、鞋帽产品60%以上销往韩国。2011年，实现产值11.3亿元。

2000年，中外合资扬州国联制衣有限公司成立，企业拥有固定资产8000万元，设备有交速平缝机、双针机、三线色缝机、五线色缝机、黏合机、开袋机、圆头锁眉机、套结机、打扣机、掀扣机和全蒸汽整烫、检针机等，60%设备从意大利等欧盟国家进口。产品有各类全棉、化纤、PC/PVC面料和休闲服、夹克、风衣、羽绒服、斜织条粒绒服装、休闲裤、长短裤等。该公司拥有82条生产线，年生产能力400万件/套，成为省外贸服装出口中型企业。2011年，实现产值3.12亿元。

三、休闲用品业

以玩具、渔具和户外用品为主的休闲用品制造业，是全区工业传统特色行业。

渔具生产始于1991年，由台商卢汉吉到西湖镇投资，成立合资企业扬州久扬渔具有限公司，注册资本1030万美元，专业生产渔线轮、碳素鱼竿。1995年，创建“久扬”品牌，年产高、中、低档各种渔线轮500万只、中高档碳素鱼竿200多万支。1996年，产品被国家技术监督局授予“钓具真品”“合格产品”称号。2001年，久扬牌纺车式渔线轮被评为省乡镇企业名牌产品，“久扬渔轮”获省钓鱼协会颁发的“钓友信得过产品”称号。此后，卢汉吉在西湖镇先后又投资兴建久美、久华、久鑫、久盛4家渔具有限公司。2001年，成立扬州久久塑业有限公司，生产渔具绞轮和中、高档鱼竿，实现由劳动密集型向技术密集型转变。2011年，扬州久扬渔具有限公司实现产值1.76亿元。

户外用品生产始于1991年。是年，西湖镇建立扬州华德旅游运动用品有限公司，从事旅游用品和运动用品生产。其主要产品有旅游帐篷、救灾帐篷、军用帐篷，羽绒服装、户外防雨透气休闲服装，各式登山背包、旅行及休闲背包、部队装备包，杜邦棉睡袋、羽绒睡袋及中空棉睡袋等旅游用品。2008年，甘泉街道划入维扬区，江苏阿珂姆野营用品有限公司成为全区规模最大的户外用品生产企业。公司创立的阿珂姆(ACOME)品牌“兰特”获得“省著名商标”和“国家免检产品”证书。2008年5月，汶川发生特大地震，急需防震帐篷安置灾民，公司立即组织力量，日夜加班生产，将12万顶帐篷及时发往汶川地震灾区，公司董事长李宏来受到时任中共中央总书记胡锦涛接见。公司被授予“省抗震救灾英雄集体”，董事长李宏来获评市年度“十大经济新闻人物”，入选“扬州市十大新人新事”。

四、食品工业

1989年，区内食品工业企业有市美味酱品厂、市新型食品厂、市文峰食品厂及小型炒货厂、咸货加工厂等12家。其中市美味酱品厂和市新型食品厂规模较大。主要产品有酱油、酱菜制品(卤黄瓜、萝卜头、什锦菜等)、腌制品(咸菜、咸货等)及糖果、糕点和炒货等。是年，全区食品工业实现产值739万元。2002年市区区划调整，上述食品企业均划入广陵区。

图9-2-2 扬州顶津食品有限公司

2005年，维扬经济开发区引进杭州顶津食品有限公司与开曼群岛康师傅饮品控股公司合资经营的“康师傅”饮品项目。2006年5月，扬州顶津食品有限公司成立，总投资8500万美元，注册资本2850万美元，利用外资及港澳台资1425万美元。公司拥有13条高速无菌罐装生产线，日产各类饮品65万箱。主要产品有“康师傅”系列茶饮料(冰红/绿茶、劲凉冰红/绿茶、蜂蜜绿茶、茉莉清茶、大麦香茶等)、果汁饮料、咖啡饮料及鲜の每日C等。2008年投产后，业务逐年拓展，销售额屡创新高。2011年，实现工业总产值32.34亿元，是全区销售额最大企业，亦为华东地区最大的饮料公司。

2008年，扬州同仁食品有限公司随甘泉街道划入维扬区，2009年工业产值1720万元。2011年，全区有规模食品工业企业两家，实现工业产值32.57亿元、利税4.86亿元。

第三节 生物医药业

1990年，双桥乡裴庄村村办企业市曙光保健品厂与北京中医药大学教授王琦合作，攻克男性不育课题。企业先后累计投入1500万元，按新建药厂规范要求，于1995年研发出王氏生精胶囊。该胶囊具有激活精子功能，治疗少精、死精男性不育症，并能提高精子质量，对优生优育、提高人口素质带来良好社会效应。1992年4月，该企业随裴庄村划入扬州经济技术开发区管辖。2004年，扬州优邦生物制药有限公司和扬州艾迪生物科技有限公司在江阳工业园投资兴建，主要产品分别为猪高致病性蓝耳病疫苗和乌司他丁、高纯度白蛋白等。扬州优邦生物制药有限公司，是首批通过农业部GMP认证并重点生产蓝耳病疫苗的企业，产量多年居全国首位。“友邦”商标被认定为省著名商标。公司研发中心被认定为省级工程技术研究中心。2011年，公司投资1亿元，扩建胚胎灭活苗、胚胎活疫苗、细胞灭活苗、细菌灭活苗4条生产线和配套动物房，成为国内一流畜禽疫苗生产企业。公司被省科技厅评为省第一批农业科技型企业和省第三批创新企业。活性蛋白在线吸附技术与乌司他丁、白蛋白联产工艺研发及产业化，是扬州艾迪生物科技有限公司的科研成果。公司采用独创的新工艺，利用新材料吸附剂，吸附人尿中的有效蛋白，加以纯化提取人尿蛋白。乌司他丁是用于治疗急性胰腺炎和急性循环衰竭的抢救药。高纯度白蛋白用于医疗试剂制作、细胞培养和赋形剂等，获国家发明专利。该企业除成功攻克人尿蛋白大规模提取和纯化的国际性技术难题外，还对动物脏器和植物原料有效成分进行开发、生产、销售。2011年，企业实现产值1.1亿元。

图9-2-3 扬州优邦生物制药有限公司生产车间

第四节 节能环保业

1997年，集产学研相结合、科工贸一体化的太阳能热利用企业——扬州日利达有限公司在城北乡建立。企业下设太阳能光热科技、太阳能光伏科技和环保电动车3个产业部，并形成产业化生产。太阳能光热产业部年生产能力40万台套太阳能热水器，产品畅销国内31个省(市、区)，并于2005年在西班牙成立分公司。2008年2月，企业参与制定太阳能热水器能效行业标准，首家提出将太阳能吸热向保热方向提升。日利达牌太阳能热水器具有吸热强、导热好、保温久三项均衡特点，使热水供应更有保证。2009 年，开发大型中央热水工程，为部队、机关、学校、医院、宾馆和中高档居民小区用户施工安装，提供不消耗常规能源的热水。2011 年，公司实现产值 1.35 亿元。

2004 年 11 月，江苏中显机械有限公司在维扬经济开发区落户。2009 年，企业更名为江苏中显集团有限公司。公司专业从事煤气脱硫过程废气、废渣、废液“三废”治理，节能环保成套设备供应、工程服务、运营管理服务、尖端适合技术孵化与产业化推广，以及机电电仪设备、液压设备、水利机械和半导体材料生产和研发，为国家级高新技术企业。公司建有省企业院士工作站，有博士 3 人、研究员 2 人、享受国务院政府特殊津贴人员 2 人。2005 年，自行研制 2 英寸砷化镓晶棒。2006 年，生产砷化镓晶棒 350 公斤，经中电集团四十四所检测，主要技术性能指标均达到设计要求。2010 年，研究开发煤气脱硫技术和工艺项目取得成效。中显脱硫处理后排放的硫化氢含量可控在不高于 5 毫克/立方米，远低于国家硫化氢污染物排放限额（H_2S 含量应≤200 毫克/立方米）。该类技术取得专利 7 件。是年 9 月，以英国欧鲁克超重力脱硫技术原理为基础，研发符合国内要求又具有公司独特技术特点的旋流双超重力脱硫技术，完成 4 台样机制作，并在江苏油田、安庆石化厂和山西美锦能源有限公司试运行。2011 年，公司实现产值 10.5 亿元。

扬州建业庆松集团有限公司于 2010 年建立省硫资源利用成套装备工程技术研究中心，在硫黄和焦化工程环保节能方面取得新业绩。2011 年，公司实现销售收入 6 亿元。

第五节　企业选介

江苏江扬电缆有限公司　1989 年始建于双桥乡双桥村，1993 年迁至郊区经济技术建设区，2005 年公司再次扩建，迁至维扬经济开发区。公司从年产电缆 0.5 万千米起步，2011 年，年电缆综合生产能力达 100 万千米。主要产品有：35 千伏及以下各类电力电缆、控制电缆、计算机电缆、硅橡胶电缆、耐高温电缆、阻燃电缆、耐火电缆、架空绝缘线、通信电缆、船用电缆、核电站用电缆以及布电线等产品，广泛应用于电力、电信、石油、石化、冶金、建材、铁路、造船、国防等行业和部门。公司拥有各类生产、检测设备 600 多台（套），参与农村电网和国家智能电网改造。先后为刘家峡水电站、金陵石化、润扬大桥、天津电力、西昌卫星发射中心、仪征化纤、中原油田、中国铝业集团、北京地铁、安徽海螺集团等国家重点工程服务。企业通过 ISO 9002 质量管理体系、ISO 14001 环境管理体系认证。2004 年，按照《核电厂质量保证安全规定》要求，建立《核级电缆制造质量保证大纲》。是年，以该公司为核心组建江苏江扬投资集团，设有电力电缆、通信电缆、铜材、电线、预分支电缆、电缆料、房地产开发等多个子公司，坚持“一业为主、多业并举”的发展格局。2006 年，产品获得“国家免检产品”称号。“江扬”商标被认定为省著名商标，“江扬”牌产品被认定为省名牌产品。是年，核电站用电缆产品被科技部列为国家重点新产品项目。2007 年初，公司组建市核电缆工程技术研究中心。2008 年起，公司拓展国际市场，产品远销东南亚、中东、北美地区。2011 年，实现产值 22.15 亿元，成为全市工业企业销售 30 强、省内民营科技百强企业和中国机械工业 500 强企业。

图 9-2-4　2008 年 1 月 18 日，江苏新江扬电缆有限公司开工

扬州亚联钢管有限公司　2008年2月建于维扬经济开发区,由江苏通宇钢管集团有限公司与加拿大亚联钢铁有限公司共同投资9800万美元兴建。公司注册资本3800万美元,协议外资金额3230万美元,外商出资比例85%。主要从事直缝埋弧焊钢管生产销售和防腐配套服务,年生产能力20万吨。亚联JCOE生产线实现全线自动化生产,生产过程采用SCADA系统进行数据采集和监视控制,企业生产管理实现一体化和实时化。2008年,公司在加拿大多伦多成功上市,是全市第一家境外上市企业。2011年,公司实现销售收入1.82亿元、利税724万元。

扬州市第三布厂　位于市北郊扬菱路(瘦西湖路),始建于1969年5月,是国家中型棉布生产企业,占地9.7公顷,建筑面积4.6万平方米,职工1970人,其中专业技术人员180多人,拥有固定资产5亿元,生产设备1980台(套),主要有国际先进的日本丰田和意大利舒美特喷水剑杆织机,产品有各种纯棉、洗涤布、弹力布、帆布、灯芯条纹及提线布等120多种,年产量7000万米,60%以上产品销售20多个国家和地区,产品质量居于市内同行业先进水平。1997年开始,连续6年获省"文明单位"称号,连续10年获市"重合同、守信用"企业称号。1999年通过ISO 9002质量管理体系认证,同年获得自营进出口权,2001年起连续4年获资信等级AAA级。2003年步入市工业销售30强企业行列。2011年,实现产值9.7亿元、利税1.5亿元。

第三章　毛绒玩具产业

第一节　概　况

扬州玩具生产历史悠久,门类繁多。解放前后,民间有骨、木、竹、泥、布、纸等门类玩具制作。至解放初期,品种多达数百种,其中布制玩具以娃娃、老虎等为多。民间玩具手工制作、工艺简单、纯朴粗放,且大多为就地取材,物美价廉,深受儿童喜爱。

区内毛绒玩具产业,集中在西湖、平山和城北3个乡镇。这里为丘陵地带,农业生产以种粮为主。农闲时间较长,剩余妇女劳力多,为发展玩具业提供充裕的劳力资源。在改革开放政策指引下,全区大力发展社队工业。1981年,西湖公社创办西湖玩具厂,职工250多人,年产值5万元。1983年郊区建立时,全区有玩具企业36家。1984年后,西湖乡把发展玩具产业列为工作重点,乡、村、组、户、联"五轮齐转",兴办玩具企业;多口岸、多方位、多层次、多形式横向联合发展,壮大玩具企业;培养、引进人才,制定优惠政策,扶持玩具企业。1985年,从西湖、杨庙、杨寿3个乡联合兴办的原邗江友谊玩具厂划出,成立扬州沪扬西湖玩具厂。1986年,该厂与省轻工进出口公司组建工贸合营扬州西湖玩具总厂,当年实现产值1687万元。1988年,省轻工进出口公司引入香港钟山有限公司和西湖玩具厂合资经营,建立扬州乐凯玩具有限公司。1989年,全区有毛绒玩具企业95家,从业人员9000人,实现产值11亿元。1997年,由于国际市场变化和内部管理未能适应规模扩张等因素,扬州乐凯玩具有限公司解体。公司解体后,中高层人才纷纷引领职工先后成立嘉瑞琪、雅伦、利达、磁扬、捷达、万坤、杰越、宏盛等玩具企业。进入21世纪,上述多数企业产值达亿元。至2011年,全区玩具企业增加到近1000家,其中年产值500万元以上规模企业257家,从业人员2.3万人,实现年产值37.5亿元(含五亭龙国际玩具礼品城营业额)。

全区引进外资及港澳台资兴办毛绒玩具合资企业,从扬州乐凯玩具有限公司起步。1992年,该企业拥有职工4680人,实现产值1.54亿元、利税1102万元,成为扬州玩具业的领军企业,进入市重点企业行列。至2011年,全区累计兴建合资玩具企业30家,投资总额3547万美元,合同利用外资及港澳台资2058万美元。

1989～2011 年维扬区毛绒玩具业外商及港澳台商投资企业情况一览表

表 9-3-1　　单位：万美元

序号	企业名称	建立年份	外商及港澳台商名称	总投资	合同利用外资及港澳台资	2011 年状况	
						运营	歇业
1	扬州乐凯玩具有限公司	1988	香港钟山有限公司	80	20.00		√
2	扬州雅伦玩具有限公司	1991	香港雅伦洋行公司	60	22.00	√	
3	扬州四达礼品有限公司	1992	香港嘉伟环球有限公司	90	19.50		√
4	扬州磁扬工艺品有限公司	1992	香港磁艺公司	12	3.00	√	
5	扬州利达机动玩具有限公司	1993	德国苏利进出口贸易公司	74	25.00	√	
6	扬州兴裕工艺品有限公司	1993	香港兴裕工艺品公司	90	58.50	√	
7	扬州得利玩具有限公司	1994	香港得利有限公司	42	16.95	√	
8	扬州富钰纺织实业有限公司	1995	台湾富钰有限公司	750	483.00		√
9	扬州加富工艺品有限公司	1998	台湾马培选	10	10.00		√
10	扬州嘉联玩具有限公司	1999	香港嘉诚企业有限公司	15	4.99	√	
11	扬州海星玩具有限公司	2000	美国大伟国际企业有限公司	25	5.00	√	
12	扬州江阳玩具有限公司	2001	捷克袁莉	13	4.50	√	
13	扬州嘉瑞琪工艺品有限公司	2001	香港乐怡玩具制品有限公司	140	40.00	√	
14	扬州西丽工艺品有限公司	2001	韩国 DCN 公司	10	2.00	√	
15	扬州宏宇玩具有限公司	2001	智利世界玩具进出口有限公司	10	8.00	√	
16	扬州希芭玩具有限公司	2002	韩国希芭玩具有限公司	140	70.00	√	
17	扬州杰越玩具有限公司	2002	美国 Donald. John－Son 公司	20	5.00		√
18	扬州宏捷玩具有限公司	2003	香港虞永菁	150	36.00		√
19	扬州美迪化纤有限公司	2003	美国 Joao Gang	260	100.00	√	
20	扬州溢鑫源玩具制品有限公司	2003	香港乐怡玩具制品有限公司	400	205.00	√	
21	扬州钟美玩具有限公司	2003	美国 LINDA QIAN LI	200	150.00	√	
22	扬州诚意玩具有限公司	2004	台湾陈国钲	28	20.00	√	
23	扬州中奇玩具有限公司	2004	香港中奇企业公司	12	12.00	√	
24	扬州苏纳玩具工艺品制造公司	2004	韩国朴正一	8	6.10	√	
25	扬州润嘉工艺品有限公司	2004	ROAR KAMU USE MENT ANDVENDING 有限公司	200	98.00	√	
26	扬州美度工艺礼品有限公司	2005	澳大利亚林若勤	80	60.00	√	
27	扬州格林维欧工艺品有限公司	2005	美国 Greenview Products Corp	8	3.00	√	
28	扬州顺通工艺品有限公司	2007	韩国 DCN 有限公司	10	8.00	√	
29	扬州喜之特玩具礼品公司	2008	香港喜特实业有限公司	60	12.50	√	
30	扬州柏利玩具有限公司	2009	美国 REVBEN RAMON PERA-ZA	550	550.00	√	

第二节　玩具生产

一、生产规模

毛绒玩具业是维扬区传统产业。80年代初期，西湖乡将零星制作毛绒玩具加工网点集聚组建起小型玩具厂。1984年，全区毛绒玩具生产企业36家，从业人员2100人，产值687万元。其中乡办玩具企业6家，产值465万元。1986年，成立第一家工贸合营玩具企业——扬州西湖玩具总厂。是年，该企业实现产值1687万元，是区内最大的玩具企业。

1989年，全区毛绒玩具生产企业发展到95家，较建区初期增加59家，产值上升到11亿元。1992年，扬州乐凯玩具有限公司实现产值1.54亿元，是全区产值首超亿元的重点企业，成为全省同行业排头兵。

1995年后，在“改革、开放、搞活”方针指引下，区政府把玩具制造业作为重点产业培育发展。至2001年，汤汪乡扬州汤汪玩具厂、城北乡扬州海星玩具有限公司、平山乡市郊区嘉奇玩具厂等一批重点企业兴起，西湖镇扬州雅伦玩具有限公司、扬州利达机动玩具有限公司、扬州磁扬工艺品有限公司、市捷达玩具厂等玩具骨干企业初具规模。是年，全区玩具行业实现产值15.1亿元，其中16家500万元以上规模企业实现产值4.76亿元。扬州汤汪玩具厂产值9936万元，列全区同行业之首。

至2011年，全区年产值500万元以上玩具生产企业257家，比1989年增加162家；实现产值37.5亿元，较1989年增长2.41倍。25家500万元以上规模企业实现产值10.6亿元。其中产值超亿元企业2家，产值5000万～1亿元企业7家。扬州雅伦玩具有限公司年产值1.5亿元，是全区玩具行业产能最高的生产企业。

2001年郊区毛绒玩具业500万元以上规模企业主要经济指标一览表

表9-3-2

企业名称	职工人数(人)	产值(万元)	销售收入(万元)	利税(万元)
扬州雅伦玩具有限公司	470	6262	5540	72
扬州市捷达玩具厂	405	5270	5092	60
郊区万坤工艺品厂	197	1792	1595	21
扬州宏盛工艺品厂	120	2462	2172	28
扬州利达机动玩具有限公司	400	4000	3924	44
扬州日达礼品有限公司	150	3510	3373	40
扬州磁扬工艺品有限公司	467	515	473	8
郊区中苏玩具厂	40	515	473	8
扬州诚意玩具有限公司	112	2705	2570	32
扬州琼友盛达礼品厂	50	1843	1657	28
扬州加富工艺品有限公司	100	2303	2288	26
扬州海星玩具有限公司	216	3092	3092	51
郊区嘉奇玩具厂	80	920	845	14
扬州汤汪玩具厂	540	9936	9439	149
扬州市汤汪工艺厂	60	760	700	12
扬州兴裕工艺品有限公司	250	1741	1741	39

2011年维扬区毛绒玩具业500万元以上规模企业主要经济指标一览表

表9-3-3

企业名称	职工人数（人）	产值（万元）	销售收入（万元）	利润（万元）	税金（万元）
扬州嘉瑞琪工艺品有限公司	507	6446	6317	29	428
扬州亚星礼品厂	83	772	762	73	77
扬州兴裕玩具厂	61	540	540	21	18
扬州雅伦玩具有限公司	715	15038	14308	132	180
扬州宏捷玩具有限公司	670	9578	9578	154	198
扬州磁扬工艺品有限公司	658	9200	9219	104	198
扬州利达机动玩具有限公司	673	9676	9507	108	180
扬州万坤工艺品有限公司	586	8500	8266	89	21
扬州杰越玩具有限公司	100	915	901	-74	11
扬州钟美玩具有限公司	105	1612	1554	-19	100
扬州爱和工艺辅料有限公司	67	818	818	1	20
扬州华成工艺品厂	311	5057	5046	90	236
扬州希芭玩具有限公司	685	13039	12087	475	258
扬州玩具三厂	63	556	469	70	8
扬州新海洋工艺品有限公司	275	2112	2108	30	81
扬州捷达玩具厂	438	6501	6470	83	73
邗江嘉盛工艺品有限公司	106	2005	1408	14	39
扬州大唐工艺品有限公司	78	1100	979	19	26
扬州开利玩具电子有限公司	81	1501	1351	53	49
扬州鑫祥工艺品有限公司	101	2031	1830	56	60
扬州宏宇玩具有限公司	138	2409	2410	36	25
扬州英派工艺品有限公司	79	1329	1329	20	52
扬州维扬区富永华玩具厂	121	1700	1623	82	56
扬州泰华隆玩具配件有限公司	77	1335	1227	15	28
扬州中恒工艺品有限公司	98	2191	1809	2	15

二、生产工序

毛绒玩具制作主要有裁剪、缝制、揣制、针缝、检测、包装等工序。随着玩具档次提高和技术进步，生产制作由以手工为主逐步趋向半自动化、机械化、规模化。

裁剪　设计室设计样品，采用缝纫剪刀剪裁。进入批量生产时，根据面料材质不同，裁剪设备有异。如化纤面料用电热丝络烫，布料用电动剪刀，内衬及材质较硬的面料用冲模冲压。跨入21世纪，随着高新技术推广应用，裁剪设备科技含量提升，重点骨干企业普遍采用电脑排版、激光剪裁等新技术，不仅提高工作效率，更具有节省面料、减少污染、保证质量、降低劳动强度等功效。

缝制　毛绒玩具眼睛和鼻子装配在缝制过程中完成，装配好眼鼻的半成品须送检，方可再加工缝制。缝制设备主要有：工业缝纫机、翘边机及各种类型、规格的夹具与之配套使用。

揣制　揣制工序一般为手工操作，对体量大、批量大的毛绒玩具采用机械化设备——冲绒机揣制。

为保证重量一致，每件产品均用电子秤过磅。

检测 根据技术规范要求，检测设备较多。主要有拉力机、测厚仪、金属探测仪、燃料试验检测设备等。检测贯穿于生产全过程中，注重缝制过程中的首检、半成品巡检和成品检测。出口外销产品，按批次报送扬州出入境检验检疫局检测。

包装 包装包括整形、吹灰、装袋(一般为塑料包装袋)、装箱(一般为纸板箱包装)、打包等过程。包装设备主要有空压机、吸塑机、封口机、打包机等，以保证玩具整洁、外形美观和长途运输安全。

三、新品开发

传统毛绒玩具是以动物造型为主的静态软体玩具。1984～2000 年期间的毛绒玩具产品以其憨态造型、鲜艳色彩、精湛工艺受到人们喜爱，是少年儿童的玩偶，也是家庭的装饰品。2000 年后，随着科技水平的提高和人民生活水平的改善，毛绒玩具产品不断创新，开发的新产品有：

会唱、会跳的动态毛绒玩具——改变静态玩偶形态，装入机芯后，毛绒玩具能唱、会跳。如扬州嘉瑞琪工艺品有限公司开发的“圣诞老人”等。

会讲故事、会教数学的益智玩具——把玩具作为儿童入学前的教具，启发儿童智慧，集玩具、早教、娱乐于一体。扬州雅伦玩具有限公司研发“熊猫” 益智玩具，在玩具“熊猫”的耳朵内，装上两只扬声器，在肚内安装好 MP3，把需要的教学内容、故事及有关知识下载到 MP3，开启 MP3 即可得到益智玩具的效果。

会发光的亮体毛绒玩具——2002 年后，扬州新凤凰光电制品有限公司把 LED 发光技术应用到毛绒玩具上来，使玩具档次提高，特别是在黑暗处玩耍，别有趣味。

边看电视、边玩毛绒玩具的动漫玩具——2005 年，动漫产业给区内玩具产品设计和生产注入新的内涵。五亭龙国际玩具礼品城设有动漫研发中心，专业从事动漫玩具产品开发。把动画片中主人翁形象制作成玩偶，既有故事情节吸引人，又有主人翁形象供人们玩耍。毛绒玩具是动漫产业的衍生品，动漫产业发展带动毛绒玩具业发展。

娱乐型的骑乘玩具——2006 年，扬州磁扬工艺品有限公司为木制玩具“摇马”套上毛绒外衣，成为“毛绒摇马”，是学龄前儿童玩耍的玩具，骑到马上，按上开关，“马”会发出在草原奔驰的呐喊声，别有风趣。

可穿、可戴的实用型毛绒玩具——2008 年，扬州利达机动玩具有限公司开发的“熊猫帽”新品，把动物造型移植到实用型的毛绒玩具上来，如“熊猫帽”“休闲老虎鞋”“猴子造型窗帘尼龙搭扣”“狗熊背糖果袋”等，产品既美观又实用。其熊猫造型的玩具帽可戴，爪子可作手套，亦可当围巾，有“一品三用”的实用功效，风靡韩国、东南亚及中国台湾地区，年销售额 1100 万元，2009 年获区政府科技进步三等奖。

第三节　玩具销售

一、销售方式

来样加工 80 年代初中期，以扬州乐凯玩具有限公司为代表的外贸企业，其业务主要是客户来样—复样、来牌—贴牌，进行加工和销售。该公司解体后，利达、嘉瑞琪、磁扬、万坤等一批玩具外贸企业，仍采用这一模式。这种模式虽对企业发展有一定作用，但利润微薄。

边贸交易 主要是对俄罗斯的边境贸易。产品由贸易商收购买断后与俄罗斯商人进行边贸交易。边贸交易产品相对质量要求不高、付款及时、运作简便。

工贸联销 90 年代初期，毛绒玩具骨干企业逐步转变“来样订单”的经营方式，通过工贸联营、与外商及港澳台商合资等方式，拓展销售渠道：一是企业自行设计出样，参加广交会和各种经贸洽谈会争取业务；二是由合作对方如贸易公司、外商及港澳台商下达货单。这种模式业务好、批次多、订单长，以量取胜赢得市场，工贸联销形式是玩具出口主渠道。

市场直销　建立玩具市场是国内市场直销的主要渠道。2001年后，区内建有五亭龙国际玩具礼品城和扬州丰源玩具辅料城两个专业玩具市场，以专卖店模式进行玩具产品和辅料零售和批发。

电子商务　2008年开始形成电子商务网络销售，生产厂家、专卖店业主把毛绒玩具拍摄上传到淘宝网，标明材质、规格、价格和供应商情况。客户根据需求，确定业务关系。业务既有量小的零星购买，也有较大批量的订购。

二、国内市场

毛绒玩具业国内市场销售比重逐年提高。80年代末，国内市场销售比重只占36%左右，2002年上升到44.1%。2011年，国内国外市场份额占比为64.1∶35.9。国内市场销售额增长基于以下三个方面因素。一是受国际金融危机影响，国外市场疲软。二是兴建玩具辅料市场和五亭龙国际玩具礼品城。两个市场日益兴旺，营业额逐年上升。至2011年，五亭龙国际玩具礼品城市场成交额40亿元。三是扬州旅游业发展，助推国内市场营销。

扬州五亭龙国际玩具礼品城有限公司成立于2005年，企业占地12公顷，总建筑面积18万平方米，是周边地区规模最大、辐射最广、档次最高的毛绒玩具礼品集散地。至2011年末，该城入驻商铺1380户，经营品种3万多个，市场从业人员3500多人。市场内形成设计、研发、加工、生产、销售较为完整的产业群链。

三、国际市场

80年代中后期，区内毛绒玩具以国际市场销售为主，占比63.3%。主要销往欧洲、北美、俄罗斯及东南亚等50多个国家和地区，出口额1亿美元以上。

全区拥有自营出口权的毛绒玩具生产企业有13家。嘉瑞琪、雅伦、利达、磁扬、万坤等一批骨干企业，是全球著名的美国沃尔玛（W－MART）公司、美国凯马特（K－MART）公司、美国塔吉特（TARGET）公司、美国好市多（COSTCO）公司、迪士尼（DISNEY）公司常年供应商。上述企业均获得ISO 9002质量管理体系证书，通过国际玩具协会商业守则国际玩具业协会（ICTI）认证，拥有出口玩具质量许可证。

产品出口业务渠道主要来源于常年客户提供的货单，中外合资的外方代表提供业务订单，自行设计产品在广交会、各类交易会、订货会订单，外商主动上门选样订购等。

图9－3－1　2007年7月26日，外国游客选购毛绒玩具

随着国际市场政治壁垒（通过第三方验厂）、技术壁垒（不断提升安全系数指标）、贸易壁垒（召回、索赔事件）的影响，国外市场趋向萎缩。至2011年，全区毛绒玩具国内外市场销售比重各占半壁江山。

第四节　玩具效应

一、产品效应

2005年，全区毛绒玩具外销超1亿美元，在全球毛绒玩具市场中占有重要地位。“芭比娃娃”“圣诞老人”等名牌产品深受美国沃尔玛、迪士尼等大公司青睐。

全区毛绒玩具业积极参与国际有影响的赛事。如2004年在希腊雅典举办的第28届奥林匹克运动会，其吉祥物——“费奥斯”和“雅典娜”是由区毛绒玩具企业生产提供的。时隔4年后北京奥运会的吉祥物——“五福福娃”，雅伦、磁扬、利达等公司作为授权生产商，组织生产和供应。2007年7月，第

18届亚乒赛在扬州举行，扬州雅伦玩具有限公司被指定为吉祥物唯一设计、制作单位，大赛组委会向该企业颁发荣誉证书。

2006～2011年，区内玩具企业积极参与扬州“烟花三月”国际经贸旅游节活动，每年举办一届中国·扬州毛绒玩具礼品节。每届均邀请外商数十名、国内商人200多人，经贸成交额1亿～2亿元。

2006年4月18日，第一届中国·扬州毛绒玩具礼品节开幕式上，维扬区被中国轻工业联合会授予“中国毛绒玩具礼品之都”称号。

2007年5月，第二届中国·扬州毛绒玩具礼品节期间，成功举办“五亭龙杯”中国扬州毛绒玩具礼品设计大赛。大赛由中国轻工业联合会、中国工业设计协会、扬州市政府联合主办，维扬区政府、市玩具行业协会和五亭龙国际玩具礼品城联合承办。面向全国230所美术、艺术学院邮寄海报和邀请函。收到302件作品，经专家评审组3轮筛选评审，评出银奖11名(金奖空缺)、优秀奖20名、入围奖69名。5月28日举办颁奖晚会——“欢乐中国行·魅力扬州”，也成为2007年扬州“烟花三月”国际经贸旅游节的闭幕式。

二、产业效应

全区毛绒玩具业形成上、中、下游产品相对配套完整的产业链，是行业主要特色。毛绒玩具生产制作带动上、下游产品延伸和发展。

上游产品：1995年，扬州乐凯玩具有限公司与台湾富钰有限公司联营，成立扬州富钰纺织实业有限公司，专业生产短、长绒化纤面料，为玩具生产厂家配套。2003年，扬州美迪制衣厂与美国客商合作，成立扬州美迪化纤有限公司，从事毛绒玩具填充料PP棉生产。艺眼、艺鼻等塑料配件和少量针绣制品，区内为之配套的企业较多，如维扬区明珠工艺厂、扬州格林维欧工艺品有限公司、扬州爱和工艺辅料有限公司等。

下游产品：包装用品主要有纸箱、吸塑薄膜等，西湖镇多家村办企业与之配套生产。印刷业务由区内扬州景文彩色印刷有限公司提供配套。

随着毛绒玩具礼品内需扩张，国内市场快速提升，拉动物流业发展。五亭龙国际玩具礼品城有申通、汇通、顺丰、中国邮政等18家物流企业进驻。

三、集镇效应

西湖镇玩具产业是全区毛绒玩具产业缩影。90年代初期，该镇毛绒玩具业产值占全镇工业产值比重高达90%左右。

玩具产业发展带动人民生活水平提高。该镇地处蜀冈之上的丘陵山区，80年代中期仍以农业为主，农民生活较为贫困，农闲时妇女劳力过剩。玩具产业兴起，解决一大批妇女就业，她们成为“离土不离乡”的产业工人。至2010年，玩具生产企业一线职工月工资3000元以上，日均超100元。农民生活水平提高，突出反映在住房条件的改善，80年代翻瓦房，90年代建楼房。进入21世纪，部分农民进城购房。近郊村民进社区变市民。至2011年，该镇农户家中，电冰箱、彩电、微波炉、热水器等家用电器普及，20%左右家庭拥有汽车。玩具产业发展给农民带来实实在在的实惠。

第五节　企业选介

扬州雅伦玩具有限公司　成立于1991年，坐落在西湖镇台扬路。至2011年，形成由扬州雅伦玩具有限公司、扬州美度工艺品有限公司和扬州柏悦贸易有限公司组成的集团化运作机制，形成毛绒玩具自主研发生产、自营出口、外贸收购、工贸一体、产贸并举经营格局。

公司年生产能力80万打以上，产品以外销为主，内销为辅，出口美国、欧盟、日本等国家和地区。公司是中国玩具和婴童用品协会理事单位、省玩具业商会会长单位，为“中国毛绒玩具礼品之都”的龙头企业之一。

2001年,公司通过ISO9001质量管理体系认证。2006年,获得ISO14001环境管理体系认证,是扬州市首家通过国际玩具理事会(TCTI)社会责任综合认证的玩具企业。2010年被中国检验检疫协会授予“中国质量诚信企业”称号。

图9-3-2 扬州雅伦玩具有限公司

公司拥有职工800多人,设有22名资深专业设计师组成的产品研发中心。自主开发包括传统毛绒玩具、家居类玩具、声光电毛绒玩具、动漫类毛绒玩具等各类毛绒玩具。根据国内外客户要求,参与设计、制造具有专利权的标志性产品和商业促销品,以及大型活动的吉祥物。如可口可乐、迪士尼产品,2006年湖南卫视卡通超女,2007年湖南经济电视台卡通策神公仔,2008年奥运吉祥物等。2008年,与宏梦卡通(上海)实业有限公司合作,独家授权开发毛绒类玩具卡通形象和衍生产品。是第十八届亚乒赛吉祥物唯一设计、制作单位。与北京华旗资讯数码科技有限公司和安徽中科大讯飞信息科技股份有限公司合作研发声光电高档玩具礼品。

企业规模逐年扩大,实力不断增强。销售额从公司建立初期不足300万元发展到2011年生产毛绒玩具1048万只,实现销售1.5亿元,净资产从250万元增加到2000多万元。坚持“创意设计,专业制造”“质量第一,诚信至上”的企业宗旨和“以人为本,客户至上”的经营理念。以丰富多彩、雅致精美的各类产品,向中外客商贾、广大消费者传递“快乐心时光”。企业董事长、总经理林若庸连续两届被选聘为省玩具业商会会长。

扬州乐凯玩具有限公司　位于平山堂西首,创办于1981年,为西湖公社社办企业,原名西湖玩具厂,有职工250多人,由于生产任务不足,年产值仅5万元。1984年,实现产值60万元、利税3.8万元。1985年后,企业整顿领导班子,开辟新口岸,生产规模迅速发展。1987年,引进人才、加强培训,建设一支过硬产品设计队伍,为适应市场、开发新颖别致产品创造良好的条件。1988年,生产的长毛绒玩具在全国工艺美术“百花奖”首饰玩具评比会上获第五名。同年,该厂与香港中山有限公司和省轻工业品进出口公司3家合资,成立扬州乐凯玩具有限公司。1989年,公司实现产值2800万元、利税326万元,企业职工1653人,拥有固定资产498万元。1991年,公司被评为国家二级企业。1992年,公司拥有职工4680人,实现产值1.54亿元、利税1102万元,成为扬州玩具业领军企业,进入市重点企业行列。1993年,以扬州乐凯玩具有限公司为核心企业,由多家企业组成经济联合体——江苏乐凯集团公司。1997年,公司拥有固定资产3163万元,实现产值2.36亿元。是年末,由于国际市场变化和内部管理未能适应规模扩展等因素,致使扬州乐凯玩具有限公司解体。

第十编

建筑业　房地产业

1989年，全区注册登记建筑企业4家，实现总产值4527万元、利税207万元。1996年，全区建筑企业完成施工总产值1.5亿元、利税552万元。2002年，全区建筑企业10家，完成总产值5.07亿元、利税1730万元。2006年，全区建筑业总产值11亿元，实现利税4742万元。2008年起，全区建筑业总产值以平均每年10亿元递增。2011年，全区建筑企业100家，完成总产值48.09亿元。其中有4家企业年产值超两亿元，中机环建建设工程有限公司、市第四建筑安装工程有限公司年产值超5亿元，获省建筑业"双百强"企业称号。

1989年，区内房地产开发公司仅1家，即扬州市郊区房屋建设开发公司，开发项目仅有顾庄新村住宅小区。商品房销售模式主要由房地产开发公司销售部门自行销售，定向销售给城市无房和住房困难居民。1993年起，商品房市场逐步放开，房地产开发规模不断扩大，境外资本开始投资区内房地产开发项目。2011年，区内有房地产开发企业64家，商品房销售面积33.37万平方米，销售额30.03亿元。

第一章　建筑业

第一节　行业管理

一、施工许可证制度

1989年，区建委增设建筑管理科，履行对全区建筑业行政管理职能。年内，各乡镇相继成立建筑管理站，负责管理本乡镇从事农房建筑工程施工零散工匠。区建委建筑管理科及各乡镇建管站成立后，即着手整顿建筑市场秩序，农村建房推行"统一安排任务、统一开工放线、统一工价和收费、统一质量安全管理"，扭转农村建房质次价高、事故频发、竞争无序的混乱局面。是年，试行施工许可证制度，规定所有建设项目，在领取建设工程规划许可证后，建房户必须办理施工许可证，并由所在乡镇建管部门派人现场放线施工。1990年，区建委推行施工许可证分级管理制度。农户在宅基地上建房，以两层建筑、建筑跨度8米、建筑面积200平方米为界，界限以下由乡镇建管站核发施工许可证，界限以上由区建委建筑管理科核发施工许可证。1999年4月，区规划处成立。为防止建房户在领取建设工程规划许可证后，不办理施工许可证，区建委调整施工许可证核发办法，由区建设局建管科统一核准发放。2003年，江阳工业园成立，园区各项建设工程施工许可证，均报经市建设局审核批准，然后由区建设局派人驻工业园核发。

二、施工队伍管理

1989年，区直属建筑企业由区建委直接管理；市邗沟装饰工程公司和西湖、平山、湾头、汤汪、平山茶场等5个乡镇(场)建筑公司，业务上归区建委管理，行政上受所属乡镇(场)政府(场部)领导。城东、城北、双桥3个乡建筑企业，挂靠市第三建筑安装工程公司，行政上仍受所属乡政府领导。2000年，扬州日模邗沟装饰工程有限公司改制。2001～2003年，市第四建筑安装工程公司、市第四工业设备安装工程公司、江苏环建建设投资有限公司先后实行企业改制。企业性质由集体所有制改为自然人控股的股份制。企业改制后，区建设局由直接管理改为行业管理。

1989年起，区建委委托市第四建筑安装工程公司开办职工培训学校。1990年起，区建委组织区内从事农房建筑工程施工的零散工匠进行为期一周的技术培训。至2005年，先后举办培训班

6期,培训187人次。同时,各企业推荐优秀骨干到扬州职大、扬州电大脱产学习,组织人员参加省、市有关部门组织的职称培训、项目经理培训、施工员培训、预算员培训、安全员培训等各项培训。共培训各类专业技术人员1000多人次。2005年末,全区建筑安装、装饰装潢拥有职称的工程技术人员1200多人,其中高级和中级职称324人。2009年,全区建筑业有注册一级建造师9人、二级建造师34人,有近100人参加三级项目经理培训和考试,申报并通过建筑专业初级职称85人、中级职称80人、高级职称23人。

三、质量管理

1990年后,区内工程均纳入质量监督范围,工程质量监管率逐年上升。区建委在加强现场检查,堵截假冒伪劣建材、查处偷工减料行为的同时,督促指导区内施工企业推广应用"四新"(新材料、新工艺、新技术、新设备)技术,改进施工工艺;运用新型墙体材料,淘汰黏土实心砖;逐步消除屋面渗水、墙体裂缝等工程质量常见病;杜绝工程质量事故。1997年,市区开始推行建设工程监理制,由监理公司对工程施工实行全程监督。2000年起,区内建设工程普遍实行监理制。

四、安全管理

1989年,区内开始推行建筑工程安全生产许可证制度,对落实建筑工地安全防护措施,实施安全生产责任制、职工上岗培训制并符合规定要求的施工工地发放施工许可证。并对施工工地进行现场检查,对安全隐患责令限期整改。1998年起,每月组织安全检查,确保工地基础防护措施(施工人员必戴安全帽、施工空间吊放安全网、强化脚手架及安全用电)落实到位。2000年起,区建设局每年组织企业参加省、市建筑系统开展创建安全文明工地活动。至2005年,全区创成省级安全文明工地25个、市级安全文明工地90个。2006～2010年,全区建筑业创成安全文明工地125个,其中省级32个、市级93个。至2011年,全区建筑业累计创成安全文明工地240个,其中省级57个、市级183个。

第二节　建筑企业

一、企业总量

1989年,全区注册登记建筑企业4家,其中区属企业3家、村办企业1家,均为集体所有制企业。2002年市区区划调整时,湾头、城东、汤汪3个乡镇建筑公司划归广陵区。年末,全区有申报资质的建筑企业10家;2005年,发展到68家;2008年,增加到97家。2011年,全区有申报资质等级的建筑企业100家。

二、企业资质

1989年,全区建筑业有二级资质企业1家:市邗沟装饰工程公司;三级资质企业3家:市第四建筑安装工程公司、市第四工业设备安装工程公司、江苏环建建设集团公司。1992年,市第四建筑安装工程公司、江苏环建建设集团公司升为二级资质。1997年8月,扬州日模邗沟装饰工程公司升为一级资质,结束区内建筑系统无一级资质企业的历史。2002年,全区建筑业有一级资质企业1家、二级资质企业2家、三级资质企业2家、四级资质企业2家、等外企业3家,共10家。2006年,市第四建筑安装工程有限公司、中机环建建设工程有限公司先后变更为总承包一级资质。2008年,全区97家建筑企业中,有一级资质企业4家、二级资质企业9家、三级资质企业72家、分包企业12家。2009年,全区建筑业新增一级资质企业1家、二级资质企业1家。2010年,建筑业新增一级资质企业1家。2011年末,全区98家建筑企业中,有一级资质企业5家、二级资质企业18家、三级资质企业63家、劳务分包无资质企业12家。

2011 年维扬区建筑企业情况一览表

表 10-1-1

序号	企业名称	资质等级	产值（万元）	职工人数（人）	固定资产净值（万元）
1	扬州日模邗沟装饰工程有限公司	一	20208	680	1000
2	市第四建筑安装工程有限公司	一	58175	2300	6143
3	中机环建建设工程有限公司	一	80688	2150	12853
4	市恒进设备安装工程有限公司	一	20099	470	1860
5	江苏鸿基岩土工程有限公司	一	5823	105	1893
6	扬州兴业建设工程有限公司	二	24424	80	7321
7	扬州和丰建设工程有限公司	二	8378	106	2335
8	江苏新浪环保有限公司	二	6395	95	5200
9	市业星建筑装饰工程公司	二	4647	35	3232
10	市宝马装饰装潢有限公司	二	3145	115	591
11	江苏宏运装饰工程有限公司	二	1270	38	665
12	扬州雄柏建筑装饰安装工程有限公司	二	4350	75	1523
13	扬州巨峰门窗制造有限公司	二	850	25	274
14	扬州新能源门窗配套有限公司	二	988	88	235
15	扬州辛普森工程设备有限公司	二	2320	52	1000
16	市环境保护有限公司	二	4260	100	172
17	扬州大为电子系统有限公司	二	1630	129	1015
18	建业庆松集团扬州工业安装有限公司	二	7289	164	2910
19	江苏一安消防机电设备安装有限公司	二	2500	20	621
20	市阳瑞电气工程有限公司	二	1944	91	2232
21	市通胜钢制品有限公司	二	1690	45	2472
22	市润通交通设施工程有限公司	二	—	—	—
23	江苏扬安装饰工程有限公司	二	1001	53	646
24	市远大建筑安装工程有限公司	三	2400	140	5406
25	江苏华沃建筑安装工程有限公司	三	2500	97	583
26	市云腾建设工程有限公司	三	2450	50	2192
27	扬州锦旺建筑安装工程有限公司	三	2730	30	713
28	扬州竹西建筑安装工程有限公司	三	3670	84	596
29	市江顺建筑安装工程有限公司	三	2500	100	653
30	江苏江扬建设工程有限公司	三	2822	152	683
31	扬州维美建筑安装工程有限公司	三	200	100	2435
32	扬州园林建筑装饰工程有限公司	三	—	—	—
33	江苏鸿基水利建设工程有限公司	三	—	—	—

续表 10-1-1

序号	企业名称	资质等级	产值(万元)	职工人数(人)	固定资产净值(万元)
34	扬州扬城建设工程有限公司	三	1000	112	644
35	扬州鑫汇基础工程有限公司	三	1326	76	634
36	扬州通顺市政工程有限公司	三	1001	33	532
37	江苏润环建设工程有限公司	三	6741	264	3565
38	市蜀冈建设工程有限公司	三	1000	108	1601
39	市苏扬建设工程有限公司	三	569	49	1664
40	市春正基础工程有限公司	三	552	35	312
41	扬州春和建设工程有限公司	三	900	58	678
42	市新扬装饰工程有限公司	三	120	73	86
43	市艺美装饰设计工程公司	三	107	56	136
44	扬州庆海装饰装潢有限公司	三	112	10	119
45	江苏润扬科技有限公司	三	101	4	410
46	江苏唐城霓虹数码科技有限公司	三	164	8	143
47	扬州鸿图设计师事务所有限公司	三	117	63	134
48	扬州嘉宝装饰配套工程有限公司	三	110	28	178
49	扬州嘉卉园林工程有限公司	三	187	118	1097
50	扬州嘉诚环保装饰工程有限公司	三	125	23	85
51	市源汇新型建材装饰工程有限公司	三	230	33	97
52	扬州欧亚装潢有限公司	三	1150	370	710
53	扬州苏建建筑装饰装潢工程有限公司	三	125	11	50
54	江苏江扬建筑装潢有限公司	三	1140	64	508
55	市康宁建筑装潢有限公司	三	240	25	100
56	扬州梅岭建筑装潢工程有限公司	三	100	25	50
57	市晋鼎装饰工程有限公司	三	140	90	95
58	市润民装饰装潢有限公司	三	146	26	103
59	扬州智绘涂装有限公司	三	101	24	90
60	扬州广兴园林建设有限公司	三	650	87	845
61	扬州花木盆景有限责任公司	三	—	—	—
62	扬州金城混凝土有限公司	三	6195	60	1530
63	扬州平维混凝土有限公司	三	4123	7	1721
64	江苏宇锋建材股份有限公司	三	—	—	—
65	扬州太平洋钢结构有限公司	三	515	26	298
66	市鑫源钢结构工程有限公司	三	2075	62	1140
67	扬州忆立特种建筑结构有限责任公司	三	505	30	357
68	江苏通宇钢管集团有限公司	三	3665	60	5223

续表 10-1-1

序号	企业名称	资质等级	产值(万元)	职工人数(人)	固定资产净值(万元)
69	市锦旺门窗有限公司	三	305	18	95
70	扬州景润装饰装潢有限公司	三	—	—	—
71	扬州林轩机电设备安装有限公司	三	2116	53	369
72	扬州恒源自来水喷泉设备有限公司	三	516	70	455
73	扬州新力电器有限公司	三	973	29	—
74	扬州国脉通信发展有限责任公司	三	1520	87	2322
75	扬州海晨信息系统工程有限公司	三	1006	20	350
76	扬州科日达电脑网络有限公司	三	350	6	493
77	扬州恒泰建设拆迁有限责任公司	三	248	53	116
78	扬州康宏公共安全科技有限公司	三	154	6	49
79	扬州国脉通信工程有限责任公司	三	4004	109	538
80	扬州大江港航工程有限公司	三	—	—	—
81	扬州金桃化工设备有限公司	三	1912	60	840
82	市五洲拆除有限公司	三	100	1	294
83	市大正房屋拆除有限公司	三	251	15	50
84	市润宇环境科技工程有限公司	三	1016	40	400
85	市永安电气安装有限公司	三	2005	69	930
86	扬州亚光景观规划建设有限公司	三	1590	64	100
87	扬州广源电气工程有限公司		169	8	—
88	市鑫扬建筑安装有限公司		419	15	38
89	市华祥建筑工程脚手架搭设有限公司		130	35	150
90	市俊杰工程配套有限公司		193	114	24
91	市曙阳电力建筑配套工程有限公司		272	42	39
92	市正天安装服务有限公司		208	32	89
93	市龙洲建筑劳务有限公司		10	4	106
94	扬州润建劳务有限公司		225	65	—
95	扬州华达劳务有限公司		120	30	—
96	市安和劳务有限公司		92	325	—
97	扬州业奇建筑劳务有限公司		—	—	—
98	扬州中润劳务有限公司		250	98	—

三、企业选介

扬州日模邗沟装饰工程有限公司　创建于 1985 年 4 月，原名市邗沟装饰工程公司，位于史可法路。1993 年 4 月，与日本日模株式会社共同组建成立扬州日模邗沟装饰工程有限公司。2000 年 12 月，公司改制为民营性质。公司主要承接室内外建筑装饰装修设计、施工、建筑幕墙、铝合金门窗、园林绿化、室内陈设配套用品生产和安装，具有集设计、生产、制造、施工一体化的综合能力，拥有建筑装饰设计甲级、建筑装饰施工一级、建筑幕墙设计甲级资质，并通过 ISO 9001 质量管理体系、ISO 14000 环境管理体系、ISO 18000 职业健康安全管理体系 3 项体系认证。公司先后被国家、省、市授予“信得过建筑装饰施工企业”“省建筑装饰优秀企业”“重合同守信用企业”“特级信用企业”“明星企业”等称号，被国家、省、市有关行业吸收为会员和理事，为江苏省高校实习基地。

1989～2011 年，公司共获省优“紫金杯”21 个、市优“五亭杯”45 个。

2011 年，公司注册资本 210 万美元、固定资产 1000 多万元，工程施工总产值 2.02 亿元。公司职工 680 人，其中高级工程技术人员 84 人。公司下设 7 个部门、两家研究所、两个厂、1 个技术研发中心(合作)、5 个直属项目部，各种生产、施工机械设备 371 台(套)。在深圳、北京、上海、呼和浩特、宜昌、泰州、鄂尔多斯等地设有分公司、办事处。

市第四建筑安装工程有限公司　创建于 1984 年 8 月，原名市第四建筑安装工程公司，位于双桥路。2001 年 7 月，公司改制为民营性质，更名为市第四建筑安装工程有限公司。2007 年，公司升级为建筑总承包一级资质，并具有市政二级、装饰装潢二级、古典园林三级、消防三级等资质。能独立承担多层、高层、大跨度的工业与民用建筑、古典园林建筑的高标准装饰，工业设备及线路、管道的施工，市政工程建设及装饰装潢。资信等级 AAA 级。2001～2011 年，公司承建深圳、珠海、黑河、南京、宁波、泰州、淮南、屯溪等省内外重点工程项目，创优良以上工程项目近 1000 个，优良率 80%，获评省优工程“扬子杯”3 个、市优工程“琼花杯”32 个。

2004 年后，连续多年被评为省质量管理先进单位、省设备管理先进单位，市先进企业、市重合同守信用单位。2009～2011 年，连续 3 年获省先进企业。

2011 年末，实现产值 5.82 亿元，有职工 2300 多人，专业技术人员 330 人，其中高、中级职称以上人员 187 人，一级建造师 20 人、二级建造师 50 人。注册资本 8000 万元。

中机环建建设工程有限公司　创建于 1985 年，原名市环宇建设工程有限公司，位于曲江北路。1996 年 12 月，组建江苏环建建设集团公司。2003 年，公司改制为民营性质，更名为江苏环建建设投资有限公司。2006 年 9 月，与中国机械工业建设总公司结为战略性合作伙伴，更名为中机环建建设工程有限公司。

公司有房屋建筑工程施工总承包一级、市政公用工程总承包一级、建筑装修装饰工程专业承包一级、机电设备安装专业承包一级资质。同时拥有房地产开发、消防设施、钢结构、起重设备安装、园林古建、园林绿化、劳务等专业承包资质及对外经营资质，是集开发、土建、市政、安装、装饰装修、园林、绿化、租赁、商贸、材供、海外劳务等于一体的集团型企业。公司先后通过 ISO 9001 质量管理体系、ISO 14000 环境管理体系、GB/T 28001 职业健康安全管理体系认证。公司获省优工程“扬子杯”1 个、市优工程“琼花杯”8 个，获“省最佳企业”“省建筑业最具成长性百强企业”称号。

2011 年末，公司注册资本 8100 万元，净资产 1.29 亿元，有职工 2150 多人，工程技术人员 500 多人，中高级职称工程管理人才 90 人，一、二级建造师和造价师 80 多人。公司下设 10 家分公司、4 家子公司、4 家控股公司，施工区域分布在江苏、新疆、山西、青海、银川及部分海外市场。2011 年，实现施工产值 8.07 亿元、利税 2000 多万元。

市恒进设备安装工程有限公司　创建于 1988 年 1 月，原名市第四工业设备安装工程公司，位于文昌西路。2001 年 8 月，改制为民营性质，更名为市恒进设备安装工程有限公司。同年通过 ISO 9001 质量管理体系认证。2007 年 7 月通过 ISO 14001 环境管理体系认证。2010 年，公司拥有机电设备安装、工程施工专业承包一级资质，钢结构、装修装饰、消防设施工程二级资质，化工石油设备管道安装工程、防腐保温工程三级资质，具备特种设备压力管道(GB2、GC2)安装改造维修许可证，并通过 GB/T 28001－2011职业健康安全管理体系认证。公司专业工种齐全，拥有各类生产、检测、调试设备和雄厚的技术实力，能独立承担轻工、建材、食品、石油化工、电力、环保、矿山、消防、钢结构、装饰装潢以及其他工业设施安装工程。

2011年末，公司注册资本1773万元，职工470人，专业技术人员358人，其中高、中级技术人员102人。一级建造师12人，二级建造师19人，小型项目管理师29人。先后承包全国20多个省（市、区）数百项建设任务，工程合格率100%，优良率70%以上。1989～2011年，共获得省、市优质工程9个，建筑施工文明工地14个。

第三节　建筑市场

一、市区市场

1989年，区建筑市场基本在市区。1989～2005年，区建筑企业承建工程项目主要有：扬州绣品厂12层生产大楼及附属用房土建工程、市图书馆综合楼土建工程、市少儿图书馆综合楼土建工程、竹西中学科技楼图书馆土建工程、扬州中学学生公寓楼土建工程、扬州大学学生公寓土建工程、区政府改建工程、扬州久扬渔具有限公司土建工程、扬州化工管道厂主厂房建设工程、白玉兰医药商场土建工程、扬州无线电厂3号楼土建工程、宝林家具装饰港3号楼土建工程、北京新东方扬州外国语学校土建工程、市公安局收容管教所土建工程、江苏油田扬州基地二期住宅组团土建工程、江苏华电扬州发电有限公司200千伏工艺管线及电除尘设备安装工程。

2006～2011年，区建筑企业承建工程项目主要有：扬州杰安玩具有限公司4号生产楼，扬州西北乡镇供水工程清水池，扬州煤炭学校教学楼，渡江商贸市场1号楼，江苏华电扬州发电有限公司4号机组烟气脱硫工程、热力管道安装工程等，梅岭小学西区校，维扬中学新校区。

1989～2011年，随着房地产业发展，全区建筑企业承接住宅建筑工程和房屋装修、装饰工程以及道路建设等市政工程。主要有：扬州东方百合园4号、5号、6号住宅楼土建工程，中房集团扬州房地产开发公司宋城名都B2号楼土建工程，骏和天成房屋装修、装饰工程，淮左名都国际大酒店水电、暖通、消防安装工程，鸿泰家园土建工程，念香苑拆迁安置小区土建工程，扬州雍华府贵园1～4号楼机电、消防设施安装工程，名都华庭104号、106号楼，鸿福家园203号、204号、140号、141号楼等。此外，承接道路建设等市政工程主要有：鸿大路、文昌东路（江都北路—运河北路段）、邗江北路（沿山河一司徒庙路段）、维扬路（江阳西路—兴城西路和杨柳青路—平山堂西路段）、平山堂西路（扬子江北路—维扬路段）、司徒庙路（部分）、史可法东路、明月湖景观道路和维扬开发区所有道路建设工程以及新城河（维扬区段）、沿山河（维扬区段）、蒿草河（四望亭路—文昌中路）驳岸等。

二、省内市场

90年代，区建筑企业在巩固扬州市场同时，逐步向南京、苏州、无锡、徐州、淮安、连云港、泰州等地发展，其中苏州、连云港、淮安、泰州形成亿元市场。2005年，扬州日模邗沟装饰工程有限公司承建昆山市小横塘天主教堂内外装饰。2006年，市恒进设备安装工程有限公司承建江苏阚山电厂综合管道一期2号机组及厂区道路照明、电气安装工程，江苏华能淮阴电厂工程。2007年，扬州日模邗沟装饰工程有限公司承建淮阴卷烟厂水电动力系统，南京国芯半导体公司外延片区排水、通风、管道安装，江苏理文纸业管道安装及非标制作，省井神盐业公司硝联产扩建热电站240/H循环流化床锅炉设备、管道安装。中机环建建设工程有限公司承建无锡新区7幢住宅楼。2008年，扬州日模邗沟装饰工程有限公司承建宿迁鑫业大酒店装饰工程、泰州市财政局大楼装饰工程、中国银行宝应支行装饰工程等。

三、省外市场

1996年，市恒进设备安装工程有限公司成立西北办事处，开拓新疆建筑市场，先后承建卡子湾水泥厂、库尔勒水泥厂及乌鲁木齐文光水泥厂生产设施以及设备安装等工程。2003年，该公司承建新疆华凌国际商贸城一期广场设备安装工程，施工面积32万平方米，是新疆及西北最大的商贸市场之一。2006年，完成新疆华凌国际商贸城二期陶瓷城钢结构安装工程22万平方米。2005年末，全区建筑企业在新疆施工的职工人数150人，各类施工设备总动力3500千瓦，总产值8000多万元。

1999 年，扬州日模邗沟装饰工程有限公司与江苏华建建设股份有限公司共同开拓深圳市场，主要经营室外园林环境工程、铝合金门窗专项工程和室内外装饰装修工程。至 2005 年，累计完成室外园林环境工程施工总面积 28 万平方米、铝合金门窗 10 万平方米、室内装修 1 万平方米，总产值两亿元。其中，2000 年施工的中海华庭小区园林环境施工被甲方作为示范工程在此后的招投标中推广。2004 年，施工的百仕达花园创下全部门窗施工无渗漏纪录。

1996～2011 年，全区建筑企业承建的工程遍及全国 20 多个省、市、区，其中山西、安徽、广东形成亿元市场。规模工程有：浙江华成国际发展大厦钢结构安装工程(42 层)，舟山正和造船有限公司册子岛造船基地生产厂房钢结构安装工程(5 万多平方米)，山东微山同泰焦化公司地下管网、脱硫工程等设备及工艺管道制作安装工程，山东烟台电厂、郑州燃气电站发电机组及公用系统安装工程，安徽铜陵电厂、华能铜川电厂、内蒙古华煤制油煤装置安装，浙江三门总商会钢结构安装(地上 27 层、地下两层，建筑面积 5 万平方米)，中钢西重土建工程，大连恒泽天城五星级酒店风、水、电安装及装饰装潢工程等。

四、境外市场

2007 年，中机环建建设工程有限公司承接苏丹 GARRZ 石油焦电站项目附属建筑工程。2009 年，中机环建建设工程有限公司承接特立尼达和多巴哥 ALUTRIT 铝厂 12.5 万吨电解铝项目土建工程，工程总造价 8 亿多元。

第四节　建筑工程

一、工程总量

图 10-1-1　市第四建筑安装工程有限公司承建的区行政中心 1 号办公楼

1989 年，全区建筑企业建筑工程施工面积 15.5 万平方米、竣工面积 9.8万平方米，完成施工总产值 4527 万元、利税 207 万元。1992 年起，区内建筑企业由少到多，承接建筑工程由小到大，建筑市场由市内逐步向全国发展。工程项目由单纯土建、安装向包括土建、安装、装饰、装潢、园林、市政等工程项目全面发展，产值逐年上升，形成以土建为主，多业并进的建筑工程施工格局，涌现一批优质工程项目。1996 年，全区建筑企业完成施工总产值首次突破 1.5 亿元。2002 年市区区划调整，湾头、汤汪、城东建筑企业划出，全区建筑企业重组。当年，全区建筑企业完成工程施工面积 56.8 万平方米、竣工面积 38.4 万平方米，建筑业总产值突破 5 亿元，实现利税 1730 万元。

2005 年，全区建筑业完成施工面积 113 万平方米、竣工面积 66.3 万平方米，实现总产值 9.71 亿元、增加值 1.57 亿元、建筑业收入 8.12 亿元、利税 3730 万元。2006 年，全区建筑业完成施工面积 90 万平方米、竣工面积 41 万平方米；总产值再创新高，突破 10 亿元大关，达到 11 亿元，实现利税 4742 万元。2008 年，由于原市直 4 家建筑企业划入维扬区，全区建筑业年总产值出现历史性飞跃，突破 20 亿元大关，达到 20.5 亿元，利税 1.3 亿元。2011 年，全区建筑业完成施工面积 176 万平方米、竣工面积 120 万平方米；总产值 48.09 亿元，比上年增长 17.29%。

1989～2011 年部分年份维扬区建筑业主要经济指标一览表

表 10－1－2

指标 / 年份	施工面积（万平方米）	竣工面积（万平方米）	总产值（万元）	利　税（万元）
1989	15.5	9.8	4527	207
1996	25.3	14.7	15736	552
1997	38.5	27.6	—	—
1998	30.1	23.2	—	—
1999	29.7	21.4	25118	682
2000	41.0	30.6	28419	849
2001	53.4	38.7	43387	1432
2002	56.8	38.4	50688	1730
2003	61.7	44.1	60510	1848
2004	82.3	74.4	91460	2374
2005	113.0	66.3	97142	3840
2006	90.0	41.0	110000	4742
2007	129.0	69.0	144000	7535
2008	133.0	70.0	205000	13000
2009	157.0	94.0	340000	14000
2010	167.0	114.0	410000	17000
2011	176.0	120.0	480938	—

二、优质工程

1996 年前，区建筑企业未获得省、市优质工程。1996～2005 年，区属 4 家建筑企业承（参）建的工程竣工验收合格率 100%，优良率 70%以上，获省、市质量优秀等级的项目 50 个，其中省优工程 9 个、市优工程 41 个。

2006～2011 年，获省优工程项目 15 个、市优工程项目 41 个。

1998～2011 年维扬区建筑企业获省优工程（部分）一览表

表 10－1－3

工　程　名　称	承 建 单 位	获奖年份	创优等级
市少儿图书馆综合楼	市第四建筑安装工程公司	1998	省　优
扬州中学学生公寓楼	市第四建筑安装工程有限公司	2001	扬子杯
北京新东方扬州外国语学校	江苏环建建设投资有限公司	2002	扬子杯
扬州瘦西湖东入口幕墙改造	扬州日模邗沟装饰工程公司	2002	省　优
市人防应急指挥中心室内外装饰	扬州日模邗沟装饰工程公司	2002	省　优
铜陵市交通局交通枢纽信息中心幕墙	扬州日模邗沟装饰工程公司	2002	省　优

续表 10－1－3

工 程 名 称	承 建 单 位	获奖年份	创优等级
东方百合园高层公寓 4、5、6 号楼	市第四建筑安装工程有限公司	2004	扬子杯
杭州节能大厦	市恒进设备安装工程有限公司	2004	金钢奖
宝林家具装饰港	江苏环建建设投资有限公司	2005	扬子杯
扬州雍华府贵园 1～4 号楼机电工程	市恒进设备安装工程有限公司	2006	扬子杯
舟山船厂册子岛基地生产厂房钢结构安装工程	市恒进设备安装工程有限公司	2006	钱江杯
东城国际大厦幕墙装饰工程	扬州日模邗沟装饰工程公司	2007	紫金杯
泰兴市行政中心办公楼室内装饰工程	扬州日模邗沟装饰工程公司	2007	紫金杯
扬州物华商厦办公楼	扬州日模邗沟装饰工程公司	2008	紫金杯
扬州税务进修学院教学 2 号楼、体育活动中心幕墙	扬州日模邗沟装饰工程公司	2008	紫金杯
镇江丹徒新区医院门诊楼	扬州日模邗沟装饰工程公司	2008	紫金杯
兴化市质量技术监督局检测大楼室内外装饰	扬州日模邗沟装饰工程公司	2008	紫金杯
东方百合园小学综合楼安装工程	市恒进设备安装工程有限公司	2009	紫金杯
维扬区文化馆	扬州日模邗沟装饰工程公司	2009	紫金杯
扬中市公路管理处业务用房	扬州日模邗沟装饰工程公司	2009	紫金杯
扬州云鹤大厦 21～27 层	扬州日模邗沟装饰工程公司	2010	紫金杯
市检察院办案与技术用房	扬州日模邗沟装饰工程公司	2010	紫金杯
镇江市公路管理处新建综合楼执法营业用房及办公用房	扬州日模邗沟装饰工程公司	2011	紫金杯

说明:“扬子杯”为省优(土建)工程,“紫金杯”为省优(装饰)工程,“钱江杯”为浙江省优工程,“金钢奖”为建筑工程钢结构行业工程质量最高奖

1996～2009 年维扬区建筑企业获市优工程(部分)一览表

表 10－1－4

工 程 名 称	承 建 单 位	获奖年份	创优等级
中房集团扬州房地产公司 201 号商住楼	市第四建筑安装工程公司	1996	琼花杯
扬州绣品厂生产大楼及附属用房土建工程	市第四建筑安装工程公司	1998	市 优
扬州白玉兰医药商场	市第四建筑安装工程公司	1998	市 优
市图书馆综合大楼	市第四建筑安装工程公司	1998	琼花杯
扬州食品制造总厂办公综合楼	市第四建筑安装工程公司	1998	市 优
市工商银行干校教学综合楼	市第四建筑安装工程公司	1998	市 优
市公安干部学校教学综合楼	市第四建筑安装工程公司	1998	市 优
扬州电大教学综合楼	市第四建筑安装工程公司	1998	市 优

续表 10－1－4

工　程　名　称	承 建 单 位	获奖年份	创优等级
市残疾人活动中心综合楼工程	市第四建筑安装工程公司	1998	市　优
市第二人民医院综合楼	市第四建筑安装工程公司	1999	市　优
宝带新村西入口南侧综合楼	市第四建筑安装工程公司	2000	市　优
梅岭新村 105 号住宅楼	市第四建筑安装工程公司	2000	市　优
竹西中学科技楼图书馆	市第四建筑安装工程有限公司	2001	市　优
凯悦花园营业办公楼	市第四建筑安装工程有限公司	2001	市　优
扬州大学学生公寓 5 号、8 号、11 号楼	市第四建筑安装工程有限公司	2003	琼花杯
市公安局收教所工程	江苏环建建设投资有限公司	2003	琼花杯
北京新东方扬州外国语学校工程	江苏环建建设投资有限公司	2003	琼花杯
江都市行政服务中心改造装修工程	扬州日模邗沟装饰工程有限公司	2003	五亭杯
维扬区政府会议中心装饰工程	扬州日模邗沟装饰工程有限公司	2004	五亭杯
扬州曲江小商品批发市场六期 A 区工程	市第四建筑安装工程有限公司	2005	琼花杯
昆山市小横塘天主教堂室外装饰工程	扬州日模邗沟装饰工程有限公司	2009	五亭杯

第二章　房地产业

第一节　住房制度改革

一、管理机构

1995 年 7 月，区政府成立住房制度改革领导小组，设立区政府房改办公室(简称区房改办)，隶属区政府办公室。2011 年 2 月，房改职能划入区住房保障和城乡建设局。

二、公房租金

1989 年，郊区公有住房租金标准统一执行市区标准，按使用面积 0.08 元/平方米收取。1992 年 6 月起，按 0.27 元/平方米收取。1995 年，市房改领导小组制定的《扬州市区公有住房租金改革实施细则》将市区公有住房分成 3 类，租金分别按 100％、95％、90％的系数收取。房屋划定“四类八等”，租金标准依次为：钢混结构 0.96 元/平方米，砖混一等 0.84 元/平方米、砖混二等 0.72 元/平方米、砖混三等 0.26 元/平方米，砖木一等 0.78 元/平方米、砖木二等 0.66 元/平方米、砖木三等 0.54 元/平方米，简易房 0.42 元/平方米。郊区按二类地区收取租金。1996 年起，公有住房租金不断提高。至 2000 年，市区公有住房租金提高到 2 元/平方米。

三、住房补贴

2000 年 6 月，市政府办公室印发《关于住房货币化分配发放职工住房补贴办法的通知》，在公房提租的同时，对购房发放补贴，并采取“老人老办法、新人新制度”的改革措施。对于 1998 年 11 月 30 日之前参加工作的无房职工和住房面积未达到“一般干部 75 平方米、科级干部 90 平方米、处级干部 110 平方米、厅级干部 135 平方米建筑面积”标准的职工，购房时可享受一次性补贴。1998 年，每平方米建筑面积购房补贴额上限为 300 元。有条件的单位可给予职工工龄补贴，补贴额 6.25 元/平方米。2003 年 1 月 1 日起，住房补贴由 300 元/平方米调整到 400/平方米，2004 年调整到 450 元/平方米，过去已享受住房补贴的职工不得另外补发。对于 1998 年 12 月 1 日以后参加工作的职工，实行逐月发放住房货币补贴。1998 年，对新职工逐月发放住房补贴的比例为职工月工资收入的 12%，2004 年 9 月 1 日起调整为月工资收入 14%，同时相应调整职工住房补贴。补贴标准 1994 年为职工工资的 1.5%，1996 年调整到 1.6%，2002 年调整到 2.4%，2004 年调整到 4.9%，离退休人员为 6%，补贴基数与住房公积金缴存基数相同。

2003 年 12 月 1 日，区政府明确维扬区住房补贴标准为 400 元/平方米。至 2010 年，维扬区累计发放给 812 人(含教师)住房补贴 2159 万元(其中发放给教师 1362 万元)。

四、公积金缴存

1992 年 6 月，市住房基金管理中心成立，统一管理全区公积金。

1992 年 7 月，市政府《扬州市住房制度改革实施意见》规定：由职工单位和个人分别承担 4%，缴存基数按职工本人 1991 年 12 月工资基数(包括基础工资、职务工资、工龄津贴)核定，以后逐步调整。1994 年 5 月调整为 5%，缴存基数按职工上年度 12 月工资基数核定；1997 年 7 月调整为 6%；1999 年 7 月调整为 7%；2002 年 9 月调整为 8%，有条件的单位可以调整到 10%；2003 年 11 月调整为 10%，有条件的单位可以调整到 12%。2004 年 9 月，市区机关、事业单位住房公积金单位和个人缴存比例分别调整为 10%，企业(含企业化管理的自收自支事业单位)根据承受能力和条件，在 8%～12%幅度内确定。缴存基数按 2003 年度月工资总额核定，月工资收入超过 5000 元的按 5000 元计算。

五、公房出售

1995 年 12 月，市政府印发《扬州市区出售公有住房实施细则》。个人购买新、旧公有住房，可以一次性付款，亦可分期付款。一次性付清房款，给予房价款 20%优惠；分期付款，首次付款不得低于房价款 30%。公有住房按成本价出售，其成本价及有关折扣(工龄折扣、成新折扣、现房折扣、一次性付款折扣、调节系数折扣等)和购房控制标准由区政府制定方案并经上报批准后执行。工龄折扣按当年成本价的 1.2%计算；售房成新折扣按竣工年限每年折扣 2%，超过 30 年的按 30 年计算；调节系数折扣随房价调整作相应调整。1995 年，售价 630 元/平方米；1996 年，调整为 680 元/平方米；2005 年，调整为 860 元/平方米。

全区房改自 1998 年启动，执行扬州市房改政策。至 2010 年，全区累计出售公有住房 496 套，建筑面积 3.6 万平方米，回收售房款 942.13 万元。

六、房改房交易

按 1999 年 6 月省房改领导小组批复同意《扬州市区职工已购公房上市出售试行办法》，凡取得房屋所有权证和国有土地使用证并拥有完全产权的住房，填写《已购公有住房上市申请表》，由市房改办按规定核批后，直接到市房产交易机构办理有关手续。维扬区无权进行房改房交易。

第二节 房产开发与销售

一、住宅开发

1989 年，区内仅有郊区房屋建设开发公司开发的顾庄新村小区，小区位于江都北路东侧，新农路(今安康路)北侧。小区以满足群众居住功能为主，户型大多为二室一厅一厨一卫，建筑面积 60～80 平方米。楼盘一般为 4 层、5 层或 6 层，均为砖混结构，屋顶呈平面造型，外挑阳台，楼层隔板采用水泥预制空心板，外墙粉刷水泥砂浆。户型结构特点为“三小一大”(小客厅、小厨房、小卫生间，大卧室)。两层以上住户配有自行车库，1 层住户因有小院不配车库。该小区共 40 幢，建筑面积 13 万平方米。

90 年代，随着扬州城市建设向西发展，市区房地产开发逐步转向西区。境内四季园新村、宝带新村、新城花园、康乐新村等一批大型小区纷纷开工建设。市天地房地产开发有限公司参与四季园小区开发建设，市鸿大房地产开发有限公司独立开发建设宝带新村。楼盘一般 4 层、5 层或 6 层，日照间距 1∶1.2，并预留公共绿地。建筑多为混凝土框架结构，造型新颖。屋面由平顶改为坡顶，用水泥浇制的平板覆盖后加盖瓦屋面。外墙开始铺贴彩色面砖。电话机接线均预留到位。新开发建设的住宅小区，住宅楼底层建成车库分割给对应单元各住户使用。成套住宅建筑面积 65～105 平方米，淘汰 60 平方米以下户型。户型设计以二室一厅一厨一卫和三室一厅一厨一卫为主。户型结构开始由“三小一大”逐步向“三大一小”(大客厅、大厨房、大卫生间，小卧室)转变。

90 年代末期，境内开发建设石油新村、梅香苑等一批规模较大、环境较好的住宅小区，提升了扬州住宅楼盘档次。住宅楼底层建成车库，上部 5 楼连同 6 楼半层建成“楼中楼”户型。成套住宅建筑面积 75～120 平方米，小户型越来越少，以三室一厅一厨一卫居多，四室一厅、二室一厅次之。此后，成套住宅逐渐以三室一厅一厨二卫、四室二厅一厨二卫以上大户、特大户(100～145 平方米)走俏，辅以二室一厅户型。每户配套安装进户防盗门，室内有线电视、电话线路和煤气管道均预留到位。单元采用可视对讲防盗门。进入 21 世纪，市区房地产开发按照“主导向南、西进东联”的总体要求，重点开发一批规模 10 万平方米的中高档住宅小区，如东方百合园、海德庄园、莱茵苑等。7 层以上小高层住宅楼比多层建筑更经济、更节约用地、更环保、更便于管理。除每户配套安装进户防盗门，室内有线电视、电话线路和煤气管道均预留到位，单元采用可视对讲防盗门，配置电梯以方便业主上下楼。区内东方百合园、莱茵苑、阳光水岸建有高层住宅楼。海德庄园欧式风格建筑别具一格，连体叠加别墅可按产权人意愿任意组合内部空间。2002 年，开工建设的典藏园 · 御园是市区第一家纯别墅小区。其后有蜀景花园别墅小区。

1989～2005 年，区内房地产开发公司建成或在建的商品房住宅小区和楼盘有：市天地房地产开发有限公司开发的顾庄新村、施井小区、兰香苑、邵庄新村、梅花山庄、文昌花园、阳光水岸等，市鸿大房地产开发有限公司开发的宝带新村、鸿泰家园、鸿锦花园、鸿大花园、梅岭东苑等，市唐城房地产开发有限公司开发的锦旺苑、念香苑等，市金马房地产开发有限公司开发的新庄二村、金林苑、荷南苑等，江扬投资置业集团有限公司开发的弘扬花园，市虹源房地产开发有限公司开发的典藏园 · 御园，恒华房地产开发有限公司开发的蜀景花园，市海德地产开发有限公司开发的海德庄园，市莱茵达置业有限公司开发的莱茵苑等。1989～2005 年，境内开发建设商品房累计 148.4 万平方米。

2006～2011 年，境内先后建成或正在建设的住宅小区有：养怡花园、桐园、满芳庭、悦园、御景园、沁园、石油山庄、扬子 · 佳竹苑、瘦西湖 · 西苑、瘦西湖新天地、莱茵苑、瘦西湖 · 唐郡、新能源 · 花样年华等。

2011 年，维扬区在建的十大房地产项目有：扬州万维置业有限公司(万科)的万科城地块，总用地42.4公顷；江苏北辰置业有限公司的扬州天下花园，总用地 60 公顷；中信泰富(扬州)置业有限公司的锦苑小区，总用地 32.87 公顷；扬州美特房地产开发有限公司的碧水栖庭，总用地 18.13 公顷；上海中星(集团)有限公司的海上紫郡，总用地 14.97 公顷；扬州嘉联置业有限公司的蜀冈玫瑰园，总用地 14.37 公顷；扬州金达西湖置业房地产开发有限公司的西湖公馆，总用地8.08 公顷；扬州华纺置业有限公司的西湖岭秀，总用地 7.6 公顷；深圳市中集达宇房地产开发有限公司的紫金文昌，总用地 5.13 公顷；特易购扬州维扬(香港)投资有限公司的文昌乐都汇购物中心，总用地2.56 公顷。

图 10-2-1　2006 年 11 月 28 日，中信泰富(扬州)锦苑开工

1989～2011年维扬区部分建成或在建住宅小区情况一览表

表10-2-1

序号	项目名称	建设时间	占地面积(公顷)	建筑面积(万平方米)	开发建设单位
1	梅庄新村	1988～1994	4.44	7.39	邗江县房地产开发总公司
2	安庄新村	1988～1994	3.25	5.20	中国农房公司扬州公司
3	顾庄新村	1989～2002	10.00	13.00	区房屋建设开发公司
4	四季园新村	1991～1994	31.86	34.47	市房屋综合开发领导小组办公室
5	念四小区	1991～2000	10.32	12.04	中国新型建材(集团)公司扬州公司
6	新城花园	1992～1996	11.61	12.88	市经济开发区房地产开发公司
7	桑园北村	1993～1994	2.41	3.63	市城市房地产开发公司
8	杨庄街坊	1993～1995	3.30	3.55	市城市房地产开发公司
9	宝带新村	1993～1998	25.18	32.00	市鸿大房地产开发有限公司
10	新庄新村	1994～1996	1.69	3.03	市金马房地产开发公司
11	康乐小区	1995～1998	8.89	13.00	市房地产开发公司
12	锦旺苑	1996～2005	10.00	20.00	市唐城房地产开发公司
13	安墩新寓	1996～1998	1.40	3.20	恒远房地产开发公司
14	学苑新村	1996～1998	1.82	3.07	市扬开房地产公司
15	柳湖南北苑	1996～1999	4.20	8.75	市电子开发公司
16	秋雨新村	1997～1999	1.88	3.65	市金马房地产开发公司
17	金林苑	1998～2001	2.71	4.38	市金马房地产开发公司
18	梅香苑	1998～2002	11.80	12.67	市扬开房地产公司
19	竹西花苑	1999～2000	1.42	2.11	中房集团扬州公司
20	漕河新村	1999～2003	4.80	5.04	苏房房地产开发实业公司扬州公司
21	东方百合园	2000～2005	19.00	23.00	扬州东方天宇置业有限公司
22	竹西新村	2002～2003	1.40	2.11	中国农房公司扬州公司
23	荷南苑	2002～2004	2.78	5.47	市金马房地产开发公司
24	名雅花园	2002～2004	1.79	2.20	市邗沟房屋开发公司
25	海德庄园	2002～2005	21.00	21.00	海德地产开发有限公司
26	玫瑰香榭	2003～2004	4.50	6.50	扬州英华房地产开发有限公司
27	江阳商贸城	2003～2004	17.33	13.80	扬州起点置业投资发展有限公司
28	五亭龙国际玩具城	2003～2005	12.00	18.00	扬州鑫泰房屋开发有限公司
29	蜀景花园一期	2003～2005	11.74	5.88	市广华房地产开发有限责任公司
30	鸿大花园	2003～2005	2.50	4.78	市鸿大房地产开发有限公司
31	世纪家园	2003～2005	4.29	6.43	扬州三友房地产开发有限公司
32	弘扬花园	2003～2005	2.52	3.81	江苏江扬投资置业有限公司
33	莱茵苑	2003～2010	10.74	17.00	扬州莱茵达置业有限公司

续表 10-2-1

序号	项目名称	建设时间	占地面积（公顷）	建筑面积（万平方米）	开发建设单位
34	鸿福家园	2003～2005	32.00	31.70	市城建国有资产控股(集团)有限公司
35	黄金苑	2003～2005	3.30	4.00	市住房解困工作领导小组
36	月明苑	2004～2005	3.01	4.42	市邗沟房屋开发公司
37	柳馨花园	2004～2006	4.69	3.59	扬州三友房地产开发有限公司
38	山河园	2004～2008	1.97	2.65	扬州汶河房地产开发有限公司
39	香樟苑	2004～2006	0.77	1.23	扬州江陵房地产开发有限公司
40	扬子·佳竹苑	2004～2007	3.83	6.40	市扬子江置业有限责任公司
41	御河苑	2005～2009	6.00	6.00	扬州美迪房地产开发有限公司
42	阳光水岸	2005～	8.00	13.00	扬州天地房地产开发有限公司
43	石油山庄	2006～	35.50	48.50	市恒华房地产开发有限公司
44	瘦西湖·西苑	2006～	2.67	1.10	江苏江扬投资集团
45	瘦西湖新天地	2006～	5.70	9.50	德豪(扬州)房地产开发有限公司
46	名门都汇	2006～2008	1.75	4.40	俊杰房地产开发有限公司
47	中信泰富·锦苑	2006～	32.87	43.00	中信泰富(扬州)置业有限公司
48	满芳庭	2006～	17.40	19.31	市同佳房地产公司
49	扬州天下花园	2007～	60.00	60.00	浙江北辰置业有限公司
50	瘦西湖·唐郡	2007～2010	14.30	6.25	扬州莱茵西湖置业有限公司
51	悦园	2007～	17.20	12.91	扬州瘦西湖置业有限公司
52	养怡花园	2008～2010	4.40	6.60	扬州旺角置业发展有限公司
53	碧水栖庭	2008～	18.13	21.77	扬州美特房地产开发有限公司
54	新能源·花样年华	2008～	9.33	14.00	扬州鸿泽置业有限公司
55	旺庭公馆	2009～	2.07	6.00	扬州祥生可宇置业有限公司
56	御景园	2009～2011	2.20	1.60	扬州金三叶置业有限公司
57	沁园	2010～2011	1.63	2.50	扬州利豪置业发展有限公司
58	西湖岭秀	2010～	7.60	16.00	扬州华纺置业有限公司
59	桐园	2010～	3.85	9.19	扬州丰盈房地产开发有限公司

二、住宅开发项目选介

四季园新村　1991年，由市房屋综合开发领导小组办公室负责建设。位于维扬路以西、新城河以东，南至秋雨路，北至文昌中路。占地31.86公顷，总建筑面积34.47万平方米。小区配套设施较全，是市区90年代初期建成的最大住宅小区。

宝带新村　1993年，由市鸿大房地产开发公司开发建设。东自扬子江中路，西至维扬路，南自兴城路，北至文汇路。1998年，建成交付使用。建筑面积32万平方米，配有幼儿园、农贸市场等配套用房。

锦旺苑　1996年，由唐城房地产开发有限公司开发建设。位于友谊路东侧，总用地10公顷。至2005年，小区共建成各类商品房36幢，建筑面积20万平方米，其中商品住宅建筑面积17万平方米、商业用房建筑面积3万平方米。

典藏园·御园别墅　1998年，由虹源房地产开发有限公司开发建设。位于西湖镇蜀冈村。至

2005年,共建设别墅200多幢,建筑面积6万多平方米,是市区第一个高档别墅小区。

东方百合园　2000年,由市东方天宇置业有限公司开发建设。位于扬子江北路,北临念四河。占地19公顷,建筑面积23万平方米,是市区首家大型生态智能化小区,由环绕中心花园的中心组团、小高层和11个分组团组成。设有会所、游泳池、网球场、健身房等配套设施。

海德庄园　2002年,由海德地产有限公司开发建设。位于邗江北路以东,南邻锦绣路,北至杨柳青路,西至新城河。至2005年,建成单体、连体别墅21万平方米,是具有欧式风格的庄园别墅区。

莱茵苑　2003年,由扬州莱茵达置业有限公司开发建设。莱茵苑东邻泰州路与古运河相望,西至玉器街,南至北护城河,北至梅岭东路。建筑面积17万平方米,986套(户)。纯框架结构,以多层、小高层和点式住宅构成高低错落、富有变化的空间群体,是老城区开发中规模最大的高档住宅项目,是扬州首家国家级康居示范工程。

扬子·佳竹苑　2004年,由扬子江置业有限责任公司开发建设。位于黄金街西侧、邗沟路北侧,是以住宅为主、商铺为辅的高品位生活社区。占地3.83公顷,设计总建筑面积6.4万平方米。

天地·阳光水岸　2005年,由市天地房地产开发有限公司开发建设。南临漕河风光带,北倚老虎山(路),东侧毗连古运河风光带的高桥路,西至史可法路,占地8公顷,为小高层、临河叠加别墅、低密度多层住宅小区,建筑面积13万平方米。

中信泰富·锦苑　2006年,由中信泰富(扬州)置业有限公司开发建设。位于邗江北路以西、翠岗路以北、杨柳青路以南。占地32.87公顷,规划总建筑面积43.7万平方米。

扬州天下花园　2007年,由扬州北辰建设投资有限公司开发建设。项目总用地60公顷,建筑面积65万平方米。获得中国国际建筑文化交流(IACE)国际人居范例奖。

三、商业用房开发

图10-2-2　莱茵苑小区

90年代,与住宅小区同期开发的沿街建筑多为商住楼,底部为商业用房,上部为住宅用房。部分住宅小区沿街单独建造商业用房,用作住宅小区配套设施。如宝带新村、锦旺苑、梅岭东苑、东方百合园、莱茵苑等小区及四望亭路两侧均属于此类建筑。

2004年,位于扬子江中路与文汇路口交会处的金马大厦竣工。主体9层,框架结构,建筑面积1.8万平方米,是市区开发较早的专用商务办公楼。

2005年,由市天地房地产开发有限公司开发建设的天地大厦商务楼建成。天地大厦位于扬子江中路与兴城路交会处,高12层,框架结构,建筑面积9600平方米。

同年,由德豪(扬州)房地产开发有限公司独立开发的瘦西湖新天地商业一条街开工建设,至2007年竣工。

四、商品房销售

1989年,市区商品房销售模式主要由房地产开发公司自行销售。商品房销售为定向销售,政府明确规定商品住宅只能销售给城市无房和住房困难居民。每平方米400多元。

1993年起,商品房市场逐步放开,农民开始进城购房。此后,随着住房制度改革深化和改善居住条件需求扩大,房屋销售规模不断扩大。2001年,市区普通商品住宅价格开始较快增长,平均基准价格首次突破2000

元/平方米。2003年起，市区商品住宅房价格上涨速度加快。2004年，商品住房最高价格一度达到4200元/平方米，两年翻了一番。2005年7月，市物价局、市房管局印发《关于改进商品住宅价格管理、规范价格行为、稳定住房价格的通知》，规定经济适用房、安居房、限价商品房等享受政府优惠政策的住房及住宅小区建筑容积率1以上、单套面积144平方米以下的普通商品住房继续实行政府指导价或政府定价，其他商品住房实行市场调节价。当年，普通商品住房平均基准价3243元/平方米，最高3600元/平方米；四季度商品住房均价回落，比三季度回落79元/平方米。2006年，市区商品房平均销售价格4063.5元/平方米。2009年，市区商品房和商品住宅房成交均价分别为5425.57元/平方米和5321.96元/平方米，比上年上升8.78%和13.04%。

2010年初，受全球金融危机和房地产业宏观调控影响，全区共销售商品房2119套，平均合同成交价格5600元/平方米，销售面积33.7万平方米，销售额26.73亿元，比上年分别下降33.92%、11.87%。

2011年，全区商品房销售面积33.37万平方米，比上年下降0.98%；销售额30.03亿元，比上年增长12.3%。

第三节 房产管理

一、管理机构

1992年前，区内房产管理事务由区建委直接负责。1992年10月，区房产管理所成立，隶属于区建委，负责村乡(不含镇)集体土地房产登记发证。2009年6月，设立区房产管理局，与区建设局两块牌子、一套班子。2010年，区住房保障和城乡建设局受市房管局委托，代行部分房产管理职能。

二、资质和项目管理

1989年，区内仅有1家房地产开发公司，为区房屋建设开发公司，具有四级开发资质。1994年初，扬州市开始执行房地产开发企业资质等级管理制度。1999年10月，省建委制定《江苏省城市房地产开发企业资质年检管理办法》，实行开发企业资质年检制度。县(市)房地产开发主管部门负责本行政区域内三级及以下开发企业年检审核，并报省辖市主管部门备案。区房管所受市房管局委托，一度行使区内三级及以下房地产开发公司资质年审和三级以上房地产开发公司资质年审资料初审上报职能。2001年起，区内房地产开发公司资质年审改为直接由市房管局受理。至2005年，区内有44家房地产开发企业，其中二级资质企业12家、三级资质企业18家、四级资质企业4家、无资质企业(包括没有按时年审、没有开发任务被取消资质)10家。2010年，区内有64家房地产开发企业，其中二级资质企业28家、三级资质企业25家、外来开发企业取得开发土地权单位10家、无资质企业(没有开发项目被取消资质)1家。

三、农村私有房屋产权管理

1993年4月，试点实行集体土地范围内村乡房屋所有权登记发证工作。双桥乡园林村被列为区内村乡房屋所有权登记发证试点村。其后，平山乡综合村、汤汪乡角里村、城东乡施井村、城北乡卜杨村相继开展集体土地范围内村乡房屋所有权登记发证试点工作。西湖、湾头是建制镇，属于城市范畴，未进行集体土地范围内村镇房屋所有权登记发证试点。

集体土地范围内村乡房屋所有权登记发证试点期间，全区共核发村乡房屋所有权证2766份，房屋建筑面积32.3万平方米。

1994年始，农民入住集镇，乡镇开发房地产，区房管所房屋所有权登记发证工作重点由村乡农村宅基地房屋转向乡镇集体土地上开发的商业房，俗称为“小产权房”。1998年，国务院印发《关于进一步深化城镇住房制度改革加快住房建设的通知》，决定自当年起停止住房实物分配，建立住房分配货币化、住房供给商品化和社会化的住房新体制。乡镇房地产开发市场跌入低谷，区房产登记发证数明显减少。

1993～2005 年,全区(包括原汤汪乡、城东乡、湾头镇)共核发村镇房屋所有权证 10314 份,房屋建筑面积 170 万平方米。2006～2011 年,全区共核发公有和私有村镇房屋所有权证 1162 份。

第四节　企业选介

市天地房地产开发有限公司　成立于 1984 年,原名区房屋建设开发公司,后更名为市房屋开发公司,是区内最早成立的房地产公司。2001 年 3 月,改制为民营性质,更名为市天地房地产开发有限公司,二级开发资质,注册资本 2000 万元。公司先后开发顾庄新村、施井小区、兰香苑、中信银行大厦、梅花山庄、曲江新苑、阳光水岸等 20 多个精品小区和楼盘,累计开发商品房 90 万平方米。公司先后被评为首届中国房地产企业信誉 AAA 单位,2003～2005 年连续 3 年被评为市房地产开发综合实力十强企业。

市鸿大房地产开发有限公司　成立于 1993 年,二级开发资质,注册资本 2000 万元。公司先后开发宝带新村、鸿泰家园、鸿锦花园、鸿大花园等 20 多个楼盘,累计完成商品房开发 70 万平方米。公司先后被评为市房地产先进企业、市知名商标、省住宅商品房综合质量信得过单位、省重合同守信用企业、省文明单位、全国房地产领先企业。

市唐城置业发展有限公司　成立于 1993 年,二级开发资质,注册资本 2000 万元。先后开发玉器街、梅岭西路、锦旺苑、锦旺南苑、念香苑、月明苑等小区,累计开发量 150 多万平方米。先后被市政府授予“文明单位”“纳税先进企业”称号。

扬州海德地产有限公司　成立于 2002 年,二级开发资质,注册资本 5200 万元。是扬州市十强房地产综合开发企业之一。2002 年,开发海德庄园。至 2005 年,海德庄园完成开发面积17万平方米。获省“重合同、守信用企业”“文明单位”等称号,并通过 ISO 9001∶2000质量管理体系认证。

市金马房地产开发有限公司　成立于1992年10月,是郊区第一家乡镇房地产开发企业,原名双桥房地产开发公司,二级开发资质。注册资本2080万元。2004年,通过 ISO 9001∶2000质量管理体系认证。先后开发新庄二村、秋雨新村、金林苑、荷南苑等住宅小区,金马大厦商务楼。至 2005 年,公司累计开发商品房 20 万平方米。是省房地产开发 AAA 级资信企业、住宅商品房综合质量信得过单位、重合同守信用企业。

第十一编

商贸服务业

1989年,区内商贸服务业主要有区供销社及其网点,区物资、粮食系统企业,区属和乡办商场以及私营个体商店、饭店、旅馆等。全区共有全民所有制商贸流通企业40家、集体所有制企业268家、私营个体商户886户,从业人员5370人。当年,社会商品零售总额2.16亿元。是年,全区有国有金融机构4家,其中市银行分支机构3家、市保险分支机构1家,市邮电分支机构和营业网点7家。1996年起,区属国营、集体商业陆续改制,私营个体商业服务网点快速增加,各类市场蓬勃发展。1998年后,区内日用百货零售由小商品市场和连锁商店主导,"苏果""时代"等大型连锁超市和"东方""可的"等连锁便捷超市先后入驻区内经营;物资、农副产品、粮油贸易等市场日趋活跃,曲江小商品市场、联谊农贸市场、大桥副食品市场、亚龙果品市场、城东太平钢材市场五大市场在省内名列前茅。全区物流、中介、广告、租赁和休闲娱乐等新兴生活服务业逐步发展。驻区金融保险分支机构不断增加,银行存贷款规模有所扩大,邮政、电信、移动、联通等经营网点不断增加。群众购物、消费、休闲、通信更加便捷。至2001年,全区共有商贸流通服务企业798家、各类市场23个,社会消费品零售总额18.89亿元。

2002年,市区区划调整,区属五大市场及256家商业网点划归广陵区。面对全区商贸服务业大幅下降状况,全区积极采取应对措施,加大商贸服务业招商和市场建设力度,兴办各类市场和商贸服务网点。至2005年,全区有19个专业商品市场和13个农贸市场,成交总额18亿元;商业服务网点1519个,社会消费品零售总额16.3亿元。2006年后,全区商贸服务业调整经营结构,依据市场需求,利用区位优势,发展文化创意产业,加快旅游配套服务设施建设,传统服务业与现代服务业齐头并进、共同发展,形成文化创意产业园和秋雨路、四望亭路、梅岭西路等商贸特色街区,江阳商贸城、五亭龙玩具城、扬子江钢材市场、兴盛木业市场、扬州国际汽车城等市场集群以及"沃尔玛""乐天玛特"大型超市等商贸服务网点。至2011年,全区有各类专业和综合市场51个,成交总额93.8亿元;商业网点2316个;社会消费品零售总额50.1亿元;商务和生活服务机构582家,营业额12.52亿元。

第一章　商贸业

第一节　日用工业品销售

一、日用百货

1989年,区内无国营商业百货公司和经营网点,群众生活所需百货商品、文体用品等主要由区供销社经营网点及城东、双桥、城北等乡镇和平山茶场开设的商场等零售网点经营。全区城乡共有百货经营网点24个,从业人员232人,规模较大的商场有环球商场、罗城商场、文昌商场、百汇商场、唐城商场、城北梅岭商场等,经营面积8500平方米,经营品种1.1万多种,全年销售额4500万元。1991年后,日用百货相继取消计划分配供应,市场放开搞活,全区日用百货销售额连年上升。1992年,全区有百货经营网点35个,年销售额5800万元。1995年,全区有经营网点52个,年销售额8300万元。1996～1998年,小商品市场和专业连锁店增多,日用百货业销售呈多元化态势,集体商业中小百货门店开始撤并、歇业,或转为个人经营。1999年,区内私营百货公司、商场、超市和门店增多,日用百货经营进一步细化和专业化,出现鞋类、箱包、化妆品、洗涤用品、金银饰品、办公用品,文体用品等品牌专营店和小百货便利超市。2000年,全区有百货用品经营网点85个,年销售额9500万元。是年,江苏时代超市有限公司扬州时代超级购物中心进区经营,注册资本1.6亿元,年营业额1.61亿元。2001年,环球商厦破产歇业,退出百货零售市场。2002年,市区区划调整,罗城商场、白云商厦等划归广陵区管理,其他国营集体百货网点基本停业。2003年后,"世纪联华""苏果""沃尔玛"等大型连锁超市相继进入区内经营,

“可的”“东方”等便捷连锁超市也在区内开设多家小型连锁百货网点，经营百货类商品1.6万多种。2011年，全区百货经营网点126个，经营品种1.6万多个，年销售额1.25亿元。

二、五金、交电、化工产品

1989年，区内五金、交电、化工产品经营网点主要有供销社系统经营网点、近郊部分乡镇和区办国营、集体商场。全区经营网点19个，从业人员139人，经营品种4800多个，年销售额2380万元。90年代，五交化商品逐步退出计划供应，实行市场化经营。个体经营及厂家直销的五金店，自行车、摩托车经销店，电线电缆销售部，油漆店等争相开业，全区五金、交电、化工产品销售量全面增长。1992年，全区销售汽车189辆、自行车2800辆、摩托车68辆、电线5.8万米、圆钉铁丝15.8吨、灯泡13万只、油漆5.8吨，年销售额2850万元。1994年，五金产品升级换代，装潢五金、电动工具占据五金市场份额60%以上；交通商品主要为汽车、摩托车、自行车。区机电设备公司拓展经营渠道，汽车、摩托车销售量不断上升。电工器材产品升级换代提速，灯具形成系列，独立经营。经营油漆个体商户增多，品种越来越丰富。1996年，国营集体商业主营五金交电、化工产品比重下降，私营个体网点经营比重上升。区供销社经营网点调整经营门类，装潢五金材料纳入经营。城东乡沙口村、渡江村和湾头镇田庄村利用近郊优势，相继兴办规模较大的灯具市场和装潢五金市场。1998年，全区有五金、交电、化工产品经营网点31个，从业人员452人，年营业额1.58亿元。1999年，因燃油助力车耗能污染严重，国家规定停止生产经营，区内电动车销量快速上升。是年，区机电设备公司改制，经营规模不断下降。私营企业和生产厂家直销快速增长。2000年，随着房地产业和装饰业持续升温，五金、装潢装饰材料、水暖器材市场日趋红火，区供销社系统设立专营店经销小五金、木地板、陶瓷洁具、地砖、瓷砖等装饰材料。2001年，全区五金、化工、交电产品经营网点56个，从业人员1216人，年营业额2.1亿元。2002年，市区区划调整，城东、湾头、汤汪3个乡镇划归广陵区管辖，全区五金、交电、化工产品经营网点和营业额大幅下降。是年末，全区五金、交电、化工产品经营网点38个，从业人员860人，营业额1.45亿元。2003～2008年，全区先后兴办兴江阳商贸城等大型五金建材市场，400多户商户从事五金、交电化工商品销售，“时代”“世纪联华”“沃尔玛”等大型超市落户区内，设立专营区，经销五金工具、交通器材、电工电器等商品，品种3200个。引进润扬汽车销售公司、东星奔驰汽车销售公司，开设品牌汽车4S店，汽车及其零配件销售大幅上升。2008年，全区汽车销售总额2800万元。2011年，全区五金、交电、化工产品经营网点568个，从业人员2160人，年营业额31.5亿元，其中扬州国际汽车城入驻汽车4S店30家，经营各类汽车品牌43个，年营业额28亿元，成为市区规模最大、环境最美、功能最全的汽车贸易集聚区。

三、家用电器

1989年，区内无市五交化公司家电批发和零售分支机构，家用电器经营网点主要有区供销社经营网点和区属国营、集体商场，全区有家电销售网点11个，从业人员82人。经销商品以电风扇、收录机、黑白电视机等“三大件”为主。当年销售电风扇7500台、收录机1580台、黑白电视机2376台，年销售额1850万元。1992年，家用电器货源充足，销售额全面增长，冰箱、洗衣机、彩电等“新三件”取代“老三件”，成为市场主角。是年，全区销售洗衣机1218台、冰箱503台、彩电475台，销售额2890万元。1995年，环球商场、罗城商场等区属国营集体商场以家电为拳头产品发展规模经营，成为30多种家电品牌区域总经销或代理经销商。区供销系统开设家电经销门店5家，经营面积扩大4倍，经营品种增长1.8倍。1997年，高档家用电器开始由集团消费转为家庭购买。当年，全区洗衣机、冰箱、彩电销售量与1992年相比，分别增长63.2%、2.89倍和3.56倍，年销售额6850万元。1998年，家用电器更新换代加快，黑白电视机由热变冷，收录机由旺变滞，电烤箱、微波炉、燃气和电热水器由试销转为热销，彩电、冰箱、洗衣机、空调出现品牌多样化、规格系列化。是年，扬州新大新家电有限公司成立，坐落于市区最繁华文昌商圈内，营业面积3000多平方米，年销售额1.2亿元。2000年，国营、集体家电经营逐步萎缩，私营个体商户迅速增加，市场竞争激烈，家电商品由品牌竞争转为价格竞争，由价格竞争转为售后服务竞争。电脑、数码电子产品、音响、家庭影院设备等逐渐旺销。2001年，全区销售洗衣机2568台、冰箱 4300 台、彩电 5600 台、空调 6480 台。2002 年,市区区划调整,罗城、白云等商场和曲江小商品市场划归广陵区,全区家电市场销售份额大幅下降。2003 年,环球商场、文昌商场等相继破产重组,区供销社管理机构取消,供销系统家电经营萎缩,私营个体家电经销商成为家电市场主体。2004 年,全国大型家用电器集团入驻区内经营,“五星”“苏宁”“汇银”等连锁店在区内开设经营网点,“时代”(乐天玛特)“沃尔玛”“ 大润发”等大型超市家电经营品种和销售份额不断增加,成为引领全区家电市场的龙头。2011 年,全区有家电经营网点 98 个,年销售彩电 1.29 万台、洗衣机 2.56 万台、冰箱 1.78 万台、空调 3.78万台,年销售额 1.47 亿元,比 1989 年增长 6.95 倍。

四、针纺织品

1989 年,区内经营针织、纺织品网点主要有区供销社经营网点和环球、罗城、文昌等商场,有纺织品服装专营店 1 家、专柜 11 个,从业人员 118 人,经营品种 2600 多个,年销售额 1890 万元。1991 年,区内纺织品经营纯棉织品稳中趋降,呢制品小幅下降,中长织品回升,涤纶织品上升较快,针织、服装制品年销售额 3340 万元。1994 年,市场放开,人民生活水平提高,衣着消费习惯改变,从购布做衣转为购买成衣,从购线织衣转为购买毛衣,布匹、毛线销售逐步萎缩,“的确良”“的卡”等纯化纤布料退出市场,皮装、羽绒制品开始面市,成衣定制专业店悄然兴起,窗帘布、装饰布等新品种脱颖而出。1996 年,全区国营、集体商场纺织品销售大幅回落,但因曲江商品城针、纺织品专营区建成运营和私营个体商店增加,全区销售量稳中有升,纯棉布重回市场,棉纤混纺、毛料制品等销售大幅增加。是年,全区针、纺织品销售额 3450 万元,比 1989 年增长 83%。1998 年,随着城市化进程加快,市区秋雨路服装连锁店、专卖店竞相开业,逐渐成为服装一条街;扬子江中路、四望亭路、梅岭史可法路等主要街道两侧开设服装店、纺织品店 160 多家,占店铺总数 80%以上。2000 年,随着新面料、新品种、新式样不断推出,区内针、纺织品市场趋向品牌化、系列化、个性化。商家以品牌为店牌,连锁经营,销售量连年增长。2001 年,全区针、纺织品销售额 4230 万元。2002 年,市区区划调整,曲江商品城划归广陵区,区供销社系统经营网点萎缩,环球、文昌等国营集体商场改制歇业,全区针、纺织品销售受到较大影响。2003 年,“时代”“苏果”“世纪联华”“沃尔玛”“大润发”等大型超市专营针、纺织品区域扩大,不仅品种齐全、高中低档皆有,而且价格实惠,并带来全新营销理念,全区针、纺织品销售稳中有升,持续发展。2011 年,全区有针、纺织品经营网点 192 个,年销售额 6900 万元,比 1989 年增长 2.65 倍。

第二节　食品副食品销售

一、肉类

1989 年,区内无国营食品经营机构,肉品供应主要依托市食品公司猪肉批发零售网点和清真商店。是年,猪肉除凭票定量供应城镇居民每人每月 1 公斤平价肉外,同时敞开供应议价肉。回民每人每月供应 1.5 公斤平价牛肉。全年肉品销售额 1150 万元。1990 年,全省食品系统取消生猪“三统一”(统一经营、统一调拨、统一核算),猪肉购销价格和市场准入逐渐放开。城北、平山、西湖、汤汪等乡镇利用近郊区位优势相继兴办 5 个集体屠宰场,并出现经营生猪屠宰的私营个体“小刀手”(个体屠宰户)43 户。1992 年,国家取消猪肉定量供应,5 月 1 日,全面放开猪肉价格,由市场调节。1995 年,全区实施生猪屠宰管理“定点屠宰、统一纳税、集中检疫、分散经营”,全区 8 个宰杀点运作秩序良好,基本控制病死猪肉上市,猪肉销售量稳定增长。至 2001 年,全区年销售猪肉 2400 吨左右,其中私营个体户销售约占 50%以上。2002 年,除猪肉销量稳定增长外,牛肉、羊肉销量也较快增长。区内回民食用的牛肉大部分是由陕西、甘肃等地调入冷冻牛肉,非回民食用的牛肉主要来源于苏北及安徽、山东等地。全区年产羊肉 5000 多吨,不足部分由苏北、西北等地调入冷冻羊肉补充。每年中秋节后至次年清明节左右为汉民牛羊肉消费旺季。区内牛羊肉经营主要为私营个体经营户,基本实行牛羊肉收购、屠宰、加工、检疫、销售“一条龙”服务。2004 年,全区实施食品放心工程,推进肉品市场准入制,肉品质量稳定提高,当年销售猪肉3100吨。2006年，区内各农贸市场、超市均设有肉类摊点和专柜，销售猪肉和牛羊肉。至2011年，全区从事生猪定点屠宰加工的有西湖屠宰场、城北屠宰场、平山屠宰场，肉品销售网点63个，加工销售猪肉4200吨，年肉品销售额4800万元，比1989年增长3.17倍。

二、禽蛋 水产品

禽蛋　1989年，区内家禽销售以鸡、鹅、鸭为主，年销售量3万只左右，鲜蛋年销售量470吨，禽蛋年销售额1750万元。1990年，家禽、鲜蛋进入农贸市场销售，年销售家禽38万～50万只、鲜蛋680吨左右。1992年后，鹅销量增幅50%以上，鸡蛋、鹌鹑蛋销量增幅45%。湾头、城东、汤汪、西湖等乡镇利用近郊优势，相继兴办田庄综合批发市场、扬州家禽批发市场、城东家禽交易货栈、西湖司徒庙家禽交易货栈等家禽交易市场，吸引苏北、山东等地养殖户与商贩以及周边城市经营户，进行以鹅为主、兼营鸡鸭及蛋品批发销售。1998年，全区家禽批发销售180万只、鲜蛋1.5万吨，年销售额1.45亿元。

2002年，因市区区划调整和城市化进程加快，湾头、城东、汤汪等乡镇家禽市场划归广陵区，西湖等地家禽市场相继停办，全区无规模家禽蛋品交易市场。“时代”“沃尔玛”“大润发”等大型超市开业后，家禽、鲜蛋进柜销售，销售量平稳增长。2011年，全区销售家禽86万只、鲜蛋0.95万吨，禽蛋销售额6350万元。

水产品　1989年，区内水产品由计划经济体制下统购派购一、二类商品，划为三类商品，价格放开，实行市场调节。生产企业和渔民自行经营，水产品流通打破行业限制与地区界限，转变为多渠道、少区内主要菜场和农贸市场环节、开放型自主购销格局。是年，全区水产品销售1850吨，年销售额1095万元。1990年，全区水产品销售2350吨，年销售额1391万元。1992年，私营个体经营户增多，水产品市场上市数量和品种不断增加，水产品鲜度、质量不断提高。常年供应各种鲜活鱼、特种水产品和水产加工品，货源充足，购销两旺。1996年，市水产公司经营网点停业，私营个体及超市成为水产品经营主体，水产品销售逐年增长。2002年，区内各农贸市场和大型超市销售水产品种类增多，高档水产品有螃蟹、鳖、鮰鱼、鳜鱼、黄鳝、对虾、龙虾以及带鱼、黄鱼等海产品。2011年，全区销售水产品1.38万吨，比1989年增长4.89倍；年销售额3.31亿元，比1989年增长22.82倍。

三、蔬菜 果品

蔬菜　80年代，全区近郊乡镇以蔬菜生产为主，承担市区“菜篮子”供应主要职责。为满足市场供应，政府设专项补贴基金稳定货源，调控菜价，国营市蔬菜公司承担货源组织、市场调节等职责，保证城市居民生活必需。1989年，全区蔬菜面积1147.42公顷，总产量12.78万吨，合同定购品种30个。区内蔬菜经营主要由国营市蔬菜公司负责，公司下辖西门菜场和城北农副产品交易市场等经营网点9个。1992年，随着国家商业流通体制改革，市场放开搞活，外地蔬菜进入市区，本地菜农自产自销，以政府补贴为支撑的蔬菜“粮菜挂钩”“合同订购”产销管理体制受到冲击。1994年，政府取消蔬菜补贴，蔬菜公司自主经营。1995年，全区相继兴建联谊农贸批发市场、大桥副食品市场、窦庄农贸市场等一批蔬菜批发市场和农贸市场，代替原国营菜场供应蔬菜职能。1998年，全区有蔬菜批发市场1个、农贸市场13个。拥有菜地1080.54公顷，蔬菜总产量15.1万吨。是年，国营市蔬菜公司改制，经营网点歇业，蔬菜经营由私营个体商户及菜农自产自销取代。2002年，市区区划调整，城东、湾头、汤汪等乡镇和联谊农贸批发市场等农贸市场划归广陵区，全区蔬菜产销大幅下降。是年，全区蔬菜面积306.82公顷，蔬菜总产量4.1万吨，分别比上年下降65.49%和68.24%。2004年，全区实施“放心菜”工程，在西湖镇等地新建无公害蔬菜基地。在兴建农贸市场增加蔬菜销售同时，区内大型连锁超市均开设蔬菜卖场，除经营大路货外，高档蔬菜、净菜、盆菜，豆制品应有尽有，品种100多个。2011年，全区自产和外地蔬菜上市交易量22.35万吨，年销售额2.5亿元。

果品　1989年前，区内果品（包括鲜果和干果）主要由供销社日杂果品公司经营网点经销。本地水果因品种老化，多以自产自销为主。外地水果占据区内市场80%以上。经销部门每年到产地采购、调进入冷库贮藏，一直供应到次年夏季。1989年，全区销售水果103万公斤，年销售额112万元。1991年，随着市场放开，供销社经营水果数量逐年减少，私营个体经营迅速发展，果品销售量不断上升。城东乡利用近郊优势,建立亚龙果品批发市场。区内各农贸市场开设水果专区。市区主要街道和乡镇集镇水果店、亭、摊遍布,水果销量大增。至2000年,全区有水果销售批发市场15个、经营网点53个,批发销售水果13.9万吨,年销售额8924万元。2002年,市区区划调整,亚龙果品批发市场划归广陵区,水果销量大幅下降。2003年,"时代""世纪联华""苏果""沃尔玛"等大型超市开设水果卖场,品种多、质量优,还有进口水果如泰国红毛丹、榴梿,美国鲜橙、提子以及中国台湾的果品等,深受消费者欢迎,水果销量持续增长。2011年,全区果品销售6.7万吨,比1989年增长64.05倍;年销售额6800万元,比1989年增长59.71倍。

四、副食品

食糖 1989年,区内食糖实行计划供应。市区居民、集镇居民和农业人口每人每月计划供应食糖标准分别为250克、200克和150克,节日期间有所增加。是年,全区销售食糖736吨,年销售额219万元。1992年,食糖取消计划供应,出现多渠道经营,食糖销售量逐年增长。1995年,销售食糖1680吨,比1989年增长1.28倍。1996年,随着人们饮食习惯改变以及糕点生产企业减少,食糖需求有所下降。国营集体食糖经营网点基本停业,私营个体经销食糖缓慢增长。1998年,随着商品流通快速发展,区内私营食糖批发业务快速增长,湾头大桥副食品城10多户批发商户直接从福建、广东等地进货批发,是市区食糖货源主渠道。2002年,市区区划调整,大桥副食品城划归广陵区。此后,区内无大型食糖批发市场。2003年,区内各大型超市和连锁便民商业网点设有专柜销售各种食糖,销售量持续增长。2005年,全区销售食糖2500吨,比1989年增长2.39倍。2011年,全区销售食糖3300吨,比1989年增长3.48倍;年销售额1400万元,比1989年增长5.39倍。

酒类 1989年,区内白酒市场以中低档品种为主。国庆节、春节两大节日有曲酒计划供应,市区和集镇居民每户供应洋河或双沟曲酒1瓶。全年销售白酒1680吨,年销售额580万元。1994年,国家取消酒计划调拨与供应,酒类市场放开,高档名酒、葡萄酒品种日渐增多,销量持续上升。1995年,全区销售白酒3300吨。1996年,酒类经营出现多渠道竞争,湾头镇大桥副食品城驻有品牌白酒批发商90多户,年销售量2100吨。2002年,市区区划调整,大桥副食品城划归广陵区,全区酒类经营有所下降。2003年,区内国有集体酒类销售网点相继改制歇业,私营个体经营户成为酒类经营主体。"时代""苏果""世纪联华""沃尔玛"等大型超市相继开业,并设有白酒、红酒、啤酒卖场。各地较大品牌生产厂家在区内设立名酒专卖店,批零兼营。2005年,区内规模较大的品牌名酒专卖店有"中亚""洋河蓝色经典""双沟青花瓷""五粮液""古井贡酒"等共计35家。此外,有专营葡萄酒、啤酒店铺18家。全年销售各种酒7200吨,年销售额6800万元。至2011年,省内外各类品牌名酒,法国、意大利等国家名牌葡萄酒及日本、韩国清酒,相继进入区内各大超市、专业烟酒商店以及各大饭店酒柜,酒类品种琳琅满目。是年,全区销售各种酒9650吨,比1989年增长4.74倍;年销售额9500万元,比1989年增长15.38倍。

图11-1-1 时代超级购物中心

其他副食品 其他副食品主要包括各种饮品、糕点、糖果、干鲜货特产等。1989年,区内市场饮料、糖果品种较少,除本地生产冷饮和蛋糕、饼干、京果粉、糖果外,大多从南京、上海等地购进。区内各大商场、商店均设有专柜。农村供销社设有食品门市部,销售各种饮料、糕点、糖果及南北货,年销售额286万元。1991年,随着人们生活水平提高,饮料品种日渐增多,果汁相继上市,糕点、糖果礼品化、包装精美、价格低廉。私营个体经营迅速发展。1993年开始,饮品店、蛋糕店、糖果连锁店、南北货店等相继开业,生意红火。1994年,区内批发市场成为饮料、糕点、糖果、南北货等副食品主要集散中心,大桥副食品城经营副食品商户350多户,集中供应“娃哈哈”“统一”“康师傅”等饮品和“光明”“伊利”等知名品牌乳制品以及南北各地干鲜货特产，商品批发销售辐射省内南通、泰州、淮安及安徽滁州等30多个县市，年营业额1.65亿元。2002年，市区区划调整，大桥副食品城划归广陵区。此后，全区副食品批发逐步萎缩。2003年，饮品名店上岛咖啡、名典咖啡等在区内设点经营，“时代”“世纪联华”“苏果”“沃尔玛”等大型超市先后开业，并设立糕点、糖果、南北干鲜货等副食品专卖区，市场销售持续增长。2011年，全区有饮品、糕点、糖果、南北货等副食品经营网点142个，年销售额9500万元，比1989年增长32.22倍。

第三节　物资购销

1989年，全区物资系统有区物资总公司、区机电设备公司、区木材公司、区生资公司等10家单位，从业人员242人，年营业额1.23亿元。1992年，区机电设备公司完成销售额1.04亿元、利税100多万元，较上年增长50%以上。1994年，区物资系统组建集团公司，定名为扬州兴城物资集团总公司。1995年，因经营环境变化，区物资企业经营每况愈下。至1997年末，因连环债务，集团解体。1998年，区物资系统开始进行产权制度改革，企业实行股份制。区机电设备公司由职工投股重新组建中联金属机电公司，有股东28人，注册资金57万元。是年，区物资总公司因连年亏损，难以为继，进入破产程序，后经区法院裁定，宣告破产。至1999年，区木材公司、区新型建材公司、区生资公司等因外部环境变化和自身经营问题，出现严重亏损，难以经营，相继歇业。

1999年，区物资局与区财贸委合署办公，此后不再有企业管理职能。区物资系统企业除区机电设备公司实行股份制、自主经营外，其他企业均停业。

第四节　粮油购销

一、合同定购

1988年，根据国务院规定，全区粮食定购实行“三挂钩”政策，即粮食合同定购实行奖售化肥、柴油和发放预购定金“三挂钩”，每收购50公斤原粮供应平价化肥2.5公斤、平价柴油1公斤，并发放20%定购粮食价款预购定金。1989年，定购粮食850万公斤。1990年，根据省政府通知要求，全区粮食实行购、销、调拨及财务包干，一包三年，一年一结，三年统算。是年，根据国务院决定，从当年秋季收购开始，将合同定购改为国家定购，缴售国家定购粮为农民应尽义务。1993年4月，粮食价格放开，“三挂钩”政策不再执行，但粮食定购继续保持。

二、保护价收购

1989年，全区采取粮食收购保护价，保护价收购粮食295万公斤。1991～1993年，全区议购粮食980万公斤，粮食收购保护价制度逐步完善。1996年，全区农业大丰收，粮食供求关系发生巨大变化，出现供大于求现象，粮食市场疲软，粮食价格持续下跌。秋粮收购出现定购与议购、购价与销价倒挂现象，粮食购销企业库存积压，经营困难。1997年7月，全区贯彻国家粮食购销政策，强调必须按保护价敞开收购粮食，切实保护农民利益。1999年，粮食市场疲软，粮价低迷。全区在保持粮食定购制度和定购价格前提下，继续实行按保护价敞开收购政策。2000年5月，按省、市通知，决定从当年新粮上市起，全区红小麦、玉米、早籼稻、常规籼稻4个品种退出保护价收购范围。明确拓宽收购渠道，允许多渠道收购经营。2001年，全区实施粮食购销市场化改革，保护价政策取消。

三、市场收购

1985年4月，全区粮食实行合同定购，完成合同定购以外的粮食自由购销，粮食部门“平议”兼营，实行合同定购与市场收购相结合“双轨制”。1989年，全区收购粮食980万公斤。至1992年，全区粮食议价经营占平议价经营总数49.4%。1993年，粮食议价经营不再局限本地区，拓展到外地、外省和出口业务。2001年8月，按照国家粮食流通体制改革"放开销区，保护产区，首长负责，加强调控"的基本思路，以及省政府《关于全面推进粮食购销市场化改革的实施意见》，全区粮食经营全面实施购销市场化。2003年和2004年粮价波动较大，为稳定市场，区粮食部门和购销企业大力开展粮食购销活动，通过委托收购、网点收购、流动收购、预约收购、代购代销等方法，取得收购主动权，两年共收购粮食1800万公斤。2005年，粮食市场价格下行压力增大，其他收购主体谨慎入市，区国有粮食企业以略高于周边地区价格敞开收购，保护种粮农民积极性。当年，共收购粮食950万公斤，粮食收购市场基本保持稳定。

2005年，区粮食局撤销，粮食管理职能和购销数据统计由市粮食局承担。

第五节　农业生产资料购销

一、化肥

1989年，区内农业施用化肥以氮肥和磷肥为主，主要品种为碳酸氢氨、硝酸铵、尿素和复合肥等。化肥销售实行计划分配，议价化肥由区供销社统一经销。是年，全区有化肥经销网点11个，销售化肥1.89万吨，年销售额1260万元。在计划经济管理体制下，全区化肥分配计划年初由省、市计委下达，货源计划由省农资公司分配给市农资公司，再下达区农资公司。计划化肥按各乡镇农作物布局凭卡限时限量供应，粮棉奖售挂钩化肥按农民缴售粮食、棉花等农副产品实际数量凭证供应。由于省下达的化肥计划紧缺，区供销社每年从外地调进协作化肥以满足全区粮食、蔬菜生产所需。至1998年，全区化肥由区供销社专营，区供销社化肥供应量占全区供应量90%以上。省统配化肥一律实行全省统一零售价，计划外组织化肥不分进价高低，一律执行代理供应价。1999年，省政府印发《关于深化化肥流通体制改革的实施意见》，取消化肥生产和收购指令性计划，建立化肥销售竞争机制。当年，区供销部门供应化肥1.65万吨。2000年，由于农业产业结构调整和推广科学施肥技术，化肥用量逐步减少。2001年，全区销售化肥7500吨，比1999年下降54.55%。2002年，因市区区划调整和城市化进程加快，全区农田面积大幅减少，化肥销售大幅度下降。2005年，区供销社撤销，化肥出现多头经营、多元化竞争局面，私营个体经营户增加。2011年，全区化肥经销网点12个，销售化肥5600吨，年销售额980万元。

二、农药

1989年，全区有农药经销网点11个，销售农药389吨，年销售额295万元。1990年，区供销社推广新型高效低毒农药。为防治小麦赤霉病和白粉病，区供销社及时组织货源，全区销售"多菌灵""粉锈宁"68吨，为农业丰收提供保证。1997年，区内农药实行连锁经营和统一综合价管理办法，销售农药365吨。2000年，区政府规定农药必须由有资质企业经销。当年，区内有销售网点13个，销售农药345吨。2002年，因市区区划调整和城市化进程加快，全区农田面积大幅度减少，农药销量逐年下降。至2005年，全区有农药销售网点8个，销售农药212吨。2011年，全区有农药销售网点5个，年销售农药195吨，销售额545万元。

三、农膜

1989年，区内农用塑料薄膜(以下简称"农膜")实行计划分配，由区供销社经销，主要用于蔬菜种植、育秧、果树花草育苗等方面。全区有农膜销售网点11个，年销售农膜620吨，销售额118万元。1992年，农膜分配计划和价格由省统一管理，同时在省指令性计划基础上，实行平议综合价。1994年，区内农膜不再计划分配，价格随之放开，私营个体经销量有所增加。是年，全区有农膜销售网点13个，销售农膜750吨。1998年，全区销售农膜830吨。2002年，因市区区划调整和城市化进程加快，全区蔬菜面积大幅度减少，农膜销售量相应减少。2005年，全区销售农膜320吨。2008年，全区销售农膜270吨。2011年，全区销售农膜135吨，比1989年下降78.23%。

第六节　经营业态与网点

80年代末，全区明确提出把三产作为振兴经济实业来办，坚持市场建设和传统商贸业为主导、以旅游配套和现代服务业等新兴行业为重点，提出“围绕城市道路建设上三产、鼓励二产上三产、扩大规模上三产、配合村镇建设上三产”发展战略，商贸服务业得到较快发展。1988年，区属环球商场开业。1989年，全区社会商品零售总额2.16亿元，商贸业零售额1.26亿元，其中国营商贸企业零售额7128万元、集体商贸企业零售额4090万元、私营个体商贸企业销售额1429万元。全区商贸网点1211个，其中国营商贸网点9个、集体商贸网点377个、私营个体商贸网点825个。1993年，环球商场（扩建后更名为环球商厦）二期工程投入试运营，罗城商场等大型商贸企业相继投入运营，进入市区十大商场之列。1995年，环球商厦名列“扬州市十大商场”榜首，进入全省三产200强之列。是年，全区社会消费品零售总额11.51亿元，其中商贸批发和零售业营业额8.03亿元，其他行业营业额3.48亿元。全区商贸经营网点298个（批发129个、零售169个），其中国营商贸网点29个、集体商贸网点194个、其他商业网点75个。1997年，全区商贸企业开拓经营，扩销增收，逐步发展跨行业经营、跨地区联营和特色连锁店经营，采取特约经销、总代理等新营销办法，规模不断壮大。是年，全区三分之一以上二产企业兴办三产企业150多家。与城市规划配套接轨，建起秋雨路、四望亭路、梅岭东西路等10多条商贸一条街。1998年，在抓好区属三产企业改造提升的同时，注重对乡村商贸业指导，发展特色专业店、连锁超市，开辟农村市场，扩大市场销售。新大新家电有限公司、梅岭什杂乳果品公司等企业适应市场需求，改进经营方式，活化营销策略，当年分别实现营业额3500万元、3750万元，保持较好运行质态。是年，全区社会消费品零售总额15.92亿元，其中商贸批发业营业额1.3亿元，商贸零售业营业额9.99亿元，其他行业营业额4.63亿元。全区限额以上商贸经营网点8个，其中批发企业（营业额2000万元以上）2家，零售企业（营业额500万元以上）6家。2001年，新大新家电有限公司年销售额近亿元。环球商厦通过破产，实行资产重组，经营场所出租给上海世纪联华建大卖场。物资系统关停并转，除区机设备电公司重新组建中联金属机电公司外，其他企业均停止营业。

2002年，市区区划调整，城东、湾头、汤汪3个乡镇划出，全区三产经济总量下降60%，三产增加值占地区生产总值比重由2001年35.3%降至2002年22%，三产增加值总量规模及占地区生产总值比重在全市排名均跌落至倒数第一。是年，全区社会消费品零售总额11.17亿元，其中商贸批发业营业额1.43亿元，商贸零售业营业额8.08亿元，其他行业营业额1.66亿元。全区限额以上商贸经营网点9个，其中批发企业（营业额2000万元以上）两家，零售企业（营业额500万元以上）7家。2003年，全区坚持“工业强区、服务业富区”战略，在做好商业规划基础上，加大项目投入，驱动服务业发展。2005年，区商贸流通业继续加大调整经营结构力度，依据市场需求，扩大经营品种和经营渠道。上海永乐生活电器公司在区内注册，并于当年5月开业。世纪联华商业有限公司为增强发展后劲，将经营网点延伸到市区南部，在万马滨河城筹设二店。是年，因社会消费品市场竞争激烈，全区商业系统各企业积极采取应对措施，开展促销活动，共实现社会消费品零售总额16.38亿元。时代超级购物中心所占市场份额进一步扩大，全年实现销售额1.65亿元；世纪联华保持稳定发展势头，全年销售额突破亿元。当年5月新开业的上海永乐生活电器公司销售火爆，全年销售额9880万元；新大新家电有限公司依靠优质服务，全年取得9100万元销售业绩。至2005年，全区拥有年销售额超亿元规模商贸企业10家，全年实现服务业增加值8.08亿元，占地区生产总值的30%，商贸流通工作获市一等奖。

2008年，全区商贸流通业扩大经营品种和经营范围，实现社会消费品零售总额36.74亿元，比上年增长21%，其中商贸批发业营业额1.9亿元，商贸零售业营业额28.41亿元，其他行业营业额6.44亿元。全区限额以上商贸经营网点56个，其中批发企业（营业额2000万元以上）40家，零售企业（营业额500万元以上）16家。润扬汽车销售公司成为汽车销售龙头企业，当年实现销售额1.6亿元。新开业的扬州东星奔驰公司完成1.3亿元销售额。中亚糖酒公司依靠优质服务和良好口碑以及众多销售网点，当年取得4.3亿元销售业绩。2009年，全区商贸流通业继续利用地处主城区优势，加快新商圈打造，先后引进嘉信茂广场、沃尔玛超市、虹图数码广场等商业体。当年，共实现社会消费品零售总额43.77亿元，同比增长22.4%。沃尔玛购物广场于当年1月开业，是世界500强企业沃尔玛在扬州投资设立的首家连锁零售商场，也是省内第七家商场。扬州东星奔驰公司充分利用国家相关政策和地理优势扩大销售，完成3.1亿元销售额，较上年增长146%，成为区内汽车销售额最高企业。是年10月19日，韩国乐天集团收购中国时代零售65家门店，扬州时代超级购物中心更名为乐天玛特超级购物中心。2011年，沃尔玛商场经营业绩稳步提升，商场品牌逐步树立，销售额1.35亿元，迈上健康稳步发展轨道。是年，全区社会消费品零售总额50.1亿元，其中商贸批发业营业额3.85亿元，商贸零售业营业额41.76亿元，其他行业营业额4.49亿元。全区限额以上商贸经营网点62个，其中批发企业(营业额2000万元以上)34家，零售企业(营业额500万元以上)28家。

第七节　企业选介

曲江商品城　原名曲江小商品批发市场，创办于1992年，位于城东乡，是苏中、苏北地区生活用品集散中心之一。1994年，销售额突破1亿元。1995年在“扬州市十大商品市场”评比中名列第六位。1996年，成交额突破10亿元。1998年，扩展规模，规范管理，经济效益明显。主要经营服装、布匹、家具、小百货、副食品、五金水暖、电子电器、文化用品、箱包皮具、家纺等10个大类数十万种生活日用品，形成精品百货城、窗帘布艺城、精品服饰城、儿童用品主题城、精品鞋包城、五金电器城等六大主题经营区，“大众品牌，百姓消费”市场口碑在扬州及周边地区具有较高知名度和认可度。2002年，市区区划调整，曲江商品城划归广陵区管理。

环球商厦　原名环球商场，为区直属商业企业，1988年1月开业。商厦位于国庆路与三元路、琼花路(文昌中路)交会处，建筑面积4300平方米，营业面积2300平方米，职工300多人。经营商品1万多种。1993年，更名为环球商厦，是全区最大综合性商场，也是市区十大商场之一。1995年，环球商厦名列“扬州市十大商品市场”榜首，年销售额过亿元。2000年，实现销售收入7336万元。2001年，环球商厦破产，场地出租给上海世纪联华建大卖场。

文昌商场　商场是隶属于原平山茶场的一家国营商场，创办于1983年。拥有两个商品营业部，一个在琼花路29号，经营百货；一个在三元路45号，经营童装。童装部于1992年1月开业，是市区唯一的专业童装商场，建筑面积4300平方米，营业面积2300平方米，职工300人。是年，营业额110万元，利润9万元。1993年，商场固定资产逾100万元，销售额500万元。同年，被环球商厦收购。

区机电设备公司　前身为扬州振扬汽车摩托车工业公司，位于四望亭路231号，成立于1985年4月，1987年改为现名，为区属国有物资企业。公司成立后销售额平均每年以90%速度递增。1992年，销售额8000万元，利税过100万元，成为区物资系统半壁江山。公司拥有职工80人，固定资产120万元，经营面积1200平方米。1989～1993年，公司连续5年获“重合同、守信用企业”称号。后因市场竞争等多种因素，经营业务逐渐萎缩。2005年歇业。

新大新家电有限公司　成立于1997年，位于文昌阁东，营业面积3000多平方米，年销售额1.2亿元。公司主要经营彩电、冰箱、洗衣机、热水器等各种家用电器，并逐步扩展到大型中央空调、专业音响设备、多媒体影音工程等。公司先后获“百城万店无假货示范店”“市价格诚信单位”“市消费者满意服务单位”等多项荣誉。2000年3月，公司改为股份合作制企业。2005年，销售额9219万元。2007年，公司歇业。

扬州时代超级购物中心(扬州乐天玛特有限公司)　位于扬子江北路60号，是香港肇丰集团投资的大型连锁超市，于2001年4月开业，营业面积2.5万平方米，经营商品2万多种。2007年，获“区服务业明星企业”称号。2009年10月，扬州时代超级购物中心由韩国乐天集团收购，改为扬州乐天玛特有限公司。

扬州中亚糖酒有限公司　成立于1999年，位于史可法路65号，是市烟草专卖局(公司)下属企业，也是省内最大的专业经营烟、酒、糖、茶批发零售的企业。2005年，实现销售额3亿多元。公司在扬州、泰州等地区设有40多个门市部，在镇江、江都、仪征设立分公司，在淮安等地设立办事机构。公司卷烟由市烟草公司直供，酒类货源由厂方直供。经销200多个酒类及饮料品种。公司下设扬州中亚茶叶有限公司及中亚茶庄，设有40多个专柜(专店)，供应高档茶叶、礼品盒，货源由产茶区基地、茶厂(公司)直接供货。2009年，公司开设福来德葡萄酒庄，先后引进法国、德国、意大利、美国、智利、澳洲等国名牌酒庄酒、原装进口葡萄酒及外国卷烟、雪茄等，满足不同消费者需求。是年，公司分别获“扬州市十大消费品零批旗舰型企业”“区纳税大户”“区服务业发展先进单位”称号。2011年，公司新增门店2家，实现销售收入6.5亿元、利润5800万元。

扬州世纪联华商业有限公司　位于国庆路290号。由国内销售规模最大的连锁超市公司——上海联华超市有限公司投资组建，2002年7月开业。公司主体建筑由3层组成，面积1.5万平方米。一层为品牌商业街，经营各类精品名品系列；二至三层为大卖场，主营食品、家电、日用百货、生鲜副食共2.5万多种商品。2006年，公司完成销售额1.15亿元。2007年，因属地管理，划归广陵区。

扬州可的便利店有限公司　公司于2003年9月进入扬州，总部设在双桥街道。2005年，公司发展连锁门店36家。2006年3月，被市商贸局、市文明办授予“行业新风标兵单位”，2007年获“区服务业明星企业”称号。2011年，公司实现销售收入6275万元、利润1140万元。

扬州沃尔玛购物广场　是沃尔玛在区内投资设立的大型连锁零售商场，位于扬子江中路嘉信茂购物广场二、三层，营业面积1.68万平方米，职工近400人，是美国沃尔玛在扬州开设的首家商场，也是省内第七家商场。2009年1月，商场开业，经营2万多种商品，当年销售额8205万元。2010年，实现销售额9000万元。2011年，实现销售额9200万元。

第二章　服务业

第一节　金融业

一、银行业

1989年，区内金融机构主要有中国农业银行扬州市郊区办事处、区信用合作联社(隶属区农业银行管理)、中国人民建设银行扬州市郊区分理处和中国银行扬州市郊区分理处。是年，区内各金融机构存款余额8700万元，贷款余额1.07亿元。1993年5月，建立市琼花城市信用合作社(隶属于区政府)。1995年，区信用合作联社与区农业银行脱钩，实行独立核算、自主经营。是年，区各金融机构存款余额4.11亿元，贷款余额1.38亿元。1998年1月，市琼花城市信用合作社划归市商业银行管理，并更名为市商业银行唐城支行。2001年，建立中国农业银行维扬支行和中国银行四望亭支行。是年，区各金融机构存款余额21.9亿元，贷款余额8.83亿元。2008年1月，市商业银行唐城支行更名为江苏银行唐城支行。2010年2月，市区信用合作联社更名为扬州农村商业银行维扬支行。2011年，中国银行维扬支行、中国农业银行维扬支行、江苏银行唐城支行、扬州农村商业银行维扬支行等金融机构本币存款余额145.12亿元，外币存款2685万元，贷款余额38.32亿元,4 家金融机构账面利润 1.02 亿元。

至 2011 年,驻区金融机构有中国人民银行扬州市中心支行、中国银行业监督管理委员会扬州监管分局、中国工商银行股份有限公司扬州分行、中国农业银行扬州市分行、江苏银行扬州分行。

中国农业银行维扬支行　1983 年 5 月,中国农业银行扬州市郊区办事处成立。1984 年 12 月,更名为中国农业银行扬州市郊区支行。1988 年 11 月,恢复“中国农业银行扬州市郊区办事处”名称,下设营业部、文昌分理处、跃进分理处、达士分理处、城北营业所、湾头营业所、汤汪营业所、西湖营业所、西门分理处及府前、大厦、广储、梅岭、友谊、西郊 6 家储蓄所。2001 年 10 月,建立中国农业银行维扬支行。2010 年,更名为中国农业银行股份有限公司扬州维扬支行,内设综合管理部、公司业务部、网点管理部、个人金融部、信贷管理部、财会运营部等 6 个职能科室,下辖二级支行 15 个,共有职工 212 人。支行位于文昌中路 412 号。2011 年,支行存款余额 58.77 亿元、贷款余额 25.57 亿元。

中国银行维扬支行　1988 年 2 月,中国银行扬州市郊区分理处成立。同年,更名为中国银行扬州市郊区办事处,下设环球、西门、罗城、宝塔 4 家储蓄所。2001 年 5 月,升格为中国银行四望亭支行。2003 年 5 月,更名为中国银行维扬支行。支行内设营业部与业务发展部,有职工 36 人。位于四望亭路 206 号。2011 年,支行存款余额 12.37 亿元,其中储蓄存款 3.2 亿元;贷款余额 11.36 亿元。

江苏银行唐城支行　前身是市琼花城市信用合作社。1993 年 5 月,区政府组建市琼花城市信用合作社,为独立核算、集体合作金融机构,科级建制,隶属于区政府,归口于区财贸办公室。1998 年 1 月,市琼花城市信用合作社划归市商业银行管理,并更名为市商业银行唐城支行。2008 年 1 月,省政府决定成立江苏银行,全省城市商业银行划归江苏银行,市商业银行唐城支行更名为江苏银行扬州唐城支行。支行内设综合管理部、业务发展部、财务会计部等,编制 24 人。位于四望亭路。2011 年,支行存款余额 17.76 亿元,贷款余额 6.66 亿元。

图 11-2-1　2007 年 3 月,市区信用联社举办信贷业务知识培训班

扬州农村商业银行维扬支行　1984 年 12 月,区信用合作联社成立,隶属于区农业银行管理,下设城北、城东、双桥、平山、湾头、西湖、汤汪 7 家信用社。1995 年,区信用合作联社与农业银行脱钩,实行独立核算、自主经营。2004 年,区信用合作联社与邗江区信用合作联社合并组建市区信用联社。2010 年 12 月,市区信用合作联社更名为扬州农村商业银行维扬支行。2011 年,支行存款余额 30.65 亿元、贷款余额 20.21 亿元。

中国建设银行扬州新区支行　1987 年 12 月,中国建设银行扬州市郊区分理处成立。同年,更名为中国建设银行扬州市郊区办事处,下设石塔信用社和曙光、平西、史可法西路 3 家储蓄所。位于扬州唐城商场内,1992 年 12 月,迁至文昌中路 666 号。1999 年 1 月,迁至文昌西路 58 号,并更名为中国建设银行扬州新区支行。2002 年 12 月,迁至文昌西路 133 号。

1989～2011年维扬区金融机构存贷款余额一览表

表11-2-1　　单位:亿元

项目 年份	各项存款					各项贷款				
	农行维扬支行	中行维扬支行	江苏银行唐城支行	建行新区支行	农商行维扬支行	农行维扬支行	中行维扬支行	江苏银行唐城支行	建行新区支行	农商行维扬支行
1989	0.68	0.11	—	0.08	—	0.84	0.11	—	0.12	—
1990	0.89	0.17	—	0.12	—	0.98	0.12	—	0.22	—
1991	1.29	0.24	—	0.23	—	1.10	0.22	—	0.29	—
1992	1.30	0.35	—	0.27	—	1.31	0.33	—	0.38	—
1993	1.17	0.45	0.18	0.40	0.18	0.61	0.39	0.15	0.10	0.15
1994	1.49	0.67	0.35	0.45	0.35	0.71	0.36	0.24	0.13	0.24
1995	1.95	0.94	0.56	0.66	0.56	0.98	0.48	0.36	0.18	0.36
1996	1.72	1.32	0.80	1.06	0.80	1.35	0.48	0.56	0.24	0.56
1997	2.31	1.67	1.02	2.30	1.02	1.61	—	0.71	0.80	0.71
1998	—	1.82	1.06	2.82	1.06	1.72	1.72	0.72	0.98	0.72
1999	—	0.88	0.94	4.89	0.94	2.25	—	0.69	1.41	0.69
2000	—	1.19	1.18	6.05	1.18	3.46	—	0.87	1.36	0.87
2001	10.51	1.28	1.55	—	8.56	4.93	2.57	0.92	0.75	4.59
2002	12.75	1.39	—	—	10.23	6.86	2.72	—	—	5.40
2003	18.61	1.17	—	—	12.07	8.83	3.05	—	—	7.31
2004	20.61	1.38	—	—	—	11.43	3.17	—	—	—
2005	23.99	1.33	—	—	—	9.38	3.58	—	—	—
2006	27.95	2.02	—	—	—	10.86	4.49	—	—	—
2007	32.03	5.37	—	—	—	16.21	5.04	—	—	—
2008	37.41	6.83	7.49	—	16.17	14.07	6.04	2.09	—	10.28
2009	51.17	9.74	9.55	—	20.78	22.19	11.02	2.76	—	13.03
2010	54.01	11.35	12.98	—	25.74	24.69	10.18	3.59	—	16.82
2011	58.77	12.37	17.76	—	30.65	25.57	11.36	6.66	—	20.21

中国人民银行扬州市中心支行　1949年5月,华中银行二分行改组为中国人民银行扬州支行。1953年2月,扬州中心支行成立。1983年,更名为中国人民银行扬州市支行,下辖11个县(市、区)支行。1984年,人民银行加挂"工商银行"牌子,实行一套班子、两套账务。1985年1月,市人民银行与工商银行分设,更名为中国人民银行扬州分行,不再办理工商信贷和储蓄业务,专门行使中央银行职能。1986年2月,国家外汇管理局扬州分局成立,为国家外汇管理局扬州分支机构。扬州外汇管理局正、副局长分别由中国人民银行扬州分行行长和分管副行长兼任。1999年1月,中国人民银行扬州分行更名为中国人民银行扬州市中心支行,国家外汇管理局扬州分局更名为国家外汇管理局扬州市中心支局。市中心支行位于文昌西路3号。

中国银行业监督管理委员会扬州监管分局　2003年4月,中国银行业监督管理委员会(简称中国银监会)在北京成立。同年12月,中国银行业监督管理委员会扬州监管分局(简称扬州银监分局)成立。位于扬子江中路756号。

中国工商银行股份有限公司扬州分行　1985年1月,中国工商银行扬州市支行成立。支行内设19个职能科室,直辖第一、第二营业部及汶河办事处,下设泰州、仪征、兴化、高邮等10个县(市)支行。1993年3月,更名为中国工商银行扬州市分行。2005年10月,实行改制并更名为中国工商银行股份有限公司扬州分行。位于扬子江中路756号。

中国农业银行扬州市分行　1955年3月,中国农业银行扬州中心支行成立。1983年3月,更名为中国农业银行扬州市支行。1993年3月,更名为中国农业银行扬州市分行。至1996年11月,市农业银行和扬州农村信用合作联社彻底脱钩。是年,向国有商业银行转轨改革。位于文昌西路112号。

江苏银行扬州分行　1998年1月,以市城市信用联合社和市区10家城市信用联社为基础,组建市商业银行,为市内首家由地方财政、企业和个人投资入股而组建的地方性股份制商业银行。市商业银行设立"三会一室",即股东大会、董事会、监事会和行长室。2008年1月,市商业银行划归江苏银行,并更名为江苏银行扬州分行。位于文昌西路7号。

中信银行扬州支行　1996年11月,中信实业银行扬州支行成立,为中信实业银行在苏北地区设立的首家分支机构。1998年1月,设立首批市区分支机构。2005年1月,升格为中信实业银行扬州分行。11月,更名为中信银行扬州分行。位于维扬路171号。

二、保险证券业

1989年,区内保险业务由中国人民保险公司扬州市分公司郊区办事处负责办理,开设的主要险种有企业财产保险、家庭财产保险、运输工具保险、简易人身保险、养老保险、团体人身保险、人身意外伤害险等。是年,市保险分公司与市农行签约在郊区7个乡镇成立保险代理处。1991年6月,驻区的中国太平洋保险公司扬州代理处成立。之后陆续有10多家保险公司在区内从事保险业务。1995年11月,保险业开始进行产寿险分业经营体制改革,各保险公司先后分设寿险公司和财险公司。2011年12月,全区共有驻区保险业及证券业机构12家,其中保险公司10家,证券公司扬州营业部两家。

中国平安财产保险股份有限公司扬州中心支公司　2003年3月,中国平安财产保险股份有限公司扬州中心支公司成立。位于文昌西路316号。

天安保险股份有限公司扬州中心支公司　2002年5月,天安保险股份有限公司扬州中心支公司成立。位于文昌西路47号。

中华联合财产保险股份有限公司扬州中心支公司　2004年2月,中华联合财产保险股份有限公司扬州中心支公司成立。位于文昌西路28号。

中国大地财产保险股份有限公司扬州中心支公司　2004年3月,中国大地财产保险股份有限公司扬州中心支公司成立。位于四望亭路326号。

永安保险股份有限公司扬州中心支公司　2004年5月,永安保险股份有限公司扬州中心支公司成立。位于文昌西路12号。

安邦财产保险股份有限公司扬州市中心支公司　2005年5月,安邦财产保险股份有限公司江苏公司扬州营销服务部成立。是年10月,筹建安邦财产保险公司扬州中心支公司。位于文昌西路86号。

太平财产保险股份有限公司扬州中心支公司　2005年7月,太平财产股份有限公司扬州中心支公司成立。位于扬子江中路742号。

中国平安人寿保险股份有限公司扬州中心支公司　2003年3月,中国平安人寿保险股份有限公司扬州中心支公司成立。位于扬子江中路771号。

泰康人寿保险股份有限公司扬州中心支公司　2002年5月,泰康人寿保险股份有限公司扬州中心支公司成立。位于文昌西路47号。

生命人寿保险股份有限公司扬州中心支公司　2005年2月,生命人寿保险股份有限公司扬州中心支公司成立。位于文昌西路56号。

申银万国证券公司扬州营业部　1993年，建设银行江苏省信托投资公司扬州股票交易代理点成立。1997年8月，代理点被申银万国证券公司并购，并更名为申银万国证券公司扬州营业部。位于扬子江中路758号。

银河证券公司扬州证券营业部　2004年11月，银河证券公司扬州证券营业部成立。位于文昌西路3号。

三、民间融资

2008年，国家逐步放宽农村金融准入政策，进一步激活民间资本，更多信贷资金和社会资金投向农村和中小企业。此后，全区组建4家融资性担保公司和1家农村小额贷款公司。

扬州金太阳投资担保有限公司　公司由法人代表姜群及江苏金太阳实业发展集团有限公司发起，2008年7月成立，注册资本1.5亿元。2011年，公司被中国人民银行南京分行指定信用评级机构江苏远东国际评估咨询有限公司评定为A级资质。

扬州恒银投资担保有限公司　2009年12月成立，注册资本1.02亿元。2011年，公司累计新增担保总额2.6亿元，新增担保企业120家，在保责任余额2.15亿元，在保企业120家。

市维扬双赢信用担保有限公司　2008年5月成立，注册资本9900万元。

市兴龙投资担保有限公司　2009年9月成立，注册资本9000万元。2011年，注册资本增至1.01亿元。

区江扬农村小额贷款有限公司　2009年7月开业，注册资本1.03亿元，位于蜀冈东路148号。2009年8月，注册资本增至两亿元。

四、政府金融活动

图11-2-2　2009年3月，维扬区召开银企合作座谈会暨签约仪式

1989年，为促进全区经济发展，区政府组织开展政府、银行、企业沟通互动，创新企业融资形式，提升政银企合作水平，帮助企业解决资金矛盾。同年7月，为表彰区农行系统储蓄业绩，区政府对中国农业银行郊区支行予以通令嘉奖。1993年2月，区委、区政府先后在城东乡、西湖镇分片召开全区乡镇工业技改项目过堂会。会议围绕全年技改投入两亿元、力争2.5亿元目标，对各乡镇场上报项目进行过堂，共梳理100万元以上项目60个，计划总投资2.67亿元。会上，驻区金融机构当场认可贷款资金1.58亿元。其中500万元以上技改项目13个，总投资1.83亿元；1000万元以上项目6个，总投资1.45亿元。2009年3月，由区发改委牵头，邀请市建行、市中行、市农行、市工行、市交行、江苏银行、招商银行、华夏银行等11家金融机构召开全区银企合作座谈会暨签约活动。此次活动创“三个之最”，邀请银行最全、参会企业最多、签约贷款规模最大。会上签订银企贷款协议22项，贷款金额14.11亿元。其中流动资金贷款12项，金额4.92亿元；技改项目贷款6项，金额3亿元；基础设施建设贷款4项，金额6.19亿元。2010年4月，由区发改委牵头，中国人民银行扬州支行和区委、区政府联合举办扬州维扬政银企合作促进会暨签约仪式，驻扬10多家金融机构代表参加活动，累计签订14.1亿元授信协议。2011年3月，由区金融办牵头，举办全区银企合作推介会暨项目签约仪式，共落实43个银企合作签约项目，总授信金额20.33亿元。

第二节 邮政电信业

一、邮电机构

1989年,区内邮电机构有支局两家:曲江邮电支局、湾头邮电支局,邮电所7家:西湖邮电所、汤汪邮电所、万福闸邮电所、城北邮电所、农学院邮电所、师范学院邮电所、汽车站邮电所,邮电亭两处:梅岭邮电亭、堡城邮电亭。1995年4月,增设友谊路邮电支局。5月,梅岭邮电亭扩建为梅岭邮电所,增设四季园邮电所。1996年,增设二十四桥代办所。2002年,因城市建设需要,城北邮电所房屋拆除,新购营业用房100平方米迁移新址;友谊路支局、二十四桥代办所相继撤销。由于区内无邮电管理部门,业务管理直属市邮电局或邗江邮电分局。

1998年,邮电管理体制改革,邮政、电信分营,区内一直未设分支管理机构,邮政业务分属市邮政局或邗江邮政分局,电信业务分属市电信局或邗江电信分局,其业务管理与数据统计均包含于市区之内。

二、邮政业务

1989年后,区内各邮电机构(支局、所)开办的邮政业务有函件,包括平信、航空快件、明信片、普通挂号、印刷品、保件信函等;包件,包括普通包裹、保价包裹、快递小包、航空包裹、航空快递小包、国际和港澳包裹等;汇兑,包括普通汇款、电报汇款;邮政储蓄,主要经办整存整取、零存整取、活期储蓄等业务;以及报刊发行、集邮、特快专递等业务。

函件　分平常函件和给据函件。1988年,区内函件实行国际标准并调整资费。函件资费上调55%,为每10克0.3元;信函航空费调整为每10克0.4元,涨幅80%。1989年后,盲人读物平常邮件免费邮递。1990年,国际、国内函件资费调高25%,平信邮资本埠由0.04元调整为0.1元,外埠由0.08元调为0.2元,挂号信调整为0.5元。印刷品函件调整后每10克本埠0.04元、外埠0.08元。1992年,区内国内航空函件收费调整为每10克0.1元。1995年,给据函件贴用户条形码签。1996年,实行给据函件丢失赔偿责任制。1999年,区内邮政资费调整,平常信函调整为本埠0.6元、外埠0.8元。2000年后,先后开发企业金卡、邮寄广告自递、商业函件数据库,为企业寄收函件提供服务;与银行、税务等部门合作新增寄递对公账单、个税账单、交通违法(规)告知书等业务。2006年,再次调整国内信函和明信片邮资,信函资费首重100克以内,每20克本埠资费由0.6元调整为0.8元,外埠由0.8元调整为1.2元。100克以上续重资费维持每重100克本埠1.2元,外埠两元不变。

包件　包裹件业务分普通包裹、保件包裹、快递小包和航空包裹。包裹件分民用和商品两种,属经营性物品的作商品收寄,资费按普通包裹件加收50%。1990年,区内开设邮政特快业务代办点,规定包裹件寄递实行保价,起点费由0.2元提高至0.3元。1992年后,区内包件收费出现多渠道竞争局面,私营快递公司相继成立。2000年后,国内邮件寄递全面提速,时限缩短1～2天,包裹缩短2～4天。2006年,邮件寄递流程改革,省内邮件取消县市对外封收功能,邮件统一集中到市邮政局速递公司封发,直接发往省内各县市。

汇兑　1989年,区内汇兑业务有普通汇款和电报汇票两种。投递员向收款人投送汇款通知单,收款人携带户口簿等有效证件到邮局领取汇款。1991年,增加特快汇兑业务,汇兑范围通达全国各地。1992年后,随着外来务工人员增加,汇兑业务量逐年增多。2001年后,区内开办电子汇兑业务,手工纸质操作结束。2005年后,随着银行卡业务发展,汇兑业务下降。

特快专递　1995年,区内开办国际国内特快专递业务。1997年,开通"185"全国邮政电话特别服务专号对外服务。1998年,开办邮政礼仪专递业务。2000年,开办同城速递身份证、法院传票、代售火车票和飞机票等业务。

报刊发行　1989年,区内各邮政网点均办理报刊发行订阅业务,设有报刊零售店16处。1991年后,由于报纸自办发行增加,邮政发行量增长缓慢。1996年,新增报刊亭13处。2000年,市区启动"户箱工程”,为用户安装信报箱 580 只,农村报纸基本送达到户。2005 年后,报刊发行实行专业化经营。

集邮 1989 年,区内各邮电所均开办集邮业务。市区设有集邮门市部,办理邮票、邮品等信托、寄售业务。1993～2011 年,《郑板桥作品选》《瘦西湖二十四桥》《中秋节》《如意吉祥》《名店、名厨、名宴》等邮票和《历史文化名城——扬州》《月亮城——扬州》以及《千年跨越》等专题纪念邮册在市区相继发行。

三、电信业务

固定电话 区内长途电话由扬州长途电话转接。1985 年,扬州程控电话开通。1990 年,区内电话与各县市通话实现数字大通路传输。市邮电局光纤通信系统和数字微波系统投入运行,区内电信传输网由原来以明线为主的模拟网,转变为以光缆、数字微波、卫星通信为主的数字网。城乡电话由人工磁石、纵横制、准电子等交换转变为数字程控交换。是年 10 月,电话号码由 5 位数升至 6 位数。1995 年,由 6 位数升至 7 位数。是年末,区内电话网建成,扬州统一长途区号为“0514”。1997 年,区内长途传输线路全部实现光缆化。1999 年,扬州电话交换机总容量突破 100 万门,其中市话交换机总容量 48.32 万门。2005 年,电话交换机总容量 263.25 万门。至 2011 年,全区电话网、数据通信网延伸覆盖所有乡镇、村和居民小区。

无线市话 2001 年,扬州电信实施无线市话(俗称“小灵通”)工程建设。2003 年 8 月,扬州网通开通无线市话业务,采用 SCDMA 技术,品牌为“万信通”“大灵通”。其中“万信通”为手机服务,“大灵通”为无线座机业务。业务均覆盖全区各街道和乡镇。至 2011 年,由于移动和多媒体通信快速发展,“小灵通”业务停止。

无线寻呼 1988 年 7 月,扬州邮电寻呼中心对外营业放号。至 1991 年,市区累计用户 656 户,寻呼量 6.19 万次。1993 年,扬州“126”寻呼台成立,用户迅速增加。1994 年,市区用户 1.8 万户。1997 年,扬州“126”“127”寻呼网实现全市联网,用户号码由 5 位数升至 7 位数。1998 年,江苏国信寻呼公司扬州分公司和中国联通扬州分公司经营无线寻呼业务,其服务范围覆盖全区各乡镇。2000 年,移动电信手机短信业务开通,手机资费下调,无线寻呼用户首次出现负增长。是年 9 月,国信和联通寻呼扬州分公司统一使用网络资源,全市结束寻呼服务。

移动通信 1992 年 12 月和 1993 年 8 月,中国移动公司扬州模拟移动电话网(A 网、B 网)相继开通。1995 年 12 月,扬州移动全球通数字移动电话 G 网开通。1998 年,中国联通公司扬州分公司在区内建设“130”数字移动电话网,铺设光缆线路,兴建 GSM 网基站,其信号覆盖全区。是年,扬州移动通信市场进网费、月租费先后取消,手机终端购置费、业务资费不断降低,区内移动电话用户不断扩大。1999 年,中国移动扬州分公司推出“全球通”等品牌。是年 7 月,“全球通”移动电话号码由 10 位数升 11 位数。2000 年后,中国联通、网通、铁通等公司在区内街道和乡镇建立专营店和服务网点。

多媒体通信 区内多媒体通信主要依托于市区多媒体通信。1994 年,扬州电信数据网业务开通。1996 年 8 月,扬州电信接入国际互联网,开通“163”窄带拨号上网业务。1998 年 5 月,开通视频点播“VOD”系统,实现网上实时动态传播图像。2001 年 8 月,扬州电信开办 ADSL(非对称数字用户环路)宽带业务(俗称高速通)。同年 10 月 1 日,开办 FTTx+LAN(光纤到楼到户)业务(俗称极速通)。是年末,宽带对全区城市用户实现全覆盖,并覆盖西湖、汤汪、湾头等乡镇。2003 年后,扬州移动、扬州联通、扬州网通、扬州铁通相继开通数据、互联网和宽带接入业务。至 2011 年,全区有电信、移动、联通、网通、铁通和广电网络等通信运营商经营宽带业务。

第三节 旅游业

一、旅游服务

管理机构 1989～2007 年,全区无旅游管理专门机构,旅游业主要为市区旅游提供餐饮、住宿以及导游等配套服务。2007 年,区旅游局成立,与区服务业发展局、区商业贸易局合署办公。

旅行社　1995年,区属西湖旅行社成立。1998年,润扬、烟花三月、铁道、康辉、春兰等旅行社在区内相继挂牌成立。至2011年,区内有西湖、舜天、春兰、烟花三月、同程、康辉、夕阳红、二分明月、风光等9家旅行社以及市中国旅行社、市国际旅行社、市中国青年旅行社、环球旅行社等分支机构和服务网点13个。各旅行社与省内以及浙江、安徽等旅行社建立协作关系,开辟的旅游线路遍及全国各地和港澳地区,还开辟新加坡、马来西亚、泰国、越南、俄罗斯、日本、欧美等国际旅游线路。

宾馆、饭店　1989年,区内有扬州宾馆、西园饭店、月明轩饭店、东园饭店、绿园宾馆等中高档宾馆8家以及区属小型旅店14家。1997年,区内有中高档宾馆和饭店17家、小型旅社40家。1998年后,区内高档宾馆、星级酒店数量不断增加,其中市属扬州迎宾馆、京华大酒店等涉外高档宾馆相继开业。至2002年,区内有中高档宾馆、饭店25家,涉外酒店2家,四星级旅游饭店2家,三星级旅游饭店3家。2005年后,为适应市区旅游业快速发展,全区加大旅游配套服务设施建设力度,全区星级宾馆、高档酒店和经济型旅馆及餐饮机构迅速增加。至2008年,全区共投入2.89亿元,相继建成海德建国酒店、红樱桃宾馆等一批中高档宾馆,全区有中高档宾馆25家、经济型饭店56家。2009年,全区投入1.2亿元,新建汇金玄武、柏丽商务宾馆等一批高档宾馆。2010年,格兰云天大酒店等一批高中档宾馆对外营业,有效缓解市区旅游旺季游客住房难局面。至2011年,全区共有旅游宾馆酒店98家,其中五星级酒店3家、四星级酒店4家、三星级酒店3家。

二、旅游辅助景点建设

2008年,位于市区西北的甘泉街道老山风景区开始规划兴建;总面积5平方千米的扬州汉唐文化体验与生态休闲旅游度假区开始筹划和招商。其中总投资两亿元、占地67公顷、一期工程投入2000万元的山林外丞文化园与总投资3000万元、拥有20公顷观赏竹的竹箬生态园当年开工兴建,建成后成为集餐饮、观赏、文化、休闲为一体的扬州旅游辅助景区。2009年,城北"竹西八景"兴建,通过"竹西佳境"打造,形成大王庙、竹西公园相毗连的市区旅游新景区。是年,西湖农业生态旅游形成特色,总投资8000万元、占地33公顷的金泓生态农业园工程竣工,形成采摘、养殖、花卉、观光、休闲度假、餐饮娱乐为一体的农业生态旅游新区。梅岭工艺美术一条街也于当年建成,扬州漆器厂和扬州玉器厂被国家旅游局确定为工业旅游示范点,带动市区工业旅游发展。2010年,全区乡村旅游设施建设加快发展,总投资3000万元的西湖胡场人家开业,并通过三星级乡村旅游点验收;金泓生态园通过四星级乡村旅游点验收。德豪瘦西湖新天地美食文化一条街、四望亭西路商务休闲一条街、莱茵小镇百吧街等特色旅游街区成为游客休闲观光的重要场所。

2011年,扬州玉器厂成功创成国家AA旅游景区,五亭龙玩具礼品城和竹西公园创成AAA旅游景区。竹箬生态园创成四星级乡村旅游点,全区旅游业配套设施和辅助景点日趋完善,为全市旅游业加速发展发挥积极作用。

三、旅游景点(见第二篇名胜古迹)

第四节　餐饮业

一、发展概况

80年代初,区内无国营商业饮服公司和餐饮企业。大部分餐饮服务机构为供销社经营网点和乡镇、村办饭店。这些网点零星分部在市区近郊及远郊集镇,数量不多。1989年后,区内餐饮服务业得到发展,不仅集镇及城市近郊大量出现,城郊接合部、公路边、道路交会处、居民居住密集区等地出现各种餐饮服务店铺。是年,全区餐饮业网点703个,从业人员1952人,营业额1297万元、利润152万元。1991年,全区餐饮业实现从以国营、集体为主向以民营为主转变,整体保持持续发展态势。1992年,全区有餐饮业网点761个,从业人员2365人,其中国营店1家、集体店63家、个体有证店691家,营业额1580万元、利润273万元。1995年,国营、集体饭店亏损严重,先后实行公有民营。1997年,区属扬州金陵西湖山庄开业。京华大酒店、蓝天宾馆、春兰大酒店等餐饮企业陆续落户区内。1998年，全区有餐饮企业1210家，餐饮营业额2.23亿元、利税1580万元。2002年，市区区划调整，全区餐饮业发展受到一定影响，餐饮网点有所减少。全区有餐饮业网点963个，营业额7522.8万元、利润876万元。2004年，全区有餐饮企业1082家，从业人员1890人，营业额1.25亿元，比2003年增长40.8%。是年，上海锦江之星有限公司投资2050万元、建筑面积5600平方米的扬州店开业，金陵西湖山庄成功改制。2005年，全区餐饮网点发展至1174个，实现营业额1.38亿元。是年，为进一步繁荣餐饮业，全区投入8400万元，新建、扩建饭店酒楼，建筑面积达4万平方米。其中投资2200万元、建筑面积1.2万平方米的顺水楼大酒店于当年底建成营业，大五酒家投资800万元在文汇路开设分店，舒雅酒家投资550万元扩建装修。随着消费者需求日益多元化，餐饮企业档次和品位逐步提升。2007年，全区餐饮业投入1.18亿元，新建大、中、小型酒楼、饭店20多家，新建、改建建筑面积1.3万平方米。其中位于扬子江中路、投资1000万元的食为天假日酒店和投入2100万元、建筑面积2000平方米的周记银都酒店相继开业。2008年，全区新建中、小型酒楼、饭店16家，完成餐饮业投入8500万元，新建、改建建筑面积1.2万平方米。其中位于念四路的珍宝坊大酒店、味之道餐饮有限公司、西湖坊餐饮有限公司、腾湘阁餐饮、鹅掌门酒楼等10多家酒店建成开业，形成新的美食一条街；同时新建和扩建的扬州远芳大酒店、扬州珍唯大酒店以及扬州烟花三月商贸有限公司等餐饮企业投入运营。是年，全区餐饮业实现营业收入2.11亿元，比上年增长36%。2011年，区内金泓生态农业园、胡场人家休闲山庄等10多家农家乐酒店相继开业。至年末，全区共有餐饮网点1236个，实现年营业收入2.86亿元。

二、烹饪技艺

区内餐饮店菜肴以淮扬传统特色为主。淮扬菜在文化层面上具有“高雅、精致、融合、时尚、养生”的基本元素，在技术层面上具有“选料严格、制作精细、注重火候、擅长焖炖、清淡味醇、咸甜适中、造型优美、色泽雅丽”的技术风格。区内淮扬菜餐馆在保持基本风味的同时，在工艺等方面大胆创新，注重借鉴吸收其他菜系特点，推出大批新菜，使淮扬菜餐馆传统风味名闻遐迩。1991年，区内餐饮企业菜肴在保持淮扬风味基础上，逐渐融入川、粤、湘等地口味。在坚持“色香味”同时，又注重“形”“养”(营养)，追求饮食科学。2000年，区内淮扬菜风味得到进一步传承和发展，既融入江南菜系鲜、嫩，又吸纳北方菜肴浓、艳和西南菜品香、辣，形成新派淮扬菜系。原料讲究本色原味，同时菜随季改、味随时变，百菜百味、一菜一品。2005年，随着扬州旅游业快速发展，区内不少饭店逐渐盛行农家菜、乡土菜、野生鱼虾和放养草鸡等时令菜，以绿色、环保、无污染菜肴招揽顾客。宴席菜以原汁、美味、丰盛、创新见长。高档餐饮对餐饮、餐具、点心、茶饮、服饰和音乐也相当考究，给宾客以高层次美食文化享受。

区内点心受市区百年老店“富春”“冶春”茶社影响，素以精致而名重一时，颇受顾客青睐。主要以扬州包子为代表，以其精致造型和清新细腻口味名闻中外。点心馅心应时多变，品种随季节更迭，清鲜与甘甜相配，荤腥与蔬素组合，形态小巧玲珑，风格独特。主要品种有：生肉包、笋肉包、三丁包、五丁包、虾肉包、蟹黄汤包、野菜包、荠菜包、青菜包、干菜包、萝卜丝包、细沙包、五仁包、水晶包等。

三、名店选介

扬州烟花三月商贸有限公司　位于四望亭路，成立于2001年2月。经营面积3300平方米，总投资550万元，是集餐饮、沐浴、健身、休闲、商贸为一体的大型餐饮服务企业。餐饮部可容纳40桌近500人同时就餐，数十个豪华包厢风格各异。公司被评为扬州市“光彩之星企业”。

顺水楼大酒店　创建于2005年，地处四望亭路。酒店营业面积1.2万平方米，内设各种规格多功能宴会厅、豪华包房、皇朝俱乐部会员专用贵宾厅及商务会所，可供2000人同时就餐，是扬州乃至苏中、苏北较大规模的餐饮店。酒店立足本土，精制燕、翅、参、肚为经营特色，兼营麻辣鲜香的川湘菜、浓香富贵的齐鲁菜和风味独特的私房菜、乡土菜，倡导绿色烹调，满足宾客不同美食需求。

大五酒家　是以经营传统和新派淮扬菜为特色的大型酒店，有两家分店，老店在梅岭西路，新店位

于文汇东路,成立于2005年。酒店有各类豪华包厢48间,可同时容纳1300人就餐。

扬州宝宝熊饮食连锁管理有限公司　位于文昌中路366号,主要经营扬州地方风味小吃、鱼汤面和扬州炒饭。2000年6月,“宝宝熊”在区内开设第一家餐厅,逐步发展成扬州地区规模较大的中式快餐连锁店。至2005年,共开设11家直营连锁店、1个配送中心。“健康美味、亲和如家”是宝宝熊公司经营服务宗旨。

第五节　住宿业

一、发展概况

1989年,区内有市属西园饭店、扬州宾馆、月明轩饭店、绿园饭店、东园饭店等具有一定规模和档次的宾馆。区属以小型、家庭式小旅馆为主。是年,全区有旅社14家,从业人员249人。1991年,全区有旅社18家,从业人员312人。1993年,全区有旅社23家,从业人员343人。1995年,扬州金陵西湖山庄建成试营业,改变无高档区属宾馆局面。是年,全区宾馆、旅社30家,从业人员612人。1997年,区内宾馆业迅速发展,大中型宾馆与民营家庭式旅馆兴起并举。是年,二十四桥宾馆、红河谷宾馆、金海岸宾馆、蓝天宾馆、春兰大酒店等市属中高档宾馆相继开业。全区登记营业的旅社40家,对缓解市区“住宿难”矛盾,满足不同层次住宿需求发挥重要作用,但也带来季节性过剩现象。1998年,市属扬州迎宾馆、京华大酒店等涉外高档宾馆相继开业。至2004年,区内共有宾馆、旅社86家,从业人员1680人。2005年,全区共完成投入1.7亿元,新建和改建海德建国酒店、恒祥大酒店、黎江潮宾馆等一批中高档宾馆,建筑面积3.7万平方米。是年,全区共有宾馆、旅社92家,从业人员1752人,营业额近2.5亿元。2006年,全区扩建和新建海德建国商务酒店、红樱桃宾馆、豪斯顿宾馆等一批宾馆酒店,共投入6900万元,建筑面积8500平方米。2008年,全区投入8000多万元,新建鑫苑宾馆、万家宾馆,冶春休闲宾馆、红柳宾馆等一批宾馆酒店。2009年,投入1.2亿元,新建汇金玄武、柏丽商务宾馆、金竹旅馆等一批中高档宾馆。2010年,格兰云天大酒店、蓝色快舟连锁旅店、明月山庄假日宾馆、国缘宾馆、沁园宾馆、白鹤宾馆等一批本土高中档宾馆对外营业。这一时期,外地知名经济型连锁宾馆如“宜必思”“如家”“锦江之星”等快捷酒店相继在区内开业。至2011年,区内共有宾馆酒店98家,从业人员3246人,年营业收入4.5亿元。

二、企业选介

扬州二十四桥宾馆　1996年12月开业,位于扬子江北路486号,蜀冈—瘦西湖风景名胜区附近。东临二十四桥,北依平山堂、观音山等佛教名胜和唐城遗址。宾馆占地2.67公顷,建筑面积2万多平方米,有标准和豪华套房100多间,舒适典雅、特色各异的餐厅和宴会厅可同时容纳800人就餐,网球场、健身房、洗浴中心等娱乐健身项目设备先进,学术报告厅、多功能厅、多媒体教室等各类会议教学设施功能齐全。

扬州蜀冈西峰大酒店　坐落于风景怡人的蜀冈西峰生态公园南麓,占地3100平方米,是一座挂牌三星的现代化庭园式宾馆。酒店客房种类齐全,拥有豪华套房、普通套房、三人房、标准房、单人房共80间套。房内设施齐全、宽敞舒适,有变频空调、卫星电视、国内/国际直拨电话、免费上网服务和先进消防报警系统。酒店设有商务中心、会议中心、特色餐饮、中式茶吧、票务预定、KTV包厢等多种服务项目。

扬州海德建国酒店　位于邗江北路85号海德庄园旁,建筑面积1.2万平方米,是集商务会议、餐饮娱乐、康体健身、旅游休闲等服务为一体的五星级商务酒店。投资1亿元。酒店有86间高档客房、中西餐厅、会议室、迷你影院、室外游泳池、网球场、健身房等设施。

锦江之星扬州店　该店是上海锦江之星有限公司下属连锁经济型酒店,位于四望亭路363号,2004年7月开业,设有标准间、单人间,附有锦江大厨餐厅,供应淮扬菜、上海菜等,并承办各档宴席。

图 11-2-3 海德建国酒店

扬州汇金玄武饭店 2009年,由江苏汇金控股集团有限公司投资两亿元将原金陵西湖山庄改建而成,由南京玄武饭店酒店管理公司冠名管理,按中国古典园林风格设计。酒店坐落在风景秀丽的瘦西湖畔,有豪华标间、特色套房等各类客房149间套,大小会议厅、宴会厅、宴会包间、西餐厅和零点餐厅22个,以及娱乐健身场所。

中集格兰云天大酒店 是一家五星级精品商务酒店,位于扬子江路瘦西湖景区西门,拥有豪华客房201间,客房内配备超大液晶电视及高速网络服务。经营正统淮扬菜、精品燕鲍翅、滋补炖汤及高档粤式私房菜,配置高档海鲜、时令江湖鲜、淮扬名点等。酒店大堂酒廊提供各种茶饮、现磨咖啡、精致点心和三明治。酒店拥有健身中心、按摩中心、豪华KTV包房、棋牌室、桌球房及乒乓球房等配套设施。

第六节 生活服务业

一、美容美发

1989年,区内美容美发主要以清理头发和剃胡须为主。全区有理发店47家,其中集体店27家,个体有证店20家。从业人员126人,年营业额135万元。1991年,随着人们对生活品质需求日益升级,规模较大理发店理发服务项目开始由传统单纯理发向美容美发延伸,提供染发、纹眉、护肤、化妆等服务。1993年,集体理发店实行承包经营,普遍增加美容化妆业务,私营个体美容美发业发展迅速。全区美容美发业发展进入一个全新阶段,从事美容美发行业人员由原先学徒制改为学校培训制,步入正规化标准化进程。1998年,集体理发店基本停业,私营美容美发连锁店纷纷落户区内,美容美发业开始向规模化、连锁化、品牌化发展。是年,全区有美容美发店118家,从业人员312人,营业额652万元。2004年,全区有美容美发企业161家,从业人员400多人,美容美发企业以美发美容美体为一体,采用先进美容美发设备,并配有专业美容美发保健师,以环境舒适、设备先进、技艺精湛、服务优质赢得顾客认可。知名美发店实行会员优惠制和贵宾卡,拥有一批高端消费客群。至2008年,全区新增露凝香美容中心、风剪云秀客美容美发所等30多家美容美发企业。是年,美容美发企业达到182家,从业人员近500人。大三美容美发、顶酷美容美发等知名品牌店在区内街道和住宅小区集中地段相继开设总店和分店,为广大市民生活提供便利。至2011年,区内新增扬州明星美容美发厅、城北名角女士生活馆等10多家美容美发企业,全区有美容美发企业195家,从业人员540多人,年营业收入2135万元,比1989年增长14.81倍。

二、沐浴足疗

1989年,区内浴室主要由供销社、商业合作社按乡镇布局设点,全区有浴室8家,从业人员86人,营业额152万元。1993年,区内各种民营浴室呈现良好发展态势。是年,全区有浴室11家,从业人员95人,营业额268万元。1995年,随着经济发展速度加快,人们生活水平提高,对沐浴业需求也越来越高,一批品位高、环境美、服务佳的中高档浴室应运而生。浴室内设包厢、彩电、空调等设施,提供搓背、修脚、捶背、踩背、按摩等服务。是年,全区有沐浴企业18家,从业人员152人,营业额460万元。

2002年,市区区划调整后,全区沐浴企业由2001年的58家下降到36家,营业额由2001年的4600万元下降到2500万元。2003年,区内以龙华休闲中心、东海休闲中心、二分明月假日山庄等为代表的休闲沐浴企业推出特色浴种,迈上新的发展台阶。聚龙湾休闲会所、红泥浴都、烟花三月、大浪淘沙等一批环境好、服务优、特色新的休闲沐浴企业相继开业。2004年,全区有沐浴企业105家,从业人员1850人,年营业额1亿多元。当年新建的夏威夷、金百合、碧海天、金色假日等休闲中心,凭借全面周到服务和较为完备的设施,树立良好品牌形象。聚龙湾休闲会所、红泥浴都将扬州沐浴文化及休闲娱乐有机结合,成为知名沐浴企业。是年,为全面提高扬州沐浴文化档次和水平,全区沐浴企业按照市沐浴协会部署,开展擦背、保健按摩、修脚等技艺比赛。2005年,全区有沐浴企业120家,年营业额1.7亿元。聚龙湾休闲会所、爱琴海休闲中心、三和浴城、红泥浴都等沐浴企业均进行扩建,共投入4700多万元,建筑面积2.6万平方米。是年,位于蜀冈—瘦西湖风景名胜区的中国沐浴人才培训基地建立,采用理论与实践相结合、技术与艺术相结合、传统与创新相结合、传技与授道相结合方式共办培训班12期,培训2650人。2007年,全区沐浴业持续健康发展,新建月明苑浴城、正阳楼浴城、金天地浴都、鸿福浴室等沐浴休闲企业和足疗中心10多家,完成投入5830万元,建筑面积近两万平方米。是年,全区有沐浴企业128家,从业人员2980人,营业额3.9亿元。2009年,新建江阳瘦西湖商务会所、碧波池浴室、金海湾浴室、春足足浴店等中小型沐浴休闲和足疗中心10多家,累计投入4000多万元。2011年末,全区有沐浴企业142家,从业人员1820人,营业额2.5亿元。

图11-2-4　陆琴脚艺

足疗是沐浴业特色服务项目。2000年,区内苏扬足疗、陆琴脚艺等企业将扬州修脚技艺从传统沐浴业分离出来,赋予现代护足养生科学内涵,并加以延伸和发展,打造出传统特色服务项目与现代休闲保健文化渗透交融、富有专业水平和特色的"苏扬足疗""陆琴脚艺"等品牌,并分别在全国各地开设70多家和60多家连锁加盟店,成为"扬州三把刀"走向全国的生力军。2003年和2005年,"陆琴脚艺"和"苏扬足疗"先后获得省著名商标。"苏扬足疗"标准成为市地方行业标准,22项技术获国家专利。2009年,"业红足艺"网络增值服务项目获市服务业引导资金20万元。"陆琴脚艺"标准通过市地方行业标准考核。2011年,"苏扬足疗"通过省标准化试点验收,"陆琴脚艺"获"省名牌产品"称号。

三、维修服务

1989年,区内有各种维修点、门店269家,从业人员375人。主要服务项目有汽车、电视机、洗衣机维修,摩托车、自行车修理,修鞋、磨刀剪、修锁配钥匙、铝锅换底、缝纫修补衣服等。1992年,随着人民生活水平提高,各种家用电器、炊事用具增加和普及,生活用具维修逐步增加。生活用具修理主要是各种家用电器如彩电、冰箱、洗衣机、空调等,以及煤气灶、油烟机、压力锅、微波炉等炊事用具。是年,区内家用电器特约维修点增加8处。1994年,区供销社和农机部门开展农业机械、农机具上门维修服务。1998年,手机、计算机开始普及,手机、计算机维修应运而生。手机维修门店多设于区内繁华街面和路段,一般销售与维修结合;计算机维修多集中于计算机销售店铺。随着摩托车、电动车逐步成为主流代步工具,区内摩托车、电动车修理行业逐步发展,多分布在车辆品牌专营店内、街头巷尾和住宅小区附近。至2005年,全区注册登记的维修企业、门店252家,从业人员471人。2006年,随着汽车步入大众家庭,汽车维修业异军突起。2009年,宏图数码广场(2010年更名为天惠数码广场)开业,成为市区计算机等电子数码设备集中维修区域。至2011年，区内扬州国际汽车城入驻汽车4S店30家，成为扬州规模最大、功能最全的汽车销售和维修区域。是年，区内有维修企业和门店318家，从业人员869人，年营业收入1.58亿元。

四、家政服务

1989年，区内家政服务仅有传统洗染行业，全区有洗染店4家，从业人员11人。1991年，区内出现代充煤气、代订牛奶、代杀家禽、代客绞肉等为民服务门店，干洗店取代传统洗染店。1993年，出现一批以中介公司、中介服务所等名义挂牌的小型家政服务机构，租用一间门面房，从事介绍家庭保姆、搬家工、清洁工和为下岗职工再就业牵线搭桥。此类中介机构业务量小、经营不稳。1998年，代客搬家、劳务、家教等家政服务迅速发展，并由市区逐渐向农村集镇辐射。2001年，家政服务业以提供社区公共服务为主，主要为区内老、弱、困、优、抚、扶等以及其他需社会救助对象提供福利性服务。2003年，为适应区内大单位多、新住宅小区多的现状，全区社区服务业、物管业迅速发展，形成区、乡镇街道、社区网点相互联系、相互支持的服务体系。社区服务业逐步拓展到面向全体居民的公益性、社会化服务。服务项目由过去单一理发、餐饮、家电维修等拓展到法律咨询、就业服务、家政家教、物业管理、便利超市等全方位、多层次服务。2004年，随着经济发展，城市居民生活质量提升，"家务劳动社会化"逐渐成为时尚，其中保姆服务紧随家庭清洁工之后，成为发展较快的服务项目。保姆服务从孕妇胎教开始，到产期月姨服务、婴儿清洁护理，到幼儿健康陪侍，逐渐形成系列化服务。2005年，全区有家政服务企业213家，从业人员586人。

物业管理作为一个新兴行业，逐步被社会、企事业单位所接受。至2010年，全区物业管理企业共有24家，其中外地到扬州开办的物业服务企业4家，承接住宅物业服务项目共50个，物业服务从业人员1350人。全区住宅物业管理覆盖率71.2%，3家物管企业被评为市物业管理优秀企业。物管业龙头企业双龙物管公司，引用现代企业理念和制度进行管理，市区不少机关大院以及几大医院成为其物管客户。2011年，全区有家政服务企业298家，从业人员2430人，年营业收入5120万元。

五、婚丧喜庆服务

喜庆礼仪业　1992年，区内为居民服务的喜庆礼仪行业开始出现，主要从事婚庆礼仪花车、新娘化妆、婚礼、场景布置、司仪、乐队、摄像等服务；广告企业开始发展庆典礼仪业，主要从事表彰庆功、开业庆典、场景设计、司仪、乐队、剪彩摄像等服务，年营业收入195万元。1998年，区内喜庆礼仪除继续保留原有服务项目外，还增加礼仪小姐、演艺、烟花礼炮等，并扩展到店庆、寿庆等礼仪服务。2002年，随着喜庆礼仪业发展，鲜花、礼品业逐渐兴旺。2006年，区内有喜庆礼仪企业11家，花店、礼品店15家。2011年，全区有喜庆礼仪企业32家，鲜花礼品店46家，从业人员163人，年营业收入2850万元，比1992年增长13.62倍。

殡葬服务业　1989年，市区北郊有市殡仪馆，位于平山乡境内，为丧者提供礼仪服务，按规定收取一定费用。其周边村组和个人开设一些出售丧葬服务用品的门点。1992年，区内出现从事丧葬服务的个体经营户。此后，市区及各乡镇殡仪服务机构和殡葬用品商店逐渐增多，从提供寿衣、冰棺、司仪、灵堂布景、抬重、骨灰盒、安葬墓碑、花圈、香烛、纸钱等，到搭台唱戏、和尚念经，做到"一条龙"服务。至2008年，全区从事殡葬服务机构和经营殡葬用品门店35家，从业人员87人，年营业收入约72万元。2011年，因市殡仪馆迁至邗江区杨庙镇，全区殡葬服务业务量有所下降。是年，全区有殡葬用品服务门店25家，从业人员68人，年营业收入630万元。

六、企业选介

二分明月假日山庄　位于维扬路四季园小区东门外，创办于1998年，是一家具有较大规模和较高档次的沐浴休闲企业，经营面积3800平方米，浴区2000平方米，设有桑拿、芬兰、冲浪、保健等多种浴种。

聚龙湾休闲娱乐会所　位于扬子江北路66号，创建于2004年，总投资1800万元，营业面积1万多平方米，是集温泉浴室、自助美食、休闲娱乐、全智能KTV、演艺聊吧、保健理疗、棋牌商务、贵宾客房、

VIP 豪华会所等于一体的大型综合性高档会所。

苏扬足部护理中心 创办于 2001 年，位于四望亭路 183 号，是扬州首家从事沐浴业投资策划和专业沐浴服务及沐足产品生产的专业公司。公司将扬州修脚刀从传统沐浴业分离出来，赋予现代护足养生科学内涵，加以延伸和发展，打造出传统特色产业与现代休闲保健文化渗透交融、富有专业水平和特色的“苏扬足疗”品牌。公司在扬州设有两家大型直营店，总服务面积 2500 平方米，拥有星级宾馆标准硬件设施，可同时接待 180 名宾客。2009 年，被省名牌战略推进委员会认定为省服务业名牌。同年，在全市率先通过 ISO 9001 质量管理体系认证。在全国 10 多个省市发展加盟店 81 家。

陆琴脚艺中心 创办于 2002 年，总部位于扬州古运河边，是一家集培训、沐足产品加工、足部护理、休闲保健为一体的大型休闲场所。直营店和加盟连锁店有 50 多家，主要分布在北京、江苏、浙江、安徽、贵州、内蒙古、福建、广东等省市，总营业面积 4 万多平方米，从业人员 3000 多人(下岗再就业人员近 1000 人)，年营业额 7000 多万元。公司为中国商业联合会沐浴专业委员会委员单位、省沐浴协会会长单位、“扬州三把刀”服务示范单位。至 2011 年，公司相继通过环境管理体系、质量管理体系和职业健康安全管理体系等认证，“陆琴脚艺”为省著名商标。

第七节 商务服务业

一、广告业

1989 年，区内有广告企业 3 家，从业人员 26 人，主要经营印刷品广告以及霓虹灯、路牌、灯箱等户外广告，年营业收入 78 万元。1992 年，随着市场放开，商品经营宣传广告增加。是年，全区有广告企业 5 家。1995 年，广告业发展较快，兴起店堂、戗牌、横幅广告，采用写真、喷绘、彩印、雕刻等技术，广告效果形象生动、逼真。全区有广告企业 13 家，年营业收入 578 万元。2000 年，区内广告业向专业精细化方向发展，形式多样，内容丰富多彩，有专业制作影像、图片、墙体、过街横幅、公交车身、气球气门气柱、店面广告以及邮政、电信、文化传媒、体育代言等广告。是年，全区广告企业增加到 21 家，从业人员 128 人。2005 年，区内出现空中飞艇等广告，广告内容也更丰富，增加企业区位优势招商推介、环境质量和交通状况介绍等。2011 年，全区登记注册的广告企业 32 家，从业人员 298 人，广告业务种类 100 多种，年营业收入 5180 万元，比 1989 年增长 65.41 倍。

二、信息咨询服务业

1992 年，随着现代服务业内涵不断延伸和拓展，信息咨询服务业，逐渐成为全区服务业的新亮点。是年，全区有信息咨询服务企业 5 家，从业人员 25 人，均为私营个体经营，服务内容主要是提供物资余缺调剂信息、商品供求信息以及房产交易、家政家教等中介信息。1996 年，信息咨询服务企业增加到 10 家，从业人员 88 人。2000 年，全区信息咨询服务业进一步发展，服务项目增多，服务领域渗透到经济活动各个方面，包括提供商品、家装、房产、招聘、家教、房贷、转让、变更、证件遗失、招领信息咨询服务以及社会、政务信息等业务。2005 年，随着计算机普及，应用软件服务业兴起，信息咨询服务业迅速发展。是年，全区有信息咨询和计算机服务企业 56 家，从业人员 528 人，年营业收入 4276 万元。2011 年，全区有信息咨询服务企业 98 家，从业人员 1050 人，年营业收入 1.2 亿元。其中扬州建宁工程技术咨询有限责任公司、扬州建伟工程检测咨询中心、扬州世联投资策划管理顾问有限公司为业内颇有建树和口碑较好的信息咨询服务企业。

三、租赁业

1989 年，区内有租赁企业 11 家，其中集体 2 家，个体 9 家，从业人员 42 人。主要从事图书刊物、录像出租以及房屋租赁等，当年营业收入 123 万元。1995 年，兼营租赁业企业逐渐增多，主要从事脚手架、钢模板、餐具餐桌以及五金工具等出租，营业收入不断增长。是年，全区有租赁企业 28 家，从业人员 62 人，年营业收入 232 万元。1998 年，大型建筑机械设备以及汽车、吊车、叉车等租赁在区内兴起，租赁业发展较快。2000 年，全区有租赁服务企业 178 家，从业人员 316 人，年营业收入 980 万元。2004 年，区内租赁业因投资风险小、回报率高获得快速发展，不仅增加办公设备、家具、住房、门市房、厂房、仓库、货场等租赁业务，而且出现舞台设备、展览展具等新租赁业务，为全区经济发展和人民生活提供便捷服务。2011 年，全区有租赁企业 145 家，从业人员 1428 人，租赁业务项目 100 多个，年营业收入 2250 万元。

四、其他商务服务

1989 年后，随着经济发展和社会主义市场经济体制建立和完善，事务所作为一种新的机构，在协调、服务经济和社会发展方面发挥重要作用。是年，江苏润扬律师事务所在区内注册成立。1995 年，成立扬州弘瑞会计师事务所有限公司。2002 年，先后成立扬州国瑞税务师事务所、扬州文苑商标事务所有限公司和扬州恒诚税务师事务所。至 2011 年，全区有律师事务所 5 家、会计师事务所 2 家、税务师事务所 2 家、商标事务所 2 家、审计师事务所 1 家。

五、企业选介

江苏润扬律师事务所　1989 年 3 月组建。是一家合伙制律师事务所，以建筑房地产事务、公司注册事务、金融证券事务为特色，其前身先后为市第四律师事务所、市友谊律师事务所、市助帮律师事务所、市润扬律师事务所。拥有 12 个律师工作室，办公面积 500 平方米，固定资产 200 多万元。具备市法院系统破产管理人资格(全市仅 4 家获此资格)。2006 年，成为中央电视台网络电视法制频道扬州地区唯一加盟所。2007 年，与北京润扬投资咨询有限公司共同创办中国建筑律师网。2008 年，成为北京市房地产学会理事单位、中国管理科学院企业创新研究所副所长会员单位。2011 年，全所共有执业律师 12 人、实习律师 2 人、助理律师 6 人。

扬州国瑞税务师事务所　成立于 2000 年 8 月，是由原市税务事务所改制的自主经营、独立核算、自负盈亏的股份制机构。2006 年，事务所在广陵产业园、东城国际大厦、首席国际大厦、五亭龙玩具城、朴席钢材市场、潭港钢材市场、施桥、开发大厦均设有服务点。2010 年，被评为省 AAA 级税务师事务所。2011 年 2 月，通过 ISO 9001 质量管理体系认证。

第八节　休闲娱乐业

1989 年，区内休闲娱乐业开始兴起。1993 年，区内首家歌舞厅在城东罗城商场开业。之后，各乡镇、村办卡拉 OK 厅纷纷开业。是年，全区有休闲娱乐企业 13 家，从业人员 81 人。1995 年，区内卡拉 OK 业务清淡，练歌房、音乐茶座、迪厅逐步兴起。1998 年，随着互联网迅速发展，电子游戏逐渐兴起，网吧遍及城乡。2000 年，区内兴起夜总会、酒吧、保龄球等高档娱乐业。2005 年，钱柜 KTV、金麦克量贩式 KTV、好乐迪主题量贩 KTV、乐够量贩式 KTV、麦克疯量贩 KTV、热点夜总会、皇家国际娱乐会所、扬州魅力金地夜总会等多家休闲娱乐场所相继开业，丰富居民业余休闲生活。2011 年，全区有休闲娱乐企业 107 家，注册资本 2680 万元，从业人员 368 人，年营业额 1.5 亿元。

第九节　文化创意产业

一、建设运营

2009 年 5 月，区政府联合市文化、旅游、工艺、新闻、音像管理等部门，成立扬州文化创意产业联盟，下设玩具动漫研发、蜀冈文化创意、文化演艺、工艺设计、新闻传媒、休闲旅游、教育培训、建筑设计、艺术传播与制作等 10 个中心，为市区文化创意主体提供项目孵化、资源共享、成果转化、产权保护、市场推广和人才培训等公共服务，降低企业创业成本，推动分工合作、实现共赢。是年 7 月，经区政府常务会议研究，设立文化创意产业专项资金，用于文化创意产业基地建设、重点项目扶持和中长期产业规划制定，并将原区文教局办公楼调拨给区文化创意产业领导小组办公室使用，作为区文化创意产业孵化基地对外招商运营。2010年1月，区文化创意产业领导小组办公室与戴德梁行房地产咨询(上海)有限公司签订咨询服务协议，由戴德梁行提供文化创意产业园发展规划。4月，戴德梁行完成中期规划，交由区文化创意产业领导小组办公室组织专家论证。5月，江苏雨辰华域文化创意投资有限公司、扬州远梦科讯有限公司、市创羿联盟C&E规划与建筑设计有限公司、市唐城印务有限公司、市八零后广告有限公司、扬州网景科技有限公司、扬州志鉴图文制作有限公司、扬州联合演出有限公司、扬州康福来文化实业有限公司签约入驻文化创意产业园孵化基地，并与扬州大学艺术学院签订政产学研合作意向书，与扬州商务高等学校建立合作关系，搭建资源共享平台。2010年11月，省文化产业集团投资的江苏影视制作服务外包基地开工。2011年2月，区委、区政府决定，成立区文化创意产业指挥部。3月，区文化创意产业指挥部启动2011～2013年行动计划起草，制定文化创意产业政策，推进文化创意产业加速发展。

二、策划活动

2009年11月，区文化创意产业园举办电视剧《大清盐商》策划座谈会。会上，市政府与省文化产业集团签订合作协议，双方合作拍摄电视连续剧《大清盐商》。2010年5月，区政府举办第五届中国扬州毛绒玩具礼品节暨中国扬州文化创意衍生品博览会，区政府与常州国家级动漫基地、上海张江文化科技创意产业基地结盟，在玩具研发、孵化、产业化、开拓国际市场方面开展全方位合作。同日，举行文化创意产业高峰论坛，发表区文化创意产业发展思路。2011年5月，维扬文化创意节暨第六届中国扬州毛绒玩具礼品节开幕，省影视制作服务外包基地揭牌，江苏雨辰华域文化创意投资有限公司、市五亭龙国际玩具礼品城有限公司、扬州天艺民族乐器厂被授予"文化创意产业示范基地"牌匾，扬州远梦科讯有限公司被授予"全国网游动漫学院项目江苏省管理中心"和"全国网络与信息技术培训考试中心"牌匾。

三、招商引资

2009～2011年，区文化创意产业园先后组织参加市"烟花三月"投资环境推介会、第三届东北文博会、第七届深圳文博会、扬州(大连)现代服务业招商推介会、扬州(北京)现代服务业招商推介活动周、上海文化创意产业活动周、常州动漫节等多项活动，推介区文化创意产业投资环境。2009年10月，中筝文化国际集团有限公司(香港)与区政府签订框架协议，投资1.2亿元，在区内北部片区结合现有古琴和古筝产业基础，打造集培训、论坛、研发、演艺和生产于一体的中国琴院项目，发挥扬州古筝产能优势，延伸产业链，做响扬州古筝品牌。2010年2月，区文化创意产业领导小组办公室启用原区文教局2200平方米办公用房，打造文化产业孵化基地，以减免租金等方式吸引一批优质项目入园孵化，9家企业完成协议签约和有关注册工作，入驻文化创意产业园孵化基地。同年5月，税友软件集团股份有限公司与维扬经济开发区签约，投资13亿元的税友软件集团南方基地(扬州)项目落户区内。深圳商凯集团(深圳)有限公司子公司中商国际有限公司与区政府签订框架协议，投资6亿元，在扬天路与新甘泉大道交会处西北地块(占地约20公顷)，打造集动漫企业孵化、产品设计制作、人才培养、产业合作等多功能、全创意文化产业综合园区。10月，五亭龙国际广场开工。该项目由五亭龙国际玩具礼品城有限公司投资建设，总投资4.5亿元，总建筑面积近8万平方米。项目含玩具交易馆和商务办公区。其中玩具交易区商铺2.58万平方米，商铺约450户；商务办公区3.16万平方米，商铺约580户，可新增就业2500人，新增营业额41.2亿元。税收2500万元。11月，江苏影视制作服务外包基地开工。由省文化产业集团投资建设，由集团子公司江苏影视制作服务外包基地有限公司负责运营管理，注册资本1亿元，规划占地约66公顷，总投资15亿元，包括影视核心产业中心、艺术会展中心、休闲娱乐中心、演艺人才培训中心及配套商业中心等。项目被省发改委列入2011年省服务业重点项目。

2009～2010 年维扬区文化创意产业园招商重点项目情况一览表

表 11－2－2　　　　单位：万元

时　间	项目名称	地　点	投资额	项目概况
2009 年 10 月	中国琴院	甘泉街道扬天路与新甘泉路交会处	120000	打造集琴筝培训、论坛、研发、演艺和生产于一体的综合性文化园区
2010 年 2 月	市文化创意产业园孵化基地	四望亭路 434 号	200	打造维扬区文化产业孵化器
2010 年 5 月	税友软件集团南方基地(扬州)	甘泉街道扬天路与新甘泉路交会处	130000	打造国内一流的研发平台和具有国际领先水平的多功能集成化远程技术服务平台
2010 年 5 月	商凯动漫园	甘泉街道扬天路与新甘泉路交会处	60000	打造集动漫企业孵化、产品设计制作、产业人才培养、产业合作等多功能、大开放、强服务、全创意的文化产业综合园区
2010 年 10 月	五亭龙国际广场	扬子江北路 828 号	45000	打造国内一流的玩具交易场馆和文化创意办公集聚区
2010 年 11 月	江苏影视制作服务外包基地	甘泉街道长塘村	150000	打造集影视剧创作、拍摄、制作于一体的多功能影视制作服务外包基地

第十节　物流业

一、概况

1989 年，区内物流业主要有区运输公司、区第二运输公司及各乡镇运输站，共有物流企业 9 家，从业人员 98 人，年营业额 358 万元。1992 年，物流行业放开经营，私营个体从业人员增加，物流产业较快发展。1998 年，全区有物流企业 23 家，从业人员 136 人，年营业额 670 万元。2000 年，区第二运输公司改制，各乡镇运输站相继改制或歇业。是年，区内有物流企业 15 家。2001 年，传统储运业开始向现代物流业转型，区内新开办现代物流货运业务，全国各大物流企业入驻区内主要街道社区和重点市场，如江阳商贸城、五亭龙玩具城等从事货物速运业务。至 2011 年，申通、顺丰、EMS、圆通、韵达、华宇、德邦等速递公司，在区内开设 30 多处服务网点。

2002 年，市区区划调整，城东、汤汪、湾头 3 个乡镇划归广陵区，全区物流企业减少，物流业发展受到一定影响。2003 年，全区有物流企业 11 家，年营业额 412 万元。2005 年，随着扬州火车货站开通、润扬长江大桥建成，扬州公铁水联运物流集聚区开工兴建。至 2008 年，新港物流、波特物流、国药控股、新伟仓储等 10 多家物流企业先后入驻。2010 年，维扬经济开发区引进梅赛德斯—奔驰(扬州)零部件配送中心，当年营业额 2.9 亿元，上缴税收 3500 万元。

二、企业选介

梅赛德斯一奔驰扬州零部件配送中心　是由奔驰公司全资设立、复制德国设计理念的现代化先进物流中心，总投资 4 亿元，占地 2 公顷，从业人员 18 人。中心负责华东地区奔驰、迈巴赫以及斯玛特系列车辆零部件配送业务，服务奔驰 4S 店 20 家，主要覆盖江苏、安徽等省，出货量约 1.7 万项。管理人员 6 人。2010 年试营运，当年上缴税收 3500 万元。2011 年，营业额 3.9 亿元，上缴税收 6000 万元。

第三章 市场 街区

第一节 农贸市场

一、市场建设

1989 年，区内有农贸市场(含菜场)10 个，主要为市蔬菜公司下属零售菜场、农贸市场和部分近郊乡镇兴办的农副产品交易市场。是年，全区农副产品批发成交量 11.5 万吨，营业额 1.56 亿元。1992 年，随着商品流通体制改革，市场放开，外地蔬菜大量进入市区，城东乡利用城郊接合部优势，先后兴办联谊蔬菜批发市场和东郊果品批发市场(后更名为亚龙果品批发市场)，初步形成以专业批发市场为龙头、以集贸市场为依托的城乡农贸市场网络。1994 年，实现"粮菜挂钩""合同定购"蔬菜产销体制改革，国营蔬菜公司下属菜场、农贸市场改制歇业，城市规模扩展，蔬菜等农产品交易量增大。全区利用近郊优势，采取因市建场、建场兴市等措施，相继兴建 5 个农贸市场，代替原国营菜场供应蔬菜职能。1996 年，全区共有农贸市场 13 家，年成交量 38 万吨，营业额 13.5 亿元，其中规模较大的联谊蔬菜批发市场、亚龙果品批发市场两大市场进入省百强市场行列，年成交额分别达 8 亿元和 3 亿元。2002 年，市区区划调整，联谊蔬菜批发市场、亚龙果品批发市场等 5 个农贸市场划入广陵区管辖，全区农贸市场格局发生大幅度变化。2005 年，全区共有重点农贸市场 11 家，分别是西门农贸市场、四季园农贸市场、凤凰桥农贸市场、友谊农贸市场、西湖农贸市场、窦庄农贸市场、丰乐农副产品综合批发市场、金色百汇农贸市场、平山农贸市场、城北农贸市场、司徒庙农副产品批发市场。当年，全区农贸市场营业额 5.8 亿元。其中规模较大的 8 个，单个营业面积均在 2000 平方米以上。四季园农贸市场营业面积 1.3 万平方米，年营业额 2.9 亿元。西湖农贸市场年营业额 1.1 亿元。被列为市政府为民办实事工程的窦庄农贸市场，总投资 1 亿元，占地 2.5 公顷，于是年 5 月建成运营。2007 年，区乡政府又投入 1.5 亿元，先后新建或扩建双桥集贸市场、平山农贸市场、城北农贸市场、江阳农贸市场、念香苑农贸市场和山水锦城农贸市场，并按照商务部农产品现代流通综合试点农贸市场标准和要求，先后改建四季园农贸市场、丰乐农贸市场、凤凰桥农贸市场和甘泉农贸市场。2008 年，双桥集贸市场被评为省"四星"市场。2011 年，全区共有农贸市场 19 个，年营业额 11.9 亿元，比 1989 年增长 6.63 倍。

2011 年维扬区重点农贸市场情况一览表

表 11-3-1

序　号	市场名称	营业面积(平方米)	营业额(亿元)
1	四季园农贸市场	13000	2.8
2	西湖农贸市场	5300	1.5
3	凤凰桥农贸市场	4300	1.0
4	双桥农贸市场	8000	2.3
5	金色百汇农贸市场	8000	1.9
6	城北农贸市场	18000	0.7
7	平山农贸市场	16890	0.6

二、市场选介

四季园综合农贸市场　位于维扬路西侧、秋雨路南，兴建于1995年4月，是市政府为民办实事项目之一，也是为四季园等小区配套的“菜篮子”工程。市场占地1.68公顷，营业面积1.3万平方米，停车场近4000平方米，有营业用房204间、营业大棚6架，内设各类摊位680个，从业人员近1200人，主要经营各类农副产品、粮油制品、南北货、熟食、风味小吃、生活日用品等，是市西部新区规模较大、管理规范的大型综合市场。2011年成交额2.8亿元。

丰乐农副产品综合批发市场　位于友谊路与凤凰桥街交会处，1996年建成营业。由农贸市场、小商品市场、旧自行车交易市场组成。农贸市场摊位250个，小商品市场摊位46个，旧自行车交易市场摊位12个。2011年，共有经营户252户，年成交额8000多万元。

金色百汇农贸市场　位于梅岭街道漕河社区，2002年建成，经营面积8000平方米，摊位400多个，停车场500多平方米，配备载重电梯及其他附属设施。2006年初，市场主办单位追加投资30万元，先后建成封闭隔离熟食经营区、自动排水水产经营区、通风除味家禽经营区、专柜摆放蔬菜经营区、不锈钢台面生肉经营区。根据各经营区特点，由市场统一配备塑料周转箱、垃圾箱、白铁盆、不锈钢盆等用具。市场设有食品检测室、校称点和投诉台，安装闭路电视监控系统，为经营者配备统一工作服。2007年，进场经营商户235户，涉及蔬菜、肉类、水产、家禽、豆食、南北货、水果、米面等8大类农副产品及其他小商品。2011年，市场营业额1.9亿元。

江阳农贸市场　2010年1月建成营业。市场设有鲜肉类、水产类、半成品类、豆制品类、禽蛋类、熟食类等各类经营摊位239个，配套营业用房29间，场内门面房经营酒类、副食品，有超市、餐饮店、婴幼儿服饰专卖店、冷饮批发店、水果店、日用五金店、文化用品店、水面店、粮油店、服装店等。2011年，市场营业额1.8亿元。

双桥集贸市场　位于扬子江路230号，始建于2006年9月，2007年7月投入使用。市场占地7400平方米，营业面积8000平方米，大楼主体两层，钢屋架顶棚，通风采光效果佳，户外停车场2000平方米。市场管理人员19人，经营品种有肉类、蔬菜、水果、水产、禽类、豆制品、米面粮油、南北货、冷冻制品、快洁菜、熟食等，同时有药店、服装店、床上用品店、鲜花店等方便居民的配套服务项目。2011年，市场营业额2.3亿元。

第二节　建材市场

一、市场建设

1988年，全区金属材料和木材等主要建筑材料属计划分配物资，由区物资总公司下属金属材料公司和木材公司负责经营。1989年，建材市场全面放开，钢材木材等建材由区下属金属材料公司和木材公司部分经营外，一些私营个体企业参与经营。是年，全区有建材销售企业11家，年销售额2800万元。1990年，建材市场呈现多渠道经营，竞争激烈，私营个体经营商户增加，国营物资系统经营阵地缩小。1992年，由于建房户型结构改变，传统建房木材用量减少，家庭装饰用建材数量增加，以私营个体商户经营建材为主。1996年，各乡镇充分利用城郊接合部区位优势，采取建场兴市、因市建场等措施，大力兴办建材市场，开拓建材市场经营。是年，城东乡投资800万元，在运河边兴建城东太平钢材市场，年营业额1亿元。2000年，全区加快建材市场建设，主要经营木业等建材的兴森木业市场和主要经营石材、板材、型材的江阳商贸城相继投入运营，填补扬州北郊无大型建材批发销售市场空白，成为市区建材供货中心之一。2002年，市区区划调整，城东太平钢材市场划归广陵区管理。2005年，全区投入2.2亿元，新建、改建建材市场面积13.4万平方米。其中兴森木业市场投入2800万元，扩建3500平方米营业用房；江阳商贸城投入2亿元，新建市场二期工程，建筑面积6.5万平方米。2006年，全区有建材市场5个，市场年成交额3.2亿元。是年，全区共投入1.2亿元，新建、改扩建市场面积1.5万平方米。其中扬子江钢材市场投入6000万元,新建7000平方米营业用房;路路通建材市场投入4000万元,新建8000平方米营业用房。2007年,兴森木业市场年成交额1.85亿元,江阳商贸城二期年销售额1.3亿元,成为全区两家过亿元建材市场。2008年,全区共投入3.8亿元,新建、改扩建建材市场面积10万平方米。其中兴森木业市场投入6730万元,建设市场二期工程,新建8000平方米营业用房;江阳商贸城二期追加投资5500万元,三期开工建设。是年,全区有建材市场8个,年成交额6.8亿元。2011年,全区投入2.58亿元,新建聚龙国际建材市场和恒乾物资交易市场等大型建材市场。是年,全区有建材市场13个,年成交额15.9亿元。木材、建材两大市场,形成全区新兴生产资料专业特色市场。

二、市场选介

兴森木业市场　于1999年开工建设,位于城北乡槐南村,占地近10公顷。一期工程建筑面积5750平方米,钢架营业用房6000平方米,仓储用房3000平方米,总投资3000多万元,经营摊位300个以上,入场客户近200户,主要经营木业、陶瓷、卫生洁具、灯饰灯具、五金电器、油漆涂料、玻璃制品、铝型材等新型装饰材料。2008年,市场二期工程开工建设,新建现代化营业用房1.3万平方米。2011年,市场销售额2.9亿元。

江阳商贸城　位于扬子江北路819号江阳工业园内,整体规划用地15公顷,建筑面积20万平方米,总投资4.2亿元。市场一期于2000年3月开业,经营场地5万平方米,仓库2万平方米。主要经营陶瓷卫浴、不锈钢型材、石材加工、板材木业、家具沙发等装饰装潢材料,在扬州及周边乡镇具有较高知名度。其中石材、板材、型材成为市区供货中心之一。市场二期引入"摩尔式"商业概念,注重消费体验,将精品展厅主力店、建材步行街、一二楼独立店铺和综合性酒店、办公室、餐饮等融为一体,于2007年5月开业,成为市区北部最具规模和影响的超大型综合性建材物流、消费中心。2011年,市场成交额10.2亿元,利税1.7亿元。

图11-3-1　扬子江钢材市场

扬子江钢材市场　位于扬菱路(瘦西湖路)西侧,由扬州中闽置业有限公司投资建设,总投资1.2亿元,占地10公顷,拥有大型室内钢材仓储区、近4万平方米钢材现货存放区、两万平方米钢材加工区、商铺300间、大型行吊设备10多台及多种配套设施。2007年对外营业。2011年,市场有商铺348户,入驻企业298家,185家企业在市场累计注册资金4.5亿元,国内知名钢厂(马钢、宝钢、南钢、锡钢等)相继入驻。当年,营业额3.4亿元,利税7000多万元。

第三节　生活用品和玩具辅料市场

一、市场建设

80年代末,城东、双桥、城北等乡镇利用近郊优势,在区内主要街道、道路及城郊接合部相继兴办专营生活日用品市场。经营品种有服装、鞋帽、小五金、小家电、厨具及小食品等。1989年,全区有小商品市场5个,营业额8500万元。较有影响的有投资680万元的曲江小商品市场(后更名为曲江商品城)。

1992年后,全区市场建设持续发展,由单纯商品交易向各类批发交易业务发展,由生产、生活用品向生产要素市场发展,由传统服务型向多功能、全方位市场发展,随后又投入近5000万元,扩建曲江商品城,新建大桥副食品市场以及丰乐、城北等小商品市场。至1995年,全区有小商品市场9个。其中曲江商品城和大桥副食品市场进入“省百强市场”行列,年营业额分别达1.8亿元和1.2亿元。2002年,市区区划调整,曲江商品城和大桥副食品城划入广陵区管辖。2003年,全区小商品市场发展趋于平缓甚至萎缩,除一些农贸市场、集贸市场经营小商品外,全区再无大型小商品批发市场。

2000年,为适应毛绒玩具行业快速发展,全区玩具辅料市场建设力度加大。2001年,位于扬子江北路平山乡的丰源玩具辅料市场开始兴建,总投资6500万元,营业面积8000平方米,年末建成运营。2002年市场营业额2.8亿元。2003年12月,五亭龙国际玩具礼品城开始兴建,总投资3亿元,营业和服务面积18万平方米,2004年12月投入运营。2005年,丰源玩具辅料市场投入1500万元,扩建4000平方米营业用房;五亭龙玩具城投入5000万元,建成1.5万平方米玩具礼品城,12月试营业。通过加大投入,逐步形成世界级毛绒玩具研发、生产、销售基地,成为国内最大玩具和玩具辅料销售基地。2006年,维扬区被中国轻工联合会授予“中国毛绒玩具之都”称号。2007年,丰源玩具辅料市场营业额6亿元,五亭龙国际礼品城销售额5.18亿元。2008年,五亭龙国际玩具礼品城被中国轻工联合会认定为动漫设计衍生产品工程技术研究中心,同时被中央电视台指定为毛绒玩具产品研发基地。2009年初,受国际金融危机影响,玩具国际订单减少,玩具辅料市场营业额下降。是年下半年,随着第四届五亭龙国际玩具礼品节招商推介、国际玩具市场回暖以及网络销售兴起,玩具辅料市场销售重新步入上升通道。当年,实现营业额15.8亿元,较上年增长10%以上。至2011年,玩具辅料市场集聚全市60%以上的内销毛绒玩具生产企业和80%以上的外销毛绒玩具生产企业,全年销售额38亿元。是年,区政府邀请专业咨询策划机构——上海福卡智库编制新一轮《五亭龙国际礼品玩具城发展规划》,建筑面积6万平方米的五亭龙玩具城商务广场设计规划获批并开工建设。

二、市场选介

五亭龙国际玩具礼品城　位于扬子江北路828号,始建于2003年12月,占地22公顷,是国内规模较大、档次较高的专业玩具礼品批发市场。礼品城提供全方位金融、贸易、信息、物流、研发、展示、培训、办公、仓储、生活、服务、大型停车场等服务。集聚区分玩具辅料区、玩具成品区、物流仓储区、电子商务交易区、玩具精品馆五大区域。拥有商铺1200多间,入驻率100%。经营品种3万多个,辐射全国和世界各地,初步形成设计、研发、加工、生产、销售产业链,市场从业人员3200多人。玩具城有与产业集聚相配套、设施齐全、功能明确的公共服务平台,设有市场管理部、工商税务管理办公室。为顾客提供小件寄存、语言翻译、兑换零钞、商品包装、信息咨询、售后服务等。还设有自动扶手电梯、升降货梯、中央空调系统、消防自动控制系统、闭路电视监控保安系统、音响系统以及区域通信网络和停车场自动管理系统等。

2011年,五亭龙国际玩具城商务广场开工建设,总建筑面积8万平方米,商铺1000多间,项目定位玩具交易馆、商务办公区及动漫体验馆。项目建成后,市场总建筑面积22万平方米,商铺2000多户,新增就业2500人,年销售额超100亿元。

丰源玩具辅料市场　始建于2001年,位于扬子江北路,入驻商户150多户,经营商品涵盖毛绒玩具生产所需一切主、辅原材料,年成交额8亿元,是全国最大玩具生产原料交易市场。商户经营产品质优价廉、供货及时,与江苏、安徽、山东等地1000多家玩具生产企业建立长期供货关系。

第四节　汽车销售市场

一、市场建设

1988年5月,区物资总公司成立,性质全民企业,下属区机电设备公司,专营汽车及汽摩配件。

1989 年,销售汽车 115 辆,实现销售额 789 万元。

1990～1999 年,区内汽车销售主要依托区机电设备公司及市机电公司设在区内的销售门点。2000 年后,汽车消费量增多,市场逐渐转旺,区内部分单位和个人纷纷创办汽车销售企业,至 2002 年,全区有专营汽车销售企业 4 家,年销售各种汽车 480 多辆,实现销售额 3500 万元。2005 年,扬州润扬汽车销售有限公司落户史可法北路,大众汽车、长安汽车 4S 店先后开业,主营长安、大众两个知名品牌汽车销售和维修保养,凭借知名品牌优势,全年实现销售额近 8000 万元。2007 年,扬州东星奔驰汽车销售有限公司(奔驰 4S 店)落户区内,投资总额 1000 万元,成为全区主营一线汽车品牌首家 4S 店。2008 年 4 月,扬州国际汽车城项目启动,总规划面积 1.5 平方千米,总建筑面积约 40 万平方米。项目于 2008 年 10 月启动建设。至 2011 年,国际汽车城入驻汽车 4S 店 30 家,引进各类汽车品牌 45 个,主要有一汽马自达、一汽大众、荣威、别克、宝马、广州本田、标致、一汽丰田、比亚迪、东风风神、五菱、进口大众、奇瑞、大众斯柯达、广汽丰田、奔驰等。是年,实现营业额 28 亿元,完成税收 8900 万元。扬州国际汽车城先后被评为市重点服务业集聚区和省级重点服务业项目,成为扬州规模最大、功能最全的汽车贸易集聚区。

2011 年维扬区重点汽车 4S 店销售情况一览表

表 11-3-2

序　号	4S 店名称	总投资(万元)	销售汽车品牌	年销售额(亿元)
1	扬州润扬汽车销售有限公司	900	长安、大众	9.5
2	扬州名城别克汽车销售有限公司	500	别克	6.5
3	江苏明日汽车销售服务有限公司	500	马自达	5.0
4	扬州东星奔驰汽车销售有限公司	1000	奔驰	2.5
5	扬州新丰泰汽车集团	800	奥迪、进口大众、保时捷、宾利、凯迪拉克、雷克萨斯	2.0

二、市场选介

扬州润扬汽车销售有限公司　位于史可法路,总投资 900 万元,营业面积 8.9 万平方米,整体建筑风格按德国大众全球统一标准轻钢框架、玻璃幕墙建筑。从业人员 63 人,是市区规模最大的上海大众 4S 店,于 2005 年 9 月开业。公司集整车销售、维修服务、配件供应、汽车信息咨询服务于一体,销售上海大众所有品牌车。2011 年,销售整车 2920 辆,维修汽车 1.5 万辆,营业额 9.5亿元。

扬州名城别克汽车销售有限公司　是上海通用特约授权的别克 4S 专营店,集汽车销售、维修、配件供应及信息咨询于一体。营业面积 1.2 万平方米,从业人员 88 人。2010 年,公司建成开业。2011 年,营业额 6.5 亿元,利税 1600 万元。

江苏明日汽车销售服务有限公司　隶属于宁波明日控股集团,总投资 500 万元,职工 80 人,坐落于维扬经济开发区扬州国际汽车城内,占地 1.2 公顷。是一汽马自达在扬州地区独家授权品牌运营商,集汽车销售、汽车维护维修、汽车增值服务于一体。拥有马自达品牌全球统一标准展厅和先进检测维修设备,所有职工均受一汽马自达严格培训和规范管理,从事国产马自达 6、睿翼、睿翼轿跑、马自达 8、进口马自达 5、马自达 MX－5、马自达 CX－7 车型销售与维护。2010 年,公司建成开业。2011 年,公司营业额 5 亿元,利税 1200 万元。

第五节　特色街区

1989 年，随着城市化进程加快推进，全区商贸流通和服务业迅速发展，一些街道利用沿街门面房发展商贸服务业，逐步形成各自特色。1997 年，双桥乡（双桥街道）秋雨路形成以服装销售为特色的街区。街道两旁，有专门销售服装、鞋类、箱包及床上用品的门店 236 家，其中品牌服装店有菲儿服饰、纯点服饰、石头剪子布等各具特色的门店。1998 年，四望亭西路逐渐形成以餐饮休闲为特色的街区，有酸菜鱼王、苏扬足浴、红泥浴都、烟花三月商贸有限公司、顺水楼大酒店、锦江之星等餐饮休闲服务企业入驻。2001 年，西湖镇胡场村长岭老鸭汤馆开业，随后红庆汤馆、聚乐源大酒店、香水楼大酒店、胡场汤馆等陆续开业，至 2010 年，形成胡场鸭汤特色一条街。2002 年，大五酒店、鸿阳生东酒店、滋奇火锅梅岭店、来鹤桥火锅梅岭店等一批餐饮企业相继开业，梅岭东西路美食一条街逐步形成。2005 年，瘦西湖西门旁德豪新天地商业项目开工兴建。2007 年，麦当劳、味道成都、吃品芝麻锅、湘味浓、钱柜等一批餐饮娱乐企业先后入驻，形成以餐饮休闲为特色的街区。2009 年，连接邗江路与扬子江路的杨柳青路建成，快车一族、德国马牌等一批汽车装饰装潢企业先后进驻，形成以汽车装潢为特色的街区。2011 年，邗江北路形成扬州家居设计装饰一条街，入驻有帝豪装饰、居众装饰、雅筑装饰等 20 多家品牌家居设计装饰装潢企业。

图 11－3－2　德豪瘦西湖新天地

1989～2011 年维扬区商贸服务业主要经济指标一览表

表 11－3－3　　单位：亿元

年份＼项目	社会消费品零售总额	第三产业营业额	第三产业利润	年份＼项目	社会消费品零售总额	第三产业营业额	第三产业利润
1989	2.16	3.18	0.12	2001	18.89	102.07	2.77
1990	2.37	3.76	0.13	2002	11.17	48.33	1.18
1991	3.04	4.68	0.15	2003	12.18	55.79	1.47
1992	4.42	9.08	0.21	2004	14.00	61.45	1.65
1993	9.09	18.49	0.44	2005	16.30	70.40	1.97
1994	10.46	28.68	0.80	2006	25.94	81.05	2.35
1995	11.51	38.54	1.10	2007	30.37	110.74	2.70
1996	12.60	48.56	1.55	2008	36.74	157.95	4.01
1997	13.83	56.36	1.75	2009	43.77	205.20	5.02
1998	14.72	73.62	2.03	2010	56.76	270.19	6.59
1999	15.92	82.76	2.17	2011	50.10	281.35	6.82
2000	17.22	91.51	2.48				

第十二编

财政　税务

1989年，全区实现财政收入1946万元，财政支出903万元。1989年后，财政收入稳步增长。1999年，财政收入突破1亿元。是年，区政府建立政府采购办公室。同时，区财政部门加强财源培植，先后设立规模企业发展基金、服务业发展引导基金、科技创新基金等专项资金引导企业发展，增加财政收入；加强预算内外资金管理，保证行政事业单位经费支出和经济社会发展需要；加强财务管理，帮助指导全区企事业单位和机关部门执行财务制度和财经纪律，全区年产值500万元以上企业基本实现会计人员持证上岗；加强国有资产管理，确保资产保值增值和资金运行安全。2001年9月，区财政结算中心建立，在全市率先推行部门细化预算改革试点。2002年，全区财政收入突破两亿元，财政支出突破1亿元。2006年，全区财政收入10.08亿元，财政支出2.99亿元。2009年，全区财政收入20.37亿元，财政支出7.4亿元。2011年，全区财政收入32.37亿元，比1989年增长165.33倍；财政支出13.95亿元，比1989年增长153.46倍。

1989年，区税款征收由市税务局郊区税务分局负责，分局下设第一、第二、第三、第四税务所。由于区财政体制属二级财政，税务征收管理和数据统计均包含在扬州市之内。1994年7月，实行中央与地方分税制，市税务局分设市国家税务局和市地方税务局。9月，市税务局郊区分局撤销，建立市地税三分局、国税二分局，分别负责征收郊区地税、国税(市国税三、四分局也征收部分税款)。是年，区国税、地税部门加强税收征管，建立纳税申报制度，加强税务发票管理，加强私营个体企业纳税管理，加强征管责任考核，推进税收信息化建设。2011年，全区国税、地税征收合计13.24亿元，比1989年1792万元增长72.9倍。1994～2011年，全区累计征收地税38.33亿元。1999～2011年，全区累计征收国税43.81亿元。2002～2011年，全区累计征收各项基金22.42亿元。

第一章　财　政

第一节　财政体制

一、区级财政体制

1989年，扬州市对郊区实行“核定收支、基数分成、递增包干”的财政体制，即以1988年参与分成收入数为基数，每年递增6%，一定5年不变，收入递增超6%部分全留，短收不补。

1994年，实行分税制财政管理体制。根据事权与财权相结合原则，税收收入划分为中央固定收入、地方固定收入、中央与地方共享收入。区列入中央固定收入项目主要是消费税，全额归中央；列入地方固定收入项目主要是营业税、地方企业所得税、地方企业上缴利润、个人所得税等，全部留给地方；列入中央与地方共享收入项目主要是增值税，分成比例为中央75%、地方25%。实行分税制后，中央财政对地方实行返还制度，即以上年中央从地方净上划收入数额作为中央对地方税收返还基数。对外贸出口退税按比例负担，对市集中财力定额上解，对土地使用税、私营企业税收区留成30%。原收入递增包干按原体制进行。

2001年，市对区财政体制进行调整，取消省集中增值税12.5%的部分和印花税、城镇土地使用税、资源税、土地增值税、排污费、水资源费等按比例分成政策。原上缴省部分，以2000年为基数，实行定额上缴，基数705万元，加上其他上缴定额合计1017万元。实行税收返还，以2000年为基期，核定返还基数2732万元。核定地方财政收入基数6334万元，对超地方财政收入部分，省集中增量20%。对城市维护建设税、个体税收比上年增加的部分，上缴市40%。对城镇土地使用税、土地增值税及私营税收超基数部分，上缴市56%。同时，实行财政收入增长考核奖励机制，对乡镇税收一般预算收入比上年增长20%和30%以上的，分别按乡镇留成(增长部分)财力的5%和8%给予奖励。对乡镇税收增长实行上台阶奖励，完成区政府下达一般预算收入增幅任务的，给予一次性奖励2万元；超全区平均增幅的，给予一次性奖励5万元。

2005年，市对区财政体制又进行调整，即按属地原则为主确定税收收入管理，取消原隶属关系、所有制性质、行政区划等多种形式交叉确定税收归属，一定4年不变。同时为保证区既得财力不受影响，确定2004年为基期年，以后年度税收收入增加部分按确定共享比例实行比例分成。

2009年，市对区财政体制进一步调整，在2005年属地划分基础上，按照促进发展和事权与财权相结合原则，进一步界定市级税收收入，明确支出责任，完善财政收入分成办法，完善市区转移支付政策以及企业搬迁、教育费附加等特定结算事项，从2009年1月1日开始，一定4年，执行至2012年。此轮财政体制调整，进一步明确市区重点工程税收、以政府为投资主体形成的税收、公共服务行业税收、契税收入、门临税收(税务部门在办税大厅征收的零散税款)以及纳税人登记调整等事项；对财政支出，进一步明确支出责任，将公共服务及基本运行支出范围界定为保障一般公共服务和公共安全服务需要、保障社会事业基本运行需要、保障民生支出需要、保障城乡社区事务支出需要、保障农林水事务和乡镇基本运行支出需要、保障安排工商金融事务促进经济发展与产业优化升级和市下移事权经费支出需要、保障新出台重要民生项目以及重大基础设施建设需要。为保证调整后区级财权与事权匹配，确定2008年为基期年，对一般预算收入中税收收入超基数的增量部分，市与区按一定比例分成，规定市对区分成收入比上年增长15%～20%部分，市本级分成财力返还50%；增长20%以上部分，市本级分成财力全额返还；市集中增量财力，超过市区平均增幅的，作为超收贡献全额奖励。对教育费附加，2009年起，以2008年实际分成为基数，规定教育费附加收入比2008年增加部分，区分成20%。

二、乡镇财政体制

1986年，区对乡镇实行“收支挂钩、超收分成、短收不补”的财政体制。

1996年，区对乡镇实行分税制财政管理体制，对乡镇财政实行“划分收支、核定基数、超收留成、自求平衡”的新一轮乡镇财政管理体制。以1995年为基期，确定各项收入基数和支出基数；确定乡镇固定收入，包括乡镇各类企业所得税、个人所得税、车船税、房产税、屠宰税和农业税；明确增值税、营业税、企业所得税作为区、乡共享税，增值税比基期增长分得部分，12.5%留乡，营业税、企业所得税比基期增长部分，区、乡4∶6分成；对土地增值税、城镇土地使用税、印花税、城市维护建设税、耕地占用税、农业特产税、契税实行专项分成。

2003年，区政府对乡镇财政体制进行调整，实行“核定收支基数，超基数收入乡留成40%”的收入分配模式；乡镇中小学经费上划区财政管理；乡镇企业农村教育费附加实行区、乡7∶3分成。

2009年，区政府按照“促进发展、属地划分、事权与财权相结合、兼顾效益与公平、城乡统筹发展、规范透明”的原则，对乡镇财政体制再次进行调整。明确一般企业实现的税收，以生产经营地点和民政部门勘定的行政区划界限划分为各乡镇税收收入；生产经营地跨乡镇的，按企业门牌地址确定。房地产企业税收，按照房地产开发项目所在地，税收属地划分到乡镇，300万元以上房地产企业税收(不含开发区)实行区、乡5∶5共享。维扬经济开发区内原属乡镇和乡镇招商引资引进的企业税收，实行开发区与乡镇6∶4共享。设有总、分支机构跨乡镇经营的企业，按总、分支机构独立核算的生产经营地点确定；非独立核算的分支机构税收，按总机构属地确定。对于财政收入分成方法，以2008年为基期年，与市对区财政体制保持一致，核定各乡镇财政收入基数和财力基数。明确增量税收区、乡共享；对一般预算收入中的税收收入超基数增量部分，区与乡镇(街道)按照6∶4分成，区与开发区按照2∶8分成。明确对区下划企业税收实行比例集中，参照上一轮体制，对双桥街道、城北乡、梅岭街道新增税收，区分别再按区下划乡镇税收比重进行集中。对调整后省分税制财政体制涉及的各项上解事项，由各乡镇财政负担。西湖镇、平山乡、开发区、甘泉街道统一执行市对区财政体制，即一般预算收入中税收收入超基数增量部分，市分成29.5%；对各乡镇税收增量部分，市统一集中10%。各乡镇耕地占用税实行单独分成，省集中50%，市集中10%，区分成10%，乡镇分成30%；区内安置房缴纳耕地占用税涉及跨乡镇的(30%部分)归被征地乡镇所有。

为实现公共服务均等化，该轮财政体制调整，进一步明确区乡转移支付政策，建立专项转移支付与激励性转移支付相结合管理办法。对特殊困难乡镇实行转移支付制度，将年人均财力低于全区各乡人均财力70%的乡镇列入财政转移支付范围，根据实际情况，给予一定补助；将人均财力超过全区各乡镇(街道)人均财力30%以上的乡镇，集中部分财力用于补助困难乡镇。同时，年底结算时根据各乡镇财力及经济社会情况，区财政给予相应专项转移支付，具体由区政府研究确定。对乡镇(开发区除外)一般预算收入中的税收收入比上年增长20%和30%以上，分别按乡镇留成(增长部分)财力的5%和8%给予奖励；对乡镇税收增长实行上台阶奖励，完成区政府下达一般预算收入增幅任务，给予一次性奖励两万元；超全区平均增幅，给予一次性奖励5万元。该轮财政体制从2009年1月1日开始，一定4年，执行至2012年。

第二节　财政收支

一、财政收入

1984年，区级财政预算建立后，财政收入逐年增长。1984年，财政收入358.65万元。1989年，财政总收入1946万元，一般预算收入1811万元。1995年，财政总收入6072万元，一般预算收入3057万元。1998年，财政总收入9440万元，一般预算收入4770万元。2002年，财政总收入2.13亿元，一般预算收入8977万元。2005年起，狠抓财源培植。是年，财政收入7.34亿元，较上年增加3.76亿元，增长205.17%。2006年，财政收入大幅度增加，总收入首次突破10亿元，一般预算收入5.49亿元。2009年，财政总收入超过20亿元，一般预算收入9.95亿元。2011年，财政总收入32.37亿元，一般预算收入17.01亿元。

收入结构　1989年，区财政收入中工商各税种收入1811万元，占全区财政总收入93.06%。此后，因经济体制改革和农业税减免等因素，财政收入结构发生变化，以基金收入为主的非税收入比重逐年提高。2006年，全区财政总收入10.08亿元，一般预算收入5.49亿元，一般预算收入占财政总收入54.46%。2011年，全区财政总收入32.37亿元，一般预算收入17.01亿元，一般预算收入占财政总收入52.55%。

基金收入　1984～2001年，区财政收入中基金收入项目少、规模小。2002年，社会保险基金和行政性收费纳入预算管理，地方一般预算收入和基金收入范围扩大，基金收入增加。2002年，全区基金收入2993万元，占财政总收入14.08%。2004年，政府土地出让金纳入基金收入，基金收入基数再次增加。2005年，全区基金收入3755万元，占财政总收入5.11%。2007年，随着城市建设发展，区级财政收入中基金收入呈快速增长趋势。2011年，全区基金收入6.82亿元，占财政总收入21.06%。

农业税收入　由于郊区税收结构特殊性，农业税占财政收入比重一直很小。1989年，全区农业税收入47.1万元，占财政总收入2.42%。至2003年，全区农业税收入1589.9万元，占财政总收入5.85%。

2004年2月，经区六届人大常委会第七次会议决定，2004年起，全区在全市率先实行免征农业税。当年免征农业税71万元，为农民免征的农业税全部由区财政承担。2006年后，全国统一免征农业税，区财政为农民承担农业税自然取消。

农业特产税收入　1989年，全区开征农业特产税(亦称农林特产税)，税源主要是水产、苗木、茶叶等，属地方收入，区、乡5∶5分成。是年，全区共征收14.1万元。2002年，全区共征收281万元。2003年，农业特产税取消。

耕地占用税收入　1987年开征，执行中央、省、市、县(区)30∶20∶10∶40比例分成。1989～2011

年,全区共征收耕地占用税1.6亿元。

契税收入　1993年开始征收,至2005年,全区累计征收3685.5万元。2006年后,由于城市建设特别是房地产业快速发展,契税收入快速增长。2006年,全区征收3398万元。2008年,全区征收3634万元。2010年,全区征收5960万元。2011年,因契税征收职能收归市财政局,全区仅征收1003.7万元。1989～2011年,全区共征收契税2.82亿元。

1989～2011年维扬区财政收入统计表

表12-1-1　　单位:万元

项目/年份	财政总收入	一般预算收入	基金收入	上划中央	其他收入
1989	1946	1811	—	—	135
1990	2107	1955	—	—	152
1991	2267	2140	—	—	127
1992	2556	2420	—	—	135
1993	3954	3857	—	—	97
1994	4790	2314	—	2476	—
1995	6072	3057	—	3015	—
1996	7365	3799	—	3566	—
1997	8236	4171	—	4065	—
1998	9440	4770	—	4670	—
1999	10437	5777	—	4660	—
2000	12688	6522	—	6166	—
2001	16345	8086	—	8259	—
2002	21254	8977	2993	9284	—
2003	27172	12862	3469	10841	—
2004	35795	19450	3080	13265	—
2005	73441	39201	3755	30485	—
2006	100802	54936	2042	43824	—
2007	136708	74445	10115	52148	—
2008	163000	82400	31600	49000	—
2009	203700	99500	44900	59300	—
2010	257000	133000	54100	69900	—
2011	323679	170057	68172	85450	—

二、财政支出

1989年,全区财政支出903万元,其中科教文卫支出394万元,占当年财政支出43.63%。2000年,全区财政支出6968万元,其中科教文卫支出3059万元,占当年财政支出43.9%。2002年,全区财政支出1.27亿元,其中科教文卫支出2870万元,占当年财政支出24.14%。2011年,全区财政支出13.95亿元,比1989年增长153.46倍。其中教育支出1.74亿元、科学技术支出6915万元、文化体育与传媒支出485万元、医疗卫生支出2834万元,合计支出2.76亿元,占一般预算支出28.47%,财力提升、支出加大,有力支持各项社会事业发展。

1989～2005 年维扬区财政支出统计表

表 12-1-2　　单位：万元

年份＼项目	基本建设和企业挖潜改造支出	农业支出	科教文卫支出	行政及公检法司支出	抚恤和社会福利救济社会保障支出	其他各项支出	基金支出	合计
1989	5	148	394	208	33	115	—	903
1990	62	141	473	257	38	156	—	1127
1991	38	164	521	279	50	183	—	1235
1992	42	164	646	391	63	186	—	1492
1993	377	291	843	540	60	484	—	2595
1994	309	276	1406	636	68	191	—	2886
1995	419	228	1554	828	93	502	—	3624
1996	428	365	1969	991	109	476	—	4338
1997	199	434	2072	1210	130	616	97	4758
1998	421	448	2317	1223	142	583	—	5134
1999	508	595	2785	1623	174	860	—	6545
2000	472	485	3059	1798	251	901	2	6968
2001	687	769	3494	2473	265	827	—	8515
2002	1007	714	2870	3064	282	1980	2774	12691
2003	1272	735	3458	4369	690	2931	3180	16635
2004	1515	702	4118	6367	756	3492	3079	20029
2005	2325	1181	4230	7630	878	3260	3428	22932

2006～2011 年维扬区财政支出统计表

表 12-1-3　　单位：万元

年份＼项目	财政总支出	一般预算支出	政府性基金支出
2006	29888	28441	1447
2007	35100	31487	3613
2008	61400	40500	20900
2009	74000	40800	33200
2010	82800	48800	34000
2011	139479	96969	42510

三、财源培植

1989 年后，区财政部门坚持以培植财源为抓手，把发展经济出发点和落脚点转移到增加财政收入上来，将财政收入目标作为区对乡镇考核重要指标。同时，落实各项财政政策，采取行之有效措施，至 2005 年，先后设立规模企业发展基金、招商引资专项资金、重点项目引导资金、服务业发展引导资金、科技创新资金等各类专项资金，用以支持企业转型升级，引导产业发展。

在财源培植过程中，始终坚持开源节流并重的指导思想，一手抓主体税种增收，一手抓零散税源征管，同时密切关注和预测国家税收政策、财政体制变化及区划调整给财政收入带来的影响，加强与国税、地税、工商和人民银行的协调与联系，充分考虑财政收入增长与经济发展和社会需求之间的协调性，严格执行税收政策，依法治税，应收尽收，确保各项财政收入及时足额入库；开展调查研究，掌握区域内经济构成和税源潜力，从源头上抓好收入征管工作；结合土地批转制度改革和企业改制，抓好土地收益、国有资产收益征缴工作，同时盘活用好存量资产，实现国有资产保值增值；不断培植新兴财源，促进区域财政收入稳定增长。

图 12-1-1 2009 年 4 月 8 日，全区财税金融工作会议召开

2005 年，面对日益高涨的社会民生需求，区政府通过加大对经济建设投入的方式，进一步促进全区经济结构转型发展，稳定税源收入，巩固财源基础。2008 年，全区经济结构由过去农业、工业、第三产业为格局的一、二、三产业升级为维扬工业园区、双桥城市商务区、城北物流集聚区、蜀冈生态新区、甘泉农业生态区“五大板块”。通过加大投入，开拓新兴财源，培植特色财源，促进经济和财源共同发展。是年，区财政安排专项资金 600 万元，支持工业“双创”(工业技术创新、企业二次创业)、“三重”(重要产业、重大项目、重点企业)工作；安排专项资金 130 万元，支持科技创新和科技平台建设；安排服务业引导资金 200 万元，支持现代服务业体系建设。2009 年，区财政安排资金 1000 万元用于扶持企业发展；安排服务业引导资金 200 万元，支持现代服务业体系建设；安排科技创新专项资金 300 万元和科学技术支出 600 万元，促进企业转型升级；安排文化创意专项资金 100 万元，支持发展文化创意产业。2010 年，区财政安排扶持企业发展、科技创新、人才引进等专项资金 1200 万元，安排服务业引导资金 200 万元，支持现代服务业和现代物流业等发展建设。2011 年，区财政安排科学技术支出 6915 万元，以促进企业转型升级；安排文化体育与传媒支出 485 万元，支持文化创意产业发展。

第三节 财政管理与监督

一、行政事业单位预算管理

1989～2000 年，全区行政事业单位实行“预算包干、超支不补、结余留用”管理办法，分别采取全额预算、差额预算、自收自支管理方式。2000 年，统一机关人员工资、津补贴发放标准。2001 年，推行机关部门细化预算改革试点，同时，对区级行政事业单位财政供养人员工资实行财政统一发放。2002 年，在区级机关全面推行部门细化预算改革，将预算经费直接安排到部门和项目，实行综合预算、零基预算。同时，对财政供养人员实行“户籍化”(财政部门借鉴公安部门户籍管理制度，整合组织、编制、人事、财政等部门信息，建立财政供养人员信息数据库)管理。2003 年，开发部门预算编制软件，规范编制形式，统一编制方式，统一定额标准，制定项目资金管理办法，较好地解决部门之间福利不均、用钱不明的现象，为全区构建公共财政体系奠定基础。

2001 年 9 月，为进一步规范行政事业预算管理，区财政局建立区财政结算中心。是年，进入结算中心管理的行政事业单位 22 家，资金流量 1191 万元。2008 年，进入结算中心管理的行政事业单位 54 家，资金流量 8600 万元。2011 年，进入结算中心管理的行政事业单位 78 家。是年 1～10 月，国库支付金额共计 2.93 万笔 3.33 亿元，其中直接支付 2.06 万笔 3.01 亿元，占支付总额 90.39%；授权支付 8612 笔 3205 万元，占支付总额 9.61%。结算中心往来资金流量 27.21 亿元。

二、预算外资金管理

1991 年，区财政局对预算外资金收入单位实行“收支两条线”管理。对全区 15 个有收费权的部门和单位核发收费许可证和统一使用财政专用收费票据。是年，共收取预算外资金386万元。1992年后，区财政局相继印发《预算外资金管理实施办法》《关于深化“收支两条线”改革进一步加强财政管理的意见》《预算外资金收支决算制度》《预算外资金管理考核办法》《行政事业单位票据管理办法》等文件，使全区预算外资金监督管理工作有章可循、有法可依。2000年，区财政局设立预算外资金管理中心。2011年，全区13个部门收取预算外资金587万元，全部做到“收支两条线”，实行专户存储、预算管理。

三、国有资产管理

1996年，区国有资产管理局(副科级)建立，负责全区行政事业单位和国有企业国有资产监督管理。全区列入财政管理的国有企业仅10家。至2005年，除区机电设备公司外，9家国有企业基本完成改制工作。2002年，区国资局变更为区国有资产管理委员会办公室(简称区国资办)，国有资产管理重点是对全区行政事业单位资产进行监督管理。2003年，区国资办制定行政事业单位资产管理办法，规范国有资产购置、处理、报损、报废、转移、出让等行为，防止国有资产流失。2005年，全区开展行政事业单位清产核资工作，建立全区国有资产台账。2007年，全区行政事业单位资产评估总额10.7亿元。2008年，对全区113家行政事业单位资产全面清查，全区资产总额10.74亿元、净资产9.23亿元。2010年，制定《关于行政事业单位启用资产管理信息系统工作实施方案》，规范国有资产处置，加强财政日常监管和绩效评价，确保国有资产保值增值。

四、财务检查

1989年，区财务税收物价大检查(简称三大检查)办公室设在区财贸办公室，由区财政局负责财务检查。“三大检查”办公室工作期间，全区共查处财务违纪金额73.37万元，全部解缴入库。1996年，区财政局建立财政监督科。1997年，区“三大检查”办公室停止行使职能。至2005年，全区通过财务检查共收缴违纪资金220.9万元，均及时解缴入库。2009年，全区开展“小金库”专项治理工作，在全面自查基础上，对全区18家单位进行重点检查，共查出违纪金额165万元，及时上缴国库，并对相关责任人员进行处理。

五、涉农资金监管

1989年后，区财政局落实各项强农惠农政策，优先支持“三农”发展，预算资金逐年增加，涉及项目包括农业、畜牧、水产、农机、林业、水利等方面。2002年，区财政局制定《维扬区财政农业专项资金报账制管理办法》，每年对支农资金进行跟踪、监管，开展相关检查，严防挤占、挪用、套取、虚报、冒领支农资金行为。2006年后，区财政局调整优化支出结构，进一步加大新农村建设投入，优先安排专项资金，对农业基础设施、农业结构调整、农业产业化、农业社会化服务体系建设、乡村中小企业发展和农村劳动力转移培训等进行扶持，加快全区精品特色农业发展，推进全区农业产业化进程。2009年，安排新农村建设资金300万元，发放粮食直补等各项涉农补贴资金779万元。2010年，安排各项涉农资金1290.4万元。至2011年，先后安排发放新农村建设、粮食直补、家电下乡、农资综合直补等方面资金4297.2万元。

六、政府采购

1999年，区政府建立政府采购办公室，负责全区使用财政资金集中采购工作。是年，全区共完成政府采购268万元，节约资金37.25万元，节约率13.9%。2001年，设立政府采购中心，具体经办政府采购事项。2005年，制定政府采购协管制度，聘请区机关部门21人担任政府采购监察员，对政府采购全程跟踪监督，严格做到评标与定标分离、采购与支付分离、管理与监察分离。同时邀请人大代表、政协委员和区监察局、区审计局负责人参与重大采购开标。2006年，实现政府采购预算与部门预算同步编制，对乡镇政府采购工作实行统一管理，全部纳入区政府集中采购范围。2009年，按照建设节约型政府要求，规范政府采购程序和行为，扩大集中采购范围，发挥电子化采购平台作用。2011年1～10月，全区共完成政府采购1351.2万元，节约资金192.4万元，节约率14.24%。

七、会计管理

1988年,区财政局建立中华会计函授学校郊区函授站,开展会计学历教育。1989年,会计事务管理主要为会计系列专业技术职称评审。1992年后,会计专业资格评审改为国家统考,通过国家考试取得相应资格。至2005年,全区通过国家考试取得中级会计师资格306人、助理会计师资格362人、会计员资格189人。2006～2011年,全区通过国家考试取得中级会计师资格218人、助理会计师资格286人、会计员资格432人。

1992年11月,财政部印发《企业财务通则》和《企业会计准则》,制定十大行业财务制度和13个分行业会计制度。1993年起,区财政局组织新准则、新制度培训。至1997年,全区共培训财会人员8100多人。1998年,财政部印发会计人员持证上岗规定,取得会计上岗证必须具有相应的专业知识学历或通过培训考试获取。至2005年,全区共发放会计上岗证1458份。1998年起,对全区会计人员每年进行不少于24小时的会计专业培训。至2011年10月,全区参加培训1.4万多人次,全区239家年产值500万元以上规模企业基本实现会计人员持证上岗。

第二章　税　务

第一节　税　制

1988年,全区实行以流转税和所得税为主体、其他税种相配合的复合税制,共征收21种税,即:产品税、增值税、营业税、盐税、资源税、利润调节税、建筑税、固定资产投资方向调节税、工商所得税、中外合资企业所得税、外国企业所得税、个人所得税、城市维护建设税、印花税、城市房产税、土地使用税、车船使用牌照税、特种消费行为税、屠宰税、集市交易税和牲畜交易税。

1989年,全区实施国营企业税利分流改革,对国营企业盈利一律改按35%税率征收所得税,取消企业用所得税前利润归还固定资产投资借款和提取“两金”(预算调节基金、国家能源重点建设基金)规定。取消利润调节税,将原来企业应缴利润调节税并入所得税后上缴利润承包。是年2月,全区对彩色电视机和小轿车征收特别消费行为税。1991年7月后,全区征收外商投资企业和外国企业所得税,停征中外合资企业所得税和外资企业所得税。1992年1月,开征固定资产投资方向调节税。

1994年1月,全区实行新税制。原征收的产品税、增值税、营业税和工商统一税等4个税种改为增值税、消费税、营业税等3个税种。改革后流转税制统一适用于内资、外资企业,取消对外资企业征收的工商统一税。对商品生产、批发、零售和进口环节普遍征收增值税,并扩大到生产性劳务。对出口商品实行增值税零税率政策,出口退税由中央财政统一负担。对部分消费品在征收增值税基础上,在生产、委托加工和进口环节,再征收消费税。对不实行增值税的劳务服务等第三产业征收营业税,按所含税价依率计征。原有国有企业所得税、集体企业所得税、私营企业所得税统一为企业所得税。该税种实行33%的比例税率。对部分盈利水平低、应税额在10万元以下的暂实行18%、27%两种税率,并以税法规范企业所得税前列支项目和标准。同时,全区取消个人收入调节税和城乡个体工商户所得税,对个人收入和个体工商户生产经营所得统一征收个人所得税。工资、薪金所得超过800元以上部分,采用6级超额累进税率,最低一档5%,最高一档45%,实行分项计征。对个体工商户生产经营所得实行5%～35%超额累进税率。开征土地增值税,从30%至60%设4档累进税率。取消牲畜交易税、奖金税、工资调节税等。工商税制税种由原来32个减少到18个。取消盐税,将盐税并入资源税征收范围。改革后资源税征收范围包括所有金属矿产品和非金属矿产品。1999 年 11 月,全区执行国家税务总局《对储蓄存款所得征收个人所得税的实施办法》,对储蓄存款所得征收个人所得税。2001 年,开征金融保险营业税。是年 1 月,全区取消车辆购置附加费,征收车辆购置税。

第二节　税款征收

1989 年,区内税款由市税务局郊区分局为主征收(市税务局其他部门也征收部分税种)。征收税种主要有产品税、增值税、营业税、盐税、资源税、利润调节税、建筑税、固定资产投资方向调节税、工商所得税、中外合资企业所得税、外国企业所得税、个人所得税、城市维护建设税、印花税、城市房产税、土地使用税、车船使用牌照税、特种消费行为税、屠宰税、集市交易税和牲畜交易税。

1994 年 1 月 1 日起,全区实施分税制后,区国税征收由市国税局二、三、四分局等部门负责,主要征收税种为:增值税、消费税、营业税、企业所得税、外商投资企业和外国企业所得税、个人所得税、资源税等 7 个税种。区地税征收由市地税局三分局为主,市地税局涉外税务分局、个体私营分局等部门也征收部分税种。地税征收税种为:营业税、企业所得税、个人所得税、资源税、城市维护建设税、印花税、城镇土地使用税、房产税、城市房产税、固定资产投资方向调节税、土地增值税、车船使用税、车船使用牌照税、屠宰税和地方附加费以及政府基金等。

增值税　1984 年 10 月起,全区开征增值税。1989 年,推行“价税分流购进扣税法”,全区增值税收入 683 万元,占工商各税收入的 35.2%。1994 年实施新增值税后,全区增值税收入 3700 万元,占工商各税收入的 63.5%。2011 年,全区增值税收入 7.07 亿元,占工商各税收入的 69.5 %,成为主要税种之一。

消费税　1989 年 2 月,全区对彩色电视机和小轿车征收特别消费税。当年,征收特别消费税 12 万元。1994 年,全区执行国务院《中华人民共和国消费税暂行条例》,原消费税有关规定同时废止。新的消费税征收范围包括烟、酒、鞭炮和焰火、贵重首饰、化妆品、小汽车、摩托车、汽油、柴油、护肤护发品、汽车轮胎等 11 种消费品。至 2005 年,全区消费税征收数额不大。2006 年,征收 30 万元。2007～2011 年累计征收 64 万元。

企业所得税　1984 年 10 月,全区征收国营企业所得税。1985 年 4 月,全区征收集体企业所得税和私营企业所得税。1994 年 1 月 1 日起,执行《中华人民共和国企业所得税暂行条例》,原分所有制性质征收的 3 种所得税和国务院有关国有企业承包企业所得税办法同时停止执行。是年,区国税部门征收中央固定收入的中央企业所得税,地方银行、外资银行及非银行金融企业所得税;地方企业(包括国有、集体、私营企业)所得税由地税部门征收。2002 年,根据国务院《关于印发所得税收入分享改革方案的通知》精神,全区国税、地税征管范围调整为:2001 年 12 月 31 日前区国税、地税部门征收管理的企业所得税仍由原征管机关征收管理,不作变动;2002 年 1 月起,在工商行政管理部门办理设立(开业)登记的新办企业,其企业所得税由区国税部门征收管理;在其他行政管理部门新登记注册领取许可证的事业单位、社会团体、律师事务所、医院、学校等缴纳企业所得税的其他单位,其企业所得税由市国税局直接征收管理。1999 年,区国税部门征收企业所得税 216 万元。2002 年,征收 2419 万元。2006 年,征收 5068.78万元。2007～2011 年,累计征收 9.46 亿元。1994 年,区地税部门征收企业所得税 262 万元。2000 年,征收 644 万元。2005 年,征收 8627 万元。2011 年,征收 9585.68 万元。

车辆购置税　2001 年 1 月,全区开征车辆购置税。车辆购置税征收范围包括汽车、摩托车、电车、挂车、农用运输车,实行以价定率办法计算应纳税款、一次征收。车辆购置税为中央税,税款缴入中央国库。至 2011 年,区国税部门征收车辆购置税 320 万元。

营业税　主要是向区内建筑业、金融保险业、交通运输业、邮电通信业、文化体育业、娱乐业、服务业等行业征收。金融保险业税率 5%～8%,娱乐业税率 5%～20%,其余税率 3%～5%。1994 年后,

营业税成为区内地税最主要税种，征收额列地税各税种之首。1994 年，征收 760 万元。2000 年，征收 1899 万元。2008 年，征收 1.65 亿元。2011 年，征收 3.41 亿元，是 1994 年的 44.92 倍。

个人所得税　1994 年，征收 37 万元。1998 年，征收 357 万元，为当年全区地税列营业税之后的第二大税种。2002 年，征收 484 万元。2008 年，征收 4082.23 万元。2011 年，征收 8909.64 万元。

土地增值税　至 2003 年，全区征收额很少。2004 年后，征收额快速增长。2005 年，征收 1575 万元。2008 年，征收 2276.28 万元。2011 年，征收 1.64 亿元。

城市维护建设税　1994 年，征收 87 万元。2000 年，征收 300 万元。以后征收额逐年增长，2005 年，征收 2560 万元。2008 年，征收 3522.26 万元。2011 年，征收 6588.29 万元。

车船使用税　全区税源较少，征收数额不大。1994 年，征收 6 万。2005 年，征收 13 万元，数额为历年最高。2011 年，仅征收 0.52 万元。

房产税　1994 年，征收 61 万元。1998 年，征收 141 万元。2002 年，征收 198 万元。以后逐年增加。2008 年，征收 1171.87 万元。2011 年，征收 3184.26 万元，是 1994 年 52.2 倍。

屠宰税　全区征收数额不大。1994 年，征收 15 万元。2001 年，征收 61 万元，为历年最高。2002 年，后区内不再征收。

城镇土地使用税　1994 年，征收 27 万元。2000 年，征收 50 万元。2005 年，征收 148 万元。2007 年，后征收数额快速增长。2008 年，征收 1897.44 万元。2011 年，征收 2798.12 万元，是 1994 年 103.63倍。

印花税　1994 年，征收 13 万元。1998 年，征收 47 万元。2002 年，征收 71 万元。2008 年，征收 693.73 万元。2011 年，征收 1380.08 万元。

图 12-2-1　2007 年 8 月，地税三分局举办第一期税收培训会

固定资产投资方向调节税　1994 年，征收 57 万元。1998 年，征收 80 万元。2000 年停征。

各项基金(费)　1989～2001 年，区内基金征收项目少、规模小，仅有一些地方税费附加。2002 年，社会保险基金和行政性收费纳入预算管理，地方基金收入范围不断扩大，基金收入不断增加。是年起，区地税部门为市、区政府陆续代收社会保险费等各项基金(费)，主要有教育费附加、地方教育附加、社会保险费、文化事业建设费、防洪保安基金、市场物价调节基金、粮食风险基金、地方教育基金、残疾人就业保障金、职工教育经费统筹、旅游事业发展费、人防建设经费、义务植树统筹费、绿化费等。因全区各项基金(费)均由市国税、地税和市财政部门统一征收，包含于扬州市区之内，具体征收数额无法剥离统计。

教育费附加　2006 年，征收 1321.79 万元。2008 年，征收 1503.71 万元。2011 年，征收 2790.22 万元。

地方教育附加　2006 年，征收 474.65 万元。2008 年，征收 541.39 万元。2011 年，征收 1638.01 万元。

文化事业建设费　2006 年，征收 14.01 万元。2008 年，征收 38.05 万元。2011 年，征收 51.89 万元。

1994～2005 年维扬区地方税收分税种收入统计表

表 12-2-1　　单位：万元

项目＼年份	1994	1995	1996	1997	1998	1999	2000	2001	2002	2003	2004	2005
1.营业税	760	775	1332	1350	1580	1673	1899	2205	2969	5225	9402	16184
2.个人所得税	37	43	107	210	357	424	447	428	484	788	1374	2885
3.土地增值税	—	—	3	3	—	5	—	—	2	—	404	1575
4.城市维护建设税	87	53	96	169	227	215	300	474	476	879	1221	2560
5.车船使用税	6	6	5	5	8	6	6	8	8	6	8	13
6.房产税	61	53	58	89	141	259	237	192	198	264	409	843
7.屠宰税	15	17	8	1	22	60	29	61	—	—	—	—
8.城镇土地使用税	27	20	25	25	43	42	50	44	17	30	38	148
9.印花税	13	21	22	32	47	45	82	90	71	110	133	357
10.企业所得税	262	251	246	287	294	216	644	1311	1492	1730	3222	8627
11.固定资产投资方向调节税	57	62	—	—	80	63	16	—	—	—	—	—
合　计	1325	1301	1902	2171	2799	2608	3710	4813	5717	9032	16211	33192

2006～2011 年维扬区地方税收分税种收入统计表

表 12-2-2　　单位：万元

项目＼年份	2006	2007	2008	2009	2010	2011
1.营业税	10610.71	16568.52	16519.46	23547.20	26607.91	34140.11
2.个人所得税	2635.13	3872.19	4082.23	4671.54	6111.71	8909.64
3.土地增值税	1473.15	2905.70	2276.28	3561.98	6445.33	16391.83
4.城市维护建设税	3127.00	3680.87	3522.26	4125.60	4802.90	6588.29
5.车船使用税	—	0.05	2.81	1.13	0.61	0.52
6.房产税	638.37	840.72	1171.87	1918.30	2737.19	3184.26
7.屠宰税	—	—	—	—	—	—
8.城镇土地使用税	176.75	1052.72	1897.44	2701.14	2850.95	2798.12
9.印花税	339.16	469.45	693.73	714.46	935.64	1380.08
10.企业所得税	5068.78	5719.00	7181.60	6738.38	7587.67	9585.68
11.教育费附加	1321.79	1581.69	1503.71	1810.67	2070.96	2790.22
12、地方教育费附加	474.65	562.34	541.39	668.17	778.61	1638.01
13.文化事业建设费	14.01	13.38	38.05	41.84	39.41	51.89
合　计	25879.50	37266.63	39430.83	50500.41	60968.89	87458.65

第三节　税务管理

一、税务登记

1989 年,区税务部门对全区纳税单位和个人全面办理税务登记,以清除税收漏管户。全区领证的企业和个体工商业户 1028 户,其中国营企业 39 户,集体企业 432 户,个体工商户 557 户。1994 年,确认 387 户为一般纳税人,对其实行年审制度。1995 年 6 月 1 日至 7 月 31 日,区国税、地税部门共为 1383 户纳税人进行税务登记。1996 年,开展税务登记换证,共换发税务登记证 2321 户。2001 年,区国税、地税部门加强税务登记验证宣传,印发宣传材料 4000 多份,历时两个月,全区共办理验证 3750 户,发放贴花 502 张。2002 年,全区开展税务登记资料复查,与工商、银行等部门建立信息交流和认同管理,在区行政审批中心建立税务登记窗口,专门负责开业、变更税务登记和税务咨询,实行税务登记集中管理。2011 年,全区国税、地税部门共有税务登记户 4250 户。

二、发票管理

1989 年,区内使用的发票主要有企业经税务机关批准的自印发票、工业企业批发扣税发票、工业企业通用发票、工业企业加工发票及其他专用发票。1993 年,新版发票发行,区税务部门开展旧版发票清理和检查,以防利用发票偷税。1995 年 4 月 1 日起,区内企业全面使用地方税务局监制发票。1997 年 1 月,统一使用新版普通发票,区内饮食业启用剪额发票。1999 年起,区地税部门将打击税收违法行为和打击倒卖伪造发票专项活动相结合,开展打击涉税犯罪专项斗争。是年,全面开展普通发票清理排查,对群众举报的发票违法事件进行严肃处理。2001 年,在餐饮娱乐服务业首先推广使用税控收款机。2004 年,实施定额刮刮奖制度,激发消费者索取发票热情。2005 年,参照省地税局样本,本着精确统一的原则,广泛使用电脑发票,减少并逐步取消手开发票,确定市地税局监制统一发票 23 种、省地税局监制发票 16 种,机打发票占全部发票的三分之二。

三、纳税申报

1989 年后,区税务部门对纳税企业和个人进行税收法律、法规和政策宣传,公开税种、税率、办税程序、违章案件处罚办法以及税务部门规章、职业规范、奖惩制度等,增强纳税人主动申报、依法纳税意识。1994 年,区税务部门向社会作出公开服务承诺,对纳税申报事项实行限时服务,并在办税服务厅为残疾人、复员军人、下岗再就业人员纳税开启“绿色通道”。至 1996 年,全区地税纳税申报率、税款入库率均达到 90％以上。1998 年,推进纳税申报计算机网络管理,主要内容有税种、税目、应纳税项目、适用税率、计税依据、扣除项目标准、应纳税率等。实行纳税人、纳税项目分项管理。是年,区内城镇纳税率 96％以上、农村 85％以上。2002 年,推行多形式纳税申报方式,切实解决专管员由“管户制”向“管事制”转变,实施阳光执法,推行税务人员执法廉政反馈卡制度。2004 年,进一步推行多形式纳税申报方式,使许多纳税人足不出户网上“阳光”纳税。2006 年后,区内国税、地税全面实施网上纳税申报。至 2011 年,全区有 538 家企业网上申报,746 户个体“双定户”实行银税一体化。

四、责任考核

1989 年,区税务部门强化税收征管责任考核,围绕税收征收目标、“三心”(热心、真心、细心)和“五满意”(办税环境满意、公正执法满意、工作质量满意、服务态度满意、廉政建设满意)要求制定目标管理考核制度和奖惩细则 13 项,推进全区税收征管法制化、规范化和制度化。1994 年,推行“十大规范服务标准”,并列入责任考核内容。1996 年,区国税部门开展基层“三化”(制度化、规范化、精细化)建设,制定《税务责任区暂行管理办法》《责任区纳税人分类管理办法》等,设立电子综合台账,及时记载纳税信息,掌握税源异常信息,实行户源“四基”管理,即基本情况清楚、基础数据准确、基础资料完备、基本程序规范。区地税部门将税款申报率、税款入库率、处罚率、滞纳金加收率作为每月考核重点内容。2009 年,区国税部门开展“税收征管基础强化年”活动,制定《关于进一步加强税收征管基础工作的实施意见》,提出分析现状、对症下药、制定措施、分别实施、强化控管、严格考核、循序渐进、夯实基础具体要求,健全和完善各项工作机制,不断推进基础工作制度化、规范化。至 2011 年,区国税、地税部门先后制定税收风险管理实施意见、征管基础建设工作实施意见、税源奖评办法、纳税服务工作规范、个体市场管理制度、注销税务登记管理办法、目标考核办法、奖惩实施制度和责任追究制度。围绕“考核监督、长效管理”工作主线,着力在税收风险管理、税源联动、责任区管理、税收执法、数据质量、个体市场管理、纳税服务等方面下功夫,全面夯实各项征管基础,不断提高征管水平。

第十三编

经济综合管理

1989年，全区经济综合管理机构4个。2000年后，先后增设区统计局和区安全生产监督管理局。随着经济体制改革逐步推进和市场经济体制初步建立，全区经济综合管理不断加强和改进。经济综合管理工作不断从适应到完善、从改善到加强，及时调整职能，增强服务意识，放开企业经营管理，强化宏观调控，保障国民经济健康运行。计划管理改变传统下计划、分物资、管审批等微观管理，逐步转向强化宏观调控、协调和服务；由偏重制定年度目标计划，转向侧重制定中长期规划和专项规划；由注重检查计划执行情况，转向对经济运行质态进行跟踪监测和分析预测。统计部门改革统计方法和制度，开展各项经济社会统计和专项调查，先后开展人口、经济等全国普查，适应市场经济条件下经济运行新特点，提供准确数据服务和综合分析，为指导经济运行提供决策依据。以完善市场经济运行机制为目标，物价管理由行政定价为主转向由市场定价，实行国家定价、国家指导价和市场调节价并存体制，实行调控、管理、监督和服务并重，保持市场物价秩序稳定。工商行政管理加强市场监管力度，查处不正当竞争，维护经营者、消费者合法权益；降低企业登记准入门槛，鼓励民资创业；重视和加强经济合同、商标、广告管理，为经济发展保驾护航。审计监督地位和作用逐步加强，通过财税金融审计、经济责任审计、固定资产投资审计、专项资金审计和审计调查等，严肃财经纪律，维护经济秩序。全区安全生产监督管理迈入法治化轨道，加强安全生产培训和宣传力度，加强制度建设、执法检查、专项整治，保障职工生命和人民群众财产安全。

第一章　发展计划管理

建区后，全区国民经济计划管理经历由微观管理向宏观管理转变。指令性计划逐步取消，转变为指导性计划；由重视年度计划制定转为中长期规划制定；企业投资项目由审批制转变为核准制、备案制；由对工业产品实行计划安排、主要物资实行计划分配转为工业品由市场选择资源和市场配置等。

随着管理职能转换，区计划管理部门不断适应职能转换，机构设置变化较大。1983年5月，全区国民经济和社会发展计划综合管理部门为区工交办公室。1984年，建立区计划经济委员会，内设经济协作办公室、技术改造办公室、三产办公室、三电办公室、沼气办公室、计划统计科、工业科（含企业管理股、生产技术股）、组户工业科、外经科、科技科和物价科等科室。1987年9月，区经济协作办公室上升为二级局建制，隶属于区计经委。12月，划出外经科，建立区对外经济贸易委员会。1988年1月，划出科技科，建立区科学技术委员会。8月，划出物价科，建立区物价局；撤销工业科，建立区工业局，为副科级建制，归口于区计经委。2000年，区沼气办公室更名为区能源办公室，计划统计科分设计划科和统计科。2001年7月，区工业局安全生产管理职能划出，与区劳动人事局承担的安全生产管理职能合并，成立区安全生产监督管理局。2002年4月，区统计局单设，并升格为正科级建制。5月，区计经委更名为区发展计划与经济贸易局。2003年10月，区经济协作办公室、区能源办和区三电办合并为社会事业科。2005年，区经济体制改革委员会并入，更名为区发展改革和经济贸易委员会。2010年，区发展改革和经济贸易委员会更名为区发展改革和经济信息化委员会，内设项目投资科、科技能源科、社会事业科、信息化科、综合规划科、体制改革科和办公室等科室。

第一节　计划（规划）编制与实施

一、"七五"计划（1986～1990年）

1986年4月，"七五"计划经区一届人大三次会议审议通过。"七五"计划指导思想是：坚持把改革放在首位，以改革促进建设，以建设推动改革，保证和促进经济建设稳步持续增长和社会事业协调发展;坚持近郊服务城市方针,重点发展蔬菜、禽、蛋、鲜鱼、奶等副食品,为城市人民生活服务,同时致富农村;坚持把经济效益作为一切经济工作的中心任务;坚持科技进步和智力开发;坚持"两个文明"建设一起抓。"七五"期间主要经济指标是:期末工农业总产值3.8亿元,年均增长10%;财政收入1691万元,年均增长10%;农民人均纯收入800元,比1985年增长51%;1990年普及九年制义务教育。

"七五"期末,全区实现地区生产总值2.81亿元,比"六五"期末增长114.5%,年均增长16.5%。工农业总产值8.1亿元,比1985年增长186.5%,年均增长23.4%。财政收入2107万元,比1985年增长109%,年均增长15.9%。工业固定资产原值1.39亿元,比1985年增长2.38倍,年均增长27%。全区出现3个工农业总产值过1亿元乡镇,7个过1000万元村,17家工业产值过500万元企业,其中1000万元以上企业7家。

二、"八五"计划(1991～1995年)

1991年4月,"八五"计划经区三届人大二次会议批准实施。"八五"计划经济指标是:期末地区生产总值4.43亿元,年均增长9.5%;工农业总产值(90不变价)13.53亿元;财政收入3106万元,年均增长7.3%;外贸供货值1.43亿元,年均增长16%;全社会固定资产投资1亿元,年均投资2000万元左右;农民人均纯收入1185元,年均增长6%。

"八五"期间是全区改革开放后经济发展速度最快、社会事业变化最大、人民生活改善最好的时期。"八五"期末,全区实现地区生产总值14.39亿元、财政收入6072万元,分别比"七五"期末增长412.1%和188.18%。5个乡镇进入"苏中五十强"行列。一、二、三次产业结构由1990年的28.1∶48.9∶23调整为9∶60∶31。外贸供货值13.1亿元,比"七五"期末增长18倍。新办"三资"企业86家,合同利用外资及港澳台资4414万美元。农民人均纯收入2370元,比1990年增长168.1%。

三、"九五"计划(1996～2000年)

1996年3月,《扬州市郊区国民经济和社会发展"九五"计划和2010年远景目标纲要》经区四届人大四次会议审议通过。"九五"计划经济指标是:期末地区生产总值58亿元,在1995年基础上翻两番;财政收入1.3亿元,年均增长19.3%;工业产值200亿元,三产营业额180亿元,年均分别增长32.2%和36.1%;外贸供货值70亿元,年均增长39.8%;全社会固定资产投资42亿元,年均增长25%。在制定"九五"计划时,由于受"八五"期间发展速度影响,部分指标偏高;加之受1997年亚洲金融危机影响,全球经济发展和贸易增长明显放缓。经区五届人大十九次常委会议审议通过,对上述"九五"部分工作目标进行变更调整,地区生产总值由58亿元调整为28亿元,财政收入由1.3亿元调整为1.1亿元。工业生产值由200亿元调整为80亿元。

扬州市郊区"九五"计划调整情况一览表

表13－1－1

指标名称	原计划		调整后	
	指标(亿元)	年递增(%)	指标(亿元)	年递增(%)
地区生产总值	58	32	28	14.1
财政收入	1.3	19.3	1.1	12.6
工业总产值	200	32.2	80	10.1
三产营业额	180	36.1	90	18.5
外贸供货值	70	39.8	16	4.1
全社会固定资产投资	42	25	6.7	10.3

"九五"期间，虽受亚洲金融危机等不利因素影响，全区上下齐心协力、攻坚克难，勇于创新，经济和社会发展仍取得较好业绩。全区经济工作在经营方式上，注重由粗放型向集约型转变，提高经济运行质态；在经营管理上，由注重量的扩张转向质的提升，提高经济效益。"九五"期末，全区实现地区生产总值26.9亿元、财政收入1.27亿元，分别比"八五"期末增长86.94%和128.36%。外贸供货值16.1亿元，其中自营出口4400万美元，分别比1995年增长22.9%和25.7%。农民人均纯收入4611元，比"八五"期末增长94.56%。人均居住面积由"八五"期末34.5平方米增加到39.6平方米。

四、"十五"计划(2001～2005年)

2001年1月，"十五"计划经区五届人大四次会议批准实施。"十五"计划目标是：期末地区生产总值47.76亿元，年均增长12%；财政收入1.87亿元，年均增长10%；外贸供货值29.5亿元，年均增长13%；全社会固定资产投资47亿元，年均增长12%；农民人均纯收入7570元，年均增长10%。

"十五"期间，全区经两次区划调整，先后划出城东、湾头、汤汪3个乡镇归广陵区管辖；划出瘦西湖街道归蜀冈—瘦西湖风景名胜区管辖。虽然管辖范围缩小，但区内原市属企业根据属地管理原则划入，经济总量仍有所上升。2001年7月，兴建江阳工业园(后升格为维扬经济开发区)，招商力度加大，鼓励企业"退城进园"，园区发展迅猛，进一步壮大区域经济。2005年，全区实现地区生产总值27.09亿元、财政收入7.34亿元、全社会固定资产投资30.31亿元，分别比2000年末增长0.71%、4.78倍和45%。5年实际利用外资及港澳台资1.66亿美元，年均增长76.4%；新增民资注册资本金28.3亿元。农民人均纯收入7182元，城镇居民人均可支配收入11351元，年均增长分别为55.76%和15.2%。

五、"十一五"规划(2006～2010年)

2006年1月，"十一五"规划经区六届人大四次会议审议通过。"十一五"规划指标是：期末地区生产总值62亿元，年均增长18%；财政收入15亿元，年均增长18.1%；全社会固定资产投资90亿元，年均增长24.6%；实际利用外资及港澳台资两亿美元，新增民资注册资本金36亿元，均比2005年增长2倍；农民人均纯收入1.2万元，年均增长10.8%；城镇居民人均可支配收入两万元，年均增长12%。

"十一五"期间，是全区经济持续健康快速发展的5年。经济结构调整为三产占53%、二产占45%、一产占2%的新格局。工业经济结构进一步优化，构建成高端装备制造业加快发展、传统特色产业加快提升、新兴产业加快扩张的三大支柱产业发展态势；形成经济开发区、物流集聚区、蜀冈生态新区、城市商务区、都市农业区"五大板块"联动发展的新局面。至"十一五"期末，全区实现地区生产总值139.47亿元，比"十五"期末增长4.15倍；人均地区生产总值58630元(现价折合8600美元以上)，年均增长16.7%；财政收入25.7亿元，比"十五"期末增长2.5倍；全社会固定资产投资105.49亿元，年均增长28.2%；工业总产值296.6亿元，规模工业首超200亿元；累计实际利用外资及港澳台资6.1亿美元，新增民资注册资本金198亿元，分别是"十五"期末3.4倍和3.5倍；自营出口总额5.42亿美元，年均增长28.2%；城镇居民人均可支配收入21880元，农民人均纯收入1.3万元，年均分别增长14%和12.6%。

六、"十二五"规划(2011～2015年)

2011年1月，"十二五"规划经区七届人大四次会议审议通过。11月，因市区区划调整，维扬区并入邗江区，此规划未实施。

第二节　项目管理

一、全社会固定资产投资

投资规模　1989～2011年，全区全社会固定资产投资累计完成567.46亿元，房地产开发累计投入

140.07 亿元，竣工面积 609.15 万平方米。其间，随着 80 年代末计划经济逐步向市场经济转型，全区投资结构发生较大变化，由以工业技术改造为主，逐步转向基本建设与技术改造并举。1997 年起，基本建设投入超过技术改造投入。三次产业投资结构出现变化：一产比重有所下降，二产比重稳定上升，三产比重逐年增大并超过二产，成为投资重点。

1989～1990 年，贯彻国家投资管理"积极扶持、正确引导、加强管理"方针，全区固定资产投资按照国家宏观调控政策，调整投资方向，压缩信贷规模，保证重点项目，支持发展乡村工业。两年累计完成固定资产投资 4734 万元，其中工业技术改造 3243 万元、基本建设 1491 万元。1991～1995 年，工业企业技术改造仍是投资重点。1991 年，技术改造投入 2064 万元，1993 年上升至 2.25 亿元，1995 年达到 3.16 亿元。资金来源主要靠企业自身积累和用好用足国家扶持政策。至 1995 年，5 年全区累计完成固定资产投资 14.64 亿元，其中技术改造 9.16 亿元、基本建设 5.48 亿元。

1996～2000 年，受亚洲金融危机影响，固定资产投资增幅减缓。1997 年，全区固定资产投资 3.32 亿元，比 1996 年下降 28.2%。1998 年后，由于工业企业所有制改革不断深入，企业成为投资主体，投入积极性提高。利用外资及港澳台资企业增多，投资主体出现多元化格局。在亚洲金融危机不利因素影响下，全区工业投入保持 12.9%小幅增长。第三产业发展加快，以各类市场建设为主体的服务业投入不断加大，新建、扩建曲江小商品市场、联谊农贸市场和钢材、木材市场等，全区基本建设投入高于技术改造投入 1.71 倍。至 2000 年，5 年全区累计完成固定资产投资 28.06 亿元，其中工业技术改造 10.34 亿元、基本建设 17.72 亿元，分别比"八五"期间增长 91.67%、12.88%和 2.23 倍。

2001 年后，全区加快城市化进程，推进维扬经济开发区(以下简称开发区)、公铁水联运物流集聚区(以下简称物流园区)和蜀冈生态新区(以下简称蜀冈生态区)等园区建设；适应市场需求，抓好亿元以上重大投资项目；民资企业和合资企业共同投资房地产业。引进外资及港澳台资和民资，构建多元化投资格局，全社会固定投资规模不断扩大。2001～2005 年，国家实行积极财政政策和稳健货币政策，发行国债、降低利率、停征固定资产投资方向调节税等一系列措施拉动内需，扩大投资规模。2001 年 7 月，建立江阳工业园。是年起，对开发区 9.68 平方千米内道路、管网、绿化等基础设施统筹规划，逐步实施到位。先后兴建两期 8 万平方米标准厂房，建成创业园。沿宁启铁路和启扬高速维扬段，高标准建成 205.77 公顷"绿色通道"。全区工业企业 1000 万元以上投资项目 179 个，其中 5000 万元以上项目 17 个、1 亿元以上项目 1 个。沃尔玛购物中心、海德建国酒店和中信泰富房地产等一批重大项目陆续开工建设。至 2005 年，5 年全区累计完成固定资产投资 87.94 亿元，是"九五"时期 3.13 倍、"八五"时期 7 倍。

2006～2010 年，是建区后全社会固定资产投资总量最多、增幅最快、对经济增长贡献率最大时期。其间，重大项目进一步推进。全区实施 1 亿元以上工业项目 51 个，总投资 150.9 亿元。江苏江扬电缆有限公司投资 10 亿元开发中压电缆和特种电缆项目，江苏通宇钢管集团有限公司投资 10 亿元开发直缝埋弧焊接项目和扬州顶津食品有限公司投资 8500 万美元建设 3 条饮品生产线等重大项目，均在预期内投产达效。维扬经济开发区扩建甘泉新区，建设新甘泉路；物流园区新建运河码头，新港物流、荣能混凝土等项目投产，临港产业基本形成；蜀冈生态区实施十里蜀冈绿化长廊工程，引进万科、绿地、龙湖等房地产龙头企业参与打造北部新城，全区投资规模进一步扩大。至 2010 年，全区累计完成固定资产投资 344.6 亿元，是"十五"时期的 3.92 倍、"八五"时期的 23.6 倍。

2011 年，全区完成固定资产投资 91.74 亿元(统计口径变更为 1000 万元规模以上项目)，其中一产 3910 万元、二产 40.3 亿元、三产 51.01 亿元。三次产业投资比例 0.4∶44∶56.6，投资比例与国民经济中三次产业构成基本相符。

1989～2003年维扬区全社会固定资产投资一览表

表 13-1-2　　单位:万元

五年计划	年　份	合　计	技术改造	基本建设
"七五"后两年	1989	1693	1553	140
	1990	3041	1690	1351
	小计	4734	3243	1491
"八五"期间	1991	3595	2064	1531
	1992	11484	7974	3510
	1993	43560	22498	21062
	1994	42895	27530	15365
	1995	44882	31560	13322
	小计	146416	91626	54790
"九五"期间	1996	46274	31320	14954
	1997	33218	15610	17608
	1998	52974	18320	34654
	1999	59557	18010	41547
	2000	88556	20170	68386
	小计	280579	103430	177149
"十五"前3年	2001	98803	25230	73573
	2002	111910	39730	72180
	2003	145265	54203	91062
	小计	355978	119163	238615

2004～2011年维扬区全社会固定资产投资一览表

表 13-1-3　　单位:万元

五年计划	年　份	合　计	一　产	二　产	三　产
"十五"后两年	2004	220390	3530	64780	152080
	2005	303080	2810	104299	195971
	小计	523470	6340	169079	348051
"十一五"期间	2006	401675	3290	162380	236005
	2007	554728	3100	194183	357445
	2008	610257	2747	277769	329741
	2009	824457	3822	379316	441319
	2010	1054871	3822	495330	546719
	小计	3445988	16781	1508978	1911229
"十二五"期间	2011	917427		402921	514506

说明:2011年统计口径变更为1000万元以上规模项目

2006～2010 年维扬区投资亿元以上工业项目情况一览表

表 13-1-4 单位:亿元

企业名称	项目名称	投资额
江苏江扬电缆有限公司	中压电缆(一期)	10
扬州亚联钢管有限公司	螺旋焊接管	10
扬州铭辉机械有限公司	数控机床	2.25
扬州双高机械有限公司	减速器	1
扬州新海昌粉末有限公司	粉末机械齿轮	1
扬州金凯利体育用品有限公司	健身器材	1
扬州国电通用电力机具制造有限公司	电力设备	1
江苏新浪环保有限公司	新浪环保设备	1
利星行机械(扬州)有限公司	电器开关柜	1
扬州天瑞机械有限公司	缸套	1
扬州顶津食品有限公司	康师傅食品(一期)	10
江苏硅谷光电产业有限公司	单晶硅棒	1.1
霖昶(扬州)科技材料有限公司	低温陶瓷	2.4
江苏中凌高科技有限公司	电气开关柜	1
江苏中显环建集团	环保设备	1
扬州艾迪生物科技有限公司	人尿蛋白粗品	1.5
扬州五亭缸套有限公司	汽车缸套	1.1
扬州日利达有限公司	太阳能热水器	1
江苏江扬电缆有限公司	特种电缆(二期)	1.63
扬州庆松建业机械公司	化工石油设备	3
日精电机(扬州)有限公司	薄膜电容器	1
江苏新天地电气有限公司	高压电气成套设备	1.25
江苏通宇钢管集团有限公司	焊管技术研发	2
江苏荣镁轮毂有限公司	汽车轮毂(一期)	10
扬州华德旅游运动用品有限公司	体育器材	1
扬州百德光电有限公司	亚西 LED 显示器	1
扬州扬开电力控制设备有限公司	高压电器柜	1.25
扬州顶津食品有限公司	顶津茶饮料(二期)	10
扬州杰利半导体有限公司	电子芯片	1
江苏罗思韦尔电气有限公司	汽车配件(一期)	1
扬州京隆科技有限公司	高低压电器柜	1.2
扬州诚益电子有限公司	电子材料	1.2
市恒超汽配有限公司	汽车配件	1.5

续表 13－1－4

企业名称	项目名称	投资额
扬州通宇散热器有限公司	散热器	1
江苏通宇钢管集团有限公司	钢管焊接生产线	4.05
扬州丽华汽车内饰件有限公司	汽车内饰件	1.2
江苏新天地电气有限公司	电气成套开关	1.6
江苏荣镁轮毂有限公司	汽车轮毂(二期)	10
扬州新凤凰光电制品有限公司	光电产品	1.5
扬州超人运动器材有限公司	健身器材	1
扬州德威新材料有限公司	高能新材料氧化铝	1
市电器开关厂	通用电力开关	1
江苏新晨电气有限公司	电子配件	2
扬州税友软件有限公司	通信设备制造	13
江苏嘉捷机械有限公司	公路机械	6.5
扬州柳工建设机械有限公司	建设机械	25
扬州扬杰电子科技有限公司	电子电子芯片	1.55
扬州优邦生物制药有限公司	生物疫苗	1.3
江苏牛牌纺织机械有限公司	纺织机械	1.15
江苏罗思韦尔电气有限公司	奔驰零部件配送	1.5
扬州科光汽车电子电器公司	汽车电子生产、研发	10

1989～2011 年维扬区房地产投资一览表

表 13－1－5

年份	投资额(万元)	竣工面积(万平方米)	年份	投资额(万元)	竣工面积(万平方米)
1989	1015	1.95	2001	22419	10.54
1990	1020	1.72	2002	23498	12.74
1991	1207	2.85	2003	53331	21.54
1992	1421	1.93	2004	96030	27.02
1993	5829	6.59	2005	100513	35.88
1994	7804	11.14	2006	106301	48.37
1995	9303	7.76	2007	201990	68.51
1996	11457	8.21	2008	182855	57.84
1997	15417	10.57	2009	169321	70.04
1998	16875	10.79	2010	173752	90.48
1999	16129	13.44	2011	166532	78.33
2000	16642	10.91	合计	1400661	609.15

图 13-1-1　2008 年 1 月 9 日，维扬区召开迎新春投资推介会暨项目签约仪式

投资效应　1989～2011 年，全区累计完成全社会固定资产投资 567.46 亿元。从 1989 年 1693 万元增加到 2011 年 91.74 亿元，全社会固定资产投资年均增长 33.13%。1992 年，固定资产投资首超亿元大关，达 1.15 亿元。2002 年超 10 亿元。2010 年达 100 亿元以上。投资对全区经济增长贡献明显。1992 年，投资对全区经济增长贡献率 27.07%。2002 年，投资对全区经济增长贡献率 68.96%。2010 年，投资对全区经济增长贡献率 75.63%。

投资增长推动全区企业实力不断增强，工业经济总量持续提升，全区工业总产值从 1989 年 5.57 亿元，增加到 2011 年 257.2 亿元，年均增长 19%。区财政收入从 1989 年 1946 万元增长到 2011 年 32.37 亿元，增长 165.33 倍。

二、项目审批

80 年代初，按照市计委规定，基本建设项目审批程序：编报和审批项目建议书—进行可行性研究报告和项目评估—编报计划任务书—组织设计并作出概算—列入年度建设计划—进行施工—竣工验收。总投资超过 100 万元以上的需编制可行性研究报告，30 万～100 万元项目可直接编制计划任务书。

1989 年，全区固定资产投资实行计划管理，依据审批权限，控制固定资产投资总额。1991 年，按照国家产业政策及规定的投资方向对固定资产投资进行管理。对重点项目编制明细表，建立项目储备库，实行跟踪督查，掌控序时进度。1992 年，调整基本建设项目审批额度，同时简化项目审批程序，实行项目建议书和可行性报告一次性论证和审批。

1996 年，按照市政府《关于加强规范市区工程建设项目程序管理通知》要求，总投资 500 万元以上项目，须编制项目建议书、可行性报告、初步设计和施工图设计，纳入当年固定资产投资计划。

1998 年，市计委制定《扬州市重点建设项目管理办法》。1000 万元以上项目每年下半年由区计经委向市计委上报申请立项，由市计委根据重点项目有关规定进行综合平衡。市计委批准立项后，区计经委(技改办)协助企业编报重点项目建议书、可行性研究报告和开工报告。经市计委批复立项后，核发投资许可证。

1999 年，政府下放基本建设项目审批管理权限。凡符合国家产业政策和地区经济发展规划，且资金及其他建设条件自行平衡的项目，由区计经委审批。审批权限以上项目报市计委审批。将企业投资项目审批制改为核准制和备案制，按照“谁投资、谁决策、谁收益、谁承担风险”原则，落实企业投资自主权，合理界定政府投资职能。改革不分投资主体、不分资金来源、不分项目性质，一律按投资规模大小分级审批的投资管理办法。

2004 年 7 月，国务院《关于投资体制改革的决定》明确，对于企业不使用政府投资建设的项目，一律不再实行审批，区别不同情况实行核准制和备案制；对于政府投资项目，采用直接投资和资本金存入方式的，从投资决策角度只审批项目建议书和可行性报告，除特殊情况外，不再审批开工报告，同时严格政府投资项目的初步设计和概算审批工作。简化项目审批手续，减少项目审批环节。

第三节　经济技术协作

一、驻外办事处

1987年10月，区政府成立驻北京办事处（以下简称驻京办）。1995年9月，市政府组织百强企业进京展览，区驻京办负责郊区展馆产品布馆、安全保卫和联络协调，联系农业部、中国轻工联合会等部门领导与区领导、有关企业负责人座谈。1995～1996年，区驻京办与北京硅酸盐研究所联系，为市堡城汽车饰条厂开发汽车挡风玻璃——钢化玻璃项目，做好前期调研论证工作。邀请北京硅酸盐研究所专家到扬州考察，市堡城汽车饰条厂领导和工程技术人员赴京实地了解项目情况。1996年10月，该项目在京签约，并于1997年8月投产。投产后，钢化汽车挡风玻璃生产达到预期效果，成为企业主要产品，取得较好经济效益。

1992年6月、9月，区政府先后成立驻沪办事处和驻厦门办事处。区驻沪办事处与市驻沪办事处合作，以搜集和整理上海市政府改革、经济、文化等有关信息为主。区驻厦门办事处与市驻厦门办事处合署办公，以贸易协作为主。1994年，上述两办事处撤销。

二、对口支援

1994年8月，为响应国家西部大开发战略，区政府成立对口支援领导小组，明确对口支援单位——三峡库区移民任务较重的湖北省秭归县泄滩乡。

1995年，市平山钣金厂赠送秭归县政府13座客车1辆。1996年，区对口支援领导小组组织有关企业指导秭归县兴办毛坪水泥预制厂。1997年，区财政专项拨款10万元，资助泄滩乡政府。1998年，全区中小学师生捐助两万元，援助秭归县教育事业。1999年，区机关捐赠衣服800多件及棉被、纺织品支援秭归县泄滩乡库区移民。2001年，区文教局捐资8万元，援建秭归县城关镇古元小学，并将该小学与区双桥实验小学结成“手拉手”帮扶单位。1995～2011年，为解决秭归县泄滩乡农副产品——脐橙销售和储存难实际问题，区机关部门每年帮助推销秭归脐橙4～5吨，并当年结算货款，受到库区人民欢迎。

三、协作项目

1986年，区经协办促成市电扇厂与国营南京长江机械厂联姻，从松散型配套加工入手，发展为紧密型联营合作。1987年6月，建立扬州捷康集团有限公司。国营南京长江机械厂将两条生产线及蝙蝠牌注册商标、经营销售渠道全部转移至捷康集团，是全区首家跨地区、跨所有制联营合作企业。1989年，区经协办协助市光明鞋厂与上海胶鞋六厂合作，联营生产回力牌球鞋和芭蕾舞鞋。是年，协调平山乡平山村村办企业市平山钣金厂挂靠扬州客车制造总厂，实行松散型联合，生产亚星牌662型客车外壳，供总厂组装。1993年6月，与扬州客车制造总厂实行紧密型联合，共同出资1300万元，组建扬州客车制造总厂特种车辆厂，生产亚星牌双层卧铺客车和普通客车。1995年，特种车辆厂成为省级亚星客车集团核心成员单位之一。1990年，区经协办牵头市曙光保健品厂与中国中医药大学教授王琦团队合作，从中医中药角度攻克男性不孕不育课题，研发出王氏生精胶囊，产品年销售5000万元以上。1991年，区经协办协调双桥乡与常州飞机制造总厂合作，建立市溶解乙炔气厂。区经协办参与项目前期调研和项目论证，为企业撰写项目可行性报告，直至通过市劳动部门组织专家组考核验收、项目投产。1989～2001年，区经协办协调区内企业与市属相关企业横向联合，先后有市文峰机械厂为扬州柴油机厂加工配套机械、城东钣金厂为扬州客车制造总厂配套生产座椅、渡江机械厂为扬州市缸套厂配套生产缸套铸件和金加工、太平帘子布厂与市化工厂合作生产帘子布和文峰水箱厂与市水箱厂合作建立分厂等项目。

第四节　能源管理

1984年,区计划经济委员会内设沼气办公室,2000年6月更名为能源办公室,负责全区能源综合管理。

1989年后,为推广沼气节能,区沼气办指导农民科学建池,并对建池农户给予适当补贴。1997年,帮助农民建沼气池114座。至2000年,全区共建沼气池2000多座。随着城镇化建设步伐加快,农民住房不断改善,沼气池逐步淘汰,使用太阳能热水器逐步普及。1997年4月,建立扬州日利达公司,区沼气办为企业开发太阳能热水器产品,参与调研论证。2005年起,区能源办强化能源管理,企业在申报固定资产项目投资时,必须提交节能措施,填写节能登记表,未提供节能资料,不予立项审批。2006年,江扬电缆厂通过清洁生产验收,获得国家清洁生产质量认证。全区有3家企业实施资源综合利用,享受当年度国家免税政策。是年,按照市经贸委要求,区能源办对6个高耗能行业执行差别电价的相关企业进行调查,共登记上报大功率机械设备143台(套)。2008年,全区规模工业综合能耗58.6万吨标准煤(包括华电)、3.08万吨标准煤(不包括华电),万元产值能耗0.88吨标准煤(包括华电)、0.05吨标准煤(不包括华电),万元工业增加值能耗3.26吨标准煤(包括华电)、0.21吨标准煤(不包括华电)。2009年,全区万元地区生产总值能耗下降率4%,实施节能改造项目3个,节能量3140吨标准煤。节能降耗成效突出的项目有:扬州宏福铝业有限公司夹层玻璃热弯炉裸露式可移动电加热系统;江苏通宇钢管集团公司油气输送用扩径钢管工艺改造。扬州三布纺织有限公司采用高效电机对喷气织机进行节电改造,淘汰100台有梭和剑杆织机,节能量200吨标准煤。2011年,全区实施节能改造项目8个,总投资9728万元,节能量9705.4吨标准煤。实施循环经济项目3个,投资额1008万元,节约350吨标准煤,节水5.2万吨。淘汰落后设备150台(套),实施清洁生产项目6个,关闭"五小"企业3家,开展专项节能监察项目11个,创建节能示范企业1家。

第二章　统　计

1989年以来,全区统计工作由区计划经济委员会计划统计科承担,并负责对全区各部门和单位报送的统计资料进行审核、分类、汇总、上报。1996年9月,建立区农村经济调查队和区统计信息咨询服务中心,与统计科合署办公。1998年5月,建立区统计局(副科级),隶属于区计划经济委员会。2002年2月,区统计局升格为正科级建制单位,区农村经济调查队和区统计信息咨询服务中心作为独立事业单位隶属于区统计局。

2003年11月,各乡镇(街道)组建统计办公室,实行乡镇(街道)一、二、三产业统计职能和人员合并,乡镇(街道)统计工作由统计办公室统一组织实施,统计数据实行统一扎口管理,统计经费由乡镇(街道)财政统一安排(简称"一合三统一")。2004年,全区3个乡镇(西湖镇、城北乡、平山乡)、2个街道(双桥街道、梅岭街道)和1个国营场圃(平山茶场)均组建统计办公室。

第一节　经济与社会发展统计

一、国民经济核算

1989年,国内生产总值和国民收入同时被列入全区国民经济核算统计。1992年,取消国民收入统计,国内生产总值成为国民经济核算核心指标,在加强第一、二产业统计基础上,开始重视第三产业统计，并实行季度国内生产总值核算。1999 年，建立国内生产总值数据质量评估控制制度。2000 年后，每 5 年调整一次不变价国内生产总值核算基期。国内生产总值核算分为初步核算、初步核实和最终核实三个步骤。开展全国性经济普查，对国内生产总值历史数据进行修订和发布，既修订总量，又修订发展速度。1987 年、1992 年、1997 年、2002 年、2007 年，为进一步反映国民经济各部门间经济技术联系，先后 5 次进行投入产出调查。2005 年年报取消居民生活消费、农村居民生活消费和城镇居民生活消费 3 张试算表式，增加投入产出表。至 2011 年，国民经济核算综合年报表有总产出、按当年价格计算的地区生产总值、按当年价格计算的地区生产总值构成项目、按不变价格计算的地区生产总值、按支出法计算的地区生产总值、最终消费支出、资本形成总额和居民消费水平 8 种。

二、农业和农村统计

1982 年，全区农村推行首轮家庭联产承包责任制改革，农村经济开始由单纯农业经济向工业、商业、建筑业、运输业和服务业等行业发展。1987 年起，全区农业统计逐步拓展为农村社会经济统计，重视农村商品价值量统计。1989 年后，农业总产值统计转变为农村总产值、农村经济总收入统计，农业固定资产统计转变为农村固定资产统计，农业劳动力统计转变为农村劳动力统计等。2001 年，取消全部农村基层调查表，增加蔬菜及特种作物生产情况和农产品生产者价格调查和农林牧渔业中间消耗调查表。2003 年，新增村基本情况、农村劳动力就业与流动情况表，取消劳动力及转移情况表。2004 年，恢复上报农用生产资料准备情况表，增加 6 张农产品批发价格调查表。至 2011 年，农业和农村统计共有 14 种年报表。

三、工业统计

1989 年，全区工业统计年报表有 13 种。1992 年，乡及乡以上工业企业年报增设增加值统计，并建立以 6 项指标为基础的工业经济效益评价考核体系。1993 年，新会计制度实施，乡及乡以上工业企业年报主要经济指标增设中间投入指标。1997 年，首次进行国有及年产品销售收入 500 万元以上工业企业统计，与乡及乡以上工业企业年报并行，同时新增以国有及年产品销售收入 500 万元以上工业企业为口径的主要原材料、能源消费与库存报表。1998 年，国有及年产品销售收入 500 万元以上工业企业作为统计对象，全部实施月报制度。1999 年，国有及年产品销售收入 500 万元以上工业企业统计月报采用计算机汇总。是年，新增全国 5000 家重点工业企业联网直报工作制度，对部分重点工业企业实行联网直报。2009 年，成本费用调查纳入年报制度，工业企业主要经济指标与成本费用调查整合为工业企业财务状况及产销总值（限成本费用调查企业填报）和工业企业财务状况及产销总值（限非成本费用调查企业填报），成本费用调查成为常规报表。2011 年，提高规模以上工业划分标准，由年主营业务收入 500 万元及以上提高到 2000 万元及以上。工业产销总值及主要产品产量统计将原来由大中型企业填报的工业总产值（当年价格）按工业行业小类分改为由全部规模以上工业法人企业填报。是年，工业统计年报全面实施企业一套表，范围包括全部规模以上工业企业。

四、投资与建筑业统计

1984～1988 年，全区基本建设统计由全民基本建设、全民更新改造和集体固定资产投资三部分组成，商品房建设分含在这三部分中。1994 年，集体固定资产投资分为城镇集体和农村集体，新增房地产开发统计项目。1995 年起，房地产开发统计从固定资产投资统计中分离出来，单独建立房地产开发统计制度，主要统计从事房地产开发与经营单位，不包括单纯房地产管理、代理与经纪的企业或单位。1999 年，建立全社会固定资产投资统计制度，将私营个体固定资产投资纳入统计范围；同时采用抽样调查方法，对 5 万～50 万元零星投资进行统计，完善全社会固定资产投资统计体系。2007 年 6 月，建立新开工项目入库申报制度，计划投资亿元以下项目由区统计局负责核查，计划投资亿元以上新开工项目上报市统计局核查，并收集项目立项、规划许可、土地审批、环境评估、开工许可和永久性工程正式开工等资料，建立亿元项目基本档案。2011 年，投资项目统计范围从 50 万元提高到 500 万元，取消 500 万元以下项目的上报规定，名称由全社会固定资产投资改为固定资产投资。新开工项目入库管理及核查制度管理权限明确，计划投资额1亿元以下项目由区统计局负责审核，1亿～5亿元项目由市统计局负责审核，5亿～20亿元项目由省统计局负责审核，20亿元以上项目由国家统计局负责审核。2011年第三季度起，施行保障性安居工程统计季报制度。

1996年，建筑业统计范围由乡镇集体以上建筑企业，改为建筑业资质等级四级以上各种经济类型建筑业企业。2007年，根据建设部新资质管理办法，统计范围为区内具有建筑业资质的所有独立核算建筑业企业，分为总承包和专业承包资质建筑业法人单位及劳务分包资质建筑业法人单位。

五、商贸服务业统计

1989年，商贸服务业统计报表主要有社会商品零售总额统计，国营、合作商业购销存统计，社会消费品零售量统计，社会农副产品收购量统计和商业、饮食业机构人员报表等。1993年，社会商品零售总额统计口径发生变化，改为社会消费品零售总额，统计中剔除农业生产资料零售。1997年起，对小型贸易业、餐饮业开展抽样调查，全区共抽39户样本单位，按月报送资料，以点推面。1999年，亿元商品交易市场纳入贸易统计报表。2006年，根据国家和省统计局新的批发、零售、住宿、餐饮抽样调查方案要求，改进限额以下抽样调查方法，在全区范围内抽取100户样本单位，每月进行调查，推算全区限额以下批发、零售、住宿和餐饮数据。是年，建立商贸服务业年报抽样统计制度。2007年起，商贸服务业统计年报，限额以上批发、零售、住宿餐饮业单位全部实行网上直报统计报表。至2011年，全区商贸服务业统计年报有18种，其中服务业统计年报3种，住宿、餐饮业统计年报12种，批发、零售业统计年报3种。

六、劳动统计

1988年，全区有10种劳动统计年报表。1989～1995年，劳动统计主要内容包括：从业人员统计，城镇劳动力就业与失业统计，从业人员劳动报酬统计和劳动生产率统计等。1996年后，随着企业改制，及时调整统计口径和指标，增加在岗职工人数和工资情况等指标。2005年，增加私营企业劳动情况、私营企业从业人员和劳动报酬情况等报表。2008年1月起，实行属地统计，全区劳动统计企业上报数由原来90多家增加到300多家。是年，国家工资制度改革，行政事业单位实行阳光工资等因素，工资统计数据增幅较大。至2011年，全区劳动统计年报有两种。

七、科技统计

全区科技统计年报始于1991年。2008年，科技年报范围扩大至区内全部规模以上工业企业。2009年，根据《关于开展第二次全国R&D资源清查的通知》，对区清查范围内企事业单位进行全面摸底调查，顺利完成全区R&D(研究与开发)资源清查工作。至2011年，全区科技统计年报有两种。

第二节　统计调查

一、普查

人口普查

【第四次全国人口普查】 1989年9月，全区开展第四次人口普查工作。共选调普查员和普查指导员584人，其中普查指导员78人。普查标准时间为1990年7月1日零时，普查项目共分21项，其中按人填报15项、按户填报6项，比第三次全国人口普查增加人口迁移情况调查，新增5年前常住地状况和迁来本地原因两个项目。经过普查准备、普查登记和计算机数据处理等阶段，全区第四次人口普查工作于1992年3月完成。

普查结果显示：全区共有38271户，其中家庭户37705户、集体户566户。总人口156060人，其中男性78446人、女性77614人，性别比101.07。

【第五次全国人口普查】 1999年6月，全区开展第五次全国人口普查工作。同月，市政府与区政府签订第五次全国人口普查工作责任状，区政府与西湖镇、湾头镇、汤汪乡、城东乡、城北乡、双桥乡和平山茶场分别签订第五次全国人口普查工作责任状。同月，全区在双桥乡卜桥村葛庄组、经庄组和石桥村姚庄组开展人口普查试点。9～10月，先后举办8期专家培训班，对全区7个乡镇场普查人员进行普查业务培训，受训人员934人，其中普查指导员165人、普查员769人。普查标准时间为2000年11月1日零时。普查采用长短表方法进行登记，长表49项，短表17项，首次采用光电录入技术汇总。

普查结果显示：全区共有54303户，其中家庭户50036户、集体户4267户。总人口184955人，其中男性94094人、女性90861人，性别比103.56。2001年，区人口普查办公室被省人口普查办公室评为省级先进集体单位。

【第六次全国人口普查】 2010年1月，全区进行第六次人口普查工作。6月，在双桥街道卜桥社区进行人口普查综合试点。8月，集中培训300名普查指导员，配合各乡镇、街道1200多名普查员进行普查登记。普查标准时间为2010年11月1日零时。

图13－2－1 2006年11月6日，区领导检查指导人口普查工作

普查结果显示：全区常住人口281130人。其中，男性139450人，占49.6%；女性141680人，占50.4%，性别比98.43(以女性为100)。常住人口中，家庭户82784户，家庭户人口250774人，平均每户家庭户人口3.03人。常住人口中，0～14岁人口32027人，占11.39%；15～64岁人口223517人，占79.51%；65岁及以上人口25586人，占9.1%。具有大学(指大专以上)文化程度的人口64585人，具有高中(含中专)文化程度人口65065人，具有初中文化程度人口82705人，具有小学文化程度人口50584人(以上各种受教育程度的人包括各类学校毕业生、肄业生和在校生)，文盲人口(15岁及以上不识字的人)5474人。

2010年第六次全国人口普查维扬区常住人口分布情况一览表

表13－2－1

地区	人口数(人)	比例(%)
合计	281130	100
双桥街道	82178	29.23
梅岭街道	52314	18.61
甘泉街道	30494	10.85
瘦西湖街道	19842	7.06
西湖镇	39339	13.99
平山乡	18767	6.68
城北乡	38196	13.58

第三产业普查

1993年，全区开展首次第三产业普查。普查年度为1991年和1992年。普查对象是全区第三产业各种经济类型企业、事业、行政单位和社会团体。普查内容为第三产业发展规模、生产经营活动和实物资产情况等。普查结果显示：1991年，全区第三产业法人单位821家。1992年，全区第三产业增加值

1.98亿元。

工业普查

1995年,全区开展第三次工业普查。普查对象是全区全部工业和附营工业生产单位。普查内容为:1995年工业生产经营基本情况(包括生产、销售、库存和成本、费用、价格、盈利等情况)、资产负债状况及其构成、生产能力利用及技术装备状况、主要工业经济技术指标、主要工业产品生产能力、主要工业生产设备技术状况、主要工业产品质量等16个方面。全区共调查2731家工业企业和生产单位。是年,区工业普查办公室被评为省级先进集体。

1995年郊区工业企业数量及工业总产值一览表

表13-2-2

项目 / 地区	企业(家)	工业总产值(1990不变价,万元)	工业总产值(当年价,万元)
合计	2731	362961.3	399604.7
城东	127	45540.5	49067.7
城北	202	67342.4	68080.9
双桥	170	32568.3	35467.0
平山	147	32952.6	36292.2
湾头	1370	67725.8	72596.1
汤汪	227	35673.0	39402.2
西湖	424	70468.3	84877.0
茶场	7	3713.2	4102.7
区属	57	6977.2	9718.9

1995年郊区乡及乡以上独立核算工业企业、总产值及出口交货值一览表

表13-2-3

项目 / 地区	企业(家)	其中:亏损企业(家)	工业总产值(当年价,万元)	工业总产值(1990年不变价,万元)	出口交货值(万元)
合计	116	31	198257	175853	73106
城东	9	1	17559	16633	4900
城北	9	1	37249	38987	3556
双桥	16	5	10642	9701	408
平山	12	4	23930	21477	—
湾头	18	6	21552	19679	8376
汤汪	17	2	36941	27716	27394
西湖	19	6	39708	33819	28472
茶场	7	3	4103	3713	—
其他	9	3	6573	4128	—

1995年郊区乡及乡以上独立核算工业增加值和中间投入构成情况一览表

表13-2-4　　　　单位：万元

地区＼项目	工业增加值	工业中间投入产值	直接材料	制造费用中的中间投入	管理费用中的中间投入	销售费用中的中间投入	利息支出
合　计	36636	165610	142084	11278	6386	2101	3764
城　东	3933	14520	10892	2263	1081	89	195
城　北	4044	33521	30082	1331	989	368	752
双　桥	2131	8858	6882	769	825	152	229
平　山	5129	19350	17494	820	450	335	251
湾　头	4814	17295	14369	1269	916	257	485
汤　汪	9542	27827	24115	2105	700	186	722
西　湖	5838	34420	30067	2155	1051	583	565
茶　场	547	3636	2935	382	173	65	81
其　他	658	6183	5248	184	201	66	484

1995年郊区乡及乡以上独立核算工业损益及分配情况一览表

表13-2-5　　　　单位：万元

地区＼项目	产品销售收入	产品销售成本	产品销售费用	产品销售税金及附加	产品销售利润	管理费用	财务费用	营业利润	投资收益	亏损企业亏损总额	利润总额	所得税	利税总额	本年应缴增值税	本年销项税额	本年应缴税金总额
合　计	176004	156730	3349	393	15529	8915	4213	3353	9	918	3499	1210	7881	3975	24478	5696
城　东	16571	14379	117	63	2012	1237	291	482	—	—	511	82	1468	894	2906	1046
城　北	34523	31143	389	79	2912	1247	755	912	7	17	929	311	1324	316	5877	711
双　桥	9485	7964	196	12	1312	967	238	115	4	119	107	63	466	347	1580	429
平　山	21761	19878	398	71	1413	899	316	1070	3	19	1083	363	1704	549	3685	1033
湾　头	15608	13043	288	123	2155	1345	507	294	—	28	302	98	982	552	2590	788
汤　汪	32735	28798	1087	28	2821	1376	900	599	1	38	628	218	1084	420	2616	686
西　湖	33988	31321	708	14	1945	1284	632	46	-8	430	104	72	667	550	3326	646
茶　场	3995	3511	77	3	404	248	89	69	1	9	72	—	154	79	657	86
其　他	7338	6693	89	—	555	312	485	-234	1	258	-237	3	32	268	1241	271

农业普查

【第一次全国农业普查】 1996年,全区开展第一次农业普查。普查对象是各种类型农业生产经营单位、农村住户、乡镇企业、行政村和乡镇。普查标准时间为1996年12月31日。全区抽调普查员、普查指导员776人开展普查登记工作,设689个普查小区,对1264家农业生产经营单位和个体进行普查登记。普查结果显示:全区7个乡镇和1个国有茶场,69个行政村。农村住户31608户、人口123013人,农村从业人员87704人。耕地面积79544.85亩,其中粮食面积64554.45亩。生猪饲养量95953头,家禽饲养量124.85万只。1996年,全区农民人均纯收入3061元。

【第二次全国农业普查】 2006年,全区开展第二次农业普查。全区培训选聘普查指导员69人、普查员353人。此次农业普查涉及1个街道、4个乡镇和1个国营茶场,设27个村级普查区、344个普查小区。普查标准时间为2006年12月31日。普查结果显示:全区登记总户数18645户,其中农村家庭户18441户、农村集体户182户、城镇农业生产家庭户22户;人口74264人,其中农村人口68208人(其中外来户人口9596人)、集体户人口5954人、城镇人口102人。农业生产经营单位127家。村民经营耕地面积1485.21公顷,单位经营耕地面积22.01公顷,合计耕地面积1507.22公顷。生猪存栏16404头,家禽存栏9.61万只。2006年,全区农民人均纯收入8030元,位居全市之首。

基本单位普查

【第一次基本单位普查】 1996年,全区第一次基本单位普查与统计行政登记合并组织实施。普查标准时间为1996年12月31日。普查对象和范围为全区除农户和个体户以外的所有从事社会经济活动的法人单位和产业活动单位。普查结果显示:1996年末,全区共有各类法人单位3233家,其中国有企业97家、集体企业3009家、联营及其他企业127家。

【第二次基本单位普查】 2001年,全区开展第二次基本单位普查。普查标准时间为2001年12月31日。普查内容包括单位代码、名称、行业分类、经济类型、营业状况、从业人员、企业规模、企业基本经济指标和各类单位基本属性等。2001年,区辖2个镇、5个乡和1个国营场圃。2002年市区区划调整,湾头镇、城东乡、汤汪乡3个乡镇划入广陵区管辖。区辖1个镇(西湖镇)、两个乡(城北乡、平山乡)、两个街道(梅岭街道、双桥街道)和1个国营场圃(平山茶场)。鉴于第二次基本单位普查时区划还未调整,在资料汇总整理时,将划入广陵区的3个乡镇资料从名录库中调出,转入广陵区。普查结果显示:全区有法人单位1433家,其中企业法人1143家、机关法人68家、事业法人99家、社会团体法人19家、其他法人104家,个体工商户5780户。区经济普查办公室被评为全国第二次基本单位普查先进集体。

经济普查

【第一次全国经济普查】 2004年,全区开展第一次经济普查。普查对象是全区从事第二产业和第三产业的全部法人单位、产业活动单位及个体生产经营户。普查标准时间为2004年12月31日,时期资料为2004年度。普查内容包括单位基本属性、从业人员、财务状况、生产经营情况、生产能力、原材料及能源消耗和科技活动情况等。7月,梅岭街道为省级经济普查清查摸底试点单位,共登记法人单位418家、产业活动单位276家、个体经营户1960户。普查结果显示:全区共登记单位13432家,其中法人单位2548家、产业活动单位2948家、个体经营户7936户。区经济普查办公室被全国经济普查领导小组评为先进集体。

【第二次全国经济普查】 2008年,全区开展第二次经济普查。普查标准时间为2008年12月31日,时期资料为2008年度。普查对象是全区从事第二产业和第三产业的全部法人单位、产业活动单位及个体经营户。普查主要内容包括单位基本属性、从业人员、财务状况、生产经营情况、生产能力、能源消耗和科技活动情况等。普查结果显示:全区共登记单位18153家,其中法人单位3859家,与2004年第一次全国经济普查相比,增加1311家,增长51.45%;产业活动单位4354家,增加1406家,增长47.69%;个体经营户9940户,增加2004户,增长25.25%。

2008年维扬区第二次经济普查单位与个体经营户情况一览表

表13-2-6

	单　位（家）	比　　重（%）
一、法人单位	3859	100
企业法人	3177	82.3
机关、事业法人	370	9.6
社会团体法人	160	4.2
其他法人	152	3.9
二、产业活动单位	4354	100
第二产业	1360	31.2
第三产业	2994	68.8
三、个体经营户	9940	100
第二产业	954	9.6
第三产业	8986	90.4

2008年末，全区企业法人单位3177家，比2004年末增加1177家，增长43.8%。其中，国有企业76家，减少6家，下降7.3%；集体企业118家，减少18家，下降13.2%；股份合作企业33家，减少68家，下降67.3%；联营企业、有限责任企业和股份有限企业共169家，增加1家，增长0.6%；私营企业2649家，增加1254家，增长89.9%；其他内资企业16家，增加11家，增长220%；港澳台商投资企业57家，增加2家，增长3.6%；外商投资企业59家，增加17家，增长40.5%。

2008年维扬区第二次经济普查按登记注册类型企业法人单位情况一览表

表13-2-7

	单　位（家）	比　　重（%）
合　　计	3177	100
一、内资企业	3061	96.3
国有企业	76	2.4
集体企业	118	3.7
股份合作企业	33	1
联营企业	3	0.1
有限责任企业	126	4
国有独资公司	5	0.2
其他有限责任公司	121	3.8
股份有限企业	40	1.2
私营企业	2649	83.4
其他企业	16	0.5
二、港澳台商投资企业	57	1.8
三、外商投资企业	59	1.9

从地区分布看,基本单位数量呈现由市区向城郊依次递减格局。双桥街道拥有法人单位列全区首位,占全区法人单位总数近三分之一。西湖镇由于包含区政府机关事业单位,单位数总量位居第二。平山乡由于含扬子江钢材市场各经营单位(扬子江钢材市场有186家法人单位),总量位居第三。维扬经济开发区单位总量所占比重提高较快。

2008年维扬区法人单位与个体经营户地区分布情况一览表

表13-2-8

地　区	法人单位		产业活动单位		个体经营户	
	数　量（家）	比　重（%）	数　量（家）	比　重（%）	数　量（户）	比　重（%）
合　计	3859	100	4354	100.0	9940	100.0
双桥街道	1265	32.8	1462	33.6	2423	24.4
梅岭街道	456	11.8	569	13.1	1689	17.0
瘦西湖街道	173	4.5	223	5.1	458	4.6
甘泉街道	190	4.9	208	4.8	1089	11.0
西湖镇	518	13.4	554	12.7	1775	17.8
平山乡	503	13.0	517	11.9	498	5.0
城北乡	314	8.2	363	8.3	1321	13.3
经济开发区	440	11.4	458	10.5	687	6.9

在产业活动单位中,全区从事制造业单位1072家,占24.62%;批发和零售业1154家,占26.5%;租赁和商务服务业326家,占7.49%;公共管理和社会组织404家,占9.28%;以上4个行业合计占67.89%。

2008年维扬区产业活动单位行业分布情况一览表

表13-2-9

	单　位（家）	比　重（%）
合　计	4354	100
农、林、牧、渔业	1	0.02
采矿业	2	0.05
制造业	1072	24.62
电力、燃气及水的生产和供应业	9	0.21
建筑业	277	6.36
交通运输、仓储和邮政业	88	2.02
信息传输、计算机服务和软件业	126	2.89
批发和零售业	1154	26.50
住宿和餐饮业	100	2.30
金融业	74	1.70

续表 13－2－9

	单 位 （家）	比 重 （%）
房地产业	208	4.78
租赁和商务服务业	326	7.49
科学研究、技术服务和地质勘查业	114	2.62
水利、环境和公共设施管理业	43	0.99
居民服务和其他服务业	86	1.98
教育	108	2.48
卫生、社会保障和社会福利业	114	2.62
文化、体育和娱乐业	48	1.10
公共管理和社会组织	404	9.28

说明：此处农、林、牧、渔业为第二、三产业法人兼营的第一产业活动单位

全区个体经营户较为集中的5个行业是：工业828户，占个体经营户总数8.33%；交通运输业1027户，占总数10.33%；批发和零售业5145户，占总数51.76%；住宿和餐饮业934户，占总数9.4%；居民服务和其他服务业1045户，占总数10.51%。

2008年维扬区个体经营户行业分布情况一览表

表 13－2－10

	户 数 （个）	比 重 （%）
合 计	9940	100
工业 *	828	8.33
建筑业	134	1.35
交通运输业	1027	10.33
批发和零售业	5145	51.76
住宿和餐饮业	934	9.40
房地产业	29	0.29
居民服务和其他服务业	1045	10.51
其 他	798	8.03

说明：* 包括采矿业、制造业和电力、燃气及水的生产和供应业

二、抽样调查

城市住户抽样调查　2002年，国家决定在城市开展一次性大样本调查，并对城市住户常年记账样本进行轮换。调查主要指标有家庭总收入、家庭总支出、人均可支配收入、消费支出和住房面积等。9月，全区开展350户城市住户基本情况抽样调查，收集城市住户人口、就业和收入基本情况，从350户机样框中确定2003年经常性调查记账户。记账户涉及梅岭、双桥两个街道4个社区（锦旺社区、广储社区、双桥社区、石桥社区）70户居民。经过两个月试记账，12月起，住户调查对象正式记账。城市住户抽样调查每两年轮换1次。2004年，对样本进行轮换，记账户涉及梅岭、双桥两个街道7个社区（锦旺社区、广储社区、丰乐社区、卜桥社区、双桥社区、武塘社区、文苑社区）70户居民。是年开始，城市住

户基本情况抽样调查每3年轮换1次。2007年，对样本进行轮换，记账户涉及梅岭、双桥两个街道和城北乡10个社区(锦旺社区、广储社区、凤凰桥社区、漕河社区、武塘社区、双桥社区、康乐社区、石桥社区、文苑社区、安平社区)70户居民。2010年，对样本进行再轮换，记账户涉及3个街道、乡镇10个社区(漕河社区、凤凰桥社区、丰乐社区、武塘社区、双桥社区、石桥社区、文苑社区、康乐社区、翠岗社区、安平社区)70户居民。

农村住户抽样调查 2006年，全区开展农村住户抽样调查，主要调查农民收入、生活方式、居住条件和消费热点。农村住户抽样调查涉及双桥街道、平山乡、城北乡、西湖镇4个乡镇、街道5个社区(双桥社区、朱塘社区、金槐社区、俞桥社区、三星社区)，每个社区10户，共50户。

1‰人口抽样调查 2005年3月，全区开展1‰人口抽样调查，调查时点为2005年10月31日零时。调查登记项目有户基本情况和住房情况等20个，以及人员基本情况、迁移流动状况、人口素质情况、就业和社会保障状况、婚姻生育状况等35个。抽样调查的小区确保"区不漏房、房不漏户、户不漏人"，重点做到"两个不能少"(与户籍资料核对不能少、入户了解情况不能少)、"两个不能遗漏"(对特殊住户不能遗漏，对重点指标如总人口、出生和死亡人口、流动人口不能遗漏)。

此次1‰人口抽样调查，全区登记阶段总项目、年龄和编码、人纪录差错率分别为0.5‰、1.1‰和0.2‰，均分别低于国家控制指标的3‰、10‰和1‰。维扬区1‰人口抽样调查领导小组被省人口抽样调查领导小组评为先进集体。

第三节　统计服务

1998年后，全区统计工作为适应工作重点向经济建设转移，不仅准确、及时地提供全面统计数据，而且运用统计资料，认真调查研究，编写统计分析报告和经济信息，提供政府部门和各级领导参考。至2002年，每年撰写统计分析10多篇。2003～2011年，区统计局撰写《维扬统计》等内部报告和各种统计分析资料200多篇。

《1～7月份我区规模以上工业企业利税下滑情况分析》(2002) 该分析在大量调研基础上，深入剖析全区规模以上工业企业经济下滑原因，并提出建议。

《2003年规模工业企业情况分析与2004年发展趋势》(2003年) 该材料针对全区工业状况，对其质态进行分析。

《一季度我区规模以上工业经济情况分析》(2006年) 该材料具体分析全区规模以上工业经济现状和存在问题。

《居民生活质量提升，小康进程明显加快》(2006年) 该报告全面分析2005年全区城市居民生活状况，被《扬州统计》2006第24期采用。

《扬州市维扬区第二次经济普查资料汇编》(2008) 对区情、区力普查后进行资料汇编。

《改革开放三十年 经济社会大发展》(2008) 该报告依据翔实数据，全面展示全区建区后经济、社会领域所取得的巨大成就，被市《改革 发展 跨越——扬州改革开放30年资料汇编》采用。

《大发展　大跨越》(2009) 该报告展示维扬区建区后经济和社会领域取得的巨大成就，被《扬州六十年——建国60年统计资料汇编》采用。

1989年起，区统计局每年编印《统计年鉴》，每册年鉴汇集全区及各乡镇、街道上年国民经济和社会发展统计资料，全面系统反映年度全区经济、社会、科技等各方面发展变化。2002年起，分月度编印《维扬统计月报》，供领导决策参考。至2011年，共编印统计年鉴22册、统计月报120册。2011年，因区划调整，维扬区统计资料未单独出版，有关年度统计资料汇总编入2011年度邗江区《统计年鉴》。

第三章 物价管理

1984年之前，区物价管理工作由区计划经济委员会物价科负责。1985年2月，建立区物价检查所。1988年8月，建立区物价局(副科级建制)，隶属于区计划经济委员会。1997年，区物价局升格为正科级建制。6月，建立区价格事务所。2002年8月，区价格事务所更名为区价格认证中心。2006年8月，建立区价格监测中心。2008年6月，区物价局划归区发展改革和经济信息化委员会，挂“区物价局”牌子。2011年11月市区区划调整，区物价局并入邗江区物价局。

80年代，区物价管理主要是工业品价格管理。90年代，物价管理由单纯价格管理转变为价格管理、收费管理、监督检查与价格服务并重，由对各种产品定价转变为放开绝大部分产品价格由市场定价。至2000年，全区基本形成符合市场经济要求的价格形成机制和物价管理体系。

第一节 价格管理

一、农副产品价格管理

粮食价格 1985年后，区内实行粮油定购。区物价局无粮食收购价管理权限，执行国家、省、市物价部门有关文件规定。1988年，国家调整合同定购价比例，稻谷、小麦、玉米按“倒三七”比例作价(三成为原统购价、七成为原超购价)。1989年4月，国家提高合同定购粮食收购价格。7月，相应调整成品粮、粮食复制品销售价格。1991年，为缓解粮食生产成本上升和购价偏低矛盾，国家大幅度提高粮食收购价格，提升幅度18.7%。同时，继续提高粮食销售价格，实现购销同价，初步理顺粮食购销关系，粮食经营环节费用由财政补贴。1993年4月，全区放开粮食购销价格，取消粮食定购任务，不再使用粮票(军用粮票除外)，同时放开平价粮食副产品、复制品价格。当年下半年开始，市场粮价逐月上涨。至年末，涨幅超过60%。12月31日起，国务院决定对粮食销售实行挂牌限价。1994年，国家恢复粮食定购，定购粮食销售价格实行国家定价，定购以外粮食价格由市场调节。1995年1月，全区对城市居民粮食供应实行“凭证、凭券、定量、限价”办法。1996年，定购粮食购销价格实行国家指导下的省级政府定价。区内粮食收购价格为每50公斤小麦72～76元、杂交籼稻73元、晚粳稻81元。1997年，粮食市场价格下跌，低于省定粮食收购保护价。全区执行保护价(每50公斤小麦65～69元、杂交籼稻65元)，敞开收购农民手中余粮。2000年，小麦国家定购价与保护价执行同一价格。2001年，放开秋粮收购政策，国有粮食购销企业按照“购得进、销得出、不亏损”原则自主定价进行收购。2004年后，全区对重点粮食品种实行最低收购保护价政策，中籼稻(三等，下同)最低收购价格每50公斤72元，粳稻(三等，下同)每50公斤75元。2007年，继续实行粮食最低收购价政策。2010年，转发市物价局《关于提高2010年小麦最低收购价格的通知》，实行价格保护政策。

副食品价格 1985年，区内放开猪肉价格，取消对城镇人口定量供应，并对城镇人口实行肉食品价格补贴，每人每月补贴2.5元；放开水产品、食用油和蛋品等所有副食品价格，鲜蛋收购实行最低保护价，取消蔬菜指令性种植计划，改统购包销为合同定购。1987年，放开鲜蛋购销价格，取消保护收购价格，放开蔬菜价格。1992年，取消肉食品价格补贴。1995年，区物价部门对区内农贸市场和商业网点猪肉等5大类14个品种副食品价格进行监测，市场定价涉及8大类290多种。同时加强价格预测预警，对副食品市场供应、销售数量、商业库存和价格趋势进行经常性分析，实情实报。2005年，在能源等相关价格上扬及禽流感等事件影响下，区内粮油、副食品市场价格出现波动。区物价局及时确定3家农贸市场为区级粮油、副食品价格测报点，按时上报价格监测数据并附价格动态分析，为政府宏观调控提供参考,保证全区农副产品市场稳定运行。

二、工业品价格管理

日用工业品价格　1989年,省、市下放价格管理权限,区管理工业品价格由35种增加至56种,其中37种下放到企业。同时,适当扩大纺织品价格浮动幅度,13种名烟名酒价格实行市场调节,适当提高部分高中档卷烟价格。1992年,进一步放开价格,扩大市场调节比重,食糖、搪瓷面盆、口杯、卷烟批发和零售价格、粗纺和精纺呢织品价格,实行市场调节。10月,除盐和少部分药品外,大部分日用轻工产品价格全部放开。1994年,对彩电、电冰箱和洗衣机等部分家电价格实行差率管理。1996年,改进食盐价格管理办法,具体零售价格由省级物价部门确定,并适度调整批零差率及销售价格。是年,随着市场商品价格大面积放开,而整个经济体制改革相对滞后,多年积累起来的深层次矛盾未得到缓解,市场行为不规范,导致市场物价全面上涨。为遏制这种局面,国家对20种居民生活必需品和服务项目实行提价监审制度,以经济和法律手段,配合多种行政措施,综合治理经济过热和通货膨胀。至1997年,经济发展基本实现软着陆,日用工业消费品价格逐步回落,国民经济进入稳定发展阶段。2000年后,进一步放开绝大部分政府定价的商品和服务价格。至2011年,全区基本形成以市场形成价格为主的价格机制。

药品价格和医疗服务收费　1989年3月,西药、中成药省管目录印发。1990年,全区对药品市场和中药流通秩序进行清理整顿。1992年,明确130种市管药品目录,并实行审价备案。1996年8月,对生产经营具有垄断性的药品实行政府定价,对部分重要的化学原料药和特殊药品实行政府指导价,其他实行企业自主定价。1997年,推进药品价格改革,整顿药品价格秩序,建立药品价格公布制度,接受社会监督。1999年5月,进一步完善药品价格政策,推进顺加作价,规范折扣行为。2000年6月,重新调整国家和省管药品价格,加大市场形成价格的药品比例,规范新增医疗收费标准,,对新增项目收费进行清理。2002年,转发市物价局《关于公布扬州市2002年第一批集中招标采购药品临时最高零售价的通知》。2005年,与区卫生局联合召开全区医疗单位贯彻新医疗服务价格工作会议,确定新医疗服务项目价格。2007年,转发省物价局、省卫生厅《关于新增微创手术、非血管介入医疗服务项目价格的通知》《关于印发〈江苏省城市社区卫生服务和药品价格管理暂行办法〉的通知》。2008年,转发省物价局《关于公布部分药品补充剂型规格最高零售价格的通知》。2010年,转发省物价局《关于公布基本药物招标采购中标价格和中标零售价格的通知》。

三、生产资料价格管理

工业生产资料价格　1990年,提高民用煤销售价格,市区居民蜂窝煤零售价86元/吨。1991年,提高成品油、钢材和统配水泥价格,放开指导性计划煤、部分化工产品、统配玻璃、部分优质钢材和绝大部分机电产品价格。1993年,放开钢铁产品和统配煤价格。调整西湖、湾头两镇民用煤城乡差价,每吨定价25元。1994年,调整电力和煤炭价格,计划内外成品油价格并轨。是年,生产资料"双轨制"基本停止执行,初步建立以市场为主体的价格机制。1998年6月后,成品油价格实行政府指导价,由中石油集团和中石化集团在5%浮动幅度内制定统一价格,全省一价,统一配送。

农业生产资料价格　1993年1月起,全区放开计划外农业生产资料价格,实行企业自主定价。1993年2月,为防止价格暴涨,对化肥、农药、农膜和农用柴油实行最高限价。1994年5月,化肥价格管理办法改为省级规定出厂中准价和浮动幅度,化肥调拨价格和零售价格实行经营差率或利润率控制,核定地产碳酸氢铵零售价格每吨440元左右。1995年1月,对敌敌畏等11种省管农药实行指导价管理,经营部门销售价格按差率可相应浮动。1996年,对化肥调拨和零售实行综合作价,按不同渠道购入的化肥,分品种制定综合市场零售价格,本着"上小下大,让利基层"原则,调整综合差率水平。1997年3月,农药零售价实行经营差率和价格水平双重控制办法管理。1998年,农药价格实行指导价管理,柴油价格按照国家定价,种子销售价格实行差率管理。1999年3月,国产农膜由国家定价改为国家指导价,销售价实行差率管理;放开国产化肥零售价格。2004年,对化肥流通环节实行差率管理,尿素从出厂到零售综合经营差率不得超过7%，碳胺综合经营差率不得超过15%。2006年，对全区种子和农机价格补贴情况进行督查，维护农民利益。2007年，转发《江苏省农作物种子价格管理办法》，规定种子综合差率批发环节不超过25%，零售环节不超过20%。2010年，区内稻种销售价格按市物价局《关于2010年稻种销售价格的通知》执行。

四、公用事业价格管理

电价格 1990年，调整全区用电价格，上半年核定加价标准4.74分/千瓦时、下半年7.02分/千瓦时。1993年，全区电价电费实行"五统一"（统一电价、统一发票、统一抄表、统一核算、统一考核）管理。是年，制定各乡镇统配和加工电价暂行标准，推行电费一乡一费制，农村居民电费大幅降低，最多由1.8元/千瓦时降到0.30～0.39元/千瓦时。1996年，按省、市有关规定提高电价。1998年，实行电价、电缆"五统一、三公开"（电费公开、电量公开、电度公开）制度。1999年，全区开展农村低压电网资产调查评估，制定农村照明用户电能计量装置外移工程收费标准。2000年，农村电网改造后，全区农村电价由市物价局统一核定。

水价格 1989年，区内自来水价格由市物价部门管理。1990年10月起，自来水价格由省平衡管理。1993年，区内居民用水每立方米0.5元，非居民用水每立方米0.7元。1994年起，省物价局、省建委对城市供水价格制定原则、分类和审批程序作出明确规定。1998年，区内居民用水每立方米1.1元，工业用水每立方米1.4元，商业用水每立方米1.6元。2000年，区内居民用水每立方米1.3元，工业用水每立方米1.6元，商业用水每立方米1.9元。2009年，区内居民用水每立方米2.5元，商业用水每立方米2.9元，特种行业用水每立方米4元。

1993～2009年维扬区自来水价格一览表

表13-3-1 单位：元/吨

项目 / 年份	供水单位	居民用水价格	非居民用水价格	工业用水价格	商业用水价格	经营用水价格	特种行业用水
1993	湾头、廖家沟水厂	0.50	0.70	—	—	—	—
1995	龙泉自来水厂	1.00	1.10	—	1.20	—	—
1998	区内4家水厂	1.10	—	1.40	1.60	—	—
1999	二桥水厂	1.05	—	1.40	1.60	—	—
2000	区内4家水厂	1.30	—	1.60	1.90	—	—
2002	西湖灌区	各级站电灌水费每小时增加2.16～17.56元					
2005	西湖镇（转供水）	2.50	—	2.70	—	3.00	—
2006	城北、乐凯水厂（转供水）	2.50	—	2.70	—	—	3.00
2009	甘泉街道	2.50	—	—	2.90	—	4.00

五、商品房价格管理

普通商品住房价格 市区商品房价格从80年代中期开始管理，至2005年，管理形式从政府定价逐步转变为政府指导价及市场调节价格模式。随着商品房开发水平与质量逐步提升，受建筑成本和土地价格等变动因素拉动，价格水平亦逐步提高。

1993年4月1日起，区内实行国家定价的普通商品住房销售价格，由物价部门行文执行，放开非住宅商品房和高标准（高级公寓、别墅式）住宅商品房价格，实行有指导的市场调节。2000年4月，对普通商品住房实行政府指导价管理，对经济适用房实行政府定价，高档住宅商品房和非住宅商品房实行市场调节价。2001年，普通住宅商品房价格允许开发企业可上浮不超过3%。2002年12月1日起，明确

图 13－3－1　2008 年 4 月 29 日，区物价局开展价格咨询活动

实行政府指导价的商品住房价格制定应依据合理成本和市场供求状况、国民经济发展要求以及社会承受能力原则。是年，转发市物价局《关于加强商品住宅价格管理，整顿规范住房销售价格行为的通知》。2003 年 7 月 1 日起，区内商品房销售全面推行"一价清"制度，规定按明码标价要求，标明商品房到户结算价格，严禁价外代收费用。2005 年 8 月 1 日起，规定除经济适用房等享受政府优惠政策住房及住宅小区建筑容积率在 1 以上、单套面积在 144 平方米以下的普通商品住房，继续实行政府指导价或政府定价外，其他商品房实行市场调节价。2006 年，全区审核 13.2 万平方米普通商品房销售价格，核减成本 500 万元。2007 年，统一商品房明码标价格式，全区共审核普通住宅商品房项目 5 个，共计 33.2 万平方米，核减总金额 500 万元，均价 2715 元/平方米，剔除石油山庄 24 万平方米职工集资住房，实际普通商品住房销售均价为 4200 元/平方米，比上年同期上涨 19%。2009 年 1 月 1 日起，暂停对普通商品住房销售价格审批，协助市物价局做好二级资质以上房地产企业商品房价格备案，加强商品房销售价格监管，督促房地产开发公司进行一房一价房价公示，做到房价"一价清"，严禁各种名目价外收费。

1993～2008 年维扬区普通商品房销售价格审批情况一览表

表 13－3－2

年份	审核面积（万平方米）	审核均价（元/平方米）	年份	审核面积（万平方米）	审核均价（元/平方米）
1993	—	889.2	2000	3.5	1500
1994	8.4	—	2001	—	1900
1995	4.9	—	2005	25.3	—
1996	1.2	—	2006	13.2	—
1997	3.0	—	2007	33.2	2715
1999	4.0	1400	2008	22.4	—

说明：剔除石油山庄 24 万平方米职工集资住房，实际均价 4200 元/平方米

拆迁安置房价格　2009 年，核定区发展投资公司"山水锦城"拆迁安置房基准价 2250 元/平方米。2010 年，核定全区 68.89 万平方米拆迁安置房价格。2011 年，严格审核安置房成本，合理确定价格，对全区 29 万平方米拆迁安置房进行核价。

第二节　收费管理

一、行政事业性收费管理

年度审验　1990 年，区物价局首次对区内各单位 1989 年度收费许可证进行审验，之后每年审验一次。审验主要内容是对国家、省、市明令取消和降低的收费标准项目进行审核，并逐年公布公安、文教、卫生、城建和水利等系统行政事业性收费目录。1991 年 5 月，对区内 18 个系统 98 家领取收费许可证的行政事业性单位进行清理，暂停 13 个自立项目，降低 2 项，补充 3 项收费标准。1992 年，全面推行收费许可证制度，实行亮证收费。2011 年，全区共验审收费单位 103 家、许可证 111 本，注销许可证 11 本。

收费公示　1999年1月，为规范行政事业性收费行为，在全区选择20家企业进行企业付费登记试点，收费单位向企业收费时，企业在物价局制定的表格内填写收费时间及金额。2000年10月，在全区推行涉农收费公示制度，全面实行企业付费登记制度，收费单位向企业收费必须在企业付费登记卡上登记，物价部门在收费许可证审验时进行查验。2001年，贯彻《江苏省中小学代办费管理办法》，全区在工商、公安等重点收费部门及各中小学、幼儿园和医院等收费单位实行收费公示制度，规定收费单位和收费人员持证、亮证收费，并进行检查。2004年，全面推行行政事业性收费公示，所有收费单位（含经营服务型收费单位）均完成收费公示栏设立工作。2006年，完善收费许可证填写方法，杜绝"以证代文"现象，并采取上门年审服务。

二、价格决策听证

2009年，对甘泉街道自来水价格调整方案进行公开听证，听取经营者、消费者和社会各有关方面意见，邀请人大代表、政协委员和有关人士参加听证。听证会后居民用水价格、商业用水价格、特种行业用水价格分别调整为2.5元/吨、2.9元/吨、4元/吨，受到各方面认可。

第三节　检查监督

一、物价检查

1989年后，价格专项检查主要围绕抑制通货膨胀、治理经济环境、整顿经济秩序和全面深化改革展开。是年，开展全区财务税收物价大检查。1990年，对农电、物资流通企业和商业企业开展检查。1991年，开展全区公安、教育、土地管理收费及汽车维修行业收费检查和农资价格检查。1993年后，重点检查国务院减轻农民负担有关政策落实情况、国家定价商品价格及收费执行情况。是年，还对商品房和电力价格进行检查。1995年，制定餐饮、娱乐和服装业反暴利实施细则。1996年，将教育和医疗收费作为"三大检查"重点进行检查。对违反电价行为进行查处。1997年起，全区价格专项检查主要围绕促进经济发展、推动市场消费、规范价格行为和减轻群众负担展开。是年，对娱乐业暴利和价格欺诈行为进行专项检查，对农电站电价执行情况和农机、种子个体经营户进行全面检查，对汽车修理、金融、房地产和成品油市场进行专项检查。2000年，重点对电信、农资、药品和商品房价格进行检查。2002年，组织开展涉农价格和收费、下岗职工再就业优惠政策落实情况、教育收费、药品及医疗服务价格和商品房价格专项检查。2004年，开展涉农收费检查，清理整顿对农民进城务工、建房购房等不合理收费。2006年，开展农资价格、涉农收费、农用柴油市场、涉及农民的村医务室药品价格和医疗服务收费专项检查，切实保护农民合法权益；开展"一费制"公示情况专项检查和节日市场大检查；开展建设、规划系统收费专项检查。2008年，为落实政府临时价格干预措施，组织以大型超市为重点的市场价格检查，组织开展农药、化肥等农资价格市场检查以及食品和药品市场检查，共检查乡镇医院、卫生院3家，社区卫生所20家。2009年为"反价格欺诈年"，开展以反价格欺诈为重点的市场检查，对大型商业零售单位、规模较大的专业市场和专卖店等打折促销行为进行跟踪检查。对社区医疗服务单位（村卫生室）价格行为开展专项检查。2011年，对景点周边停车场收费行为开展专项治理；检查大型商场、农贸市场和蔬菜平价店43家；对全区沐浴行业和农贸市场明码标价行为进行检查，检查单位120家。

二、价格违法案件查处

1989年后，区物价部门建立价格举报制度，公布价格投诉电话，查处价格违法案件。是年，查处价格违法案件23件，查处非法所得9.7万元，没收非法所得5.4万元，罚款4.3万元。1995年，查处价格违法案件48件，查处非法所得15.2万元，退还用户8.1万元，没收非法所得6.3万元，罚款8000元。2002年，查处价格违法案件31件，查处非法所得38.3万元，退还用户25.8万元，没收非法所得12.5万元。2008年，查处价格违法案件19件，查处非法所得1800元，退还用户1700元，罚款100元。2011

年,查处价格违法案件43件,查处非法所得1.34万元,退还用户4400元,罚款9000元。

1989～2011年维扬区价格违法案件查处情况一览表

表13-3-3

年份＼项目	查处案件(件)	查处非法所得金额(万元)	退还用户金额(万元)	没收非法所得金额(万元)	罚款金额(万元)
1989	23	9.70	—	5.40	4.30
1990	52	5.60	4.05	—	1.55
1991	31	2.85	0.57	1.90	0.38
1992	10	2.20	1.50	0.70	—
1993	15	4.00	2.50	1.00	0.50
1994	50	12.10	7.30	4.70	0.10
1995	48	15.20	8.10	6.30	0.80
1996	70	9.50	8.00	—	1.50
1997	10	0.90	—	—	0.90
1998	22	5.40	4.00	1.40	—
1999	23	7.80	6.50	1.30	—
2000	30	17.90	12.30	5.60	—
2001	32	12.50	8.90	3.60	—
2002	31	38.30	25.80	12.50	—
2003	30	2.60	0.80	1.80	—
2004	1	1.25	1.25	—	—
2005	1	0.05	0.05	—	—
2006	31	3.09	3.09	—	—
2007	24	1.00	0.90	—	0.10
2008	19	0.18	0.17	—	0.01
2009	22	0.59	0.04	—	0.55
2010	51	3.86	3.30	—	0.56
2011	43	1.34	0.44	—	0.90
合　计	669	157.91	99.56	46.20	12.15

三、明码标价、"双信、诚信"活动

1990年,区物价部门强化价格监督管理,在商业网点全面推行红、蓝、绿三色标价签,实行明码标价。1997年,对农资经营部门和基层供销社实施经常性监督检查,集镇明码标价工作得到改观。2003年,建立6个乡镇场街道价格监督管理站,聘请6名价格监管站站长、39名村级价格监管员。是年,在四望亭路开展明码标价示范一条街活动。2004年,开展旅游市场检查,对瘦西湖、平山堂等旅游景点节

图 13-3-2　维扬区餐饮业明码标价政策提醒会

日期间开展不间断巡查。2011 年，延伸价格服务领域，在 5 个社区开展“价比三家”进社区试点活动，设立价格公示栏，定期刊登商场、超市(药店)经营食品、药品和日用工业品价格对比目录，让更多居民群众得到实惠。是年，建立区阳光价格义务监督队，聘请 9 名志愿者为义务监督员，宣传价格法律法规、监督经营者明码标价、举报各类价格(收费)违法行为。在四望亭路开展创建“明码实价诚信经营一条街”活动，营造全社会价格诚信环境，建立规范市场价格秩序。1996 年，开展以价格信得过为主要内容的“双信”活动。1996～1997 年，全区有 9 家单位被评为“物价计量信得过”单位。2003 年，有 4 家单位创成市级价格诚信单位。2005 年，有 6 家单位创成市级价格诚信单位。

四、价格服务进万家、“双创”活动

2006 年，开展以价格服务进农户、进社区、进企业、进学校、进商场、进景区和进医院等为主要内容的价格服务进万家活动。对区内 5 家参与 2005～2006 年扬州“百城万店无假货”活动示范店明码标价工作进行规范检查；发放企业负担问卷，跟踪调查涉企收费行为，协助解决有关价费矛盾；召开乡镇(社区)价格监管员餐饮业价格法律法规座谈会，提高监管员价格业务水平；向全区农户免费发放《扬州市涉农收费手册》2.2 万册，对 4 个乡镇、19 个行政村全部实行涉农价格和收费公示；开展创建价格诚信单位活动，坚持每季度上门走访辅导，年末严格考核，16 家单位获得“市价格诚信单位”称号。2007 年，开展创建“规范收费学校和医院”活动，蓝天学校、梅岭小学和西湖实验学校获市“规范收费学校”称号。2011 年，联合区农水局、区文教局和区卫生局开展“涉农收费规范化乡镇”“群众满意学校”和“群众满意医院”创建活动。

第四节　价格服务

一、价格评估服务

1997 年 6 月，建立区价格事务所，受理区内司法价格鉴证、企业破产评估和抵债物品评估鉴证等工作。是年，受理公安机关委托赃物估价 23 件，评估值 12 万元。2000 年，受理区公安分局委托评估 179 件，评估值 252.13 万元；受理区法院委托评估 21 件，评估值 349.42 万元。2002 年，开展司法价格鉴证 121 件，评估总标的 139 万元；配合乡镇医疗体制改革，对两所乡镇医院进行资产评估；对破产企业资产进行评估。2005 年，完成各类鉴定评估 195 件，评估值 1800 万元。2008 年，完成各类涉案物品价格鉴证 224 件，鉴证金额 290 万元。2010 年，完成各类涉案财产价格鉴证 145 件，鉴证金额 165 万元；接受区法院涉案财产价格鉴证 7 件，鉴证金额 97 万元。2011 年，受理涉案财产价格鉴定 140 多件，鉴定金额 1421 万元。

二、价格监测

2006 年，扬州利达玩具有限公司被确定为省级企业负担监测点，扬州嘉瑞琪工艺品有限公司和扬州雅伦玩具有限公司被确定为市级企业负担监测点。2007 年，选择特色农贸市场，对主副食品价格进行监测，实行日报制，上报监测表 200 多份。2009 年，全区设立 7 个涉农收费监测点，定期上门联系，为企业提供准确收费依据。2011 年，召开价格监测工作座谈会，组织社区价格信息员和价格监测点工作人员进行价格监测业务培训，做好兴森木业市场、绿扬水泥有限公司两个监测点日常价格采集上报、分析等工作。2011 年，推进全区平价蔬菜店建设，7 家商店被确定为全市首批平价蔬菜商店。

第四章 工商行政管理

图 13-4-1 区工商分局干部共同宣誓:"文明执法,依法行政"

1983 年,区公所设立区工商科。1984 年,区工商科升格为区工商行政管理局。1998 年,全国工商行政管理系统实行省以下垂直管理体制,区工商行政管理局更名为扬州市工商行政管理局郊区分局。2003 年 5 月,市工商行政管理局郊区分局更名为扬州市工商行政管理局维扬分局,下设梅岭、念四两个工商管理所。至 2011 年,维扬工商分局下设办公室、注册科、监管科和市场与经济合同管理科等 10 个职能科室以及念四、梅岭、江阳 3 个工商所。

第一节 企业登记管理

一、内资企业

1989 年,全区有工商企业 2112 家,注册资金 2.11 亿元。其中,国有企业 28 家,注册资金 560 万元;集体企业 2004 家,注册资金 1.87 亿元;联营及其他企业 80 家,注册资金 1837 万元。

1989～1991 年,区工商局重点解决党政机关经商办企业问题。对区属 23 家党政机关开办的公司,采取"撤、并、转、留"等形式,先后撤并 3 家,改变隶属关系 1 家,参与经商办企业的 4 名党政机关干部全部脱钩。1994 年,区工商局改革企业登记制度,实施由多部门审批设立制度向工商部门依法独立核准登记制度转变,简化企业登记注册流程。同时,企业年检由企业到工商部门年检改为由工商工作人员到企业所在地年检。2000 年,全区有工商企业 1324 家,注册资金 6.17 亿元。其中,国有企业 83 家,注册资金 7060 万元;集体企业 753 家,注册资金 3.56 亿元;联营及其他企业 488 家,注册资金 1.91 亿元。当年企业年检率 97.9%。2006 年,区工商分局派驻市行政办事服务中心的企业注册登记窗口,连续 12 个月被市行政办事服务中心评为先进窗口。是年,为推进企业改制和发展,区工商分局开展"服务工商"活动,制定各项有利于企业注册登记的措施,如放宽企业经营场地、范围、名称字号和注册资金等限制条件,允许分期出资、5 年内缴足和降低公司注册资本等。2009 年,区工商分局对企业年检推出"减手续、降费用、宽期限、慎吊销"政策。以企业年检提供审计报告为例,除国家法律规定应当进行年度审计的公司、列入无人监管行业或公司以及 3 年内有违法出资行为的公司,年检时仍需交审计报告外,其他企业年检时可以免交审计报告。此项规定为区内企业年检时减少审计费用近 1000 万元。至 2011 年,由于私营个体经济快速发展,区属国有和集体企业大幅减少。是年,全区内资企业总数 283 家,注册资金 40.72 亿元。其中,国有企业 12 家,注册资金 1241 万元;集体企业 48 家,注册资金 6316 万元;联营及其他企业 223 家,注册资金 39.96 亿元。

1989～2011 年维扬区内资企业所有制分类统计表

表 13-4-1

项目 年份	合计		国有企业		集体企业		联营及其他企业	
	数量（家）	注册资金（万元）	数量（家）	注册资金（万元）	数量（家）	注册资金（万元）	数量（家）	注册资金（万元）
1989	2112	21071	28	560	2004	18674	80	1837
1990	1570	21429	31	881	1508	18933	31	1615
1991	1770	23257	36	961	1698	20454	36	1842
1992	2253	33412	48	1648	2158	29326	47	2438
1993	2920	59393	74	2557	2784	51417	62	5419
1994	3204	71558	76	2720	3023	59007	105	9831
1995	3118	88666	76	2720	2930	71197	112	14749
1996	3233	92576	97	5218	3009	71458	127	15900
1997	3149	112581	141	8791	2876	84489	132	19301
1998	2640	89069	96	8527	2400	62698	144	17844
1999	1827	76927	105	8090	1429	55914	293	12923
2000	1324	61709	83	7060	753	35558	488	19091
2001	1009	55104	58	6074	454	26757	497	22273
2002	1008	58245	56	6099	444	25841	508	26305
2003	526	46731	29	5782	244	14345	253	26604
2004	525	49767	20	2157	159	11431	346	36179
2005	389	40376	19	2056	123	9141	247	29179
2006	304	40929	18	2021	85	7692	201	31216
2007	269	56876	13	1373	74	7379	182	48124
2008	280	78327	13	1373	73	7159	194	69795
2009	267	186031	15	1550	60	7036	192	177445
2010	271	281196	12	1241	54	6905	205	273050
2011	283	407182	12	1241	48	6316	223	399625

1989～2011 年维扬区内资企业行业分类统计表

表 13-4-2　　单位：家

项目 年份	农林牧渔业	制造业	电煤生产供应	建筑业	批发零售贸易、餐饮	交通运输仓储邮电通信	金融保险	房地产业	社会服务	卫生体育福利	教育文化广电	科研综合技术	地质水利	其他
1989	55	1138	—	80	665	51	11	2	86	—	14	—	—	10
1990	55	800	—	44	529	51	4	3	64	—	9	1	—	10
1991	57	885	—	51	618	54	4	3	73	—	11	1	2	11

续表 13-4-2

年份＼项目	农林牧渔业	制造业	电煤生产供应	建筑业	批发零售贸易、餐饮	交通运输仓储邮电通信	金融保险	房地产业	社会服务	卫生体育福利	教育文化广电	科研综合技术	地质水利	其他
1992	60	1064	1	79	849	60	7	9	91	—	12	2	2	17
1993	64	1276	—	119	1198	75	11	17	113	—	23	2	2	20
1994	67	1384	—	130	1331	76	12	18	131	—	39	4	2	10
1995	37	1370	14	155	1275	51	15	13	173	—	5	3	2	5
1996	38	1402	17	159	1335	52	17	13	188	—	5	3	—	4
1997	46	1319	3	131	1364	78	12	11	178	1	1	3	2	—
1998	30	1040	3	129	1181	68	13	11	158	1	2	3	—	1
1999	20	764	6	93	719	58	14	12	132	1	3	3	—	2
2000	20	502	—	71	541	44	14	13	109	—	3	3	—	4
2001	19	432	—	65	327	36	5	13	101	—	3	3	—	5
2002	17	412	—	60	382	33	5	16	74	—	2	1	—	6
2003	5	203	2	28	168	13	3	9	78	—	3	1	—	13
2004	8	199	—	25	147	13	8	10	82	—	6	—	1	26
2005	6	205	—	24	115	5	6	6	15	—	—	2	—	5
2006	7	143	4	22	75	7	3	8	13	—	3	4	1	14
2007	7	105	6	21	67	7	3	9	12	—	3	4	2	23
2008	7	98	8	21	72	7	16	7	12	—	3	6	—	23
2009	4	82	7	18	65	9	22	12	16	—	2	5	—	25
2010	4	71	7	18	65	9	22	18	43	—	1	13	—	—
2011	5	95	6	19	67	8	21	16	31	—	4	6	—	5

二、私营企业与个体工商户

1989 年，全区有私营企业 39 家，职工 655 人，注册资金 104 万元；个体工商户 2771 户，从业人员 3932 人，注册资金 634 万元。1997 年后，区工商分局放宽私营企业登记注册限制条件，促进私营个体经济发展。至 2000 年，全区有私营企业 866 家，职工 12766 人，注册资金 23657 万元；个体工商户 8089 户，从业人员 16222 人，注册资金 19045 万元。2007 年，区委、区政府制定《关于鼓励扶持私营个体经济发展的意见》，放宽放开经营，简化登记手续，加大招商引资力度，促进全区私营个体企业健康发展。是年，全区有私营企业 1959 家、个体工商户 6076 户。2008 年，台湾农民詹境福投资 200 多万元，在西湖镇创办集经营、观赏和休闲为一体的农庄开业，成为江苏第一个以个体工商户名义到大陆农村“开荒播种”的台湾农民。至 2011 年，全区有私营企业 4240 家，职工 41138 人，注册资金 123.2 亿元；个体工商户 9820 户，从业人员 18955 人，注册资金 4.33 亿元。

1989～2011 年维扬区私营企业行业分类统计表

表 13-4-3

项目 年份	企业（家）	职工人数（人）	注册资金（万元）	行业分类（家）							
				制造业（工业）	建筑业	交通运输仓储邮电通信	批发零售贸易、餐饮	社会服务	科技咨询和综合技术	农林牧渔业	其他
1989	39	655	104	31	—	1	4	2	—	—	1
1990	39	462	163	32	—	1	5	—	—	—	1
1991	57	609	236	43	—	1	9	1	1	—	2
1992	45	529	314	33	—	1	9	—	—	—	2
1993	116	1252	1407	70	2	2	34	5	2	—	1
1994	175	1820	3211	107	2	2	49	5	2	—	8
1995	211	2101	3487	135	3	—	64	6	—	—	3
1996	205	1755	2430	137	2	—	59	5	—	—	2
1997	191	1608	2661	134	2	—	49	4	—	—	2
1998	308	2748	4431	221	2	—	62	18	—	—	5
1999	432	5389	8979	312	2	—	81	28	—	—	9
2000	866	12766	23657	560	38	7	194	52	—	3	12
2001	1039	16631	29712	689	38	9	207	78	—	3	15
2002	517	7247	18286	201	5	11	202	79	—	5	14
2003	767	8221	35376	309	14	4	238	121	71	5	5
2004	943	9190	65744	400	19	10	294	109	83	13	15
2005	1195	10259	170867	489	30	13	365	167	85	18	28
2006	1474	13247	301757	608	46	16	447	222	94	18	23
2007	1959	23082	416459	659	92	15	721	305	90	19	58
2008	2513	28966	634452	781	159	34	962	367	97	24	89
2009	3171	33884	759736	951	197	53	1242	459	112	33	124
2010	4002	40448	1095034	1084	226	56	1734	579	123	37	163
2011	4240	41138	1232018	1142	241	63	1796	654	137	35	172

1989～2011 年维扬区个体工商户行业分类统计表

表 13-4-4

项目 年份	数量（户）	从业人员（人）	注册资金（万元）	行业分布（户）							
				制造业	建筑业	批发零售贸易、餐饮	社会服务	交通运输仓储邮电通信	农林牧渔业	文化体育	信息计算机	其他
1989	2771	3932	634	387	2	830	1208	306	—	—	—	38
1990	2645	3737	653	453	2	825	1013	315	—	—	—	37

续表 13-4-4

项目 年份	数量(户)	从业人员(人)	注册资金(万元)	行业分布(户)								
				制造业	建筑业	批发零售贸易、餐饮	社会服务	交通运输仓储邮电通信	农林牧渔业	文化体育	信息计算机	其他
1991	3081	4412	811	478	2	983	1173	410	—	—	—	35
1992	4246	5919	1289	579	2	1401	1752	431	—	—	—	81
1993	5442	8004	2364	652	2	2319	1888	506	—	—	—	75
1994	6455	9636	3330	723	2	3508	1640	519	—	—	—	63
1995	6609	9039	4536	871	—	4279	1386	14	—	—	—	59
1996	4937	7409	4563	559	—	3514	825	14	—	—	—	25
1997	3466	6534	3880	396	—	2542	498	14	—	—	—	16
1998	7024	13661	13623	670	—	5115	1121	48	—	—	—	70
1999	7881	15687	17021	863	—	5475	1447	51	2	—	—	43
2000	8089	16222	19045	950	—	5635	1286	90	4	—	—	124
2001	9794	18925	21237	1256	—	6772	1406	198	7	—	—	155
2002	6680	12566	13724	827	—	4037	1469	169	7	—	—	171
2003	4361	5838	11958	314	15	2909	962	21	7	—	—	133
2004	5086	5946	12506	363	16	3458	1086	24	13	—	—	126
2005	5277	8237	21146	384	18	3609	1062	29	13	—	—	162
2006	4660	7204	20956	351	17	3236	836	28	18	97	59	18
2007	6076	10131	23953	423	23	4385	963	39	24	125	65	29
2008	6754	12821	29099	593	30	4791	1031	44	38	129	80	18
2009	7602	14685	32726	623	38	5143	1411	46	47	179	93	22
2010	8900	16718	38062	810	51	5968	1621	54	58	186	95	57
2011	9820	18955	43300	957	68	6388	1805	72	69	258	132	71

第二节　市场建设与管理

一、市场建设

1989年起，区工商局按照市政府确定的“政府牵头、统一规划、多方兴建、工商统一管理”要求，逐步兴办和培育适应社会需求的市场。1989年3月，区工商局投资32万元，新建西郊旧货交易市场，建筑面积2000平方米，改变以路为市状况。是年，全区有各类市场25个，其中新(扩)建市场4个，投资总额42万元。1992年5月，区政府成立市场建设领导小组，统一指导和规划全区市场建设。全区形成多方兴建市场格局，市场建设步伐加快。1998年，由区工商局出资新建的市旅游品专业市场——平山旅游品市场开业。2000年，全区有各类市场44个，当年新(扩)建市场两个，投资总额1680万元。2002年市区区划调整，区内市场总数减少近一半。2003年后，随着经济体制改革深入，全区市场建设逐步向“专、新、大”多功能方向发展。先后建成扬州兴森木业市场(建筑面积5750平方米，钢架结构用房5000平方米)、扬州丰源材料城(建筑面积8000平方米)、江阳商贸城(总投资1.5亿元，是扬州西北郊最大的建材装饰市场)和总投资3亿元的玩具研究开发交易中心——五亭龙国际玩具礼品城。2008年，丰乐农贸市场，新建扬州玉石料市场，翻建和改造四季园农贸市场和凤凰桥农贸市场，建筑面积3.3万平方米，投资总额2.1亿元。至2011年，全区有各类市场28个。

1989～2011年部分年份维扬区市场建设情况一览表

表13-4-5

项目 年份	市场总数（个）	当年投资额（万元）	当年新建		当年扩建	
			数　量（个）	面　积（万平方米）	数　量（个）	面　积（平方米）
1989	25	42	1	0.20	3	2800
1992	31	551	10	4.65	—	—
1994	38	685	5	1.96	1	500
1995	36	405	2	1.20	—	—
1996	41	1167	5	9.50	—	—
1997	37	480	3	2.53	—	—
1999	40	1372	4	3.04	2	5700
2000	44	1680	1	1.90	1	3000
2004	21	35000	4	1.30	—	—
2006	25	37000	4	4.50	—	—
2011	28	—	—	—	—	—

二、市场管理

市场秩序管理　80年代末至90年代初，商品市场化起步，区工商局在市场管理上以稳定市场物价为重点，配备农贸市场价格监督员，通过明码标价、发布信息和上浮限价等方法，制止任意要价、随意涨价和乘机抬价等不良现象。在市场内开展“信得过摊位”活动和实行“商品信誉卡”制度，加强市场秩序监管。1998～1999年，根据国务院发布的《粮食收购条例》，区工商分局加强对粮食收购市场监管，开展3次专项检查活动。其间，区工商分局查处粮食违法案件134件，回收成品粮5567.9吨，罚没款68.33万元。区工商分局被省工商局评为粮食市场管理先进集体。2002年起，区工商分局对区内各类市场建立“一卡一档一机”，实行计算机管理，推行市场“经济户口卡”管理制度，把市场注册资料由静态转化为活档案，使基层工商所对辖区内各类市场一目了然，不断提高市场监管效果。

假冒伪劣商品查处　1989年，全区组织4次市场检查，共检查1295户、193种商品，查获假冒伪劣商品69种，罚没款143.65万元。1992年，区工商局坚持“一月一品”制度，即每月重点检查一个产品，重点查处市场上假冒伪劣商品。是年，先后组织214人次对农药、化肥、种子、家电、食品和烟酒等24种商品销售进行突击检查。1998年，区工商分局开展“红盾打假”行动，查获各类假名酒2.5万瓶、假烟3000条、假冒洗衣粉920箱，货值70多万元，捣毁制假售假窝点16处。2005年，对全区15家农资经营网点先后两次进行检查考核，查处违法经营农药480公斤、药品1980盒、不合格柴油1500吨。2008年2月，《江苏经济报》报道区工商分局“红盾护农”农资打假专项整治行动经验。是年，区工商分局指导和督促种子经营企业落实“两账、两票、一卡、一书、一留样”做法，在全省护农工作流通现场会上得到肯定和推广。2010年，区工商分局在节日市场专项整治活动中，查扣问题食品1200箱、假冒名酒2472瓶、侵权“海宝”玩具510只。

图 13-4-2　2008 年 8 月，区工商局开展“红盾护农”专项执法行动

规范与监管　2001 年，区工商分局取缔无照经营户 238 户，查处经济违法案件 580 件，没收各类违法商品货值 86 万元，罚没款入库 27.9 万元。2007 年，金色百汇等 4 家市场被评为星级文明诚信市场，其中四星级文明诚信市场两家，三星级、二星级文明诚信市场各 1 家。金色百汇被认定为全市首家省级标准化管理示范市场。2010 年，区工商局对校园周边、网吧、集贸市场、社区内等场所无照经营者进行查处，取缔无照经营 326 户，疏导发照 681 户，58 个网吧和 73 个书报亭证照和经营范围基本规范到位，秋雨路、扬子江路、四望亭路和梅岭东路成为全区证照管理示范路。至 2010 年，全区获得市文明诚信市场的单位有扬州五亭龙国际玩具礼品城有限公司、市双桥集贸市场有限公司、市江阳农贸市场管理有限公司和扬州金瑞汽车销售服务有限公司。获得“十佳平安市场”称号的单位有扬州五亭龙国际玩具礼品城有限公司和市金色百汇市场经营管理有限公司。

第三节　经济合同管理

一、合同检查与鉴证

1989 年，区工商部门共检查企业合同 2784 份，金额 2.28 亿元，确认无效合同 10 份，避免企业经济损失 56 万元。是年，发现区生产资料公司与中国兰州矿业集团公司西宁经销处签订的 465 万元供销合同超越经营范围，对方有利用合同进行诈骗之嫌，区工商执法人员不予鉴证，及时避免区生产资料公司经济损失。1999 年，区工商分局执法人员为曲江小商品市场和联谊农副产品批发市场摊位租赁上门统一办理鉴证手续，鉴证合同 2383 份，金额 7071.3 万元。当年，鉴证合同总量是区工商分局组建以来最多一年。2000 年，全区检查合同 375 份，金额 2.2 亿元；鉴证合同 1589 份，金额 2384 万元，为企业减少经济损失 125 万元。2003 年第四季度开始，工商部门合同鉴证职能取消。当年，区工商分局检查发生欺诈合同企业 144 家，其中涉农企业 46 家、其他企业 98 家。同年，在区内企业推行使用合同示范文本。2005 年，全区检查工商经济合同 298 份，金额 2.1 亿元。2008 年，全区检查工商经济合同 921 份，金额 9 亿元。

1989～2008 年维扬区工商经济合同检查情况一览表

表 13-4-6

年　份	1989	1990	1991	1992	1993	1994	1995	1996
数量(件)	2784	3205	3969	3987	6023	2032	2175	1875
金额(亿元)	2.28	—	2.62	2.41	4.86	2.40	1.21	0.96
年　份	1997	1998	1999	2000	2005	2006	2007	2008
数量(件)	652	499	412	375	298	1603	1503	921
金额(亿元)	0.50	0.20	0.25	2.20	2.10	4.00	15.70	9.00

1989～2000年维扬区工商经济合同鉴证情况一览表

表13-4-7

年　份	1989	1990	1991	1992	1993	1994
数量(件)	—	158	332	634	361	332
金额(万元)	—	227	428	4398	2260	10400
减少损失(万元)	56	169	120	177	902	88
年　份	1995	1996	1997	1998	1999	2000
数量(件)	213	212	513	883	2415	1589
金额(万元)	28.7	9721	9953	2274	8029	2384
减少损失(万元)	87	15	21	120	539	125

二、合同仲裁与调解

1989年，区工商部门调解经济合同纠纷20件，争议金额32万元。1993年，受理20件合同纠纷仲裁，合同金额180.6万元。1995年9月1日，《中华人民共和国仲裁法》施行，原由工商部门行使的经济合同仲裁职能依法终止。此后，区工商局仅行使经济合同纠纷调解职能。是年，区工商局建立合同争议调解委员会，受理企业经济合同纠纷调解工作。2000年，调解经济合同纠纷63件，争议金额216万元，为企业追回宕欠款124.63万元，挽回经济损失40万元。2001～2010年，区工商分局开展合同咨询服务9870人次，调解经济合同纠纷353件，争议金额1765万元，为企业挽回经济损失347万元。2008年，区工商分局先后与江苏江扬电缆有限公司、江苏通宇钢管有限公司、扬州唐城霓虹数码科技有限公司等22家企业签订合同助企协议书。2011年，调解经济合同纠纷3件，争议金额26万元。

1989～2011年部分年份维扬区经济合同纠纷调解情况一览表

表13-4-8

项目/年份	合同纠纷(件)	争议金额(万元)	调　解　结　果
1989	20	32	
1990	30	48	确认无效合同24份，避免损失168.96万元，追回宕欠款1.95万元
1993	20	15.4	追回宕欠款35万元
1995	25	110	挽回经济损失79万元
1999	71	252	挽回经济损失54万元
2000	63	216	挽回经济损失40万元
2005	31	158	
2007	25	113	挽回经济损失53万元
2011	3	26	

三、抵押登记

1996年，区工商部门抵押登记业务起步。1月，区工商执法人员指导区信用合作联社和中国银行郊区办事处将过去签订的借款合同以抵押物进行补充登记。是年，全区办理抵押登记36件，合同标的

4105万元，抵押物价值4372万元。至2005年，全区共办理抵押登记259件，抵押物价值8.89亿元，为企业发展引入资金13.36亿元。2001年，区工商分局对区内1647家企业有关资料和动产抵押登记等情况实行计算机管理。2011年，全区办理抵押登记22件，抵押物价值5.46亿元，为企业发展引入资金2.7亿元，有效解决部分中小企业资金困难。

1996～2011年维扬区动产抵押登记统计表

表13-4-9

年份	1996	1997	1998	1999	2000	2001	2002	2003	2004	2005	2006	2007	2008	2009	2010	2011
抵押物登记（件）	36	20	36	32	42	29	22	15	14	13	21	9	21	30	37	22
抵押物金额（万元）	4372	7653	10000	7336	6557	15000	5765	5039	5621	13510	22925	15152	16290	49429	46400	54600

四、“重合同、守信用”活动

1989年，区内登记注册2112家工商企业，有1479家参加“重合同、守信用”活动。1997年，区工商部门对44家“重合同、守信用”企业进行回访，为23家连续4年、6年和8年获“重合同、守信用”称号的企业颁发铜牌。2006年，培育“重合同、守信用”企业5家，经复查保持“重合同、守信用”企业称号42家。全区“重合同、守信用”企业共47家，其中省级6家、地市级33家、区级8家。经复查和审核，撤销4家市级“重合同、守信用”企业称号。2011年，全区新增省、市级“重合同、守信用”企业49家。1995～2011年，全区先后获省级“重合同、守信用”企业称号的企业有扬州日模邗沟装饰工程有限公司、江苏通宇钢管有限公司、扬州三布纺织有限公司、市唐城置业发展有限公司、中机环建建设工程有限公司、江苏牛牌纺织机械有限公司和江苏江扬电缆有限公司等23家企业。

第四节　商标、广告管理

一、商标管理

1989年，区工商局成立商标广告管理办公室。是年，区工商执法人员查获假冒“双沟”“洋河”等名酒2295瓶，假冒“红塔山”“黄果树”等名烟52条。1994年，区工商局对上海、湖北、广西等地制刷企业进行查处，制止和处理其假冒“长命”“大桥”“舒美”等名牌牙刷行为，捣毁批量生产冒牌“佳佳”洗衣粉窝点1个。1997年8月，区工商执法人员和上海联合利华有限公司人员在湾头镇二桥村查获仿造中华牌牙膏1.2万支、商标标识5000多套。2004年，区工商分局指导和协助企业新申请注册商标100件。2005年12月，区工商分局在江阳工业园举办实施商标战略高层论坛。是年，区内“双环”“绿杨春”等8件商标被认定为市知名商标，“日利达”“登高”两件商标被认定为省著名商标。2008年，区工商分局组织召开全区商标与品牌战略推进大会。是年，全区企业持有注册商标总数1800件，新增“日利达”“江扬”两件中国驰名商标。同年，区工商执法人员查获扬州网店淘宝商城捷峰家纺专营店销售假冒“慈云”系列蚕丝被案，货值2.79万元。对网店当事人作出罚款3万元处罚，是全市查处的首件网络侵权案件。2010年，扬州玉器厂“玉缘”商标获中国驰名商标。2011年，全区新增注册商标398件，净增233件，增幅240%。扬州漆器厂和市陆琴脚艺中心两家企业申报成功中国驰名商标，江苏牛牌纺织机械有限公司、扬州邦德家私制造有限公司和扬州力创机床有限公司3家企业申报成功省著名商标，完成9件市知名商标上报推荐。至2011年，全区累计有市知名商标41件，省著名商标20件、中国驰名商标5件。

2002～2011 年维扬区知名、著名、驰名商标情况一览表

表 13－4－10

序号	企　业　名　称	注册商标名称	认定称号	认定年份
1	江苏江扬电缆有限公司	江扬	市知名商标	2002
2	扬州日模邗沟装饰工程有限公司	日模	市知名商标	2002
3	扬州贡春平山茶叶有限公司	贡春	市知名商标	2002
4	扬州日模邗沟装饰工程有限公司	邗沟	市知名商标	2002
5	扬州久扬渔具有限公司	登高	市知名商标	2003
6	扬州银珠照明电子有限公司	银珠	市知名商标	2004
7	扬州唐城广告霓虹有限公司	图形(唐城)	市知名商标	2005
8	扬州双环弹簧有限公司	双环	市知名商标	2005
9	扬州超越太阳能制品有限公司	新星	市知名商标	2005
10	扬州威尔空调器厂	绿杨春	市知名商标	2005
11	扬州邦德家私制造有限公司	朗丰	市知名商标	2005
12	扬州新凤凰家庭用品有限公司	NEWPHENIX	市知名商标	2005
13	市唐城安全玻璃制造有限公司	SUNMOON(日月)	市知名商标	2005
14	扬州金伦化学纤维有限公司	莲花	市知名商标	2005
15	江苏江扬电缆有限公司	江扬	省著名商标	2003
16	扬州日利达有限公司	日利达	省著名商标	2005
17	扬州久扬渔具有限公司	登高	省著名商标	2005
18	市钢管总厂	亚联	省著名商标	2006
19	市唐城安全玻璃制造有限公司	SUNMOON(日月)	省著名商标	2006
20	市陆琴脚艺中心	陆琴脚艺	省著名商标	2006
21	市正声民族乐器厂	碧泉	市知名商标	2006
22	市宝宝熊饮食连锁管理有限公司	BAOBAOXIONG	市知名商标	2006
23	扬州康泰医疗器械有限公司	琼花	市知名商标	2006
24	扬州五亭龙国际玩具礼品城有限公司	五亭龙	市知名商标	2006
25	扬州核威碟形弹簧制造有限公司	瘦西湖	市知名商标	2006
26	扬州双鸿电子有限公司	特牛	市知名商标	2006
27	市蔬菜研究所有限公司	扬研	市知名商标	2006
28	扬州广宇电子有限公司	治具	市知名商标	2006
29	扬州久扬渔具有限公司	高登	市知名商标	2006
30	扬州维扬区天府缘酒楼	天府缘	市知名商标	2007
31	扬州维扬区苏扬足部护理中心	苏扬	市知名商标	2007
32	扬州光明可的便利店有限公司	可的	市知名商标	2007
33	扬州扬杰电子有限公司	扬杰	市知名商标	2007
34	扬州双良阀门有限公司	YF	市知名商标	2007
35	扬州金力电动工具有限公司	图形	市知名商标	2007
36	扬州扬开电力控制设备有限公司	金扬(图案)	市知名商标	2007
37	扬州玉器厂	玉缘	省著名商标	2007
38	扬州铭洪胶业有限公司	DeKe	省著名商标	2007
39	扬州唐城广告霓虹有限公司	图形(唐城)	省著名商标	2007

续表 13-4-10

序号	企业名称	注册商标名称	认定称号	认定年份
40	扬州维扬区苏扬足部护理中心	苏扬	省著名商标	2007
41	江苏江扬电缆有限公司	江扬	中国驰名商标	2008
42	扬州日利达有限公司	日利达	中国驰名商标	2008
43	扬州核威碟形弹簧制造有限公司	瘦西湖	省著名商标	2008
44	扬州扬开电力控制设备有限公司	金扬(图案)	省著名商标	2008
45	扬州鑫华印刷有限公司	天印	市知名商标	2008
46	扬州五亭桥缸套有限公司	五亭	市知名商标	2008
47	扬州久扬渔具有限公司	渔人	市知名商标	2008
48	扬州宏福铝业有限公司	润扬	市知名商标	2008
49	市烟花三月商贸有限公司	烟花三月	市知名商标	2008
50	扬州金鼎电子有限公司	小管家	市知名商标	2008
51	江苏罗思韦尔电气有限公司	罗思韦尔	市知名商标	2010
52	扬州优邦生物制药有限公司	优邦	市知名商标	2010
53	江苏阿珂姆野营用品有限公司	ACME	市知名商标	2010
54	江苏牛牌纺织机械有限公司	牛牌	市知名商标	2010
55	扬州平山机床配件厂	富沃特	市知名商标	2010
56	扬州扬杰电子有限公司	扬杰	省著名商标	2010
57	江苏罗思韦尔电气有限公司	罗思韦尔	省著名商标	2010
58	扬州优邦生物制药有限公司	优邦	省著名商标	2010
59	江苏阿珂姆野营用品有限公司	阿珂姆	省著名商标	2010
60	市正声民族乐器厂	碧泉	省著名商标	2010
61	扬州玉器厂	玉缘	中国驰名商标	2010
62	江苏牛牌纺织机械有限公司	牛牌	省著名商标	2011
63	扬州邦德家私制造有限公司	邦德	省著名商标	2011
64	扬州力创机床有限公司	力创	省著名商标	2011
65	扬州漆器厂	漆花	中国驰名商标	2011
66	市陆琴脚艺中心	陆琴脚艺	中国驰名商标	2011

二、广告管理

1999年,区内启动广告管理工作。是年,区工商执法人员重点对擅自发布户外广告、散发印刷品广告等违法行为进行查处。全年查处广告制作发布企业53家,广告违法案件10件,罚没金额1.43万元。2002年,区工商部门开展“广告检查突击行动月”活动,查处户外广告重点案件39件。对部分房地产公司使用“扬州首席生态名宅”“市中心唯一大型时尚生态智能化社区”等夸张性用语,以及部分无依据工程造价指标等误导消费者、引发房地产交易纠纷的5家房地产商予以立案查处。2005年,重点查处医疗和药品广告中虚假宣传行为,查处虚假宣传案件6件,没收虚假宣传单600份、药品300多盒。2007年7月,区工商分局在区内查获北京东方宝藏文化发展有限公司盗用故宫专家、中央电视台《天下收藏》栏目顾问等名义，从事文物鉴定经营活动案。扬州博物馆将两件仿品瓷器送验，该公司某专家当场鉴定为清朝早期官窑制品，真相当场被拆穿。经查，“东方公司”实为无证照经营单位，户外广告实属虚假。查处案件影像相继被《中国工商报》、江苏电视台和东方卫视等多家媒体刊播。2010～2011 年，区工商分局对 12 家农资广告经营主体、113 家广告经营单位、200 个户外广告载体开展 5 项专项整治行动，整治内容涉及药品、医疗器械、保健食品和招生培训等不良广告，发出责令整改告知书 160 份，查处违法广告案 3 件，罚没款 3.87 万元。

第五节　消费者权益保护

一、维护消费者合法权益

1996 年 12 月，区消费者协会(简称区消协)建立，挂靠区工商局。区消协成立后，通过设立举报箱、每年开展“3 · 15 消费者权益日”活动和建立联络站、投诉站等，畅通与消费者沟通渠道，做好维护消费者合法权益工作。2000 年，建立“12315”投诉举报中心，开通投诉电话专线“7330315”。是年，受理消费者投诉 376 件，解决 345 件，为消费者挽回经济损失 4 万多元。2001～2011 年，区消协接待咨询 3.2 万人次，受理消费者投诉举报 3821 件，经调解解决率 89%，为消费者挽回经济损失 250 多万元。至 2011 年，区消协建立 3 个消协分会；在乡镇、社区和企业建立消费维权投诉站 20 个、“12315”联络站 119 个；在大中型商场、商店、超市和房地产行业建立维权监督站 12 个，培养和发展维权调查员(监督员)43 人，形成覆盖全区的消费维权网络。

二、“放心消费”创建活动

2007 年 9 月，区政府成立“放心消费”创建活动领导小组，创建办公室设在区工商分局。12 月，区工商分局通过 4 个月专项整治，共清理食品经营主体 1367 户，为 973 户流通领域食品经营户统一印发产品与食品进货台账、6 项自律制度、流通领域产品和食品质量承诺书等相关资料。2008～2011 年，在全区乡镇(街道)和企业开展“放心消费”先进示范单位(区域、行业)争创活动，被授予省级“放心消费”示范区域、示范行业和示范单位各 1 家，先进单位 7 家和先进区域 1 个。

2008～2011 年维扬区获省级“放心消费”创建先进示范单位(区域、行业)情况一览表

表 13-4-11

单位名称	授牌年份	称号
市玩具协会	2008	示范行业
市金色百汇市场经营管理有限公司	2008	先进单位
梅岭街道	2009	示范区域
双桥街道康乐社区	2010	先进区域
聚龙国际物资交易港有限公司	2010	先进单位
维扬区厚德大药房	2010	示范单位
维扬区爱心壹加壹	2010	先进单位
双桥街道	2011	先进单位
天龙大酒店有限责任公司	2011	先进单位
苏果超市(扬州)有限公司友谊广场店	2011	先进单位
嘉禾豆浆店	2011	先进单位

第五章　审　计

1988年12月，区审计局成立，代表国家行使审计职能，负责全区机关和企事业单位财务收支审计监督。2002年，区审计局内设财政审计科、工程审计科、行政事业审计科和办公室。2011年11月，因区划调整，区审计局并入邗江区审计局。1989～2011年，区审计部门认真履行审计职能，开展财政审计、工程审计、行政事业单位审计和专项审计。其中，对乡镇财政收支情况和财政决算审计20次，查处违规违纪和管理不规范金额2.6亿元，上缴财政6498万元；累计核查工程送审总造价8.35亿元，审计核减后为国家节省财政资金1.32亿元；审计行政事业单位项目51个，查处违规金额2004万元，上缴财政93.7万元。通过对金融、专项资金和领导干部经济责任审计，推动金融风险防控和领导干部勤政廉政构建长效机制。

第一节　财政审计

1989～1995年，区审计局对全区乡镇财政收支计划及财政决算情况真实性、合法性和效益状况实施审计监督，审计内容仅有收入与支出两项。1995年后，增加预算执行、财政决算和预算外资金等方面审计，并对区乡机关有关部门财务收支情况进行延伸审计。2007年，对2006年度区级财政预算执行和其他财政收支情况进行审计，延伸审计区财政局、区司法局、区信访局、区妇联和区残联等5个预算执行部门，对部分专项资金管理和使用情况进行抽查，重点审查财政预算执行、专项资金、预算外资金及其他非税收入管理、资产管理和政府采购管理等情况。共查处违规违纪和管理不规范金额5743万元。区委、区政府主要负责人对此次审计高度重视，审计过程中多次听取专题汇报，对查出问题的被查单位进行严厉批评和警示教育，要求有关部门分析原因、查找根源、提出整改意见，责令限期整改到位。并由纪检、审计部门对审计整改情况进行跟踪督办。2009年，区审计局通过审计，查处部分行政事业单位管理不规范金额6669万元，通过整改，严格预算外资金"收支两条线"管理，加强国库集中支付制度建设，维护财政经济秩序。2010年，查处管理不规范金额7605万元。通过审计，进一步规范预算管理和监督职能，优化财政支出结构，健全公共财政体系，提高资金使用效益。2011年，区审计部门在继续做好区级预算执行审计的同时，重点向预算编制和预算执行效果两端延伸，注重审查预算编制科学性和执行结果绩效性，查处管理不规范金额8517万元。

1989～2011年，区审计部门对乡镇财政收支情况和财政决算审计20次，发现违规违纪和管理不规范金额2.6亿元，上缴财政6498万元。

第二节　工程审计

2004年起，全区实施《关于公共工程审计监督办法》，对财政资金和集体资金投入的建设项目，从工程设计、招标、施工、监理和工程造价等各个环节，实施审计监督。是年，对江阳工业园平山北路和纬四路工程、城北乡三星路和槐南路改扩建工程、双桥乡扬子江路街景美化、农机公司5号楼装潢工程和区行政中心固定资产投资工程决算审计，送审价8049.83万元，审计核减1298.99万元，核减率16.14%。2005年，对江阳工业园中心主干道东段等工程、区民政局社区服务中心大楼装潢工程、双桥乡武塘村杨庄组综合楼工程、区财政结算中心改造装饰工程、区检察院办案技术楼(一期)改造装饰工程、区人武部与区老干部局办公楼装饰工程、瘦西湖街道办事处办公楼改造装饰工程和平山乡朱塘小区排水道路等工程竣工决算审计，送审价 1.07 亿元，审计核减 2341.87 万元，核减率 21.91%。

2006～2008 年，对平山乡荷叶、朱塘小区绿化工程，区委政法委、区城管局、区司法局办公楼装饰改造工程，区疾控中心办公楼装潢改造工程，江阳工业园办公大楼及职工食堂工程，区数字化城市管理系统工程，西湖镇金槐村农民安置房及村庄建设配套工程，西湖中学新建食堂工程，西湖镇司徒村西榜安置小区工程，区政府南大院室外工程，梅岭街道办事处办公楼及附楼装修改造工程，平山乡观赏鱼园建设工程和维扬经济开发区经一、经二、纬十路道路排水等工程竣工决算审计，送审价 5006.93 万元，审计核减 921.48 万元，核减率 18.4%。2009 年，对双桥街道东梅庄住宅小区改造、平山乡双塘路维修、甘泉街道甘八路等 8 个工程项目竣工决算审计，送审价 1.36 亿元，审计核减 1084 万元，核减率 7.99%。是年，对西湖镇山水锦城安置小区，城北乡月明苑二期、三期安置小区，区文化馆装潢改造和蜀冈生态新区台扬路等 11 个基建项目进行跟踪审计，审计项目总造价 10.91 亿元。2010 年，对梅岭小学西校区基建工程、区政法楼、育贤路食堂、敬老院、预防保健楼、世代服务中心等工程，小官桥路延伸段工程，西湖镇社区卫生服务中心装饰工程，城北乡社区卫生服务中心装饰工程，文苑社区服务中心改造工程，物港路一期及延长段工程，月明苑二期建设工程，四季园农贸市场扩建工程，双高路、扬城北苑道路排水工程，区检察院装修改造工程，安平社区服务中心改造工程，区 2009 年度街巷改造工程，市区道路及维扬路拆迁绿化工程，扬子江北路和大学北路广告牌改造工程竣工决算审计，送审价 2.08 亿元，审计核减 3690 万元，核减率17.71%。是年，跟踪审计项目 11 个，均为事关全区经济社会发展的重大工程建设项目。如：拆迁安置房工程建设项目、"三区"（维扬经济开发区、物流集聚区、蜀冈生态新区）重大基础设施建设项目等，投资金额 8.49 亿元。2011 年，对甘泉街道五湖村便民服务中心、长塘村彩钢车间及附属用房和焦巷村井塘混凝土路工程、物港路二期道路排水工程、高蜀北路道路工程和月明苑安置小区四期建设工程竣工决算审计，送审价 2.54 亿元，审计核减 3860.41 万元，核减率 15.2%。

至 2011 年，通过工程项目审计，全区累计核查送审总造价 8.35 亿元，审计核减后为国家节省财政支出 1.32 亿元，平均核减率 15.8%。

第三节　行政事业单位审计

一、行政机关审计

1989 年，区审计局对区工商分局和区民政局等 5 家单位开展定期审计，审计金额 483 万元，查出违纪金额 35 万元，上缴财政 2.3 万元。1992 年，全区行政审计内容除一般性财政收支外，还对行政执法部门收费和罚没收入征管情况进行审计，并在审计中将行政部门财政收支审计与审计调查和专项清理相结合，对物价、工商、法院、国土等部门行政性收费、罚没收入和罚没物资管理情况进行审计，查出违纪金额 87 万元，上缴财政 9.3 万元。2002 年，对原区经济技术开发区 1992 年至 2002 年 4 月财政收支情况进行审计，发现资产、负债、收入、费用支出及基建工程，均不同程度存在问题，查出违纪金额 786 万元，上缴财政 31.9 万元。2003 年，区审计局结合同级财政审计，有重点地对部门预算执行单位延伸审计，分别对区计经委、区外经委和区劳动局等单位预算内、外资金收支管理情况审计，查出违纪金额 29 万元，上缴财政 1.9 万元。2005 年，对平山乡政府乡级预算管理、票据管理、资产管理和财务管理等进行审计，针对账务处理存在问题，指导该乡规范财政财务收支。是年，对区城管分局审计，发现其罚没收入未及时上缴、未按规定发放执法人员考核奖金、固定资产账物不符、未执行政府采购等问题，查出违纪金额 62 万元，督促该局将罚没收入未及时上缴的 7.1 万元，及时足额上缴区财政。督促和指导该局执行内控制度，严格遵守财务制度和有关规定。2006 年，对区法院、双桥乡政府和区劳动和社会保障局 2004～2005 年预算内、外资金收支管理情况进行审计，发现有虚列转移支出、扩大经费开支范围和违反控购等违规问题，查出违规金额 56 万元，上缴财政 4.8 万元。2010 年，对区民政局、维扬经济开发区、物流集聚区和蜀冈生态新区 4 个部门 2009 年度财政收支状况进行审计，查出违纪金额 562 万元,上缴财政19.1万元。2011年,对区城管分局、区环保局、区统计局和区卫生局等4个部门审计,重点向预算编制和预算执行效果两端延伸,审计财政预算执行,规范预算内、外资金管理和依法行政,查出违纪金额98万元,上缴财政8.7万元。至2011年,全区共审计行政机关项目31个,查处违规金额1652万元,上缴财政85.1万元。

二、事业单位审计

1991～1998年,对区畜牧兽医站和区房产管理所等12家单位进行审计,发现有截留国家收入、偷漏税等违规违纪问题,查出违规金额172万元,上缴财政6万元。2004年,对宁启铁路维扬区铁路办征地、拆迁经费及其他经费调查审计,发现在征地和拆迁过程中,经费未能按序时进度足额发放,审计组督促其按序时进度发放各项经费,不得截留、克扣征地拆迁款,确保国家重点工程建设按期进行。同年,对梅岭小学审计中,发现有超范围收费、账务处理不规范和债务负担较重等问题,督促梅岭小学规范收费行为,严格按照规定进行账务核算,加强财务管理。2005年,对维扬规划测绘队审计,发现存在盈亏核算不实、内控制度不够健全和白条列支等问题,责成该单位从完善制度入手,杜绝不规范报支,加强财务核算,实施内控制度。对违规列支2.6万元,全额上缴区财政。至2011年,全区共审计事业单位项目20个,查处违规金额352万元,上缴财政8.6万元。

第四节　专项审计

一、金融审计

1995年开始,区审计部门对区内国有银行和金融机构审计,主要审计财务收支真实性和合法性,并随着金融体制改革不断深入,审计内容由财务收支逐步向信贷质量、银行风险管理和效益转变。是年,对中国银行郊区办事处1994年度资产、负债和损益情况进行审计。1996年,对中国银行郊区办事处1995年度资产、负债和损益情况进行审计。1997年,对中国农业银行郊区办事处1996年度资产、负债和损益情况和区农村合作基金会资产、负债和损益情况进行审计。1998年,对区信用合作联社1997年度资产、负债和损益情况进行审计。2003年,对原区农村合作基金会资产负债情况实施审计,发现存在公款私存、票据管理不规范、未按规定记提借款利息和账务处理不规范等问题,发现中国农业银行郊区办事处催收贷款占全部贷款比重较大、资本风险比率较高。至2011年,全区共审计金融机构项目6个。

二、专项资金审计

1989年,区审计部门对区发展粮食生产专项资金使用情况审计。1992年,对1991年全区救灾捐赠款物跟踪核查,所捐款物全部按要求上交民政部门,无克扣和截留现象。1999年,对区农村社会养老保险基金征管使用情况审计调查,发现农民缴纳养老保险金意识不强,参保率85%。农村社会养老保险基金使用正常。2002年,对2001年度全区企业职工基本养老保险征管使用情况审计调查,发现外商及港澳台商投资企业以及民营企业,特别是劳动密集型毛绒玩具生产企业参保率仅73%,投保率不高,并存在拖欠养老保险金等问题。未发现养老保险金挤占或挪用现象。2003年,对区防治"非典"专项资金、社会捐赠款物和抗洪救灾专项资金跟踪审查,所捐款物全部按要求上交民政部门,无克扣及截留现象。防治"非典"和抗洪救灾专项资金做到专款专用。2004年,对区农村改水专项资金、2003年度农村公路建设专项资金、2001～2003年度小型农田水利建设资金和2003年度失业保险基金等4项专项资金审计,发现区级配套资金拨付不及时状况,及时督促相关部门将资金拨付到位,保证项目顺利实施。还发现有挤占挪用、虚立转移等违纪问题,共查处违规资金268万元,上缴财政7.6万元。2005年,对全区农村大病统筹合作医疗专项基金审计,全区参加农村大病统筹合作医疗覆盖率90%,高于全市1个百分点。2006～2008年,对区农民教育培训工程、农民健康工程、农村环境整治工程和农村道路通达工程等农村"新五件实事"专项资金审计,未发现重大违规违纪现象。在此项审计中,延伸效益审计,对通达工程养护工程、环境整治秸秆气化工程和农村文化建设工程3个项目进行效益跟踪。同时,将行业性审计作为同级审计延伸内容，提高同级审计质量。2009～2011 年，对区农业保险专项资金和城市道路市场化保洁专项资金绩效审计。上述专项资金及时到位，市场化保洁成效明显，保证城市道路整洁通畅。

三、经济责任审计

2002 年，区政府制定《维扬区经济责任审计工作联席会议制度》，要求对区、乡领导干部履行经济责任实施全过程监督，审计发现问题合理认定责任，分析产生问题背景和原因，加强审计结果综合分析，从体制和机制上，提出对策性建议，推动领导干部勤政、廉政构建长效机制。2002～2010 年，区审计局受区纪委、区委组织部委托，共开展领导干部经济责任审计项目 20 个。2003 年 11 月，对区商贸局原局长进行任期经济责任审计，发现在其任职期间该单位财务内控制度不健全、固定资产账目不完整、投资经营管理不善和全区商贸企业经营状况普遍不佳等问题。作为该单位正职领导应承担主要责任，区审计局及时向区有关部门反馈审计意见。2004 年 6 月，对双桥乡原乡长进行任期经济责任审计，审计认为被审计人在担任双桥乡乡长期间，科学安排支出，基本做到收支平衡。但也发现存在集体资产经营收益未纳入财政总预算管理、往来款长期挂账以及固定资产账实不符等问题。审计部门提出该乡要加强预算严肃性，及时清理往来账款，强化内控制度建设等建议。2005 年 6 月，对平山乡原党委书记进行任期经济责任审计，发现资产管理欠规范、工程未进行招投标、专项资金未能单独核算和部分土地租用不规范等问题。2006 年 5 月，对区商贸局原局长进行任期经济责任审计，审计认为被审计人任区商贸局局长期间，完善各项制度，招商引资工作成绩显著。但也发现存在对职工医疗补助不够规范、内控制度执行不够严格和公有房屋租金未及时上缴国资部门等问题，审计部门督促该单位及时整改，促其规范管理。

图 13-5-1　2008 年 3 月 13 日，区人大领导视察审计工作

第六章　安全生产监督管理

1989 年至 2001 年 6 月，区安全生产综合监管工作由区劳动人事局负责。2001 年 7 月，建立区安全生产监督管理局（正科级建制，以下简称区安监局），并挂牌“区安全生产委员会”，下设区安委会办公室。2004 年 6 月，增设区安全生产监察执法大队。2005 年 3 月，区安监局被列为政府组成部门。2011 年 9 月，建立区安全生产管理协会。1989～2008 年，全区发生职工伤亡事故 7 起，死亡 7 人、重伤 2 人。2009～2011 年，全区连续 3 年未发生职工伤亡事故，安全生产形势总体平稳良好。

第一节　目标管理

1989 年起，区劳动人事局依照“企业负责、行业管理、国家监察、群众监督”管理体制，推行安全生产目标管理工作，依法开展安全生产监督检查；组织职工学习宣传安全生产、劳动保护法律法规，提高职工安全意识；狠抓生产事故隐患整改，调查处理职工伤亡事故；组织特种行业职工培训，考核发证上岗。1993 年，根据市政府《关于进一步加强企业安全生产工作的规定》，全区加强领导，落实目标管理责任和安全生产措施。1995年,区政府召开全区安全生产会议,分解落实安全生产控制指标,推动企业落实安全生产责任制。是年,区委、区政府领导带队,先后5次到企业检查安全生产工作。1999年,区政府召开安全生产专题会议,组织开展以“查机构、查制度、查隐患、查措施、查整改、查实效,全面整顿安全生产秩序”为内容的安全生产“六查一整顿”活动。通过采取加强安全生产管理、开展安全检查、落实企业安全生产主体责任等措施,推动企业落实安全生产主体责任。

2001年,区安监局建立后,每年年初,区政府与各乡镇(街道)、各有关部门和经济开发区签订安全生产目标管理责任书。乡镇(街道)与村(社区)和列统企业、经济开发区与直管生产经营单位、行政村(社区)与非列统生产经营单位、规模以上列统企业内部机构等4个层面,层层签订安全生产目标管理责任书。每年全区各级签订安全生产目标管理责任书1900多份。每年6月,区安监局联合相关部门开展“安全生产月”活动,根据国家安委会确定的主题,组织安全知识咨询和竞赛活动,定期不定期进行安全生产监督检查。经常开展人员密集场所、道路交通、建筑施工、小土窑、危险化学品、液化石油气等十大类高危行业专项整治活动,及时排查隐患,强制整改。2005年2月,区安监局印发《关于建立新投产企业负责人安全生产工作谈话制度的意见》,要求各级安全生产监管部门在新投产企业投产前20日内安排一次安全生产专题谈话。通过与新投产企业负责人谈话,加强安全生产教育,推动安全生产目标管理责任落实。此项工作是安全生产监管关口前移的重要创新举措,得到市安监局肯定,市安委办向全市推广。国家安监总局两次在《中国安全生产报》上宣传报道,并列入国家安全生产工作典型。8月,区安监局印发《关于新投产企业安全生产谈话内容的通知》,对谈话制度进一步完善。谈话对象扩大到企业主要负责人、安全生产工作分管负责人、工会负责人、安全员和职工代表等,要求企业在投产前牢固树立安全生产法律意识、责任意识和规范意识,谈话记录必须在企业公示,让职工自觉了解和重视安全生产。是年,区安监局制定《安全管理标准化工作细则》。2006年3月,区安监部门在试点单位宏福集团召开全区安全生产管理标准化现场会,明确全区安全生产管理必须从基础台账入手,按标准化要求规范实施。5月,区政府印发《维扬区政府领导和有关部门安全生产职责》《关于推行“一岗双责”进一步完善安全生产责任制的意见》,明确规定凡安全生产不达标单位,不得参与各类先进集体评比,安全生产实行一票否决;对无具体安全工作措施、有章不循等安全生产不作为行为予以曝光,严格实行责任追究制;实施行政一把手安全生产述职制,乡镇场(街道)和相关部门主要负责人年底书面向区安委会报告年度安全生产工作和目标完成情况,内容包括安全生产责任落实、安全会议、安全检查、事故隐患整改、危险源监控、伤亡事故和人力、财力投入等;完善安全生产风险抵押金制度,在签订安全生产目标管理责任书时,缴纳安全生产风险抵押金,年终考核后,按分奖励或扣除风险抵押金。6月,维扬安全生产网开通。是年,举办首届区安全生产管理论坛,共收到安全管理论文69篇。2007年6月,在全区组织开展“送安全文化、安全法律、安全科技、安全知识进企业、进园区、进社区、进校园、进家庭、进农村”活动。先后到城北、双桥等乡镇(街道)村、社区和企事业单位赠送国家安全生产法、省安全生产条例、安全宣传挂图和安全歌曲“生命之歌”光盘等宣传品1800多份。2008年,区安监局组织生产企业负责人、安技人员和特种作业人员安全法律和专业知识培训,共举办培训班7期,受训人员874人,发放电工、焊工、架子工、起重作业和厂内机动车辆等特种作业人员上岗合格证311本。2010年9月,在维扬经济开发区举办机械类安全生产专题培训班,培训新进企业职工和农民工。先后举办农民工培训班15期,40家企业1849名职工参加培训,其中农民工受训人数1078人。

第二节　执法检查

1990年,区建委和区劳动人事局联合开展创建安全文明工地检查。通过检查,发现问题及时整改完善,全区21个工地达到安全文明工地要求。1997年,全区开展避雷接地检测工作检查,通过对71家企业避雷接地检测,消除潜在事故隐患。2000年,全区开展商贸市场防火检查,整顿电线乱拉乱接现象，严格禁烟管理，加强对业主安全教育，安全状况有所改善。2001年11月，区国土局、区公安分局、区安监局和区计经委等部门联合印发《关于对小土窑进行专项整治的通知》，开展非煤矿山专项整治。12月，区非煤矿山安全生产专项治理领导小组在落实“一通三防”安全措施前提下，对全区小土窑企业进行多部门联合执法清查，4天清理取缔小土窑33座，受到市安监局肯定。2004年，区安监局、区发展计划与经济贸易局和区建设局等部门对全区生产经营单位、建筑安装企业和高危行业单位，开展隐患源和危险源排查。通过检查掌握重点企业安全生产状况，完善安全生产基础台账。对排查出的事故隐患，能立即整改的，立即整改；不能立即整改的，制定整改方案，落实整改监控措施，明确整改到位时间和整改监控责任人；企业将隐患源及危险源情况、整改情况和效果书面汇报区安监局和主管部门。2005年，区安监局和区文教局联合组织对全区中小学和幼儿园安全执法检查，发现部分中学运动设施损坏、保安人员配备不足、家长接送学生交通工具堵塞校门等现象，要求有关学校立即整改，确保学校及周边环境安全。2006年，对公共聚集场所进行安全执法检查，检查重点是人员疏散通道是否通畅和标志是否明显等，要求所有公共聚集场所须制定应急预案、明确应急救援人员。2007年，区安监局和相关部门组织国庆安全检查，发现兴森木业市场存在禁火标志不明显、消防设施不完备、吸烟无固定地点和零星木材堆放不规范等严重火灾隐患。通过检查，现场下发整改通知书，要求企业组织人员认真整治，落实措施消除隐患。1个月后，兴森木业市场将整改情况向区安监局进行书面汇报。经跟踪检查，该市场安全度明显提升。2008年，为国家安全生产“隐患排查治理年”，区政府印发《关于安全生产事故隐患排查治理实施办法》。6月起，开展安全生产事故隐患排查“百日督查活动”。全区561家生产经营单位开展隐患治理排查，查处非法建设、生产和经营单位11家。查出事故隐患1160条，整改1055条，整改率91%。全区安全生产事故隐患排查“百日督查活动”，受到省安委会督查组肯定。2010年，全区开展文化娱乐和人员密集场所突击检查，明确10月为“隐患整治月”。整治月期间，全区共检查730家单位，查出隐患214条，发出整改通知书32份。2011年，实施全面性的常规检查，未发现重大隐患。

第三节　专项治理

1989年，区劳动部门把锅炉和压力容器安全监察作为工作重点。全区锅炉和压力容器制造单位两家：湾头镇镇办企业市锅炉厂生产10吨锅炉和田庄村村办企业市食品机械厂生产糖化锅、真空浓缩锅。经近两年督查整治，上述两家企业达到验收标准要求，领取生产许可证。1990年，将建筑施工企业列为安全生产整治重点，先后对全区20多处建筑工地进行安全检查，查出安全隐患210处，及时提出整改意见。1994年，开展以工时和特殊劳动保护为主要内容的安全卫生整治，对全区劳动密集型行业普遍存在超工时现象进行整治，维护职工休息权。是年，区劳动局、区计经委和区外经委联合对外资及港澳台资企业女职工劳动保护状况和个别企业使用童工问题进行专题督查并采取相应措施。1995年，区劳动部门开展对全区烟花爆竹生产经营和特种设备进行专项治理整顿。1996年后，全区烟花爆竹生产、经营安全监管工作由区公安分局负责。1998年，开展乡镇小化工企业专项检查，建立区乡镇小化工治理领导小组。12月，对区化工厂和市制药厂化工分厂检查验收，获得通过。2001年，建立区非煤矿山安全生产专项治理领导小组，开展非煤矿山专项治理，重点对小土窑生产进行专项整治。治理目标是消除生产安全隐患、整顿和规范砖瓦生产秩序、保护土地资源。全区13家砖瓦生产企业，整治后10家企业通过安全评估验收，领取生产许可证，3家企业予以关闭，取缔小土窑33座。后随着城镇化步伐加快，至2011年，全区10家砖瓦企业均关闭，占用土地得到复耕或开发利用。

2002年，由区消防中队牵头，区安监局、区工商局和区财贸委等部门参加，开展全区公共聚集场所和商贸市场以防火为重点的安全生产专项治理。检查中发现平山玩具辅料市场集经营、仓储、职工生活为一体“三合一”现象，以及兴森木业市场和江阳商贸城存在严重火灾隐患等问题。及时下发整改通知书，限期整改。通过重点整治，跟踪落实安全生产主体责任，被查单位普遍改善消防通道，完善消防设施,整顿临时用线,严格禁烟管理,加强对业主安全教育,彻底改变经营、仓储、职工生活为一体“三合一”现象,全区公共聚集场所和商贸市场安全状况明显改善。

2005年,全区烟花爆竹生产、经营管理移交区安监局。是年,经过排查,全区没有烟花爆竹生产企业,对78家烟花爆竹经营单位实行许可证发证制度。依据“从严掌握,严格审查”原则,坚持标准,严格把关。取缔43家不具备资质的经营单位;对35家具备批发、零售资质的经营单位,对照验收标准,核发许可证。此后,全区每年对烟花爆竹批发和零售经营单位专项安全检查不少于两次,做到整治有方案、有检查、有措施。至2011年,全区未发生一起烟花爆竹安全事故。

2006年,开展化工行业专项治理 。全区有5家企业从事化工生产。7月,市溶解乙炔气厂率先通过省质量技术监督局生产许可证检查验收。其余4家小化工厂以生产涂料、工业气体、化工试剂及中间体为主,通过整治,有3家化工生产企业、52家经营单位领取危险化学品生产、经营许可证。2007年,专项整治小化工企业,关闭城北乡黄金涂料厂和平山乡唐城化工厂等小型化工企业两家。2010年,市溶解乙炔气厂和中外合资中懿化学品有限公司两家化工企业厂址列入城市建设规划,关闭拆除。区安监局在拆除设备过程中实行全过程安全监管,吸取南京“7·28”化工管道爆炸事件教训,设备拆除前认真制定拆除方案,落实应急预案;拆除过程中加强安保措施,区、街道及企业安监人员全程参与,有效监管。两家企业均顺利完成化工设备拆除,实现安全无事故。

2010年,全区职业危害监管工作由区卫生局移交区安监局。5月,建立区安监局、区劳动和社会保障局、区卫生局和区总工会4个部门组成的全区作业场所职业健康专项工作组,开展作业场所职业危害治理。多次召开联席会议,以作业场所职业危害申报、督促接触职业危害从业人员健康检查为重点,掌握全区作业场所职业健康状况。开展作业场所职业危害宣传,执行国家职业健康法律法规;落实职业健康主体责任,做好职业危害申报;加强职业病危害因素监测和监护,建立职工健康档案;改进生产工艺,完善职业危害防护设施;加强个体劳动保护,实行职业危害保险,切实维护职工合法权益。在整治工作中,重点对全区箱包制作、玩具制造、制鞋、家具制造、电镀和电子加工等8类行业强化监管。是年,全区完成申报备案企业53家。至2011年,全区120家企业完成职业危害网上申报,500万元以上规模企业全部完成检测、检查和申报,全区未发现较重职业病问题。

第十四编

中共地方组织

1988年后，中共维扬区(郊区)委坚持以改革开放为主线，以经济建设为中心，正确处理改革、发展、稳定的关系。区委从维扬实际出发，适时作出重大决策，推进政治、经济、社会、文化等领域改革和发展。实施"服务城市、融入城市、建设城市、管理城市"战略，保证蔬菜供应，扩大招商引资，推进园区发展，加快社会主义新农村建设，社会事业得到全面发展。中共维扬区委始终坚持加强党的思想建设、组织建设、作风建设、法制建设、干部队伍建设、精神文明建设和反腐倡廉建设，不断提高执政能力，充分发挥党组织的战斗堡垒作用和党的核心领导作用，党的建设得到进一步加强。统一战线和党外人士工作取得长足发展。2011年，中共维扬区委下辖党组、党委39个，比1989年增长95%；全区有党支部457个，比1989年增长60.92%；全区有党员9560人，比1989年增长105.5%。

第一章　代表大会

1988～2011年，维扬区(郊区)先后召开6次党代表大会。每次大会均听取并审议区委工作报告和区纪委工作报告，并作出相应决议。每次代表大会选举产生新一届区委会，每届委员会第一次会议选举产生区委常委、书记、副书记。每届委员会召开全体(扩大)会议若干次。

第一节　第二次代表大会

1988年5月23～26日，中共扬州市郊区第二次代表大会在扬州召开。出席会议代表201人，列席代表26人。大会听取并审议通过区委书记陈宝田代表中共扬州市郊区第二届委员会所作的《认真贯彻十三大精神，坚持党的基本路线，把我区的改革开放和现代化建设不断推向前进》工作报告和杨国梓代表区纪律检查委员会所作的工作报告。大会以无记名投票方式选举产生中共扬州市郊区第二届委员会委员23人：王健民、朱福生、朱福元、刘秀华、汤希来、许万和、许德涛、杨国梓、何承谟、张兆林、张家仁、陈君孝、陈明山、陈宝田、俞广涛、赵佳木、钱存昱、索洪才、曹开源、龚伯麟、董长强、董祥甫、程启旭。候补委员4人。大会同时选举产生纪律检查委员会委员9人。

第二届委员会共召开全体(扩大)会议3次。

第一次全体会议　1988年6月3日召开。会议选举产生中共扬州市郊区第二届委员会常务委员7人：陈宝田、朱福生、许德涛、杨国梓、朱福元、龚伯麟、赵佳木。选举陈宝田为书记，朱福生、许德涛为副书记。

第二次全体(扩大)会议　1989年6月2日召开。会议听取区委书记陈宝田所作的《认真贯彻中央进一步治理整顿深化改革决定，努力实现全区经济持续、稳定、协调发展》的工作报告，讨论落实1990年全区经济建设和精神文明建设工作部署。

第三次全体(扩大)会议　1990年6月5日召开。会议传达中共十三届六中全会和省委八届二次全体(扩大)会议精神，学习《中共中央关于加强党同人民群众联系的决定》，区委书记杜青山作关于区委贯彻决定的讲话。

第二节　第三次代表大会

1991年5月22～25日，中共扬州市郊区第三次代表大会在扬州召开。出席会议代表200人，其中各级领导干部121人、专业技术人员40人、先进模范人物39人。女代表30人，占代表总数15%；大专以上文化程度42人，占总数21%；高中、中专文化程度99人，占总数50%。

大会审议并通过朱福生代表中共扬州市郊区第二届委员会所作的《坚定不移地贯彻党的十三届七中全会精神，继续把我区社会主义现代化建设推向前进》的工作报告和杨国梓代表区纪律检查委员会所作的工作报告。会议提出，今后5年，全区各级党组织要以中共十三届七中全会精神为指针，全面贯彻执行党的基本路线，着力发展城郊型经济，积极调整经济结构，加快外向开拓，不断深化改革，调整发展思路，推动全区经济持续、稳定、协调发展，为郊区“两个文明”建设提供坚强有力的组织保证。会议要求，纪检工作要牢固树立为党的基本路线服务的指导思想，坚持从严治党，认真查处党内违纪案件，严肃党纪，加强党性、党风、党纪教育，强化监督机制，加强廉政建设，为保证全区“八五”计划顺利实施发挥积极作用。

大会以无记名投票方式差额选举产生第三届委员会委员23人：朱福生、许德涛、钱存昱、杨国梓、龚伯麟、许万和、吴红(女)、邓耀庆、张兆林、韦长华、帅巧芳(女)、刘秀华(女)、肖太山、陆文瑞、陈君孝、陈勇、张家仁、何承谟、吴裕民、周长万、徐佩宏、曹福龙、戴骏。候补委员4人：吴耀庭、潘长正、刘爱国、杨定顺。大会同时选举产生区纪委委员11人。

在区委第三届委员会期间，先后增补翁振进、赵昌智为书记，许万和、杨明荣为副书记。

第三届委员会共召开全体(扩大)会议10次。

第一次全体会议　1991年5月25日召开。会议选举产生中共扬州市郊区第三届委员会常务委员8人：朱福生、许德涛、钱存昱、杨国梓、龚伯麟、许万和、吴红(女)、邓耀庆。选举朱福生为书记，许德涛、钱存昱为副书记。

第二次全体(扩大)会议　1991年8月29～30日召开。会议审议通过区委书记朱福生代表区委所作的《弘扬抗灾精神，奋力开拓进取，为完成全区“两个文明”建设各项任务而奋斗》的工作报告。

第三次全体(扩大)会议　1992年1月16日召开。会议部署全年工作任务，提出全区工业结构调整意见。

第四次全体(扩大)会议　1992年8月31日至9月2日召开。会议审议通过《关于“八五”后三年加速发展工业经济和第三产业的意见》《关于大力发展村级经济的意见》《关于“八五”后三年人才引进培养的意见》，并形成决议。

第五次全体(扩大)会议　1993年7月23日召开。会议审议通过区委书记翁振进代表区委常委会所作的工作报告和《关于进一步深化改革促进经济发展的意见》《关于进一步提高工业经济效益的意见》《关于大力引进和培养人才的意见》《关于加强乡村规划建设的意见》《关于加强党政机关廉政勤政建设的意见》等5份文件。

第六次全体(扩大)会议　1993年12月12日召开。会议听取《关于1993年工作总结和1994年工作目标任务的报告》《关于全区1994年经济体制改革工作的意见》《关于试行厂长(经理)规模工资制、设立厂长(经理)基金、完善销售费用承包、区乡机关干部奖金与经济发展挂钩的意见》。会议要求，以上报告和意见讨论修改后，提交区委常委会通过。

第七次全体(扩大)会议　1994年7月7～8日召开。听取并审议通过区委书记翁振进所作的《正确认识形势，尽快适应形势，努力完成和超额完成全年工作任务》的工作报告。

第八次全体(扩大)会议　1994年12月9日召开。会议审议通过《郊区“九五”国民经济和社会事业发展规划(草案)》《关于1995年经济和社会事业发展意见》《关于进一步加强全区党的建设的意见》《郊区“九五”期间发展规模经济的若干意见》。

第九次全体(扩大)会议　1995年7月25日召开。会议审议通过区委书记赵昌智所作的《切实加强领导，提高经济质态，促进全区经济持续、快速、健康发展》的工作报告。

第十次全体(扩大)会议　1995年12月25～28日召开。会议传达学习中共十四届五中全会精神，区委书记赵昌智作工作报告，副书记、区长许万和作《〈关于制定“九五”计划和2010年远景目标建议〉的说明》。全会审议并原则通过制定全区国民经济和社会发展第九个五年计划的建议。

第三节　第四次代表大会

1996年5月13～15日，中共扬州市郊区第四次代表大会在扬州召开。出席会议代表210人，其中各级领导干部130人、专业技术人员39人、先进模范人物41人。妇女41人，占代表总数19.5%；大专以上文化程度99人，占47.1%；45岁以下137人，占65.2%。大会审议并通过赵昌智代表中共扬州市郊区第三届委员会所作的《迎接新世纪实现新跨越 为夺取社会主义现代化建设的新胜利而努力奋斗》的工作报告和潘长正代表区纪律检查委员会所作的工作报告。会议提出，要以中共十四届五中全会精神为指针，实施“科教兴区，外向开拓，规模带动，协调发展”四大战略，加快农业产业化进程，发展规模经济，加快三产结构调整，不断完善和深化改革，推动开放型经济发展，提高经济和社会发展水平，提升人民生活质量，到2000年，“村村全面达小康，乡乡争进五十强，率先实现现代化，快步追赶苏锡常(郊区)”。会议要求，全区纪检工作紧紧围绕经济建设中心，加强党风廉政教育和思想政治建设，强化党内监督机制，加大反腐工作力度，为全区“九五”计划顺利实施和2010年远景目标实现提供保障。

大会以无记名投票方式差额选举产生第四届委员会委员25人：赵昌智、许万和、杨明荣、潘长正、吴红(女)、张兆林、王明根、张家仁、徐莹然、刁仁明、王治塔、朱泽余、任开志、许德涛、杜成鉴、吴永余、吴耀庭、何成华、陆文瑞、顾敏、钱玉才、钱存昱、董德利、裴增宝、戴骏。候补委员4人：周素珍(女)、杨定顺、陆景高、戴庆群。大会同时选举产生区纪委委员11人。

在第四届委员会期间，先后增补潘天骐、高瑞芹为书记，吴红为副书记。

第四届委员会共召开全体(扩大)会议10次。

第一次全体会议　1996年5月15日召开。会议选举产生中共扬州市郊区第四届委员会常务委员9人：赵昌智、许万和、杨明荣、潘长正、吴红(女)、张兆林、王明根、张家仁、徐莹然。选举赵昌智为区委书记，许万和、杨明荣、潘长正为副书记。

第二次全体(扩大)会议　1996年12月23日召开。会议听取区委副书记、区长许万和所作的工作报告，审议通过《扬州市郊区社会主义精神文明建设“九五”规划纲要》。

第三次全体(扩大)会议　1997年6月17～18日召开。会议审议并通过区委书记潘天骐所作的《抓住机遇，调整结构，推进两转，促进全区经济持续、快速、健康发展》工作报告，区委副书记、区长许万和在会议结束时作《认真做好当前工作，迎接党的十五大召开》讲话。

第四次全体(扩大)会议　1997年12月15～16日召开。会议总结回顾当年工作，部署下一年任务，区委书记潘天骐作《紧紧抓住第三次思想解放的机遇，加快推进我区改革开放和现代化建设步伐》工作报告。

第五次全体(扩大)会议　1998年4月15日召开。会议传达省、市经济工作座谈会精神。会议提出，全区上下要围绕“咬定目标不放松，迎难而上勇争先，确定全年经济增长”目标，确定主攻重点，制定相应措施。

第六次全体(扩大)会议　1998年11月24日召开。会议传达中共十五届三中全会和省委九届九次会议精神，总结当年工作，明确来年工作指导思想、总体目标和主要措施。

第七次全体(扩大)会议　1999年8月3～4日召开。区委书记潘天骐作《统筹兼顾，突出重点，增效增收，努力完成和超额完成全年各项工作任务》工作报告，区长杨明荣回顾总结上半年工作。

第八次全体(扩大)会议　2000年7月10日召开。会议总结上半年工作，明确下半年工作重点，区委书记潘天骐作《贯彻“三个代表”思想，狠抓关键措施落实，努力完成和超额完成全年各项工作任务》工作报告。

第九次全体(扩大)会议　2000年11月30日召开。会议传达学习中共十五届五中全会精神，审议通过《关于制定扬州市郊区国民经济和社会发展第十个五年计划的建议》，区委书记潘天骐作《全面贯彻落实党的十五届五中全会精神，为实现新世纪之初各项任务而努力奋斗》的工作报告。

第十次全体会议　2000年12月21日召开。会议贯彻落实省委、市委关于换届工作的意见，研究部署第五次党代会有关工作，决定2001年3月召开中共扬州市郊区第五次代表大会。

第四节　第五次代表大会

2001年3月28～30日，中共扬州市郊区第五次代表大会在扬州召开。出席会议代表217人，其中各级领导干部131人、专业技术人员43人、先进模范人物41人、解放军代表两人。妇女代表46人，占21.2%；45岁以下122人，占56.2%。大会审议并通过高瑞芹代表区第四届委员会所作的《实践"三个代表"，强化发展主题，为实现富民强区目标而努力奋斗》的工作报告和张长金代表区纪律检查委员会所作的工作报告。会议提出，继续实施"科教兴区"战略，以项目为抓手推进结构调整，大力培植税源经济；提高服务城市水平，加快建设城市、管理城市、融入城市的步伐，促进经济和社会事业全面进步；围绕农业增效、农民增收，加快农业结构调整；突出工业主导地位，培育一批规模企业；发挥区位优势，加快第三产业发展；营造发展环境，加大招商引资力度；坚持量质并举，发展私营个体经济；不断改善环境，加速城郊一体化进程。会议要求，区纪委要结合郊区实际，继续深化反腐败斗争三项工作，积极探索社会主义市场经济条件下反腐败斗争的特点和规律，全面开展反腐倡廉教育，建立健全监督和管理制度，加大治本力度，落实党风廉政建设责任制，进一步形成党政齐抓共管、全党动手的反腐败局面，为完成郊区第五次党代会提出的各项任务提供政治保证。

大会以无记名投票方式差额选举产生第五届委员会委员23人：高瑞芹、杨明荣、潘长正、张家仁、马和建、张建、翁进进、张长金（女）、顾敏、刁仁明、尹宏宝、包桂平、朱燕（女）、李广春、李宝山、李宗林、吴永安、吴心明、陈克鸣、金秋芬（女）、姚苏华、徐宝林、董德利。候补委员4人：王亚军、徐长金、徐东进、曹东萍（女）。大会同时选举产生区纪委委员11人。

在区委第五届委员会期间，增补刘在銮、葛社清、张建、尹宏宝为副书记。

第五届委员会共召开全体（扩大）会议11次。

第一次全体会议　2001年3月30日召开。会议选举产生中共扬州市郊区第五届委员会常务委员8人：高瑞芹、杨明荣、潘长正、张家仁、马和建、张建、翁进进、张长金（女）。选举高瑞芹为区委书记，杨明荣、潘长正为副书记。

第二次全体（扩大）会议　2001年7月26日召开。区委书记高瑞芹作的《实践"三个代表"，推进项目兴区，不断开创我区招商引资工作新局面》的工作报告，区委副书记杨明荣作会议总结。

第三次全体（扩大）会议　2001年11月26日召开。会议听取区委书记高瑞芹所作的《切实改进作风，推进富民强区，为建设城市融入城市奋力拼搏》工作报告。讨论落实2002年工作指导思想、目标任务。区委副书记、区长杨明荣部署重点工作。

第四次全体（扩大）会议　2002年7月16日召开。区委书记高瑞芹作《实践"三个代表"，推进"三个转变"，不断开创全区各项工作新局面》工作报告。

第五次全体（扩大）会议　2002年11月28日召开。会议回顾总结2002年工作，研究部署2003年任务，区委书记高瑞芹作《认真学习贯彻党的十六大精神，为实现经济社会跨越式发展而努力奋斗》工作报告。

第六次全体（扩大）会议　2003年7月12日召开。区委书记高瑞芹作《实践"三个代表"，围绕"两个率先"，为加快实现全面小康而努力奋斗》的工作报告。会议动员全区各级党组织按照全面小康建设的要求，做好下半年各项工作。

第七次全体（扩大）会议　2003年12月16日召开。会议传达学习省、市全委（扩大）会议精神，区委书记高瑞芹作《解放思想，加压奋进，为加快发展、富民强区而努力奋斗》工作报告。

第八次全体(扩大)会议　2004年6月9日召开。区委书记高瑞芹作《全面贯彻落实科学发展观,推动全区经济社会更快更好发展》工作报告,区委副书记刘在銮作大会总结。

第九次全体(扩大)会议　2004年12月8日召开。区委书记高瑞芹作《深入贯彻党的十六届四中全会精神,全面推进全区经济社会实现新跨越》的工作报告。会议回顾总结2004年工作,研究部署2005年任务,进一步明确"三年翻一番,实现新跨越"的长远发展目标。

第十次全体(扩大)会议　2005年7月16日召开。会议总结上半年全区经济社会发展情况,部署下半年和下一阶段工作,明确全区第二批先进性教育活动组织工作和目标任务。

第十一次全体(扩大)会议　2005年12月10日召开。区委书记高瑞芹作《树立和落实科学发展观,实现更快更好发展》工作报告,区委副书记刘在銮作《关于制定扬州市维扬区国民经济和社会发展第十一个五年规划建议的说明》。

第五节　第六次代表大会

2006年5月27～29日,中共扬州市维扬区第六次代表大会在扬州召开。出席会议代表218人。其中,各级领导干部130人,占59.6%;专业技术人员46人,占21.1%;先进模范人物40人,占18.4%;解放军和武警两人,占0.9%;妇女代表58人,占26.6%;大专以上文化程度180人,占82.6%;45岁以下138人,占63.3%。大会审议并通过高瑞芹代表中共扬州市维扬区第五届委员会所作的《牢固树立科学发展观,为率先建成全面小康社会而努力奋斗》工作报告和苏满满代表区纪律检查委员会所作的工作报告。会议提出,必须始终坚持解放思想,创新思路,科学发展,跨越发展,和谐发展,率先发展。要突出第一方略,推进新型工业化;提升产业集聚度,做优做强开发区;围绕三产强区,大力发展现代服务业;加强社区建设,不断完善城市功能;坚持为民富民,加快建设社会主义新农村;拓展公共服务,构建和谐新维扬。会议要求,全区各级纪检组织要坚持"围绕中心、服务大局"指导思想,标本兼治、综合治理、惩防并举、注重预防,深入推进党风廉政建设和反腐败工作,为打造"实力维扬、富裕维扬、和谐维扬、秀美维扬"提供政治保证。

大会以无记名投票方式差额选举产生第六届委员会委员23人:高瑞芹、顾敏、张建、张长金(女)、周玉清、基国平、金秋芬(女)、马顺圣、苏满满、刁仁明、王庆伟、王相柏、印德明、刘勇、苏剑、李广春、吴心明、陈德宏、赵宝庆、俞怀根、徐长金、高德霞(女)、曹占田。候补委员4人:韦峰、庄绪梅(女)、冯在根、金燕(女)。大会同时选举产生区纪委委员11人。

在区委第六届委员会期间,增补姚苏华为书记,杨蓉、苏满满为副书记。

第六届委员会共召开全体(扩大)会议10次。

第一次全体会议　2006年5月30日召开。会议选举产生中共扬州市维扬区第六届委员会常务委员9人:高瑞芹、顾敏、张建、张长金(女)、周玉清、基国平、金秋芬(女)、马顺圣、苏满满。选举高瑞芹为区委书记,顾敏、张建为副书记。

第二次全体(扩大)会议　2006年12月23日召开。区委书记高瑞芹作《三年翻一番,率先达小康,为建设实力、富裕、和谐、秀美新维扬而努力奋斗》工作报告。会议总结2006年全年工作,明确2007年经济社会发展指导思想与目标任务。

第三次全体(扩大)会议　2007年7月26日召开。区委书记高瑞芹作《抓重点、抓推进、抓落实,全面完成和超额完成全年目标任务》的工作报告。会议总结2007年上半年工作,研究部署下半年主要任务。

第四次全体(扩大)会议　2007年12月21日召开。区委书记姚苏华作《深入学习贯彻党的十七大精神,为率先建成全面小康新维扬而奋斗》的工作报告。

第五次全体(扩大)会议　2008年7月27日召开。区委书记姚苏华作《解放思想、创新进取,为率先建成全面小康新维扬而奋斗》的工作报告。会议要求，全区各级党组织要进一步解放思想，围绕维扬全面小康目标，开拓进取，加快建设进程。

第六次全体（扩大）会议　2008 年 12 月 24 日召开。区委书记姚苏华作《坚定信心、积极奋进，为建设更高水平全面小康新维扬而奋斗》的工作报告，区委副书记杨蓉部署 2009 年全区各项工作任务。

第七次全体（扩大）会议　2009 年 7 月 11 日召开。会议回顾总结上半年工作，研究部署下半年任务，区委书记姚苏华作《保增长、促转型、争跨越，加快建设更高水平全面小康新维扬》的工作报告，区委副书记杨蓉分析上半年各项工作成就与不足，部署下半年重点工作。

第八次全体（扩大）会议　2009 年 12 月 26 日召开。区委书记姚苏华作《创新发展、争先进位，为建设更高水平全面小康新维扬而奋斗》的工作报告，区委副书记杨蓉就 2010 年经济发展目标及当前工作作专题部署。

第九次全体（扩大）会议　2010 年 7 月 28 日召开。区委书记姚苏华作《加快转型升级，引领争先跨越，全力打造创新维扬精致维扬幸福维扬》的工作报告。会议动员全区各级按照“三个维扬”（创新维扬、精致维扬、幸福维扬）目标，积极稳步推进维扬现代化进程。

图 14－1－1　2009 年 12 月 26 日，区委召开六届八次全体（扩大）会议

第十次全体（扩大）会议　2010 年 12 月 21 日召开。区委全体委员、候补委员出席会议。会议听取区委书记姚苏华所作的《科学发展、创新实干，奋力开创“十二五”经济社会发展新局面》工作报告，审议并通过区委《关于制定维扬区国民经济和社会发展“十二五”规划建议（审议稿）》。

第六节　第七次代表大会

2011 年 6 月 10～13 日，中共扬州市维扬区第七次代表大会在扬州召开。出席会议代表 265 人。其中，各级领导干部 155 人，占 58.5%；专业技术人员 55 人，占 20.8%；先进模范人物 52 人，占19.6%；解放军和武警 3 人，占 1.1%；妇女代表 71 人，占 26.8%；大专以上文化程度 248 人，占 93.6%；45 岁以下 137 人，占 51.7%。大会审议并通过姚苏华代表中共扬州市维扬区第六届委员会所作的《加快建设创新精致幸福维扬，为率先基本实现现代化而奋斗》工作报告和徐德林代表区纪律检查委员会所作工作报告。会议提出，大力推进“五大板块”（经济开发区、物流集聚区、蜀冈生态区、城市商务区、都市农业区）互动、人才与科技强区、发展现代服务业、加速城市化和现代化进程、坚持可持续发展五大战略实施，全面加强党的思想、组织、作风、制度、反腐倡廉建设，努力把维扬建成扬州“创新的示范、精致的代表、幸福的窗口”。会议要求，全区各级纪检组织要坚持围绕中心、服务大局，强化教育、监督，促进党员干部勤政廉政。进一步加大惩治腐败工作力度，深化制度建设，构建和完善具有维扬特色的惩治和预防腐败体系。

大会以无记名投票方式差额选举产生第七届委员会委员 25 人：刁顺勤、王庆伟、王相柏、王勤刚、申高青、朱莉莉（女）、庄绪梅（女）、杨蓉（女）、苏满满、李广春、吴心明、周长军、孟德和、赵同生、姚苏华、袁余富、顾永良、钱伯林、徐长金、徐安朝、徐爱华（女）、徐德林、曹占田、翟祥坤、潘学元。候补委员 5

人:冯在根、吴美珍(女)、杨荣、马九圣、金燕(女)。大会同时选举产生区纪委委员11人。

第七届委员会召开全体会议1次。

第一次全体会议　2011年6月13日召开。会议选举产生中共扬州市维扬区第七届委员会常务委员9人:姚苏华、杨蓉(女)、苏满满、刁顺勤、潘学元、袁余富、李广春、徐德林、孟德和。选举姚苏华为区委书记,杨蓉(女)、苏满满为副书记。

第二章　组织机构

第一节　区委常委会

1988年5月至2011年6月,维扬区(郊区)先后召开第二次、第三次、第四次、第五次、第六次、第七次党代表大会,选举产生中共维扬区(郊区)第二届、第三届、第四届、第五届、第六届、第七届委员会,每届委员会设区委书记1人,副书记、常委若干人。

1988～2011年中共维扬区(郊区)委员会历任领导一览表

表14-2-1

届　次	职　务	姓　名	任　职　时　间
第二届(1988.5～1991.5)	书　记	陈宝田	1988.5～1990.1
		杜青山	1990.1～1991.2
		朱福生	1991.3～1991.5
	副书记	朱福生	1988.5～1991.5
		许德涛	1988.5～1991.5
		钱存昱	1991.3～1991.5
	常　委	陈宝田	1988.5～1990.1
		朱福生	1988.5～1991.5
		许德涛	1988.5～1991.5
		杨国梓	1988.5～1991.5
		朱福元	1988.5～1990.2
		龚伯麟	1988.5～1991.5
		赵佳木	1988.5～1990.6
		申宝俊	1988.9～1990.5
		钱存昱	1989.9～1991.5
		杜青山	1990.1～1991.5
		许万和	1990.12～1991.5
		吴　红(女)	1991.3～1991.5
		邓耀庆	1991.4～1991.5

续表 14-2-1

届　次	职　务	姓　名	任　职　时　间
第三届（1991.5～1996.5）	书　记	朱福生	1991.5～1992.5
		翁振进	1992.5～1995.1
		赵昌智	1995.1～1996.5
	副书记	许德涛	1991.5～1996.5
		许万和	1992.5～1996.5
		钱存昱	1991.5～1996.5
		杨明荣	1996.2～1996.5
	常　委	朱福生	1991.5～1992.5
		许德涛	1991.5～1994.12
		钱存昱	1991.5～1994.12
		杨国梓	1991.5～1993.4
		龚伯麟	1991.5～1996.3
		许万和	1991.5～1992.5
		吴　红（女）	1991.5～1996.5
		邓耀庆	1991.5～1992.4
		翁振进	1992.5～1994.12
		张兆林	1993.2～1996.5
		潘长正	1993.4～2004.2
		徐莹然	1993.6～1996.5
第四届（1996.5～2001.3）	书　记	赵昌智	1996.5～1996.11
		潘天骐	1997.2～2001.1
		高瑞芹	2001.1～2001.3
	副书记	许万和	1996.5～1997.12
		杨明荣	1996.5～2001.3
		潘长正	1996.5～2001.3
		吴　红（女）	1997.12～2001.3
	常　委	吴　红（女）	1996.5～1997.12
		张兆林	1996.5～1998.1
		王明根	1996.5～1996.12
		张家仁	1996.5～2001.3
		程克安	1996.11～1998.11
		马和建	1996.12～2001.3
		王治塔	1997.12～2001.3
		张　建	1999.1～2001.3
		翁进进	1999.5～2001.3

续表 14-2-1

届　次	职　务	姓　名	任　职　时　间
第五届 (2001.3～2006.5)	书　记	高瑞芹	2001.3～2006.5
	副书记	杨明荣	2001.3～2002.2
		潘长正	2001.3～2004.2
		刘在銮	2002.2～2006.5
		葛社清	2002.2～2006.5
		张　建	2002.2～2006.5
		尹宏宝	2003.2～2006.5
	常　委	张家仁	2001.3～2002.10
		马和建	2001.3～2006.4
		张　建	2001.3～2002.2
		翁进进	2001.3～2001.11
		张长金(女)	2001.3～2006.5
		张志安	2001.11～2005.7
		顾　敏	2002.12～2006.5
		周玉清	2005.7～2006.5
		基国平	2005.11～2006.5
		金秋芬(女)	2006.1～2006.5
第六届 (2006.5～2011.6)	书　记	高瑞芹	2006.5～2007.10
		姚苏华	2007.10～2011.6
	副书记	顾　敏	2006.5～2008.8
		张　建	2006.5～2010.12
		葛社清	援疆～2008.8
		杨　蓉(女)	2008.8～2011.6
		苏满满	2010.12～2011.6
	常　委	张长金(女)	2006.5～2008.2
		周玉清	2006.5～2007.7
		基国平	2006.5～2010.12
		金秋芬(女)	2007.12～2008.1
		马顺圣	2006.4～2010.2
		苏满满	2006.5～2010.12
		杨　志	2007.7～2008.6

续表 14－2－1

届　次	职　务	姓　名	任　职　时　间
第六届（2006.5～2011.6）	常　委	余通海	2008.2～2010.12
		潘学元	2008.6～2011.6
		王德平	2008.6～2009.5
		袁余富	2009.5～2011.6
		李广春	2010.8～2011.6
		刁顺勤	2010.12～2011.6
		徐德林	2011.4～2011.6
第七届（2011.6～2011.11）	书　记	姚苏华	2011.6～2011.11
	副书记	杨　蓉（女）	2011.6～2011.11
		苏满满	2011.6～2011.11
	常　委	刁顺勤	2011.6～2011.11
		潘学元	2011.6～2011.11
		袁余富	2011.6～2011.11
		李广春	2011.6～2011.11
		徐德林	2011.6～2011.11
		孟德和	2011.6～2011.11

说明：历届书记、副书记不在常委栏目中另列

第二节　区委工作机构

1984年，区委设办公室、组织部、宣传部、政法委员会。1989年1月，增设综治办，与政法委合署办公。1990年2月，增设统战部，与宣传部合署办公。1993年，增设组织员办公室。1994年3月，增设老干部局。1997年，区委机构本着划清职责范围，减少职能交叉，理顺关系，精简内设机构和人员，改善干部队伍结构，提高干部素质和工作效率精神实施改革。区委设工作机构5个：办公室、组织部、宣传部、统一战线工作部、政法委员会。2002年，市区区划调整后，区委机构相应调整：区监察局与区纪律检查委员会合署办公；区委政策研究室更名为区委研究室，与区委办公室合署办公；区直属机关党委会更名为区委区级机关工作委员会，与区委组织部合署办公；区委宣传部挂“区精神文明建设指导委员会办公室”牌子；区民族宗教事务局与区委统战部合署办公；区社会治安综合治理委员会办公室与区委政法委员会合署办公；区机构编制委员会办公室，列在区委工作机构序列，与区人事局合署办公（不计机构个数）；区委老干部局由区委组织部管理；区信访局由区委办公室、区政府办公室管理；区委办公室机要室、区委保密委员会办公室（区国家保密工作局）合并，组建区委机要保密局（挂“区委保密委员会办公室”和“区国家保密工作局”牌子），由区委办公室管理。

1987～2011年维扬区(郊区)区委工作部门负责人一览表

表14-2-2

单位	职务	姓名	任职时间
办公室	主任	董祥甫	1987.5～1991.4
		徐佩宏	1991.4～1994.1
		陆文瑞	1994.1～1995.8
		王明根	1995.8～1996.4
		任开志	1996.4～1998.1
		朱飞云	1998.1～2001.5
		李广春	2001.7～2003.8
		刁仁明	2003.8～2008.3
		周长军	2008.3～2011.11
	副主任	尤学庆	1988.8～1989.1
		汪增申	1990.5～1992.11
		魏福来	1992.8～1994.1
		刁仁明	1993.10～1995.3
		包桂平	1994.6～1998.2
		李广春	1998.2～2001.7
		刘　勇	1999.11～2002.1
		庄绪梅(女)	2000.1～2000.9
		杨学春	2001.3～2003.6
		冯在根	2002.1～2005.1
		庄绪梅(女)	2003.1～2004.6
		刘　勇	2004.6～2008.3
		尤　伟	2005.1～2007.6
		高　平	2008.3～2011.11
		季　军	2009.8～2011.11
研究室(与区委办公室合署)	主任	沈猷清	1987.10～1989.6
		徐佩宏	1989.6～1992.1
		汪增申	1992.1～1992.11
		包桂平	1994.11～1998.2
		李广春	2000.9～2003.1
		庄绪梅(女)	2003.1～2004.6
		刘　勇	2005.1～2008.3
		高　平	2008.3～2011.11

续表 14－2－2

单　　位	职　务	姓　名	任　职　时　间
研究室（与区委办公室合署）	副主任	陈大伦	1987.10～1989.1
		阚肖虹	1988.5～1990.5
		钱　涛	1991.3～1992.1
		包桂平	1992.4～1994.11
		李广春	1995.5～1998.2
		尤　伟	2002.7～2005.1
		朱永华(女)	2004.6～2009.4
		吴　迪	2005.1～2007.4
		季　军	2007.4～2009.8
		嵇　棣(女)	2008.3～2011.11
		颜士加	2009.8～2010.6
		顾　震	2009.10～2011.11
		卜广勇	2010.6～2011.11
保密委员会办公室（1990年5月增设，副科级建制）	主　任	汤玉林	1990.5～1992.8
		魏福来	1992.8～1994.1
		刁仁明	1994.1～1995.3
		黄建军	1995.5～1999.10
		罗葆春	2000.8～2003.1
		杨学春	2003.1～2003.6
		冯在根	2003.6～2005.1
		尤　伟	2005.1～2007.6
		季　军	2009.8～2011.11
组　织　部	部　长	钱存昱	1988.5～1991.4
		吴　红(女)	1991.4～1999.2
		张　建	1999.2～2002.10
		张长金(女)	2002.10～2008.2
		余通海	2008.2～2010.12
		刁顺勤	2010.12～2011.11
	副部长	帅巧芳(女)	1988.11～1990.6
		张　建	1990.5～1992.8
		高恒余	1990.6～1993.4
		汤玉林	1992.8～1999.10
		孙家麒	1993.4～2002.12
		朱飞云	1996.11～1998.3
		周素珍(女)	1998.3～2005.12
		周　平	2001.1～2010.8
		汤玉林	2002.12～2006.6
		孟德和	2005.12～2007.10
		汤建军	2007.10～2010.8
		沈文杰	2009.5～2011.11
		吴美珍(女)	2010.8～2011.11
		周晓春	2010.8～2011.11

续表 14-2-2

单　　位	职　务	姓　名	任　职　时　间
组织员办公室(1993年3月增设，1997年机构改革后撤销)	主　任	朱飞云	1993.3～1998.1
	副主任	陈玉华(女)	1993.3～1995.5
区级机关党工委(与区委组织部合署)	书　记	薛　巍	1990.10～1991.9
		朱飞云	1992.1～1998.1
		周素珍(女)	1998.2～2005.12
		周　平	2006.3～2007.10
		汤建军	2007.10～2010.6
		周晓春	2010.6～2011.11
	副书记	陈国艺	1987.10～1990.9
		朱飞云	1990.9～1992.1
		孙乃康	1995.5～1995.12
		周　平	1995.12～2001.1
		谈秋松(女)	1999.5～2000.8
		庄绪梅(女)	2000.9～2001.6
		周以山	2002.8～2006.12
		金　文	2009.10～2011.11
		马在干(女)	2011.9～2011.11
老干部局(1994年3月增设,为副科级建制。1998年11月,明确为正科级建制)	局　长	杨兆祥	1995.3～1999.1
		汤玉林	1999.1～1999.10
		庄绪梅(女)	2000.9～2001.6
		周　平	2001.6～2005.12
		钱伯林	2005.12～2007.6
		周向红(女)	2007.6～2011.2
		沈文杰	2011.2～2011.11
	副局长	杨兆祥	1999.1～2000.8
		杨久高	1995.7～1999.5
		周桂仁	2003.2～2009.8
		朱邦柱	2009.8～2011.11
		王尚兵	2010.12～2011.11

续表 14－2－2

单　　位	职　务	姓　名	任　职　时　间
宣　传　部	部　长	龚伯麟	1984.8～1996.2
		王明根	1996.4～1996.12
		马和建	1996.12～2006.4
		马顺圣	2006.4～2010.1
		李广春	2010.8～2011.11
	副部长	薛　巍	1987.10～1989.1
		刘培森	1989.1～1990.7
		任开志	1989.10～1995.5
		詹凤宝	1992.1～1996.8
		韦新民	1996.8～2000.9
		杨厚国	2001.3～2009.10
		朱　燕(女)	2004.6～2011.11
		仇少明	2005.1～2005.8
		吴敬东	2005.1～2011.11
		周晓春	2006.3～2010.6
		贾恒煊	2010.6～2011.11
		孙　荣(女)	2010.12～2011.11
精神文明建设活动委员会办公室（与宣传部合署）	主　任	韦新民	1995.5～2001.6
		朱龙庚	2001.6～2002.11
		吴敬东	2002.11～2005.1
		仇少明	2005.1～2005.8
		吴敬东	2006.7～2011.11
	副主任	朱龙庚	1996.9～2001.6
		吴敬东	2001.10～2002.11
		顾红霞(女)	2006.12～2009.10
		郭一金	2009.10～2011.9
统战部（1990年2月增设，与宣传部合署办公。1995年5月，从宣传部划出）	部　长	陈　勇	1995.5～2008.1
		刘学根	2008.1～2011.11
	副部长	任开志	1990.3～1995.5
		梅翠珍(女)	1995.5～1997.12
		詹凤宝	1996.8～2000.6
		陈义田	2000.6～2009.4
		杨建民	2001.12～2002.3
		侯瑞琴(女)	2004.9～2009.10
		徐家安	2005.12～2010.6
		孔　敏(女)	2009.4～2011.11
		邵　俊	2010.6～2011.11

续表 14-2-2

单　　位	职　务	姓　名	任　职　时　间
信　访　局 （1989 年，为区信访办公室。同年 9 月，更名为区信访局，为副科级建制。2000 年 12 月，明确为正科级建制。2002 年 3 月，明确由区委办、区政府办管理）	局长、主任	李惠生	1988.11～1989.11
		杨兆祥	1995.1～1995.3
		刘步喜	1995.3～2000.8
		薛文跃(女)	2000.8～2005.12
		葛玉涛	2005.12～2009.8
		朱正忠	2009.8～2011.11
	副局长	陈达新	2002.3～2011.11
		刘义同	2002.3～2002.8
		田　沃	2005.10～2011.11
		侯学新(女)	2010.6～2011.9
		黄金芳(女)	2011.9～2011.11
政法委员会	书　记	俞广涛	1984.8～1990.5
		许德涛	1990.5～1997.3
		潘长正	1997.3～1998.1
		王治塔	1998.1～2001.4
		潘长正	2001.4～2005.12
		基国平	2005.12～2011.1
		孟德和	2011.6～2011.11
	副书记	李建华	1986.3～1989.1
		夏秋根	1989.1～1992.8
		索洪才	1990.9～1994.12
		周长万	1992.1～1998.3
		陈瑞荣	1995.5～1998.2
		任开志	1995.5～1996.4
		杜成鉴	1998.2～2002.12
		倪祥福	1999.7～2003.6
		居泽平	2001.10～2009.4
		郭云如	2004.6～2005.7
		赵慕林	2005.7～2009.12
		葛长龙	2006.4～2007.12
		高惠安	2008.3～2009.10
		杨清龙	2009.10～2011.11
		高德霞(女)	2010.6～2011.11
区社会治安综合治理委员会办公室 （1989 年 1 月增设，与区委政法委合署）	主　任	夏秋根	1989.1～1992.1
		徐文栋	1992.1～1993.8
		刘明祥	1993.8～2000.8
		居泽平	2002.3～2009.4
		杨清龙	2009.12～200
	副主任	刘明祥	1989.9～1993.8
		章昌桃	1992.1～1993.8
		李宏荣	1996.12～2006.12
		宗　文	2000.8～2007.4
		冯伯祥	2001.11～2011.11

续表 14-2-2

单　　位	职　务	姓　名	任　职　时　间
区社会治安综合治理委员会办公室（1989 年 1 月增设，与区委政法委合署）	副主任	李志龙	2006.12～2011.11
		沈兴荣	2006.12～2011.11
		赵培亮	2010.2～2011.11
区委农村工作办公室（2002 年 3 月增设，与区农水局合署办公）	主　任	陶玉龙	2002.3～2007.3
		薛文跃（女）	2007.3～2010.6
		冯在根	2010.6～2011.11
机构编制委员会办公室（1995 年 1 月增设，与区人事局合署办公）	主　任	任根茂	1995.1～1997.10
		孙亚军	1998.7～2002.3
		汤玉林	2002.3～2007.6
		周　平	2007.6～2010.6
		吴美珍（女）	2010.6～2011.11
	副主任	宗　文	1996.2～2000.8
		孙亚军	2002.3～2004.6
		周向红（女）	2004.6～2007.6
		陆开凤	2010.6～2011.11
党史办公室（2004 年 6 月增设）	主　任	杨厚国	2004.9～2009.10
	副主任	任妍芳（女）	2008.8～2011.11

第三章　重要决策

1989～2011 年，区委坚持解放思想、实事求是的思想路线，在服务城市、培育与发展市场、推进经济体制改革、发展外向型经济、建设园区等方面锐意进取，适时出台重大决策，有效推动全区经济社会又好又快发展，为全面建设小康社会打下坚实基础。同时，区委、区政府，增强服务意识，强化宏观调控，推动国民经济快速健康、持续发展。

第一节　推进思想解放

1990 年 6 月，中共扬州市郊区二届三次全委（扩大）会议提出，坚持解放思想，更新观念，正确处理稳定与发展、速度与效益、农业与工业、投入与产出的关系，加速推进外向型经济建设与各项工作持续、稳定、协调发展。1992 年 8 月，区委三届四次全体（扩大）会议提出，进一步解放思想，转换脑筋，大胆地闯，大胆地试，在实践中试出新招数，闯出新路子。区委提出：学苏南，争领先，加大改革力度，全力以赴兴办经济开发区，加速经济发展。1993 年 7 月，区委三届五次全委（扩大）会议提出，深入贯彻邓小平南方谈话和中共十四大精神，动员全区各级党组织、广大党员干部和人民群众进一步解放思想，深化改革，增强市场意识，加快市场建设，进一步引导全区人民走向市场；转换政府职能，推进配套改革，优化经济发展环境，大胆放手发展私营个体经济。1997 年，区委印发《关于鼓励加快推进个体私营经济政策

图 14-3-1　2007 年 12 月，召开市委宣讲团党的十七大精神报告会

性意见》。1999 年 8 月，区委四届七次全体(扩大)会议提出，突出工业主导地位，围绕经济建设“四个着力点”(工业主导地位、工业结构调整、私营个体经济发展、市场建设)，积极组织突破。2000 年 7 月，区委四届八次全体(扩大)会议要求，以中共十五届四中全会精神为指导，以产权制度改革为核心，把加快扩大企业建立现代企业制度与加快中小企业“放”的步伐结合，把深化企业改革与推进企业战略重组、加快技术改造、深化企业管理结合，把企业内部改革与外部配套改革结合，着力制度创新、技术创新、管理创新，进一步形成新的竞争优势，推动全区经济更快更好地发展。2001 年 7 月，区委五届二次全体(扩大)会议提出，以“三个代表”重要思想为指针，树立“科技兴区”战略，营造发展环境，突出“两个创新”(机制创新、技术创新)、借助“两股力量”(外资、民资)，加快全区改革建设步伐，促进经济社会全面进步。2003 年 12 月，区委五届七次全体(扩大)会议提出，立足“两个率先”，富民强区，为全面建成小康社会而努力奋斗。2004 年，区委提出，解放思想，奋力争先，加快全区工业化、城市化进程，招商引资加快推进，园区建设加快发展，创业氛围加快形成，农民收入加快增长。2005 年，区委经济工作会议提出，进一步解放思想，抢抓机遇，争先进位，为实现三年翻一番，率先达小康而奋力拼搏。2008 年 7 月，区委六届五次全体(扩大)会议提出，解放思想，创新进取，保增长，促转型，争跨越，加快建设更高水平全面小康新维扬。2010 年 7 月，区委六届九次全体(扩大)会议提出，进一步立足解放思想，加快转型升级，引领跨越发展，全力打造创新维扬、精致维扬、幸福维扬。

第二节　制定发展战略

1989 年，区委制定《发展城郊型经济，抓好增粮增菜》文件，提出以城市需求为导向，围绕“增粮增菜保供应，致富农村促增收”目标，强力推动精致农业高效发展，培植蔬菜、花卉花木、观赏鱼与特禽养殖等优势特色产业，有效解决好“粮袋子”“菜篮子”和“钱袋子”问题。1992 年 12 月，区委坚持以市场为导向，制定《关于“八五”后三年大力发展第三产业的意见》，在狠抓改革开放前提下，着力全区经济发展调整。1993 年 7 月，区委三届五次全体(扩大)会议提出，结合城郊优势，调整发展思路，确立“把郊当作城来思考，把村当作乡来建，把三产当作实业来办”发展战略，要求全区深化“四个意识”，即抢抓机遇的发展意识、注意质态的效益意识、敢于竞争的市场意识、敢闯敢试的改革开放意识。1995～1996 年，为进一步发展城郊型经济，区委提出“城内办大商场、城外建大市场”的发展思路，进一步加快全区市场、商业网点建设，逐步向规模化、专业化、集约化方向发展，形成以专业市场和批发市场为龙头，以集贸市场为依托的城乡市场网络。1997 年，区委提出，牢牢把握经济建设中心，坚持改革驱动、外向带动、科技推动，大力实施规模经济战略、“科教兴区”战略，促进经济社会协调发展、“两个文明”协调发展。2002 年 7 月，区委五届四次全委(扩大)会议提出，调整维扬区经济社会发展，围绕“三个转变”(农村向城市转变、农民向市民转变、农业向商业转变)，实施“融入城市、建设城市、管理城市”的发展战略。发挥区位优势，提高服务城市水平，加快农业结构调整，着力城市建设与管理，加速城郊一体化进程。2004 年，区委提出，坚持“一个中心，四个突破”(坚持以重大项目建设为中心，在利用“双资”、园区开发、城市化建设、致富群众上求突破)，加快工业化、城市化进程，为富民强区，全面推进全区经济社会发展新跨越。

2006年12月，区委六届二次全体(扩大)会议提出，围绕“三年翻一番，率先达小康”目标，加快推进“三区联动”(经济开发区、物流园区、蜀冈生态新区)战略，以开发区建设为龙头，突出工业第一方略；以物流园区启动为重点，大力发展现代服务业；以蜀冈生态新区开发为抓手，加快城市化进程。2009年7月，区委六届七次全体(扩大)会议提出，全力推进“五大板块”(经济开发区、物流园区、蜀冈生态新区、城市商务区、都市农业区)互动战略。按照“北上西进、扩容提升”开发思路，谋划推进包括甘泉南片20平方千米在内的新一轮发展规划，拓展提升维扬经济开发区，打造都市型工业集聚区；物流园区围绕创省内一流、扬州唯一的生产型物流中心发展定位，推动现代物流产业加速集聚；以蜀冈生态新区推进控制性详细规划的编制为抓手，打造宜商宜游宜居福地、动漫产业基地、创业产业高地、服务外包旺地；城市商务区推进旧城区改造，加速发展楼宇经济、总部经济、现代商务等高端服务业，建设双桥、梅岭服务产业经济区；都市农业区策应城乡发展一体化，以甘泉山为中心，打造15平方千米集生态休闲、观光旅游、精致农业为一体的城市后花园。2011年6月，区第七次党代会提出，加速建设创新、精致、幸福维扬，加快转变发展方式，提升民生幸福指标，深化改革，推进创新，进一步推进“五大板块”互动，努力把维扬建成扬州“创新的示范、精致的代表、幸福的窗口”。

图14-3-2　2008年2月16日，召开全区经济发展大会

第三节　服务城市

1984年，区第一次党代会提出“服务城市、富裕农村”方针，要求大力发展多种经营，着力培植蔬菜、花木、金鱼、特禽等优势特色产业。1985年，第三产业取得突破性发展，全区三产企业(包括个体商贩)1500家，从业人员1万多人，完成营业额1833万元，实现利润137万元。1986～1988年，区委提出“服务城市、富裕农村、活跃市场、方便群众”方针，把抓好蔬菜生产和供应作为经济工作主要任务。1989～1990年，区委制定《发展城郊型经济，抓好增粮增菜》文件，提出以城市需求为导向、以郊区资源和优势为基础、以致富农村为目的，保证以蔬菜为主的副食品生产和供应。1991年，全区遭受特大洪涝灾害，408公顷菜田、655.26公顷粮田被淹。区委、区政府坚持保证城市供应不动摇，动员全区全力抗灾，组织受灾乡镇大搞水利基本建设，完成小沟以上农田水利配套建筑物244座，改造中低产田77.4公顷。全年蔬菜总产量7万吨，与上年持平；粮食总产3.31万吨，比上年下降6.7%。1993～1994年，全区农业稳定发展，超额完成1000亩吨粮田开发任务，稳产高产农田面积4188.76公顷。改造建设中低产菜田66.7公顷，新增菜地66.7公顷。在稳定提高传统大宗品种的同时大力发展多种经营，加大特禽和特种水产养殖。1995年7月，区委三届九次全体(扩大)会议提出以服务城市为己任，围绕丰富市民“菜篮子”，充实农民“钱袋子”，调整农业结构，发展“两高一优”(高产、高效，优质)农业。新建蔬菜永久保护区239.52公顷，蔬菜上市量7万吨，粮食总产3.15万吨。1997年，区委要求全区各级组织引导农民围绕市场需求，进一步加大多种经营发展力度，蔬菜、花木、金鱼三大特色支柱产业初具规模，粮油生产在调整中有所下降，农民多种经营收入占农业收入85%以上。2000年，全年粮经综合比4:6，常年蔬菜生产面积953.81公顷，花木面积169.42公顷，蔬菜和多种经营产值4.4亿元，占全区农业总产值91.7%。2002年，市区区划调整后，区委根据区位功能变化，提出积极发展蔬菜、花木、金鱼等都市型农业。2004

年，在全省率先全部免除农业税，在耕地面积降低21%情况下，全年实现农业总产值2.46亿元、农业增加值1.18亿元，农民人均纯收入5285元，比上年增长7.7%，继续保持全市第一。2003～2011年，区委针对维扬区城市功能增强，提出全区发展理念实现由"服务城市"向"融入城市、建设城市、管理城市"转变。

第四节　推进经济体制改革

1984年，区委借鉴无锡县"一包三改"经验，对全区乡镇企业实行体制改革，在审批权限上，实施简政放权，村办、队办企业审批权归乡政府，乡办工业由区计经委审批。是年，90%以上乡镇企业体改达到验收要求。1986年，推行"定销售量、定资金回笼、定费用、定奖金、浮动工资"的"四定一浮""一条龙"销售全包责任制。1986年，区委印发《转发区计经委〈关于一九八六年乡村工业经济承包责任制兑现工作的意见〉的通知》《批转区计划经济委员会〈关于完善一九八七年乡镇企业经济承包责任制的意见〉的通知》，要求年内落实各项承包，并分解到企业。1987年，区委印发《关于支持组户工业发展的意见(试行)》，要求明确性质，加强领导；简便审批手续，合理收取费用；对组户工业在税收上适当给予优惠；多方筹集资金扶持组户工业；大力做好购销工作；帮助组户工业提高经营管理水平。同年，区委印发《批转区计经委〈关于进一步完善"一包三改"深化乡村工业改革的工作意见〉的通知》，要求在继续搞好外部承包的同时，把重点放在完善内包责任制上。1988年下半年始，区、乡组织工作班子，建立完善地区性合作经济组织。在农业生产上，粮区各乡村村建立农机、植保、种子三大配套服务体系，农户每亩投工量从60个降为25个。1989年，全区在继续坚持和完善企业承包责任制和厂长负责制基础上，推行股份制，区、乡实行股份制企业170多家，占全区企业总数42%，吸收股金550万元。1990年，区委、区政府印发《关于改善乡镇工业企业承包经营责任制的若干问题》，提出承包形式以集体承包为主，适当延长承包期限等12个问题。同年，全区坚持和完善企业承包经营责任制和厂长负责制，重点推行厂长牵头，厂级其他领导集体承包；建立工业发展基金，征收基金25.5万元；坚持稳定和完善农村家庭联产承包制，推行双向承包，参与承包农户占总户数80%以上。

1991年，区委印发《关于完善一九九二年全区工业企业承包经营责任制的意见》。1992年，区委印发《扬州市郊区关于"八五"后三年经济发展意见》《扬州市郊区关于大力发展村级经济的意见》。1993年，区委印发《关于进一步深化改革促进经济发展的意见》《关于进一步提高工业经济效益的意见》《关于实行厂长(经理)规模工资制、设立厂长(经理)基金、完善销售费用总承包、区乡机关干部奖金与经济发展挂钩的意见》。全力推进产权制度改革，全面推开股份制和股份合作制，组建股份制和股份合作制企业98家，吸收股本总额1.16亿元。环球商厦股份有限公司为全市首家股份有限公司，乐凯集团成为全省玩具行业第一个以资产为纽带的省级乡镇企业集团。全区97家企业实行拍卖或公有私营，25家企业实行兼并。1994年，区委、区政府印发《关于"九五"期间发展规模经济的若干意见》《关于1995年经济社会事业发展的意见》。全区广泛开展与国营大中型企业、科研机构和大专院校挂靠的横向经济联合，115家企业达成横向经济联合协议，占全区工业企业31.1%。1995年，区委、区政府召开全区私营个体经济会议，提出倾斜政策，加大力度，鼓励私营个体经济发展。建立区发展基金，引导企业依靠改革活化机制，改制小微亏企业23家。1996年，区委印发《扬州市郊区工业企业资产经营责任制试行意见》，各乡镇场在清产核资基础上，开展资产营运承包责任制扩大试点，并在全区逐步推开。

1997年后，区委大力推进企业改制工作。当年，全区近30家企业改制试点。1998年，企业产权制度改革取得突破，按照"控股一批、转换一批、放手一批"要求，工业企业累计改制276家，改制面67%。住房制度改革取得新进展，全区出售公有住房137套1.1万平方米，回收资金260万元。2002年，全区以改革推动经济快发展，市蔬菜研究所、市种子公司、西湖山庄等企业顺利改制，捷康集团资产重组基本完成。2003～2011年，全区改制企业437家，占应改制企业98.2%；公有资本比重下降到3.5%以下；改制后新注册公司制企业12家。

第五节　加强党的建设

1989年起，区委积极探索适应新时期党建工作的新思路，切实加强党的各项建设。区委先后印发《发展党员公示制度》《关于整顿后进村党支部的意见》和《后进村党支部整顿工作验收细则》。1990年，区委二届三次全体（扩大）会议提出，坚持民主集中制这一党的根本组织原则，正确处理好厂长中心地位和党组织核心地位的关系，充分发挥党组织在思想政治方面的核心作用和厂长在生产经营中的中心作用，两条心结成一条心，共同把企业搞好。1992年8月，区委三届四次全体（扩大）会议要求，始终坚持“两手抓、两手硬”，切实加强党的建设，确保社会主义现代化建设顺利进行。1997年起，全面推行党建工作三级目标管理机制，完善党的组织生活制度，制定《整顿后进村和经济薄弱村三年规划》《郊区后进村党支部整顿工作检查考核细则》。是年，区委四届四次全体（扩大）会议提出，加强党风廉政建设，树立党和政府的良好形象，要从源头上防起，要从重点问题抓起，要从领导干部做起。2000年7月，区委四届八次全体（扩大）会议提出，大力加强基层党组织建设，增强各级党组织战斗力，不断推进领导干部思想作风建设，促进党风、政风进一步好转。是年，贯彻“三个代表”重要思想，抓好党委中心组学习，区委印发《关于加强基层党委中心组学习的意见》。2002年7月，区委五届四次全体（扩大）会议提出，强化党的建设，加强领导干部和机关作风转变。解放思想，与时俱进，以思想跨越赢得发展跨越；艰苦奋斗，实干为民，保持同群众的血肉联系；增强各级党组织的创造力、凝聚力和战斗力；从制度建设入手，加强党风廉政建设；提高领导水平，埋头苦干，狠抓落实。2003年7月，区委五届六次全体（扩大）会议提出，各级干部一定要立党为公，执政为民，牢记“两个务必”，坚持群众利益无小事，始终做到以民为本，富民优先。2005年，区委提出，以党员先进性教育为载体，提升党员干部政治素质，从领导上提高加快发展的真本领。2006年12月，区委六届二次全体（扩大）会议提出，坚持从严治党方针，用铁的纪律作保障，端正党风，以好的党风带出好的政风和民风。2009年12月，区委六届八次全体（扩大）会议提出，切实加强党员干部能力作风建设，致力造就一批奋发有为、善谋善为、敢作敢为、亲力亲为、有所作为的“五为”干部团队，为保增长、促发展提供坚强有力的组织保障和服务保证。

图14-3-3　2007年3月9日，召开维扬区党建工作会议

第四章　主题教育

1992～2010年，区委先后开展学习邓小平南方谈话、学习《邓小平文选》第三卷、“三讲”教育、学习

"三个代表"重要思想、保持共产党员先进性教育、学习实践科学发展观、创先争优等重大主题教育活动。这些活动对提升广大党员干部群众思想政治素质,为推进全区经济社会文化发展起到良好的促进作用。

第一节 学习邓小平南方谈话

1992年,邓小平南方谈话后,区委印发《关于学习邓小平南方讲话的意见》。是年3月,召开党员干部学习邓小平南方谈话部署会,区委宣传部、区委组织部联合发文,在全区开展学习活动,组织不同类型专题报告会12次;组织区四套班子、机关、乡村、企事业党员干部培训班25期,受训3000多人;各乡、村、企事业单位利用乡镇党校、冬训、企业政校、村党建活动中心,组织学习活动。围绕学习社会主义市场经济理论,开展解放思想大讨论97场。区四套班子及机关、乡镇围绕贯彻落实邓小平南方谈话精神,组织7个调研组到20个行政村25家企业调研,编发调研专刊15期。组织党员干部学习邓小平南方谈话文集——《解放思想,加快发展市场经济》。组织党、政主要负责人和企业代表,结合郊区实际,围绕"解放思想,加快发展郊区经济""加快推进郊区社会主义市场经济""冲破思想桎梏,敢想、敢干、敢为""不搞争论,大干快上""抓住发展机遇,加快发展工业园区""举全区之力,招商引资""加速推进全区改革开放的步伐"等专题,展开讨论,制订发展规划,落实相关措施。全区学习邓小平南方谈话活动,较有成效地推动全区经济发展。

第二节 学习《邓小平文选》第三卷

1993年11月,区委按照中共中央《关于学习〈邓小平文选〉(第三卷)的决定》(简称"决定")精神和省、市统一部署,利用半年时间,集中精力开展《邓小平文选》(第三卷)学习。区委印发《关于学习〈邓小平文选〉意见》,组织各级党员干部认真学习中央决定,举办学习《邓小平文选》第三卷报告会36场次,受训3500多人。通过开展演讲会、讨论会、出板报栏等形式,加强对《邓小平文选》第三卷精神实质的理解与把握。按照区委要求,区、机关、乡村、企事业单位党员领导干部撰写读书笔记1260多篇,开展学习心得汇报会138场次。区委要求全区上下在认真研读学习《邓小平文选》第三卷原著的基础上,联系当前形势任务,紧紧抓住和深入领会"解放思想、实事求是的思想路线""'分三步'基本实现现代化的战略任务""把握时机发展自己,推动经济社会发展""社会主义本质的科学论断和'一个中心、两个基本点'的纲领""一手抓物质文明、一手抓精神文明,一手抓建设、一手抓法制,一手抓改革开放、一手抓惩治腐败'两手抓,两手都要硬'的方针"等《邓小平文选》第三卷的思想精髓,紧密结合区情实际,积极谋划推动区域经济与加快社会发展的战略路径。

第三节 "三讲"教育

2000年3月,区委在区级领导班子和领导干部以及区纪委、区委组织部、区委宣传部、区法院、区检察院、区公安局等单位领导班子和负责人中集中开展以"讲学习、讲政治、讲正气"(简称"三讲")为主要内容的党性党风教育。

"三讲"教育共分思想发动、学习提高,自我剖析、听取意见,交流思想、开展批评,认真整改、巩固成果四个阶段。从3月30日开始,5月末结束。3月30日,全区召开领导班子、领导干部"三讲"教育动员大会。3月31日,召开区委、区人大、区政府、区政协及区纪委等部门单位负责人的"三讲"教育学习动员会。4月13日,全区召开"三讲"教育第一阶段小结和第二阶段动员大会。4月22日,召开区级领导班子、领导干部"三讲"教育民主评议和民主测评动员会。按照"三讲"教育要求,采取"自己找、群众提、相互帮”的办法，认真排查在党性党风方面存在的突出问题，形成各班子集体和成员的剖析材料。通过民主评议和民主测评，公布剖析材料平均满意、基本满意率。区级领导班子集体为96.5%，成员平均为95.3%；区级机关有关单位班子集体为96.3%，成员平均为95.2%。4月27日，进行第三阶段工作动员部署。各班子主要负责人与班子成员、班子成员之间开展谈心活动，开展批评和自我批评，共提出相互批评意见300多条，并按规定在一定范围内通报民主生活会情况。5月22日，全区“三讲”教育进入第四阶段。组织区级领导班子成员进行为期5天的驻户调查，20多名领导干部轻车简从，进村入户，开展座谈、走访，重点走访10个村、20多家企业、100多家农户，汇总意见建议129条，区领导现场解决或事后解决实际问题20多件，形成专题调查报告8篇。“三讲”教育过程中，区委常委提出8个方面32条整改措施。区委、区人大、区政府、区政协和参加“三讲”部门单位领导班子共提出整改措施130条。6月2日，全区召开“三讲”教育总结会。

第四节　学习“三个代表”重要思想

2001年，区委在全区党员干部中集中开展“三个代表”（中国共产党始终代表中国先进生产力发展要求、始终代表中国先进文化前进方向、始终代表中国最广大人民根本利益）重要思想学习教育活动，区委印发《关于学习“三个代表”重要思想活动的意见》。在区委统一领导下，有序开展学习教育活动。区委邀请市委党校教授专题辅导9次，召开专题学习会25次，区领导人撰写“三个代表”重要思想学习心得文章504篇。学习活动期间，全区共举办讲座和报告会128场，8900多人次参加，组织“‘三个代表’重要思想大家谈”95次，开展“我身边优秀共产党员”演讲活动46场，刊发学习简报116期。区、乡各级还通过录像教育、知识竞赛、宣传栏、“三个代表”重要思想宣讲问答、职工论坛、农民话语等形式，将学习活动推向热潮。各级党组织以创建先进基层党组织为抓手，开展“学典型、创先进”活动。全区评出5个先进党支部、12名优秀党员在全区巡回演讲。在学习教育活动过程中，坚持学习与自我教育结合，对照“三个代表”要求，改进基层干部的思想作风和工作作风；坚持学习与推动农村工作结合，针对农村存在的突出问题，全区组织9个调研小组，进村入户，走访18个村、30多家企业、近100户农户，倾听群众意见，现场解决问题，形成调研报告9篇。

第五节　党员先进性教育

2005年，全区保持共产党员先进性教育活动分两批进行。第一批为区级机关49个部门单位（党组织35个）797名党员。第二批为基层单位党组织300个5000多名党员。实施集中教育，采取领学（领导带头）、送学（集中办班）、导学（先进典型）、互学（学习交流）等做法。基层党组织结合实际开展辩论赛，激发党员的学习热情；印发《先进性教育基础知识百问百答》，让党员掌握应知应会的相关知识；组织1000人参加市形势政策教育知识竞赛，撰写《关于构建和谐乡镇的思考》论文参加市思想政治工作研究会、理论研讨会研讨，邀请省委党校教师作“保持共产党员先进性”辅导报告，邀请优秀共产党员张爱祥、薛云龙、吴杰作优秀事迹报告；对在外地务工的党员，各基层党组织向他们发信函，寄去先进性教育读本和实施意见，并要求定期寄回思想汇报；对老弱病残党员，送学上门，结对助学。在机关和基层党组织中开展争创“党员模范岗”活动，强化党员意识，改进工作作风。在非公企业开展“创红旗班组，争星级员工”活动，引导党员参与企业生产经营，促进企业健康发展；在广大党员中开展“走在群众中，干在群众前，享受在群众后”和“争做信念坚定的表率，争做促进发展的表率，争做服务群众的表率，争做无私奉献的表率”活动，要求党员做表率，树形象，永葆先进性。机关各部门党组织和党员，深入基层，走访联系群众4000多人次。各社区设立党员志愿服务岗200多个，参与党员1000多人。各乡镇、街道集中解决群众反映较大的老小区环境改造和村组道路改造问题，受到群众好评。健全评估机制，坚持把监督权、评价权交给群众,通过制定党员先进性积分卡、党员服务登记卡等,详细记录党员参与先进性教育活动的情况;采取设立意见箱、征求意见函、党员服务公告栏等形式,及时了解群众对党员形象和作用发挥情况的意见和建议。

第六节　学习实践科学发展观

2009年,全区开展深入学习实践科学发展观活动。3月开始,8月结束。参加活动单位有:经济开发区、物流园区、蜀冈生态新区,区委各部委办局、区各委办局、区各人民团体和各直属单位。学习对象以各级领导班子和党员领导干部为重点,全体党员参加。活动以"深入学习实践科学发展观,加快建设更高水平全面小康新维扬"为主题,以"抓项目推进,比工作绩效;抓科技创新,比发展质态;抓城乡统筹,比民生改善;抓能力作风,比队伍形象"为主体,努力提高党员干部的科学发展观,为推进维扬经济社会又好又快发展奠定思想基础。活动过程按学习调研、分析检查、整改落实三个阶段有序推进。是年9月22日,区委召开全区学习实践科学发展观活动总结暨乡镇、街道学习实践活动动员大会。活动期间,全区共举办讲座和报告会120多场,组织"科学发展大家谈"87次,征集机关各部门服务承诺短语302条,刊发简报100期。在开展"三问三求重实效,学习实践见行动"活动中,区委主要领导多次召开座谈会征求意见建议,各基层党组织主动邀请"两代表一委员"(党代表、人大代表,政协委员)、普通党员群众、服务对象代表参加座谈会,共收集意见建议1000多条。区委围绕经济建设、民生保障和干部考核等重点热点问题,组织调研,先后印发《加快推进"五大板块"发展的实施意见》《加快推进全区城乡社会保障一体化的意见》《行政问责实施办法》等文件,为科学发展提供政策支持和制度保障。经测评,全区区级机关学习实践活动群众满意率96.4%,乡镇(街道)学习实践活动群众满意率96.67%。中央学习实践活动官方网站、《经济日报》、《新华日报》、《扬州日报》等媒体对维扬在保稳定、惠民生,建设更高水平全面小康社会等方面的创新举措和有益探索作宣传报道,刊发稿件160多篇。

第七节　创先争优

2010年7月1日,区委召开庆祝建党89周年大会,动员部署全区创先争优活动。创先争优活动从7月开始,12月结束。区委要求全区各级党组织和共产党员,围绕"创新发展,争先进位,加快建设更高水平全面小康新维扬"主题,把"统筹城乡基层党建,创建服务型党组织"和"争当'五星'党员,永葆党员本色"作为载体,按照"推动科学发展、促进社会和谐、服务人民群众、建好基层组织"总体目标,努力做到"五个推动",即推动创新精致幸福维扬建设,推动全国文明城市、国家生态城市、国家森林城市和扬州盐商历史及大运河联合申遗"四城同创",推动服务群众水平提升,推动基层党组织带头人队伍建设,推动基层组织建设。区委成立创先争优活动领导小组,负责全区创争活动统筹谋划、组织指导和督促检查等工作。区委常委,区人大、区政协主要领导和区政府副区长结合分工分别建立创争活动联系点,开展调查研究,听取群众意见,加强工作指导,帮助联系点理清工作思路,明确活动目标和具体内容,找准开展活动的切入点和落脚点。各级党组织按照"一支部一主题、一党员一规划"要求,制定创争规划,形成"组织创先进、党员争优秀、群众得实惠"的氛围。其间,全区开展的"创建文明城、党员做先锋""双增双强"等活动,得到市委创先争优活动办公室肯定。区属市装饰行业协会党组织创先争优活动实施方案被评为扬州市十佳实施案例。

第五章　纪律检查

第一节　组织机构

一、区纪委常委会

1988年5月，中共扬州市郊区第二次代表大会选举产生中共扬州市郊区纪律检查委员会委员9人，区纪委第一次全会选举产生常务委员会委员5人，其中书记和副书记各1人，杨国梓任书记，闭会后增补常委1人。1991年5月，中共扬州市郊区第三次代表大会选举产生中共扬州市郊区纪律检查委员会委员11人，区纪委第一次全会选举产生常务委员会委员4人，其中书记、副书记各1人，杨国梓任书记，闭会后增补常委3人。1993年2月，区纪委与区监察局合署办公。同年4月，潘长正任纪委书记。1996年5月，中共扬州市郊区第四次代表大会选举产生中共扬州市郊区纪律检查委员会委员11人，区纪委第一次全会选举产生常务委员会委员5人，其中书记、副书记各1人，张家仁任书记，闭会后增补常委1人。1997年12月，王治塔任书记。2000年11月，张长金任书记。2001年3月，中共扬州市郊区第五次代表大会选举产生中共扬州市郊区纪律检查委员会委员11人，区纪委第一次全会选举产生常务委员会委员5人，其中书记、副书记各1人，张长金任书记，闭会后增补常委3人。2002年10月，张建任书记。2006年5月，中共扬州市维扬区第六次代表大会选举产生中共扬州市维扬区纪律检查委员会委员11人，区纪委第一次全会选举产生常务委员会委员5人，其中书记1人、副书记2人，苏满满任书记，闭会后增补常委3人。2011年6月，中共扬州市维扬区第七次代表大会选举产生中共扬州市维扬区纪律检查委员会委员11人，区纪委第一次全会选举产生常务委员会委员5人，其中书记1人、副书记2人，徐德林任书记。

1988～2011年维扬区(郊区)纪律检查委员会负责人一览表

表14-5-1

职　务	姓　名	任职时间
书　记	杨国梓	1988.5～1993.4
	潘长正	1993.4～1996.5
	张家仁	1996.5～1997.12
	王治塔	1997.12～2000.11
	张长金(女)	2000.11～2002.10
	张　建	2002.10～2006.6
	苏满满	2006.5～2011.4
	徐德林	2011.4～2011.11

续表 14-5-1

任职时间	姓 名	性 别
副书记	韦来里	1986.3～1989.6
	张家仁	1984.8～1991.3
	谢 敏	1989.3～2000.6
	陈克祥	1993.1～2000.12
	葛长龙	2000.6～2006.5
	唐铁扬	2003.2～2004.12
	吴美珍(女)	2004.12～2010.8
	高 翔	2006.5～2011.11
	汤建军	2010.8～2011.11
常 委	谈 杰(女)	1987.10～1988.5
	陈国艺	1988.5～1990.9
	吴立骥	1988.5～1991.3
	王亚军	1991.5～1993.4
	曹东萍(女)	1991.5～1994.12
	卜承余	1993.2～1993.4
	杨宝宜	1993.2～1994.3
	朱长明	1995.12～1996.5
	韩爱萍(女)	1996.5～2001.3
	林 蔚	1996.5～1998.8
	杨厚国	1996.5～2001.3
	张啸华	1998.3～2005.4
	董志友	2001.4～2003.6
	唐铁扬	2001.4～2004.12
	葛玉涛	2004.12～2006.1
	王建明	2006.6～2007.5
	朱义东	2006.6～2006.12
	王昌伟	2006.12～2009.12
	奚存富	2008.10～2011.11
	刘正兵	2010.8～2011.3
	孙 勇	2011.3～2011.11

二、区纪委工作机构

1989 年，区纪委内设办公室、纪律检查室、案件审理室。1993 年，增设党风廉政建设室和信访室。2002 年，增设执法监察室。至 2002 年，区纪委内设办公室、纪律检查室、案件审理室、信访室、党风廉政建设室、执法监察室。

1987～2011年维扬区纪委工作机构负责人一览表

表14-5-2

工作机构	姓　　名	任职时间
办公室	韩爱萍(女)	1987.2～1990.5
	曹东萍(女)	1990.5～1995.5
	杨厚国	1995.5～1999.9
	华　伟(女)	1999.9～2001.4
	张啸华	2001.4～2003.5
	奚存富	2003.5～2004.12
	朱义东	2004.12～2006.12
	施有军	2006.12～2011.11
纪律检查室	吴立骥	1988.12～1990.5
	朱飞云	1990.5～1990.10
	王亚军	1990.10～1991.6
	马海燕	1991.6～1991.9
	朱士标	1991.12～1994.2
	林　蔚	1994.2～1998.6
	唐铁扬	1998.8～2003.5
	王昌伟	2003.5～2009.10
	温荣华	2009.10～2011.12
案件审理室	韩爱萍(女)	1988.12～2001.3
	王建明	2001.6～2007.4
	温荣华(副主任)	2007.8～2009.10
	张万明(副主任)	2009.11～2010.12
	张万明	2010.12～2011.12
党风廉政建设室	王亚军	1993.2～1993.4
	杨厚国(副主任)	1993.3～1994.2
	周家富(副主任)	1994.2～1997.7
	唐铁扬(副主任)	1997.7～1998.8
	华　伟(女,副主任)	1998.12～1999.9
	夏正良(副主任)	1999.10～2001.9
	华　伟(女)	2001.4～2002.3
	夏正良	2002.3～2004.12
	奚存富	2004.12～2008.8
	周长安	2009.4～2011.11

续表 14-5-2

工作机构	姓　　名	任　职　时　间
信　访　室	杨宝宜	1993.2～1994.2
	王建明(副主任)	1994.2～1998.3
	张啸华	1998.3～2001.4
	葛玉涛	2001.6～2004.12
	刘正兵	2004.12～2010.12
	孙　勇	2011.2～2011.11
执法监察室	夏正良	2002.3～2004.12
	吴　越	2004.12～2005.12
	刘浩东	2005.12～2007.8
	奚存富	2008.8～2011.11

第二节　党风廉政建设

一、党风廉政教育

1989年，区纪委举办3期副乡科级以上干部廉政建设研讨班，参学161人。组织廉政事迹报告团到机关、乡镇巡回演讲9场次，受教育1200多人次。1990年，开展党的基本知识教育和《中国共产党党内监督条例》等“六个规定”学习，举办培训班40期，参学党员2421人次。1991年，在党员干部中普及党纪知识，编印辅导教材9份，下发辅导材料350份和《党的纪律基础知识读本》1082本。1992～1997年，编写反腐倡廉教材，组织廉政教育培训班106场次，督促开展党课教育活动近900场次，受教育党员干部4.1万人次。1994～1997年，在全区30个排头兵村和30家骨干企业负责人中开展“双带头”(带头发展经济、带头廉政勤政)教育活动，29家单位被评为全市“双带头百家标兵工程”单位。1997年，开展“树形象、做表率、创新风”主题教育，选择区内5名省、市级劳模典型，在全区巡回演讲，并在《郊区简报》刊登“树形象、做表率、创新风”征文。1998年，结合冬训和区、乡党校办班，开展艰苦奋斗教育、党风廉政法律法规教育、向先进典型高仁林学习等活动，党员干部受教育面90%以上。1999年，购置廉政法规学习宣传教材300套下发各乡镇和单位，并组织学习培训。会同区委组织部、区委宣传部开展“学习理论、弘扬正气、振奋精神、加快发展”的主题教育活动，为农村冬训撰写《学习邓小平党风廉政建设理论，认真贯彻党的十五届三中全会精神，加强农村基层党风廉政建设》辅导材料，受教育5600多人次，党员受教育面85%以上。开展《中国共产党纪律处分条例(试行)》教育电视剧巡回放映活动以及党纪政纪、党的基础知识和时事政治理论知识竞赛活动。

2000年，在县处级领导班子和领导干部中开展以“讲学习、讲政治、讲正气”为主要内容的党性党风党纪教育，落实《中国共产党党员领导干部廉洁从政若干准则(试行)》和制止奢侈浪费行为的若干规定。围绕“廉洁奉公、勤政为民”主题，向全区乡科级干部家属发出倡议书和《“廉内助”行为须知》660份，召开“廉内助”座谈会，观看《枕边钟》等电教片，动员全区干部家属为干部自律多做有益工作。2001年，开展“三个代表”重要思想学习教育活动，组织全区党员干部参加党纪政纪知识书面测试，参考率95%。2002年，开展“牢固树立正确的权力观”主题教育活动，引导党员干部树立正确的权力观；组织党员干部学习省纪委编发的《案件通报》《案例剖析》《悔过自白》等参考教育资料，编排反腐倡廉小品《一碗面条》，参加市统一调演。2004年，区纪委与区委组织部、区委宣传部联合印发《关于在全区开展学习贯彻〈中国共产党党内监督条例〉(试行)和〈中国共产党纪律处分条例〉的通知》，学习、宣传、贯彻“两个条例”，并组织书面测试。同年，开展“增强纪律观念，自觉接受监督”主题教育活动，组织区、乡机关干部观看反腐倡廉话剧和市反腐倡廉成果展，率先在双桥街道开展廉政文化进社区试点工作。2005年，组织全区党员、国家公职人员学习、贯彻和落实《建立健全教育、制度、监督并重的惩治和预防腐败体系实施纲要》和《“三个代表”重要思想反腐倡廉理论学习纲要》。

2006年，开展“遵守党章、执政为民”主题教育活动和“学党章、明荣辱、永葆党员先进性”征文评选和演讲比赛，组织“我身边的优秀共产党员”先进事迹巡回宣讲。对31名新任乡科级领导干部进行廉政谈话。2007年，在区、乡机关开展“治散、治庸、治腐”专项教育，在区、乡、村、社区组织“清风润维扬”廉政文艺巡演，观众7000多人次。新创省、市、区三级廉政文化示范点16个。2007～2008年，在村、社区干部中开展“依法办事、廉洁用权”专项教育，编印《依法办事、廉洁用权专项教育读本》赠送给基层干部，排查依法办事、廉洁用权方面突出问题57个，落实整改措施62项。2009年，会同区委组织部、区委宣传部组织开展“加强党性修养，坚持廉洁从政”主题教育，组织《廉文荐读》读后感征集，编印《廉文荐读》400多册，征集读后感近70篇。组织区、乡镇、街道、园区党政主要负责人及副乡科级领导干部，赴市警示教育基地接受廉政警示教育。2010年，开展“学习《廉政准则》，争做勤廉表率”教育活动，向全区360多名乡科级领导干部赠送《廉洁从政行为规范读本》，征集《廉政准则》学习心得40多篇，组织393名副乡科级以上党员领导干部参加《廉政准则》知识测试，组队参加市《廉政准则》知识竞赛，获二等奖。组织区级机关65名中层干部赴市警示教育基地，接受警示教育。组织25名村支书赴法院旁听西湖镇司徒村党总支原副书记陈某某受贿案件的庭审。评选表彰10名区勤政廉政好干部。2011年，在“5·10”党风廉政教育日，开展全区青年干部“学廉、思廉、守廉”演讲比赛，组织区、乡150多名党员干部观摩。

二、制度建设

1989年，针对党员干部中赌博、违规营建私房、本人及亲属户口违纪变动等问题制定相关规定。1991年，区委制定《党政干部建房须知》《机关干部下基层工作就餐规定》。1993年，区委制定区级机关兴办经济实体管理意见和区级机关用公款购置轻骑、摩托车处理意见。1994年，区委制定领导干部廉洁自律、机关部门预算外资金管理等规章制度。1995年，建立健全党风责任制、党风廉政建设检查制度、领导班子定期召开民主生活会制度、党员干部廉政考核制度以及“两公开一监督”、制止公款吃喝玩乐“八不准”规定和公费电话管理办法。同年，在全区聘请22名党风廉政监督员。1996～1997年，规范区级机关住房分配和购买移动电话使用管理，专项清理公款安装住宅电话和配置移动电话。结合乡镇党委换届，对全区302名副乡科级以上党员领导干部建立“考廉档案”。1998年，贯彻落实中央关于党政机关厉行节约制止奢侈浪费若干规定，区委制定《关于重申严禁用公款大吃大喝、挥霍浪费有关规定》《关于清理村组干部公费安装住宅电话和配置手持机的具体处理办法》《关于干部离任公物移交的暂行规定》。1999年，围绕财政资金管理，区纪委制定《乡镇预算外资金管理实施办法》《预算外资金预算决算制度》《关于全区乡镇实施会计委派制的规范意见》和机关办公设备、公车采购办法。

图14-5-1　2003年2月22日，召开党风廉政建设交流汇报会

2000～2002年，区纪委印发《关于对村级公费通信工具进行清理的意见》，制定办公电话、机动车维修(保险)以及配用固定资产等项费用管理办法和制度。加强招待费支出监管，制定大额餐费发票报销

管理规定。2003～2005年,建立区纪委负责人与乡科级党政主要负责人谈话制度,加强对“一把手”监督,制定区委常委会民主生活会制度和加强区、乡机关工作纪律制度,完善基层纪检监察组织负责人任免审批程序,区纪委制定《关于贯彻落实〈建立健全教育、制度、监督并重的惩治和预防腐败体系实施纲要〉的实施意见》《维扬区廉政文化建设实施意见》《维扬区加强勤政廉政建设的意见》《关于治理和预防违法建设工作意见》《维扬区廉政文化建设实施纲要》等。

2006年,实施党风廉政责任制、考核办法和责任追究措施,区纪委制定村组集体经营性资产管理意见及《关于加强城市居民最低生活保障工作规范管理的意见》《关于实行城市居民最低生活保障工作责任及责任追究的暂行办法》。2008年,区委制定《关于党政主要负责人汇报制度的实施意见》。2009年,就重点工作行政问责、机关事业单位经营性资产收益管理、党员干部拆迁中行为规范制定相关制度。2010年,区纪委制定《维扬区重点工作督查暂行办法》。2011年,区纪委制定《维扬区创建全国文明城市工作问责办法》。

第三节　纠风和专项治理

清理“自费公报”　1990年,区纪委和区监察局联合印发《关于坚决制止少数干部利用职权违反规定用公款送子女上学的通知》,治理党员干部子女或亲友自费上学公款报销(简称“自费公报”)问题。全区查处自费公报5人,按照有关规定予以纠正,收回资金1.12万元。

剖析非正常亏损企业　1990年,区纪委协助有关部门对全区45家营业性公司清理整顿,撤销17家;重点检查316家企业税收、财务、物价,占自查总户数34%,查处有违纪问题182家,占抽查总数57%,查处违纪金额58.7万元。1991～1998年,区纪委把剖析非正常亏损企业作为服务经济的重要抓手,共剖析非正常亏损企业92家,发现一批经济案件线索,查处党员干部22人,挽回经济损失313.64万元,收回欠款696.05万元。

清理涉房违纪　1989年,区纪委印发《关于党员领导干部营建私房若干规定》,清理1986年后党员干部在建房、购房中以权谋私的问题,有8人自报建房问题,7人补缴材料款3340元。1990年,区纪委继续狠刹少数干部以权谋私建私房的歪风,全区清查出有违规行为的副乡科级以上干部24人,其中12人违规情节严重,有4人违章占地34.46平方米,有8人退出建房少付款4592.07元。1991年,区纪委清理党政干部、职工“空关房”4处,面积132平方米,全部收回重新分配;清理违规用公款超标准装修住房11人,退出公款3921.83元。1996年,调查登记区级机关干部住房情况,张榜公布区机关购房、分房情况,接受群众监督。1997年,对两名以权谋房的党员干部以党纪处分,没收两处住房,挽回集体资金两万多元。2000年,清理全区干部住房,共涉及2265人,对3名干部重复购买两套“房改房”的问题,分别进行纠正和处理。其中,两人各退出1套“房改房”,1人根据规定将超面积部分按市场价购买。2002～2003年,清理全区党员干部违规分房、建房、装修住房,2540人填写清房登记表,查处违规人员43人,其中科级干部22人,全部处理到位,两人退房两套,面积91平方米,3人补缴房款12.49万元,3人上缴多领住房补贴5.6万元,收回35人集资建房款60万元。2004年,专项清理公房出租,全区127个部门和81家单位有公房出租,总面积29万平方米,承租户930户,应收房租总金额4200万元,实收房租总金额3800万元。同时,印发《全区加强公有房屋规范管理实施意见》,进一步规范公有房屋出租行为。

清理部门管理混乱　1990～1992年,调查登记全区乱着装情况,对超出规定着装范围的6个部门8个种类259人停止统一着装,收缴标志,收回应由个人承担的服装费2.3万元。1995年,清理公路乱设卡、乱罚款、乱收费,取消乡、村两个收费点。1996年,区纪委加大治理“三乱”工作力度,根据举报和多次明察暗访,撤销区内乡村道路上设置的4个收费站。是年,清理少数中小学以接送费、解困费等名义收取的11.7万元费用,并对有关负责人问责处理。

清理户口“农转非”　1992年，专项清理1988年至1991年违反规定办理户口“农转非”(即农业户口转非农业户口)问题，全区共有4370户6052人“农转非”，其中有10人存在不同程度违规问题。经研究，暂缓清退1人，维持原查处结论2人，不予清退7人。

清理宕欠公款、“双清”　1991年，清理区党员、干部、职工宕欠公款175.96万元，回收现金108.85万元。1994年，清理党员、干部、职工宕欠公款27.73万元，回收现金24.4万元。2004年，清理党政机关用公款为干部职工购买个人商业保险和党员干部拖欠公款问题(简称“双清”)，清查出用公款购买商业保险涉及两个部门62人，累计金额12.64万元；拖欠公款涉及13个部门40人，累计金额23.46万元，基本清退到位。

清理整顿农村合作基金会　1999年，集中培训40名清产核资工作人员。清理整顿全区农村合作基金会，在内清外核基础上，界定资产，开展兑付清收，累计退股3500万元，清收本息800万元，备付金总额1291万元。

清理党政机关经商办企业　1993年，清理89个区机关部门兴办的经济实体，注册资金4000多万元。根据有关规定，这些经济实体全部与机关脱钩，14名在实体中兼职的机关干部全部辞去兼职。1994～1997年，清理6个“三不准”部门(即列入规定范围的党政机关，不准组建任何类型的经济实体、不准以部门名义向经济实体投资或入股、不准接收各类经济实体的挂靠)兴办的9个经济实体和11个“四脱钩”部门(即除“三不准”以外的国家机关，经批准可以组建的经济实体，在职能、财务、干部兼职、名称四个方面与机关彻底脱钩)兴办的43个经济实体，处理1名党政机关干部在企业兼职，两头领取报酬，涉及金额近6万元。

清理公费违规消费　1992年，区纪委会同区监察局、区级机关党委、区财办等部门检查35家单位执行严禁用公款吃喝送礼等情况，发现部分单位普遍存在发放代币购物券的问题，立即责成停用，并通报全区。1993年，清理党政机关用公款购买摩托车(轻骑)，查处违纪金额4.88万元，重新调剂19部车辆，其中有6部经有关部门确定折价归个人。专项清理公费出国出境旅游，清退60人多领的补贴费11.1万元。1994年，对乡镇机关用公款购买的104部摩托车作清理，清退资金10多万元。1995～1997年，清理违规用公款安装住宅电话333部和违规配置移动电话144部，全部折价过户给个人，收回资金15万多元；对符合规定的公款配置的166部移动电话登记造册，设立专用账户，统一管理，规定限额，超支自付。专项检查和处理用公车扫墓、公款公车钓鱼等问题，内部通报4人，受纪律处分6人。1998年，继续狠抓违规电话安装、配置专项清理工作，清理不符合规定用公款安装的344部住宅电话，全部折价过户给个人；用公款配置的144部移动电话中，按规定处置69部；全区300多名乡科级干部享受住宅电话费补贴，经清理压缩至76人。调查处理6名干部用公款新购移动电话问题。通过清理，区廉政办移动电话专用账户比清理前少支话费40多万元。同时，专项清理工作向村、组延伸，清理违规公费安装住宅电话177部，全年节约经费10.6万元；清理违规公费配置移动电话12部，全年节约经费5.04万元。1999年，清理用公费违规购置移动电话75部，全年节约经费24万元。制止公费旅游87人次，节约经费16.6万元，减少不必要的公费出国4人次，查处3件公费旅游问题，挽回经济损失16.5万元。2000年，清理村级公费通信工具，全区清出村组违规用公款配置移动电话20部、寻呼机100部，收回资金2.91万元。

规范教育卫生收费　1996年，区纪委会同区文教局印发《关于对中小学收费工作中违纪违规问题的处理意见》，规范中小学收费制度。2003年，实行教育收费公示制度，清理取消收费项目3项，涉及金额46.3万元。2004年，推行义务教育阶段“一费制”收费办法，加强对公办高中招收择校生“三限”(限分数、限人数、限钱数)政策执行情况监督检查。

2007年，在全区中小学、医院开展规范收费创建活动，建立规范收费学校、规范收费医院创建工作联席会议制度。2008年，召开双创工作会议，提出规范收费学校和规范收费医院全覆盖目标。是年，全区15所学校全部创成市规范收费学校，3所医院通过市规范收费医院考核验收。2009年，全区4所一级医院创成市规范收费医院。2010 年,落实市纪委《关于 2010～2012 年创建“群众满意学校”“群众满意医院”活动的实施意见》,在全区 16 所学校和 6 所医院(卫生服务中心)开展“双满意”创建工作。制定“双满意”创建活动方案,明确 6 所学校和 1 所医院为试点单位。相继召开“群众满意学校”“群众满意医院”创建工作座谈会,交流规范收费经验做法,加强师风医风建设,促进教育卫生事业健康发展。11 月,在 6 所创建试点学校进行网上评议,开展全区万人评教育“一日开放”活动,发放调查问卷 1.2 万份,群众基本满意率 99%。2011 年,区文教体局结合“唱红歌、品经典、传箴言、当义工”主题,开展“师德师风建设年”活动,卫生系统结合“医院管理年”、学习《廉政准则》、创建“文明城市”、推行“基本药物制度”活动,把“群众满意”各项措施落到实处。

图 14-5-2 2006 年 11 月 13 日,党风廉政监督员深入安置小区征集民意

清理行业协会脱钩工作 2009 年,清理规范行业协会、市场中介组织服务和收费行为,督促区工商分局、区民政局、区物价局对 63 家中介组织、31 家行业协会完成宣传发动、登记自查等工作。2010 年,印发《关于加快推进行业协会与行政机关脱钩的通知》。除工商等垂直管理单位的行业协会由上级部门统一安排脱钩外,共清理依附行政机关收费的行业协会 5 家。

第四节 案件查处

1989～2011 年,区纪委共立案受理违法违纪案件 341 件,党政纪处分 341 人,其中区管干部 46 人、一般干部 180 人、一般党员 115 人。开除党籍 104 人、留党察看 48 人。

1991 年,双桥粮管所 3 名党员领导干部违规套购面粉 18 万多公斤,经查证后,分别给予 3 人开除党籍、撤销党内职务和严重警告处分。1998 年,查处市中行原郊区办事处某负责人经济案件。1999 年,查处原区合作基金会负责人袁某受贿案。2000 年,查处原湾头镇金融服务社负责人刘某受贿案和区物价局倪某等人受贿案,挽回经济损失 20 多万元。2001 年,查处区总工会原主席(原江苏环球工贸股份有限公司总经理)戴某受贿 7.9 万元案件。2002 年,先后查处平山茶场下属企业市钢管总厂原财务负责人尹某等人受贿收礼 20 多万元经济案和区人民医院原院长胡某收受有关单位和个人计 4 万多元的经济串案,区计经委原副主任、区运输公司原总经理刘某收受贿赂 3.56 万元案件,城北乡副主任科员、原江苏捷康集团董事长王某收受礼金 9.5 万元案件。2003 年,查处城北乡三星小学陆某因工作失职而造成腮腺炎流行的渎职案件和西湖镇蜀冈村经济串案。2004 年,查处原城区供销社副主任吴某受贿案,挽回直接经济损失 20 多万元。2005 年,查处西湖镇果园小学原副校长程某与张某安全管理失职案和区民政局原局长顾某与区殡葬管理所原所长潘某分别受贿 51.8 万元和 17 万元案。2006 年,查处市规划局维扬分局原局长朱某受贿案。2007 年,查处区农水局所属市蔬菜研究所原所长陆某等 4 人侵吞 326.28 万元国有资产案,区劳动和社会保障局就业处原主任方某贪污、受贿案等。2009 年,查处甘泉镇姚湾村支部原书记姚某在村重点工程建设、企业征地、买断土地使用权、为相关单位和个人介绍业务等过程中受贿 20 多万元违纪违法案件。2010 年,查处原区体改委副主任王某以借为名索取财物的受贿案。

1989～2011年维扬区党纪处分情况一览表

表14-5-3　　单位:人

项目 年份	处分人数	受处分干部类别			处分类型				
		区管干部	一般干部	一般党员	开除党籍	留党察看	撤销党内职务	党内严重警告	党内警告
1989	16	3	11	2	1	—	1	14	—
1990	16	3	8	5	6	1	—	3	6
1991	12	3	6	3	3	2	2	1	4
1992	12	1	7	4	4	2	1	5	—
1993	2	—	2	—	1	—	—	1	—
1994	7	—	6	1	2	2	—	1	2
1995	7	1	3	3	2	3	—	1	1
1996	20	4	14	2	2	6	1	6	5
1997	19	—	17	2	7	3	1	6	2
1998	20	2	10	8	4	3	—	9	4
1999	7	1	—	6	2	1	—	1	4
2000	17	—	11	6	9	1	—	1	6
2001	23	3	15	5	15	1	—	—	7
2002	18	6	9	3	6	2	—	3	7
2003	15	2	8	5	4	2	—	3	6
2004	12	2	8	2	1	4	—	3	4
2005	13	1	3	9	7	2	—	1	3
2006	18	1	6	11	3	1	—	6	8
2007	17	1	3	13	8	3	—	3	3
2008	19	5	11	3	6	2	—	6	4
2009	17	2	11	4	4	—	3	10	—
2010	20	4	6	10	6	6	—	3	5
2011	14	1	5	8	1	1	—	6	6
合计	341	46	180	115	104	48	9	93	87

第六章　组织建设

第一节　党员队伍

一、党员发展

1989年,全区有党员4652人,其中女党员632人,少数民族党员11人,25岁以下87人、26～35岁809人,高中学历(含中专、职高)668人、大专以上学历218人。当年,发展党员74人,其中35岁以下31人。1993～1995年,共发展党员667人,其中生产一线478人,占发展党员总人数的71.66%。1996

～1997年,重点发展35岁以下年轻党员,共发展党员542人,其中35岁以下291人,占发展党员总人数的53.69%。1999年,推广城东乡发展党员公示制做法,区委制定《关于在发展党员工作中实行公示制的意见》,保证党员发展质量。当年,发展党员270人,其中女党员90人,占33.33%。2001年,发展党员180人,其中生产一线32人,35岁以下110人,女党员57人。2002年,市区区划调整,城东乡、汤汪乡、湾头镇共2633名党员划归广陵区后,全区共有党员4857人,其中女党员948人,少数民族党员17人,25岁以下149人、26～35岁763人,高中学历(含中专、职高)1174人、大专以上学历1154人。当年,发展党员137人,其中35岁以下87人,女党员48人。2003年,发展党员138人,其中生产一线18人,35岁以下71人,女党员47人。2004年,发展党员172人,其中35岁以下114人,女党员75人。2005年,发展党员162人,其中35岁以下112人,女党员76人。2006年,发展党员121人,其中35岁以下87人,女党员59人。2007年,发展党员120人,其中35岁以下85人,女党员53人。2008年,发展党员99人,其中35岁以下43人,女党员65人。2009年,发展党员114人,其中35岁以下60人,女党员53人。2010年,全区有党员9560人,其中女党员2540人,少数民族党员43人,35岁以下1873人,高中学历(含中专、职高)2168人、大专以上学历1854人。当年,发展党员104人,其中35岁以下63人,女党员39人。2011年,党员总数与2010年变化不大。

1989～2010年维扬区中共党员发展情况一览表

表14-6-1　　单位:人

项目/年份	申请入党	入党积极分子	发展党员	预备党员	预备党员转正
1989	726	343	74	106	75
1990	955	446	108	112	81
1991	1098	680	160	134	121
1992	1148	642	131	169	152
1993	1125	669	197	169	153
1994	1193	722	200	218	203
1995	1274	671	270	207	181
1996	1480	785	273	314	272
1997	1611	816	269	294	267
1998	1433	867	222	268	233
1999	826	460	270	196	193
2000	522	280	186	262	256
2001	569	265	180	232	217
2002	674	241	137	180	173
2003	668	217	138	169	162
2004	762	305	172	214	213
2005	751	308	162	182	181
2006	472	263	121	149	189
2007	519	308	120	161	139
2008	680	427	99	221	167
2009	653	370	114	201	221
2010	797	539	104	151	188

1989～2010 年维扬区中共党员情况一览表

表 14－6－2　　　　单位:人

项目 年份	人员结构			年龄结构				文化程度					分布情况				
	总人数	女党员	少数民族党员	35岁及以下	36—45岁	46—60岁	61岁及以上	研究生	本科专科	高中	中专	初中以下	在岗职工	农牧渔	个体劳动者	离退休人员	其他
1989	4652	632	11	896	1501	1563	692	—	218	668	220	3546	2225	2058	—	369	—
1990	4652	632	11	896	1501	1563	692	—	218	668	220	3546	2225	2058	—	369	—
1991	4940	662	12	817	1612	1721	790	—	260	822	257	3601	1420	1992	—	361	—
1992	5095	691	13	816	1605	1809	865	—	292	903	268	3632	1764	1795	—	378	—
1993	5333	747	13	878	1685	1874	896	—	365	980	310	3678	1626	1977	—	387	—
1994	5411	732	12	842	1686	1948	935	—	408	1021	338	3644	1840	1623	—	417	56
1995	5617	823	11	936	1680	2062	939	—	457	1154	381	3625	2214	1358	—	434	—
1996	5892	910	14	1091	1618	2081	1102	—	640	1279	384	3589	1699	1860	5	525	27
1997	6151	996	17	1175	1664	2256	1056	—	694	1417	394	3646	1772	2159	5	393	63
1998	6311	996	16	1325	1658	2144	1184	2	839	1486	448	3536	3661	2016	8	589	37
1999	6598	1113	22	1193	1618	2353	1434	2	986	1563	419	3628	3419	2634	—	296	249
2001	7011	1239	18	1191	1693	2463	1664	3	1235	1672	457	3644	1484	2751	—	314	299
2002	4857	948	17	912	1214	1688	1043	5	1159	1174	411	2108	882	1518	—	388	230
2003	4857	1067	20	966	859	1842	1190	7	1227	1283	428	1919	2775	1482	65	603	388
2004	6113	1397	24	1031	1346	2048	1688	8	1584	1488	525	2508	2729	1365	71	1404	615
2005	6839	1681	21	1173	1417	2222	2027	13	1824	1645	813	2544	2692	1419	64	2149	574
2006	6876	1709	25	1163	1344	2273	2096	20	1945	1645	728	2538	2687	1095	—	2245	749
2007	7335	1894	27	1271	1636	2154	2274	32	2256	1809	640	2598	2911	1040	—	2495	889
2008	8846	2196	29	1535	1864	2558	2889	45	2606	2086	722	3387	3387	1783	—	2682	994
2009	9267	2398	37	1704	1756	2672	3135	64	2795	2150	735	3523	3523	1829	—	2872	1049
2010	9560	2540	43	1873	1681	2715	3291	104	3264	2168	723	3301	3495	1626	—	3127	1312

二、党员教育

1989～1996 年,定期举办村党支部干部培训班,组织“忆传统、作贡献,做新时期合格党员”教育活动,开展以“注重增强组织活力、注重增强经济工作能力、注重增强免疫力”为内容的“三力”活动,组织广大党员聆听市区优秀党员标兵演讲。

1998～1999 年,在乡科级干部、村企业干部、党员干部中分别开展中共十五大报告学习讨论活动。2002 年,举办各类中短期培训班,提高农村党员干部致富本领。组织“周末大课堂”讲习,定期邀请专家、学者、致富能手讲授技术、传送经验。2002 年,在村和乡镇站所党员中开展“三个代表”重要思想学习教育活动。2003 年,全区基层党组织和党员参与做好防治“非典”工作,开展“党员突击队”“党员责任区”“党员结对联系”活动。成立党员突击队 161 个,其中党员应急小分队 29 个、党员义务宣传队 49 个、党员查哨岗 83 个。2005 年,全区分两批开展保持共产党员先进性教育活动。区级机关部门为第一批,共有 49 家单位(35 个党组织)797 名党员参加;基层单位为第二批,共有 300 个党组织 5000 多名党员参加。2006 年,配合市委组织部、市委农村工作办公室举办为期 5 天的小康村支部书记培训班;配合市委组织部在西湖镇金槐村召开全市“新农村新党建”现场观摩会;组织全区村支部书记参加市委组织部在江阴市华西村举办的村支部书记培训班。2007 年,区委组织部、区总工会、团区委、区妇联联合开展“温馨服务企业行”“扬大硕博团问计维扬经济”“非公企业专场文艺晚会”等系列活动。2009年，围绕“深入学习实践科学发展观，加快建设更高水平全面小康新维扬”主题，通过宣讲团宣讲、组织知识竞赛、祭扫烈士陵园、举办先进事迹报告会、“一把手”讲台、开展“三问三求”、征集承诺短语、撰写千字文等活动，推进全区党员干部学习教育活动深入开展。2010～2011年，先后举办5期基层季度讲堂，46名村(社区)党支部书记参加学习。

三、党员管理

1989年，普遍开展民主评议党员活动，全区4000多名党员受到一次党员标准教育。1990年，开展农村基层党建工作试点，在全区8个乡镇(场)党委(总支)和95%村党支部建立“党建工作室”和“党员之家”。1991年，结合村级组织配套建设，整顿11个后进村党支部，调整充实8名党支部书记。1993年，开展党员“创先争优”活动，进一步增强党员的市场竞争意识和改革开放意识。1995年，以增强“领头雁”富村富民能力为重点，加强村党支部书记队伍建设，全年共选拔35岁以下村党支部书记6人，其中30岁以下3人。2000年，按照农村基层组织建设“五个好”(领导班子好、党员干部队伍好、工作机制好、小康建设业绩好、农民群众反映好)目标，开展创建“五星村”党支部活动。同年7月，加强非公企业党的建设，制定《关于加强业主党员队伍建设的意见》和《关于在新经济组织中选派党的工作指导员的意见》。2001年8月，在平山乡召开全区业主党员教育管理现场会，推进全区业主党员教育管理工作。在非公企业党组织中开展党建“结对共进”活动，探索非公企业党建工作新思路、新方法。2002年，在社区党员中实施“一人一岗”活动和楼栋党员公示制，在农村基层党组织中开展“争创富民先进党支部、争当‘双带’优秀村支书、争当先富帮贫好党员”活动。2005年5月，开展社区党员参与“双带”(党员带头创业致富、带头参与和支持社区建设)社区建设活动。制定《党员参与“双带”社区建设暂行规定》。2007年8月，全国基层党组织建设工作情况通报专题介绍维扬区“组织单独建、活动联合搞、资源整合用”特色做法，中组部副部长欧阳淞作出批示：“维扬区的做法是一个创新，它有助于扩大非公党建的影响力，形成党建工作的规模效应，对这一创新应予肯定。”2008年，贯彻中共十七大精神，结合区情，在“四个着力”上下功夫，着力推进城乡党建理念融合，开展“统筹城乡、共创和谐——党建专家维扬行”活动；着力推进党建板块融合共建，联合区劳动和社会保障局与各乡镇举办“送就业岗位下乡、促城乡劳务进厂”现场招聘会；着力推进活动载体创新创优，结合社区(村)两委会换届选举，全面推行“两票制”“双直选”，选举产生新一届社区(村)党组织领导班子；着力推进城乡党建一体化发展，成功承办扬州市首届社区党委书记论坛，在全市率先实施统筹城乡基层党建工作。2010年，开展以“创建服务型党组织、争当‘五星’党员”为总体要求的创先争优活动，扎实推进基层党的建设。非公企业“创先争优”活动经验被中组部办公厅《组工信息》采用。承办全市社会组织创先争优活动现场推进会。完成全区276家单位、472个基层党组织公推直选，选举产生753名新一届基层党组织领导班子成员，形成“三推三选”(全员、提名和举荐三种推荐方式和“书记委员同时选举”“先选委员再选书记”和“先选书记再选委员”三种选举方式)维扬模式和“369工作流程”(即3次会议：动员会、民主测评会、党员大会，6个阶段：宣传发动、组织报名、民主评议、组织考察、直接选举、后续完善，9次公告)。2011年，开展创先争优和干部队伍能力作风建设活动，推进村级组织“四有一责”(有持续稳定的集体收入、有功能齐全的活动阵地、有先进适用的信息网络、有群众拥护的“三强”带头人，强化村党组织领导责任)建设。首次采用公推直选方式推选出乡镇党代表，提高换届工作透明度。组织开展“七一”评选表彰、基层文明大讲堂、党员故事会、“红色文化”下基层等“迎七一、庆生日”系列活动，营造“争当服务先锋，争做惠民实事”氛围。实施社团党建“名牌”创建工程，建立康乐艺术团、老山园艺等社团党支部42个；在全区成立13个党员志愿者工作室，“红马甲”“十姊妹”等一批“明星”社团党组织影响力不断提升。“七一”期间，红马甲义工队党支部分别被中共中央和省委表彰为全国先进基层党组织和全省先进基层党组织。

1989～2010年维扬区中共党员民主评议情况一览表

表14-6-3

年份＼项目	评议党支部(个)	评议党员(人)	表彰党员(人)	处理不合格党员(人)	年份＼项目	评议党支部(个)	评议党员(人)	表彰党员(人)	处理不合格党员(人)
1989	284	4652	198	45	2001	254	4419	118	5
1990	902	4785	—	—	2002	97	1177	28	—
1991	315	4940	344	11	2003	144	1888	100	3
1992	328	5095	342	—	2004	223	3492	80	4
1993	331	5303	494	1	2005	131	340	—	4
1994	340	5349	403	2	2006	141	3179	78	3
1995	332	5323	270	6	2007	59	1307	22	—
1996	328	5596	170	4	2008	104	1606	119	—
1997	358	5965	200	7	2009	57	1223	—	9
1998	349	6186	311	—	2010	231	5298	—	5
1999	308	5362	203	—	—	—	—	—	—

第二节　基层党组织

一、党组

1989年，区委共设立区人大常委会、区政府、区政协、区法院、区检察院、区计划经济委员会、区公安分局、区建设委员会(基建局)、区农水(业)局、区文教(卫生)局、农业银行扬州市郊区办事处、区粮食分局12个党组。1990年，区计经委党组改为区计经委党委，新建区供销合作社党组，有党组12个。1993年，新建区农村工作委员会党组。2000年，撤销区计经委党委，建立区计经委党组。2002年，增加区政府、区民政局、区司法局、区人事局、区劳动和社会保障局、区财政局、区国土局、区城管局8个党组，撤销区文教局党组，区计经委党组更名为区计经局党组。至2005年，区机关共有区人大常委会、区政府、区政协、区检察院、区法院、区工商联、区发展改革与经济贸易委员会、区民政局、区司法局、区财政局、区人事局、区劳动与社会保障局、区建设局、区农水局、区国土局、区城市管理局、区公安分局、区供销社、区粮食分局19个党组。2009年，撤销区公安分局党组，新增区卫生局、区物价局、区环保局、区审计局党组，区机关共有22个党组。2010年，撤销区国土局、区物价局、区供销社、区粮食局4个党组；区发展改革与经济贸易委员会党组更名为区发展和经信委党组；区建设局党组更名为区住建局党组；区人事局、区劳动与社会保障局两个党组合并，并更名为区人力资源和社会保障局党组；新增区安监局、区服务业发展局两个党组。至2011年，区机关共有区人大常委会、区政府、区政协、区检察院、区法院、区工商联、区发展和经信委、区民政局、区司法局、区财政局、区人力资源和社会保障局、区住建局、区农水局、区城市管理局、区卫生局、区环保局、区审计局、区安监局、区服务业发展局共19个党组。

二、党(工)委

1989年，区委建立西湖乡、平山乡、城北乡、城东乡、汤汪乡、双桥乡、湾头镇、区级机关8个党委。1993年，增加捷康集团党委、平山茶场党委。2002年，市区区划调整，减少城东乡、汤汪乡、湾头镇3个基层党委，撤销区级机关党委。增加区文教局党委、区信用合作联社党委、双桥街道党工委、梅岭街道党工委、江阳工业园党工委、区级机关党工委，全区共有12个党(工)委。2003～2004年，瘦西湖街道党委改为党工委。至 2005 年,减少捷康集团、区信用合作联社两个基层党委,全区共有党(工)委 11 个,其中西湖镇、平山乡、城北乡、双桥乡、平山茶场、区文教局党委 6 个,双桥街道、梅岭街道、瘦西湖街道、区级机关、江阳工业园党工委 5 个。2010 年,全区有党(工)委 20 个,除西湖镇党委、城北乡党委、平山乡党委、双桥街道党工委、梅岭街道党工委、甘泉街道党工委、维扬开发区党工委、物流园区党工委、蜀冈生态新区党工委、区级机关党工委、区文教局党委、区公安分局党委等 12 个党(工)委外,新增村级党委 1 个(金槐村)、社区党委 5 个(安平社区、锦旺社区、文苑社区、卜桥社区、便益门社区)、企业党委两个(扬州三布纺织有限公司、扬州柳工建设机械有限公司)。2011 年,党(工)委数未有变化。

三、党(总)支部

图 14-6-1 2008 年 11 月 1 日,竹西社区党支部进行换届选举

1989 年,全区共有 7 个党总支(工业系统 1 个、农林系统 3 个、交通邮电系统 1 个、区乡机关 1 个、其他 1 个)、284 个党支部(工业系统 70 个、农林系统 92 个、建筑系统 13 个、交通邮电系统 13 个、商业物资系统 19 个、科教文卫系统 22 个、区乡机关 46 个、其他 9 个)。1990 年,全区共有党总支 12 个、党支部 302 个。1997 年,全区共有党总支 27 个、党支部 379 个。2001 年,全区共有党总支 50 个、党支部 395 个。2002 年,市区区划调整,党总支减少为 35 个、党支部减少为 309 个。至 2005 年,全区共有党总支 43 个,其中事业单位党总支两个、非公企业党总支 1 个、机关党总支 14 个、其他 26 个;共有党支部 305 个,其中事业单位党支部 36 个、企业党支部 107 个(非公企业党支部 74 个)、机关党支部 74 个、其他 88 个。2010 年,全区共有党总支 54 个,其中事业单位党总支 1 个、非公企业党总支 2 个、机关党总支 17 个、其他 34 个;共有党支部 457 个,其中事业单位党支部 42 个、企业党支部 152 个(非公企业党支部 137 个)、机关党支部 95 个、其他 168 个。2011 年,党(总)支部数未有变化。

1989～2010 年维扬区中共基层组织情况一览表

表 14-6-4　　单位:个

项目 年份	党组	党(工)委	党总支	党支部
1989	12	8	7	284
1990	12	9	12	302
1991	12	9	14	315
1992	12	9	18	328
1993	13	10	21	331
1994	13	10	21	326
1995	13	10	23	323
1996	13	10	25	321
1997	13	10	27	379

续表 14-6-4

项目 年份	党　组	党(工)委	党总支	党支部
1998	13	10	26	304
1999	10	10	25	366
2001	11	10	50	395
2002	20	12	35	309
2003	20	13	38	312
2004	20	13	42	322
2005	20	11	43	305
2006	20	12	34	304
2007	21	13	40	351
2008	23	15	48	401
2009	23	17	48	430
2010	19	20	54	457

第三节　干部队伍建设

一、干部考核选配

1989 年，结合区、乡人大、政府及基层党委换届选举，坚持德才兼备用人标准，调整干部 69 人，其中提拔 27 人。1990 年，组成 3 个考察组考察全区 162 名乡科级领导干部政治素质，提拔乡科级领导 70 人，其中女干部 8 人，占提拔人数 11.4%。1991 年，加强后备干部建设，注意在企业选拔经营管理人才，有 114 人列入后备干部名单。同年，调整乡科级干部 64 人，其中提拔 41 人。1994 年，调整乡科级干部 36 人，其中提拔 9 人。加快年轻干部培养，启动领导干部助理制，机关有 3 人被选拔为局长助理。1995 年，新一轮乡科级后备干部平均年龄 32.8 岁。同年，提拔区管领导干部 57 人，其中 35 周岁以下 19 人，占 33.3%。1996 年，对区级机关部门 113 名副科级以上干部测评，测评结果直接反馈给被测评人。注重培养和使用年轻干部，有 5 个乡镇(场)党政班子配备两名 30 岁左右年轻干部，3 个乡镇(场)配备 1 名 30 岁左右年轻干部。1997 年，调整乡科级干部 48 人，其中提拔 16 人。1999 年，完成区、乡人大、政府换届工作。推行中层干部竞争上岗。全年调整乡科级干部 65 人，其中提拔 21 人，选拔 3 人任局长(主任)助理。2000 年，调整乡科级干部 89 人，其中提拔 25 人，选拔 5 人任局长(主任)助理。2001，调整乡科级干部 170 人，其中提拔 67 人。2002 年，调整乡科级干部 151 人，其中提拔 46 人。2003 年，调整区管干部 92 人，其中提拔 22 人。2004 年，调整区管干部 125 人，其中提拔 31 人；淘汰 80 名原在册后备干部；交流干部 36 人次。是年，公开招聘 9 名优秀大学毕业生到乡镇工作。2005 年，调整干部 162 人，其中提拔 37 人。对乡科职和副乡科职领导干部人选实施公推公选。同年，招聘 11 名本科以上大学生到区级机关工作。2006 年，以党委换届为契机，配强乡镇“一把手”。新当选 4 名书记，平均年龄 42 岁。其中，大学学历 3 人、大专学历 1 人。2007 年，完成区、乡镇人大、政府和区政协换届选举。公开选拔 5 名领导后备干部。2008 年，调整任免区管干部 123 人次，其中新提拔 22 人。尝试在区城管局 3 个副科职大队长岗位由单位内部竞争上岗。实施区机关部门中层干部跨部门交流，有 12 个部门 13 名中层干部走上新岗位。2009 年，调整任免干部 127 人次，其中新提拔任职 20 人(正科 5

人、副科15人)。首次面向全省公开选拔4名副科职领导干部和1名主任助理。2010年,新提拔任职24人(正科10人、副科14人)。在8个副科级岗位面向全区进行公推公选,实现四个首次:首次将选拔对象扩大到村(社区)两委会主要负责人和区内重点企业;首次采用两轮报名(首轮是资格报名,第二轮是笔试后职位报名);首次开展适岗评价,提高人岗匹配度;首次组织离岗考察,防止考察中人为干扰。2011年,新提拔任职25人。

二、干部教育管理

1989年,从各乡镇(场)、机关部门挑选50名中青年干部开展为期两个月培训,系统学习中国特色社会主义理论、哲学、领导科学和思想政治工作。1990年,举办第一期工业企业现代化管理培训班和中层妇女干部短期轮训班。1991年,举办第二期企业现代化管理培训班,40家企业48名领导与经营骨干参加为期两个月脱产培训。召开领导班子思想作风建设研讨会,收到论文40多篇。1995年,组织全区45岁以下机关干部学习计算机,并参加全省初级计算机等级考试。1996年,举办区第六期中青年干部培训班。制定《青年拔尖人才培养选拔管理暂行办法》,选送7名年轻干部赴苏南挂职锻炼。1999年,在全区公开推荐、选拔青年拔尖人才。2003年,制定《维扬区关于加强干部教育培训管理工作的意见》,建立健全全区干部学历、学位基础台账,清理虚假学历。2004年,举办第十期青年干部培训班,168名乡科级领导干部接受政治理论、党性修养、执政能力、法制教育等方面轮训。在区机关干部中开展"争创学习型机关、争当学习型干部"业务技能竞赛活动(包括征文、普通话等级、计算机等)。2005年,开展乡科级领导干部理论知识测试。与扬州大学联合举办人力资源管理培训班。鼓励干部参加更高层次学历教育。全区45岁以下乡科级领导干部具备本科以上学历达80%。2006年,举办第十一期中青年干部培训班,平均年龄32周岁,绝大部分具有大专以上学历。为开拓学员眼界,组织学员赴上海和江阴市华西村考察。2007年,编制《维扬区"十一五"干部教育培训规划》。2008年,创设"维扬讲坛",定期邀请知名专家、学者开设讲座,参训1500人次。2009年,举办"一把手讲台",49家单位"一把手"授课内容涉及党建、财政、政法、物流、审判、法律、环保、"三农"服务、招商引资等领域。其间,开展"一把手"优秀讲稿评选活动,从43篇报送讲稿中评出27篇讲稿,辑成《维扬区"一把手讲台"优秀讲稿汇编》,作为活动阶段性总结和培训教材。2010年,选派47人次参加14个主题班次培训,选派6人次参加5个高层次人才专题研修班。举办4期企业专业技术人员培训班,参训1000多人。创新"一把手讲台"模式,参与主体向乡镇(街道)延伸,授课形式向跨部门拓展。遴选20篇优秀讲稿,辑成《维扬区第二轮"一把手讲台"稿件精选》。是年,"维扬讲坛"邀请国家电网公司智能电网部主任王益民作《智能电网发展形势与战略机遇》讲座,促成区内企业获电力专用通信设备进网许可证(全国第四家)。2011年,结合全区干部调整情况,选派47人次参加16个主题班次调训,举办第十二期青年干部培训班。

第四节　老干部工作

一、概况

1994年11月,成立区委老干部局(副科级建制),主管老干部工作。1998年11月,明确区委老干部局正科级建制。2002年,市区区划调整,从广陵区划入离休干部14人,划出离休干部10人。2008年,部分市区区划调整,从邗江区划入离休干部4人。2011年11月,全区共有离退休领导干部151人,其中离休干部33人(4人异地安置离休),区机关副科级以上退休干部118人。2005年和2009年,区委老干部局被省委组织部、省委老干部局命名为老干部工作先进单位。

二、落实政治待遇

1989年后,建立老干部阅文、听报告、参加重要会议和重大活动、就便就近参观工农业生产项目等多种途径加强老干部思想政治建设。每年元旦、春节等重大节日期间,通过召开座谈会、茶话会、情况通报会形式，加强与老干部沟通交流。围绕学习邓小平理论、“三个代表”重要思想、科学发展观、党代会精神，举办老干部读书班和专题讲座，围绕抗战胜利、红军长征胜利、扬州解放、香港澳门回归、国庆庆典等开展多项纪念、庆祝活动。组织老干部参加“万人看扬州”、庆祝扬州火车开通、“4·18首发北京纪念游”、润扬大桥通车等活动。2010年，发挥老干部作用，开展离退休党员干部牵手大学生村官实践活动。1989～2011年，全区建立老干部党支部58个，举办老干部党支部书记培训班36期，培训党支部书记300多人次。

三、落实生活待遇

1989年后，不断改善老干部就医条件，确定苏北人民医院、市第一人民医院、市中医院、区人民医院为老干部就医定点医院。每年组织离退休干部健康体检，聘请专家就老年病举办健康讲座。落实老干部护理费、电话费、交通费和报刊费等待遇。为离休干部和副处级以上退休干部颁发老干部优待证，为其就医、参观等提供优待服务。

对机关事业单位1987年8月31日以前离休老干部和原行政15级、抗战时期老干部提高生活待遇。1991年10月，发放离休干部生活补贴，调整交通费和护理费发放范围，对已故离休干部配偶公用住房提租补贴和房租缴纳减免办法作出补充规定，制定离休干部配偶“农转非”、乡镇和微亏企业离休干部医药费实报实销等相关办法。1993年，提高离休干部工资标准，落实企业离休干部生活待遇。1996年，适当放宽离休干部享受职级待遇和护理费条件，在房改中优先照顾离休干部，平衡调整离休干部去世后丧葬费及一次性抚恤金标准，提高区级机关、企事业单位离退休干部去世后遗属的生活困难补助标准和离休干部配偶无工作、无固定收入的补助标准。1997年10月，建立离休干部“两费”保障机制，全面实行企业离休干部离休费社会化发放，陆续将离休干部特需费、参休费、交通费、房租补贴等有关费用纳入统筹范畴。2003年，全区提高离休干部护理费标准和交通补助费标准。2004年和2009年，适当放宽部分离休干部享受职级待遇和医疗待遇条件。2011年，再一次提高离休干部生活补贴和扩大发放范围，并增发生活补贴标准。

四、文体活动阵地建设

2009年，拨专款100万元将原区文化馆改建成老干部活动中心，中心面积近1000平方米，设有阅览室、棋牌娱乐室、室内健身活动室、乒乓球室、综合多功能厅和服务管理办公室等，是一座集老干部学习、交流、健身、休闲、娱乐、服务管理为一体的综合活动场所。2011年，成立区老干部大学，开设国画、书法、舞蹈3门课程，并根据老干部需求，增设学习门类。

第五节　人才工作

2008年，由区委组织部牵头，成立人才工作领导小组，统筹规划全区人才队伍建设目标、途径，通过文件、海报、信函等方式宣传人才政策，落实上级提供配套的各项资助要求。是年，区委制定《高层次创业创新人才引进工作奖励办法》，申报1个市创业团队和5个市创新人才项目，对创业创新人才给予最高50万元奖励。

2010年，建立健全人才工作机构，新设人才办（副科级建制），整合机关部门、乡镇（街道）、开发区（园区）和企业人才资源，形成上下联动、整体推进、优势互补工作格局。定期召开领导小组会议，研究人才项目申报、年度考核、奖励配套、资金落实等工作。落实高层次人才引进奖励专项资金近200万元，为海归人才解决住房问题，宣传4名获“市科技创新型领军人才”事迹。是年，申报各类人才项目33人次，其中3人为省“双创”重点对象，获250万元资助，1人入围全省“企业博士集聚计划”考察对象，5人入选市“绿扬金凤计划”。

2011年，坚持实施人才优先战略，把“人才与科技强区”作为“十二五”期间全区经济社会建设五大支撑战略之一，表彰8家人才工作先进单位，签约落户各类高层次人才12人；组织高层次人才信息资源普查工作，制定高层次人才引进实施意见，持续加大引才政策兑现力度，落实奖励资金近100万元。新建人才办公场所2000平方米，3家市级院士工作站成功获批，1家企业成为全市唯一入围“2011年国家级重大科技成果转化拟支持名单”，1项创新项目跻身国家“863计划”。新增落户各类高层次人才20人，其中自主申报全市首位国家“千人计划”1人，引进国家“千人计划”1人，两人进入第七批国家“千人计划”现场评审答辩，两人入选省“双创计划”，5人进入市“绿扬金凤计划”。

第七章　宣传教育

第一节　形势政策宣传

一、形势任务宣传

1989年，按照中共十三届三中全会提出的“治理经济环境，整顿经济秩序，全面深化改革”方针，按照从上到下、从党内到党外、从干部到群众分步骤、分层次、分领域、有计划地开展形势政策宣传，保证“治理、整顿、改革”顺利推进。1991年，开展中共十三届七中全会精神、江泽民“七一”讲话以及党史党建理论学习宣传教育。针对国际形势变化，做好反和平演变教育，作形势报告10多场次。1992年，开展学习宣传邓小平南方谈话和中共十四大精神活动，动员全区人民振奋精神，抓住机遇，集中力量，敢闯敢试，加快经济建设步伐。1993年3月，区委宣传部与区委组织部联合印发《关于组织全区党的各级干部学习社会主义市场经济理论和经济知识的意见》。9月，印发《关于组织全区基层党员学习建设有中国特色社会主义理论的实施意见》《关于组织区、乡机关干部学习建设有中国特色社会主义理论的计划》。1995年6月，区委宣传部、区委组织部、区纪委联合印发《关于在全区党员中开展建设有中国特色社会主义理论和党章学习活动三年规划》。11月，区委宣传部、区委组织部联合印发《关于举办全区副乡局级以上干部学习〈邓小平同志建设有中国特色社会主义理论学习纲要〉轮训班的意见》。1996年，坚持以邓小平建设有中国特色社会主义理论和中共十四届五中、六中全会精神为指导，以培养“四有”新人为目标，以提高公民素质和城乡文明程度为重点，开展精神文明名牌争创。1998年11月，区委宣传部印发《关于认真组织学习〈建设有中国特色社会主义若干理论问题学习纲要〉的通知》。1999年，以纪念五四运动80周年、庆祝新中国成立50周年、庆祝澳门回归为契机，学习贯彻中共十五大和中共十五届三中、四中全会精神。同年4月，区委宣传部印发《关于开展以学习江泽民同志在纪念党的十一届三中全会召开二十周年大会上的讲话为主要内容的轮训的意见》。2000年12月，区委宣传部印发《关于认真学习、宣传党的十五届五中全会精神的意见》。2001年，围绕“抓住机遇、加快发展”主题，采取多种形式宣传“富民强区”战略举措，继续坚持以“三个代表”重要思想总揽全局，把纪念建党80周年和实施现代农民教育工程作为工作重点，利用基层党校、政校等阵地开展“四个如何认识”(如何认识社会主义的发展历程，如何认识资本主义的发展历程，如何认识我国社会主义改革实践过程对人们思想的影响，如何认识当今的国际环境和国际斗争带来的影响)、“中国加入WTO”、“七一”讲话精神学习培训，全年共举办培训班38期，培训3100多人次。

2003年，组织广大党员干部群众学习中共十六大报告。2004年，围绕贯彻落实全国宣传思想工作会议精神，做到坚持“一个统领”(用“三个代表”重要思想统领宣传思想工作)，推动“三个热潮”(把学习贯彻“三个代表”重要思想热潮引向深入，把学习贯彻中共十六大和中共十六届三中全会精神热潮引向深入，把“两个率先”宣传教育热潮引向深入)。2005年，围绕区委五届九次全会确定的“三年翻一番，实现新跨越”目标，继续贯彻落实中共十六届四中全会精神，加强党的执政能力建设，举办形势报告会。

2006年，区委制定《关于开展社会主义荣辱观教育的通知》《关于深入学习贯彻胡锦涛同志七·一重要讲话的通知》《关于认真贯彻〈中共中央关于学习（江泽民文选）的决定〉的通知》《关于贯彻〈中共中央关于构建社会主义和谐社会若干重大问题的决定〉的意见》。2007年，陆续刊发《十七大精神在基层》《对话小康村》《“电脑村”村民的新追求》等稿件，展示全区上下坚持解放思想，推进改革开放，促进科学发展、社会和谐，全面建设小康社会的生动实践和进展成效。2008年，围绕“科学发展观”“能力作风建设”“抗震救灾”“纪念改革开放30周年”等一批重大主题，组织宣传。2009年，成立区学习实践科学发展观活动宣讲团，紧扣“深入学习实践科学发展观，加快建设更高水平全面小康新维扬”主题，组织宣讲报告会12场，受众3000多人次，宣讲内容涉及产业振兴规划、新型工业化、加快城市化进程、科技创新等专题。2011年，以中共十七届五中、六中全会精神为主线，通过菜单式选学、案例式教学，讲清形势、讲明任务、讲透道理，凝聚人心、鼓舞士气。

二、重大活动宣传

1989年，围绕庆祝新中国建立40周年，组织200多名农民合唱团参加市庆祝新中国成立40周年大合唱比赛，获优秀节目奖。1990年，开展第四次全国人口普查宣传，编发宣传简报18期，印发《致村民公开信》3万多封，出动9辆宣传车巡回宣传，组织编排文艺节目演出两场次，并将节目录制成录像带和录音带在农村播放，受教育面98%。1990年，在创建卫生城活动期间，编发创建专辑12期，制作创建宣传图片300多张，组织编排文艺节目参加市级调演。1991年，围绕建党70周年组织开展“我身边的共产党员”征文、党的基本知识竞赛、《党在我心中》书画展、摄影作品展和黑板报展等系列活动。1993年，编写《绿杨城郭数风流》一书，回顾10年来郊区发生的巨大变化。区召开建区10周年庆祝大会，举办专场文艺演出。1994年11月，举行全区青年干部学《邓小平文选》心得交流大会和社会主义市场经济知识竞赛。1995年3月，开展“郊区人话郊区”系列活动，组织“郊区人话郊区”演讲、征文、板报展、摄影展和知识竞赛。1996年，围绕中国共产党成立75周年、红军长征胜利60周年等纪念日活动，开展专题教育。1997年5月，开展“迎香港回归”主题系列活动。1999年9月，举办《今日郊区》摄影作品展，庆祝澳门回归。

2001年6月，开展“三个代表”重要思想专题教育活动。同年“七一”前夕，举办“致富思源、富而思进”教育图片展。同年，以纪念建党80周年活动为契机，开展纪念大会、文艺会演、知识竞赛、图片展、书画展、征文等10项重点活动。2003年5月，区举行建区20周年庆典，编印画册《春满维扬》，集中展现维扬区20年来经济和社会事业发生的巨大变化。2003年12月至2004年1月，举办维扬区第二届农民艺术节暨维扬区第三届扬剧大赛，开展农民书画摄影作品展评、农民歌手大赛、农民器乐演奏赛等多项活动，丰富农民业余生活。2005年，动员全区上下，特别是广大青少年参与纪念抗日战争暨世界反法西斯战争胜利60周年知识竞赛，共收到竞赛答卷1万多份。举办抗日老战士“不忘国耻、振兴祖国”演讲报告，组织群众代表参观南京博物院抗日战争史料展，编写《扬州人民抗日救亡运动》《青少年爱国主义教育》讲稿，为各中小学开展爱国主义和民族精神教育提供教材。2008年，与扬州广电总台合作策划“欢歌唱和谐，幸福满维扬——维扬区纪念改革开放30周年”专题文艺演出。组织“和谐维扬·幸福维扬——首届驻区单位文艺宣传”暨第四届“市民日”活动、“笔墨书文明，丹青颂维扬——纪念改革开放30周年暨公民道德宣传书画展”；驻区单位举办《扬州风，维扬情》文艺会演等重大活动。举办《为维扬喝彩》大型图片展，回顾维扬区改革开放以来所取得的成就。2009年，参与省、市庆祝新中国成立60周年活动，合唱《在灿烂的阳光下》获省优秀团队奖，国画《樱花闹春》获金奖。精心策划“国旗在眼前，祖国在心中”主题活动，双桥街道在文苑社区率先设立全市第一座社区国旗台，并在全区推广，实现全区村、居升挂国旗全覆盖。10月下旬，中央电视台采访维扬各社区设立国旗台情况，3次在12频道《道德观察》栏目作专题报道，每次时长20分钟。

第二节 政治理论教育

一、党委(党组)中心组学习

1990 年,区、乡(镇)党委(党组)分别建立学习中心组。1991 年 11 月,召开区、乡党委(党组)中心组学习交流会,有 42 篇学习体会文章参加交流。全年共作学习辅导报告和讲座 10 多场次。1993 年 3 月,区委中心组专题学习社会主义市场经济理论,围绕邓小平南方谈话、中共十四大精神、社会主义市场经济理论等内容进行讨论。1994 年,区委中心组实行“五个一”学习制度,即每年有一份学习计划、每月写一篇心得、每月由一名领导上辅导课、每两月出一期学习心得专辑、每月由一名领导作中心发言。1995 年,专题学习《邓小平文选》和《邓小平同志建设有中国特色社会主义理论学习纲要》。1996 年,区委中心组从学习内容、方法、时间、质量等方面加强自我检查,采取“一学、二议、三听、四讲、五交流”形式把中心组学习引向深入。1997 年,开展学习邓小平经济理论、喜迎香港回归、江泽民在中央党校重要讲话等专题学习。1998 年,区委中心组系统学习中共十五大精神,学习内容分为邓小平理论的历史地位和指导意义、社会主义初级阶段的基本路线和纲领、经济体制改革和经济发展战略、政治体制改革和民主法制建设、有中国特色社会主义文化建设、进一步把党建设好等 6 个专题。1999 年,区委中心组开展中共十五大报告、中共十五届四中全会决定、江泽民《在纪念中国共产党成立七十八周年座谈会上的讲话》等系列学习活动。2002 年,学习江泽民在中央党校省部级干部进修班毕业典礼上的讲话。2003 年,区、乡党委中心组学习胡锦涛《坚持发扬艰苦奋斗的优良作风》等重要文件,并在全区党员干部中开展向郑培民学习活动。

2004 年,贯彻中组部、中宣部和省委《关于加强和改进党委中心组学习的意见》,进一步完善区、乡党委(党组)中心组学习制度。2005 年,学习贯彻中共十六届五中全会精神,重点学习胡锦涛《在省部级主要领导干部提高构建社会主义和谐社会能力专题研讨班上的讲话》《县级党委提高构建和谐社会能力的几个重要问题》《在新时期保持共产党员先进性专题报告会上的讲话》等文章,观看全省反腐倡廉警示教育电视电话会议实况转播,听取市纪委常委徐邦喜所作的《建立健全教育、制度、监督并重的惩治和预防腐败体系实施纲要》辅导报告,组织参加东南大学社会发展研究室主任吕乃基所作的《关于科学发展观的几点思考》报告会。2006 年,区委印发《关于开展社会主义荣辱观教育的通知》《关于深入学习贯彻胡锦涛同志七·一重要讲话的通知》《关于认真贯彻〈中共中央关于学习(江泽民文选)的决定〉的通知》《关于贯彻〈中共中央关于构建社会主义和谐社会若干重大问题的决定〉的意见》。2007 年,制定区委中心组年度学习计划,开展人大监督法、领导干部作风建设、物权法、科学发展观等专题学习活动。全年共组织理论学习 7 次,发放书籍读本 500 多册,编发中心组学习参考专辑 4 期、区级领导调研成果专辑 1 期。

图 14-7-1 2006 年 12 月 15 日,区委中心组学习监督法(扩大)会议在区会议中心召开

2008 年,区委中心组集中学习中共十七大精神,召开“以新一轮思想大解放推进维扬科学发展”为专题的学习座谈会。区领导带头开展调研,全年共形成 40 篇质量较高的调研材料,并汇编成册。2009 年,区委中心组明确深入学习科学发展观、坚定不移深化改革开放、迎接新中国成立 60 周年等 6 个学习专题。区委中心组集中学习 13 次。2010 年,区委明确进一步加强改进党的建设、加快转变经济发展方式、建设创新型城区、统筹城乡发展等 6 个学习专题。区委中心组先后举行“加快经济发展方式转变”学习交流会、“三个扬州”(创新扬州、精致扬州、幸福扬州)建设专

题报告会、“十七届五中全会精神学习传达会议”等学习活动。2011年，以区委中心组为龙头的各级党委中心组围绕“三个维扬”(创新维扬、精致维扬、幸福维扬)建设，结合落实科学发展观、转变经济增长方式，中共十七届五中、六中全会精神等主题进行学习。

二、党员干部教育

1989年，共举办党员干部培训班38期，累计培训3000人次。其中，副乡科级以上干部学习江泽民国庆讲话学习班3期，每期6天；副乡科级以上干部廉政建设研讨班3期，受训162人，参训率92%；党员培训班7期，培训村支部书记以上党员干部500多人次。1990年，举办学习班53期，参训率85.9%。其中，副乡科级以上干部学法培训班3期。1991年，各乡镇场及机关各部门共举办党的基础知识、《马克思主义基本理论》培训班42期，参训党员2667人次；举办党纪教育培训班10期，参培党员1632人次。1993年11月，区委宣传部与区级机关党委联合举办学习建设有中国特色社会主义理论骨干培训班。1994年5月，区委宣传部举办群团干部理论骨干培训班。下半年，举办副乡科级干部学习《邓小平文选》第三卷轮训班3期。1995年，全区举办培训班54期，邀请专家授课43人次，参训党员4530人次。举办《邓小平同志建设有中国特色社会主义理论学习纲要》轮训班两期。1996年，全区培训基层干部、党员、预备党员和入党积极分子2130人次，组织企业政工干部51人参加省级岗位培训。全年共举办培训班57期，参训3770人次，全区130多名副乡科级以上干部普遍轮训一遍。1999年，区委宣传部等部门联合举办机关科股级以上干部轮训班、村委会主任培训班、团干部素质优化培训班、工会女工委员学习班和机关干部理论、法制学习班51期，受训党员3980人次。2001年，全年举办培训班68期，参训5000多人次。

2003年，结合创建“学习型城区”，举办宣传文化干部学习班。2009年，依托基层党校、农村(社区)冬训阵地，组织实践科学发展观学习，宣传改革开放30年和新中国成立60周年的成功经验，宣讲中央应对金融危机、保持经济平稳较快发展的决策部署。乡镇、街道党校举办理论学习轮训班10期，邀请市委讲师团为平山、城北、西湖等乡镇(街道)党员干部作辅导报告10多场，受众4000多人次。2010年，围绕城市化和工业化发展、“三个扬州”建设等专题，组织宣讲活动10多场，受众3000多人次。2011年，聘请10名理论宣讲骨干，以中共十七届五中、六中全会精神为主线，组织村、社区、学校、医院、工厂、商场等基层单位党员干部进行辅导讲座。

图14-7-2　2008年6月12日，“维扬讲坛——能力作风建设”在区会议中心举办

第三节　冬训教育

1983年建区后，区委决定全区每年冬闲时节各乡镇要开展一次冬训教育，每次冬训采取“以会代训”形式，培训区、乡、村与企事业单位党员干部和群众中先进骨干。1989年冬训，在湾头镇试点基础上，向全区推广。全年全区受训党员干部9550人，受训率90.2%。1991～1993年冬训，学习中共十三届八中全会和中共十四届三中全会文件精神，进行社会主义信念、农村改革、加强党的建设和精神文明建设等4个专题教育。1994～1995年冬训，重点学习《中共中央关于加强党的建设几个重大问题的决定》，教育广大党员干部弘扬开拓精神，加快奔小康进程，加快郊区经济建设和社会发展。1996～1997冬训，重点学习《中共中央关于加强社会主义精神文明建设若干问题的决议》，贯彻落实市、区全委扩大会议精神，加快郊区社会主义精神文明建设。1998年冬训，以学习中共十五届三中全会《关于农业和农

村工作若干重大问题的决定》为主，回顾改革开放20年来的成就，进一步推动农村社会主义精神文明建设和民主法制建设上新台阶。是年11月，城东乡被省委宣传部、省委农工部表彰为省农村党员冬训先进乡镇。1999年冬训，贯彻落实中共十五届三中全会、四中全会以及中央经济工作会议精神，开展以宗旨、政策和法制为内容的“三项”教育。2000年冬训，重点学习“三个代表”重要思想，贯彻落实区委(扩大)会议精神。2001～2002年冬训，以学习江泽民“七一”讲话和中共十五届六中全会精神为主题，进一步要求广大党员干部解放思想，加大农村经济结构调整。2003～2004年冬训，围绕科学发展观和党的先进性教育等专题开展学习教育，冬训实行教育主题集中、领导精力集中、教育时间集中。2005～2006年冬训，以市委宣传部编发的《实践“三个代表”重要思想，建设社会主义新农村》为教材。2007～2010年冬训，以加快城市化和工业化发展、推进“三个扬州”建设为主题。

第四节 宣传报道

一、报道网络

1989年3月，区通讯报道站成立，各乡镇场配备专兼职报道员，初步形成全区新闻报道网络。2002年6月，区通讯报道站更名为区宣传报道站，为全民事业单位，隶属于区委宣传部。1999年，与《扬州晚报》合作，开办《绿杨城郭》专版作为区重要宣传阵地。全年共办《绿杨城郭》26期，用稿284篇。2008年，区委宣传部与《扬州日报》、扬州电视台合作，开办《扬州日报·维扬时政》专版和扬州新闻《维扬时空》专栏。

二、影像宣传

1989年，为纪念改革开放10周年，区委宣传部与扬州电视台联合拍摄《扬州郊区在改革开放中前进》专题纪录片。1991年，为宣传土地管理法，区委宣传部、区土管局与扬州电视台联合录制《请珍惜这块美好的土地》专题片。1992年5月，制作《社教之光》录像片，在全市农村社会主义思想教育理论现场会播放，被市、县参会者誉为农村社会主义思想教育样板。1993年，印发《郊区投资指南》画册4000多册，制作《扬州郊区》《金色的双桥》《小村庄，大市场》等录像带40多盘。1995年，制作《崛起中的扬州郊区》专题片，在江苏电视台黄金栏目播放一个多月。金陵西湖山庄开业暨1995年郊区经贸洽谈会期间，组织拍摄金陵西湖山庄专题片在扬州电视台播放。2008年，制作《魅力维扬》对外电视宣传片。

三、新闻宣传

1989年，全区704篇稿件被市级以上新闻单位录用，其中省级68篇；编发《月度新事》12期，其中6篇稿件刊登在市《月度新事》上。1991年，1065篇稿件被市级以上新闻单位录用。1993年，区委宣传部举办通讯员培训班3期，聘请特约通讯员25人，邀请省、市新闻单位记者到郊区采访，撰写稿件350多篇。《烟囱水中栽，金鱼屋顶游》为《新华日报》重点稿件，获华东六省一市新闻评选三等奖。是年，共有1231篇稿件被市级以上媒体录用，其中国家级36篇、省级159篇，对外宣传20篇。1994年，1124篇稿件被市级以上媒体录用，其中国家级35篇、省级152篇，对外宣传180篇、经济类稿件105篇。1995年，1100篇稿件被市级以上新闻单位录用。1996年，1699篇稿件被市级以上媒体录用，其中国家级23篇、省级95篇。1999年，1863篇稿件被市级以上媒体录用，其中国家级21篇、省级87篇、《扬州日报》重点稿件33篇。2002年，区委宣传部被《扬州日报》评为通讯报道先进单位。同年4月，开展《月度新事》评选，全年共编发9期，其中5件刊登在市《月度新事》上。2005年，《维扬：棘轮下的知性招商》《集约之道看“江阳”》《再造一个第三产业》《扬州玩具撑竿急追奥运商机》《蜀冈，不做城市边上的守财奴》等稿件分别被省市级报刊采用。《维扬区：被征地农民就业忙》在《新华日报》刊载。《瘦西湖打响拆违“攻坚战”》及古运河沿岸美化、依法拆迁、人性化拆迁事例多次被市媒体报道。围绕社区建设，先后宣传社区优秀干部兰宝华、20多年坚持为居民服务的老党员吴秀英等典型。《维扬区：和谐社区传文明》

《司徒:治家格言墙上挂》等文章在省、市媒体刊登。

2007年,围绕“县域经济发展推进年”“强县强镇(乡),三年倍增”“学杭集、赶杭集,强镇富民奔小康”等专题,聚焦重点园区、重点产业、重点项目发展情况,挖掘做大做强、自主创新的新举措,在《扬州日报》刊发《维扬:谋求现代服务业异军突起》《双桥乡:全力打造“金三角商贸圈”》《外资缘何青睐维扬区西湖镇》《维扬机械制造业占规模工业六成以上》等报道。第二届“五亭龙杯”毛绒玩具礼品节期间,举办首届“五亭龙杯”毛绒玩具礼品设计大赛新闻发布会,邀请《人民日报》、新华社、江苏卫视等中央、省、市30多家媒体出席发布会。在《扬州日报》推出11个专版,集中推介维扬区各乡镇和重点企业。是年,区委宣传部被市委宣传部、扬州日报社评为2007年度新闻报道先进集体一等奖,首次进入全市宣传报道工作第一方阵。2008年,在《扬州日报》刊发头条6篇、头版20篇,发行《维扬时政》50期,在扬州电视台扬州新闻播出头条11条,播出《扬州新闻·维扬新时空》51期。

2009年,在《扬州日报》头版报道40篇。围绕学习实践科学发展观、庆祝新中国成立60周年等主题,分别在《扬州日报·维扬时政》开辟专栏集中报道。2009年,出刊《扬州日报·维扬时政》50期,播发《扬州新闻·维扬新时空》51期。2010年,40多篇报道在《扬州日报》头版刊载,其中头条8篇;扬州电视台《扬州新闻》头条6篇。2011年,在《扬州日报》头版头条刊登《维扬底色:最美“志愿红”》等报道,在《扬州日报》头版推出《扬杰电子院士把脉 借智发展》《喜看西湖传统产业“变脸”》《维扬外资利用提前过半》等文章。全年在《扬州日报》刊登重点稿件40多篇。

第八章　精神文明建设

第一节　组织机构

1984年12月,成立区五讲四美三热爱活动委员会(“五讲四美三热爱”即讲文明、讲礼貌、讲卫生、讲道德、讲秩序,心灵美、语言美、行为美、环境美,热爱中国共产党、热爱祖国、热爱社会主义),负责全区精神文明建设活动指导、协调、检查、评比等工作。下设办公室(设在区委宣传部内)。1990年11月,区五讲四美三热爱活动委员会更名为区精神文明建设活动委员会(简称文明委),下设办公室(简称文明办)。1998年5月,区精神文明建设活动委员会更名为区精神文明建设指导委员会。2005年2月,区精神文明建设指导委员会办公室升格为正科级单位。

第二节　思想道德教育

一、系列主题教育

社会主义思想教育　1991年3月,区委宣传部根据中央《关于在农村普遍开展社会主义思想教育的意见》,组织专门班子,进驻双桥乡3个村开展试点,5月结束。6月,各乡组织社教工作组开展调查研究,共走访农户6372户,接触干部群众2.27万人次,召开座谈会447次,参加座谈人数6688人次,基本掌握思想教育第一手资料,梳理教育重点,编写4份宣讲材料。在教育过程中,具体做到“四个结合”,即农村党员干部和群众“五爱”教育,同开展“新风户”“标兵新风户”评选活动结合;村级组织班子配套建设,同建立健全各项规章制度结合;党员党性原则、党的优良传统和先锋模范作用教育,同搞好党员民主评议结合;发展集体经济重要性教育,同深入工厂企业,现场解决生产中的实际问题结合。

在社会主义思想教育过程中,重点加强村级组织领导班子配套建设。对班子实际状况实行分类指导。群众教育,主要发挥“五个阵地”(水利工地、文化中心〈站〉、广播站、党群活动中心、“三校”〈即乡镇党校、成人教育中心校、职工政校〉阵地)作用,运用12种形式(唱革命歌曲、电影周、宣传台、宣传车、一封信、知识竞赛、电视片、文艺演出、橱窗、板报、图片展览、形势讲座)开展宣传教育。同时突出答问宣传、算账对比、现身说法、热门话题讨论,开展评先树优及“看、摆、议”与“学、树、见”活动,增强教育说服力和感染力。全区受教育5万多人,受教育面92%。1992年5月,市农村社会主义思想教育现场会在双桥村召开。会上,郊区开展农村社会主义思想教育的经验与做法以及《社教之光》录像片,受到市领导和与会者好评。

“满意在扬州”教育活动 1990年,全区开展“满意在扬州”活动。活动重点放在三个方面:一是加强菜农思想政治工作,牢固树立服务城市的观念,使市民对“菜篮子”满意;二是抓好旅游区所在地乡村创“三优”工作,使中外游客感到满意;三是抓好市区十大重点窗口行业职业道德和社会公德教育,搞好优质服务,使广大顾客感到满意。在教育活动过程中定期检查指导,召开现场会,总结交流经验,教育活动取得实效。在市总结交流会上,郊区作经验介绍,6家单位和5名个人获市级“先进集体”和“先进个人”称号。1993年,继续在环球商厦、联谊农贸市场、戏院、歌舞厅等服务行业开展“满意在扬州”系列教育活动。各活动单位根据行业自身特点,开展文明班组、先进个人、优秀营业员、行业新风等形式多样、内容具体、具有时代特征的活动,以增加社会群众满意度。“买环球商品就是买放心”成为环球商场品牌形象。1996年,以“郊区人话郊区人”为主题,通过征文、演讲、摄影、知识竞赛、文艺演出5项活动展示郊区人新形象,提高郊区人在扬州的美誉度。

现代农民教育工程 2001年初,区委、区政府联合印发《扬州市郊区“现代农民教育工程”实施意见》,并成立领导小组,在城北乡先行试点,通过实际调研,探索新时期农民教育特点、规律、思路和方法。各乡、村相继建立工作机构,利用乡党校、成人教育中心校等教育载体,把现代农民教育内容作为教学重点,理论联系实际对农民开展邓小平理论、党的基本路线、农村政策和“双思”教育,以及市场经济知识、农村致富技术和法律知识教育,引导近郊农民自觉投身“建文明城市,创文明村、镇,做文明农民”活动,同时组织有条件的农民开展读书自学活动。区文明办组织干部、群众自学《中国农民基本常识读本》《现代农民教育工程读本》以及《公民道德建设简明读本》等现代农民教育基本教材。组建乡镇青年读书会、村级妇女读书会等,倡导农民读书读报,形成学习风气。2004年,实施新三年现代农民教育、现代市民教育“两大教育工程”,围绕全区“两个率先”发展目标,以加强诚信建设为重点,推进全民创业、全力创建、全面创优,提高人的素质,改善城乡居民生活质量为根本,以《致富之星——农民致富100例》《创业之路——自主创业100例》为范本,联系实际传授致富技能,帮扶自主创业。

新世纪郊区人新形象大讨论 2002年,根据市委宣传部关于开展“新世纪扬州人新形象大讨论”的意见,区委办公室印发关于大讨论的实施意见。区委办公室、区委组织部、区文明办联合组成调查组,对区乡机关干部作风进行调查,并形成调查报告,上报区委。区级机关党委在区级机关开展“双争”活动,各党支部围绕郊区人新形象开展制定新规划,树立新形象,争作新贡献的活动。区妇联以“倡导文明,拒绝邪教”为主题,向全区家庭发倡议书,组织千名妇女在竹西公园举办“强身健体,抵制邪教”跳健身操签名活动,树立妇女科学向上、文明健康的新形象。团区委在西湖山庄开展青年志愿者假日广场活动、青春风采大比武,展现青年人的朝气和活力。基层单位通过乡镇党校、职工政校、成人教育中心校等阵地座谈讨论“郊区人新形象”,利用墙报、板报、橱窗宣传郊区新形象。

“国旗在眼前,祖国在心中”教育活动 2009年,为迎接新中国成立60周年,区委宣传部、区文明办组织开展“国旗在眼前,祖国在心中”主题教育活动,在双桥街道文苑社区率先设立扬州市第一座社区国旗台,举行升旗仪式、唱国歌,激发社区居民爱国热情。其后在全区推广,实现全区村(居)委会升挂国旗全覆盖。10月下旬,中央电视台对维扬区在社区设立国旗台情况专题采访,并3次在12频道的《道德观察》栏目中播映,每次约20分钟。

二、“四德”教育

1989年，全区围绕“明星单位、明星柜组、明星服务员”竞赛评选活动，注重典型引路，全面推进职业道德建设。环球商场从基础工作做起，全年分4批130多人次到有关单位培训，以提高职工岗位素质和职业道德水平。在市区服务行业“创三星”竞赛评比中，环球商场童装柜获“明星柜组”称号。1990～1992年，连续3年对企业35岁以下青工，分别以《热爱祖国》《热爱中国共产党》《热爱社会主义》省统编教材为主要内容开展政治轮训。1990年，扬州三布厂、平山茶场青工参训率分别达100%、95%。3年平均每年青工全员参训率均在60%以上。

2003年，全面贯彻中共中央颁发的《公民道德建设实施纲要》，以“爱国守法、明理诚信、团结友善、勤俭自强、敬业奉献”的基本道德规范和社会公德、职业道德、家庭美德的基本要求为重点，举办公民道德建设系列讲座，先后邀请扬州大学、市委党校教授到基层作专题报告12场。9月20日第一个公民道德宣传日前后，各级基层组织利用市民学校、农民学校、职工学校，开展多种形式宣传咨询活动，下发各类资料近1万份。2004年，区文明委印发《关于开展“公民道德宣传日”宣传教育周活动的通知》，围绕8项活动，实行区、乡镇、社区联动，宣传《公民道德建设实施纲要》，开展市民文明、卫生、礼仪教育，以及千名志愿者服务、特困生帮扶、“四进社区”等道德实践活动。17个社区市民学校举办培训班155期。其中，法制教育5991人次，科普、卫生、计生培训7522人次，社会道德文明教育培训1.21万人次，倡导市民遵守公民基本道德规范，营造开放、文明、诚信守法的人文环境。2006年，在“四德”教育中，以市民的基本素质、基本道德、基本准则为切入点，围绕仁爱之心、忠信之心、公德之心、感恩之心，诚实守信形象、知书达礼形象、厚德载物形象开展活动，注重发挥先进模范带头作用、示范作用，树立典型，传播美德。号召市民学习老红军刘应启，弘扬长征精神；宣传孙维亮、孙玉龙父子敢于同违法分子作斗争的英勇事迹和冯国钰助人为乐、舍己救人的崇高品质；宣传王培华、吴秀英、汪红莲等19名“扬州好市民”的先进事迹。9月20日，区文明办在冶春广场举行维扬区庆祝第四个公民道德宣传日暨梅岭街道锦旺社区居民道德建设文明积分卡启动仪式。该社区在全市率先试行社区居民道德建设文明积分卡，并在实践中不断修订和完善综合评价指标体系，细化文明行为，以此推动和提高公民道德水准。

2007年，突出社会公德教育，开展“一规范、三管好、六不”(规范个人言行；管好自己的手，不乱贴乱画乱扔，不破坏公共设施；管好自己的嘴，不说脏话粗话，不随地吐痰；管好自己的脚，不闯红灯，不践踏草坪)实践活动，从提高市民基本素质抓起，倡导市民养成文明习惯，遵守社会公德。开展社会主义荣辱观教育，要求市民牢记“八荣八耻”。结合迎接中共十七大和全国第五个公民道德宣传日，从9月起至11月上旬，全区开展公民道德知识竞赛，38个单位、部门参赛，收回答卷300多份。

2011年初，区委制定《2011年市民文明素质提升行动计划》，重点在党政机关干部、企事业单位职工、城镇居民、中小学生、个体工商户以及外来务工人员中开展公民道德教育、文明知识培训、行为规范养成教育等活动。

三、未成年人思想教育

2004年，区文明委印发《维扬区加强和改进未成年人思想道德建设行动计划》，部署和实施“学校育人、团队育人”“家庭育人”“基地育人”“活动育人”“环境育人”五大工程。是年，区委宣传部、区文明办、区文教局、区妇联、区关工委等部门联合开展系列活动：在史公祠举办以纪念江泽民给吴霜同学回信为题的“牢记江爷爷教导，争做合格小公民”宣誓活动；邀请全国五好文明家庭——李炳炎一家为青少年及家长作“孩子如何成长成才”的辅导报告；以胡锦涛总书记给开妍同学的题词“努力学习、立志成才”为主题，在青少年学生中开展暑期征文活动；市图书馆与安平社区共建青少年图书馆和家长教育培训基地；西湖旅行社捐资帮助10名贫困小学生；扬州大学、扬州环境资源学院大学生在多个社区建立青年志愿者实践基地，为社区中小学生提供思想教育、学习辅导。区级机关16个部门在时代超市广场开展以未成年人思想道德教育为主要内容的为民、便民服务，赠送图书800多册，发放宣传资料2000多份，接待咨询人员近1000人次。区文明办与区文教局联合聘请94名“五老”人员担任87家网吧义务监督员。

2005年,区委宣传部、区关工委、区文明办和区妇联在翠岗社区建立亲子读书屋,引导家长和孩子共读好书、同受教育;安平社区与扬州晚报社、五亭龙玩具城共同举办星期日义务学校,为部分单亲家庭、残疾人家庭和特困家庭孩子补习文化、疏导心理;区妇联、区文教局在西湖镇举办"妈妈,我想对您说句话"演讲比赛,帮助家长们倾听孩子心声,改善家庭教育方法;广储社区组织学生开展"青少年离校不离教"暑期活动,在护城河畔开展"护城环保"活动,组织参观民族英雄史可法纪念馆,接受爱国主义教育。

2006年,针对新时期未成年人身心成长特点和接受能力,开展"树立正确荣辱观,传承中华民族魂""继承长征精神,立志报效祖国"等主题教育活动以及"文明校园、平安校园"创建活动;举办区青少年科技文化艺术节;继续实施"绿色上网、文明上网"工程,联合机关、学校、社区组织暑期假日课堂活动;帮助100多名贫困家庭子女入学就读。开展未成年人思想道德建设创新案例征集活动,共征集38篇案例,其中《当农民知艰辛》《感恩百日行》《让新童谣陪伴孩子健康成长》《重视学生心理健康,帮助学生摆脱网瘾》等13篇报送市文明办汇编成册。是年7月,维扬区未成年人思想道德建设工作通过省未成年人思想道德建设督查组检查。

2007年,在全区中小学校中开展"文明校园、平安校园"创建活动。5月,在四季园小学启动"好习惯伴我成长"活动,帮助小朋友们养成科学向上、文明健康的良好习惯。分批分期组织未成年人观看红色经典影片。

2011年,全区设立35个乡村少年宫,实现乡村全覆盖;组建9个社区青少年活动中心、9个心理健康咨询室,实现主城区全覆盖。同时,开展"做一个有道德的人""小手牵大手,共创文明城""经典诵读"等主题教育实践活动近100场次。表彰100名"文明好少年"和"双十佳小公民"。编印少年文明礼仪手册《崇文尚德 你我同行》1.2万册,分发至全区中小学校和社区。

第三节　树文明新风

一、破除社会陋习

1989年,结合区内农村部分干部群众中存在的党的领导观念、国家与集体观念、法制观念比较薄弱,封建迷信活动有所抬头,婚嫁丧葬大操大办等不良社会风气,区委宣传部召开专门会议,要求全面发动,广泛宣传,把"三提倡"(提倡遵纪守法、提倡艰苦奋斗、提倡科学文明)真正落到实处。双桥乡有200多名男女青年主动把结婚买嫁妆的钱(总额10多万元)节省下来,参加储蓄和投股,支持国家建设和乡镇企业发展。1990年,继续开展"三提倡"教育活动,对应"三提倡",明确提出"三反对":反对违法乱纪、反对铺张浪费、反对封建迷信。同时,打击聚众赌博、封建迷信和其他社会丑恶现象。"三提倡、三反对"教育活动,使区内初步出现婚事新办、丧事简办、神事不办的社会新风尚。其后,"三提倡、三反对"具体内容纳入"新风户"创建活动。

2003年6月,全区组织社会各界600多人举行"讲文明,树新风,改陋习"活动,集体宣誓、签名,以推动社会新风形成。抗击"非典"期间,组织人员到村组、小区,以"讲文明,树新风,改陋习"为主题,宣传"防非"知识。区委宣传部、区文明办印发《改除不良陋习,养成文明习惯倡议书》《十不行为规范》资料近1万份。平山乡、城北乡等开展清垃圾、洁家园活动。

二、倡导社会新风

创建新风户　1989年,全区开展和评比"五好家庭""文明户"等活动。1990年,上述各项活动统一定名为"新风户"创建,并制定"十个自觉、十个不"的"新风户"评比标准。是年末,在全区38232户农户中共评出"新风户"8570户,占总农户22.4%。其中,党员新风户1116户,占党员总户数3069户的36.4%。1991年初,召开创评活动经验交流会,推广城北乡瓦窑村做法和经验。同年10月,区委宣传部、区文明办与区妇联共同组织"新风进家庭"事迹报告团,到各乡镇巡讲7次。

1993年,在"新风户"评比中突出在经济建设中的作用,激发群众勤劳致富热情。全年共评出"新风户”5500多户。1994年3月，表彰魏久福等20户家庭为“新风户”标兵。1998年9月，印发《关于在全区开展创建“十星级文明户”活动的意见》。同月，召开全区家庭文明工程创建工作现场会。1999年，印发《关于开展“五好文明家庭奉献月”活动的通知》，要求“五好文明家庭”对社会、对集体、对国家多做奉献，因势利导地把“新风户”创建活动引向纵深发展。2000年3月，表彰谢兰凤等20户为郊区“五好文明家庭”。

2004年，区委宣传部全面总结平山乡开展“十星级文明户”活动情况，形成《关于平山乡开展“十星级文明户”创建的调查与思考》的调研报告转发各乡镇。同时，通过《扬州日报》、扬州电视台等媒体宣传他们的做法和经验，推动全区创建工作。是年，有15户家庭被表彰为“五好文明家庭标兵户”。2005年，平山乡举行“十星级文明户”挂星级牌、发鼓励奖仪式，激发群众创争意识。西湖镇举办治家格言上墙、廉政警言征集活动，全年有10户“五好文明家庭标兵户”受到表彰。2011年，全区各乡镇、各街道组织开展“五好和谐家庭”创建评选活动。区文明委评选出20户2011年度区级“五好和谐家庭”。

褒扬新人新事　1989年4月，在全区开展“月度新事”宣传和评比活动。区委宣传部编发月度新事简报9期，其中有5件被评为市“月度新事”。1994年11月后，月度新事评选停止，改为新人新事评选，内容从公民道德方面扩展到思想领域和经济领域，对评选出的新人新事在区内刊物上重点选登，或向上级推荐。2001年，城东乡助人为乐模范罗开珍、双桥乡爱岗敬业模范李开复分别当选省、市精神文明建设新人新事模范人物。2002年，开展精神文明建设十大新人新事评选活动，两人被定为市候选人，1人被定为省候选人。2005年，孙维亮、孙玉彪等见义勇为事迹入选市第七届“十佳新人新事”，全区共有19人获“好市民”称号。2009年，李宏来入选市十届“新人新事”。2010年，宣传徐明峰、王培华、何春涛等先进典型，组织“扬州好人”、道德模范宣讲报告会巡讲6场，受教育者2000多人次。2011年，全区表彰“十佳新人新事”，各乡镇（街道）利用好人榜、好人馆开展新人新事宣教活动。

“书香家庭”创建　2004年，全区开展创“书香家庭”活动。梅岭街道锦旺社区向全区家庭发出倡议，提倡“与经典同行、和好书为友”。2005年，印发《关于开展“书香家庭”创建活动的意见》，号召全区广大家庭学习新知识，创造新成绩，倡导新风尚，建设新生活。11月，在安平社区召开现场交流会，安平、锦旺社区作经验介绍，播放汪玲、晏炳森等家庭读书学习和创业的录像。此后，区文教局开展创建书香校园活动，在全区中小学生中开展读书活动，并以此带动家庭和社会。2005年，区委宣传部、区文明办、区妇联在城北乡举办亲子读书推介会，向200多名学生和家长赠送《文明礼仪手册》《好父母、好孩子》等书籍，倡导全区人民学礼仪、读好书、共创书香家庭。2011年，全区共有“书香家庭”163户。

图14-8-1　2006年9月20日，维扬区举行纪念第四个公民道德宣传日活动

三、城市志愿者义工队

2006年，区委宣传部、区文明办根据《扬州日报》上“文昌阁周边脏乱差该谁管”的报道，引导和组织接受“荣辱观”教育的200多名市民，穿上“红马甲”，走上文昌阁周边街头，及时劝阻行人的不文明行为，维护市容市貌，促进社会新风逐渐形成。省、市委有关领导对“红马甲”义工队伍给予肯定和好评。7月，区委宣传部、区文明办举行维扬区城市义工爱心活动推进仪式，义工队代表介绍活动情况，宣读《做城市义工，建文明家园》倡议书，号召更多志愿者加入“红马甲”义工队伍。2007年，区内每个社区都有自己的志愿者队伍，有6种类型50支队伍4000多人。12月，“红马甲”城市义工服务队获“全国社区志愿服务活动示范单位”奖牌和证书。2008年，完善全区志愿者服务体系、管理体系，成立新扬州人志愿者服务

总队。是年，石桥、丰乐社区获“全国优秀志愿者组织”称号，康乐、竹西社区获“全国志愿者服务先进集体”称号。2010 年，成立区志愿者协会和乡镇(街道)分会，同时筹建社区(村)志愿者工作室，形成组织体系。2011 年，新增注册志愿者 3000 多人，举办首届志愿者文化节，启动关爱农民工志愿服务活动。

第四节　文明创建

一、文明城市创建

1990 年，按照市统一部署，开展国家卫生城市创建活动。编发创建专辑 12 期，制作宣传图片参加全市巡展，编排文艺节目参加市会演。1999 年，区文明委印发《关于在全区深入开展文明城市创建工作的意见》，发放《创建文明城市宣传提纲》《扬州市民守则》以及创建文明城市知识问答。根据省对文明城市考核的要求和市下达的创建任务，进行细化，分解到相关责任部门和单位。

2004 年 8 月，市委、市政府召开创建全国文明城市动员大会。区委、区政府成立区创建全国文明城市工作领导小组和指挥部。指挥部下设办公室，负责创建日常工作。同月，召开全区争创全国文明城市工作动员大会，落实“一把手”负总责，主要领导亲自抓，条块结合共同抓，专门机构具体抓。将《扬州市争创全国文明城市测评体系(试行稿)》中的各项任务(9 个测评项目 119 个单项)和责任细化分解，定部门、定领导、定任务、定进度、定责任、定人员、定考核。同时，将《创全国文明城市 做文明扬州市民》等宣传提纲发放到基层单位，在扬子江北路增设创建公益广告牌 3 处。

2005 年，乡镇(街道)和各部门对照《全国文明城市测评体系》，做好自查、迎查工作。同时将两万份《给市民的一封信》、8000 张宣传图片和文字资料发到 19 个社区。2006 年 8 月，增设区城市文明建设推进委员会，印发《维扬区“推进城市文明，建设文明城区”行动计划》《维扬区推进城市文明建设委员会委员单位目标任务分解》，明确各成员单位工作职责及阶段性任务。是年，全区先后实施河塘清淤 12 个，改造露天粪坑 2425 个，完成三格式无害化厕所 1186 座，新增路灯 233 盏，修建乡村道路 17 条计 51 公里，社区巷道改造 1000 米，新增环保型果壳箱 100 多只。2008 年，参照市文明城市创建测评保分体系，制定维扬区测评保分指标，分解到部门，落实到责任单位或个人。在全市组织的 3 天测评检查中，维扬区实现不失分、保全分目标。

图 14-8-2　2009 年 8 月 8 日，区委召开维扬区创建全国文明城市工作推进会

2010 年，区文明办与创建办合署办公，将全国文明城市创建工作作为建设“创新维扬、精致维扬、幸福维扬”的一号工程来抓。组织实施“春、夏、秋、冬”四大战役，召开创建工作会议 60 多次，妥善处理群众来信来访 126 件，编发《创建简报》49 期。投放 9 块大型创建宣传广告牌，制作创建宣传光碟 600 多张，举办“精致、优雅伴我行”文艺巡演 6 次。在全区开展创建应知应会知识考试，发放和回收 1000 份创建试卷，发放《告广大市民的一封信》《创建简明读本》等近 10 万份。运用宣传栏、戗牌、横幅、板报等形式，广泛宣传普及创建知识，营造创建氛围，区内各住宅小区创建宣传覆盖率 100%、基层“市民课堂”开课率 100%，受教育者 3000 多人次。黄金苑小区、北门外大街 10 号大院等创建成果和经验作为全市创建的特色工作得到新华社、《人民日报》、《光明日报》、人民网、中央电视台《新闻联播》等多家新闻媒体立体宣传。2011 年，全区对照《全国文明城市测评体系》要求，强化组织领导和指挥调度，针对薄弱环节专项整治，市民素质和社会文明程度明显提升，城市功能和管理水平明显加强。

二、文明村镇创建

1996年，全区农村开展文明村镇创建活动，着力构建在市场经济条件下的道德规范，扭转思想道德教育"淡化""弱化"状况，提倡集体主义价值观，集中治理赌博、封建迷信、红白喜事大操大办等不良风气。1999年，进一步明确创建基本内容、要求和考核标准，把加快改变村镇面貌纳入考核之中。各村镇在规划和老庄台改造中重视基础设施、公共设施和卫生设施配套建设，改善生活环境。同年9月，市文明办在双桥乡武塘村召开全市创建文明村现场观摩会，推广武塘村经验。年末，全区有4个村被命名为省文明村，9个村、两个乡镇命名为市文明村、镇。

2001年，将提高农民整体素质、培育"四有"现代农民作为创建工作关键，采取多种途径和方法，教育、引导近郊农民逐步摆脱农民意识，向文明市民过渡。各乡镇加大村镇"细胞"—文明户创评活动力度，按照文明户—文明村—文明镇工作思路，做好基础工作。是年，全区申报省、市、区级文明乡镇两个、文明村26个，并通过检查验收。2002年，针对少数乡镇(街道)在创建工作中存在的投入少、无阵地、措施少、效果差等难点和薄弱环节，开展分类指导，制定管理办法。是年，文明村参创数占全区行政村总数一半以上。2003年，全区有4个村通过省文明委检查验收，新命名市文明村9个、区文明村14个。2004年，区文明办修改完善《文明乡镇(村)考核细则》。平山村、黄金村被列为市精神文明建设研究会首批会员单位。组织撰写省级文明村——堡城村的创建经验，并在《扬州情况》刊载。2005年，平山乡被评为市文明乡镇。同年10月，平山乡平山村被中央文明委授予"全国文明村镇"称号，成为全区首家国家级文明单位。2006年，全区创成区级文明村镇10个。2008年，创成区级文明村镇13个。至2011年，全区共创建成文明乡镇(街道)4个、文明村37个。

三、文明社区创建

2003年，区委、区政府提出"创星级社区、特色社区"工作目标，成立区社区创建工作指导委员会。组织开展社区文化巡展活动，参加市社区文化艺术节，获优秀组织奖。反映文明社区创建成果的两篇报道《晒被子比孝心——社区文明亮出高招》《一片爱心献社区——记全国优秀社区工作者刘宝玉》在《扬州日报》刊登后产生良好影响。是年，印发《宣传进社区实施方案》《社区文明家庭评比方案》。2004年，区委领导到17个社区，开展创建工作调查研究，形成《创学习型家庭，建学习型社区》专题报告。是年5月，中共中央总书记、国家主席胡锦涛一行视察城北乡安平社区，对社区工作给予肯定。区社区创建办印发《关于贯彻胡总书记指示精神，大力推进社区建设的意见》，要求每个街道(乡镇)树立1～2个典型社区，力争年内通过省社区建设示范区的考核。10月，印发《关于开展文明楼幢创建的实施意见》，明确创建标准和评比方法，由各社区负责具体实施。是年，6个社区、3个小区被评为市级文明单位。2005年，全国第四届"四进社区"文艺展演在扬州举行，城北乡安平社区设立分会场。其间，区内各社区自编自演的乡土节目与来自全国各地的参演节目同台演出。年内，双桥街道和市广电局在东方百合园小区联合举办"走进社区，共建和谐"文艺晚会；瘦西湖街道在友谊社区举办庆祝建党84周年文艺晚会；西湖镇司徒社区成立扬剧沙龙，自编自演《赞西湖》《让地》等扬剧小节目。青松艺术团、同心艺术团、康乐时装表演队为居民表演，丰富居民文化生活。2007年，锦旺社区居民开展讲文明积分卡活动，竹西社区开辟居民议事论坛。区文明办、区社区创建办联合《扬州晚报》开展"和谐社区行"系列活动，20个社区展示和谐家庭、和谐邻里、和谐社区，活动评选出"十佳好邻居""十佳热心人""十条和睦用语"等。2009年，有16个社区评为省、市、区级文明社区。

2010年，区文明办联合科技、文教、卫生、司法等部门开展"四进社区"(文化进社区、科技进社区、法律进社区、卫生进社区)活动，开展节能降耗、绿色上网、道德教育、健康咨询、法律宣传等活动，举办"精致、优雅伴我行"文艺节目社区巡演。组织26家省、市级文明单位与25个社区结对，开展"六个一"(一次慰问、一次问卷调查、赠送一组不锈钢宣传栏、举办一场宣讲、组织一次文艺演出、播放一场电影)活动。开展"党建促创建，以党员带市民""机关结对社区，党员联系市民"活动。全面实施楼道"白、亮、净"等工程，全区25个社区环境建设得到显著提升。至2010年，全区有12个社区获市级文明社区。

2011 年,双桥街道康乐社区获“全国文明单位”称号。康乐、安平、锦旺 3 个社区获省“文明社区”“文明社区工作先进社区”称号。

四、文明行业创建

1990 年起,在商贸、卫生等服务性行业开展以“创三优”(优质服务、优美环境、优惠价格)为内容的文明行业创建活动。1996 年 8 月,区委宣传部、区文明办与区文教局、区卫生局、团区委、区总工会等部门联合实施“四个十佳”示范工程,即在全区开展“十佳教师”“十佳医务工作者”“十佳少先队员”“十佳职工”评选活动,有关行业开展岗位技能标兵、服务达标活动,出现比学赶帮、争先创优的热潮。1997 年 7 月,区文明委表彰“四个十佳”。1999 年 5 月,再次表彰 8 个“十佳”单位和个人。是年,区文明办会同区廉政办对国税、地税和电力等行业开展行风测评。2002 年,开展“争创文明机关,争当人民好公仆”活动。2003 年,区文明办与区廉政办配合,开展“群众满意基层站所”活动。2004 年,修改完善文明行业考核细则。在区级机关实施《扬州市维扬区建设诚信政府办法(试行)》,在中小学校开展文明校园建设。在 2003～2004 年度创建年终检查验收中,4 个行业验收合格,其中 3 个行业申报市级文明行业。2006 年,申报市级文明行业 4 个。2007 年,5 个行业被命名为省级文明行业。2008 年,共评出 7 个文明行业。2010 年,区法院、工商被评为市级文明行业。至 2011 年,全区有市级文明行业 4 个。

1996 年,在全区商贸流通服务性行业组织开展“百城万店无假货”诚信创建活动。2004 年,在全市组织的“百城万店无假货示范店”评比中,世纪联华超市、天一礼品有限公司获市优胜单位。2006 年,可的便利连锁店等 5 家商店获市“百城万店无假货示范店”称号。2007 年,五亭龙国际玩具礼品城、金色百汇农贸市场获省“四星级文明市场”称号。2008 年,继续开展诚信企业、诚信市场、诚信机关建设,强化“百城万店无假货示范店”创建工作。是年,新创成市级四星级文明市场 3 个、三星级文明市场 1 个、“百城万店无假货示范店”4 家。2011 年,在主城区、商业街区开展“百城万店无假货示范街”创建和文明示范经营户评选活动,在窗口服务行业开展优质服务竞赛活动。

五、文明单位创建

1989 年,区委宣传部组织对 1987～1988 年度创建单位进行检查验收,命名区级文明单位 9 家,西湖锉刀厂、卜桥村等 4 家单位获“市文明单位”称号,各有 1 家市、区级文明单位被撤销。1990 年,环球商场、双桥乡武塘村、平山茶场茶叶公司等 12 家单位被命名为 1989～1990 年度区级文明单位,原有 86 家文明单位创建工作有所巩固和提高。1991 年,新命名区级文明单位 12 家、市级文明单位 4 家、省级文明单位 1 家。

1993 年,在文明单位创建活动中,强调精神文明、物质文明两手抓,新创成文明单位 18 家,其中省级 1 家、市级 7 家,撤销 19 家区级、两家市级文明单位。1995 年,全区 80 家文明单位中,继续命名 67 家,撤销区级文明单位 13 家,新创省、市、区级文明单位 17 家。全区共有文明单位 84 家。1996 年,对全区 95 家省、市、区文明单位分两个阶段全面复查。1999 年,针对某些申报单位“轻建设,重评比”现象,引导和教育创建单位在基础性工作上下功夫。全区共有 62 家单位获省、市、区“文明单位”称号,其中省级两家、市级 32 家、区级 28 家。2001 年,全区申报省、市、区级文明单位 48 家,全部通过检查验收。2003 年,5 家文明单位通过省文明委检查验收,25 家单位获市级“文明单位”称号,44 家单位获区级“文明单位”称号。

2004 年 3 月,区文明委印发《维扬区区级文明单位创建管理办法》。2006 年,开展机关事业单位文明创建,机关部门开展“三下乡,常下乡”和“四进社区”活动,先后向乡村、社区赠送学习资料近 1 万册,帮助 200 多户困难家庭解决生活和就业困难。2010 年,围绕“做文明职工,创文明单位”主题,构建新型企业文化,培育“四有”职工。在 2009～2010 年度文明单位评选中,梅岭小学、区财政局等 5 家单位通过省级文明单位考核,区法院等 40 家单位为市级文明单位。至 2011 年,全区共有省级文明单位两家(梅岭小学、区财政局)、省级文明单位创建先进单位 6 家、市级文明单位 40 家。

第九章　统一战线

1990年前，全区统一战线工作由区委宣传部负责。1990年2月，建立区委统一战线工作部，与区委宣传部合署办公，一套班子、两块牌子。1995年5月，从区委宣传部划出单列。区委统战工作围绕党的中心任务，按照"了解情况、掌握政策、调整关系、安排人事"基本职能，做好民主党派、党外干部和非党知识分子等工作，组织民主党派参政议政、服务社会，为促进维扬区经济发展、政治稳定和社会进步发挥作用。

第一节　民主党派基层组织建设

一、组织建设

2002年11月，全区成立第一个民主党派组织——中国国民党革命委员会(简称"民革")扬州市维扬区支部委员会。2003年12月，成立中国民主建国会(简称"民建")扬州市维扬区支部委员会。2004年9月，中国民主促进会(简称"民进")扬州市维扬区支部委员会成立。区委统战部协助各民主党派组织对申请加入民主党派的人员做好考察工作，先后推荐7人加入民主党派组织，并推荐一批后备人才。2005年11月，中国民主同盟(简称"民盟")扬州市维扬区支部委员会成立。是年，区委统战部推荐6人加入民主党派组织。2007年，协助各民主党派支部做好换届选举工作，指导、督促各民主党派支部加强制度建设和开展活动。2010年4月，为民主党派建立活动之家。引导民主党派围绕职能与目标，开展创先争优活动。是年，区民盟支部与中共基层支部实行"党盟共建"模式，获"全国先进支部"称号，是全市参与"党盟共建"活动中唯一获此荣誉的民主党派支部。区民进支部被表彰为全国先进支部，区民革支部、区民建支部被表彰为省先进支部。2011年，组织民主党派成员参加中国共产党成立90周年庆祝活动。区委统战部召集学习座谈，进一步加强民主党派组织建设，提升民主党派组织的学习意识、职能意识、政党意识、形象意识、和谐意识。

二、思想建设

2002年11月，区委统战部组织区民革支部系统学习、讨论和座谈中共十六大精神。2004年，组织民主党派开展"三增强、四热爱""祖国好、共产党好、社会主义好、改革开放好"教育活动。2005年4月，组织区民主党派支部负责人、无党派代表人士学习中共中央5号文件和中共十六届三中全会报告，指导区民进支部与区人事局党支部对口交流。2006年，组织各民主党派学习全国统战工作会议精神、《中共中央关于学习〈江泽民文选〉的决定》《中共中央关于加强人民政协工作的意见》《中共扬州市委、扬州市人民政府关于推进社会主义新农村建设的实施意见》，听取市委党校教授关于学习中共十六届六中全会精神的辅导报告，指导民主党派开展"知荣辱、倡新风，做'八荣八耻'积极践行者"主题教育活动。2008年，组织民

图14-9-1　2007年12月25日，区委统战部召开维扬区党外人士情况通报会

主党派参加改革开放30周年和中共中央发布“五一口号”60周年纪念活动，引导他们自觉接受中国共产党领导，坚定不移走社会主义道路。2009年，围绕“服务科学发展和自身科学发展”主题，将学习实践活动与提升党派工作水平有机结合起来，引导民主党派履行职能，发挥作用。2010年，利用新中国建立61周年庆典，组织民主党派成员国庆联欢，增强他们接受中共领导的自觉性和坚定性。

三、参政议政

1989～2002年，区委统战部不断拓展渠道，方便无党派人士、工商联人士履行参政议政、民主监督职能，建立通报会、协商会、座谈会邀请无党派人士和工商联负责人参会制度。2003年，向区委、区政府推荐10名民主党派特约员，在党风联络和特约监督中自觉履行职能，对党委、政府决策与工作实施监督。2004年区“两会”期间，民主党派成员中的19名区人大代表和政协委员，审议政府工作报告，评议政府工作，撰写建议和提案10多份。2005年，围绕促进全区经济社会平稳较快发展，组织民主党派、无党派人士开展调研考察，建言献策。2006年，在市政协举办的“构建和谐扬州”政协论坛上，民主党派两篇论文入选；区政协五届五次会议上，民主党派3份材料做大会交流。2008年，就重要人事安排及外来人口计生工作、现代服务业发展、全区党风廉政建设等议题，区委、区政府听取党外人士意见，发挥民主党派、无党派人士参政议政、民主监督的作用。2009年，围绕“保增长、促发展、重民生、求和谐”主题，围绕“城乡统筹、农业科技、村级经济、失地农民再就业”等议题，民主党派、无党派人士到乡村调研座谈，收集社情民意6条，向区委、区政府提供进言献策。2011年“七一”前夕，区委召开党外代表人士庆祝中共建党90周年座谈会，围绕“三个维扬”(创新维扬、精致维扬、幸福维扬)建设，征求民主党派负责人意见和建议。

四、服务社会

2007年1月，区委统战部组织区民盟支部在城北乡开展捐赠活动，向瓦窑、三星、槐南、黄金、卜杨村委会赠送电脑5台，向8名困难家庭学生捐赠8000元，邀请农业专家为城北乡冬训班100多名党员干部开办“水稻条纹叶枯病及稻飞虱综合防治技术”“超高茬麦田套稻高产栽培技术”讲座。是年4月，组织区民进支部在扬州东方医院举行捐资助学活动，为在扬州蓝天学校就读的15个家庭困难农民工子女捐助7500元。组织民盟农业专家指导农民集中治灭水稻“二虫一病”的用药技术与方法。组织20名民盟盟员、医学专家为扬州三布纺织有限公司近1000名女职工，开办女工常见病防治知识讲座，并现场义诊。2008年，组织区民盟支部开展社会调查，撰写调研报告3篇，收集社情民意5条；组织区民盟支部向四川汶川灾区捐款15750元。民进成员扬州东方医院董事长赵顺祥，向社区和扬州敬老院、市聋哑学校等单位赠送物品、药品和组织义诊活动，为1000名出租车司机、环卫工人免费体检，资助贫困失学儿童，为特困企业下岗职工提供劳动就业岗位。2009年，针对安平社区拆迁户多、下岗职工多、重点人口多等问题，组织区民进支部开展“送法律、送医、送药进社区”活动，现场捐献3000多元常用药品；引导“光彩事业”践行活动，筹集3万多元帮扶安平社区贫困家庭。扬州东方医院筹集6720元助学金资助全区12名贫困小学生。2010年，区民盟支部与城北乡瓦窑村结对共建，分别组成农业技术指导、工业产业咨询等5个社会服务小组，进行全方位服务，使全村1000多农户受益。区民盟支部开展“2010专家教授服务企业行”活动，邀请10名教授和博士生导师，为中显科技、扬杰电子等6家高新技术企业提供咨询服务和难题诊断服务，并围绕企业战略、品牌创建、电子商务等企业热点问题为企业负责人举办讲座。

第二节　党外人士工作

一、党外干部配备

1998年，全区有70名党外人士担任区政协委员，占区政协委员总数的60.3%；有15名党外人士当选区政协常委，占常委总数的34.8%；有3人当选区政协副主席。有54名党外人士当选人大代表，占代表总数的35%；有5名党外人士当选区人大常委，占常委比例26.3%；有1人当选区人大常委会副主任。2000年，全区党外人士中有市、区人大代表58人，市、区政协委员79人。在区政府及区司法机关中有副科级以上党外干部6人，按规定配备区政府党外副区长、区人大常委会党外副主任、区政协党外副主席。2001年，新提拔3名副科级党外领导干部，增补14名党外区政协委员。2003年，区五届政协委员会委员中，民主党派成员、无党派人士90人，占委员总数60%；推荐市政协委员10人；向区委建议新提拔任用5名副科级以上党外领导干部。至2004年，在区政府和科技、农水、审计等政府部门担任实职领导的共7人，其中正职1人。2006年，推荐两名县处级党外后备干部人选，提拔3名副科级党外领导干部，全区副科级以上党外领导干部增加到16人，在区政府和农水、科技、审计等部门担任实职领导的有11人。2009年，全区11个必配部门党外干部全部配备到位。2011年，全区在职副科级以上党外干部16人，其中副处级2人、正科级4人。

二、党外干部培养

1990年10月，区委召开专题常委会议，要求区委统战部协同区委组织部抓好党外人士安排和加强党外后备干部队伍建设，做好区人大、区政府党外领导干部缺额配备工作，逐步在区政府有关部门配备党外人士担任领导职务。1991年，区委统战部建立30人党外干部后备队伍。1992年，区委统战部调查区机关及有关企事业单位党外人士状况，为区人大、区政协换届安排党外人士提供依据。是年5月，联合区委组织部落实乡镇场、区直机关各部门党外后备干部人员，填写干部花名册和后备干部推荐表。1993～1997年，联合区委组织部确定与党外人士交友名单，印发《关于对全区党外干部基本情况进行调查的通知》，联合区劳动人事局、区财政局印发《关于增加部分党外人士生活费的通知》。2006年，调整党外后备干部，推荐30名党外人士为新一轮党外后备干部。2008年，与全区11名在职党外干部开展谈心活动，了解思想状况。2008年，选派4名党外干部参加省社会主义学院举办的培训班，送培非公有制经济人士60多人次。2009年，区委统战部坚持“五为”(奋发有为、亲力亲为、善谋善为、敢作敢为、有所作为)导向，举办中共十七届三中、四中全会精神学习培训班，并选送3名副科级党外干部参加市委党校培训。2010年4月，成立区无党派知识分子联谊会。2010年，送培3名副科级以上党外干部参加省社会主义学院培训。2011年10月，完成200多名党外代表人士信息采集工作，为区人大、区政协、区工商联换届储备人选。是年，送培3名党外干部参加市党外干部培训班学习。

第十五编

地方人民代表大会

1989～2011年，维扬区（郊区）人民代表大会历经第二届、第三届、第四届、第五届、第六届、第七届6次换届选举。其间，历届区人民代表大会及其常务委员会依法行使地方国家权力机关职能，在坚持和完善人民代表大会根本政治制度、建设和发展社会主义民主政治、推进社会主义法治工作中发挥重要作用；依法选举区人大常委会组成人员和区政府、区法院、区检察院（简称"一府两院"）领导成员；讨论决定全区经济社会各方面重大事项；对"一府两院"实施法律监督和工作监督，保障人民依法行使当家做主的权利。

第一章　人大代表

第一节　区人大代表

区、乡两级人民代表大会代表由选民直接选举。1993年前，区、乡镇人民代表大会每届任期3年，换届选举同步进行。1993年后，区人民代表大会任期改为5年，乡镇人民代表大会每届任期仍为3年不变。1997年，区、乡镇两级换届选举分开进行。2004年，乡镇人民代表大会任期改为每届5年。1989～2011年，在区二至七届人民代表大会代表换届选举中，共选区人大代表1074人。

1988～1990年郊区第二届人民代表大会代表一览表

表15-1-1　　单位：人

单　位	代　表　名　单	人数
湾头镇	陆文瑞　陈兴华　王秀凤（女）　戈克义　尤元根　尤贵兰（女）　田寿龙 朱正安　朱邦米　安明周　刘必贵　刘兆存　刘昌贵　刘建贵 陈　靖　吴宏英（女）　张长安　周金兰（女）　周邦志　周福才　罗义才 赵春林　唐玉才　唐明贵　桑绍林　黄　群　曹加庆　程启旭 管正明　薛文鹏　薛德明　戴正福　戴德松	33
汤汪乡	韦长华　田正奎　刘国正　汤根生　佘宝琨　陈庆友　肖太标 吴家铸　丁永珠（女）　张殿才　金东茂　俞广涛　胡世和　胡锦安 梁尚才　陶长田　韩万里　王秀英（女）　韩寿高　周克芳（女）　范　瑱（女）	21
城东乡	赵广才　周道玲（女）　马继强　于有和　王诚明　邓玉璋　龙松林 朱旺福　孙丽君（女）　陈兴宝　李发清　李建华　时德红（女）　张彭年 金正新　施宝富　索洪才　党　琦　贾国臣　董文泉　童兆贤	21
城北乡	黄永海　周万中　王永如　王志林　王金华　王　奇　韦根生 车国良　田明荣　许文年　仲传仁　何承谟　陈宝田　陆士顺 吴敬泽　李兆广　李增虎　杨玉春　杭永伟　杭永惠　姜文安 姚永幸　钱正干　屠春芳（女）　程鹤山　谢志桃　董广峰	26
双桥乡	孙家琪　朱礼平　王　富　王惠琴（女）　田启国　朱春莲（女）　朱福生 陈国艺　陆广岐　吴秀珍（女）　李学宝　张国宏　周安喜　周素珍（女） 杨天尧　杨秀英（女）　罗美霞（女）　经元安　姚永福　夏根林　蔡雨晴	22
西湖乡	吴永余　孔庆才　王正之　王立照　米扬生（女）　朱福元　纪长林 余庆林　陈正兰（女）　陈宗存　陈瑞荣　吴在清　李广兴　李明朝 张玉良　宗有朝　杨广荣　罗玉昌　俞明华　俞翠华（女）　袁秀英（女） 徐　育（女）　鲍曙东	23
平山乡	潘长正　吴金昌　尹万津　方志财　许万和　许云凤（女）　许福顺 孙鹿平　陈金如　陈德宏　俞世英（女）　董长海　薛有来	13
茶场、区机关、区属单位	邓耀庆　杨定顺　卜马扣　王建民　刘爱国　严德宏　陈孝先 陈福良　李惠生　沈猷清　赵广才　祝　森　胡永林　资桂庭（女） 谢志桃　裴国瑞　戴庆群	17

1990～1993年郊区第三届人民代表大会代表一览表

表15-1-2　　　　　　　　　　　　　　　　　　　　　　单位:人

单　位	代　表　名　单	人数
湾头镇	孙宝玉　陆文瑞　于云华(女)　王　海　尤传学　尤桂兰(女)　邓耀庆 石圣遂　田寿龙　许万和　孙万年　孙万昌　孙慕生　刘兆存 刘昌友　刘彩凤(女)　刘建贵　李玉贵　陈有才　张长桃　张秀梅(女) 张传贤　杨桂芳(女)　周长禄　周邦志　周金兰(女)　周福才　赵春林 夏顺松　龚伯麟　游丰兰(女)　董长强　管正明　戴正福	34
汤汪乡	王宝朝　董德利　丁阿根　丁德高　王贵荣　任业萍(女)　刘肇鼎 陈大伦　吴立荫　肖乐定　陈庆友　杨德宏　胡世和　徐永义 谈凤英(女)　袁宝生　梁奎正　聂荣明　曹德华　程启旭　董祥甫	21
城东乡	徐志才　吕忠安　卜文卫　马继祥　倪世琪　王诚明　申宝俊 龙松林　华元喜　任占才　朱志芳(女)　朱福生　吕忠光　孙丽君(女) 李加和　李发清　时德红(女)　陈贵生　施宝富　钱刚楣(女)　贾国臣 郭　艳(女)　蒋有源　睢德良　戴红菊(女)	25
城北乡	李宗林　黄永海　王　奇　王永如　王志林　许乃坤　许文年 江久昌　孙凤兰(女)　刘巨明　刘志干　刘春和　朱泽元　张　建 宋庆平　杜青山　陆玉安　陆恒道　杭永伟　俞广涛　姚永幸 梁尚才　索洪才　徐美丽(女)　睢翠红(女)　薛寿高	26
双桥乡	赵广才　孙家麒　王　富　王惠琴(女)　田启国　朱礼平　朱春莲(女) 陈　刚　陈凤珍(女)　陈瑞荣　陆广岐　肖太山　李建华　李学宝 张国宏　杨天尧　杨志奉　周安喜　周素珍(女)　罗美霞(女)　夏根林 蒋金林　蔡雨晴	23
西湖乡	吴永余　郭云发　孔庆才　兰秀斌　孙家根　许玉国　许德涛 李广发　李明朝　吴长桃　张玉良　张兆明　张彭年　陈正兰(女) 陈景霞(女)　何承谟　严信太　杨长英(女)　罗玉昌　俞明华　姚红莲(女) 郭学义　钱存昱　钱雪山　徐有根　曹开源　焦玉龙	27
平山乡	魏福来　董学耕　方志才　尹宏宝　孙纯全　朱福元　许福顺 俞世英(女)　陈福良　陆秀珍(女)　涂庭生　谈桂英(女)　韩才龙	13
茶场、区机关、区属单位	吕锦顺　王德才　张玉清　李顺江　陈孝先　陈春郁　林秀珠(女) 资桂庭(女)　戴庆群	9

1993～1998年郊区第四届人民代表大会代表一览表

表15-1-3　　　　　　　　　　　　　　　　　　　　　　单位:人

单　位	代　表　名　单	人数
湾头镇	刘昌义　吕洪峰(女)　桑绍华　陈顺宏　蒋素萍(女)　吴爱华(女)　顾新明 韩　泽　赵定华　高仁福　华美云(女)　田朝华　孙万昌　杨桂芳(女) 廖礼清　孙慕生　戴有方　邱万富　陈　华　金秋芬(女)　季正高 陈兴有　朱有生　肖太山　刘彩凤(女)　尤开云　田寿龙　安明利 罗永元　唐玉才　许德涛　刘建贵　徐莹然　曹纪玉	34
汤汪乡	严功林　孙云兰(女)　汪家法　董德方　王德才　周余兰(女)　邵明生 朱道兰(女)　王贵金　韩寿庆　孙宝玉　王素珍(女)　王宝朝　周克芳(女) 许万和　石万荣　肖云宝　杨德宏　任业萍(女)　吴根发　于松林	21
城东乡	申宝俊　施宝富　钱刚楣(女)　吕忠安　金正新　陈昌余　王金锁 陈　坚　陈桂凤(女)　程启旭　李发清　王诚明　郭　艳(女)　金玉锁 时德红(女)　杨国梓　袁开清　卜正海　卜文卫　龙松林　刘秀华(女) 马继祥　刘　峰　童加珍(女)　范　瑱(女)	25
城北乡	陈瑞荣　董广丰　刘志干　纪正海　刘文才　帅巧芳(女)　毕学知 陈大伦　杜延明　董德利　杭永伟　张广奇　刘巨明　周万中 刘荣生　王志林　姚永幸　吴　红(女)　李文娟(女)　吴宝兴　屠扣宝 睢翠红(女)　孙宝龙　徐晓奎　郭葆琪(女)　陆玉安	26

续表 15-1-3

单　位	代　表　名　单	人数
双桥乡	高恒余　陆广岐　张跃贵　俞广涛　王秀珍(女)　蒋恩银(女)　朱泽余　黄友芬(女)　张国宏　龚伯麟　陈福华(女)　胡邦祥　李建华　蒋海鹏　蒋元昌　赵广才　胡正庆　周安喜　杨桂洪　胡世和　方礼文　杨志奉　赵长芹(女)	23
西湖镇	俞明华　周素珍(女)　徐有德　谈桂华　陈春郁　李明朝　张彭年　罗玉昌　张兆林　姚红莲(女)　张玉良　陈正兰(女)　翁振进　陈　骏　吴永余　宋有芳(女)　焦玉龙　王康壮　宋筱丽(女)　宗大鹏　张成明　钟红华(女)　钱雪山　徐正丹　兰秀斌　张祥群　郭学义	27
平山乡	钱存昱　尹宏宝　殷传麟　尹忠涛　李宗林　张春云(女)　谈桂英(女)　尚华珍(女)　郭云发　俞世英(女)　闵长美(女)　罗明阳	12
茶场、区机关、区属单位	胡永林　尹广卿　姚永利　唐明贵　汪小云(女)　陈珍兰(女)　邹伯琴(女)　陈永龙　赵祯华　郭松金　陈学斌　戴万喜	12

1998～2003 年维扬区第五届人民代表大会代表一览表

表 15-1-4　　单位:人

单　位	代　表　名　单	人数
湾头镇	王爱玲(女)　尤传学　刘必云　刘国利　刘昌友　朱志荣　任开志　任端华　许万和　华永华　陈克祥　陆慕良　陆庆定　张兆林　吴亚华　肖宝宏　李厚凤(女)　李明健　沈旬庆　孙万昌　魏世雄　曹远清　黄永海　徐天平　倪祥玉　顾新民　高恒余　周怀喜　林忠伟　陈锦山　蒋佳玲(女)	31
汤汪乡	沈志敏(女)　孙云兰(女)　仲正贵　朱道兰(女)　刘志林　王宝朝　王文华　王　斌　马广清　丁富华　袁振山　赵玉美(女)　陈国庆　陈加宁　张家仁　吴永余　吴心明　杨秀芳(女)　杨宝宜	19
城东乡	李发清　华美舒(女)　吕忠安　许广德　刘国安　田永妹(女)　叶章林　王　慧(女)　卜延海　杨国梓　梅传万　黄长洪　徐宝锁　徐岗凌　潘天骐　庞仲辉　陈克鸣　陈　坚　时德红(女)　曹东萍(女)　周春扬	21
城北乡	吴学波　吴同香(女)　吴　蓉(女)　杨志坤　李爱琴(女)　李宗林　毕学知　冯月红(女)　王志林　马和建　顾扬珍(女)　高文玲(女)　周素珍(女)　周正龙　周万中　杭凤祥　陈瑞荣　陈荣华　陈志强　张朝山　张建萍(女)　程连琴(女)	22
双桥乡	赵广才　周安喜　金秋芬(女)　陈德安　杨明荣　杨定顺　汪桂芳(女)　朱正忠　朱长根　丁文权　焦翠劳(女)　梅　毅　蒋建军　蒋元昌	14
西湖镇	罗玉昌　陈国柱　张正信　吴兰英(女)　杨贵荣　汪家法　朱筱丽(女)　潘长正　冯国英(女)　王康壮　董德利　徐有德　钱雪山　郭玉香(女)　郭云顺　郭井秀(女)　姚永利　俞明华　祝庆林　徐家安　谭鸿刚　冯桂田	22
平山乡	徐凤山　袁志忠　封一波　张春云　吴　红(女)　陈玉福　刘学根　尹忠涛　尹宏宝　王淑华(女)　殷九龙	11
茶场、区机关、区属单位	郭松金　胡建进　胡世和　周余初　陈国祥　吴永安　肖志久　孙乃康　朱飞云　王剑兰(女)　郭锦华　赵宝华	12

2003～2007年维扬区第六届人民代表大会代表一览表

表15-1-5　　　　单位：人

单位	代表名单	人数
市直单位	王恩权 刘马根 吴汛(女) 张国如 李芸(女) 李存山 陆剑平(女) 陈云松(女) 周永平 祝宝华 高平(女) 符顺明 蔡文锦 薛俊侠(女)	14
市经济技术开发区	丁晓东 马锦国 仇正生 卞宁清 孔留娣(女) 王正兴 王石岩 王有良 韦正荣 卢桂兰(女) 石广林 朱宝凤(女) 许玉祥 许立坤 邢秀玲(女) 严玉静(女) 吴正旗 吴志银 吴国庆 李忠 杨再桃 陈天云 陈国华 陈秋山 陈桂萍(女) 周红(女) 赵德昌 徐永兰(女) 徐国庆 徐锦华 贾泽珍(女) 郭长琴(女) 葛恒忠 董祥云 臧梧华(女) 潘邦荣	36
驻扬单位	方锦海 石炳熙 刘红(女) 刘廷庆 羊孔勤 宋友祥 张裕 张洪程 李晓艳(女) 陈群 陈建康 周正新(女) 周建超 杭小新 罗祖益 聂危谷 崔淮文 蔡丽娅(女)	18
区直	王继山 张永 杨建民 沈伯平 周素珍(女) 季晓春 段建英(女) 赵春林 唐中海 郭云发 基国平 蒋清桃	12
城北乡	王国祥 王相柏 刘文才 刘亚敏 朱学华 吴蓉(女) 吴文高 吴秀芳(女) 张长金(女) 杜延明 汪家法 陈如兰(女) 陈瑞荣 陈德宏 杭永伟 杭立祥 姚家驹 徐红(女) 高家驹 潘长正	20
双桥街道	丁文权 刁仁明 马和建 孔伟平 孔德松 王巧玲(女) 王传宏 王邦平(女) 叶春树 吕忠梅(女) 吕泰宏 孙风萍(女) 朱燕(女) 朱飞云 吴秀广 汪琴(女) 沈贵宏 苏剑 周长华 周根华 范梅青(女) 姚文放 柳福萍(女) 胡邦祥 赵生和 赵建理 唐国良 钱存昱 顾其华 高洪树 梁宝兴 葛社清 蒋文兴 蔡志明 裴增宝	35
西湖镇	冯桂田 许万和 吴国清(女) 张志安 张松林 李宝山 李新生 邵国琴(女) 陆文瑞 陈幼萍(女) 周伟泉 林若庸 俞广宽 俞明华 施爱明 施德如 徐有德 莫维萍(女) 高海燕(女) 高瑞芹 曹占田 董建明 董桂湘(女)	23
平山乡	尹宏宝 尹忠涛 冯远松 刘在銮 刘学根 印德明 吴红(女) 李恒云 陆长高 陈克鸣 周兴玉 涂桂龙(女)	12
梅岭街道	马海燕 王月清(女) 左德娥(女) 任开志 华继骞 庄绪梅(女) 朱龙庚 朱学林 朱承玉 许乃坤 许志林 吴冉(女) 张建 张广红(女) 张文英(女) 张学琴(女) 李红梅(女) 陈文艳(女) 陈长凤(女) 郭云如 顾丽(女) 顾敏 高涛清 曹志福	24

2007～2011年维扬区第七届人民代表大会代表一览表

表15-1-6　　　　单位：人

单位	代表名单	人数
市直单位、蜀冈瘦西湖风景名胜区	王群(女) 王宝才 王荣山 任冬林 刘马根 印跃进 许宝根 严宜森 吴建明 吴忠俊 张国如 张春华 张桂祥 时庆梅(女) 李华兴 李恒云 陆剑平 陈平 周立成 练状	20
市经济技术开发区	丁秋芬(女) 丁晓东 马海琴 方善春 王玉秋 王守国 王茂林 王建斌 卢向阳 叶俊 石永明 刘华 刘增滨 孙志顺 纪跃红(女) 许立坤 何花(女) 吴华祥 吴宏斌 吴颖岩 张明 张玉萍(女) 陈佳 陈剑 陈大明 陈宝川 陈桂萍(女) 陈海芳(女) 范合情(女) 范艳云(女) 赵德昌 徐永兰(女) 徐国庆 贾泽珍(女) 郭巧林 顾美娟(女) 黄东源 管鸣 潘邦荣 周文干 赵德昌 徐军洪 徐春如 梁久平 雷广爱	45
驻扬单位	王锦峰 刘佳(女) 吴坚 张洪程 李明泉 李晓艳(女) 陈岐 陈滨 陈进军 周海东 周骥平 姚文放 夏晓红(女) 焦富民 董春华 褚建军 管小康	17

续表 15-1-6

单　位	代　表　名　单	人数
区直	卜美红(女) 王志强 王德平 毛一波 汤建军 严　峻 沈伯平 陈　焱(女) 周仁山 周长军 柴双喜 袁宝勇 基国平	13
城北乡	尹宏宝 毛翠琴(女) 刘亚敏 何文生 吴文高 吴金勇 张　晴(女) 张文敏 李文明 李家奎 杨长斌 苏　剑 苏满满 陈金森 周　琴(女) 姚家驹 胡玉梅(女) 徐安朝 袁秀红(女) 顾　敏	20
双桥街道	丁文权 孔凡德 王　红(女) 王建明 金通海 王美根 华　蓉(女) 孙凤萍(女) 朱　瑾(女) 朱玉明 许春林 严功林 吴惠军 张　斌 张书良 张秀芳(女) 张洪梅(女) 陆文瑞 陈智平 周根华 孟德和 姚苏华 赵玉昌 赵建理 徐秀和 高洪树 曹宝宏 龚美玲(女) 蒋志云 谢应松	30
西湖镇	马顺圣 毛　飞 卢华国 印德明 吴国清 张松林 李宝山 杨　丽(女) 杨　志 周伟泉 林若庸 范红彬 金　燕(女) 俞吉荣 俞幸福 殷德宝 郭爱娣(女) 高文宜 潘学元 潘长正 戴意峰 鞠秀珍(女)	22
平山乡	尹忠涛 方晓东 冯远松 任开志 朱永进 吴　红(女) 陈克鸣 周兴玉 罗永琴(女) 赵　斌 徐长金	11
梅岭街道	刁仁明 马海燕 仇少明 王华祥 王新生 许志林 吴　冉(女) 张　建 张　昕(女) 李　伟 李红梅(女) 李锡玲(女) 杨学春 陈　勤 陈长风 林　清 赵宝庆 钱晓宝 曹　刚 童　进 葛社清	21
甘泉街道	王宝龙 王相柏 韦　峰 吴春梅 李玉芳 李宏来 陆元进 金兴国 姚祝君 赵同生(女) 徐建群 顾万勇	12

第二节　市人大代表

维扬(郊)区出席市人民代表大会代表由区人民代表大会选举。区第二届人民代表大会第三次会议选举出席市第二届人民代表大会代表 12 人。区第四届人民代表大会第一次会议选举出席市第三届人民代表大会代表 12 人。区第五届人民代表大会第一次会议选举出席市第四届人民代表大会代表 20 人。区第六届人民代表大会第一次会议选举出席市第五届人民代表大会代表 46 人。区第七届人民代表大会第一次会议选举出席市第六届人民代表大会代表 48 人。

1989～2007 年维扬区出席扬州市人民代表大会代表一览表

表 15-1-7　　单位:人

届　次	代　表　名　单	人数
市第二届人民代表大会	丁永珠(女) 王志林 石广荣 祁龙威 朱福元 陆丕文 吴兰英(女) 经元安 赵佳木 高菊芳(女) 程启旭 蒋德朝	12
市第三届人民代表大会	丁永珠(女) 江正宏 许德涛 祁龙威 孙纯全 张兆林 张爱梅(女) 陆文瑞 俞广宽 顾黄初 党　琦 戴庆群	12
市第四届人民代表大会	王志林 尹宏宝 冯国英(女) 刘明宏 许万和 华玉龙 李自慧(女) 杨定顺 张家仁 陆文瑞 杭素莲(女) 林广明 赵春林 俞广宽 顾黄初 党　琦 徐益明 程顺和 潘天骐 薛庆仁	20

续表 15-1-7

届次	代表名单	人数
市第五届人民代表大会	殷圣元 刁仁明 尹宏宝 兰建华 石　勇 朱宝国 吴正旗 吴华珍(女) 吴福康 张日才 赵春林 徐丽玲(女) 徐益明 贾绍华 顾　干 顾黄初 高瑞芹 黄　蓉(女) 曾祥华(女) 管正明 潘长正 薛庆仁 薛春梅(女) 顾　敏 商长冠 王大庆 王荣平 王海林 兰宝华(女) 卢桂兰(女) 任信明 刘世奇 刘玉瑞 刘贤龙 许晓宁 吴心明 李福康 陈文艳(女) 金　玉(女) 俞广宽 赵进声 唐春庚 郭　军 陶　诚 崔淮文 曹庆余	46
市第六届人民代表大会	潘长正 吴正旗 丁文权 刁九国 王大庆 白铁平 朱安平 仲　彬 孙玉坤 孙志宏 吴　冉 张福堂 陈文艳(女) 陈清华 金兴国 宗有刚 洪　军 姚苏华 夏照明 徐有斌 陶　诚 解爱国 颜志林 薛春梅(女) 王根宝 吴心明 尹广卿 卢向阳 刘玉瑞 刘贤龙 杨　敏 苏　剑 何金发 张日才 张长金 陆铁石 陈　滨 陈卫庆 罗玉林 金　玉(女) 金秋芬(女) 郑陆骅 赵进声 俞幸福 夏正祥 郭　军 梅存旺 管小康	48

第二章　历届人民代表大会

1987～1992 年,区第二届、第三届人民代表大会每届任期 3 年。1993 年,国家修改宪法,从区第四届人民代表大会起,每届任期改为 5 年。每届区人民代表大会第一次会议分别选举产生本届区人民代表大会常务委员会组成人员,区政府区长、副区长,区法院院长、区检察院检察长,选举出席扬州市人民代表大会代表。区人民代表大会各次会议依法听取和审议区政府工作报告,审查全区中长期经济和社会发展计划,审查和批准上年度区国民经济社会发展计划执行情况和本年度计划草案报告,审查和批准上年度区财政决算执行情况和本年度财政预算草案报告,听取和审议区人大常委会工作报告、区法院工作报告和区检察院工作报告,并通过相应决议。

第一节　第二届人民代表大会

第三次会议　1989 年 3 月 30 日至 4 月 1 日在扬州召开。出席会议代表 175 人。会议听取和审议区政府工作报告、1988 年区国民经济社会发展和 1989 年区国民经济社会发展计划(草案)报告、1988 年区财政决算和 1989 年区财政预算(草案)报告、区人大常委会工作报告、区法院工作报告、区检察院工作报告,并通过相应决议。会议补选陈孝先、陆广岐为区第二届人大常委会委员。

第二节　第三届人民代表大会

第一次会议　1990 年 4 月 9～12 日在扬州召开。出席会议代表 178 人,列席会议 51 人。会议听取和审议区政府工作报告、1989 年区国民经济社会发展计划执行情况和 1990 年区国民经济社会发展计划(草案)报告、1989 年区财政决算和 1990 年区财政预算(草案)报告、区人大常委会工作报告、区法院工作报告、区检察院工作报告,并通过相应决议。会议选举产生扬州市郊区第三届人民代表大会常务委员会,组成人员 17 人,选举许德涛为区人大常委会主任,李建华、申宝俊、张彭年为副主任;选举朱福生为区长,许万和、陈君孝、张兆林、肖太山为副区长;选举帅巧芳为区法院院长,陈瑞荣为区检察院检察长。

第二次会议　1991年4月4～6日在扬州召开。出席会议代表171人，列席会议48人。会议听取和审议区政府工作报告、区国民经济和社会发展第八个五年计划(草案)、1990年区国民经济社会发展计划执行情况和1991年区国民经济社会发展计划(草案)报告、1990年区财政决算和1991年区财政预算(草案)报告、区人大常委会工作报告、区法院工作报告、区检察院工作报告，并通过相应决议。

第三次会议　1992年4月1～4日在扬州召开。出席会议代表172人。会议听取和审议区政府工作报告、1991年区国民经济社会发展计划执行情况和1992年区国民经济社会发展计划(草案)报告、1991年区财政决算和1992年区财政预算(草案)报告、区人大常委会工作报告、区法院工作报告、区检察院工作报告，并通过相应决议。

第三节　第四届人民代表大会

第一次会议　1993年2月17～20日在扬州召开。出席会议代表180人，列席会议57人。会议听取和审议区政府工作报告、1992年区国民经济社会发展计划执行情况和1993年区国民经济社会发展计划(草案)报告、1992年区财政决算和1993年区财政预算(草案)报告、区人大常委会工作报告、区法院工作报告、区检察院工作报告，并通过相应决议。会议选举产生扬州市郊区第四届人民代表大会常务委员会，组成人员17人，选举许德涛为区人大常委会主任，杨国梓、高恒余为副主任；选举许万和为区长，张兆林、何承谟、殷传麟、汪家法、裴增宝为副区长；选举帅巧芳为区法院院长，陈瑞荣为区检察院检察长。

第二次会议　1994年3月23～26日在扬州召开。出席会议代表175人，列席会议59人。会议听取和审议区政府工作报告、1993年区国民经济社会发展计划执行情况和1994年区国民经济社会发展计划(草案)报告、1993年区财政决算和1994年区财政预算(草案)报告、区人大常委会工作报告、区法院工作报告、区检察院工作报告，并通过相应决议。大会确定17件议案为重点办理议案。

第三次会议　1995年3月1～3日在扬州召开。出席会议代表175人，列席会议63人。会议听取和审议区政府工作报告、1994年区国民经济社会发展和1995年区国民经济社会发展计划(草案)报告、1994年区财政决算和1995年区财政预算(草案)报告、区人大常委会工作报告、区法院工作报告、区检察院工作报告，并通过相应决议。会议选举陈克鸣为区法院院长。

第四次会议　1996年3月6～9日在扬州召开。出席会议代表171人，列席会议69人。会议听取和审议区政府工作报告、1995年区国民经济社会发展计划执行情况和1996年区国民经济社会发展计划(草案)报告、1995年区财政决算和1996年区财政预算(草案)报告、区"九五"计划和2010年远景目标纲要、区人大常委会工作报告、区法院工作报告、区检察院工作报告，并通过相应决议。会议审议批准《扬州市郊区国民经济和社会发展第九个五年计划和2010年远景目标纲要》。会议增选吴永余为区人大常委会副主任。

第五次会议　1997年3月4～7日在扬州召开。出席会议代表164人，列席会议72人。会议听取和审议区政府工作报告、1996年区国民经济社会发展计划执行情况和1997年区国民经济社会发展计划(草案)报告、1996年区财政决算和1997年区财政预算(草案)报告、区人大常委会工作报告、区法院工作报告、区检察院工作报告，并通过相应决议。会议通过许德涛辞去区人大常委会主任职务报告，选举潘天骐为区人大常委会主任。

第四节　第五届人民代表大会

第一次会议　1998年1月4～8日在扬州召开。出席会议代表153人，列席会议65人。会议听取和审议区政府工作报告、1997年区国民经济社会发展和1998年区国民经济社会发展计划(草案)报告、

1997 年区财政决算和 1998 年区财政预算(草案)报告、区人大常委会工作报告、区法院工作报告、区检察院工作报告,并通过相应决议。会议选举产生扬州市郊区第五届人民代表大会常务委员会,组成人员 19 人,选举许万和为区人大常委会主任,杨国梓、汪家法、高恒余、吴永余、陈瑞荣为副主任;选举杨明荣为区长,张家仁、裴增宝、顾敏、姚苏华、董德利为副区长;选举陈克鸣为区法院院长、任开志为区检察院检察长。会议选举产生市第四届人民代表大会代表 20 人。

第二次会议　1999 年 2 月 2～4 日在扬州召开。出席会议代表 151 人,列席会议 67 人。会议听取和审议区政府工作报告、1998 年区国民经济社会发展计划执行情况和 1999 年区国民经济社会发展计划(草案)报告、1998 年区财政决算和 1999 年区财政预算(草案)报告、区人大常委会工作报告、区法院工作报告、区检察院工作报告,并通过相应决议。

第三次会议　2000 年 1 月 10～12 日在扬州召开。出席会议代表 151 人,列席会议 68 人。会议听取和审议区政府工作报告、1999 年区国民经济社会发展计划执行情况和 2000 年区国民经济社会发展计划(草案)报告、1999 年区财政决算和 2000 年区财政预算(草案)报告、区人大常委会工作报告、区法院工作报告、区检察院工作报告,并通过相应决议。会议增选裴增宝为区人大常委会副主任。

第四次会议　2001 年 1 月 13～15 日在扬州召开。出席会议代表 151 人,列席会议 76 人。会议听取和审议区政府工作报告、2000 年区国民经济社会发展计划执行情况和 2001 年区国民经济社会发展计划(草案)报告、2000 年区财政决算和 2001 年区财政预算(草案)报告、《扬州市郊区国民经济和社会发展第十个五年计划》、区人大常委会工作报告、区法院工作报告、区检察院工作报告,并通过相应决议。会议通过高恒余辞去区人大常委会副主任职务报告,选举朱飞云为区人大常委会副主任。

第五次会议　2002 年 1 月 11～13 日在扬州召开。出席会议代表 151 人,列席会议 88 人。会议听取和审议区政府工作报告、2001 年区国民经济社会发展计划执行情况和 2002 年区国民经济社会发展计划(草案)报告、2001 年区财政决算执行情况和 2002 年区财政预算(草案)报告、区人大常委会工作报告、区法院工作报告、区检察院工作报告,并通过相应决议。会议通过杨国梓辞去区人大常委会副主任职务报告,增选李宝山为区人大常委会副主任。

第五节　第六届人民代表大会

第一次会议　2003 年 1 月 5～8 日在扬州召开。出席会议代表 194 人,列席会议 65 人。会议听取和审议区政府工作报告、2002 年区国民经济社会发展计划执行情况和 2003 年区国民经济社会发展计划(草案)报告、2002 年区财政决算和 2003 年区财政预算(草案)报告、区人大常委会工作报告、区法院工作报告、区检察院工作报告,并通过相应决议。会议选举产生扬州市维扬区第六届人民代表大会常务委员会,组成人员 23 人,选举潘长正为区人大常委会主任,朱飞云、姚文放、李宝山、陆文瑞、任开志为副主任;选举刘在銮为区长,顾敏、严功林、徐宝林、赵宝庆、金秋芬、张卫为副区长;选举陈克鸣为区法院院长,姚家驹为区检察院检察长,会议选举产生市第五届人民代表大会代表 46 人。

第二次会议　2004 年 1 月 4～6 日在扬州召开。出席会议代表 192 人,列席会议 58 人。会议听取和审议区政府工作报告、2003 年区国民经济社会发展计划执行情况和 2004 年区国民经济社会发展计划(草案)报告、2003 年区财政决算和 2004 年财政预算(草案)报告、区人大常委会工作报告、区法院工作报告、区检察院工作报告,并通过相应决议。

第三次会议　2005 年 1 月 7～9 日在扬州召开。出席会议代表 192 人,列席会议 76 人。会议听取和审议区政府工作报告、2004 年区国民经济社会发展计划执行情况和 2005 年区国民经济社会发展计划(草案)报告、2004 年区财政决算和 2005 年区财政预算(草案)报告、区人大常委会工作报告、区法院工作报告、区检察院工作报告，并通过相应决议。

第四次会议　2006年1月9～11日在扬州召开。出席会议代表192人，列席会议79人。会议听取和审议区政府工作报告、2005年区国民经济社会发展计划执行情况和2006年区国民经济社会发展计划（草案）报告、2005年区财政决算和2006年区财政预算（草案）报告、区“十一五”经济社会发展规划纲要（草案）、区人大常委会工作报告、区法院工作报告、区检察院工作报告，并通过相应决议。

第五次会议　2007年1月22～25日在扬州召开。出席会议代表194人，列席会议83人。会议听取和审议区政府工作报告、2006年区国民经济社会发展计划执行情况和2007年区国民经济社会发展计划（草案）报告、2006年区财政决算和2007年区财政预算（草案）报告、区人大常委会工作报告、区法院工作报告、区检察院工作报告，并通过相应决议。会议选举顾敏为区长。

第六节　第七届人民代表大会

第一次会议　2007年12月27～30日在扬州召开。出席会议代表211人，列席会议89人。会议听取和审议区政府工作报告、2007年区国民经济社会发展计划执行情况和2008年区国民经济社会发展计划（草案）报告、2007年区财政决算和2008年区财政预算（草案）报告、区人大常委会工作报告、区法院工作报告、区检察院工作报告，并通过相应决议。会议选举产生扬州市维扬区第七届人民代表大会常务委员会，组成人员27人，选举潘长正为区人大常委会主任，李宝山、吴华祥、严功林、赵宝庆、陈克鸣为副主任；选举顾敏为区长，李广春、陈德宏、曹占田、申高青为副区长；选举谢应松为区法院院长，钱晓宝为区检察院检察长。

第二次会议　2009年1月6～8日在扬州召开。出席会议代表204人，列席会议93人。会议听取和审议区政府工作报告、2008年区国民经济社会发展计划执行情况和2009年区国民经济社会发展计划（草案）报告、2008年区财政决算和2009年区财政预算（草案）报告、区人大常委会工作报告、区法院工作报告、区检察院工作报告，并通过相应决议。会议选举杨蓉为区长。

图15-2-1　2007年12月28日，维扬区七届人大第一次会议在区会议中心召开

第三次会议　2010年1月13～15日在扬州召开。出席会议代表207人，列席会议91人。会议听取和审议区政府工作报告、2009年区国民经济社会发展计划执行情况和2010年区国民经济社会发展计划（草案）报告、2009年区财政决算和2010年区财政预算（草案）报告、区人大常委会工作报告、区法院工作报告、区检察院工作报告，并通过相应决议。

第四次会议　2011年1月6～8日在扬州召开。出席会议代表211人，列席会议95人。会议听取和审议区政府工作报告、2009年区国民经济社会发展计划执行情况和2010年区国民经济社会发展计划（草案）报告、区“十二五”经济社会发展规划纲要（草案）、2009年区财政决算和2010年区财政预算（草案）报告、区人大常委会工作报告、区法院工作报告、区检察院工作报告，并通过相应决议。会议选举尹宏宝为区人大常委会主任，许玛明为区检察院检察长。

第三章　人大常委会组织机构

第一节　组成人员

1989～2011年,每届区人大常委会设主任1人。第二届人大常委会设副主任2人、委员12人,第三届人大常委会设副主任3人、委员13人,第四届人大常委会设副主任3人、委员16人,第五届人大常委会设副主任5人(先后共有副主任8人)、委员13人,第六届人大常委会设副主任5人、委员17人,第七届人大常委会设副主任5人,委员21人。

1989～2011年维扬区(郊区)人大常委会主任、副主任一览表

表15-3-1

届　别	职　务	姓　名	任　职　时　间
第　二　届 (1987～1990)	主　任	程启旭	1987.4～1990.4
	副主任	李建华	1987.4～1990.4
		张彭年	1987.4～1990.4
第　三　届 (1990～1993)	主　任	许德涛(兼)	1990.4～1993.2
	副主任	李建华	1990.4～1993.2
		申宝俊	1990.4～1993.2
		张彭年	1990.4～1993.2
第　四　届 (1993～1998)	主　任	许德涛(兼)	1993.2～1997.3
		潘天骐(兼)	1997.3～1998.1
	副主任	杨国梓	1993.2～1998.1
		高恒余	1993.2～1998.1
		吴永余	1996.3～1998.1
第　五　届 (1998～2003)	主　任	许万和	1998.1～2003.1
	副主任	杨国梓	1998.1～2002.1
		汪家法	1998.1～2003.1
		高恒余	1998.1～2001.1
		吴永余	1998.1～1999.7
		陈瑞荣	1998.1～2003.1
		裴增宝	2000.1～2003.1
		朱飞云	2001.1～2003.1
		李宝山	2002.1～2003.1

续表 15-3-1

届　别	职　务	姓　名	任　职　时　间
第　六　届 (2003～2007)	主　任	潘长正	2003.1～2007.12
	副主任	朱飞云	2003.1～2007.4
		姚文放	2003.1～2007.12
		李宝山	2003.1～2007.12
		陆文瑞	2003.1～2007.12
		任开志	2003.1～2007.12
第　七　届 (2007～2011)	主　任	潘长正	2007.12～2011.1
		尹宏宝	2011.1～2011.11
	副主任	李宝山	2007.12～2011.11
		吴华祥	2007.12～2011.11
		严功林	2007.12～2011.11
		赵宝庆	2007.12～2011.11
		陈克鸣	2007.12～2011.11

1989～2011年维扬区(郊区)人大常委会委员一览表

表 15-3-2

届　别	姓　名
第　二　届 (1987～1990)	丁永珠(女)　戈克义　王正之　王惠琴(女)　陈国艺　陈德宏　吴敬泽 沈猷清　蔡雨晴　梁尚才　黄　群　周素珍(女)
第　三　届 (1990～1993)	王　海　王德才　孙慕生　陆广歧　陈大伦　陈孝先　周素珍(女) 林秀珠(女)　赵广才　钱刚榾(女)　梁尚才　蔡雨晴　戴正福
第　四　届 (1993～1998)	王素珍(女)　王德才　孙慕生　陈大伦　陈永龙　陆玉安　宗大鹏 胡世和　周素珍(女)　赵广才　钱刚榾(女)　唐明贵　钱雪山　韩　泽 姚永利　曹东萍(女)
第　五　届 (1998～2003)	丁富华　王剑兰(女)　任瑞华(女)　杨宝宜　陈志强　陈国祥　庞仲辉 周素珍(女)　封一波　赵广才　姚永利　黄永海　曹东萍(女)
第　六　届 (2003～2007)	丁晓东　马海燕　朱　燕(女)　朱龙庚　朱承玉　张　永　沈伯平 陈文艳(女)　陈长风(女)　周素珍(女)　俞广宽　施德如　胡邦祥　赵春林 莫维萍(女)　曹志福　蒋清桃
第　七　届 (2007～2011)	丁晓东　刁仁明　马海燕　王　群(女)　王建明　仇少明　刘马根 刘亚敏　汤建军　李　伟　李晓艳(女)　沈伯平　张　昕(女)　张书良 张文敏　陈长风(女)　金　燕(女)　金兴国　俞吉荣　袁宝勇　徐建群

第二节　工作机构

1989年，区人大常委会工作机构有办公室、教育科学文化卫生工作委员会、财政经济工作委员会、法制乡镇建设工作委员会。1990年5月，财政经济工作委员会更名为工交财贸工作委员会，撤销法制乡镇建设工作委员会，分设法制工作委员会和农村乡镇建设工作委员会。1997年10月，法制工作委员会更名为内务司法委员会，工交财贸工作委员会更名为财政经济委员会，教育科学文化卫生工作委员会更名为社会事业委员会，农村乡镇建设工作委员会更名为人事代表委员会。

1989～2011 年维扬区(郊区)人大常委会工作机构负责人一览表

表 15-3-3

机　　构	职　务	姓　名	任　职　时　间
办　公　室	主　任	王正之	1987.10～1989.1
		孙慕生	1989.1～1992.5
		宗大鹏	1992.5～1994.3
		魏福来	1994.3～1995.8
		曹东萍(女)	1995.8～1999.7
		施德如	1999.7～2005.8
		仇少明	2005.8～2011.11
	副主任	孙慕生	1987.10～1989.1
		刘　飙	1990.5～1995.12
		季安钢	1996.10～2000.12
		朱邦柱	1997.4～2004.9
		沈光琪(女)	2002.8～2011.11
		余庆子(女)	2005.4～2009.10
教育科学文化卫生工作委员会(社会事业委员会)	主　任	梁尚才	1988.9～1992.5
		孙慕生	1992.5～1997.8
		黄永海	1998.1～2001.10
		谈广琪	2001.10～2002.3
		张寿山	2002.3～2002.11
		胡邦祥	2002.11～2005.4
		张啸华	2005.4～2009.2
		朱永华(女)	2009.5～2011.11
财政经济工作委员会(工交财贸工作委员会)	主　任	黄　群	1987.10～1990.5
		陈大伦	1990.5～1996.10
		姚永利	1996.10～2002.11
		朱承玉	2002.11～2005.10
		张文敏	2005.10～2011.11
法制乡镇建设工作委员会(农村乡镇建设工作委员会)(人事代表委员会)	主　任	蔡雨晴	1987.10～1993.1
		唐明贵	1993.12～1997.10
		杨宝宜	1997.10～1999.1
		陈宝金	1999.1～2000.8
		马海燕	2000.8～2010.12
		童　进	2010.12～2011.11
	副主任	陈德宏	1987.9～1990.5
		余庆子(女)	2009.10～2011.11

续表 15-3-3

机　　构	职　务	姓　名	任 职 时 间
法制工作委员会（内务司法委员会）	主　任	王德才	1990.5～1997.10
		陈志强	1998.1～2000.8
		刘明祥	2000.8～2002.11
		朱龙庚	2002.11～2007.4
		王建明	2007.4～2011.11
	副主任	李崇和	2003.1～2004.6

第四章　人大常委会主要工作

第一节　重大事项审议与决定

一、审议国民经济和社会发展计划

1991年4月，区第三届人大第二次会议审议批准区政府提出的《扬州市郊区国民经济和社会发展第八个五年计划》。会议认为，区政府提出的“八五”计划目标明确，重点突出，符合郊区实际。会议要求区政府坚定不移地以经济建设为中心，坚持改革开放和“两个文明”建设一起抓，“八五”计划是可以实现的。1996年3月，区第四届人大第四次会议审议批准区政府提出的《扬州市郊区国民经济和社会发展第九个五年计划和2010年远景目标纲要》。会议指出，“八五”期间是全区改革开放以来经济发展最快、社会事业各方面变化最大、人民生活改善的最好时期。“九五”计划和2010年远景目标纲要，明确全区今后五年发展方向，反映全区人民愿望，区政府要精心组织实施，确保各项目标顺利完成。2001年1月，区第五届人大第四次会议通过关于《扬州市郊区国民经济和社会发展第十个五年计划》决议。会议认为，决议确定“十五”期间“四大发展战略”（体制、科技创新，对外开放，城市化进程，可持续发展），区政府要推进“双新”（体制创新、科技创新）联动，切实实施对外开放、城市化和可持续。2009年4月，区第七届人大常委会第十次会议审议区政府关于《维扬区国民经济和社会发展第十一个五年规划纲要》中期评估报告。会议建议，区政府要加快“五大经济板块”互动战略推进，发展先进制造业，按照远景目标纲要，统筹城乡发展。2010年12月，区第七届人大常委会第二十二次会议审议区政府关于“十二五”国民经济和社会发展规划编制情况汇报，要求区政府紧紧围绕区委关于“十二五”规划指导思想，充分吸收社会各界意见，进一步完善规划编制。

二、审议财政预决算

2001年8月，区第五届人大常委会第二十七次会议作出《关于加强全区预算审查监督的决定》。决定内容为：加强和改善财政预算编制工作，加强和改善预算初步审查工作，认真审查批准全区预算，加强对全区预算执行情况和变更调整监督，加强对全区决算审查批准工作，加强对区级预算执行审计，加强对预算外资金监督，加强财政执法检查。区人大常委会按法律规定，每年听取并审议区级财政决算和下年度财政预算编制情况并进行表决，每年听取全区财政预算执行和其他财政收支审计工作情况汇报，以强化对财政预算审查监督。

三、审议政府工作

1989年6月，区第二届人大常委会第十三次会议审议区政府《关于工业产品结构调整的意见》，建议区政府在工业发展战略上，增加新产品储备，充分发挥大企业、大品牌优势，优化企业结构，增强竞争力。是年11月，区人大常委会组成人员考察《江苏省保护老年人合法权益条例》贯彻实施情况，并在区第二届人大常委会第十六次会议上审议区政府关于老龄工作报告，要求区政府继续加强条例宣传，在全社会形成尊老、敬老、养老良好风尚，加大投入，兴办老年服务事业，不断改善老年人生活条件。会议通过《关于进一步加强贯彻执行〈江苏省保护老年人合法权益条例〉的决议》。

1992年，区第三届人大常委会第十一次会议审议区文化事业发展情况报告，通过关于全区文化事业近期发展目标和发展规划。要求区政府近期尽快建成区文化馆主体工程，创建一个省级群众文化先进乡镇；加快发展完善区文化馆内部设施，并作为郊区群众文化主阵地；"八五"期间，全区有4个乡镇创建省级群众文化先进乡镇。1993年，区人大常委会部分组成人员视察区经济开发区建设情况，并在区第四届人大常委会第三次会议上审议区政府《关于开发区建设情况的汇报》，要求区政府加强开发区建设领导，加强对进区企业服务工作。1994年6月，区第四届人大常委会第八次会议作出《关于建立郊区人民医院议案的决议》。要求在3～4年内建成区人民医院，区政府要制定实施计划，强化组织领导，落实资金，抓紧做好区人民医院建设启动工作。同年7月，区人民医院门诊大楼破土动工，总面积3460平方米。1995年4月，区人民医院落成。

2004年2月，区第六届人大常委会第七次会议审议区政府《关于取消全区农户农业税征收情况的汇报》。会议决定，贯彻落实中央一号文件精神，切实减轻农民负担，增加农民收入。2004年起，全区全额免征农户农业税。会议要求，区政府抓好决定落实，适当补贴经济困难村组，并加强检查监督，完善配套措施，防止农民负担反弹。2006年6月，区第六届人大常委会第二十四次会议分别审议区政府关于流通服务业发展情况和社会主义新农村建设情况汇报。会议要求区政府重视流通服务业占地区生产总值比重不大问题，要完善规划，突出重点，加强培植，加快产业发展步伐；在新农村建设上，要加强组织领导，加快发展村级经济，实现农民增收，着力改善农村生产生活环境。是年8月，区第六届人大常委会第二十五次会议审议区政府关于招商引资、项目推进和开发区建设情况汇报。会议要求区政府进一步加大招商引资力度，强化服务协调功能，科学规划，规范管理，推动维扬经济开发区建设成为高新技术和环保型开发区。2007年3月，区人大常委会主任会议针对全区村(居)民自治工作中存在的问题，建议区政府加强村(居)民自治工作，要突出民主、公开，完善各项议事制度，接受群众监督。

2010年4月，区第七届人大常委会第十八次会议审议区政府《关于市公铁水联运物流园区工作情况的汇报》。会议要求区政府加强园区中长期建设规划，加大招商引资力度，统筹推进经济和社会发展。是年10月，区第七届人大常委会第二十一次会议针对区政府关于医药卫生体制改革情况，要求区政府进一步加强基层卫生服务体系建设，抓好基本医疗保障扩面提标工作。2011年10月，区第七届人大常委会第二十八次会议审议区政府《关于产业转型升级和结构调整情况的报告》。会议要求区政府加强产业转型引导，加强公共服务功能建设，加强政策资金人才方面扶持力度。

四、推进依法治区

1990年9月，区第三届人大常委会第三次会议听取和审议区政府《关于全区严厉打击严重刑事犯罪、维护社会治安秩序情况汇报》，并作出决议。会议要求，继续推行治安承包责任制，把社会治安综合治理工作落到实处；开展基层组织建设，健全防范网络；加强法制教育和青少年教育，加强政法机关建设，提高政法干警素质，建立健全政风警风责任制。1991年4月，区第三届人大常委会第七次会议审议区政府《关于第二个五年普法准备工作和依法治区试点工作》情况汇报。会议认为，第一个五年法制宣传教育工作取得一定成效，为全区法制建设奠定基础。会议指出，区政府要高度重视法制教育，加强领导，认真组织，协调和指导"二五"普法规划实施，要突出重视全民法律意识培养，开展宪法和其他法律条文学习，提高公民知法、守法和用法意识。会议要求把"二五"普法和依法治区结合起来，为保证全区政治、经济和社会长期稳定发展，创造良好法制环境。1992年12月，区第三届人大常委会第十六次会议审议区政府《关于全区第二个五年普法工作实施情况的汇报》。

2000年12月，区第五届人大常委会第十六次会议审议区政府、区法院、区检察院关于依法治区工作实施方案。2004年10月、2005年6月和2006年10月，区第六届人大常委会第十一、十五和二十六次会议先后审议区政府关于社会治安综合治理工作情况汇报，建议区政府进一步夯实工作基础，加强社会治安防控网络建设，建立健全责任机制。2006年4月，区第六届人大常委会第二十二次会议审议区政府、区法院、区检察院关于2006～2007年度依法治区实施方案情况，要求区政府突出依法治区重点，点面结合，形成工作合力；要求区法院、区检察院要结合“五五”普法，加强队伍建设，进一步提高司法水平。是年8月，区第六届人大常委会第二十五次会议通过关于在全区开展建设“法治江苏合格区”活动决议。2007年10月，区第六届人大常委会第三十三次会议审议区政府关于开展建设“法治江苏合格区”活动进展情况汇报。

2010年10月，区第七届人大常委会第二十一次会议审议区政府关于“五五普法”工作情况汇报，要求区政府突出重点，加强宣传教育，营造全社会学法、用法、守法良好氛围。2011年8月，区第七届人大常委会第二十七次会议审议区政府关于“六五”普法规划情况汇报，要求区政府进一步加大宣传力度，切实提高公民法制意识。会议作出《关于进一步加强法制宣传教育的决议》。

第二节　法律监督与工作监督

一、法律监督

1989年8月，区第二届人大常委会第十四次会议审议区政府贯彻执行统计法情况，要求区政府及其统计部门加强对统计工作领导和统计干部学习培训，建立健全统计资料，开展统计服务，纠正统计工作中违法违纪现象，将统计工作纳入法制轨道。

1990年7月，区第三届人大常委会组织委员视察部分乡镇（场）贯彻执行食品卫生法情况，要求区政府进一步深入宣传学习食品卫生法，强化法制观念，加强对食品生产经营单位和流动摊贩长效管理，限期整改农贸市场和有关乡镇卫生面貌。1991年2月，区第三届人大常委会第五次会议审议全区贯彻执行药品管理情况，要求区政府及其职能部门加强药品管理法律法规宣传，改善药房药库条件，完善药品管理制度。

1993年6月，区第四届人大常委会第二次会议审议全区贯彻实施《中华人民共和国经济合同法》情况，要求区政府及其职能部门加大对经济合同法宣传，提高企业经营者法律意识，加强经济合同台账管理，促进企业健康发展。1994年2月，区第四届人大常委会第六次会议审议全区贯彻实施《中华人民共和国义务教育法》情况，要求区政府进一步重视教育工作，加强宣传，在全社会营造尊师重教良好风尚；多渠道筹措资金，改善办学条件；合理调配教育资源，提高教学质量。是年8月，区人大常委会组织部分委员对各乡镇环境保护工作实施督查，要求区政府对少数电镀化工企业不严格执行环境保护行为限期治理，对未经批准、擅自投产、污染严重工厂责令关闭停业。

1995～1997年，区人大常委会组织部分委员和人大代表对《中华人民共和国农业法》《中华人民共和国农业技术推广法》《中华人民共和国劳动法》实施情况现场督查，人大代表广泛联系群众，共收集意见、建议242条，督促区政府及其相关部门整改。1997年8月，区第四届人大常委会第二十七次会议审议《中华人民共和国行政处罚法》执法检查情况，要求区政府健全部门执法责任制，合法、规范、有效地实施行政处罚，提高依法行政水平。

1998年9月，区第五届人大常委会第四次会议审议区政府贯彻《中华人民共和国科技进步法》及《江苏省科技进步条例》情况，要求区政府加大技改投入和人才引进力度，进一步明确创建国家科技先进区工作目标，加强对科技方面有关政策落实情况检查，完善全区技术监督体系。2000年4月，区第五届人大常委会第十三次会议审议全区贯彻执行《中华人民共和国土地管理法》情况，要求加大对新土地法学习宣传力度，提高干部群众依法用地意识。

2003年4月,区第六届人大常委会第三次会议针对区政府防治“非典”情况,要求区政府认真贯彻传染病防治法,加强疾病防控体系建设,完善突发事件预警、应急机制,广泛深入开展爱国卫生运动,加大环境卫生整治和监管力度,创造良好人居环境。2004年5月,区人大常委会主任会议针对区政府贯彻实施《中华人民共和国防洪法》和《中华人民共和国消防法》情况,要求区政府加强领导,提高认识,落实责任,消除隐患,预防重大灾情发生。2006年2月,区人大常委会主任会议审议区政府贯彻实施《中华人民共和国动物防疫法》情况,要求区政府建立并完善长效机制和重大疫情预警制度,进一步加大对违法行为打击力度,维护好市场秩序。3月,区人大常委会主任会议听取区政府贯彻实施《中华人民共和国残疾人保障法》情况汇报,要求区政府及有关职能部门进一步加大残疾人事业的宣传力度,提高社会参与度,增加资金投入,强化基础,全面提升为残疾人服务条件和水平。2009年,区第七届人大常委会第十四次会议审议区政府贯彻实施《中华人民共和国就业促进法》情况,要求区政府加强职业技能教育和就业服务体系建设,积极实行城乡就业统筹推进。2011年9月,区人大常委会主任会议听取区政府关于《中华人民共和国教师法》贯彻实施情况汇报,要求区政府及有关部门尽快理清人事关系,不得占用教师编制,落实好新教师引进工作。

二、工作监督

1989年,区人大常委会组织部分委员和代表到城东、双桥、汤汪等乡镇、村,视察全区蔬菜春缺供应、夏菜生产和预防伏缺措施等情况,要求区政府加大伏缺期蔬菜生产补贴力度,扩大规模经营。是年,区人大常委会组织部分委员视察双桥、汤汪、湾头、城东等乡镇防汛防涝准备工作,针对发现的问题,要求区政府完善水利建设投入机制,落实责任分工,加强水利工程管理。

1991年,区人大常委会组织部分委员和代表到双桥、城北等乡镇调研农业服务体系及科技兴农情况,要求有关乡镇提高认识,不断增强广大干群学科技、用科技自觉性,进一步完善乡村两级服务体系,强化服务功能。1993年,区人大常委会组织部分委员专题调查城北、平山等乡镇强化农业服务体系建设、减轻农民负担等情况,要求区政府总结经验,完善并加强农业服务体系建设,把一部分农民个人负担的经费,由集体经济组织负担,提高农民务农积极性。

1995年,区第四届人大常委会第十六次会议审议区政府关于廉政建设工作情况报告,要求区政府加大宣传教育,开展制度建设和查处工作,加强预算外资金管理,领导干部要以身作则、廉洁自律。区第四届人大常委会第二十二次会议审议区法院和区检察院关于全区经济审判工作和检察工作情况,要求“两院”继续贯彻“打、防、建”方针,坚持从严从重从快打击犯罪,帮助企业堵塞漏洞。区第四届人大常委会第二十八次会议审议区政府关于全区企业改制情况汇报,要求区政府进一步更新观念,从实际出发,实行一厂一策,及时解决改制中存在问题,积极稳妥组建企业集团。2000年,区人大常委会组织区人大代表评议区政府民政部门1998年以来工作,针对存在问题,要求民政部门提高村民民主政治建设意识,进一步加大投入,夯实民政工作基础,完善农村社会养老保险金管理。

2004年,区人大常委会主任会议成员赴区防治禽流感指挥部、区农水局、区兽医站视察全区防治禽流感工作,要求区政府及各职能部门在思想上不麻痹,针对群众担心、恐慌心理,加大宣传引导力度,进一步加强预防和监控,边预防边总结经验,坚持一手抓疫情防御,一手抓正常工作。2005年,区人大常委会主任会议成员视察沿山河综合整治与绿化工程及“菜篮子工程”建设情况,要求进一步加强沿山河河道及绿化工程维护和管理,有效发挥沿山河工程综合效益;要充分认识“菜篮子工程”地位和作用,重视蔬菜副食品供应安全保障体系建设。2006年7月,区人大常委会主任会议成员视察全区社区建设情况,要求区政府及其职能部门切实完善社区建设管理和发展规划,加强人、财、物方面保障,加快推进和谐社区建设。9月,区人大常委会主任会议听取区政府关于拆迁安置工作情况汇报,要求区政府加强对安置房及配套设施规划研究和决策,把以人为本原则充分体现在拆迁安置工作中,维护好群众合法权益。

2007年4月,区第六届人大常委会第二十九次会议分别审议区政府关于全区社会保障、科技创新工作情况汇报，要求区政府加强下岗职工就业培训、失地农民生活保障和城镇职工医疗保险覆盖面；加快先进技术推广，促进高新技术产业化。2008 年 4 月，区第七届人大常委会第二次会议听取区政府关于流通服务业发展情况汇报，要求区政府加大基础设施投入，改善服务环境，增强发展后劲。2009 年，区第七届人大常委会第十二次会议审议区政府关于计划生育工作情况汇报，要求区政府加强流动人口管理力度，强化服务理念，提升服务质量。是年 11 月，区人大常委会主任会议针对老小区整治情况，要求区政府进一步加快推进力度，落实资金保障，完善后续长效管理制度。2011 年，区人大常委会主任会议听取区政府关于文明城市创建情况汇报，要求区政府突出重点，狠抓薄弱环节，特别是群众关注的热点、难点问题，加快推进工作展开。是年，区人大常委会主任会议成员视察全区创建国家级生态乡镇工作，要求区政府加大力度，力争在 2012 年实现全区涉农乡镇全部创成国家级生态乡镇。

第三节　人事任免

1989 年，区人大常委会把依法任命干部与依法监督结合起来，依法任免国家机关工作人员 17 人。1990～1992 年，区人大常委会依法任免国家机关工作人员 75 人，其中任命区政府组成人员 25 人、区“两院”组成人员 31 人。区第三届人大常委会第八次会议通过《关于区政府组成人员和区法院、区检察院负责人向区人大常委会述职的试行办法》，进一步规范“一府两院”组成人员述职程序及提高述职质量。

1993～1997 年，区人大常委会依法任免国家机关工作人员 84 人，其中任命区人大常委会工作人员 10 人、区“一府两院”工作人员 60 人，听取并评议区政府 12 名组成人员述职报告，并做好述职意见反馈工作。1996 年 8 月，区第四届人大常委会第二十一次会议通过修改《关于任免国家机关工作人员的暂行办法》的决定，进一步规范任免全区国家机关工作人员程序。

1998～2002 年，区人大常委会依法任免国家机关工作人员 178 人，其中任命区人大常委会工作人员 15 人和区“两院”工作人员 115 人，听取并评议区政府 10 名组成人员和区“两院”39 名审判员、检察员述职报告。2003～2005 年，区人大常委会依法任免国家机关工作人员 117 人，其中任命区人大常委会工作人员 9 人和区“两院”工作人员 76 人，听取并评议区政府 15 名组成人员和区“两院”26 名审判员、检察员述职报告。在述职评议过程中，区人大常委会坚持做到：评议前走访、座谈，为评议打下良好基础；评议中严肃认真，客观公正，重点评议被评议人员依法行政、公正司法、勤政廉政以及履职能力等方面情况。同时，在述职评议对象安排上和具体工作上作调整改进，修订《关于区政府组成人员和“两院”负责人向区人大常委会述职的实施办法》和《关于组织区人民法院审判员、人民检察院检察员述职的方案》，扩大述职面，评议结果由“笼统”到“量化”，评议意见变“柔性”为“刚性”，严肃指出其履职上的不足。

2006 年至 2011 年 11 月，区人大常委会依法任免国家机关工作人员 236 人，其中区政府和区“两院”工作人员 212 人、区人大常委会工作人员 24 人。

第四节　人大代表主要议案

《关于建立区人民医院》议案　1992 年前，全区只有几所乡镇医院，没有区人民医院，乡镇医院因受医疗条件限制，给本区群众治病带来不便。1992 年，胡世和等 10 名区人大代表提出《关于建立区人民医院》议案，在第三届人大第三次会议上获得通过。区长办公会议专题研究建设区人民医院问题，成立由区人大代表及区政府办、区卫生局、区计经局、区财政局、区人事局等有关部门负责人组成的联合调查组，深入乡村，多方倾听群众及有关人士意见，形成调研报告。1994 年 6 月，区第四届人大常委会第八次会议根据调研报告作出决议，要求区政府在 3～4 年内，建成区人民医院。区政府由分管区长牵头,组织专门班子,研究方案,选择院址,报批项目,筹措资金250万元。至1995年4月,医院建成交付使用。

《关于迅速解决养老保险金的发放兑现》议案　2001年前,全区农村养老保险金发放兑现一直难以落实。2001年,汪桂芬等10名代表提出《关于迅速解决养老保险金的发放兑现》议案。区第五届人大主席团高度重视,认为农村养老保险金兑现问题关系全区农村社会稳定。决定委托区人大常委会在第五届人大第四次会议闭幕后进一步调查研究。是年2月,区人大常委会根据调研结果,作为重点议案敦促区政府办理。区政府根据议案牵涉问题面广量大,情况复杂,多次召开有关部门会议,制订切实有效方案,排列实施进度,分阶段落实到位。2002年,区第五届人大第五次会议对上年养老保险金发放兑现议案实施跟踪,进一步督促区政府加快落实措施。2003年,全区农村养老保险金发放兑现基本落实到位。

《关于加强文明城市创建重点项目建设,提升城乡居民幸福指数》议案　2011年,双桥等6个代表团12名区人大代表提出《关于加强文明城市创建重点项目建设,提升城乡居民幸福指数》议案,区第七届人大第四次会议通过,并列为1号议案。区政府召开常务会议,研究落实方案。根据市文明城市创建要求,区政府确定把文明城市创建中经济、社会、文化等8项重点民生项目作为抓手,加大推进力度。是年6月,区第七届人大常委会第二十六次会议听取并审议区政府办理1号议案情况汇报。会议提出,维扬区是市文明城市创建主阵地,应扎实推进这项民生工程。区政府根据人大常委会要求,一方面加大宣传力度,营造良好氛围;另一方面进一步研究措施,加强长效机制建设,确保民生项目落实,并以优异成绩接受国家文明城市创建工作测评组检验。

第五节　代表工作

1989年,区人大常委会、区政府领导召集区政府所属部门、单位负责人,对出席区第二届人大第四次会议人民代表所提126件建议、批评、意见,逐一落实办理。先后落实办理筹建实验小学、捐资助学、建立举报中心、处理果园村被征地村民吃粮矛盾问题等建议。

1990年,区第三届人大常委会第一次会议通过区人大常委会《关于加强园区第三届人大代表联系的暂行办法》《关于办理议案和代表建议的暂行办法》,实行常委会组成人员分片联系各代表组、各工作机构按工作范围联系代表方式,使代表联络工作规范化、制度化。是年,区人大常委会组织4次代表活动,就全区经济建设、机关作风、廉政建设向"一府两院"提出要求和意见。

1993年3月,区人大常委会组织人大代表评议公检法等机关公正执法、队伍建设和廉政工作情况。各代表小组组织代表走访座谈,根据群众评议意见,与公检法等机关中层以上干部交流。会后,要求公检法等机关制定整改措施。是年10月,代表小组跟踪评议,检查整改效果。

1995年7月,区人大常委会组织人大代表评议土地管理工作,重点检查履行土地管理各项职能,加强队伍廉政建设情况。评议工作历时两个月,共组织337名区、乡人大代表和驻区省、市人大代表参加,召开座谈会42次,参评500多人,联系选民5385人次,每名代表人均走访17人,提出评议意见899条。是年11月,在建设用地中,查出少数征而不用、圈而不用、浪费土地等问题,由区土地管理部门逐一处理。

1996年5月,区人大常委会组织全区市、区、乡三级459名人大代表,对全区环保工作进行评议,着重对水污染防治监督管理提出建议及批评意见348条,交环保部门整改落实。是年9月,区环保局与有关部门下发关于关停、取缔非法小电镀、小印染企业通告,要求轧钢厂、湾头电镀厂对污染治理专门制定整改实施方案。

1997年,进一步贯彻落实代表法,充分发挥人大代表在管理地方国家事务中的重要作用,提出代表履职自觉性和积极性。区第四届人大常委会第二十六次会议表彰第四届在"两个文明"建设和民主法制建设作出突出贡献的4个区人大先进代表小组和20名先进个人代表。

1999年，区第五届人大常委会第十一次会议修订通过《关于办理区人大代表建议、批评和意见的办法》，区第五届人大常委会第十四次会议修订通过《关于联系代表的暂行办法》，进一步发挥代表作用，密切与人大代表联系，切实做好代表建议办理工作。

2002年，区人大常委会组织部分代表视察民政工作，对全区创建文明敬老院、实施农民生活费最低保障线等工作予以肯定。

2005年，区人大常委会组织市、区、乡三级200多名人大代表评议民政工作，召开评议大会，提出79条意见，交由区政府及其民政部门整改。是年12月，听取整改情况汇报。

2009年，区人大常委会通过《关于开展人大代表活动先进小组评选工作的意见》。

第六节　指导乡镇(街道)人大工作

1989～2003年，乡镇人民代表大会每届任期3年。2004年后，改为每届任期5年。乡镇人民代表大会每年至少举行一次会议。会议听取和审议本级政府工作报告，审查和批准上年度财政预算执行情况和本年度财政预算(草案)报告，审议通过本地区国民经济和社会发展计划，提出议案、建议、批评和意见。选举乡镇人大主席、副主席和乡镇长、副乡镇长。1990年，各乡镇人大设主席团。主席团由人民代表大会在代表中选举产生。主席团主持本级人民代表大会会议，依法行使职权。是年后，乡镇人大主席团设常务主席、副主席，任期与人民代表大会相同。在大会闭幕期间，组织代表学习、宣传宪法和法律法规，负责联系本级人大代表和在本乡镇的上级人大代表，组织视察、调研和执法检查，督促政府办理议案、建议、批评和意见，反映代表和选民对本级人民政府工作的意见和建议，召集本级人民代表大会会议。

2002年，市区区划调整后，设街道人大工作委员会。街道人大工委是区人大常委会派驻机构，设主任和副主任，由区人大常委会任命。主要职责是组织街道市、区人大代表在人民代表大会闭会期间学习、视察、检查、调研等活动，办理和督办涉及街道工作的议案和建议，组织人大代表述职，协助街道推进民主政治建设，提出有关意见和建议，承办区人大常委会交办的其他事项。

第十六编

地方人民政府

1989～2011 年，维扬区(郊区)政府切实履行政府职责，先后制定“八五”至“十二五”5 个五年计划(规划)，推动全区经济社会持续快速发展，在全市率先实现小康达标区的历史性跨越，人民生活水平显著提高。

2002 年，市区区划调整，郊区人民政府更名为维扬区人民政府。1997～2010 年，区政府机构历经 4 次改革，并按照依法行政、高效施政、为民理政、勤廉治政要求，重视加强和改进自身建设，在人民群众中形象不断提升。围绕市场取向、方便群众原则，对行政审批事项进行清理，实现行政审批制度改革。2011 年，行政审批项目按时办结率连续 4 年 100%，群众满意率 98%以上。加强人才队伍建设，着力培养和引进各类人才。建立健全信访工作网络和制度，为经济社会发展创造稳定环境。加强对外交流与外籍华人华侨联系，为经济社会发展获得支持。1989～2011 年，累计处理来信 2458 件，来访 2.02 万人次。

第一章　组织机构

第一节　领导机构

1989～2011 年，区政府领导机构与区人民代表大会同时换届，先后历经第二届、第三届、第四届、第五届、第六届、第七届 6 届政府。区政府由区长、副区长和委、办、局主要负责人组成。在区委领导下，实行区长负责制，对区人民代表大会及其常委会负责并报告工作，同时对市政府负责并报告工作。

区第二届人民政府(1987.4～1990.4)由区第二届人民代表大会第一次会议选举产生，区长 1 人、副区长 6 人。

区第三届人民政府(1990.4～1993.2)由区第三届人民代表大会第一次会议选举产生，区长 1 人、副区长 6 人。

区第四届人民政府(1993.2～1998.1)由区第四届人民代表大会第一次会议选举产生，区长 1 人、副区长 10 人。

区第五届人民政府(1998.1～2003.1)由区第五届人民代表大会第一次会议选举产生，区长 1 人、副区长 10 人。

区第六届人民政府(2003.1～2007.12)由区第六届人民代表大会第一次会议选举产生，区长 1 人、副区长 8 人。

区第七届人民政府(2007.12～2011.11)由区第七届人民代表大会第一次会议选举产生，区长 1 人、副区长 9 人。

1989～2011 年维扬区(郊区)人民政府区长、副区长一览表

表 16-1-1

届　次	区　长	副区长
第二届 (1987.4～1990.4)	朱福生(1987.4～1990.4)	许万和(1987.4～1990.4) 汤希来(1987.4～1990.4) 朱福元(1987.4～1990.2) 申宝俊(1988.9～1990.4) 张兆林(1987.4～1990.4) 陈君孝(1988.1～1990.4)

续表 16-1-1

届　次	区　长	副区长
第三届 (1990.4～1993.2)	朱福生(1990.4～1992.5) 许万和(1992.5～1993.2 代)	许万和(1990.4～1992.5) 肖太山(1990.4～1993.2) 陈君孝(1990.4～1991.9) 张兆林(1990.4～1993.2) 殷传麟(1991.9～1993.2) 汪家法(1991.11～1993.2)
第四届 (1993.2～1998.1)	许万和(1993.2～1997.10) 杨明荣(1997.10～1998.1 代)	何承谟(1993.2～1994.7) 殷传麟(1993.2～1995.6) 张兆林(1993.2～1998.1) 汪家法(1993.2～1998.1) 裴增宝(1993.2～1998.1) 肖太山(1994.6～1998.1) 王治塔(1995.2～1998.1) 顾　敏(1995.6～1998.1) 姚苏华(1997.4～1998.1) 杨明荣(1997.10～1998.1)
第五届 (1998.1～2003.1)	杨明荣(1998.1～2002.2) 刘在銮(2002.2～2003.1 代)	顾　敏(1998.1～2003.1) 姚苏华(1998.1～2002.10) 董德利(1998.1～2002.1) 裴增宝(1998.1～2000.1) 张家仁(1998.1～2002.10) 严功林(1999.7～2003.1) 徐宝林(2000.10～2003.1) 赵宝庆(2002.2～2003.1) 金秋芬(女,2002.5～2003.1)
第六届 (2003.1～2007.12)	刘在銮(2003.1～2006.5) 顾　敏(2006.12～2007.12 代)	顾　敏(2003.1～2006.5) 严功林(2003.1～2007.12) 徐宝林(2003.1～2007.12) 赵宝庆(2003.1～2007.12) 金秋芬(女,2003.1～2007.12) 李广春(2003.8～2007.12) 陈德宏(2005.12～2007.12) 申高青(2007.11～2007.12)
第七届 (2007.12～2011.11)	顾　敏(2007.12～2008.8) 杨　蓉(女,2008.8～2009.1 代) 杨　蓉(女,2009.1～2011.11)	李广春(2007.12～2010.8) 陈德宏(2007.12～2011.11) 曹占田(2007.12～2011.11) 申高青(2007.12～2011.9) 潘学元(2008.6～2011.11) 王相柏(2008.6～2011.11) 徐　晟(2010.1～2011.11) 徐长金(2010.8～2011.11) 翟祥坤(2011.4～2011.11)

第二节　工作机构

1989 年,区政府下辖机构 34 个。其中,区政府组成部门 16 个,即区政府办公室、区计划经济委员会、区经济体制改革委员会、区文教局、区监察局、区民政局、区司法局、区财政局、区建设委员会、区农业委员会、区蔬菜局、区农水局、区审计局、区工商局、区土地管理局、区计划生育委员会。办事机构（含副科级）12个，即区财贸办公室、区多种经营管理局、区科学技术委员会、区工业局、区卫生局、区物资局、区经济协作办公室、区物价局、区信访办、区档案局、区侨务办公室、区地方志办公室。双重领导机构6个，即区公安分局、区税务分局、区粮食分局、区供销合作社、农业银行郊区办事处、建设银行郊区办事处。

1997年7月，第一次政府机构改革，区政府下辖机构25个。其中，区政府组成部门20个，即区政府办公室（挂“区经济体制改革委员会”“区政府外事侨务办公室”“区住房制度改革办公室”牌子）、区计划经济委员会（挂“区统计局”“区乡镇企业管理局”“区技术改造办公室”“区经济协作办公室”牌子）、区农村工作委员会（挂“区农业水利局”“区多种经营管理局”“区政府农村集体资产管理办公室”牌子）、区科学技术委员会、区建设委员会（挂“区城市管理委员会”牌子）、区对外经济贸易委员会、区民政局、区财政局、区劳动人事局、区文化教育局、区卫生局（挂“区爱国卫生运动委员会办公室”牌子）、区计划生育委员会、区审计局、区司法局、区国土管理局、区环境保护局、区物价局、区蔬菜局、区财贸办公室（挂“区三产办公室”牌子），区监察局。部门管理机构3个：区信访局、区政府法制局、区国有资产管理局。直属事业机构两个：区区级机关事务管理局（在区政府办挂牌）、区档案局。

2002年，第二次政府机构改革，区政府下辖机构34个，即区政府办公室、区信访局、区区级机关事务管理局、区政府法制办公室、区外事侨务对台办公室、区安全生产监督管理局、区物价局、区发展计划与经济贸易局、区科学技术局、区监察局（与区纪委机关合署办公）、区民政局、区司法局、区财政局、区人事局、区劳动和社会保障局、区建设局、区农业水利局、区文化教育局、区卫生局、区计划生育局、区审计局、区环境保护局、区统计局、区民族宗教事务局（与区委统战部合署办公）、区对外经济贸易合作局、区城市管理局、区地方志办公室、区商业贸易局、区档案局、市公安局维扬分局、市国土资源局维扬分局、市国家税务局二分局、市国家税务局三分局、市地方税务局三分局。区政府另辖江阳工业园区管委会。

2005年，第三次政府机构改革，区政府下辖机构36个，即区政府办公室、区信访局、区区级机关事务管理局、区政府法制办公室、区外事侨务对台办公室、区安全生产监督管理局、区物价局、区科学技术局、区监察局、区民政局、区司法局、区财政局、区人事局、区民族宗教事务局、区劳动和社会保障局、区建设局、区城市管理局（市城市管理行政执法局维扬分局）、区农业水利局、区文化教育局、区卫生局、区人口和计划生育委员会、区审计局、区环境保护局、区统计局、区发展改革和经济贸易委员会、区地方志办公室、区商业贸易局、区档案局、区招商局、市公安局维扬分局、市国土资源局维扬分局、市规划局维扬分局、市工商行政管理局维扬分局、市国家税务局二分局、市国家税务局三分局、市地方税务局三分局。

2010年，第四次政府机构改革，区政府下辖机构32个，即区政府办公室（挂“区政府研究室”“区政府法制办公室”“区政府金融工作办公室”牌子）、区区级机关事务管理局、区政府外事侨务办公室（挂“区招商局”牌子）、区服务业发展局（挂“区旅游局”牌子）、区环境保护局、区安全生产监督管理局、区统计局、区审计局、区人口和计划生育委员会、区卫生局（增挂“区食品药品监督管理局”牌子）、区文化教育体育局、区商务局、区农业水利局、区住房和城乡建设局（挂“区房产管理局”牌子）、区城市管理局（市城市管理行政执法局维扬分局）、区人力资源和社会保障局、区财政局（挂“区政府国有资产监督管理办公室”牌子）、区司法局、区民政局、区监察局（与区纪律检查委员会机关合署）、区科学技术局（挂“区地震局”“区知识产权局”牌子）、区发展改革和经济信息化委员会（挂“区物价局”“区中小企业局”牌子）、区民族宗教事务局、区档案局、区地方志办公室、市公安局维扬分局、市国土资源局维扬分局、市规划局维扬分局、市工商行政管理局维扬分局、市国家税务局二分局、市国家税务局三分局、市地方税务局三分局。

1989～2011 年维扬区(郊区)政府工作机构负责人一览表

表 16 - 1 - 2

单 位	职 务	姓 名	任 职 时 间
区政府办公室	主 任	陈明山	1987.5～1989.11
		何承谟	1989.11～1990.5
		陈 勇	1990.5～1993.12
		汪增申	1993.12～1995.10
		刁仁明	1996.6～1997.12
		李宝山	1998.1～1998.9
		葛长龙	1998.9～2000.6
		包桂平	2000.6～2003.2
		徐长金	2003.2～2005.1
		王庆伟	2005.1～2010.1
		钱伯林	2010.1～2011.11
	副主任	陈 勇	1987.10～1990.5
		杨兆祥	1988.8～1989.9
		王福昌	1989.9～1992.2
		阚肖红	1990.5～1993.12
		钱茂林	1990.10～1995.9
		郑华武	1992.4～1995.3
		马海燕	1993.9～1996.6
		刁仁明	1994.6～1996.6
		陈信玲(女)	1995.3～1996.6
		徐家安	1995.12～1996.8
		钱伯林	1995.12～2001.3
		曹占田	1996.8～1999.7
		沈家琪	1996.8～2001.3
		仇少明	1998.9～2005.1
		唐荷云(女)	1998.2～2001.12
		刘雪芬(女)	1999.9～2001.12
		韦新民	2000.8～2001.12
		周长军	2002.3～2004.12
		王庆伟	2002.3～2005.1
		季晓春	2002.3～2003.3
		梁 辉	2002.3～2011.11
		顾永良	2002.7～2004.12

续表 16-1-2

单　位	职　务	姓　名	任职时间
区政府办公室	副主任	高　平	2004.6～2008.3
		徐　文	2004.6～2009.4
		夏菊香(女)	2004.9～2005.10
		薛文跃(女)	2004.12～2007.3
		冯在根	2005.1～2005.12
		吴　越	2005.12～2011.11
		葛玉涛	2005.12～2009.8
		夏菊香(女)	2006.4～2008.3
		王勤刚	2007.6～2009.4
		顾永良	2007.6～2010.12
		陈　军	2008.1～2010.6
		冯玉梅(女)	2008.8～2011.11
		何晓华	2009.4～2011.1
		朱正忠	2009.8～2011.11
		汤开峰	2010.12～2011.11
		郭一金	2011.9～2011.11
区信访局 (区信访办)	局长(主任)	李惠生	1988.11～1989.11
		杨兆祥	1995.1～1995.3
		刘步喜	1995.3～2000.8
		薛文跃(女)	2000.8～2005.12
		葛玉涛	2005.12～2009.8
		朱正忠	2009.8～2011.11
	副局长(副主任)	陈达新	2002.3～2011.11
		刘义同	2002.3～2002.8
		田　沃	2005.10～2011.11
		侯学新(女)	2010.6～2011.9
		黄金芳(女)	2011.9～2011.11
区区级机关 事务管理局	局　长	刘雪芬(女)	2002.8～2003.3
		王庆伟	2003.3～2005.1
		冯在根	2005.1～2005.12
		薛文跃(女)	2005.12～2007.6
		王勤刚	2007.6～2009.4
		何晓华	2009.4～2011.1
		陈　军	2011.1～2011.11
	副局长	徐永清	2003.12～2011.11
		刘义同	2009.4～2011.11
		裴志坚(女)	2011.9～2011.11

续表 16-1-2

单 位	职 务	姓 名	任 职 时 间
区法制办公室	主任	钱茂林	1990.7～1995.9
		沈家琪	1996.8～2005.10
		梁 辉	2005.10～2011.11
	副主任	梁 辉	2002.3～2005.10
区外事侨务办公室（区外事侨务对台办公室）	主 任	徐文开	1988.12～1993.4
		唐荷云(女)	1993.4～2010.6
		陈 军	2010.6～2011.11
		孔雪雁(女)	2011.6 ～2011.11
	副主任	潘平青	2002.7～2010.6
		李崇和	2004.6～2005.12
		周彩虹(女)	2006.12～2008.1
		朱 彬	2010.6～2011.11
		王 灿(女)	2010.6～2011.11
区经济体制改革委员会	主 任	陈 勇	1988.12～1991.5
		阚肖虹	1991.5～1993.12
		汪增申	1993.12～1995.12
		徐家安	1995.12～1996.8
		曹占田	1996.10～1999.7
		包桂平	1999.10～2001.8
		包建平	2001.8～2005.4
	副主任	梅增亮	1989.1～1990.5
		马文跃	1990.7～1992.8
		王德山	1992.8～1996.8
		李春山	1995.5～1995.12
		王德山	2002.3～2005.4
区发展改革与经济信息化委员会（区计经局）（区发展改革与经济贸易局）	主任(局长)	王建民	1988.1～1990.5
		戴 骏	1990.7～1999.11
		吴心明	1999.11～2011.11
	副主任(副局长)	王兆连	1988.8～1992.11
		戴 骏	1988.9～1990.7
		王 海	1991.9～1992.11
		徐家安	1992.11～1994.1
		汪增申	1992.12～1993.12
		袁诗华	1992.12～2007.3
		吴心明	1992.12～1999.11
		曹开源	1993.7～1998.1

续表 16-1-2

单　位	职　务	姓　名	任　职　时　间
区发展改革与经济信息化委员会（区计经局）（区发展改革与经济贸易局）	副主任(副局长)	包建平	1995.5～2001.8
		曹志福	1995.5～2002.3
		陈文涛	1995.1～2002.3
		孙纯全	1995.12～2002.3
		赵贵荣	1997.3～2002.3
		周卫东	1997.3～2002.3
		童　进	1997.3～2002.1
		刘兆存	1997.3～2002.3
		陈　芳(女)	1997.8～1998.4 2001.6～2005.4
		王继山	2001.8～2011.11
		江为亮	2003.12～2011.11
		包建平	2005.4～2010.6
		尤广秀(女)	2006.12～2011.11
		郎　俊	2007.4～2010.6
		郭才顺	2008.8～2011.11
		朱明俊	2010.6～2011.11
区工业局	局　长	王兆连	1988.8～1992.12
		包建平	1995.12～2001.8
区经济技术协作办公室	主　任	周本业	1989.1～1991.6
		王　彬	1991.6～1998.6
		赵贵荣	1998.6～2002.3
区安全生产监督管理局	局　长	赵贵荣	2001.8～2005.4
		谈立才	2005.4～2010.6
		朱　强	2010.6～2011.6
	副局长	徐海舟	2002.3～2011.11
		夏恒煊	2005.1～2007.8
		吴泰山	2009.2～2011.11

续表 16-1-2

单　位	职　务	姓　名	任　职　时　间
区物价局	局　长	尹恒林	1989.8～1992.2
		陈兴友	1994.3～1995.8
		魏福来	1995.8～2002.3
		谈广琪	2002.3～2007.6
		俞怀根	2007.6～2010.6
		朱明俊	2010.6～2011.11
	副局长	李华春	1995.9～2005.1
		龚文代	2001.11～2004.12
		钱伯林	2004.12～2005.12
		陈美华(女)	2005.1～2009.10
		童文联	2006.12～2011.11
		潘平青	2010.6～2011.11
区物资局	局　长	郭云昌	1989.8～1990.6
		刘培森	1990.6～1994.9
		严颐生	1994.9～1996.8
		陈春郁	1996.8～1998.9
	副局长	吴广富	1989.8～1991.4
		谈秋松(女)	1991.4～1998.9
		韦来安	1991.10～1993.4
		严颐生	1992.11～1994.9
区科学技术局 (区科学技术委员会)	局长(主任)	陈志强	1988.1～1998.1
		朱泽余	1998.1～2002.3
		孙乃康	2002.3～2007.4
		钱伯林	2007.4～2010.1
		尤　伟	2010.1～2011.1
	副局长(副主任)	陈康安	1988.6～1996.8
		曹　洪	1991.1～1995.4
		陈　云	1997.3～2002.3
		马文跃	1998.9～2001.10
		曹秋月(女)	2001.6～2011.11
		俞正平	2004.6～2011.11
		杨业龙	2006.12～2011.11
		蔡建国	2011.9～2011.11

续表 16－1－2

单　位	职　务	姓　名	任　职　时　间
区监察局	局　长	张家仁	1988.5～1992.1
		谢　敏	1994.4～2000.6
		葛长龙	2000.6～2006.5
		吴美珍(女)	2006.5～2010.8
		汤建军	2010.8～2011.11
	副局长	陈仁源	1988.10～1991.1
		卜承余	1990.7～1993.4
		杨宝宜	1992.1～1995.3
		曹东萍(女)	1995.5～1995.8
		朱长明	1996.4～1998.3
		董志友	1997.11～2003.6
		龚文代	1998.6～2001.11
		葛玉涛	2003.6～2005.12
		王建明	2004.12～2007.5
		奚存富	2006.12～2009.10
		刘正兵	2008.10～2010.8
		周长安	2009.12～2011.11
区民政局	局　长	田同信	1989.1～1991.3
		吴立骥	1991.3～1999.11
		顾新明	1999.11～2005.7
		郭云如	2005.7～2009.12
		高惠安	2009.12～2011.11
	副局长	陈福良	1988.1～1990.11
		许万潮	1989.11～1993.4
		郭盛华	1991.1～2004.12
		杭礼珊	1991.4～1998.1
		卢尔权	1997.3～2001.8
		郭才顺	2001.6～2008.8
		华　伟(女)	2002.3～2010.12
		孙雷霆	2005.1～2006.12
		朱明俊	2006.2～2010.6
		周以山	2006.12～2011.11
		鞠福根	2010.6～2011.11
		郭庆丰	2010.12～2011.11

续表 16-1-2

单　位	职　务	姓　名	任　职　时　间
区司法局	局　长	王德才	1986.6～1990.5
		梅增亮	1990.5～1999.7
		郭云如	1999.7～2002.3
		徐家安	2002.3～2005.12
		冯在根	2005.12～2010.6
		杨学春	2010.6～2011.11
	副局长	陈金钊	1985.2～1999.7
		钱茂林	1989.11～1990.7
		沈家琪	1990.7～1996.8
		罗建华	1994.4～2011.11
		冯在根	2001.7～2002.1
		刘　勇	2002.1～2004.6
		邵　俊	2004.4～2010.6
		夏正良	2004.12～2011.11
		梁　辉	2009.10～2011.11
		孔凡彤(女)	2011.9～2011.11
区财政局	局　长	石广荣	1987.7～1995.8
		陆文瑞	1995.8～2002.3
		徐长金	2002.3～2003.2
		刘雪芬(女)	2003.2～2011.11
	副局长	陈仁源	1991.1～1991.12
		张寿山	1991.12～2002.5
		徐长金	1995.5～1998.4
		毛一波	1999.1～2005.1
		朱　强	2001.4～2006.7
		董祥龙	2005.1～2011.11
		吴　迪	2007.4～2011.11
		陆　合	2010.12～2011.11
区劳动人事局	局　长	钱存昱	1987.10～1989.11
		高恒余	1989.11～1993.4
		孙家麒	1993.4～2002.3
	副局长	高恒余	1986.1～1989.11
		尤学庆	1989.1～1996.11
		汤义如	1993.4～2002.3
		吕位忠	1996.4～2002.3

续表 16-1-2

单　位	职　务	姓　名	任　职　时　间
区人事局	局　长	汤玉林	2002.3～2006.6
		周　平	2006.6～2006.6
	副局长	孙亚军	2002.3～2004.6
		周向红(女)	2004.6～2006.6
		陆开风	2004.6～2011.11
		王剑兰(女)	2008.8～2011.11
区劳动和社会保障局	局　长	刁仁明	2002.3～2002.5
		包桂平	2003.2～2007.8
		汤义如	2007.8～2011.11
	副局长	吕位忠	2002.3～2005.10
		张　圆	2002.3～2008.8
		翟　翌	2002.3～2008.8
		高正明	2004.12～2006.12
		鞠福根	2005.10～2011.11
		陈敏遐	2006.12～2011.11
		朱　强	2008.8～2011.11
		顾　标	2009.4～2011.11
		任　峰	2010.12～2011.11
区民族宗教事务局	局　长	刘步言	2000.8～2002.3
		陈　勇	2002.3～2005.12
		徐家安	2005.12～2010.6
		孔　敏(女)	2010.6～2011.11
	副局长	刘步喜	2002.3～2005.4
		赵连高	2005.1～2011.11
区建设局(区建委)	局长(主任)	徐文栋	1989.9～1992.1
		张家仁	1992.1～1995.8
		朱泽余	1995.8～1998.1
		杨定顺	1998.1～2001.5
		徐凤山	2002.3～2005.8
		郭云发	2005.8～2009.10
		徐爱华(女)	2009.10～2011.11

续表 16－1－2

单　位	职　务	姓　名	任　职　时　间
区建设局（区建委）	副局长(副主任)	樊守庄	1988.8～1992.2
		施德如	1989.3～1995.12
		刘光荣	1990.10～2002.3
		朱林龙	1992.5～2002.3
		刘大敏	1993.10～2002.3
		叶章林	1995.12～1997.9
		高惠安	1997.3～2002.3
		邵祖全	1997.3～2002.3
		赵春林	1997.9～2002.3
		徐凤山	2001.5～2002.3
		胡邦祥	2001.5～2002.11
		徐海舟	2001.5～2002.3
		林　蔚	2002.3～2005.4
		徐爱华(女)	2003.1～2009.10
		董志友	2003.6～2011.11
		尹金荣	2003.12～2011.11
		顾永良	2006.7～2007.6
		石　毅	2007.6～2011.11
		陆志坚	2009.10～2011.11
		吴德裕	2009.10～2011.11
区城市管理局（市城市管理行政执法局维扬分局）	局　长	高惠安	2002.4～2008.3
		孙汉昌	2008.3～2011.11
	副局长	徐国华	2002.4～2011.11
		陈祥生	2002.4～2011.11
		王　俊	2004.6～2011.11
		李华春	2005.5～2011.11
		张宏硕	2005.5～2010.6
		胡志朝	2009.2～2011.11
		崔庭松	2009.2～2011.11
	政　委	朱建扬	2002.4～2008.9
		孙汉昌	2008.9～2011.11

续表 16-1-2

单　位	职　务	姓　名	任　职　时　间
区农业水利局（区农委）	局长（主任）	钱玉才	1993.3～1998.1
		吴耀庭	1998.1～2001.10
		李宗林	2001.10～2002.3
		陶玉龙	2002.3～2007.4
		薛文跃（女）	2007.4～2010.6
		冯在根	2010.6～2011.11
	副局长（副主任）	钱　涛	1993.3～1995.5
		郭云发	1995.12～2002.3
		严功林	1995.12～1999.7
		颜宁生（女）	1998.7～2002.3
		党　琦	1999.3～2002.3
		陶玉龙	1999.11～2002.3
		徐东进	2000.12～2001.10
		谈明勤（女）	2001.10～2011.11
		王国兴	2001.6～2002.3
		吴开龙	2002.3～2005.4
		朱长明	2002.3～2006.12
		陈大春	2003.6～2011.11
		汤连华	2005.1～2011.11
		李顺江	2005.8～2009.4
		侯学新（女）	2009.4～2010.6
		陈　洁（女）	2010.12～2011.11
区蔬菜局	局　长	吴耀庭	1988.9～1998.2
	副局长	吴耀庭	1986.7～1988.9
		刘　飚	1986.7～1990.5
		党　琦	1986.7～1998.2
		陈志明	1991.1～1998.2
		陶玉龙	1994.8～1998.2
区农村工作委员会	主　任	钱玉才	1993.3～1998.2
	副主任	钱　涛	1993.3～1998.2
区农业委员会	主　任	徐佩宏	1989.6～1992.2
		徐志才	1992.2～1993.3
	副主任	钱　涛	1990.8～1993.3
		韦来安	1991.4～1991.10
区多种经营管理局	局　长	钱玉才	1989.6～1993.3
	副局长	曹　洪	1989.1～1991.1
		葛　浩	1989.1～1993.3
		尹恒林	1992.2～1993.3

续表 16-1-2

单　位	职　务	姓　名	任　职　时　间
区文化教育体育局（区文化教育局）	局　长	何承谟	1984.8～1992.9
		何成华	1992.9～2003.2
		石　勇	2003.2～2003.6
		杨学春	2004.4～2007.6
		范梅青(女)	2007.6～2007.11
		高德霞(女)	2007.12～2010.6
		杨　荣	2010.6～2011.11
	副局长	石桂秋	1986.3～1992.9
		何成华	1988.9～1992.9
		徐　育(女)	1991.1～2004.9
		郑华武	1995.3～2000.2
		何晓存	1999.4～2005.4
		石　勇	2001.3～2003.2
		周培垠	2002.3～2005.7
		杨学春	2003.6～2004.4
		范梅青(女)	2003.6～2007.6
		季晓春	2004.12～2005.7
		陆志福	2005.1～2007.6
		程　坚	2006.7～2011.11
		褚　林	2007.4～2011.11
		陈文艳(女)	2011.8～2011.11
		杨　荣	2009.4～2010.6
		顾红霞(女)	2009.10～2011.9
		冯长宏	2011.9～2011.11
区卫生局	局　长	管保华	1989.2～1997.3(副科级)
		谈广琪	1997.3～2001.10
		俞怀根	2001.10～2004.6
		孙亚军	2004.6～2008.2
		王亚军	2008.2～2010.6
		俞怀根	2010.6～2011.1
		何晓华	2011.1～2011.11
	副局长	胡世和	1995.7～2001.8
		管保华	1997.3～2001.11
		王　萍(女)	2002.12～2006.7
		万玉美(女)	2005.8～2011.11
		范爱华(女)	2006.12～2010.2
		陈　燚	2010.6～2011.11
		江建虎	2011.9～2011.11

续表 16-1-2

单　位	职　务	姓　名	任　职　时　间
区人口与计划生育委员会（区计划生育委员会）（区计划生育局）	主任（局长）	刘秀华（女）	1988.4～1995.6
		葛长龙	1995.6～1998.9
		曹东萍（女）	1999.7～2008.2
		曹志福	2008.2～2011.11
	副主任（副局长）	赵广才	1988.11～1989.12
		葛长龙	1990.5～1995.6
		侯瑞琴（女）	1995.3～2003.1
		吴美珍（女）	2000.6～2002.1
		金　燕（女）	2002.3～2004.6
		孔　敏（女）	2003.1～2009.4
		王　健	2004.6～2011.11
		范爱华（女）	2010.2～2011.11
区审计局	局　长	仲传仁	1988.12～1993.4
		李宝山	1993.4～1998.9
		徐家安	1998.9～2002.3
		汤义如	2002.3～2007.8
		王勤刚	2007.8～2008.8
		何晓华	2008.8～2009.5
		毛一波	2009.5～2011.11
	副局长	张寿山	1991.1～1992.1
		朱承玉	1992.2～2002.11
		姚永利	1992.11～1996.10
		何晓华	2002.3～2008.8
		王勤刚	2003.3～2007.8
		谢　昕	2005.12～2011.11
		李　玮（女）	2009.10～2011.11
		尤广秀（女）	2010.12～2011.11
		公江艳（女）	2010.2～2011.11
区环境保护局	局　长	施德如	1990.7～1995.12
		刘大敏	1996.5～1997.5 2001.5～2008.8
	副局长	刘大敏	1997.3～2001.5
		胡邦祥	1997.3～2001.5
		朱金坤	2001.5～2011.11
		管保华	2001.11～2011.11
		王孝鹏	2007.4～2011.11
		夏菊香（女）	2008.3～2011.11
		陈美华（女）	2009.1～2011.11

续表 16-1-2

单位	职务	姓名	任职时间
区统计局	局长	戴　骏	1998.5～1999.11
		周卫东	2001.8～2006.12
		高德霞(女)	2007.4～2007.12
		顾其军	2008.2～2011.11
	副局长	周卫东	1998.5～2001.8
		顾其军	2002.3～2008.2
		曹问林	2005.1～2011.11
		余秀华(女)	2008.8～2011.11
区对外贸易经济合作局(区外经委)	局长(主任)	刘爱国	1988.1～1996.8
		王亚军	1998.2～2004.6
		庄绪梅(女)	2004.6～2011.11
	副局长(副主任)	陈宝金	1988.11～1990.7
		王　海	1990.7～1991.9
		马海燕	1991.9～1993.9
		孙乃康	1992.8～1995.5
		王亚军	1993.4～1998.2
		杨建民	1995.5～1999.3
		张文敏	1998.5～2005.10
		韦　峰	2002.3～2005.10
		王　斌	2004.6～2011.11
		陈　茜(女)	2005.12～2011.11
区第三产业办公室	主任	刘培森	1994.11～1995.12
		徐佩宏	1995.12～1996.7
		徐家安	1996.7～1997.3
		徐志才	1997.3～1998.1
		刁仁明	1998.1～2002.3
	副主任	周平高	1995.12～2004.4
区地方志办公室	主任	陈明山	1988.12～1990.8
		陈　勇	1990.8～1994.8
		杜道尧	1994.8～2007.8

1989～2011年维扬区(郊区)政府直属机构负责人一览表

表16-1-3

单　位	职　务	姓　名	任　职　时　间
区商业贸易局（区商务局）（区商贸办）	局长（主任）	陈大伦	1988.8～1990.5
		董长强	1990.6～1991.9
		薛　巍	1991.9～1994.11
		刘培森	1994.11～1995.12
		徐佩宏	1995.12～1996.7
		徐家安	1996.7～1997.3
		徐志才	1997.3～1998.1
		刁仁明	1998.3～2002.3
		杨建民	2002.3～2006.3
		管正明	2006.3～2010.1
		苏　剑	2010.1～2010.6
	副局长（副主任）	朱长明	1992.2～1995.12
		徐志才	1993.4～1997.3
		陈宝金	1995.1～1999.1
		戴庆群	1995.5～1998.3
		任信明	1995.5～1998.3
		周平高	1995.12～2004.4
		林　蔚	1998.6～2002.3
		杨建民	2000.3～2001.12
		王相柏	2000.6～2001.6
		余正平	2001.6～2004.6
		徐　敏（女）	2003.8～2004.6
		顾　标	2004.6～2009.4
		高宝华	2004.9～2011.9
		殷九龙	2009.4～2011.11
		林　蔚	2009.4～2011.9
		高　源（女）	2010.12～2011.11
区档案局（区档案馆）	局长（馆长）	盛兆庆	1985.1～1996.8
		陈康安	1996.8～2002.3
		陈　云	2002.3～2011.11
	副局长（副馆长）	罗葆春	2003.1～2009.12
		汪贵宝	2000.12～2011.11
		李顺江	2009.4～2011.11

1989～2011 年维扬区(郊区)市、区双管部门负责人一览表

表 16-1-4

单位	职务	姓名	任职时间
市公安局维扬分局	局长	王全龙	1987.7～1990.2
		曹福龙	1990.5～1996.2
		杜成鉴	1996.2～1999.1
		吴永安	1999.1～2002.10
		基国平	2002.10～2011.11
	副局长	曹福龙	1984.4～1990.5
		邢锦文	1985.2～1996.6
		陈克鸣	1987.10～1994.8
		李后生	1990.3～1995.5
		陆安明	1991.2～1999.1
		吴永安	1993.10～1999.1
		朱春明	1994.12～1999.7
		李春阳	1996.2～2002.10
		沈兴华	1996.2～2002.10
		谢百川	2000.1～2003.7
		吴玉明	2000.1～2009.6
		张建清	2002.4～2006.5
		仲伟良	2002.4～2003.9
		施之放	2002.10～2011.11
		汤连荣	2003.9～2011.11
		梁　波	2006.5～2011.11
		吴德和	2006.6～2009.6
		郑保夫	2009.11～2011.11
		戴光辉	2009.11～2011.11
	教导员(政委)	王全龙	1989.1～1990.5
		曹福龙	1989.1～1990.7
		陈克鸣	1990.5～1994.8
		吴建华	1994.2～1997.12
		邵士林	1998.12～2003.7
		谢百川	2003.7～2006.9
		翟祥坤	2006.9～2011.11
	副教导员(副政委)	周国华	1988.1～1993.4
		陈凤杰	1988.4～1993.4
		陈景阳	1994.10～1998.12
		谢百川	2000.1～2003.7
		时克祥	2006.6～2009.7
		徐兆华	2009.5～2011.11

续表 16-1-4

单　位	职　务	姓　名	任　职　时　间
市国土资源局维扬分局（区土管局）（区国土管理局）	局　长	裴增宝	1988.1～1993.4
		黄永海	1993.4～1998.1
		王宝潮	1998.1～2003.1
		李宗林	2003.1～2009.7
		苏凤鉴	2009.7～2011.11
市国土资源局维扬分局	副局长	吴其龙	1988.1～1992.1
		李宝山	1989.11～1993.4
		王福昌	1992.2～2005.3
		樊守庄	1993.3～2011.11
		韩爱萍(女)	2001.3～2011.11
		李宗林	2002.10～2003.1
		陈　坚	2005.8～2011.11
市规划局维扬分局	局　长	朱林龙	2002.3～2006.5
		李锡明	2006.5～2011.11
	副局长	周宪国	2002.3～2011.12
		徐　敏(女)	2004.6～2006.5
		李　磊(女)	2006.5～2011.11
		翟振秋	2010.9～2011.11
市工商行政管理局维扬分局	局　长	章心志	1984.8～1992.1
		殷建亚	1992.1～1996.1
		王　平	1996.1～2000.3
		闵长海	2000.3～2002.1
		徐德荣	2002.1～2005.9
		胡春风	2005.9～2011.11
	副局长	殷建亚	1988.1～1992.1
		张玉清	1990.7～2000.3
		张玉祥	1992.2～2000.3
		陈兴友	1994.3～2000.3
		徐德荣	1998.1～2002.1
		厉永龙	1998.1～2009.1
		高明宏	2000.3～2008.3
		赵建敏	2000.3～2006.3
		张长江	2000.4～2002.6
		陆万江	2000.4～2011.11
		符学京	2002.5～2011.11
		王　祥	2005.9～2011.11
		刘学彬	2005.9～2011.11
		许君湘	2008.8～2011.11

第二章 重要政务

第一节 区政府组成人员会议

一、第三届政府组成人员会议

1990年7月27日,政府组成人员会议分析预测全区工业经济形势,分解下半年工业生产目标任务,落实措施,并就市场、技改、资金、税收等方面提出意见。

1992年3月23日,政府组成人员会议要求全区金融工作更好地服务经济建设,并就贯彻信贷政策、拓宽融资渠道、加快资金周转、提供优质服务等落实机关有关部门和乡镇的责任。

二、第四届政府组成人员会议

1993年2月25日,政府组成人员会议就做好参加市"两会一节"(市人大、市政协会议,"烟花三月"经贸节)准备工作,统一思想,落实任务。要求相关部门与乡镇排列筛选项目,邀请客商洽谈,分解考核目标,加强组织领导,切实做出成绩。

1994年12月8日,政府组成人员会议交流1994年各项指标完成情况,提出1995年经济工作和社会事业发展目标任务。

1995年6月18日,政府组成人员会议上机关部门和乡镇交流创建卫生城市工作情况,布置下一步创建工作目标任务。

1996年7月12日,政府组成人员会议就区发展基金征收工作提出具体措施,会议对相关企业资金偏紧、效益不佳、亏损面大等情况进行分析,与相关部门和乡镇签订扭亏目标责任状。

三、第五届政府组成人员会议

2002年3月7日,政府组成人员会议,要求相关部门从紧落实"烟花三月"经贸节开工项目与签约项目,并部署全年招商引资目标任务。

四、第六届政府组成人员会议

2004年8月12日,政府组成人员会议总结交流区政府及各部门上半年自身建设情况和经验,部署落实下半年自身建设各项任务。

图16-2-1 2003年1月4日,区政府六届四次全体扩大会在区会议中心召开

2006年8月5日,政府组成人员全体(扩大)会议围绕弘扬先进,落实整改,狠抓关键,推动勤政廉政建设取得实实在在成果,努力打造勤政高效、清正廉洁的政府干部队伍议题展开讨论。会议通报表扬上半年勤政廉政建设,推动和服务"三个文明"建设的先进典型。5名先进个人被区政府授予"勤政廉政标兵"称号。

五、第七届政府组成人员会议

2008年2月29日,政府组成人员全体(扩大)会议暨围绕区委提出的"二次创业突破年、率先小康决胜年、作风建设强化年"要求,进一步统一全区干部群众思想,鼓足干劲,为推动全区经济社会更好更快发展提供强有力保障。

2010 年 4 月 22 日，政府组成人员（扩大）会议要求政府工作要立足在全市争位次、争先进，突出“发展创新型经济、建设精致型城区”两大主题，坚持工业强区、三产富区、科技兴区、生态立区战略，明确责任，把握重点，努力把维扬区打造成扬州的窗口、精致的代表和创新的典范。

第二节　区政府常务会议

一、第二届政府常务会议

1989 年 2 月 11 日，第二十一次常务会议听取 1989 年各项指标实现情况，研究 1990 年目标管理意见，讨论研究蔬菜生产、物资协作、“两个文明”建设表彰会议、计划生育、当前主要工作等 5 个议题。

1989 年 3 月 3 日，第二十二次常务会议听取修改在区人大会议上政府工作、国民经济和社会发展、财政预算等报告，传达省监察会议精神，并提出贯彻意见。

1989 年 3 月 10 日，第二十三次常务会议传达贯彻市计划经济会议精神，讨论研究成立区高校招生委员会和高等教育自学考试委员会。会上颁发土地监督证 13 份。

1989 年 5 月 20 日，第二十七次常务会议核定申报市劳模、先进集体和文明单位名单，讨论区 1989 年度国民经济和社会发展 30 项奋斗目标，研究小农具生产、预算外资金管理、控制社会集团购买力、职业教育、成人教育、计划生育、个体户税收大检查等议题。

1989 年 6 月 1 日，第二十八次常务会议汇报交流上半年政府工作情况，部署安排下半年工作任务，讨论研究引进人才工作、招商引资奖励规定、宅基地管理暂行规定及优秀企业评比规定，签订环保责任状，明确成立乡镇建筑管理站。

1989 年 9 月 5 日，第三十二次常务会议研究落实政府聘请顾问、建立安全保障委员会、筹建实验小学、独生子女医疗费、捐资助学等 5 个议题。

1989 年 9 月 30 日，第三十四次常务会议讨论研究土地管理宣传与宅基地管理、环保责任状签订后执行情况、科技兴区、区教育工作会议贯彻落实进展情况等 4 个议题。

1990 年 3 月 14 日，第三十五次常务会议，传达省血防工作会议精神，针对果园村因靶场征地后农民吃粮问题，提出处理意见。

二、第三届政府常务会议

1990 年 4 月 20 日，第一次常务会议研究政府机关工作秩序、计划生育工作形势及急需解决的问题、外贸工作形势及下一步工作安排等议题。

1990 年 6 月 2 日，第三次常务会议讨论研究信访与环保工作、关于 1990 年实施“科技兴区”发展战略的意见、人口普查、区政府开展常年法律顾问活动等议题。

1991 年 1 月 2 日，第七次常务会议学习中共十三届七中全会精神，讨论研究“两个文明”建设表彰、教育费附加、政府 32 项奋斗目标与 10 件实事考核等议题。

1991 年 1 月 19 日，第九次常务会议传达省计划工作会议精神，讨论政府工作总结、多种经营工作意见和质量品种效益年活动意见。

1991 年 5 月 31 日，第十二次常务会议讨论研究《关于加强对外开放步伐发展外向型经济的实施意见》、引进科技人才到乡镇企业工作意见、村民宅基地管理意见等 5 个议题。

1992 年 2 月 26 日，第十六次常务会议讨论研究 1992 年国民经济和社会发展 32 项奋斗目标、为民办实事方案、区第四建筑安装公司经营等议题。

1992 年 5 月 27 日，第十七次常务会议传达贯彻市科技工作会议精神，讨论研究加快发展外向型经济奖励措施、1992 年区政府筹集预算外资金和上缴中央财政任务分配、湾头电厂隶属问题、城镇居民买地建房或买房占地处理意见、区档案局领导体制等议题。

1992 年 9 月 21 日,第二十次常务会议讨论研究“八五”后三年经济发展意见及区直系统“八五”后三年主要经济指标安排、“八五”后三年引进培养人才意见、全区依靠科技进步推动经济发展若干规定、“八五”后三年发展第三产业意见、发展村级经济意见、建产促产周转金实施办法、区第四建筑安装公司改革方案、区物资集团公司筹建、区家禽队划归平山茶场管理、市经济协作公司恢复等 10 个议题。

三、第四届政府常务会议

1993 年 3 月 12 日,第一次常务会议讨论研究区长分工、政府主要工作安排、全区 13 项重点工程项目、预算外资金筹集指标、区政府对金融财政税务部门考核意见等 7 个议题。

1993 年 7 月 5 日,第五次常务会议讨论研究增补区商检领导小组成员、区机关部门办公用房调整、外汇留成使用、区农业规划办公室更名、西湖山庄征地拆迁安置、区技改办财务审计等 7 个议题。

1993 年 8 月 10 日,第七次常务会议传达省、市农村工作会议精神,落实秋播准备工作,讨论研究区委三届五次全委(扩大)会议材料和 1993 年下半年区财政预算调整方案。

1993 年 11 月 22 日,第十一次常务会议讨论研究 1994 年第三产业发展意见、政府工作规划、区政府招待所设备购置、区经济技术开发投资公司隶属等议题。

1994 年 5 月 30 日,第十九次常务会议讨论研究 1994 年国民经济和社会发展 30 项奋斗目标、预算外资金筹集方案、金融系统考核奖励意见、扬州鸿大开发有限公司调整方案等 4 个议题。

1994 年 7 月 19 日,第二十一次常务会议研究落实市劳模和先进集体评选、区有关部门购车报告。

1994 年 8 月 14 日,第二十三次常务会议通报市中秋赏月会期间,区招商引资情况,传达市私营个体经济工作会议精神,研究上半年区财政收支预算执行情况和全年预算调整方案、工资改革遗留问题等议题。

1994 年 9 月 13 日,第二十五次常务会议传达省教育工作会议精神,落实区教育工作目标,讨论区经济社会发展“九五”计划编制,研究组建乡镇环保科、双桥村被征用土地劳力安置意见等议题。

1995 年 1 月 14 日,第二十九次常务会议通报 1994 年全区经济指标完成情况,研究 1994 年企业经营者分配兑现、1995 年区机关部门经济指标责任状、区机关部门筹资等 3 个议题。

1995 年 7 月 5 日,第三十五次常务会议讨论研究西湖山庄管理,区人大十四次常委会会议审议区劳动人事局、区建委、区蔬菜局工作意见反馈,区委统战部经费安排等 5 个议题。

1995 年 9 月 27 日,第三十七次常务会议传达市流通工作会议精神,并部署贯彻意见。讨论研究财政审计、教育费附加征收、外贸总公司组建、基金征收、金库建立等议题。

1996 年 4 月 10 日,第四十三次常务会议通报扬州电厂 3 号灰场建设支付城北乡 750 万元征地费用、财务开支审计、拆迁工程提留费和撤组预收等情况。

1996 年 7 月 2 日,第四十四次常务会议讨论研究西湖山庄债务、乡财政体制调整、区人武部宿舍楼出售、区人武部苏武企业转户挂靠等议题。

1996 年 11 月 6 日,第四十五次常务会议研究加大财政税收征管力度、有效开展城建城管工作、人大对提案办理的建议和要求等 3 个议题。

1997 年 3 月 2 日,第四十八次常务会议研究 1992 年为民办实事事项、落实 550 万元发展基金征收管理、公费医疗改革、区园林管理处成立、区经济技术发展公司债务等 5 个议题。

1997 年 7 月 9 日,第五十次常务会议通报区人大关于廉政建设、村建土管和文化工作情况,讨论研究工业经济工作会议安排、加强农业投入等议题。

1997 年 12 月 19 日,第五十四次常务会议讨论研究省双拥模范区验收、乡镇干部子女“农转非”、西湖山庄经费与债务处理、信访人员岗位补贴等 4 个议题。

四、第五届政府常务会议

2002 年 2 月 1 日,第三十七次常务会议研究做好春节困难企业职工解困、农村特困户慰问、结对帮扶和优惠证发放工作、双桥街道办和梅岭街道办组建等议题。

2002年5月8日，第四十次常务会议研究医疗保障制度改革、区农村养老保险处划归区劳动和社会保障局、区政府2002年为民办实事、聘请政府督学、新区规划编制、区第四建筑安装公司改制等议题。

2002年8月7日，第四十一次常务会议研究组织实施特困户土坯房翻建、全区安困工程启动、城镇退役士兵自谋职业补偿金统筹管理暂行办法和安置实施办法、2002年区财政预算及部门预算等议题。

2002年10月11日，第四十二次常务会议研究加强江阳工业园人、财、物和项目管理办法，被挤占的社会保险基金偿还等议题。

2002年11月14日，第四十三次常务会议研究2002年度财政预算调查，西湖山庄改制，关注民生、纾解民困，安全生产等议题。

五、第六届政府常务会议

2003年3月20日，第二次常务会议研究深化经济体制改革、建筑企业改革扫尾、区直属医疗卫生单位改制、环卫改革、教育创新、卫生和计划生育争先创优等议题。

2003年5月22日，第三次常务会议研究城镇居民大病救助、区慈善协会筹建、区乡财政体制调整、2003年细化部门预算等议题。

2003年9月29日，第六次常务会议研究做好下岗失业人员就业再就业工作、退役士兵安置、促进江阳工业园快速健康发展等议题。

2004年2月23日，第九次常务会议研究关注民生、安全生产、公共工程审计监督办法、实事工程建设、政府自身建设、廉政工作意见和办法、人口计划生育工作等议题。

2004年10月28日，第十二次常务会议研究新设瘦西湖街道办事处、村民委员会换届、西湖山庄改制等议题。

2006年1月4日，第十三次常务会议研究“再干三五年，实现新跨越”实施意见，鼓励工业技术创新、企业二次创业实施办法，失地农民养老保障，安全生产，计划生育工作，机关工作人员年终奖励补助等议题。

2006年4月2日，第十四次常务会议研究加快服务业发展，撤销部分行政村和调整部分社区，社区居委会专职人员管理，民生工作“十个全覆盖”和“四大工程”，区拆迁办和区人民医院改制，区青少年活动中心、区老年活动中心、区社区服务中心、区疾病预防控制中心、区档案馆、区行政副中心建设改造等议题。

2006年11月2日，第十八次常务会议讨论研究《维扬区国民经济和社会发展第十一个五年规划纲要(草案)》。

2007年4月8日，第二十一次常务会议听取并原则通过《关于失地农民养老补助的实施办法》起草情况汇报。

2007年11月3日，第二十二次常务会议研究平安创建先进个人人选、维扬区政府领导和有关部门安全生产职责、被征地农民基本生活保障长效管理机制、维扬区农村退役士兵安置暂行办法、维扬区城乡医疗救助实施暂行办法、区开发投资有限公司建设等事项。

2008年4月24日，第二十五次常务会议讨论研究维扬区行政听证程序暂行规定(试行)，义务教育杂费免除后列入预算等与教育相关的问题，推行城市居民医疗保险全覆盖，和谐社区建设工作，维扬区利用外资、民资考核奖励办法，维扬区服务业鼓励政策考核实施办法，举办第二届中国扬州毛绒玩具礼品节等议题。

2008年7月23日，第二十七次常务会议讨论研究区乡财政体制问题，扬州中闽置业有限公司被罚没收房屋处置，西湖、平山6个村增设社区居委会，区运输总公司职工医疗保险金落实情况等议题。

六、第七届政府常务会议

2009年1月20日，第一次常务会议讨论研究安全生产、计划生育工作、见义勇为基金建立、新农村建设考核办法、关注民生、春节慰问、政府目标任务分解等议题。

2009年3月16日，第二次常务会议讨论研究区建筑业管理考核奖励暂行办法、被征地农民基本生活保障标准及失地农民养老补助标准调整、第一次全国污染源普查情况、市劳模候选人、关于加快服务业发展的实施意见、关于鼓励服务业加快发展的考核实施办法、2008年部门预算细化和非税收入征收管理暂行办法等议题。

2009年5月3日,第三次常务会议讨论研究加强土地利用管理、提高节约集约用地水平的实施意见,依法行政工作,第三届中国扬州毛绒玩具礼品节暨中国扬州毛绒玩具礼品博览会活动方案,城乡最低保障一体化以及无固定收入重残人员生活补助,市隆兴电子厂改制工作,贫困残疾学生和贫困残疾家庭在校子女助学补贴办法,安全生产事故隐患排查治理实施办法,维扬中学易地新建方案等议题。

2009年6月15日,第四次常务会议讨论研究蜀冈生态新区等4个地块控制性详规编制、人口和计划生育工作、教育现代化先进区创建、道路保洁市场化等议题。

2009年9月29日,第六次常务会议讨论研究社区卫生服务机构管理办法及收支两条线、药品零差价、双向转诊实施办法,创建区域教育现代化装备投入问题,工业经济形势,房地产业发展现状,安全生产工作等议题。

2009年12月1日,第八次常务会议讨论研究2009年为民办实事项目、经济指标安排、城市管理考核实施办法、推进科技创新型经济发展意见和加快服务业发展政策意见等议题。

2010年2月23日,第十六次常务会议讨论研究招商引资项目引荐奖励办法(试行)和2010年“烟花三月”旅游节实施方案、第六次人口普查工作、科技创新工作、人才工作计划安排、信息化工作、安全生产、区乡财政体制调整方案等议题。

2010年4月2日,第十七次常务会议研究2010年部门预算细化、新医改实施意见和基本药物制度实施方案、鼓励企业创新创优促进产业加快发展的政策意见等议题。

2010年7月7日,第十八次常务会议讨论研究全国文明城市创建、省教育现代化先进区创建及“十一五”人口和计划生育终期评估迎查工作等议题。会议听取《维扬区促进残疾人事业发展的实施办法》起草情况、维扬区“五保”集中供养问题建议方案汇报。

2010年10月31日,第十九次常务会议研究《维扬区国民经济和社会发展第十二个五年规划纲要(草案)》、全区工业重大项目推进和明年储备项目情况、城建项目完成情况等议题。

第三节　区长办公会议

1989年8月18日,专题研究区物资公司近期情况,分析亏损原因,分清领导与责任人责任,提出具体处理意见。

1990年5月5日,研究当前农副业生产、工业项目征地、招待所建设等问题。

1992年3月21日,研究部署市场建设有关问题。

1993年1月31日,专题研究区轧钢总厂生产、规划、技改等有关问题,并明确相关经济部门与企业负责人责任。

1995年10月25日,研究召开公安干警祝捷大会、新华中学建校70周年校庆筹资等议题,并落实具体方案。

1996年5月15日,专题研究与落实区发展基金指标分解。

1997年9月16日,研究规范农村信用社工作、西湖山庄经费与债务、金融服务社整顿等议题。

2002年1月4日,研究与协调区政府搬迁工作。

2002年10月18日,专题研究区行政中心设备及主要材料政府采购问题。

2003年2月21日,研究区政府工作规则、区划调整后维扬区2003年计划预算安排及当前工作。

2003年2月27日,研究组建江阳工业园投资服务中心有关事宜,落实组建负责人与完成组建工作的人员、工作进度与资金。

2003年8月14日，专题研究加强“城中村”改造拆迁工作。

2003年8月27日，研究梅苑双语学校出售、解决区合作基金会问题。

2003年11月14日，专题研究扬州轧钢厂总厂和郊区钢厂破产有关问题。

2004年2月4日，传达市禽流感防治工作会议精神，部署禽流感预防工作。

2006年1月13日，专题研究单位解困助学问题。

2008年2月4日，研究春节后经济工作、城市基础设施建设、园区开发工作等议题。

2009年3月19日，研究加强私营个体经济工作，明确发展民营企业相关政策，要求相关部门切实提供优质服务。

第四节　政事纪要

一、实施菜篮子工程

1989年，全区蔬菜生产以计划经济为主，完成合同上市量3005.6万千克。是年6月，在双桥乡潘桥村召开攻“伏缺”现场动员大会，确保蔬菜生产平稳度过“伏缺”。1990年9月，在西湖乡经圩村（蔬菜专业村）增补44公顷新菜地。1991年，特大洪涝灾害后，区政府召开专门会议，要求一手抓抗洪救灾，一手抓恢复生产。1992年，区委、区政府动员全区干部、群众抗高温保蔬菜，确保市场供应。1994年，西湖镇农贸综合市场建成开业。平山乡平山养殖场建成500平方米养殖温房和1座简易温室，在全市首家实行人工养殖。城东乡渡江村投资50万元兴建联谊综合市场，首期工程完成施工面积3000平方米，拥有蔬菜、粮油、南北货与小商品等近200个摊位。是年末，市区“菜篮子”重点工程——13.34公顷钢管塑料蔬菜大棚投入生产，市区居民自此能够吃到无公害、无污染的蔬菜。1995年1月，市政府在汤汪乡袁巷村新建菜地33.35公顷。该村成为全市第一个蔬菜面积超千亩的蔬菜专业村。1998年7月，在汤汪乡建立市无公害蔬菜基地。全区无公害蔬菜面积183公顷。2007年4月，建成路路通农贸批发市场。2009年12月，在四季园小区新建综合农贸市场。至2011年，全区常年蔬菜种植面积413公顷，占总农田面积的三分之一。

二、发展第三产业

1992年，区委、区政府印发《关于“八五”后三年大力发展第三产业的意见》。是年，扬州环球商场开展“28万元巨资大酬宾”有奖销售活动，创造日营业额40多万元的全市历史最高纪录。同月，建成市花卉鱼鸟市场，市场占地0.67公顷。1993年1月，市首家向社会公开募股的股份制企业——扬州环球商厦股份有限公司成立，股份总额3000万元。4月，市鸿大房地产开发有限公司成立。8月，区政府投资6500万元，按三星级宾馆标准建设扬州金陵西湖山庄。是年，城东乡成为扬州“三产第一乡”，建成各类专业市场13个。当年，全乡实现第三产业营业额5.1亿元、利润近1000万元。1996年，全区有各类市场57个。环球商厦列全市“十大商场”之首，进入全省三产200强，联谊农贸市场、曲江小商品市场在全市“十大市场”中列第二位和第六位，联谊农贸市场、曲江小商品市场、东郊果品公司进入省“百强市场”。1997年，区政府实施“五个10”工程，涌现出10个三产亿元村、10个亿元市场、10家营业额5000万元以上的三产企业、10个投入100万元以上的三产项目、10条商贸街。全年成交额25亿元。1998年1月，在湾头镇田庄村召开全区三产“十强村”座谈会，湾头镇田庄村、城东乡渡江村等10个村被命名为区第三产业规模村。4月，扬州金陵西湖山庄被省旅游局批准为三星级旅游宾馆。2000年，全区拓展三产发展范围，沿328国道建成市场群，曲江小商品市场、亚龙果品批发市场等成交额逐年攀升，市场总数48个，经营总面积30万平方米，从业人员3.5万人，年成交额57亿元，占全区三产总量的63%。2001年8月，为加快市区市场资源开发利用，区政府转发市政府《关于扶持市区市场建设的意见》。2002年市区区划调整后，区政府及时调整三产发展布局，大力发展服务业，世纪联华超市、兴森木业市场等迅速崛起。2003年，总投资3亿元、亚洲地区最大的玩具专业研发和交易中心——五亭龙国际玩具城在江阳工业园建成使用。2005 年,区政府印发《维扬区关于进一步推动服务业加快发展的意见》;世界零售业巨头沃尔玛和瘦西湖新天地等一批服务业大项目实施。五亭龙玩具城举办首届中国扬州毛绒玩具礼品节和玩具产业创新发展论坛,获“中国毛绒玩具礼品之都”称号。2006 年 8 月,扬州钟艺玩具有限公司生产的“笛莎娃娃”通过中国首张娃娃类玩具“3C 认证”,成为扬州玩具产业自主创新的第一个品牌。中央电视台动画形象毛绒玩具指定研发生产基地和扬州动漫设计衍生产品工程技术中心在维扬区落户。2008 年 2 月,举办“五亭龙杯”中国扬州毛绒玩具礼品设计全国大赛。2009 年,区政府号召全区大力发展现代服务业,加快发展物流业、文化创意产业,加速建设国际汽车城、动漫玩具城、现代数码城、工艺美术城、建材物流城等规模三产项目,扬州嘉信茂有限公司、汇金玄武大酒店等一批服务业项目建成开业。

2011 年,玩具辅料市场、木料建材市场、汽车销售市场成为全区专业市场三大支柱。

三、发展外向型经济

1987 年,区政府提出突出“一个关键”——调整产品结构;狠抓“一条路子”——走多出口、多创汇、多生产、多收入路子;“加强三个结合”——与深化企业改革结合,与企业技术进步结合,与提高企业管理水平结合。1988 年,初步形成以玩具、健身器材、汽车装饰件等为龙头的一批外贸拳头产品,外贸渠道拓展到京、津、沪等地外贸口岸。1989 年,全区重点抓外贸收购额 100 万元以上骨干企业和拳头产品,逐步形成具有郊区特色的货源基地。其中,花木盆景出口迈出区创汇农业第一步。

1991 年,区政府印发《扬州市郊区鼓励发展外向型经济的奖励规定》,大力发展外向型企业。1995 年,区委、区政府召开外向型经济工作会议,推广市外资第一镇——西湖镇招商引资做法,推动全区外向型经济发展。

图 16-2-2 2008 年 4 月 9 日,区政府召开全区经济形势分析会

2001 年 3 月,区委、区政府印发《关于举全区之力招商引资的决定》。2002 年,区政府以江阳工业园区为载体,组织和参加经贸洽谈、招商推介会、烟花三月招商会等系列活动。2003 年,区政府加大招商引资力度,开展“一季一赛”活动,推动外向型经济加速发展。2005 年,区委、区政府号召全区上下凝心聚力,开拓奋进,把招商引资工作推向新高潮,利用一切资源,开展全方位招商。沃尔玛、中信泰富等知名企业相继入驻。2006 年,合同利用外资及港澳台资提前一个月完成任务。

2010 年,区政府坚持狠抓“重大项目、重要产业、重点企业”,强势推进招商引资和项目建设。全年组织大型招商活动 5 次。顶津食品二期、五亭桥缸套、扬杰电子芯片等项目建成投产,荣镁汽车轮毂、嘉捷特种车辆等项目开工建设,柳工机械产业园、维普生物医药产业园等项目相继签约。实施重点服务业项目 55 个,税友软件、罗思韦尔研发中心、南大苏富特科技园等科研项目先后落户,五亭龙商务广场、医药物流等商贸业项目开工建设,国际汽车城、工艺美术城等服务业集聚区初具规模。

至 2011 年,到账外资及港澳台资、注册民资累计分别突破 6 亿美元、200 亿元人民币,年均增长 35.3%和 35%。

四、推进园区建设

2001 年,成立江阳工业园管委会。园区规划面积 30 平方千米,一期规划面积 9.68 平方千米,是市政府“一区四园”规划的重要园区。

2002年，区政府印发《关于加快江阳工业园建设与发展的意见》，加强基础设施建设，投入近两亿元建成“两纵四横”6000多米的园区启动区道路主框架，初步形成3平方千米的“四通一平”（通水、电、气、污，路平）开发区域；投资5000万元建设创业园标准化厂房4万平方米及辅助用房。是年末，进园项目61个，总投资10.4亿元，其中投产项目3个。2003年，建立园区投资服务中心。全年举行3次项目开工奠基仪式，开展3次项目推进突击月活动。2004年，以机电、轻工、生物医药为主的特色产业基本形成，产业集聚初具规模。2006年，维扬工业园区晋升为省级开发区，并更名为江苏扬州维扬经济开发区。是年，获“全国先进科技产业园”称号。是年，区委、区政府印发《关于加强经济开发区、物流园区、生态新区建设的若干意见》，提出把维扬经济开发区作为扩大对外开放、加强经济发展的主阵地，结合招商引资，加快公铁水联运物流集聚区和蜀冈生态新区规划建设。年末，公铁水联运物流园区规划通过专家评审和市规划委员会审批，蜀冈生态新区初步完成13平方千米概念规划。2008年，总投资9800万美元的亚联钢管实现当年注册、当年到资、当年开工并成为全区首家海外上市企业。物流集聚区被授予“省重点物流基地”称号。完成蜀冈生态新区规划编制，成立党工委、管委会。2010～2011年，维扬经济开发区完成新区10平方千米空间布局规划编制，投入6亿元建设新区基础设施，新建9千米主次干道，汽车电子产业园挂牌成立。

五、加快城乡建设

1989年12月，瘦西湖公园二十四桥景区一期工程竣工并对外开放。1991年，乾隆水上游览线建成开通，全长5千米。2001年，古运河—邗沟—瘦西湖水上游览线基础设施工程在黄金坝开工建设，瘦西湖活水工程通水。2002年，实施通达工程，改造乡镇公路10条，总长26.44千米。是年，在城北乡瓦窑村举行宁启铁路开工动员大会。2003年，在铁路沿线两侧建成各50米宽的绿化带，绿化面积242.79公顷，涉及3个乡镇、14个村，投资722.3万元。是年10月，改善蜀冈—瘦西湖风景名胜区入口处综合环境，建成维扬广场，实施景区绿化、美化、亮化。2004年1月，投资1700万元开工建设蜀冈西峰生态公园。

2006年，编制完成西北分区、西湖和平山片区、扬子江北路城市设计规划，完成4条18.8千米河道疏浚任务和沿山河城市防洪重点工程综合整治。实施“城中村”改造，翠岗、安平、锦旺3个社区创成市绿色社区，西湖镇创成市级环境优美镇，西湖镇俞桥村、平山乡雷塘村创成市级生态示范村。继续实施通达工程，完成高桥园、莱茵苑、中信泰富等项目建设拆迁任务。推动区域供水工作，乡镇水厂全部与市自来水公司并网运营。实现数字化城管全覆盖。制定区社会主义新农村建设实施意见，西湖镇金槐村成为全区社会主义新农村建设试点村和示范村。2007年，农村社区建设取得突破，维扬区被民政部确定为全国农村社区建设实验区。

2010～2011年，在全市率先对辖区主次干道和234条街巷实行市场化保洁，完成扬州市创成全国森林城市的各项任务。

六、加强城市管理

2002年3月，成立区城市管理局。

2006年，实施数字化城市管理，实现双桥、梅岭街道14个社区11万人口全覆盖。2007年，建成区数字化城管指挥平台，数字化城管实现城区全覆盖，处置率和满意率不断提高。实施行政处罚280多件。2003～2007年，共新建垃圾中转场4座、城乡垃圾房（池、桶）3万多座（只）、果壳箱1.8万多

图16-2-3　2007年3月，区政府领导视察凤凰桥社区建设

只,新建、翻建城区公厕 11 座,添置各类环卫车 15 辆。全区推行“组保洁、村收集、镇集中、区处理”垃圾集中处理模式。2008 年,城管工作按“一条主线、两大重点、三个突破、四项推进”思路,分阶段完成城管任务。2009 年,完成文昌中路、扬子江北路街景美化工程,开展各类整治 100 多次,处置数字化城管案件 4 万多件,结案率 90%以上,拆除违章建筑两万平方米。实现维扬路、友谊路等 47 条城市主干道市场化保洁,新建垃圾中转场 4 座,完成老城区公厕“旱改水”改造。2010～2011 年,开展各类整治 1000 多次,整治违章设置。依法拆除违法建设 400 多件、近 5 万平方米,数字化城管案件结案率 99%。推行城区所有主次干道市场化保洁,提高环卫保洁质量。

七、发展社会事业

1989 年 8 月,区政府印发《扬州市郊区实施九年制义务教育规划(暂行)》。1995 年 5 月,依法实施初级中等义务教育。1991～1996 年,区政府每年召开全区血防、卫生工作大会,部署血防、卫生工作任务,并定期检查验收。2003 年,全面完成防治“非典”任务,全区未发生 1 例“非典”病例。2004 年,区教育事业发展迅速,全区提前两年完成“十五”期间教育布局调整,并通过验收。2005 年,全面落实农村部分计划生育家庭奖励扶助制度。2006 年,大力实施“科教兴区”战略,加大教育投入力度,引进高资质教师,启动名师工作室。在第 16 届省运会上,实现金牌零的突破;梅岭街道被评为省群众体育工作先进集体。双桥、梅岭街道社区卫生服务中心建立。2007 年,维扬区被民政部确定为首批全国农村社区建设实验区。成功举办全区首届体育运动会。2008 年,投资 5000 万元,建成梅岭小学西校区。乡镇、街道文化站(室)实现全覆盖。18 个社区创成省充分就业社区,3 个乡镇创成省农村劳动力充分转移乡镇。康乐社区、邗沟社区获省“和谐社区建设示范社区”称号。维扬区被民政部评为全国村务公开民主管理示范区。

2009 年,全面实行义务教育阶段教师绩效工资,维扬实验小学开发区分校建成开学。社区卫生服务中心实现全覆盖,平山、双桥、梅岭实行药品零差价。建成区文化艺术中心,维扬区获首批“全国和谐社区建设示范城区”称号,安平社区成为全国和谐社区建设示范社区,实现省双拥模范区创建“五连冠”。2010～2011 年,建成维扬中学新校区;社区卫生服务体系不断完善,实现城乡“15 分钟健康服务圈”全覆盖,居民健康档案建档率 44%,其中 60 岁以上居民建档率 91%;新建 7 个社区服务中心,社区平均年度经费提高至 22 万元。完成第九届村民委员会和第四届社区居民委员会换届选举。

八、落实民生实事

1989～2002 年,建成新型农民小区 12 个,水、电、路同步配套。2003 年,为全区 2000 名下岗失业职工和特困家庭发放医疗救助优惠卡。2005 年,加强疾病预防与控制,推进社区卫生服务网络和新型农村合作医疗体制建设,农村大病统筹村覆盖率 100%,参保 37342 人,参保率 98.3%。全年提供就业岗位 5000 个,安置城镇失业人员 1854 人,转移和转出失地农民 600 人。为全区 1132 户低保户发放保障金 245.1 万元,对全区 45 户大病户救助 20.6 万元,“五保”供养率 100%。率先实施被征地农民养老保险。2006 年,全面推进农村区域联网供水。在全市率先建立失地农民养老补助保障机制,城镇职工养老金社会化发放率 100%。减免农村义务教育阶段学生学杂费。2008 年,在全市率先将城乡低保标准统一提高到 270 元/月·人,婚检费用由区政府全额承担。平山等 3 个乡镇在全市率先实行药品零差价。2009 年,落实城区人均住房建筑面积在 16 平方米以下困难家庭实物配租政策。在全市率先推行城乡养老保险、医疗保险、最低生活保障“三个一体化”,建成“六位一体”(指在职职工养老保险、自由职业者养老保险、被征地农民基本生活保障、失地农民养老补助、新型农村社会养老保险和农村老年居民养老补贴)社会养老保障体系和医疗保障体系,新型农村合作医疗筹资标准提高到 120 元/年·人,城乡居民最低生活保障标准提高到 320 元/月·人。2010 年,实现“充分就业社区”96%。城乡低保标准提高到 340 元/月·人。启动实施老小区整治工程。整治楼房 149 幢,整治面积约 40 万平方米,约 5000 户居民受益。改扩建荷叶、便益门等 7 个社区服务中心,建成 25 个社区工作站和 16 个居家养老服务中心(站)。

九、人大代表建议与政协委员提案办理

图 16-2-4　2009 年 10 月 28 日，区政府领导视察政协提案办理情况

1992 年，区三届人大三次会议上胡世和、王宝朝、孙宝玉等 10 名人大代表提出《关于建立区人民医院的议案》。区政府高度重视，落实资金 250 万元，开工建设区人民医院。至 1994 年，医院建成交付使用。1993 年，区政协三届三次常委会提出建设西湖镇农贸市场，解决西湖镇居民吃菜难的建议。区工商部门会同西湖镇政府，投入资金 6 万元，建成西湖农贸市场。1995 年，区四届人大三次会议代表刘大敏提出《治理全区水污染环境的建议》。区政府召开专题会议，责成区环保、城管、城建等部门联合对区内造成水污染源头专项整治，区政府转发区环保局《关于加强水污染防治为主的环境监督管理意见》。2010 年，区七届人大常委会第十次会议提出《加强区行政执法部门监管》的意见，区政府组织行风监督员明察暗访，通报违规执法情况，及时纠正，并严肃处理。

1989～2011 年，区政府及组成部门承办区人大代表建议、意见、议案 2243 件，承办区政协委员提案 1675 件，均及时办理答复。

第三章　行政监察

1988 年 5 月，区监察局成立，列入区政府工作部门序列。1989 年，区监察局设立案件审理委员会和行政监察举报中心。1993 年 2 月，区监察局与区纪委合署办公。

第一节　执法监察

一、政府部门执法监察

1989 年，在公安、工商、建委、劳动人事等 4 部门开展“两公开、一监督”（公开办事程序、公开办事结果，接受群众监督）试点，实行征地劳力安置工作和化肥、农药等农用物资供应的公开。1990 年，在区、乡两级机关全面推行“两公开、一监督”制度。1994 年，对区工商和土管等部门行政执法、区教育系统招生、区政法部门招干等进行执法监察，增强部门依法行政意识和廉政勤政自觉性。1995 年，开展土地行政执法和非农业建设用地执法监察，全区查出违法用地 29 宗 20.79 公顷，全部按市、区要求逐件处理。1996 年，查处有关单位违法用地和责任人及 47 户违法建房问题。1997 年，通过典型示范，形成全区“公开办事程序、公开办事结果，接受群众监督”的意见，在 区、乡、村三级全面实施，公开内容 32 项。2000 年，明确规定政务公开的形式、程序、时间和内容。2006 年，围绕区委、区政府“违法用地、违法建设、违规经营”专项整治，立案处理涉及“三违”党员干部 7 人。2007 年，集中整治集体违法建设行为，追究 4 名违法占用土地责任人党纪政纪责任。2010 年，监督检查 4 个新增中央投资项目建设情况。制定《维扬区重点工作督查暂行办法》，围绕招商引资、拆迁交地、全国文明城市和全国森林城市创建等重点工作，督查 51 家部门单位，编印督查通报 6 期。1998～2011 年，先后在区卫生、地税、国税、供电、公安、教育、财政、司法、建设、劳保、物价、环保等12个系统开展民主评议行风活动，通过行风监督员明察暗访、行业作风整顿、自查自纠、面对面评议、督促整改等方式，推进行风建设。

二、权力运行执法监察

2007年，印发《关于开展“阳光工程——规范事权行动”的意见》和实施方案，督促22个具有行政执法权的区级机关部门，清理执法依据、公布执法目录、编制执法流程图、规范自由裁量权，通过政府网站逐一公示。2008年，印发《关于全面推进部门权力内控体系建设的意见》，成立由区长任组长，区委、区政府分管领导为副组长的行政权力网上公开透明运行与电子监察系统建设工作领导小组，明确区农业水利局、区建设局、区民政局、区劳动和社会保障局4个部门作为部门权力内控体系建设试点单位，组成两个督察小组分别到4个试点部门督促指导。2009年，4个试点部门电子监察系统投入试运行。2010年，建成全区统一行政权力库，梳理行政许可、行政处罚、行政强制、行政征收等权力1139项，其中行政许可82项、行政处罚915项，建立风险点及预控措施1050个。22个重点部门所有行政权力全部实行上网公开透明运行，实现行政权力、行政事项、电子监察全覆盖。2011年，坚持每日督查、每月通报制度，检查22个部门行政权力网上公开透明运行情况，对个别部门存在的上线运行率低、办理机制不完善、办理事项超期等问题予以督促改进。

第二节　效能监察

一、投资软环境效能监察

1990年，建立1乡1场10村9厂1校监察联系点。1991年，建立18个监察联系点，向全区企业提出廉洁经营的“三项原则、十条界限”。1992年，建立监察联系点21个。1998～2002年，选择5家外资企业作为监察点，跟踪监察有关部门为外资企业服务情况；介入全区企业改制工作，监察改制情况和职能部门服务质量。2002年4月，成立区投资环境监察中心，督查区机关各部门招商引资成果和服务水平、服务质量，开展最佳和最差部门评选活动；走访全区44家外资企业，征集13条对区、乡政府在服务经济发展方面意见，并及时反馈。2005年，成立维扬开发区行政监察投诉中心，受理各类投诉35件，处理党员干部8人；为基层、企业、群众排忧解难28件，设立10家企业监察联系点，聘请10名特邀监察员，建立定期走访制度，及时反馈收集整理的意见和建议，并督促有关部门整改。2007年，通过走访、召开座谈会、组织测评等方式，综合检查评议机关效能建设，公开通报测评结果以及机关作风建设中存在的问题，督促相关部门认真对照，落实整改。2008年，制定《企业监察联系点工作管理办法》，组织走访企业活动3次，走访重点企业16家，召开企业界座谈会3次，收集企业意见、建议16条，帮助企业协调解决发展难题4件，及时查处“不作为、乱作为”行为。2009年，走访江苏江扬电缆有限公司等10家监察联系点企业，收集企业遇到的困难11件，征求优化经济发展环境的意见、建议5条。

二、重点工程效能监察

1995年，监察基建工程开展情况，立项两件。1996年，成立专门领导小组和工作班子，组建工作网络，加强对有关工程项目的监察。1997年，监察双桥乡园林村综合楼工程建设有关项目，对当年新开工项目按报建率和招标率达100％要求考核，制定完善有关规章制度。1998年，按照市有关部门规定50万元以上工程建设项目等招投标率100％、公开招标方式力争75％以上等要求，对全区8个50万元以上工程建设项目报建和公开招投标。是年，开展江堤达标建设效能监察，实施公开招标，抓好工程质量。1999年，开展江堤达标建设效能监察。2000年，印发《关于加强建设工程质量管理的通知》，要求50万元以内工程项目实行区内招标，50万元以上工程项目进入有形市场招标；规定建立工程监理制度、合同管理制度、工程材料准用制度。2002年，对扬天公路拓宽改造、宁启铁路建设等省、市重点工程和拆迁工作实施效能监察。2003年，跟踪监察市职大(电大)新校区、维扬路、园区及其道路工程、创业园二期工程建设等项目，及时督查征用土地及房屋拆迁补偿费用落实情况，重点督查维扬广场、区行政中心建设、招投标各项规定制度落实情况。2004年，全程监督维扬路建设和扬菱路、扬天路改造工程，重点督查宁启铁路(扬州段)沿线绿化、补偿资金落实情况。2006年，监察区内乡村道路建设和土地复垦项目，监督中信泰富、莱茵广场、大王庙等市委、市政府重点工程拆迁交地工作。2007年，对大王庙二期工程、"双宁"佛教文化园、工艺坊、二道河文化园等市政府重点工程拆迁交地工作实施监督监察。2009年，成立工程建设突出问题专项治理领导小组。组织对区内新增中央投资的农村道路建设以及城北、西湖医院病房楼改造等6个项目全程跟踪监督，督促整改检查中发现的问题。2010年，督促检查上半年招商引资外资到账零业绩单位，问责创建文明城市中工作不力、成效不佳5家责任单位及其责任人。在核查基础上，排出2008年后立项、在建、竣工500万元以上政府投资项目33个，3000万元以上其他项目62个。按照"一项目一卷宗"要求，确保查核项目一个不漏、查核环节逐一检查、查核问题逐个查清。排查中，督促整改政府21个投资项目中存在的59件问题，14个其他项目中存在的15件问题。2011年，制定《维扬区创建全国文明城市工作问责办法》，编发督查通报7期，监督检查文明城市创建中明确的15个重点路段、8个重点社区，通过实地考察、现场走访，重点检查人员到位情况、履职情况、创建成效。对上一轮存在的5件问题项目逐一把关会诊。在全区开展国土资源、交通运输、水利等行业系统治理工作。重点检查1个土地整理项目、22个四级农村道路项目和3个小水库除险加固工程，整改存在问题。

第三节　廉政监察

1989～1992年，在区级机关采取调研、测评等形式，督查机关部门完成全年目标任务以及依法行政、廉政建设、服务态度、办事效率等方面情况。根据监察结果，将32个机关部门排序，靠前部门通报表扬；名次靠后部门责令限期整改，并对其主要负责人进行诫勉谈话。1993年，对治理乱收费执法监察，确保全区落实取消28个乱收费项目。1994年，贯彻落实中纪委有关规定组织自查自纠。召开各种座谈会，收集问题和建议25条，分别向区领导成员反馈。1997年，抓好严控新建和装修办公楼、公款出国、各种庆典会议等厉行节约规定的贯彻落实，执法监察税收、物价、财务、统计工作，以及非农业建设用地、医药回扣等问题。1999年，贯彻落实《党政机关干部职工住宅建设、分配、修缮和使用管理暂行规定》等"省四项廉政制度"，抓好"三项重点工作"(即严禁党政机关以开会、考察为名到庐山等12个风景名胜区旅游，严格控制改建、扩建、新建或购买、装修办公楼和新建宾馆，坚决制止公款出国〈境〉旅游)。2003年，及时转发省、市纪委《关于狠刹公款大吃大喝歪风》的通知，坚持领导干部砌房造屋、婚丧嫁娶等重大事项报告制度，规范领导干部廉洁从政行为。同年，会同财政、人事、审计等部门检查全区25个部门1～6月津补贴发放情况，对超标准发放津补贴的11个部门限期整改，并退出多发津补贴。全年组织开展廉政教育活动158次，党员干部拒收礼金、礼品9人次。

图16-3-1　2007年3月6日，区政府自身建设及廉政设大会在区会议中心召开

2002～2005年，组织人员检查区内商场、超市等大型购物场所发放使用代币券(卡)情况。定期检查有关单位招待费用报支情况，督促区、乡机关办好食堂，减少在外就餐，有效掌控招待费上涨势头。元旦、春节等重大节日期间，加强对领导干部不准收受

现金、有价证券、支付凭证有关规定和领导干部配偶、子女从业有关规定实施检查。2006 年,坚持“四个严禁”(严禁乘改革之机私设银行账户、严禁私设“小金库”和搞“体外循环”、严禁擅调用款计划和同户划转资金、严禁套取和相互借用现金),跟踪督查改革推进情况和“四个严禁”落实,保障全区财政国库集中收付制度改革顺利实施。2007 年,区、乡两级换届选举期间,重申政治纪律、组织人事纪律、选举工作纪律和财经纪律,保证区、乡换届选举工作顺利进行。在全区乡科级领导干部中实行勤廉公示制度,通过多种形式向干群报告 230 多个乡科级领导干部勤政廉政建设情况,接受评议、质询。2009 年,开展药品安全专项检查,督查全区 6 家社区卫生服务中心药品购入、使用以及过期药品处理等问题,防范药品采购中的回扣行为,加强源头治理。2011 年,重点督查全区党员干部落实廉政准则和基层干部落实《农村基层干部廉洁履行职责若干规定(暂行)》。

1989～2011 年,通过走访座谈、明察暗访、民主测评等方式考核区级机关工作人员工作态度、效率和为民服务质量,发现问题及时提醒纠正,对违法违纪人员予以查处,共查处行政监察对象 43 人,其中区管干部 14 人、一般干部 24 人、一般党员 5 人,开除 4 人、撤职 13 人、降级 4 人。

1989～2011 年维扬区政纪处分情况一览表

表 16-3-1　　单位:人

年份	合计	干部类别			处分类型						
		区管干部	一般干部	一般党员	警告	记过	记大过	降级	降职	撤职	开除
1989	—	—	—	—	—	—	—	—	—	—	—
1990	2	—	1	1	1	—	—	—	—	1	—
1991	—	—	—	—	—	—	—	—	—	—	—
1992	—	—	—	—	—	—	—	—	—	—	—
1993	—	—	—	—	—	—	—	—	—	—	—
1994	2	—	2	—	—	—	—	—	—	2	—
1995	1	1	—	—	—	—	—	—	—	1	—
1996	4	1	3	—	2	—	—	—	—	2	—
1997	4	—	4	—	1	2	—	1	—	—	—
1998	4	—	3	1	—	1	2	—	—	1	—
1999	1	1	—	—	—	1	—	—	—	—	—
2000	3	—	1	2	1	1	—	—	—	1	—
2001	3	—	3	—	1	—	—	1	—	1	—
2002	1	—	1	—	1	—	—		—	—	—
2003	3	—	2	1	2	—	—	1	—	—	—
2004	1	—	1	—	—	—	—	—	—	1	—
2005	—	—	—	—	—	—	—	—	—	—	—
2006	—	—	—	—	—	—	—	—	—	—	—
2007	2	1	1	—	—	—	—	—	—	—	2
2008	1	1	—	—	—	—	—	—	—	—	
2009	4	4	—	—	1	1	—	—	—	1	1
2010	3	3	—	—	—	—	1	—	—	1	1
2011	4	2	2	—	—	—	2	1	—	1	—

第四章　信访工作

第一节　制度建设

1989年9月，区信访办公室更名为区信访局，升格为副科级建制，近郊乡镇增设信访助理。12月，成立区信访工作领导小组，明确区委、区政府各有一名领导分管信访工作。是年，区委、区政府制定《扬州市郊区信访工作职责暂行规定》。2002年5月，区信访局升格为正科级建制。2003年8月，区委、区政府制定《关于进一步加强和改善党政领导信访接待日制度的意见》和《维扬区党政领导信访接待日实施意见》。2004年，成立区社会矛盾纠纷调处中心，与区信访局合署办公，建立健全处理社会矛盾纠纷调处三级(区、乡、村)组织网络。建立新任年轻干部到区信访局挂职制度，时间一年，挂职期满后，再安排到新的领导岗位工作。建立全区处理信访突出问题及群体性事件联席会议制度。2005年5月，制定《扬州市维扬区信访稳定工作考核奖惩办法》。成立区政府信访事项复查复核委员会，建立复查复核有关制度。2006年4月，建立律师参与信访接待制度。2008年，在全区推广高邮市基层信访工作"两员"(信访信息联络员、信访事项代理员)制做法。建立全区党政领导大接访制度。2010年1月，建立全区信访工作分析例会制度。2011年4月，建立全区信访工作绩效考核制度。

第二节　信访处理

一、信访概况

1989～2011年，全区共受理群众来信7100件。其中，办理来信2458件，占信访总量34.62%，办结率95.2%；接待来访4642批20230人次，占信访总量65.38%，办结率93.6%。区委、区政府领导共批转群众来信834件，接待来访群众3422人，督办会办重要信访案件379件。

群众信访所反映的问题，大多集中在土地征用、房屋拆迁、违章建筑、环境污染、历史遗留问题等方面。其中土地征用和环境污染引起的矛盾处于高发状态。1989年，涉及征用土地来信来访62件次，涉及环境污染54件次，占信访总量28.43%。2006年，涉及征用土地来信来访64件次，涉及环境污染31件次，占信访总量39.09%。2008年，涉及征用土地来信来访61件次，涉及环境污染24件次，占信访总量23.61%。部分信访老户多年来不断向各级党政部门来信来访，要求解决历史遗留问题。他们信访的特点是时间跨度长、过高诉求多、处理难度大。区信访部门切实为群众分忧解难，想方设法帮助解决群众的合理诉求；认真对待群众反映的违纪违法问题，及时反映给相关部门予以纠正。对信访老户调查、分类，采取正面引导、心理疏

图16-4-1　2007年6月29日，区信访局领导面对面耐心做上访户思想工作

导、依靠单位、动员亲友、安定生活等方法，按政策和法律妥善处理。

二、重点信访案例

湾头镇湾头村村民王某某因要求领取个体营业执照等问题多次越级信访。1989年1月，区信访办接到副市长蒋兆信批转的来信，及时到镇、村及信访人所在工厂协调，磋商处理意见，王某某对处理结果表示满意。

1997年6月，湾头镇板桥村四组周某某为邻居许某某违章建筑，先后上访近百次，并自带铺盖坐卧市、区机关，采取喝农药、上吊等过激行为要求处理。区委、区政府领导两次召集有关部门会办，拆除许某某违章建筑。

西湖镇韩某某老两口70多岁，是市、区、乡出名的老上访户。1989年起，反映自己承包的鱼塘被污水污染，连续8年赴区、市、省上访，3次到北京上访。后经多次调解，韩不服，向区法院提起诉讼，在调解无效情况下，区法院判决驳回，韩仍不服，又向上级法院起诉，市法院裁定维持原判。1997年，镇领导出于人文关怀，多方筹集资金照顾他1.3万元，韩不再上访。

扬州晨辉养殖场钱某某自2002年，因维扬经济开发区征地拆迁补偿问题，向国家、省、市、区各级领导写信，累计1万多封。各级领导多次批示，要求相关部门协调会办，但信访人要求过高，始终未达成共识。区信访局一方面对钱某某进行耐心疏导教育，反复讲清政策，并动员社会力量和亲属，共同做好说服教育工作；另一方面成立由相关负责人参加的专门工作班子，多次与钱某某本人及其代理律师商谈。经反复说服协调，问题最终得到妥善解决。

2003年6月，区信访局收到市信访局转来的一封带有恐吓的群众来信。信中反映：2000年，平山乡堡城村万庄组老上访户戎某某，因举报他人违章建房受到打击报复，使自己3年前建房申请迟迟得不到解决。他扬言，找有关领导"算账"。区信访局随即与平山乡政府和区公安分局负责人联系，尽快派人上门做思想工作，控制事态发展。同时，区信访局会同区国土局、区规划局负责人与平山乡领导到戎某住处实地察看，并与平山乡政府、乡派出所、乡村建科及堡城村负责人就戎某建房问题讨论研究，拿出解决方案。戎某深受感动，从此停诉息访。

西湖镇蜀冈村御葬坟组高某某因其女死于交通事故，不服法院判决。2003年始，持续进京上访。区信访局多次做高某工作，动之以情，晓之以理，并实地调查，了解到高某家庭确实困难，令人同情。后经区委政法委牵头协调，达成协议。高某某较为满意，表示不再上诉信访。

1989～2011年维扬区信访受理情况一览表

表16-4-1　　　　单位：件

年份	信访分类 信访小计		申诉	违法违纪	民事纠纷	劳动工资	群众生活	户粮关系	征用土地	不正之风	房地产纠纷	改革问题	计划生育	环保卫生	企业管理	落实政策	批评建议	控告揭发	其他	办结率(%)
1989	信	233	12	8	4	8	19	3	37	7	24	18	5	36	2	18	12	8	12	95.2
	访	175/541	2	5	2	12	4	1	25	3	2	11	1	18	1	10	3	1	74	96.8
	小计	408	14	13	6	20	23	4	62	10	26	29	6	54	3	28	15	9	86	
1990	信	273	13	9	5	12	3	1	39	9	21	21	6	48	4	19	11	3	49	97.4
	访	130/368	1	4	1	10	3	—	24	1	1	7	1	15	—	14	1	1	46	96.3
	小计	403	14	13	6	22	6	1	63	10	22	28	7	63	4	33	12	4	95	
1991	信	248	11	11	6	13	12	1	36	8	26	10	1	34	1	16	7	1	54	95.2
	访	181/552	3	6	2	11	5	—	38	2	4	16	—	21	1	16	2	6	48	98.2
	小计	429	14	17	8	24	17	1	74	10	30	26	1	55	2	32	9	7	102	

续表 16－4－1

年份	信访分类/信访	小计	申诉	违法违纪	民事纠纷	劳动工资	群众生活	户粮关系	征用土地	不正之风	房地产纠纷	改革问题	计划生育	环保卫生	企业管理	落实政策	批评建议	控告揭发	其他	办结率(%)
1992	信	86	7	6	2	10	1	—	18	1	2	4	1	10	1	12	2	1	8	96.3
	访	170/459	4	7	1	6	9	—	41	1	14	1	—	9	3	19	1	2	52	96.9
	小计	256	11	13	3	16	10	—	59	2	16	5	1	19	4	31	3	3	60	
1993	信	71	6	2	1	9	9	—	9	1	1	6	—	5	5	7	2	1	7	96.8
	访	323/461	26	1	29	21	38	—	46	2	16	2	1	31	35	21	3	2	49	98.2
	小计	394	32	3	30	30	47	—	55	3	17	8	1	36	40	28	5	3	56	
1994	信	60	3	1	—	8	6	—	4	—	—	5	—	3	2	2	1	2	23	95
	访	380/542	29	2	31	12	29	—	38	5	18	3	1	33	42	31	2	3	101	97.1
	小计	440	32	3	31	20	35	—	42	5	18	8	1	36	44	33	3	5	124	
1995	信	70	4	—	1	7	5	1	5	1	1	7	1	6	4	8	1	—	18	95.4
	访	485/1087	33	5	42	18	33	—	51	6	19	4	1	36	56	41	5	8	127	98.1
	小计	555	37	5	43	25	38	1	56	7	20	11	2	42	60	49	6	8	145	
1996	信	86	3	1	3	11	6	—	6	2	2	9	2	9	2	9	2	—	19	96.7
	访	173/1174	18	4	21	7	18	—	21	4	11	1	2	19	21	10	1	1	14	98.2
	小计	259	21	5	24	18	24	—	27	6	13	10	4	28	23	19	3	1	33	
1997	信	78	2	—	2	9	4	—	2	1	3	11	3	12	1	—	—	—	28	95.9
	访	147/820	14	3	18	6	12	1	18	2	9	—	1	10	9	12	1	—	31	96.2
	小计	225	16	3	20	15	16	1	20	3	12	11	4	22	10	12	1	—	59	
1998	信	106	6	—	1	12	3	1	4	2	5	15	5	15	3	1	1	2	30	95.5
	访	164/1036	15	4	19	5	15	1	21	1	11	—	2	15	12	1	1	—	41	98.5
	小计	270	21	4	20	17	18	2	25	3	16	15	7	30	15	2	2	2	71	
1999	信	79	1	1	3	4	6	—	3	1	5	9	2	15	2	2	1	—	24	96.8
	访	104/683	13	1	12	4	8	—	15	—	9	—	1	14	9	—	1	—	17	97.1
	小计	183	14	2	15	8	14	—	18	1	14	9	3	29	11	2	2	—	41	
2000	信	69	1	—	4	3	7	—	1	2	4	8	1	13	1	1	1	2	20	95.7
	访	162/760	16	2	15	3	9	—	15		8	1	1	19	7	1	1	—	64	96.9
	小计	231	17	2	19	6	16	—	16	2	12	9	2	32	8	2	2	2	84	
2001	信	80	2	1	3	2	9	1	2	3	5	10	2	11	2	2	3	—	22	96.8
	访	202/1663	19	3	28	6	21	—	30	1	7	12	2	21	12	2	12	1	25	98.6
	小计	282	21	4	31	8	30	1	32	4	12	22	4	32	14	4	15	1	47	
2002	信	50	1	2	5	1	7	2	—	4	—	9	1	7	3	1	1	1	5	97.8
	访	134/836	9	2	18	2	12		21	2	—	16	2	12	11	3	2	2	20	98.8
	小计	184	10	4	23	3	19	2	21	6	—	25	3	19	14	4	3	3	25	

续表 16-4-1

年份	信访分类 信访小计		申诉	违法违纪	民事纠纷	劳动工资	群众生活	户粮关系	征用土地	不正之风	房地产纠纷	改革问题	计划生育	环保卫生	企业管理	落实政策	批评建议	控告揭发	其他	办结率(%)
2003	信	65	2	3	4	—	6	—	1	2	4	9	1	7	1	1	1	2	21	96.2
	访	208/1288	11	3	21	1	15	—	22	3	—	19	1	18	21	4	1	2	66	98.7
	小计	273	13	6	25	1	21	—	23	5	4	28	2	25	22	5	2	4	87	
2004	信	85	3	4	9	5	1	—	1	3	4	8	2	11	2	2	3	3	24	96.4
	访	317/2347	19	9	32	8	14	—	29	8	1	21	—	35	35	3	3	5	95	98.5
	小计	405	22	13	41	13	15	—	30	11	5	29	2	46	37	5	6	8	119	
2005	信	109	4	5	11	6	2	—	4	2	6	18	6	9	3	4	1	2	26	97.5
	访	197/1157	12	4	17	2	11	—	18	1	—	14	2	19	15	5	2	3	72	99.2
	小计	306	16	9	28	8	13	—	22	3	6	32	8	28	18	9	3	5	98	
2006	信	90	2	2	12	10	6	—	15	1	1	1	1	15	—	2	1	2	19	96.4
	访	153/597	3	4	16	21	1	—	49	2	1	2	1	16	2	6	2	2	25	98.9
	小计	243	5	6	28	31	7	—	64	3	2	3	2	31	2	8	3	4	44	
2007	信	99	3	2	15	3	8	—	19	1	—	1	2	6	2	4	3	1	29	95.6
	访	161/840	4	3	22	15	7	—	35	2	—	3	5	2	6	6	4	2	45	98.8
	小计	260	7	5	37	18	15	—	54	3	—	4	7	8	8	10	7	3	74	
2008	信	105	4	3	16	7	6	—	21	2	1	1	2	9	1	6	2	2	22	97.2
	访	255/1152	12	4	32	16	9	—	46	3	2	5	11	18	9	8	5	3	72	98.3
	小计	360	16	7	48	23	15	—	67	5	3	6	13	27	10	14	7	5	94	
2009	信	125	5	6	19	9	8	—	29	3	2	1	1	11	1	5	3	4	18	95.3
	访	159/636	4	3	15	18	2	—	36	5	3	4	9	10	2	4	4	2	38	98.9
	小计	284	9	9	34	27	10	—	65	8	5	5	10	21	3	9	7	6	56	
2010	信	126	6	4	18	10	7	—	30	2	3	2	1	12	1	4	2	3	21	96.2
	访	165/859	6	4	18	16	6	1	31	4	6	6	10	12	5	6	6	4	24	97.8
	小计	291	12	8	36	26	13	1	61	6	9	8	11	24	6	10	8	7	45	
2011	信	65	3	1	6	3	2	—	16	2	3	2	1	3	1	1	2	3	16	97.3
	访	97/372	2	2	8	10	1	—	15	3	2	6	5	6	3	6	5	2	21	98.9
	小计	162	5	3	14	13	3	—	31	5	5	8	6	9	4	7	7	5	37	
合计	信	2458	104	72	150	162	143	10	302	60	123	185	47	307	45	127	63	43	515	96.29
	访	4642/20230	275	85	420	230	282	4	685	61	144	154	60	409	317	229	68	52	1167	97.99
	小计	7100	379	157	570	392	425	14	987	121	267	339	107	716	362	356	131	95	1682	

说明:表中"访"栏目后面数字,前面表示来访批次,后面表示来访人次

第五章　外事　侨务　涉台事务

1989年2月,在区政府办挂牌成立区侨办,为副科级建制。1998年,区侨办增加外事管理事务,与区政府办合署办公,并更名为区政府外事侨务办公室。2000年12月,区外侨办升格为正科级建制,继续和区政府办合署办公。2002年,对台办公室划入区政府外事侨务办公室。2010年,区外事侨务对台办与区政府办合署办公,调整为区政府工作部门,并更名为区政府外事侨务办公室,挂"区委台湾工作办公室""区招商局"牌子,正科级建制。

第一节　外　事

一、外事接待

接待国外党政代表团　1989年4月5日,日本新潟县入广濑村友好访问团一行21人访问湾头镇,并与湾头镇缔结友好关系。村长须佐昭与湾头镇镇长陆文瑞交换备忘录。1990年9月,朝鲜劳动党中央委员、中央军委委员、最高人民议会代议员、人民武装力量部副部长金光振大将率领的朝鲜人民军军事代表团一行,在南京军区参谋长张宗德陪同下参观湾头镇服装厂,并应邀到居民朱志华家作客。1991年3月,洪都拉斯政治局委员恰瓦利亚率领改革党代表团,参观湾头镇。10月11日,中共中央总书记江泽民陪同朝鲜劳动党中央总书记、朝鲜民主主义人民共和国主席金日成一行于下午6时到扬州参观访问。次日上午游览瘦西湖,参观大明寺,下午参观史可法纪念馆。第三天上午参观扬州博物馆。下午离扬赴南京。1992年6月18日,以朝鲜祖国统一战线中央委员会书记局局长刘浩俊为团长的朝鲜祖国统一战线代表团一行6人到扬州参观访问,参观扬州乐凯玩具有限公司等企业。1993年6月,以朝鲜劳动党江原道委员会责任书记林亨九为团长的江原道委代表团一行7人,在省人大常委会主任沈达人陪同下到扬州参观访问。市委书记李炳才等市领导陪同参观史可法纪念馆、乾隆水上游览线和扬州乐凯玩具有限公司等单位。1997年7月24日,几内亚共和国农业、水利和林业部秘书长埃利·达梅一行5人参观湾头镇田庄村农田水利建设。1999年4月5日,日本新潟县入广濑村访华代表团到湾头镇参加湾头镇与日本新潟县入广濑村缔结友好村镇10周年庆祝活动。8月20日,马耳他共和国卫生部副部长一行5人考察郊区人民医院。2005年7月,圭亚那合作共和国总理塞缪尔·海因兹携夫人等一行到维扬区访问、考察。区长刘在銮接待圭亚那客人,陪同参观明轩堂红木家具有限公司。2006年10月,以越南同奈省省委书记、省人大主席陈廷诚为团长的友好代表团访问维扬区,参观西湖镇金槐村新农村建设,陈廷诚为金槐村题词。2007年1月,韩国釜山广域市海云台区区长裴德光和该区议会议长朴先同率友好代表团访问维扬区。区长顾敏与韩国釜山广域市海云台区区长裴德光签订缔结姊妹关系协议书,两区正式建立友好交往关系。2007年12月,布隆迪保卫民主党第二副主席森多科·德尼丝(女)率代表团访问扬州,考察西湖镇金槐村新农村建设,森多科·德尼丝为金槐村题词。2008年10月,韩国釜山广域市海云台区区长裴德光携夫人率团访问维扬区,参观崔致远纪念馆。2011年4月,韩国釜山市广域市海云台区区长裴德光率代表团访问维扬区。维扬区与韩国海云台区签订医疗旅游及经济文化交流民间合作谅解备忘录。2011年9月,韩国釜山市广域市海云台区副区长裴光孝应邀访问维扬区,考察维扬区经济社会发展情况。

接待国外经贸考察团　2004年,共接待境外客商6批次31人次。2005年,接待比利时布瑞市经济代表团、德国奥芬巴赫市经济代表团、荷兰Burgs工业集团、圭亚那经贸考察团等18批次300多人次。2006年,韩国中小企业联合会驻上海总代表考察维扬经济开发区。同年11月,俄罗斯莫斯科州巴拉什赫市经济代表团参观考察维扬经济开发区机械、电子、纺织等产业发展状况。2007 年 4 月，日本正道集团一行考察维扬区，就夏普太阳能光伏项目与维扬经济开发区开展实质性会谈。2007 年 7 月，比利时友好代表团在扬州开展“布瑞周”活动期间，访问维扬区，参观区玩具协会，考察五亭龙玩具城和扬州嘉瑞琪玩具有限公司，双方洽谈和交流有关合作意向。2010 年 5 月，加拿大旺市市长凌婕舜率领加拿大多伦多华商会代表团访问维扬区。埃及水利部部长助理和伊斯梅利亚省商会会长一行考察维扬经济开发区，参观扬州日利达有限公司。

图 16－5－1　2007 年 1 月 16 日，维扬区与韩国釜山市海云台区签订缔结友好区关系协议

接待国外民间友好访问团　2006 年 5 月，“国际友谊之力”澳大利亚新南威尔士州缇维德谷俱乐部友好访问团访问西湖镇金槐村。2007 年 8 月，韩国釜山海云台区友好代表团一行访问维扬区。同年 10 月，韩国釜山海云台区民间友好代表团访问维扬区，参加崔致远纪念馆开馆仪式、崔致远雕像揭幕仪式、“中韩合作大有作为”展览开幕仪式、《崔致远》电视纪录片暨《崔致远思想与作品研究》图书首播首发式、扬州投资旅游推介会、扬州大学韩国文化节等中韩文化交流活动。

二、出访考察与交流

2008 年 3 月，区委书记姚苏华率经贸考察团赴马来西亚、印度尼西亚、新加坡等国家和地区招商。参观考察上市公司 10 多家，拜访华人华侨商会 8 家，拜访客商和侨领 100 多人次，开展工业、地产、纺织制衣、物流、汽车零部件等多个项目洽谈；举行 10 多场中小型投资环境说明会，收集项目信息 15 个，达成项目意向 8 个，在新加坡签订总投资 1 亿美元建设希尔顿大酒店投资意向项目。

2009 年 7 月，区长杨蓉和区政协主席尹宏宝分别率团访问韩国釜山海云台区，磋商崔致远纪念馆二期工程建设，探讨进一步加强经贸合作。

2010 年 9 月，区长杨蓉率团赴美国、加拿大访问，举行招商推介会 3 场，拜访一批企业，促进维扬区企业对外交流与合作。2011 年 3 月，区委书记姚苏华率团回访德国布丁根市，双方就建立布丁根市与维扬区友好交往，深化经济合作深入探讨。同年 10 月，区长杨蓉率团赴印度和印度尼西亚进行经贸考察。

三、涉外管理

随着对外开放和经济发展，因公出国(境)人数呈逐年增加趋势。1989 年，仅有 5 批 11 人次。1993 年发展到 15 批 34 人次，1997 年 26 批 50 人次。2005 年，办理 11 批出国(境)团组商务考察、访问手续，为 1 家企业办理邀请尼日利亚客商到维扬区进行商务洽谈手续。2006 年，办理 14 批 44 人次出国(境)培训和招商团组手续。2007 年，办理 14 批 67 人次出国(境)培训和招商团组手续，并帮助企业办理邀请 6 名外国技术人员入境手续。2008 年，办理 11 批 34 人次出国(境)手续，为企业办理 8 批 10 人次邀请外国人入境手续。2009 年，办理因公出国(境)团组 10 批 23 人次，协助企业邀请 6 批 6 人次外国客商到扬州考察和工作。2010 年，办理因公出国(境)经贸考察等团组 13 批 37 人次。其中，区自组团赴境外经贸考察 6 批 28 人次，省、市培训类团组 6 批 8 人次，市交流团组 1 批 1 人次。协助 11 家企业办理 14 批次邀请外国客商入境手续，协助 5 家重点企业通过亚太经合组织商务旅行卡审批。2011 年，办理因公出国(境)团组 13 批 36 人次，其中自组团 5 批 27 人次、随省组团外出培训 8 批 9 人次。办理 5 家企业 10 批次邀请外国客商入境手续；办理 3 张亚太经合组织商务旅行卡。至 2011 年，全区共办理因公出国(境)手续 254 批 673 人次，为 59 家企业办理邀请 85 人次外商入境手续，办理亚太经合组织商务旅行卡 8 张。

1989～2011 年，共制止不合理公费出访 25 批 52 人次，为国家和集体节省费用 200 多万元。

第二节　侨胞和港澳台同胞事务

一、侨胞和港澳台同胞情况

1989 年，在国(境)外郊区籍华侨、外籍华人、香港同胞共有 236 户 550 人，主要分布在 12 个国家和地区，其中美国 34 户 90 人、巴西 8 户 17 人、日本 23 户 53 人、加拿大 4 户 5 人、马来西亚 2 户 3 人、法国 7 户 18 人、新加坡 3 户 7 人、德国 10 户 20 人、澳大利亚 1 户 2 人、印度尼西亚 1 户 4 人、中国香港 140 户 328 人、其他 3 户 3 人。全区有归侨、侨眷、港胞眷属共 217 户 883 人，其中归侨 3 户 13 人、侨眷 86 户 360 人、港胞眷属 128 户 510 人。分布情况是：城北乡 68 户 258 人、城东乡 36 户 155 人、双桥乡 35 户 147 人、西湖乡 17 户 87 人、汤汪乡 14 户 51 人、平山乡 13 户 41 人、湾头镇 28 户 118 人、区直单位 6 户 26 人。

2002 年，市区区划调整，区侨胞和港澳台同胞分布、人员结构发生较大变化。2006 年区第三次归侨侨眷代表大会召开前调查结果显示，全区有归侨、侨眷、港胞眷属共 916 户 3716 人，其中归侨 2 人、侨眷 3714 人。分布情况是：城北乡 218 户 882 人，平山乡 106 户 426 人，西湖镇 127 户 508 人，双桥街道 205 户 840 人，梅岭街道 104 户 426 人，平山茶场、驻区单位、区直单位 156 户 634 人。至 2011 年，区侨胞和港澳台同胞分布与人员结构变化不大。

二、接受捐赠

1989 年，区政府召开归侨、侨眷、港澳同胞眷属座谈会，动员侨眷、港属向境外亲友写信宣传祖国、家乡发展情况及中共十一届三中全会以来的政策和形势。1995 年，区侨办陪同旅日侨胞梁全才和旅美侨胞李素清参观区人民医院和部分乡镇企业，聘请梁全才、李素清担任区人民医院名誉院长。李素清向区人民医院捐赠医疗器械 1 台。1996 年，李素清向区人民医院捐赠价值 15 万元的胃镜设备 1 台。西湖镇港胞程余斋向西湖镇乐凯中学捐助 10 万元，区政府拿出配套资金 40 万元，为学校兴建 400 米标准跑道的运动场。旅居巴西侨胞徐天清和徐天池捐助 17 万元为湾头镇田庄村修建两条水泥路。1997 年 3 月，李素清向区人民医院捐赠 4400 元人民币和 500 元美金。8 月，李长科、李素清夫妇捐赠 13.5 万元，为区人民医院添置 1 辆救护车。10 月，程余斋回扬州设立奖学金期间，应邀参加西湖镇乐凯中学活动，程余斋为学校捐赠 30 万元。1999 年，区外侨办为港胞程余斋撰写个人传记《世纪航程》，香港特别行政区长官董建华题写书名。同年，港胞辛德俊捐款 40 多万元赞助西湖中心小学建教学楼。1989～2011 年，向家乡捐款捐物的侨胞、港胞有 30 多人，折合人民币 300 多万元。

三、服务侨属和港澳台同胞

1989～2011 年，元旦、春节期间，区政府每年到村、组、户，慰问年老体弱多病的归侨、侨眷、港属，给困难户发放生活补助，倾听意见和要求，为他们办实事、解难题。对涉及入学、就业、计划生育、建房拆迁等事项，区外侨办协调相关部门尽可能给予照顾和解决。1989 年，安排侨眷周某某到侨兴线带厂工作。港胞居兆元回乡探亲，区侨办主动联系，及时妥善解决家庭建房问题。1990 年 8 月，美籍华人袁振恢夫妇回国探亲，不慎跌伤，区侨办及时安排医护和救治。1992～1993 年，做好程余斋、辛德俊两名港胞祖坟确认、迁移工作，帮助其他两户华侨办理祖坟迁移。1992 年，给区内侨属下发 2360 元救灾款物和 30 条棉被毛毯。1993 年 6 月，应日本东京华侨总会信函要求，帮助旅日侨胞周某某寻找亲属，解决遗产继承人问题。2008 年 5 月，在竹西公园举行侨台眷属"载歌载舞挥毫泼墨迎奥运"活动，当地知名画家即兴挥毫向侨台胞赠送字画，并组织侨台胞眷属参观部分侨台资企业。2009 年，为迎接扬州世界运河名城博览会，武塘社区侨台联谊会组织 20 多名侨台眷属游览古运河，侨台眷属们以"星期六义工"形式，参加保护古运河环境劳动。

四、侨法宣传

2005 年 6 月，在双桥街道武塘社区开展"涉侨涉台教育进社区"活动。2007 年，向外发送宣传材料

图 16-5-2 2007 年 8 月，维扬区举办侨法知识大奖赛

500 多份，确定 8 月为全区侨法宣传月。开展侨法知识有奖竞答和侨法知识大赛活动，区直机关和各乡镇 19 支代表队参赛。组队参加"莱克曼杯"市侨法知识大赛，获一等奖。编发《外侨台情参考》5 期，撰写侨台情况调研文章 3 篇，先后在省、市、区报纸杂志、网站发表侨法信息稿件 46 篇。2009 年，双桥、武塘社区获国务院"侨法宣传角"授牌。8 月，双桥街道代表扬州市在省(苏北片)"侨法宣传角"推进会上就多项社区侨务特色工作作交流发言。2010 年，双桥街道武塘社区被表彰为全省侨务系统"五五普法"示范单位。

五、信访接待服务

1992 年，区侨办接待华侨、港胞 15 人次，核实补充完善侨情 32 户。接待来信来访 9 人次，做到随时登记，及时办理，结案率 100%。1994 年，受理来信来访 8 件，为归侨、华侨、侨眷子女办理就学手续两件。2003 年，受理来访 37 批，外商投诉、求助 3 件。2004 年，接待或参与接待境外华侨华人 16 批 81 人次，受理来信来访 23 批 59 人次，办结率 95%以上。2005 年，接待或参与接待境外华侨华人 18 批 300 多人次。受理涉外、涉侨、涉台港澳来信来访 15 批 24 人次，办结率 95%以上。2006 年，接待或协调处理 5 件涉外涉侨来信来访，接待答复 3 次侨眷政策咨询。2007 年，接待国(境)外华人、华侨客商、社团组织和商会 15 批 150 多人次，协调处理 18 件外侨台信访。协调解决两家港澳台资企业与附近村民矛盾纠纷。2008 年，接待外侨台信访 8 件 15 人次，协调解决 4 件涉侨和两件涉台拆迁信访案件，办结率 100%。2009 年，接待外商、侨胞 60 多人次，受理来信来访 8 批 10 人次，办理归侨侨眷身份认定 6 人次，办结率均为 100%。2010 年，受理来信来访 9 批 13 人次，协调扬平园艺有限公司、久毅五金有限公司等台资企业拆迁矛盾 3 件，处理涉案台资企业纠纷 1 件，处理港胞吴某某违规建房与村委会矛盾 1 件，协调华侨陈某某等侨房拆迁矛盾两件、台商杨某某投诉 1 件，办理归侨侨眷身份认定 1 人。2011 年，协调处理涉侨涉台矛盾和事件 5 件、华侨侨眷身份确认 3 件、华侨子女升学确认两件。

六、招商服务

1994 年，向东南亚、西欧等国家和地区宣传区内投资环境，推荐 10 个经济合作项目，整理发放市外贸加工第一镇——西湖镇宣传资料，向在外侨胞发信件贺卡 500 多份。创办侨资企业扬州侨宏皮鞋厂。1995 年 5 月，协助西湖镇与省侨联达成特种淡水水产养殖项目。1996 年，建立招商项目和侨港资企业资料库，促成组建扬州新谊特种水产养殖有限公司。2001 年，世界华商大会后，接待澳洲代表团到扬州回访，发放招商资料，介绍对接项目。接待日本华商会会员 20 多人，推荐项目 15 个。2002 年，先后向 10 多个国家和地区客商寄发招商引资材料 600 多份、联络信函 70 多封。联络美籍华人陆某某投资 305 万美元兴建远东家私制造有限公司。2003 年，接待境内外华人 26 人次，举行全区重点归侨、侨眷新春茶话会，参观江阳工业园；举行留扬过春节的侨商及眷属新春团拜活动；组织侨眷参加沿江开发主题讲座和外出参观活动；走访慰问 80 多户重点归侨、侨胞和侨眷。2006 年 12 月，邀请东南亚华侨、马来西亚裕华资源有限公司董事会主席、香港晋立国际有限公司总经理陈柏生到维扬区考察。陈柏生受聘为区政府经济顾问，这是维扬区聘请的首位海外经济顾问。2007 年，在深圳招商会上，区外侨台办与韩国客商崔炯载签订注册资本 500 万美元、总投资 800 万美元项目投资合同。2008 年，"烟花三月"国际经贸旅游节期间，接待马来西亚、印尼、新加坡、韩国、挪威等国家和地区客商 9 批 46 人次，就物流、太阳能光伏产业、地产、纺织制衣等项目达成部分合作意向。引荐马来西亚吉申集团总投资 2500 万美元汽车零部件项目。2009 年，牵头组织区赴台经贸考察与招商活动，与台湾兆远科技签订 3000 万美元蓝宝石衬底材料意向协议，与顶津集团达成增资协议，促成总投资1.2亿美元二期开工项目。牵头区经贸团组出访东南亚，拜访马来西亚吉申集团、森德集团、常青集团和新加坡瑞银集团等知名企业。2010年4月，开展“2010年海内外华商维扬行”活动，与香港南安公会、上海市华商会、浙江省侨商会分别签订合作协议书。2011年，组织制订全区招商引资活动计划，编制招商手册《中国维扬》和《维扬区域地图》。举办“2011海外华人华侨高层次人才维扬行”活动，美国、加拿大、法国等8名海外高端人才带有10多个高新技术项目与会。牵头举办2011’维扬区金秋（上海）投资推介会，120多名中外客商应邀参会。

第三节 涉台事务

一、台胞台属

1989年后，随着两岸经贸合作的发展，台资企业不断增加，台胞数量相应增加，台属数量略有减少。2002年，台胞主要分布在西湖、双桥、维扬经济开发区等台资企业，台属主要分布在城北。两岸直航开通后，台胞台属往来日益密切。至2011年，全区有台属30多户，主要分布在双桥、梅岭、城北、平山、西湖等乡镇、街道，其中以双桥居多。全区在台人员30多人，分布在台湾省各地，以台北居多。在台人员中，政治上有影响、社会上有地位、学术上有造诣、经济上有实力的“四有”人员有1人，台胞、台属通信、通汇率50%以上，回乡探亲的台胞30多人次。

二、涉台宣传

1989年后，区相关部门每年在清明、中秋、春节等传统节日召开台属、台胞座谈会、茶话会和组织参观活动，宣传“和平统一，一国两制”大政方针和家乡建设成就。每年举办有干部群众、涉台人员、民主党派人士参加的各种培训班、报告会2～3次，向参训参会人员宣传党的对台方针政策，介绍台海局势和两岸关系，让全区各界人士及时掌握和了解涉台方面重大事件及动态。区外侨台办利用春节向台胞、台属寄发宣传贺卡和信函2000多份，利用报纸、杂志、电台、电视台做好对台宣传。2004年5月，区外侨台办与双桥街道共同组织对台工作进社区活动，在武塘社区成立扬州市首家社区侨台联谊会。同年，创办《外侨台情参考》，至2011年，共编发31期。

三、涉台经济事务

2001年后，全区共接待或参与接待台商109批1200多人次，先后向台商发放招商引资宣传材料2000多份，联络信函和贺卡900多封。2002～2011年，随着两岸往来开放度提高，区自组赴台招商引资团组9批65人次，团组在台期间，举行多次招商活动，考察参观知名台资企业，拜访台湾行业组织，与300多位台湾工商界人士广泛接触，并就电子、汽配、纺织、建筑机械、渔具配套产品等项目达成投资意向。

图16-5-3 2006年12月28日，区委领导陪同台湾友好交流团参观西湖镇金槐村

四、涉台服务

自1991年第一家台资企业——久扬渔具有限公司落户郊区后，台资企业在2000年前后得到较大发展。2002年，结合市区区划调整，调查全区台胞投资企业、台商、台资企业中台籍职工、台籍家属及子女情况。2008年，区召开台资企业负责人座谈会，就妥善解决劳资关系开展专题调研。2010年上半年，走访5家重点台资企业（久毅五金机械有限公司、久扬渔具有限公司、久美渔具有限公司、久顺运动器材有限公司、久坤压铸有限公司），拜访近50名台商，为台资企业和台商解决问题。

至2011年，全区共受理台商求助或投诉105批次。先后为扬州扬平园艺有限公司台商妥善解决子女入学、企业电路改造以及与周围村民纠纷等问题，帮助扬州嘉庆针织有限公司解决生产生活用水困难，妥善处理扬州宗辉纺织有限公司用电投诉，协助久扬渔具有限公司解决职工发生交通意外后家属堵门事件等。

第六章　机关事务管理

1989年，区机关事务管理工作由区政府办公室行政科负责。2002年5月，成立区机关事务管理局。2010年12月，区机关事务管理局由区政府直属事业机构调整为区政府工作部门，正科级建制，核定行政编制4人，内设办公室、财务管理科、安全保卫科、基建房产科4个科(室)。

第一节　机关管理

一、车辆管理

1989年，区领导机关有6辆公务用车，领导公务用车按先急后缓实行签单派车制度。区机关部门公务用车4辆，无车部门因公确需用车，可预先与区政府办联系安排。2005年，区领导机关用车增加到45辆，区级机关部门79辆。至2011年7月，全区一般公务用车增加到133辆，执勤执法用车52辆。为加强车辆管理，区机关事务管理局成立车队，集中管理区领导和“两办”(区委办、政府办)用车，制定定点加油、定点维修、车辆派遣、防止公车私用乱用等规定。同时，要求区机关部门车辆管理参照执行。加强对全体驾驶人员交通安全法规条例和车辆维护保养知识培训，对违规、违章驾驶人员除批评教育，并予以一定经济处罚，情节严重的调离岗位，直至辞退。1989～2011年，公务用车服务未发生一起车辆事故。

二、房产管理

1989年，区机关办公用房共1.7万平方米。2001年，区政府将坐落在蜀冈南麓、瘦西湖北界，原扬州乐凯玩具有限公司2.5万平方米厂房改造扩建，作为区行政中心。至2005年，全区办公用房面积4.2万平方米。1989年，区级机关工作人员共有住房面积1.1万平方米，至1998年增加到3.69万平方米。1998年，区政府决定从1999年始，取消福利分房，将原福利住房分期分批让售给区机关干部。是年，让售住房面积1.35万平方米。2001年，让售住房面积2.15万平方米。2005年，让售住房面积1061.91平方米。1999～2005年，区级机关共让售福利住房面积7.32万平方米，因各种因素未能让售的福利住房面积924平方米。

三、节能管理

2001年，区机关事务管理局先后开展能耗计量调研、能耗统计范围界定与培训工作，60多家公共机构建立“统一归口管理、统一能耗报表、统一统计口径、统一报表报送”的节能统计与管理体制，建立健全节水节电巡查制度，加强用水用电设备日常维护管理，加大节能改造力度，推广使用节能水龙头、灯具等。

第二节　机关服务

一、会务服务

2002～2011年，完成一年一度区人大历次会议、区政协历次全会、“烟花三月”经贸旅游节等重要会议和重大活动服务保障工作，接待各类党政代表团90多批次。

二、膳食服务

机关食堂膳食服务一直由区政府办负责，沿袭传统的饭菜票制，由于食堂工作人员有固定工资，食堂办得好坏，与个人利益不挂钩，故饭菜品种单一，就餐人员越来越少，浪费越来越大，常年处于亏损状态。2003 年上半年，通过招标，机关食堂实行社会化管理，食堂由个人承包，就餐环境得到改善，菜肴品种有所增加，服务质量不断提高，每天至少有 8 荤、8 炒、5 素供选择。

三、后勤服务

1989 年后，区级机关卫生保洁工作一直由区政府办负责雇人打扫，每逢重大节日发动机关干部打扫卫生。2002 年，区新行政中心落成，机关大院面积 4.34 公顷，比原办公区域增长近 3.5 倍，办公用房增长 1.5 倍，办公区大门前兴建占地 3.34 公顷公园广场。办公区内外，绿树成荫、花草丛簇。2003 上半年，区领导班子及部门搬进新办公地点。区政府决定，区行政中心环卫保洁实行社会化管理，机关大院得到绿化美化。2004～2011 年，机关大院步入常规管理。

第三节　机关保障

一、网络建设

2002 年 9 月，区政府与市电信局商谈区行政中心宽带网建设及办公自动化系统工程，确定区政府提供配套建设费 25 万元，市电信公司提供 200 万元。至 2003 年初，宽带网络全部到位，并建立宽带网络中心（即机房），安装电脑 145 台套，至 2005 年达 400 台套。2004 年 4 月，由区政府办牵头，会同区机关事务管理局、区纪委、区监察局，就区行政中心网络维护招标，根据综合素质测评，扬州永信计算机有限公司中标。该公司安排专业技术人员常驻机关网络中心，维护网络系统（含设备）。2004 年 5 月，注册“中国维扬”网络域名。网站主要板块有：领导分工、政务要闻、发展规划、维扬大事记、政府信息、人事任免、政府职能部门职能和具体事务办事流程等栏目。2005～2011 年，网站内容由专人负责每日更新，对网站上群众反映的问题收集整理归类，及时向政府反馈，并联系相关部门办理答复。

二、平安建设

2003 年始，区行政中心聘用保安，负责门卫和院内巡逻。2004 年，区机关大院新建 16 个视频探头，实行昼夜监控。2005 年，与区公安分局协调，设立区机关民警办公室。

第十七编

地方人民政协

1987～2011年，维扬区(郊区)政协历经6届。其中，1987年4月至1992年3月历经第一届、第二届，每届任期3年。1993～2011年历经第三届、第四届、第五届、第六届，每届任期5年。

1989～2011年，区政协认真履行职能，对全区经济社会发展中重要问题和群众普遍关注的热点问题，开展多层次、多形式的视察调研活动，围绕区委、区政府重点工作和全区大政方针制定与实施实行协商监督。22年中，办理提案1675件，组织视察调研238次，撰写调研报告189篇，内容涉及政治、经济、文化和社会各个方面，为区委、区政府提供大量信息和有价值的意见、建议。

第一章　政协委员

第一节　委员产生

维扬区(郊区)政协每届委员产生，均按照《中国人民政治协商会议章程》规定，由上一届区政协委员会常务委员会会议协商决定下一届政协的参加单位、委员名额和人选及界别设置。委员任期与委员会任期一致。每届任期内，有必要增加或者变更参加单位、委员名额和决定人选时，经本届委员会主席会议审议同意后，由常务委员会协商决定。

第二节　委员构成

区政协委员会由中国共产党、民主党派、无党派民主人士、人民团体和社会各界代表以及特邀人士组成。区政协界别设置依据当时经济社会发展和形势的需要，适时调整。第一届委员会委员由各方面代表组成区政协筹备组协商产生。从第二届委员会起，每届委员均由区政协常务委员会协商产生，并根据工作需要和委员工作、职务变动情况予以调整增补。

第一届委员会　委员80人，其中常委18人。按界别分，中共界12人、群众团体8人、工商界11人、农水界8人、文化体育界10人、教育界8人、医卫界7人、科技(协)界6人、港澳台胞眷属界6人和特邀4人。中共党员占委员总数40.5%。委员中具有中专以上学历41人。委员平均年龄47.2岁。

第二届委员会　委员80人，其中常委12人。按界别分，中共界12人、群众团体8人、科技(协)界12人、医药卫生界8人、文教体育界11人、农林界8人、民族宗教界4人、工商联无党派人士13人和特邀4人。中共党员占委员总数41.5%。委员中具有中专以上学历43人。委员平均年龄46.3岁。

第三届委员会　委员88人，其中常委15人。按界别分，中共界12人、群众团体16人、教育界9人、医药卫生界8人、农林界9人、侨联台联5人、科技(协)界9人、经济界12人和特邀8人。中共党员占委员总数40.3%。委员中具有中专以上学历45人。委员平均年龄45.2岁。

第四届委员会　委员115人，其中常委17人。按界别分，中共界13人、工青妇界12人、工商联界6人、农林界10人、文化教育界11人、医药卫生界10人、科技(协)界11人、经济界17人、侨联台联界7人和特邀18人。中共党员占委员总数41.5%。委员中具有大专以上学历87人。委员平均年龄44.7岁。

第五届委员会　委员151人，其中常委21人。按界别分，中共界16人、工商联界12人、无党派人士界8人、工青妇界12人、科技(协)界11人、文化教育体育界14人、医药卫生界10人、社会福利和社会保障界12人、经济界19人、农业和农村界9人、侨联台联界7人、特邀21人。中共党员占委员总数40.5%。委员中具有大专以上学历117人。委员平均年龄43.2岁。

第六届委员会　委员 153 人，其中常委 27 人。按界别分，中共界 16 人、工商联界 13 人、无党派人士界 8 人、工青妇界 13 人、科技(协)界 12 人、文化教育体育界 13 人、医药卫生界 10 人、社会福利和社会保障界 12 人、经济界 19 人、农业和农村界 9 人、侨联台联界 7 人和特邀 21 人。中共党员占委员总数 41.8%。委员中具有大专以上学历 135 人。委员平均年龄 42.6 岁。

1987～1990 年政协扬州市郊区第一届委员会委员一览表

表 17-1-1　　　　单位：人

界别	姓　　名	人数
中共	李宗林　陈　宁　沈猷清　俞广涛　赵德凤(女)　徐文开　薛　巍　倪世琪　程克安　韦来礼　陈　勇　陈志祥	12
群众团体	阚肖虹　梅翠珍(女)　王德才　刘　飙　李红年　倪尚文　杭礼珊　章心志	8
工商	刘忠恒　刘贤龙　李松年　陆明发　夏洪林　徐文栋　杭正国　陈兴华　吴其龙　周立信　谈广琪	11
农水	朱万余　孙　明　吴忠元　吴广余　赵增祥　徐桂昌　许万潮　袁玉红(女)	8
文化体育	张文豹　张宝贵　沈威峰　陆恒庆　周宝彪　赵文坤　郭惟庆　蒋慧芳(女)　杨　军　冯庆基	10
教育	杨以九　钟志祥　曹康成　韩季良　腾惟洪　魏益宏　石桂秋　唐城寿	8
医卫	束长青　江金鸾(女)　李惠芳(女)　李学海　高井春　钟明然　戴正福	7
科技(协)	王春森　王福堂　吴宏顺　张元喜　姚秉锟　彭式勤	6
港澳台胞眷属	毛四祺　田启国　孙中凯　陆玉安　高义凤(女)　谈兆铭	6
特　邀	孙心元(女)　李梓钧(女)　张静惠(女)　杨德福	4

1990～1993 年政协扬州市郊区第二届委员会委员一览表

表 17-1-2　　　　单位：人

界别	姓　　名	人数
中共	俞广涛　程克安　何承谟　陈　宁　倪世琪　徐文栋　阚肖虹　刘　飙　许万潮　黄裕荣　刘贤龙　邢锦文	12
群众团体	梅翠珍(女)　金秋芬(女)　夏洪林　蒋慧芳(女)　吴惠军　马桂琴(女)　朱正江　朱顺林	8
科技(协)	祝根年　张存林　吕忠元　郭祥明　殷宏才　陈　敏(女)　吴裕民　陈志祥　李梓钧(女)　王富元　腾惟洪　姜文新	12
医药卫生	吴文松　钟明然　王兆连　陈金娟(女)　马丰江　高义凤(女)　束长青　杨冬梅(女)	8
文教体育	李虎根　马庚鑫　杨　军　陈兴华　李树源　杨威虎　褚朝树　王玉清　毛成林　石桂秋　张乃华	11
农林	赵玉坤　于美珍(女)　赵玉明　吴学余　谈广琪　郭惟庆　李永涛　王为松	8
民族宗教	韦根永　任开志　吴其龙　谈兆铭	4
工商联 无党派人士	金玉锁　韩季良　吉桂敏(女)　蒋国彩　李松年　周奎强　孙明楷　杨世永　郭　斌　严功林　章心志　徐文开　徐桂昌	13
特　邀	唐承寿　刘忠衡　韦来里　孙中凯	4

1993～1998年政协扬州市郊区第三届委员会委员一览表

表17-1-3　　　　单位：人

界别	姓名	人数
中共	马文跃 田同信 任开志 汤玉林 刘秀华(女) 刘明祥 刘爱国 吕位忠 陈宁 张家仁 殷建亚 钱存昱	12
群众团体	朱正江 刘庆和 刘忠明 李永涛 梅翠珍(女) 马桂琴(女) 曹祥喜 朱劲 张存林 陈国庆 周霞(女) 朱一满 陈敏(女) 李桂芬(女) 郭玉香(女) 秦凤华(女)	16
教育	尹学法 石桂秋 李树源 陈彭庚 张乃华 杨威虎 赵文坤 高志祥 韩虹(女)	9
医药卫生	马丰江 孙玉振 束长青 杨冬梅(女) 郑陆骅 钟明然 管保华 戴正福	8
农林	王为松 吕忠元 许瑾瑜 朱永华 李兆喜 吴桂元 党琦 秦盛兴 蒋国彩	9
侨联台联界	孙中凯 吴广富 李梓钧 杨世勇 陈金娟(女)	5
科技(协)	刘春新 华增吉 朱汝洲 陈让松 陈志祥 帖德顺 赵玉明 郭斌 薛林宝	9
经济	王有坤 印玉明 许国安 刘开林 吴裕民 姚亦伟 徐有清 徐桂昌 曹正林 谢乃安 薛巍 戴骏	12
特邀	丁志强 马庾鑫 冯稳定 江正宏 杨军 张啸华 谈美玲(女) 薛文跃(女)	8

1998～2003年政协扬州市郊区第四届委员会委员一览表

表17-1-4　　　　单位：人

界别	姓名	人数
中共	韦新民 邓耀庆 朱泽余 刘秀华(女) 刘明祥 汤玉林 沈家琪 陈勇 钱玉才 钱存昱 黄建军 曹志福 詹风宝	13
工商联	张日成 帖德顺 俞广宽 徐有清 盛大放 董新民	6
工青妇	丁昌金 马九圣 尤学庆 叶健 孔维霞(女) 庄绪梅(女) 李翠香(女) 吴福荣 陈宝芬(女) 郭文静(女) 鲁秀琳(女) 雍宇山	12
科技(协)	王永安 王昌伟 朱汝洲 汤卫华 杜道尧 杨刚 李永涛 李立新 杭素莲(女) 周武忠 曹秋月	11
文化教育	王小盾 朱银华 刘广圣 杨春明 杨威虎 张乃华 陆铁石 胡新文 徐育(女) 徐桂堂 韩虹(女)	11
医药卫生	王心和 刘国平 孙玉振 孙亚斌 杨冬梅(女) 肖秀茹(女) 吴美英(女) 郑陆骅(女) 殷蓓菁(女) 管保华	10
经济	牛德清 孔旭东 叶尚鼎 印玉明 冯远松 朱宝贵 刘培森 许方祥 许长清 杨如玉 杨建民 汪明 杭春福 徐正彬 葛新华(女) 谢乃安 戴骏	17
农林	王福源 刘正华 严功林 陆江平 郑玉权 祝志裕 党琦 葛祥华 董长生 窦少春	10
侨联台联	毛法元 毛四祺 陈金娟(女) 袁振山 徐兴宝 唐荷云(女) 褚顺林	7
特邀	马庾鑫 马桂琴(女) 王仁夏 王有培 吕德发 朱士标 杨明祥 杨翠香(女) 吴敬东 陈德宏 赵桂龙 俞怀根 莫维萍(女) 徐安朝 郭艳(女) 梁辉 韩寿高 戴新征	18

2003～2007年政协扬州市维扬区第五届委员会委员一览表

表17-1-5　　单位:人

界别	姓名	人数
中共	吴红(女) 陈勇 沈家琪 周平 杨厚国 高正明 陈宝川 杜国法 陈群 张明 王亚军 汤建军 陈飞 周晓春 童进 李顺江	16
工商联	林蔚 陈文田 方晓伟 朱林龙 吴华珍(女) 高福昌 俞卫兵 仇文峰 赵桂龙 蒋霞萍(女) 王惠全 吴金庚	12
无党派人士	陆铁石 党琦 尤广秀(女) 王一舒 曹晓梅(女) 董明荣 能修 大初	8
工青妇	周霞(女) 翁宁林(女) 孔敏(女) 江建虎 黄华明 黄东源 华烨(女) 吴静(女) 聂世蓉(女) 朱宁(女) 江以华(女) 徐文健	12
科技(协)	曹秋月(女) 王蓉(女) 栾益民 栾筱云(女) 徐健 唐春芳(女) 周长安 蒋海洋 胡新林 胡唐伯 徐永红(女)	11
文化教育体育	韦新民 杜道尧 石勇 何晓存 杨威虎 马建鹰 朱范德 卢开信 封进 丁昌龙 杨桂珠(女) 张晓(女) 李树源 程晓云(女)	14
医药卫生	朱士标 陆美华(女) 杨志军 于钰(女) 范爱华(女) 张书良 徐莉(女) 蒋红心 庄朝荣 赵耘(女)	10
社会福利和社会保障	谈秋松 顾新明 翟翌 俞怀根 陆志坚 方强 刘国平 汪建(女) 夏春芳(女) 汪红莲(女) 窦建平 赵华珠(女)	12
经济	郭朗明 张平 吴明菊(女) 雍宇山 高志娟(女) 詹凤宝 毛一波 王国华 季身奎 陆军 潘长海 殷志新 冯贵祥 高翔 吴福文 张日成 徐有斌 汤玉凉 周炜	19
农林和农村	吴耀庭 薛文跃(女) 陶玉龙 薛林宝 王林锁 时文付 贾文炳 孙菊香(女) 戴晓云(女)	9
侨联台联	罗葆春 唐荷云(女) 杨兆祥 刘广圣 杨翠香(女) 徐利 朱彬	7
特邀	夏秀琳(女) 沈亚(女) 何向阳 尹宏宝 刘学根 戴占国 蒋仲林 阮大荣 赵鑫 张久强 宗文 古刚 张马林 华莲(女) 徐永红(女) 缪恒良 吴其忠 严加尚 祝志裕 任晓峰 郑玉权	21

2007～2011年政协扬州市维扬区第六届委员会委员一览表

表17-1-6　　单位:人

界别	姓名	人数
中共	王兵 王国兴 尹宏宝 冯在根 刘学根 朱燕(女) 吴美珍(女) 周平 季军 宗文 郑庆武 姚家驹 赵培亮 高平 高惠安 翟祥坤	16
工商联	孙岩 孙雷霆 巩小康 吴华珍(女) 吴宝庚 李冀扬 赵有善 徐有斌 徐国安 郭朗明 高福昌 曹岚 薛斌	13
无党派人士	苏扬(女) 邵宏生 陈茜(女) 赵连高 唐绍金 曹晓梅(女) 董明荣 裴建文	8

续表 17-1-6

界别	姓　　名	人数
工青妇	韦　峰　吴明菊(女)　李亚曦　汪　健(女)　周　霞(女)　周建华(女)　季春霞(女) 罗德双(女)　徐文健　涂桂龙(女)　黄　满(女)　翟凤华(女)　戴　军(女)	13
科技(协)	王瑞兵　刘贵友　朱范德　吴国庆　李锡民　唐红军　夏友明 袁长胜　曹秋月(女)　程　毅　蒋海洋　潘长海	12
文化教育体育	王广安　刘广圣　刘德香(女)　江以华　张　晓(女)　李广京　杨威虎 杨桂珠(女)　陆铁石　俞　波　奚社艳(女)　彭勇贵　程　坚	13
医药卫生	仲桂林　庄朝荣　许存林　许秀璟(女)　周晓霞(女)　范爱华(女)　柏志强 赵顺祥　徐慧霞(女)　蒋红心	10
社会福利和社会保障	王长海　尤　伟　朱正兴　汤义如　余正年　苏锡荣　陆志坚 郭才顺　葛晓泉(女)　韩学军　窦建平　潘　平	12
经　济	于云程　王葆红(女)　尤广秀(女)　吕汝林(女)　何晓华　张　平　张　健 张寿祥　李广龙　杨建民　俞怀根　姚庆伟　施祥正　徐爱华(女) 焦玉龙　董祥龙　谢斯文　詹凤宝　潘永新	19
农业和农村	刘　俊　时文付　李瑞英(女)　杨宝根　陈大春　陈德华　徐　勇 徐卯林　薛林宝	9
侨联台联	王国华　古　刚　李树源　周　炜　周明祥　唐元生　唐荷云(女)	7
特　邀	孔桂林　孔繁君　孙　军　朱义东　李新武　陆少平　陈义田 周长安　杭正祥　赵　斌　杜国法　能　修　高德红(女)　崔庭松 黄建灿　董学芳　蒋建军　韩才华　廖　勇　演　文(女)　戴占国	21

1983～2011 年驻维扬区(郊区)市政协委员一览表

表 17-1-7　　　　单位:人

届　次	姓　　名	人数
第一届 (1983～1987)	俞广涛　周素珍(女)　周道玲(女)　周庆宇　宗大鹏　何本南(女)	6
第二届 (1988～1992)	俞广涛　党　琦　严信泰　薛　巍　戴正福　周素珍(女)	6
第三届 (1993～1997)	刘秀华(女)　李惠时(女)　陆铁石　张红霞(女)　严信泰　任开志	6
第四届 (1998～2002)	钱存昱　梅翠珍(女)　陆铁石　郭　斌　石　勇　张　钰(女)　尹广卿 沈伯平　戴庆群　颜宁生(女)	10
第五届 (2003～2007)	吴　红(女)　陈　勇　陆铁石　梁　辉　李德良　彭勇贵　沈伯平 李广京　李宗林　徐有斌	10
第六届 (2008～2011)	张　建　刘学根　王亚军　尤广秀(女)　李德良　沈伯平　梁　勤 梁　辉　彭勇贵　邵祖全	10

第二章　政协委员会全体会议

1989～2011年，区政协每年举行委员会全体会议，驻区省、市政协委员列席会议，区委、区人大、区政府领导和历届区政协领导应邀参加会议，区各民主党派负责人、政协联谊会全体会员、工商联负责人应邀列席会议。与会委员列席同期区人代会。其间，区政协常委会换届选举5次。

第一节　第一届委员会全体会议

第三次全体会议　1989年3月27～29日在扬州召开。会议听取并审议通过区政协主席俞广涛所作常委会工作报告和秘书长倪世琪所作提案工作情况报告，通过薛巍代表提案审查委员会所作提案审查报告。与会委员列席区二届人大四次会议，听取并讨论区长朱福生所作政府工作报告(草案)。

第二节　第二届委员会全体会议

第一次全体会议　1990年4月2～5日在扬州召开。会议听取并审议通过区政协主席俞广涛所作区政协第一届常委会工作报告和秘书长倪世琪所作提案工作情况报告。与会委员列席区三届人大一次会议，听取并讨论区长朱福生所作政府工作报告。会议期间，学习《中共中央关于坚持和完善中国共产党领导的多党合作和政治协商制度的意见》和《中国人民政治协商会议章程》。部分委员与区委、区政府及有关部门负责人座谈。会议选举产生政协扬州市郊区第二届委员会常务委员会，常委12人。选举俞广涛为主席，何承谟、韩季良、蒋国彩为副主席，倪世琪为秘书长。市政协副主席黄扬、区委书记陈宝田到会讲话。

第二次全体会议　1991年3月25～28日在扬州召开。会议听取并审议通过区政协副主席何承谟所作常委会工作报告和秘书长倪世琪所作提案工作情况报告。与会委员列席区三届人大二次会议，听取并讨论区长朱福生所作政府工作报告、“八五”计划和其他有关报告。

第三次全体会议　1992年3月25～28日在扬州召开。会议听取并审议通过区政协副主席何承谟所作常委会工作报告和副秘书长陈宁所作提案工作情况报告。与会委员列席区三届人大三次会议，听取并讨论区长朱福生所作政府工作报告。同意倪世琪辞去秘书长职务，选举陈宁为区政协第二届委员会秘书长。

第三节　第三届委员会全体会议

第一次全体会议　1993年2月10～13日在扬州召开。会议听取并审议通过区政协副主席何承谟所作区政协第二届常委会工作报告和副秘书长田同信所作提案工作情况报告。与会委员列席区四届人大一次会议，听取和讨论区长许万和所作政府工作报告。会议选举产生政协扬州市郊区第三届委员会常务委员会，常委12人。选举钱存昱为主席(兼)，刘秀华、蒋国彩、戴正福为副主席，陈宁为秘书长。市政协主席符宗乾到会祝贺。

第二次全体会议　1994年3月22～25日在扬州召开。会议听取并审议通过区政协副主席刘秀华所作常委会工作报告和副秘书长田同信所作提案工作情况报告。与会委员列席区四届人大二次会议，听取和讨论区长许万和所作政府工作报告。5名委员作大会协商发言。会议表彰1993年度区政协先进委组6个和委员优秀提案10件。

第三次全体会议　1995年2月28日至3月3日在扬州召开。会议听取并审议通过区政协主席钱存昱所作常委会工作报告和副秘书长田同信所作提案工作情况报告。与会委员列席区四届人大三次会议，听取和讨论区长许万和所作政府工作报告。会议同意陈宁辞去区政协第三届委员会秘书长职务，补选陈勇为区政协第三届委员会秘书长。会议表彰1994年度区政协先进委组6个。

第四次全体会议　1996年3月5～8日在扬州召开。会议听取并审议通过区政协主席钱存昱所作常委会工作报告和副秘书长田同信所作提案工作情况报告。与会委员列席区三届人大四次会议，听取和讨论区长许万和所作政府工作报告。会议同意钟明然辞去常委职务，增选王小盾、陈勇为区政协第三届委员会副主席，王心和、刘培森、曹志福为常委。会议表彰1995年度政协先进委组、理论研讨获奖论文作者、文史工作先进集体和先进个人。

第五次全体会议　1997年3月3～6日在扬州召开。会议听取并审议通过区政协主席钱存昱所作常委会工作报告和副秘书长邓耀庆所作提案工作情况报告。与会委员列席区四届人大五次会议，听取和讨论区长许万和所作政府工作报告。会议组织大会协商发言。选举曹志福为区政协第三届委员会秘书长。会议表彰政协先进委(组)4个和委员优秀提案11件。

第四节　第四届委员会全体会议

第一次全体会议　1998年1月3～6日在扬州召开。会议听取并审议通过区政协主席钱存昱所作区政协第三届常委会工作报告和副秘书长邓耀庆所作提案工作情况报告。与会委员列席区五届人大一次会议，听取和讨论区长杨明荣所作政府工作报告。会议分组学习中共十五大报告和政协章程。会议选举产生区政协第四届委员会常务委员会，常委17人。选举钱存昱为主席，刘秀华、陈勇、王小盾、严功林、周武忠为副主席，曹志福为秘书长。会议表彰1997年度先进委(组)5个、委员先进个人9人和委员优秀提案8件。

第二次全体会议　1999年2月1～3日在扬州召开。会议听取并审议通过区政协主席钱存昱所作常委会工作报告和副秘书长邓耀庆所作提案工作报告。与会委员列席区五届人大二次会议，听取和讨论区长杨明荣所作政府工作报告。

第三次全体会议　2000年1月10～12日在扬州召开。会议听取并审议通过区政协主席钱存昱所作常委会工作报告和副秘书长邓耀庆所作提案工作报告。与会委员列席区五届人大三次会议，听取和讨论区长杨明荣所作政府工作报告。会议增选吴耀庭、王顺元为副主席。会议表彰先进集体、先进个人和优秀成果。

第四次全体会议　2001年1月12～14日在扬州召开。会议听取与审议通过区政协主席钱存昱所作常委会工作报告和提案委员会主任谈秋松所作提案工作情况报告。与会委员列席区五届人大四次会议，听取和讨论区长杨明荣所作的政府工作报告。会议选举吴红为区政协第四届委员会主席。

第五次全体会议　2002年1月10～12日在扬州召开。会议听取并审议通过区政协主席吴红所作常委会工作报告和提案委员会主任谈秋松所作提案工作情况报告。与会委员列席区五届人大五次会议，听取和讨论区长杨明荣所作政府工作报告。会议增选陆文瑞为副主席。会议表彰2001年度先进集体、先进个人及优秀成果。

第五节　第五届委员会全体会议

第一次全体会议　2003年1月4～7日在扬州召开。会议听取并审议通过区政协主席吴红所作区政协第四届常委会工作报告和副主席吴耀庭所作提案工作情况报告。与会委员列席区六届人大一次会议，听取和讨论区长刘在銮所作政府工作报告。会议选举产生区政协第五届委员会常务委员会，常委21人。选举吴红为主席，陈勇、吴耀庭、潘长海、吴明菊、党琦为副主席。

第二次全体会议　2004年1月2～5日在扬州召开。会议听取并审议通过区政协主席吴红所作常委会工作报告和副主席吴耀庭所作提案工作情况报告。与会委员列席区六届人大二次会议，听取和讨论区长刘在銮所作政府工作报告。

第三次全体会议　2005年1月6～8日在扬州召开。会议听取并审议通过区政协主席吴红所作常委会工作报告和副主席吴耀庭所作提案工作情况报告。与会委员列席区六届人大三次会议，听取和讨论区长刘在銮所作政府工作报告。会议增选刘学根为副主席。会议表彰2004年政协工作先进集体、先进个人和优秀成果。会议创新政治协商形式，按“物质文明”“政治文明”“精神文明”建设将委员分成3个组，与区委、区政府领导及有关部门负责人“面对面”座谈、协商。

第四次全体会议　2006年1月3～5日在扬州召开。会议听取并审议通过区政协主席吴红所作常委会工作报告和副主席吴耀庭所作提案工作情况的报告。与会委员列席区六届人大四次会议，听取和讨论区长刘在銮所作政府工作报告。会议表彰2005年度先进集体、先进个人和优秀成果。按“三个文明”建设，会议分成3个组与区委、区政府领导及有关部门负责人“面对面”座谈、协商。

第五次全体会议　2007年1月21～23日在扬州召开。会议听取并审议通过区政协主席吴红所作常委会工作报告和副主席吴耀庭所作提案工作情况报告。会议组织6名委员围绕区经济发展、品牌战略、社会和谐、土地利用等方面，作大会发言。与会委员列席区六届人大五次会议，听取并讨论区长顾敏所作政府工作报告。会议表彰2006年度先进集体、先进个人和优秀成果。

第六节　第六届委员会全体会议

第一次全体会议　2007年12月26～29日在扬州召开。会议听取并审议通过区政协党组书记尹宏宝所作区政协第五届常委会工作报告和副主席刘学根所作提案工作情况报告。与会委员列席区七届人大一次会议，听取并讨论区长顾敏所作政府工作报告。会议选举产生区政协第六届委员会常务委员会，常委24人。选举尹宏宝为主席，潘长海、吴明菊、刘学根、姚家驹为副主席。

图17-2-1　2007年12月26日，政协维扬区第六届委员会第一次会议在区会议中心召开

第二次全体会议　2009年1月5～7日在扬州召开。会议听取并审议通过区政协主席尹宏宝所作常委会工作报告和副主席姚家驹所作提案工作情况报告。与会委员列席区七届人大二次会议，听取和讨论区长杨蓉所作政府工作报告。组织6名委员围绕财政、土地、审计、社区建设等议题作大会发言。会议增选孙亚军、宗文为常委，选举宗文为区六届政协秘书长。会议表彰2008年度先进集体、先进个人和优秀成果。

第三次全体会议　2010年1月12～14日在扬州召开。会议听取并审议通过区政协主席尹宏宝所作常委会工作报告和副主席姚家驹所作提案工作情况报告。与会委员列席区七届人大三次会议，听取和讨论区长杨蓉所作政府工作报告。会议根据委员界别分成经济建设、政治建设、社会建设、文化教育4个组，与区领导和相关部门负责人对口协商。会间，组织委员参观视察维扬经济开发区。

第四次全体会议　2011年1月5～7日在扬州召开。会议听取并审议通过区政协主席尹宏宝所作常委会工作报告和副主席姚家驹所作提案工作情况报告。与会委员列席区七届人大三次会议，听取和讨论区长杨蓉所作政府工作报告。会间，组织参观视察。会议同意尹宏宝辞去区政协主席职务，选举张建为区政协主席，增选钱晓宝为副主席，包建平、周祥东、徐文为常委。

第三章　政协常委会组织机构

第一节　组成人员

区政协常设机构为常务委员会，由区政协全体委员会会议选举产生。常委会由主席、副主席、秘书长和常务委员组成，主席主持常务委员会工作。主席、副主席、秘书长组成主席会议，处理常务委员会日常工作。每次常委会会议前均由主席会议拟订建议议程，提请常委会全体会议通过。区政协常委会会议一般每季度举行一次。常委会会议围绕区委、区政府中心工作，就某一议题专门协商。

1987～1990年，区政协第一届委员会召开常委会会议14次。听取并协商部门工作9次。会议议题主要是科技工作、蔬菜生产、中小学教育质量提高、城市建设、卫生事业等方面。

1990～1993年，区政协第二届委员会召开常委会会议14次。听取并协商部门工作9次。会议议题主要是年度全区经济社会发展目标落实情况、全区国民经济和社会发展第八个五年计划、科技兴农、全区精神文明建设、廉政建设、乡镇文化中心建设、水利设施建设、外商投资企业发展等方面。

1993～1998年，区政协第三届委员会召开常委会会议26次。听取并协商部门工作16次。会议议题主要是发展外向型经济、“菜篮子”工程、科技兴区、工业企业管理、廉政建设、土地管理、文化市场建设、工业结构调整、全区第三产业发展情况、教育现代化及中小学布局调整等方面。

1998～2003年，区政协第四届委员会召开常委会会议27次。听取并协商部门工作16次。会议议题主要是经济结构调整、企业改制、环保工作、私营个体经济、村镇建设规划及实施、蜀冈唐城旅游资源开发、工业经济运行质态、理财工作、乡镇农业产业结构调整、第三产业发展情况、医疗事业改革和发展、私营企业职工养老保险、优化投资环境等方面。

2003～2007年，区政协第五届委员会召开常委会会议21次。听取并协商部门工作10次。会议议题主要是社区建设、招商引资、村级经济、加快推进城市化进程、基层组织能力建设、园区工业经济结构、环境保护、物流园区发展等方面。

2007～2011年，区政协第六届委员会召开常委会会议16次。听取并协商部门工作8次。会议议题主要是人口和计划生育工作、纪检监察工作、推进城乡居民医疗保险一体化、外经贸企业运营、养老服务事业、工业企业转型升级、公租房建设等方面。

1989～2011年，历届区政协委员会共举行118次常委会会议，协商讨论调研报告115份。

1989～2011年维扬区(郊区)政协主席、副主席一览表

表17-3-1

届　别	职　务	姓　名	任　职　时　间
第　一　届 (1987～1990)	主　席	俞广涛	1987.4～1990.4
	副主席	韩季良	1987.4～1990.4
第　二　届 (1990～1993)	主　席	俞广涛	1990.4～1993.2
	副主席	何承谟	1990.4～1993.2
		韩季良	1990.4～1993.2
		蒋国彩	1990.4～1993.2
第　三　届 (1993～1998)	主　席	钱存昱	1993.2～1998.1
	副主席	刘秀华(女)	1993.2～1998.1
		蒋国彩	1993.2～1998.1
		戴正福	1993.2～1998.1
		王小盾	1996.3～1998.1
		陈　勇	1996.3～1998.1
第　四　届 (1998～2003)	主　席	钱存昱	1998.1～2001.1
		吴　红(女)	2001.1～2003.10
	副主席	刘秀华(女)	1998.1～2002.1
		陈　勇	1998.1～2003.1
		王小盾	1998.1～2003.1
		严功林	1998.1～2003.1
		周武忠	1998.1～2002.1
		吴耀庭	2000.1～2003.1
		王顺元	2000.1～2003.1
		陆文瑞	2002.1～2003.1
第　五　届 (2003～2007)	主　席	吴　红(女)	2003.1～2007.12
	副主席	陈　勇	2003.1～2007.12
		吴耀庭	2003.1～2007.12
		潘长海	2003.1～2007.12
		吴明菊(女)	2003.1～2007.12
		党　琦	2003.1～2007.12
		刘学根	2005.1～2007.12
第　六　届 (2007～2011)	主　席	尹宏宝	2007.12～2011.1
		张　建	2011.1～2011.11
	副主席	潘长海	2007.12～2011.11
		吴明菊(女)	2007.12～2011.11
		刘学根	2007.12～2011.11
		姚家驹	2007.12～2011.11
		钱晓宝	2011.1～2011.11

1989～2011年维扬区(郊区)历届政协委员会常委一览表

表17-3-2

届　别	常　委　名　单
第　一　届 (1987～1990)	毛四祺　田启国　李梓钧　陈　宁　张静惠(女)　程克安　梅翠珍(女) 阚肖虹　薛　巍　戴正福　韦来里(1988.4增选)　王德才(1988.4增选) 刘　飙(1988.4增选)　许万潮(1988.4增选)　孙中凯(1988.4增选)　钟明然(1988.4增选) 徐文栋(1988.4增选)　章心志(1988.4增选)
第　二　届 (1990～1993)	孙中凯　李梓钧　任开志　刘　飙　许万潮　吉桂敏(女)　严功林 陈　宁　钟明然　郭　斌　赵玉明　梅翠珍(女)
第　三　届 (1993～1998)	王有坤　孙中凯　任开志　刘爱国　李梓钧　郭　斌　赵文坤 赵玉明　钟明然　党　琦　薛林宝　戴　骏　王心和(1996.3增选) 刘培森(1996.3增选)　曹志福(1996.3增选)
第　四　届 (1998～2003)	邓耀庆　刘培森　杜道尧　戴　骏　党　琦　俞广宽　帖德顺 曹秋月(女)　鲁秀琳(女)　汤卫华　杨明祥　梁　辉　褚顺林　王心和 胡新文　雍宇山　曹志福
第　五　届 (2003～2007)	王亚军　王国华　韦新民　古　刚　石　勇　朱士标　杜道尧 何晓华　张书良　汪红莲(女)　徐有斌　郭朗明　栾益民　谈秋松(女) 能　修　曹秋月(女)　曹晓梅(女)　蒋红心　鲁秀琳(女)　詹凤宝　雍宇山
第　六　届 (2007～2011)	王国华　王国兴　尤广秀(女)　古　刚　吴美珍(女)　何晓华　汪　健(女) 陆铁石　陈大春　杭正祥　袁长胜　徐有斌　唐绍金　能　修 曹晓梅(女)　彭勇贵　蒋红心　程　毅　谢斯文　詹凤宝　裴建文 潘　平　戴　军(女)　包建平(2011.1增选)　孙亚军(2009.1增选) 宗　文(2009.1增选)　周祥东(2011.1增选)　徐　文(2011.1增选)

第二节　工作机构

1989年，区政协第一届委员会有工作机构4个，即秘书处、学习委员会、提案委员会、“三胞”(海外侨胞、港澳同胞、台胞)联谊委员会，下设7个乡镇(场)委员小组。1990年4月，第二届委员会设办公室、学习委员会、经济工作委员会、文史资料委员会、提案工作委员会、祖国统一联谊委员会，下设7个乡镇(场)委员小组。1993年2月，第三届委员会设办公室、学习委员会、文史资料委员会、科教文卫委员会、提案委员会、经济委员会、海外联谊委员会，下设7个乡镇(场)委员小组。1998年1月，第四届委员会设办公室、提案委员会、经济科技委员会、社会法制委员会、学习文史委员会，下设7个乡镇(场)委员小组。2003年1月，第五届委员会设办公室、提案委员会、经济科技委员会、社会法制委员会、学习文史委员会，下设6个乡镇(街道)委员小组。2007年12月，第六届委员会设办公室、提案委员会、经济科技委员会、社会事业法制委员会、学习文史委员会，下设6个乡镇(街道)委员小组。

为了工作需要，区政协在各乡镇场(街道)设立委员工作小组。1998年，区四届政协期间，各乡镇场(街道)政协工作小组更名为工作委员会。2003年1月，各乡镇(街道)政协工作委员会更名为政协工作小组，并增设扬州大学工作小组、扬州经济开发区工作小组。2007年12月，增设蜀冈—瘦西湖风景名胜区工作小组。

1989～2011年维扬区(郊区)政协工作机构负责人一览表

表17-3-3

机　　构	职　务	姓　名	任　职　时　间
秘　书　处	秘书长	倪世琪	1987.4～1992.3
		陈　宁	1992.3～1995.3
		陈　勇	1995.3～1997.1
		曹志福	1997.1～2002.3
		韦新民	2002.3～2007.1
		宗　文	2007.1～2011.11
	副秘书长	陈　宁	1987.4～1992.3
		田同信	1991.5～1996.8
		马文跃	1994.1～1995.8
		邓耀庆	1996.8～2000.8
		毛四祺	1996.8～2000.8
		朱士标	2001.6～2002.3
办　公　室	主　任	陈　宁	1990.4～1992.3
		马文跃	1992.3～1994.1
		曹志福	1997.1～2002.3
		韦新民	2002.3～2007.5
		宗　文	2007.5～2009.8
		徐　文	2009.8～2011.11
	副主任	程裕祥	1993.6～1998.5
		陈义田	1995.12～2000.6
		朱建华	1995.12～1998.2
		金　燕(女)	2001.1～2002.3
		杨兆祥	2002.3～2007.12
经济科技委员会(经济工作委员会)	主　任	马文跃	1994.1～1995.11
		刘培森	1996.1～2000.6
		党　琦	2002.3～2003.1
		詹凤宝	2003.2～2010.5
		包建平	2010.9～2011.11
	副主任	詹凤宝	2000.6～2003.2
		朱莲香(女)	2010.5～2011.11
提案委员会(提案工作委员会)	主　任	倪世琪	1987.4～1992.5
		田同信	1992.5～1996.9
		邓耀庆	1996.9～2000.8
		谈秋松(女)	2000.8～2006.12
		潘　平	2007.12～2011.11
	副主任	潘　平	2006.6～2007.12

续表 17-3-3

机　　构	职　务	姓　名	任 职 时 间
社会事业法制委员会	主　任	钱玉才	1998.2～2000.8
		杨兆祥	2000.8～2002.3
		朱士标	2002.3～2007.12
		宗　文	2007.12～2008.2
		孙亚军	2008.2～2011.6
	副主任	华　伟(女)	2011.6～2011.11
学习文史委员会 (学习委员会、文史资料委员会)	主　任	韩季良	1987.4～1993.2
		蒋国彩	1990.5～1998.1
		刘秀华(女)	1994.9～1998.1
		杜道尧	1998.2～2005.4
		杨兆祥	2005.4～2007.12
		陆铁石	2009.8～2011.11
	副主任	陆铁石	2006.12～2009.8
祖国统一联谊会 (“三胞”联谊委员会)	主　任	韩季良	1988.9～1993.2
		戴正福	1993.3～1998.10

第四章　政协常委会主要工作

第一节　参政议政

一、政治协商

1989年后，区政协执行政治协商“三在前、三在先”(重大决策要协商在党委决策之前、人大通过之前、政府实施之前；制订经济和社会发展中长期规划要先协商后决策，对重大人事安排和关于人民群众切身利益的重大问题要先协商后决定，制定重要地方性政府法规要先协商后通过)原则，发挥全体会议集中协商、常委会议专题协商、主席会议重点协商职能作用，通过不同层次、不同形式，积极参政议政。

全体会议集中协商　全体委员会议(换届除外)组织区各民主党派、工商联、区政协各专门委员会和相关界别，在调研基础上，就全区经济社会发展中的重要问题和群众普遍关注的热点问题，15次组织大会协商发言和6次大组讨论。组织全体委员列席区人民代表大会，听取和讨论政府工作报告和其他有关报告，围绕全区大政方针制定和实施提出意见和建议。1989～2011年，历次全体委员会议上，累计大会发言(包括书面发言)113人次。

常委会会议专题协商　区政协常委会会议是政协全体会议闭会期间重要协商例会，一般每季度举行一次，其中二、三季度常委会会议根据经济社会发展需要，选择全局性、前瞻性、针对性课题与区委、区政府进行专题协商。相关专门委员会在调查研究基础上，向常委会提交调研报告，积极建言献策。从2003年五届二次常委会起，建言方式由“一个专题一份报告”改为“一个专题多份报告”，多方面、深层次做好专题调研，培养相关委员会和工作小组调查研究能力，增强专门委员会和工作小组组成人员责任感。如为把“加强新农村建设”专题说透，4个调研组分别从“解决三农问题，大力发展农村经济”

"加强村组两委班子建设、提高农村党组织的领导能力""妥善处理人民内部矛盾、保证农村社会安定稳定""保护农村生态环境,确保可持续发展"等方面进行调研,4份报告独立成篇,内在逻辑紧密联系,论证有一定深度,针对性强,有助提高协商议政效果。

1989～2011年,历届常务委员会累计向区委、区政府及相关部门提交调研报告60多份。1992年6月第二届第二十一次常委会会议,经济委员会提交调研报告,就加快区、乡企业发展议题,提出"转变观念,解放思想,重奖有突出贡献的承包人、科技人员"等4点建议,建议得到采纳。第三届第三次常委会会议,经济委员会和汤汪工作小组联合提交调研报告,针对蔬菜产销放开后菜农卖菜难、郊区很多菜地被建设征用以及菜田灌溉用水污染严重状况,提出《扬州市区蔬菜产销放开后出现的新问题及其对策》建议,在市政协第三届第十二次常委会会议上作书面发言,受到市、区政府重视和采纳,并形成决策意见。

2003年,区政协就"加快城市化进程"议题,采用举办"政协论坛"形式,为委员提供参政议政舞台。论坛共组织24篇调研论文,从不同角度探讨加快全区城市化进程目标、途径和措施,形成一批建设性意见和建议。市政协将论坛中涉及发展维扬物流业、落实失地农民政策等建议和意见以市政协社情民意形式反映给市政府,引起市领导重视。

2010年3月,区政协对"加快我区养老服务事业发展"展开专题调研活动。在第六届第十一次常委会会议上,社会事业法制委员会和双桥、梅岭工作小组提交调研报告,报告从提高养老服务认识、加快养老服务社会化和市场化进程、构建多层次养老服务体系、加大扶持力度、提升服务水平等方面,提出一系列意见和建议,相关建议被区委"十二五"规划建议案所吸纳。

主席会议重点协商　坚持每月召开一次主席会议,除研究部署政协日常事务性工作外,协商监督区委、区政府重点工作,内容包括经济社会发展情况、党风廉政建设、发展工业规模经济、房地产开发、社会治安综合治理等。在协商过程中注意将政府、部门通报与视察相结合,将参政建言与支持全区中心工作相结合,从促进发展、服务大局要求出发,积极发表意见,为区政府及其职能部门开展工作提供参考和依据。

二、调研视察

图17-4-1　2009年3月24日,区政协专题调研组赴马鞍山学习考察城乡医保一体化先进经验

区政协历届常委会坚持把视察调研作为履行职能重要手段,围绕发展目标,组织委员开展多层次、多形式视察调研活动,向区委、区政府建言献策。1991年5月,区政协第二届常委会组织视察区经济开发区建设情况,常委们提出"动员全区力量,加快开发区基础设施建设"等建议,区政府积极采纳,并组织区级机关干部、各乡镇(场)人员到开发区义务劳动。当年9月14日前,建成两条主干道并顺利通车。1992年12月,区政协医卫组调查湾头镇合作医疗情况,对某些村医疗环境差、医务人员敬业精神不够等存在问题,与区卫生局对口协商,取得共识,共同研究整顿意见。1993～1997年,区政协先后参与区委、区政府关于"九五"计划和2010年远景发展目标纲要规划、农业结构调整、工业经济结构调整、500万元以上技改项目调研及实施,以及关于社会主义精神文明建设五年规划等议题协商,提出切实可行建议。2003～2007年,区政协组织26次视察活动,紧扣"十五"计划、市场开发、工农业结构调整、企业改制、旅游资源开发、私营个体经济发展、农村税费改革、科教兴区等49个议题开展调研协商。2008～2011年,区政协组织26次调研视察,分别视察区商贸、卫生、财政、社会保障、园区、教育等工作,形成专题调研报告13篇。

1989～2011年,历届区政协共组织开展专题视察123次、专题调研165次,形成专题报告175篇。

第二节　民主监督

一、监督形式

区政协重视加强民主监督职能，从丰富监督形式入手，拓宽民主监督渠道，增强民主监督实效。每年坚持在主席会议上听取区政府经济社会发展情况通报，在区政协常委会会议上听取区纪委关于全区党风廉政建设情况通报，听取群众关注的政法、信访、民政、税务、城管等部门工作通报。

区政协对市场物价、食品安全、城市环境等问题，组织委员实地察看农贸市场、大型超市、房地产企业、城乡环境，在评议基础上，有针对性地提出一系列意见和建议，并与被视察单位共同研究整改措施与方案。

委派特约监督员和社会监督员，明察暗访。区第三届政协有 3 名委员担任区特邀监察员。区第四届政协有 6 名委员担任区特邀监察员和教育、医德医风监察员。区第五届政协有 10 名委员担任区特邀监察员，13 名委员担任司法部门特邀监督员。区第六届政协委员被聘为监察员和监督员扩大到 23 人。

二、监督内容

1989～2002 年，组织委员参与对市、区建委、财政、交通、城管等系统行风评议，配合市政府评议市法院公正司法情况。

2003 年，协商理念变“一厢情愿”为“双向需要”，主席视察活动有一半以上是在部门主动要求下开展的。监督力求从部门实际出发，帮助解决问题。区政府及有关部门每次组织活动，区政协派委员参与，提出监督意见和建议 60 多条，为相关部门转变职能、规范行为、改进作风、加强队伍建设、提高办事效率起到促进作用。

2004 年，围绕创业环境、职能服务等，组织走访座谈，实行民主监督，帮助某些部门人员纠正违规操作行为；组织委员民主测评相关部门行风和党风廉政建设等，并及时沟通、分析反馈评议意见，切实做到为加强党风、行风建设谏言；安排 18 名委员分别担任行风监督员，监督相应部门效能建设和行风建设。

2005 年，区政协对区建设系统各部门以及区级机关作风建设和机关管理开展民主评议。

2010～2011 年，就群众关注的法院、检察院、公安、财政、国土、工商、审计、税务、城管等部门工作，区政协委员上门听取公正司法、财政收支、国土资源保护、市场监管、项目审计、税务征收、城管执法等方面情况通报，加大监督力度。

第三节　提案工作

1987～1990 年，区政协第一届委员会期间收到提案 65 件，立案 62 件，承办单位全部办复，当面答复率 65%。这些提案大多是委员们在调查研究基础上提出来的，有事实，有分析，有建议，受到区委、区政府重视和采纳。委员孙忠凯提出“要建立全区物价检查、监督网络”建议，得到政府采纳，促使全区各乡镇配备物价助理员，加强物价监督和管理。

1990～1993 年，区政协第二届委员会期间共收到委员提案 190 件，立案 171 件，其中 1990 年 81 件、1991 年 51 件、1992 年 39 件，提出提案委员 147 人次。这些提案全部得到及时办复。其中，委员提案中所提建议被采纳或基本实施的 88 件，占办复提案总数 51.5%；委员所提建议受理单位列入规划，争取解决的 61 件，占办复提案总数 35.7%；根据政策和实际情况，暂时尚不具备解决条件，作出解释的 22 件。委员陈宁、梅翠珍提出的《关于统筹使用各部门预算外资金》提案，区政府受理后，及时召开区长办公会，研究制定预算外资金管理办法。1992 年，筹集预算外资金 196 万元，对支持经济发展和改善机关办公条件起到一定作用。

1993～1998年,区政协第三届委员会期间共收到委员提案381件,立案339件,其中1993年77件、1994年80件、1995年63件、1996年43件、1997年76件,提出提案委员占委员总数92%。339件提案全部办复。委员满意率64%、基本满意率30%、不满意率6%。1994年,委员刘明祥等提出《关于充分利用法律手段保护企业的债权利益》提案,区政府专门成立清理班子,及时研究并采取相应措施。当年,收回资金700多万元。

1998～2003年,区政协第四届委员会期间共收到委员提案371件,立案351件,其中列为重点提案20件。委员赵桂龙、吴登朝提出的《关于做好新区规划》提案,被政协四届五次会议确定为重点提案之一。区规划分局予以重视并认真办理,多次与市规划局、市计经委、市园林局、宁启铁路有限公司、市高等级公路建设指挥中心等相关部门咨询对接。2002年10月,由市规划局、市城市规划设计院编制规划。

2003～2007年,区政协第五届委员会期间共收到提案470件,立案387件,见面率、答复率均为100%。2004年,区政协主席会议确定的《加强江阳工业园区税源调查与税收征管》《加强土地管理,谨防国有土地流失》《重视失地农民的社会保障》《关注退休人员管理工作》等4件重点提案得到较好办理和落实。2005年,委员王一舒等提出《提高土地资源利用率,建立土地赎回制度》提案,区国土局针对问题,全面检查,建立工业园区用地基础台账,对清理出来的问题,采取相应治理措施。

2007～2011年,区政协第六届委员会期间共收到委员提案417件,立案365件,全部按期办结,提案答复率100%,委员满意率、基本满意率100%,提案落实解决率56%。

1989～2011年维扬区政协委员提案办理情况一览表

表17-4-1

届　次	收到提案(件)	立案办理(件)	解决或基本解决(件)	落实解决率(%)	满意和基本满意率(%)
第一届(1987～1990)	65	62	28	45	90
第二届(1990～1993)	190	171	88	52	90
第三届(1993～1998)	381	339	160	47	94
第四届(1998～2003)	371	351	165	47	98
第五届(2003～2007)	470	387	172	44	100
第六届(2007～2011)	417	365	205	56	100

第四节　反映社情民意工作

1993年起,区政协每年初印发征集社情民意通知,要求全体委员和联谊会成员围绕区委、区政府目标任务和工作部署,收集和反映带有倾向性、普遍性的重要情况、意见和建议。征集到的社情民意由专人负责整理，以社情民意简报或社情民意专递函形式，报送区党政领导和职能部门，并建立跟踪反馈机制，及时向反映者反馈信息处理情况。1998～2001年，区政协连续4年被市政协表彰为社情民意工作先进单位。

1998～2002年，区政协共编《社情民意》简报56期，被市政协采用32条。其中，《尽快实施村民小组组务公开》《工商企业执照办理速度必须再提速》等信息，引起区委、区政府重视，要求相关部门认真研究办理，使问题得到及时解决。

2003年，共收集各种信息36条，编发《社情民意》简报20期。其中，《政府乔迁平山堂，群众呼吁设立公交临时停靠站》《农户拆迁后的宅基地安置应建立公示制》等报市信息上报后，市公交公司一周内在区行政中心西门设立5路、7路、11路、25路临时停靠点，开发园区在拆迁安置中的不规范行为得到纠正。是年2月，区政协制定《关于切实加强社情民意工作的意见(试行)》。同年6月，召开社情民意信息员会议，规范社情民意工作。

2004年，共编印《社情民意》简报21期。其中，《尽快调整拆迁政策，规范拆迁市场》《整修台扬路，应列入议事日程》《定期公布维扬区招商引资中资源信息》等信息，得到落实。2005年，区政协结合政协委员“走门串户，联系群众”制度，收集群众意见和要求200多条，及时编印简报，递送反馈。全年共编发《社情民意》简报28期。其中，《加强机关节电管理》《加快电子政务建设》《修整西湖镇道路，改变镇容镇貌》等社情民意，经相关部门研究办理，逐步得到解决。第六届区政协共编发《社情民意》简报83期，不仅反映群众在交通出行、社会保障、生活环境、子女入学等方面诉求和愿望，也反映委员对社会治安、项目办理、文化娱乐、马路市场、环境卫生等方面问题的关注，引起有关领导和部门重视。2010年，有6期信息得到市委、市政府有关领导批示。

图17-4-2 2009年第三个“界别活动周”期间，区政协医卫界的委员们送医进社区

第五节 文史工作

1994年12月，区政协编印《扬州郊区文史》第一辑，内容涉及郊区近现代经济、政治、文化和革命斗争等方面重要事件和人物，还涉及古代历史地理、文物古迹研究和评价。全书收录郊区地方文史资料近60篇21万字，发行2000册。1995年12月，编印《扬州郊区文史》第二辑——《扬州市郊区地名考·名村录》，主要研究、考证全区有关地名含义、缘起和古今状况。1997年12月，编印《扬州郊区文史》第三辑，主要辑录64名郊区近现代杰出人物事迹。2000年6月，编印《扬州郊区文史》第四辑，即《扬州堡城村志》。2002年4月，编印《扬州郊区文史》第五辑——《扬州沙口村志》。2004年12月，为配合区委、区政府提出的全民创业和大力发展民营经济工作，由区政协办公室和学习文史委员会牵头，会同政府有关部门，编印《维扬民企》画册，共推介全区32家重点民营企业。2002～2010年，组织编印《春满维扬》《辉煌扬州五十年(郊区分卷)》《维扬区组织史》《群英谱》。2011年，区政协组织编印《维扬文史》第八辑——《扬州往事散记》。

第十八编

民主党派　工商联　人民团体

2002年前，全区没有建立民主党派组织。2002～2005年，先后成立民革、民建、民进、民盟区级组织。民主党派基层组织和成员在参政议政、政治协商、民主监督和经济社会建设中发挥积极作用。区工商联成立于1998年7月。此后，相继组建休闲服务业商会、金鱼业商会、休闲沐浴商会、西湖镇商会、区中小企业协会等社会团体组织，区工商联及各商会、协会发挥职能作用和社会功能，促进全区私营个体经济和民营企业发展。

1989～2011年，区工会、共青团、妇联、科协、侨联等群众组织，按照各自章程，围绕全区经济建设、改革开放等中心工作，团结广大群众开展各项活动，成为党和政府联系群众的桥梁、纽带，为全区民主政治建设和经济社会发展作出贡献。

第一章　民主党派　工商联

第一节　民革维扬区支部

一、组织

2002年11月28日，中国国民党革命委员会扬州市维扬区支部委员会(简称民革维扬区支部)成立，有党员17人，支委会由5人组成，尤广秀任支部主委，兰海宁任支部副主委。2003年，支部党员发展到20人。2004年2月，民革市委会设立医卫支部，部分党员调出，区民革支部党员减少到12人，支委会由6人组成，尤广秀任支部主委，谢斯文任支部副主委。党员中，有省政协委员1人、市政协委员1人、区政协委员4人。2007年5月，民革维扬区支部换届，支委由5人组成，尤广秀任支部主委，谢斯文、杭正祥任支部副主委。2011年，民革支部有党员16人，支委会由5人组成，尤广秀继任支部主委，谢斯文、杭正祥任副主委。16名党员分布在经济、法律、建筑、社会保障等各界，其中，有市政协委员2人、区政协常委4人(1人兼任区政协副主席)、区人大代表1人。

二、参政议政

2004年，区"两会"期间，参会的民革党员认真审议政府工作报告，评议政府工作，提出意见和建议20多条。其中，针对维扬区玩具企业规模不大、企业间存在竞相压价、无序竞争现象，提出整合资源，加强行业指导，成立区玩具协会建议，得到政府采纳。《关于二院(第二人民医院)出路的几点意见》《高层次人才子女享受优质教育资源的建议》《加强宠物狗管理的建议》等提案和社情民意得到区政府及相关部门重视。2005年，民革支部撰写的《关于维扬区本土中小企业发展的思考》在区政协全委会上发言，被评为优秀文稿。2006年，民革支部提出《切实发挥民主党派的民主监督作用》《关于调整维扬区行政区域的建议》《加强维扬经济开发区前期绿化工程的审计》等建议和《为在校小学生办理学生证的建议》等社情民意，得到区政府及相关部门关注与采纳。2008年，民革支部提交《发展低碳经济》《加强民主政治建设，扩大民主党派知情权》《提倡节约型政府》等5条政协提案和1条社情民意。其中，副主委杭正祥提交的《重视节能减排工作的建议》被列为区政协重点提案。民革支部在参加调研活动中，撰写《关于我区服务业发展的建议》《我区流动人口计划生育服务与管理工作的建议》，在区政协常委会作重点发言。2009年，共提交政协提案10件、人大议案1件、参与附议3件、社情民意2条。其中，集体提案《关于全力帮扶企业共渡难关的建议》被列为主席督办提案，《城乡医保一体化》调研文章刊发在《维扬政协》上，《加强外经贸企业在金融危机中运营》调研文章在区政协六届八次常委会作重点发言。2010年，向市政协提交《关于进一步明确蜀冈生态区铁路以西7平方千米的封闭式运作》《让扬剧地方戏曲走进校园》等8件提案和《进一步关心老年文化生活》等3条社情民意。《加快结构调整步伐，走新型工业化道路的建议》《关于加快机构建设的建议》《关于加快我区重大项目建设的建议》《关于拓展税源经济》《关于招商引资和人才建设》等调研文章分别被列为区政协六届三次全体会议，区政协六届十次、十一次、十二次常委会的协商发言材料。

2011 年，提交政协提案 6 件、社情民意 3 条。调研文章《加快推动"两化融合"，促进工业转型升级》在区政协六届四次全委会上作大会发言，并刊登在《扬州政讯》上。

三、服务经济

2003 年，组织党员参观民营企业，为地方经济出谋划策；组织部分党员到淮安、盐城、安徽滁州等地学习参观，激发党员为发展地方经济多作贡献的责任感和使命感。2005 年，引导党员参加新农村建设，与西湖镇司徒村结对共建，民革党员丁坤律师担任司徒村法律顾问，常年免费提供法律咨询服务。2008 年，面对金融危机，支部以集体提案形式，建议政府制定相关政策，帮助企业渡过难关。同时，组织经济界人士到企业，帮助分析形势，研究市场，鼓励加大科技创新力度，增强核心竞争力。2009～2011 年，民革支部引导企业进行产业结构调整，并争取国家和省、市资金扶持。帮助扬杰电子等重点企业，争取国家扶持资金近 1000 万元，让企业抓住发展机遇，使企业规模、效益和对地方贡献份额均得以翻番。

四、服务社会

2003 年，民革支部卫生界党员投身抗击"非典"第一线，为全区"非典"防治尽心尽职。2004 年，联合兄弟支部开展"送文化下乡"活动，组织民主党派书画家到城北乡瓦窑村为村民写春联，并多次参与民革市委会组织的法律咨询活动。2008 年，民革支部为四川灾区捐款 4800 元，交特殊党费 1850 元。2010 年，与区政协共同主办市政协界别活动周启动仪式，组织送政策、送法律到企业园区。

民革支部连续 3 年为区同心艺术团老人送重阳糕，为白血病患者组织募捐活动。支委张旭东为修缮历史名人阮元故居捐款 3000 元；市建筑设计研究院董事长、民革党员潘长海长期资助两名失学儿童和帮助解决多名孩童学习生活费用。

第二节　民盟维扬区支部

一、组织

中国民主同盟扬州市维扬区支部委员会(简称民盟维扬区支部)成立于 2005 年 11 月 14 日，有盟员 9 人，支委会由 3 人组成，程毅任支部主委。9 名盟员来自区内和驻区单位中的教育、科研、房地产、工程造价咨询和企业中高级知识分子。

2006～2009 年，支部发展 6 名中学教师为盟员，并从其他支部转入 6 人，盟员总人数 21 人。有 5 人分别担任市、区政协委员，其中两人为民盟市委委员、1 人为区民盟新阶层人士联谊会副会长、3 人为理事。2009 年，区民盟支部获民盟中央"全国先进基层支部"称号。

二、参政议政

2006 年 1 月，在区政协五届四次会议上，区民盟支部主委程毅提交的《关于加快西湖住宅区开发建设步伐的建议》，引起区委、区政府领导重视，建议中关于关心群众生活、尽快解决拆迁户安置房意见得到有关职能部门采纳并组织实施。是年，民盟省委和南京农业大学举办"江苏社会主义新农村建设论坛"，徐卯林代表民盟市委提交《实施科技兴农战略，为社会主义新农村建设提供切实支撑》论文，文中主要观点与建议得到与会领导和专家学者肯定。区民盟支部主委程毅撰写的《完善住房保障体系，推进和谐社会建设》论文参与市政协"构建和谐扬州"论坛，获优秀论文奖。2007 年 1 月，由程毅、郭斌提交的《关于加强老社区物业管理的建议》，代表民盟市委在市政协五届五次会议上发言，并被列为重点提案。区政协五届五次会议期间，区民盟支部先后提交《关于发挥民主党派优势，积极为新农村建设服务的建议》《关于城市建设与土地利用规划同步进行的建议》《平山小区居民期盼小区平安》提案和社情民意。是年，向市委统战部提交《我市农产品质量安全问题现状调研和对策建议》《关于加强种子市场管理，坚决打击假冒伪劣种子销售行为的建议》。这些建议同时作为市政协六届一次会议提案提交大会。12 月，向区政协六届一次会议提交《关于规划建设西湖集贸市场的建议》《关于加强小区物业管理，促进和谐社区建设的建议》，受到乡镇和相关部门关注。2008 年，区民盟支部分别向市、区政协提交调研报告 3 篇、提案 10 件、社情民意 5 条。《关于全市农产品质量安全现状问题调查和对策建议》调研报告分别被市、区政协会刊刊登。《关于打造独具风格的扬州文化旅游民俗街建议与思考》调研报告入选 2008 年《扬州政协论坛》论文汇编。2009 年，区民盟支部在区政协六届二次会议上提交《关于改善城乡接合部环境状况》提案，被区政协列为重点提案和主席督办提案。是年，《关于市警示教育基地向市民开放的建议》《关于先行实施蜀冈生态城品质生活社区的建议》提案，提交市、区政协。程毅在《扬州楼市》国庆特刊、《城市生活周刊》发表《住宅业：演绎世纪交响》和《物业管理：奏出四部华章》文章，被“中国江苏网”、《扬州晚报》等媒体先后转登。同年，徐卯林向市、区政协提交 3 件提案和两篇调研报告，其中《关于进一步规划和发展我市都市现代农业的建议》被市政协评为 2009 年优秀提案和区政协主席督办重点提案。《完善农村土地流转制度，促进城乡协调发展》《关于统筹城乡就业的思考》调研材料入选 2009 年度《扬州政协论坛》论文汇编。张健撰写的《会计师事务所从事破产管理人业务的几点思考》获省财政厅纪念改革开放 30 周年优秀论文二等奖。2010 年，程毅撰写的《加强小区物业管理》、徐卯林撰写的《大力发展甘泉观光休闲农业》入选《维扬区政协大会发言汇编》。徐卯林撰写的《发展城市生态旅游，倡导居民低碳生活》《建设校企战略联盟，推动产业技术创新》《推进农村合作组织建设，建立农民增收长效机制》调研报告，分别入选《扬州政协论坛》、市政协六届四次全会大会发言材料和民盟省委调研报告汇编。2011 年，区民盟支部组织盟员完成《加强基础设施建设，推进现代农业发展》和《加快低碳城市建设，提升社会管理水平》等调研报告提交区委、区政府领导作参考。

三、服务社会

2006 年 9 月，邀请民盟医卫专家到城北乡海星玩具厂，为 100 多名女工义诊并讲授妇科和职业病防治知识讲座与义诊。组织盟员在城北乡瓦窑村开展“指导科学种田，促进农民增收；提供培训服务，帮助村组理财；开拓就业渠道，促进自主创收；进行扶贫济困，捐资奉献爱心”新农村建设服务活动。2007 年，区民盟支部与城北乡瓦窑村和扬州三布纺织有限公司开展结对共建活动。1 月，在城北乡瓦窑村开展“新农村建设服务日”活动，为百名党员干部培训农技，为村委会送电脑，向贫困家庭学生捐赠 8000 元。6 月，安排农业专家到村指导科学种田，并以优惠价格向村民提供种子。11 月，邀请近 20 名盟员医卫专家到扬州三布纺织有限公司为数百名女工举办妇科健康教育讲座，并开展义诊。2008 年，四川汶川大地震后，捐款 15750 元慰问灾区。组织盟员参加市委统战部组织的“送文化、送科技下乡”活动；与政协委员一同走基层、下社区，开展政协委员活动周服务活动。2009 年，组织盟员到高校、企业、农村、社区调研，反映社情民意。2010 年 5 月，区民盟支部组织 10 多名盟员与扬州大学支部合作开展“专家教授服务企业行”活动，与江苏中显集团、扬州扬杰电子有限公司等 6 家企业负责人面对面座谈，开展“企业文化建设”讲座。是年 9 月，区民盟支部被民盟省委授予“省社会服务先进集体”称号，支部副主委徐卯林被评为省社会服务先进个人。2011 年，组织盟员及专家教授到企业调研，巡回讲座，为企业市场营销、品牌建设和企业发展战略等献计献策；到农村提供优良品种和农业科技服务。

图 18-1-1　2007 年 4 月 21 日，民进维扬支部开展捐资助学活动

第三节　民建维扬区支部

一、组织

中国民主建国会扬州市维扬区支部委员会(简称民建维扬区支部)成立于2003年12月26日,有会员7人。支委会由3人组成,王一舒任支部主任,汪健任支部副主任。2004年,新增加3名会员,增补曹岚为委员。2005年,有会员11人,其中有5人为区政协委员。2006年,支部设置调整,设主委1人、副主委1人、支委2人,其中有两人为民建市委委员。是年,区民建支部被民建市委表彰为先进支部。2007年,区民建支部举行支部大会,进行换届选举。新一届支部委员会由4人组成,何晓华任支部主任委员,汪健任支部副主任委员。支部成员中政协委员7人、民建市委委员2人。2011年,新发展会员15人。

二、参政议政

2004年,参加区委、区政府组织的各民主党派情况通报会,围绕党委、政府"三个文明"建设提出意见和建议。参加区内考察和区外学习交流,开展"祖国好、共产党好、社会主义好、改革开放好"的"四好"教育活动。2005年,区民建支部结合市、区经济建设情况开展调研,向市、区政协提交提案7件,其中《发展扬州工业循环经济》《提高土地资源利用率,建立土地赎回制度》提案,受到有关部门重视与采纳。2006年,区民建支部向市、区政协提交提案10件,其中《重视解决弱势群体的无照经营,促进社会和谐》提案,受到有关方面关注;《关于维扬区实施品牌战略的现状及建议》在区政协五届五次会议上作重点发言,并获优秀提案奖。《提高村级经济收入促进新农村建设》调研论文,受到区、乡领导好评。2007年,5名民建会员担任市、区政府行风、纪检、监察、审计、环保等特邀监督员。区民建支部动员会员参加区级机关行风建设民主评议活动。全年提交政协提案5件、社情民意3条。2008年,区民建支部《关于我市工业经济现状与发展》,调研报告在市政协论坛上作主题发言。全年向市、区政协提交提案4件、社情民意2条。2009年,提交提案5件、社情民意5条、调研报告1篇,两篇论文参加市政协论坛评选,获优秀论文奖。2011年,"两会"期间,区民建支部提交提案5件。

三、服务社会

2005年,区民建支部组织全体成员参与社会公益活动。会员曹岚和夏娟出资7000元资助特困大学生。仲桂林出资5000元资助特困生,并承诺承担该生上大学期间所有学费。此外,对1名特困高中生、1名初中生、两名小学生分别资助1200元。2006年,联系平山乡朱塘村,定期组织会员深入基层,为建设新农村服务。2008年,四川汶川大地震后,区民建支部组织书画家会员开展字画义卖活动,筹资捐助灾区。2010年,区民建支部在平山乡朱塘村坚持开展服务活动,组织会员赴仪征考察芍药园,指导村民转变经营方式;仲桂林、曹岚、李红双、汪健、张慧等会员心系联系点,长年参与扶助弱势群体、捐资扶困、捐助救灾。2011年,区民建支部全体会员响应"思源工程"号召,捐款5000元资助10名贫困儿童;联合区计生委开展"生育关怀、社会温情"活动,组织会内法律界人士到社区、街道、市民广场开展法律宣传和咨询,开通免费法律咨询热线,为困难群众免费代理诉讼;参加政协界别活动周,组织会员巡诊义诊、送医送药。

第四节　民进维扬区支部

一、组织

中国民主促进会扬州市维扬区支部(简称民进维扬区支部)成立于2004年9月17日,支部会员9人。支委会由4人组成,陆铁石任主委,钱存龙任副主委,梁辉、朱丽萍为委员。2007年8月23日,区民进支部换届选举,支部会员13人。新一届支委由5人组成,陆铁石任支部主委,钱存龙任支部副主委。

2008～2009年，支部主委陆铁石当选市人大代表、区政协常委，李晓燕为区人大常委会委员，梁辉、赵顺祥为市政协委员，5名会员为区政协委员。2010年，陆铁石继续当选市人大代表，梁辉、赵顺祥为市政协委员，张昕为区人大代表、区人大常委会委员。是年11月，区民进支部被民进中央授予“民进全国先进基层组织”称号。2011年，陆铁石为区政协常委，5名会员为区政协委员。

二、参政议政

2004年，针对禽流感防治，区民进支部组织人员到乡村调研，撰写《关于切实加强我市动物防疫工作的建议》，受到市委、市政府领导好评。针对食品安全，撰写《关于确保老百姓吃上“安全肉”的建议》，论文在《扬州政协》发表后，引起市委、市政府重视，相关建议被采纳。2005年，针对农村动物宰杀、加工、销售等环节出现的污染状况，组织专家分析农村及运河两岸农民养殖结构和习惯，撰写《唯有源头清水来——南水北调工程与我市动物防疫工作的几点建议》，论文被《人民政协报》刊载，受到民进市委表彰。针对猪链球菌病影响广大农村问题，组织专业人员调研，提出《关于加强我市动物和产品运输车辆消毒工作的建议》，相关部门采纳建议后，采取有效措施，隔断传染源，防止疾病蔓延。针对农村疯狗咬人致发狂犬病事件，撰写《关于切实加强扬州市防治狂犬病的建议》，市分管领导责成职能部门逐一落实。2006年“两会”期间，区民进支部向民进市委提交《提供公平教育是帮助弱势群体的重要举措》《注重城市民俗激活扬州旅游》建议，受到市委、市政府关注，有关领导将建议批转到相关部门落实。是年10月，区民进支部撰文参加市、区政协论坛，论文《民主党派是人民政协的重要组成，必须切实加强参政议政能力建设》《提供公平教育机会是构建和谐社会的重要举措》获市政协论坛优秀论文奖。2007年，组织专家走社区、进乡村，收集社情民意，撰写《关于我市近期猪肉价格上涨因素的分析及建议》，得到市、区有关方面关注。2008～2009年，区民进支部向市、区政协提交36篇文章，其中《注重城市民俗，强化经营管理，让“双东”焕发更加迷人的魅力》《关于对生活垃圾实施强制分类管理的建议》《关注维扬实验学校门前秩序，切实解决四望亭路交通问题的建议》《市开发区法庭归口维扬区法院管辖的建议》《关于扬州万花园的三点建议》《关于扬州市公交汽车的几点建议》《关于加快我市广陵路、甘泉路改造的建议》《加强学校周边食品摊点的管理，切实消除学生的食品安全隐患》等建议和议案均受到市委、市政府重视。2010～2011年，区民进支部先后提出建议、信息56条，发表文章120篇。其中，论文《切实加强维扬区农村土地管理，努力推进社会主义新农村建设》《切实贯彻〈食品安全法〉，努力建设幸福新维扬》为2010年区政协大会发言材料。

2004～2011年，区民进支部会员先后提出建议、信息218条，在《人民政协报》《团结报》《统一战线》《民主》《挚友》《江苏民进》及民进中央网站、民进江苏网站、市委统战部网站、市政协论坛、《扬州日报》等媒体发表文章235篇。

三、服务社会

2006年4月，围绕新农村建设开展“三下乡”活动，为村民免费发放5000多元常用药品，1500多份有关卫生防疫、子女教育等资料。是年，区民进支部会员在参加区政协界别活动周捐赠活动中，为60名贫困小学生和伤残群众每人资助1000元。2007年，在扬州东方医院举行捐资助学活动仪式，区民进支部会员为蓝天学校15名农民工子女捐赠学费7500元，并承诺长期跟踪服务。在“爱心1+1”活动中，会员徐明峰帮助重病贫困女孩赵燕治病，挽救了她垂危的生命。会员赵顺祥协同香港天邻基金会为40名孤儿开展唇腭裂修补手术，资助贫困失学儿童150人，为特困户提供劳动岗位200个，为56名贫困生提供免费医疗服务。支部会员还走进17个社区，帮扶300多户特困家庭，赠送10多万元常用药品。是年，共资助贫困儿童658人。2008年，四川汶川特大地震后，支部会员自愿缴纳“特殊会费”2000元，为灾区捐款、捐药；区民进支部常年为扬州敬老院赠送物品、药品，为1000名出租车司机和环卫工人免费体检，为市聋哑学生免费义诊，为特困企业下岗职工提供劳务岗位。2009年，组织书画家送文化进安平社区，为困难群体捐款3万元。为特困户赠送3000多元物品、9000元药品购买券、10箱常用药品和50箱食品。聘请专家为社区群众作合理选药用药知识讲座，民进会员为安平社区群众提供养老、低保政策、医保、健康等免费咨询。会员孙勇为双桥社区困难群众发放常用药品与免费消费卡计5000多元。

2004～2011年，区民进支部涌现不少先进人物。其中，“扬州好人”徐明峰为69名贫孤残学儿捐资捐物10万多元，成为资助孩子的爱心“爸爸”，被中华爱国慈善家表彰大会授予“中华爱国慈善家”称号和“公益慈善功勋人物奖”金牌，并荣登“中国好人榜”，受到全国人大常委会副委员长顾秀莲接见，得到省委书记罗志军称赞和鼓励。赵顺祥受到省工商联表彰，《慈爱之路越走越宽》先进事迹传遍大江南北。

第五节 工商联

一、组织

1989～1995年，郊区未成立工商联，由区委统战部代行工商联职能。1996年，区委办公室印发《关于批转区委统战部〈关于区工商联筹建工作意见的请示〉的通知》，同意成立区工商业联合会。1998年6月30日，召开区工商业联合会(商会)第一届会员大会。有会员79人，选举产生执委13人。严功林为会长，卢汉吉、毛四祺、庞仲辉、帖德顺、徐德荣、张日成为副会长，陆铁石为秘书长。1999年，发展区工商联会员200人，指导成立休闲服务业商会和金鱼业商会。2004年，区委任命侯瑞琴为区工商联党组书记。指导成立休闲沐浴商会，选举王顺年为会长。2005年12月，区工商联召开第二届第四次执委会。选举严功林为会长，侯瑞琴、赵春林、赵顺祥为副会长，增补执委7人，新发展工商联企业会员75人。2006年9月，召开区休闲沐浴行业工会联合会第一次会员代表大会，选举王顺年为主席。是年12月，区工商联召开第三次会员代表大会，选举严功林为会长，侯瑞琴、孙雷霆、高明宏、尹广卿、徐有斌、赵顺祥、张书良为副会长，孙雷霆兼任秘书长。至2007年，区工商联有会员422人，行业商会3个。2009年，成立西湖镇商会，选举扬州久扬渔具有限公司总经理俞广宽为会长。协助筹建区中小企业协会，发展会员50人。2010年，召开区工商联第三届第五次执委会，选举邵俊为区工商联副会长。同年，指导组建双桥街道商会，成立维扬经济开发区工商联。

二、参政议政

1998年7月区工商联成立后，先后向区委、区政府提交《关于加快维扬经济开发区建设的建议》《关于行业发展趋势的调研报告》《关于维扬区外资企业的调研报告》等一批调研报告和集体提案。2000年《关于我区私营经济发展情况的调查》、2001年《关于放手发展个体私营经济的几点建议》、2002年《个体经济的产业导向不容忽视》、2004年《我区行业商会的现状与建议》《挖掘蜀冈历史文化资源，再现扬州千年繁华胜迹——“锦绣蜀冈”旅游开发为个体经济提供发展空间》、2005年《依托经济开发区和物流园区建设，促进私营个体经济快速发展》、2006年《坚持科学发展观，积极引导民营企业健康、可持续发展》、2007年《塑造企业品牌，增强我区中小企业市场竞争力》、2008年《关于加强我区民营企业家队伍建设的建议》等调研报告有质量、有见地。1998～2011年，累计向区委、区政府提交调研报告15篇，在年度区政协全会专题座谈会上作建言献策重点发言13篇(次)，提交集体提案27件，其中6件集体提案被区政协评为重点提案或优秀提案。

三、服务经济

1989～1999年，围绕工商联职能，服务大局，宣传郊区改革开放形势，介绍全区投资环境和利用外资情况。联系有关经济部门，学习政策，做好服务，协调企业劳资、中外方人员合作、党与非党、外方人员与服务部门关系。组织郊区私营企业主、个体工商户学习座谈，探讨个体经济人士自我教育、自我管理、自我发展途径。2000～2001年，区工商联协同区委统战部开展“致富思源、富而思进”教育，通过学习宣传、座谈讨论、报告会、演讲会、图片展览、参观走访、树立典型及“光彩事业”活动，引导非公有制经济人士和职工提高素质，不忘根本。配合区科委调研民营企业科技现状，为急需科技人才和科技项目的民营企业登记上报。动员民营企业主，解放思想，敢闯敢干，加快发展。至2001年6月，全区个体工商户10523户、私营企业1745家，私营个体经济纳税占全区纳税总量50%以上，"三胞"投资企业59家。2002～2006年，组织执委，开展"宣传创业""激励创业""推进创业"活动，引导非公经济做大做强；创办《维扬沐浴文化》专刊，加强对沐浴商会教育引导。2007年7月，组织执委参加市工商联"民营经济集智论坛"，撰写的《创富要有眼光》获最佳论文奖；组织对销售过两亿元规模企业调研，推荐江扬电缆、通宇集团、久扬渔具、三布厂、国联制衣等非公有制企业获全国工商联排名证书；组织4家会员企业与4个村结对共建。2008年，开展"服务企业、服务基层、服务群众"活动，到挂钩企业，了解企业在生产、经营、管理、劳动、用工等方面遇到的困难和问题，帮助拓宽经营思路，增强应对金融危机的信心。组织60多名非公有制经济人士参加省、市培训。推荐4家民营企业为区千万元纳税大户，9家民营企业获区先进企业，5家民营企业获区服务业发展先进奖，10家民营企业获区商标品牌先进单位。区工商联连续两年获"扬州市经济服务奖"，被推荐加入长三角（县、市、区）工商联联谊会。2009年8月，组建远大中小企业协会，为会员企业提供金融、保险、证券、期货、法律、管理、咨询等方面服务，增强企业造血功能，促进企业健康发展；到奥尼特电缆、三鑫矿业等企业开展调研，共商应对之策，帮助企业共克时艰；立足"三保"（保增长、保民生、保稳定）服务，组织民营企业家80多人参加"说法指航"大讲堂走进维扬活动，开展"2009中国扬州太阳能光伏产业发展专家论坛"和"宏观经济形势下企业经营之道"培训。是年10月，促成签订投资1.1亿元生物环保科技项目意向协议。2010年，组织企业开展"民营企业履行社会责任统计调研"和"科技创新、转型升级"座谈，鼓励、支持和引导非公有制经济发展。开展"百名民营企业家维扬行"活动。组织10家重点民营企业参加郎咸平"未来中国宏观经济走向"主题讲座，推荐日利达公司、五亭龙玩具礼品城、罗思韦尔电气公司、优邦生物制药公司等9家企业在新闻媒体宣传推介。推荐扬杰电子董事长梁勤走进江苏教育台《苏商》栏目，接受专访。2011年，针对非公有制企业受通货膨胀、信贷紧缩、用工成本上升、发展受制约现象，分批对20多家非公有制企业调研走访，帮助出主意，共商转型升级和发展对策；举办企业转型升级中产业技术政策讲座，邀请职能部门与企业家面对面咨询，就增强创新能力、化解融资难题为企业释惑支招，帮扶企业调结构、促转型，助推非公有制经济快速健康发展。

四、服务社会

1998年7月，区工商联为抗洪救灾主动捐款捐物。2002年，帮助会员企业邦德家具协调关系、缓解矛盾，解决厂房扩建用地问题。2006年，组织执委参加"双争活动"（争当"八荣八耻"践行者、争做为建设社会主义新农村服务实践者）和开展捐资助学、关心弱势群体"光彩事业"活动，江阳商贸城、鸿大房地产等企业向市社会福利院捐赠3万多元物品，扬州东方医院为全市126名劳模、先进工作者免费体检，为低保户、困难户和失地农民发放1万多份全年医疗减免卡。2008年，组织非公有制企业"送文化、送科技下乡"，向社区、市敬老院、市聋哑学校赠送物品、药品，为老人上门义诊，为特困企业下岗职工提供100多个就业岗位，向四川地震灾区捐赠365.69万元。2010年，联合区委统战部动员新经济组织负责人筹集资金10多万元，帮助城北乡安平社区、黄金苑小区解决小区环境"脏、乱、差"等老大难问题。

图18-1-2　2009年5月，区工商联界政协委员帮扶弱势群众捐赠仪式

第二章　人民团体

第一节　工　会

一、工会代表大会

1989～2011年，维扬区因换届选举共召开3次工会代表大会。

1996年4月29～30日，郊区工会第一次代表大会召开。出席会议代表108人，特邀、列席代表20人。会议选举产生由19人组成的第一届工会委员会和由5人组成的经费审查委员会，周素珍当选区总工会主席，周发群当选区总工会副主席。

2002年6月5～6日，郊区工会第二次代表大会召开。出席会议代表116人，特邀、列席代表51人。会议选举产生由23人组成的第二届工会委员会和由5人组成的经费审查委员会，曹志福当选区总工会主席，周霞、张元勋当选区总工会副主席。

图18-2-1　2007年5月，维扬区获"省工会工作模范区"称号

2008年10月27日，维扬区工会第三次代表大会召开。出席会议代表144人。会议选举产生由21人组成的第三届工会委员会和由5人组成的经费审查委员会。刁仁明当选区总工会主席，周霞、张元勋当选区总工会副主席。

二、区总工会

1987年，成立郊区工会办事处，工作人员2人。1996年，成立郊区总工会，内设办公室、经济部，工作人员5人。2002年11月，更名为维扬区总工会，工作人员增至8人。其间，成立区帮扶困难中心，定编3人。2011年11月，市区区划调整，原维扬区与邗江区合并，10名工作人员转入邗江区总工会。

1989～2011年维扬区总工会主席、副主席一览表

表18-2-1

职　务	姓　名	任职时间	职　务	姓　名	任职时间
主席(主任)	梅翠珍(女)	1990.5～1993.5	副主席(副主任)	梅翠珍(女)	1987.7～1990.5
	周素珍(女)	1996.5～1998.3		周发群	1990.5～1997.3
	戴庆群	1999.4～2002.3		尤学庆	1997.4～2002.5
	曹志福	2002.3～2008.2		周　霞(女)	2000.8～2011.11
	刁仁明	2008.2～2011.11		张元勋	2002.5～2011.11

三、基层工会

1987年,区工会办事处成立时,有基层工会23个。1990～1995年,郊区工会办事处在机关、事业单位和非公有制企业及行政村中组建工会,先后建立扬州久扬渔具有限公司、扬州台扬机电有限公司、扬州雅伦玩具有限公司、扬州乐凯玩具有限公司等企业工会。至1995年,全区有基层工会65个。1996～2001年,重点在乡镇企业和外商及港澳台商投资企业组建工会,工会组织有较大发展。至2001年,全区共组建企业工会982个,发展会员2.79万人,工会组建率94.9%,职工入会率83.4%。2002年,开展争创省"百强示范乡镇工会"和"合格乡镇工会"活动,双桥乡工会获省"百强示范乡镇工会"称号。2004年,城北乡工会获省"百强示范乡镇工会"称号,平山乡、西湖镇工会获省"合格乡镇工会"称号。至2005年,全区所有行政村(社区)建立村(社区)级工会联合会,基层工会组织1013个,有会员2.49万人,形成乡镇(街道)工会—村(社区)工会—企业工会的"小三级"工会网络。2006年,全区新建工会130个,其中独立工会42个,工会组建率92.6%;外商及港澳台商投资企业工会组建率95%。全区共有职工3.21万人、会员2.92万人,其中农民工会员9985人。成立扬州首家休闲沐浴行业工会联合会,首批成员单位63家,入会职工1148人。2007年,开展"党建带工建"活动,依托"党工共建"制度,以发展开发区内非公企业、外商及港澳台商投资企业和行业工会为重点,聘请68名人员为非公经济组织党群工作指导员,发展基层工会200个、会员9100人、独立工会72个、外商及港澳台商投资企业工会10个,外商及港澳台商投资企业工会组建率85%,农民工入会率92%。2008年,区委组织部联合区总工会开展"组织联建、活动联搞、先进联创、制度共建、资源共享"活动,逐步总结出一条"组织单独建、活动联合搞、资源整合用"新路子,初步形成以企业党组织为核心、群团组织为依托、共建共享为载体、和谐发展为目标,党、工、青、妇"四位一体"党群工作新机制,促进非公经济又好又快发展。中央组织部副部长欧阳淞为此做法作批示肯定。是年,新增工会260个(其中单独建会90个、外商及港澳台商投资企业10个),发展会员6000人。2009年,全区新建工会122个,其中单独建会53个、行业工会两个、外商及港澳台商投资企业新建工会5个,发展会员3126人。是年末,全区共有基层工会组织1575个,其中单独建会406个,会员4.8万人,工会组建率99%,会员入会率98%,外商及港澳台商投资企业建会率92%。同年,印发《关于在全区开展创建"星级基层工会"活动意见》,申报五星级基层工会4个、四星级基层工会6个、三星级基层工会10个,推选平山乡工会申报省模范乡镇工会,雷塘村、石桥社区工会申报市示范村(社区)工会。在44家基层工会推行工会主席直选制度。2010年,全区建独立工会52个,其中外商及港澳台商投资企业12个,发展会员4200人。2011年,全区共有基层工会组织1875个,会员6.02万人,会员入会率97%。

1989～2011年维扬区基层工会组织情况一览表

表18-2-2

项目/年份	职工人数(人)	会员人数(人)	基层工会(个)	项目/年份	职工人数(人)	会员人数(人)	基层工会(个)
1989	7488	5925	46	2001	31628	27922	982
1990	8512	6598	52	2002	19102	17124	835
1991	8772	6903	54	2003	21802	18751	965
1992	8772	6903	54	2004	23531	21851	970
1993	8830	7126	60	2005	26725	24854	1013
1994	9021	7534	63	2006	32100	29226	1143

续表 18-2-2

项目 年份	职工人数(人)	会员人数(人)	基层工会(个)	项目 年份	职工人数(人)	会员人数(人)	基层工会(个)
1995	9856	7920	65	2007	38719	35419	1343
1996	12350	9574	90	2008	43400	41480	1417
1997	16580	12985	328	2009	49006	48026	1575
1998	21329	16842	435	2010	53291	52260	1695
1999	22560	19481	518	2011	61735	60200	1875
2000	23332	20547	735				

四、主要活动

职工教育 1989年,开展形势教育,稳定职工队伍,维护社会安定团结。1990～1992年,加强职工“四职”(职业道德、职业纪律、职业技术、职业文化)教育。各基层工会普遍开展岗前培训、在岗培训和各种法规与操作规程培训。1993～1995年,开展“创企业精神、树主人翁形象”(简称“创树”)主题教育活动,引导和鼓励职工提高思想认识,坚定改革信念,重塑自我,适应竞争。1996～2000年,动员全区职工投入“创树”主题教育,开展“争当文明职工、争创文明班组”和“争创文明新风家庭”等系列活动。2001～2005年,开展“争创学习型组织,争当知识型职工,树立新时代职工形象”活动,全区共树立省、市级学习型企业示范点8个、知识型职工标兵4人,评选文明职工300人。2007年,建立健全学习制度、机关干部与基层工会挂钩联系制度、专题调研制度。

2008年,重点加强江扬电缆、恒诚织布、久扬渔具、美迪制衣等规模企业队伍建设,创办《江扬月报》《美迪人》月刊,江苏江扬电缆有限公司和扬州三布纺织有限公司工会论文获市企业文化与工会工作优胜论文奖。组织全区8000名职工参加市总工会举办的百万职工中共十七大精神知识竞赛。“两争一树”(争当文明职工、争当文明班级,树主人翁形象)活动参与率达85%。江苏江扬电缆有限公司、梅岭小学等示范点,形成“全员学习、终生学习、团队学习”氛围。“创建五一文明示范组(岗)、争当文明职工”活动参与率87%。建成10家职工(农民工)书屋,江苏江扬电缆有限公司职工书屋被评为省示范点,西湖镇西峰社区职工书屋被评为市示范点。开展“四送”(送知识、送法律、送健康、送影视)活动,组织优秀影片到社区、企业放映,全年放映场次15次。在久扬、美迪、江扬、三布厂、宏福、通宇、亚联等企业设立宣传台,在维扬经济开发区广场设立法律咨询台,发放资料1300多份,提供法律咨询350多次。组织“关爱女性”免费健康讲座,发放健康手册500多份,全年听取讲座女职工8000多人次。2009年,全区45家企事业单位开展“两争一树”活动。在开展“学习型组织标兵单位”“知识型职工标兵”“职工书屋创建”活动中,有10家单位获集体标兵单位、18人获个人标兵、两家单位获市“职工书屋”、8家单位获区“职工书屋”称号。继续开展“争创五一巾帼标兵岗、争当五一巾帼标兵”评选,产生14个“五一巾帼标兵岗”和14名“五一巾帼标兵”。2010年,举办“创文明、比技能、展风采”餐饮服务人员培训班,7个社区餐饮业98名学员参加培训。在全国文明城市、国家生态城市、国家森林城市创建活动中,开办市民课堂,组织机关人员参加“夏季战役”“上路段”“交通岗文明劝导”等志愿者活动;在康乐社区举行全国文明城市启动仪式暨职工大舞台演出;全区21家事业单位和75%大中型企业开展文明职工评选。

建家活动 1990～1995年,按照“统一要求、分类指导、重点突破、逐步推开”原则,开展创建“职工之家”活动。在平山茶场、扬州乐凯玩具有限公司、环球商厦、扬州三布厂等单位试点,逐步扩展到商业、工业、教育、卫生等56家基层单位，共建区“合格职工之家”47家、市“先进职工之家”5家。1997年，开展“双爱双评”（关爱员工的优秀企业家、热爱企业的优秀员工）建家活动，双桥电力机具厂被省总工会命名为模范职工之家。2000年，在外商及港澳台商投资企业和私营企业开展“双爱双评”建家活动，扬州久扬渔具有限公司总经理俞广宽被评为省“双爱双评”活动优秀经营者。2001年，扬州金陵西湖山庄等10家工会委员会被评为区先进职工之家。2003年，10个基层工会获区“模范职工之家”称号，20个基层工会获区“合格职工之家”称号。2006年，开展“会员评家”活动，全区企业会员评家面100%，区“合格职工之家”104家，合格率87%。2010年，开展生产经营正常企事业单位“建家、评家”活动，全区152家工会，会员评家面100%，合格以上“职工之家”140家，合格率92%。其中，全国模范职工之家1家、省模范职工之家3家、市模范职工之家7家、市先进职工之家4家。

维护职工权益　1990年，建立基层劳动争议调解组织。1991年，与区劳动局联合培训41名劳动争议调解员。1995年，在企业推行平等协商、签订集体合同制度。2000年，成立区职工法律援助中心和区协调劳动关系“三方”（劳动局、计经委、工会）协调组织，开展职工法律援助工作。2001～2003年，在乡镇、村、社区推行区域性集体合同制度，完善劳动关系预警调解机制，建立工会主席信访接待日制度，成立追讨清欠农民工工资领导督查小组，设立农民工维权投诉热线，聘请3名法律顾问，无偿为农民工提供法律援助。2005年，聘请女职工维权指导员工作获省工会创新奖。是年末，全区共有232家企业建立平等协商、集体合同制度，90家企业有劳动争议调解委员会。区总工会坚持开展职工来信来访接待处理，至2005年，累计接待213件次。2007年，推进企业普遍建立劳动争议调解组织，独立建会企业建制率85%以上，区域性劳动争议调解组织建制率100%。接待来访和咨询120人次，参与劳动仲裁3件，结案率100%。开展“五五”普法宣传教育活动，通过“送法下基层”，举办“维权讲堂”，组织万名职工参加全省百万职工劳动合同法知识竞赛。在企业推行事故隐患和职业危害监控法，全区有36家企业达区安全生产和劳动保护示范工会标准。贯彻实施《江苏省集体合同条例》，加强与重点企业联系工作，对外联系点企业由60家扩展到80家，全部实行集体合同、工资协议、工资支付制度、分配制度、劳动合同签订等规范管理。新签集体合同5份、工资协议5份，集体合同续签14份；单独签订集体合同和工资合同53份、区域性集体合同22份，覆盖企业262家；签订区域性工资合同22份，覆盖企业251家和职工1.8万人。2008年，全区乡镇全部建立职工法律援助站，组建调解组织171个。其中，乡镇、街道7个，社区、村35个，组建率100%；全区企业工会中单独建立调解委129个，组建率85%。区劳动调解仲裁委受理劳动争议案件83件，调解员参与调解62件，调解成功40件。参加劳动仲裁案件5件；参加法院庭前调解“诉调对接”，协助调解案件6件。通过平等协商，加强集体合同制度实施，全区签订集体合同53份、区域性集体合同22份，覆盖企业355家和职工1.8万人；签订工资协议73份、区域性工资合同22份，覆盖企业304家，覆盖职工1.75万人，签订女职工专项协议73份。百人以上企业签约率100%。2010年，乡镇、开发区、街道工会相继成立劳动法监督领导小组，先后建立调解组织429个，其中乡镇、街道7个，社区、村35个，组建率100%；387个独立工会，单独建立调解委360个，组建率93%。乡镇、街道、经济开发区工会均建立法律援助站。全年基层工会接待来信来访90多次，提供法律援助60件，涉及职工75人次。是年末，全区签订集体合同99份、区域性集体合同45份，覆盖企业260家和职工2.57万人；签订工资协议120份、区域性工资合同45份，覆盖企业217家和职工2.48万人；签订女职工专项协议83份。职工百人以上企业签约率100%，签订劳动保护安全生产专项集体合同企业80%以上。

扶贫帮困　1991年，各级工会参与救灾，组织职工捐款4.5万元，并做好受灾职工安置工作。1995年，帮扶136户特困户家庭，发放解困资金10万元；元旦、春节，慰问困难职工，发放慰问金3.8万元；高温季节慰问一线工人1980人次；组织困难女职工体检300人次；组织苦脏累工种职工疗养360人次。1997年，成立区职工困难互助救济会，筹集60多万元解困基金，重点帮扶特困企业和职工。市轧钢厂一次性享受解困基金28万元，慰问特困职工12户，建立特困职工档案28份。1998年，与团区委、区人事局联合开展“1+1”扶贫助困活动，对9名特困职工对口帮困，发放慰问金1800元。1999年，区总工会成立职业介绍所，培训下岗失业职工150人，介绍318名下岗失业职工重新上岗。2000年，筹集资金20多万元，慰问全区400多户困难企业和职工家庭。2001年，区职业介绍所介绍岗位324个，70名下岗职工重新就业。2002年，区总工会发放特困职工优惠证60份，特困职工享受就医、就业、子女就学、兴办企业等方面优惠，每月获15公斤大米和1公斤食用油。2003年，成立区困难职工援助中心，对下岗和特困职工实行“一站式”“一条龙”服务，发放特困职工优惠证80份。2004年，与区团委联合举办“鸿大之春”助学义演活动，与24名困难职工子女签订扶贫助学协议书。2005年，走访慰问206户困难职工家庭和20名困难企业工会干部，发放慰问款物17.6万元。

2006年，建立特困及困难职工档案200份，培训下岗、失业职工200人。春节期间，走访慰问困难职工215人，发放慰问金15.6万元。为21名特困职工发放优惠证，在就医、就业、子女入学等方面给予每人补助800元。基层工会结对帮扶特困户81户，有45户困难户脱贫。开展“金秋助学”活动，筹集资金3.8万元，为39名特困、困难职工子女助学。为农民工追讨拖欠工资9.5万元；组织包车13辆运送春节返乡农民工773人次；购买团体汽车票912张，争取经济补贴4500元。2007年，开展“真情送温暖、助困进万家”活动，筹集慰问款60万元，慰问困难职工336户、困难劳模14户、农民工69户，发放慰问款29.98万元，为农民工争取补贴1.12万元；组织5辆包车运送返乡农民工278人次。建立困难职工档案119份，为36名特困职工发放优惠证，给予每人补助800元；区总工会困难职工帮扶中心采集各类岗位80多个，登记待业、下岗职工50人，安置待业、下岗职工20人，结对帮扶38对。开展“金秋助学”活动，资助38名困难职工和农民工子女发放助学款1.9万元。2009年，组织实施“千万农民工援助行动”计划。区总工会为扬州美德制衣有限公司培训农民工85人，基层工会培训职工487人，介绍605名农民工就业，对农民工生活帮扶和维权服务1500多人次。资助49名困难职工和农民工子女，发放助学款2.9万元。元旦、春节期间，慰问困难职工205户、困难劳模6户、农民工71人，向农民工发放补贴4万元；组织15辆包车运送返乡农民工750人次。建立困难职工档案152份。为30名特困职工发放特困职工优惠证，每人补助1000元。2010年，建立困难职工档案142份，慰问困难企业两家、困难职工142户，发放慰问金3.42万元，慰问农民工108人；组织16辆包车运送返乡农民工800人次。继续开展“金秋助学”活动，共资助困难职工和农民工子女49人，发放助学款2.9万元。

民主管理　1991年，宣传贯彻企业法，推行企业民主建设，建立基层职工代表大会(简称职代会)报告制度。1995年，推行集体合同履行情况向职代会报告制度。1998年，推行职代会民主评议干部和企业业务招待费向职代会报告制度。坚持国有企业改革方案必须经过职代会审议。1999年6月，在企业推行厂务公开制度。2002年，在非公企业推行职代会和厂务公开制度。至2005年，有257家企业建立职代会制度，212家企业建立厂务公开制度。2008年，发挥职代会作用，落实职工知情、参与、监督权利，符合职代会、企务公开要求的非公企业428家，实行企务公开率87%。其中，职工百人以上企业25家，建制率100%。教科文卫事业单位健全职代会制度，建制率100%。22个村、社区工会建立区域性职代会制度。

2010年，从制度建设入手，分类指导企业职代会。全区433家非公企业建立职代会制度，建制率95%。其中，职工百人以上企业54家，建制率100%。教科文卫事业单位建制率100%，46个村、社区工会建立区域性职代会制度。学校、医院等21家事业单位校(院)务公开建制率100%，54家百人以上职工建会企业建立企务公开制度，职工50人以上建会企业建制率95%，所有建会企业建制面95%以上。全面开展工资协商工作，与基层单位签订工资协调责任状，纳入年终工会工作考核指标。2011年，10家企业被评为市和谐劳动关系星级企业，其中6家被评为市三星级和谐劳动关系企业。

劳动竞赛　1989～1993年，各级工会开展“双增双节”（增产节约、增收节支）和合理化建议活动，共提出合理化建议6240件，采纳3321件，节能150万元，创利252万元。1996年，组织多项劳动技能竞赛，在平山茶场开展采茶竞赛；在江苏捷康集团举行车、钳、刨、铣比武；在扬州管件铸造厂、西湖工具总厂、苏扬机械厂联合举行劳动竞赛。1997～1998年，开展降本增效和合理化建议活动，共收到合理化建议4870件，被采纳的占70%以上，创利2300万元。1999年，在扬州五泉制衣厂举办全区女职工技术练兵、比武现场会。2000年，组织“跨世纪奉献杯”立功竞赛，评选首批区劳动模范20人。2001～2003年，开展“干‘十五’、争一流、当能手、创业绩”为主要内容的“三创三赛”（思维创新、技能创新、岗位创新，创立新功、优质服务、重点工程竞赛）活动，在女职工中开展“五个一”（献一个金点子、参加一项创新、学习掌握一门新技术、寻找一个效益增长点、荣立一次新功）活动，全区组织技术比武和岗位练兵347次，献“金点子”2900多条，创经济效益500多万元。2004年，组织职工参加市“十万职工大练兵、十大行业大比武”活动，承办市职工“五泉杯”缝纫技能竞赛。2005年，组织参加市计算机操作工、电线电缆制造工、电焊工、织布工等技能竞赛，承办市“恒诚杯”织布工技能竞赛。

2009年，组织规模企业职工培训1万人，开展各类练兵5000多人，组织各类劳动竞赛620人，职工练兵、比武活动面85%。5～7月，组织服装缝纫工比武，电子操作工、焊接工劳动竞赛；组队参加市总工会组织的修脚、足部按摩、车工、小车驾驶、服装缝纫工、护士护理等工种竞赛活动。落实《节能减排全民行动实施方案》，组织节能减排达标竞赛，评选区“十佳节能减排职工标兵”。开展“我为节能减排做贡献”活动，全区有80%规模企业开展节能减排竞赛活动，收到合理化建议2218件，采纳1058件，实施852件，创经济效益2000多万元。其中，有4个乡镇获合理化建议活动优秀组织奖，10名职工获先进个人。

2010～2011年，开展“安康杯”竞赛，规模企业开展“我为安全献一计，以人为本保安康”竞赛活动。职工百人以上企业开展读一本书、提一条安全生产建议、看一部安全生产录像片、接受一次安全培训、写一篇安全生产体会、忆一次事故、当一次安全检查员、搞一次安全生产签名等“九个一”活动。实施事故隐患和职业危害监控法，要求规模企业建立健全各项应急预案，开展应急预案培训和演练，加强对危险源、污染源控制，有效防止事故发生。会同安监等部门开展“安全月”宣传、“夏季安全百日赛”活动，设立咨询台，发放宣传资料，围绕降耗增效，在重点企业、能耗大户，对照国内国外同行业效能先进，找自身差距，制定降耗增效整改方案。推广清洁生产，降低万元能耗比例。

图18-2-2　郊区首届劳动模范合影

劳模评选与管理　1989～2011年，全区获市级以上劳动模范46人，其中全国劳模两人、省部级劳模19人、省五一劳动奖章5人、市级劳模22人。2000年后，全区组织四届区级劳模评选。2000～2011年，全区共评选出区级劳模76人。健全劳模管理机制，建立劳模资料，实施动态管理，跟踪服务。每年组织劳模、先进工作者外出参观、疗休养和免费体检，为困难劳模送温暖，为市级以上劳模发放慰问金。

第二节　共青团

一、团代表大会

1989～2011年，共召开4次共青团维扬区(郊区)代表大会。1991年7月5～6日，共青团郊区第二次代表大会召开。出席会议代表148人，选举产生共青团郊区第二届委员会，委员16人、候补委员两人，其中常务委员5人，金秋芬当选书记。

1994年5月4～5日，共青团郊区第三次代表大会召开。出席会议代表143人，选举产生共青团郊区第三届委员会，委员17人、候补委员2人，其中常务委员7人，孙建兴当选副书记(以副代正)。

2000年8月28～29日，共青团郊区第四次代表大会召开。出席会议代表138人，选举产生共青团郊区第四届委员会，委员17人、候补委员3人，其中常务委员7人，朱燕当选书记。

2008年9月26～27日，共青团维扬区第五次代表大会召开。出席会议代表168人，选举产生共青团维扬区第五届委员会，委员17人、候补委员5人，其中常委7人，赵鼎当选书记。

二、团区委

1989年，团区委内设办公室，工作人员3人。至2011年，团区委内设机构没有变化。

1989～2011年维扬区团委书记、副书记一览表

表18-2-3

职　务	姓　名	任职时间	职　务	姓　名	任职时间
书　记	王　海	1988.4～1990.7	副书记	金秋芬(女)	1990.7～1991.6
	金秋芬(女)	1991.7～1993.4		孙建兴	1993.4～1995.12
	朱　燕(女)	2000.8～2004.6		庄绪梅(女)	1995.7～2001.1
	翁宁林(女)	2004.6～2005.1		邱志强	1995.12～1996.12
	韦　峰	2005.10～2008.9		汤建军	2000.9～2001.6
	赵　鼎	2008.9～2010.6		翁宁林(女)	2002.7～2002.12
	袁慧中(女)	2011.2～2011.11		赵　鼎	2004.8～2008.7
				许　维(女)	2008.8～2010.12
				袁慧中(女)	2010.6～2011.1

说明：1993年4月至2000年8月，团区委无书记，由副书记主持工作。

三、基层团组织建设

1994年，建立健全基层团组织200多个，消除团工作空白点。1995年，根据《中共中央关于加强农村基层团组织建设的通知》精神，调整部分团基层组织设置，相继成立蝙蝠电器厂团委、区文教局团委、区公安分局团委和农行郊区办事处团委。1996年，开展“六有团支部”(有一个思想政治素质好、事业心强、工作能力强、深受青年信赖和拥护的团支部书记和支部班子；有一支充满活力，在本职岗位和社会生活中发挥模范带头作用的团员队伍；有一支滚动发展、数量不断增加的青年入党积极分子和优秀青年人才队伍；有围绕党的中心工作，服务大局、服务青年、适合团员青年特点、丰富多彩、形式多样的特色活动；有为团员青年竭诚服务的扎实措施；有能够保证正常开展活动必要的经费、阵地和健全规范的工作制度、工作档案创建)、“五四红旗团委”创建、“团组织达标升级竞赛”、“非公企业百日建团竞赛”等活动。1998～1999年，区委组织部、团区委联合印发《关于加强农村基层团组织建设的意见》，推进非公企业建团工作。2002年，全区符合建团条件的非公经济组织建团率74.7%，发展团员691人。2004

年，依托"党建带团建"，在世纪联华超市，成立全市第一家大型商贸物流超市团委。2007年，有23家非公企业建成团组织，占全区非公企业团组织60%。2009年，按照"行业相近、地域相邻、作用同类"原则，推进行业建团、协会建团、联合建团、务工青年居住地建团等工作。

1989～2011年维扬区团组织情况一览表

表18-2-4

年份＼项目	团委（个）	团总支（个）	团支部（个）	团员（人）	年份＼项目	团委（个）	团总支（个）	团支部（个）	团员（人）
1989	12	13	204	3886	2001	13	15	167	4921
1990	13	12	195	3705	2002	12	13	146	4087
1991	14	13	247	3920	2003	9	20	131	4204
1992	14	13	247	4000	2004	9	14	135	3689
1993	14	15	236	3920	2005	12	19	167	5095
1994	17	18	229	4216	2006	12	20	168	5219
1995	18	18	229	4943	2007	15	24	172	5422
1996	18	18	229	4711	2008	13	24	172	5742
1997	18	18	230	5168	2009	13	25	171	6001
1998	14	15	259	5902	2010	13	26	174	6239
1999	12	15	173	4337	2011	13	26	177	7955
2000	15	16	183	5141					

四、主要工作

青少年思想道德建设　1989～1990年，全区各级团组织以理想信念教育为主体内容，组织团员青年学习邓小平理论，树立远大理想。1991～1994年，团区委开展"学党史、树理想、求奋进"系列活动，组织团员青年参加团省委举办的坚持有中国特色社会主义理论知识竞赛，获团省委组织奖；企业团组织开展"青工形象""我爱本职"演讲比赛和"三美"（人美、厂美、产品美）教育，引导青工坚定社会主义信念。1995～1999年，以纪念抗日战争胜利50周年为契机，邀请八路军战士讲述抗战经历，带领20多名团干参观南京江东门侵华日军大屠杀纪念馆。制定《关于在全区青少年中开展"讲文明，树新风"活动的意见》，要求全区青少年在整治环境、维护优良秩序、倡导文明言行等方面率先垂范。举办建团75周年党团史知识竞赛、迎香港回归知识竞赛、读书征文等重点教育活动。在全区青少年中举办"我看家乡二十年"征文演讲比赛，通过今昔变化，帮助青少年理解解放思想、实事求是思想路线。举办"五四"运动80周年纪念大会暨歌咏会，用"五四"精神激发青少年爱国主义情怀。2000～2005年，团区委以"新千年、新风采"为主题，集中开展18岁成人仪式、新世纪青少年读书计划推进会、中华古诗文青少年朗诵大赛等大型活动；组织召开纪念建团80周年大会，举办"永远追求真理，不断与时俱进"团史讲座；组织学习江泽民总书记在建团80周年纪念大会上讲话，召开全区各界青年学习中共十六大精神座谈会；印发《关于深入创建"青年文明社区"活动的意见》，组织"青年文明号"优质服务进社区和开展"青年文明一条街"创建活动；与扬州日报社联合举办"维扬少年6·1快乐行"活动，组织30多名外地务工人员子女参观润扬大桥和史可法纪念馆等教育基地；举办"抗日老兵进校园、进社区巡回演讲"活动；与区委宣传部联合开展纪念抗日战争胜利60周年知识竞赛，弘扬爱国主义民族精神和改革创新时代精神；在梅岭街道便益门社区建成全市首个青少年绿色文明园，作为爱绿、护绿教育实践基地。2006～2011年，印发《关于在全区青少年中广泛开展"树立正确荣辱观，传承中华民族魂"主题教育活动的通知》，号召青少年牢固树立社会主义荣辱观。联合区委组织部举办以"知荣辱、树新风"青年演讲比赛，引导广大团员青年牢记"八荣八耻"；开展"我与祖国共奋进""民族精神代代传""做新一代维扬人""迎奥运、展风采、维扬发展我成长""好习惯伴我快乐成长" "星星火炬校园行"以及"感恩励志"等主题系列教育活动；通过"让我把幸福告诉你""我为维扬发展献一策"专题展览，宣传中国特色社会主义伟大成果；纪念新中国成立、少先队建队60周年，开展"献给母亲的歌——庆祝中华人民共和国成立60周年诗歌朗诵大赛""红领巾与祖国同行""学习徐兆华，做维扬好人"等活动；联合万科地产开展"跟着垃圾去旅行"环保宣教，增强青少年环保意识。

图 18－2－3　2009年4月27日，维扬区启动"就业创业双十、双百行动"

青年创业成才行动　1994～1998年，全区各级团组织开展农业实用技术培训，让农村青年掌握1～2门多种经营生产技术；组织开展"走访创业者、服务创业者、争当创业者"教育活动，使青年树立创业成才信心。2001～2004年，开展"青年创业行动"，引导青年转变就业观念，勇于自主创业，平山贡春茶叶公司陈苏生获省"农村青年创业致富带头人"称号；联合区委宣传部、平山乡青年创业服务中心实施"青年创业行动"等7个优秀工作项目和宣传薛斌等19名优秀创业典型。2005～2008年，在全市率先成立首家青年创业促进会，组织30多名创业青年参加创业培训班；林若庸、沈健、梁勤等获市"十佳创业先锋"称号；与扬州大学经济学院合作，开展"问计维扬经济发展——扬州大学博硕团调研实践活动"，为维扬青年企业家提供咨询服务；组建青年创业服务联盟，发挥维扬青年创业促进会作用；联合区委组织部，举行区十大青年创业先锋评选，营造青年创业氛围；启动青年就业创业"双十、双百"行动，建立10个就业创业见习基地，提供100个见习岗位，帮扶10个青年创业项目，免费培训100名就业创业青年，筛选10个具有青年特点的创业项目，参加市青年创新创业大赛。成立全市首家区级青年就业创业服务中心，为创业青年提供(start your business 创办你的企业)培训和职业技能培训448人次。2009～2011年，联合区内企业建立10个见习基地，搭建校企沟通桥梁；江苏罗思韦尔电气有限公司周祥东和扬州扬杰电子科技有限公司梁勤被授予"扬州市十佳青年创业之星(先锋)"称号；联合玩具生产企业与高校合作，设立创意设计见习基地。

"双争"和"争创"工作　1991～1994年，团区委组织开展"双争"(争创青年文明号、争当青年岗位能手)活动，围绕提高青工技术素质，开展"爱岗、立功、成才"技术练兵和技术比武，举办各种岗位操作比武活动106次，参加青工1万多人次；举办各类培训班138期，培训内容涉及机械、纺织、电子、工艺等20多个专业门类，参训2.5万人次。全区共取得"五小"(小发明、小革新、小改造、小设计、小建议)成果89项，创经济效益600多万元。1995～1998年，表彰命名50个"共青团号"岗位、20名"新长征突击手"、108名"青年岗位能手"和"十大杰出青年"，有9名青年被评为市新长征突击手。在农村，开展"争创"(争当青年岗位能手、创新科技成果)活动。平山乡堡城鲜花培育销售基地、西湖镇胡场村灵芝培育基地等多种经营基地崭露头角，一批青年能手脱颖而出。1999～2003年，争创活动逐步向混合所有制企业、非公企业拓展。为突出青年科技创新，开展“五个一”活动，即成立一个科技攻关协会(小组)、开发一个新产品、攻克一个技术难题、推广一项先进技术、转化一个科技成果。联合区委宣传部开展区十大杰出青年评选活动。

1994～2010 年维扬区青年文明岗(号)和红旗团委(支部)获奖情况一览表

表 18-2-5

获奖年份	获得荣誉	获奖单位
1994	省青年文明岗	市轧钢厂团支部
1995	省青年文明号	环球商厦五机柜组
		罗城商厦佐丹奴专卖店
2005	市五四红旗团委	区文教局团委
		平山茶场团委
	市五四红旗团支部标兵	梅岭街道锦旺社区团支部
	市五四红旗团支部	城北乡槐南村团总支
2007	省五四红旗团委	双桥乡团委
	市五四红旗团委	维扬经济开发区团工委
		平山乡团委
	市青年文明号	市消防支队维扬区大队
		扬州宝宝熊饮食连锁时代广场店
		扬州时代超级购物中心接待科
		市双鸿电子公司生产技术研发部
		区博爱家政
		亚星客车股份有限公司后勤管理处
	区青年文明号	市唐城安全玻璃制造有限公司技术开发部
		区西湖城管大队
		双桥乡劳动人事所
		扬州三布纺织有限公司织造甲班
		区友谊幼儿园
		江苏通宇钢管集团有限公司质检部检测组
		西湖中心小学教工团支部
		区劳动和社会保障局劳动就业管理处
		区检察院侦监科
		市行政服务中心区外经局窗口
		维扬经济开发区管委会招商局

续表 18-2-5

获奖年份	获 得 荣 誉	获 奖 单 位
2008	市五四红旗团委	甘泉街道团工委
		西湖镇团委
	市五四红旗团支部	梅岭派出所团支部
2009	市五四红旗团支部标兵	区检察院团支部
	市五四红旗团支部	梅岭街道广储社区团支部
		江苏金澳汽车销售服务有限公司团支部
2010	省五四红旗团委	梅岭街道团工委
	市五四红旗团委标兵	双桥街道团工委
	市五四红旗团委	区级机关团工委
	市五四红旗团支部标兵	上海宝冶集团扬州西湖景园项目部团支部
	市五四红旗团支部	念四桥派出所团支部

2003～2007 年维扬区优秀青年获奖情况一览表

表 18-2-6

获奖年份	获 得 荣 誉	获 奖 人 员
2003	市十大杰出青年	冯远松
	省新长征突击手	俞明源
		赵元红
2005	省青年农业产业化带头人	郑玉权
	市新长征突击手	孟德和
	市优秀团干部	许 维
	市优秀共青团员	钱 磊
2007	市十大杰出青年	吴 冉
	市十大杰出青年	刘亚敏

“青年志愿者”行动　1990～1994 年，开展“立足本职学雷锋，我为‘八五’献青春”主题系列活动，组织“学雷锋长期服务小组综合包户”，全区共有 27 个综合包户点、长期学雷锋小组 98 个。1991 年，六圩港出现险情，组织区机关 30 名青年志愿者连夜赶赴六圩港抢险，平均每人抛石两吨多，被团市委授予“扬州市六圩港最佳抢险突击队”称号。1994 年，开展“岗位学雷锋、行业树新风”活动，组织各项公益活动 30 多次，服务 1 万多人次。1996 年，建立区青年志愿者协会，共有注册青年志愿者 2500 多人，设立服务基地 150 多个。1996～1998 年，组织青年志愿者营造“区共青林”，开展“和谐维扬、青春行动”“爱心服务、情暖维扬”等大型志愿活动，服务总时数 22 万小时，人均服务时数 100 小时，被服务者 4.2 万人次；全区共开辟青年志愿者假日服务广场 5 期，200 多名志愿者在平山乡堡城村义务植树 2000 多株；开展“1＋1 爱心行动”，有 27 名青年志愿者与 27 名特困儿童结成 1＋1 助学对子，资助他们完成九年义务教育学业。1998 年，区青年志愿者协会被团省委、省青年志愿者协会表彰为优秀青年志愿者服务集

体。按照服务基地标准，规范青年志愿者服务基地 9 个，统一青年志愿者“红马甲”标识，表彰 20 名优秀青年志愿者、5 个优秀青年志愿者服务集体，其中有 5 个青年志愿者集体、6 名个人受市表彰。1999 年，湾头镇青年志愿者植绿护绿服务队被团省委、省绿化委员会表彰为全省优秀青少年植绿护绿队。2000 年，区法院、西湖中学青年志愿者服务队等 8 个集体被团市委授予“优秀青年志愿者服务集体”称号，许辉等 28 名青年志愿者被团市委授予“优秀青年志愿者”称号。2002 年，开展“送温暖、送技能、送岗位”活动，帮助 30 多名特困下岗青工解决子女就学费用问题。2003 年，印发《筑起预防“非典”的青春防线——致扬州市维扬区广大团员青年的一封公开信》，在双桥街道文苑社区和梅岭街道友谊社区开展“防非”宣传活动。在 17 个社区建立志愿者服务站，组建志愿者服务小分队 100 多个；组织 50 多名青年参加无偿捐献造血干细胞青年志愿者。2005 年，先后在双桥、梅岭、西湖等乡镇（街道）与扬州大学、扬州职业大学组织志愿者结对共建。2007 年，团区委被评为 2006 年度省级先进志愿者集体。是年，双桥街道康乐社区朱正兴被团中央、中国志愿者协会授予“全国百名优秀青年志愿者”称号。2006～2008 年，西湖、城北、梅岭等乡镇、街道团委联合扬州大学、扬州职业大学、扬州化工学校开展“弘扬雷锋精神，青年志愿者在行动”系列服务活动；组织近 300 名青年志愿者志愿宣讲队伍，在各社区集中组织“和谐之水爱心之源”大型志愿者服务活动；给 19 个社区新配社区主任助理，为康乐等 4 个社区配备 12 名青少年心理辅导义工；成立“新扬州人”志愿者联盟，开展志愿者共创文明城市出征仪式和“爱心服务、情暖维扬”志愿服务推进月活动。汶川大地震后，团区委组织 50 多名青年志愿者成立突击队，参与阿珂姆公司救灾帐篷生产。2009～2011 年，组织社区志愿者服务广场，为各社区市民提供免费法律咨询、医疗保健、清除卫生“死角”、发放环保袋等活动。在全市率先成立大学生村官“燎原”志愿者服务站，先后开展“文明快闪行动”“关爱工程”“夏日文明风”“12 · 5 国际志愿者日”等活动，与友谊老龄公寓、市特殊教育学校签订志愿服务协议。《扬州日报》头版、《扬州晚报》、扬州电视台《新闻女生》等媒体栏目 20 多次专题报道“燎原”志愿者行动。开展“青春笑脸进千家万户”活动，发动青年志愿者进社区、进家庭宣传文明城市创建。

图 18-2-4　2006 年 6 月 10 日，团区委开展青年志愿者广场服务活动

预防青少年违法犯罪　1997～2000 年，在扬州三布厂开办 4 期法制教育讲座，受教育 300 多人。区团委成立法律援助站，为青少年维权提供法律援助。先后在史可法纪念馆等地设立 3 个青少年教育基地。联合区检察院等部门开展创建优秀“青少年维权岗”“平安校园”等活动。2000 年，在全市率先建立乡镇未成年人保护机构，宣传未成年人保护法和预防未成年人犯罪法。2004 年，印发预防青少年违法犯罪宣传资料，确定市少儿图书馆等 3 家单位为全区青少年教育基地。2005～2007 年，向全区青少年发出“远离邪教组织”倡议书，在 19 个社区建立社区法律学校，定期或不定期地为青少年举办法律讲座，开展禁毒、环保、消防、交通安全等各类法律知识教育和思想道德教育。暑期在梅岭街道凤凰桥社区开展“离校不离教”系列活动。双桥街道团工委结合“6 · 26”世界禁毒日举办“珍爱生命，拒绝毒品”

专题讲座。加强青少年“关爱工程”建设,关爱对象 167 人。至 2007 年,全区建立关爱小组 22 个,有 79 名责任人参与关爱行动,为 159 名关爱对象落实关爱措施。2009～2011 年,开展青少年自护教育,在城北乡安平社区、梅岭街道凤凰桥社区举办暑期青少年自护夏令营;建立维扬武警消防中队、安平社区等一批青少年法制教育基地;对重点青少年群体排查、跟踪、帮扶;为 143 名关爱对象落实关爱措施,其中 20 多名高危青少年有良好转变;聘请《知心姐姐》杂志社开展“关心孩子心灵成长”专题辅导讲座,组织青少年参加全省中小学生自我保护情景剧大赛评选,梅岭小学参赛作品进入最后参评。

“希望工程”活动 1994～1998 年,开展“希望工程”活动,全区首次募捐 10 万多元,作为“希望工程”基金。城东乡沙口小学和安徽一贫困小学建立“希望工程”互助对子,互通信件 1000 多封。团区委给中国希望工程基金会和市聋哑学校捐款 1 万元,支持区内两所小学和 15 名贫困生 7000 元。与湖北省秭归县和山东、江西等省贫困地区 13 所小学建立“1+1 结对助学”。资助西湖镇果园小学 6000 元,全区各中小学捐款 5 万多元为湾头镇沙联小学刘同学治疗白血病。组织团员青年为华东灾区重建希望小学捐赠 1.02 万元。2000～2004 年,全区团员为援助高邮市、宝应县遭受龙卷风侵袭的校园捐款 7000 多元;开展“新学期助学”“六一特困生结对”活动,筹集资金 6000 多元;通过五四鸿大之春文艺汇演等活动,筹集资金 9.22 万元,结对资助 104 名贫困生。2005 年,争取上级“希望工程”资助款和省电力助学基金共 14.48 万元;在时代超市广场举行“把爱心洒向人间”——大型广场咨询服务活动,募集资金 9000 多元;成立维扬青年爱心救助基金会,首批救助全区特困生 24 人,资助青少年 416 人;康乐社区团支部创立扬州首个由社区单独设立的奖学金。2006～2008 年,帮扶 15 名贫困生,资助金额约 1 万元;组织团员青年募集 3.64 万元特别团费,支援陕西旬阳县灾区学校重建;区文教局团委组织新东方中学等团员老师开展“情系蓝天”活动,为蓝天小学外来务工子女结对帮扶;组织发放第二批“维扬青年爱心基金”,有 6 名优秀少先队员得到资助;汶川大地震后,组织团员青年为灾区困难学生捐献“特殊团费”11 万多元,动员社会各界订购“希望工程”明信片,募集资金 21 万元。2009～2011 年,拓宽“希望工程”筹资渠道,联合维扬消防大队,开展“真情助困进万家”活动,发放“希望工程”助学款 20.68 万元,资助中小学生 129 人;推动“圆梦行动”,开展团干部走访“圆梦行动”受助大学生活动,走访辖区内应届高中生,与受助大学生面对面访谈,扩大团组织社会影响力;成立关爱农民工子女志愿者专门队伍,进行学业辅导、亲情陪伴、自护教育,组织大学生村官与竹西小学、西湖中心小学等学校留守儿童、实施结对关爱活动。

学联与少先队工作 1993 年,中国少年先锋队扬州市郊区工作委员会成立。1994～1997 年,撰写《从城郊实际出发,切实加强青少年教育工作》调查报告,并在共青团扬州市二届四次全委扩大会议上作典型经验交流。全区共建少先队队室 40 所、鼓号队 26 支,实现每所中心小学建 1 支鼓号队目标。开展“手拉手”和“雏鹰奖章”活动,共建“手拉手”对子 1200 多人、“手拉手”联系学校 5 所、“雏鹰奖章”活动试点学校 8 所。开展“五心”(爱心献给社会、忠心献给祖国、孝心献给父母、关心献给他人、信心留给自己)活动,开展“五自”(自律、自护、自理、自强、自信)活动以及“五爱”(爱国家、爱人民、爱社会主义、爱集体、爱他人)活动。为纪念抗日战争胜利 50 周年和庆祝少先队建队 46 周年,组织“铭记历史,振兴中华”歌咏比赛。组织少先大队辅导员撰写少先队工作论文参加评选,获国家级论文 40 多篇、省级 100 多篇。开展雏鹰假日小队手拉手文明行动和青少年文明公约千人签名承诺行动,有 1000 多名青少年参与签名。城东乡沙口中心小学王宇明和双桥乡实验小学姚健分别获“省优秀辅导员”和“省优秀少先队员”称号。1998～2002 年,组织少先队员参加欢送新兵仪式,向新兵献花、献辞,让青少年接受国防意识教育。区少工委全面实施辅导员等级考核制度,全区 301 名辅导员参加培训、考核;组织 9 名少先队工作者参加全国中学少先队辅导员研修营,杨荣、陈国柱等分别获“省十佳少先队辅导员”“省优秀辅导员”称号。2003 年,张昕等两名辅导员参加省辅导员素质创新大赛,分别获一等奖和二等奖。梅岭小学承办扬州市暨维扬区纪念少先队建队 55 周年大会及“做了不起的新一代扬州人”主题汇报演

出。2004 年，梅岭小学张昕在全省辅导员基本功竞赛中获第一名，城北乡总辅导员吴蓉被省少工委评为资深辅导员。2004～2007 年，开设全区少先队辅导员培训班，组织青少年参加市"与光荣同行"专题文艺演出，安排贫困学生参加"七彩的夏日"夏令营活动；维扬实验小学李沐同学获全国青少年科技创新表彰；少先队辅导员杨荣、冯长宏撰写少先队工作专著，获中国少先队工作学会"十五"科研成果三等奖、省科研成果一等奖；黄宁等 6 名辅导员被评为市名辅导员；举行庆"六一"表彰大会暨"好习惯伴我快乐成长"启动仪式；维扬实验小学李沐同学获省"十佳少先队员"称号。2008～2011 年，组织学校参加"与改革开放共成长、与灾区人民心连心"庆"六一"大型主题活动，选拔辅导员参加市第二届辅导员风采大赛，获团体二等奖；创建"星星火炬校园行"工作品牌，推出"活动开展—阵地观摩—话题研讨"活动模式；开展"新生活德育论坛""新公民文明修身""红领巾与文明同行"合唱比赛等活动；带领中小学生、大学生村官、青年志愿者展开"绿满扬州生态之旅"。

第三节　妇　联

一、代表大会

1989～2011 年，维扬区(郊区)共召开 3 次妇女代表大会。

1993 年 10 月 8～9 日，郊区妇女第二次代表大会召开。出席会议代表 120 人、特邀代表 14 人。大会选举产生区妇联第二届执委会，委员 21 人，其中常委 5 人，周素珍当选区妇联主席。会议表彰 16 个"三八"红旗集体和 50 名"三八"红旗手。

1998 年 11 月 10～11 日，郊区妇女第三次代表大会召开。出席会议代表 116 人、特邀代表 16 人。大会选举产生区妇联第三届执委会，委员 21 人，其中常委 7 人，莫维萍当选区妇联主席，周霞当选副主席。会议表彰 10 个"三八"红旗集体和 48 名"三八"红旗手。

2008 年 9 月 27 日，维扬区妇女第四次代表大会召开。出席会议代表 150 人。大会选举产生区妇联第四届执委会，委员 23 人，其中常委 7 人，金燕当选区妇联主席，翟凤华当选副主席。会议表彰 10 个"三八"红旗集体和 30 名"三八"红旗手。

二、区妇联

1989 年，区妇联内设机构有办公室，工作人员 3 人。至 2011 年，区妇联内设机构没有变化。

1989～2011 年维扬区妇联主席、副主席一览表

表 18-2-7

职　务	姓　名	任职时间	职　务	姓　名	任职时间
主席	周素珍	1988.3～1998.2	副主席	周素珍	1987.3～1988.3
	莫维萍	1998.2～2005.1		周　霞	1996.1～2000.8
	高德霞	2005.1～2005.8		孔　敏	2000.8～2003.1
	金　燕	2005.8～2011.11		周彩虹	2003.1～2006.12
				翟凤华	2007.4～2011.11

三、基层组织建设

1989 年，全区 8 个乡镇场均建立妇联，各配备主席 1 人。全区 72 个行政村建立妇代会，并配备妇代会主任。1999 年 3 月，区个体私营协会成立妇委会。2000 年 2 月，全区由原来 72 个村合并成 46 个村，村妇代会比 1989 年减少 26 个。2002 年 2 月，市区区划调整，原湾头镇、汤汪乡和城东乡划归广陵区管辖，乡镇妇联比 2000 年减少 3 个，村妇代会减少 21 个。同时，从广陵区划进部分居委会，成立梅岭街道。至年末，全区有乡镇场(街道)妇联6个、村(社区)妇代会42个、非公企业妇委会25个。2003年3月，梅岭街道妇联成立。2004年，根据全国妇联新章程精神，全区社区妇代会全部更名为妇女联合会，区级机关成立妇女工作委员会。2005年，瘦西湖街道成立妇联，江阳工业园区成立妇女工作委员会。至2005年，全区有乡镇场(街道)妇联6个、村妇代会20个、社区妇联17个、机关事业单位妇委会(妇工委)两个。是年，双桥街道妇联主席姚梅琴被省妇联授予“省优秀妇联干部”称号。2006年，区妇联在维扬经济开发区组建新凤凰股份有限公司等8家非公企业妇代会。2010年6月，双桥街道康乐社区“妇女儿童之家”被省妇联命名为首批“省示范妇女儿童之家”。是年7月，双桥街道康乐社区、梅岭街道锦旺社区被全国妇联授予“全国妇联基层组织建设示范社区”称号。

四、主要工作

提升妇女素质 1995年，区妇联表彰全区“十佳妇女”和20名“能手标兵”，举行“赞美我身边的女性”演讲会，召开党政女干部座谈会和区领导干部家属联谊会，组队参加市妇联组织的“庆‘三八’、迎‘九五’”环城长跑活动。1999年，举办首期全区妇女干部“绿色证书”培训班，各乡镇妇联主席、村妇代会主任77人参训。2000年，组织75名妇女干部参加“绿色证书”资格考试。2006年，举办全区妇女干部培训班，特邀扬州大学、市委党校专家、教授讲授妇女权益保障、妇女发展与和谐社会建设、文明礼仪知识及台海局势等课程，基层妇联干部、有关单位妇委会主任及部分企业妇女干部等50人参训。是年2月，梅岭街道锦旺社区党总支书记兰宝华被全国妇联授予全国“三八红旗手”称号。2007年3月，区妇联联合区委组织部召开“强区强镇(乡)建功立业”“庆三八”女干部座谈会。是年，区妇联主席金燕、梅岭街道妇联主席管晓华被市妇联表彰为“三八红旗手”。2008年11月，梅岭街道锦旺社区被省妇联授予“省三八红旗集体”称号，西湖中心小学校长朱玉玲被省妇联授予“省三八红旗手”称号。2009年3月，联合区委组织部召开“抓住新机遇 实现新跨越”女干部暨各界妇女代表座谈会。2010年3月，区妇联举办“庆三八”“缤纷维扬春满园”电视专题文艺晚会，纪念三八妇女节100周年，宣传表彰区各行各业妇女先进集体和个人，安平社区等6家单位获“巾帼文明岗”突出贡献奖，3家单位“红马甲”义工队获“爱心大使”奖，同时表彰10个“十佳和谐家庭”、5名“杰出女性”、10名“十佳创业女性”。2010年8月，康乐社区康乐文化广场健身点被全国妇联命名为全国妇女健身示范站点。2011年，联合区委组织部召开“巾帼创新功、岗位争优秀”座谈联谊会，邀请全区所有村(社区)女书记、主任和女大学生村官代表40多人参加座谈。

“双学双比”活动 1989年，在全区农村妇女中开展“双学双比”(学文化、学技术，比成绩、比贡献)竞赛活动，联合区委宣传部等6个部门表彰100名女能手。1995年，在城北乡黄金村省“双学双比”能手——平菇生产大户田顺云家召开女能人技术辐射现场会。1999年，将推进科教兴农和农业产业化经营纳入“双学双比”活动，向湾头镇“三八”丰产方科技活动室和部分女能手赠送各类科技书籍800多本。在汤汪乡蔡坝村建立蔬菜示范基地科技活动室。2000年，在全区妇女中开展“姐妹同心、结对同行”活动，组织动员90名有实力、懂技术妇女干部、女能手同困难妇女结对，签订“五帮三包”(帮钱、帮物、帮技术、帮品种、帮营销，包精神文明建设、包各项任务完成、包人均收入不低于全乡平均数)合同。2001年，平山乡堡城村花木协会成立，40多名会员帮助45户群众销售花木10多万盆，创收70多万元。2004年，区妇联被省农村妇女“双学双比”竞赛活动领导小组授予“‘双学双比’先进集体”称号，平山乡堡城村谈恒英被授予“‘双学双比’先进女能手”称号。2005年，各级妇联利用“三八”示范基地、“三八绿色工程”召开现场会、观摩会，举办专业技能培训班9期，参加培训300多人。2011年11月，区五彩缤纷毛线总汇被命名为第二批省级巾帼来料加工示范基地。

“巾帼建功”活动 1991年始，全区发动广大城镇妇女发扬“四自”(自尊、自信、自立、自强)精神，在各自岗位上建功立业。1995～1997年，在双桥乡光明鞋厂和扬州三布厂等企业开展职工岗位练兵、技术比武活动；在卫生、教育等行业，开展争创“巾帼示范岗”活动；在西湖镇雅伦、乐凯、振华、磁扬、联

玩、捷达等玩具厂女工中开展四道工序比赛。1999 年，成立区“巾帼建功”竞赛活动领导小组。在扬州五泉制衣厂、扬州久扬渔具有限公司、江苏捷康集团有限公司组织技术比武流动现场观摩；在城东乡曲江小商品市场 392 名女个体工商户中开展“巾帼示范岗”争创活动。2000～2001 年，相继成立西湖镇玩具行业女能手联谊会和西湖镇玩具行业女能手协会。2003 年，全区新建巾帼示范基地 5 个。其中，平山乡综合村经济苗木种植园、雷塘村妇女花木示范园、城北乡水云花木场和西湖镇经圩村绿色通道等初具规模，共用地 53 公顷。举行维扬区优秀创业女性事迹报告暨首批优秀创业女性表彰会，宣传平山乡丁魏村蔬菜种植能手韩月红等 12 名优秀创业女性。2004 年 3 月，富永华玩具厂厂长吴华珍被授予市“十佳巾帼创业明星”称号，城北乡瓦窑村养殖大户杜元双等 10 名创业女性被市妇联授予市“百名巾帼创业带头人”称号。2007 年 3 月，区妇联联合区劳动和社会保障局召开全区“十佳创业女性”事迹报告会暨庆“三八”表彰大会，将“十佳创业女性”优秀事迹制成 10 块展牌流动展出，并印发 1000 多份宣传彩页，省、市各新闻媒体同时作专题报道。4 月，区妇联举办区女性创业者协会成立仪式暨“创新业、创大业”女性创业发展论坛，首批协会成员 38 人。2010 年，拓宽妇女创业就业渠道，落实首批妇女创业扶持基金。根据创业规模、发展前景、行业特点等因素，在 77 名创业女性中筛选 23 名作为扶持对象，集中发放首批创业扶持资金 10.7 万元。2011 年，落实第二批妇女创业扶持资金，对 3 个巾帼创业实践基地、3 个女大学生创业项目、4 个困难妇女创业项目计 19 名创业女性发放扶持资金 8 万元。是年，苏扬足部护理中心被省妇联命名为省级巾帼示范培训基地。2010～2011 年，区妇联制定妇女“巾帼建功”小额担保贷款财政贴息政策，全区 62 名妇女和 3 家企业获贷款 663 万元。

图 18-2-5　2007 年 3 月 8 日，区妇联召开“强区强镇(乡)、建功立业”女干部座谈会

特色家庭创建　1989 年，区妇联在全区开展“五好文明家庭”创建活动，湾头镇板桥村尤开英家庭被省、市妇联表彰为文明新风户和五好家庭标兵户。1994 年，表彰 20 名新风标兵户，并召开“好婆媳”及年产值 3000 万元以上企业厂长、经理“贤内助”座谈会。1996 年，学习推广江阴市“一、二、三”读书工程做法和经验，联合区委宣传部，以城北乡梅岭、卜杨为试点村，号召每户家庭添置 1 张书橱，订阅两份报刊，添购 300 册图书。同年，区妇联举办“读书使我走上致富路” 演讲报告会，表彰 20 个区级新风标兵户。1999 年，全区有 6 户家庭被市委宣传部、市妇联分别授予“妇女文化中心户”“五好文明家庭标兵”“五好文明家庭”称号，有 10 户家庭被区委宣传部、区文明办、区妇联评为“十佳五好文明家庭户”。

2004 年，与亲近母语儿童阅读教育研究中心、扬州晚报社联合在文昌广场举办“与经典同行，和好书为友”庆“六一”广场朗诵会，1000 多名小朋友及家长参与。联合区委宣传部、区文明办制定《关于开展“书香家庭”创建活动的意见》，举行全区“书香家庭”创建启动仪式，首批争创家庭 257 户。2005 年，在城北乡安平社区召开全区书香家庭创建工作现场会，观摩“书源共享”现场，观看“书香飘维扬”专题纪录片，听取锦旺社区、文苑社区、安平社区、翠岗社区和平山村 5 家单位经验介绍。同年，全区争创“书香家庭”500 多户、妇女读书会 24 个、新市民读书站 9 个。是年 11 月，梅岭街道锦旺社区汪玲家庭

图18-2-6 2005年11月12日，维扬区妇联召开"书香家庭"创建工作现场会

被授予第五届"全国五好文明家庭"称号。2006年，开展"建书香家庭，创美好生活"征文评比活动。"三八"期间，评选表彰10户"十佳书香家庭"。在四季园小区中心广场举行"文明礼仪进万家"签名承诺大行动暨家庭互动游艺晚会。在弘扬中学举行"学文明礼仪，创书香家庭"亲子共读讲座暨好书推介会，向每户家庭赠送《好父母好孩子》《市民礼仪读本》等书籍。

2007年，启动"平安家庭""廉洁家庭"等特色家庭创建活动，与区综治办联合印发《维扬区"十佳平安家庭"创建活动方案》，与区纪委联合印发《2007年廉政文化进家庭工作意见》，开展签订《家庭廉政公约》活动和启动"廉政文化进家庭示范点"创建工作。区妇联印发《关于在全区开展"廉洁家庭"争创活动的意见》，并制定廉洁家庭标准。是年12月，开展"十佳和谐家庭"推荐评选活动，从36户候选家庭中评选10户为区"十佳和谐家庭"。其中，有"孝老爱亲"的苏美丽、张翠英家庭，"书香飘逸"的李希华、邢升清家庭，"创业兴家"的阮凤翠、俞巨林家庭，"热心奉献"的吴秀英、蒋玲玲、陈德义家庭和"和睦温馨"的李聚珍家庭。2008年3月，举行"春风颂维扬"维扬区"十佳和谐家庭"颁奖晚会，扬州电视台《娱乐频道》《城市频道》分别播放晚会实况。《扬州广播电视报》专版刊登10户家庭事迹，《今日生活》栏目连载10户家庭感人故事。2010年5月，双桥街道康乐社区被全国妇联、民政部、环境保护部、文化部、国家广电总局联合命名为全国创建学习型家庭示范社区。2011年5月，举行"弘扬家庭美德，争做五好文明家庭"宣传活动。活动现场设立家庭美德知识有奖竞答、婚姻家庭法律知识咨询、妇女创业贴息贷款政策咨询、巾帼家政免费培训登记等宣传台，发放宣传材料1000多份。

维护妇女权益 1999年，开展"女法官说法"活动，组织广大妇女学法、说法、写法律征文，提高妇女法律素质。双桥乡妇联举办女法官说法现场报告会，区法院戴燕撰写的《我为老曹找儿子》被省妇联评为三等奖。2000年，成立区法律援助中心妇联法律援助站。区妇联被省妇联表彰为省妇联系统"三五"普法先进集体。2001年，组织新婚姻法学习培训，印发新婚姻法1.81万册。2002年，在双桥街道文苑社区成立全区首家社区法律维权服务站。区妇联被授予省妇联系统"维权工作先进集体"称号。2003年，全区17个社区均成立法律维权服务站。2004年，全区19个村按照"一块牌子、一支法律工作志愿者队伍、一套制度"要求，相继成立法律维权服务站，完善法律维权服务网络，法律维权志愿者服务队伍36支。2006年，区妇联被省妇联、省司法厅评为全省妇联系统"四五"普法工作先进集体。2007年6～7月，开展"健康直通车"进非公企业活动，为非公企业女性职工进行免费体检。2008年2月，联合区法院印发《关于委托、邀请妇联组织和特邀调解员调解婚姻家庭纠纷案件的暂行办法》，挑选11名妇联干部担任区法院特邀调解员，共建调解组织网络。是年，联合扬州电视台《说法》栏目分别在卜桥社区、安平社区开办"说法小擂台"，通过案例判断和专家点评，增强社会对涉及妇女权益案件的关注度。2009年，配合扬州电视台在翠岗、卜桥、竹西、荷叶等社区和甘泉集镇居委会开办《社区开庭》栏目。2010年3月，区妇联副主席翟凤华被全国妇联、全国维护妇女儿童权益暨平安家庭创建协调组授予"先进个人"称号。12月，城北乡妇联主席尤嘉被评为省妇联系统"五五"普法工作先进个人，何春涛家庭被评为学法用法好家庭。

优化少年儿童成长环境 1998年，成立区家庭教育研究会。1999年，全区有36所幼儿园、37所中小学建立家长学校，西湖中心幼儿园被省妇联授予"优秀家长学校"称号。2002年，开展家教论文撰写评比活动，收到论文30多篇，其中有两篇被省妇联《江苏妇运》《莫愁》家教版刊登。2003年，与市慈善

总会、区慈善分会联合在工人子弟小学举行“扬州慈善春蕾助学基地”揭牌仪式，市、区两级慈善机构对工人子弟小学、竹西小学等4所小学50名贫困儿童实施滚动式助学帮扶。同年，联合区机关6个部门印发《维扬区小公民道德建设行动实施方案》，确定梅岭小学、明月幼儿园、市烈士陵园等9家省、市级文明单位为首批区小公民道德建设示范基地，聘请老红军刘应启、老战士江克、原副市长王功亮等5名离退休老干部担任区小公民道德建设指导员。2004年，组建区家庭教育专家团。承办市妇联“牢记江爷爷教导，争做合格小公民”道德实践教育活动，梅岭小学杨洁获省“十佳小公民”称号，维扬实验小学“读最经典的书，做有根基的人”获省小公民道德建设优秀活动方案比赛一等奖。是年5月，梅岭小学等8所家长学校被市妇联、市教育局表彰为优秀家长学校。2005年，在翠岗社区成立亲子读书屋，捐赠1000元助学款给翠岗社区贫困家庭儿童，与区关工委捐赠5000多元为读书屋购置1000多册少儿图书和家教丛书。联合区文教局开展“妈妈，我想对您说句话”征文、演讲比赛，收到征文37篇。2006年5月，在区机关女干部中招募15名“爱心妈妈”，从区慈善春蕾基地认领15名贫困女童，举行“建和谐维扬，助春蕾儿童”爱心结对仪式，签订助学协议书。2008年，维扬实验小学家长学校被省妇联、省教育厅授予“省优秀家长学校”称号，区妇联《同享阅读，共沐书香》获省家庭教育工作创新案例一等奖。联合扬州电视台向社会招募爱心人士组建“爱心父母联盟”，与四川地震灾区儿童结对帮扶。是年10月，落实首批50名“爱心父母”与四川绵竹九龙镇特困儿童结对帮扶5年以上。2009年，对50名“爱心父母”跟踪回访，双桥街道张玉香专程赴九龙镇看望帮扶“女儿”雷敏，送上新衣、食品和助学款2000元。2010年，举办女企业家结对助学仪式，12名女企业家与13名贫困儿童结对助学。是年9月，承办由中国儿童少年基金会和市妇联联合开展的“我的第一个书包”公益捐赠活动，四季园小学、竹西小学等6所小学400名初入学的贫困留守流动儿童收到人生第一个书包和一套学习用品。

第四节　科　协

一、组织

1983年3月，区科学技术协会(简称区科协)成立。2009年1月，区科学技术协会第一次代表大会召开。当年，全区有基层科协组织27个。

1989～2011年维扬区科学技术协会主席、副主席一览表

表18-2-8

职　务	姓　名	任职时间	职　务	姓　名	任职时间
主　席	张菊芳(女)	1983.3～1991.2	副主席	曹　洪	1991.2～1999.9
	马文跃	1999.9～2002.3		俞正平	2004.6～2011.10
	朱泽余	2002.3～2004.4			
	孙乃康	2004.4～2007.12			
	钱伯林	2007.12～2010.1			
	刘　伟	2010.1～2011.10			

二、主要工作

科普宣传　1990～2011年，共建科普宣传栏500多块，定期在《维扬科技简讯》、维扬科普网刊登科普知识、科技信息、科普动态。2003年，组织开展“依靠科学，战胜非典”科普知识传播活动，免费发放科普挂图500份、《江苏科技报》200份、科普书籍300册、宣传小图片3000份、VCD光碟65套。2005年后，针对手足口病疫情，开展专项科普宣传活动，发放科普传播机20台、宣传材料1500多份。

2006～2007年,普及科学预防禽流感疫病知识和防灾减灾知识。区、乡镇、街道开辟防疫防灾宣传栏,提高公众对地震及自然灾害知识认知度和知晓率。组织开展每年一度科普宣传周、全国科普日、科普进社区、送科技下乡、科普大篷车巡游等科普宣传,参加活动的科技工作者1000多人、群众10万人次以上。成立科普活动领导小组,开展科技讲座、科普报告会、健康义诊、发放资料、有奖竞答等科普活动。开展“建设节约型社会、防灾减灾”科普展、公众科普知识竞赛、青少年系列科普、科技馆展、媒体科普宣传等10多项科普宣传活动。每年开展广场咨询活动1～2次,活动覆盖各乡镇、街道,数万人受教。2008年2月,成立区全民科学素质工作领导小组。每年开展“讲理想、比贡献”竞赛活动,参加竞赛科技人员1000多人次,提合理化建议100多条,应用技术攻关、推广项目100多个,组织实施完成30多个。是年5月,区组队参加扬州电视台、市科协联合主办的市公众科普知识竞赛,获团体一等奖。2009年12月,参加市科普文艺会演,获优秀组织奖,《我把镜头对准他》节目获科普文艺作品征集三等奖,《烦恼的喜事》节目获科普文艺节目会演科普剧类二等奖。

科普培训　1990年后,每年全区各科协组织开展学术交流活动近50次,交流学术论文近100篇,参加交流科技人员100多人次。先后组织科技工作者参加两届省青年科学家年会及每年一次中国科协年会等高层次学术活动。2007年5月,邀请扬州教育学院教师作“小学教师必备的教育理念”报告会。2008年6月,搭建区领导干部和公务员教育培训平台——“维扬讲坛”,至2011年,共举办6讲,受众3500人次。2009～2011年,举办“科学发展观”“科技创新”“循环经济”“智能电网”等科技报告会12次,受众1000多人次;举办各类农村党员干部实用技术培训班近1000期,培训两万人次。每年配合区委组织部、区农水局举办农村基层干部科技素质培训班、农民经纪人培训班20多期,全区有5人获省科协颁发的农民经纪人证书。2008～2011年,全区科技专家分别与专业生产大户结对帮扶。区水产指导站建立观赏鱼协会,吸纳会员200多人,辐射带动300多户,人均年收入两万元以上,高于全区收入水平30%。组织引进观赏鱼优良品种15个,扩繁选育推广优良种苗20多万尾。推广金鱼品种选育与健康养殖配套技术项目。邀请日本农业博士高山党教授讲授草莓脱毒苗技术培训。

科普创建　1989～2011年,创省级科普文明社区6个、市级科普文明乡镇3个、科普文明村12个,维扬实验小学、梅岭小学、甘泉小学被市科协评为科技教育特色学校。2001年,维扬实验小学被省科协评为科技教育特色学校。2006年,区水产指导站、区畜牧兽医站被确定为“百名科技专家兴农富民”工程试点单位。2007年,区水产指导站被评为市“百名科技专家兴农富民”工程先进集体,5名科技工作者被评为先进个人。2010年,区水产指导站站长、区观赏鱼协会理事长沈伯平被评为全国科普惠农兴村计划农村科普带头人,特种经济林木(樱叶、樱花)高效栽培技术研究获市“百名科技专家兴农富民工程”优秀示范项目,金鱼品种选育与健康养殖配套技术获2010年度市“百名科技专家兴农富民工程”重点项目奖,曹闻阳获市“‘百名科技专家兴农富民工程’优秀科技专家”称号。

1989～2011年维扬区科普创建先进单位一览表

表18-2-9

类　别	单　　位
省科普文明社区	锦旺社区　竹西社区　武塘社区　丰乐社区　安平社区　康乐社区
市科普文明乡镇	湾头镇　城东乡　城北乡
市科普文明村	卜桥村　平山村　综合村　堡城村　朱塘村　经圩村　中心村　胡场村　梅岭村 卜杨村　黄金村　槐南村

青少年科普活动　1989～2005年，举办青少年科技文化艺术节、“七巧科技”、科普绘画、科普书法、科技小制作、科技航模竞赛活动，直接参加活动中小学校20所，累计20多万人次。2006年后，举办4届区中小学生发明竞赛。2008年，维扬实验小学学生刁逸君获省首届小发明家科普大赛创新发明二等奖。2009年，贝尔科普教育基地向公众开放，区科技馆开馆。维扬实验小学学生刁逸君获省第二届青少年发明家竞赛一等奖。2006～2011年，定期举办“青少年科技创新”“七彩假日未成年人心理健康”“科普在我身边”“健康知识”“防震减灾进校园”等科普讲座，每年选送优秀科技辅导员到省科协参加青少年科技培训，并会同区文教局在全区中小学生中开展知识性、趣味性科普教育活动。全区有200多名同学获省、市科技创新竞赛活动一、二、三等奖，5名科技辅导员获市表彰，其中两人分获市“科技园丁奖”和“优秀科技教师”称号。

科技服务　1989年11月，成立区“星期日工程师”俱乐部。1990年，4人被省科协评为省优秀科技工作者，5人被市科协评为市优秀科技工作者，11人获市自然科学学术论文奖，韩泽获国务院政府特殊津贴。1991～2010年，每年会同区委组织部、区科技局、区人事局等部门，走访慰问区有突出贡献的60名优秀科技工作者，并组织他们体检。2000年，在“烟花三月”国际经贸节“院士专家扬州行”期间，邀请中国工程院涂铭旌、吴澄、郭孔辉、尹伟伦和中国科学院赵淳生、郑有炓等院士到区有关企业指导。2004年，帮助扬州宏福铝业有限公司、扬州扬杰电子科技有限公司、扬州联能电子科技有限公司、江苏中显集团有限公司、江苏罗思韦尔电气有限公司5家企业获批扬州市企业院士工作站。

图18-2-7　2006年4月27日，区首届青少年科技文化艺术节开幕

第五节　侨　联

一、组织

1993年10月8日，郊区第二次归侨侨眷代表大会召开。参加会议代表65人。大会选举产生区侨联第二届委员会，委员8人，杨世永当选主席，李树源、田长发为兼职副主席。2006年11月2日，区第三次归侨侨眷代表大会召开。参加会议代表90人。大会选举产生区侨联第三届委员会，委员7人，唐荷云为主席，潘平青（兼任秘书长）、李树源、周炜为副主席。

1989～2011年维扬区侨联主席、副主席一览表

表18-2-10

<table>
<tr><th>职　务</th><th>姓　名</th><th>任职时间</th><th>职　务</th><th>姓　名</th><th>任职时间</th></tr>
<tr><td rowspan="4">主　席</td><td>杨世永</td><td>1993.10～2006.11</td><td rowspan="4">副主席</td><td>李树源</td><td>1993.10～2011.11</td></tr>
<tr><td>唐荷云（女）</td><td>2006.11～2011.11</td><td>田长发</td><td>1993.10～2006.11</td></tr>
<tr><td></td><td></td><td>潘平青</td><td>2006.11～2011.11</td></tr>
<tr><td></td><td></td><td>周　炜</td><td>2006.11～2011.11</td></tr>
</table>

二、主要活动

图 18-2-8　2006 年 11 月 2 日，维扬区第三次归侨侨眷代表大会在区会议中心一楼报告厅召开

1989 年，学习全国侨务工作研讨会和中共十三届五中全会精神，召开部分归侨、侨眷、港胞眷属代表茶话会。1990 年，宣传全区鼓励外向型经济发展奖励规定，引导侨联企业向生产型、外向型发展。组织归侨、侨眷代表参观无锡市侨联企业。1994 年 11 月，组织部分归侨、侨眷参观扬州乐凯玩具有限公司、扬州四达礼品有限公司、苏扬机械厂等企业和西湖镇开发小区，动员他们向海外亲友宣传回乡投资，为振兴郊区经济做贡献。2004 年 8 月，集中开展新侨法学习宣传月活动。2005 年，制定《维扬区外侨台办优质服务标准》与《关于"建设诚信政府"的实施方案》，推行政务公开制、首问负责制、专人限时办结制等制度。同年 7 月，在武塘社区召开涉侨涉台教育社区工作现场观摩会。2008 年，组织 26 名归侨、侨眷代表参加市侨联开展的侨界"迎奥运健康万步行"活动和"华侨华人与中国体育运动"专题讲座，组织侨界群众近 600 人参加市侨法知识普法竞赛，组织参加市侨界群众"讴歌改革开放三十周年成就"书画摄影展。2009 年，武塘社区侨台联谊会组织 20 多名侨台眷属游览古运河，并作为"星期六义工"参加保护古运河环境劳动。组织近 30 名归侨侨眷参加市侨界庆祝新中国成立 60 周年趣味运动和红歌演唱会。2011 年，组织重点侨眷参加"党的光辉照侨心——扬州市侨界纪念建党 90 周年联谊会"；组织节日前给国内外华人华侨、华侨社团、归侨侨眷、台胞眷属、海外友人寄发贺信贺卡，并上门慰问重点归侨侨眷、台胞眷属。

第十九编

法治　武装

1989～2011 年，全区公、检、法、司各部门加强法制建设，不断完善和改进内部管理，转变执法观念，提高依法办案意识，强化政法队伍思想作风建设，为全区社会稳定和发展提供法律保障。区公安机关切实维护社会治安稳定，打击刑事犯罪，侦破刑事案件 12832 件，抓获违法犯罪嫌疑人 9457 人，其中对故意杀人、抢劫、强奸、放火、爆炸、故意伤害致人重伤死亡、投毒、贩卖毒品等 8 类重大刑事案件，破案率 88%。区检察机关依法履行各项法律监督职能，严肃查处和积极预防国家机关工作人员职务犯罪，参与社会治安综合治理，批准逮捕犯罪嫌疑人 3597 人，提起公诉 2865 件 4350 人，立案查处国家工作人员职务犯罪案件 252 件 275 人，先后被评为省文明行业、省优秀青少年维权岗、省法制宣传教育先进集体。区审判机关探索和改革审判方式，稳妥审理各类案件，服务经济工作大局，审结(执结)各类案件 29358 件，先后 10 次被省法院授予"先进集体"称号。区司法局组织实施 5 个"五年普法"计划，办理公证，组织、参与安置帮教，构建多层次的调解委员会。

1989 年以来，区人武部坚持党管武装的光荣传统，履行兵役机关工作职能，组织民兵编组和训练活动，参与抢险救灾，双拥共建，国防教育，积极为驻地经济社会发展提供保障。1996 年 4 月，区人武部划归军队建制，为正团级单位。2010 年，市军事(国防)园在维扬区建成并投入使用。

第一章　政法工作

第一节　队伍建设

一、组织机构

1983 年，成立区委政法委员会(简称区委政法委)，下设办公室。1989 年，区委调整充实区社会治安综合治理领导小组，下设办公室(简称区综治办)，与区委政法委合署办公。1991 年 9 月，撤销区社会治安综合治理领导小组，建立区社会治安综合治理委员会(简称区综治委)。1996 年，7 个乡镇配备专职综治办主任。2005 年，各乡镇(街道)设立党(工)委政法委员会。2006 年，区依法治区领导小组职能由区司法局划归区委政法委。2007 年，区委政法委内设办公室、执法督查科、综合治理科、依法治理工作科等 4 个职能科室，至 2011 年未变化。

二、思想建设

图 19-1-1　2011 年 4 月 8 日，区委政法委举行综治、法治集中宣传活动

1997 年，区委政法委在全区政法队伍中开展集中教育整顿。1999 年 5 月，组织干警学习中央政法委"四条禁令"(绝对禁止政法干警接受案件当事人请吃喝、送钱物，绝对禁止对告诉求助群众采取冷漠、生硬、蛮横、推诿等"官老爷"态度，绝对禁止政法干警打人、骂人、刑讯逼供等违法乱纪行为，绝对禁止政法干警参与经营娱乐场所或为非法经营活动提供保护)。普遍开展"双争"(争当人民满意政法单位、争当人民满意政法干警)活动，历时半年。2002 年，开展"为人民执法、让人民满意""牢固树立正确的权力观"等主题教育活动，全区 230 多名干警受到教育。

2004年，开展“公正执法树形象”集中教育活动，组织学习曹仕祥(司法部追授的二级英模)、陈先岩(全国公安系统杰出典型民警)、张明海(全国特级优秀人民警察)、沈国民(省高级人民法院一等功获得者)等先进人物事迹，努力建设学习型、服务型政法机关，提升政法干警综合素质。2005年7月，开展“规范执法行为、促进执法公正”专项整改活动，围绕徇私枉法、权钱交易、违规违法办案、执法不文明、玩忽职守、执法不作为、地方部门保护、违法干预办案的科室岗位和行为，强化宗旨教育，加强内部管理，查摆突出问题，进行整改规范，建立健全执法质量考评和内外监督机制。

2006年9月，举办政法系统社会主义法治理念教育知识竞赛。2008年9月，召开政法系统能力作风建设先进典型报告会，宣讲徐兆华、杨敏、马飞、赵红、郭云顺、蔡顺林等6名先进人物事迹，号召全体政法干警学习身边的先进人物。2009年6月，为60多名新录用干警举行“年轻干警争当公正廉洁执法表率”讲座，并组织集中宣誓活动。2010年，开展政法系统“读好书·扬正气·强素质”读书学习活动。2011年4月，举办全区基层综治、法治干部培训班，围绕维稳形势、群体性突发性事件预防处置、平安江苏建设、综治法治业务知识、人民安全防线知识、基层综治法治工作等7个专题，开展为期3天培训。

第二节　社会治安综合治理

一、组织制度建设

1990年，调整充实区、乡两级社会治安综合治理领导小组，下设办公室，配备专职人员。区社会治安综合治理领导小组组成人员22人，区综治办有专职工作人员2人；乡镇综合治理领导小组有8个计75人，乡镇社会治安综治办有专职工作人员14人。乡镇共建立7个专业联防队，队员98人；全区72个村共有96名治保、民调主任；在发案较多、治安状况复杂的15个村，均设立村治安办公室，配备61名专职治安员，39个重点村均有护庄员，27家企业成立护厂队。凡有职工300人以上企业均设立保卫科(股)，200～300人企业配备专职保卫干部，200人以下企业明确专兼职保卫干部，全区共有企业专兼职保卫干部249人。1992年3月，建立综治工作例会制度。健全和完善各级治安承包责任制，实行综治“一票否决权”制度，区、乡、村、企业、个人层层签订治安承包合同，共签订责任状3486份，签订率100%。各乡镇明确一名副乡职干部兼任综治办主任，近郊24个村均建立村治安办公室。

2003年，区综治办在西湖镇、西湖镇司徒村和磁扬玩具厂开展综治办规范化建设试点工作。同年8月，区委、区政府制定《关于开展“建设平安维扬，创建最安全地区”的决定》和《关于开展“建设平安维扬，创建最安全地区”的实施意见》，成立平安创建工作领导小组。2004年初，建立政法部门与乡镇场(街道)共创“平安乡镇场(街道)”联系制度、区综治委成员单位挂钩共建村(社区)、“平安小区”联系制度，健全创建“平安维扬”一票否决制度、检查督查制度、奖惩制度、末位警示制度和领导责任查究制度。同年4月，区委、区政府建立大调处工作机制，成立区社会矛盾调处中心，办公室设在区信访局，区信访局局长兼任办公室主任。2006年，各公安派出所在辖区内院校建立校园警务室、工作站、联络员。2008年5月，区非公企业综治协会挂牌成立，协会按照“政府推动、规范促动、示范带动、组织联动、服务感动”形式运作。

2009年3月，区综治委制定综治共驻共建实施方案，从责任制落实、人财物帮扶、基层矛盾纠纷化解等6个方面明确综治、平安共驻共建内容和形式。2010～2011年，区综治办规范乡镇(街道)政法综治中心建设，形成乡镇(街道)政法综治中心“一个窗口、一个拳头、一套机制”的服务、攻坚和联动能力。

二、治安防控

1989年，区社会治安综合治理领导小组通过调查研究1989年前社会治安防范工作，发现33个重点村发案数占全区村(时为72个村)发案数“三个90%”(33个村发案数占全区发案数90%、盗窃案件占总刑事案件90%、“白日闯”案件占盗窃案件90%)。针对郊区实际，规划用2～3年时间，以33个村为重点，加强防范工作，压降可防性案件，稳定一方平安。1990年，对私人出租户进行旅馆式管理，登记外来人员身份证,签订租赁合同。先后在双桥乡园林村、城东乡施井村和沙口村、城北乡梅岭村先期试点,围绕“门难进、物难偷、贼难逃”的要求,采取“明锁换暗锁、暗锁装防撬板”“加固门窗、加高围墙、安装防盗门”“建立安全室、建成安全户”等防范措施。在试点村设立护庄员、巡逻队,建立户与户联防机制。在有关单位建立安全财会室,购置保险柜。加强门卫制度,规定24小时有人看守。先行试点村的防范措施,使可防性案件普降20%～40%。同年,全区社会治安综合治理工作被评为市第一名,获一等奖。

1991年3月,区委政法委、区综治办在城北乡梅岭村召开治安防控工作现场会。4月,区委、区政府与区级机关12个部门,各乡镇场与所属村、工厂(企业)签订治安防控责任书277份。7月起,历时半年,开展治安防控试点活动。城东乡施井村建立治安办公室,组建护庄员、联防员和暂住人口管理员队伍,有84%农户达安全户要求,其余农户建立安全室,全村未发生一起盗窃案件。至年末,全区230家镇、村、企业建成“安全合格单位”的有211家,全年发案数比上年下降32.3%。1993年,有36个村达防控标准,493家企业建成合格单位,占总数76.3%。1995年,防控体系基本建成,在治安复杂地段设立16个治安岗亭,在城郊交通要道设立12个卡口,实施昼夜、点面、动静防控,全年夜间发案率比上年下降17.1%;加强暂住人口治安管理,推行“联户联防式管理”“公寓式管理”“以外管外、内外结合”等管理模式。

2000年,对暂住人口实行分层管理。城东乡在沙口村划拨2公顷地,建立外来人员集中居住小区,设立治安办。双桥乡石桥村投资18万元,建立姚庄农民公寓安全小区,将5个居民小组纳入封闭式管理,自2001年起,未发生一起刑事案件。2002年,开展“无盗社区”“平安大道”等治防活动,文昌西路、竹西路初步形成科技防范示范街,东方百合园、竹西花苑、锦旺苑及友谊社区等基层单位成为治安防控先进典型。市区区划调整后,区政法机关对600多家网吧、浴室等场所(行业)全面开展清理整顿。2009年8月,区综治办首次召开治安防控、社会稳定情况分析会,深化治防工作。

三、创安工作

1991年,区社会治安综合治理领导小组先后印发《关于在全区内部单位开展“四合格”活动标准的意见》《关于开展安全村活动的意见》,在全区基层开展创安活动。1995年,安全村建成率91.4%,重新命名“四合格”单位459家。1997年,围绕“抓典型、创特色、促平衡”思路,以“创三安”(安居村社、安行路街、安宁单位)活动为载体,建立38个不同类型村社、路街等典型,推动综合治理面上工作。城东乡文峰村暂住人口旅馆式管理经验在全省综治工作会议上作典型交流。年终考核验收,全区8个乡镇场全部合格。合格行政村53个,合格率86%;合格企业176家,合格率89%。

2004～2005年,开展“平安村(社区)”“平安单位”“平安校园”“平安工地”“平安场所”创建活动。在时代超市设置宣传台,发放“平安创建”宣传材料1万多份,现场解答群众提出的有关法律问题。举办首届“平安·法治·和谐维扬”文化系列活动。全区连续两年被省委、省政府命名为社会治安安全区。2005年,西湖镇、平山乡、双桥街道、城北乡被市委、市政府命名为社会治安安全乡镇(街道)。

2006年,省社会治安综合治理基层基础工作会议在扬州召开,西湖镇金槐村、城北乡安平社区示范点建设受到与会者赞扬。全区先后召开5次基层平安创建工作现场会,为平安创建示范引导。2007年5月,成立双桥街道社工服务中心,履行刑释解教人员安置帮教、社区矫正、反邪教、禁毒和闲散青少年管理等职能,整合街道、社区政法综治力量资源,从源头上预防和减少违法犯罪。同年7～10月,对扬州大学瘦西湖校区、竹西中学等校园周边环境多次集中整治,打击影响学校正常秩序的不良行为。制定《关于开展“10个十佳平安创建”活动的实施意见》,明确考评细则和考核标准,开展示范点培植,先后召开“平安银行”“平安市场”“平安工地”“平安校园”和“平安家庭”等创建现场会。区“平安银行”“平安工地”示范点被市综治委(办)评定为平安创建典型。

2008年,开展百家“平安·法治”大型图片展览及评比活动,有93家单位参展,展出展牌215块,并进行巡展。2009年,制定《创建无矛盾纠纷村(社区)实施方案》《维扬区平安铁路建设实施方案》。遴选

50 家重点单位与区综治委成员单位挂钩共建 50 个村(社区)。2010 年 9 月,市委政法委召开全市社会管理创新工作现场推进会。四季园派出所示范现场与“城中村”整治视频及综治办《以“四无”创建活动为载体,不断提升基层社会管理水平》经验做法,获得好评。同年,区综治委开展创建“四无村(社区)”(无矛盾纠纷激化、无未成年人犯罪、无高危人群犯罪、无流动人口犯罪)活动。

2011 年,区综治委以“六联行动”(风险评估联席行动为无矛盾纠纷激化助力,群防群治联盟行动为无流动人口犯罪助势,载体共办联创行动为无青少年犯罪助阵,特殊人群联管行动为无高危人群犯罪助援,技防建设联网行动为打击违法犯罪助攻,共驻共建联结行动为平安建设助资)助推“四无”创建。平山乡被表彰为省社会治安综合治理先进单位,区综治办副主任赵培亮被表彰为省社会治安综合治理先进个人(记二等功),维扬区被省铁路护路联防工作领导小组表彰为平安铁路区。

第三节 法治维扬建设

一、法治建设活动

2006 年,区司法局承担的区依法治区领导小组办公室职能划归区委政法委。是年,《法治维扬》简报创刊。区法制办在瘦西湖街道召开法治工作现场会,推广瘦西湖街道和平山乡法治建设工作经验。2007 年,在梅岭街道锦旺社区召开民主法治社区建设现场会,推进法治基层基础工作。2008 年,开展“法治网络建设月”活动,健全 34 家依法治区领导小组成员单位法治网络。召开全区行政诉讼应诉工作推进会,提出“三个 100%”(行政首长出庭率 100%、行政主要首长出庭率 100%、行政诉讼胜诉率 100%)目标。2009 年,组织开展“百名干警进百家企业”服务活动,选聘 100 名干警到 100 家企业开展法律服务,提高企业管埋人员依法经营意识和能力。

图 19-1-2 2011 年 4 月 20 日,区委政法委举办全区基层综治、法治培训班

2010 年 2 月,区委政法委印发《维扬区法治城市创建活动实施方案》。建立“法企合作”平台,选聘 20 名熟悉法律业务、工作经验丰富的干警挂包各重点企业,开展法律服务活动,增强企业法律风险防范意识,促进企业发展。区委印发《关于对乡局职领导干部实行述法考评工作的实施意见》,构建“德、能、勤、绩、廉、法”六位一体述职述廉述法考评工作机制。同年 9 月,区法治中心挂牌,中心设立法律服务、涉法信访、矛盾调解、听证问政、宣传教育 5 个工作室,形成一体化服务平台。

二、法制副校长

2007 年,区法制办、区司法局为区内 27 所中小学校配备校外法制副校长。2011 年 8 月,召开全区法治学校创建暨法制副校长、法治同盟者选聘大会,调整 25 名法制副校长,选聘 120 名法治同盟者,采取“专业+社会法治同盟”模式,定期为在校学生讲授法律知识。

三、法治惠民

2007 年,区依法治区领导小组确定 10 件法治惠民实事:加大劳动保障执法力度,严厉整治违法排污行为,深入治理教育乱收费,纠正医药购销和医疗服务中不正之风,切实保障食品卫生安全,加强司法救助力度,强化村组财务管理,规范低保金发放机制,建立市区摊贩疏导点,解决法院生效判决“执行难”问题。2008 年,区依法治区领导小组确定 6 件法治惠民实事:强化司法救助,促进社会公平正义;规范用工制度,构建和谐劳动关系;加强科学监管,打造药品安全示范区;严格卫生执法,强化医疗市场监管;整治环境违法,创建生态家园;优化流动人口管理,提升社会管理能力。2009年,区依法治区领导小组确定8件法治惠民实事:集中清理执行积案,提高关注民生规范性文件制定比例,保障群众食品安全,打击价格违法行为,强化农资打假专项治理,构建社会化维权机制,加强低保规范化建设,建设农民法治文化广场。2010年,区依法治区领导小组确定8件法治惠民实事:推进技防入户工程,强化民事行政执行监督,完善诉讼服务中心职能,建设康乐市民普法中心,建设居家养老服务中心,加强流通领域食品监管,推进涉农收费规范管理,加强文化市场监管。2011年,区依法治区领导小组确定8件法治惠民实事:开展网吧、学校周边秩序集中整治,建立四望亭路西段明码实价一条街,整治北门外街环境噪声污染,做好老小区改造工作,开展食品安全综合整治,建立残疾人法律救助工作站,严厉打击各类制假售假等违法行为,加强劳动执法和执法监督工作力度。

四、法治文化建设

2009年7月,区农民法治文化广场在西湖镇金槐村开工建设。同月,区法制办与区总工会联合举行"百部电影进企业"首映式。8月,法治文化广场、甘泉街道政法综治中心揭牌。10月,在金槐农民法治文化广场,举行《大地飞歌——法治新农村》文艺演出,展示法治文化、法制宣传和法治新农村建设成果。

2010年9月,《维扬区康乐社区法治文化模型的调查报告》被市法治办转发,向全市推广。是年末,全省基层法治建设工作经验交流会在江都召开,区委政法委根据一级英模徐兆华事迹编写的小品《病历上的遗嘱》参加晚会演出,受到省、市领导和观众好评。区公安分局副政委、社区民警徐兆华被评为扬州市十大法治人物,维扬区设计制作的法治动漫主体形象毛绒玩具被评为扬州市优秀法治文化成果,康乐社区市民法制宣传教育中心、区检察院青少年维权基地被评为第二批扬州市法治文化教育基地。2011年11月,召开康乐社区法治文化模型推进会,推广双桥街道康乐社区法治文化模型先进经验。

2011年2月,维扬区被市委、市政府表彰为法治扬州建设先进县(市、区),区工商分局、区文教体局被市委、市政府表彰为法治扬州建设先进单位。

第二章 公 安

第一节 机构队伍

一、机构

1989年1月,市公安局郊区分局内设教导员办公室、办公室、政保股、治安股、刑警队、预审股等6个股室,下设城东、城北、双桥、西湖、汤汪、湾头、平山、扬州发电厂等8个派出所。1989年2月,增设内保股。1990年6月,增设法制办公室。1992年7月,教导员办公室更名为政治工作办公室。1993年12月,政保股改为侦查队,治安股改为治安队,预审股改为侦讯队,增设纪律检查组、行政装备股。1994年6月,侦查队改为侦查大队,刑警队改为刑警大队,治安队改为治安大队,侦讯队改为侦讯大队。1995年9月,刑警大队内设侦查中队、经济案件侦查中队、技术情报中队。1996年,侦查大队更名为政治侦查大队。1998年6月,设立督察室。1999年8月,增设经济案件侦查大队。2000年1月,侦讯大队并入刑警大队,纪检组、督察室并入政治工作办公室,行政装备股并入办公室。5月,撤销扬州发电厂派出所。2001年2月,增设经文保大队。

2002年2月,市区区划调整,市公安局郊区分局更名为市公安局江阳分局。原属广陵分局的梅岭派出所、便益门派出所、瘦西湖派出所和原属新城分局的石塔派出所划归江阳分局。城东派出所、汤汪派出所、湾头派出所划归广陵分局，城北派出所更名为竹西派出所，双桥派出所更名为念四桥派出所，石塔派出所更名为四季园派出所。11 月，增设江阳工业园区民警办公室。

2003 年 1 月，江阳分局更名为维扬分局。2 月，政治工作办公室更名为政治处，政治侦查大队更名为国内安全保卫大队，经济案件侦查大队更名为经济犯罪侦查大队。3 月，便益门派出所撤销，并入梅岭派出所。8 月，治安大队内设基础防范中队和案件查处中队。2004 年 6 月，国内安全保卫大队内设侦察保卫中队、社会调查中队、情报研究室，治安大队内设行业管理中队、应急处置行动中队，刑警大队内设侦查中队、技术情报中队、综合中队。8 月，江阳工业园区民警办公室更名为江阳派出所。9 月，设立驻市政府机关治安民警办公室。11 月，设立驻区政府机关治安民警办公室。2005 年 8 月，增设监察室、审计室。11 月，刑警大队内设禁毒中队。2006 年 8 月，增设科技情报科。2007 年 3 月，瘦西湖派出所更名为蜀冈风景区派出所。4 月，成立中共扬州市公安局维扬分局委员会和中共扬州市公安局维扬分局纪律检查委员会。2008 年 6 月，邗江分局甘泉派出所划入维扬分局。11 月，增设网络监察大队。2009 年 6 月，增设巡防大队。

2011 年 11 月，维扬区撤销，四季园、念四桥、西湖、平山、江阳、梅岭、竹西、甘泉等 8 个派出所划归邗江分局，蜀冈风景区派出所划归蜀冈—瘦西湖风景名胜区公安分局。原维扬公安分局机关工作人员分流至邗江公安分局、蜀冈—瘦西湖风景名胜区公安分局、广陵公安分局。

二、队伍

1989 年，全局有民警 87 人，其中大学本科、专科 23 人，高中、中专 41 人，初中 23 人。1993 年，实行警衔制度，首次授衔 91 名警察，其中警督 31 人、警司 37 人、警员 23 人。12 月，47 名合同制民警转为行政编制人民警察，并授予警衔。2002 年市区区划调整后，有民警 199 人，其中研究生 1 人，大学本科 23 人，专科 152 人，高中、中专 21 人，初中 2 人。2011 年，有民警 276 人，其中研究生 2 人，大学本科 160 人，专科 109 人，高中、中专 5 人；一级警督 12 人、二级警督 74 人、三级警督 46 人，一级警司 58 人、二级警司 47 人、三级警司 31 人，未评定警衔 8 人。

图 19-2-1　政法干警齐声高唱《祖国颂》

第二节　刑事案件侦查

1989 年，区公安分局在全区先后组织两次反盗窃专项斗争、3 次集中打击行动。先后侦破跨扬州、镇江两市涉及 91 户居民住宅的“白日闯”、城北乡蒋某某持刀入室强奸等大要案件。1996 年，侦破城东乡新农村顾庄组“2 · 12”强奸杀人案、城东乡文峰村万元组“5 · 7”特大抢劫案、西湖镇“12 · 16”持刀入室抢劫案。年内摧毁 12 个流氓恶势力犯罪团伙，特别是打掉横行湾头家禽市场的吴某恶势力团伙，抓获恶势力成员 12 人。2002 年，刑警大队内部对侦查人员实行重组，成立单位、场所、路边店案件探组，“白日闯”案件探组，夜盗案件探组，杀人、抢劫等 8 类案件探组，街头路面案件探组等 5 个探组，各自分工负责全区案件侦查、研判和分析。2004 年，破获“10 · 8”爆炸恐吓敲诈案。2005 年，破获“8 · 14”职业大学抢劫杀人案。2006 年，破获公安部挂牌督办的薛某某、赵某等特大盗骗汽车团伙案件、省公安厅挂牌督办的西湖镇盗掘古墓葬案件。2007 年，摧毁黑社会性质组织 1 个、恶势力团伙 12 个。2010 年，破获“1 · 7”银行自动服务区抢劫杀人案。2011 年，破获甘泉街道“8 · 8”杀人抛尸案。对于现行涉黑涉恶犯罪,坚持"打早打小、露头就打"的方针。2011 年,刑事案件发生 2432 件,破案 1099 件,破案率 45.19%,抓获违法犯罪嫌疑人 574 人,其中故意杀人、抢劫等 8 类案件发案 53 件,破案 47 件,破案率 88.68%。打掉涉恶团伙 9 个,抓获团伙成员 60 多人。

1989～2011 年,全区共发生刑事案件 26888 件,破案 12832 件,破案率 47.72%,其中故意杀人、抢劫、强奸、放火、爆炸、故意伤害致人重伤死亡、投毒、贩卖毒品等 8 类重大案件发案 1251 件,破案 1105 件,破案率 88.26%,抓获违法犯罪嫌疑人 9457 人。

1989～2011 年维扬区刑事案件侦查情况一览表

表 19-2-1

项目 年份	发案(件)	破案(件)	八类重大案件		抓获违法犯罪嫌疑人(人)
			发案(件)	破案(件)	
1989	156	126	15	12	162
1990	132	105	22	18	85
1991	118	98	30	27	92
1992	104	88	38	35	85
1993	124	105	57	55	162
1994	116	90	43	41	117
1995	163	133	56	51	138
1996	156	128	62	57	185
1997	320	157	65	59	159
1998	645	327	54	44	370
1999	609	258	78	52	223
2000	922	547	68	52	325
2001	973	487	62	55	297
2002	1011	466	53	44	336
2003	1035	513	59	53	418
2004	2570	1014	60	56	450
2005	2559	1067	62	59	496
2006	2560	1167	63	56	422
2007	2578	1121	64	58	1469
2008	2578	1235	65	61	1325
2009	2611	1301	66	62	600
2010	2416	1200	56	51	967
2011	2432	1099	53	47	574

附:案例选录

盗掘古墓犯罪集团案 西湖镇地势偏高,古墓较多。盗掘古墓案件成为全区典型案件。2000 年 4 月 6 日,区公安分局刑警大队接到有一伙人在西湖一带多次盗掘古墓的报告。接报后,特情民警化装侦察，查获盗掘古墓犯罪嫌疑人王某某。经审查，1997年以来，王某某伙同吕某某、吕某、朱某某及安徽籍嫌疑人刘某某，先后在西湖镇、平山乡、城东乡，邗江县杨庙乡、槐泗镇、甘泉乡，安徽天长市等地，盗掘古墓33座，盗得玉璧、铜镜等文物，销赃得款7万多元。经侦查，获知一批被盗文物销赃到扬州古玩市场。区公安分局迅速组织力量，于4月19日中午在市区古玩市场将文物贩子徐某某抓获，并从其家中搜出文物30多件。

"1·7"抢劫杀人案　2010年1月7日19时20分，市区扬子江北路中国银行百合园支行自动服务区内发生持刀抢劫杀人案件。被害人万某在ATM自动取款机取款时，被一名歹徒持刀抢劫，刺伤颈部，失血过多死亡。办案组调阅案发现场及附近等处监控录像，查找嫌疑人作案轨迹。侦查人员在案发现场的ATM自动取款机监控录像中，发现嫌疑人分别于7日18时17分和18时42分两次到中心现场踩点，并用随身携带的银行卡在ATM自动取款机上操作。经银行技术人员配合，查出嫌疑人操作卡号和身份信息。9日7时50分，侦查人员在宝应县经济开发区时装小区五支巷33号一间出租房内，将正在熟睡的犯罪嫌疑人陈某抓获。此时离案发仅36个小时。

第三节　经济案件侦查

1989年，区公安分局管辖的经济案件主要是重大的投机倒把、诈骗、走私等类案件，归属刑警大队侦查。1999年8月，区公安分局成立经济案件侦查大队，侦查经济案件。当年，查处扬州锅炉厂业务员朱某某挪用57万元的挪用资金案、市太平洋休闲娱乐有限公司经理周某某以虚假房产证明骗取他人13万元购房款的诈骗案、江苏捷康集团有限公司业务员石某某挪用22万元货款的挪用资金案等经济犯罪案件18件，共挽回经济损失410多万元。2000年，经济案件立案侦查53件，破案43件，破案率81%，挽回经济损失412万元，其中侦破新中国成立后扬州市最大的一起运输假币案，查获假币犯罪集团1个，涉案成员4人，缴获各种版面假人民币10万多元。此后，多次组织开展打击侵犯知识产权犯罪专项行动，打击非法传销、涉众型经济犯罪、商业贿赂专项行动，打击网络传销犯罪专项行动，打击制售假发票和非法代开发票专项整治行动，打击假发票、假银行卡、假币犯罪"三项行动"等集中侦破攻势。2008年，先后破获刘某某等人虚报注册资产3590万元专案、公安部督办的"607"销售假烟网络案件、省公安厅督办的"803"特大制售假发票案件，有效地打击经济犯罪活动。2010年，立案侦查经济案件84件，为历年最多。2011年，立案侦查经济案件30件，破案21件，破案率70%，挽回经济损失1752万元。

1999～2011年，共立案侦查经济案件463件，破案372件，挽回经济损失1.23亿元。

1999～2011年维扬区经济案件侦查情况一览表

表19-2-2

项目 年份	立　案 （件）	破　案 （件）	挽回经济损失 （万元）	项目 年份	立　案 （件）	破　案 （件）	挽回经济损失 （万元）
1999	20	18	410	2006	25	23	368
2000	53	43	412	2007	29	25	2289
2001	16	15	123	2008	44	42	1236
2002	14	14	148	2009	35	30	3676
2003	36	31	247	2010	84	47	1010
2004	40	32	283	2011	30	21	1752
2005	37	31	319				

附:案例选录

图 19-2-2　2001 年 6 月,区公安分局召开反盗窃专项斗争首次公开处理大会

"803"特大非法制售假发票犯罪案件

2008 年 6 月初,群众反映:一名绰号"阿九"的中年男子,2006 年起,经常在扬州汽车站、旅游景区一带兜售假发票。经调查,发现该男子与浙江方面的假发票贩子有密切联系,并隐藏一个庞大的制售假发票的犯罪网络。区公安分局经济案件侦查大队经过深入排查,发现名叫杨某某的浙江台州人与"阿九"联系频繁。在市公安局的协助支持下,很快将犯罪嫌疑人杨某某锁定。8 月 3 日,区公安分局决定成立"803"专案组,对杨某某等人涉嫌非法制造、出售假发票案立案侦查。当晚,侦查人员在四季园小区将杨某某等人抓获。经过长达两个多月侦查,这起由省公安厅经侦总队挂牌督办的特大制造、贩卖假发票犯罪集团案成功破获。这次行动,共抓获 6 名制售假发票犯罪嫌疑人,打击处理 5 人,捣毁制造假发票窝点 3 个,缴获各类假发票 2000 多份,涉案金额 6 亿元。

第四节　治安管理

一、治安网络建设

1989 年,区公安分局对 39 个重点村治安防范体系进行完善,建立联防队,有专职联防队员 91 人。当年,联防队破获案件 241 件,抓获违法犯罪嫌疑人 490 人,为民做好事 117 件。1993 年,全区 7 个乡镇均成立保安大队,有队员 199 人。是年,联防保安人员协助破案 145 件,其中大案 26 件,抓获违法犯罪嫌疑人 324 人,其中重大作案人员 72 人,缴获赃款赃物 10 万多元。1994 年,在全区 15 个交通要道、易发案地区,设立治安报警亭。当年 7 月,成立市保安公司郊区分公司,承担企业单位保安服务、保安器材经营、保安人员培训等业务,为全区经营保安业务的集体企业。2000 年,在全区重要交通干线上,设置 5 个区际卡口。在进出乡镇要道上,设置 10 个乡际卡口。是年,全区有乡级专业联防队 7 个,联防队员 277 人;村级联防护庄队 23 个,护庄队员 86 人。近郊村还配有老年护庄员 603 人。2003 年,区公安分局组建首支 40 人的专业协警队伍,各基层派出所分别组建 15～30 人的专职巡防队伍。全区有专职保安联防队伍、治安志愿者队伍、义务消防员队伍、企业防范队伍、高危人群帮教队伍以及信息员队伍等 6 支群防群治组织共 4897 人。2007 年 7 月,区公安分局巡逻特警大队成立,担负全区巡防工作规划、调度、指导和考核职能,并承担白天全区主干道巡防任务。2008～2010 年,在治安形势复杂、案件易发部位,新建 8 个固定治安岗亭、30 个帐篷式流动治安岗亭,组建义务巡逻队 46 个,登记义务巡逻队员 481 人。

2011 年,按照设防城市要求,强化治安防控体系建设。在巡防大队设立便衣侦控中队,加强易发案时段对重点区域、重要路段的伏击守候,实现全区 24 小时动态防控。加强红袖标等义务巡防力量建设,健全社会动员机制,引导广大群众和社会各界积极参与治安防范工作。完善电子防控圈建设,围绕"技防城"和"技防入户"两项工程建设要求,积极推进平安 E 家、邻里互助、门(窗)磁等技防产品入户,全区技防总体入户率 62%。

二、特种行业和公共场所管理

1990 年,区公安分局全面整顿全区特种行业、公共场所,对 134 家符合条件的单位重新核发安全合格证。在安全合格单位组建治安值班室 8 个,有专职治安人员 25 人。1993 年,按照《江苏省公共场所治安管理条例》要求,共核发、换发公共场所安全合格证 2100 份、特种行业许可证 1996 份。通过"两证”核发，发现隐患127处，发出整顿通知书16份，对不合格的公共场所责令停业整顿1家、依法取缔1家。1994年，成立区服务行业治安管理协会，对全区特种行业和公共场所，采取专门管理和自我管理相结合管理方法。1996～1997年，关闭扬州汽车站周边旅社2家，责令停业整顿9家；集中清查141家废旧金属收购站点，取缔无证经营收购站5家，吊销特种行业许可证30家，限期整顿34家，收缴禁收物品近20吨。2002年，对全区娱乐服务场所实行星级化管理。全区65家旅馆全部安装旅馆业信息系统，建立身份证查验、登记、信息传输制度，提高旅馆住宿人员验证登记率、信息传输率。2007年，区公安分局开展旅馆业信息系统升级改造和公共场所治安管理综合应用信息系统建设，提升阵地控制工作科技含量。全区旅馆业信息系统改造升级181家，升级率100%；安装公共场所行业治安管理综合应用信息系统239家，安装率93.7%。2008年，全区有62家网吧，落实实名登记制度，全部安装视频巡查系统。2010年，通过旅馆业信息系统和治安管理综合应用信息系统，实行输入信息和公安互联网实时传输比对，共提供信息破案480件，抓获违法犯罪嫌疑人368人，其中抓获逃犯45人。

2011年，全区318家场所行业安装治安管理综合应用信息系统，网吧、沐浴业、旧货市场视频监控安装率100%，旅馆住宿登记传输、网吧上网实名登记均达100%。

三、禁毒、禁赌、禁娼

1989年，全区开展以禁赌和查禁传播淫秽物品、卖淫嫖娼为重点的除“六害”专项行动。全年共抓赌740场次，抓获参赌人员2947人，查获传播、观看淫秽物品人员256人。1995年4月，全区开展查禁、取缔利用游戏机进行赌博活动专项治理，共清查游戏场所80家次、游戏机615台，收缴电路板87块。1996年，开展“禁毒、禁娼”专项活动，共查处卖淫嫖娼违法嫌疑人261人，其中涉及组织、介绍、容留卖淫20人，依法逮捕5人，劳教5人。1999～2000年，全区开展“三禁一打”(禁赌、禁娼、禁毒和打邪治恶专项行动)，共查获涉娼、涉赌、吸贩毒人员931人，端掉卖淫嫖娼窝点6处。2001年，开展创建“无毒社区”活动，共查处涉娼、涉毒、涉赌刑事案件37件，治安案件181件，打击违法犯罪人员666人。2006年7月，区公安分局开展代号为“烈火”的打击吸、贩毒违法犯罪活动专项行动，组织刑侦、治安、派出所民警50多人，捣毁念四桥路阿凡提餐厅吸、贩毒窝点，当场抓获以吾某某为首的新疆籍吸、贩毒人员20人，查获海洛因132.5克。破获省公安厅挂牌督办的“4·20”张某某团伙贩毒案，捣毁以叶某某为首的富达路明月旅社吸、贩毒窝点。2010～2011年，先后开展赌博机专项整治百日会战、打击涉黄涉娼涉赌违法犯罪活动百日会战、“两禁一打”百日竞赛、“迎创建、禁娼赌”百日会战等专项行动，查处涉娼违法犯罪人员199人，查处涉赌违法犯罪人员585人。

四、危险物品管理

2004年，区公安分局组织安全检查81次，排查出涉危险物品单位9家，收缴剧毒物品三氧化二砷(砒霜)2000克、氯化高汞1250克、氰化钾1650克。2009年，对全区7家有剧毒化学品单位、8家有公务用枪单位、5家使用放射性材料单位、两家有民用爆炸物材料单位逐家检查，签订安全责任状。排查整改安全隐患35处，新安装报警监控系统4处。

2011年，推进治爆缉枪专项行动，坚决清除安全隐患。全年共收缴枪支12把、废旧炮弹9枚、废旧子弹618发、管制器具306件、火药0.5公斤，全区22家危险物品从业单位治安防范全部达标。

第五节　户政管理

一、常住人口管理

1989年，区公安分局公布“农转非”户口审批条件和程序，增强户籍管理工作透明度。当年，审批办结“农转非”指标户口30人、下放返城人员户口1399人、知青子女返城户口1614人。1995年，全区常住人口信息系统在全市率先建成并投入运行。当年，录入常住人口12.3人。1997年，开展新户口簿和新常住人口登记表及10年期满居民身份证换发工作，换发新户口簿1.72万本，换发新常住人口登记

表 3.41 万份，换发居民身份证 2.14 万张。2000 年，在第五次全国人口普查户口整顿工作中，登记常住人口 4.77 万户 11.83 万人、寄住人口 3.55 万人、外出人员 1338 人，补办未落常住户口 707 人，注销应销未销户口 480 人。2002 年，市区区划调整，人口信息系统由单机版升级为网络版，维扬区、广陵区、开发区 3 区实现户口迁移网上一所(迁入地派出所)办结。年内，网上一所(迁入地派出所)办结市内迁移户口 1141 人。2005 年，开展第二代居民身份证换发工作，共换发第二代居民身份证 6.5 万张。此后，换发第二代居民身份证工作转为常态工作，重点放在提高人口信息和证件质量上。2010～2011 年，为有效实施《江苏省常住户口登记管理规定(试行)》，区公安分局编写实施细则，制定模版式操作流程，提高窗口服务标准和服务质量。

二、暂住人口管理

1989 年，区公安分局在双桥乡试点，全面调查研究暂住人口情况，制定《郊区暂住人口管理实施细则》和《郊区私房出租管理规定》。全区共登记暂住人口 9542 人。1997 年，推行暂住人口“公寓式”管理，在城东乡文峰村、汤汪乡汤汪村试点，形成“四个一”(即一块房屋出租户牌子、一本暂住人口房屋出租户管理登记簿、一份责任书、一套管理制度)工作模式，并在全区推广。当年登记暂住人口 3.25 万人，实发暂住证 2.42 万人。2002 年 10 月，启用网络版暂住人口信息管理系统，实现暂住人口与网上逃犯信息适时比对和自动提示。2011 年，全区所有社区警务室建立社区警务工作平台，推广流动人口信息社会化采集系统、互联网、声讯流动人口信息登记传输系统，强化社区信息化管理手段建设应用。当年，全区暂住人口 4.48 万人。

1989～2011 年维扬区暂住人口一览表

表 19-2-3　　单位：人

年份＼地区	城东	西湖	城北	双桥	汤汪	湾头	平山	梅岭	瘦西湖	甘泉	合计
1989	1895	1264	1475	2229	527	1610	542	—	—	—	9542
1994	7666	2370	2622	2161	1164	1081	970	—	—	—	18034
1997	14831	2329	3783	5159	2828	2482	1101	—	—	—	32513
1998	14037	3709	4196	9809	2635	2438	1097	—	—	—	37921
1999	19280	8243	4533	5631	2541	4349	728	—	—	—	45305
2000	14618	4514	6569	4187	3281	3529	1131	—	—	—	37829
2001	18130	7211	7077	5586	4443	3543	1160	—	—	—	47150
2002	—	5595	4700	31185	—	—	3830	19079	—	—	64389
2003	—	4737	4720	13575	—	—	2510	3793	—	—	29335
2004	—	7288	5007	16019	—	—	3446	5353	—	—	37113
2005	—	17288	4099	20097	—	—	3256	7317	1899	—	53956
2006	—	10998	7335	29621	—	—	7677	11937	5927	—	73495
2007	—	12310	5337	29534	—	—	8451	7262	2026	—	64920
2008	—	11447	6438	35818	—	—	9743	9723	3266	932	77367
2009	—	5783	7248	20712	—	—	13033	9723	4168	1938	62605
2010	—	5652	5086	16571	—	—	7796	3624	2650	3136	44515
2011	—	5698	5813	17030	—	—	6912	3509	2717	3095	44774

第六节 出入境管理

1989年,郊区未设出入境管理专职部门,部分职能由区公安分局国内安全保卫大队承担,主要是办理中国公民赴港澳台地区通行证,办理外商投资企业境外人员居留、签注,境外人员临时住宿登记等。当年,共办理中国公民赴港澳台地区通行证40人次,无境外人员居留、临时住宿事宜。1993年,办理赴港澳台签证90人次,为历年最多。1995年,办理境外人员临时住宿1014人次。2001年,办理赴港澳台地区通行证40人次,境外人员居留、签注33人次,境外人员临时住宿1533人次。2002年市区区划调整后,出入境管理全部收归市公安局出入境管理部门,区公安分局仅承担境外人员临时住宿登记工作。2011年,共登记境外人员临时住宿1.27万人次。

1989~2011年维扬区出入境人员一览表

表19-2-4 单位:人次

项目 年份	赴港澳台	境外人员居留、签注	境外人员临时住宿	项目 年份	赴港澳台	境外人员居留、签注	境外人员临时住宿
1989	40	—	—	2001	40	33	1533
1990	44	—	—	2002	—	—	14199
1991	59	6	—	2003	—	—	6193
1992	57	7	—	2004	—	—	9645
1993	90	9	—	2005	—	—	11767
1994	72	28	—	2006	—	—	12882
1995	61	17	1014	2007	—	—	15018
1996	70	24	4286	2008	—	—	13816
1997	54	13	4444	2009	—	—	14206
1998	41	19	3727	2010	—	—	16423
1999	40	55	2207	2011	—	—	12710
2000	37	57	1470				

第七节 消防管理

1989年,消防股隶属于武警市消防支队和区公安分局。2002年7月,撤销消防股,成立消防科,隶属关系不变。2003年7月,撤销消防科,成立区消防大队,挂牌为区公安消防大队和武警市消防支队维扬区大队。2005年,建立蜀冈路消防中队(合同制消防队),隶属于区公安消防大队。2006年,四望亭路、扬子江路、北门外大街、维扬路列为消防专项整治重点路段,先后组织检查7次,共检查人员密集场所669家,发现各类火灾隐患118处,当场整改104处,下发责令限期改正通知书14份,依法处罚单位9家,处罚责任人13人,责令停产停业8家。经过整治,沿街单位基本消除安全出口锁闭、疏散通道不畅、常闭式防火门敞开等消防隐患。2007~2008年,在开

图19-2-3 2006年9月,区公安分局组织公安干警检查烟花爆竹

展“三合一”(指民用建筑中,住宿与生产、储存、经营等一种或几种用途混合在同一连通建筑空间内的场所)建筑消防安全隐患排查整治等专项行动中,发现并消除火灾隐患396处,督促176户商户安装简易喷淋,增设内开式防盗窗和救生绳50多处,安装防火门671樘,购置灭火器1436只,防火单位全部签订安全防范责任书。2009年开展消防志愿者活动。区公安消防大队与团区委联合成立消防志愿者服务大队,有消防志愿者1000多人,组织消防志愿者开展活动10次,发放消防宣传单4000多份。

2011年,开展火灾隐患排查整治专项行动,共检查单位468家,消除整改火灾隐患604处,下发责令整改通知书186份,处治消防违法案件91件。开展安全生产月、消防安全咨询日、“119消防宣传周”等消防宣传活动,利用报纸、电视、电台开展消防宣传,提升社会火灾防控能力。年内未发生人员伤亡重大火灾。

1989～2011年维扬区火灾情况一览表

表19-2-5　　单位:起

年　份	火　灾	年　份	火　灾
1989	16	1994	57
1990	27	1995	80
1991	24	1996	49
1992	30	1997	77
1993	43	1998	75
1999	76	2006	193
2000	85	2007	149
2001	79	2008	151
2002	121	2009	96
2003	152	2010	134
2004	171	2011	109
2005	205	合　计	2199

第八节　安全保卫

一、单位安全保卫

1989年,区公安分局对全区33家区属企业单位、407家乡村企业单位调查摸底,在企业内部共建立保卫科(股)23个,配备专职保卫干部57人、兼职保卫干部58人。1991年,全区企事业单位开展“四合格”(门卫、财务室、仓库、车间合格)创建工作。全区475家单位共创建安全合格门卫161个、安全合格财务室275个、安全合格仓库208个、安全合格车间112个。创建活动中,新装报警器7台,购置保险箱70只、加固门334扇,用于技防、物防、消防费用19.6万元。1997～1998年,全区企事业单位全面推行企业保安制,建立企业保安队59支,队员206人,加强单位内部安全防范能力。2002～2003年,为加强单位内部治安防控体系建设,在企事业单位推广闭路监控、周界报警等技术防范设施,并与公安机关

"110"联网运行。2004年，为全面落实公安部校园整治八条措施，维护学校和幼儿园周边治安秩序，全区创建10所"安全文明校园"。2007年，在校园周边秩序排查中，依法查处发生在校园及周边地区侵害师生人身、财产权利的刑事和治安案件，共治安处罚56人，刑事处罚3人。

2011年，以单元创安为重点，加强内部单位平安建设。推进"平安校园"创建，全区53所大中小院校及幼儿园全面排查整改安全隐患，配备钢叉、警棍等防护器材，共配备校园保安170多人，38所学校安装视频监控系统。推进"平安金融"创建，组建15名保安队员的金融护卫队，于每日晚18时至次日凌晨2时，巡防检查全区76家夜间服务金融单位的自助银行和自助机。同时，严格贯彻执行《企业事业单位治安保卫条例》，全年共行政处罚违规单位170家。

二、重大活动安全保卫

2008年，区公安分局以奥运安保为重点，对城市标志性建筑、重点民生设施、重要党政机关等17家重点保卫目标和单位，实行"每日必查"制度。对71家三级以上保卫单位，明确目标，分解责任，由辖区派出所实行"每周必查"制度。

2009年，以国庆60周年安全保卫工作为主线，对全区72家重点单位要害部位及反恐重点目标，落实人防、物防、技防措施，24小时不间断全方位巡逻防控；对全区11家加油站重点检查，完善技防设施；对全区60个金融网点、8个自助银行、6个银行自助设备开展安全达标创建活动，70%金融网点监控实现向路面延伸。

2010年，以上海世博会安全保卫为契机，对全区72家重点单位、11家加油站、45家玉器行、63家金融单位以及420家一般单位先后多次组织安全检查，共发放安全防范提示5000多份、友情提示近700份，发现安全隐患200多处，当场责令整改130处，发放整改通知书70份，新装监控探头18只。

三、非法宗教、邪教活动防范和处理

图19-2-4　2008年11月28日，维扬区通过全省第二批科技强警示范区县建设现场验收评估

1989年，全区先后发现非法宗教家庭聚会点15处、非法传教人8人、信教人员500多人。区公安分局及时取缔非法宗教聚会点，教育劝阻非法传教人。1997年，全区开展制止非法宗教活动专项行动，查清非法活动点16处、自封传道人7人、信教群众700多人；发现非法活动点1处、信教群众40多人，取缔17处非法活动点。1998年11月，区公安分局在湾头镇发现邪教组织"实际神"活动，抓获骨干分子陈某某。1999年，清查邪教组织体系，取缔5处练功点，77名邪教练习者接受转化停止练功。2000年5月，在城东乡查处一起邪教"血水圣灵重建教会"非法聚会，抓获邪教成员9人。2003年，破获境外邪教组织派遣美籍华人李某某进行非法电视插播案件。2004年，抓获下载、投寄、散发邪教非法宣传品的违法犯罪嫌疑人4人；破获17件邪教宣传煽动案件，4人进行法制学习班教育转化。2005年2月，查处"三班仆人派"邪教组织，抓获骨干成员50多人，其中刑事拘留10人。2008年6月，捣毁涉嫌为"圣战"培训恐怖人员的地下窝点，查获涉恐笔记1本、非法经文32本、管制刀具10把，抓获涉案重点对象4人。

第三章 检 察

第一节 机构队伍

一、机构

1989年1月,区检察院内设办公室、刑事检察一科、刑事检察二科、经济检察科、法纪检察科、经济罪案举报中心(与法纪检察科合署办公)和刑事赔偿办公室(与法纪检察科合署办公)。1992年,设立税务检察室。1993年,设立政工科。同年3月,在区供销社、湾头镇、西湖镇设立检察室。12月,设立民事行政检察科。1996年3月,经济检察科更名为反贪污贿赂局,并升格为副科级建制。1997年,撤销税务检察室,政工科更名为政治处,刑事检察一科更名为审查批捕科,刑事检察二科更名为审查起诉科。1998年,撤销区供销社、湾头镇、西湖镇检察室。1999年,设立控告申诉检察科(与经济罪案举报中心、刑事赔偿办公室合署办公)、纪检组、法警队。2001年,设立法警大队。2002年,法警大队更名为警务科。2003年,审查批捕科更名为侦查监督科,审查起诉科更名为公诉科。2006年8月,法纪检察科更名为反渎职侵权局,并升格为副科级建制。2008年,设立职务犯罪预防科、案件管理中心、监察室、技术科。2010年8月,设立监所检察科。

2011年,区检察院内设机构有办公室、政治处、纪检组、监察室、侦查监督科、公诉科、反贪污贿赂局、反渎职侵权局、民事行政检察科、控告申诉检察科、警务科、技术科、职务犯罪预防科、案件管理中心、监所检察科。

二、队伍

1989年1月,区检察院有干警27人,其中检察长1人、副检察长2人、检察员及助理检察员17人、书记员及法警7人,中共党员17人,大学专科9人、中专及高中12人、初中6人。

1999年2月,区检察院首次评定检察官等级,有四级高级检察官5人、一级检察官5人、二级检察官7人、三级检察官6人、四级检察官5人。

2011年12月,区检察院有干警52人,其中中共党员45人,硕士研究生27人、大学本科16人、大专8人、中专1人,检察长1人、副检察长4人、检察委员会专职委员1人、检察员20人、助理检察员19人、书记员2人、法警3人、无法律职务人员2人;四级高级检察官7人、一级检察官10人、二级检察官2人、三级检察官5人、四级检察官11人、五级检察官3人、警督警司3人、未评定检察官等级11人。

1989～2011年维扬区检察院领导干部任职情况一览表

表19-3-1

职 务	姓 名	任 职 时 间
检 察 长	陈瑞荣	1987.10～1997.12
	任开志	1997.12～2002.11
	姚家驹	2002.11～2007.11
	钱晓宝	2007.11～2011.03
	许玛明	2011.03～2011.12

续表 19-3-1

职　务	姓　名	任　职　时　间
副检察长	谢　敏	1985.2～1989.4
	王仁章	1989.3～1993.1
	赵慕林	1992.7～1995.6
	葛保年	1993.1～1997.8
	倪祥福	1994.10～1999.7
	杨清龙	1995.6～1999.7
	张守年	1998.9～2002.3
	赵慕林	1999.7～2005.7
	居泽平	1999.7～2001.10
	鞠　进	2001.10～2007.11
	徐　铭	2005.7～2008.7
	唐铁扬	2007.6～2011.6
	王爱国	2008.8～2011.12
	张　艳(女)	2009.5～2011.12
	孙　猛	2011.6～2011.12
	高　翔	2011.10～2011.12
检察委员会专职委员	姜绍明	2009.12～2011.12
反贪污贿赂局局长	居泽平	1996.3～1999.7
	徐　铭	1999.7～2005.12
	鞠　进	2005.12～2007.6
	唐铁扬	2007.6～2009.4
	刘浩东	2009.4～20011.6
	孙　猛	2011.6～2011.12
反渎职侵权局局长	李国盛	2006.8～2011.12

第二节　刑事检察

一、审查批捕

1989 年，区检察院为加快办案速度，适时介入重特大案件侦查和预审活动，提前了解案情，审查证据，对基本事实清楚、基本证据充分的案件及时作出批捕决定。4 月，张某某杀人案案情复杂，办案人员提前介入深入实地，及时掌握和了解侦查情况，仅用 1 天时间就查明主要犯罪事实，作出批捕决定。

图 19-3-1　2009 年 5 月 14 日，区检察院在城北乡开展法制宣传

2011 年，重点打击毒品犯罪、故意杀人、故意伤害等严重影响社会稳定的犯罪以及抢劫、抢夺、盗窃等多发性侵财犯罪，保障人民群众的生命财产安全；着重打击制假、售假、诈骗等各类经济类犯罪，建构诚信有序的市场秩序。针对重大疑难和社会影响较大的案件，提前介入侦查，围绕批捕条件和法庭审判所需证据，强化对侦查

机关收集、固定、完善证据的引导，确保取证及时、全面、合法、有效，保障刑事诉讼活动顺利进行。当年，提前介入重大、疑难案件 16 件。

1989～2011 年，区检察院共受理公安机关提请逮捕犯罪嫌疑人 4115 人。经审查，批准逮捕 3597 人，不批准逮捕 490 人。

1989～2011 年维扬区检察院审查批捕情况一览表

表 19-3-2

项目/年份	上年积存（件/人）	受理（件/人）	重新审查（件/人）	批捕逮捕（件/人）	不批准逮捕（件/人）	退回公安补充侦查（件/人）	公安撤回（件/人）	合计（件/人）
1989	—	52/69	1/2	47/60	2/6	3/5	—	53/71
1990	—	60/77	—	53/68	6/8	1/1	—	60/77
1991	—	44/64	—	42/60	1/3	1/1	—	44/64
1992	—	54/91	—	53/86	1/5	—	—	54/91
1993	—	36/72	—	35/69	1/1	2 人	—	36/72
1994	—	47/78	—	43/72	4/6	—	—	47/78
1995	—	55/78	1/1	55/78	—	1/1	—	56/79
1996	—	85/126	—	83/122	2/4	—	—	85/126
1997	—	53/63	—	46/52	7/11	—	—	53/63
1998	—	95/144	—	86/130	9/14	—	—	95/144
1999	—	77/113	—	68/94	9/19	—	—	77/113
2000	—	80/145	—	74/132	6/13	—	—	80/145
2001	—	125/193	—	118/183	6/9	—	—	125/193
2002	1/1	106/154	—	103/151	4/4	—	—	107/155
2003	—	121/173	—	113/159	6/11	—	2/3	121/173
2004	—	125/188	—	115/176	7/9	—	1/1	125/188
2005	2/2	162/242	—	152/228	11/15	—	—	164/244
2006	1/1	162/245	—	148/225	14/19	—	—	163/246
2007	1/2	227/340	—	203/307	24/34	—	—	228/342
2008	1/1	235/332	—	211/295	24/37	—	—	236/333
2009	1/1	237/359	—	184/280	54/80	—	—	238/360
2010	—	294/425	—	226/313	66/108	—	—	294/425
2011	2/4	228/329	—	183/257	45/74	—	—	230/333

二、审查起诉

1989 年，区检察院在对各类案件审查中，坚持实行办案责任制、主罪主证复核制和集体研究把关制。做到“两个查清”，即查清作案时间、地点、手段情节等主要犯罪事实，查清定案证据可靠性以及供证之间一致性。坚持“三个接触”，一是接触案件犯罪嫌疑人和被告人，二是接触与案件直接相关的被害人与主要证人，三是重大疑难复杂案件接触作案现场。把出庭公诉效果作为检验办案质量重要标准。从办案时认真把关，庭前精心预测准备，庭后及时总结三个环节入手，注重出庭公诉质量，提高公诉人员业务素质和公诉能力。全年出庭支持公诉42次。1999年，推行主诉检察官办案责任制。

2000年，区检察院开展审查起诉规范年活动，检察长、副检察长先后出庭支持公诉。这一做法受到上级检察机关充分肯定，被省检察院评为检察长出庭公诉先进单位。全年起诉案件无一件作无罪判决。2002年，采用多媒体示证系统，指证犯罪，增强出庭效果。

2011年，正确履行审查逮捕、审查起诉职能，严把案件事实关、程序关和适用法律关，做到定性准确，罪责相适，不枉不纵。针对重大疑难案件和社会普遍关注的案件，选派业务骨干或者由分管副检察长出庭支持公诉。当年提起公诉294件446人。

1989～2011年，区检察院共受理公安机关审查移送起诉3254件5024人，经审查决定提起公诉2865件4350人，移送市检察院提请审查起诉61件166人，免予起诉72件96人，不起诉43件60人。

1989～2011年维扬区检察院审查起诉情况一览表

表19-3-3

项目／年份	上年积存（件/人）	受理（件/人）	重新审查（件/人）	起诉（件/人）	免予起诉（件/人）	不起诉（件/人）	退回公安补充侦查（件/人）	公安撤回（件/人）	移送市检察机关审查（件/人）	合　计（件/人）
1989	6/6	40/50	1/1	36/44	6/7	1/1	1/1	—	2/3	47/57
1990	1/1	78/22	3/3	58/82	15/17	—	1/2	—	4/9	82/116
1991	4/6	48/64	—	39/51	5/8	—	—	—	2/2	52/70
1992	6/9	66/116	—	54/75	11/18	—	1/3	—	4/23	72/125
1993	2/6	55/87	—	37/65	7/9	—	1/1	—	5/9	57/93
1994	7/9	51/78	—	41/56	3/4	—	1/1	1/1	9/20	58/87
1995	3/5	64/87	—	53/67	8/11	—	—	1/1	4/11	67/92
1996	1/2	98/47	5/5	78/122	17/22	—	7/8	—	2/2	104/154
1997	—	58/69	2/2	49/56	—	8/9	—	—	—	60/71
1998	3/6	99/152	3/4	93/144	—	1/1	7/8	—	—	105/162
1999	4/9	115/162	6/16	97/130	—	2人	11/28	—	2/9	125/187
2000	15/18	94/167	4/9	98/162	—	—	3/7	4人	2/2	113/194
2001	10/19	121/203	11/21	120/205	—	—	16/29	1人	3/5	142/243
2002	3/3	145/210	5/8	141/205	—	1/1	7/9	—	3/4	153/221
2003	1/2	152/252	8/24	129/180	—	5/6	17/44	—	8/46	161/278
2004	2/2	147/224	12/43	133/205	—	2/3	14/40	—	6/11	161/269
2005	6/10	184/322	13/29	169/275	—	2/3	18/39	1/1	5/10	203/361
2006	8/33	186/288	—	182/296	—	1/9	20/41	3/5	—	194/321
2007	7/10	246/394	—	228/361	—	4/4	24/44	5/5	—	253/404
2008	6/13	349/511	—	257/395	—	5/6	45/75	62/65	—	355/524
2009	20/40	286/465	—	205/323	—	3/4	101/219	1/1	—	306/505
2010	83/153	289/410	—	274/405	—	6/6	166/287	9/10	—	372/563
2011	68/120	283/444	—	294/446	—	4/5	120/264	5/7	—	352/565

三、侦查监督

1990年,印发违反法纪案件立案标准宣传材料200多份,并派出宣传车在8个乡镇场设点宣传,受教育群众4000多人。2000年,开展"立案监督宣传周"活动,向公安机关发出说明不立案理由通知书两份,公安机关均予立案。2006年,在审查办理冯某某涉嫌强奸幼女一案中,发现证人路某某亦涉嫌强奸犯罪,即予追加逮捕,经补充侦查,提起公诉。在"零口供"情况下,路某某被判处有期徒刑7年。当年,监督撤销刑事案件3件5人,依法追捕6件6人,不起诉9人,依法追诉1件。2007年,办理立案监督案件23件24人,追捕11人,立案监督与追捕数均大幅提升。当年,试行不捕案件说理制度,制定《不捕案件说理制度暂行规定》。同年,对颜某因犯罪时处于临界年龄而决定不批准逮捕,邀请公安机关承办人、法制办有关人员召开不捕说理会。2009年,会同区公安分局制定《关于办理逮捕案件适用"逮捕必要性"条件的实施意见》。通过主罪复核和办案人员与犯罪嫌疑人以及关键证人的正面接触,加强对侦查过程中刑讯逼供、暴力取证、违法使用强制措施进行可行性监督。2010年,共立案监督23件29人,追捕11件12人,追诉12件18人。立案监督案件数与追捕、追诉数均为历年之最。2011年,共办理立案监督案件20件33人,其中属于应当立案而不立案案件6件15人、不应当立案而立案案件14件18人,对侦查活动中的违法行为提出书面纠正意见15件。立案监督人数及书面纠正违法意见数为建院以来最多一年。当年,开展刑事拘留后未提请批捕、未移送起诉人员专项监督工作,对2009年1月至2011年2月刑事拘留后未提请批捕、未移送起诉人员予以清查,从中发现纠正漏捕线索1条,纠正违法线索1条,监督撤案线索1条。

四、刑事审判与执行监督

1992年7月,被告人李某盗窃作案24件,案值5000多元。区法院认为李某犯罪时刚满16周岁,判处有期徒刑3年,缓刑4年。区检察院依法提出量刑偏轻的口头检察意见,区法院依法作出改判。2008年,区检察院牵头组织全区行政执法机关执法活动专项检查,形成区委领导、各行政机关主要负责人参与、检察机关负责日常事务的工作构架,增强行政执法部门及时移送犯罪案件线索的意识,从源头上遏制和预防以罚代刑、降格处理、内部消化等问题的发生。2009年,建立量刑建议工作机制,制定一般刑事犯罪案件量刑基准,探索定罪与量刑相对分离的公诉庭审模式,将量刑纳入庭审监督范围。全面审查全区判缓刑、假释、暂予监外执行的85名罪犯,了解有无脱管、漏管现象;罪犯是否真心悔过、接受改造;监督职能部门是否监管和帮教。探索未成年罪犯社区矫正的方法和途径,帮助其回归社会。对11名脱管、漏管的罪犯重新落实监管措施;对两名缓刑期间有违法行为的罪犯,监督有关部门及时予以收监。

2011年,完善《扬州市维扬区人民检察院量刑建议工作规则》,向法院提出量刑建议286次,法院采纳265次,采纳率92.7%。同时,强化缓刑、假释、监外执行等特殊人群帮教监管,成立社区矫正检察室。在双桥、梅岭、西湖等乡镇(街道)设立7个社区矫正监督工作联系点,聘任辖区内7名司法所所长、8名派出所分管社区工作的副所长及区法院刑庭1名法官为联络员,形成完善的社区矫正工作网络。

五、青少年维权工作

2003年,为贯彻落实未成年人保护法、预防未成年人犯罪法,区检察院成立专门办案组,设立6个法制教育基地与维权信箱,开辟维权热线电话,组织校外法制副校长开展"检校共建"专题调研和交流,先后对9名未成年犯罪嫌疑人依法作出不批准逮捕决定,并建立相应的跟踪帮教措施。当年,区检察院被表彰为省优秀青少年维权岗。2005年,区检察院成立未成年人女检察官办案组,并以"检校共建零犯罪校园"活动为载体,与梅岭中学、西湖中学、梅苑双语学校、梅岭小学、维扬实验小学等5所中小学签订"检校共建"协议,明确共建双方责任与义务,推进法制校园建设。2006年,区检察院通过召开未成年人犯罪不起诉公开听证会、不捕不诉未成年人集中帮教会和定期走访等形式，做好失足青少年教育感化工作，先后对5名未成年犯罪嫌疑人作出不批捕、不起诉决定。到校园上法制课11场次，受教育师生8000多人次。2008年，区检察院10名中层干警担任中小学法制副校长，并在全区建立50个青少年维权联系点，聘请100名维权指导员，把维权工作渗透到社区、学校和家庭，扩大青少年维权工作社会覆盖面。2011年，区检察院成立刑事案件“检调对接”检察室，下设未成年人和成年人犯罪两个办案组。区检察院探索青少年维权工作模式先后被省检察院简报、最高人民检察院简报报道。

第三节　职务犯罪侦查和预防

一、反贪污贿赂

1989年8月，最高人民法院、最高人民检察院发布《关于贪污、受贿、投机倒把等犯罪分子必须在限期内自首坦白的通告》，区检察院向各乡镇场和区有关部门印发200多份通告，录制通告宣传讲话录音给各乡镇广播站播放或组织干群收听，通告宣传车在全区主要路段宣传。10月，区检察院与区法院协调配合，开展案件审理，在区乡机关全体干部和区乡企事业单位中层以上干部近1000人参加的贯彻通告精神政策兑现大会上，公开宣布对首批两名投案自首人员及其他3名经济犯罪分子依法从宽处理的决定。在法律政策感召下，先后有4名犯罪嫌疑人投案自首，退出赃款2.7万元。区物资局原局长郭某某贪污受贿近1万元，暗中串供作伪证，对抗侦查，区检察院依法将其批准逮捕归案。11月，又逮捕4名拒不自首坦白的犯罪嫌疑人。当年，共立案查处贪污贿赂等犯罪案件15件18人，是1988年的3倍，为区检察院成立以来查处案件最多一年。其中，贪污贿赂案件12件13人，占立案数的80%。逮捕8人，起诉2件3人，免诉5件5人，存查8件10人，挽回经济损失20万元。立案查处1万元以上大案和涉副乡科级干部以上要案6件7人，占立案数的40%。

2002年，区检察院查办原捷康集团党委书记、董事长王某某涉嫌受贿案，区人民医院原院长胡某某、原副院长田某某涉嫌受贿案等一批在全区有影响的大案。2005年，查办市殡葬管理所原所长潘某某受贿20多万元案件，并从中带出区民政局原局长顾某某受贿50多万元的大案。此案系区检察院自1990年以后查办的第一件在职局长受贿大案。2008年，先后在工程建设、交通运输等部门查处一批有影响的大案要案。扬州新城西区工程建设处原处长孔某某利用工程招投标、工程造价核定等权力，多次收受施工单位贿赂150多万元。当年，查办的平山乡荷叶村村委会原主任唐某某受贿案，被省检察院评为全省反贪十大精品案件。全年立案查处贪污贿赂、挪用公款犯罪案件17件17人，涉及处级干部2人、科级干部9人，为国家挽回经济损失1190.7万元。2011年，突出反贪重点，密切关注民生，把打击锋芒指向发生在人民群众身边、直接侵害群众切身利益的职务犯罪案件。针对群众举报区生猪屠宰过程中存在虚报无害化处理数量、骗取国家财政补贴的情况，先后立案查处2件5人。针对房屋拆迁中职务犯罪高发态势，加大分析研究，注重线索收集，查处市城建拆迁公司张某、周某涉嫌受贿大案。全年共立案查处贪污贿赂案件8件13人，其中挪用公款2件2人、贪污2件7人、行贿2件2人、受贿2件2人。

1989～2011年，反贪污贿赂部门共立案侦查贪污贿赂等职务犯罪案件222件233人，其中贪污贿赂案157件166人、挪用公款案38件38人、其他案件27件29人。起诉156件165人，免诉35件35人，不诉10件10人，撤案21件23人，为国家挽回经济损失3649.5万元。

1989～2011 年维扬区检察院查办贪污贿赂等犯罪案件情况一览表

表 19－3－4

项目 年份	立 案 (件/人)	大要案件 (件)	案件类型			处理结果					挽回损失 (万元)
			贪污贿赂 (件/人)	挪用公款 (件/人)	其他 (件/人)	起诉 (件/人)	免诉 (件/人)	不诉 (件/人)	撤案 (件/人)	结存 (件/人)	
1989	15/18	6	12/13	—	3/5	2/3	5/5	—	—	8/10	20
1990	15/15	—	15/15	—	—	7/7	8/8	—	3/5	5/5	16
1991	4/4	—	2/2	2/2	—	6/6	1/1	—	—	2/2	20
1992	7/7	—	4/4	2/2	1/1	4/4	4/4	—	1/1	—	20
1993	8/8	—	5/5	1/1	2/2	2/2	6/6	—	—	—	21
1994	8/8	2	2/2	4/4	2/2	3/3	1/1	—	—	4/4	24.6
1995	10/10	3	5/5	2/2	3/3	6/6	2/2	—	—	6/6	21.8
1996	14/14	—	7/7	4/4	3/3	8/8	8/8	—	2/2	2/2	144
1997	16/16	—	4/4	2/2	10/10	7/7	—	9/9	2/2	—	99
1998	9/9	—	6/6	3/3	—	5/5	—	1/1	2/2	1/1	15.8
1999	11/12	—	8/9	3/3	—	6/7	—	—	2/2	4/4	240
2000	8/10	—	7/9	1/1	—	5/7	—	—	6/6	1/1	100
2001	7/7	—	7/7	—	—	5/5	—	—	3/3	—	56
2002	5/5	—	3/3	1/1	1/1	4/4	—	—	—	1/1	17.3
2003	6/6	1	5/5	1/1	—	7/7	—	—	—	—	66
2004	5/5	3	5/5	—	—	5/5	—	—	—	—	50.7
2005	5/5	2	4/4	1/1	—	4/4	—	—	—	1/1	37.4
2006	5/5	—	4/4	—	1/1	6/6	—	—	—	—	238
2007	8/8	—	5/5	2/2	1/1	6/6	—	—	—	2/2	667
2008	17/17	2	14/14	3/3	—	18/8	—	—	—	1/1	1190.7
2009	14/14	1	13/13	1/1	—	15/15	—	—	—	—	114.9
2010	17/17	1	14/14	3/3	—	17/17	—	—	—	—	102.6
2011	8/13	—	6/11	2/2	—	8/13	—	—	—	—	366.7

二、反渎职侵权

1989 年,区检察院以玩忽职守、重大责任事故和侵犯公民民主权利的犯罪为办案重点,共受理法纪案件 8 件,决定立案 3 件 4 人,起诉 3 件 3 人,免诉 1 人。一方面对构成犯罪的依法严加查处,增强干部群众法律意识,减少渎职、侵犯公民合法权益案件发生。另一方面对情节轻微尚不构成犯罪或因民事纠纷而引起的侵权案件,予以调解钝化矛盾,妥善处理纠纷。2000 年,改变前两年无立案状况,共受理渎职侵权案件 6 件,初查 6 件,立案 2 件。2005 年,按照市、区渎职侵权侦查一体化办案要求,区检察院发现涉及渎职侵权犯罪事实暂无法确定犯罪嫌疑人,可以先行以事立案。初查案件 4 件,对有关国有企业改制中涉及国有资产流失的问题以事立案 1 件。2006 年,区检察院通过市、区侦查一体化机制,对江都市郭村镇胜利桥拆除过程中坍塌致4死5伤的重大安全事故进行调查，查清相关人员玩忽职守行为，先后立案查办江都市航道站原站长侯某涉嫌玩忽职守案，原副站长韩某某涉嫌玩忽职守案，杨某某涉嫌重大责任事故案涉案金额100万元以上。2007年，立案查处区农水局原局长陶某某和市国土局有关人员涉嫌渎职犯罪案件两件。2009年，立案查处渎职犯罪3件5人，其中查处的江都食品药品监督管理局原局长吕某某、原副局长金某某徇私舞弊不移送销售假药案。《检察日报》对该案成功查处予以报道。

2011年，针对反渎职侵权工作中仍然存在的发现难、查证难、处理难等问题，加强与相关部门的工作协调，完善线索发现、管理、查处机制和侦查指挥协作机制，全年共立案查处3件7人。其中，玩忽职守1件1人、滥用职权1件3人、刑讯逼供1件3人。

1989～2011年维扬区检察院查办渎职侵权犯罪案件情况一览表

表19-3-5

项目／年份	受案(件)	立案(件/人)	项目／年份	受案(件)	立案(件/人)
1989	8	3/4	2001	5	1/1
1990	6	1/2	2002	—	—
1991	5	—	2003	4	—
1992	13	1/1	2004	—	—
1993	9	1/1	2005	4	—
1994	7	1/1	2006	2	3/3
1995	9	1/1	2007	2	2/2
1996	11	1/1	2008	9	2/2
1997	3	2/2	2009	11	3/5
1998	3	—	2010	15	2/8
1999	5	—	2011	3	3/7
2000	6	2/2	合计	140	29/43

三、预防职务犯罪

1998年，根据《江苏省检察机关预防贪污贿赂犯罪工作细则》要求，全区建立三级(区、乡、基层)预防职务犯罪网络，各乡镇纪检监察部门、驻区重点单位均明确专人负责预防职务犯罪工作。

2000年，办案中推行"五个一"(分析一次发案原因、责成犯罪嫌疑人写一份悔过书、到发案单位上一堂法制课、发出一份书面检查建议、作一次回访)做法。试行对被举报人诫勉谈话制度。

图19-3-2　2003年5月，区检察院召开第一次全区预防职务犯罪工作大会

2002年，在全区建筑、金融、税务、文教、国有企业等10个行业和领域建立预防职务犯罪网络。2003年，成立区预防职务犯罪领导小组，召开第一次区预防职务犯罪工作会议，制定《关于加强预防职务犯罪工作的意见》。成立区预防职务犯罪协会，会员单位53家。2004年，区检察院共向发案单位发出检察建议书5份。其中，向市质监系统发出的检察建议，被省检察院评为省检察机关优秀检察建议。2006年8月，召开第二次区预防职务犯罪工作会议。2008年，召开区第三次预防职务犯罪工作会议，完善预防网络。推进职务犯罪预防体系建设，抓住重大职务犯罪案件诉讼活

动，组织庭审观摩，邀请纪监、财政、审计部门座谈，剖析案例，帮助排查原因和问题，提出预防对策。

2009 年，制定《扬州市维扬区人民检察院预防职务犯罪一体化暂行规定》，形成全警参与、部门联动、信息共享、责任共担的内部一体化预防工作模式。

2011 年，结合市检察院开展的预防宣传进社区活动，先后到 6 个乡镇(街道)、15 个社区(村)开展预防宣传教育活动。全年撰写案例分析报告 11 篇，向案发单位发出书面检察建议书 9 份，接受区内机关、企事业单位预防咨询 13 次，开展警示教育活动 18 次，为有关单位提供行贿档案查询服务 1238 次。

四、人民监督员制度

2004 年，区检察院建立和试行人民监督员制度。人民监督员依法阅卷审查、听证，评议表决，直接参与自侦案件诉讼监督活动。全年共对两件拟作不起诉决定的自侦案件实施个案监督。2005 年，对职务犯罪案件中具有超期羁押、违法搜查、扣押、冻结等“五种情形”实行监督，制定《人民监督员对“五种情形”监督实施规则》。当年，针对 1 件当事人不服追缴非法所得的申诉，启动监督程序，经人民监督员评议，一致同意区检察院拟处理意见。

第四节　民事行政检察

1994 年，区检察院广泛宣传民事行政检察受案范围、立案标准。同时，加强与法院、律师事务所、乡镇司法科、信访等部门联系，受理民事申诉案件两件。2008 年，将不服生效判决裁定监督向调解监督和执行监督延伸，防止双方当事人恶意串通损害第三人合法利益。与区法院会签《关于加强对民事行政执行案件监督的协作意见》。2009 年，与区法院共同建立息诉维稳工作机制，会签印发《关于在〈诉讼须知〉中告知当事人有向检察机关申诉权利的协作意见》，将当事人不服法院裁判，有权要求检察机关提请抗诉、建议提请抗诉写进判决书。该做法得到最高人民检察院认可，并在《检察日报》头版刊载。当年，申报的民事、行政裁判执行监督研究课题被省检察院批准立项，这是 2009 年扬州市唯一被省检察院批准立项的创新课题。

2010 年，共受理申诉案件 27 件，提请抗诉 4 件，建议提请抗诉案件 3 件，再审检察建议 5 件，先后改判 3 件。督促起诉案件 24 件，向审判机关发出纠正违法建议 12 次。

2011 年，重点监督纠正裁判不公、侵害当事人合法权益等问题。针对认为确有错误的民事行政判决、裁定，依法提请抗诉 4 件，建议提请抗诉 3 件。通过督促起诉、支持起诉等方式，加强对侵害国家利益、社会公共利益和弱势群体利益案件的监督，共办理此类案件 21 件。

1994～2011 年维扬区检察院民事行政检察情况一览表

表 19-3-6　　单位：件

项目/年份	受案	立案	项目/年份	受案	立案
1994	2	—	2004	7	—
1995	3	1	2005	5	—
1996	3	1	2006	18	2
1997	10	2	2007	20	6
1998	8	3	2008	33	7
1999	12	2	2009	27	9
2000	6	2	2010	27	4

续表 19-3-6

项目 年份	受案	立案	项目 年份	受案	立案
2001	8	1	2011	21	4
2002	8	1	合计	223	45
2003	5	—			

第五节　控告申诉检察

1989 年，群众控告申诉由区检察院经济罪案举报中心负责受理。当年，受理群众信访 177 件，其中举报经济案件线索 167 件，占 94%，万元以上案件线索 60 件，涉嫌机关干部 30 人（其中副乡科级以上干部 20 人）。经初查，较为明显的犯罪线索由经济检察部门立案进一步侦查。对审查后不属于区检察院受理的线索及时向有关部门转送。其中，不属于区检察院受理的线索 95 件全部转出；属于区检察院受理的线索 72 件，查结 31 件。

1994 年，建立检察长接待日制度，由检察长接待群众来信来访，处理社会影响大、矛盾突出的信访案件。全年妥善处理 5 件集体信访事件，未发生因处理不当而引起矛盾激化。1999 年，设立控告申诉检察科，归口受理群众控告申诉。对来信举报认真组织调查，凡署名举报的，及时向举报人反馈调查结果。同时改革检察长接待方式，由过去的每周二坐堂接待，改为坐堂接待与到基层巡回接待相结合，变群众上访为检察机关下访。

2000 年，共受理举报线索 71 件，其中属于检察机关管辖的涉嫌贪污贿赂、渎职等国家工作人员职务犯罪案件线索 42 件。2003 年，区检察院经济罪案举报中心窗口获得“省级文明接待室”称号。2008 年 3 月，检察长赴南通监狱，处置长达 7 年的在押犯控告申诉案。2009 年，建立控告申诉举报大厅，成立全市检察系统首家驻街道检察室，聘请控告申诉举报工作联络员，拓展涉检信息社会收集面。2010 年，针对市级机关事务管理局下属原液化气站驾驶员周某某长期举报该站经理郭某某涉嫌经济犯罪，要求检察机关立案查处并多次缠访的情况，区检察院邀请人大代表、政协委员、人民监督员、学者、律师等 36 人共同参与听证活动，最终作出不立案决定。

2011 年，在甘泉街道设立检察工作站，聘任 7 名乡镇司法所所长或信访科科长作为联络员，定期派人接待群众咨询和来访，切实把不稳定因素消除在萌芽状态。是年，受理来信来访 52 件，其中来信 19 件、来访 33 件，均得到妥善处理。

1989～2011 年维扬区检察院信访受理情况一览表

表 19-3-7　　单位：件

年　份	数　量	年　份	数　量	年　份	数　量
1989	177	1997	55	2005	43
1990	79	1998	64	2006	49
1991	36	1999	32	2007	81
1992	70	2000	71	2008	82
1993	58	2001	54	2009	86
1994	52	2002	54	2010	81

续表 19-3-7

年 份	数 量	年 份	数 量	年 份	数 量
1995	56	2003	38	2011	52
1996	64	2004	27	合 计	1461

第四章 法 院

第一节 机构队伍

一、机构

1989 年,区法院内设办公室、刑事审判庭、民事审判庭、经济审判庭、告诉申诉庭等 5 个部门。1990 年 3 月,增设行政审判庭。4 月,增设执行庭。1995 年 7 月,设立法警队。1999 年 9 月,撤销告诉申诉庭,分设为立案庭和审判监督庭,分别负责立案、信访及审判监督职能。设立司法行政装备科。2002 年 8 月,执行庭更名为执行局,升格为二级局,下辖执行综合科、调查实施科和强制实施科 3 个科室。2003 年 4 月,民事审判庭更名为民事审判一庭,经济审判庭更名为民事审判二庭。2010 年 9 月,成立甘泉人民法庭,承担双桥街道、甘泉街道、西湖镇 3 个乡镇和维扬经济开发区民商事案件审判工作。

2011 年,区法院内设办公室、政治处、监察室、司法行政装备科、法警队、刑事审判庭、民事审判一庭、民事审判二庭、行政审判庭、立案庭、审判监督庭、执行局,下设甘泉人民法庭。

二、队伍

1989 年,全院有干警 32 人,其中院长 1 人、副院长 1 人、审判员及助理审判员 22 人、书记员及法警 8 人。

1999 年 2 月,区法院首次评定法官等级,全院有四级高级法官 5 人、一级法官 4 人、二级法官 9 人、三级法官 13 人、四级法官 11 人。

2011 年,全院有干警 66 人,其中中共党员 55 人,研究生 11 人、大学本科 41 人、专科 14 人,院长 1 人、副院长 2 人、审判委员会专职委员 1 人、审判员 38 人、助理审判员 7 人、书记员 5 人、法警 10 人、审判辅助人员 2 人,三级高级法官 1 人、四级高级法官 8 人、一级法官 24 人、二级法官 4 人、三级法官 2 人、四级法官 5 人、五级法官 1 人、警督警司 10 人、未评定法官等级 11 人。

1989～2011 年维扬区法院领导干部任职情况一览表

表 19-4-1

职 务	姓 名	任 职 时 间
院 长	索洪才	1984.10.～1990.4
	帅巧芳(女)	1990.4～1994.7
	陈克鸣	1994.8～2007.12
	谢应松	2007.12～2011.12

续表 19－4－1

职　务	姓　名	任　职　时　间
副　院　长	帅巧芳(女)	1984.11～1990.4
	李明生	1985.2～1999.5
	侯光明	1989.1～1999.5
	赵慕林	1995.6～1999.7
	杨清龙	1999.7～2009.12
	章昌桃	1995.6～2011.11
	刘　俐(女)	2001.10～2009.2
	杭春玉	2001.12～2011.12
	张　圆(女)	2008.8～2011.12
审判委员会专职委员	周　平(女)	2009.12～2011.12
执行局局长	王爱国	2004.6～2008.8
	马　飞	2008.8～2011.12

第二节　刑事审判

一、治安犯罪案件审判

1989～2011 年，区法院共审结强奸、抢劫、重大盗窃、寻衅滋事等严重刑事治安犯罪案件 616 件，判处罪犯 901 人，其中 197 人被判处 5 年以上有期徒刑。

图 19－4－1　区法院刑事审判现场

1989 年 9 月 21 日，区法院公开审理城北乡村民陆某故意放火案。陆某因不满厂领导对其调换工种的决定，遂伺机报复，放火焚烧厂里的棉纱锭，造成该厂近 10 万元直接经济损失。区法院以犯放火罪判处陆某有期徒刑 13 年，剥夺政治权利 3 年。2001 年，区法院对危害严重、社会影响恶劣、群众反映强烈的案件，从重从快予以惩处，先后共召开 4 次公判大会，15 名严重刑事犯罪分子分别被判刑。田某多年从事介绍卖淫犯罪活动。2007 年 10 月，区法院以介绍卖淫罪判处田某有期徒刑 5 年 2 个月。此案被全国扫黄打非办评为 2007 年查办的 30 件重点案件之一。

2011 年，卢某因琐事持械聚众斗殴，造成多人伤害，被区法院以聚众斗殴罪判处有期徒刑 3 年。

区法院坚持贯彻“宽严相济”刑事政策，挽救情节轻微的初犯、偶犯、未成年犯。2004～2006 年，依据省法院《关于办理轻伤害案件的暂行规定》，区法院规范轻伤害案件办理程序，有效提高轻伤害案件办案效率，及时化解各种社会矛盾，避免因处理不及时、不恰当而转化为重大恶性案件。针对未成年被告人审理，指导处理少年刑事案件，体现“教育为主、惩罚为辅”原则，依法从轻、减轻判处刑罚。对符合缓刑、管制、免刑条件的尽量予以适用，给予未成年被告人改过自新机会。1989～2011 年，未成年刑事案犯被判处缓刑、单处罚金或免予刑事处罚等非监禁刑，占刑事案犯 30.5%。

二、经济犯罪案件审判

1989～2011年,区法院审结贪污、受贿、挪用公款等经济犯罪案件171件,依法追究196名被告人的刑事责任。其中,判处10年以上有期徒刑10人,判处5年以上10年以下有期徒刑22人。区法院共审结金融诈骗、生产销售伪劣商品等经济犯罪案件126件,依法追究151名被告人刑事责任,其中判处5年以上有期徒刑19人。

1998年,顾某某利用职务之便,挪用公款60万元,并从中挥霍50万元,给国家造成重大损失,被判有期徒刑13年。

2005年,区殡葬管理所原所长潘某某,利用职务之便,先后收受他人贿赂17万元,被判处有期徒刑10年6个月,剥夺政治权利3年。

2011年,原江苏群发化工有限公司销售员王某某,利用职务之便,挪用公款98万元,归个人使用,进行营利活动,被判处有期徒刑3年、缓刑4年。

1989～2011年,区法院共审结刑事案件2825件,审理案犯3881人,其中判处10年以上有期徒刑190人,判处5年以上10年以下有期徒刑604人,判处5年以下有期徒刑、拘役1904人,判处缓刑、单处罚金或免予刑事处罚等非监禁刑1183人。

1989～2011年维扬区法院刑事审判情况一览表

表19-4-2 单位:件

年份	案件	年份	案件	年份	案件
1989	45	1997	48	2005	138
1990	65	1998	103	2006	163
1991	50	1999	114	2007	219
1992	56	2000	107	2008	235
1993	45	2001	117	2009	173
1994	58	2002	149	2010	258
1995	64	2003	125	2011	294
1996	90	2004	109	合计	2825

第三节 民事审判

1989年,区法院审理178件民事案件。其中,调解结案108件,占61.7%;判决结案24件,占13.5%;其他方式结案46件,占25.8%。审理过程中注意优先审理"三养"(赡养、抚养、扶养)案件,依法保护老人和妇女儿童合法权益。

1990年后,区法院针对民事案件案发势头猛、类型新、审理难度大的新特点,发挥调解职能作用,大量民事纠纷得到及时妥善处理。1993～2002年,区法院共审结民事案件3523件,其中以调解方式结案2184件,占62%。2003～2007年,区法院扩大简易程序适用范围,对争议不大的简单民事案件采用被告速裁制,探索合议庭审判职能的专业化设置,成立交通、劳动、房地产等专门合议庭,遵循"能调则调,当判则判,调判结合,案结事了"的工作方针,稳妥调处各类民事纠纷,审结9290件,调解撤诉率71.4%。

图 19-4-2　2010 年，维扬区法院召开合议庭，协调解决扬州国茂鞋业公司拖欠工资案

婚姻家庭案件　婚姻家庭类案件数量一直居于民事案件第一位。在案件审理中，区法院多次巡回办案，深入现场，就地审理，以达到办结一案、教育一片社会效果。1993 年，城北乡王某某诉施某离婚案件。施某坚决不同意离婚，常在路上拦截殴打王某某，扬言要杀掉王某某。区法院在当地组织配合下，做好调解工作，最终打消施某的杀人念头，并达成离婚协议。在处理婚姻家庭类民事案件时，区法院一方面做好庭前、庭中、庭后调解工作；另一方面加强与市、区妇联组织的协调联系，合力化解婚姻矛盾。2009 年 4 月，区法院邀请维扬区以及广陵区、邗江区、市开发区妇联、街道及社区 50 多名妇女干部，集中旁听梅岭村顾某诉王某家庭暴力离婚案，取得良好的社会效果。1989～2011 年，区法院共审结离婚、赡养等婚姻家庭案件 3949 件，其中判决结案 1370 件，以调解或以其他方式结案 2579 件。

劳动争议案件　1993 年 10 月，最高法院印发《关于劳动争议案件受理问题的通知》，规定劳动争议案件由经济审判庭划归民事审判庭受理。此类案件遂成为民事案件中增长幅度最大的案件类型之一。1993～2006 年，区法院共审结追索劳动报酬案件 563 件。2007 年《中华人民共和国劳动合同法》颁布后，加上诉讼费收费办法改革，劳动者通过诉讼手段维护自身权益意识大为提高，区法院受理的劳动争议案件急剧增加。2007～2011 年 5 年间，区法院共受理劳动争议类案件 1029 件，超过 1989～2006 年此类案件总和。2010 年，区法院通过与市司法局、区司法局的联动合作，开通农民工讨薪“绿色通道”，形成法律援助维权合力，妥善调解处置 40 多名农民工诉扬州国茂鞋业有限公司拖欠工资案，为工人追回拖欠 4 个多月的工资 40 多万元。

房地产纠纷案件　2008 年以后，以房产买卖、租赁与物业纠纷为主的房地产类案件迅速增长。是年，此类案件受理数比 2007 年增长近 1 倍。2008～2011 年，区法院共审结房产买卖、租赁、物业纠纷案件 785 件，其中以调解方式结案 158 件。

人身损害赔偿案件　1989～2011 年，区法院共审结人身损害赔偿案件 1461 件，占同期民事案件总数的 10.7%，其中 35.2%以调解方式结案、39.4%以判决结案、当事人撤回起诉的占 25.4%。2000 年以前，因责任田和宅基地使用发生邻里纠纷，引发斗殴造成人身伤害的案件，占到人身损害赔偿案件总数的一半以上。2001 年以后，因人们经济水平和交通条件的改善造成交通事故而引发的人身损害赔偿案件迅速增长。2004 年，区法院成立交通事故合议庭。2006 年 10 月，区法院在市交巡警支队成立交通事故巡回法庭。至 2011 年，共巡回审理交通事故案件近 300 件，涉及赔偿标的 4000 多万元。2001～2011 年，共审结人身损害赔偿案件 954 件，其中交通事故引发的人身损害赔偿案件 408 件。2006～2011 年，区法院道路交通事故赔偿案件调撤率始终保持 55%以上，申请执行率不到 4%。

1989 年以后，民事案件呈逐年增长态势。1989～2011 年，区法院共审结各类民事案件 1.37 万件。其中，2011 年案件数是 1989 年的 10.4 倍。

1989～2011 年维扬区法院民事审判情况一览表

表 19-4-3　　单位:件

年　份	案　件	年　份	案　件	年　份	案　件
1989	178	1997	394	2005	521
1990	203	1998	363	2006	619
1991	237	1999	386	2007	895
1992	232	2000	408	2008	1232
1993	196	2001	412	2009	1389
1994	272	2002	410	2010	1884
1995	346	2003	448	2011	1855
1996	336	2004	447	合　计	13663

第四节　经济审判

1989 年,区法院审结经济类案件 138 件。1991 年以后,数量逐年上升。1997～2007 年,案件数略有下降。2008 年,受国际金融危机影响,大量商事案件涌入法院。当年,案件数量达到 401 件,标的额增至 1.18 亿元。1989～1998 年,涉案标的额 1.29 亿元,2010 年达 1.41 亿元。

在审判中,区法院利用简易程序简便快捷的特点,缩短办案周期,提高工作效率,减轻当事人诉累。2002 年,共审结案件 162 件,适用简易程序 152 件,平均结案天数 27 天。2008 年,区法院针对一件涉及四川地震灾区救灾帐篷生产的 100 万元承揽合同纠纷案件,特事特办,简化手续,仅用 5 个小时,调处合同纠纷,以实际行动支持四川抗震救灾。

区法院重视为中小微企业提供充分的司法保障,始终坚持政府主导、合法合规、能动司法、慎用保全、利益平衡五项原则,公正高效审理涉企商事纠纷案件。同时坚持"适度倾斜"原则,及时审理劳动争议、交通事故赔偿和消费者维权纠纷案件,从宽裁量经济困难一方当事人应赔偿或应受偿的财产数额,保证弱势企业生产不受严重影响。1994 年,区法院审结经济纠纷案件 293 件,诉讼争议标的额 1159 万元。其中,涉及外地经济纠纷案件 71 件,为企业排查债权债务 289 万元。

1998 年后,区法院规范破产案件审理程序,严把"破产关",对严重资不抵债、影响产业结构调整的企业,主动争取地方党委、政府的支持和配合,稳妥办理破产案件。1998～2003 年,共审结破产案件 29 件,涉案标的额 1.5 亿元。环球商厦股份有限责任公司原是维扬区重点企业,由于无法适应市场变化,亏损严重,负债 1.3 亿元,大小债权人 1000 多家。区法院依法对其资产清算、审计、评估,改变以往以破产财产安置职工的做法,建议由政府安置职工,成功审结环球商厦股份公司破产还债案件,未引发上访等群体事件。

1989～2011 年,区法院共审结各类经济纠纷案件 5291 件,涉案标的额 8.67 亿元。其中,调解结案 2093 件,判决结案 2317 件,当事人撤诉或其他方式结案 881 件。

1989～2011年维扬区法院经济审判情况一览表

表19-4-4　　　　单位:件

年　份	案　件	年　份	案　件	年　份	案　件
1989	138	1997	229	2005	124
1990	124	1998	221	2006	168
1991	147	1999	264	2007	259
1992	150	2000	236	2008	401
1993	233	2001	170	2009	378
1994	293	2002	162	2010	378
1995	372	2003	141	2011	244
1996	346	2004	113	合　计	5291

第五节　行政审判

1989年前,行政案件由民事审判庭负责审理。1990年,设立行政审判庭。同年3月,居民杨某某诉市城乡建设委员会,不服对其做出的拆除违章建筑的行政处罚。经过审理后,当事人要求撤诉,经审查符合撤销条件,以撤诉结案。但在审理中发现原决定书适用法律条款不具体,及时向该行政机关提出司法建议。

1992年,城北乡村民刘某因家庭人口多、居住条件差,向所在村组申请原住房增加建楼房。区建设委员会以梅岭村村建规划未出台为由,未予审批。刘某遂起诉至法院,经法院审理,判决维持区建设委员会不发给刘某加楼建设许可证的决定。2003年11月,受理香港绿丹兰化妆品公司诉市对外贸易经济合作局具体行政行为侵权一案,是扬州市第一件涉港、澳、台地区的行政案件。此案被市法院作为全市庭审观摩案件。

2003年以后,行政审判改变以往坐堂办案的做法,审判人员深入现场,了解情况,耐心细致地做好调解和说服工作,80%的行政诉讼案件以当事人撤回起诉而结案,有效钝化矛盾。2004年,审理区重点工程锦旺小区拆迁案件。经过一年多工作,近百次上门做被拆迁人的思想工作,耐心宣传拆迁政策,直至最后一户与拆迁方达成补偿安置协议,顺利结束审理。2008年,区法院与区政府法制办制定《行政首长出庭应诉暂行办法》,明确出庭应诉范围和考核标准。全年涉案单位行政首长参与庭前证据交换活动26次,出庭应诉20次,出庭应诉率90.9%。2007～2011年,区法院针对行政机关管理制度和执法活动存在的问题,发送司法建议9份,口头交换意见50多次。

1989～2011年,区法院共审结行政诉讼案件321件、非诉行政案件587件。在审结的行政诉讼案件中,驳回诉讼请求28件,撤销行政机关错误决定22件,行政机关改变行政行为17件,当事人自愿撤回起诉167件,其他方式结案87件。

1989～2011年维扬区法院行政审判情况一览表

表19-4-5　　　　单位:件

年　份	案　件	年　份	案　件	年　份	案　件
1989	—	1997	7	2005	9
1990	1	1998	2	2006	28

续表 19-4-5

年 份	案 件	年 份	案 件	年 份	案 件
1991	—	1999	8	2007	48
1992	1	2000	7	2008	45
1993	1	2001	13	2009	26
1994	1	2002	8	2010	24
1995	1	2003	46	2011	27
1996	8	2004	10	合 计	321

第六节 立案信访

1989 年，区法院立案信访工作由告诉申诉庭负责。全年共接待处理信访 783 人件次。诉讼外调解，共调处简易纠纷 6 件。90 年代中期以后，区内开展大规模的城市拆迁改造、土地征收及企业改制工作，以民商事纠纷为主的来信来访随之大量增加。1999 年 9 月，立案庭负责审查起诉、立案登记、审判流程管理，并处理涉诉信访。全年共接待处理信访 6105 人件次。

2001 年 5 月，区法院成立速办室，实行“简案速办”，采取“自愿、合法、效率、立审分立”的原则，审理事实清楚、证据充分、争议不大的民商事案件。2005 年，区法院设立诉讼服务立案大厅，实行咨询、审查、立案、登记、收费、送达、按期开庭等事项“柜台式一站”服务。并设立外勤办公室，统一负责原先分散于各庭的送达、评估、鉴定等辅助性工作。2008 年，区法院在立案大厅、信访接待场所设立安检系统、监控系统和多媒体自动查询系统，建立“立案、审批、交费”一站服务窗口。当年，向诉讼当事人发放《诉讼指南》《举证须知》2081 份，适时告知诉讼风险，正确行使诉权。设立弱势群体诉讼“绿色通道”，采用电话预约立案、就地开庭、巡回审判、诉讼指导等形式，帮助弱势群体通过诉讼形式维护自身合法权益。2011 年 4 月，区法院诉讼服务中心通过诉前调解方式，成功化解江西省永新县职业中等专业学校 152 名学生诉扬州某咨询服务公司的群体跨省讨薪案件。

1988～1999 年，区法院共处理群众来信 549 件次，接待群众来访 391 人次。1999～2011 年，区法院共审查立案 2.19 万件，处理群众来信 1243 件次，接待群众来访 1071 人次。

第七节 审判监督

1989 年，区法院没有专职审判监督机构，其监督职能由各业务庭室负责。

1999 年 9 月，区法院建立审判监督庭，负责对申诉或申请再审案件的复查，决定是否再审，同时负责全院案件评查。是年，评查案件 280 件。

2003 年上半年以前，案件数量较少，审判监督工作主要形式为逐案评查。2003 年下半年，随着案件数量逐年上升，将逐案评查方式改为随机抽查，抽查比例 20%。2004 年，区法院审判监督庭与区检察院民事行政检察科召开 13 次联席会议，探讨民事行政申诉、再审问题，从维护稳定、维护法律尊严和审判权威角度出发，把调解工作贯穿于审判和检察的每一个环节中，共同协助有关方面做好申诉人息诉、息访工作。

1999～2011 年，区法院共审结再审案件 132 件，其中刑事再审案件 11 件、民事再审案件 47 件、商事再审案件 74 件。区检察院抗诉再审案件 66 件，区法院决定再审案件 27 件。再审案件中，改判 50 件、维持原判决 45 件、调解 33 件、驳回 4 件。再审案件中，民商事案件占 91.7%。

第八节　案件执行

1989 年，经济纠纷案件执行主要由业务庭自审自执。全年审结的经济纠纷案件中应全部执行 116 件，标的额 135 万元，执结 52 件；部分执行 14 件，标的额 87 万元，占应执行数 45%。同时完成以前执行案件 38 件，部分执行案件 23 件，标的额 32 万元。

1990 年 4 月，设立执行庭，受理执行案件 73 件，执结 38 件，其中行为执行案件两件、财产执行案件两件，执行标的额 20.3 万元。协助外地法院执行 7 件。由业务庭自审自执经济纠纷案件 45 件，标的额 62 万元。1991 年 10 月，开展集中执行工作，共执行结案 94 件，执行标的额 57 万元。1997 年，分组划片，执一件带一片，采取早寻晚堵方式，寻找传唤不到庭、有意回避的被执行人。采取陪执形式，邀请相关部门和乡村组织参与执行非诉行政案件。1999 年，将执行任务落实到每名执行人员。对疑难复杂案件集体会诊，打攻坚战。对有条件却不主动履行义务的案件当事人依法强制执行。当年，执行扬州某企业诉常州某机电装备总公司货款纠纷一案，标的额 120 万元。先后 11 次到常州执行，历时两年均未能奏效。6 月上旬，会同扬州电视台，第 12 次前往常州执行，经过 3 天艰苦努力，使这一久拖不决的异地执行难案执结。

2000 年 5 月，针对“执行难”问题，区法院注重加强与金融机构及土地、工商等部门的联动，提高执结率，并采取债权转股权、资产租赁等形式，通过设立执行联络员、执行线索有奖举报等措施，集中清理积案，集中执行敏感案件及涉及政府案件，取得良好效果。2001 年 2 月，实行执行案件流程管理，实行科学分类、分责、分组办案机制，把执行人员分为执行审查组、财产调查组和强制实施组，增加办案透明度。2002 年 1 月起，全面实施执行指令加执行日志的工作方式，保证执行案件流程管理正确实施，提高案件执结率，结案率 98.2%。2003 年 1 月，全面实行执行措施穷尽告知制度。2004 年，建立执行质量效率统一指标体系和考评机制。2006 年，区法院开展建立执行案件信息管理系统工作。

图 19-4-3　2010 年 3 月，区法院现场发放追讨所得的工人工资

2007 年，借助媒体舆论力量，采用与扬州人民广播电台联办法制栏目《执行红绿灯》等方式，教育引导不履行法律义务的当事人，最大限度攻克执行工作难关。2008 年，试行执行联络员制度，从社会各界聘请 19 名执行联络员，缓解执行力量不足困难。遇有重大争议的执行事项，适时召开执行听证会，广泛听取意见，增强执行工作公信力。全年邀请检察官、人大代表、政协委员及其他人员 57 人参与听证活动 8 次。先后开展对拖欠职工劳动报酬、民工工资以及其他涉及民生案件专项执行活动，积案清结率 100%。2008～2011 年，区法院通过开展集中清理执行活动，连续 4 年积案清理率 100%。同时加强执行队伍建设，提升执行工作水平，执行案件和解结案率 70%，未发生一件群体性暴力抗执事件。

1990～2011 年，区法院共执结执行案件 7257 件，其中执行区法院自身法律文书 6365 件、行政机关申请执行生效法律文书 588 件、当事人申请执行仲裁及公证文书 304 件，执行标的额 8.6 亿元。

1989～2011 年维扬区法院执行案件情况一览表

表 19-4-6　　单位:件

年　份	执结	年　份	执结	年　份	执结
1989	—	1997	324	2005	259
1990	38	1998	251	2006	294
1991	204	1999	408	2007	332
1992	152	2000	441	2008	470
1993	229	2001	366	2009	634
1994	366	2002	345	2010	491
1995	240	2003	275	2011	604
1996	270	2004	264	合　计	7257

第五章　司法行政

第一节　机构队伍

1989 年,区司法局内设办公室、法律宣传教育股、基层工作股,下设区公证处、市第四律师事务所。1999 年 6 月,设立安置帮教工作股,与基层工作股合署办公。10 月,设立区法律援助中心。2002 年 4 月,区司法局内设办公室、法律宣传教育科、基层工作科,下设区法律援助中心、区公证处。2008 年 6 月,设立法律服务管理科,区法律援助中心调整在法律服务管理科挂牌。2011 年,区司法局核定编制 20 人,在编人员 16 人,内设 4 个职能科室:办公室、法制宣传科、法律服务管理科(挂“区法律援助中心”牌子)、基层工作科,1 个直属行政机构:公证处。

第二节　普　法

一、“一五”普法

1986～1990 年,全区实施“一五”普法教育,以宪法、刑法、民法通则、婚姻法、继承法、经济合同法、刑事诉讼法、民事诉讼法(试行)、民族区域自治法、兵役法和治安管理处罚条例(简称“十法一条例”)为“一五”普法重点内容。1989 年,购买法律法规 300 本,编写辅导材料,并在区委举办的廉政建设研讨班上为 160 多名副局长以上干部作宣讲辅导。组织人员参加全国法律知识竞赛,共寄出试卷 4000 多份。对全区 300 多家普法合格单位颁发合格证书。区、乡、村三级干部及企事业单位中层以上干部约 500 人学习宪法、刑法、经济合同法和治安管理处罚条例。1990 年初,进行宪法、选举法等宣传活动。组织全区公民参加省婚姻家庭法律知识竞赛。会同区委宣传部举办有 185 人参加的 3 期副乡科级以上干部行政诉讼法、集会游行示威法培训班。

二、“二五”普法

1991～1995 年,全区实施“二五”普法教育,以土地管理法、环境保护法、义务教育法、计划生育条例(即“四法”)为普法重点内容。

1991 年,为全区各单位订购“二五”普法教材 4500 本。1992 年,全区举办村以上干部和普法宣传员培训班 17 期，2000 人参加。组织 206 名企事业单位有关人员参加省第二期工商税收经济法律法规广播教育中心学习。

1993 年，全区共购买干部读本 2420 册、群众读本 2954 册、案例选编 1484 册、法规选编 1416 册。举办培训班 15 期，参训干部 1600 多人。组成普法讲师团，分 4 个专题到各乡镇宣讲。

1994 年，开展以宪法为核心，以市场经济法律法规为主要内容的普法教育，发放《市场经济法律知识》教材 1200 多册、《市场经济法律法规汇编》600 多册、《依法治市之路》200 册、《法制宣传辅导材料》1200 多份。会同区工商局、区税务局成立区劳动业务学校，并招收第一批 50 多名个体工商业者系统学习工商、税收方面法律法规。全区共举办普法培训班 14 期，参训 2864 人次。全区共出法制宣传栏 40 期、黑板报和橱窗宣传栏 200 期，张贴宣传标语 300 多张，悬挂过街横幅条幅 30 条，设立长期固定宣传台 24 个，开展法律咨询 56 次、法律知识竞赛 3 次。

1995 年，举办培训 31 次，参学人数 1925 人次，开展法律咨询活动 19 次，接待群众咨询 872 人次，组织 1.08 万人参加省法律知识竞赛活动。

“二五”普法期间，全区村级以上干部 3321 人，参加学法 3255 人，参学率 95%。全区参加普法单位 318 家。共举办普法学习班 1113 次，培训人数 481 万人次，购买普法资料 3.35 万本，编印辅导材料 5 万多份。1995 年 8 月，通过扬州市对全区“二五”普法工作考核。

三、“三五”普法

1996～2000 年，全区实施“三五”普法教育，共举办培训班 1698 期，参加培训人员 13 万人次，购买发放法律书籍 4.8 万册，印发宣传材料 2.4 万份，悬挂横幅 321 条，张贴普法标语 4500 条，出专题橱窗、板报 1237 期。

1997～1998 年，全区统一组织合同法、会计法、民事诉讼法、刑事诉讼法、行政处罚法学习。1999 年 9 月，举办行政执法人员、行政复议人员培训班。10 月，举办中共十五届四中全会暨依法治国理论及合同法培训班，各乡镇场主要负责人及分管领导、区机关各部门负责人、区重点骨干企业负责人等 48 人参加培训。11 月，举办全区普法宣传员、辅导员培训班，系统学习合同法、城市规划法、价格法、预防未成年人犯罪法等 13 部法律法规。

2000 年 5 月，区召开全区各类学校法制副校长聘任大会，从区各政法部门聘请 37 名中层干部任法制副校长。8 月，考核验收全区 5 乡 2 镇 1 场、区机关 33 个部门、区直 5 家企事业单位“三五”普法工作，抽查各乡镇场 13 个行政村、15 家企业、机关（系统）下属 8 家单位和 17 所中小学，召开 76 场座谈会，组织 2315 人参加法律知识考试。9 月，区“三五”普法考核验收小组对 5 家不合格单位进行二次验收，全部达到合格标准。10 月，市“三五”普法考核验收组对全区“三五”普法工作考核验收合格。

四、“四五”普法

2001～2005 年，全区实施“四五”普法教育。是年 8 月，区委召开依法治区工作大会，部署“四五”普法和新一轮依法治区工作主要目标和任务。11 月中旬，区依法治区办公室、区司法局组织区、乡两级机关干部、区属企事业单位中层以上干部参加全国举办的“百万读者宪法知识百题竞赛”活动和市法治办举办的“‘四五’普法、依法治市两个规划知识问答”答卷活动。2002 年 12 月“全国法制宣传日”，公、检、法、司、劳动等 10 部门开展法律咨询活动，重点宣传宪法、水法、人口与计划生育法等法律法规，并现场解答法律咨询。2003 年 4 月，为抗击“非典”，全区开展传染病防治法、突发公共卫生事件应急条例、《江苏省实施〈中华人民共和国传染病防治法〉办法》等法律法规学习宣传，并在平山乡平山村举办“崇尚法治，抗击‘非典’”法律咨询及万人签名活动。防治“非典”期间，全区共开展法制宣传活动 11 场，印发宣传资料 1.95 万册，受教育人数 3.76 万人次。2003 年，区司法局向全区 17 个社区发放法律图书、刊物 1 万多册，法律数据光盘 17 张，《普法园地》小报 6 万张。法律服务人员到社区开展活动 65 次，为居民上法制课 37 课次，接受群众咨询 858 人次，代理法律事务 151 件，提供法律援助事项 18 件，代写法律文书 14 件。区法制办、区司法局和区文教局联合举办全区青少年学生暑期法制征文竞赛，58 名学生参加竞赛，撰写征文 58 篇。2004 年，区法制办、区司法局开展以宪法修正案、行政许可法、铁路法、道路交通安全法为重点的法制宣传教育。同年4月,区法制办、区司法局联合为全区公务员举办行政许可法专题培训班。2005年7月,区法制办对全区各乡、镇、街道和区机关各部门、驻区单位以及学校、医院检查,针对自查和初步检查中暴露出来的问题,向有关单位发出整改通知书。8月,区法制办、区司法局对初步检查中存在问题的单位回访,确保整改意见落实。

五、"五五"普法

图19-5-1　2009年11月26日,维扬区举办"五五"普法骨干培训班

2006～2010年,全区实施"五五"普法。区委、区政府制定《关于在全区公民中开展法制宣传教育的第五个五年规划》。编发以宣传"五五"普法为主要内容的普法园地小报。在非公企业中开展法制宣传图板巡回展览和法律咨询,免费赠送普法读本。向12家外资企业赠送普法教育读本2200多册。2007年1月,与扬州交通广播电台合作开通《法律在线》栏目,组织律师、法律工作者等相关人员,在每周四上午接受外来民工讨薪、工伤事故受害人、道路交通事故受害人法律咨询。7月,召开规范劳动用工暨法制副厂长聘任大会,在政法部门中层干部中聘请45名法制副厂长(副经理),帮助企业依法经营和维护农民工合法权益。2009年5月,举行新任乡科级领导干部任前法律知识考试,实行区领导干部法律知识任职资格制度。8月,全市首个农民法治文化广场在西湖镇金槐村建成。2010年,维扬区招募52名大学生村官,成立大学生村官普法志愿者队伍,定期在各乡镇(街道)法治文化广场、农村集市周边等设立普法咨询台,提供法律服务。西湖镇建立大学生村官普法工作室。2006～2010年,全区共开展5期"农民工学法维权宣传月"活动,接待咨询近1000人次,发放宣传资料1000多份。

六、"六五"普法

2011年,区七届人大常委会第二十七次会议审议通过《关于进一步加强法制宣传教育的决议》。8月,全区召开"五五"普法总结表彰暨"六五"普法动员会议。3月,在扬州大学第五届大学生法律文化节开幕式上,"区校共建'六五'普法"平台启动。4月,区大学生法治实践基地和扬州大学法学院婚姻家庭法律诊所在文苑社区挂牌成立,先后组织在文苑社区、安平社区、冶春广场开展广场法制宣传咨询服务、社区模拟法庭、"法治伦理剧"巡回演出等普法活动10多场次,惠及群众2000多人。10月,开通面向全区领导干部和公务员的普法手机短信平台,内容包括新法速递、以案释法、法律常识、普法动态等板块。调整充实25名法制副校长,从环保、卫生、消防、人武等15个部门选聘120名法治同盟者,由区法制办、区普法办统一调配、统一管理、统一考核,发挥其在推进依法治校、普及法律知识、维护校园稳定、预防青少年犯罪等方面作用。

第三节　律　师

一、机构人员

1989年,全区只有1家律师事务所——市第四律师事务所,为全民事业单位,编制6人,独立核算,自收自支。1994年9月,全区第一家合伙制律师事务所——市文昌律师事务所成立。1995年12月,扬州西城律师事务所成立。全区执业律师增加至 9 人。1997 年，市第四律师事务所更名为扬州友谊律师事务所。1998 年，全区 3 家律师事务所执业律师增加至 14 人。2000 年，扬州友谊律师事务所更名为扬州助邦律师事务所，扬州西城律师事务所更名为扬州扬城律师事务所，扬州助邦律师事务所和扬州扬城律师事务所由全民事业单位性质改制为合伙制。2003 年，扬州助邦律师事务所与扬州星光律师事务所银河分部合并，更名为江苏润扬律师事务所。

2011 年，全区共有文昌、扬城、润扬 3 家律师事务所，执业律师 15 人，营业用房 1100 多平方米。

二、律师业务

1989 年，市第四律师事务所代理诉讼业务 46 件，办理非诉讼法律业务 12 件，避免和挽回经济损失 60 多万元。1990～1992 年，市第四律师事务所共办理案件 112 件，避免和挽回经济损失 150 多万元，担任社会团体、企事业单位常年法律顾问 13 家。1993 年，市第四律师事务所为农村居民办理法律事务 30 多件，逐步改变农村请律师难、办公证难、写法律文书难的情况。1994 年，全区 3 家律师事务所共办理案件 159 件，避免和挽回经济损失 100 多万元，常年法律顾问单位增加到 21 家。1995 年，3 家律师事务所律师常年法律顾问单位新增 7 家乡镇企业，为乡镇企业挽回经济损失 40 多万元。1996 年，全区律师共办理诉讼案件 143 件，涉案标的额 2500 多万元，解答法律咨询 340 多件，组织和参加法律宣传 9 场。同年，市文昌律师事务所为两个乡政府提供法律咨询 40 多次。1997 年，各律师事务所拓展民营业主法律服务业务，担任民营业主常年法律顾问 8 家，办理法律事务 13 件。1998 年，全区律师参与企业改制 10 多家，为改制企业担任常年法律顾问 4 家。1999 年，扬州友谊律师事务所为邗江县第二建筑安装工程公司追回工程欠款 200 多万元。是年，扬城律师事务所受区法律援助中心指派办理法律援助案件两件。2000 年，3 家律师事务所共代理案件 198 件，避免和挽回经济损失 300 多万元。2003 年，全区执业律师担任常年法律顾问 58 家，共办理案件 136 件，其中民事案件 75 件、刑事案件 25 件、经济案件 35 件、行政案件 1 件，办理非诉讼事务 15 件。2004 年，江苏润扬律师事务所为扬州绿叶食品公司挽回直接经济损失 300 多万元。2005 年，江苏润扬律师事务所加入 CCTV 网络电视法制频道。是年，全区 3 家律师事务所担任法律服务顾问 96 家，代理案件 612 件，为当事人避免经济损失 2200 万元。2006 年，全区 3 家律师事务所共担任法律服务顾问 102 家，代理案件 912 件，为当事人避免经济损失 2500 多万元。2007 年，共代理诉讼业务 526 件，非诉讼法律业务 131 件，避免和挽回经济损失 1200 多万元。2008 年，代理诉讼业务 589 件，非诉讼业务 162 件，避免和挽回经济损失 3200 多万元。2009 年，办理诉讼及非诉讼案件 398 件，担任法律顾问 105 家，业务收费 600 多万元，避免和挽回经济损失 8000 多万元。2011 年，全区律师共走访联系企业 95 家，为企业咨询、答疑 168 人次，办理涉企法律事务 29 件，避免和挽回经济损失 6000 多万元。

三、社会服务

1989 年，律师事务所开展社会服务工作，推动律师参加法制宣传、法律服务。2007 年，律师参与每周三区领导信访接待日。律师进驻信访接待室，直接向群众宣传法律、法规知识，增强群众法律意识，教育群众依法信访、文明信访。2008 年，整合律师事务所、法律服务所、高等院校等资源，开展法律进社区、进村组活动。在“3·8”妇女节、“3·15”消费者权益保护日等节日举办法律咨询活动，解答居（村）民法律疑难问题 300 多人次，发放普法宣传册、《法律援助条例》宣传手册等普法材料

图 19-5-2　2008 年 5 月 8 日，区司法局开展法律援助活动

1500多份。律师承办法律援助案件，为社会弱势群体解答法律疑难问题210多件，提供法律援助95件。2009年，区政府成立法律顾问团，聘请6名律师为法律顾问，参与区委、区政府重大决策、重大经济项目和涉及政府重大民事、经济纠纷协调处理。组织律师参与区公安分局局长信访接待日活动，共接待当事人235人次，协助调解矛盾纠纷17件。江苏润扬律师事务所先后组织76人次走访企业45家，提供法律建议34条。2010年，区司法局推行"一村一顾问"法律服务工程，对法律服务需求量大的村，重点组织律师，通过提供法律咨询、开展法制宣传、依法规范村规民约、协助调处矛盾纠纷形式，消除基层法律服务"盲区"。全年走访企业187家，向企业发送服务联系卡、咨询函289次，制定服务企业转型升级办法、措施96条，办理重大投资项目法律业务27件，参与化解涉企矛盾纠纷23件，妥善处置群体性案件3件。2011年4月，走访"法企合作"平台重点联系企业和顾问单位，调研企业法律需求，根据走访了解情况及时制定服务企业计划。5月，3家律师事务所组成专项活动小组，集中审查企业经济、劳动合同。

第四节　公　证

1989年，区公证处主要办理民事和经济类公证业务，不含涉外公证。是年，办理公证2018件，其中办理专业技术人员劳务合同公证450件。1990年，办理乡镇企业经营、租赁及建筑工程承包合同公证76件，农村牧、副、渔业承包合同公证38件。1991年，办理民事类公证105件，比上年增长45.83%。1992年，办理婚前财产约定公证30件、赡养协议公证12件。1994年，为双桥、汤汪金融服务社和石塔、琼花、城东等6家信用社办理抵押担保借款合同公证，涉及标的额657万元。1995～1996年，区公证处服务市社会福利院送养弃婴前期工作，办理弃婴来源情况、身体健康检查、合法监护人公证共计417件。1997年，办理民事类公证999件，其中声明书、赡养协议、夫妻财产约定公证平均达到26%增幅。1998年，区公证处为6家农村合作基金会单位担任公证顾问，办理贷款合同公证116件、还款协议公证77件，涉及标的额1087万元。1999年，区公证处为农村合作基金会贷款回笼服务，办理送达催款通知书公证13件，资金回笼率98%。2000年，区公证处服务企业改制，办理乡镇企业承包、房屋租赁、房屋买卖协议等经济合同公证111件。2001年，办理房地产公证324件、企业承包合同公证78件，涉及标的额6057万元。2002年，办理房屋、汽车等消费贷款公证标的额892万元。2003年，区公证处办理公证标的额1086万元。2004年12月，区公证处对平山乡平山村第七届村民委员会换届选举过程进行现场监督公证。2005年，区公证处办理贷款合同公证482件，涉及标的额2170万元，其中汽车贷款占贷款合同总数43.5%，同比增长15.7%。2007年，多次参与政府及有关部门组织召开的拆迁会议，办理证据保全、拆迁安置、转让及赠予公证200多件，拒办不真实、不合法公证事项100多件，为公民和各类经济组织避免和挽回经济损失1000多万元，接待法律咨询1600多人次。是年，为金融机构办理信贷公证1000多件，涉及贷款金额近1亿元，出具执行证书3件，使银行及时收回逾期贷款40多万元。是年，召开重大疑难公证事项讨论会12次。2008年，拒办不真实、不合法公证事项60多件，为公民和经济组织避免经济损失100多万元。2009年，参与全市首批农村小额贷款组织试点工作和甘泉街道土地整理项目招标，审查投标人主体资格，监督招标各个环节，保证招标结果公平、公正。2010年，区公证处参与城区规划、城市功能改造等重大城市建设项目，监督双桥、梅岭街道道路清扫保洁权以及垃圾压缩设备、高压清洗扫路车等机械设备采购，监督项目资金近300万元。

2011年，区公证处指派两名公证人员参与区民政局退役士兵自谋职业补偿金和生活费集中发放仪式，现场核实56名退役士兵身份信息。区公证处与银行、投资公司联系沟通办理大批量催款函、债权转让通知书等文书送达公证；建立公证法律服务团队，为生产企业及时采取公证保全手段。是年，办理证据保全公证143件。2011年，办理涉外公证95件，公证书发往美国、英国、日本、新西兰等国家和地区。

1989～2011年维扬区公证业务一览表

表 19-5-1　　单位:件

项目 年份	公证总数	国内民事公证	国内经济公证	项目 年份	公证总数	国内民事公证	国内经济公证
1989	2018	82	1936	2001	1698	1403	295
1990	1331	72	1259	2002	1326	1072	254
1991	1328	105	1223	2003	650	419	231
1992	1265	128	1137	2004	698	595	103
1993	1297	140	1157	2005	932	450	482
1994	789	213	576	2006	2018	614	1404
1995	1084	476	608	2007	3281	1210	2071
1996	1105	768	337	2008	2173	1021	1152
1997	1211	999	212	2009	1836	1808	28
1998	2031	1325	706	2010	1398	1285	113
1999	2123	1251	872	2011	1124	1012	112
2000	1478	1096	382	合计	34194	17544	16650

第五节　人民调解

一、调解组织网络

1989年,全区有800多名人民调解信息员。1991年,全区开展标准化调委会创建活动,选择城东沙口、施井两村作为试点单位。当年,全区建立标准化调委会45个,占应建总数60%。2000年,全区乡镇(场)成立疑难纠纷调解中心,建立重大纠纷快报和社情分析制度。2002年市区区划调整后,新成立的梅岭、双桥两个街道及3个乡镇建立健全三级调解网络,即乡镇(街道)设调解领导小组,村(社区)设调委会,村(居)民小组设调解员。2003年,全区乡镇(街道)相继成立人民调解委员会。2004年,全区乡镇(街道)以司法所为中心,成立社会矛盾纠纷调处中心,并达到“六有”(有牌子、有印章、有办公场所、有纠纷登记台账、有调解笔录和协议、有档案柜)标准。同年,要求各基层调委会实现组织、制度、工作、经费“四落实”,全区55个基层调委会,有37个达标。2005年,全区共有调委会73个,调解员764人。全区人民调解组织建设形成以乡镇(街道)、村(社区)调委会为基础,企事业单位调委会及行业调委会为补充的横向组织形态和以乡镇(街道)调解中心——村(社区)调解委员会——组(楼幢)调解小组——调解员4个层级的纵向组织形态,纵横交织覆盖全辖区。2006年,全区共建有调解组织77个,其中乡镇(街道)调委会6个、村(社区)调委会40个、企事业单位调委会30个、行业调解委员会(消费者协会调解委员会)1个,调解员899人。2007年5月,区政府成立区人民调解委员会。全年建成人民调解组织78个,人民调解员902人。2008年,区法院率先设立全市首家人民调解工作室,建立诉调对接制度。2009年,各乡镇(街道)派出所设立调解工作室,聘请退休社区主任、民调主任等担任专职调解员。2010年,拓展人民调解工作领域,区司法局与市交巡警支队、区人力资源和社会保障局对接,成立交通事故、劳动仲裁专业调委会,并设立3处人民调解工作室。

二、调解成效

1989年,全区调整充实村(社区)级调委会和村民(楼幢)小组调解人员,建立3个网络(基层调解网络、信息网络、联合网络),实行目标管理和百分考核为主的岗位责任制,做到一般纠纷不出组、较大纠纷不出村、疑难纠纷不出乡。普遍签订民调承包合同,明确奖惩措施,并将考核结果与年终报酬挂钩。是年发生的317件民事纠纷中,由乡镇直接调解或协助调解的105件,占30%。其余70%民间纠纷由基层调委会调处。

1996年,结合村民委员会换届选举,各乡镇对新调委会成员实施培训,学习条例和调解工作职责、纪律以及民法通则等。1997年,全区开展学习侯殿禄、创"四无"(无因民事纠纷调解不当而发生民事纠纷转刑事案件、无非正常死亡、无重大械斗、无群体性上访)乡镇(街道)活动。2004年,区首次召开民调工作表彰大会,表彰16名先进调解员和8个先进调委会。2005年春节前夕,双桥乡10多户村民因周边建设工地施工噪音扰民与开发商发生争执。双桥乡司法所迅速到村、组,教育村民依法维护自身权益,并与开发商协调。经调解,村民与开发商达成赔偿协议,迅速化解一场激烈的矛盾纠纷。是年,全区共发生民事纠纷415件,成功调解409件,调解率100%,调解成功率98%,防止非正常死亡两件,无一件"民转刑"案件。2006年,举办全区民调主任培训班,对人民调解卷宗整理以及治安管理处罚法等新实施的法律进行讲解培训。是年,全区共发生民事纠纷428件,成功调解419件,调解率100%,调解成功率98%,无一件"民转刑"案件。2007年,全区调委会实行一周一分析制度,调解矛盾纠纷418件,调解成功409件,防止矛盾激化20件。2008年,全区共调处民间纠纷530件,调解成功522件,防止矛盾激化22件,防止群体性上访15件。2010年,依托法院人民调解工作室和驻派出所工作站,重点开展征地拆迁、土地使用权、房屋宅基地等疑难复杂纠纷调处工作,共调处矛盾纠纷562件,调解成功558件,调解率100%,调解成功率99.3%,防止矛盾激化63件,防止群体性上访33件。2011年10月,举办基层民调主任培训班,乡镇(街道)和驻区列管单位共81名民调主任参加培训。通过开展"大调解工作规范年"等活动,进一步加强基层业务建设、队伍建设和基础设施建设,共调处矛盾纠纷598件,调解成功588件,防止群体性上访43件。

1989～2011年,全区共调处民事纠纷9243件,调解成功率97%以上,未发生因民事纠纷引发的非正常死亡和"民转刑"案件。

第六节　安置帮教

1989～1997年,安置帮教工作由区社会治安综合治理委员会负责。1998年,区政府成立刑释解教人员安置帮教工作领导小组,在区司法局设置办公室(以下简称安帮办)。1999年,区政府印发《郊区刑释解教安置帮教领导小组及成员单位工作职责》,指导各乡镇(场)刑释解教人员安置帮教工作。全区8个乡镇(场)成立安置帮教领导小组,并设立工作站。2004年,区安帮办与扬州百年储运公司达成协议,建立全区首家过渡性安置帮教基地。2005年,全区6个乡镇(街道)全部建立安置帮教工作站,40个村(社区)委会建立帮教组织机构,形成覆盖全区的区、乡、村三级安置帮教工作网络。

2001～2005年,全区刑释解教人员共有123人,帮教率100%,安置率90%。2007年,共回归24名刑释解教人员,安置24人,帮教率100%,安置率100%。2008年,回归刑释解教人员18人,帮教率100%,安置率95%。2009年,回归刑释解教人员22人,无脱管漏管现象,无一人重新犯罪。2010年,回归刑释解教人员116人,无一人重新犯罪。2011年,接收刑释解教人员34人,在册刑释解教人员256人,无一人重新违法犯罪。

安置　2005年,区安帮办建立回归救助基金,区出资1.5万元,每个乡镇(街道)出资5000元,用于解决回归人员临时性和突发性困难。是年末,西湖镇司徒村刘某某刑满释放回家。原住房已倒塌,区安帮办了解情况后,及时与西湖镇党委、政府联系,为刘某某争取到8000元的建房资金。区安帮办还采取区协调小组成员单位挂钩乡镇,乡镇挂钩村,村挂钩户,及时为刑释解教人员排忧解难。梅岭街道邗沟社区身患小儿麻痹后遗症的孙某刑满释放后,一家7人居住在67平方米的房子里,没有工作。区安帮办与乡司法所、社区居委会、区民政局、城北乡联系,将其安排在福利企业工作。2011年,为21名刑释解教人员解决就业,为5名刑释解教人员申请低保和临时社会救济,为11名自谋创业的刑释解教人员在技能培训、税收、工商管理等方面提供便利条件和优惠政策。

帮教　2006年4月,区安帮办联合区关工委及汪琴扬剧艺术团组成的延伸帮教小组赴句容市省未成年人犯罪管理所,对 11 名扬州籍服刑人员开展帮教送温暖活动。9 月,赴句容监狱,对维扬区 3 名即将刑满释放人员开展一次提前帮教活动。与在押的维扬区服刑人员进行座谈,组织他们观看专题录像片,激发他们安心改造,争取早日回归社会。2007 年,区安帮办对 2002～2007 年间刑释解教人员的帮教质量追踪调查,调查人数 400 多人次。将刑释解教人员分为重点类、巩固类、一般类三大类。对刑释解教 5 年之内,没有生活出路和有重新犯罪倾向的人员,即无家可归、无业可就、无处可去的“三无”人员,涉毒人员和没有改造好的人员,暴力犯罪、恶习较深、屡教不改人员列为重点调查摸底对象,联系民政、劳动、公安、妇联、团委等职能部门对其实施重点帮教。2008 年,全区 7 个乡镇(街道)均成立帮教安置工作站。2009 年,将帮教工作向前延伸,组织人员到监所开展提前帮教,同时提前做好刑释解教人员衔接建档工作,每人一档。成立区、乡镇(街道)和村(社区)三级帮教的“三帮一”小组,共计 20 多个。对每位刑释解教回归人员实行帮教,并做到“三包”,即包考察教育、包思想转化、包帮助安置。2010 年,聘请专业心理咨询师对有重新违法犯罪倾向的刑释解教人员提供咨询辅导,帮助其消除不良心理。2011 年,开展刑释解教人员信息管理系统信息核查工作,建立健全刑释解教人员信息核查责任制,将核实率纳入年终考核,建立 8 个安置帮教基地。

第七节　社区矫正

2005 年 6 月,区成立社区矫正工作领导小组,下设办公室(设在区司法局)。8 月,在平山乡、双桥乡启动社区矫正试点工作。试点乡镇在经费上给予支持,确保社区矫正工作有人员、有场所、有经费。双桥乡明确矫正经费实报实销。平山乡一次性投入 8000 元,为乡司法所添置社区矫正办公设备,还落实每名工作人员 1000 元的工作经费。

2006 年,全区接收社区矫正对象 33 人,解教对象 7 人,在册对象 26 人,其中缓刑 18 人、假释 3 人、剥夺政治权利 3 人、暂予监外执行 2 人 。

2007 年,区社区矫正工作领导小组根据矫正对象年龄、身体和职业状况,确定公益劳动时间和方式,合理安排公益劳动性质、强度,每月完成规定公益劳动时间。建立公益劳动基地,定期组织社区矫正对象参加劳动,接受教育。组织社区矫正对象为群众义务维修家电、为社区出宣传栏、到社区卫生所服务病人、夜间参加社区治安巡逻等,让社区服刑人员在公益活动中受到教育。向全社会公开招募社区矫正志愿者,共招募专家、学者、干部、教师、社会团体人员、社区服务人员共 140 多人,各矫正对象得到志愿者一对一帮助。对判刑后继续在原单位服刑的矫正对象,发挥单位监管作用,与单位党组织签订监管帮扶矫正协议。

2008 年,形成区、乡镇(街道)、村(社区)三位一体工作组织网络,全区 7 个乡镇(街道)均成立社区矫正领导小组,分管领导担任组长,村(社区)委会主任、派出所片警、治安主任、家庭亲属 4 人共同具体负责个案工作。

2009 年,区社区矫正工作领导小组对矫正对象逐人建立档案,定期组织有公安、法院、检察院参加的联席会议,通报新接收社区矫正对象基本情况,会诊疑难复杂矫正个案。投入数万元,与中国联通扬州分公司合作,建立社区矫正移动信息管理平台,为部分社区矫正对象配备定位手机。建立社区矫正风险评估系统,问卷调查每一名社区矫正对象,了解和掌握其心理动态,分类管理,强化心理矫治。建立区社区矫正教育矫正中心(基地),设立专门教育谈心室,为每一名社区矫正对象提供心理咨询和帮助。

2010 年,针对不同犯罪性质和改造表现的社区矫正对象,实行分时、分类、分级的“三分管理”办法。聘请专业心理咨询师为社区矫正对象提供咨询辅导,帮助其消除不良心理,积极接受改造。5 月,在社区矫正教育矫正中心(基地)对 24 名社区矫正对象开展集中训诫教育,并组织到长塘村樱花园参加公益劳动。

2011 年,把全部社区矫正对象纳入社区矫正移动平台管理,共计发放 46 张手机定位卡。全年共接收社区矫正对象 24 人,解矫对象 26 人,在册对象 95 人,无一人重新违法犯罪。

2006～2011 年,共接受社区矫正对象 169 人,解矫对象 74 人,在册对象 368 人,其中 2011 年 95 人,无一人重新违法犯罪。

第六章　政府法制工作

1990 年 7 月,成立区法制局,副科级建制。2002 年,更名为区政府法制办公室,与区政府办公室合署办公,履行行政执法监督、审核审查规范性文件,承办行政复议和行政应诉、政府法制宣传、提供法律咨询等职责。

第一节　规范性文件审核与清理

1991～2011 年,区法制办按照审核审查规范性文件经过立项、审查、决定、公布、报备等程序,经分类论证,合格的有 125 件;程序履行不当或不符合要求,退回报送单位履行程序或补正材料的有 19 件。在审查规范性文件制定过程中,有 38 件规范性文件有违反公民、法人和其他组织义务或者影响其合法权益等内容,及时予以清理纠正。2004 年,贯彻实施《中华人民共和国行政许可法》,及时对行政许可事项涉及的规范性文件、行政许可实施主体、收费等方面予以清理,全区有行政许可项目 113 项,经审核保留 92 项、废止 21 项,其中废止收费项目 8 项。确定实施行政许可实施主体 17 家,分别是双桥乡政府、西湖镇政府、平山乡政府、城北乡政府、区建设局、区环保局、区卫生局、区民政局、区物价局、区司法局、区计划生育局、区文化教育局、区农业水利局、区民族宗教事务局、区劳动和社会保障局、区发展计划和经济贸易局、区安全生产监督管理局。至 2011 年,共审查审核区政府规范性文件 320 多件。对涉及重大民生事项的规范性文件,均征求社会各界意见。

第二节　行政执法监督

1991 年起,区各执法部门配备法制分管负责人和法制员,有行政复议权的部门建立相应机构。1992 年,对 13 家执法单位 200 多名执法人员发放行政执法证,每两年审核换发一次。1996 年,通过确认行政执法主体资格,核发行政执法证,并改为每三年审核换发一次。至 2011 年,为 4 个乡镇和 16 个行政执法部门 1200 多人次审核发放行政执法证。

1999 年,各行政执法机关建立行政执法责任制和过错责任追究制。2002 年,健全完善各部门工作职责、首问责任制、服务承诺制、考核奖惩制、工作程序、收费依据和标准等有关制度,并汇编成册印发给基层,接受全方位监督。2003～2006 年,先后对行政处罚法、行政诉讼法、行政复议法、行政许可法、环保法、档案法、农业法、人口与计划生育法等 10 多部法律实施情况组织监督检查。对所办行政案件按"五查"(查违法事实、查处罚依据、查文书记载、查办案结果、查有无违法违纪行为)要求检查,使所查案件基本达到事实清楚,适用法律准确,处罚适当,无违法违纪行为。2007 年,通过听证形式,征询社会各界对重大行政决策的意见和建议,听取当事人及利害关系人对具体行政行为的意见陈述和申辩。同年 3 月,区政府听证室建立。

2008～2011 年,区政府聘请许宝根等 12 人为区行政执法监督员。

第三节　行政复议

1991年初，区政府行政复议委员会(简称区复议委)建立，下设办公室，与区政府法制局合署办公，具体承办行政复议和行政应诉工作。1993年，区建委、区计生委、区公安分局、区工商局、区土地管理局、区环保局、区审计局等行政执法部门相继成立行政复议小组，配备专兼职行政复议人员29人。2001年，共收到行政复议申请61件，应诉案件7件；受理复议案件60件，不予受理两件，移送两件。其中，涉及计划生育32件、土地侵权17件、行政不作为两件、其他侵犯合法权益行为8件。经行政复议后，维持原决定47件，变换原决定6件，撤销处罚两件，申请人自行撤回申请4件。2002年后，由于区域变化，行政诉讼案件相应增多。2002～2005年，区复议办应诉行政诉讼案件9件，经市、区法院审理判决维持7件，当事人撤诉两件。

2007年，区政府制定《维扬区行政首长出庭应诉暂行办法》。区复议办建立行政诉讼案件信息通报制度。是年3月，区复议委受理区人事局管某“民告官”复议案。管某因工作渎职受到行政解职处罚，管某不服向区复议委申请复议。区复议委调查核实后，认为管某工作渎职证据确凿，维持单位的处罚决定。管某仍不服，向区法院提出诉讼，区法院经法庭调查，作出行政裁定书，驳回原告起诉。至2011年，全区行政执法单位所涉及的行政诉讼，全部胜诉。

第四节　依法行政

1989年后，区政府每年聘请律师担任区政府常年法律顾问。1991～1996年，区政府推行依法治区工作，先后在城东乡、平山茶场、沙口村、市无线电十二厂等单位试点，取得经验后，在全区推行。1998年，区政府印发《郊区行政执法责任制实施意见》，与区工商局、区公安分局、区土地管理局等行政执法部门签订责任状。1993年3月，区政府印发《郊区行政执法责任制考核标准》。各执法单位根据各自职责，分别制定实施办法，明确执法权限与责任，分开办事程序和收费标准，建立行政处罚案件审核制度。2001年，区政府印发《郊区行政执法违法责任制和供案责任追究暂行办法》，在全区推行行政执法责任制。2002年，各乡镇和部门均建立行政执法责任制。2004年，召开行政执法公示现场会，推广区城管局公开行政处罚程序做法。此后，各行政执法部门相继建立政务公开栏，接受社会监督。2004～2006年，对区法定行政机关、法定授权组织和行政委托组织开展行政执法主体资格认定，明确各行政机关法定职责，完善行政机关执法评价考核体系。2011年，区、乡政府依法行政制度化，完善政务公开、企务公开、村务公开制度。对有关社会事业、经济发展及群众利益的事项，做到政策、法律依据公开，办事程序公开，并在网上公示。

图19-6-1　2010年3月，区司法局开展现场法律咨询活动

第七章　武　装

第一节　区人民武装部

一、机构

1983年9月,中国人民解放军扬州市郊区人民武装部(简称区人武部)成立,为正团级单位,位于市区淮海路42号。1986年5月,区人武部改属地方建制,副县级单位,驻市区文昌西路106号。1996年4月,区人武部收归军队建制,正团级单位,下设军事科、政工科、后勤科。2011年11月,撤销维扬区,区人武部相应撤销,其机构人员并入邗江区人武部。

1989～2011年维扬区人武部负责人一览表

表19-7-1

职　务	姓　名	任职时间	职　务	姓　名	任职时间
部　长	邓耀庆	1986.5～1992.3	政治委员	杨　志	2005.3～2008.3
	徐莹然	1992.4～1996.3		袁余富	2008.3～2011.11
	陈国祥	1996.4～2002.3			
	蒋清桃	2002.3～2004.3	副部长	吕位忠	1992.3～1995.4
	周玉清	2004.3～2007.3		戴新征	1995.4～1998.3
	王德平	2007.3～2009.3		严　政	1998.4～2000.3
	陈锡宽	2009.3～2011.9		张苏煜	2000.4～2002.4
	韩荣明	2011.9～2011.11		高正明	2002.4～2004.4
政治委员	赵佳木	1985.3～1990.8		卜广年	2004.4～2007.3
	程克安	1992.4～1998.3		孔繁君	2007.3～2009.3
	翁进进	1998.3～2001.3		吴　明	2009.3～2011.11
	张志安	2001.3～2005.3	副政委	程克安	1991.9～1992.4

二、党管武装体制

区委书记兼职制度　按照党管武装,军事工作实行双重领导体制要求,区委书记均兼任区人武部党委第一书记。1996年4月,区人武部收归军队建制后,仍实行区委书记兼职制度。

1989～2011年中共维扬区人武部委员会领导人一览表

表19-7-2

职　务	姓　名	任职时间
书　记	陈宝田	1986.6～1990.1
书　记	杜青山	1990.1～1991.2
书　记	朱福生	1991.5～1992.5
书　记	翁振进	1992.5～1995.1
书　记	赵昌智	1995.1～1996.4
第一书记	赵昌智	1996.4～1998.1
第一书记	潘天骐	1998.1～2001.1
第一书记	高瑞芹	2001.1～2007.10
第一书记	姚苏华	2007.10～2011.11

区委常委会议军会议制度　1989～2011年，区委常委会每年召开1次以上议军会议，形成制度。其间，先后15次召开常委议军会，讨论研究全区民兵应急分队建设、双拥共建、基层民兵建设、人武部正规化建设和国防动员工作等事项，形成会议纪要，印发各乡镇贯彻落实。

军队主官参加区委常委会制度　区人武部主要领导干部参加区委常委会，全面准确汇报军事部门领导的工作部署要求和地方军事工作情况。1989～2011年，区人武部先后有10名部长或政委参加区委常委会。

三、基层人武部

1989年，各乡镇均设人武部，配备部长1人、副部长或干事1人。1992年8月，扬州乐凯玩具有限公司设立人武部。2002年，市区区划调整，湾头、汤汪、城东3个乡镇人武部划属广陵区人武部，全区设有19个基层人武部，其中乡镇(场)街道5个、江阳工业园区1个、市属行政机关5个、企业8个。2005年，设立瘦西湖街道人武部。2008年，甘泉街道人武部划入维扬区。2011年11月，全区共有21个基层人武部，其中乡镇(场)街道7个、江阳工业园区1个、市属行政机关5个、企业8个。

第二节　民　兵

一、民兵组织

1989年，区人武部贯彻执行中共中央、国务院、中央军委关于民兵工作“减少数量、提高质量、抓好重点、打好基础”的16字方针，稳步推进民兵组织调整。在湾头乡组建民兵应急机动连，其他乡镇组建民兵应急机动排。

1991年8月，民兵整组工作坚持做到与生产行政组织相适应，在双桥乡民兵应急分队建立通信排，在扬州乐凯玩具有限公司和环球商场分别建立女子基干民兵连和排。

1992年7～8月，全区民兵整组工作注重科学编组、合理编组，配好民兵干部，落实职级待遇。1993年，区人武部对基干民兵总数和民兵组织建制作适当调整，将符合条件的退役军人和经训合格人员编入基干民兵组织。1994年，全区民兵整组着重开展民兵干部队伍建设，调整选配一批年纪轻、文化高、素质好的人员担任民兵干部。

2000年，全区基干民兵经训率、与军事对口的地方专业技术人员分别达到91.38%和25.7%。2002

年,市区区划调整,区人武部民兵编组发生变化,划出3个乡镇归广陵区管辖,一批大中型企事业单位及部门单位民兵组织归维扬区属地管理。2005年,全区编组基干民兵编有维稳反恐、防卫作战、信息、支前保障等专业技术分队。2007年,全区编组基干民兵中编有民兵防空团、勤务保障分队、应急分队,并通过省军区、扬州军分区点验。2008年,区人武部对民兵"四防"(反恐防暴、抗灾防洪、战时防空、救援防化)分队提出具体要求。2011年3月,区人武部召开民兵整组工作会议,部署年度民兵整组工作。其中,分重点建设型和登记储备型两类实施编组。

二、民兵教育

1989年,全区民兵营(连)订阅《中国民兵》《东海民兵》《人民前线》3种刊物115份,并以3种刊物上刊载的相关文章和总政治部群工部编发的全国民兵政治教育统一教材,作为民兵基本教育素材。

1992年,随着社会主义市场经济发展,城郊地区民兵青年就业门路广,呈现大流量、多流向状态,加上企业实行定岗、定员、定额生产责任制,给民兵政治教育带来困难。区人武部适应城乡生产组织形式变化,实行以集中课堂教育为主,辅以跟踪函授、电视录像、报纸、板报画廊、广播等多种形式教育。

1994年10月,区召开民兵政治教育工作会议,探讨新形势下民兵政治教育实现教育职责层次化、教育内容系列化、教育方法多样化、教育队伍网络化、教育阵地系列化、教育考评制度化、教育联系实际效果好的"六化一好"目标。1995年,区人武部推广建立民兵流动政校,采取"教员大流动、人员小集中"分片施教方法,实行分批分片上课。组织编写《民兵干部学习教材》下发到民兵营(连),年内组织学习培训,时间不少于两天,并实施年终考核。

1996～1999年,各乡镇人武部坚持以民兵流动政校对基干民兵每年不少于16课时教育,普通民兵不少于两课时教育。2000年10月,省军区首长带领各军分区政治部主任观摩城北乡梅岭村民兵政治教育现场会,对"教员大流动、人员小集中"开设民兵流动政校做法给予充分肯定。扬州军分区政治部推广区人武部做法。2001～2005年,区人武部坚持以集中课堂教育为主,充分发挥《中国民兵》《东海民兵》《中国国防报》等报刊作用,通过专题讲座、读书演讲、知识竞赛、文艺表演寓教于乐。同时采用投影、录像、电视、微机等先进科技教学设备,实施形象生动的政治教育。2006年,结合开展全民国防教育,组织国防知识竞赛和征兵活动,对全区民兵集中教育4次。

2011年,贯彻落实《民兵政治工作规定》,进一步健全完善民兵基层党组织,以党员活动带动民兵政治教育。同时,结合民兵军事训练,安排时间,对民兵和民兵干部实施政治教育。

三、民兵训练

1989年,区人武部集中训练民兵应急分队,立足现有装备和训练条件,着重开展民兵干部,突出新战法、新技能和应用训练。

1991年,区人武部利用1个月时间对144名基干民兵分片集中训练,经考核,合格率97.7%。组织民兵参加全市民兵应急分队比武,取得手榴弹团体、班用轻机枪团体两个单项奖和两个个人第三名好成绩。1995年4月,开展民兵实弹、实爆训练,经考核参训人员总评成绩良好,实弹射击总评优秀。7月,组织扬州乐凯玩具有限公司女子民兵连1个班,经过20天强化训练,完成扬州市民兵代表大会军事表演任务。1996年,组织127名民兵训练20天,完成实弹实爆作业,总评成绩良好,合格率100%。1997年,组织基干民兵67人,赴扬州军分区训练基地集中训练,完成步兵、工兵、侦察兵3个专业12个课目训练和民兵应急分队课目训练。其中,队列和射击两个课目合格率100%,优秀率40%。

2001年5月,区人武部组织民兵应急分队102人赴扬州军分区训练基地集中训练15天,完成共同条令、政策法规常识、战备常识、战术基础、盾牌警棍使用、射击、军事高科技知识、政治教育等课目训练。

2002年,区人武部被省军区表彰为科技练兵先进单位。2003年起,突出以新"三打三防"(打巡航导弹、打武装直升机、打隐形飞机,防侦察监视、防精确打击、防电子干扰)为重点的应用训练、分队协同训练和对口专业分队"接口补差"训练。是年4月,组织全区民兵应急分队60人,突出训练队列、擒敌拳、射击、手榴弹投掷和反恐5个课目,并组织反恐演练。

2004年8月，区人武部组织基干民兵应急分队119人集中防暴盾牌演练和全副武装3公里越野跑训练。9月，区民兵在市国防动员委员会统一指挥下，演练平战转换、动员支前、城市防空袭等课目。

2005年，区人武部按照"健全组织、满员训练、突出精兵、成建制形成战斗力"思路，强化民兵训练，完成"三实"作业、战术技能等训练任务，取得省军区参谋集训比武第一名、扬州军分区军官按纲施训考核5项第一、扬州军分区"四会"(会讲、会做、会教、会做思想工作)教练员训练考核第二好成绩。是年，按照"健全组织、满员训练、突出精兵、成建制形成战斗力"思路，进行强化训练，组织民兵高炮分队先后赴十二集团军高炮旅泗阳双37高炮第一营、扬州军分区教导队进行两个月封闭式训练。同年5月，赴射阳参加全省民兵高炮防空分队实弹射击考核，在37高炮实弹射击中，取得击中拖靶1具、击落巡航导弹(航模)1枚优异成绩。6月，区高炮连被扬州军分区表彰为实弹射击先进单位。10月，被省军区表彰为命中拖靶优胜单位。

2007年5月，组织民兵"四会"教练班参加省军区组织的考核比赛，获全省第一。梅岭街道人武部副部长王长海代表扬州军分区参加省军区组织的"四会"教练员比武，获得第一名。是年7月，王长海被总参谋部、总政治部表彰为全国民兵优秀"四会"教练员标兵，受到总参谋长梁光烈上将亲切接见，并被区政府记三等功。

2008年，组织基干民兵应急分队201人完成应急分队训练、重要目标协防训练和高机连训练。组织民兵三项军事比武，基干民兵赵健在省军区民兵三项比武中获长跑单项第一名。2009年5月，组织为期一周的民兵"四会"教练员集训。6月，组织应急维稳分队96人成建制训练。2010年6～7月，组织50名民兵应急连干部骨干参加扬州军分区组织的"精确指挥、精熟操作、精准射击"课目封闭式训练，在省军区考核竞赛中，取得团体第五名、两个单项第一名好成绩，8人被评为技术能手。

2011年3月，区人武部组织专职人干武部和民兵营长集训。10月，区人武部在扬州发电有限公司组织重要目标民兵守护分队训练暨军警民联防演练。是年，组织民兵训练5期440人，选派6名民兵应急分队骨干参加省军区集训，取得优秀成绩。

第三节　预备役

一、预备役组织

1984年9月，区人武部分别在湾头、城北、城东、双桥组建隶属于扬州陆军预备役步兵师的侦察连、警卫连、勤务连、担架连，实编兵员414人。1986年3月，扬州陆军预备役步兵师直属4个连由原来4个乡组建扩大到全区7个乡组建(增加西湖乡、汤汪乡和平山茶场)。通过调整，选拔的连长全部由专职人武部干部担任，政治指导员由乡党政领导担任。其中，退役军人占84%，党员占78%，高中以上文化程度占69%，平均年龄29岁。1999年，江苏陆军预备役步兵师调整组建师直侦察营(营长由现役军人担任)，营部设在区政府院内。侦察营下属侦察一连，编建在湾头镇、汤汪乡、城东乡，连部设湾头镇政府内；侦察二连，编建在西湖镇、双桥乡、平山乡、城北乡，连部设双桥乡政府内(2004年移西湖镇)。全营现役军官两人，预任军官19人，预备役士兵216人。

2002年，市区区划调整，侦察营编制不变，由维扬区、广陵区共同组建，营部设于维扬区政府院内，营长由现役军官担任。由广陵区组建侦察一连，维扬区组建侦察二连，维扬区编组预备役官兵127人。是年5月，侦察二连通过总参谋部预备役部队局组织的基层正规化建设检查验收。

2004年12月，侦察营改编为指挥营，营长由现役军人担任，营部仍设区政府院内。维扬区编组侦察连和情报室，由广陵区编组通信连。指挥营设党委，重大事项由党委讨论决定。

1989～2011年，维扬区每年对退役士兵开展登记建档工作，对符合服预备役条件的退役士兵编入预备役部(分)队服预备役。同时做好统计核查，及时办理转、退役相关工作。

二、预备役军官

1992年5月,郊区成立转业干部预备役登记办公室,对全区符合当年登记范围和要求的16名军队转业干部全部登记,并对上年登记的10名转业干部,按现行标准和要求,重新审核填补转业干部服预备役登记表和转业干部预备役登记卡片,同时本着便于管理、便于活动、便于战时动员,将服预备役军转干部编为4个班,并建立活动制度。

1995～2005年,调整任免预备役军官20多人。

1996年7月,郊区成立预备役军衔评授工作领导小组,新授34名预备役人员军衔,其中专业技术军衔4人。平均年龄39.7岁,最大的50岁,最小的24岁。

2006年,维扬区开展国防动员潜力核查、数据采集和退役军人服预备役登记统计,选拔一批地方科技人员服军官预备役。2010年,维扬区组织对退役军人服预备役和地方与军事专业对口人员(含服预备役军官人员)登记统计和核查工作。

三、预备役部(分)队训练

图19-7-1 2007年7月29日,维扬区人武部民兵分队开展反恐维稳训练

1997年4月,预备役75人与基干民兵67人赴扬州军分区民兵训练基地完成实弹、实投、实爆训练,总评成绩良好,合格率100%。2001年10月,江苏陆军预备役步兵师直属侦察营(郊区)选派32名骨干参加全师在盐城组织的军事训练课目汇报表演,侦察二连战士头碎酒瓶、背断木棍和对打、散打等课目演练,获得优胜课目奖。

2003年10月,江苏陆军预备役步兵师维扬区营、连参加皖南某地实兵实弹演习。

2006年,组织民兵预备役防空团卫生专业分队、防空团团属指挥连和高射机枪连训练。是年,区人武部被省军区表彰为军事训练先进单位。2007年,组织预备役人员参加预备役师组织的雷达专业训练和反恐维稳训练。2008年,组织201名预备役人员完成侦察专业应急分队重要目标协防、“四防队伍”训练,组织直属营预备役人员赴浙江参加预备役师组织的训练。2010～2011年,先后组织民兵预备役人员赴浙江长兴、镇江及江都教导队,参加侦察等课目训练,提高预备役部(分)队遂行作战任务能力。预备役师直属营、连规范化建设通过达标级考核验收。

第四节 兵 役

1983年,设区征兵办公室。1984年,成立区征兵领导小组,由区长(或副区长)任领导小组组长,区人武部政委(或部长)任副组长,领导小组下设办公室,由区人武部军事科科长任主任。办公室下设秘书、政审、体检3个组,具体承办征兵日常事务。

1989年、1990年,施行春、冬季征兵。1991～2011年,均为冬季征兵。1997年度、1998年度、2000年度,郊区被省政府、省军区表彰为征兵工作先进单位。2010年,区人武部被南京军区表彰为征兵工作先进单位。

2011年,注重高学历优秀青年优先应征,调动适龄青年应征积极性。全区完成105名新兵征集任务。

1989～2011 年维扬区兵员征集情况统计表

表 19-7-3 单位:人

年 份	人数	年 份	人数
1989	133	2001	70
1990	80	2002	85
1991	80	2003	95
1992	80	2004	102
1993	80	2005	106
1994	80	2006	100
1995	80	2007	113
1996	56	2008	118
1997	70	2009	120
1998	50	2010	107
1999	76	2011	105
2000	70		

第五节 国防动员

一、领导机构

1996 年 6 月，成立区国防动员委员会(简称国动委)，区国动委和区武委会实行两块牌子、一套班子。区国动委下设 8 个办公室:综合办公室、人民武装动员办公室、政治动员办公室、人民防空办公室、经济动员办公室、交通战备办公室、科技动员办公室和信息动员办公室。

1996～2011 年维扬区国防动员委员会负责人一览表

表 19-7-4

职 务	姓 名	任职时间
第一主任	赵昌智	1996.6～1998.2
	潘天骐	1998.2～2001.6
	高瑞芹	2001.6～2007.10
	姚苏华	2008.3～2011.11
主 任	许万和	1996.6～1998.2
	杨明荣	1998.2～2005.6
	刘在銮	2005.6～2008.3
	顾 敏	2008.3～2009.1
	杨 蓉(女)	2009.1～2011.11

二、训练演练

1992 年,区人武部加强战备基础设施建设,建立作战室和作战值班室。区国动委印发《关于进一步加强民兵应急分队建设的意见》,制定应急预案,侦察连、警卫连、担架连、勤务连按照战时各自任务演练。是年,民兵应急分队参加全市民兵应急分队比武,在手榴弹投掷、班用机枪射击两个单项团体均取得好成绩。

1998 年,市区发生洪灾,区国动委在汛情严重的湾头镇、汤汪乡各自组织 150 名民兵值班,在双桥乡、城东乡、城北乡组建郊区抢险突击队,并开展防汛抢险演练。2002 年,区人武部围绕联合登岛作战背景下的防卫作战、动员支前两个课题,抓好机关科技练兵。2004 年 9 月,在市国动委统一指挥下,区国动委组织部分预备役官兵围绕"天网 1 号"演练,先后演示平战转移、动员支前、城市防空袭课目。2005 年,区国动委调整 8 个办公室人员,规范工作秩序,开展城市防空袭战斗调查研究,建立相关资料数据库。2006 年,选拔一批地方科技人员服军官预备役,完成民兵专业分队组织整顿,并通过省军区、扬州军分区对应急分队、对口专业分队和首批动员服役对象的点验。2007 年,组建区民兵"三战"(舆论战、心理战、法律战)分队,开展基础性训练,发挥政治工作作战保障功能。2008 年,核实经济动员和交通战备动员潜力数据,完成全区应急机动交通战备队伍点验。制定《加强民兵"四防"队伍建设实施意见》,对"四防"分队组织建设、人员选配、训练使用、装备器材提出具体要求。

三、国防教育

图 19－7－2　2006 年 7 月 28 日,区人武部到社区开展国防教育

1989 年,区拥军优属工作领导小组负责国防教育工作。1990 年,区人武部、区委宣传部、区文教局、区司法局联合印发《关于开展全民国防教育的意见》。

1992 年,区教育部门以国防观念、国防知识、军事技能为主体编写 9 册 8 万多字的教材,并在西湖中学、梅岭小学试点国防教育进课表、进教案、进课堂。1995 年 10 月,扬州市中小学国防教育"三进"现场会在西湖中学召开。全区国防教育与文化知识相结合的做法得到中央军委法制局、国家国防动员办公室领导充分肯定,并在全市推广。1996～1997 年,全区中小学先后创办青少年军(警)校,并结合军训开展国防教育。其间,全区在民兵政校、工厂职校、乡镇党校、青少年军(警)校中普遍开展国防教育。1998 年 3 月,郊区成立国防教育工作领导小组。2000 年初,在湾头万福闸树立万福闸惨案纪念碑。城北乡设立马宝国烈士事迹陈列室。

2001 年 9 月,在第一个"全民国防教育日",区国防教育领导小组、区双拥办设立宣传台,向广大市民散发国防教育法、兵役法资料,各中小学普遍开展国防知识专题教育讲座。区人武部组织民兵预备役人员参加国防教育征文和知识竞赛活动。2005 年 9 月,在第五个"全民国防教育日",围绕巩固海防,伸张海权主题,宣传当前海洋安全严峻形势,增强忧患意识,加深国防安全意识。2006 年 10 月,扬州市中小学国防教育"三进"现场会在维扬区举行。梅岭小学、维扬中学两位教师就国防教育在学科教学中渗透课题,为与会代表授课。2007 年,区人武部组织干部到市委党校、区机关、区检察院等单位举办 4 场国防形势和国防教育课。2008 年 11 月,省国动委在扬州市召开全省中小学生国防教育现场会,观摩梅岭小学三年级语文课结合渗透国防知识国防教育示范课。2011 年 4 月,组织预备役人员、民兵走进社区民兵之家举办教育讲座。7 月,组织中小学生参观市国防教育展览馆。

第六节　驻区部队与军事单位

一、驻区部队

江苏陆军预备役高射炮兵第一师第四团　2006年1月，市委、市政府、扬州军分区和江苏陆军预备役高炮第一师联合印发《关于进一步加强预备役建设的意见》，支持和帮助江苏陆军预备役高射炮兵第一师第四团在西湖镇果园村投资建设市国防（军事）园，并在园内建新团部。12月，团部新营房动工建设，占地3.1公顷，建筑面积1.09万平方米。

2011年，完成13类专业集训。在各类比武中，共取得1个团体第一名、6个单项第一名、7个第二名和8个第三名的好成绩。

江苏陆军预备役高射炮兵第二师　1998年10月，改编为江苏陆军预备役步兵师，师部组建地域仍在扬州市。2004年12月，改编为江苏陆军预备役高射炮兵第二师，下辖5个高炮团。

2007年，市委、市政府投资1.5亿元，在国防（军事）园建设能同时容纳800人训练、生活的园区。8月，高炮二师师部由扬州市区史可法路调整至市国防（军事）园。2008年9月，新师部建设开工典礼在国防园举行。2010年，新师部机关迁入新营区，综合训练中心、师史馆、加油站、简易车库建成。2011年，该师投入120万元，整修师部公寓区，投入11万元改造战备器材库和多功能活动室，新建钢构车库。

中国人民武装警察部队江苏省扬州市支队　1983年1月，中国人民武装警察部队江苏省扬州市支队组建，驻市区史可法路67号，正团级建制。支队机关设司令部、政治处、后勤处，下辖1个教导队、1个司令部直属中队、1个直属大队（辖3个直属中队）、5个县（市、区）中队，主要担负武装看守、守卫、警卫、城市武装巡逻、处置突发事件、反恐怖袭击和抢险救灾等任务。支队实行双重领导、双重保障体制，隶属武警省总队，同时接受市委、市政府领导。

中华人民共和国扬州边防检查站　1992年11月，中华人民共和国扬州边防检查站建立，隶属公安边防部队省总队，正团级建制，驻市区维扬路260号。主要职责是代表国家行使主权，对扬州港出入境人员及其护照证件、所携行李物品和出入境船舶及其载运的货物实施边防检查，对出入境外国船舶实施监护，对口岸限定区域实行警戒。同时，担负长江扬州段开放水域的反偷渡、反走私和缉枪、缉毒任务。1997年4月，扬州边防检查站开检。2011年，扬州边防检查站检查出入境船舶339艘次、出入港船舶111艘次、出入境（港）人员7234人次、办理边防行政许可证1.1万份。实现连续15年安全无事故，被公安部边防局评为安全工作标兵单位。

二、军事单位

扬州军分区第一离职干部休养所　1965年12月，省军区扬州史公祠休养干部管理所建立，为正营级单位，隶属省军区，由扬州军分区代管。1966年7月，该所改称为省军区扬州第一休养干部管理所，隶属关系不变。1979年，该所改称扬州军分区第一离职干部修养所，正团级单位，隶属扬州军分区。1984年2月，该所改编为副团级单位。2006年7月，复改为正团级单位。2011年，驻所休养老红军刘应启被中央宣传部确定为建党90周年宣传英模人物。

新疆军区扬州休养所　1980年8月，新疆军区扬州干休所组建，位于市区友谊路280号，为副团级单位，归新疆军区管理。该干休所设党委，下设老干部党支部和工作人员党支部，设有老干部管理委员会和家属工作委员会。机关内设行政、后勤、卫生3个办公室。住离退干部37户。2006年，新疆军区扬州干休所筹集资金，改造营院基础设施，先后投入200多万元维修办公楼、会堂和食堂。2011年，被新疆军区表彰为先进干休所。

兰州军区扬州休养所　1981年，兰州军区扬州干休所组建，位于市区友谊路352号。老干部主要来自兰州军区各大单位，由第47集团军管理。安置部队离休干部57人。2006年，兰州军区扬州干休所与市第一人民医院、苏北人民医院等综合性医院建立专家联系，方便老干部就医。2009年，被兰州军区评为先进干休所。

第二十编

人事　劳动

1989年后，全区人事劳动管理体制逐步优化人力资源配置，人员编制日趋合理。经过党政机构、事业单位及人事制度改革，机关工作人员完成向公务员过渡并实行公开招考录用，事业单位普遍实行全员聘用和“凡进必考，择优聘用”制度，大中专毕业生就业全部进入市场实行双向选择。建立健全专业技术人员职称评聘、评审和考核制度，加强技术培训；机关和事业单位工作人员队伍精干，素质明显提高。至2011年11月，全区区级机关、乡镇机关和事业单位人员共有2495人，其中行政机关和参照公务员管理的单位工作人员211人过渡为公务员，事业单位1809人转为聘用制。劳动工作贯彻《中华人民共和国劳动法》，全面推进劳动就业、用工和工资制度改革，劳动用工合同制度全面推开，建立健全最低工资、企业工资增长指导线、工资集体协商、职业技术培训与鉴定、劳动争议仲裁、劳动保障监督制度。统筹解决下岗职工和城镇失业人员就业再就业问题，基本形成劳动者自主就业、市场调节就业、政府促进就业和劳动工资由国家调控、企业自主分配的新格局。至2011年11月，全区有350家企业2.3万人签订劳动合同，签订率99%以上，其中20人以上50人以下企业工资协议签订率90%，集体合同报送审查率100%。

第一章　人　事

90年代，区级党政机构改革按照“小机构、大服务”方向，实行政企分开和精简、统一、效能原则。乡镇党政机构、事业单位以及人事制度改革与区级党政机构改革同步进行。1997年后，根据“三定”（定职能、定机构、定编制）方案，区编委加强全区机构编制管理，在机构设置、职能配置、编制核定及调整等着手改革。根据工作需要及精简原则，部分机构进行组建、升格、更名、撤并或变更归属关系。

第一节　区级机构改革

一、区委工作机构改革

1983年3月，建立中共扬州市郊区委员会，为市委派出机构，下设办公室、组织部、宣传部、纪检科等4个工作机构。1984年7月，区委下设纪律检查委员会、办公室、组织部、宣传部、政法委。1993年2月，根据上级规定，区纪委和区监察局合署办公。同年3月，区级机关委员会与区委组织部合署办公，区委口群团部门合署办公，建立区群团工作委员会。1997年，制定“三定”方案。区委在原工作机构基础上，增设区委统一战线工作部。2002年，市区区划调整后，区党政管理职能发生变化，根据区委、区政府制定的《扬州市郊区党政机构改革方案》，将之前逐步成立的区委研究室、区委机要保密局、区级机关工作委员会、区委老干部局、区精神文明建设指导委员会办公室、区民族宗教事务局、区社会治安综合治理委员会办公室等机构，按职能分别与区委办公室、区委组织部、区委宣传部、区委统战部、区委政法委员会合署办公，或增挂牌子；在人员使用上，实行内部干部调整，尽量不增加人员编制。至2011年11月，区委有工作机构8个。

二、区政府机构改革

1989年，区政府工作机构34个。1993年，为适应经济发展需要，深化机关改革，对区政府部分职能相近的部门实行合署办公。合署办公的部门是：区工商行政管理局与区物价局；区科学技术委员会与区科学技术协会；区农业委员会、区农业水利局和区多种经营管理局合署办公，并更名为区农村工作委员会。1997年，第一次政府机构改革，工作机构减少为25个。此后，根据政府功能需要，相应成立或合并有关工作机构，并明确建制。1998年2月，区农业工作委员会与区蔬菜局合并成立区农村经济工作委员会。1999年8月，区统计局为正科级建制。2000年8月，增设区民族宗教事务局，为副科级建制。同年12月,区侨务办公室升格为正科级建制。2001年7月,成立江阳工业园区管委会。同年10月,成立区安全生产监督管理局。

2002年,结合市区区划调整,第二次政府机构改革,区政府工作机构改革分为4类:

更名部门:区计划与经济委员会更名为区发展计划与经济贸易局,增挂"区技术改造办公室""区经济协作办公室""区乡镇企业管理局"牌子;区安全生产监督管理局、区物价局和区发展计划与经济贸易局合署办公;区农村经济委员会更名为区农业水利局,挂"区委农村工作办公室"牌子;区科学技术委员会更名为区科学技术局;区建设委员会更名为区建设局,市规划局郊区分局与其合署办公;区对外经济贸易委员会更名为区对外贸易经济合作局;区计划生育委员会更名为区计划生育局。

保留部门:区政府办公室(挂"区住房制度改革办公室""区级机关事务管理局"牌子;区经济体制改革委员会更名为区经济体制改革委员会办公室;区政府发展局更名为区政府发展办公室;区对外侨务对台办公室、区经济体制改革委员会办公室、区政府发展办公室与区政府办公室合署办公)、区监察局(与区纪委机关合署办公,不计机构个数)、区民政局(挂"区拥军优属、拥政爱民工作领导小组办公室"和"区老龄工作委员会办公室"牌子)、区司法局、区财政局(挂"区国有资产管理委员会办公室"牌子)、区文化教育局(挂"区体育局"牌子)、区卫生局(挂"区爱国卫生运动委员会办公室"牌子)、区审计局、区环境保护局、区统计局、区民族宗族事务局(与区委统战部合署办公,不计机构个数)。

撤并、新组建的部门:区劳动人事局分设为区人事局、区劳动和社会保障局;撤销区蔬菜局,其原承担的行政职能划入新组建的区农业水利局。

事业机构:区政府财贸办公室更名为区商业贸易局,由区政府工作部门改为区政府直属事业机构。区档案局改为区政府直属事业机构。

市相关部门派出机构:市国土资源局郊区分局、市规划局郊区分局(与区建设局合署办公)、市公安局郊区分局(原体制不变)。

经过上述调整后,区政府工作机构为34个。

2002年5月,成立区城市管理局市城市管理行政执法局郊区分局。2003年,区地方志办公室明确为正科级建制。2004年6月,增设招商局。

2005年,第三次政府机构改革,区政府工作机构为36个(详见第十六篇第一章第二节)。

2010年,第四次政府机构改革,区政府工作机构减少为32个(详见第十六篇第一章第二节)。

三、区人大与区政协机构改革

1997年,区人大常委会设工作机构5个,即办公室、内务司法委员会、财政经济委员会、社会事业委员会、人事代表委员会,均为正科级。其中,办公室设秘书科、综合科,为正股级。区政协设工作机构5个,即办公室、提案委员会、经济科技委员会、社会法制委员会、学习文史委员会。其中,办公室设秘书科、行政科,为正股级。

四、区法院与区检察院改革与设置

1997年,核定区法院职能机构12个,即办公室、政治处、监察室、行政装备科、法警大队、刑事审判庭、民事审判一庭、民事审判二庭、行政审判庭、审判监督庭、立案庭、执行局。核定区检察院职能机构14个,即办公室、政治处、监督室、侦查监督科、公诉科、反贪污贿赂局、反渎职侵权局、民事行政检察科、控告申诉检察科、警务科、技术科、职务犯罪预防科、案件管理中心、监所检查科。

五、群众团体机构改革与设置

1997年,区总工会、团区委、区妇联、区工商联等群众团体仍为行政单位,其他群众团体一律改为事业性质的独立法人单位。核定区总工会设职能科室5个,即办公室、组织部、维权保障部、法律工作部、劳动模范办公室。核定团区委职能科室1个,即办公室。核定区妇联职能科室1个,即办公室。

第二节 乡镇机构改革

1997年,乡镇党政机构改革与区级党政机构改革同步,重点是精简乡镇机关工作人员。全区7个乡镇核定行政编制375人。2002年,结合市区区划调整,新设双桥、梅岭两个街道。街道党工委、街道办事处分别作为区委、区政府派出机关,依法行使所赋予的职权,并分设下列部门:组织(人事)、宣传、纪检(监察)、统战、人武、工会、共青团、妇联、秘书(信访)、文书(档案)、财务(审计)、劳动和社会保障、民政、科教文卫体、统计、计划生育、司法、综合治理、工业(三产)。在核定总编制数内,根据工作量配备专兼职人员。2006年,做好乡镇机构改革前期准备工作,全面冻结乡镇机关和事业单位机构、编制和人员。2010年,制定《扬州市维扬区乡镇机构改革实施意见》,分别研究批复西湖、平山、城北3个乡镇机构改革实施方案。乡镇机构改革重点是:转变乡镇政府职能,创新城乡统筹工作机制,合理设置乡镇党政机构。乡镇党政机构设置下列部门:组织、纪检(监察)、统战(侨台民族宗教事务)、政法(综合治理信访)、秘书、人力资源和社会保障、审计(统计)、人口和计划生育、卫生(食品药品监管)、民政(残联)、文教、经贸科技、农业、建设(环保)、安全生产监管,并设置人武部、工会、团委、妇联等相关部门。鉴于财政所、司法所系行政机构,不再重复设置财政、司法部门。2011年,设立维扬经济开发区纪检监察机构。是年2月,组织开展乡镇机构改革评估,重点检查职能转换、编制精减、事业单位性质转换、人员定编、重新挂牌等改革措施落实情况。

第三节 事业单位改革

一、机构改革与设置

2001年6月,本着精简、效能、减负、确保运行原则,乡镇事业单位实行机构改革。乡镇保留的事业单位为:农村经济服务中心、财务管理中心、广播电视文化中心、劳动人事所、国土所,对改革前设置的其他事业单位予以撤销,不再自行设置其他事业单位。农村经济服务中心下设3个站:农村综合服务站,负责全乡镇农村技术指导、信息传递、产前产中产后服务及畜牧兽医、农机工作。水利站,负责全乡镇水利工作。企业管理站,负责全乡镇工业、建筑安装、第三产业等各类企业信息咨询、资料数据统计及其他相关服务工作。财务管理中心,负责全乡镇农村财务业务管理、资金收支结算业务和国有、集体资产管理。广播电视文化中心,由原文化站、广播电视站合并而成,负责全乡镇文化广播电视工作。国土所、劳动人事所机构职能不变。改革后,乡镇事业单位原经费渠道不变。2010年,乡镇事业机构综合设置为“五大服务中心”(即经济发展服务中心、社会保障服务中心、村建环保服务中心、社会公共事业服务中心、财政国库集中支付中心)。

区水利总站建于1954年,是全民事业单位,有职工21人,其中退休职工8人、在职职工13人。2004年4月,该站撤销,其人员由区农水局安排分流。2009年,区政务信息中心、区数字化城管中心实行分设。设立区婚姻登记处。撤销区文教企业人才服务站等14家职能丧失、停止运转的事业单位,收回核定编制。整合学校布局,优化资源配置,撤销梅岭第二小学,并入工人子弟小学;撤销蓝天学校,并入竹西小学;撤销果园小学,并入西湖实验学校(小学部)。2011年,根据事业发展需要和创建文明城市考核要求,区图书馆由在区文化馆挂牌改为单独设置,区文化市场稽查队更名为区文化教育综合执法大队(挂“区文化教育综合管理办公室”牌子),同时撤销区社会力量办学管理办公室。设立区残疾人康复中心。

二、产权制度改革

2002年,对乡镇医院实行产权制度改革,明晰产权与经营权,建立权责明确、监管有力、富有生机的管理体制和运行机制。是年7月,采取股份制形式,公有股退至10%左右,其余股份转让给社会自然人和职工持股会，组建股份制医院。公有股原则上委托“中标人”管理与经营，净资产转让采取招投标，医院转制净资产由具有评估资格机构评估后，再经区国资管理部门确认；土地资产由乡镇政府管理，供医院无偿使用，不得改变用地性质和用途；改制后医院必须承担原有债务债权。医院改制后，所有工作人员由单位委托区人才交流中心实行全员人事代理，原签订的聘用合同同时解除，改制后所有职工全部重新签订新的劳动聘用合同；改制后医院原则上全部接收原单位职工，一年内保证原单位所有职工在岗，一年后每年经考核落聘人数不超过职工总数8%；符合病退条件人员，由本人提出申请，按有关规定办理病退手续；对距离法定退休年龄5年以上落聘人员，如确需解聘由医院报乡镇政府、区卫生局备案后给予一次性经济补偿；用人单位必须为职工按规定及时足额缴纳养老保险金、失业保险金、医疗保险金等保险基金和住房公积金、人事代理费用。按照按劳分配和生产要素参与分配原则，建立新的奖金分配制度。将奖金分配与职工聘任的职务、技术水平、工作责任、工作环境、工作数量、工作质量挂钩，充分体现“按劳分配、多劳多得、奖优罚劣、奖勤罚懒”原则；转制医院职工实行效益工资，也可实行年薪制。是年8月，市蔬菜研究所改制为以自然人为投资主体的有限公司。2003年8月，梅苑双语学校改制出售，买方接受70%在职公办教师。除工资福利外，每年缴纳养老保险金、失业保险金、医疗保险金、住房公积金，缴足15年后上缴区财政，作为预算外收入；出让金全部进入财政专户，用于教育事业。

第四节　人事制度改革

一、公务员制度改革

1989年，区人事局面向社会公开招考机关工作人员，19个区级党政群机关单位录用工作人员22人。1990年，根据“科学安排、密切协调、保证重点、定向投放、择优录取”原则，考试、考核录用机关工作人员20人。1993年，区公安分局招收交通警察10人，考试录用“以工代警”和合同制民警32人。1995～1997年，录用乡镇机关干部26人。1998年9月，区政府印发《郊区推行国家公务员制度实施方案》。是年，为211名工作人员办理过渡公务员手续。1999年，区人事局按照“公开、平等、竞争、择优”原则，经考试、面试、体检和报批，有24人被录用为公务员；区法院、区检察院、区公安局招录工作人员和人民警察19人。2001～2005年，采用公开招聘方式，招录79名优秀本科毕业生充实到区机关部门和乡镇干部队伍中。在面向全社会招聘时，打破单位、地区界限，选拔优秀人才，进一步优化全区人才结构。其中，招录乡镇工作人员42人。至2010年，共公开招录公务员25人。

至2011年，全区有公务员528人。其中，女性122人，占23.11%；中共党员485人；研究生54人、大学本科304人、大专134人、中专及以下36人；35岁以下105人、36～45岁171人、46～54岁157人、55岁以上95人；处级5人、副处级21人、科级129人、副科级155人、科员188人、办事员及其他人员30人。

二、事业单位人员聘用制改革

2002年起，全区逐步推行以转换事业单位用人机制为主体的全员聘用制。同时，自2006年始，建立事业单位“凡进必考、择优聘用”的用人机制。2010年，全区99家事业单位，正式在编人员1756人，90%以上单位和人员均实行聘用制度。至2011年，全区共公开招聘区直事业单位工作人员62人。

三、大中专毕业生分配制度改革

1988年，国家开始对大中专毕业生实行计划分配和双向选择相结合的就业政策，从以分配为主、双向选择为辅，逐步过渡到以双向选择为主、计划分配为辅的分配制度。1989年，举办首次郊区大中专毕业生双向选择人才市场，参加应聘100多人，经双向选择，有30多人被乡镇和村办企业录用。是年，区政府印发《关于对国家不包分配的大中专毕业生聘用工作的意见》，使非在职的大中专毕业生在招工、招干、聘任、增资、福利待遇等方面；能按国家政策规定办理；使国家不包分配的大中专毕业生与所在单位干部、职工一样，享受同等待遇。1997年，成立区人才交流中心，每年不定期与市人才交流中心联合招聘大中专毕业生。1989～2011年，共举办固定人才市场65场、大型人才交流会5场，累计招收区直机关事业单位工作人员483人。

第五节　机构编制管理

1989年后，机构编制部门严格执行机构编制事项一支笔审批制度，对党政机关增设机构、提高机构规格和增加人员编制实行严格控制，为机构改革创造条件。区乡机构改革后，严格按“三定”规定控制机构编制数量，完善机构编制管理与组织机构、人事和财政预算管理相互配套协调的约束机制，全区党政群机关和事业单位编制除少数年份、少数单位外，总体上没有超过定额。1997年，全区5个乡、两个镇机关工作人员额度定编，乡镇进一步精简工作人员。全区7个乡镇均为一类乡镇，核定行政编制375人；区级党政群机关（不含政法）行政编制200人。全区共核定行政编制575人。编制使用范围：区委、区政府机关，纪委、人大、政协及工青妇团体机关（不包括为老干部服务的人员和机关后勤服务人员）。区委、区政府机关、其他机关之间编制分配比例为15∶78∶7。2001年，乡镇事业单位改革，重新核定乡镇事业单位人员编制，总编制比原来精简30％。重点精简财政供养人员，清退各类借用和临时人员。2002年，区级机关（含街道办机关）行政编制精简15％，编制数218人，加上新设街道机关行政编制25人，总计243人。乡镇机关行政编制精简25％，编制数135人。党委、人大、政府、政协及工青妇等群团机构编制列入行政编制范围。江阳工业园区管委会编制在机关行政编制总数内统筹解决。机关行政附属编制由区编制管理部门统一掌握，不按部门下达。2007年，开展全区机关事业单位机构、编制、人员信息采集工作调研。印发《关于机关事业单位编外聘用人员管理试行办法》《扬州市维扬区机关事业单位机构编制实名制管理实施办法》，对编制与岗位不相对应的人员理顺关系。2010年，乡镇领导职数设置为9人，行政编制按10％精简，西湖镇、平山乡、城北乡行政编制数分别为27人、25人、27人，党政机构设置采取委员助理制运行模式。乡镇事业编制数按照2001年改革前的44％精简，核定西湖镇、平山乡、城北乡事业编制分别为21人、17人、22人。制定《关于加强区、乡镇（街道）机关、事业单位编制和人事管理工作的实施意见》，规范全区机关事业单位编制和人事管理。2011年，规范编外临时聘用人员管理，发放机构编制管理证，加强与规范机构编制出入编管理，实施机构编制前置管理要求。

至2011年11月，全区共有事业单位116家，其中全额拨款事业单位66家、差额拨款事业单位29家、自收自支事业单位21家。事业单位事业编制总人数1761人，其中全额拨款事业编制1194人、差额拨款事业编制466人、自收自支事业编制101人。事业单位在编总人数1617人，其中全额拨款事业单位1214人、差额拨款事业单位308人、自收自支事业单位95人。

第六节　干部管理

一、调配

1989年后，区人事工作坚持党管干部原则，实施分级管理，副科级及以上领导干部选拔任用由区委组织部管理，副科级以下一般干部和机关事业单位工作人员由区人事部门综合管理。

1989年，全区调进干部31人，调出干部31人，区内流动干部91人。1991年，全区调进干部16人，其中有11人被安排到企业工作，调出干部35人，补充机关工作人员18人。1992年，调进干部27人，其中有18人被充实到企业单位，调出干部8人，区内流动66人。1993年，全区调进干部6人，调出干部25人，区内流动干部16人。2007年，全区调进干部18人，调出干部8人，区内流动干部9人。2008年，全区调进干部20人，调出干部6人，区内流动干部26人。2009年，全区调进干部16人，调出干部9人，区内流动干部2人。2010年，全区调进干部15人，调出干部7人，区内流动干部3人。2011年，全区调进干部15人，调出干部7人，区内流动干部3人。

二、培训

1991 年，组织区级机关人事科科(股)长和乡镇组织科科长共 62 人，学习行政管理学和人事心理学，结业考试及格率 100%。1996 年，组织国税、地税部门 20 名工作人员实施国家公务员过渡初任培训。1998 年，分期对区、乡机关 365 名干部和工作人员实施国家公务员过渡培训，经统一考试，及格率 90%。组织 56 名新录用未实行公务员过渡培训人员，参加市人事局组织的初任过渡培训。

图 20-1-1　2007 年 4 月 14 日，区人事局举办新进人员培训班

2000 年，举办初任公务员培训班 1 期，培训 36 人；举办任职培训班两期，培训副乡科职干部 42 人、股级干部 78 人；举办区级机关领导干部计算机培训班 1 期，培训 74 人；组织全区公务员开展 WTO(世界贸易组织)知识培训。2003 年 7～11 月，举办初任公务员培训班两期，培训 83 人；举办全区机关干部普通话培训，达三级甲等以上 236 人。2004～2006 年，举办 45 岁以下机关干部(包括参照公务员法管理的干部)英语 300 句培训班两期，参训 215 人；与扬州大学文学院联合举办现代高级文秘培训班，全区乡镇、街道机关文秘人员 48 人参训；组织全区 45 岁以下机关干部参加“读市史、知市情”和创新知识培训；与扬州大学经济学院合作举办人力资源管理培训班；组织全区机关、乡镇公务员及参照公务员法管理人员培训公务员法；实施“5＋X”(“5”：公共行政、公共政策、公共经济、依法行政、创新能力，“X”：个人选修)公务员能力培训工程，提高公务员知识水平和业务能力。

2007 年，组织新招聘的大学生以及军转干部计 50 人开展素质教育和管理能力培训；继续实施“5＋X”公务员能力系统培训工程，举办公共经济、学习能力和调查研究能力培训班，开设《构建社会主义和谐社会的对策与长效机制》《认识财富、把握未来》《中国绘画收藏与鉴赏》《现代健康养生》和《数码照片的拍摄技巧》等选修课程；组织 2007 年新录用公务员及 2006 年初任未培训的公务员参加市公务员初任培训班。2008 年，对 23 名新进机关人员，组织初任培训。

2009 年，先后举办人事干部、机关中层干部培训班，组织 100 多人学习有关任职、考核、培训、奖惩、工资福利及退休方面政策法规和业务办理程序；开展公务员能力教育，重点突出沟通协调、心理调适和应对突发事件能力提高；整理汇编国家、省、市、区有关机构编制管理、公务员管理、事业单位人员管理等 31 篇政策法规，通过维扬党建网和维扬人事人才网开辟专栏，组织学习，规范机关干部行为；对区、乡机关新任职股级干部 80 人进行掌握履行岗位职责所需的知识与技能培训。2010～2011 年，组织新招录的 10 名政府机关公务员参加公务员初任培训；开展全区公务员保密知识教育活动；举办“和谐社区建设”专题培训班，培训近 300 人。

三、考核奖惩

1989 年，全区普遍开展机关事业单位年终奖励评比，评出优秀工作人员 27 人，并给予晋升一级工资奖励。办理违法违纪案件 5 件，其中触犯刑律及严重违反计划生育政策法规受到开除公职的 3 件。1990 年，办理违纪案件 3 件，评出优秀工作人员 11 人，并给予奖励。1994 年始，按照《国家公务员考核暂行规定》《事业单位工作人员考核暂行规定》，逐年考核全区机关事业单位工作人员的德、能、勤、绩。

2005年，根据《江苏省国家公务员考核实施办法》，建立以绩效考核为主的考核机制，完成全区362名公务员2004年度考核结果审核工作，评出优秀公务员37人。2007年，审核备案区机关事业单位2006年度考核结果。机关有306人参加年度考核。其中，优秀等次49人，占参评人数16%；称职等次256人，占参评人数83.7%；1名新录用人员未定等次。事业单位有1353人参加年度考核。其中，优秀等次221人，占参评人数16.3%；合格1105人，占参评人数81.7%；27名新聘用人员未定等次。其中，王长海等在省军区教练员考核竞赛中获奖，分别给予记功和通报表彰。对被依法判处刑罚的1名工作人员，办理开除手续。2008年，区人事局制定公务员平时考核工作办法，建立考核制度，组织检查全区公务员平时考核情况，通报检查结果，并将考核情况审核备案。是年，行政机关乡科级以下公务员(含参照)共184人参加考核。其中，优秀等次31人，占总人数16.8%；称职等次150人，占81.5%；两名新录用人员和1人受党纪处分人员不定等次，占总人数1.6%。事业单位管理、技术人员和工人共1704人参加考核。其中，优秀等次266人，占15.6%；合格等次1384人，占81.2%；54名新聘用人员不定等次，占3.2%。开除公务员两人和事业单位人员1人，辞退事业单位人员1人。

2009年，制定区级机关干部目标管理考核实施方案，并在区财政局、区安监局和区人事局试点。考核中，加大对公务员履职和工作实绩考核，并根据年度考核结果审核备案。行政机关及参照管理单位副科级以下185人中，优秀等次31人，占16.76%；称职等次150人，占81.08%；不定等次3人，占1.62%；未参加考核1人，占0.54%。其中，42名优秀公务员受到区委、区政府嘉奖，1人受到党纪处分，1人未参加考核，1名受刑事处罚公务员依法办理开除手续。不定等次的按规定不予兑现相关奖金，不予级别工资滚动升级和正常跨档。2010年，推行目标管理考核，按照机关事业单位2009年度考核结果审核备案，控制优秀比例，慎重处理不称职等次，实行考核结果与干部任用、评比嘉奖、工资待遇等挂钩。是年，区委、区政府嘉奖87名优秀等次公务员，区人力资源和社会保障局和各主管部门联合嘉奖266名优秀等次事业单位人员。办理两名教师辞职手续和1名犯罪人员开除公职手续。2011年，组织机关事业单位人员年度考核，嘉奖45名优秀公务员和236名事业单位工作人员。

四、军队转业干部安置

1989年后，郊区军队转业干部安置按照有关规定和政府指令执行。2005年，改革军转干部安置工作，依据转业干部档案所记载的职务、军衔、学历以及在部队奖惩等情况，以一定的积分方法排出高低顺序，并反馈给军转干部本人，让其自主选岗。把选择安置岗位主动权交给军转干部本人，体现凭实绩任用干部导向，激励现役军官在部队建功立业。1989～2005年，全区共安置军转干部49人，其中到机关工作39人、到事业单位2人、到企业8人。军转干部中，有团职干部15人、营职干部19人、连职干部14人、排职干部1人。2006～2011年，结合维扬区实际及转业干部和随调家属个人情况，提出安置报批方案。全区共接收军转干部52人，其中12名军转干部安置在公安与城管系统，22名安置在区机关部门。军转干部中，团职干部14人、营以下干部34人、军转干部家属4人。

1989～2005年，全区安置到企业军转干部较少。2005年，全区接收安置军转干部7人。由于机关事业单位与企业单位工资、福利待遇差距逐渐拉大，安置在企业的军转干部的实际生活水平下降。区人事局为在职和退休企业军转干部分别发放生活困难补助和定额补贴。生活困难补助标准为：在职收入不低于当地社会平均工资，低的补足，团职上浮10%；退休收入不低于城镇职工平均养老金标准，并按部队转业职级相应上浮，上浮标准为：营职以上上浮20%、团职上浮30%。定额补贴标准为：团职360元/月、营职300元/月、连职250元/月、排职210元/月、退休100元/月。还通过多种形式帮助企业军转干部解决实际困难，对在职军转干部患重大疾病或家庭有特殊困难的给予专项救助。每年春节和“八一”建军节慰问企业军转干部，发放慰问金。

1989～2010 年维扬区军队转业干部安置情况一览表

表 20-1-1　　　　单位:人

年份＼项目	小计	团职	营职	连职	排职	年份＼项目	小计	团职	营职	连职	排职
1989	4	2	1	1	—	2001	8	—	4	3	1
1990	3	1	2	—	—	2002	—	—	—	—	—
1991	1	—	1	—	—	2003	5	3	—	2	—
1992	1	—	1	—	—	2004	3	1	—	2	—
1993	4	3	1	—	—	2005	5	—	1	4	—
1994	5	4	1	—	—	2006	11	2	4	4	1
1995	2	1	1	—	—	2007	10	3	5	2	—
1996	2	—	2	—	—	2008	5	3	1	1	—
1997	3	—	2	1	—	2009	3	3	—	—	—
1998	1	—	1	—	—	2010	5	1	3	1	—
1999	—	—	—	—	—	2011	18	2	8	6	—
2000	2	—	1	1	—	合计	101	29	40	28	2

五、干部退职退休

1989 年后,全区机关事业单位人员办理退职条件,按上级文件执行。1993 年,凡机关事业单位实行工资制度改革和职级工资制的工作人员,到退休年龄时工作年限不满 10 年,不再办理退职,均为退休办理。1989～2005 年,全区机关事业单位共办理退职 8 人,调整 50 年代部分退职人员生活补助 85 人。对享受定期生活补助的部分退职人员,在原定标准基础上提高 40 元,其中调整 25 人,年增补助金 5.8 万元。至 2005 年,全区共有 27 人享受增补待遇,人均每月补助费 231 元,补助经费列入财政预算。

自 1993 年 8 月《国家公务员暂行条例》颁布后,行政机关职级工资制工作人员退休条件按条例执行。1989～2005 年,全区共办理退休 376 人。区、乡机关副乡科职以上退休干部由区人事局管理,其他退休干部由单位管理。至 2005 年,列入区人事局管理退休干部 418 人,其中包括 2002 年市区区划调整时划入的退休人员 42 人。2006 年,审批退休人员 63 人,其中机关 12 人、事业 51 人;调整遗属生活困难补助标准 8 户,办理新增遗属生活困难补助 8 户。2007～2011 年,全区共办理退休 347 人,其中机关 89 人、事业 258 人。

1989～2011年维扬区机关事业单位退休人员统计表

表20-1-2　　单位:人

项目 年份	机关	事业	小计	项目 年份	机关	事业	小计
1989	5	4	9	2001	6	16	22
1990	2	2	4	2002	13	74	87
1991	1	1	2	2003	15	41	56
1992	—	3	3	2004	11	47	58
1993	2	6	8	2005	12	52	64
1994	1	10	11	2006	12	51	63
1995	6	5	11	2007	20	65	85
1996	—	8	8	2008	15	49	64
1997	3	4	7	2009	19	51	70
1998	7	1	8	2010	23	51	74
1999	4	4	8	2011	12	42	54
2000	5	5	10	合计	194	592	786

第七节　工资福利

一、工资(离退休金)调整与改革

1985年后,改革机关事业单位工资制度,实行以职务(岗位)工资为主体的结构工资制。结构工资由基础工资、职务工资、工龄津贴、奖励工资组成。1988年后,区机关事业单位工作人员仍执行1985年工资改革时的结构工资制。1990年,全区机关事业单位工作人员在基本职务工资标准基础上普调一级工资。1991年,事业单位专业技术人员职务工资起点标准和最高工资标准分别提高两个档次。1992年,全区机关和部分事业单位2831人调整奖励工资标准,月增资26.09万元,计一次性补发104.8万元。同年,为308名离退休人员调增离退休费,全区月增离退休费4.68万元,一次性补发18.71万元。

1993年10月,机关事业单位全面推行职务级别工资制,即机关干部工资由职务工资、级别工资、基础工资、工龄工资组成;机关技术工人工资由岗位工资、技术等级(职务)工资、奖金组成;机关普通工人工资由岗位工资和奖金津贴组成。事业单位工作人员工资由职务(岗位)工资、津贴、职务岗位津贴、综合补贴构成,实行职员职务工资制、专业技术职务工资制、技术工人技术等级工资制和普通工人等级工资制;津贴根据不同类型事业单位工作人员职务工资比例(全额拨款30%、差额拨款40%、自收自支45%)发放。离退休人员离退休金改革办法,按照办理离退休手续时身份对号入座,增加离退休金。全区参加工资制度改革的国家机关和事业单位在职干部和工作人员2484人,离退休干部、职工321人,人均月增长110元,全区月增资总额30.86万元。1995年,机关事业单位工资,人均月增资20元;离退休人员月增离退休费20元。1997年,机关行政人员基础工资标准由原每人每月90元提高到每人每月110元,离退休人员每人每月增加20元,机关事业单位在职及离退休人员增加综合补贴64元。1999年7月起,全区机关行政人员基础工资标准由每人每月110元提高到180元,级别工资标准分别提高

30元至250元不等。同时,对机关工人、事业单位工作人员和离退休人员分别提高工资、津贴和离退休费。

1995～2005年,区机关事业单位共进行5次调资。至2005年,全区机关事业单位职工2270人,年人均工资总额2.32万元(机关3.07万元、事业单位2.06万元),增长33.33%(机关增长40.65%、事业单位增长29.04%)。2006年,全国再次实施国家机关事业单位工资制度改革,全区实施公务员工资制度改革和事业单位收入分配制度改革。公务员实行职级工资制,基本工资调整为职务工资和级别工资两项,取消基础工资和工龄工资;事业单位建立岗位绩效工资制度,工资由岗位工资、薪级工资、绩效工资和津贴补贴四部分组成。全区行政机关工作人员422人实行工资套改,人均月增资241元;事业单位工作人员1845人,工资套改后,人均月增资231元。

2007年,完成机关事业单位工资改革以及机关级别工资滚动升级和事业薪级工资正常晋级。调整815名离退休人员离退休费。2008年,完成区级机关人员级别工资滚动升级、正常跨档,事业单位人员薪级工资正常晋级。2009年,区人事局完成全区义务教育阶段教师绩效工资方案制定及落实,发放1035名在职教师和437名退休教师绩效工资。

至2011年,经过两次工资改革和多次调整工资和补贴,全区机关事业单位工作人员工资水平有很大提高。人均年工资收入水平与1989年相比,机关人员增长50.8倍,事业单位工作人员增长50.6倍,离退休人员增长40.3倍。

二、奖金与津补贴

1989～1993年,全区机关事业单位工作人员奖金,全年按不超过1个月基本工资数额发放。1993年,工资制度改革后,机关事业单位年度考核为称职以上人员,年终发放一次性奖金,标准按本人当年12月份月基本工资发放。此外,实施卫生防疫津贴、班主任津贴、教护龄津贴、公安干警值勤岗位津贴、纪检监察人员办案津贴、法院检察院干警岗位津贴等津贴制。1993年后,增加司法助理员岗位津贴、警衔津贴以及政法系统政法津贴,对机关事业单位中所有在编在职人员实施职务(岗位)津贴制度,全区机关事业单位全面实施地方综合补贴,国家机关和全额拨款事业单位工作人员每人每月239元,差额拨款和自收自支事业单位工作人员每人每月234元。

1995年,全区机关事业单位在编在职人员和离退休人员提高职务津贴标准。至2005年,全区机关事业单位在编在职人员和离退休人员实行地方岗位补贴制度,相继8次调整津贴标准。参加调整在编在职人员和离退休人员3500人次,每人每月发放标准按国家机关工作人员及离退休人员职级确定:办事员200元、科员220元、副科级240元、正科级260元、副处级280元、正处级300元;事业单位工作人员250元。退休人员标准:办事员165元、科员180元、副科级195元、正科级210元、副处级225元、正处级240元。2008～2011年,落实规范公务员津贴补贴发放范围、对象、项目、标准等相关政策。

三、福利

福利费　1989年至1992年6月,全区机关事业单位工作人员福利费,一律实行单位提取,集体使用,标准为每人每月2.5元,其用途多为干部职工困难家庭补助、伤病员慰问等。1992年7月,行政机关单位福利费提取标准改为每人每月4元,事业单位按其工资额2.5%提取,使用用途不变。是年,区机关事业单位实行住房公积金制度。1996年,乡镇实行住房公积金制度。1991～2011年,每年两次组织副乡科级以上退休干部体检。国家机关和事业单位人员还享受防暑降温费、误餐费和独生子女费等。

假期　1989～2011年,全区机关事业单位人员结婚享受婚假1～3天。女性工作人员产假90天(其中产前假15天),难产的增加产假15天;实行晚育的增加产假15～30天,给予男方护理假3～7天。工作人员可享受公休假,工作年限满5年不满10年,每年休假7天;工作年限满10年不满20年,每年休假10天;工作年限满20年以上,每年休假14天。工作人员与配偶或父母不在一起,连续工龄满1年又不能在公休假团聚的,可享受探亲假。其中,探望配偶,每年给予探亲假一次,假期30天;未婚人员探望父母,每年给予探亲假1次,假期20天;已婚人员探望父母,每4年给予探亲假1次,假期20天。

本人生病或家庭有事，可请病假、事假。本人直系亲属(父母、配偶和子女)死亡时，可以根据具体情况，酌情给予丧假1～3天。

死亡抚恤金　1986年，实行国家机关事业单位工作人员亡故发放丧葬费、抚恤金和遗属补助费制度。丧葬费标准为600元(2011年调整到6000元)。因公牺牲，一次性抚恤金按牺牲时工资20个月计发；病故的，一次性抚恤金按病故时工资10个月计发。2004年10月起，对病故、因公牺牲和革命烈士分别按其在世前20个月、40个月、80个月工资发给抚恤金。2007年7月起，国家机关事业单位工作人员死亡后遗属补助，新中国建立后参加工作(含退休)的，其遗属补助标准由原每人每月220元提高到420元；新中国建立前或解放战争时期参加革命的，其遗属补助标准由原每人每月270元提高到470元；抗日战争时期参加革命的，其遗属补助标准由原每人每月310元提高到510元；红军时期参加革命的，其遗属补助标准由原每人每月350元提高到550元。2011年7月起，新中国建立后、解放战争、抗日战争、红军时期参加革命的遗属补助标准又分别提高到520元、570元、610元、650元。死者遗属为孤寡一人或因公死亡的遗属，在原标准基础上每人每月增发60元。是年8月起，国家机关工作人员及离退休人员死亡，一次性抚恤金发放标准调整为：烈士和因公牺牲的，为上一年度全国城镇居民人均可支配收入20倍加本人生前40个月基本工资或基本离退休费；病故的，为上一年度全国城镇居民人均可支配收入两倍加本人生前40个月基本工资或基本离退休费。

第八节　人才服务

一、人才开发与引进

图20-1-2　2007年7月15日，区人才公开招聘考试

1989年，区委组织部和区人事局遵循“积极引进、控制外流”原则，做好人事人才开发引进工作。是年，首次举办专业技术人才引进洽谈会，参加应聘的有教授、讲师、工程师、技术员和熟练技术工人。经双向选择，有40人被录用，17名退休技术人员被返聘。同时，区人才部门为全区2000多名有一技之长人员提供条件，让他们为全区开发新产品、开展技术咨询服务。在引进专业人员中，被转为国家干部的有12人，被企业聘为副厂长和中层干部的各有9人。1993年，在北京、上海、西安、杭州等大专院校设联系点，带领企业或代理企业招聘人才。1995年，区委、区政府印发《关于进一步加强人才工作的决定》。1997年，区人才交流中心成立。1999年，区委、区政府印发《关于引进和使用人才的若干意见》，加大引进力度，组织用人单位参与陕西、湖北、东北三省及苏北、南京等地人才交流洽谈会，举办专场招聘会以及组织招才引智高校行等活动，接待洽谈2.52万人次，引进人才350多人。2000年，加快实施人才强区战略，建立区高级人才库，加入区高级人才库人员5400多人。至2003年，区政府拨款80万元，帮助解决引进人才最低工资标准、租房补贴、购房优待和奖励等。2005年，区人才交流中心组织全区8家重点企事业单位赴北京公开招聘研究生以上学历人才8人。2008年，成立区人力资源经理联谊会，50多家企业为首批会员单位。2009年，组织800多名专业技术人员开展继续教育公共必修课培训，400多人参加单位自主培训。至2011年，全区组织

开发与引进人才2500多人。全区共安排1295名大中专毕业生就业，其中区级机关198人、事业单位285人、企业812人。

二、人事代理

1989～1996年，人事代理主要办理区内引进的人才档案保管、工资调整、安置落户、关系转移等。1997年，区人才交流中心建立信息库，人事代理范围扩大到各乡镇民营、私营企业，其中，个人委托代理及应届毕业生临时委托代理扩大到人事关系、转正定级、户粮关系、职称评聘、养老保险等。当年办理人才代理102人。1998年，区人才交流中心为区机关、企事业单位办理人事代理手续97人。至2011年，全区办理人事代理3500人，其中单位代理2780人(办理集体户口300人、党员组织关系150人、高层次人才人事服务30人)、个人代理720人。

第九节　专业技术人员管理

一、职称评聘

1986年，区职称改革领导小组成立。1988年，区科委成立后，设立科技干部科，负责全区职称评定工作。1993年，设9个专业(文化、体育、经济、农业、会计统计、工程技术、卫生技术、中学教师、小学教师)初评委，负责相应专业初级技术职务任职资格评审和中级专业技术职务任职资格推荐工作。1994～1995年，以考代评，共评聘全民、大集体企事业单位高级专业技术人员47人、中级46人、初级323人，乡镇高级专业技术人员13人、中级73人、初级434人。

1996年，组建优秀青年人才库，建立1369份技术人员档案，全区专业技术人员总数4176人，其中高级职称85人、中级职称784人，市级有突出贡献的中青年专家1人，享受政府特殊津贴1人，受各级政府表彰科技人员近100人。全区三级技术推广服务人员818人，其中专业技术人员356人。在以考代评基础上，全年评出全民、大集体企事业单位高级专业技术人员101人、中级100人、初级21人，乡镇中级专业技术人员38人、初级221人。1997年11月，区职称评定工作转入区劳动人事局，共办理72名大中专毕业生初聘工作手续，审核推荐5名中学高级教师和44名中小学教师、6名医疗与水产养殖等专业中级职称材料，评聘32名中小学教师初级职称。1998年，以职称数据库为基础，换发职称证书271人，完成经济、职称外语(国家和省级)、审计、注册资产评估等4种考试报名组织工作。1999年，根据"因事设岗，精简高效"原则，完成工程、化学、农机、建设、机械、交通、经济、工艺美术、律师、农业10多个系列职称材料组织申报工作，并办理委托评审手续7人(档案1人、律师公证3人、农业1人、建工1人、交通工程1人)。

2001年，组织全区会计、经济、统计、工程、建筑、农业、教育、卫生等8个系列评审会，共评审416人，其中高级25人、中级86人、初级305人。2002年，取消地方经济师、医生职称评审，改为全省统考。全年评审专业技术人员298人，其中高级12人、中级43人、初级243人。至2003年，全区共有专业技术人员7117人，其中高级180人、中级2185人、初级4275人。2005年，建立"个人自由申请、社会公正评价、单位自主聘任、政府宏观调控"的人才评价、使用机制。区人事局调研全区重点企业人才需求、市场行情、技术职称等情况，重点帮助企业采用社会评价体系，扩评15名德才兼备、因长期奋战在一线未能参加培训考试的技术人才，解决企业寻求合作项目时因中高级职称人员少而不能中标的问题。是年，高级经济师评审采用考、评相结合方式。全年共评审专业技术人员331人，其中高级13人、中级112人、初级206人。

2006年，采用扩评办法使江扬电缆厂、金林化工厂、蝶形弹簧厂等企业增加10名高级工程师和14名工程师。全区评定高级职称25人、中级职称96人，初聘68人。2007～2009年，全区评定高级职称96人、中级职称258人，初聘253人，初级评审329人。2010～2011年，共评定高级职称106人、中级职称370人，初聘243人，初级评审206人。1989～2011年，全区评定专业技术人员7325人，其中区属企事业单位3574人(高级449人、中级836人、初级2289人),乡镇企事业单位3751人(高级226人、中级917人、初级2608人)。

1989～2011年维扬区企事业单位专业技术人员职称评定情况一览表

表20-1-3 单位:人

年份	合计	区属企事业单位评定人数				乡镇企事业单位评定人数			
		高级	中级	初级	小计	高级	中级	初级	小计
1989	129	9	21	30	60	1	18	50	69
1990	172	7	20	80	107	2	20	43	65
1991	148	10	18	70	98	4	19	27	50
1992	231	8	19	90	117	2	40	72	114
1993	224	10	17	101	128	5	30	61	96
1994	284	4	30	85	119	3	39	123	165
1995	652	43	16	238	297	10	34	311	355
1996	489	101	100	21	222	8	38	221	267
1997	275	5	6	104	115	10	20	130	160
1998	180	15	20	29	64	6	32	78	116
1999	206	12	25	35	72	16	23	95	134
2000	256	18	19	45	82	12	27	135	174
2001	416	12	44	50	106	13	42	255	310
2002	298	5	32	45	82	7	11	198	216
2003	225	25	30	70	125	10	40	50	100
2004	277	30	25	78	133	12	42	90	144
2005	331	9	41	98	148	4	71	108	183
2006	269	15	32	68	115	10	64	80	154
2007	236	12	39	75	126	6	22	82	110
2008	415	19	42	218	279	10	32	94	136
2009	687	30	70	416	516	19	53	99	171
2010	482	20	80	133	233	15	80	154	249
2011	443	30	90	110	230	41	120	52	213

二、教育培训

1989年起,区科委对晋升职称专业技术人员不定期进行外语、中文和对口专业技术培训,鼓励专业技术人员在岗学习理论、学习业务,组织参加专业调研和撰写论文,并纳入继续教育课时计算。1994年,组织工程、经济、建筑等高层人员培训,举办工程师班1期、经济班两期、建筑工程班1期,210人参加培训,学时50～60课时不等。选送5人参加高级研讨班培训。1995年,首次举办两期知识产权培训。举办高级管理人才和工程技术人才培训班30期,参训1.02万人次。1996年,区人事局、区职改办以长短结合、点面交叉方法,加强全区专业技术人员培训教育,先后举办机械、电子、化工、会计、经济、企业管理、知识产权等30多种专业培训班,参训1.68万人次,学时60～80课时不等。至1999年,全区企业专业技术人员和技术职工年平均培训3.44万人次,培训率93.8%。2004年,区人事局研究制定区属事业单位专业技术岗位设置与培训方案,逐步建立政府宏观指导下社会化评价机制,组织建筑工程专业技术人员培训和参考职称计算机人员培训。2007～2011年,组织企业自主培训专业技术人员1200多人次,组织乡镇会计、地方建筑工程专业知识培训考试200多人次。

第二章　劳　动

1989年后，实施劳动就业体制改革，逐步形成"政府宏观指导、企业自主用人、个人竞争就业、市场调节需求、劳动力合理配置有序流动"新格局。企业用工逐步实行劳动合同制度。企业工资制度改革坚持按劳分配原则，工资总额与经济效益挂钩，建立以企业工资指导线、最低工资保障和工资集体协商为主要内容的企业工资分配制度，逐步健全与经济效益提高相适应的职工工资增长机制，职工工资收入水平逐年提高。至2011年，全区最低工资标准调整为每月930元。解决失业人员和下岗职工再就业问题，加强劳动就业安置管理服务，开辟劳动力市场，拓展劳动就业渠道，提供优惠政策，鼓励创业就业，加强技术培训，提高劳动就业技能。坚持劳动执法，规范劳动用工管理。

第一节　劳动制度改革

一、用工制度改革

1989年始，全区贯彻国务院《国营企业实行劳动合同制暂行办法》，开始实行劳动合同制度。全民企业单位从社会上招聘工人，以劳动合同形式确立和调整与劳动者的劳动关系，并逐步建立社会保险制度、劳动仲裁等配套机制，维护劳动关系双方合法权益。至1994年，为固定工制度转向劳动合同制度过渡期，老职工仍然实行固定工制度。1995年，区政府及区劳动部门相继制定《郊区劳动合同管理办法》《关于在全区乡镇企业实行劳动合同制度的通知》《关于私营企业、个体工商户实行劳动合同制度的通知》等规范性文件。是年起，全区企事业单位新录用人员全面实行合同制，取消全民与集体职工、干部与工人、固定工与合同工界限，一律按劳动合同统一管理，劳动合同管理工作逐步走上法制化、规范化轨道，劳动合同签订率逐年提高。2006年，全区劳动合同签订1.98万人，签订率95%以上；签订集体合同和工资协议企业195家，覆盖职工近2.2万人；定点联系的35家企业集体合同和工资协议签订及建立工资分配与支付制度方面100%。2007年，进一步推进企业劳动合同签订工作，全区劳动合同签订2.5万多人，签订率95%；签订集体合同和工资协议企业206家，覆盖职工近2.3万人；定点联系的40家企业集体合同和工资协议签订及建立工资分配与支付制度100%。2008年，全区劳动合同签订2.6万多人，签订率96%；签订集体合同和工资协议企业200家，覆盖职工近2.4万人，集体合同签订率95%。至2011年，全区劳动合同累计签订2.8万人，签订率96%；签订集体合同企业220家，覆盖职工2.5万人；签订定点联系企业集体合同50家，签订率100%。

二、工资制度改革

1989年，区内进一步改进企业职工工资总额与企业经济效益挂钩(简称"工效挂钩")的办法，即根据生产经营特点确定挂钩指标系数，对效益工资增长过快企业，按规定扣除工资调节税后以人均300元封顶核定基数。企业当年新增效益工资按30%～50%比例提留，建立工资储备金。1991年，区政府印发《关于深化企业工资制度改革的意见》，推行由单项产值增长指标向产值、利税增长等复合指标转变，建立职工正常考核升级制度，职工固定升级按企业上年工资基金增长幅度的一定比例下达升级指标，由企业自主安排。困难企业由工效挂钩改为工资总额包干。1992年，推行以岗位技能工资制为主要内容的内部分配制度，企业按照企业技能工资标准确定职工工资数额。1995年起，进一步扩大企业分配自主权，区政府对企业工资支付行为实行宏观管理，先后数次调整企业最低工资标准。1997年起，建立以企业工资增长指导线、最低工资保障和工资集体协商为主要内容的企业工资分配制度。按年度发布劳动力市场指导价位，引导企业通过集体协商确定工资增长水平。至

2011年，全区企业职工工资在国家宏观调控政策指导下，基本形成企业自主分配、按劳分配和技能分配相结合的工资制度。

1995～2011年维扬区企业最低工资标准一览表

表20-2-1　　单位：元

执行时间	最低工资标准	执行时间	最低工资标准
1995.7～1996.6	175	2003.7～2004.6	450
1996.7～1997.6	200	2004.7～2005.10	500
1997.7～1999.6	210	2005.11～2006.9	550
1999.7～2000.6	250	2006.10～2007.9	620
2000.7～2001.6	290	2007.10～2010.1	700
2001.7～2002.6	360	2010.2～2011.1	790
2002.7～2003.6	370	2011.2～2011.11	930

第二节　劳动就业

一、就业服务

1989年始，全区劳动就业引入竞争机制，区劳动部门由单纯行政管理型转变为管理服务型。

1995～1997年，实施“两个工程”(再就业工程和农村劳动力有序化流动工程)，开放劳动力市场16次，安置失业人员就业890人，发放流动人员就业证卡2900份。1998年，输出劳务50人到北京燕京等11家大酒店任服务员，发放流动人员就业证卡1100份。2000年，发布用工信息188条，洽谈2420人，成交1780人，办理录用登记备案1106人。2002年，各乡镇(街道)、机关事业单位采集保洁、保绿和其他公益性岗位，实行政府采购岗位安置特困人员政策，共安置特困人员198人，发放购买岗位资金15.42万元。2003年，发布用人信息296条，提供岗位4656个，其中提供政府购买岗位432个，求职登记3647人，安置城镇下岗失业人员1644人，其中安置“4045”(女40岁、男45岁)人员551人，净增就业岗位1826人。2004年，政府采购岗位安置特困下岗失业人员541人，发放政府购买岗位资金92.98万元。2005年，发布用人信息208条，提供就业岗位5697个，求职登记5937人，安置城镇失业人员2258人，其中“4050”(女40岁、男50岁)人员再就业515人。2006年，提供就业岗位1.05万个，采集社区岗位1246个，推荐就业4110人，安置城镇下岗失业人员3480人，其中“4050”人员再就业499人。2007年，采集就业岗位1.17万个，登记求职人员9206人，推荐就业4987人，安置城镇下岗失业人员4011人，其中“4050”人员再就业1503人。2008年，采集就业岗位8468个，推荐就业3522人，城镇下岗失业人员再就业2842人。2009年，采集就业岗位8965个，推荐就业4723人，帮助下岗失业人员再就业3068人。2010年，共采集就业岗位9332个，新增就业3703人，其中城镇下岗失业人员就业2731人。2011年，城镇下岗失业人员就业2011人。

图20-2-1　2002年11月23日，区劳动就业管理处举行大型招聘活动

二、就业安置管理

1994年，区劳动部门执行“三结合”(劳动部门介绍就业、自愿组织就业和自谋职业)就业方针，举办区劳动力市场洽谈会，实行“双向选择、择优录取”。1999年，由地税部门代征企业失业保险费，形成失业保险由企业在区社保基金管理中心申报，地税部门征收，区财政局管理，区劳动就业管理处审核发放工作机制。事业单位参照实施失业保险参保工作，单位按职工工资总额2%，职工按本人工资1%缴纳。2000年，失业保险覆盖5102人，征收失业保险金143万元，按时足额发放失业救济金2286人次，计66万元。2001年，企业改制力度加大，失业职工增多，全区出现失业保险金收不抵支情况。是年，全区共征收失业保险金153万元，参保7100人，发放失业保险金160万元6310人次，一次性发放就业补助金8万多元，有600人按月领取失业金。2002年，市区区划调整后，启动再就业援助，召开就业帮扶工作会议，制定《扬州市维扬区机关事业单位对特困就业群体实施再就业援助工作计划》。2003年，失业保险覆盖1万人，征收失业保险金236万元，按时足额发放失业保险金182万元，发放3178人次，失业保险当年收支结余54万元，基金累计结余123万元。2004年，为下岗失业职工发放非正规组织录用下岗失业职工补贴7.36万元。落实企业录用就业困难人员社会保险补贴，发放资金5.43万元。2006年，贯彻落实新一轮再就业优惠政策，发放政府购岗资金192万元。全区共有597名社区下岗失业人员通过60家非正规就业组织实现再就业。发放再就业优惠证103本。为25家符合享受优惠政策条件企业提供社保补贴77.18万元和安置补助费8.32万元。2007年，共有3434名社区下岗失业人员通过非正规就业和灵活就业享受社保补贴609.96万元。先后开展以“关爱在维扬、援助再就业”广场活动；在可的便利超市等建立零就业家庭再就业援助基地；在社区和机关事业单位安置特困失业人员539人，发放政府购岗资金253.29万元；为22家企业提供社保补贴58.52万元；全区从事家庭式灵活就业2000多人。2008～2009年，帮扶538名“4050”等特困人员实现再就业，为514名政府购岗人员发放购岗资金262万元，为3595名持再就业优惠证灵活就业人员发放社保补贴526万元，向150户特困下岗失业职工发放慰问金4.5万元。2010年，区政府制定《关于进一步加强基层劳动就业社会保障公共服务平台建设的实施意见》，区人力资源和社会保障局、区财政局、区农水局联合印发《关于印发扬州市农村公共就业服务四项制度实施办法的通知》，明确各村(社区)劳动就业社会保障建设要求和工作职责。进一步落实“零就业家庭”和“零转移家庭”等困难群体就业帮扶政策，为471名政府购岗人员发放政府购岗资金269万元，为3118名社区下岗失业人员发放社保补贴600万元，为18家企业157人提供社保补贴70万元。2011年，全区共有841名社区下岗失业人员，通过灵活就业，享受社保补贴129.84万元，为14家企业97人提供社保补贴42.23万元。

三、劳动力市场

1994年，区劳动部门建立劳动力市场服务大厅，为用工单位、求职者提供招聘洽谈场所。当年，发布用工信息89条，开放劳动力市场36次，为区骨干企业金陵西湖山庄、环球商厦、罗城商场招工480人。2000年，区劳动力市场实现与市劳动力市场联网运行和资源共享。2001年，各乡镇成立劳动人事所，同时成立职业介绍所。区劳动力市场设立电子大屏幕显示屏，失业保险金发放实行计算机管理，建立职工档案计算机数据库。2002年，成立区职业介绍所，市区区划调整后，成立梅岭、双桥职业介绍所，开放劳动力市场19次，发布用人信息350条，提供岗位2955个，洽谈成交1300多人。2003年，区职业介绍所挂“区人力资源市场”牌子，建成开放式服务大厅，建立档案室，健全规范服务程序和岗位责任制度。2004年，区劳动力市场开放12次，推荐就业2180人，同时在江阳工业园区开办服务园区企业专项劳动力市场，安置550人就业。2005年，建立劳务协作基地，服务企业用工，在山东、河南招聘230多人在江阳工业园企业就业，组织30家企业参加江都春季劳动力大型交流洽谈会和全市劳动力市场洽谈会。是年，区职业介绍所创省级三星级职业介绍机构。2006年，面向“4050”人员，组织5次专项劳务市场。在苏扬足部理疗中心、可的超市、时代超市等建立女工再就业基地。2010年，与市人力资源和社会保障局在维扬经济开发区共建现代化大型人力资源市场暨综合服务中心，举办区新春农村劳动力交流洽谈会11场，组织劳动力洽谈会10场，提供就业岗位8047个，新增转移农村劳动力441人。

四、鼓励创业就业

2003年，召开全区下岗失业职工创业工作会议，区政府与各乡镇签订创业就业工作目标责任状，对符合条件的下岗失业人员发放再就业优惠证823本，领证人员可享受政府采购岗位、社会保险补贴、小额担保贷款、安置补助费、创业税费减免等优惠政策。2004年，为下岗失业职工创业发放扶持资金1.1万元。2007年3月，区"创业就业促进月"期间，与区妇联联合召开"十佳创业女性"事迹报告会，并将先进事迹编印成宣传册；举办家庭式创业成果展，组织大龄、困难群体专场就业洽谈会，解决"4050"人员和特困下岗失业职工就业难题；举办"创新业、创大业"创业论坛，引导更多下岗失业人员投身创业；成立区创业者协会，进一步加大对创业人员扶持和帮助；举办维扬就业创业大讲堂，提高创业能力。2009年，区委、区政府印发《维扬区加强鼓励创业、促进就业的工作意见》《维扬区创业就业扶持资金使用管理暂行办法》，设立200万元创业扶持资金。在五亭龙国际玩具礼品城、扬州虹图数码广场、维扬经济开发区创业园、甘泉街道生态农业区、梅岭街道城市商务区建立五大创业基地，成立区创业指导中心以及双桥、梅岭、甘泉、城北、西湖、平山等乡镇(街道)创业指导中心，建立虹图数码广场首个市创业带动就业孵化基地，设立虹桥社区"七彩虹"创业一条街，筹集"七彩虹"创业基金16万元。是年，组织开展创业培训班10期，培训学员395人，表彰宣传创业典型12人，推荐创业项目95个，帮助48名创业人员小额贷款96万元，有8人一次性享受失业金补助创业8.77万元，221人享受社会保险补贴34.86万元，创业带动就业3518人。2010年，建成城北兴森木业市场、平山江阳农贸市场、西湖胡场餐饮服务3个创业孵化基地及双桥街道武塘社区等3个社区创业走廊，实现每个乡镇(街道)建成至少一个创业孵化基地目标。成立区创业专家志愿团，加强对各创业指导中心工作指导，培训551名创业人员，扶持自主创业420人，创业带动就业1608人。扶持市润扬豆制品合作社等3个创业项目，帮助21名创业者小额贷款86万元，给予33名大学生和困难人员创业补贴4万元。2011年，推介创业项目22个，扶持自主创业131人，新建创业孵化基地两个，创业培训278人，通过创业带动就业450人。

五、充分就业社区(镇、村)创建

2003年，启动劳动保障社区平台建设，全区18个社区(含1个家庭居委会——扬州大学家庭居委会)建立劳动保障社区工作站，公开招聘18名工作人员。各站对社区下岗失业人员提供职业介绍、职业培训和再就业援助。全区建成市、区、街道(乡镇)、社区四级劳动保障信息网。2004年，全区共有下岗失业人员1067人，其中夫妻双失业、双下岗以及家庭中有两人或两人以上下岗失业人员247户、"4050"人员344人。全区18个社区劳动保障工作站和双桥、梅岭、西湖、城北4个劳动保障所采取相应措施，首先解决双失业、双下岗人员再就业。2006年，开展"充分就业社区"创建，制定"到边到底、动态管理、政策拉动、城乡统筹"4条基本原则，在双桥街道卜桥社区和梅岭街道凤凰桥社区开展"充分就业社区示范点"创建工作。同年10月，在双桥街道念香苑小区举行创建"充分就业社区"启动仪式。2007年，全区14个社区创成省级"充分就业社区"，4个社区通过"充分就业社区"预审。在全市率先启动"农村劳动力充分转移乡镇"创建工作，全区新增农村劳动力转移995人，劳务输出532人。2008年，全区有18个社区创成省级"充分就业社区"，城镇登记失业率控制在3%以内。城北乡、平山乡、西湖镇创成省级"农村劳动力充分转移乡镇"，16个村创成市级"农村劳动力充分转移村"，新增农村劳动力就地转移798人。2009年，全区城镇零就业家庭持续28个月动态清零。便益门社区、邗沟社区、西华门社区、朱塘社区、荷叶社区通过省人力资源和社会保障厅"充分就业社区"创建检查，全区"充分就业社区"创建率96%。2011年，全区有26个社区获省级"充分就业社区"称号，为439名政府购岗人员发放资金221.49万元。

第三节 就业培训与技能鉴定

一、就业培训

1995～1997年,区劳动部门筹资200万元,建成失业职工转业培训基地。组织120名待业青年,采取先培训再就业办法,输送到北京旅游学校。同时,对580名待业青年先登记后培训。2001年,为配合实施再就业工程,区劳动就业培训中心采取"维扬就业大讲堂"模式,开展缝纫、电焊、机械加工、家政服务、餐饮服务等企业紧缺工种培训,参培对象3457人次。2002年,全区形成区劳动就业培训中心、社会培训定点单位、企业再就业服务中心三级培训网络。推行"政府购买培训成果"办法,从失业保险基金中支付给培训单位一定数额培训补贴。2003年,下岗失业职工再就业培训突出实用技能型培训。2006年,全区实施"万人再就业培训工程"。2007年,开展以大龄困难对象为重点的再就业培训,同时对有志创业下岗失业人员进行创业知识教育和创业能力培训。2011年,突出对"零就业家庭"和"零转移家庭"等困难群体就业帮扶,确保"出现一户、帮扶一户、消除一户、稳定一户"。1995～2011年,全区共培训下岗失业人员1.02万人次。

二、职业技能培训与鉴定

2003年,区劳动和社会保障局设立职业技能培训中心,负责全区在职职工技能培训、技术等级考核发证等工作。是年,组织69家用人单位职工716人报名参加职业技能培训,举办培训班16期,培训工种11个,考核鉴定应知应会"双合格"初、中级474人。2004年,推行职业资格证书制度。开展"技能振兴行动",组织技能竞赛活动,引导更多技能劳动者在岗位成才。建立合理高技能人才薪酬制度,在确定岗位薪酬中充分考虑技能、贡献因素。是年,举办在岗人员培训班26期,培训工种19个,培训技术工种从业人员1172人,考核鉴定"双合格"初、中级640人。发放职业资格证书640本,其中中级证书9人、技师证书3人。

2005年,培训初、中、高技术工人1852人,考核鉴定"双合格"初、中级1028人和高级工5人。举办在岗人员培训班23期,培训工种16个,参培1325人,发放职业资格证书850本。面向下岗失业人员免费培训和农村劳动力培训2464人次,参加创业培训93人。2006年,开展缝纫、电焊、机械加工、家政服务、餐饮服务等企业紧缺工种培训。全年培训鉴定1260人,鉴定发证1071人,技师申报培训鉴定12人,高级工申报培训鉴定87人。2007～2008年,举办职业技能培训班42期,培训5136人,培训工种20个,发放职业资格证书2509本。2009年,144人取得高级工职业资格证书,39人获技师职业资格证书。组织在职职工职业技能培训班23期,3019人参加培训,2382人取得初、中级职业资格证书。2010～2011年,参加职业技能培训鉴定5216人,考核鉴定"双合格"初、中级4314人,组织技能竞赛两期,新增高级工20人、技师132人。2003～2011年,全区共组织2.3万人参加职业技能培训和考核鉴定,共评出初级工1.49万人、中级工1049人、高级工532人、技师1017人。

第四节 劳动执法

一、劳动争议调解和仲裁

1988年9月,成立区劳动争议仲裁委员会,设在区劳动人事局劳动仲裁科。至2002年,区劳动争议仲裁委员会共受理各类劳动争议案件294件,涉及职工410人。其中,集体劳动争议5件,涉及职工88人。通过调解结案135件,裁决结案91件,其他方式结案68件。2003年,参与轧钢厂、梅岭塑料厂、外贸公司等6家单位改制工作,对改制单位人员经济补偿、工龄确认、社会保险、人员定性等问题给予政策指导,提供参考意见,钝化劳资矛盾,为企业顺利改制奠定基础。实行选择仲裁员制度,在21家规模企业建立调解委员会,劳动仲裁结案率95%。2004年,受理劳动争议24件,其中立案处理9件、结案7件、另案调解处理15件，结案率92%。2005年，区劳动争议仲裁委员会扩大职能设置，依法调解劳动争议案件，规范用工管理、合同签订、工资支付与调资标准。是年，受理劳动争议83件，其中立案处理36件、另案调解处理44件，涉及标的额365万元。立案处理案件按期结案率100%；调解处理案件调解率90%以上。其中，对1件关于农民工工资集体争议调处，在操作程序合法前提下超常规办理，仅用10天时间，使21名女工拿到工资，使企业保住一批熟练工。2006～2008年，处理劳动争议527件，其中立案处理201件、调解或其他方式处理326件，按期结案率96%。

2009年，受理劳动争议案件254件，其中立案处理117件(其中裁决结案43件、调解结案74件)、其他方式处理137件，按期结案率98%。仲裁裁决涉及标的额381万元。立案处理案件中，经济补偿争议占67%、工伤保险待遇争议占21%、其他各类案件占12%。2010年，受理劳动争议案件145件，其中，立案处理107件、其他方式处理38件。在立案处理案件中，仲裁裁决结案48件、调解结案45件、撤诉处理14件，涉及劳动者当事人数107人，涉及标的额330万元，按期结案率98%。2011年，受理劳动争议案件192件，涉案标的额138万元，按期结案率96%。其中，裁决结案45件，调解、撤诉结案139件，其他方式处理8件，调解结案率72%，到期结案率、调解结案率均为历史最好水平。

二、劳动监察

2003年，区劳动保障监察大队成立。是年，实行劳动用工年检制度，接受劳动保障年检企业132家，合格110家。2004年，加强用工单位劳动保障法律法规执行情况管理，围绕劳动保障维权，重点开展农民工权益保护、妇女权益保障、禁止使用童工等方面执法专项检查。当年，受理群众举报案件53件，为职工追讨被拖欠、克扣工资和被扣押各类抵押金15.93万元。2005年，开展贯彻实施劳动合同签订、社会保险扩面、禁止使用童工规定、农民工工资支付等情况专项检查，受理群众举报125件，下达限期改正指令书28份，责令8家用工单位补签劳动合同812份，21家用人单位为职工办理社会保险670人。是年，接受社会保障年检企业692家，合格592家。2006年，加强劳动保障专项执法监察和日常巡查，重点监察拖欠农民工工资情况。巡查用人单位481家，为农民工追讨工资28.35万元。

2007年，全面实施用人单位劳动用工、劳动保险、劳动合同报告制度。巡检用人单位422家，督促企业与劳动者签订劳动合同5612份，为3956名职工办理社会保险，整治非法用工、拖欠农民工工资等行为，为213名农民工追讨工资56万元。2008年，实施农民工“平安计划”，实施劳动用工备案制度，280家企业1.7万多名职工被纳入劳动合同、劳动保险数据库管理。巡查用人单位391家，专项检查58家，开展整治非法用工、违规劳动合同等专项监察活动4次，责令补签劳动合同3196份，办理职工劳动保险1303人，追讨工资93.73万元。2009年，专项检查213家用人单位招工录用、劳动合同签订、工资支付情况，涉及职工5216人，责令补签劳动合同2206份，新办养老保险1327人。责令116家用人单位支付农民工工资468.5万元。

2010年，开展整治非法用工专项检查，检查用人单位131家，涉及用工1321人。开展劳动合同签订情况专项检查，检查用人单位145家，责令补签劳动合同196份。开展禁止使用童工和未成年工保护专项检查，检查服装、玩具生产、餐饮服务等重点单位268家。开展拖欠农民工工资情况专项检查，处理拖欠农民工工资案件21件，追回拖欠工资536万元，补发经济补偿金1.5万元，涉及农民工3762人。是年，接受劳动保障年检企业412家，合格370家。2011年，开展维权执法专项检查，对存在违法行为的用人单位下令限期整改。全区共有350家企业2.3万人签订劳动合同，签订率99%以上，50人以下20人以上企业工资协议签订率90%，集体合同报送审查率100%。

第二十一编

教育　科技

1989 年，全区有幼儿园 61 所，在园幼儿 3060 人；中小学 70 所（含职业中学），在校学生 20049 人；有教职工 1263 人。是年，区委、区政府实施“科教兴区”战略，多次召开全区教育工作会议，落实教育优先发展的战略地位，推动全区教育改革与发展。1989～1994 年，各中小学逐步实施九年制义务教育。1995 年，全面普及九年制义务教育。全区中小学布局调整，学校规模扩大，师资合理调配，加大教育投入，办学条件大为改善，教育质量进一步提高。2002 年，市区区划调整，广陵区 4 所小学、两所幼儿园划入维扬区管理，湾头镇、城东乡、汤汪乡 3 个乡镇的中小学、幼儿园划归广陵区。2005 年，全区顺利实施“六有”（即有整洁的校园、有满足师生就餐需要的卫生食堂、有冷热饮用水、有水冲式厕所、有安全宿舍、寄宿生 1 人有 1 张床）工程。实现信息网络“校校通”。4 所小学创成省实验小学，7 所幼儿园创成省示范幼儿园。2007 年，全区中小学稳步推进“四项配套”（即实验设施、图书、体育设施和艺术器材配备）工程建设，按照三类标准配齐实验室、音乐室、体育器材室、图书室及各种仪器设备，年内通过市级验收。2008 年，邗江区甘泉街道划归维扬区。全区新增完全中学 1 所、小学 1 所、幼儿园两所、成人中心校 1 所。2008 年后，全区以创建省教育现代化先进区为契机，推进教育强区战略，教育水平整体提升。2010 年，通过省教育现代化先进区创建验收。至 2011 年，全区有幼儿园 19 所，在园幼儿 8235 人；中小学 14 所（含职业中学），在校学生 19590 人；有教职工 2221 人。1989～2011 年，共培养职业中学、职业高中和普通高中毕业生 1.4 万人，向高校输送人才 7000 多人。

1989 年后，全区加强科技队伍和项目建设，加大经费投入，加快科技普及和高新技术推广应用，深化科技创新服务体系建设，取得显著成效。至 2011 年，全区有专业技术职务人员近 1 万人，获省级以上科技拨款 4071.6 万元。2000 年后，地方科技三项经费逐年增长。至 2011 年，区级科技三项经费 2872.7 万元。产学研结合成为科技工作一大亮点，与 39 家大专院校、科研院所建立多层次、全方位合作关系，科技开发实力不断增强。1990～2011 年，全区累计实施省级以上科技项目 385 个，获批国家级高新技术企业 29 家，新建省级以上研发机构 7 家，其中省级院士工作站 4 家，实现全区规模以上企业研发机构全覆盖，专利申请 3214 件（发明专利 579 件），实施区级科技计划项目 342 个。2011 年，全区高新技术产业产值 2.55 亿元，占全区工业增加值 19.56%，全区工农业科技进步贡献率分别达42.3%、55.04%。

第一章　教　育

第一节　教育改革

一、管理体制改革

1989 年，全区 7 个乡镇先后成立教育委员会。1993 年，全区基本形成“三级办学、两级管理”模式，即由区、乡、村三级办学，区、乡镇两级管理。1994 年后，全区成人教育逐步与普通教育、职业教育通连，实现资源共享、优势互补。各乡镇成人教育中心校与乡镇党校、团校、人口学校、农村技术学校等合并，实现多校合一、一校多用。2000 年，全区普通教育、职业教育、成人教育“三教统筹”办学格局基本形成，“三级办学、两级管理”管理体制逐步转变为两级办学、两级管理体制。乡镇学校教师工资由乡镇财政负担。乡镇中学校长、中心小学校长由区文教局任命，中层以上干部由乡教委任命，报区文教局备案，教师由乡镇教委统一调配。2003 年，全区教育管理体制由地方政府负责，分级管理改为以区为主的管理体制，在全市率先实现区域教育事业由区统一规划、教育经费由区统一拨付、教师工资由区统一发放、教师队伍由区统一管理。2006 年，召开全区教育工作会议，印发《关于加快建设教育强区率先基本实现教育现代化的实施意见》,明确区、乡两级在建设教育强区,率先基本实现教育现代化方面所承担的责任。

二、办学体制改革

1989年,全区中小学校均为公办。部分乡镇、部门和企业兴办幼儿园。1995年,全区开始引导社会资金参与办学。同年,创办民办同心幼儿园和世明双语学校。随后,民办幼儿园和公办改制为民办的幼儿园及中小学校不断增加。1997年,区政府制定《关于深化办学体制改革的实施意见》,加快办学主体多元化进程,社会资金以多种形式进入教育领域。1999年,新东方中学董事长收购西湖工具厂实施改造,创办民办完中。同时,职业学校在以政府办学为主的前提下,走合作办学之路,逐步实行企业参与的办学体制。2000年,新建民办汤汪同心中学和向往中学。2001年,兴办民办高中现代实验学校(2007年撤并至扬州弘扬中学)。同年,成立梅苑双语学校。2003年,梅苑双语学校被北京伟豪集团收购,改为民办。同年,扬州久扬渔具有限公司新建民办久扬艺术幼儿园。2005年,为推进办学体制与投入体制改革,区政府转发区文教局《关于深化非义务教育办学体制改革的实施意见》,区文教局对教师在公办学校和民办学校之间,经学校协商,可以相互任教作出规定,为推进办学体制改革提供政策保障,民办教育得到相应发展。至2011年,全区有民办教育机构16所,在校学生6530人。其中,幼儿园9所、小学1所、初中5所、完中1所。

三、人事制度改革

1993年,实施以"三制改革"(校长负责制、技师聘任制、岗位责任制)为主要内容的学校内部管理体制改革。1994年,逐步推进校长选任负责制、教师定编聘任制和教育教学岗位责任制。1995年8月,区文教局印发《关于进一步深化学校内部管理体制改革的意见》。1997年,实行学校结构工资制。教职工工资由基本工资、工作负荷工资、效益奖励工资三部分构成。工资浮动部分不少于工资总额30%,结构工资依据考核结果发放。落聘人员6个月内享受结构工资固定部分(不超过工资总额70%),6个月后享受结构工资固定部分70%,一年后仍不能聘用的分流、转岗或待岗。乡镇和学校筹措部分资金,作为结构工资追加投入,一般控制在学校教职工档案工资10%以内。各类学校每学年从德、能、勤、绩四个方面对教职工考核,并把年度考核、平时考核、学期考核、目标管理考核结合起来,作为专业职务晋升、调整工资、干部任用和教职工岗位聘任重要依据。2002年后,公开招录的新教师全部实行人事代理,由"单位人"变成"社会人",纳入社会养老保险范畴。学校教师职务评聘分开,择优上岗,对任期内不能履行岗位职责的区别情况分别予以低聘、缓聘或解聘。2010年,在竹西小学、梅苑双语学校、甘泉中学开展支部书记公推直选试点,强化党建工作,增强班子活力;建立后备干部选聘机制,确定各学校后备干部人选,并组织各类培训,提高后备干部思想政治素质、业务素养和管理能力。1989～2011年,全区选聘校长25人,任命校长助理36人,其中32人被提拔担任副校长。各校级干部跨校交流28人次,调整局管干部66人次,共招聘教师215人,有1189名教师获得教师资格证书。

第二节　幼儿教育

一、幼儿园设置

1989年,全区共有幼儿园61所、班级104个、教职工135人、在园幼儿3060人,3～6周岁幼儿入园率76%。2002年,市区区划调整,市明月幼儿园、市工人子弟幼儿园(2004年更名为金太阳幼儿园)划入维扬区,湾头镇、城东乡、汤汪乡6所幼儿园划转广陵区。2008年,甘泉中心幼儿园划入维扬区。甘泉街道撤除两个幼儿教育办学点。至2011年,全区共有幼儿园19所,其中公办幼儿园10所、民办幼儿园9所,创成省优质幼儿园14所(即市明月幼儿园、市明月文昌分园、金太阳幼儿园、扬州大学第一幼儿园、扬州大学第二幼儿园、扬州大学第三幼儿园、市机关第三幼儿园、友谊幼儿园、四季园幼儿园、康乐幼儿园、久扬艺术幼儿园、世明幼儿园、金苹果鸿福幼儿园、甘泉幼儿园)。在园幼儿8235人,学龄前儿童入园率100%;教职工892人,其中专任教师510人。

1989～2011年维扬区幼儿教育情况一览表

表21-1-1

项目 / 年份	幼儿园(所)	班级(个)	在园幼儿(人)	3～6周岁儿童入园率(%)	教职工(人)
1989	61	104	3060	76.0	135
1990	61	99	2878	77.0	142
1991	60	92	3309	54.3	147
1992	59	104	4076	86.3	165
1993	60	110	4146	86.9	185
1994	55	109	3964	93.9	192
1995	52	111	3698	91.0	210
1996	48	114	3523	91.0	228
1997	45	112	3541	95.2	226
1998	41	115	3639	96.32	226
1999	37	110	3233	99.4	232
2000	15	98	3150	100	228
2001	19	99	2979	100	220
2002	20	175	5811	100	434
2003	20	186	5811	100	497
2004	17	175	6266	100	440
2005	16	179	6530	100	452
2006	16	187	6927	100	489
2007	15	207	7255	100	579
2008	16	217	7558	100	686
2009	18	236	8591	100	804
2010	17	244	8601	100	836
2011	19	229	8235	100	892

二、队伍建设

1989年，全区39个幼教辅导员由乡镇教委、中心小学党支部提名，区、乡镇共同考察，由乡镇任免。幼教辅导员兼任中心园园长，实行园长负责制。1990～1999年，定期组织各乡镇幼教辅导员学习《幼儿园工作规程》和《幼儿园管理条例》，举办幼师教师学历证和教学合格证考核培训班。至2005年，区文教局多次开展幼儿教师教学基本功训练和竞赛。每年分片组织幼儿教育半日主题教学研究活动，组织幼儿教育专题论文评比，幼儿教师保教水平不断提高。2006年起，严格按照国家编制标准配备幼儿教师，幼儿教师均持证上岗，与中小学教师享有同等地位和待遇，全部办理"三金一险"；加大幼儿教师培训，推行园长月工作例会制，加强区内姊妹园相互交流、沟通，取长补短，共同提高；开展竞聘，从健康、语言、社会、科学、艺术等5个方面选拔一线青年幼儿教师兼职教研员。2007年，维扬区被省教育厅授予"省幼儿教育先进区"称号。

三、保育和教学

1989～2011 年,全区幼儿园一直沿用三年制学制。

图 21-1-1　2009 年 5 月 16 日,举行区第四届幼儿教师技能大赛优秀教育活动展示暨全区幼儿教师培训会

1989 年后,全区进一步加强幼儿教育管理,实行教养并重、保教结合,不断提高幼儿素质。重视幼儿园安全教育,建立卫生保健制度,每学期对幼儿教师、保健员、保育员、后勤人员开展培训;重视安全保卫,完善安保机制,层层签订责任状。治理整顿校园周边环境,确保师生人身安全和校园财产安全。2003 年,加快推进学前教育发展水平,鼓励各园彰显区域幼教优势,探索适合幼儿成长的园本课程体系,突出"一园一品"。"一园一特"建设,打造"精致幼教"品牌。2006 年,着力幼儿教师教学能力提高,定期组织幼儿教师开展教学技能大赛,提高教学水平。2010 年,按照《国家中长期教育改革和发展规划纲要(2010～2020 年)》以游戏为基本活动的精神,各幼儿园开辟游戏场所,扩大游戏空间,让幼儿自由选择和参与;围绕幼儿园整体教育目标,以全面发展为目的,创设游戏环境,选择游戏内容,让幼儿主动性、独立性得到发展。其中,市明月幼儿园区域性游戏课程、金太阳幼儿园和久扬艺术幼儿园艺术教育、康乐幼儿园"挖掘社会资源,推进素质教育"、扬州大学第一幼儿园"依托高校资源,彰显办园特色"、市机关第三幼儿园生态课程等均得到教育主管部门和社会各界认可,并予以推广。2011 年,全区召开幼教工作会议,明确"幸福幼教"发展定位,以市明月幼儿园、金太阳幼儿园为龙头,实施以"区域划片"模块,定期举办主题交流活动,全区"精致幼教"品牌逐步形成。

四、幼儿园选介

明月幼儿园　创办于民国 2 年(1913),旧址位于大武城巷 1 号。50 年代,更名为扬师附小附属幼儿园。1981 年,被省教育厅评为首批省示范性实验幼儿园。1983 年,更名为市明月幼儿园。有班级 6 个、在园幼儿 200 人、教职工 15 人,隶属于广陵区教育局。1997 年,易地在广储门外街 16 号新建,占地 3485 平方米,建筑面积 2785 平方米,教学班级 12 个,在园幼儿 500 人,教职工 30 人。新园建有沙池、戏水池、种植园和绿化带,草坪面积 500 平方米,园舍绿树成荫。园内设有图书室、科学宫、表演室、民俗坊、舞蹈房等多功能活动室。户外建成 700 平方米塑胶操场,配备大型玩具和运动器械。每班配有钢琴、消毒柜、空调、电视、电脑等教学生活设施。是年 9 月,开展市级课题《游戏与幼儿身心健康的研究》,迈出幼儿园"游戏"特色化发展道路。2002 年市区区划调整后,划入维扬区。2003 年,省级课题《幼儿园区域化课程模式的实践研究》开题。2005 年,幼儿园被评为市绿色学校。2006 年,创办明月文昌分园。同年,被评为市教科研样本校,省级课题《区域活动与集体活动整合的研究》《幼儿园区域活动中教师指导策略的研究》开题。是年 6 月,幼儿园承担省教育学会开放任务,对全省幼教专家和同行开放教学活动现场。2007 年,被评为省文明学校,国家督学、省教育厅原副厅长周稽裘视察幼儿园,赞幼儿园为"没有围墙的课堂"。2008 年,被评为省教育科学研究院基地幼儿园。2009 年,被评为省和谐校园,园本教材《区域课程》系列用书出版。2010 年,省级课题《幼儿园区域化课程模式中教师指导策略的研究》开题。同年,被评为省平安校园、省绿色幼儿园、市"十二五"教科研示范校、市游戏基地园。至 2011 年,幼儿园两个校区占地 9345 平方米,建筑面积 6220 平方米,教学班级 22 个,在园幼儿 709 人,教职工 90 人,其中专任教师 55 人。

金太阳幼儿园　创办于 1952 年,原名市工人子弟小学附属幼儿园,位于史可法东路 61 号,占地 8100 平方米,建筑面积 4860 平方米,户外活动场地 3400 平方米,绿化面积 1260 平方米,教学班级 9

个，在园幼儿360人，教职工27人。2002年，市区区划调整，划入维扬区。是年9月，开展市“十五”规划课题《美术教育活动中幼儿主体性发展的实践研究》。2003年6月，被评为市现代化幼儿园。2004年4月，更名为金太阳幼儿园，获“市文明单位”称号。2005年，幼儿园投资60万元对园舍改造和装修，设置多功能活动室、图书室、美术室、科学发现室、舞蹈房和保健室、厨房等生活用房，每班添置钢琴、彩电、空调、投影仪、相机等设施设备，户外建有玩沙池、戏水池、塑胶操场、大型运动器械和500平方米草坪。是年，被评为市绿色幼儿园。2006年，被评为省示范性实验幼儿园。是年，开展市“十一五”规划课题《幼儿色彩运用能力培养的实践研究》。2007年，被评为市教育科研样本校、市优秀家长学校。2009年12月，获省“和谐校园”称号。2010年，获市“依法治校示范校”称号。2011年，被评为市首批示范园。有教学班级12个、在园幼儿470人、教职工48人。

久扬艺术幼儿园　创办于2003年，位于西湖镇，是一所民办幼儿园。由扬州久扬渔具有限公司投资800万元兴建，占地8600平方米，建筑面积6000平方米，绿化面积2100平方米。每班配有彩电、钢琴、空调、彩色视频仪。建有钢琴房、电子琴房、古筝室、舞蹈房、美工室、科学发现室、图书室以及可容纳600人的大礼堂。户外有软质塑胶操场、大型玩具和运动器械。园内设草坪、土坡、沙池、水池、果蔬园、果树园、竹园、动物饲养角。2005年，幼儿园坚持以“用爱托起明天的太阳”为服务宗旨，明确“幼儿为本、师德为先、能力为重、终身学习、个性发展”办学理念，探索“基础＋特色”课程模式，以音乐、美术为突破口，开办绘画、舞蹈、钢琴、古筝、电子琴等艺术教育课程。2007年，幼儿园原创舞蹈《吹泡泡》《吉祥三宝》《银杏乐》《团团圆圆》等相继获“省五星工程奖”、市“琼花奖”一等奖；幼儿多幅画作刊登于省幼教核心期刊《早期教育》。2003～2011年，幼儿园先后获省“平安校园”，市“文明单位”、“十佳优秀家长学校”、“三八红旗集体”、“和谐校园”等称号。2011年，有教学班级20个、在园幼儿近700人、教职工70人。

扬州大学第一幼儿园　创办于1952年，前身为扬州师范学院保育院。该园实行双重领导，其教育教学业务属地管理。1954年，迁至大虹桥路10号扬州师范学院教职工宿舍区内，两排平房，有教学班级3个、在园幼儿80人、教职工10人。1990年，被评为市首批一类幼儿园。1993年，副省长张怀西视察该园，并题词“这里充满着阳光和希望”。1995年，幼儿园原地重建，占地5122平方米，建筑面积3540平方米，教学班级9个，在园幼儿320人，教职工28人。建有舞蹈室、图书室、结构室、科学发现室、戏水池、沙池、种植园地、饲养角。1997年12月，被评为省示范性实验幼儿园。1999年，成立扬州大学幼教中心，更名为扬州大学第一幼儿园。2002年，市区区划调整，幼儿园由广陵区划入维扬区。是年，通过省示范性实验幼儿园视导评估。2005年，幼儿园食堂被评为市A级食堂。市“十五”规划课题《利用高校资源，培育幼儿人文素养》结题，汇编并出版《扬大幼教专辑》。幼儿园以幼儿“全面发展，人文见长”为办园理念，做到“跟家长等距离”保持关系和“与孩子零距离”亲密接触，充分体现“尊重平等”的公平教育思想，营造“快乐幼教、美丽幼教、和谐幼教”的文化氛围。2006年，被评为市教科研样本校。2008年，被评为市绿色学校。2010年，获扬州大学首批“岗位廉洁示范点”、市平安校园、市学习心理健康咨询示范校。2011年，被评为市首批示范幼儿园。幼儿园占地面积扩展到8085平方米，建筑面积5019平方米，绿化面积1300平方米，新建有保健室、隔离室、档案资料室、大型多功能活动室及专供保育员清洗消毒的配套用房。教学班级15个，在园幼儿521人，教职工64人，其中专任教师34人。

市机关第三幼儿园　创办于1994年，行政隶属于市级机关事务管理局，其教育业务属地管理。位于四季园小区，占地6150平方米，建筑面积2210平方米，有教学班级两个、在园幼儿52人、教职工16人，其中专任教师9人。建有图书室、科学发现室、美工室、生态室、多功能活动室、饲养角、种植角、玩沙池等多个专用活动室和游戏玩耍区域。1996年起，幼儿园秉承绿色、生态、和谐办学理念，坚持“平等和谐、自由快乐、合作共进、勤奋自信”园风、“启迪智慧、培养思维、张扬个性、鼓励创新”教风、“善于动脑、勤于思考、敢于表达、乐于创造”学风，致力于开展生态环境教育研究，并将生态教育与综合主题教育有机结合，渗透到幼儿一日生活中，培养幼儿生态行为和习惯。是年，出版《幼儿园生态环境教育的实践与研究》《和谐课程》两套园本课程。2003 年，开办第一所分园——市机关第三幼儿园金鑫园。2007 年，创办市机关第三幼儿园京华城幼儿园。2009 年，开办市机关第三幼儿园绿杨园。4 所幼儿园每年解决近 2000 名幼儿就近入园问题。幼儿园先后获“教育创新全国百所名校”“全国家园共育实验基地”“全国先锋幼儿园”“省示范实验幼儿园”“省平安校园”“省巾帼建功示范岗”“市优秀教科研样本校”“市优秀青年志愿者服务集体”“市文明单位”等称号。2011 年，幼儿园(不含分园)占地 6150 平方米，建筑面积 4003 平方米，教学班级 17 个，在园幼儿 630 人，教职工 56 人，专任教师 39 人，其中省、市、区级名师 8 人。

第三节　小学教育

一、学校设置

1989 年，全区 7 个乡镇共有小学 55 所，其中乡镇中心小学 7 所、村级小学 48 所；教学班级 393 个，其中复式班 1 个；在校学生 15231 人；教职工 711 人。1993 年起，全区整合小学师资和校舍资源，实施布局调整计划，撤初小，并完小，建好定点校。1998 年，小学逐步缩减到 33 所。2001 年，优化小学布局，进一步注重定点小学建设，小学总数减至 22 所。2002 年，市区区划调整，市梅岭小学、工人子弟小学、四季园小学、凤凰桥小学(后撤并迁至梅岭二小)等 4 所小学划入维扬区。湾头镇、城东乡、汤汪乡小学划转广陵区，双桥乡武塘中心小学划转市经济开发区。全区小学由 2001 年 22 所减少到 15 所，班级由 288 个减少到 236 个，在校学生由 13110 人减少到 10439 人，教职工由 771 人减少到 618 人。2004～2011 年，根据省、市教育主管部门关于“做大中心校，建好定点校，撤并薄弱校”布局调整要求，全区先后撤并念四桥小学、槐柳小学、荷叶小学、雷塘小学、凤凰桥小学、三星小学、胡场小学、蓝天学校、平山中心小学等学校。2005 年起，围绕优质均衡发展目标，高标准新建梅岭小学西校区、维扬实验小学开发区分校，通过“品牌复制、名校输出”方式，实现新建学校“高位启航”，优质教育资源不断富集，加快改变全区学校面貌。2008 年，甘泉街道划入维扬区，全区新增小学 1 所。2011 年，全区共有小学 9 所、教学班级 326 个、在校学生 15209 人、教职工 855 人。

1989～2011 年维扬区小学教育情况一览表

表 21-1-2

项　目 年　份	学校(所)	班级(个)	学生(人)	教职工(人)
1989	55	393	15231	711
1990	50	371	13828	748
1991	50	356	12904	778
1992	50	342	12227	797
1993	49	343	12540	817
1994	48	341	12741	821
1995	43	336	13205	830
1996	41	336	13908	834
1997	38	348	14506	839
1998	33	337	14445	831
1999	30	329	13922	817
2000	30	301	13402	807

续表 21－1－2

年份＼项目	学校(所)	班级(个)	学生(人)	教职工(人)
2001	22	288	13110	771
2002	15	236	10439	618
2003	14	231	10339	610
2004	12	237	10567	606
2005	12	261	11318	598
2006	11	268	10695	612
2007	10	275	9959	649
2008	12	313	13715	770
2009	12	316	14129	786
2010	9	318	14669	807
2011	9	326	15209	855

2011～2012 学年维扬区小学情况一览表

表 21－1－3

学校名称	班级(个)	在校学生(人)	教职工(人)	专任教师(人)	进城务工人员子女学生(人)	占地面积(公顷)	建筑面积(万平方米)
维扬实验小学(含开发区分校)	62	3020	165	144	730	3.60	1.85
竹西小学	36	1717	90	83	613	3.13	0.78
西湖中心小学	20	895	53	49	534	2.69	0.75
梅岭小学(含西校区)	112	5649	255	252	77	5.01	3.15
工人子弟小学	19	759	60	56	360	0.95	0.62
四季园小学	18	788	47	38	470	1.44	0.46
甘泉小学	30	1344	86	81	96	2.64	0.67
西湖实验学校	12	349	55	52	208	6.75	1.14
扬州世明双语学校	17	688	44	42	—	1.78	2.24
合计	326	15209	855	797	3088	27.99	11.66

二、学制课程

1989～2011 年，全区小学一直沿用 6 年制学制。

1983 年起，执行教育部颁布的《全日制六年制小学教学计划(草案)》。1995 年，小学实行每周 40 小时标准工作制，按国家教委调整的全日制中小学课程(教学)计划，规定每周学生在校活动总量控制在 30 课时以内。1997 年，小学统一执行省全日制中小学课程(教学)计划。同时，每周开展课外活动、班队活动、科技文体活动、兴趣活动等。2001 年起，按照教育部《基础教育课程改革纲要(试行)》，实施基础教育课程改革实验，着重改变以往课程结构过于强调学科本位、科目过多和缺乏整合的现状，整体设置九年义务教育课程门类和课时比例，并设置综合课程。全区小学阶段以综合课程为主，低年级开设品德与生活、语文、数学、体育、音乐、美术等课程，中高年级开设品德与社会、语文、数学、科学、外语、综合实践活动、体育、音乐、美术等课程。各校本着学生喜欢、教师参与、学校决定原则，挖掘自身资源，开发校本课程，形成全区“百花齐放”的校本课程建设格局。其中，梅岭小学《可爱女孩》《阳光男孩》成为学校课程新品牌；西湖中心小学依托“行知社团”——20多个活动小组各自形成教案集，并整理编印；维扬实验小学开发阅读课程和科技课程，初步形成“一体两翼”课程格局；四季园小学《数学好玩》吸引更多孩子关注和喜欢数学；甘泉小学《成长教育》为学校德育工作提供新的抓手。

三、教育教学

1989年，全区中心小学先后建立德育工作领导小组，由区文教局与团区委联合聘任各中心小学少先队总辅导员。执行《小学生日常行为规范》，开展“三热爱”(热爱党、热爱社会主义祖国、热爱中国人民解放军)教育活动。各小学结合常规管理，重点抓好“三表”(课程表、学生作息时间表、活动课表)落实和“两课、两操、两活动”(体育课、课外活动课，广播操、眼保健操，课间活动、课外活动)正常开展。1990年，全区小学建立区、乡、校三级教研网络。制定《郊区教育教学质量考评方案》《郊区中小学校教学工作规范基本要求》，改革课堂教学结构，提高课堂教学质量。1992年，全区小学坚持抓质量、促转轨(由应试教育向素质教育转轨)。确定双桥实验小学、西湖中心小学等一批学校为素质教育试点校，每年对全区小学五年级学生实施素质检测，对小学六年级学生实行“五育”(德育、智育、体育、美育、劳动技术教育)考核。同年，区文教局成立教育督导室，检查督导各学校教育教学工作。区教研室以“如何改进教学方法，提高教学质量”为主课题，在全区小学开展语文、数学、思想品德等专题教育教学研讨。定期检查评估校园管理、德育工作、教学工作和实验室设备、体育器材、图书室管理。1993年9月，提出“八五”期间加快教育改革和发展的目标。1995年，经省、市普查考核，普及九年制义务教育达标。1996年，制定德育教育管理、课程计划管理、教学常规管理、毕业班教学管理方案。2005年起，围绕培养学生良好的道德行为习惯，组织开展“好习惯伴我快乐成长”“感恩教育”等系列活动。以自主创建的《小学生行为习惯数控模型》为抓手，评价各校学生行为习惯，并反馈跟踪。通过举办全区“班级管理与学生综合素质发展”教育论坛、班主任基本功大赛、班队会活动设计竞赛等活动，不断提升德育管理水平。

2006年，系统开展“维扬教苑”活动，活动包括示范观摩课、听课笔记和学习笔记汇展、信息技术考核、校长治校个案集编印等。区文教局制定《维扬区中小学教育教学质量奖励方案》，开展教学质量互评活动，为各校展示特色、彰显亮点搭建平台。2008年，围绕“轻负高质”教育内涵特点，着力做到“一二三四”，即明确一个目标(区域推进“轻负高质”教育特色)，确立“两个重点”(深入研究有效教学，彰显“轻负高质”特色)，争取“三个突破”(推进“轻负高质”课堂模式，延伸“轻负高质”课堂理念，体现“轻负高质”成果)，采取“四项措施”(聚焦课堂、聚焦规范、聚焦队伍、聚焦环境)，通过课堂教学巡展、课堂教学大比武、小学数学课堂教学论坛、快乐英语节等活动，加大课堂教学改革力度。至2011年，全区小学教育持续保持良好发展，小学适龄儿童入学率100%、巩固率100%、毕业率100%、毕业生升学率100%。

四、学校选介

梅岭小学　前身为民国36年(1947)由史可法后裔史鉴于史公祠内创立的江都县可法初级小学。1951年，迁址更名为市梅岭小学。1982年，创成省实验小学。中心校区位于梅花岭畔，占地2.13公顷，建筑面积1.2万平方米，有教学班级36个、在校学生1800人、教职工96人，其中专任教师75人。1990年7月，学校修建梅苑楼。1992年7月，学校重建梅苑楼、综合楼。2000年后，学校在“可法精神”烛照下，坚持“以人为本，为学生终身发展奠基；重塑文化，为教师享受教育服务”办学理念，不断丰润“轻负高质”办学特色。学校建立常春藤学院，对不同层次、不同类型教师群体按需培训，形成以文化内涵促师能提升的自觉式培训模式，教师个体拔节生长，师资质态明显改善。学校坚持扎实课堂研究，形成“四了三不”(课堂该讲的要讲了、该练的要练了、练后要立即评了、下课时作业本要收了，不上课表以外的课、不让孩子下课写作业、不留回家作业)的课堂教学模式和“大语文”教学研究特色。

图 21-1-2　2008 年 9 月 1 日，梅岭小学西校区举行开学典礼

2008 年，建成梅岭小学西校区（校区位于城市西区中心地段，东倚瘦西湖，西临维扬路，南邻翠岗中学，北枕蜀冈风景区，占地 1.89 公顷，建筑面积 1.6 万平方米。学校教学区、活动区、生活区界线分明，拥有风雨操场、计算机室、实验室、多媒体室、图书馆、塑胶跑道运动场、篮球场、学生食堂等硬件设施）。2010 年 7 月，学校实施校安加固工程，拆除梅苑楼重建，防抗震加固六艺轩、梅苑、食堂和综合楼，加固面积 5579 平方米。2011 年，学校 3 个校区（含梅岭吕庄分校），占地 50.1 公顷，建筑面积 3.15 万平方米，有教学班级 112 个、在校学生 5649 人、教职工 255 人，其中专任教师 252 人。有各级名师 51 人，其中省、市级特级教师 3 人。至 2011 年，学校先后获“全国中小学现代教育技术实验学校”“全国青少年美术教育十大明星学校”“全国红旗大队”“全国消防示范学校”“省首批模范学校”“全国教育信息化试点学校”“省文明单位”“省电化教育示范学校”“市首批三星级实验学校”“市小学数学教科研基地”等称号。

维扬实验小学　创办于 1954 年，位于市四望亭路 338 号，原名双桥小学。1991 年，更名为双桥实验小学，并增挂“扬州师范学校附属小学”牌子。学校占地 2.7 公顷，建筑面积 3400 平方米，有教学班级 24 个、在校学生 1200 人、教职工 61 人，其中专任教师 53 人。1995 年，石桥小学并入。2001 年，创成省实验小学。2002 年，更名为维扬实验小学，扬州师范学校附属小学更名为扬州教育学院第一附属小学。2004 年，念四桥小学并入。2007 年，被评为市模范学校，创成市数字化校园，并通过省教育现代化示范学校验收。2009 年，新建维扬实验小学开发区分校。同年，平山中心小学并入。

学校本着“让学生的生命更精彩”办学宗旨，秉承“崇文明理”校训，走“兴于书、立于新、成于乐”办学道路，全面推进素质教育，形成书香校园和科技创新两翼齐飞办学特色。2001 年，率先在全市启动书香校园建设，倡导“读经典的书，做有根的人”阅读理念，编制校本阅读教材，开辟亲近母语多功能阅读实验室，成立市第一个儿童读书组织——小书虫俱乐部，创办全市第一份由小学生主办的读书小报《小书虫报》，组织开展“伴着经典成长的少年时代”“书香童年”等大型活动，《中国少年报》、中央电视台《东方儿童》节目予以报道，成为《中国教育报》关注的书香校园建设的原生态校园之一。2003 年起，每年举办一届读书节。2004 年，成立第一个教师读书会。2009 年，市小学语文名师工作室在维扬实验小学建立。2010 年，承办亲近母语全国教育论坛活动。同年，学校建成科技创新工作室，被评为省五星级科技先进学校。至 2011 年，学校有 24 项小发明申请专利，120 多人次获国家级竞赛奖项，260 多人次获省级竞赛奖项，300 多篇科技发明习作在国家、省级杂志发表，先后被评为全国智力七巧板先进集体、省创新教育团体、省五星级科技特色学校、省重点课题实验学校、全国航空航天学会省实验基地、省英特尔求知计划先进集体和该项目实验基地等。2011 年，学校（两个校区）占地 3.6 公顷，建筑面积 1.85 万平方米，有教学班级 62 个、在校学生 3020 人、教职工 165 人，其中专任教师 144 人。

竹西小学　创办于民国 35 年（1946），曾名为江都县黄金乡国民学校、市城北中心小学、市黄金中心小学。1996 年，在邗沟路北侧墨香路异地新建，更名为市竹西小学。学校占地 2.13 公顷，建筑面积 5800 平方米，建有塑胶跑道运动场和市 A 级食堂；有教学班级 36 个、在校学生 1691 人、教职工 93 人，其中专任教师 90 人。2010 年，蓝天学校并入竹西小学。2011 年，学校占地 3.13 公顷，建筑面积 7835 平方米，有教学班级 36 个、在校学生 1717 人、教职工 90 人，其中专任教师 83 人。

1997～2009 年，学校秉承“写端正的字，做有节的人”校训，坚守“开好每一节课、幸福每一名学生、成就每一位教师”的办学理念，塑造“竹西佳处，墨香流韵”的办学特色，凸显“本真教育”办学主张。学生教育以“快乐学习”为核心，倡导真实的学习内容、自然的学习过程和生态的学习体验；师资建设以“享受教育”为宗旨，打造“风清气正、勤勉笃学、富有个性”专业化教师团队；学校建设以“务本求真”为根本，凝练“平平淡淡搞研究、扎扎实实抓管理、安安静静办教育”的学校气质。紧扣“管理、课堂、特色、质量”四大主题，在规范化上做文章、在精致化上求突破、在科学化上谋发展。学校先后获“省实验小学”“中国书法特色学校”“中国硬笔书法教学基地”“全国科普活动先进集体”“省绿色学校”“市文明单位”“全国智力七巧板科普活动先进集体”“市数字化学校”“省首批义务教育现代化学校”“省健康促进学校(金奖)”等称号。

西湖中心小学　创办于民国35年(1946)。1981年，从司徒庙迁至西湖镇。1989年，被评为市绿化合格单位。1992年后，多次获“市文明单位”称号。1993年，学校扩建，占地2.69公顷。1998年，综合楼投入使用。1999年1月，辛芳楼及汉吉运动场投入使用。同月，被评为市合格中心小学。2011年，学校建筑面积7539平方米，有教学班级20个、在校学生895人、教职工53人，其中专任教师49人。

2005年，获“市绿色学校”称号。2006年，学校明确以“行知”为校训，确立“走行知之路、铸学校之魂、育栋梁之材”办学思想，树立“以爱育爱，以真求真”办学理念，将“生活教育”引进课堂，打造“幸福课程”，组建40多个行知社团，形成百团行知、行智百团学校特色。2007年，学校成为市义务教育先进学校、省实验小学、省陶行知研究会实验学校。2008年12月，获“省绿色学校”称号。2009年2月，获“市和谐校园”称号。同年12月，创成市数字化校园学校、市新课程实施校本校。2010年10月，获“省学习陶行知教育思想先进集体”称号。2011年，获“市小学生百佳社团”称号。

第四节　中学教育

一、学校设置

1989年，全区有普通中学14所，其中初中12所、完中两所；职业中学1所，普通中学附设职业班学校两所；教学班级110个，其中初中班级91个、高中班级9个、职业高中班级10个；在校学生4818人，其中初中3972人、普通高中448人、职业高中398人；教职工417人。1990年，全区高中、初中规模布局调整，撤销湾头中学高中和西庄、蜀冈两所初中。1994年，学校布局进一步优化，生源向规模中学集中，撤销城北中学、二桥中学、宦桥中学，西苑中学并入市属新华中学。全区中学由1989年14所减少到8所。2001年9月，市旅游学校(职业中学)更名为梅苑双语学校(普通初中)。2002年，市区区划调整，城东中学、湾头中学、汤汪中学划转广陵区。2008年，甘泉中学划入维扬区。至2011年，全区有普通中学5所，其中公办初中2所、公办完中1所，民办普通高中和初中各1所；在校学生4381人；教职工504人，其中专任教师387人。

1989～2011年维扬区中学教育情况一览表

表21-1-4

项目/年份	学校(所)			班级(个)			学生(人)			教职工(人)
	初中	完全中学	职业中学	初中	高中	职业中学	初中	高中	职业中学	
1989	12	2	1	91	9	10	3972	448	398	513
1990	10	1	1	92	9	12	4289	444	534	484
1991	9	2	1	92	9	10	4616	429	437	492
1992	9	2	1	97	9	12	4843	413	510	495

续表 21-1-4

项目 年份	学校(所)			班级(个)			学生(人)			教职工(人)
	初中	完全中学	职业中学	初中	高中	职业中学	初中	高中	职业中学	
1993	9	2	1	94	9	14	4735	367	617	487
1994	6	2	1	83	9	15	4217	388	661	459
1995	5	2	1	77	8	15	3890	365	683	452
1996	5	2	1	72	8	16	3624	381	678	461
1997	5	2	1	64	8	14	3180	412	582	462
1998	4	2	1	64	8	11	3053	446	436	455
1999	4	2	1	70	8	9	3386	448	282	442
2000	4	2	1	77	9	5	3615	476	767	437
2001	4	2	1	96	29	3	4194	1245	32	572
2002	4	2	1	86	28	1	3998	1015	16	480
2003	4	2	—	88	32	—	3465	914	—	508
2004	4	2	—	91	31	—	3463	1023	—	492
2005	4	2	—	89	29	—	3058	998	—	469
2006	3	2	—	85	24	—	2765	1132	—	463
2007	2	2	—	59	31	—	2240	1329	—	410
2008	3	2	—	74	53	—	3242	2340	—	585
2009	4	2	—	68	57	—	2935	2582	—	572
2010	3	2	—	71	52	—	2821	2245	—	559
2011	3	2	—	74	34	—	2928	1453	—	504

2011～2012 学年维扬区中学情况一览表

表 21-1-5

学校名称	班级(个)		在校学生(人)		教职工(人)	专任教师(人)	进城务工人员子女学生(人)	占地面积(公顷)	建筑面积(万平方米)
	初中	高中	初中	高中					
邗沟中学	5	—	190	—	22	19	139	2.14	0.35
甘泉中学	16	4	544	168	105	74	72	4.33	2.09
维扬中学	20	11	888	513	156	140	572	5.16	3.52
扬州梅苑双语学校(民办)	33	—	1306	—	126	102	—	2.73	1.42
扬州新东方中学(民办)	—	19	—	772	95	52	—	5.33	2.89
合　　计	74	34	2928	1453	504	387	783	19.69	10.27

二、学制与课程设置

1989～2011 年，区普通中学实行“三三”学制，即初中三年、高中三年。

1989～1999 年，区普通中学初中阶段开设思想政治、语文、外语、数学、物理、化学、生物、历史、地理、音乐、美术、体育与健康等课程。其中，初一开设地方课程《扬州历史》，初二开设地方课程《扬州地理》。高中阶段开设思想政治、语文、外语、数学、物理、化学、生物、历史、地理、体育与健康、艺术(音乐、美术)等课程。2000 年，区普通中学均增开综合实践活动课，内容包括信息技术教育、劳动技术教育、研究性学习、社区服务与社会实践等。高中阶段每学年安排两周社会实践，劳动技术课每周两节，课外活动每周 4 节(体育锻炼两节、其他两节)。2006 年 9 月，全省高中新课程实验，普通高中课程由必修和选修两部分构成，其中必修和选修Ⅰ课程包括语文、数学、英语、思想政治、历史、地理、物理、化学、生物、音乐（或美术)、体育与健康、技术等，每个课目由若干模块组成；选修Ⅱ课程由学校根据需要和学生兴趣，开发若干模块，供学生选择。2007 年，全区初中执行《江苏省义务教育课程设置实验方案(修订)》，体育与健康课贯彻“健康第一”原则，不得挪作他用，各校充分利用体育活动课、课间操及其他综合性文体活动等，增加学生参加体育活动时间，保证学生每个学习日体育锻炼时间达 1 小时。各初中开展三项主题教育，其中预防艾滋病教育和毒品预防教育分别按平均每学年 2 课时安排教学内容，环境教育按平均每学年 4 课时安排教学内容。

三、教育教学

1989 年，全区逐步完善教育教学评估体系和方法。是年，区文教局印发《关于深化校园管理与考核评估的意见》《关于进一步加强和改进德育工作的实施意见》《郊区中小学教学工作管理规范达标评估细则》。1990 年，全区建立健全德育工作网络，各中学成立德育处或政教处，具体负责德育工作。1992 年，全面加强德育队伍建设，开展师德大讨论活动，与全体教职工签订师德师风建设责任状，加大师德考核力度，开展班主任培训、心理健康教师培训等工作，培养一批德育骨干队伍。1995 年，全区实施学科年级过关目标计划，组织骨干教师编辑初高中数学、英语两个学科年级过关资料，为教师提高目标教学使用。学期末，采用统一试卷、统一阅卷、统一登记、统一分析方法，检验各校教学质量，提高教师教学质量意识。1996～1998 年，各中学开展备课求严、讲课求实、作业求精、辅导求全、考核求真活动。2000 年，全区普通中学开展骨干教师、学科带头人、名教师培养工程和创建省示范初中活动。2001 年，为实施省基础教育课程改革实验区计划，全区从初中一年级起使用新课程标准和新实验教材。在学生中开展“新世纪我能行”“树立远大理想努力成为有用人才”等活动。2003 年，以省课程改革验收为契机，全区学校坚持以人为本，教师讲课做到心中有“纲”、眼中有“人”、讲中有“据”、教中有“法”。2005～2008 年，各中学坚持以课堂教学为主阵地，以校长为领导教学第一责任人，以教师为教学主导力量，进一步明确课堂教学中心地位、学生核心地位、提升教育质量首要地位。2010～2011 年，建立校园安全制

图 21-1-3　2008 年 11 月 18 日，区教育局开展“星星火炬校园行”活动

度，组织安全教育。加强卫生管理，开展校园安全检查和校园周边环境整治。教学上，构建具有维扬特色的教研网络，建立合理有效的学科教学质量监控和评估机制，推进“导学稿”建设，加快“同课异构”小课题研究等。

四、学校选介

维扬中学　创办于1958年，前身为西湖农中，位于西湖西庄南都天庙。1971年，迁至西湖镇，更名为西湖中学，成为双轨完中。学校占地2.5公顷，建筑面积500平方米，有教学班级8个、在校学生320人、教职工21人。2005年，学校通过省“六有”工程验收。是年11月，被命名为省实施教育现代化工程示范初中。2006年4月，通过省二星级高中评估验收，先后获“省德育先进学校”“省素质教育先进学校”“省科技教育先进单位”“市依法治校示范校”等称号。是年10月，西湖中学更名为维扬中学。2007年，有18名文化类考生超过或达到本二分数线，38人达到或超过本科录取资格线，有14名艺术、体育类考生双达专业、文化本科控制切分线。2010年，学校易地新建。2011年秋学期投入使用。新校区位于润扬路与司徒庙路交会处，占地5.16公顷，建筑面积3.52万平方米，总投资近1.5亿元。新校园建有教学楼两幢、专用教室36间，可容纳学生1800多人，科技实验楼、后勤服务楼、体育艺术楼各1幢，含图书馆、报告厅、多功能厅的综合楼1幢，建有400米标准田径场、室外篮球场3块、排球场两块。配有智能化多媒体教学系统、综合智能化管理系统、天文台、微机教室、音乐欣赏教室、全景地理教室等设施。

1989～2011年，学校以“让每位学生都获得成功”为办学宗旨，既教学生立志成才，又教学生明理做人；逐步形成“关心每个学生，尊重学生人格，发展学生个性，促进学生健康全面发展”办学理念，以及以爱国主义教育为主线的德育特色和艺术教育特色。2011年9月，有教学班级31个、在校学生1401人、教职工156人，其中专任教师140人。

甘泉中学　创办于民国23年(1934)，由中共地下党员施敬宜在甘泉山下关帝庙兴建甘泉学堂。民国28年(1939)，因扬州沦陷而停办。1958年3月复建，校址在甘西组，即现在学校所在地，当时隶属于市区，校名为市甘泉初级中学。开创初期，校园面积0.33公顷，有教学班级两个、在校学生100多人、教职工7人。后教学班逐渐增至6个，学生300多人，教职工18人，教舍21间，施教范围遍及周围乡镇。1963年3月，恢复邗江县建制，学校更名为邗江县甘泉初级中学。1968年，更名为邗江县甘泉中学，学校增设高中班，学制两年，初中学制由三年改为两年。1987年，初中由双轨调为三轨。其间，校园面积由0.33公顷扩展到4公顷，校舍由21间简易房屋发展到教学办公设施基本完备，班级由7个增加到21个，学生数由350人增加到1100人，教职工由18人增加到86人。1993年，学校为县教育系统改革试点单位，推行校长负责制和教师聘任制。高中部引进“综合高中”办学模式。1994～1998年，新建综合楼1幢。改“抓质量、创品牌、求特色”为“抓质量、上规模、创品牌、求特色、争效益”方针，明确办学方向。至2004年，初中、高中各增加到8轨，在校学生2512人、教职工149人。先后建成汇泉楼、励志楼和凌志楼等办公教学楼。其间，学校注重内涵发展，打造“孝德”特色，通过“日行一善、月做几事、年行远足”活动，培养“求真务实、高效精干”的管理团队、“德艺双馨”的教师团队和“自我管理、自我服务”的学生团队。2008年，学校划入维扬区，更名为市甘泉中学。2009年，高中停止招收新生。2011年，学校占地4.33公顷，建筑面积2.09万平方米，有教学班级16个、在校学生712人、教职工105人，其中专任教师74人。

扬州新东方中学　2000年4月，由民营企业家彭勇贵独资创办，位于西湖镇司徒庙路101号。学校占地5.33公顷，建筑面积2.89万平方米。学校拥有计算机网络系统、广播系统、保安系统、计算机网络教室、语音实验室、理化生实验室、心理咨询室、美术工作室。2001年，学校高中部和初中部共有教学班级24个、在校学生1200多人、教职工87人，其中专任教师50多人。是年，近30人次在全国、省、市学科教学大奖赛、数学基本功大赛中获奖。2002年，新建教学楼、实验楼各1幢。2004年，新建1幢教师公寓48套近8000平方米。2006年，学校体育场新铺8道300米塑胶跑道，新辟4片标准篮球场。

学校以“求真、求善、至美、至慧”为校训，实行“分层次、小班化、家教式、全寄宿”教学管理模式，推行教学方式改革，开展新课堂样式探究活动，初步形成“课前导学—质疑讨论—反馈评点—迁移创新”教学思路，逐步形成“严格而爱心”的校风和“严谨而不断创新”的教风。学校先后获“省毒品预防教育示范学校”“省价格诚信单位”“市放心民办教育机构”“市德育先进学校”等称号。2011 年，学校有教学班级 19 个、在校学生 772 人、教职工 126 人，其中专任教师 52 人。

梅苑双语学校 2001 年 9 月，市旅游学校更名为扬州梅苑双语学校，职业高中改办普通初中。学校位于平山堂脚下、瘦西湖畔，占地 2.31 公顷，建筑面积 6418 平方米，有教学班级 6 个、在校学生 258 人、教职工 62 人。2003 年，北京伟豪集团董事长张正喜投资收购梅苑双语学校，学校改为民办。2004 年后，学校坚持“我们的双语教学奠基走向世界的国际精英，我们的梅花精神造就独领风骚的创新一代，我们的素质教育培养全面发展的社会栋梁”办学理念；坚持“弘扬‘梅’文化”，构建以美育为主线的综合素质教育和“双语奠基”两大特色。学校有全国优秀教师 1 人、全国师德建设先进个人 1 人、省优秀教育工作者 1 人和市、区优秀教育工作者 16 人。2009 年，因瘦西湖万花园二期工程建设学校迁址。新校区位于蜀冈风景区，占地 2.73 公顷，建筑面积 1.42 万平方米。学校有 300 米全塑胶运动场、风雨操场和 6 片篮球场，建有两间物理实验室、两间化学实验室、1 间生物实验室、38 间多媒体网络教室、3 间计算机教室、音乐室、美术室，同时建有宿舍、食堂和网络、通信、广播、保安系统。

2001～2011 年，学校被授予“全国中小学百佳教育研究单位”“全国地理科普教育先进单位”“省示范初中”“市文明单位”“市数字化校园”“市放心民办教育机构”等称号。2011 年，有教学班级 33 个、在校学生 1306 人、教职工 126 人，其中专任教师 102 人。

第五节 职业教育

一、学校设置

1989 年，全区有职业学校 1 所(即扬州市郊区职业技术学校)，另有两所普通中学(乐凯中学、城东中学)开设职业高中班。设置蔬菜、水产、烹饪、建筑、护理、文秘、财会、统计、商业经营等 9 个专业，有教学班级 10 个、在校学生 398 人、专任教师 31 人。1996 年，职业教育在校生数大幅度增加，开设专业扩展到旅游管理、汽修、外贸、外贸英语、计算机、财经等 15 个专业，有教学班级 16 个、在校学生 678 人、专任教师 73 人。1989～1999 年，全区职业学校向社会输送 3000 多名中、初级职业技术人才。“九五”期间，产业结构调整，国有企业改制，职教招生严重滑坡。2000 年，全区职业学校停止招生。

二、学制课程

全区职业学校和职业高中班学制一般分为 3 年和 2 年。

职业学校课程结构分为 3 类：文化课、专业理论课、专业基础课。1989～1996 年，文化课设语文、数学、政治 3 门。专业理论课、专业基础课一般有 10 门左右。1997～2000 年，文化课设语文、数学、英语(少数专业不开设)。专业课按照省实施性教学计划开设，部分职业班开设自编校本课程。1998 年，为解决工学矛盾，职业学校推行弹性学制，即学员在学完专业基础课后，如落实工作单位，可边工作边学习，只要学完规定课程，考核合格即可发毕业证书。

三、教育教学

1989 年，全区职业学校相继聘请校外法制辅导员，加强学生基本道德和法制教育。1990 年，制订新专业实施性教学计划。1992 年起，职业学校统一文化课程教学计划、教材和教学进度，实行政治、语文、数学 3 门学科会考制度，逐步完善文化课质量监控环节。1997 年，各职业学校统一使用市职业学校管理规范表式，建立教学常规督查制度、教学目标评估制度、毕业班会考制度和实验学习管理制度，并成立学科专业中心教研组 7 个，开展教法研究、公开课、题库建设等工作。是年，制订《中等职业学校德育考核方案》,使用《德育手册》客观评估学生思想品德。1999年,《江苏省中等职业学校德育纲要》印发后,各学校德育工作逐步走上规范化、系列化、制度化轨道。2002年,全区职校学生思想品德合格率99%以上。

四、学校简介

扬州市旅游学校　1984年,由双桥二中改建为区职业技术学校,位于观音山脚下,占地2.37公顷,建筑面积6418平方米,有教学班级6个、在校学生400多人、教师31人。开设蔬菜、水产、烹饪、建筑、护理、文秘等6个专业。1995年秋学季,区职业技术学校更名为扬州市旅游学校,设有旅游管理、烹饪、外贸、外贸英语、计算机、文秘、财经、商业经营、统计、汽车修理、建筑装潢等专业。1996年,办学鼎盛时期,学校有教学班级16个、在校学生678人。2000年,停止招生。2001年,改制为公办民营普通初中,更名为梅苑双语学校。

第六节　成人教育

一、学校设置

1989年,全区7个乡镇(场)全部建有成人教育中心校,均配有专职辅导员。1991年,20家骨干企业建立职工培训学校,69个村建立成人文化技术学校。2002年,市区区划调整后,全区有双桥、城北、平山、西湖4个乡镇成人教育中心校,31个村成人文化技术学校,28家企业职工培训学校,其中15家在江阳工业园区,配备专职负责人、辅导员81人。2008年,邗江区甘泉街道划入维扬区,全区新增1所成人教育中心校、10个村(居)(9个村、1个居民委员会)成人文化技术学校。全区46家企业职工培训学校,有41家在维扬经济开发区。2011年,全区乡镇成人教育中心校配有专职副校长5人、兼职教师152人。

二、扫除文盲

1989年,全区青壮年文盲1639人,区成人教育办公室制订扫盲工作规划,将扫盲工作列入各乡镇年度目标管理,实行政府、教育部门"双线"承包责任制,层层签订责任状,分解计划,任务到村,落实到人。各乡镇成人教育中心校运用农村文化技术学校阵地,开展以集中办班教学、包教包学、结合实用技术培训教学、中小学生辅导家长等多种形式扫盲教学活动。至1995年,全区办班31个,扫除青壮年文盲923人,非盲率98.9%。1996年,通过国家基本扫除青壮年文盲评估验收,达到国家规定的扫盲标准。是年,全区进一步加大扫盲力度,对人口普查中登记为文盲的青壮年,组织他们直接参加脱盲考试,"以考代扫",对成绩合格者及时予以文化程度变更。青壮年非盲率逐年提升,每年通过省、市年审。1995～2005年,全区不断巩固扫盲工作,共扫除青壮年文盲1498人,剩余文盲141人,非盲率99.8%。

三、农村成人教育

1989年,全面启动农村成人教育,西湖、城北、城东等乡镇成人教育中心校开设成人高中、大专专业证书学历班。全区成人高中、中专学历补偿教育420人,大专专业证书学历298人。1997～2001年,对应届初中、高中毕业生试行"双证制",即毕业证书和实用技术培训证书。各乡镇成人教育中心校与中学联手,对应届初中、高中毕业生开展实用技术培训。全区6年共培训应届初中、高中毕业生5196人,培训率100%。2001年后,成人教育工作重心由扫盲转向开展文化技术培训。各乡镇采取成人教育中心校和村文化技术学校联动办学,围绕农业结构调整,开展塑盘育秧、花卉栽培、食用菌培植、水芹种植、观赏鱼养殖等实用技术培训。常年举办党建、普法、财会、计算机、健康教育等培训班,提高广大村民与干部思想素质、业务能力和管理水平及学科技、用科技积极性。2001～2011年,共举办成人教育培训班1570个,培训8.56万人次。至2011年,农村劳动力人均受教育年限逐年提高,符合省定要求。

四、职工教育

1989 年，随着农村产业结构调整，农村剩余劳动力进厂务工者日益增多，各乡镇企业迫切要求提升职工整体素质，全区 7 个乡镇成人教育中心校与 20 家企业职工培训学校联合举办职工文化技术培训班 91 个，培训职工 4600 人。至 1995 年，全区举办职工岗位培训班 545 个，培训职工 2.7 万人次。1997 年后，下岗职工转业培训成为职工教育工作重点。是年，全区培训职工 1230 人，其中改制企业职工转岗转业培训 479 人。此后，下岗职工培训人数逐年增多。2005 年，各乡镇成人教育中心与企业职工培训学校共办班 127 个，培训职工 5000 多人。2005～2011 年，全区共举办职工培训班 1331 个，岗位培训和下岗转业培训近 5 万人次。

五、学校简介

城北成人教育中心校　创办于 1989 年，是区政府首批公布的合格成人教育中心校。学校有两间教室、1 间办公室、1 间仪器室和 1 间图书室。拥有计算机、投影仪、录像机、彩电、照相机等教学设备仪器 20 多台(套)，图书 2500 多册，录像带(光盘)200 多盒(盘)。有专职教学人员 4 人，全部为中级职称，兼职教师 5 人。城北乡每村建有成人学校，每个社区建有市民学校，各校达到“四有”(即有阵地、有牌子、有班子、有计划)，基本实现把教育送到田头、办到小区。学校采用多层次办学形式，开展岗位培训、技能培训、劳动力再就业转移培训，对基层党员干部开展政治思想和党风党纪教育。1995～2005 年，组织市民开展健康、文明礼仪、道德风尚、婚育知识等培训，先后与扬州大学工学院、扬州大学信息学院联合举办经济与法律专业证书班和经济管理大专学历班，为全乡及周边地区输送 500 多名合格人才。至 2011 年，学校先后获“省级红旗党校”“市合格成人教育中心校”“市优秀政校”称号，被市科委、市科协授予学校科普教育基地铜牌。

平山成人教育中心校　创办于 1989 年。1995 年，通过省级合格乡成人教育中心校验收。学校位于乡政府大院内，有教室 3 间，办公室、会议室、图书资料室各 1 间。配有彩电、音响、DVD、计算机、打印机等教学办公设备。图书资料室藏书 1000 多册，碟片 200 多盘(套)。学校以“推进终身教育，提高村民素质，服务经济建设，促进社会文明”为理念，开展多层次办学。1995～2005 年，学校以农村成人技术培训为重点，每年举办培训班近 40 期，培训近 2000 人次。1997～2002 年，学校连续 6 年举办应届初中毕业生毕业教育培训班，培训 659 人，培训率 100%。学校建立劳动力资源信息库，每年转移农村劳动力数百人。学校开设电教课堂，经常将电教新片送到村校组织干群观看。创办平山信息台，为农业结构调整、农民致富提供信息，向村民发布种植、养殖和市场信息等近 70 期 3800 份。2011 年，学校创成市首批示范社区教育中心。

第七节　中小学教师队伍

一、队伍规模

1989 年，全区共有中小学教职工 1224 人，其中小学 711 人、中学 465 人、职业中学 48 人，公办教职工 1136 人、民办教职工 88 人。2001 年，为解决全区师资不足，吸收大中专毕业生 105 人，其中普通中学 35 人、职业中学 24 人、民办教师 46 人。全区中小学教职工 1343 人，其中小学 771 人、普通中学 500 人、职业中学 72 人，公办教职工 1199 人、民办教职工 144 人。2002 年，市区区划调整，城东乡、湾头镇、汤汪乡学校划转广陵区，维扬区教师队伍相应减少，全区中小学教职工 1098 人，其中小学 618 人、普通中学 424 人、职业中学 56 人，公办教职工 883 人、民办教职工 215 人。民办教师通过中、高师函授取得相应学历，再经过考试考核，分期分批转为公办教师。1989～2000 年，128 名民办教师转为公办教师，“民转公”全部完成。2011 年，全区中小学教职工 1359 人，其中小学 855 人、中学 504 人，公办教职工 1094 人、民办教职工 265 人。

1989～2011年维扬区中小学教职工统计表

表21-1-6　　单位：人

年份＼项目	总数	公办	民办	小学		普通中学		职业中学
				公办	民办	公办	民办	公办
1989	1224	1136	88	650	61	438	27	48
1990	1232	1177	55	714	34	418	21	45
1991	1270	1217	53	745	33	427	20	45
1992	1292	1239	53	764	33	432	20	43
1993	1304	1269	35	790	27	433	8	46
1994	1280	1253	27	807	14	381	13	65
1995	1282	1274	8	825	5	371	3	78
1996	1295	1288	7	830	4	369	3	89
1997	1301	1297	4	837	2	358	2	102
1998	1286	1284	2	831	—	354	2	99
1999	1259	1257	2	817	—	348	2	92
2000	1244	1242	2	807	—	359	2	76
2001	1343	1199	144	771	—	356	144	72
2002	1098	883	215	618	—	209	215	56
2003	1118	831	287	610	—	221	287	—
2004	1098	822	276	606	—	216	276	—
2005	1067	816	251	598	—	218	251	—
2006	1075	814	261	612	—	224	239	—
2007	1059	811	248	613	36	198	212	—
2008	1355	1075	280	732	38	343	242	—
2009	1358	1078	280	747	39	331	241	—
2010	1366	1076	290	766	41	310	249	—
2011	1359	1094	265	811	44	283	221	—

二、师资建设

“112”工程　1992年，全区加强新教师专业技能培训，新分配上岗的大中专师范毕业生通过技能培训和岗位练兵，实现1年教学常规合格、1年课堂教学过关、2年教学能力达标（简称“112”工程）。活动由学校组织实施，区文教局组织考核。1992～2011年，全区近200名师范毕业生受到培训，教师专业水平得到提升，教学技能得到发展，有37名新教师（工作时间在5年内）在市级各类比赛中获奖。

“青蓝工程”　1992年，区文教局在青年教师中实施“青蓝工程”（教师骨干与青年教师结对帮扶）。各校组织业务骨干和刚走上工作岗位的青年教师结对帮带，并分别制订传帮带计划，在教育教学达标、班主任管理上对青年教师给予指导。当年，全区结对帮带青年教师57人。至2000年，新教师业务达标51人，约占90%。2001年，实行新教师招聘录用制度后，区文教局进一步细化“青蓝工程”考核办法，建立健全青年教师激励成长机制。各校与参加“青蓝工程”教师签订结对协议，明确师徒责任，并将结对成果纳入年终考核，部分学校将"青蓝工程"作为教师申报高一级职称条件。至2011年，区文教局先后组织教师考核6次，参加考核1843人次，其中通过考核1602人，360人成为教学骨干。

"三名"工程　2000年，区文教局印发《维扬区骨干教师、学科带头人、名教师考核标准》《维扬区名校长工程实施办法》《维扬区名校工程实施意见》，在全区开展"三名"(名教师、名校长、名学校)工程建设，建立"三名"信息库，确定每3年公开评审一次。2003年，经推荐、总结、考核、审核，命名38名一线教师为区首批名教师，其中中青年教学骨干21人、学科带头人17人。2004年，通过举办书香校园、特色学校及提高课堂教育有效性研讨班等方式，组织"话发展、话质量、话形象"主题培训活动，提高全区学校校长业务能力和领导艺术，推进全区教学质量不断提升。经考核、综合评估、公示等程序，评选出首批区级名学校5所、名校长5人。2005年，区、乡各校逐层制订规划，成立培训站，分批培训学历未达标人员，提高培训学历达标人员320人；选举67名骨干教师分别参加市、省和全国各类培训，选拔82名骨干教师开展课堂教学比武、论文竞赛等活动；组织23名中小学校长(园长)分批参加高校研修培训，并定期组织校长赛课、校长讲坛和校长听课笔记评比活动。2006年，实施师能建设"两千万工程"(千名教师进家庭、千名教师争当教学骨干，万名老师争做师德标兵)，继小学语文建有"名师工作室"后，成立小学数学、英语"青蓝工作坊"、中学"学科工作室"，推动名师建设。2010年，全区开展新一轮名师评选，有各类名师215人，其中省、市特级教师5人，市级学科带头人和名校长29人。

支教工程　2007～2011年，维扬中学和徐州市车辐山中学、梅岭小学和徐州市陈楼果园小学、维扬实验小学与徐州市戴圩中心小学、甘泉中学与新沂窑湾中学、甘泉小学与新沂双塘中心小学开展结对支教活动。5所学校分别与受援学校研究支教计划，签订支教协议，落实支教方式。区教育主管部门每年派出10多名优秀教师赴受援学校举办专家讲座、开设示范课与研究课；受援学校同期指派30多名教师到支援学校听课学习，初步形成合作共赢的良好局面。2010年，甘泉中学教师沈仁斌赴新疆伊犁州新源县第八中学开展为期一年支教工作。

"师表工程"　1999年，区文教局印发《关于在全区实施"师表工程"的实施意见》，引导各学校、幼儿园开展"爱生、敬业、奉献、为人师表"行动。经评比、推荐和考核，全区35名教师被评为区"师德标兵"。2001年，全区开展师德建设"百千万工程"(即百名机关干部进学校服务事业发展、千名教师进家庭增强教育合力、万名教师学楷模争当师德标兵)，不断提高教师师德素养。2011年，围绕"师德师能建设年"主题，创新师德教育形式与内容，开展师德师风建设"七大行动"，在全区教师中开展"唱红歌、读经典、品电影、讲故事、传箴言、做运动、当义工"活动，师德师风明显改善。至2011年，先后有73名教师被评为区"师德标兵"。

图21-1-4　2009年9月10日，维扬区召开庆祝第二十五个教师节座谈会

"强基工程"　1995年起，全区对每年新参加工作的大中专毕业生培训满40个学时，考核合格后上岗；对新教师第一年任教跟踪培训和督查，确保满一年后能独立胜任本职工作(简称"强基工程")。2005年，制定《中小学、幼儿园教师学历进修工作意见》《维扬区中小学师资队伍建设强基实施方案》，各校制定未来5年教师学历进修达标计划和相应奖惩措施，组织教师参加学历进修，并对进修教师予以奖励和补助。至2010年，每年组织中小学、幼儿园教师参加区级培训和校(园)培训，先后组织580名小学、初中、高一、高二专任教师参加专业文化知识考核。

三、教师管理

编制与岗位管理　1989年，全区中小学教职工编制标准按省编委、省教育厅联合转发的教育部《关于中等师范学校和全日制中小学、幼儿园教职工编制标准的通知》的下限执行，实际核定编制1224人。

1995 年始，全区教职工队伍实施“三定”(定编、定岗、定责)等人事制度改革，教职工职务评聘分开，择优上岗。对任期内不能履行岗位职责的区别情况，分别予以落聘、试聘、待聘和转岗。当年有 9 名教师落聘、5 名教师待聘。2000 年，全区执行《江苏省中等师范学校、全日制中小学机构编制管理暂行规定》标准，规定每班平均教职工人数和教师每周工作量。2002 年，全区执行省《关于核定中小学教职工编制的实施意见》，规定小学师生比为1∶19、初中为1∶13.5、普通高中为1∶12.5、职业高中为1∶11，规定教师每周工作量，小学 16～20 节、初中 12～16 节、高中(职中)10～14 节。2003 年，全区核定中小学教职工人数 1118 人。至 2011 年，全区教职工编制数和教职工实有人数回归正常范围。

岗位责任制　1995 年始，全区对各类教师明确岗位责任，实行目标管理，定岗位、定职责、定工作量、定措施、定考核、定奖惩。各学校制定教师岗位责任制或实施细则，并与部门科室和教师层层签订责任书，加大考核深度和力度。实行师范毕业生服务期制度，鼓励师范院校毕业生终身从教。

分配制度　1995 年起，教职工工资构成中 30％津贴部分纳入考核分配制度。根据考核结果，多劳多得，优质优酬，拉开分配档次。全区实行工资总额动态包干，根据乡镇、学校教育事业规模，核定学校人员编制，按编制核拨学校工资总额，增人不增资，减人不减资，奖优罚劣，奖勤罚懒，拉开工资档次。2009 年，全区义务教育阶段学校实行绩效工资制度，加快义务教育阶段学校人事制度和分配制度改革，全面考核教职工德、能、勤、绩。绩效工资分为基础性绩效工资和奖励性绩效工资两部分。其中，基础性绩效工资设立岗位津贴和生活补贴两项，占绩效工资总量 70％；奖励性绩效工资主要体现工作量和实际贡献等因素，占绩效工资总量 30％。对认真履行岗位职责，按时保质保量完成学校规定的教育教学任务的教师，全额发放基础性绩效工资；对没有履行好岗位职责、不能完成足额工作量的教师，或在师德方面存在问题，或发生教学事故及其他违反学校教育教学要求的，视情节和情况减发基础性绩效工资。奖励性绩效工资主要奖励做出显著业绩和突出贡献的教职工，由区政府人事、财政部门以绩效总量 30％测算，而不是按 30％标准发放到每个人。各学校制定绩效工资考核办法，依据考核结果，科学分配奖励性绩效工资，合理拉开分配差距，杜绝平均主义，并将绩效考核结果作为教职工岗位聘任、职务晋升、培养培训、表彰奖励等工作的重要依据。

四、教师待遇

经济待遇　1989 年，全区公办教师工资分别由区、乡政府按月足额发放，实行地方行政首长负责制，教师工资资金实行专户储存、专账管理。1993 年和 2006 年，第三、第四次工资制度改革，教师按规定增资。1993 年起，每两年一次工资晋级，并提高工资标准。2000 年，区政府印发《关于保障乡镇管学校教师工资按月足额发放的意见》，明确教师工资纳入乡镇财政预算，实行目标管理。未完成目标的，追究乡镇主要负责人责任。对教龄满 30 年、年满 60 周岁退休的男教师和教龄满 25 年、年满 55 周岁退休的女教师，退休金按本人退休前工资的 100％发放。按规定对不同对象发放不同津贴。2011 年，全区教师月人均工资 4568 元，与 1989 年相比增长 32 倍。

1989 年起，全区启动教师安居工程，区、乡(学校)、个人合资新建教职工宿舍楼。1993 年，全区首批两幢教职工宿舍楼竣工。1995 年，区、乡两级兴建教工宿舍 150 套 1 万多平方米。1996 年，区、乡两级教职工宿舍楼竣工面积近 2 万平方米，总投入 1105 万元。1997 年，区政府转发区文教局《关于加快教职工住房建设意见》，教职工住房享受国家安居工程和经济适用房各项优惠政策。在乡镇所在地兴建教工住房的，有关部门在土地使用、建筑材料方面给予照顾。至 2001 年，教师家庭人均居住面积 18.2 平方米，超过当地居民平均水平。高级职称教师住房成套率 100％、中级职称教师住房成套率 70％。落实教师住房补贴，按照初级职称 75 平方米、中级职称 90 平方米、高级职称 110 平方米标准，分面积补贴和工龄补贴，并逐步发放。至 2011 年，全区住房补贴发放到 2009 年离退休的教职工。公办教师享受公费医疗，并定期为 45 周岁以上具有中级职称以上教师免费体检。

政治待遇　1989 年起，区历届党代会、人代会、政协会均有一定比例的教育界代表。1990 年，沈莹当选中共江苏省第八次代表大会代表。1991 年，李自慧当选省第八届人民代表大会代表。2001 年，范梅青当选省第十届人民代表大会代表。2006 年，岳乃红当选中共江苏省第十一次代表大会代表。1989～2011 年，先后有 211 人入党；6 人被评为全国、省、市劳模，69 人被评为区劳模；9 人获国家或省级优秀教师、优秀班主任、先进工作者；5 人获省、市特级教师，“三八”红旗手、新长征突击手等称号。

五、职称评定

1988 年，全区首次进行中小学教师职称评定。当年，评定中学高级教师职称 7 人，中学一级教师 123 人，中学二、三级教师 247 人；小学高级教师 174 人、一级教师 415 人、二级教师 99 人。此后，每年评定一次。1991 年，幼儿园教师纳入教师专业职称评定范围。1993 年后，中学高级、中学一级、小学中高级教师由市教师职务任职资格评审委员会评定，其余由区教师职务任职资格评审委员会评定。2011 年，全区评定专业职称教师 513 人，其中高级教师 29 人、中级教师 107 人、初级教师 377 人。

1988～2011 年维扬区中小学教师职称评定情况统计表

表 21-1-7　　单位：人

年份＼项目	中学				小学				
	高级	一级	二级	三级	中高级	高级	一级	二级	三级
1988	7	123	220	27	—	174	415	99	—
1989	—	3	29	36	—	11	3	50	13
1990	1	—	20	—	—	—	37	—	—
1991	—	30	26	—	—	41	64	—	—
1992	1	1	65	51	—	—	11	41	75
1993	8	55	28	13	—	61	219	36	—
1994	16	73	13	10	—	90	—	73	34
1995	4	23	20	18	—	86	4	24	—
1996	3	26	15	—	—	43	48	19	—
1997	5	14	22	—	—	26	31	19	—
1998	2	14	19	—	—	27	33	—	—
1999	2	14	17	—	—	30	24	—	—
2000	3	18	13	5	—	27	45	14	—
2001	1	11	9	—	—	25	19	8	—
2002	2	9	17	—	—	23	58	59	—
2003	5	9	9	—	—	36	30	9	—
2004	6	14	25	—	—	47	41	—	—
2005	12	15	23	—	—	39	29	—	—
2006	19	89	54	—	4	79	115	10	—
2007	13	94	104	—	3	75	193	1	—
2008	15	85	168	4	3	57	196	2	—
2009	11	76	161	4	8	48	213	—	—
2010	14	53	149	—	15	51	229	—	—
2011	10	45	169	—	19	62	208	—	—

第八节　经费　设施

一、教育经费

地方财政拨款　1989年，区财政拨款教育经费358.7万元，占区财政总支出32%。1993年，区财政拨款教育经费619.2万元，占区财政总支出23%。1995年，区政府实行分税制财政管理体制改革后，地方财政对教育的投入继续做到“三增长一优先”（财政拨款逐年增长、区财政预算内支出中教育经费支出所占比例逐年增长、生均教育费逐年增长，教育基建指标优先）。2010～2011年，区财政划拨教育经费2.8亿元，财政拨款在全区教育事业发展中起到主导作用。

教育费附加　1989年，全区共征收教育费附加210万元，占区财政预算内支出19%。此后，全区教育费附加实际征收额逐年增长。1993年，全区教育费附加增加到245万元。1995年，乡镇开始直接征收教育费附加，当年征收教育费附加280万元。为加大管理力度，制定完善乡镇教育事业费包干办法，实行农村教育经费“乡征、区管、乡用”管理体制，每年组成督查组，检查各乡镇教育费附加使用情况。2001～2011年，共征收教育费附加3600万元，其中城市教育费附加2160万元、地方教育费附加540万元、农村教育费附加900万元。

勤工俭学　1989年，全区共有校办企业44家，普遍开展以小种植、小饲养、小苗圃、小加工等“十小”勤工俭学活动，开办校办企业学校占全区学校总数的70%。是年，校办企业总产值1485万元，利润129万元，生均收入60.4元，总收益中用于改善办学条件33万元。1993年，全区勤工俭学稳定健康发展，校办企业由1989年44家发展到89家，勤工俭学总收入比1989年增长84.5%，用于补充教育经费比1989年增长41.3%。1995年，全区有51所学校开展勤工俭学，占全区学校总数的98%。有校办企业69家，完成产值5235万元，比1989年增长2.53倍；实现利税505万元，比1989年增长1.89倍。至2005年，全区校办企业共完成产值7.08亿元，上缴税金2786万元，实现利润4228万元，其中上缴学校1363万元，占利润总额32%。上缴学校部分主要用于修缮校舍、购置教学设备、补充公用经费等。

随着市场经济不断发展，校办企业面临企业规模小、产品档次低、市场竞争力弱、经济效益差，加上国家优惠政策取消、企业改制等问题，至2001年，校办企业下滑到26家。2002年，市区区划调整，全区校办企业只剩4家，产值、利润急剧下滑到499万元和40万元。至2005年，校办企业基本处于停办状态。

1989～2005年维扬区勤工俭学总收入用于补充教育经费情况一览表

表21-1-8

项目 年份	勤工俭学总收入（万元）	用于补充教育经费（万元）	校舍建设		购置教学设备（万元）	公用经费支出（万元）	集体福利（万元）	个人福利（万元）
			面积（平方米）	支出（万元）				
1989	129	46	3100	26	3	4	6	7
1990	151	44	4338	20	8	5	7	4
1991	156	44	1731	29	6	3	4	2
1992	182	45	1905	13	4	6	10	12
1993	238	65	3500	23	7	7	16	12
1994	250	67	3395	16	15	14	15	7
1995	313	82	2360	30	14	13	17	8

续表 21－1－8

项目 年份	勤工俭学总收入(万元)	用于补充教育经费(万元)	校舍建设		购置教学设备(万元)	公用经费支出(万元)	集体福利(万元)	个人福利(万元)
			面积(平方米)	支出(万元)				
1996	384	97	2900	34	18	20	14	11
1997	436	107	1962	35	26	18	19	9
1998	484	153	4998	126	9	8	3	7
1999	533	159	1690	118	25	10	3	3
2000	540	162	1760	70	64	19	6	3
2001	184	63	810	7	29	20	4	3
2002	40	30	1500	1	21	5	2	1
2003	45	43	6800	7	16	12	5	3
2004	84	82	3100	13	33	25	9	2
2005	79	74	2500	12	29	28	4	1
合计	4228	1363	48349	580	327	217	144	95

1989～2005年维扬区校办企业情况一览表

表 21－1－9

项目 年份	企业数(家)	从业人员(人)	资产(万元)	负债(万元)	产值(万元)	利润(万元)	税金(万元)
1989	44	1186	—	—	1485	129	46
1990	49	1041	—	—	1697	151	43
1991	54	1135	—	—	2054	156	60
1992	59	1229	—	—	2407	182	72
1993	89	1487	2290	1307	4441	238	116
1994	77	1605	2558	1438	4312	250	233
1995	69	1983	2847	1528	5235	313	192
1996	71	1457	5578	3568	6237	384	349
1997	61	1684	5694	3662	7568	436	348
1998	56	1716	9034	6338	8754	484	353
1999	54	1706	9711	6410	9814	533	398
2000	37	1107	7999	5301	9850	540	308
2001	26	544	3332	2415	4539	184	209
2002	4	71	448	300	499	40	9
2003	3	48	366	208	520	45	11
2004	3	47	429	270	661	84	20
2005	3	46	436	172	693	79	19

社会捐赠　2003～2011年，港澳台胞、外籍华人、企业家及社会各界为教育事业捐助1594万元。

1998～2011年，西湖镇累计接收捐资助学109万元，其中扬州久扬渔具有限公司总经理俞广宽捐资40万元建西湖中心小学综合楼，并捐赠60套办公桌椅；扬州久扬渔具有限公司董事长卢汉吉捐资5万元建西湖中心小学运动场。

教育经费支出　1989～1992年，人员经费中补助工资和职工福利相对比较稳定，人员经费支出比例不高，年均占教育经费总支出26%。1993～1998年，由于改革和调整，各项补贴增加、奖金发放等因素，人员经费所占比例逐步增高，年均占教育经费总支出52.67%。教育经费虽大幅度增加，但用于改善办学条件、添置教学设备方面资金较少，生均教育经费偏低，教育经费仍然紧缺。1999年，调整学校财务管理模式和核算办法，乡镇学校由中心校统一管理，财务会计实行区主管部门委派，建立"校收、区管、校用"代办费管理机制。为加强教育经费管理，先后制定《维扬区教育财务管理实施意见》《维扬区中小学校财务管理细则》《维扬区学校食堂管理暂行办法》《维扬区校产教具管理暂行办法》《维扬区教育债务管理暂行办法》《维扬区学校票据管理暂行办法》等。2001年，全区教育经费支出2755万元，其中人员经费支出1469万元，占教育经费支出的53%，人员经费比上年净增184万元。至2010年，教育经费总支出14339万元，生均教育事业费7266元，分别比1989年增长30.94倍和30.87倍。

1989～2011年维扬区教育事业经费支出统计表

表21-1-10

项目/年份	人员经费		公用经费		其他支出（万元）	生均教育事业费（元）	合计（万元）
	金额（万元）	占总支出（%）	金额（万元）	占总支出（%）			
1989	68	15	—	—	381	228	449
1990	114	23	—	—	384	268	498
1991	184	32	—	—	396	323	580
1992	219	34	—	—	426	369	645
1993	380	45	—	—	461	476	841
1994	486	46	—	—	571	609	1057
1995	602	52	—	—	545	657	1147
1996	844	58	—	—	614	814	1458
1997	935	55	—	—	772	943	1707
1998	1068	60	—	—	713	992	1781
1999	1284	60	—	—	839	1196	2123
2000	1285	56	—	—	1024	1320	2309
2001	1469	53	—	—	1286	1485	2755
2002	1449	62	—	—	883	1509	2332
2003	1440	52	—	—	1312	1870	2752
2004	1542	44	198	6	1774	2334	3514
2005	1570	44	224	6	1769	2318	3563
2006	1690	36	240	5	2790	3235	4720
2007	1800	33	516	9	3117	4016	5433
2008	2396	30	765	9	4994	4226	8155
2009	4792	52	766	8	3686	4684	9244
2010	4965	35	828	6	8546	7266	14339

二、教育设施

1989 年，全区校舍建设初具规模。普通中小学占地 22.18 公顷，生均占地 11.34 平方米。中小学校舍建筑面积 5.46 万平方米。其中，小学 3.69 万平方米，生均占有 2.42 平方米；中学 1.77 万平方米，生均占有 3.03 平方米。职业学校等校舍建筑面积 2300 平方米。2001 年起，全区校舍建设进入快速发展期，学校新建、迁建工程稳步开展，办学条件不断改善。2007 年，新建东方百合园小区配建百合园小学，2008 年秋建成交付使用。学校占地 1.89 公顷，建筑面积 1.6 万平方米。2008 年，新建石油山庄小区配建公办小学，品牌移植为维扬实验小学石油山庄分校，2009 年秋建成交付使用。学校占地 2.5 公顷，建筑面积 8979 平方米。2010 年春，维扬中学易地迁建，2011 年秋建成交付使用。2011 年，全区普通中小学占地 46.74 公顷，生均占地 23.86 平方米。中小学校舍建筑面积 21.93 万平方米。其中，小学 11.67 万平方米，生均占有 7.67 平方米；中学 10.26 万平方米，生均占有 23.42 平方米。

1989 年后，各中小学坚持实施"一无两有"(无危房，有教室、有课桌椅)。全区共消除危房 2527 平方米，添置课桌凳近 1 万套。1990 年，全区用于修建校舍和购置课桌凳经费 65.86 万元，新建翻建和大修校舍 7300 平方米，危房率下降到 1.39%，"一无两有"目标基本实现。1991 年后，全区中小学加强校舍安全工程建设，实行"三个结合"和"三个对接"(即与区建设规划结合、与中小学布局调整结合、与正在实施的农村教育工程结合，与国家总体要求对接、与改善学校办学条件工作对接、与教育专项工程对接)。全区 18 所中小学，除拟撤并、迁建的 6 所外，其余 12 所学校 92 幢 10.53 万平方米建筑物全部进行抗震安全鉴定。其中正常使用的校舍 32 幢 2.4 万平方米，需抗震加固的校舍 46 幢 7.57 万平方米，拆除的校舍 14 幢 5552 平方米。2007 年，投入 274.16 万元，维修校舍面积 4.49 万平方米。2010～2011 年，全区完成拆除 D 级危旧校舍 4 幢 2817 平方米，完成校舍加固项目 7 个 1.41 万平方米，完成校舍重(新)建项目 4 个 2000 平方米，财政投入 1109.6 万元。

1990 年，全区中小学不断添置教育装备，7 个乡镇全部建成理化实验中心。1997 年，7 个乡镇建成小学自然教室，3 所中学和 3 所小学配齐"三机一幕"(电视机、录像机、录音机，大屏幕)。建成一批现代化计算机网络教室、多媒体电化教室和闭路电视系统，全区教育系统电教装备逐步走上教育现代化轨道。2007 年，区投入 148.05 万元，推进"四项配套"(实验、图书、音乐、体育器材配备)工程和数字化校园建设，按照三类标准配齐实验室、音乐室、体育器材室、图书室及各种仪器设备。是年末，"四项配套"工程全部完成。梅岭小学、维扬实验小学投入创建经费 50 万元，添置多媒体教学设备 23 套、数字化软件平台两套、实验室管理软件 1 套。2008～2011 年，区文教局与各校对现有教育装备适当更新。

第九节　教学改革与科研

一、教育教学改革

素质教育　1989 年起，全区学校坚持开展"五爱"(爱祖国、爱人民、爱社会主义、爱集体、爱劳动)活动。此后每年一个主题，开展思想品德、劳动技术、社会实践、创业教育等方面活动，让学生学会生存、学会学习、学会做事、学会做人。1991 年，全区在学生中开展"四有"(有理想、有道德、有文化、有纪律)教育，培养和提升中小学生整体素质。1994 年，各校全面开展学雷锋、讲文明、树新风活动。1995 年，各校建立健全德育工作组织网络，开辟德育基地，有计划地组织学生参加基地教育活动，设立德育(校史)室，形成升国旗和"国旗下讲话"制度。在学生中定期开展"三德"(社会公德、职业道德、家庭美德)、"五心"(忠心献给祖国、爱心献给社会、关心献给他人、孝心献给父母、信心留给自己)教育活动。1996 年，全区教育工作会议首次将中小学生素质教育列为学校教学工作重要内容之一。全区推行"雏鹰争章"活动，鼓励少年儿童以日常生活和自身学习为抓手，通过定章、争章、考章、颁章、护

章等环节，不断为自己确立新目标，争取新进步，取得新成功。1998年起，全区各中学普遍使用德育手册，学生操行评语实行学生自评、小组互评、班主任和任课老师参评制度，操行等次按优秀、良好、及格、不及格4类评定。1999年，按照教育部《关于深化教育改革，全面推进素质教育的决定》精神，统一全区学生素质教育内容，学生成绩由百分制改为等级制，建立学生素质发展报告和成长记录袋，学生操行评定采用鼓励性评语。2000年起，全面开展课堂教学改革和创建市素质教育先进校活动，把素质教育纳入强化教学质量综合评估条件之一。统一“三表”（课程表、作息时间表、活动课表），严格控制考试、竞赛频率和学生作业量。区内学校普遍建立家长学校、青少年军警校、中学生党校，开展“党在我心中”“树立远大理想”“我是长城护卫小天使”“新世纪伴我行”等活动，并在高中和职业学校学生中举行18周岁成人宣誓仪式。2001年，各乡镇中心小学及中学加强多媒体网络教室、多媒体电话教室、电子备课室和计算机等素质教育平台建设。组织各校校长和教师到南通等地考察学习，邀请教育专家开设素质教育讲座。此外，各学校把素质教育融入体育和艺术教育之中。区文教局每年举行全区中小学生幼儿园主题文艺会演，并选拔优秀节目参加全国、省、市比赛。同年，维扬实验小学编排的少儿舞蹈《小纸船的梦》在省第三届少儿艺术节决赛中，获创作演出两项金奖，参加中央电视台第二届全国校园春节联欢晚会获特别奖。2003年后，全区实施体育艺术“2＋1”工程，提倡学生学会两种体育技能和一种艺术才能，为学生终身参加体育艺术活动服务。2010～2011年，全区开展中小学素质教育“五大工程”（“优质课堂”工程、“百佳社团”工程、“特色文化”工程、“养成教育”工程、“学校发展共同体”工程），推进课程改革，探索教育特色发展、内涵发展、均衡发展、创新发展路径与方法，提高素质教育水平。

教学改革 1989年起，各学校开展课堂教学改革。小学开展亲近母语、读写结合、尝试教学法等课堂教学研究，中学开展整体推进、单元合成课堂教学实验研究。1994年，区文教局制定《郊区新课改课堂教学评价表》，召开以提高课堂效率、减轻学生过重课业负担和深化素质教育为主题的全区教学工作会议。印发《郊区中小学教学常规实施意见》，加大教学流程管理力度，坚持教学“五认真”（认真备课、认真上课、认真布置与批改作业、认真组织考试、认真参加教研），实行“四精”（精选、精讲、精读、精批）、“四必”（有发必收、有收必改、有改必评、有错必纠）。1996年，开展观摩课堂教学改革示范课活动，定期组织中青年教师教改课竞赛，推荐优秀教师参加全国、省、市比赛。1997年，武塘中心小学教师徐红梅在全国小学思想品德课大赛中获一等奖，双桥小学教师范梅青、岳乃红在全省小学语文教师说课比赛中双获第一名。2001年，各学校全面实施课堂教学改革方案，修订《课堂教学评估标准》，组织学科带头人编制示范性教学设计，推广双桥实验小学课改经验，打破满堂灌输式教学传统，发挥学生主体和教师主导作用，形成先学后教、读写结合、课堂训练的教学模式。2005年，开展校长、名师课堂教学观摩活动，组织骨干老师上研究课，以学校为单位制订听课计划，规定校长、管理人员、教师每学期听课不少于20节。是年，举行首届“维扬教苑”系统活动，活动包括校长示范课观摩、校长听课笔记和学习笔记汇展、校长信息技术考核、校长课改个案汇编。在小学和普通中学教学中，以学生知识和技能获得为中心，注重学生学习过程、方法、情感态度和价值观等方面全面发展。职业教育从社会需求、市场需要出发，改革课堂教学内容，学生专业技能培养，按照社会需要订单办学、订单培训。2006年，全区课堂教学以构建区域教研、内外结对教研为基础，搭建教师专业成长平台，引导教师开展校本教学研究，调整和改革课程格局、结构和内容，试行国家课程、地方课程和校本课程，实行教师教学行为制度化、规范化。2010年，全区推广“同课异构＋小课题研究”教学教研方式。是年，梅岭小学成为市小学教学教科研基地，先后承办2010年儿童阅读论坛亲近母语“十一五”结题会、省部分城区教研协作年会、上海—扬州小学英语高效课堂观摩研讨活动，开展“基于儿童的小学语文阅读教学”研究，推动全区课堂教学内涵发展。

二、科研

1989～2011年，全区共有立项课题32个，其中国家级课题1个、国家级子课题3个，省级立项课题 15 个,市级立项课题 13 个。推行“同课异构＋小课题研究”模式,申报区级小课题 99 个、市级微型课题 54 个。维扬实验小学依托丰厚的维扬文化,开展“科学认读汉字”实验,省教育学会会长周德藩对其研究成果给予高度赞赏。梅岭小学推行“轻负高效”教学模式,同时,“四了三不”(课堂该讲的要讲了、该练的要练了、练后要立即评了、下课时作业本要收了,不上课表以外的课、不让孩子下课写作业、不留回家作业)数学课堂教学模式被《江苏教育》专题报道。西湖中心小学“百团行知、行智百团”、四季园小学书香校园、竹西小学写字教学、维扬中学“三个关注”(关注学情、关注互动、关注达成)教研模式和甘泉中学“孝德教育”等,将校本课程和生本课程引入课堂,不仅拓宽教研途径,而且丰富课堂教学内容。

1989～2011 年维扬区教育科学国家级和省级研究立项课题一览表

表 21－1－11

课题级别	课　题　名　称	课题负责人	所 在 单 位
国家级	陶行知与研究性学习	陈文艳	梅岭小学
国家级子课题	科学认读促进幼儿认知能力的发展	丁　丹	明月幼儿园
	依托维扬文化,科学认读汉字,开发学生大脑潜能	岳乃红	维扬实验小学
	发掘维扬地域教育资源,培养学生科学素养	江为军	维扬实验小学
省级课题	依托理化生学科教学,培养学生综合实践能力的研究	陈　平	维扬中学
	小学生研究性学习实验研究	陈文艳	梅岭小学
	小学品德教育中研究性学习模式探究	陈文艳	梅岭小学
	运用信息技术,建立以学生为主体的探究性学习模式	陈文艳	梅岭小学
	全面的数学教育实验研究	陈文艳	梅岭小学
	“绿色数学”与小学生数学情智和谐发展的实践研究	陈文艳	梅岭小学
	史情教育与历史地域文化的结合	王瑞星	维扬实验小学
	维扬文化与小学生人格教育的研究	岳乃红	维扬实验小学
	游戏与养成幼儿高尚道德品质之间关系的研究	丁　丹	明月幼儿园
	幼儿园区域化课程模式的实践研究	丁　丹	明月幼儿园
	幼儿社会性发展研究	张小莲	扬州大学第三幼儿园
	在日常生活中对幼儿进行科学领域教育的研究	张小莲	扬州大学第三幼儿园
	利用高校人文资源,培养幼儿人文素质	曹玉兰	扬州大学第一幼儿园
	幼儿园开展公益活动的实践研究	严晓霞	扬州大学第一幼儿园
	运用成语渗透社会领域的教学活动研究	曹丽莉	扬州大学第一幼儿园

1989～2011年维扬区在国家级刊物发表的教育科研论文情况一览表

表21-1-12

论文标题	作　者	发表刊物	发表年份
《中学语文目标教学刍议》	韦新民	《扬州师院学报》	1991
《体验，在心灵深处……》	冯长宏	《小学德育》	2005
《小学生态文化教育校本课程开发的实践与思考》	冯长宏	《小学德育》	2004
《文化视野里的德育》	冯长宏	《小学德育》	2005
《小学品德教育中体验性学习的理论与实践》	冯长宏	《中国教育论坛》	2003
《聚焦校本课程》(上)	冯长宏	《辅导员》	2005
《聚焦校本课程》(下)	冯长宏	《辅导员》	2005
《建构绿色的少先队文化》	冯长宏	《小学德育》	2003
《引领儿童走向生活》	高　静	《小学德育》	2004
《大好河山任我游教学实录及评析》	高　静	《小学德育》	2004
《班级读书会123》	岳乃红	天津人民出版社	2004
《班级读书会——推广儿童阅读的好形式》	岳乃红	《语文教学通讯》	2004
《亲近母语　书香校园》	岳乃红	《语文教学通讯》	2005
《感受班级读书会》	岳乃红	《小学语文教师》	2004
《一线老师眼中的好课标准》	岳乃红	《语文教学通讯》	2004
《新课程理念下课堂教学中教师的指导作用》	周　茜	《现代教育理论与实践指导全书》	2004
《word 2000中给汉字自动标注拼音》	刁国斌	《科技展望》	2005
《听老师大声读》	周　茜	《小学语文教师》	2006
《课堂教学中的》“四了”	刘　健	《当代教育论坛》	2008
《例谈数学探究性学习》	刘　健	《小学教学参考》	2008
《由选择自己喜欢的题目引发的思考》	刘　健	《小学教学参考》	2008
《有效的教学语言与风趣创设》	刘　健	《小学数学教育》	2008
《谦让、竞争、分享》	刘　茵	《中国教育教学参考》	2008
《祈使句教学有诀窍》	李青青	《小学教学设计》	2008
《删繁就简三秋树　领异标新二月花》	陈红燕	《儿童音乐》	2010
《为什么而唱》	陈红燕	《中国教师报》	2010
《媒体≠美体　黑板≠白板》	傅广鑫	《小学教学设计》	2010
《数学，以理服人》	傅广鑫	《中小学数学》	2010
《抓住不变量思考》	傅广鑫	《教学月刊》	2008
《铺垫策略的新思考》	傅广鑫	《小学教学》	2008
《数学素材的精选、整合与超越》	傅广鑫	《中小学数学》	2008
《设计有效提问的价值》	傅广鑫	《小学教学参考》	2008
《小改动　大收获》	彭俊蓉	《小学数学教学》	2006
《强化有效教学管理，提升教学质量与效益》	唐登松	《现代校长与管理艺术》	2008
《鱼与熊掌要兼得》	徐春山	《语文报》(教师版)	2008
《中队文化建设四法》	徐永田	《辅导员》	2009
《我的设计观》	凌　玲	《辅导员》	2009
《主题活动中生态市教育的策略》	管　燕	《教师教育研究》	2010
《构建和谐幼儿园，促进幼儿和谐发展》	冯德菲	《新时代教师》	2010
《建构生态式教学评价，促进师幼可持续发展》	沐文扬	《学前教育研究》	2008

第十节　教育督导

1989～1990年，区政府教育督导室对普及九年制义务教育和扫除青壮年文盲实行跟踪督导。1992年，区政府教育督导室对“两基”(基本普及九年制义务教育、基本扫除青壮年文盲)达标验收和巩固提高工作加强督导，促进乡镇政府对教育的持续投入。至1995年，开展九年制义务教育阶段控制学生辍学工作专项督导检查。全区适龄儿童入学率实现100%，初中入学率100%，小学和初中流生率分别在0.5%和2.3%以下，均低于省控标准。是年，全区通过省级“两基”达标验收，比原计划提前一年完成。

2000年起，区政府教育督导室开展学校内涵发展督导，修订完善《郊区中小学综合督导评估操作细则》，引导学校依法治校、规范办学，鼓励学生在完成“规定动作”基础上，创新“自选动作”，加强特色发展。区政府教育督导室逐步加大督导力度，缩短督导周期，每轮督导后以文件形式公布各学校评估成绩。根据办学水平，将学校分为A、B、C 3类，对A类学校予以奖励，对C类学校负责人告诫谈话，并要求制定整改方案，实行跟踪督查，促进整改。其间，区政府教育督导室还对群众关心或反映强烈的“乱收费”“乱办班”“乱补课”等“三乱”行为开展专项督查。2004年，区文教局和区政府教育督导室制定新一轮综合督导方案，从中小学校选聘特约教育督导员9人，选聘学科带头人、骨干教师、教育管理干部35人担任兼职督学和督导员，健全督导网络，完善督学责任区制度。开展常规管理学校行、创建教育现代化工程、市区模范学校考核等活动，实行督导与创建工作指导相结合。2006年，接受省、市关于教育费附加和地方教育费附加及教育专项基金征收、使用、管理情况督查，接受市级关于“开足开齐课程”和“两增一减”(增加校本教材、增加学生自选课程，减轻学生课业负担)专项督导。全区91%的学校能执行区教育行政部门有关规定，少数学校学生课业负担较重，区政府教育督导室责令限期整改。2011年，区政府教育督导室对民办扬州新东方中学和扬州梅苑双语学校常规督导，对全区中小学校贯彻落实党和国家教育方针以及公用经费使用情况全面督导和专项督查。

第十一节　教育现代化工程

一、建立创建组织

2006年，区政府召开教育工作会议，制定《关于加快建设教育强区率先基本实现教育现代化的意见》，提出“十一五”期间建成教育现代化先行区。2008年8月，区政府制定《维扬区创建“江苏省教育现代化先进区”实施方案》，成立由区长任组长，分管区长为副组长，各乡镇、街道和相关部门负责人为成员的区教育现代化创建工作领导小组。全区将教育现代化建设作为教育事业首要工程和重要民生事业，召开区教育现代化创建工作推进会，明确乡镇、街道、相关部门工作责任，签订各创建单位完成目标责任状。

二、保障创建经费

全面落实“以区为主”的义务教育经费保障机制，严格按照教育经费“三增长”(义务教育预算内经费拨款、生均预算内教育事业费、生均预算内公用经费逐年增长)要求，不断加大教育投入，实现教育投入稳步增长。2008年，全区财政经常性收入6.74亿元，比上年增长3.14%。区财政对教育拨款0.87亿元，比上年增长51.24%。2009年，全区财政经常性收入8.31亿元，比上年增长23.29%。区财政对教育拨款1.08亿元，比上年增长24.14%。2010年，区财政预算教育拨款1.29亿元，比上年增长19.44%。至2011年，区财政累计投入教育现代化建设专项资金5300万元。

三、巩固创建基础

2008年，区政府财政专项拨款1000万元，用于改善办学条件。全区先后组织实施“三新一亮”(新课桌、新板凳、新讲台,电灯亮)、"六有工程"(有整洁的校园、有满足师生就餐需要的卫生食堂、有干净卫生的饮用水、有水冲式厕所、有安全宿舍、寄宿生1人有1张床)、"四配套工程"和"校校通工程"建设。实施校舍安全工程。是年,完成梅岭小学柏苑楼重建工程和工人子弟小学校园整体改造。2008~2010年,连续3年共投入1400多万元用于教育技术装备升级换代,计算机生机比9.7:1、师机比1.2:1,多媒体教学设备班级配备率1.8:1,均达《江苏省中小学教育技术装备二类标准》,创成市数字化校园9所,各学校全部建有校园网,信息技术与课程整合学科覆盖率100%,基本实现学校教育管理方式数字化和网络化。2010年,区政府投入110万元专项经费为公办中小学、幼儿园配备64名保安,投入50万元完善技防设备。至2011年,区财政共拨贫困学生帮扶款64.93万元,资助2807人次。

四、提升创建水平

1999年2月,西湖镇被命名省教育现代化示范乡镇。2006年,全区巩固发展基础教育,全面提升义务教育水平,积极推进教学改革,严格控制义务教育阶段学生辍学,全区九年义务教育阶段适龄儿童入学率100%,小学巩固率100%,初中巩固率99.7%,初中毕业生升学率99%以上。是年,区政府教育督导室被评为省级督导评估考核先进单位。2007~2011年,加快发展社区教育,建立区、乡镇(街道)、村(社区居委会、企事业单位)三级社区教育网络,6个乡镇(街道)均建立融成人教育、文化娱乐、体育活动等为一体的社区教育中心,所有社区、村相应建立市民学校和社区教育点。重视特殊群体教育,全区三类残疾儿童入学率100%。2007年,维扬区被评为省幼教工作先进区。双桥、平山、城北等先后被命名省教育现代化先进乡镇。2009年,维扬区被评为省全面实施素质教育先进区。2010年,全区通过省教育现代化建设评估验收。

第二章 科 技

1989年后,全区把科技放在经济发展战略首位,科技经费纳入财政预算,每年科技三项费用占区财政实际支出0.5%~1%。1990年,区委、区政府印发《依靠科技进步振兴郊区经济的决定》《扬州市郊区科学技术进步奖励办法》和《扬州市郊区科技进步先进企业(单位)奖励暂行办法》。1992年,制定《关于依靠科技进步推动经济发展的若干决定》。至1996年,相继制定《扬州市郊区技术改造项目管理办法》《扬州市郊区科技进步先进企业(单位)评选办法》《扬州市郊区科学技术奖励办法》。是年,区政府被国家科委评为全国科技工作达标区。至1998年,城北乡、湾头镇、平山乡、双桥乡相继被评为省科技工作先进乡镇。

2000年,区委、区政府把科技发展目标纳入国民经济和社会发展规划之中,明确"一把手抓第一生产力"责任制。建立由主要领导挂帅的科技领导小组和相应的办事机构,配备科技副区长、科技副乡镇长,建立一支科技骨干队伍;推进企业科技进步,开展创建科技先导型企业活动;建立多渠道、多层次的科技资金投入体系,科技三项经费大幅度增长。各乡镇配置相应的科技发展基金。同时,科技管理部门在科技成果转化和推广、农业产业化科技示范、科技计划申报、高新技术产品认定、企业技术创新和科技型中小企业培育、项目和人才引进、科技培训、科技招商、产学研联合体建设、专利申请、知识产权保护等方面切实有效履行管理和服务职能。2001年,效区通过1999~2000年全国科技进步先进单位考核,获省科技厅表彰。在2003~2004年度考核中,维扬区被评为全省科技进步先进城区。2006年,江阳工业园获"全国先进科技产业园"称号。2008年,区高新技术创业服务中心被认定为省级创业服务中心。2011年,全区工业科技进步贡献率42.3%,农业科技进步贡献率55.04%。

第一节　机构队伍

一、机构

行政管理机构　区科技局前身为区科学技术委员会(简科区科委)。1989年,区科协归并区科委。1997年3月,区科委为区政府工作机构,内设综合科、工业科技科、农村科技科。2002年,区科委更名为区科学技术局(简称区科技局),至2011年未变。

企业研究机构　1989年,全区厂办科研机构3家。至2000年,全区11家企业建有科技研发机构。至2011年,全区建成省级工程技术研究中心7家、市级工程技术研究中心41家,新建省级院士工作站4家,获省拨经费400万元,市级院士工作站5家,实现规模以上企业研发机构建设全覆盖。

2011年维扬区省级工程技术研究中心一览表

表21-2-1

序号	建立年份	名　　称	依　托　单　位
1	2002	生态农业工程技术研究中心	省里下河农科所
2	2009	汽车电子工程技术研究中心	江苏罗思韦尔电气有限公司
3	2009	精密高速数控机床工程技术研究中心	扬州力创机床有限公司
4	2009	动物疫病防治工程技术研究中心	扬州优邦生物制药有限公司
5	2010	功率半导体芯片及器件封装工程技术研究中心	扬州扬杰电子科技有限公司
6	2010	新型电线电缆工程技术研究中心	江苏江扬电缆有限公司
7	2010	商品混凝土机械工程技术研究中心	扬州柳工建设机械有限公司

2011年维扬区市级工程技术研究中心一览表

表21-2-2

序号	建立年份	名　　称	依　托　单　位
1	2004	可再生能源工程技术研究中心	扬州日利达有限公司
2	2006	核级电缆工程技术研究中心	江苏江扬电缆有限公司
3	2006	化工设备工程技术研究中心	扬州金桃化工设备有限公司
4	2006	光纤工艺品工程技术研究中心	扬州新凤凰光电制品有限公司
5	2006	信息化支撑软件工程技术研究中心	扬州永信计算机有限公司
6	2006	安全玻璃工程技术研究中心	扬州唐城安全玻璃制造有限公司
7	2006	水禽疾病药品工程技术研究中心	扬州优邦生物制药有限公司
8	2007	钓具工程技术研究中心	扬州久扬渔具有限公司
9	2007	硫酸成套设备工程技术研究中心	扬州金圆化工设备有限公司
10	2007	功率半导体芯片及器件封装工程技术研究中心	扬州扬杰电子科技有限公司
11	2007	焊接钢管工程技术研究中心	江苏通宇钢管集团有限公司

续表 21-2-2

序号	建立年份	名　　称	依　托　单　位
12	2008	动漫设计衍生产品工程技术研究中心	五亭龙国际玩具礼品城
13	2008	数控金属切削机床工程技术研究中心	扬州力创机床有限公司
14	2008	高压整流变压器制造技术工程技术研究中心	扬州双鸿电子有限公司
15	2008	铝镁合金型材工程技术研究中心	扬州宏福铝业有限公司
16	2008	石油化工成套设备工程技术研究中心	扬州建业庆松集团有限公司
17	2008	汽车电子工程技术研究中心	江苏罗思韦尔电气有限公司
18	2009	高能陶瓷应用工程技术研究中心	江苏联能电子技术有限公司
19	2009	中汇生物化妆品工程技术研究中心	扬州中汇化妆品有限公司
20	2009	碟形弹簧隔震装置工程技术研究中心	扬州核威碟形弹簧制造有限公司
21	2009	智能家电工程技术研究中心	扬州嘉华电气有限公司
22	2009	办公系统工程技术研究中心	扬州科派办公系统家具有限公司
23	2009	工程机械内饰工程技术研究中心	扬州丽华汽车内饰件有限公司
24	2009	车船缸套工程技术研究中心	扬州五亭桥缸套有限公司
25	2010	电能质量工程技术研究中心	江苏中凌高科技发展有限公司
26	2010	商品混凝土机械工程技术研究中心	扬州柳工建设机械有限公司
27	2010	智能电气工程技术研究中心	扬州扬开电力控制设备有限公司
28	2010	高纯砷制备技术工程技术研究中心	扬州高能新材料有限公司
29	2010	FRD 芯片工程技术研究中心	扬州杰利半导体有限公司
30	2010	漆器与漆艺家具工程技术研究中心	扬州漆器厂
31	2010	热辊工程技术研究中心	扬州瘦西湖仪表有限公司
32	2010	霓虹制造工程技术研究中心	扬州唐城霓虹制造有限公司
33	2010	矿用监测装置工程技术研究中心	扬州三鑫矿山成套设备有限公司
34	2011	智慧交通工程技术研究中心	扬州国脉通信发展有限责任公司
35	2011	粉末冶金工程技术研究中心	扬州海昌粉末冶金科技有限公司
36	2011	CRH 车辆弹簧工程技术研究中心	扬州恒旺五金机械有限公司
37	2011	砷化镓高聚光太阳能工程技术研究中心	江苏中显集团有限公司
38	2011	新能源薄膜电容工程技术研究中心	扬州日精电子有限公司
39	2011	数控刀具及高效磨削工程技术研究中心	江苏万金精密刀具有限公司
40	2011	油气输送焊接钢管工程技术研究中心	江苏通宇钢管集团有限公司
41	2011	混凝土搅拌站工程技术研究中心	扬州中意建材机械有限公司

2011 年维扬区省、市级院士工作站情况一览表

表 21-2-3

序号	建立年份	承办单位	依托单位	进站院士	级别
1	2009	扬州扬杰电子科技有限公司	南京大学	郑有炓	市级
2	2009	扬州宏福铝业有限公司	四川大学	涂铭旌	市级
3	2009	江苏联能电子技术有限公司	南京航空航天大学	赵淳生	市级
4	2010	江苏罗思韦尔电气有限公司	吉林大学	郭孔辉	市级
5	2010	江苏中显集团有限公司	北京大学	秦国刚	市级
6	2009	扬州优邦生物制药有限公司	扬州大学	刘秀梵	省级
7	2010	扬州宏福铝业有限公司	四川大学	涂铭旌	省级
8	2011	江苏罗思韦尔电气有限公司	吉林大学	郭孔辉	省级
9	2011	江苏中显集团有限公司	北京大学	秦国刚	省级

二、队伍

1988 年，维扬区在全市率先开展人才市场招聘。1993 年，全区拥有专业技术人才由 1986 年的 50 人增加到 3666 人，科技人员由占职工总数 0.07%增加到 17.8%。在科技人员职称评定中，高级职称占 2%、中级职称占 18.8%。汤汪电子仪器二厂引进的顾伦岗、吉桂敏两位高级工程师共同研制 S2100、S2101 调频调幅智能收信机和 SR8366 微波频率计数器，分别填补国内空白，获国家、省实用科技成果博览会金奖。西湖碟簧厂引进工程师郭斌研制的膜片碟簧新品，填补国内空白，获国家银奖。1996 年，全区建立优秀青年人才库，建起 1369 名技术人员档案。全区有专业技术人员 4176 人，其中高级职称 85 人、中级职称 784 人，市级有突出贡献的中青年专家 1 人，享受政府特殊津贴 1 人，受各级政府表彰的科技人员近 100 人。全区建有区级农技服务站 12 个、乡级 56 个、村级 112 个，区、乡、村三级从事技术推广服务人员 818 人，其中专业技术人员 356 人。举办机械、电子、化工、会计、经济、企业管理、知识产权等 30 多种专业技术培训班。1989～1996 年，全区年均培训企业职工 3.44 万人次，培训率 93.8%。

2007 年，实施省委、省政府创新创业人才计划项目，扬州日利达有限公司引进西安交通大学博士顾兆林，获省资助 100 万元。至 2011 年，全区共引进高层次创新创业人才 52 人，获批省创新创业人才资助的 5 人，获省企业博士集聚计划的 3 人，累计获省资助 545 万元；获批市“绿扬金凤计划”7 人，获市资助 528 万元。2011 年，江苏罗思韦尔电气有限公司董事长周祥东、扬州优邦生物制药有限公司李玉和入选省科技企业家培育工程培育对象。至 2011 年，全区专业技术人员 7325 人，其中高级职称 675 人、中级 1753 人、初级 4897 人。

2007～2011 年维扬区省、市创新创业人才情况一览表

表 21-2-4

序号	姓名	所在企业	批准年份	类型
1	顾兆林	扬州日利达有限公司	2007	创新
2	傅和亮	扬州维晋生物科技有限公司	2010	创业
3	周斌欣	扬州中凌自动化技术有限公司	2010	创业
4	孟　健	扬州宏福铝业有限公司	2010	创新
5	熊福林	江苏中显集团有限公司	2011	创新
6	王　灏	扬州博为思物联网有限公司	2011	创业

2010～2011年维扬区省企业博士集聚计划人才情况一览表

表21-2-5

序号	姓　名	所　在　企　业	批准年份	类型
1	王　灏	扬州博为思物联网有限公司	2010	创业
2	吕　凯	扬州英博城市规划设计研究院有限公司	2011	创新
3	刘　义	扬州天泓科技实业有限公司	2011	创新

2010～2011年维扬区市"绿扬金凤"创新创业人才情况一览表

表21-2-6

序号	引进人才姓名	申　报　企　业	批准年份	类型
1	王　灏	扬州博为思物联网有限公司	2010	创业
2	姜　炜	扬州高能新材料有限公司	2010	创新
3	孟　健	扬州宏福铝业有限公司	2010	创新
4	张柏林	扬州绿原农业科技有限公司	2010	创业
5	熊福林	江苏中显集团有限公司	2010	创新
6	丁　力	扬州中汇化妆品有限公司	2011	创新
7	王　晶	扬州高能新材料有限公司	2011	创新

2010～2011年维扬区市"绿扬金凤"优秀博士人才情况一览表

表19-2-7

序号	引进人才姓名	申　报　企　业	批准年份	类型
1	吕　凯	扬州市创羿联盟规划与建筑设计有限公司	2010	创新
2	李维宽	扬州艾柏尔医药科技有限公司	2011	创新
3	唐文献	扬州五亭桥缸套有限公司	2011	创新
4	鲁巍峰	扬州硕尼电子科技有限公司	2011	创业
5	杜美蓉	扬州中汇化妆品有限公司	2011	创新
6	阮爱清	扬州欧普汇融软件技术有限公司	2011	创业
7	任淑彬	扬州海昌粉末冶金有限公司	2011	创新
8	丁海涛	江苏罗思韦尔电气有限公司	2011	创新
9	曹春平	扬州丽华汽车内饰件有限公司	2011	创新
10	杨　柯	扬州弹簧有限公司	2011	创新
11	陈一昕	扬州国脉通信发展有限责任公司	2011	创新
12	王振中	江苏中显集团有限公司	2011	创新
13	姚道远	扬州博为思物联网有限公司	2011	创新

第二节 科技项目

一、"火炬计划"项目

1989 年,全区组织工业企业申报"火炬计划"立项。1993 年,扬州锅炉厂实施的 6 吨硫化循环床锅炉项目成为区内第一个国家级"火炬计划"项目。至 2010 年,全区共有 28 个项目被列入国家和省级"火炬计划",其中国家级 12 个、省级 16 个,项目总投资 3.17 亿元,共获科技贷款 1245 万元。

1993～2010 年维扬区"火炬计划"立项情况一览表

表 21-2-8 单位:万元

序号	立项年份	项目名称	承担单位	级别	总投资额
1	1993	6 吨硫化循环床锅炉	扬州锅炉厂	国家级	1100
2	1995	新型内承辊式螺旋焊管	扬州化工管道设备厂	省级	600
3	1996	水汽集中取样分析装置	市西湖水工电器厂	省级	400
4	1996	汽车少片变截面钢板弹簧	吉林工大扬州汽车弹簧厂	省级	500
5	1998	胶片法双层夹胶玻璃	市堡城汽车装饰配件厂	省级	700
6	1999	FWZ-10YD 智能型遥控负荷分断器	扬州双鼎电器开关有限公司	国家级	1400
7	1999	NF-40 型多功能农田管理机	市农丰机械厂	省级	800
8	2000	玻璃钢渔船	扬州旭东玻璃钢身船舶制造有限公司	国家级	3000
9	2000	低烟无卤阻燃交联聚烯烃电缆	江苏江扬电缆有限公司	省级	1200
10	2000	YLM-2900M 有机载热体加热炉	市化工机械厂	省级	1510
11	2001	小口径内承式螺旋焊管	市钢管总厂	省级	1300
12	2001	LPC-100 小型激光扫平仪	扬州威凯莱光电仪器有限公司	省级	500
13	2002	新型室内外紧套光纤低烟无卤布线光缆	江苏江扬电缆有限公司	省级	1500
14	2002	光电数码测距机	扬州双星光电有限责任公司	省级	1000
15	2002	TYB 型轮胎泄压报警器	郊区客车配件厂	省级	800
16	2003	新型室内外紧套光纤低烟无卤布线光缆	江苏江扬电缆有限公司	国家级	1500
17	2003	3PE 小口径螺旋缝双面埋弧焊接钢管	江苏通宇钢管集团有限公司	省级	1500
18	2003	新型建筑布线用低烟无卤尼龙护套电缆	江苏江扬电缆有限公司	省级	1300
19	2004	200 千米/小时交流传动机车弹簧	扬州弹簧有限公司	国家级	1000
20	2004	全自动电、太阳能两用热水器	扬州日利达有限公司	国家级	1200
21	2005	高应力涨紧弹簧	扬州弹簧有限公司	省级	860
22	2006	内置弧形反射式真空集热管	扬州日利达有限公司	省级	1000
23	2007	NP-W400/A300 积极式高速凸轮开口装置	江苏牛牌纺织机械有限公司	国家级	1500
24	2007	油气输送用全自动双面埋弧焊接扩径螺旋钢管	江苏通宇钢管集团有限公司	国家级	1450

续表 21-2-8

序号	立项年份	项　目　名　称	承　担　单　位	级别	总投资额
25	2008	MC-VH40 立卧式加工中心	扬州力创机床有限公司	国家级	1356
26	2010	贴片式高频桥式整流器	扬州扬杰电子科技有限公司	国家级	850
27	2010	商用车 H3 型 CAN 总线控制系统	江苏罗思韦尔电气有限公司	国家级	980
28	2010	直流驱动系统用综合电缆	江苏江扬电缆有限公司	国家级	846

二、“星火计划”项目

1995～2008 年，全区工厂化养鳖、三相分体户外真空负荷开发、柴油机发条弹簧启动机、高致病性猪蓝耳病灭活疫苗的产业化等 4 个“星火计划”项目立项，总投入 7150 万元，获科技贷款 2210 万元。

1995～2008 年维扬区“星火计划”立项情况一览表

表 21-2-9　　单位：万元

序号	立项年份	项　目　名　称	承担单位	级别	总投资额
1	1995	工厂化养鳖	平山养殖场	省级	200
2	1997	三相分体式户外真空负荷开关	扬州电器开关厂	省级	450
3	2001	柴油机发条弹簧启动机	扬州东方吊架有限公司	省级	3000
4	2008	高致病性猪蓝耳病灭活疫苗的产业化	扬州优邦生物制药有限公司	国家级	3500

三、高新技术产业

高新技术企业　全区高新技术产业快速发展，初步形成机电、电子信息、电线电缆、新材料、生物制药五大高新技术产业，产值逐年增长。1999 年，根据《江苏省高新技术企业认定工作实施意见》，全区开展高新技术企业申报认定工作，扬州电器开关厂、江苏捷康集团汽车弹簧制造有限公司等 15 家企业先后被认定为省高新技术企业。1999～2007 年，获批省级高新技术企业 15 家。2008 年，国家高新技术企业认定工作开展后，重点抓好技术开发费抵扣税政策落实，利用好国家对高新技术企业享受减免税政策按 15% 税率征收企业所得税的优惠，规范做好认定工作。至 2011 年，获批国家级高新技术企业 29 家，获批省高新技术产品 153 个、国家重点新产品 17 个。是年，全区高新技术产业产值占规模以上工业产值比重 35.3%，新增技术开发经费 2.25 亿元。

图 21-2-1　高新技术企业——扬州扬杰电子科技有限公司的生产流水线

1999～2011年维扬区省级高新技术企业一览表

表 21-2-10

认定年份	名　　称
1999	扬州电器开关厂
2000	江苏捷康集团汽车弹簧制造有限公司
2004	江苏江扬电缆有限公司
2005	扬州日利达有限公司、扬州核威碟形弹簧有限公司、扬州新凤凰光电制品有限公司
2006	扬州永信计算机有限公司、扬州国脉通信发展有限责任公司、扬州唐城安全玻璃制造有限公司
2007	江苏通宇钢管集团有限公司、扬州天泓科技实业有限公司、扬州威奥重工机械有限公司、扬州扬开电力控制设备有限公司、扬州德龙科技有限公司、扬州优邦生物制药有限公司

2008～2011年维扬区国家级高新技术企业一览表

表 21-2-11

认定年份	名　　称
2008	江苏江扬电缆有限公司、江苏牛牌纺织机械有限公司
2009	扬州力创机床有限公司、扬州核威碟形弹簧制造有限公司、江苏罗思韦尔电气有限公司、扬州双鸿电子有限公司、扬州扬杰电子科技有限公司、扬州宏福铝业有限公司、江苏联能电子技术有限公司、扬州建业庆松集团有限公司、江苏中显集团有限公司、江苏中凌高科技有限公司、扬州永信计算机有限公司
2010	扬州三鑫矿山成套设备有限公司、扬州艾迪生物科技有限公司、扬州高能新材料有限公司、扬州国脉通信发展有限责任公司、扬州弹簧有限公司、扬州恒旺五金机械有限公司、扬州杰利半导体有限公司
2011	扬州扬开电力控制设备有限公司、江苏新浪环保有限公司、扬州日精电子有限公司、江苏金土地种业有限公司、扬州海昌粉末冶金有限公司、扬州众大水利机电设备制造有限公司、扬州柳工建设机械有限公司、扬州天泓科技实业有限公司、扬州凯思特机械有限公司

创新型企业　2010年，省科技厅开展省创新型企业认定。当年，全区共有15家企业被认定为省创新型企业，他们是：江苏罗思韦尔电气有限公司、扬州扬杰电子科技有限公司、扬州优邦生物制药有限公司、江苏江扬电缆有限公司、扬州宏福铝业有限公司、扬州力创机床有限公司、江苏中凌高科技有限公司、扬州五亭桥缸套有限公司、扬州高能新材料有限公司、扬州双鸿电子有限公司、江苏金土地种业有限公司、扬州核威碟形弹簧制造有限公司、扬州建业庆松集团有限公司、扬州杰利半导体有限公司、扬州扬开电力控制设备有限公司。

省高新技术产品　1998年起，全区开展高新技术产品申报工作。当年申报高新技术产品3个。各企业把研发科技新品作为自身发展的需要，申报高新技术产品逐年增加。2005年，申报高新技术产品8个。2007年申报13个。2009年申报24个。2011年申报58个。1998～2011年，全区累计获批省高新技术产品153个。

1998～2011年维扬区省高新技术产品情况一览表

表21-2-12

批准年份	名　　　　称	承担单位
1998	QXGN-10智能型箱式高压真空断路电器成套设备	扬州电器开关厂
1998	汽车少片变截面钢板弹簧	吉林工大扬州汽车弹簧厂
1998	YH-YJX型移动监控管理系统	扬州市广陵银河科技公司
1999	自动扫描等离子火焰切割机	扬州市维扬区华兴焊接设备厂
1999	三相分体式户外真空负荷开关	扬州电器开关厂
2000	隔热隔音新型砼小型空心砌块	扬州建星材料厂
2000	膨化硝酸铵结晶机	扬州化工机械厂
2001	高耐蚀性车用制动盘	扬州飞驰汽车配件有限公司
2001	LPC-100激光扫平仪	扬州威凯莱光电仪器有限公司
2002	3PE小口径螺旋缝双面埋弧焊接钢管	江苏通宇钢管集团有限公司
2002	新型室内外紧套光纤低烟无卤布线光缆	江苏江扬电缆有限公司
2003	小型便携式无油空气压缩机	市永吉顺机械有限公司
2003	低烟无卤尼龙护套电缆	江苏江扬电缆有限公司
2004	全自动太阳能、电两用热水器	扬州日利达有限公司
2004	内置狐形反射弧式真空集热管	扬州日利达有限公司
2004	全天候光电楼层显示牌	扬州德加利科技发展有限公司
2004	Z型高应力涨紧弹簧	扬州弹簧有限公司
2004	200千米/小时交流传动机车弹簧	扬州弹簧有限公司
2004	光纤传输霓虹织物	扬州新凤凰光电制品有限公司
2005	永信物资管理系统软件V3.0	扬州永信计算机有限公司
2005	永信全面预算—财务预算子系统软件V1.0	扬州永信计算机有限公司
2005	YTV-11智能型阳极箔TV特性测试仪	扬州双鸿电子有限公司
2005	WWW-LSXZ智能型大功率直流稳定电源	扬州双鸿电子有限公司
2005	超精度减压装置用弹簧组	扬州核威碟形弹簧制造有限公司
2005	电动阀门电动头缓冲器	扬州核威碟形弹簧制造有限公司
2005	HEP型辐射交联自控温电伴热带	扬州利家科技有限公司
2005	高速重载机车转向架二系弹簧	扬州弹簧有限公司
2006	无公害水稻杀虫剂——比酰甲	扬州绿源生物化工有限公司
2006	模块化太阳源热泵热水系统	扬州日利达有限公司
2006	三维曲面弯钢化玻璃	扬州唐城安全玻璃制造有限公司
2006	NV300积极式高速凸轮开口装置	江苏牛牌纺织机械有限公司
2006	GD50消极式高速多臂开口装置	江苏牛牌纺织机械有限公司
2006	智能型安全节能电器电源管理器	扬州金鼎电子有限公司

续表 21-2-12

批准年份	名　　称	承担单位
2006	太阳能光纤传输户外装饰系统	扬州新凤凰光电制品有限公司
2006	油气输送用双面埋弧焊接扩径螺旋钢管	江苏通宇钢管集团有限公司
2007	包装用纸质填充物全自动切制机	扬州天泓科技实业有限公司
2007	烟风道防腐型位移吸收器	扬州天泓科技实业有限公司
2007	3200千米高速列车轴箱弹簧	扬州恒旺五金机械有限公司
2007	4QTY4-10全自动多功能砌块成型机	扬州威奥重工机械有限公司
2007	5QM-5全自动砌块成型机	扬州威奥重工机械有限公司
2007	6XH712立式加工中心	扬州力创机床有限公司
2007	7XH714立式加工中心	扬州力创机床有限公司
2007	8XH755卧式加工中心	扬州力创机床有限公司
2007	高性能三相桥式整流器	扬州扬杰电子科技有限公司
2007	光伏专用二极管	扬州扬杰电子科技有限公司
2007	11F-50复合型多功能有机锡热稳定剂	扬州德龙科技有限公司
2007	鸡新城疫、减蛋综合征灭活疫苗	扬州优邦生物制药有限公司
2007	13STEYR-612630010015汽缸套	扬州五亭桥缸套有限公司
2008	海洋工程用移动型中压变频水密电缆	江苏江扬电缆有限公司
2008	室内/外用自承式数字同轴电缆	江苏江扬电缆有限公司
2008	砷化镓单晶材料	江苏中显机械有限公司
2008	直列式电液推杆	江苏中显机械有限公司
2008	贴片式功率二极管	扬州扬杰电子科技有限公司
2008	猪繁殖与呼吸综合征灭活疫苗	扬州优邦生物制药有限公司
2008	粉末冶金耐高温碟形弹簧	扬州核威碟形弹簧制造有限公司
2008	电机智能型节电控制仪器	扬州金鼎电子有限公司
2008	和谐2号高速机车弹簧	扬州弹簧有限公司
2008	全面预算综合管理系统	扬州永信计算机有限公司
2008	超微细漆包圆铜线	扬州嘉华电气有限公司
2008	水冷性铝合金电机外壳	扬州宏福铝业有限公司
2008	LFL高性能抗腐蚀铝合金型材	扬州宏福铝业有限公司
2008	改性锦纶6短纤维	扬州金伦化学纤维有限公司
2008	接触法硫酸气缩放波纹管高效换热器	扬州金圆化工设备有限公司
2009	PZX-200高应力涨紧弹簧	扬州弹簧有限公司
2009	MC-VH40立卧式加工中心	扬州力创机床有限公司
2009	直流驱动系统用综合电缆	江苏江扬电缆有限公司
2009	抗水耐久型中压电力电缆	江苏江扬电缆有限公司
2009	核电用耐高温无磁碟形弹簧	扬州核威碟形弹簧制造有限公司

续表 21－2－12

批准年份	名　　称	承　担　单　位
2009	可组态常闭式矿用斜井防跑车挡车装置	扬州三鑫矿山成套设备有限公司
2009	M140 型贴片式整流二极管	扬州扬杰电子科技有限公司
2009	PVS105 型光伏用二极管	扬州扬杰电子科技有限公司
2009	环保型冷却增湿滚筒	扬州金圆化工设备有限公司
2009	隔离型多参量复合加速度计	江苏联能电子技术有限公司
2009	智能型压电陶瓷驱动器	江苏联能电子技术有限公司
2009	YE62 便携式高速动态数据采集系统	江苏联能电子技术有限公司
2009	H3 型 CAN 总线控制系统	江苏罗思韦尔电气有限公司
2009	基于 CAN 总线的带冷启动功能的智能汽车暖风系统	江苏罗思韦尔电气有限公司
2009	高精度全功能数字化电力参数测量模块	江苏中凌高科技有限公司
2009	HBMD－20/10－75S 型煤矿用混凝土泵	扬州威奥重工机械有限公司
2009	铁基高电阻稀土合金丝	扬州恒源热能材料有限公司
2009	智能型多功能高电压超大功率直流稳定电源	扬州双鸿电子有限公司
2009	大功率精密智能开关电源	扬州双鸿电子有限公司
2009	组合式滚筒铝型材	扬州宏福铝业有限公司
2009	NP－5200 回转式电子多臂开口装置	江苏牛牌纺织机械有限公司
2009	超薄稀土镁合金圆管型材	扬州宏福铝业有限公司
2009	HSVS 核电弹簧	扬州恒旺五金机械有限公司
2009	干燥空气节能型管式电除雾器	扬州建业庆松集团有限公司
2010	NP－4100 高速积极式凸轮开口装置	江苏牛牌纺织机械有限公司
2010	CLGH8808C 型混凝土泵	扬州柳工建设机械有限公司
2010	多功能节能环保 YZH5250GJBHW 型混凝土搅拌运输车	扬州柳工建设机械有限公司
2010	MC－H50G 卧式加工中心	扬州力创机床有限公司
2010	阳极保护槽管式分酸器	扬州金圆化工设备有限公司
2010	P2P 流量识别与监控系统	扬州永信计算机有限公司
2010	矿用钢绳芯输送带横断监测装置	扬州三鑫矿山成套设备有限公司
2010	微变形外观金黄色高频淬火气缸套	扬州五亭桥缸套有限公司
2011	ABS10 型超薄贴片式高频桥式整流器	扬州扬杰电子科技有限公司
2011	GBU8004－S 型低正向大电流硅桥式整流器	扬州扬杰电子科技有限公司
2011	SKBPC2510 型高压高频三相桥式整流器	扬州扬杰电子科技有限公司
2011	智能多路均流型电容器耐久性试验仪	扬州双鸿电子有限公司
2011	YZH5311GJBHW 型混凝土搅拌运输车	扬州柳工建设机械有限公司
2011	永信移动通信终端信息安全过滤系统软件	扬州永信计算机有限公司
2011	鸡新城疫、禽流感(H9 亚型)二联灭活疫苗	扬州优邦生物制药有限公司
2011	PD25A1600－180 型超高压平面结构芯片	扬州杰利半导体有限公司

续表 21-2-12

批准年份	名　　称	承 担 单 位
2011	茶核·苏云金悬浮剂	扬州绿源生物化工有限公司
2011	多通道桥梁检测无线数据采集装置	扬州新奇电器有限公司
2011	转笼式双级高效旋风除尘器	扬州天泓科技实业有限公司
2011	碳纤维高温防腐位移吸收器	扬州天泓科技实业有限公司
2011	VY4-40.5户内交流高压真空断路器	扬州万能科技发展有限公司
2011	MC-H80卧式加工中心	扬州力创机床有限公司
2011	直流高性能线性功率放大器	江苏联能电子技术有限公司
2011	高性能永磁式激振器	江苏联能电子技术有限公司
2011	双工位芯模振动制管机	扬州中意建材机械有限公司
2011	底轴驱动景观翻板坝	扬州众大水利机电设备制造有限公司
2011	手电两用液压阀组集成式启闭机	扬州众大水利机电设备制造有限公司
2011	智能型集成电力电容器	扬州扬开电力控制设备有限公司
2011	智能型SF6环网柜	扬州扬开电力控制设备有限公司
2011	高速铁路用安全垫圈	扬州核威碟形弹簧制造有限公司
2011	矿用隔爆兼本安型集中控制装置	扬州三鑫矿山成套设备有限公司
2011	节能环保型排渣冷却机	扬州建业庆松集团有限公司
2011	高效固液分离器	扬州建业庆松集团有限公司
2011	阳极保护浓硫酸冷却器	扬州建业庆松集团有限公司
2011	基于云计算的智能手机绿色上网软件	扬州永信计算机有限公司
2011	具有高频淬火耐磨环结构的船用重油气缸套	扬州五亭桥缸套有限公司
2011	高强度抗动态疲劳拖链电缆	江苏江扬电缆有限公司
2011	环保低烟无卤型光纤复合电力电缆	江苏江扬电缆有限公司
2011	低烟无卤型变频电缆	江苏江扬电缆有限公司
2011	SGPP210T型超高压电力电子芯片	扬州杰利半导体有限公司
2011	电动汽车绿色充电站快速充电机	江苏中凌高科技有限公司
2011	NP-W408凸轮开口装置	江苏牛牌纺织机械有限公司
2011	单锥圆柱板	扬州恒旺五金机械有限公司
2011	保压储能波形弹簧	扬州恒旺五金机械有限公司
2011	350千米/小时动车组转向架弹簧材料	扬州弹簧有限公司
2011	带人工智能的汽车空调	江苏罗思韦尔电气有限公司
2011	国脉电子警察信息管理系统软件V1.0	扬州国脉通信发展有限责任公司
2011	国脉智能交通信息管理系统软件V1.0	扬州国脉通信发展有限责任公司
2011	闸门液压安全锁定装置	扬州众大水利机电设备制造有限公司
2011	水利闸门远程控制系统	扬州众大水利机电设备制造有限公司

续表 21-2-12

批准年份	名　　称	承担单位
2011	同力矩双吊点启闭机	江苏新浪环保有限公司
2011	无动力刮渣装置	江苏新浪环保有限公司
2011	ZB5016-P 型雪崩整流二极管	扬州杰利半导体有限公司
2011	HER208G 型超快速 EPI-GPP 芯片	扬州杰利半导体有限公司
2011	组合式汽车用自卸踏板	扬州宏福铝业有限公司
2011	基于单动挤压技术的大截面铝合金无缝管	扬州宏福铝业有限公司
2011	稀土镁合金电动汽车车架型材	扬州宏福铝业有限公司
2011	无卤低烟阻燃型单芯软导体无护套电线电缆	江苏江扬电缆有限公司
2011	人尿来源白蛋白原料	扬州艾迪生物科技有限公司
2011	基于高频开关技术的高效大功率电动汽车充电设备	扬州双鸿电子有限公司
2011	4DB1-30-02118 气缸套	扬州五亭桥缸套有限公司
2011	半绝缘砷化镓和 LED 照明用 7N 高纯砷	扬州高能新材料有限公司
2011	KBA127G 矿用隔爆型摄像仪	扬州三鑫矿山成套设备有限公司
2011	优质高产抗病水稻新品种扬粳 4038	江苏金土地种业有限公司
2011	优质高产抗病小麦新品种扬麦 18	江苏金土地种业有限公司
2011	优质高产抗病小麦新品种扬辐麦 4 号	江苏金土地种业有限公司

四、省新产品试制计划项目

1996 年起，全区开始申报省新产品试制计划项目。至 2000 年，共申报获批新产品试制计划项目 32 个，其中机械电器类占 95%，扬州唐城电力机械厂、市电器开关厂、扬州锅炉厂、市蝙蝠电器厂、市堡城汽车装饰配件厂、市唐城钢化玻璃制造公司、市蔬菜研究所等为项目主要承担单位。

五、国家重点新产品计划项目

1998～2011 年，全区培育出一批拥有自主知识产权和持续创新能力的创新型企业，研发重点新产品 17 个。其中，江苏通宇钢管集团有限公司自主研发的 3PE 小口径螺旋缝双面埋弧焊接钢管、小口径内承式螺旋焊管项目，产品创新性强、技术含量高，投产后，迅速占领市场，收到明显的经济效益。扬州核威碟形弹簧制造有限公司研发的核电用耐高温无磁碟形弹簧在“神舟五号”“神舟六号”飞船中应用。扬州新凤凰光电制品有限公司研发的光纤传输霓虹织物，成功打入美国市场。

1998～2011 年维扬区国家重点新产品计划项目一览表

表 21-2-13

批准年份	产　品　名　称	承担单位
1998	汽车少片变截面钢板弹簧	吉林工大扬州汽车弹簧厂
1999	多功能农田管理机	扬洲市农丰机械厂
2000	高性能安全玻璃	扬洲市唐城安全玻璃制品厂
2001	小口径内承式螺旋焊管	市钢管总厂
2002	3PE 小口径螺旋缝双面埋弧焊接钢管	江苏通宇钢管集团有限公司

续表 21-2-13

批准年份	产　品　名　称	承　担　单　位
2003	WDZ-GJFJY 新型室内外紧套光纤低烟无卤布线光缆	江苏江扬电缆有限公司
2004	黄精赞育胶囊	扬州龙凤药业有限公司
2004	Z 型高应力涨紧弹簧	扬州弹簧有限公司
2005	光纤传输霓虹织物	扬州新凤凰光电制品有限公司
2005	内置弧形反射式真空管	扬州日利达有限公司
2008	水冷性铝合金电机外壳	扬州宏福铝业有限公司
2008	贴片式功率二极管	扬州扬杰电子科技有限公司
2011	MC-VH40 立卧式加工中心	扬州力创机床有限公司
2011	YZH5250GJBHW 型混凝土搅拌运输车	扬州柳工建设机械有限公司
2011	核电用耐高温无磁碟形弹簧	扬州核威碟形弹簧制造有限公司
2011	ABS 超薄贴片式高频桥式整流器	扬州扬杰电子科技有限公司
2011	超高纯度 α 砷	扬州高能新材料有限公司

六、省重点新产品计划项目

2011 年,省科技厅实施省级重点新产品计划,全区获批 11 项。

2011 年维扬区省重点新产品计划项目一览表

表 21-2-14

产　品　名　称	承　担　单　位
KJDX127D 矿用钢绳芯输送带横断监测装置	扬州三鑫矿山成套设备有限公司
电动汽车绿色充电站快速充电系统(ZLD22020)	江苏中凌高科技有限公司
耐低温抗扭转风能电缆	江苏江扬电缆有限公司
YZH5250GJBHW 型混凝土搅拌运输车	扬州柳工建设机械有限公司
NP-5400 电子多臂	江苏牛牌纺织机械有限公司
混凝土搅拌站全自动信息化智能集成应用装置	扬州中意建材机械有限公司
电动汽车绿色充电站快速充电机	江苏中凌高科技有限公司
永信移动通信终端信息安全过滤系统软件	扬州永信计算机有限公司
半绝缘砷化镓和 LED 照明用 7N 级高纯砷	扬州高能新材料有限公司
智能型集成电力电容器	扬州扬开电力控制设备有限公司
基于高频开关技术的高效大功率电动汽车充电设备	扬州双鸿电子有限公司

七、科技指导性计划

1989～1994 年,实施市换能器厂 DGF-1 型大功率声波发射机、市通讯电子仪器厂 DB 系列电量变送器等一系列工业科技指导性计划,同时实施以区农业局小麦稀植化高产栽培技术研究、区水产指导站鱼类饲料添加剂开发研究等农业科技指导性计划。全区共组织实施省科技指导性计划项目37个、市级科技指导性计划项目25个、区级科技指导性计划项目260个，主要以机械、电子、化工、农业为主。科技计划项目总投入9549万元，创产值12亿元，新增利税1.2亿元。

八、省高技术研究和攻关项目

2000年，扬州邦达种业有限公司组织实施的豆类新品种选育与推广项目获省农业开发项目立项，获资助20万元。2005年，扬州邦达种业有限公司组织实施的新型远缘杂交一代菜薹新品种选育项目和扬州绿源生物化工有限公司组织实施的高效生物杀虫剂病毒增强ST的创制与产业开发项目分别获省高技术研究和攻关立项，分别获20万元和34万元资金资助。2007年，扬州力创机床有限公司实施的汽轮机叶片数控砂带磨床关键技术研究项目获批省高技术研究计划项目。

第三节　科技管理

一、区级科技经费

1989～2011年，全区下达区级科技三项经费（新产品试制费、中间试验费、重要科学研究补助费）3058.84万元。2006年，根据区“双创”（工业技术创新、企业二次创业）、“三重”（重要产业、重点企业、重大项目）考核奖励办法，对符合政策的高新技术企业和各类科研计划、专利产品，实现奖励，兑现奖励资金50.5万元。2007年兑现429.36万元。2008年兑现260万元。2009年兑现422万元。2011年，全区财政科技投入2450万元，发放区本级科技三项经费588万元。

1989～2011年维扬区科技三项费用情况一览表

表21-2-15

年份＼项目	项目(个)	经费(万元)	年份＼项目	项目(个)	经费(万元)
1989	7	10.6	2001	14	45
1990	8	5.5	2002	14	55
1991	10	2.65	2003	19	211
1992	11	7	2004	22	261.7
1993	9	7.3	2005	28	180
1994	8	15	2006	38	354.59
1995	9	18	2007	34	288
1996	9	30	2008	20	181
1997	5	26	2009	22	281
1998	8	30.5	2010	25	420
1999	10	11	2011	21	588
2000	14	30			

二、科技拨款

国家中小企业技术创新基金　2006年，扬州日利达有限公司实施的模块化太阳源热泵热水系统项目获国家中小企业技术创新基金资助70万元。2010年，5个项目获科技部中小企业技术创新基金项目立项，立项成功率100%，获财政拨款410万元，其中扬州扬杰电子科技有限公司的功率MOS-D二极管项目获批140万元，创国家中小企业技术创新基金单一项目资助金额全市新高。至2011年，全区共实施国家中小企业技术创新基金项目10个，获国家资助682万元。

2006～2011 年维扬区国家中小企业技术创新基金项目一览表

表 21-2-16

批准年份	项目名称	承担单位
2006	模块化太阳源热泵热水系统	扬州日利达有限公司
2007	网络化智能铝箔 TV 特性测试系统	扬州双鸿电子有限公司
2007	太阳能微霓虹光纤传输户外装饰系统	扬州新凤凰光电制品有限公司
2008	贴片式高频桥式整流器	扬州扬杰电子科技有限公司
2008	P2P 流量识别与监控系统	扬州永信计算机有限公司
2010	矿用钢绳芯输送带横断监测装置	扬州三鑫矿山成套设备有限公司
2010	节能型高效等离子喷涂陶瓷电加热辊	扬州瘦西湖仪表有限公司
2010	二巯基酯甲基锡稳定剂及其制备方法	扬州哈泰克材料有限公司
2010	基于 IEC61000-4-30 A 级标准的电能质量在线监测终端	江苏中凌高科技有限公司
2010	功率 MOS-D 二极管	扬州扬杰电子科技有限公司

省创新资金项目　2009 年，省科技厅实施省级创新资金项目。至 2011 年，全区共获批立项 7 个省创新资金项目，获省拨资金 210 万元。

2009～2011 年维扬区省创新资金项目一览表

表 21-2-17

批准年份	项目名称	承担单位
2009	电子红外线加热板铁基高电阻稀土合金丝	扬州恒源热能材料有限公司
2009	粉末冶金耐高温碟形弹簧	扬州核威碟形弹簧制造有限公司
2009	高精度全功能数字化电力检测核心模块及网络终端	江苏中凌高科技有限公司
2010	节能型高效等离子喷涂陶瓷电加热辊	扬州瘦西湖仪表有限公司
2010	矿用钢绳芯输送带横断监测装置	扬州三鑫矿山成套设备有限公司
2011	同体串联双级旋风除尘器	扬州天泓科技实业有限公司
2011	基于高频开关技术的智能高效大功率电动汽车充电设备	扬州双鸿电子有限公司

省科技支撑计划　2008 年，江苏中显机械有限公司获批省工业支撑计划资助 65 万元。2009 年，科技计划体系调整为省科技支撑计划。至 2011 年，累计获批 7 个省科技支撑计划项目和两个省基础研究计划项目，获资助 445 万元。

2008～2010 年维扬区省科技支撑计划项目一览表

表 21-2-18

批准年份	项 目 名 称	承 担 单 位	项目类别
2008	3T-HGF 法砷化镓单晶衬底材料	江苏中显机械有限公司	工业支撑
2009	智能陶瓷材料制备技术研究及其产品开发	江苏联能电子技术有限公司	科技支撑
2009	功率 VDMOS 管集成设计/工艺/封装技术研究开发	扬州扬杰电子科技有限公司	科技支撑
2009	优质耐贮设施豇豆新品种选育	扬州邦达种业有限公司	科技支撑
2009	黏虫颗粒体病毒对苏云金杆菌增强机制及调控途径	扬州绿源生物化工有限公司	基础研究
2009	蚓粪对土壤性质影响与植物有益作用机理研究	扬州瑞华环境与生物工程研究所有限公司	基础研究
2010	7N 以上高纯砷和超细粉研发	扬州高能新材料有限公司	科技支撑
2010	复杂曲面可控力磨削技术及六轴联动数控砂带磨床研究	扬州铭诚机床有限公司	科技支撑
2010	新型激光汽车防撞雷达	江苏罗思韦尔电气有限公司	科技支撑

国际合作计划　2008 年,扬州力创机床有限公司与德国开展合作研发小型精密五面体加工,获省国际合作项目立项。至 2011 年,累计获批省国际合作项目 6 个,累计获省拨经费 398 万元。其中,扬州高能新材料有限公司与俄罗斯稀有金属科学研究与设计院合作研发的高纯砷材料制备技术引进项目获国家国际科技合作立项,获资助 340 万元。

2008～2011 年维扬区国家和省级国际合作计划项目一览表

表 21-2-19

批准年份	项 目 名 称	承 担 单 位
2008	小型精密五面体加工	扬州力创机床有限公司
2008	海外科学家江苏发展项目	扬州中汇化妆品有限公司
2009	稀土镁一铝合金研发	扬州宏福铝业有限公司
2009	海外科学家江苏发展专项	江苏联能电子技术有限公司
2010	砷化镓多晶合成技术	扬州高能新材料有限公司
2011	高纯砷材料制备技术引进	扬州高能新材料有限公司

省重大科技成果转化项目　2011 年,全区实现省重大科技成果转化项目零的突破,获批 3 个省重大科技成果转化项目,获得资金 2400 万元。同时,江苏中显集团有限公司实施的高效低成本聚光化合物太阳能电池关键技术研发与产业化项目被列入国家"863"计划,获国家拨款 973 万元。

2011 年维扬区省重大科技成果转化项目一览表

表 21-2-20

批准年份	项 目 名 称	承 担 单 位
2011	高效低成本聚光化合物太阳能电池关键技术研发与产业化	江苏中显集团有限公司
2011	多元胞 MOS-D 结构电力电子功率器件研发及产业化	扬州扬杰电子科技有限公司
2011	稻麦新品种扬麦 18、扬辐麦 4 号和扬粳 4227 产业化	江苏金土地种业有限公司

第四节　科技交流与合作

一、国内科技交流与合作

1990年11月，区组织扬州电子仪器厂等5家企业、7个新产品参加省先进实用科技成果新产品展览会。扬州电子仪器厂微波频率计获金奖，市播种机厂2BGZ-5耕整条播机和扬州锅炉厂与清华大学联合研制的6吨硫化循环床锅炉获银奖。1991年，全区组织参加全国第三届新技术新产品展销会，扬州电子仪器厂微波频率计再获金奖，扬州核威蝶形弹簧厂膜片弹簧获银奖。1995年，区组织20家企业参加北京25所高校在扬州举办的科技成果信息发布洽谈会。2003年，参加全省高校校长沿江行活动，邀请东南大学专家教授到维扬区企业现场“把脉”“诊治”。2005年，先后组织参加深圳高新技术成果交易会、南通军民两用技术成果展示洽谈会、上海工业博览会、东北亚科技博览会。

2004年，扬州日利达有限公司与西安交通大学建立合作关系后，聘请西安交通大学博士顾兆林担任公司工程技术研究中心主任，申请专利10件，承担国家、省、市、区各类计划项目20多个。江苏江扬电缆有限公司、扬州力创机床有限公司分别与西安交通大学建立深层次的技术交流与合作。2006年，与中国科学院半导体研究所、浙江大学、中国农业科学院哈尔滨兽医研究所、西安交通大学、上海交通大学等高等院校、科研机构签订全面合作协议，邀请上海交通大学、复旦大学、浙江大学、上海商学院等高校专家参加维扬区举办的中国扬州玩具产业创新发展论坛；组织企业参加重庆高新技术交流洽谈会、南京“十五”科技成果展示会、南京“863”成果展示洽谈会、北京2006扬州科技合作项目签约会、中国(深圳)国际半导体照明展览会、南通军民两用技术与产业化。

图21-2-2　2007年1月19日，维扬区政府与南京理工大学产学研合作基地揭牌

2007年，区政府与南京理工大学建立科技战略合作关系，设立100万元专项科技经费，支持产学研合作的重大科技攻关和科技成果转化项目。区科技局邀请13名南京理工大学专家、教授组成小分队，分赴全区10多家企业现场咨询、洽谈。11月，组织参加省首届产学研合作成果展示洽谈会。全区共有13家企业与中国科学院半导体研究所、西安交通大学等高等院校、科研机构签订技术合作协议，通过产学研合作帮助企业解决技术难题22个。2008年，区科技局组织开展“百家企业院校行”校企座谈会，在

北京举办维扬区科技创新产业合作推介会，组织参加扬州科技创新·产业合作“三地”（西安、北京、上海）产学研推介会，第十二届东西部合作与投资洽谈会；扬州力创机床有限公司、江苏中显机械有限公司等企业与南京理工大学、东南大学等高校签订合作协议19项。2009年，区科技局组织参加中国扬州科技创新成果展暨洽谈会、市“烟花三月”国际经贸旅游节、“专家院士维扬行”、省第二届产学研合作成果展示洽谈会、扬州科技创新·产业合作推介会（南京）、扬州科技创新·产业合作（长春、上海）推介会，举办维扬区科技创新·产业合作（长春）座谈会等活动。邀请郑有炓和谭建荣两名院士及浙江大学等国内知名院所、高校35名专家、学者帮助和指导企业解决技术难题近30项，并签订21项产学研合作协议，项目总投资1.6亿元。扬州宏福铝业有限公司就特种合金关键技术研制与产业化项目与中国科学院长春应用化学所达成全面合作协议，注册资金3000万元。

2010年，组织“院士博士维扬行”活动，中国科学院院士吴澄、中国科学院长春应用化学所党委书记张洪杰等“两院”院士7人、专家教授50多人参加。组织参加武汉、成都、上海三地科技创新·产业合作推介活动，与武汉科技大学、湖北工业大学、西华大学、华东理工大学等高校达成校地产学研长期合作框架协议。2011年，开展以项目洽谈、人才引进、产业合作为重点的产学研活动10多次，围绕维扬区机械、电子信息、太阳能光伏、生物制药、新材料产业培育发展，全区企业与中国科学院物理研究所、清华大学、北京大学、湖南大学、浙江大学等高校院所建立紧密合作关系，全年新增产学研联合体38个，项目总投资5.2亿元。江苏中显集团有限公司与中国科学院物理研究所、北京大学共同承担国家“863”计划项目高效低成本聚光型化合物电池。江苏罗思韦尔电气有限公司联合吉林大学、湖南大学、浙江大学共建江苏罗思韦尔汽车电子研究院，总投资1.8亿元，构建集研发、检测、培训为一体的新型研发平台。

二、国际科技交流与合作

2002年，全区组织企业参加百名海外留学博士江苏行暨高新技术项目洽谈会活动。2003年，组织参加“中俄科技合作周”活动，签订意向合作协议15项。2004年，参加江苏对俄科技合作洽谈会，就2003年15个意向合作项目进一步洽谈，签订合作协议13个。2005年，扬州新凤凰光电制品有限公司与美国合作的霓虹灯项目，成功申报省国际科技合作计划，并在美国申请专利保护。2007年，组织扬州新凤凰光电制品有限公司参加科技部在哈萨克斯坦举办的中国高新技术及产品展览会。至2011年，全区承担省级以上国际科技合作项目9个，扬州高能新材料有限公司和俄罗斯稀有金属科学研究与设计院合作研发LED照明用氧化铝及砷高纯材料制备技术项目，获科技部立项，获资助340万元。

三、技术市场

1988年，区内首次举办技术交易会，签订合作意向协议12份。1989年，在市技术交易会上，征集技术难题56项，引进新产品、新技术开发项目26个。1995年，组织开展金陵西湖山庄经贸洽谈会，签订合作意向协议19份，成交额2738万元，引进资金近1000万元。组织企业先后参加区外技术贸易活动，参加1990年深圳秋季商品交易会、1991年广州全国第三届新技术与新产品展销会、1992年浙江萧山和泰州技术市场活动、1998年环渤海新产品博览会和中国科学院——省政府高新技术项目合作洽谈交易会、1999年苏州科技成果交易会和中国深圳高新技术博览会、2000年中国南京金秋经贸洽谈会和中国南京高新技术成果展交会、2001年中国国际中小企业商品博览会和第四届亚太经合组织（APEC）技术交易会、2004年江苏对俄科技合作洽谈会和第六届中国国际高新技术成果交易会。2003年，设立技术合同登记点，至2011年，共登记技术转让合同136份，交易金额9689.88万元。

第五节　科技成果

一、科技进步奖

1990年，郊区设立科技进步奖。当年，表彰区级科技进步一等奖4个、二等奖5个、三等奖3个。

1991～1993年，表彰区级科技进步一等奖8个、二等奖13个、三等奖2个。1994～1996年，表彰区级科技进步特等奖1个、一等奖7个、二等奖11个、三等奖6个。1996年后，区级科技进步奖取消。1999～2005年，维扬区获得市科技进步一等奖3个、二等奖2个、三等奖18个、四等奖1个。2011年，全区工业科技进步贡献率42.3%，农业科技进步贡献率55.04%。

1999～2011年维扬区获市科技进步成果奖情况一览表

表21-2-21

获奖年份	成果名称	获奖等次	完成单位	主要完成人
1999	亚星牌JS6850型系列客车	三	亚星集团特种车辆厂	陈立建 朱永进 汪胜平 王春柱 徐安祥
1999	强力牌YZC6110H型城市客车	三	亚星集团特种车辆厂	陈立建 朱永进 汪胜平 王春柱 徐安祥
1999	NF-40型多功能农田管理机	三	扬州市农丰机械厂	黄以澄 李永华 田永林 罗敏 杨孝明
1999	QXGN-10型智能箱式高压真空断路电器成套设备	四	扬州电器开关厂	史岚 李广宇 虞善尔
2000	扬早豇12、扬豇40选育与推广	一	扬州市蔬菜研究所	路桂芬 党琦 贾志明 杭素莲 陆正其
2000	亚星牌JS6822型系列客车	三	扬州亚星集团特种车辆厂	陈立建 朱永进 汪胜平 王春柱 徐安祥
2003	新型磁吸式元器件老炼台	三	扬州建业无线电厂	杜维检
2003	高精度电子水平传感器	三	扬州威凯莱光电仪器有限公司	蒋海洋
2004	黄精赞育胶囊	三	扬州龙凤药业有限公司	孙照普 王玉庆 杨南松 王琦
2004	新型室内外紧套光纤低烟无卤布线光缆	三	江苏江扬电缆有限公司	黄建锋 孔志达 郭永升
2004	全自动太阳能、电两用热水器	三	扬州日利达有限公司	赵群 陈立骏 罗聪 张志祥
2006	扬州市区无公害蔬菜生产技术保障体系建设	一	扬州邦达蔬菜研究所有限公司、扬州扬子蔬菜科技发展有限公司等	徐东进 陈学好 刘荣宝 陆正其 徐金晶
2006	光纤传输霓虹织物	三	扬州新凤凰光电制品有限公司	李冀扬 姜飚 苗苗 胡静 潘平林
2006	永信物资管理系统软件V3.0版本	三	扬州永信计算机有限公司	郭晓风 李洪军 秦杰 魏光华 张丽
2006	1E级(K3类)耐辐射安全环保电缆	三	江苏江扬电缆有限公司	郭永升 黄建锋 王桂琴 严桂宇 仲继恒
2007	全面预算综合管理系统	二	扬州永信计算机有限公司	李洪军 黄勤 纪迎彬 王小军 郭晓风

续表 21-2-21

获奖年份	成果名称	获奖等次	完成单位	主要完成人
2007	模块化太阳能热泵中央热水系统产品开发及产业化	三	扬州日利达有限公司	高秀峰　冯诗愚　罗　聪　张志强　顾兆林
2007	可组态智能铝箔 TV 特性测试系统	三	扬州双鸿电子有限公司	吕德宽　雷元松　杨　鹏　曹　卫
2008	太阳能微霓虹光纤传输户外装饰系统	三	扬州新凤凰光电制品有限公司	李冀扬　姜　飚　苗　苗　胡　静　潘平林
2008	主要蔬菜连作障碍防治技术推广应用	一	扬州邦达蔬菜研究所有限公司	徐东进　陈志明　萧　江　贾志明　陈登金　周云德
2010	贴片式高频桥式整流器	二	扬州扬杰电子科技有限公司	王　毅　蒋李望　沈克强
2010	智能型高频开关模块	三	扬州中凌高科技有限公司	纪　刚　麻　刚　赵英凯　林明耀
2011	智能陶瓷材料制备技术研究及产品开发	三	江苏联能电子技术有限公司	陈启山　张卫东
2011	立卧式加工中心	三	扬州力创机床有限公司	王树凤　江　涛

二、知识产权保护

专利申请与授权　1991 年，全区申请专利 4 件，授权两件。1998 年，全区申请专利 7 件，授权 3 件。其间，区科委为企业提供专利技术咨询 15 次、专利文献检查和新产品查询服务 8 项。2002～2011 年，全区专利申请量明显增多，共申请专利 3214 件，其中发明专利 579 件，占专利申请总量 18%。扬州新凤凰光电制品有限公司还通过国际专利组织向欧美多个国家申请专利。全区专利申请获授权比例超过 70%。

专利管理　1996 年，在中国专利博览会上，扬州捷康电器有限公司高效超薄电暖器、唐城电力机械厂全自动托盘搬运车、扬州汽车弹簧厂变截面钢板弹簧、扬州东方吊架厂恒力碟簧补偿器、扬州电器开关厂三相分体式户外负荷开关 5 个项目获金奖。2002 年，区政府制定《扬州市郊区专利专项资金管理办法》，对全区专利申请实施政府补贴。其中，发明专利资助 800 元，实用新型和外观设计专利资助 600 元。2004 年，区科技局成立知识产权办公室，先后培植省专利战略推进计划实施试点企业 4 家（扬州日利达有限公司、扬州永吉顺机械有限责任公司、扬州新凤凰光电制品有限公司和市建业无线电厂），培植市、区专利试点企业两家（扬州威凯莱光电仪器有限公司、扬州德加利光电有限公司）。2007 年，扬州新凤凰光电制品有限公司通过国际专利组织申请的连接盒专利项目得到美国授权，并获 2007 年度省级专利资助资金 5 万元。维扬区金鼎电子小管家衣车节电器、扬州扬杰电子科技有限公司光伏专用二极管、扬州双鸿电子有限公司网络化智能铝箔 TV 特性测试仪 3 件专利获中国国际专利与名牌博览会金奖。2008 年，在广东佛山举办的第五届中国国际专利与名牌博览会和在苏州举办的中国国际发明展览会上，扬州金伦化学纤维有限公司改性锦纶 6 短纤维加工方法获金奖，扬州威奥重工机械有限公司多层砌块成型机、扬州扬杰电子科技有限公司光伏专用二极管、扬州日利达有限公司的 SL－CRS660PS 变温热源低品位余热回收高效热泵装置和扬州绿源生物化工有限公司新型生物农药病毒增强 Bt 制剂，分别获得银奖。

三、科技推广应用

农业　1996 年，区科技管理部门致力于发展高产、优质、高效农业，推动农业科技攻关，加快农业科研成果转化。至 2011 年,实施农业计划项目 450 多个,粮食生产以攻单产为重点,以小、高、壮栽培技术,少免耕、机开墒等轻型耕作技术,杂草化除技术和生化技术普及为突破口,重点引进和推广盐粳 4 号、扬粳 186 号、扬麦 158 号、西引 2 号等优质高产稻麦良种和扬油 1 号、秦油 2 号等油菜新品种。推广植物生长唑培育水稻壮秧,水稻亩产净增 56.8 公斤以上;推广水稻轻型栽培技术 8000 多亩,其中肥床旱育种植 6000 亩、塑盘抛秧 2000 多亩,肥床旱育技术增产 5.7%、省工节本 100 多元/亩,塑盘抛秧技术提高工效 8 倍多、省工节本 60～70 元/亩;示范推广麦类作物少免耕稳产高产规范化技术系列研究、早熟大白菜小杂 56 号新品种、稻麦两熟稳产高产高效机械化栽培、常规粳稻三二化螟综合防治、油菜高产栽培技术。

图 21-2-3 2007 年 5 月全市第十九届科普宣传周期间,区科技局在西湖镇开展科技“三下乡”活动

多种经营 1988 年后,全区多种经营从资源型、数量型向科技型、质量型、高效型发展,实施品种和技术更新。畜牧业推广太湖猪与山猪杂交生猪以及波尔山羊繁育,水产业养殖推广中华绒螯蟹、工厂化养鳖、罗氏沼虾、罗非鱼、淡水白鲳、温流水河豚、观赏鱼,农副业推广美人指葡萄、无性系白茶等品种。同时,改善蔬菜品种结构和品质特征,研制和引进粉果番茄、杂交茄子、四倍体青菜等 8 个蔬菜新品。全区承担的无公害蔬菜生产综合技术研究及推广应用、扬豇 40、扬早豇 12、扬州青提纯复壮等一大批省、市重点项目,为“菜篮子”工程建设作出贡献。

1998～2011 年,推广池塘养殖螃蟹技术,银杏、水蜜桃套种技术,生猪 W 免疫程序,胚胎移植改良奶牛,梅花鹿增茸技术,蝴蝶兰无性繁育技术,毕克动物养殖技术,一品红引种与扩繁,彩色马蹄莲引种栽培,君子兰新品种。

第二十二编

文化　体育

1989～2011年,维扬区(郊区)在继承地方传统文化基础上,加强企业文化、校园文化、社区文化、乡村文化建设,推动群众文化发展创新、文物保护利用和非物质文化遗产传承,全区文化事业显著发展。1992年3月,区人民广播电台开播。1995年,电台停播,建立有线电视网络。1996年11月,新编《扬州市郊区志》出版发行。至1998年,全区7个乡镇先后建成省级群众文化先进乡镇,70%的企业和68%的村(社区)建有俱乐部、文化活动室。1998年后,区文艺创作水平不断提升,部分绘画、舞蹈、摄影作品在参加省和全国展(演)出中获奖。至2002年,先后编纂《扬州堡城村志》和《扬州沙口村志》。城北乡被省文化厅评为"省民间艺术之乡"。2005年,《维扬年鉴》创刊号出版。区档案馆创成省二级档案馆。2011年,全区共有75家基层单位档案达标。区文化馆被文化部评定为国家一级文化馆。

2002年前,维扬区未设立专门体育机构,区体育工作由区文教局负责,全区体育主要以学校体育为主。1989年起,每年举办全区中小学生田径运动会和乒乓球等单项比赛,间或举办农民运动会,正常举办社区文化体育活动。2002年起,贯彻《全民健身计划纲要》,全民健身蔚然成风。2007年,举办首届全区体育运动会。至2011年,参加市以上体育比赛获得金牌57枚。

第一章　文　化

全区建制时间短,文化机构设置不全,没有文联、专业剧团、博物馆、美术馆等文化单位,也没有专业文艺队伍,文化工作重心是群众文化。区文化馆围绕群众文化展开活动,推进以群众文艺团队及其骨干为主体的艺术创作。一批热爱地方民俗的作者,自发调查考证,搜集资料,出版一批专著。叶尚鼎著有《扬州风俗实录》《传说扬州》,钱传仓著有《扬州琼花》《扬州民俗》《扬州方言用字考辨》《月亮的故事》《南京方言用字选编》《汉字形体集趣》,程裕祥著有《扬州郊区地名考·名村录》《扬州往事散记》,韦新民主编《实用文写作导引》。绘画、书法、篆刻、摄影、舞蹈等艺术创作取得一定成就。其中,绘画、书法作品在市以上参展的有数百件之多,音乐、舞蹈创作和表演在市以上获奖50多项。扬州民歌《田里秧苗棵连棵》,少儿舞蹈《小纸船的梦》,女子群舞《渔鼓声声》《水车》等分别在省及全国演出中获奖。

2002年,市区区划调整后,全区文化工作转向社区文化与乡村文化并重,文化工作出现良好发展势头。2007～2011年,全区社区文化、乡村文化、校园文化、企业文化及文化市场管理等均有长足进步。

第一节　文学艺术

一、文学创作

1989～2011年,区内部分文学爱好者陆续发表一批诗歌、报告文学等文学作品。1991年,韦新民在解放军文艺出版社出版的《扬州抗洪救灾纪实》报告文学集中发表报告文学《难忘的七天七夜》。1993年,杜道尧主编《绿杨城廓数风流》散文报告文学集。1995年,李春山在《扬州日报》发表报告文学《平山村的变迁》。2005～2009年,朱燕在《扬州晚报》发表《响沙湾》《独处》《绕不开的路口》等诗歌10多首,在《诗选刊》发表《和季节说会话》《一杯茶的启示》。

二、书画篆刻

1987年,城北乡成立北郊农民田园书画协会。2002年,城北乡被省文化厅命名为"省民间艺术之乡(田园书画)"。2005年,梅岭街道成立梅岭老年书画艺术协会。同年,区政协牵头在大明寺成立鉴真书画院。2008年,竹西书画院、润扬书画院成立。2009年,80%以上社区成立书画活动小组。2010年,扬州工艺坊落户梅岭街道,集聚数十名书画经营者创业,开辟扬州最大书画艺术品市场。2011年,区诗词书画协会成立,有会员120多人。

全区书画名人辈出。市八怪纪念馆馆长刘方明，诗、书、画、印俱佳。农民画家张世纲、张霞云父女工笔花鸟，赵斌、蒋志龙的写意花鸟，朱同庆的墨竹山水，朱蔚彤的童影趣态，王苏平的油画，王志勤的双手同书，陆铁石、戴永文、王鹰、朱福生、赵昌智、赵宝庆的书法，董永林的篆刻等，均形成各自艺术风格并产生影响。1999年，岳松定工笔画《荷花双禽图》获首届中国农民画展银奖。2001年，沙口小学学生王少游的摄影作品《我是第一》获第二届全国少儿文艺"蒲公英奖"铜奖。2007年，张世纲的工笔画《樱花闹春》获省第七届"五星工程奖"金奖，同年，被省文化厅表彰为"江苏特色文化标兵"，出版有《张世纲工笔花鸟画集》。

三、音乐舞蹈

民族歌舞 1988～1997年，全区音乐舞蹈创作以传统民歌、民舞为基础改编为主，群众自编自演自娱自乐。1998年，聘请扬州作曲家吴佳讯和省文化厅原厅长王鸿，改编、创作扬州民歌《沙趟子撩在外》《拔根芦柴花》，编创扬州民歌联唱《田里秧苗棵连棵》。节目先后获省第四届音乐舞蹈节金奖、全国第九届"群星奖"银奖，并参加文化部2000年春节联欢晚会及第六届中国艺术节"群星璀璨"——全国群众文艺专场演出，这是郊区首次在全国唱响的文艺品牌。2001年，维扬实验小学编排少儿舞蹈《小纸船的梦》，在省第三届少儿艺术节决赛中获创作、演出两项金奖。是年12月，节目被选赴北京参加中央电视台"春到校园"——第二届全国校园春节联欢晚会，获特别奖，填补市中小学节目在中央电视台演出的空白，并获第五届省"五星工程奖"银奖。2002年，挖掘扬州传统说唱道情内涵，将曲艺形式改编为舞蹈展示，创编女子群舞《渔鼓声声》，获省"三民"（民歌、民舞、民乐）调演金奖和省第五届"五星工程奖"银奖，并参加全国精品展演。2003年，康乐艺术团老年服饰表演《春》获全国老年文艺调演银奖、省老年文艺调演金奖。康乐幼儿园音乐快板《蜀冈新八景》、女声独唱《献给春天的小诗》获省第五届"五星工程奖"铜奖。2007年，邀请省文化馆王爱国从传统民歌《一根丝线》及水车民谣中挖掘提炼，创作女子群舞《水车》。节目用舞蹈形式展示水乡姑娘勤劳质朴、温柔善良、活泼可爱的精神面貌。2009年，该节目获省第八届"五星工程奖"银奖及中国舞蹈家协会举办的中国·江南舞大赛银奖。至2011年，全区参加全国、省、市民族舞大赛中，获金奖29枚、银奖31枚、铜奖26枚。

广场舞蹈 2000年后，随着城市文化广场不断增多，区内广场舞开始流行。全区有50多个广场。其中，新天地广场、念香苑广场、友谊广场、大王庙广场等10多个较大广场，每晚活动群众总数在6000人以上。为规范广场舞健康发展，区文化馆组织50多名广场舞教师定期免费培训，逐步推出三十二步舞、丝绸舞、扇子舞、新疆舞、桑巴舞、长袖舞、三步踩舞、华尔兹舞等新舞种。2007年后，参加广场活动市民越来越多，每晚活动群众超过1.5万人。2009～2011年，以广场舞活动为基础，全区群众文艺团队快速发展。在市"红舞献祖国"广场舞大赛中，区广场舞连续3年获优秀组织奖，新天地艺术团、红马甲艺术团、锦旺艺术团连续3年获演出金奖。

体育舞蹈 区体育舞蹈发展得益于标准舞普及。1995年后，相继有10多家体育舞蹈培训中心及工作室得到发展壮大。2002年，区文化艺术培训中心成立，参加体育舞蹈培训少儿300多人。是年，10多所小学和社区开办体育舞蹈培训班，年参加培训人数5000多人。2006年，举办国标舞展示比赛，参赛选手200多人。至2011年，全区参加市、省及全国体育舞蹈大赛1000多人次，获金奖153枚、银奖225枚、铜奖383枚。各培训中心及训练班为北京、上海、广州、沈阳、南京、大连等城市艺术院校输送优秀选手68人。

四、文艺团队

90年代，通过创建省级先进文化乡镇，各乡镇文艺团队得到初步发展，各类团队有20多个。2002年，市区区划调整后，社区文化活动活跃，文艺团队不断发展，涌现同心艺术团、康乐艺术团、新天地艺术团、锦旺艺术团、西湖民俗艺术团、卜桥红马甲艺术团、青松艺术团、凤凰桥社区集藏协会、梅岭老年书画协会等一批在全市有一定影响的文艺团队。这些团队组织规范、活动有序，成为全区群众文化亮点。2010年，区政府设立群众文艺团队扶持资金，每年拨出15万元，对运行质态好的文艺团队给予3000～12000元经费扶持。至2011年，全区文艺团队183个，正常参加活动9000多人，约占区总人口1.63%，年演出1000多场。

城北乡北郊农民田园书画协会　成立于1987年。协会下设1厂1校6村(社区)8个分会。2000年，成立北郊田园书画协会培训中心，培养、培训书画爱好者，涌现张世纲、蒋子龙、岳松定、陆志耕等一批热爱传统书画艺术的民间艺术家。至2011年，有会员60多人、书画爱好者300多人。

康乐社区康乐艺术团　成立于2002年，是一支以中老年为主体的文艺团队，有团员30多人。团队确立以中老年服饰模特表演为特色发展思路，一手开展训练，一手开展创作，表演水平不断提高，新节目层出不穷，很快在文艺舞台上脱颖而出。2009～2010年，编创服饰表演节目《月绣琼花》《绿杨花语》，连续获全国中老年服饰表演大赛创作金奖和表演金奖。并先后到新加坡、澳大利亚、美国表演中华服饰文化。

卜桥社区红马甲艺术团　成立于2003年，是一支老年文艺团队。团队在特色上做文章，成立市区第一支女子舞龙队，很快成为社区文化亮点。团队率先成立红马甲志愿者服务队，成员200多人，定期开展美化城市义工服务，被誉为“马路天使”。

凤凰桥社区集藏协会　成立于2002年。协会汇聚收藏名家50多人，聘请“中国火花大王”季之光为顾问，定期组织参加活动。协会开展“香港回归十周年”纪念邮品展、“百年梦圆”扬州铁路专题邮品展、“运河名城”烟标展、“迎奥运”火花展等具有较大社会影响的藏品展。

西峰民俗艺术团　成立于2003年，有团员60多人。该团挖掘传统文化，制作湖船、花担、河蚌、喜鹊、跑驴等传统民间演艺道具，编排《花船闹春》《喜鹊报春》《花担赶春》等节目。2007年后，多次在西湖镇、何园社区、新天地广场等举行民间文艺踩街表演活动，深受广大群众喜爱。

新天地艺术团　成立于2004年，有骨干30人。艺术团前身是新天地文化广场健身舞蹈队。2008年后，立足老年舞蹈创作，相继编排《春之声》《春之羽》《渔鼓声声》等老年舞蹈节目，多次获省“莲花杯”舞蹈大赛银奖、市广场舞大赛金奖、市老年艺术节金奖。

五、省民间艺术之乡

1987年，城北乡成立北郊农民田园书画协会。2000年，成立北郊田园书画协会培训中心。乡文化站有计划组织培训全乡书画爱好者，并以民间田园书画笔会为载体，定期开展农民书画活动，采取走出去、请进来方法，促进农民书画交流，一批书画爱好者茁壮成长，其中60多名民间书画爱好者脱颖而出。为推进民间书画艺术传承，在竹西小学(乡中心小学)推广书画教育，打造书画特色学校。2002年，城北乡被省文化厅授予“省民间艺术之乡”称号。

第二节　群众文化

一、文化设施与建设

图22-1-1　2009年5月10日，区文化艺术中心落成典礼

区文化馆建设　1991年，区文教局立项筹建文化馆。1993年，区文化馆成立，编制7人，为差额拨款全民事业单位。同年，在石塔西路64号(现文昌中路)兴建区文化馆大楼。1994年6月，区文化馆建成开放，面积860平方米，内设歌舞厅、录像厅、图书阅览室等，有专职人员4人。2002年后，为弥补人员经费不足，区文化馆大楼全部商业出租，成为全省不达标文化馆之一。2008年后，区政府确定创建省文化工作先进区目标，启动文化馆新馆建设，将双桥文汇广场改造为区文化馆，总面积1.2万平方米，内设图书馆、电子阅览室、名师工作室、跆拳

道馆、乒乓球馆、健身中心、舞蹈房、展览厅、多功能演出厅及老年大学等。2009年5月,对外开放。2011年,区文化馆被文化部命名为国家一级文化馆。

乡镇文化站建设 1989年,7个乡镇建有文化站,均配备专职站长。其中,湾头文化站300平方米,藏书1000册;汤汪文化站60平方米,藏书600册;西湖文化站40平方米,藏书500册;城东文化站230平方米,藏书300册;城北文化站325平方米,藏书1.2万册;双桥文化站80平方米,藏书1112册。文化设施均比较简陋。1996年,城东乡文化站被评为省一级文化站,城北乡文化站被评为二级文化站。1998年,城北乡投资改造文化站,新建300平方米活动场地,增设歌舞厅等,被评为一级文化站。

明星文化中心创建 1989年,城北乡合并影剧院和文化站,成立文化中心,新建200平方米多功能文化活动厅。城北乡文化中心获市首批"明星文化中心"称号。1994年,城东乡整合改造文化站及影剧院,改建曲江娱乐城,面积2300平方米,内设歌舞厅、录像厅、游艺厅、电影院、图书阅览室等,成为城市东区规模最大的文化娱乐场所。1995年,城东乡文化中心被市政府命名为"明星文化中心"。1997年,市政府将创建"明星文化中心"改为创建"小康文化乡镇",双桥乡动工兴建文化综合楼,面积1000平方米,内设健身房、舞厅、录像厅、图书阅览室等活动项目,并完善文化中心管理机构。1998年,该乡被市政府命名为"小康文化乡镇"。

省文化先进乡镇创建 1992年,城东乡整合文化站和影剧院,拓展文化场所,面积达1800平方米,率先创成省文化先进乡镇。1994年,城北乡创成第二批省文化先进乡镇。1996年,双桥乡投入100多万元兴建综合楼;西湖镇由扬州乐凯玩具有限公司和镇文化站联合兴办文化站;湾头镇重新规划影剧院和文化站建设,投入20多万元增设活动项目,购置新书2000多册。是年,双桥乡、西湖镇和湾头镇创成第三批省文化先进乡镇。1997年,汤汪乡和平山乡分别投入100万元和60多万元,分别兴建1000平方米和600平方米文化综合楼,各项指标均达省定标准。翌年,汤汪乡和平山乡创成第四批省文化先进乡镇。至此,全区7个乡镇全部创成省文化先进乡镇。

万册图书馆建设 2001年,市委宣传部、市文明办、市文化局联合发文,要求全市各乡镇开展"万册图书馆"建设,重点帮扶在创省文化先进乡镇中藏书达5000册、不足1万册文化站图书室建成万册图书馆。市技术监督局、市交通局、市工商银行、市中国银行等单位与西湖、城北、汤汪、城东、双桥5个乡镇结对共建,捐助图书5500册。区委宣传部、区文教局组织区人事局、区财政局、区民政局、区国土管理局、区建委、区农委等部门与5个乡镇结对共建,捐资购书1.5万册,充实各文化站图书室藏书。2002年,全区除湾头镇外,均建成万册图书馆。此后,由于体制、经费、人员等多种因素,乡镇文化站出现不同程度倒退。至2008年,全区文化馆(站)阵地建设较90年代有较大滑坡,图书馆藏书逐渐下滑。6个乡镇(街道)文化站,除城北、双桥分别有1000平方米、600平方米站房外,其余均为无房文化站,图书馆藏书散失殆尽。

省文化工作先进区创建 2008年,区政府提出争创"省文化工作先进区"目标,明确筹建区文化馆新馆,建设区、乡镇(街道)、社区(村)三级公共文化服务网络。2011年,全区6个乡镇(街道)均建成文化站。其中,城北乡文化站达4500平方米,平山乡文化站达1800平方米。各文化站均建有藏书5000册以上图书室,配备专职文化干部,初步实现人员、设施、经费、活动"四落实"。2010年,省文化厅开展创建"省公共文化服务体系示范区"活动,双桥街道为首批申报街道通过省、市验收,被命名为"省公共文化服务体系示范区"(镇级)。

农村儿童文化园 1997年,文化部推行"蒲公英"计划,重点建设农村儿童文化园。西湖文化站和西湖中心小学整合资源,利用中心小学综合楼,先后投资10多万元,建起"一校"(少儿艺校)、"一厅"(多功能厅)、"二园"(种植园、气象园)、"八室"(微机室、科普室、图书室、阅览室、音乐室、展览室、舞蹈室、美术室)等活动设施。节假日期间,对全镇少年儿童开放。1998年,被省文化厅命名为"省级农村儿童文化园"。2002年后,随着校园管理制度改革以及"蒲公英"计划停止实施,西湖儿童文化园逐渐失去往日的生机和活力。

乡镇影剧院、电影队 1989年,湾头、汤汪、城北、城东各有影剧院1座,专职工作人员60人。西湖、平山、湾头各有放映队1支,工作人员6人。1990年,因群众业余文化生活载体多元化,电影市场开始萎缩,区内年人均看电影只有15.33场。1993年,又下降到5.05场。此后,各乡镇电影院和电影放映单位虽采取礼仪电影、影企电影、影教结合和主旋律影片放映等措施,但仍不能遏制电影观众下降的趋势,各放映单位效益滑坡,放映人员开始流失。1994年,城东曲江影剧院改造成曲江娱乐城,仅保留电影厅(至2002年市区区划调整前,仍在放映)。1995年起,汤汪影剧院基本不能正常放映(1999年,影剧院人员全部改制解散)。1996年,湾头影剧院因危房停止放映。1999年,城北影剧院基本不能放映。西湖电影放映队自80年代后,采取自负盈亏经营模式,至2011年,仍坚持在农村放映;平山电影放映队随着人员退休而自然消失。区未设影剧公司,曲江影剧院业务由市影剧公司兼管,其余均由邗江区影剧公司代管。

二、社区文化

图22-1-2　2005年11月13日,维扬区开展第四届全国"四进社区"文艺会演

2002年,市区区划调整后,全区大力推进社区建制,社区文化成为文化建设亮点。是年,全区开展创星级文明社区活动,各社区相继建有文化活动室、阅览室、科普文化长廊、宣传橱窗、阅报栏、体育健身点等文化设施,图书室藏书量300册以上,并有1支以上业余文体活动队伍。2003年,区文教局印发《关于维扬区文化进社区实施方案》《维扬区文化进社区百分考核细则》。各社区按照社区文化活动室面积不少于60平方米,活动项目不少于3项,并拥有一个室外文化广场要求进行建设。是年,全区25个社区有20个建成合格文化活动室。

2003～2011年,全区连续举办9届文化体育活动巡展,同时,各社区相继自办文体活动,连续举办6届以上。基层文化站和社区组织各类自办节庆活动,如梅岭街道广场活动月、邗沟社区邻里节、竹西社区竹西文化节、锦旺社区党建联谊文艺会演,其他社区长年开展纳凉晚会、联谊晚会、书画笔会等活动。

三、企业文化

1989年,全区建有企业文化俱乐部23个。1990年起,区文化部门在区机电、纺织、商业、玩具等近10家企业开展企业文化试点,重点加强企业文化俱乐部建设。至1998年,58家骨干企业建有文化俱乐部或职工之家。各企业经常开展企业宣传、读书读报、文艺演出、卡拉OK比赛和棋牌等活动。1995年,全区在江苏捷康集团召开企业文化建设现场会。1996年,区文化部门、区总工会组织环球商场、罗城商场、扬州乐凯玩具有限公司、平山钣金厂、平山铸造厂等20多家企业,召开企业文化建设经验交流会,并开展专题研讨。1997年,全区70%企业建立企业精神和"厂训、厂风、厂纪"。是年,区属企业和乡镇企业组成代表队参加区企业文化活动月。1998年,区总工会组织汤汪玩具厂、湾头锅炉厂等20多家企业,分别开展职工礼仪、舞蹈、健美操等培训,并在企业重大活动和节日中专门组织卡拉OK、书画展、演讲比赛、报告会、文艺演出等活动,逐步运用文化品牌树立企业形象。2000年,组织10多家企业,开展文企联姻交流活动。2005～2011年,区文教局联合区委组织部每年组织扬州美迪制衣公司、扬州久扬渔具有限公司举办中秋赏月会、职工卡拉OK演唱赛,丰富企业职工文化生活;每年举办非公企业文艺会演,以说唱、朗诵、歌舞等形式,展示非公企业党建工作和文化生活。

四、农村文化

1989年后,结合省先进文化乡镇创建,全面推动村文化室建设,全区69个村有42个村建有文化室。其中,双桥村、沙口村文化室为全区文化室样板。1992年后,每年春节期间,部分乡镇文化站组织业余文艺宣传队到农村巡回演出。1994年,区文教局组织一年一度群众文艺会演,7个乡镇文化站组织业余文艺宣传队100人次,排演50多个文艺节目,在各乡镇预演,并汇演。

2002年,结合省、市农民艺术节,举办区首届农民艺术节,在各乡镇分别举办农民围棋及象棋比赛、农民综艺展、根雕艺术展、盆景艺术展、书画展、文艺调演等活动。区文化馆编排小扬剧《拆迁》,城北文化站编排小品《钟点工》,获市首届农民艺术节文艺会演一等奖;在省首届农民艺术节综艺展上,区送展的盆景、书法及布艺等3件作品获优秀作品奖。2004年12月,举办区第二届农民艺术节。

2005年,西湖镇金槐村建立全市规模最大的村级农民文化活动中心。中心设有篮球场、健身广场、小剧场、书场、阅览室、老年活动室等活动场所。中心坚持剧场过节演戏,书场周周说书,成为全市新农村文化建设模范单位。2006年,整合村文化室,开展农家书屋建设活动。至2008年,全区各村全部建成农家书屋。2009年后,农村文化广场建设日益加快。至2011年,建成文化广场13个。

2002～2011年,文化下乡活动走向正常化和制度化。结合各乡镇党员冬训班,组织文艺节目到农村巡回演出,组织电影到各村、组免费放映。

五、校园文化

1989年,区文教局开展校园文化基地建设试点,明确校园文化建设范围、条件、活动和目标等。1991年,各中小学制订“八有”(有组织、有领导、有队伍、有计划、有活动、有措施、有创新、有成果)方案,校园文艺、书画活动以及校外文化交流等日渐丰富。校园文化建设开始从单一的唱歌、跳舞向德育、美育协调发展和校园文化环境设计等方面转变。1992年后,围绕素质教育要求,全区中小学开展各具特色的校园文化活动,丰富学生第二课堂,陶冶学生情操。西湖中心小学组建小农娃合唱队,合唱节目《咏鹅》《吹泡泡》获省第七届“五星工程奖”少儿合唱银奖。沙口中心小学开展自动化小分队活动,根据学生兴趣爱好,自由结合组队、自定活动内容、自出辅导老师、自订座右铭和奋斗目标,78%以上同学参加一个或几个兴趣小组。在此基础上,学校举办首届红领巾艺术节,开展书法、美术、歌咏、舞蹈、器乐、体育、写作等活动,参与学生1200多人。1993～1998年,区文教局以“学会做人、学会学习、学会做事”为主要内容,开展各具特色的校园文化建设。竹西小学每学期举办一次“翰墨杯”学生书法竞赛活动,提倡“写端正的字、做有节的人”。四季园小学着力打造“书香校园”,每年举办一次“古韵古风四季读书节”,开展“千人吟唱古诗文,千人唱响古诗文”活动;每两年举办一次“校园诚信节”,开展“感恩父母、感恩教师、感恩社会”教育。双桥实验小学培养学生做“有根基的人”,踏踏实实读书,明明白白做人,成为《中国教育报》关注的“书香校园”建设原生态校园之一。梅岭小学将素质教育纳入校园文化建设,引领学生在“红领巾图书超市”中学创业,在消防演练中学自护,在“博雅教育”中学礼仪,在“好习惯天天行”中铸品德,培养学生全方位发展。结合校园文化建设,梅岭小学创作校歌《最美的风景》,康乐幼儿园创作园歌《做最好的自己》。工人子弟小学倡导“绿色环保生态”校园文化,通过“动手做”培养学生废物利用兴趣,“用心讲”教育学生做环境保护宣传员。1999年后,区文教局要求各学校开展科技文化活动,培养学生对科技的兴趣与追求。维扬实验小学以“五小”(小发明、小实验、小论文、小设计、小建议)综合活动为特色,确定“一体两翼”(即以学生为主体,开展校园科技节活动、小书虫活动)宗旨,学校有120多人在省各类比赛中获奖,其中小发明“双出口胶水瓶”“可弯式鸡毛掸”“便携式手电”均获创新大赛一等奖。学生金一鸣应邀参加中国国际发明展,学校被授予“省科技特色学校”称号。2000年,举办区首届少儿艺术节,历时15天,分别举行校园文化综合展评,少儿现场书画、摄影、手工制作展示,少儿书画、摄影、手抄报制作、声乐器乐、故事大王演讲、舞蹈、文学创作等大赛,少儿摄影优秀作品展、文艺节目调演等11项活动,1000多名少儿参加艺术节。区少儿艺术节每两年举办1次。

1990～2011年,区文教局连续举办21届中小学、幼儿园文艺调演。每次调演均涌现出一批新创优秀节目。沙口小学舞蹈《雏鹰之歌》获市首届少儿艺术节金奖,双桥实验小学舞蹈《春之羽》《小纸船的梦》分别获市第二、第三届少儿艺术节金奖。

六、专题文化活动

主题文化活动　1989 年，在双桥乡举办纪念“九·二五”(计划生育)公开信发布 10 周年文艺会演。1990 年，结合第三次全国人口普查，在城北乡举办全区人口普查专题文艺会演。其中，小品《整编超生游击队》被选送参加市人口普查专题文艺会演。1992 年，在城东乡举办“国土观念教育”专题文艺会演，小扬剧《上梁》、小品《巴掌大》等在市“国土观念教育”专题文艺会演中分获创作、演出一等奖。1993 年，在区政府举办全区社会主义教育运动文艺会演，汤汪乡编创的击鼓说唱《唱社教》获一等奖，并代表郊区参加市社会主义教育运动文艺会演，获创作、演出一等奖。1995 年，举办“郊区人话郊区”专题文艺调演，组织专人创作一批反映郊区人和事的文艺作品，如表演唱《城里妹子下乡来》《半壁江山数风流》《夫妻醉酒》、小品《跟我来》、评话《放心》等。2000 年，举办全区扬剧票友大奖赛和“烟花三月”经贸旅游节广场文艺演出。2001 年，举办“婚育新风颂”文艺会演，组织创作音乐快板《婚育新风吹万家》、小扬剧《退计划》、表演唱《五婆话媳》、评弹《王科长的轻骑》等文艺作品，并参加市“婚育新风颂”专题汇演及全市巡回演出。

节庆文化活动　1988 年，举办纪念中共十一届三中全会召开 10 周年文艺会演。1991 年，纪念中国共产党成立 70 周年，组织“党在我心中”书画展、板报展、征文、文艺会演等系列文化活动。1993 年，组织纪念毛泽东诞辰 100 周年文艺会演，汤汪乡舞蹈《太阳最红，毛主席最亲》、双桥乡舞蹈《黄河源头》获一等奖，并代表郊区参加市纪念毛泽东诞辰 100 周年文艺会演，双获三等奖。1994 年，举办庆祝新中国建立 45 周年文艺会演和“蝙蝠杯”卡拉 OK 大奖赛。1995 年，组织纪念抗日战争胜利 50 周年系列文化活动。双桥乡举办纪念抗战胜利 50 周年知识竞赛，城东乡举办卡拉 OK 大奖赛，各乡镇文化站组织板报展，全区组织文艺会演。是年，创作优秀节目参加市琼花艺术节展演，汤汪乡文化站将扬剧名段《双下山》《断》《僧尼下山》巧妙穿插于民间荡湖船表演中，令人耳目一新。双桥乡文化站编排扬剧名段集锦《花船闹春》，在瘦西湖公园广场连演 6 天，观众 10 万多人。1996 年，组织纪念红军长征胜利 60 周年文艺演出。1998 年，举办纪念中共十一届三中全会胜利召开 20 周年文艺会演，组织创作评话《相约九八》、小品《归来的丈夫》、表演唱《树大招风》等一批文艺节目，讴歌郊区改革开放巨大成就。1999 年，举办庆祝国庆 50 周年文艺会演。2001 年，举办庆祝建党 80 周年文艺演出和书画作品展。2005 年后，区委宣传部将每年 5 月 2 号定为市民日，连续 7 年组织“5·2 市民日”广场文艺演出，引导群众文艺团队编排文艺节目，动员数千居民参与活动，逐步成为广场文化活动品牌。2011 年，区委宣传部、区文教体局和市委宣传部联合举办“我们的节日·中秋月·文艺情”电视文艺晚会，通过《中秋情思》《花好月圆》《月光祝福》篇章，以歌舞、小品、快板、说唱、评话、朗诵等艺术形式，演绎维扬区人民对中秋佳节的情思、对幸福生活的畅想、对身边好人的赞美。

图 22-1-3　2007 年 10 月 17 日，维扬区举办第二届非公企业金秋联谊晚会

第三节　文化市场

一、市场建设

游戏机市场　1989 年，全区共有游戏机室 99 家。2001 年，市、区文化、公安、工商等部门联合清理、整顿游戏机室，严禁未成年人进入，查处并关闭一批，且不再审批新游戏机室，游戏娱乐场所开始萎缩。至 2011 年，全区游戏机室缩减到 23 家。

演出市场　2002年前，全区演出市场由市文化局直接管理，随着改革深入和审批管理制度调整，演出市场划归辖区管理。2003年，区内有演出场所11个，接待12个文艺团体演出，观众2万多人，主要以扬剧、歌舞、说书和时装表演为主，且扬剧、歌舞等节目较多。此后，观众上座率逐年减少。2005年，虽接团13个，观众却下降1万多人。至2011年，区内接待文艺团体9个，演出22场，观众8000多人。

音像市场　音像市场是在80年代各乡镇文化站、广播站录像放映点基础上发展起来的。2000年，全区录像放映点共有25家，音像制品零售、出租店68家。随着网络文化发展，音像市场受到冲击。是年，国家规定3年内关闭录像放映单位。2004年，全区所有录像放映点全部关闭。由于加大打击盗版力度，音像制品零售、出租逐渐萎缩。2011年，全区音像制品经营点缩减到16家。

书刊市场　1988年，个人投资开办的书刊市场开始兴起。1998年，全区书报刊零售、出租点有136家。2002年后，随着网络文化发展，国有企业改制，大书商出现，小零售商、出租点生存空间缩小，大部分歇业转行。2011年，全区书报刊经营点缩减到18家。

印刷业市场　1988年后，计算机开始普及，印刷业、打字复印业出现发展高峰期。郊区地处市区周边，各乡镇、村有闲置公房出租，且国家准入条件低，印刷、打字复印企业数量较多。1999年，全区有各类印刷、打字复印经营单位250家。2003年，国家新闻出版署出台清理政策，印刷企业规定100万元注册资本，打字复印企业为10万元注册资本，压缩一批不规范家庭作坊式单位及违法经营单位，引导市场走上规模化、规范化。大企业逐渐形成垄断，一批“小而散”印刷打字复印企业逐渐被淘汰。至2011年，全区有印刷、打字复印企业137家。

网吧市场　网吧是90年代初由电脑房发展起来的。1999年，市文化局组织对全市网络市场专项整治。2002年，全区有大小电脑房120家。随着互联网技术提高，国务院制定《互联网上网服务场所管理条例》，进一步规范网络经营行为和设立标准，使网吧经营逐步走上规范化，由于体制上权辖原因，全区各类网吧由市文化局统一管理。2011年，全区有网吧60家。

古玩市场　古玩市场是90年代初期由路边摊点逐渐发展到集中在天宁寺周边地摊经营，后来将天宁寺改为市古玩交易市场，市场经营逐步扩大。2011年，寺内有大小摊位100多家，周末买卖交易人员较多。

美术工艺品市场　美术工艺品市场集中在梅岭街道，各类画廊形成规模，是省内知名度较高的专业市场。2004年起，区文化主管部门对全区美术品市场调查摸底，并对各类经营户实行备案制度。2011年，全区美术工艺品经营点56家。

二、市场管理

1989～1998年，全区没有专职文化市场管理机构，由区文教局文化股行使文化市场管理职能。1998年，区文教局成立文化市场管理办公室和文化稽查队，制定《文化市场管理人员岗位责任制》《文化市场稽查制度》《稽查队员工作守则》等。9月，对全区歌舞娱乐、游戏机、音像、印刷、书刊、演出等文化市场开展普查。2000年，区文教局制定《郊区整顿和规范文化市场秩序行动方案》，连续专项整顿区内电子游戏厅、书刊市场、音像市场、印刷经营单位、网吧等，重新审核、登记、发证59家，关停电子游戏室19家，处罚证照不全的网吧、录像室、歌舞厅16家。2001年，区文教局制定行政执法检查制度、行政执法和错案责任追究制度，规范执行手续和程序，实施告知立案、处罚档案化。同时，对离校园不足200米的录像厅、歌舞厅、电子游戏室和网吧开展专项清理，聘请50名网吧义务监督员实施监督检查。2005年，对全区印刷复印业全面清理，取缔无证无照和证照不全的印刷厂7家，查处违规印刷厂1家。同时，组织网吧经营业主开展自查自纠活动，中小学生在网吧上网活动得到有效控制。

至2011年，累计收缴非法音像制品15万多张、非法出版物3万多件，取缔非法演出50多场次，查处未成年人进入娱乐场所案件100多件。全区有各类场所273家，文化经营年产值2.5亿元。

第四节　广播电视

一、郊区人民广播电台

1994年4月1日,郊区人民广播电台正式开播,台址在区政府大院内。电台属全民事业编制,先期配备工作人员8人,内设办公室、编辑播音部和事业技术部。广播电台主要任务是转播中央、省、市人民广播电台节目,同时自办《郊区新闻》和《文艺欣赏》两个栏目。新闻节目主要是传达区委、区政府有关政策和工作意见,及时报道新闻动态,宣传群众关心的有关政策法规以及郊区新人新事;文艺欣赏栏目主要是播放经典戏曲、歌曲和其他文艺节目,弘扬社会主义主旋律,活跃广大人民群众业余文化生活。

1995年,郊区农村有线电视兴起,电台播放接收率逐渐萎缩,区政府决定停止电台播音。

二、乡镇广播放大站

50年代至70年代,城东、城北、双桥、湾头、汤汪、西湖、平山等7个乡镇相继建立广播站,架设广播杆线,配备必需设备设施。平山乡广播站始建于1978年,1982年由扬州人民广播电台拨款新建4间房屋(后为北郊有线电视维修点),人员编制4人,播送范围7村1场。该站不但为村民服务,还为全乡6所学校开通广播。1992年,原由扬州人民广播电台代管的双桥、城东、城北、湾头、汤汪、西湖和平山7个乡镇广播放大站下放给区政府管理。各乡镇站实行区、乡共管,以乡为主的管理体制。

1992年4月,郊区人民广播电台采用直频形式无线传输给各乡镇广播放大站,各乡镇广播放大站经信号放大后以有线形式进村入户。西湖镇广播放大站拥有设备50瓦美多扩音机1台。全镇16个村176个组全部通有线广播。城东乡广播放大站拥有GY2275扩大机2台、合肥产西湖牌控制台1台、电源配电柜1台,广播收听用户约4500户。湾头镇广播电视站拥有GY2275扩大机1台、电源配电柜1台,广播收听用户约5000户。汤汪乡有广播干线22千米,用户4300户。1993年始,全区在巩固村村通广播基础上,不断发展"小喇叭",整顿广播网络,提高有线广播通响率和入户率。城北乡5个村,村村都有广播信号放大站。1994年1月,原由扬州人民广播电台管理的乡镇广播站移交乡镇政府管理。1995年,拥有广播收听用户2530户,实现村村通广播。双桥、城东和城北等近郊乡镇进村入户率较高,平均入户率均达90%以上,并且村村都有广播室;湾头、汤汪、西湖和平山等远郊乡镇,克服广播杆线长、农户分散等客观原因,进村入户率68%,其中70%村建有广播室。1995年,各乡镇将广播放大站改建为广播电视站。

三、有线电视

1995年,结合郊区紧邻城市特点,区政府决定停止电台有线广播播音,集中发展有线电视进村入户。翌年,郊区人民广播电台更名为郊区广播电视管理站,各乡镇广播放大站随之更名为乡镇有线广播电视站。区广播电视管理站主要任务转变为对全区广播电视事业实施行政管理、规划建设,协调有线电视市、区、乡联网等工作。各乡镇筹集资金250多万元建立有线电视网络。湾头镇、平山乡建成有线电视转播站,城东乡、双桥乡、城北乡、西湖镇、汤汪乡有线电视先后实现与市区联网。至2002年,全区共投入300万元(除乡通村费用),实现有线电视全覆盖,全区实现通村率100%、通组率72%、入户率68%,提前实现区委、区政府为民办实事目标。

1995年始,全区加快站房和基础设施建设,提高信号传输质量,全面争创广播电视先进乡镇。双桥乡和城东乡属城乡接合部,有线电视线路与市网同步实行改造,入户率95%以上。双桥广播电视站被评为市优秀广播电视站。

1996年,平山乡有线电视用户2600户,进村率80%,入户率超过50%。湾头镇投资30万元创办有线电视前端机房,有线电视用户3200户,实现村村通达(13个村),主干线50千米(光缆23千米),进户率70%。汤汪和西湖两乡镇一方面调动社会力量筹集资金,另一方面请市有线电视台协调支持,直接与市有线电视台架线联网，布网入户，建立标准化光缆传输系统。汤汪乡当年用户500多户，第二年增加到1000多户，至2002年初，有用户3000多户。汤汪广播电视站获1998年度“市广播电视先进乡镇”称号。西湖镇至2002年5月发展有线电视用户1600多户。城北乡广播电视站发展有线电视用户3860户，每个村组通上有线电视信号。

2003年3月，撤销区广播电视管理站和各乡镇有线广播电视站。原郊区人民广播电台和乡镇有线广播电视站人员和设备设施移交市广播电视局统一管理使用。

第五节　物质文化遗存

一、文物普查

区内文物遗存管理职能在市文化局，区内文物保护单位由市文化局直接管理。

2007年，第三次全国文物普查工作启动，成立区第三次全国文物普查工作领导小组，领导小组下设办公室，在区文化系统抽选15名普查员，负责普查工作组织协调和业务指导。用3年时间，对全区文物资源进行普查。至2009年6月，共调查登记不可移动文物125处，其中复查各级文物保护单位26处、《中国历史文物地图集(江苏分册)》登记未定级文物点14处、新发现86处。形成《维扬区文物普查线索登记表》《维扬区第三次全国文物普查不可移动文物信息表》《维扬区第三次全国文物普查工作统计表》《古建筑文物普查登记表》等材料。9月，召开区文物普查工作座谈会暨专家论证会，审查论证86处新发现的不可移动文物。其中，具有较高文物价值的有平山堂堡城遗址、太子岗遗址、金鼓墩汉墓、帽儿墩汉墓、瘦西湖叶园(原名“万叶林园”，又称“叶林”)、上方寺遗址、相别桥遗址、铁佛寺遗址及一批晚清至民国时期古井等。

二、文物遗存

太子岗遗址　位于瘦西湖街道园林社区杨庄组北侧，为宋、元、明时期蜀冈下扬州城遗址内一处高台地建筑遗址。据历史文献记载，此处可能是北宋建隆寺故址。南宋乾道年间(1165～1173)在其故址上建五龙庙，又称九龙庙。遗址面积4万多平方米。扬州唐城考古队在该区域内发现大型夯土基址和极具时代、地域特征的大型建筑磉墩遗存。在遗址南部断面上清理出9个方形磉墩，边长2.6～3米，系用瓦砾夹灰土逐层夯筑而成。

图22-1-4　太子岗遗址发掘场景

平山堂城遗址　位于平山乡平山村平山茶场万松岭上，修筑于南宋景定元年(1260)，为扬州宋三城外又一道重要的城防体系。据《宋史·李庭芝传》记载，景定元年五月，李庭芝知扬州，“始平山堂瞰扬城，大元兵至，则构望楼其上，张车弩以射城中。庭芝乃筑大城包之，城中募汴南流民二万人以实之，有诏命为武锐军。”城址面积约10万平方米。地势高亢，平面布局呈“L”形，南北长，东西窄，东、西两侧现存宽阔的护城河，范围北起宝祐城西华门遗址南护城壕(平山乡派出所办公楼)，南至大明寺南院墙即蜀冈南缘一线，大体在扬州平山茶场、市烈士陵园及大明寺一带。市文物考古勘探与发掘，发现西城墙夯土遗迹，城墙宽约18米。

蜀冈窑庄花盆陶窑　位于西湖镇蜀冈村窑庄组，一座为清代窑，一座为现代窑。原窑主苏成栋，湖北黄石人，清代逃荒至此，并在此成家立业，传授花盆烧制技艺于后人及邻里。因其花盆透气性、渗水性好，易发花木，兴旺一时。该村庄因烧花盆陶窑得名“窑庄”。20世纪末，窑庄还有4户人家长年从事陶盆烧造和销售。2002年，扬州职业大学搬迁至此后全部停烧。陶窑占地300平方米。清代古窑呈马蹄形，东西长3.5米，南北宽2米，高1.5米。窑门东西向，呈“八”字形，窑顶局部残破。现代窑呈馒头状，规模较大，直径9米，高3.75米。

胡场建隆寺遗址　位于西湖镇胡场村建隆八组，始建于北宋建隆年间。宋太祖赵匡胤征战李重进时，曾驻军于此。后赵匡胤称帝，于此处建寺院，并以年号建隆为寺名。清乾隆时期，建隆寺与大明寺、高旻寺等同为扬州八大名刹之一。清咸丰年间毁于战火，后重建，但规模远逊于往昔。1958年全部拆除。遗址占地9000平方米。原寺规模宏大，占地6.67公顷，前后有13幢大殿，大殿两侧为僧侣宿舍，并设有花园、凉亭等建筑，鼎盛时僧众逾1000人。地面遗存大量建筑瓦砾，部分居民家中保留有清道光时期石碑、功德碑及抱鼓石等残件。

影园遗址　位于双桥街道文苑社区，明代遗迹，大体范围在荷花池公园北侧，双虹桥以南，头道河、二道河之间的长屿上。为明末进士、文学家、兵部主事郑元勋所建，造园名家计成设计。为明末书画家董其昌以园之柳影、水影、山影而名之，书赠郑元勋。影园在康熙之初仍为扬州名园，康熙中期荒圮。影园在李斗《扬州画舫录》中被称为中国八大花园之一，在中国造园史上有极其重要地位。遗址呈长方形，南北长200米，东西宽45米，占地9000平方米。园内原有“小桃源”“玉勾草堂”“小千人坐”“湧翠亭”及“媚幽阁”等景。经考古试掘，清理出古渡桥确切位置、影园东侧道路等遗迹和遗物。现于影园遗址南面立碑存迹。

图22-1-5　象鼻桥石额

相别桥(象鼻桥)　该桥传为从堡城送友出行，到此相别，故名。又因周边地形有似象鼻，又名象鼻桥。该桥位于平山乡堡城村象鼻组东侧、汉广陵王墓博物馆西侧。清代建筑。始建于宋代，横跨于宋宝祐城东护城河之上，原为宝祐城东墙南侧的便门吊桥，后城废桥毁。90年代，对象鼻桥进行拓宽改造。象鼻桥原为单孔砖拱石桥，桥面中间铺两排石条板，可供独轮车通行。拓宽后仍为单孔砖砌拱桥，长15.8米，宽5.06米，净跨2米，矢高1.8米。桥身南侧嵌有行书“象鼻桥”白矾石石额，上款“宣统三年仲夏吉日”，下款“四知堂杨重修”。

四知堂　四知堂是位于扬州西庄的一个杨姓祠堂，“四知”是指天知、地知、你知、我知。清宣统三年(1911)，皇帝密诏让四知堂杨重修象鼻桥并亲自赐名。

司徒南街古井　位于西湖镇司徒庙南街西段、司徒社区上庄组。清代开凿。占地4平方米，井深约8米。鼓形青石井栏，外口径0.8米、内口径0.5米、高0.5米。井栏内壁有18道绳痕，井栏外腹雕刻鲤鱼跃龙门、缠枝花卉等图案，纹饰间雕刻云纹，栏身中部有对穿的圆形锁孔。由于石井栏开裂，外腹壁凿槽嵌铁箍加固。井壁平砖圈砌，水质清澈，现仍为周边居民使用。

象鼻组古井　位于平山乡堡城村象鼻组。清代开凿。占地4平方米，井深5.7米。鼓形青石井栏，外口径0.60米、内口径0.36米、高0.34米，井栏口内壁有12道浅绳痕，外壁雕刻四组如意云纹，腹部有两个对穿的圆形锁孔，下有圆形石质底座。井壁青砖圈砌，水质清澈，现仍为周边居民使用。

图 22-1-6 凤凰桥街吴氏宅第二进房屋

凤凰桥街吴氏住宅　位于市区凤凰桥街 94 号，民国时期建筑。住宅占地 192.7 平方米，建筑面积 172.5 平方米。前后两进，小瓦屋面，硬山顶。临凤凰桥街门面房面西，面阔两间 9.3 米、进深五檩 5.08 米；东面一进面东，面阔三楹 9.3 米、进深七檩 6.5 米，明间前有六扇屏门，北山墙为马头墙，保存完好。天井两侧各有厢房，东面为廊，廊北端有小门通宅外。

叶园　位于瘦西湖公园长堤春柳土阜之上，原名为“万叶林园”，又称“叶林”，民国 18 年(1929)建造。占地 4.8 公顷。原地为桃花庵旧址。民国 18 年(1929)南京中山陵建成后，国民党南京市党部委员叶秀峰将其所余树木，运到扬州，为其父叶贻谷建造叶园，以悬铃木为行道木，广栽金松、雪松、虎头柏、露头柏等，并引种日本五叶松、平头赤松、猿猴杉、柳杉、扁柏、花柏和美国薄壳山核桃等名贵树种。解放初期有各种树木 2099 株。当时叶园大门在园西北角的凫庄对面，有 4 个虎皮石墩分立两旁。在长堤春柳中段开有通往该园的道口。1953 年，在园东南角建仿清代宫廷六角亭 1 座。园内林木森森，浓荫覆盖。

图 22-1-7 叶公桥

叶公桥　位于市区玉带河上，始建于明代，因地处叶公坟附近而名。叶公即叶相，明弘治进士，嘉靖二十三年(1544)官至刑部侍郎。此桥为画舫泛后湖必经之路，桥西原为骆驼山，每岁重阳节，游人于此登高。桥原为石拱桥。民国 11 年(1922)5 月，南移 100 多米至现址。桥长 12.5 米、宽 5 米、净跨 4.5 米、矢高 4 米。桥上部为砖砌拱桥，桥面砖砌，镂空栏杆，底部为石质基础，部分石基上雕刻有云纹图案。东西两侧呈“八”字摆手形状。现桥仍为长征西路与北门外街连接的重要通道。

史公祠桥　位于市区广储门外街史公祠南侧，跨明清扬州北护城河，建于 1957 年 9 月。该桥为二墩二跨石梁桥，南北向，跨于明清古城北护城壕上，桥长 21 米、宽 1.8 米，石砌桥墩，桥墩迎水面为尖状，便于分水，借此减少河水对桥墩的冲力。桥面上铺的石桥为拆卸牌坊 9 根石梁、4 根石柱等。桥栏杆南北两侧均为“八”字形摆手，并砖砌透空饰样，外表用粗黄沙水泥粉刷。桥南面有十三级石台阶通盐阜路。该桥保存较好，是参观、拜谒史公祠墓的主要通道。

叶家桥　位于城北乡三星村叶家桥组，重修于民国 36 年(1947)。新中国成立后，桥砖券拱塌陷，改为过梁式桥。所在庄台因桥而得名。桥长 13 米、宽 2.54 米、净跨 1.85 米。南北两侧有两个梯形桥墩，石质基础，上部青砖错缝砌就，桥两侧条石铺地。桥南墩东面镶嵌“叶家桥”石额，上款“民国三十六年吉日”，下款不明。

扬州闸　位于城北乡黄金村太平北路 16 号，太平北路与古运河交汇处。始建于 1970 年冬，1972 年 5 月投入运行。闸占地 3.96 公顷，建筑面积 5800 平方米，主体工程由套闸、船闸、公路桥等部分组成。套闸共有两个并列的闸室，南闸室长 100 米、宽 12.2 米，北闸室长 97.6 米、宽 28 米。最高通航水位 7.5 米，最低通航水位 3.5 米。扬州闸是集防洪、灌溉、航运、排涝、冲污等功能于一体的综合性水利工程：一是防御淮河洪水入侵扬州城；二是灌溉季节可引邵伯湖水补给仪邗丘陵地区；三是仪邗丘陵地区一旦暴雨，可与瓜洲闸、泗源沟相配合，排泄区间洪水；四是沟通城区古运河与京杭大运河之间的水上运输及古运河南北的陆路交通。

瘦西湖乾隆御诗石碑　位于瘦西湖公园白塔西南侧，清乾隆时期石刻。碑亭方形，单檐歇山顶，东面有三级踏步。亭内共有乾隆御诗碑 4 块。立于亭中部的御碑高 1.78 米、宽 0.8 米、厚 0.22 米。上书七言诗“一朵花宫结净因，周环绿水漾波新。歌台画舫何妨闹，恰是亭亭在受尘。丁丑春二月御笔”。嵌于西墙壁的御碑共 3 块，每块由碑额、碑身和碑座组合而成。北部石碑高 2.3 米、宽 1.04 米、厚 0.57 米，中部石碑高 2.3 米、宽 1.12 米、厚 0.57 米，南部石碑高 1.77 米、宽 0.91 米、厚 0.57 米，上面均为乾隆题写的御诗，字迹多漫漶不清。

回民义冢石碑 位于平山乡堡城村李庄组北侧，清咸丰年间(1851～1861)刻。原位于平山乡堡城村许庄，1989 年因乡村建设移于此。碑面南，高 110 厘米、宽 50 厘米，碑上雕刻的字迹大部分漫漶不清，有“扬州府江都县……据禀移请示禁事准……钦□大臣总理营务处……”文字。内容主要为清咸丰年间，朝廷颁布扬州籍为国捐躯回民先烈的御批诏诰，并着扬州府江都县划定安葬地。现址为扬州回民公墓，清义冢石碑立于墓园入口处。

蜀冈吕庄石马 位于西湖镇蜀冈村吕庄组，为明故庠生火宾卿墓道石刻遗存，墓葬于 1963 年发掘。石马两只，大小相若，身长1.7～1.8米，身高 1.2～1.3 米。石马为墓葬前石像生，现偏离原墓葬地点，一只石马倒在农田水渠旁，一匹立在铁路边，两者相距 60 米。马鞍、马镫、马嚼以及缰绳等马具雕刻细致入微，神态逼真，具有明代雕刻的特点。

2011 年维扬区文物保护单位情况一览表

表 22-1-1

序号	名称	时代	地　点	类别	级别	公布年份	保存状况
1	扬州城遗址	隋—宋	市区及西北郊	古遗址	全国重点	1996	护城河水系清晰。子城保存较好，局部城墙保存高度 10 多米。罗城城门、瓮城遗迹、北城墙保存
2	莲花桥和白塔	清	瘦西湖景区内	古建筑	全国重点	2006	塔基、塔身、桥基、桥墩、桥亭完好
3	扬州大明寺	南朝始建 清重建	蜀冈中峰	古建筑	全国重点	2006	寺庙建筑、鉴真纪念堂保存较好
4	天宁寺	晋始建 清重建	丰乐下街	古建筑	省级	1982	山门殿、天王殿、大殿、藏经楼、廊房保存较好
5	史可法祠、墓	清	丰乐下街	古墓葬	省级	1982	飨堂、祠堂、梅花仙馆、晴雪轩、墓冢等保存较好。牡丹厅檩条断裂，墙体开裂，待抢修
6	天山汉墓	汉	相别桥	古墓葬	省级	1982	一号墓、二号墓木椁保存较好。出土文物大部在南京博物院
7	重宁寺	清	长征路 15 号	古建筑	省级	1995	天王殿保存较好，大殿、文昌阁、僧房年久失修，装修破坏。大殿地基下沉不均，墙体局部开裂，屋面瓦风化严重
8	甘泉山汉墓群	汉	甘泉街道 甘泉山	古墓葬	省级	2006	含甘泉山、老虎墩、宝女墩汉墓等
9	古邗沟遗迹	春秋	城北螺丝湾桥至黄金坝	古遗迹	市级	1982	水系整治，大王庙重建

续表 22-1-1

序号	名称	时代	地　点	类别	级别	公布年份	保存状况
10	汪中墓	清	城北上方寺侧	古墓葬	市级	1957	牌坊、墓冢保存较好
11	莲溪墓	清	大明寺内	古墓葬	市级	1982	封土塌，墓碑保存较好
12	小金山	清	瘦西湖内	古建筑	市级	1996	桂花厅、棋室、月观、琴室、松亭、观音阁保存较好
13	冶春	清	天宁寺西侧	古建筑	市级	1982	水榭、水绘阁、香影廊等建筑基本保存完好，餐英别墅、问月山房拆除改建广场
14	城隍庙	清	堡城中心小学	古建筑	市级	1962	大殿等建筑装修已改
15	观音山禅寺	清	蜀冈东峰	古建筑	市级	1982	山门殿、韦驮殿、大殿、藏经楼、廊房等保存较好，但寺内现建建筑多，密度大
16	铁佛寺	唐始建清重建	城北乡卜杨村佘田组	古建筑	市级	1996	大殿、僧房年久失修，装修已毁。屋面渗漏，砖瓦风化严重
17	廿四桥	清	念四路	古建筑	市级	1962	桥面已加宽，原结构基本保存
18	大虹桥	清	瘦西湖上	古建筑	市级	1962	原为单拱石桥，改建为三拱石桥
19	熊成基墓	民国	大明寺内	近现代重要史迹及代表性建筑	市级	1962年公布	墓地与大明寺东园落差极大，环境较差
20	扬州烈士陵园	现代	蜀冈万松岭	近现代重要史迹及代表性建筑	市级	1962	烈士墓、碑林、陈列室等纪念性建筑保存较好
21	朱良钧烈士故居及墓（故居新增）	民国	文昌中路十巷16号、黄金坝西北	近现代重要史迹及代表性建筑	市级	1962	故居保存完好，墓地周围建住宅楼，环境遭到严重破坏
22	徐园	民国	瘦西湖内	近现代重要史迹及代表性建筑	市级	1962	保存较好
23	凫庄	民国	瘦西湖内	近现代重要史迹及代表性建筑	市级	1962	保存较好
24	蜀井	唐	邗沟中学内	古建筑	市级	2008	保存较好
25	迎恩桥（俗称“凤凰桥”）	清	漕河上	古建筑	市级	2008	现为砖石拱桥，保存完好
26	扬州麦粉厂旧址	民国	便益门广场	近现代重要史迹及代表性建筑	市级	2008	大楼建筑中西合璧，南向，砖木结构，面阔九间，进深四间。现保存有该厂当年使用的一台德国西门子发电机

第六节　非物质文化遗产

一、地名传说

壁虎坝　湾头镇旧有一座大坝，相传是明初御史中丞刘基(刘伯温)治水时，为防止甘棠湖(今邵伯湖)水泛滥南泻危及扬州而筑。坝筑成后，在坝头上放置两只石壁虎，以为镇邪之用，故名“壁虎坝”。据说，运河水如超过此坝淹石壁虎，扬州就会被淹。到清代，扬州盐业发达，盐商云集，所有运盐的船只大多停泊在湾头码头。传说这两只蹲在坝头上的石壁虎，后来成精，能走动，经常跑到盐船偷吃盐。一次被盐船上的人发现，便拿起大铁锹猛劈壁虎，结果将其中一只壁虎的头斩掉。从此，另一只壁虎再也不敢到盐船上偷盐。今坝不复存在，但那只被斩头的石壁虎，仍蹲在坝头；另一只未损伤的壁虎，“文化大革命”期间丢失。

黄金坝　在扬州还靠近大海的时候，有个孤儿叫黄金，靠打鱼为生。一年冬天，他见一个孤苦伶仃的老太婆病了无人照应，便主动用卖鱼的钱为她抓药，并把她当亲奶奶服侍。老人家嘴里乏味想吃鱼，他就带着渔网到结满冰的河里去捕鱼。捕了很长时间，终于在一个没结冰的水洞里捕到一条鲤鱼。回到家里准备杀鱼时，只见这条鱼又眨眼又流泪，小黄金便起了恻隐之心。于是，只取下三片鱼鳞给老奶奶煎汤喝，又将鲤鱼放回河里去了。鲤鱼到了水里就开口对黄金说话：“你真是个好心人，我是龙王三太子，今后你若有难就找我。只要你对着这条河叫我三声，我就来了。”说完尾巴一甩游走了。第二年快秋收时，扬州发大水，成片的成熟稻子受到水淹，且大水不断上涨。此时，黄金就想起龙王三太子，于是就按三太子教给的办法，叫来三太子，要他帮助阻止大水再涨。龙王三太子听后，就给黄金一颗避水珠，并告诉他：“珠子只能放在身上，不能放进嘴里，不然就会变成大拦水坝，永远躺在那儿。”还叫他赶快离开这儿去逃命。黄金拿了避水珠，大水仍在猛涨，他自己虽然未受伤害，但大水吞没了庄稼，淹没了村庄。黄金见此，不忍心让全村人受难，只顾自己逃命。于是，便把避水珠放进嘴里，吞到肚里。顷刻间“轰隆”一声巨响，黄金往下一倒，变成一座很长的大坝，挡住洪水。后来，人们为纪念黄金舍己救人的事迹，就把该坝叫作“黄金坝”。

司徒庙　位于蜀冈西峰大明寺西侧，传说有一千多年历史。庙内供奉着五尊神像，分别姓茅、许、祝、蒋、吴。这五人都无爹无娘，不是历史名人，也不是道教神仙，而是五个结义弟兄，也是五个专在外打架斗殴、拦路抢劫的强徒，所得钱财不少。后来萌发善心，决心要改邪归正。但觉得养成的放荡不羁之恶习难改，必须找一位妈妈管束自己。一天，在路上看到一个讨饭的孤苦老太婆，五人一商量，便把她领回家当妈妈供养，并一致表示不折不扣地听妈妈的话。有了妈妈后，弟兄五位对老人很孝顺，对妈妈说的话唯命是从。妈妈首先叫他们买田种地，做安分人，他们照着做了；叫他们做秧田、下秧、插秧，帮人家插秧，他们也照着办。等到稻子灌足浆、还未完全成熟时，妈妈就叫他们赶快把稻子割了，他们虽然不理解，但是曾说过要“不折不扣地听妈妈的话”，便一齐下田把稻子割回来，妈妈又叫他们把稻子堆起来，并用烂泥将稻堆糊封起来，他们虽不明什么原因，也还是照着做了。一天夜里，只听得窗外“呼——，呼——”，“哗啦，哗啦”的响声，好像刮风下雨。早晨起来一看，满地都是蝗虫，把青草都吃光了。直到中午，蝗虫才飞走。这一场蝗虫灾害使庄稼颗粒无收，连皇帝的御马草都无处去征。弟兄五个打开稻堆一看，稻子全成熟了，一颗不少。于是，便把稻子分给无粮的农民，并给皇帝送去马草。皇帝对他们这种做法很高兴，便封他们弟兄五个为司徒之官。弟兄五人死后，人们为感激他们的救命之恩，旌表他们惜孤敬老的孝心，就为他们建庙供奉，此庙就叫“五位司徒庙”。后因此庙灵验，屡屡有求必应，故又称“五显司徒庙”，简称司徒庙。

秦始皇赶山填海　秦始皇统一中国后，定下治国安邦大略，同时大力发展农业，兴修水利，扩大耕地面积。他看到江北地区全是荒山野岭，田间石块非常多，不能种庄稼，就向苍天祷告：“嬴氏如果有帝王之份，就请赐给我神鞭，让我能够赶山填海。”上天觉得秦始皇是做好事，于是赐他神鞭。秦始皇就用神鞭把江北地区的山全部赶到海边去填海。后来江北地区一片平地，几乎无山可见，仅存现在的捺山和甘泉山。江北的山被赶到海里填了不少地方，一直填到龙宫边上。老龙王非常忧愁，怕填没自己的宫殿。秦始皇是真命天子，脾气暴躁，龙王也害怕他，不敢和他争辩，只得唉声叹气，无计可施。龙女知道后，对老龙王说自己扮成姑娘，在秦始皇酒里下蒙汗药，让他没有力气去赶山。秦始皇来到老山面前，把山神叫出来，一看原来老山山神是个女的，就叫她去填海。山神说自己是万山之母，现年事已高，请皇上开恩。秦始皇便用手中的神鞭抽打了老山一鞭。这一鞭，把老山的帽子抽飞掉了。帽子向东南方向飞快旋转而去，到扬州西郊平山朱塘村才落下来。这个土墩，上面是圆顶，下面是圆形平台，像一个帽子，人们便把这个土墩子起名为"帽儿墩"。秦始皇抽鞭后，还觉得不解恨，继续用神鞭抽打老山。老山两个山头被抽得飞起来，向北飞去，在甘泉镇北边三里路远地方落下来，变成两个圆圆的、鼓鼓的小山头。因为人们忌讳说万山之母的乳房，便给这两座山起名叫"双山子"。老山的肚脐落在山北，孤零零地坐落在那里。当地老百姓都是姓汪的人家，人们就叫它为汪家山。秦始皇把老山抽得七零八落，由于喝醉酒，力道不够，结果山未被赶掉，他气急了，用手尽全力往山上一捺，结果从他手缝里冒出7座墩子，现在甘泉山仍保留着7座山峰。

甘泉水井　甘泉山古井有两千多年历史，古井海拔三十九米，而水位始终保持离井口三四米。井水异常清澈，味甘甜美，无论是生喝还是烧开喝，都有微微甜味。如果用井水泡杨庙的贡品绿茶，那味道更是清香爽口，历来被品茶高人称道。值得称奇的是无论大旱抑或大涝之年，井水水位始终不升不降。甘泉水井被人们称为"天下第七泉"。

图 22-1-8　甘泉井

二、历史人物传说

隋炀帝下扬州　提起隋炀帝，人们总是将其与暴君、荒淫等字眼联系在一起。开凿大运河、看琼花、在扬州时的生活，包括死后下葬这些故事大都说他荒淫无道、残暴殃民，略带褒义的是敕赐禅智寺。

开运河的故事中影响最大、流传最广的当属"麻胡子"故事。隋炀帝下扬州开凿大运河，麻叔谋当监工，每天都要吃蒸熟的小孩。民间便用"麻胡子"来哄吓小孩，小孩哭了、闹了，大人说"麻胡子来了"，小孩就真的不哭不闹了。

扬州人说隋炀帝开运河是为了看琼花。隋炀帝妹妹杨琼长得很漂亮，隋炀帝竟打起妹妹的歪主意，使杨琼羞愤自尽。隋炀帝把妹妹的尸体运到扬州安葬。埋葬的地方，长出一株奇异的花卉，开出几十朵盘子大的花朵，颜色洁白如玉，花团锦簇，花香袭人，人们称之为"琼花"。隋炀帝闻讯来看，花随即凋落。民间又说扬州东门的观郎救活一只受伤的白鹤，后来，观郎结婚时，白鹤衔来一粒种子表示祝贺。种子埋入土里，长出一株琼花，每隔一个小时就变换一种颜色，流光溢彩，赏心悦目，世上独一无二。隋炀帝便来扬州看琼花。琼花不愿意让昏君看见，立即凋零，隋炀帝大怒，拔出剑来砍树。隋炀帝死后，琼花老根上又长出新枝。琼花有十八个花朵、六十四个小花瓣，衍生出当时起兵反隋的所谓"十八路反王，六十四路烟尘"。

隋炀帝来扬州途中有"陆地行舟""隋堤烟柳"之说。陆地行舟是说炀帝用黄豆铺于大堤之表，船行黄豆之上，许多美女赤着脚为他拉纤，拉纤的女子走在上面经常跌跟头，隋炀帝就以此来寻欢取乐。隋堤烟柳是说隋炀帝南下途中骄阳似火，酷热难当，便沿途栽柳，柳树遮阳弊日，隋炀帝赐柳树姓杨。杨柳由此而名。树隋时所栽，柳枝下垂(扬州话里隋、垂同音)，称为垂杨柳。隋炀帝在扬州时的生活有"迷楼""雷塘"之说。迷楼是说隋炀帝行宫深幽曲折，人入其中，难以寻找出路。隋炀帝整天在里面寻欢作乐，迷楼由此而名。雷塘是说隋炀帝死后下葬入土时，天色陡变，雷电交加，三葬三击而暴尸，如此三次，将地面打出三个大塘。后来，人们就将被雷打出的塘都叫作"雷塘"。雷塘之寓意说隋炀帝作恶多端，死无葬身之地。

苏东坡之任扬州 苏轼由颍州转知扬州时，沿途看到庄稼长势很好，便"屏去吏卒，亲入村落，访问父老"。谁知乡亲们面有忧色，话语沉痛，说是丰年还不如凶年好。凶年虽是天灾难熬，只要节衣缩食，还能够将就着糊口；丰年虽然多打点粮食，因为要缴纳历年的积欠(人)，胥吏在门，枷棒在身，反而活不下去。说到伤心处，父老们泪如雨下；听到动情时，苏轼两眼汪汪。赴任路上，苏轼沿淮河而下，一路上面对因躲避官吏催交积欠而远走他乡的流民，再也按捺不住悲愤的心情，他顾不得旅途的疲劳，忘却"乌台诗案"的磨难，连夜挑灯上书，请求朝廷免除积欠。第一次朝廷没有同意，苏东坡再次奋笔上书，终于打动皇帝，免除一年积欠。

朱元璋行乞扬州 朱元璋出身于安徽凤阳一个贫穷人家，曾帮人放过牛，后来父母双亡，便出门以行乞为生。此时，朝廷司天监发现天上多了一颗紫微星，并算出这个星宿应在凤阳朱元璋身上，于是就下令搜捕。但因朱元璋行乞讨饭，行迹无定，难以捕获。

一日，朱元璋讨饭来到扬州，走到今老北门时，只见身后人潮如涌，他不知发生什么事，只是随着人流向北跑。原来是司天监算到朱元璋此时要来这里，派兵追捕来了。追得近了，便有人指着朱元璋说："就是他，抓住他。"传说当时朱元璋才知道是元兵来追捕自己，急忙向左转进小巷逃跑。没跑多远，被一条河流挡住去路，危急之时，他望天说道："老天啊，若我命不该绝，你就现一条路让我过河!"说完只见一对凤凰飞来，头靠头搭成一座桥，他便踏着凤凰过了河。才过河，追兵赶到，凤凰却飞走了，他才脱险。后来朱元璋做了皇帝，便命人在凤凰救过他的地方造了一座桥，桥名就叫"凤凰桥"。

朱元璋脱难后，钻到桑林中躲了一阵，见外面没有动静才继续向北走。心想：我要是有吃有穿躲到一个地方不出来，他们就找不到我了。于是，就走到一个庄子旁，乘无人之机偷了一头牛，准备卖了躲起来过日子。当他把牛牵到今尹家桥时，只见一个农夫急急匆匆跑到他面前，两膝跪下，口称："真命天子在上，您牵的牛是我家的，请您把它还给我吧。"朱元璋问："你怎么知道我是真命天子的?"农夫告诉他是在南边十字路口北街上，一个叫刘基的测字先生告诉他的。朱元璋一听，忙把牛绳往农夫手上一递，转身就往南去找测字先生。当跑到测字地点，刘基已不知去向，一问人，知道向南边走了。于是继续往南追去。走到南城墙南坡下，又被一条河挡住去路，他找刘基心切，便仰天大喊道："苍天，我若真是真命天子，将来该坐天下，你就赶快在河中长出一条路让我过河!"说完，只见河中很快出现一道土坝，他便越过土坝一直向南追。

从此，人们就把农夫遇到朱元璋的桥叫"迎驾桥"，后来周围姓尹的人家多了，便将迎驾桥谐音改叫"尹家桥"，把刘基测字的地方叫"测字街"，把河中长起的坝叫"长沙坝"，后来被叫成"长春坝"。

乾隆叫白果不长心 坐落在古运河东岸五台山上的省复员退伍军人精神病疗养院，原址是香阜寺。香阜寺大殿前有两棵银杏树，是两棵有500年以上树龄的雌树。两棵树虽长在一起，结的白果却不一样。东边一棵所结之果椭圆形，有心。西边一棵所结之果枣核形，无心。西边一棵银杏树所结白果为何无心？香阜寺附近群众有这样一个传说：清代乾隆皇帝南巡时，巡行香阜寺，寺中方丈献上煮白果，乾隆很高兴。但白果吃到嘴里觉得有苦味，便问："这白果怎么这样苦?"方丈告诉他："白果心是苦的。"乾隆说："它不会无心吗?"乾隆所吃的白果是西边树上结的，皇帝金口玉言，乾隆说这话后，西边那棵银杏树所结的白果就没有心了。现在，这两棵银杏树还长在疗养院的后面，被列为扬州市一级保护古树。仍然是西边一棵结的白果无心，东边一棵结的白果有心。

乾隆给廿四桥起名　双桥乡卜桥村有座廿四桥，俗写作“念四桥”。对于廿四桥名字的来由有多种传说。其中一种传说为：清乾隆皇帝巡幸扬州，一天带着娘娘和大臣出外游玩，见到一座桥，他问随行人员：“此桥何名？”众大臣答不出来，大学士纪晓岚知乾隆爱取名题字，便说“此桥尚无名，请皇上赐名吧！”众人见状便随声附和。乾隆很高兴，说：“就以这次游玩的人数定名吧！”于是便把在场的人一数，23个。乾隆正要下旨，娘娘却望着他嫣然一笑，用手指着自己的肚子说：“24(意思是肚里还有一个)。”乾隆一见哈哈大笑说：“24人，此桥就叫‘廿四桥’吧！”

图22-1-9　二十四桥

三、名胜古迹传说

铁佛寺　隋炀帝杨广被部下宇文化及杀死在扬州后，人们把他的尸体装进棺材埋葬。可是，接连三次天雷把埋棺材的地方打出大塘，将棺材打翻出土外。人们不知道这是什么原因，感到束手无策。这时，人群中一个年龄大一些的人想了想，慢吞吞地说：“恐怕皇上是孽龙下凡，作恶太多，邪气太重。老天爷不饶他，叫他死无葬身之地。不过，听说雷不打佛，何不浇铸一尊铁佛，把皇上的棺材埋在下面，再将铁佛放在上面，一方面防雷再打，一方面也叫这孽龙永世不得翻身呢。”大家一听，认为这是个好主意，就照着办了。从此，隋炀帝才得以安葬，没再遭雷打了。后来新建一座庙宇，才将铁佛移至寺中，称为“铁佛寺”。

白　塔　清代乾隆皇帝下江南时，一天在瘦西湖游玩，走到莲性寺前，见到湖中碧波荡漾，岸边水榭亭台，远处山色隐隐，眼前游船悠悠，不禁想起北京的北海，对左右侍臣说：“这里很像北京的琼岛春阴，可惜少了个喇嘛塔。”事后，一个随行太监将这话传给盐商。盐商们为讨得乾隆皇帝欢心，便由肖、刘两个最大的盐商出面，雇人用白盐连夜在莲性寺西堆成一座白塔，远看与北京北海的白塔差不多。第二天早晨乾隆起床，看到这里出现白塔，惊叹不已，说：“昨天朕说这里要有一座白塔就更美了，怎么一夜之间这里便出现了白塔？”太监回禀：“想是盐商们听了皇上的话后，连夜建造的。”乾隆说：“人们说扬州盐商富甲天下，看来名不虚传。替朕传旨嘉奖！”说完也没到塔前细看，便带着嫔妃乘龙舟下江南了。乾隆走后，盐商们赶紧备料动工，在假白塔之处兴建了一座真白塔。

竹西故事　唐代大诗人杜牧寓居扬州禅智寺时，有诗曰：“谁知竹西路，歌吹是扬州。”杜诗影响深远，人们自此将古城扬州北郊蜀冈中峰向东至湾头的地域称为竹西，禅智寺旋改为竹西寺，杜牧吟诗的小道被称作竹西路，后又几番修建竹西亭。宋姜夔词《扬州慢》中称“淮左名都，竹西佳处”，竹西更成为扬州古城代名词。

古时竹西是一处美丽而又神奇的地方，是继杜牧之后文人骚客十分仰慕的文化圣地，自古以来在这里衍生出许许多多动人的故事。这些故事世代相承，体系完整，被人们统称为竹西故事，有的还载于史册。

竹西故事概括自汉以来发端于扬州竹西一带诸多文化现象的精彩篇章，有的依据真实历史事件敷衍而生，有的追随历代千古名篇歌吹而成，有的为民众赞美当地风情联想而出，诸如《大王庙前香火盛》《杜牧诗情绘竹西》《鉴真大云结佛缘》《四相花传佳话》《渔洋神会苏太守》《蜀井传奇乡味浓》等等。

竹西故事，具有巨大的时空跨度、深远的历史影响和优美的文化韵味。它演绎了一方文化，在历史、文化、艺术、民俗等诸多方面具有不菲的价值。

四、其他传说

瓦窑铺的宝塔不见天　元朝末期，扬州有个年轻力壮的烧窑师傅叫王少窑，烧窑技术很高。但因年成不好，很少有人买砖瓦建房。为生活所逼，他便丢下手艺，跑出去跟着朱元璋大将常遇春打天下。

当打到扬州时,见扬州大部分房屋被烧毁,只剩下七八家东倒西歪的房屋。见此,他便暗下决心:有朝一日天下太平,一定要回乡多烧砖瓦,重建扬州。后来,朱元璋做了皇帝,定都南京。一日,朱元璋与王少窑闲谈,问他今后有何打算,王少窑说:“启禀主公,臣今后一辈子为皇上烧窑,定要重建好扬州。”朱元璋把“一辈子烧窑”听成“一辈子效劳”,心里很高兴,连说“好,好!”王少窑一听连忙跪下说:“谢主隆恩。臣明天就回扬州烧窑,一定要把扬州重新建好。”朱元璋这才听清王少窑是要回扬州烧窑,而不是“效劳”终身保朝,顿时心中不乐。因为前面已说过“好”,故不好发作。但心生一计,说:“你回扬州烧窑重建扬州很好,扬州是一座名城,理当建好。你再替朕为扬州百姓烧一座不见天的宝塔,让扬州人见识见识,以表达朕对扬州的关怀。烧成后朕有重赏,若一年内烧不成,提头相见!”说着把脸一沉,脸色十分难看。王少窑领了圣旨,心中犯难。回到扬州后,一边烧制砖瓦重建扬州,一边考虑如何能烧制出一座不见天的宝塔。经过反复思考,终于想出主意,于是便着手制作。他先将窑内打扫干净,窑底填平,然后用揣透踩粘的黄泥在窑内做塔坯。等塔坯干透,再堆柴草烧结,最后浇水冷却。砖塔烧制成功,以土窑为中心,建造一座金碧辉煌的大殿。这样,烧制砖塔的土窑就在大殿之中,然后将土窑全部拆除,砖土运走,让砖塔显露在大殿之中。一座不见天的宝塔终于建成。

这座宝塔由于构思独特,造工精细,塔造成后,消息很快传开,引来扬州四乡八镇乃至扬州府辖八县的人前来观看。朱元璋派人来看后,亦无话可说。从此,瓦窑铺更加出名。

茱　萸　很久以前,湾头镇北面运河北岸的龙王庙里,有个住持和尚,博学多才,知识丰富,天文地理,无所不晓。一天,他算到湾头镇一带要发大水,便告诉当地群众:“某天某日这里要发大水,你们要早作准备啊!”群众听后,少数人相信他的话,事先搬走了。大多数人不相信他的话,仍然住着没动。到住持说的那个时间,天上大雨倾盆,河中恶浪滚滚,很快把整个湾头镇淹得一片汪洋。这时人们才想起住持的话,但后悔晚了。这次水灾过后,随之瘟疫盛行。很多人上吐下泻,又黄又瘦。这时,住持又拿出药草煎汤给大家治病,使得很多人得救。人们病好后,问住持给他们吃的是什么药?住持告诉他们:“这药叫茱萸。”有村民问:“这东西既然治病这么灵,好不好栽?”住持说:“你们是种粮食的,又不是种药材的,问这个做什么?”村民回答说:“这次您用它治好了我们这么多人的病,我们想栽一些,将来遇到别人得这种病,也好给他们治病啊!”住持听了很受感动,于是就找来些鲜茱萸送给村民,并告诉他们栽植的方法。村民们接过茱萸枝,按照住持说的方法,把这些鲜茱萸栽插起来。后来,这里便成为“遍插茱萸”的茱萸村。

五、传统技艺

王氏叠石　平山乡堡城村位于扬州蜀冈上的名刹观音山寺北侧,自隋、唐开始,叠石理水便成为堡城人一项传统技艺。到明、清两代,这项技艺成为堡城人著称于世的绝技。《扬州览胜录》云:“今土人犹称其地为堡城,居民数十户人家,世世以种花(叠石)为业。”

自清乾隆年间以来,扬派叠石尤以陆庄王姓叠石世家最为著名,而王氏家族中,尤以王庭余在同行中名噪一时。

及至清末民国初,堡城以艺花叠石为业者,常以数十人计。工匠中以王长玉名声最大。王长玉出生于清咸丰四年(1854),乃王氏门中堆叠假山的第四代传人。当时以王长玉为首的一批工匠的工艺蜚声大江南北的苏、浙、皖一带。上世纪初,在扬州旧城大汪边、皇宫和新城南河下、东圈门、东关街、左卫街一带居住的达官显贵以及盐商大贾,如黄应泰、周扶九、黄德春、肖玉峰、王柏龄、李长乐等人住宅园林中的假山,大多出于这批工匠之手。

堡城工匠构筑假山,一是在设计上以“师法自然”同“师法前人”并重。他们搜罗不少山水画、动物画和前辈作品为资料,且在施工之余尽量寻找机会,力求驻足名山,细心揣摩,以求博采众长,随处相机运用。他们对选料也相当考究,根据设计要求,多采取富有奇趣韵味的黄山石、太湖石、宣石(雪石)、乌峰石(墨石)等,其中又常以黄山石、太湖石为主。太湖石玲珑剔透、风格挺秀,富有江南山水韵味;黄山石以雄壮浑厚为特点,体现北方风格。南方之秀与北方之雄同踞一园,互相映照,构成扬州假山特色。

至今，每当堡城村王林贵、许安明、许文庆等年迈工匠谈到昔日构筑假山的情景时，都能记忆犹新，讲得神采飞扬，颇为自得。

新中国成立以后，堡城人继承和发展祖辈堆叠假山的技艺。他们神思独运，兼收并蓄，多以石垒石、以石架山。一堆乱石，在他们的巧妙劳作之下，便成为山势险峻奇变、山峦形态生动、山洞曲折迂回的座座假山。加上花木间杂、曲水相映、亭桥点缀，无不令人心旷神怡，遐想万千。致成扬州古典园林建造的一绝。

新中国成立初期至"文化大革命"之前，堡城工匠王再云、王林贵、王富贵、许文庆、许宏琪、陆盛昌、陆胜良、孙德元等人，在堆垒假山的技艺上独步一时，享誉省内外。其中已故工匠王再云(1903～1981年)，被人们誉为现代叠石名师。因他排行第七，故外号人称"王老七"。王再云继承祖业堆叠假山的传统特点，出手泼辣，气势磅礴，浑厚朴实，意境深远，这与扬州画派的风格有着相通之处，并与王氏父辈收集和研究大量扬州历史上四水关、六吊桥、八段景、二十四丛林等风景名胜书画资料密切相关。扬州解放不久，在人民政府重视下，王再云带领30多名堡城叠石工匠，为修复、拯救扬州旧时留下的园林假山作出可贵贡献。

80年代以后，扬州古典园林建筑业再现生机活力，堡城村传统叠石技艺获得新生。以王老七四子王鹤兰(乳名虎头)为代表的一代叠石能工巧匠，重整旗鼓，再操旧业。10多年来，王氏兄弟王鹤仙、王鹤春、王鹤兰等20多名工匠，不仅先后修复"文化大革命"期间惨遭破坏的个园、何园、萃园、小盘谷、大明寺、泰州泰山公园和苏州虎丘等10多处园林假山，而且承建扬州盆景园、史公祠和山东、西安、庐山、北戴河等外省风景名胜区的假山。现在，堡城村叠石后继有人，王氏门中第七代传人正在茁壮成长。王鹤兰之子王鹿枝继承父业，手艺不凡。1989年，王老七孙女婿林能庆随扬州古典园林建设公司赴美国首都华盛顿市中心区，参与世界技术中心大厦中国园林的建造。扬州假山与堡城叠石工匠，已经走出扬州，走向世界。

西湖纸扎　扬州纸扎作为一种行业，早在明清之前已具有相当规模。清人惺庵居士在《望江南百调》中有："扬州好，家祭夹徽扬。鼓伐三通呼就位，灯持五色学跑房，亭设纸猪羊。"这里的"纸猪羊"，即是所谓的纸扎物品。

扬州地区旧式纸扎在五六十年代仍然盛行，"文化大革命"时期作为封建迷信活动受到批判，几近销声匿迹，80年代有所复苏，西湖嵇氏画匠纸扎在维扬一带很有名气。他们的经营范围西至仪征，东到江都，南及瓜洲，北达菱塘。

图22-1-10　纸扎匠人在创作中

西湖嵇氏纸扎，通常分为两大类型。一类是灯笼等日常生活必需品和各种娱玩物品。如到元宵节他们就扎彩灯，清明节扎风筝，中秋节扎风灯宝塔等。这一类产品应季节和节日之需而作。另一类是为丧葬习俗提供的祭祀物品，是常年供应。这类纸扎品有房、箱、柜、库、轿马、船、曹判官、奈何桥、破四门及猪、牛、猫、狗等。另外还有娘娘轿、替身人等专用品。随着时代变迁和发展，迎顾客所需还可以扎制汽车、自行车、各种家用电器等现代化纸扎品。其造型均采用仿真手法，惟妙惟肖。

扬州茶经　扬州饮茶之风可追溯至东晋时期。在宋人编《太平广记》卷七"广陵茶姥姥"条载，茶姥姥“每旦将一器茶卖于市,市人争买”。“味如蒙顶”,再加之天下第五泉的大明寺水,扬州人“烹绿乳于金鼎,泛香膏于玉瓯”。(新罗人崔致远《桂苑笔耕集》)。“金鼎”为煎茶之具,“玉瓯”即为饮茶的玉盏、玉盅之类。它不仅反映扬州人的富有,更体现出扬州饮茶的风尚。唐代时,扬州茶以数量多、质量好闻名海内。唐《封氏闻见录》记载江淮一带运茶盛况。当时运茶车船摩肩接踵,相继不断。位于扬州蜀冈的平山绿茶更是蜚声海内。此处因占气候温和、雨水充沛、土层深厚且是酸性等天时地利之便,其茶品质优良。五代毛文锡《茶谱》中称:“扬州禅智寺,隋之故宫,寺枕蜀冈,有茶园,其味甘香如蒙顶也。”当时蜀冈茶还作为贡品进奉。

宋代,扬州盛产茶,专门作为贡品,贡茶场所在“时会堂”“贡春堂”。《甘泉县志》载:“甘泉县宋时贡茶,皆为蜀冈,甘香如蒙顶。”把蜀冈茶和蒙顶茶并列,可见蜀冈茶当时地位。时任扬州太守大诗人欧阳修特在蜀冈上立“春贡亭”记盛。欧阳修作《时会堂二首》“积雪犹封蒙顶树,惊雷未发建溪春。中州地暖萌芽早,入贡宜先百物新。忆昔尝修守臣职,先春自探两旗开。谁知白首来辞禁,得与金銮赐一杯。”宋代扬州制茶情况可见一斑。

扬州人对茶有一种特殊感情。从古代起,扬州人订婚时,男方向女方下聘,必送茶礼,其中必定有茶,如女方收下,则表示婚事成功。其含义是茶树不能移动,一移即枯,因此以茶相赠,表示男女爱情专一,女方接受,表示坚定不移。

唐代以前,人们饮茶方式大致经历药用(以鲜茶叶煮茶作疗病饮用)、蔬食(将鲜茶叶煮汤带菜一同食用,或在汤中加米、油、盐,煮成茶粥食用)、渴饮(将鲜茶叶洗净晒干,再磨成茶粉泡茶,以茶代酒或饮用解渴)三个阶段。唐代,自陆羽发明煎茶法后,扬州制茶工艺采用当时通常的蒸青法,通过采、蒸、捣、拍、焙、穿、封等工序制作茶饼。饼茶古称团茶、片茶(今称紧压茶)。因茶饼系用带龙纹、凤纹的模子铸成,故名“龙凤团茶”,为皇家御用。现今制作选料考究,要求采摘一芽一叶初展至半展的芽叶,芽叶长度要小于3厘米。据测定,每千克干茶约含芽头8万个左右。此外,还要求不采病虫叶、对夹叶和紫色芽叶。鲜叶分特级、一级、二级。鲜叶采回后分级摊放在清洁无异味的竹匾中,摊放厚度3～4厘米,晴天摊放4小时左右,手工制作,分以下四步工序制成。第一杀青:锅温140～160摄氏度,投叶量300克左右。鲜叶下锅后,采用先抛后闷、抛闷结合的方法,杀青时间3～4分钟,至杀青达到适度时出锅。经摊凉后整形;第二整形初干:锅温80～90摄氏度,投叶后采用抖、带、抓的手法整形,并伴以适当的轻搓,炒至茶叶不粘手时,将锅温降至70摄氏度,以抓、带、捺的手法为主,适当结合抖炒,进一步散发水分,至茶叶达八成干时出锅;第三足干:将初干茶叶用60～70摄氏度的锅温在锅中焙炒,直至足干,出锅摊凉;第四精制:足干后的茶叶用手筛割末,再剔去黄片和杂质后包装储存。

扬州制茶色、香、味俱佳,同时具有牙尖细嫩、条索紧密、匀整重实、滋味醇美的特色。1984年,在省绿茶评审会上,一级炒青获得省优质奖,二级炒青获得省优良奖,并多次作为市政府的珍贵礼品在外事活动中赠送给友好宾朋。1988年,市农业局组织平山、蜀冈、捺山、山河4家茶场共同研制地方高档绿茶“绿杨春”。1991年,经省、市专家鉴定确认达标,定点投入正常生产。现有传承人高级农艺师李顺江、朱俊中等。

竹西谜语 竹西是扬州别称,扬州是谜语故乡之一。南北朝时高爽,是名见史册的首位广陵谜人。书写于今大明寺壁的唐人无名氏字谜:“一人堂堂,二曜重光。泉深尺一,点去冰旁。二人相连,不欠一边。三梁四柱,烈火烘然。除却双钩,两日不全。”(内隐“大明寺水天下无(無)比”)。此谜流畅自然,寓意巧妙,成为唐代谜语代表之作。明代诗人黄周星与诗朋文友在平山堂下建“木兰亭社”,创灯谜酒令以佐觞政。清代,扬州灯谜得以蓬勃发展。嘉道年间先有竹西春社崛起,以扬州方言谐音法制谜,并创作谜,有《竹西春社抄》七卷传世,其独特手法,使江淮一带“薰染邗风,竞起仿之”。

例如,谜面为“三更毛雨步前庄”(猜游戏物品一),即“三根毛羽布钱装”,谜底是“毽子”。再如谜面为“一片丹心后代传”,猜一用物。根据“新赋格”格规,先将谜面以部分同音白字代替成为“一片担心后带船”,谜底为“纤板”,即船民拉纤时搁在胸前承担拉力的木板。

延至民国，又有谜社——竹西后社继起。后社阵容强大，其影响不弱前人，且在谜艺、谜论、谜作上多有所创，既有独特的制谜技艺、欣赏角度、表现手法，又有谜艺理论，制谜主张须“典、浅、显”，提倡“俗不伤雅”，深受市民欢迎，在全国谜坛有着独特的地位，被谜家誉为“竹西谜艺，独步一时”。竹西谜语遂成为谜坛中的专有名词。

第七节　档　案

一、馆室建设

档案馆　区档案馆建于1985年2月。1990年12月，建立区档案局（副科级建制），与区档案馆两块牌子、一套班子。2002年，区档案局升格为正科级建制，为区政府直属事业机构，内设秘书科、业务指导监督科、档案征集编研科。1989～2002年，区档案馆只有库房1间、办公室1间。2005年，区政府投入30万元用于购置服务器及专用软件、复印机、数码摄像机，添置电脑、橱柜、密集架等，调整档案馆用房，馆库面积近600平方米。至2011年，有库房、阅档室、现行文件中心、档案陈列室、办公室、微机室、整理室。

档案室　至2011年，区、乡机关均建立档案室，档案工作由原先各自为政分散立卷到集中统一立卷归档，由分散保管到集中保管，档案门类由原先文书档案扩展到会计档案、专门档案、声像实物档案，结构更趋合理、完整。2007年，社区全部建档，社区档案基本达到制度化、规范化、标准化。2007年，开始“小康示范村”建设，西湖镇金槐村档案管理在全市小康村建设中是最先达到省一级标准的行政村。2009年，城北乡实现所有行政村档案管理达省一星标准。2011年，扬州核威碟形弹簧制造有限公司通过省档案目标管理考评二级验收，中机环建建设工程有限公司档案管理通过省三星验收。

二、管理利用

档案保管　至2011年11月，区档案馆馆藏档案13582卷8300件，馆藏资料853册。主要保管1983年建区后区、乡机关档案48个全宗。根据库房管理“以防为主，防治结合”原则，区档案馆加强对档案保管状况检查，适时采取人工通风、空调调温和去湿机调控温湿度。每年梅雨季节前，更换防霉防蛀药物，确保档案安全，最大限度延长档案寿命。

档案利用　区档案馆面向社会提供档案服务，接待利用者。馆内专门设立现行文件资料服务中心，收集1989年后政策性、法规性、公益性文件，通过开放式检索阅览等多种形式，免费为社会各方面提供优质、高效、便捷服务。制作“八大作者”（中共中央、国务院、省委、省政府、市委、市政府、区委、区政府发文主体）文件目录、全引目录、案卷目录，编制婚姻档案目录、公证档案目录等专题目录。为编史修志、职称评定、工作查考等发挥重要作用。

档案接收　1989～2004年，区档案馆共接收保管1320卷档案。2005年，区档案馆接收5716卷档案。2006年，接收1082卷档案。2009年，接收1862件档案。2011年，区档案馆对区、乡机关档案和撤销单位档案及时接收进馆，共接收档案4586卷6438件。

档案编研　2005年，区档案局全面启动档案编研工作。至2011年，编成《维扬区档案馆指南》《维扬区档案利用效果选编》《扬州市维扬区人民代表大会换届材料》《中国共产党扬州市维扬区党代会换届材料汇编》《扬州市维扬区省、部级以上劳模主要事迹汇编》《维扬民企》《维扬大事记》。

三、档案信息化

网络建设　2005年，区档案局建立网站，上载开放档案目录、现行文件目录、维扬大事记、社区档案建设等。2010年，区政府实行行政权力网上公开运行，把原来独立网删除，在区政府统一网站群里建立新网址，实现网站群里资源共享。

数字化建设　2002 年始，区、乡机关部门全部实现案卷级、文件级目录微机录入。2005 年，馆藏档案数字化工作起步，区档案局添置一台大容量、高性能服务器。馆藏案卷级和文件级目录输入工作全面启动，输入文件级目录 7.55 万条、案卷级目录 5607 条，实现档案检索计算机化。馆藏照片档案和重要档案部分实行数字化处理。

四、培训指导

图 22-1-11　2007 年 8 月 21 日，档案部门工作人员到社区宣传档案法及家庭档案知识

1989～2011 年，结合工作实际，采取以会代训、短期培训、业务讲座等多种形式，开展文书档案、会计档案、科技档案、婚姻档案等业务知识培训。共举办培训班 20 多期，参训近 1000 人。每年采取理论授课与实际操作结合、上门辅导与到馆咨询结合、集中立卷与分散立卷结合，到基层、社区、企业，使基层档案工作做到年年清。每年 6 月对区、乡机关档案实施检查。

五、达标升级

2005 年 9 月，区档案馆通过省二级国家档案馆验收。10 月，平山乡成为市首家省二级乡级综合档案室。2006 年，城北乡政府机关档案室达到省二级标准。2007 年后，全区所有社区率先在全市建档，社区档案基本达到制度化、规范化、标准化；维扬经济开发区档案管理达省三级标准。2011 年 11 月，全区共有 75 家基层单位档案达标，其中 34 家达省级标准、29 家达市级标准、12 家达区级标准。

第八节　史志工作

一、党史编纂

2004 年 6 月，区委党史办公室成立，在区委宣传部挂牌。2006 年 12 月，区委党史办与区地方志办公室合并，在区档案局挂牌，为两块牌子、一套班子。

2005 年，区委宣传部、区委党史办成立《维扬区历史大事记》编委会，并组织专人编写。2009 年 9 月，《维扬区历史大事记》出版发行。大事记时限从 1983 年 3 月(郊区区公所成立)至 2008 年 12 月，计 50.5 万字。全书客观记载全区发生的大事、要事，翔实地反映维扬区在经济、政治、文化、社会建设及党的建设方面取得的重要成就。

2006～2007 年，区委党史办对抗日战争时期人员伤亡和财产损失进行调研。2008 年，区委党史办安排专人整理调研材料，形成维扬区抗战时期人口伤亡和财产损失调研综合卷和专题卷。综合卷内容为：调研报告、统计表(人口伤亡、财产损失)、资料(档案、出版刊物、口述资料)、大事记。专题卷(天宁寺惨案)内容为：调研报告、相关资料(档案、出版刊物、口述资料)。每份调查取证材料注明来路、出处，调查人、证明人、调查单位，每处有签名盖章和日期。

2008 年，区委党史办启动《中共维扬区组织史》(第三卷)编纂工作，与《维扬区大事记》时限同步，延伸至 2008 年。区委党史办通过走访座谈，广泛搜集资料。至 2011 年，完成资料长编和初稿。

2009 年，市委组织部、市委党史办编纂《党徽在新农村闪闪发光》一书，区委党史办承担 6 份先进事迹材料，完成 6 篇人物传记，即《“松子”的风采》(记平山乡朱塘村党支部书记、美迪集团董事长冯远松)、《真心、诚心、实心》(记城北乡三产办主任、槐南村党支部书记刘文才)、《织布机织出新天地》(记扬州市三布纺织有限公司董事长刘贤龙)、《小厂服务高科技》(记扬州核威碟形弹簧制造有限公司董事长俞明华)、《艰苦创业的实干家》(记扬州市金凯利体育用品有限公司总经理周益辉)、《堡城村的创业新星》(记扬州宏福集团董事长尹忠涛)。

二、志鉴编修

方志编纂　1988年12月，成立区地方志编纂委员会，启动《扬州市郊区志》编纂工作。1989年4月，举办修志业务培训班。1989～1992年，编修人员先后两次参加全国地方志业务培训。1990～1994年，进入全面编修阶段。对《扬州市郊区志》纲目反复推敲，征求意见，形成定稿。根据篇、章、节具体内容，分解到各相关部门编写。1995年10月，召开《扬州市郊区志》评审会。1996年10月，《扬州市郊区志》定稿，送交方志出版社出版。是年11月，《扬州市郊区志》出版发行。1997年6月，举行区志首发仪式。《扬州市郊区志》上自吴王夫差筑邗城、开邗沟，下至1988年经济社会发展历程，重点记载新中国建立后郊区39年历史。全书102万字，全方位记载郊区建置沿革、自然地理、政治、经济、人文演变发展过程，突出记载全区经济特色、风景名胜、扬州城最早发源地(邗城)和最繁荣时期(唐朝)扬州城等内容。全书门类齐全，详略得当，突出地方特色。1998年被评为省优秀志书。

2006年12月，启动《维扬区志》续志编修工作，时限为1989～2005年。2007年4月，召开《维扬区志》篇目评审会。2007年5月，召开二轮修志任务分解会议暨业务培训。2010年11月，召开《维扬区志》(1989～2005)总纂纲目评审会。至2011年上半年，资料收集和初稿编写完成90%，篇目分纂完成约50%。后因市区区划调整，维扬区与邗江区合并，编纂工作中断。

年鉴编纂　2005年，全区启动年鉴编纂工作。是年4月，成立《维扬年鉴》编纂委员会，组建年鉴编辑办公室，刘在銮任编委会主任。区委、区政府联合召开《维扬年鉴》编纂工作大会，动员和部署年鉴编纂工作，分解落实各承编单位编纂任务。2005年11月，《维扬年鉴》创刊号出版。至2011年，共出版7部《维扬年鉴》。2008卷《维扬年鉴》获第四届全国年鉴编纂出版质量评比综合奖二等奖、框架设计特等奖、条目编写二等奖等3个奖项。2010卷《维扬年鉴》获第五届全国年鉴编校质量检查评比三等奖。2011卷《维扬年鉴》获第六届全国年鉴编校质量检查评比一等奖，同时获省年鉴评比二等奖和装帧设计奖。

图22-1-12　2005年11月30日，《维扬年鉴》创刊号首发式暨维扬政务网开通仪式

村志编纂　《扬州堡城村志》　堡城村是扬州北郊一个名村，位于蜀冈之上，是邗城发源地。西汉时，是广陵国、江都国都城所在；唐代，是扬州城政治中心——衙城之所在；南宋，是扬州三城之一——堡城所在。该村花木种植有千年历史，自古就有“花木之村”美誉。这里环境优美、古朴，人民生活安康、幸福。《扬州堡城村志》于1998年下半年启动编修。2000年6月，由海潮出版社出版，计15万字。全书突出记载堡城村辉煌的历史、璀璨的名胜古迹、千年花木的传承种植以及传统工艺、古今名人、历代诗文传说，重点记载该村支柱产业汽配工业，并用较大篇幅记载新中国建立后历次运动在一个村的缩影。该书是全省第二部正式出版的村志。2001年，在市社科优秀成果评比中获三等奖。2002年，在市地方志评比中获二等奖。

《扬州沙口村志》　沙口村位于扬州东郊，是西汉枚乘《七发》中描述的“曲江观涛”遗址所在。该书于2001年启动编修。2002年4月出版。全书15万字，对该村文化、交通、商贸业、名胜古迹、蔬菜生产、教育卫生等予以全面记述。该书是继《扬州堡城村志》之后，全省第三部正式出版的村志。2003年，在市社科成果评比中获三等奖。

三、地情书

《绿杨城郭数风流》 1993年，郊区建区10周年时编纂。全书共收录54篇文章，记述全区代表性企事业单位、重要产业和事件，反映郊区建区10年来在经济、社会事业等方面所产生的变化。该书14万字，由江苏文艺出版社出版。省人大常委会主任韩培信、省人大常委会副主任凌启鸿、扬州市委书记姜永荣、市长李炳才为该书题词。

《中共扬州市郊区组织史资料》第二卷 1997年编修。史料年限为1988～1994年，重点记载区党组织、政府行政、地方军事、统一战线、群众团体等机构系统的演变、主要历程和领导人名录。还简介重点企业单位4家、重点事业单位3家。

《群英谱》 是《江苏人民革命斗争群英谱》的一个组成部分，由郊区和广陵区共同承担，书名全称为《江苏人民革命斗争群英谱》(扬州分卷)。1997年启动编修，主要收录第一次国内革命战争、第二次国内革命战争、抗日战争、解放战争期间，普通人民群众革命英勇斗争的故事。2001年5月，由江苏人民出版社出版。

《春满维扬》 2003年3月编写。该画册以新老照片为主、文字为辅，记述全区20年发展历程，反映20年在经济发展、城乡建设、社会事业等方面发生的巨大变化，反映维扬区从农业区向现代工业区、繁荣商贸区的转变，反映全区人民群众基本步入小康的生活现状。

《维扬民企》 2004年12月编写完稿，在全区内部发行。该画册图文结合，收录区民营企业中部分重点骨干企业及极具发展前景和地方特色的单位，记载区民营经济的发展历程，并突出各民营企业所取得的成就。

第二章 体 育

1989～2002年，区体育工作主要由区文教局体卫股负责。2002年，市区区划调整后，成立区体育局(副科级建制)，在区文教局挂牌。2003年后，区相继成立信鸽协会、钓鱼协会、梅岭老年体协、暴走俱乐部、体育总会，各乡镇成立体育分会。2005年，全区建成国家级健身工程1个、省级工程3个、健身点25个。2006年10月，参加省第16届运动会，获金牌1枚，并获省第16届运动会青少年部输送奖第七名、贡献奖第五名。同年，梅岭小学被列为省体育传统项目学校。2007年10月，举办全区首届体育运动会。2008年，建成标准国民体质测试站1个，4个乡镇(街道)建立健身中心，健身场地覆盖全区。各乡镇(街道)、社区实施健身工程(点)建设。2010～2011年，全区有7个健身站点被评为省优秀健身站点。市体操训练基地在梅岭小学建立。梅岭体操队实行“市队区管”。

第一节 体育设施与队伍

一、体育设施

田径场 80年代，学校运动场地基本是泥地。90年代后，全区学校相继建成一批煤渣跑道田径场。其中，邗沟中学、双桥实验小学、汤汪小学各建成200米跑道，西湖中心小学建成250米跑道，西湖中学建成300米跑道，西湖实验学校建成400米跑道。2002～2009年，梅岭小学、竹西小学、维扬实验小学、四季园小学、甘泉小学、扬州新东方中学、甘泉中学先后建成非标准型塑胶跑道田径场。2010年，维扬中学异地新建。翌年，建成400米标准型塑胶跑道田径场。至2011年，全区共建成塑胶跑道田径场8片，实现每所学校建有标准型田径场。

篮球场　1989年前后，全区每所学校建有篮球场，场地基本是泥地，篮板为木质。至2002年，各学校相继建成多个篮球场，均为水泥地场地，篮板为透明有机玻璃。2011年，全区共有露天篮球场34片。

体育馆　1997年，西湖中心小学建成400多平方米室内体训馆，是全区唯一非标准体育馆。2001年，扬州新东方中学改建成体育馆，馆内有标准篮球场1片、乒乓球桌10张。2011年8月，维扬中学新建体育馆，馆内有标准篮球场1片、羽毛球场4片、排球场1片和乒乓球室1间。

其他体育设施　2004年8月，全国第五次体育场地普查，区体育局制定《维扬区体育场地普查实施方案》，全面普查体育场地建设情况，并根据普查结果，督促各相关单位加强体育设施建设。至2009年，全区有其他公益体育场25片；所有社区、乡镇行政村建有娱乐活动室，其中有棋牌室60间、乒乓球桌30张、健身房6间、排球场10片、羽毛球场15片；全民健身点内有单杠、双杠、太空漫步机、多功能训练架、肋木架、平衡木、仰卧起坐平台、平行梯、梅花桩、鞍马训练器、伸腰训练器、压腿训练器、转体训练器、伸展器、臂力训练器等健身器材1000多件。2010年，拆除全区受损健身场地器材，并及时更新，费用在2011年市体育彩票公益金中开支。

二、体育队伍

1989年，全区有中小学体育教师160人，其中专职体育教师48人，占30%；等级裁判员15人。区内组建田径队两支、武术队4支，有运动员200人。2003年，区业余运动队增加到36支，运动员增加到800人；有体育教师158人，其中专职体育教师70人，占44.3%。至2011年，全区有体操队两支、田径队14支、乒乓球队12支、武术队4支、围(象)棋队4支，社区及行政村均成立拔河队、功夫扇表演队、太极拳及太极剑表演队、广场舞表演队等健身队伍。全区有等级裁判员40人，其中乒乓球二级裁判30人、羽毛球二级裁判10人；社会体育指导员502人，其中国家级社会体育指导员两人、国家一级社会体育指导员10人、国家二级社会体育指导员432人、国家三级社会体育指导员58人。

第二节　学校体育

1989～2001年，贯彻落实《学校体育工作条例》，推行国家体育锻炼标准，开展中小学生体育达标活动。各中小学执行体育课程设置计划，落实“两课两操两活动”，每周安排3次以上课外体育活动，保证学生每天有一小时体育活动时间(含体育课)，每年举办一次全区中小学生田径运动会、乒乓球比赛、冬季“三项”活动、中小学生广播体操评比、体育达标评比，每两年开展一次体育教师论文评比、体育优质课评比、体育教师基本功大赛。2002年，市区区划调整，学校体育工作逐步走上规范化、制度化轨道。2003年后，区文教局坚持开展“全国亿万学生阳光体育活动”，执行国家课程标准，保质保量开齐上好每一节体育课。其中，小学1～2年级每周4节体育课，小学3～6年级和初中每周3节体育课，高中每周两节体育课；义务教育阶段学校在没有体育课的当天安排一节体育活动课，所有学校每天上午2～3节课之间有25～30分钟大课间活动，确保学生每天在校有一小时校园体育活动。每年区文教局组织对各学校大课间活动专项检查。2007年，全区启动推行中小学校“体育、艺术2+1”工程(两项体育技能和一项艺术才能)。2008年，50%的学校开展“体育、艺术2+1”工程活动。是年，全区中小学推广全

图22-2-1　2008年11月15日，区中小学生团体操表演在市体育场举行

国第三套广播操，并在竹西小学开展学生冬季跑操活动启动仪式。2009 年，全面实施“体育、艺术 2＋1”工程，各学校按照学生自主性原则，发挥学生主观能动性，学生自己选项，学校统计编班，安排有专长和经验老师上课，让学生真正学到两项体育技能和一项艺术才能。2010 年，提升学校“体育、艺术 2＋1”工程质量，各学校利用体育课、体育活动课、社团活动、兴趣小组开展“体育、艺术 2＋1”工程活动。区文教局分别在维扬实验小学和梅岭小学召开中小学生“做好操”现场会，各校校长到会观摩。同年，为全区中小学配置智能化体质测试器材，改善学校《国家学生体质健康标准》测试条件。2002～2011 年，全面实施《国家学生体质健康标准》，每年 11 月 30 日前各学校将测试数据上报国家数据库，上报率 100％，区文教局每年 12 月组织抽查小组到各学校检查测试数据真实性和上报情况。2011 年，全区各中小学校全面施行国家体育锻炼标准，学生达标人数 4.61 万人，达标率 94％，其中优秀率 10.3％。

2008～2011 年，梅岭小学被评为省级学校群众体育先进单位，维扬实验小学被评为省体育工作先进单位，邗沟中学、竹西小学被评为市体育工作先进学校。

第三节　群众体育

一、农民体育

1989 年前，郊区农村群众性体育活动开展不普及。1991 年，举办区农民运动会，7 个乡镇组队参赛，比赛项目有田径、挑担子、自行车慢骑等，参赛运动员 1000 多人。1992 年后，城北乡、城东乡、西湖镇、双桥乡相继举办乡镇农民运动会及篮球比赛。2009 年，平山乡朱塘村被评为省农民体育先进村。

二、社区体育

2002 年，市区区划调整后，群众体育呈现新的发展势头。是年 6 月，全区举办首届社区文化体育活动巡展，活动项目有晨练会操、乒乓球托球跑、足球射门、自行车慢骑、二龙戏珠、乒乓球击地反弹、投篮、拔河、挥锹掷石等比赛。此后，全区每年举办一次社区文化体育活动巡展，至 2011 年，共举办 9 届，每次参加活动市民均有 3000 多人。2003 年后，每年组织社区近 1000 人参加市一年一度万人长跑活动，均获优秀组织奖。2005 年 5 月，承办“欢乐扬州・扬州市民日”广场棋牌活动。2008 年，双桥社区、西峰社区、竹西社区、广储社区、西华门社区参加“扬州晚报杯”市首届社区运动会，取得优异成绩。2008 年，与区妇联、安平社区联合举办安平社区首届残疾人特殊奥林匹克运动会。2009 年，西湖镇、平山乡分别承办“扬州晚报杯”市第二届社区运动会乡镇选拔赛，在总决赛中两个乡镇取得优异成绩。2009 年，梅岭街道举办首届老年人运动会。同年，平山乡朱塘社区健身指导站、双桥街道新天地健身团、梅岭街道老年体协等 20 个健身站(团)被评为省优秀群众体育健身活动站(团)。

三、全民健身

2002 年，落实《全民健身计划纲要》，将全民健身活动纳入全区体育工作目标。2003 年，组建全民健身队伍，先后在维扬广场、瘦西湖新天地广场、市体育运动中心等地开展晨晚健身活动，每个健身场地都安排两名社会体育指导员指导，每天参加活动人数 1000 人以上。全区有健身操、广场舞、功夫扇、太极拳、太极剑、暴走、空竹、放风筝等健身队伍 60 个。2005 年，乡镇(街道)、社区满足市民健身需要，全部实施健身工程(点)建设。同年，在双桥街道召开全民健身体系现场会，街道被省体育局授予“省全民健身体系先进集体”称号；双桥街道、广储社区、司徒社区被市政府授予群众体育工作先进集体。全国十运会期间，双桥街道被国家体育总局授予全国群众体育工作先进集体。全区有 50 个家庭被评为省健身家庭。2010 年 5 月，举办“久扬杯”区首届钓鱼大赛，活动延续到第二年。2011 年 1 月 1 日，首次举办区“国缘杯”元旦长跑，参加活动近 4000 人。

2006～2011 年，每年组织 1000 多人参加中国扬州鉴真国际马拉松赛，全区组织千人马拉松路段表演队伍及万人观众队伍。2009 年，平山乡被评为省健身活动先进单位。

第四节　竞技体育

一、区内比赛

区首届运动会　2007年10月，举办区首届体育运动会。比赛组别分职工组和学生组。职工组项目有田径、篮球、乒乓球、羽毛球、游泳、围(象)棋、拔河等，学生组项目有田径、篮球、乒乓球、围(象)棋。职工组有区级机关、文教系统、公安系统、5个乡镇(街道)、维扬经济开发区9支代表队；学生组分为小学组、中学组两个组别，小学组有8支代表队，中学组有4支代表队。比赛分为预赛和决赛，参加比赛职工和学生近1000人。运动会开幕式上千名小学生齐做广播操，千名市民表演晨练会操。

中小学生田径运动会　1989年后，全区每年举办1届中小学生田径运动会。比赛分为小学组和中学组。中学组比赛项目有100米、200米、400米、800米、1500米、4×100米接力赛跑，跳高、跳远、三级跳远、铅球、铁饼、标枪径赛；小学甲组比赛项目有60米、100米、200米、400米、800米、4×100米接力赛跑，跳高、跳远、铅球、垒球径赛；小学乙组比赛项目有60米、100米、200米、400米、4×100米接力赛跑，跳高、跳远、垒球径赛。每次参赛运动员有300多人。至2011年，累计参赛近1万人次。2007～2011年，每次中小学生暨教职工运动会举行开幕式。开幕式有仪仗队、运动员进场、特色体育展示、大型团体操表演。表演、展示队伍近3000人，参加开幕式近8000人。

图22-2-2　2007年10月，维扬区举办首届体育运动会

单项比赛　2002年起，全区每年举办1次中小学生乒乓球比赛。比赛分为小学甲组、小学乙组和中学组，每个组别报名不低于4名男生、4名女生。比赛采用分组循环和同名次决赛，参赛学生150多人。每年举办1次中小学生广播操、眼保健操比赛，参赛学生1万多人次。每年举行1次“冬季三项”比赛，项目有跳绳、踢毽子、长跑3项。其中，跳绳有1分钟单摇跳和两分钟双摇跳，踢毽子为两分钟盘踢，每支参赛队人数为5名男生和5名女生，全区参赛140人。每年举办1次教职工运动会，项目有60米、100米、跳远、铅球。比赛分青年组、中年组和老年组3个组别。青年组年龄在35周岁以内，中年组年龄36周岁到45周岁，老年组年龄在46周岁以上，每个年龄组可报两名男生、两名女生，参赛近160人。2011年5月，全区举办幼儿教师健身舞比赛，参赛200多人。

二、市级以上比赛

参加市第十届运动会　2004年10月，区首次组团参加市第十届运动会。区代表团由乒乓球队、围棋队、武术队、游泳队、田径队组成，72名运动员参赛，获9枚金牌、10枚银牌、11枚铜牌，团体总分341分。2009年10月，参加市第11届运动会。区代表团获11枚金牌、14枚银牌、12枚铜牌，团体总分450分，排县(市、区)第五名。区代表团被评为精神文明运动队。

参加市“运河情”中小学生体育艺术节系列比赛　2002～2011年，区文教局每年组队参加市“运河情”中小学生体育艺术节系列比赛。项目有田径、乒乓球、武术、软式排球、篮球、棋类、游泳等，比赛成绩逐年攀升。其中，2005年市中小学生田径运动会，胥扬在少年男子100米决赛中，以11秒4成绩打破11秒5市年龄组纪录；在少年男子200米决赛中，以23秒7成绩打破23秒8市年龄组纪录。倪杰凡在少年女子标枪比赛中，以40.88米成绩打破38.72米市年龄组纪录。金鑫在少年男子800米比赛中，以2分7秒成绩打破2分8秒5市年龄组纪录。这是区参加市级比赛破市年龄组纪录最多一次。

图 22-2-3　2006 年 10 月 16 日，沈康在省 16 届运动会鞍马比赛现场

参加省级比赛　2006 年，区文体局首次组队参加省第 16 届运动会。梅岭小学沈康在男子体操丙组比赛中，获鞍马比赛金牌、双杠比赛第 4 名；花天辉获男子体操丙组鞍马比赛第 8 名，实现维扬区在省运动会上金牌"零"的突破，也实现扬州市参加省运动会体操项目比赛金牌"零"的突破。2010 年 10 月 12 日，梅岭小学二年级学生倪佳诚参加省第十届运动会，最终以 14.50 的高分获得体操男子丙组鞍马金牌，为扬州代表队摘下首金。

三、承办市级比赛

2011 年 7 月，区文教局承办市"局长、四星级校长杯"乒乓球比赛。市教育局和 6 个县(市、区)及全市四星级高中组队参赛。共有 16 支代表队近 100 名运动员参加比赛。

2004 年维扬区参加市第十届运动会成绩一览表

表 22-2-1

比赛项目	创造者	成　　绩	名　　次
少年女子乙组 50 米自由泳	马清泉	41 秒 58	铜牌
乒乓球少年男子单打	蒋默涵	—	铜牌
乒乓球少年女子单打	李舒凡	—	铜牌
武术儿童组男子个人全能、男子剑术	吴智涵	—	金牌
武术儿童组规定拳	吴智涵	—	银牌
武术儿童组男子剑术	尹玉章	—	银牌
武术儿童组男子全能	尹玉章	—	铜牌
武术儿童组女子刀术	李　佳	—	金牌
武术儿童组女子个人全能、女子规定拳	李　佳	—	银牌
武术儿童组女子剑术	柳春艳	—	铜牌
武术儿童组男子刀术	陈璐杰	—	铜牌
田径小学男子组 60 米	陈　凯	7″60	铜牌
田径小学男子组 400 米	贾　鸣	56″70	金牌
田径小学男子组 800 米	贾　鸣	2′18″20	银牌
田径小学男子组跳高	池根林	1.15 米	铜牌
田径小学女子组跳远	董辰辰	4.66 米	银牌
田径小学女子组垒球	朱丹丹	33.43 米	铜牌
田径中学男子组 200 米	胥　扬	23″50	金牌
田径中学男子组 100 米	胥　扬	11″40	银牌

2002～2011 年维扬区小学生乙组田径纪录一览表

表 22-2-2

项　目	成　　绩	创造者	单位	时　间
60 米	8″29	赵　宁	维扬实验小学	2010.10
100 米	13″85	仇　进	维扬实验小学	2009.11
200 米	29″26	宋　辉	四季园小学	2002.10
400 米	1′05″34	丁　友	梅岭小学	2006.11
4×100 米	59″20	—	梅岭小学	2006.11
跳　高	1.27 米	冯有昊	梅岭小学	2010.10
跳　远	4.12 米	陈梦涵	梅岭小学	2008.11
垒　球	47.10 米	潘　曦	凤凰桥小学	2002.10
60 米	8″60	何菁菁(女)	梅岭小学	2005.10
100 米	14″07	柏心悦(女)	梅岭小学	2009.11
200 米	29″50	李安文(女)	梅岭小学	2009.11
400 米	1′09″05	李梦雅(女)	工人子弟小学	2006.11
4×100 米	59″19	—	维扬实验小学	2008.11
跳　高	1.29 米	孔　静(女)	维扬实验小学	2008.11
跳　远	4.33 米	徐羽仪(女)	四季园小学	2002.10
垒　球	39.47 米	董　艳(女)	西湖小学	2009.11

1989～2011 年维扬区小学生甲组田径纪录一览表

表 22-2-3

项　目	成　　绩	创造者	单位	时　间
60 米	7″9	陈祥蔚	工人子弟小学	2004.11
100 米	12″83	许　愿	工人子弟小学	2006.11
200 米	27″34	顾　昊	梅岭小学	2008.11
400 米	1′02″31	宋　辉	四季园小学	2003.1
800 米	2′30″18	刘雨林	梅岭小学	2002.1
1500 米	5′39″25	曹　杰	沙口小学	1990.1
4×100 米	56″36	—	梅岭小学	2010.10
跳　高	1.44 米	于星宇	梅岭小学	2008.11
跳　远	4.96 米	朱德智	沙口小学	1992.6
铅　球	12.68 米	陈庚俊	梅岭小学	2002.4
垒　球	59.63 米	郑　刚	维扬实验小学	2002.1
60 米	8″25	李安文	梅岭小学	2010.1
100 米	13″43	李安文	梅岭小学	2010.1

续表 22-2-3

项目	成绩	创造者	单位	时间
200 米	28″19	王倩倩(女)	竹西小学	2010.1
400 米	1′03″9	吴逸驰(女)	沙口小学	2001.4
800 米	2′30″	马　欣(女)	梅岭小学	2006.11
4×100 米	57″65	—	梅岭小学	2010.1
跳　高	1.31 米	朱　璇(女)	梅岭小学	2008.11
跳　远	4.59 米	李思洁(女)	梅岭小学	2003.1
铅　球	9.58 米	倪杰凡(女)	梅岭小学	2002.1
垒　球	49.66 米	董　廉(女)	梅岭小学	2003.1

1989～2011 年维扬区中学乙组田径比赛纪录一览表

表 22-2-4

项目	成绩	创造者	单位	时间
100 米	11″85	吴　军	维扬中学	2006.11
200 米	24″05	吴　军	维扬中学	2006.11
400 米	57″46	王洋洋	西湖实验中学	2009.11
800 米	2′14″28	姚　健	新东方中学	2004.11
4×100 米	48″71	—	维扬中学	2006.11
跳　高	1.65 米	陶文峰	汤汪中学	1994.1
跳　远	5.71 米	张正培	西湖实验中学	1997.5
铅　球	11.94 米	刘正兵	新东方中学	2003.1
铁　饼	42.29 米	刘正兵	新东方中学	2003.1
标　枪	53.8 米	陈　兴	西湖实验中学	2006.11
三级跳远	12.15 米	张　强	新东方中学	2004.11
100 米	13″50	杨婧玉(女)	梅苑小学	2003.1
200 米	29″14	陈　露(女)	邗沟中学	2008.11
400 米	1′07″07	赵爱芬(女)	双桥一中	1993.1
800 米	2′39″91	李　燕(女)	西湖实验中学	2004.11
4×100 米	57″05	—	梅苑中学	2004.11
跳　高	1.34 米	邓　婷(女)	新东方中学	2005.1
跳　远	5.07 米	杨　群(女)	西湖实验中学	2005.1
铅　球	9.98 米	倪杰凡(女)	梅苑中学	2004.11
铁　饼	27.97 米	杨　敏(女)	甘泉中学	2010.1
标　枪	45.06 米	倪杰凡(女)	梅苑中学	2005.1

说明：市女子标枪(金)纪录是 41.24 米

1989～2011年维扬区中学甲组田径比赛纪录一览表

表22-2-5

项　目	成　绩	创造者	单位	时　间
100米	11″81	余大鹏	西湖中学	1999.11
200米	24″2	董长亮	西湖中学	1996.1
400米	56″4	董长亮	西湖中学	2001.1
800米	2′13″7	陶玉国	湾头中学	1994.1
1500米	4′48″6	殷京扬	湾头中学	1995.11
4×100米	50″	—	职业中学	2000.1
跳　高	1.66米	陶文峰	汤汪中学	1999.1
跳　远	5.86米	张　庆	市旅游学校	1997.5
铅　球	13.47米	马首超	西湖中学	2001.11
铁　饼	45.30米	吕　健	汤汪中学	1995.11
标　枪	56.42米	吕　健	汤汪中学	1996.1
三级跳远	12.73米	余大鹏	西湖中学	1999.11
100米	13″90	徐　维(女)	市旅游学校	1998.1
200米	28″4	赵爱芬(女)	乐凯中学	1996.1
400米	1′07″42	江福珍(女)	西湖中学	1998.1
800米	2′43″43	丁文兰(女)	宦桥中学	1985.4
1500米	5′23″3	丁文兰(女)	宦桥中学	1985.4
4×100米	57″85	—	市旅游学校	1994.1
跳　高	1.28米	李　芸(女)	市旅游学校	1995.11
跳　远	4.73米	李　莉(女)	市旅游学校	1999.11
铅　球	9.16米	郭云燕(女)	城东中学	1992.1
铁　饼	26.02米	张喜娟(女)	市旅游学校	1999.11
标　枪	29.86米	丁恩芬(女)	西湖实验中学	1995.1

第二十三编

卫 生

1989年，全区有双桥、西湖、城北、城东、湾头、汤汪医院及平山卫生保健所7个乡镇级医疗卫生机构，房屋总面积7200平方米，医疗设备总值17万元。有卫生技术人员273人，服务人口13万人，平均每千人有卫生技术人员2人；病床总数93张，平均每千人有床位0.7张；农村乡镇建有72个村卫生室，有乡村医生148人。1994年7月，在双桥医院基础上成立区人民医院。2002年市区区划调整，城东、湾头、汤汪3个乡镇划归广陵区，广陵区34个居民区划入，服务人口由13万人增加到20万人。同年4月，成立区疾病预防保健中心和西湖、城北两个乡镇卫生保健所。2002年，西湖和城北医院实施股份制改革。2004年，区医院实行租赁经营改革。2006年起，各乡镇（街道）开办社区卫生服务中心，在村、社区设立社区卫生服务站，承担集健康教育、预防、保健、康复、计划生育、基本医疗等“六位一体”社区卫生服务工作。2008年，甘泉街道划入维扬区，服务人口增加到22.9万人，医疗卫生机构新增甘泉卫生保健所和甘泉医院。2008年12月，平山卫生保健所改建为平山社区卫生服务中心。2009年1月，梅岭社区卫生服务中心从区人民医院单设。2011年末，政府回购城北医院、西湖医院和甘泉医院，取消区人民医院设置，全区一级以上医疗卫生机构共有7家，均为公立医疗卫生机构（区疾病预防控制中心、双桥社区卫生服务中心、城北社区卫生服务中心、西湖社区卫生服务中心、梅岭社区卫生服务中心、平山社区卫生服务中心、甘泉社区卫生服务中心），房屋总面积1.66万平方米，医疗设备总值700多万元。有卫生技术人员241人，平均每千人有卫生技术人员1人；设病床84张，平均每千人有床位0.4张；有社区卫生服务站34个，卫生技术人员83人。驻地公办医院4所：市中医院、市第二人民医院、市第三人民医院、市第四人民医院，共有卫生技术人员1189人，床位1200张。区内有民营医院两所：东方医院和玛丽妇科医院，有卫生技术人员427人，床位370张。另有私营个体诊所44家，形成覆盖全区的医疗卫生网络。

1989～2011年，全区疫病发生率逐年下降，天花、鼠疫绝迹，麻风、血吸虫病基本消灭，“三病”（麻疹、白喉、小儿麻痹症）、“两脑”（乙脑、流脑）得到控制，疟疾本地人年发病率从建区前的17%下降到零，每年仅有个别外来人口发病。全区消除旧法接生，所有产妇在医院生养，开展孕产妇建卡、婴幼儿健康体检和妇女病查治。2002年开始，区疾病预防保健中心每年对全区各企业单位职工健康检查。2011年，全区人均寿命增加到72岁。

第一章　机构队伍

第一节　机　构

一、行政机构

1989年，区卫生局单设，为副科级建制。区爱国卫生运动委员会办公室、区血吸虫地方病防治办公室设在区卫生局内。1997年3月，区卫生局升格为正科级建制，设人秘股、医政股、防保股和财务审计股4个股室。10月，局办公地址由双桥路15号迁至双桥路3号，办公用房面积由100平方米增加到250平方米。1999年10月，再迁至扬子江路216号。2003年5月，搬入区政府行政中心办公，设办公室、医政科、防保科3个科室。2010年，增挂“区食品药品监督管理局”牌子。

二、区级医疗卫生机构

区疾病预防控制中心（区预防保健服务中心）　1983年郊区成立时，市卫生防疫站内设郊区分站，负责郊区卫生防疫工作。1989～2002年，郊区卫生防疫工作归市卫生防疫站郊区分站负责，办公地点在国庆路399号，有工作人员12人，设站长室、财务科、计划免疫科、食品卫生科、血地防科。2002年，撤销市卫生防疫站郊区分站，成立区疾病预防控制中心、区预防保健服务中心。

区疾病预防控制中心和区预防保健服务中心实行两块牌子、一套班子。2002年位于念四路。2005年，迁至文汇东路282号，房屋面积1600平方米，核定编制20人，是区卫生局直属全民事业单位。2011年，区疾控中心共有工作人员23人，下设4个职能科室。

区人民医院(双桥街道社区卫生服务中心)　1994年7月，以双桥医院为基础成立区人民医院，核定床位100张。1995年4月，由区财政投入资金250万元建成新门诊楼，总建筑面积3460平方米，主体4层，局部5层。医院占地5900多平方米，建筑面积5000平方米。1996年，美籍华人李长科夫妇，为支持家乡卫生事业，向区人民医院捐资15万元人民币，购置纤维胃镜1台，设置胃镜检查室。1998年，李长科夫妇再度向区人民医院捐赠10万元人民币，添置救护车1部。2002年，有职工87人，其中副主任医师3人、主治医师10人。设有内、外、妇、中医、美容、小儿、手外科、骨科、针灸、五官、牙科等临床科室，有床位44张，年门诊近5万人次，年手术1000人次，住院489人次。2005年，医院实施“风险抵押，租赁经营”改革。2006年4月，国家推行“六位一体”社区卫生服务工作，区人民医院增挂“双桥街道社区卫生服务中心”牌子，承担双桥街道社区卫生服务工作。

2011年，区人民医院共有职工78人，其中副主任医师1人、中级卫生技术人员16人；设床位44张，固定资产1040万元，业务收入941万元。2011年12月，撤销区人民医院，保留双桥街道社区卫生服务中心设置。

三、乡镇(街道)医疗机构

西湖社区卫生服务中心　1988年，西湖卫生院更名为西湖医院。有职工31人，医疗用房1800平方米，位于西湖镇西湖路。1992年，西湖医院聘请名中医高德荣，开设针灸科，采用埋线疗法治疗关节炎等疾病，逐渐成为特色科室。1994年8月，西湖医院与深圳郑文友肿瘤医院合作，开设肿瘤专科。专科收入一度占全院业务总收入三分之二。1996年，增挂“郑文友肿瘤医院扬州分院”牌子。1997年，建预防保健楼1幢520平方米。2002年11月，西湖医院实施股份制改革。同年12月，成立西湖卫生保健所，位于西湖医院内，为全民事业单位，核定编制5人。2011年，门诊3129人次，住院132人次，业务收入321万元。同年12月，政府回购西湖医院，与西湖卫生保健所合并为西湖社区卫生服务中心。

城北社区卫生服务中心　1988年，城北卫生院更名为城北医院，位于黄金坝。1989年，拥有固定资产8.06万元，占地900多平方米，有职工47人，床位28张，设有内科、外科、中医科、口腔科、妇产科、儿科、伤骨科等科室。当年门诊2.63万人次，住院197人次，业务收入32.2万元。1993年，城北医院集资28万元，在史可法路征地2600平方米，建预防保健楼1幢500平方米。同年，区卫生局拨款50万元兴建门诊楼1幢1200平方米。1995年10月，城北医院搬迁入史可法路新址。1996年，城北乡政府投入50万元，兴建3层住院楼1幢1100平方米。2002年11月，城北医院实行股份制改革，有职工55人，设内、外、妇、口腔、中医、推拿、针灸等科室，全年门诊2.33万人次，住院83人次，业务收入135万元。2002年12月，成立城北卫生保健所，位于城北医院内，为全民事业单位，核定编制4人。2007年3月，城北乡政府将三星路21号月明苑202号楼1350平方米房屋划拨给城北卫生保健所使用，区卫生局投入156万元装修。2009年10月，城北乡卫生保健所迁入三星路新址，并从城北医院抽调10人开设内科、外科门诊。是年，城北卫生保健所更名为城北社区卫生服务中心。2011年，政府回购城北医院，有16人并入城北社区卫生服务中心，新开设中医科，业务收入117万元。

图23-1-1　梅岭街道社区卫生服务中心

梅岭社区卫生服务中心　2006年12月，区人民医院抽调12名工作人员在梅岭东路7号成立梅岭社区卫生服务中心。2009年1月，梅岭社区卫生服务中心从区人民医院分离出来，实行单独核算。2011年，政府回购城北医院，部分人员调入城北社区卫生服务中心，其余人员并入梅岭社区卫生服务中心，梅岭社区卫生服务中心迁至史可法路城北医院原址，业务收入616万元。

平山社区卫生服务中心　1990年，区卫生局下拨6万元，在原平山乡政府西侧建平山卫生保健所，有用房9间，面积180平方米。2007年11月，迁至平山堂路平山乡政府旁，面积300平方米，新开设内科、中医科门诊。2008年12月，更名为平山社区卫生服务中心。2011年11月，迁址朱塘路5号，借用平山乡政府1200平方米房屋，开设内科、中医科、康复科等科室及预防保健部。业务收入101万元。

甘泉社区卫生服务中心　1989年，甘泉中心卫生院隶属于邗江区卫生局。1998年，甘泉中心卫生院更名为邗江县第三人民医院。1999年10月，实行民营股份制改革。2002年7月，成立邗江区甘泉中心卫生防疫保健所。2006年，更名为邗江区甘泉社区卫生服务中心。2008年6月，邗江区甘泉街道划归维扬区，邗江区甘泉社区卫生服务中心更名为维扬区甘泉卫生保健所。2008年，省卫生厅补助80万元，甘泉街道补助40万元，在甘泉医院内建300平方米办公楼1幢。12月，保健所迁入新址，负责甘泉街道防疫工作，有职工5人，年业务收入30万元。2011年11月，政府回购甘泉医院，甘泉卫生保健所与甘泉医院合并为甘泉社区卫生服务中心。中心拥有彩色B超、十二导心电图机、血球计数仪、眼科裂隙灯、全自动生化分析仪、纤维胃镜、电刀等1000元以上设备40多台套。

四、村卫生室及社区卫生服务站

1989年初，全区共有72个村卫生室，148名乡村医生。2002年，有24个村卫生室，84名乡村医生。2008年，甘泉街道划入维扬区，村卫生室增加到34个。2007年开始，双桥有4个村卫生室改建为社区卫生服务站，梅岭设立1家社区卫生服务站。2011年，全区所有农村卫生室统一更名为社区卫生服务站，共有34个，卫生技术人员83人。

五、厂、校医务室及个体诊所、门诊部

1989年，郊区有厂、校医务室13家，厂医务室人员主要是部队退伍卫生员。1989年，区卫生局批准设置个体诊所、门诊部4家。主要为口腔诊所、内科诊所、中医诊所及门诊部等，均设置在居民小区附近，方便群众就近看病治疗。2000年以后，随着企业改制，厂医务室逐年减少。至2011年，全区有厂、校医务室6家，有医务工作人员7人。个体诊所、门诊部逐年增多。2011年，全区个体诊所、门诊部发展到44家，其中规模较大的诊所、门诊部有菲特口腔门诊部、刘伟口腔诊所、新北门中医门诊部等，有执业医师56人、执业护士42人。

2011年维扬区个体诊所、门诊部情况一览表

表23-1-1

序号	机构名称	地　址	开办年份
1	江国成中医外科诊所	凤凰桥街22号	1985
2	王益宏口腔诊所	梅岭西路33—4号	1987
3	夏季美中医诊所	北门外大街117号	1989
4	天宝口腔诊所	石油山庄南区2幢101号	1989
5	业强口腔诊所	扬子江北路346号	1989
6	赵建湖中医针灸推拿诊所	扬子江北路孙庄新村21幢110室	1989
7	新北门中医门诊部	友谊路3号	1989
8	美云内科诊所	黄金北路5号104室	1991
9	卫东口腔诊所	梅岭西路9号	1991
10	刘淑贤西医内科诊所	长征西路11号	1992

续表 23-1-1

序号	机构名称	地　　址	开办年份
11	沈文贵口腔诊所	友谊路 218 号	1993
12	利民门诊部	扬子江北路 410 号	1994
13	胡凯口腔诊所	四季园菜场西	1996
14	陈祥口腔诊所	四望亭路 333 号	1998
15	锦旺诊所	友谊路 97 号	2001
16	贾庄蒋庆中医诊所	四望亭路 241 号	2002
17	周文秀西医内科诊所	友谊新村内	2003
18	菲特口腔门诊部	北门外街友好会馆一楼西南	2004
19	江阳门诊部	蜀冈东路 158 号	2004
20	杨正兵儿科诊所	朱塘小区	2004
21	雅洁口腔门诊部	扬子江北路 259 号	2005
22	许瑜友儿科诊所	黄金小区 7 号	2005
23	至佳齿科门诊部	梅岭东路 13 号 201 幢 109—209 室	2005
24	刘伟口腔门诊部	维扬路 309 号	2000
25	王伟仁和内科诊所	扬子江北路五亭龙玩具城南	2006
26	陈木香诊所	莱茵小镇沿河街	2006
27	扬州博士后口腔门诊部	大学北路 159 号	2006
28	杨森云内科诊所	西湖镇西湖路	2006
29	四达中医门诊部	西湖镇四达小区	2006
30	西峰马丰江诊所	西湖镇南街 3 号	2006
31	阳光眼科门诊部	朱塘小区	2007
32	百信缘门诊部	维扬路 212 号	2007
33	传钢诊所	平山乡扬菱公路铁路桥南	2007
34	大德昌中医门诊部	邗江北路山河园小区 7 号楼 282 号	2008
35	菲特口腔锦绣门诊部	四望亭路 488 号 1 幢	2008
36	名流门诊部	康乐街 60 号	2009
37	安祥口腔门诊部	邗沟路 36 号	2009
38	管辉中医诊所	念香苑北大门西侧	2010
39	百草堂中医门诊部	江阳工业园荷叶西路嘉华电气北附属楼	2010
40	皓齿口腔门诊部	梅岭东路 58 号	2010
41	荣康口腔门诊部	海德公园竹园 111 号	2010
42	平祥门诊部	朱塘路满芳庭商铺 104 室	2010
43	邗沟诊所	老虎山路东首	2010
44	亚美口腔门诊部	大学北路 148 号	2011

六、民营医院

2004 年 10 月，东方医院入驻维扬区，位于文昌西路 168 号，占地 1.2 公顷。2001 年，东方医院有 400 多名职工，其中高级职称 40 多人、中级职称 50 多人。设有内科、外科、骨科、妇科、儿科、眼科、口腔科、耳鼻喉科、中医科、肿瘤科、皮肤科、检验科、病理科、影像科等 30 多个临床医技科室，设有 350 多张床位。

2009 年 7 月，扬州玛丽妇科医院入驻维扬区，位于维扬路 234 号，占地 2700 平方米，其中业务用房面积 2600 平方米，床位 20 张。开设妇科、中医科（中医妇科、中医肛肠科）、医学影像科（X 线诊断专业、超声诊断专业、心电诊断专业）、医学检验科、内科、外科等专科。2011 年，玛丽妇科医院有职工 33 人，其中医务人员 27 人、行政后勤管理人员 6 人。

第二节　队　伍

1989 年，区、乡各医疗卫生单位共有职工 301 人，其中卫生技术人员 273 人。1995 年，区人民医院一次引进内科主治医师 3 人、外科主治医师 1 人、中医主治医师 1 人。2000 年，区、乡各医疗卫生单位共有卫生技术人员 476 人，其中高级职称 3 人、中级职称 80 人，本科以上学历 28 人、大专 56 人、中专 270 人。至 2002 年，区、乡各医疗卫生单位共有卫生技术人员 309 人，其中高级职称 5 人、中级职称 37 人、本科以上学历 15 人、大专 92 人、中专 115 人。2002 年 11 月，西湖医院、城北医院改制。2008 年开始，省卫生厅对村卫生室、社区卫生服务站乡村医生进行补偿教育，在扬州卫生学校开办专门学习班，学制 5 年。维扬区有 43 名乡村医生参加，并通过毕业考试。2011 年，全区共有卫生技术人员 429 人，其中高级职称 2 人、中级职称 93 人、初级职称 272 人。区一级医疗卫生单位共有职工 279 人，其中卫生技术人员 241 人；村卫生室、社区卫生服务站卫生技术人员 83 人；个体诊所、门诊部卫生技术人员 98 人；厂、校医务室卫生技术人员 7 人。

2011 年维扬区一级医疗单位职工队伍情况一览表

表 23－1－2　　单位：人

单位名称	职工	卫生技术人员	中级职称人员	护士
区疾病预防控制中心	20	16	3	6
双桥社区卫生服务中心	78	69	25	18
西湖社区卫生服务中心	50	44	6	9
城北社区卫生服务中心	36	31	8	6
梅岭社区卫生服务中心	25	21	5	6
平山社区卫生服务中心	26	22	1	3
甘泉社区卫生服务中心	44	38	8	10
合　计	279	241	56	58

2011 年维扬区村卫生室、社区卫生服务站情况一览表

表 23-1-3

乡镇(街道)	卫生室(站)(个)	卫生技术人员(人)	其中乡村医生(人)	其中执业医师(人)	设备总值(万元)
双桥街道	6	20	7	13	7
西湖镇	8	16	14	2	9
城北乡	5	10	10	—	6
梅岭街道	1	3	—	3	1.5
平山乡	4	8	8	—	5
甘泉街道	10	26	23	3	11
合计	34	83	62	21	39.5

第二章　卫生改革

第一节　乡镇医院综合改革

2002 年 1 月,郊区成立乡镇医院综合改革领导小组,启动乡镇医院综合改革工作。9 月,区卫生局组成两个工作组分赴乡镇医院,开展各医院人、财、物等摸底调查。市华联资产评估公司对西湖医院、城北医院资产评估,西湖医院净资产 80 多万元、城北医院净资产 70 多万元。10 月,西湖医院、城北医院实施资产转让招投标工作。西湖医院院长蒋永华、城北医院院长柏志强先后通过资格审核、职工信任度测评、公开招投标等程序以最高分中标,分别获得西湖医院、城北医院 90%股份。两院其余 10%股份分别为西湖镇政府、城北乡政府所有,并委托中标者经营管理。西湖医院和城北医院成为股份制医院。改制后的乡镇医院名称、性质不变,为非营利性医疗机构,医院净资产转让所得资金实行"乡(镇)有区管",由所在乡镇设立专户专门管理。改制后的乡镇医院职工人员性质保持不变,实行全员聘用合同制。2011 年 11 月,政府回购西湖、城北医院和 2008 年划入的甘泉医院。

第二节　区人民医院经营权改革

2005 年,区政府对区人民医院实行经营权改革。8 月,区人民医院职工代表大会以职工代表投票方式通过"风险抵押、责任承包、两权分离"改制方案,医院全体职工对医院院长公开选聘,选举产生医院新任院长郭黎月。郭黎月与区卫生局签订院长任期目标责任书,并向区卫生局一次性缴纳风险抵押金 80 万元,医院实施风险抵押、责任承包、两权分离的运行机制。改革后,区人民医院依旧保持公立医院性质,财产所有权归区政府,经营权归郭黎月,职工仍保留事业单位性质。2008 年 4 月,因经营不善,区卫生局与郭黎月达成一致意见,提前终止承包经营。

第三章　设施　技术

第一节　卫生设施

80年代，区政府每年安排数十万元资金投入全区各医院基础设施建设和设备更新。主要有B超、心电监护仪、高频电刀、隔室遥控X光机、纤维胃镜、救护车辆等。至2000年，全区医院全部建成新的门诊楼，安装内部通信系统，各科室、门诊与病房实现内部电话通信、会诊，重要检查科室如B超室、透视室、胃镜室、治疗室、输液室、病房安装空调、彩电。2000年以后，各医院配置电脑、内部通信系统、紧急值班救护系统，并与市社保中心、市救护中心联网。2002年4月，区疾控中心成立，添置X光机、恒温箱、冰箱、冰柜等设备以及疫情处理车1辆。2005年，全区拥有医疗设备总价值500多万元，其中专用设备420万元、交通工具20万元、被服用具18万元、病床等其他设备50万元。2008年开始，政府加大对卫生事业的投入，平山、梅岭、城北等医院先后购置数字化X线摄影机(CR)、彩色B超、500毫安X光机、救护车等设备。2011年，全区各医疗卫生单位有救护车2辆、疫情处理车5辆、彩色B超8台、心电图机15台、数字化直接成像系统(DR)1台、数字化X线摄影机(CR)1台、500毫安X光机7台、全自动生化分析仪3台、万能手术床4张以及其他医疗设备，价值700万元。

第二节　医疗技术

内科　1989年以后，医院能诊治部分疑难病及危重患者，可实施上消化道出血、脑血管意外、农药中毒抢救等。开展胸、腹、腰穿刺，胸腔闭式引流。1996年，双桥医院内科启用纤维胃镜，检查上消化道疾病。2005年，彩色B超、半自动生化分析仪、纤维胃镜等为常规检查项目。

外科　1989年以后，医院相继开展阑尾切除、肠部分切除、胆囊切除等手术及多种外伤抢救治疗。2000年起，区人民医院开设胸外科手术、食道癌根治术、腹部手术、结肠癌根治、肛门再造等手术。2011年，双桥社区卫生服务中心，城北、西湖、甘泉医院可以开展一级手术和部分二级手术。

伤骨科　除处理一般骨折、挫伤、扭伤外，能处理肱骨间骨折、复合性外伤，开展骨折切开内固定术、断指再植手术等。

妇产科　1989年，医院能熟练处理难产和妇产科重危症，进行妇产科手术。1995年以后，各医院开设产科，实行新法接生和剖宫产术。2010年后，宫腔镜等设备普遍投入使用，妇科手术、治疗方法有较大改进。

口腔科、五官科　1989年，医院能治疗多种眼部疾病，能实施斜视矫正，睑内外翻及下垂以及白内障手术。1997年，西湖医院采用放射状角膜切开术(RK)开展近视眼矫治术，口腔科开展龋齿修补、残牙拔除、安装义齿等。2005年后，义齿采用烤瓷牙。

医技科室　1989年，各医院添置隔室遥控透视，提高清晰度，减少放射危害。采用B超开展肝、胆、胰、肾、膀胱等脏器疾患常规检查。2009年后，各医院添置全自动生化分析仪，成为检验常规。2011年，肝功能测定、电解质测定、血清生化检验等为常规检查，开展尿妊娠试验、脑脊液、胸水、腹水、痰检验和血型鉴定、血交配试验。

中西医结合　2008年8月，双桥社区卫生服务中心利用中西医结合方法为中风后遗症患者开展康复治疗，住院求医者倍增，占中心住院病人数75%以上。市残联将双桥社区卫生服务中心定

图 23-3-1 2008 年 5 月 9 日,区医务人员进社区为群众疹治眼疾

为康复治疗实习基地。西湖社区卫生服务中心医师高德荣发明穴位埋线疗法治疗风湿痛。双桥街道园林卫生室张致忠采用穴位注射药物方法治疗面神经麻痹。2011 年,各社区卫生服务中心、医院将中医理疗纳入医保项目,除传统的针灸、拔罐、推拿、刮痧、牵引外,磁疗、熏蒸等中医治疗方法逐步推广。

护理 1994 年以后,开始护士执业资格考试,对护理工作实行规范化、执业化管理。2005 年,参加全国卫生专业资格报名考试的护士共 17 人,通过 15 人。2011 年,全区执业护士 58 人。除开展注射、输液、导尿、洗胃等常规护理工作以外,护士和社区医师一起走进社区,为居民建立健康档案,开展健康教育讲座,指导高血压、糖尿病、中风后遗症等慢性病患者建立健康的生活方式,指导中风后遗症患者康复锻炼。

第四章 疾病预防控制

第一节 预防接种

1989 年起,各乡开始集中接种疫苗,并推广实施免疫保偿制,所有儿童实行一次性缴费,定期到所在乡镇医院接种疫苗和体检。1991 年,推广实施一苗一室。1992 年,乙肝疫苗纳入常规疫苗接种,为降低乙型肝炎感染率起到良好作用。1995 年以后,甲肝疫苗纳入常规管理,儿童甲肝发病率大幅度下降。2001 年以后,流腮疫苗、风疹疫苗、水痘疫苗等纳入计划免疫,在学校、幼儿园大规模接种,为控制腮腺炎、风疹、水痘等传染病流行起到良好作用。2010 年,免费疫苗扩大到 15 种。

1989～2011 年维扬区儿童疫苗接种情况一览表

表 23-4-1 单位:%

项目 年份	单苗接种率				四苗率	流脑疫苗接种率	乙脑疫苗接种率
	卡介苗	糖丸	百日破	麻疹疫苗			
1989	88.1	88.98	85.9	93.98	85.8	98.1	95.21
1990	87.89	89.1	86.2	92.8	86.1	97.6	96.88
1991	88.2	92.8	93.6	91.8	87.89	98.2	95.6
1992	90.2	92.8	93.7	92.8	90	97.1	96.2
1993	91.3	92.3	94.6	93.8	91.2	97.5	96.2
1994	92.3	93.5	93.6	94.8	92	96.8	98.8
1995	92.8	93.8	94.3	94.7	92.6	97	98.2
1996	91.8	94.5	93.9	94.8	91.6	97.1	98

续表 23-4-1

项目 年份	单苗接种率				四苗率	流脑疫苗接种率	乙脑疫苗接种率
	卡介苗	糖丸	百日破	麻疹疫苗			
1997	92.3	93.8	94.6	95.9	92	98	98.8
1998	93.4	94	94.5	95.7	93	97.6	96.8
1999	93.8	94.5	95.6	97.8	93.6	95.8	98.9
2000	93.8	94.8	94.6	97.5	93.5	95.6	98.3
2001	97.9	98.8	98.7	98.1	97.8	94.6	95.7
2002	98.6	97.3	94	97.2	94	96.9	95.6
2003	98.5	97.8	93.8	98	94.1	97	95.8
2004	98.6	97.8	94.3	97.9	95.1	97.2	98.2
2005	98.1	98.2	95.2	98.2	94.8	98.1	97.9
2006	99	99	98.6	99.2	97.6	98.6	98
2007	100	99.5	99.8	99.6	98.1	98.5	98.5
2008	100	99.9	99.9	99.7	98.3	98..9	98.6
2009	100	100	99.9	99.4	99.4	99.3	98.7
2010	100	99.8	99.8	99.9	98.7	99.9	98.7
2011	100	99.8	99.8	99.9	99.2	99.8	98.7

第二节　血吸虫病防治

1989～1990 年，每年组织螺情监测检查，未发现螺情和新发病人。1991 年洪灾后，在廖家沟水系发现有钉螺，经检测为阴性，不带有血吸虫；在内河滩仍未发现有活的钉螺报告。每年对新发现有螺区域，使用五氯酚钠、氯硝柳胺等药物喷洒灭螺。2005 年，共查螺 10 万平方米，其中有螺面积 3.2 万平方米，灭螺 3.2 万平方米，共耗用工日 369 个。

2011 年，在城北乡大运河边瓦窑段有螺面积 2.2 万平方米。除灭螺外，还对附近村民开展查病检测，未发现有新发血吸虫病人。

第三节　寄生虫病防治

1989 年，郊区农民钩虫感染率 37.3%。此后，近郊农田改为旱田种蔬菜，人们的卫生意识增强，粪便、水源得到管理，格式化粪池普遍推广，粪便无害化处理，钩虫传播途径被切断，农民钩虫感染率下降。1990 年以后，本地居民不再有疟疾病人出现。2010 年以后，寄生虫病防治主要为查病治病。

第四节　传染病防治

一、抗击“非典”

2003 年 1 月，全国多地发生传染性很强的非典型性肺炎（简称“非典”）疫情，区成立非典防治工作领导小组和疫情应急处理工作组，有计划分层次地开展培训，举办讲座22场，印发宣传材料3万多份。4月23日起，区疾病预防控制中心实行24小时值班制度和零报告制度，开通疫情24小时值班电话，安排专业人员坚守岗位，随时接受群众咨询和举报，处理各类突发事件，严密监控、掌握区内疫情动态，严防疫情发生、扩散和蔓延。对各级政府办公楼、学校、隔离场所等单位和家庭消毒10多万平方米，储备消毒液1000公斤及其他抗击"非典"物资，向市民供应消毒药品1500公斤、消毒工具100多只、医用口罩2000只、医用手套200付，指导各乡镇(街道)、单位购置隔离服、红外测温仪等抗"非典"用具器械。应急处理小组每个人员配备一只随行用品箱和防护服、隔离服、手套、口罩、防护靴等防护用品。9月下旬，建立疫情网络直报系统，全区无"非典"患者。

二、霍乱疫情

2006年7月，在苏北医院就诊的城北乡腹泻病人，采样检验，细菌学培养结果为霍乱弧菌O139阳性。区疾控中心立即组织专业人员赶到现场开展流行病学调查和采样送检，对病人实行在家医学隔离观察。因粪检结果仍为阳性，再次送市第三人民医院隔离治疗。区疾控中心同时调查14名密切接触者，均无腹泻症状；对疫点范围内该组村民开展调查，对村民及上述14名密切接触者进行预防性服药，开展健康教育和环境清理整治工作，有效控制疫情。7月12～13日，病人出院后连续两次粪检，结果阴性，无腹泻、呕吐等症状。15日，病人出院解除隔离。所有密切接触者及疫点范围内村民，自7月7日起连续10日无腹泻症状。7月17日，结束疫情防控。

三、甲流防控

2010年4月下旬，随着全球甲型H1N1流感病例增多和疫情蔓延，区疾控中心加强防范与应对，以学校、社区及人群聚集场所为重点，对49家学校和单位4万人开展疫苗接种。8月16日，发现首例病例。至12月24日10时，全区共发生甲型H1N1流感病例100例，发病率39.95/10万，占传染病总病例22.08%(100/453)，其中危重病例1例、重症病例4例。由市区定点单位集中收治，未发生死亡病例。区疾控中心指导各社区卫生服务中心对新发病例及时开展流行病学调查和密切接触者医学观察工作。各学校报告流感样疫情32起、甲型H1N1流感聚集性病例疫情两起，及时给予有效处置。

1989～2011年维扬区甲乙类传染病总发病情况统计表

表23-4-2 单位:1/10万

年份	发病率	年份	发病率
1989	356.02	2001	223.78
1990	326.12	2002	223.45
1991	330.12	2003	167.11
1992	312.11	2004	223.49
1993	302.22	2005	249.12
1994	289.23	2006	208.16
1995	288.56	2007	199.32
1996	278.89	2008	178.58
1997	282.33	2009	182.94
1998	256.32	2010	120.50
1999	223.45	2011	121.01
2000	224.16		

第五章 卫生监督

第一节 公共场所卫生

1989年,区防疫分站要求凡从事饮食业的饭店、宾馆、招待所、食堂、小吃部等一律配备电子餐具消毒柜或蒸气餐具消毒柜,做到一洗、二过、三消毒,餐具感观状况须光滑、干燥、洁净、无油污、无食物残渣及其他污物。抽样细菌检测,细菌总数不超过每立方厘米3个,大肠杆菌每100立方厘米不超过3个。从业人员全部持当年有效健康证上岗,在岗人员一律统一着装,操作人员需衣帽整洁。饮食单位要做到生熟分开,各项卫生制度上墙;采购人员凭证采购,不购、不用、不卖过期、霉变、来路不明食品,保证人民群众健康安全。防疫部门对饮食单位餐具消毒分类指导,要求城区有锅炉设施的较大饮食单位,以蒸汽消毒法为主,辅以煮沸消毒。对中小型单位、商贩原则上要求以热力消毒为主,确有困难者使用化学消毒法,推广使用消毒液发生器。2011年,维扬区范围内餐饮、公共场所单位1084户,其中餐饮单位609户、公共场所单位475户。餐饮单位有饭店212户、饭馆78户、食堂70户、小吃店249户,公共场所单位有浴室100户、理发美容店175户、旅店145户、茶楼(咖啡馆)29户、歌舞厅13户、酒吧6户、音乐厅3户、游泳场馆2户、健身房1户、游艺厅1户。

第二节 食品卫生

1989年,全区食品从业人员4000多人,体检率97.2%,其中查出“三病”(伤寒、肝炎、痢疾)患者65人,被取消健康证,改调为非接触食品工作。1990年,全区1321家食品生产经营单位从业人员共体检4069人,体检率98.6%,查出患传染病者419人,其中乙型肝炎表面抗原携带者和传染性肝炎患者7人、痢疾患者1人、肺结核患者1人,病者调离率100%。是年,食品卫生监督机构举办各种学习、培训班9期,接受培训2596人次;协助食品从业单位培训76期,接受培训4980人次;举办食品卫生检查员学习培训班1期,接受培训68人。此后,每年体检、年审。2002年,区疾病控制中心对区内涉及有毒有害工种的单位逐一过堂,主动服务,对困难企业予以减免相关费用,共检查53家单位,体检3517人。2011年,体检率97.8%,查出患传染病者219人,其中乙型肝炎表面抗原携带者和传染性肝炎患者7人、痢疾患者3人、肺结核患者1人,病者调离率100%。2011年,除对公共场所、食品经营人员开展体检、对场所审查外,还对从业人员开展职业病防治法、食品卫生法等法律法规培训考试。当年,全区参加培训考试经营者1084人。

第三节 督查与处罚

1989年,卫生防疫部门组织对全区冷饮、饮料、乳制品等食品卫生质量检查,抽查食品生产、销售单位13家,食品卫生学微生物检验食品样品35件。实地检查生产场地卫生状况及卫生设施情况,多数被抽检单位基本符合卫生管理要求,能坚持领取健康证后从业,企业有食品卫生管理人员和产品质量检验机构。检查后,被责令停业整顿3家,销毁变质食品327.5公斤。1990年,监测食品样品总数441件,合格384件,合格率87.1%。依法销毁变质食品1805公斤,取缔无证加工4户,限期整顿改进67户次。1995年以后,全区各食品生产经营单位卫生许可证实行年审制。2002年创建国家卫生城市期间,四望亭路、大虹桥路所有饭店、酒家、小吃部配备灭蝇灯、风幕机、餐具消毒箱、保洁柜等卫生设施,做到餐具消毒,保洁达标。2005 年,区卫生局开展豆制品、卤制品、肉制品专项整治工作。对全区医疗机构专项检查执法 3 次,清理医疗单位不规范行为。2011 年,立案查处卫生违法案件 97 件(其中一般程序 21 件、简易程序 76 件),罚没款 4.86 万元,其中罚款 1 万元以上案件 1 件。一般程序中,餐饮单位 14 件,罚没款 4.36 万元;医疗单位 5 件,罚款 5000 元。简易程序中,餐饮单位 39 件、公共场所单位 16 件、医疗单位 21 件。

第六章　爱国卫生运动

第一节　除“四害”

一、灭蚊

1989 年,区内主要有蚊虫 4 属 13 种:优势蚊种(淡色库蚊)占 54%,中华安蚊占 25.6%,三带喙库蚊占 17.9%,骚扰阿蚊占 2%。每年蚊虫 4 月开始出生,7～9 月为甚,至 11 月末停飞,12 月至次年 3 月为休眠期。1993 年以后,活跃期提前到 6 月中旬,年度密度逐步降低。1991 年,蚊虫密度有所上升。1993 年以后,密度逐年下降。1990 年,开展创建国家卫生城市工作。2003～2011 年,全区蚊密度控制在国家卫生城市标准内。

二、灭鼠

1989 年,区内鼠以褐家鼠为主,占 61%;其次为黄胸鼠,占 9%;小家鼠占 19.8%;黑线姬鼠占 0.3%。1989 年后,每年投入近 5 万元资金,用于购买灭鼠药、鼠笼、鼠夹、粘鼠板等捕鼠器材。在各饭店、饮食店建防鼠板,室外设毒饵站,在城区下水道入口处增设防鼠网等设施,采取防、堵、灭三结合方法消除鼠患。1995～2005 年,共开展大规模灭鼠 16 次,投放鼠药 30 多吨,投放鼠夹 2 万多只、鼠笼 1 万多只、粘鼠板 5 万多张,建毒饵站 5 万多个,灭鼠 30 多万只。1990 年,开展创建国家卫生城市工作。2001～2005 年,鼠密度一直保持在国家卫生城市标准内。2011 年,全区鼠密度 1.8%,低于国家卫生城市标准。

三、灭蝇

1989 年,区内常见蝇种以绿蝇、家蝇、金蝇为优势蝇种,分别占调查总数 39%、25%和 19%,其次为厕蝇、麻蝇等。1999 年以后,家蝇密度有所上升,占到调查总数 25.4%以上。

1989～2005 年,全区灭蝇采取人工喷洒药物,以消除滋生地、改进卫生设施、改造露天粪坑为主要工作措施,遍设垃圾箱、房,苍蝇滋生地明显减少。饭店等公共场所采用电灭蝇灯灭蝇等措施。全区共建垃圾房 316 座,设垃圾桶 1800 多只、果壳箱 2600 多只,公共场所设电子灭蝇灯 5000 多只。每年投入灭蝇用敌敌畏 100 公斤以上,苍蝇密度大幅度下降,控制在国家卫生城市标准以内。2002 年后,由于创建国家卫生城市、文明城市等工作力度加大,卫生环境改善,极少见到绿蝇、金蝇,家蝇密度明显下降。

四、灭蟑

1989 年,老城区、饮食行业蟑螂较多。梅岭一带以美洲大蠊为主,双桥等新区以德国小蠊为主。1995～2005 年,采取打扫卫生和投药相结合方法灭蟑,清卵鞘,揭蟑窝,灭蟑取得明显效果。1999 年以后,大多数家庭已不用老式木制碗柜,地面铺地砖,墙面贴墙砖,蟑螂生活场地减少,加上每年大规模投以“蟑螂光”药品灭蟑,蟑螂数量急剧下降。2002 年,对时代超市等公共场所实施药物集中灭蟑。2005 年,全区共投放灭蟑药毒力岛 1100 支、复方蟑螂光 2600 盒,蟑螂密度大幅度下降,控制在国家卫生城市标准以内。2011 年,100 家餐饮、超市、食品加工等场所调查结果显示,全区蟑螂密度 1%。

第二节　农村改水

1989年，全区各乡镇共有自建自来水厂7座，延伸市区自来水管道58千米。全区有5.2万人饮用自来水，占总人口44.5％。未通上自来水的边远村镇，鼓励农民打深水井饮水。凡打一口水井，村里给予补助20元或砖头200块。居民集中的村庄，由村民小组集中打较大深水井。1991年以后，全区改水工作进度进一步加快，每年新增自来水受益人口5000人以上。至1993年，双桥、城东乡全部普及自来水。1994年以后，区政府加大对西湖、城北、平山等边远乡镇的改水投入，每年投入资金20万～30万元，支持各乡镇自来水改造。1997年10月至2002年1月，相继建成平山朱塘水厂、丁魏水厂等5家乡办、村办自来水厂，新增自来水受益人口2万多人。2002年，新增自来水受益人口3100人，自来水普及率93.8％。2005年，实现“组组通自来水”目标。2005年，全区全部接通市区自来水管道，农村自来水普及率100％。

第三节　农村改厕

1989年以后，各乡镇在审批建房手续时，要求各户缴改厕押金100～1000元。改厕同步到位的，押金发还。新建住房基本达到同步改建三格式无害化户厕要求。对暂不建房农户的简易户厕，由政府支持户厕改造。农户将简易厕所改建成有顶、有盖、有墙、有化粪池、有蹲位的“五有式”卫生厕所的，每户奖励100元，条件好的村和村民小组给予解决用工工资奖励。1991年以后，每年改建卫生户厕2000户。1999年以后，区爱卫办加大对菜地露天粪坑的改造。每改造一个露天粪坑，区财政给予补贴200元。2002年，双桥乡园林村一次性改建露天粪坑近200个，全部改建为三格式无害化粪池，区财政补贴4万多元，乡、村投入近10万元。2005年，全区新增户厕1200户（其中无害化卫生户厕1080户），无害化户厕普及率超过64％，88.9％的露天粪坑改造成三格式无害化粪池卫生厕所。2011年，全区三格式无害化粪池卫生厕所普及率99.1％。

第四节　健康教育

1989～2001年，全区健康教育工作由区卫生局和区文教局共同负责；乡镇由各乡镇医院负责实施；村委会明确分管负责人，由村卫生室负责实施，形成区—乡—村三级健康教育网络。1991年后，区爱卫办围绕创建卫生城市工作，给各家各户发放健康知识读本及宣传材料。1995～2005年，全区发放健康知识读本及宣传材料30多万份，达到每户一份。各村利用妇女代表会、妇女座谈会等形式，对农村育龄妇女开展生育保健宣传。每年在育龄妇女体检时，由乡医院医生分批对育龄妇女集中开展健康知识培训，普及优生优育、妇女五期保健及其他有关疾病防治知识，接受培训或教育人数占育龄妇女的86％以上。全区各村委会或村卫生室设有健康教育宣传栏及读报栏，每季更换内容。2002年10月，区健康教育所设立，有专兼职人员2人。同年5～10月，全区采用问卷式和提问式方法调查200名农民群众，接受健康知识教育信息的家庭占100％；从广播、电视等传媒接受教育的占82％；从宣传材料、知识读本等方面材料接受教育的96％；参加培训，接受医生当面口头健康知识宣传的41％；看宣传栏、读报栏获得健康知识的58％。2005年，双桥、西湖、城北的社区开展以“健康江苏社区行”为主题的健康教育板报联展活动。2011年，100户居民家庭调查结果显示，健康知识知晓率89％、健康行为形成率88％。

第七章 医政药政管理

第一节 医政管理

一、医疗执业管理

医疗机构　1989年,区医疗单位有4种类型:医院、村卫生室、企事业单位自办的医务室(卫生所)、个体诊所(门诊所)。乡镇政府按照一村一室规定,经区卫生局审核批准,设置村卫生室(乡镇卫生院及下伸点所在地一般不设),区卫生局对符合规定的72个村卫生室发给合格证。企事业单位按照厂满300人以上、学校600人以上可设立医务室的规定,经区卫生局审核批准,6家单位设置医务室或卫生所。是年,区卫生局批准开设4家个体诊所,发给个体行医开业执照。1994年2月,区卫生局办理医疗机构执业资格申请、审查、审核、发证工作。此后,每年校验一次,每3年换证1次。

医务人员　1999年5月1日,《中华人民共和国执业医师法》施行。全区首批被认定具有执业(助理)医师资格并取得相应资格证书的有213人,其中卫生系统在职190人(执业医师120人、执业助理医师70人)、离退休15人,系统外在职8人。1999年11月,区卫生局组织首次执业医师资格考试。全区共有15人参加报名,参加执业医师考试9人、执业助理医师考试6人。理论与技能考试合格14人,不合格1人。合格人员参加全国医师资格医学综合理论考试。此后,每年开展医师执业考试,技术考核和理论书面考试合格者取得执业医师资格,经体检合格可以注册为执业医师。1995年12月,全区卫生系统有58名护士参加执业登记注册,并取得卫生部颁发的执业证书。此后,所有新参加工作的护士学校毕业生均需参加执业考试。无执业资格的人员按规定必须调离医疗护理岗位。

医疗市场　1989年起,区卫生局加强对医疗市场管理,设立4名医政监督员、6名基层医政检查员。每年联合公安、工商等部门开展1～2次突击检查。1989～2011年,共取缔非法行医29件。2011年,区卫生监督所对区内118家医疗单位依法开展执业监督检查,责令整改20户,立案查处3件非法行医案件,取缔非法行医,收缴违法药品5箱,处罚3000元。

二、医疗机构达标管理

1989年,区卫生局下达创建文明医院、文明卫生院评分标准。1991年,区卫生局按创建等级医院要求,成立医院分级管理评审领导小组。各医疗单位相应成立创建等级医院工作机构。各单位对照标准,建立健全各项制度,明确各类人员岗位职责,充实卫技人员。加强硬件投入,普遍添置污水处理装置,建合格消毒供应室,落实停电应急措施,添置必要的医疗设备。1994年,双桥、城东、湾头医院达到一级甲等卫生院标准,城北、汤汪、西湖医院达到一级乙等基本标准。1998年以后,等级医院创建工作转入正常化、规范化管理,按等级医院创建标准不断提高内在质量。2011年,全区乡镇(街道)全部建立社区卫生服务中心,中心主任每年均参加省卫生厅举办的学习班和质量管理培训班,区卫生局每年6月、12月组织督查。

三、护理人员素质管理

1989年初,全区一级以上医疗机构护理人员有38人,占卫生技术人员总数13.8%。其中,护师及以上(主管护师、副主任护师)技术职务14人、护士22人、护理员2人。1991年,区卫生局制定基础管理、质量管理、学习管理、安全管理等护理质量考核标准和护理单位质量考核标准。1994年1月,开展护士执业注册及护士执业考试工作。1995～1996年,开展护理技术操作训练,组织3期操作比赛。至2000年,有4名护理人员获得大专文凭。部分人员以脱产或不脱产形式,参加成人夜大、函授等中专医学教育。2000 年，全区共有注册护士 70 人，其中主管护师 9 人、护师 19 人、护士 42 人。大专及以上学历 4 人，占注册护士总数 5.7%。2008～2011 年，全区 6 家乡镇社区卫生服务中心全部实行全年 12 次“三基”(基本理论、基本知识、基本技能)考试。2011 年，全区共有注册护士 79 人，其中主管护师 16 人、护师 21 人、护士 42 人。大专及以上学历 4 人，占注册护士总数 5%。

四、输血管理

1989 年，区各医疗机构输血工作没有统一管理，血源由各医疗单位自筹解决。1992 年，区卫生局规定全区各医院如需临床输血，一律到市红十字血站取血，不得私自找献血员直接输血。1997 年，全区宣传义务献血，机关干部开始无偿义务献血。1998 年起，各医院开展成分输血。此后比例逐年提高。至 2011 年，成分输血比例提高到 50%。

五、医疗纠纷与事故

1988～2000 年，经医疗事故技术鉴定报请区卫生局医政科处理的医疗纠纷 6 件，定为医疗事故的 3 件，其中一级医疗事故 2 件、三级医疗事故 1 件。一部分矛盾比较小的医疗纠纷由单位自行处理。2001～2011 年，全区各社区卫生服务中心、医院共出现两件医疗纠纷，未申请医疗事故技术鉴定。

第二节　药政管理

一、药品质量管理

1989 年，区卫生局有药品监督员 3 人，各医疗单位有兼职药品检查人员 15 人。1989 年，查出不合格药品 53 种次，不合格率 20%，价值 1061.77 元。1990 年 6 月，全区 12 名药品从业人员参加市卫生局培训考核，合格 12 人。1997 年，西湖镇、平山乡统一为村卫生室代购药品率达到 92.4%。2000 年，查出不合格药品 23 种次，不合格率 15%，价值 1645 元。2009 年，实行基本药物集中招标采购制度。2011 年，6 家乡镇社区卫生服务中心和 34 家村(社区)卫生服务站(室)全部实行基本药物集中采购。

二、毒麻药品和精神药品管理

1989 年，对剧毒药品、麻醉药品和精神类药品管理，强调“五专”，即专人保管、专用处方、专用账册、专锁、专柜，麻醉药品放入保险箱。每年检查药品质量，复核毒麻药品使用处方和数量，具有麻醉处方资格的人员定期审核报市卫生局批准。1992 年，贯彻麻醉药品三阶梯止痛疗法，举办学习班，合理使用麻醉药品，保证癌症晚期确需止痛的病人避免疼痛的折磨。2011 年 12 月，市卫生局组织具备麻醉药品和第一类精神药品处方权医师培训，区内 28 名处方医生参加培训，经考核取得合格证书。

第二十四编

社会生活与社会保障

1989～2011年，城乡经济发展迅猛，居民生活水平得到很大提升。2011年，全区农民人均纯收入15379元，是1989年的19.61倍；城镇职工年平均工资34895元，比1989年的1606元增长20.73倍。城乡居民收入提高，城乡居民生活由温饱走向全面小康。居民衣食住行等生活方式发生很大变化，同时直接影响到风俗习惯的改变。

80年代末期，区内开始推行企业职工养老保险制度改革，以与企业制度改革相配套。随后，推行企业职工医疗、工伤、失业、生育等保险制度，实行五保合一。2002年11月，成立区企业退休人员管理服务中心。已经办理退休手续的人员，逐步转移到退休人员常年居住的社区，实行属地化、社会化管理，企业退休职工由单位人变为社会人。

2009年开始，社会养老保险扩大到农村新型养老保险、城镇居民养老保险、事业单位职工养老保险、被征地农民养老保障。随后，又推出城镇居民医疗保障办法、农村新型合作医疗等。1998年，实行城乡最低生活保障办法。至此，社会保障体系逐步建立并日臻完善。

90年代初，国家实行住房公积金制度。1998年，停止住房实施分配，推行住房制度改革，出售公有住房，俗称“房改房”。2000年，在发展房地产业实行住房商品化的同时，实行住房保障制度，对低收入困难家庭，采取经济适用房、定销房、解困房、廉租房等办法，解决不同类型人员住房保障问题。

第一章　社会生活

第一节　居民生活

一、农村居民生活

收入　1989年，全区粮食产量3.54万吨，油料产量606吨，蔬菜产量12.78万吨，生猪出栏总量5.17万头。农民人均纯收入784元。90年代，全区粮食供大于求，大量富余劳动力从第一产业解放出来，促进全区二、三产业发展，农民收入快速增加，生活从温饱型转向基本小康型。1999年，全区农民人均纯收入4204元，是1989年5.36倍。“十五”“十一五”期间，农业和农村经济结构调整取得进展，农产品价格回升，农民所经营的特色农业收入明显提高。同时，农业税费取消，农村从事非农产业的人员增多，工资收入和劳务性收入持续增长，形成多渠道的收入格局，有效地增加农民收入。2011年，全区农民人均纯收入15379元，是1989年的19.61倍。

1989～2011年维扬区农民人均纯收入一览表

表24-1-1　　单位：元

年　份	农民人均纯收入	年　份	农民人均纯收入	年　份	农民人均纯收入
1989	784	1997	3394	2005	7182
1990	884	1998	3893	2006	8030
1991	974	1999	4204	2007	9100
1992	1272	2000	4611	2008	10200
1993	1568	2001	4906	2009	11500
1994	1872	2002	5285	2010	13000
1995	2370	2003	5750	2011	15379
1996	3061	2004	6350		

消费　1989年,全区农民人均生活消费支出812元,生活水平处于贫困型阶段。2007年,农民人均生活消费支出6540元。2011年,全区农民人均生活消费支出9328元,是1989年的11.49倍,生活水平大幅度提高,正全面向小康生活迈进。

【居住】　50年代土基墙、破草房,60年代斗子墙、水泥梁,70年代建瓦房、带走廊,80年代青砖墙、盖楼房,90年代住楼房、讲装潢。90年代后期,部分富裕农民建有别墅住宅楼。2011年,全区农民人均居住消费支出1071.9元,农民人均住房面积44.7平方米,基本实现家家是楼房。住房卫生设施得到改善,农村居民户使用水冲式厕所比例大幅度提高,占71.4%,使用旱厕和无厕所的占28.6%。伴随住房条件改变,管道煤气、液化气等清洁能源取代柴草,成为农民主要生活能源。"十一五"期间,全区重视农村生态环境建设和保护,对供水、排水、环卫等实行综合整治,以实现农村布局优化、道路硬化、村庄绿化、路灯亮化、卫生洁化目标,农民居住环境得到很大改善。

【饮食】　1989年,全区农民人均生活消费总支出812元,其中食品消费支出497.27元,恩格尔系数(食品支出总额占个人消费支出总额的比重)61.24%,人民生活水平还处于贫困阶段。1991年,全区农民人均生活消费总支出705元,其中食品消费支出403.12元,占生活消费支出比重57.18%,人民生活水平处于温饱阶段。2011年,全区农民人均生活消费总支出9328元,其中食品消费支出3634.8元,食品消费支出占生活消费支出比重下降明显,恩格尔系数38.97%,生活处于小康阶段。

饮食结构出现三大变化:以大米为主转向以米面奶五谷杂粮为主,以植物型(瓜菜)为主转向肉食型为主,以吃饱为主转向吃好为主。餐桌上,讲究营养、风味、时鲜,"回归自然"成为食物首选,"肉打滚""猪八样""大鱼大肉猛吃海喝"旧习逐步弱化。

【衣着】　80年代初,年轻的农村居民服装男为中山装,女为大翻领、两用衫;面料多为棉布、的确良、涤卡,颜色以灰蓝色为主。80年代后期,除老年人以外,中青年男装盛行西装,面料讲究;女装色泽鲜艳,款式新颖,开始流行时装。90年代,经济快速发展,市场繁荣,服装式样款式和色调逐渐丰富多彩,式样新,换代快,每年有流行款、流行色。进入21世纪,人们更注重衣服舒适美观、时尚品牌化。1989年,全区农民人均衣着消费支出67.47元。2011年,全区农民人均衣着消费支出729.58元。在衣着消费支出中,购买成衣消费占99.7%。农村居民衣着消费基本实现商品化、成衣化,并逐步向城市化、品牌化迈进。

【耐用消费品】　在居住条件日益改善的同时,农民家庭耐用消费品拥有量不断增加,反映农民家庭生活水平的"三大件"也有变化,70年代为手表、自行车、缝纫机,80年代为冰箱、彩电、洗衣机,90年代为电话、空调、摩托车,进入21世纪为手机、电脑、轿车。

1989～2011年部分年份维扬区百户农民年末耐用消费品拥有量一览表

表24-1-2

项目＼年份	1989	1990	1991	2005	2011
自行车(电动自行车)(辆)	223	235	260	166	169
缝纫机(架)	58	65	52	—	—
收音机(台)	60	53	18	—	—
钟表(只)	278	340	368	—	—
电视机(台)	88	93	93	140	102
录音机(台)	40	43	50	7	2

续表 24-1-2

项目＼年份	1989	1990	1991	2005	2011
电风扇(台)	105	128	143	—	—
电脑(台)	—	—	—	22	65
摩托车(辆)	—	—	—	58	35
洗衣机(台)	—	—	—	110	97
汽车(辆)	—	—	—	4	9
空调(台)	—	—	—	86	90
移动电话(部)	—	—	—	137	305

二、城镇居民生活

收入　1989 年，城镇职工人均工资 1606 元，城镇居民人均收入 986 元。其后，由于工资改革和国家多次增资政策落实到位，以及最低工资标准制度实施，全区职工平均工资水平大幅度提高。2011 年，全区城镇职工人均工资 34895 元，是 1989 年的 21.73 倍。城镇居民人均收入 2.48 万元。

1989～2011 年部分年份维扬区城镇职工工资一览表

表 24-1-3

年份＼项目	国有企业			集体企业			其他经济单位		
	职工总数(人)	工资总额(万元)	平均工资(元)	职工总数(人)	工资总额(万元)	平均工资(元)	职工总数(人)	工资总额(万元)	平均工资(元)
1989	2436	442	1814	5503	769	1397	—	—	—
1990	2638	563	2134	4411	673	1526	—	—	—
1991	2734	603	2206	4547	786	1729	—	—	—
2000	2767	3720	13444	1650	1411	8552	312	237	7596
2005	2870	7567	26366	132	170	12879	8285	9642	11638
2011	14266	70810	49635	1605	3521	21938	16713	55340	33112

消费　由于职工收入增加，职工生活水平不断改善。1989 年，全区城镇居民人均消费支出 1414 元。2007 年，城镇居民人均消费支出 9730 元。2011 年，消费支出 14954 元，比 1989 年增长 9.58 倍(1989 年消费数据均采用市资料)。在居民消费结构中，反映基本生存需要的食品、衣着、家庭日用品等支出所占比重下降。体现享受和发展的医疗保健、教育文化娱乐、交通通信、居住等支出所占比重上升，消费结构日趋合理。

【居住】　1989 年，城镇居民人均住房面积不足 10 平方米。1998 年，实行新的住房分配制度以后，购置房改房、商品房的家庭越来越多，人均使用面积稳步增加，住房配套设施日益完善，居民自有房比重大幅上升，居民居住条件明显改善。2011 年，全区城镇居民人均住房面积 42.6 平方米，比 1989 年增加 32.9 平方米。

【饮食】　80 年代后期，随着城镇居民收入增加和市场商品种类日益丰富，以及定量供应制的逐步取消，居民食品支出逐年增加。城市住户调查资料显示：2011 年，全区城镇居民人均食品支出 5772 元，比 1989 年增长 5.5 倍。从这一段时期居民食品消费轨迹看，食品消费由量的满足向质的追求发展，主食消费比重下降，副食消费比重上升，肉禽蛋、鱼、鲜奶、鲜果等副食消费量加大。

1989 年,城镇居民恩格尔系数 53.9%,居民生活水平处于温饱阶段。2011 年,恩格尔系数下降为 38.6%,居民生活初步进入小康。

【衣着】 随着居民生活水平提高,居民衣着消费发生令人瞩目的变化,在衣着消费不断增长同时,衣着消费由单一、低档向成衣化、时装化、高档化、品牌化发展。衣着面料购买量减少,成衣购买量增加。城市住户调查资料显示:2011 年,城镇居民人均衣着支出 1513 元,比 1989 年增长 3 倍。

【用品】 80 年代后期到 90 年代初期,家用电器消费旺盛,居民家庭设备用品类支出比重基本在 10%以上。随着各种家用电器日益饱和,该项支出占家庭消费支出比重不断下降。2011 年,全区城镇居民人均家庭设备用品及服务支出占消费支出比重 6.3 %,比 1989 年下降 10.6 个百分点。2011 年,全区城镇平均每百户居民家庭拥有彩色电视机 102 台、家用电脑 65 台。

【医疗保健】 90 年代初,城镇单位基本实行公费医疗,居民个人自付医疗费较少,医疗保健支出较低,占消费支出比重低于 1%。1995～1999 年,部分单位实施医疗改革,居民个人自付医疗费有所增加,保健支出开始增加,居民医疗保健支出比重低于 3.5%。2000 年,全面实施医疗改革,居民个人自付医药费支出快速增长。同时,随着居民生活水平提高,人们对自身的健康保健更加重视,各类医疗保健器材和滋补保健品迅速进入普通居民家庭,医疗保健消费成倍增长。2011 年,全区城镇居民人均医疗保健支出 768 元,占消费支出 5.1%,比 1989 年增加 4.8 个百分点。

【交通通信】 1989～1991 年,居民交通通信支出比较平稳,占消费支出 1%～2%之间。1992～1993 年,掀起安装住宅电话、购置摩托车热,居民交通通信支出快速增加。两年间,居民交通通信支出增长 7.8 倍。该项支出占消费支出从 1991 年的 1.5%增加到 1993 年的 8.1%。1994～1999 年,居民交通通信支出比 1993 年有所回落。2000 年,城区相继出现购买移动电话、电动助力车热,居民交通通信支出稳步增长,交通通信支出占消费支出从 1999 年的 5.3%增加至 2011 年的 13.7%。2011 年,全区城镇平均每百户居民家庭拥有家用汽车 9 辆。

【文化娱乐】 1989 年,出现购买彩电热,文化娱乐用品支出迅速增加。1991～1998 年,文化娱乐用品中的录放像机、组合音响开始进入居民家庭,文化娱乐用品支出稳步增长,教育文化娱乐服务支出从 1990 年 7.1%增加到 1998 年的 9.1%。1999 年开始,随着居民收入水平提高,居民家庭消费重心由基本生存资料向发展和享受型资料转移,教育、旅游、健身等精神方面消费越来越普遍。2011 年,全区城镇居民人均教育文化娱乐服务支出 2324 元,占消费支出的16.7%,比 1989 年增长 5.6 倍。

第二节　民风民俗

一、生养婚嫁

生养　随着计划生育政策深入推行,“只生一个好”的观念为群众所接受。旧时“五子”“子孙桶”“小男孩压床”“麒麟送子”等习俗依然存在。不论生男生女,届时均以一盒报喜蛋相赠亲友。旧有的亲友们给产妇“送汤”的做法,也逐步改变为赠送现金让产妇家中人代办。婴儿出生后的“洗三”“满月”“百禄子”“抓周”等礼仪活动,普遍以送新衣取代旧时的送“百家衣”;送营养保健品取代旧时的送“百家饭”;不仅拍纪念照片,更以拍摄录像、制作碟片留作纪念;兴起用剪“满月头”时留下的胎毛制作“胎毛纪念笔”的习俗。

婚嫁　80 年代,适龄男女双方的相识形式多样,除传统的媒人介绍外,还有在报刊等媒体上征婚、专业婚介、地方共青团和妇联等社会团体组织的联欢活动等方式。进入 21 世纪,网上征婚渐成时尚。嫁妆从 80 年代电冰箱、电视机、洗衣机“三大件”,发展到 90 年代金戒指、金项链、金耳环和彩电、全自动洗衣机、双门冰箱、录像机(简称“三金四大件”)。进入 21 世纪,发展为金手链等,富裕人家以房子、小轿车等作嫁妆。

嫁娶当天，接新娘的花轿改为花饰轿车。新娘上轿车前，“哭嫁”“换鞋”等习俗偶尔出现，为新娘“开脸”改为到美容厅化新娘妆，并身着古典旗袍、俏美婚纱和西式礼服到风景区拍摄室内外全套录像。新婚夫妇三天后“回门”改为当天回门，并于回门后赶回男方家举行婚庆晚宴，在饭店酒家设宴招待宾朋，并由专业司仪主持，乐队伴奏，艺人演唱。婚宴间，新娘三换婚纱，全程有录像，并制成碟片作永久纪念。

在农村，由于青年到外地务工较为普遍，不少青年借回乡探亲度假的机会寻找对象，遂出现部分男女青年闪电式结婚的现象。

二、寿诞丧葬

寿诞　随着人们收入增长和生活质量提高，除过生日仍有“男不做三、女不做四”的习俗留存外，年纪逢十的“大生日”仍受到人们格外重视。过70岁以上的“大生日”者仍被尊称为“老寿星”。届时，女儿女婿给“老寿星”的祝寿礼多不是旧时的“一担挑”，而是为父母买几套品牌新衣服和一些高档保健营养品；散发给亲友的寿筷、寿碗、寿面变更为发寿筷、寿碗、寿桃、寿面(常为挂面、方便面)。受赠者仍称之为“讨老寿”。讲究的人家多在饭店酒家举办寿宴，届时亦有专业司仪、乐队、艺人服务。凡年逾99岁的老人过寿，地方政府相关负责人均登门祝寿，送上花篮和祝寿金以表敬老之意。

丧葬　80年代后，“厚养薄葬”的新风得到提倡推广。木葬禁绝，为老年人预做寿衣等做法逐渐淡化。随着公墓墓穴价格上涨，提前为老年人买墓穴的做法渐有流行。丧葬礼仪大为简化，“烧七”习俗仍存，但不再有“提哭丧棒”“立殃榜”“回避”等做法。城乡各地，出现殡葬礼仪专业户，为丧家代办租用人造玻璃“尸罩”、采购“孝布”、联系“吹鼓手”和唱“丧戏”“代哭”以及代写挽联、代办花圈和花篮等事宜。家人“戴孝”的形式多仅以黑袖章套于左臂，且仅持续到六个“七期”而已。前来吊唁的亲友多以现金为“小人情”，丧家的“回礼”也从两条毛巾改为一套日常洗漱用品、一壶色拉油、一套床上用品或是等值超市卡等。

三、服饰饮食

服饰　人们衣着习惯，不仅从旧时的“一衣多季”衍变为“一季多衣”，其花色、款式也日渐多样。80年代以后，男子所戴的巾帽从新中国建立初期流行的解放帽、八角帽、绒线帽改为礼帽、棒球帽、太阳帽等，妇女多戴羊毛长围巾、丝巾、纱巾、流苏大披巾等。在服装方面，牛仔服、皮装在男女青年中一度风行，男子长期盛行穿西装，女子流行穿吊带衫、超短裙、露脐装、无袖衫、七分裤等，并不时在花边、绲边、袖长、领口处有所变化。2001年，在上海举行亚太经济合作组织(APEC)会议后，唐装成为男子盛行一时的服装样式。在选取服装面料方面，涤卡、的确良等化纤产品逐渐被淘汰，呢绒毛料不再时兴，代之而起的是麻、皮、全棉、真丝和牛绒、羊绒等时新面料。在旧时的卫生衣裤被淘汰后，手工编织的马海毛、绒线衫裤被机织的羊毛衫裤取代，羊毛衫外穿成为时尚。

90年代后，曾风行一时的塑料凉鞋逐渐被淘汰，连人造革皮鞋也仅在城乡老年人和体力劳动者中被作为雨鞋和工作鞋使用。青年人皆以穿运动鞋、休闲鞋和正装皮鞋为时尚。女青年流行着式样不断更新的高跟皮鞋。21世纪后，女青年夏季流行无后绊式皮凉鞋，冬季流行棉皮靴，并在皮革颜色和类别上常有变化；男子相应流行皮凉鞋和皮棉鞋。人们所穿的袜子也从之前的锦纶袜改为丝袜、球袜、对对袜、棉袜、羊毛袜等，且颜色和图案时有翻新。

90年代起，城乡青年和富裕人家均时兴佩玉戴金，流行的饰物有以佛像、生肖像和吉祥物为图案的琢玉挂件和用黄金、白金制作的项链、手链、耳坠等，老年人时兴戴玉手镯、银手镯等，青年女子还青睐戴钻石或仿钻石的胸花、发卡、戒指、别花等。近年来，人们又将手表、挂表、皮带扣和皮包、手包作为随身饰品，其样式亦不断更新。

饮食　随着农村城市化进程加快，城乡差别不断缩小，日常食制出现变化。从保健目的出发，主食转向米、面、杂粮综合化；从加强营养出发，菜肴转向野菜野味和精细肉食；从提高饮食美感享受出发，讲究食物科学搭配和色彩的调和鲜明。

图 24-1-1　双桥社区贾庄组 23 号赵宏定一家二十几口人 28 年同吃一锅饭

长期以来,乡间农家凡遇有大事,均须办酒席宴请宾客。90 年代,多在饭店酒家操办。21 世纪初,出现自带炊具、餐具及桌凳,从采买材料到加工、烹调一条龙的"办酒承包组"到农家上门服务,以求门庭兴旺热闹之意。

无论城乡,在宴席中,一些旧时习惯用词有所变更。"上饭"改称"用主食",其内容从单一的米饭改为多样化选择,如"阳春面"改称"常来常往","面疙瘩"改称"顺遂","水饺"改称"万万顺""拾元宝"等吉祥说法。在饮酒时,常伴有"交情深,一口闷""只要交情有,喝饮料也算酒""先干为敬"等新酒谚,于热情之中渗透出文明气氛。

90 年代起,洋快餐和方便面等速食食品引入境内,加快人们的生活节奏,受到热捧,尤为青少年学生所喜爱。每至假日,境内大专院校学生常三五相伴,或至快餐店聚餐,或买来方便食品在宿舍中举行"烛光晚餐"。

境内人们喜爱饮茶。80 年代后期,农民不再像旧时用茶叶末子、蚕豆壳子烹茶,而是改为饮用平山绿茶等品级茶叶,且改用玻璃杯、陶瓷杯泡茶。90 年代起,雪碧、可乐等饮料走进城乡寻常人家。2001 年后,饮料品种更为丰富,各种奶制饮料、果味饮料成为人们的日常饮品。

四、居住行旅

居住　农村旧时多以一个或几个姓氏的家族聚居地为村庄,村庄里散布着一户户农家小屋。80 年代后期,随着农业联产承包责任制的贯彻落实,农民走上致富道路,居住条件逐步改善。90 年代起,农户们流行起"点式洋楼房,室外带装潢",水、电、液化气、电话及彩电全部配套进户,有些人家还用上录像机、组合音响等新型家用电器。21 世纪后,兴办经济技术开发区,农户拆迁后建成新型的别墅式住宅小区。城区兴建不少商品楼,公寓式住宅等都市新概念融进人们的居住意识。

农民建房时,除旧时"女儿女婿一担挑""上梁撒糕馒""办上梁酒"等有利于欢乐和谐气氛的一些习俗尚有简约传承外,其余旧习俗多消除。室内装潢成为人们新购、新建房屋后的重点项目之一。2010 年后,采用新型环保、节能的建筑装潢材料成为新的时尚,体现人们环保、节能意识的增强。同时,字画作品、艺术窗帘的广泛流行,更增添境内古代文化和现代文明相结合的环境氛围。

80 年代,境内家庭开始流行沙发、装饰橱、书橱等。90 年代,时兴在装潢时按实地尺寸同时打制组合家具,使之与房屋装潢统一风格和色调,并方便置放空调、影碟机、彩电等家用电器。进入 21 世纪后,富裕起来的城乡人民开始用上红木仿古家具、真皮沙发、席梦思床垫以及家庭影院和电脑等家用器具。

行旅　90 年代,境内人们常以自行车、摩托车、出租小轿车代步。进入 21 世纪后,又兴起骑电动自行车代步,私人购买小轿车渐趋增多,同时借助发达的城市公交,人们出行的方式快捷多样。

随着社会交通事业发展,人们不再视外出与回归为大事,也淡化送行、接风等旧习俗。唯遇有参军、赴外地上大学或长期外出工作等情况,亲友之间才邀集迎送。代之而起的是走上小康之路的境内群众对旅游产生较高的热情。人们或由单位组织,或自行到旅行社报名,届时身穿时尚行装,自备相机,奔走中外四方,饱览美好风光。先富起来的"轿车族"青年,更是以"驴友"自我戏称,热衷于组团"自驾游"。

五、岁时节庆

传统节日

【除夕】　在除夕之前的几天中,各家各户仍按旧俗忙于打扫卫生、洗晒衣服被褥等。除乡间少数人家仍自制作"年蒸"点心,或以制好的馅心到饮食店加工成点心外,许多人家改为从饮食店购买现成的点心代替“年蒸”，有的人家甚至从超市购买成箱的速冻点心作“年蒸”。部分老年妇女仍传承着“炒十香菜”的习俗。旧时“送灶神”“祀诸神”“接灶神”“封财门”及祭祖、“辞年”等习俗多消亡，全家人围着火盆守岁之俗被收看中央电视台的春节联欢晚会取代。由于境内城乡经济发展较快，人们手中有钱，心中欢畅，不仅给小孩的压岁钱一年比一年多，而且家家户户燃放烟花、爆竹，预祝新的一年生活更加兴旺。

【春节】　叩头拜年、烧香敬菩萨、请“紫姑”算命祭祖宗等习俗以及不科学、不卫生的“吃隔年陈”、不动刀剪、不扫地及“开财门”等旧俗均遭到摒弃。一些有利于渲染节日气氛、宣传精神文明的新做法，诸如城乡各家各户贴春联、报条，各级领导干部给英雄模范、烈军属和百岁老人拜年并慰问节日加班的职工及公安民警，各单位举行“团拜会”、茶话会、军民联欢会，各乡镇(街道)文化站组织村文艺活动骨干举行文艺演出等，蔚成风气。21世纪以后，用贺年片、电话以及发手机短信代替上门拜年，形成新的时尚。

【元宵节】　民间玩灯活动一直保留。90年代起，纸扎的小型灯盏逐渐被带声电的模压塑料灯盏所取代。进入21世纪，纸扎灯盏以其玲珑剔透的特色又重新受到人们青睐。一些具有较大规模的厂家，专门雇请艺人扎制大中型的主题灯彩供人们欣赏。许多单位和大型店铺还举办灯谜竞猜活动，烘托节日气氛。

【清明节】　清明本是春耕春种的节令，届时并有祭扫祖坟的习俗，现几乎成为人们专事扫墓祭祖的节日。境内各乡村均已将原先散乱在乡间田头的坟墓迁移集中至公共墓地。城乡各户均于清明前后到先人墓地前祭扫，其规格模式亦大为简化，不少青年人敬献一束鲜花于墓前以表达对祖先的缅怀之情。各地党政机关和学校、企业均于清明节期间组织党员、团员和青少年祭扫革命烈士墓，或到革命传统教育基地凭吊革命先烈，接受革命传统和爱国主义教育。旧时的“清明戴柳”多为“清明栽柳”所取代；旧时的放风筝一俗虽仍存在，但因现时的风筝较为精美，故不再断线放飞以“送晦气”，而是及时回收以备再用。

【端午节】　旧时以五月为毒月恶月的观念，以及贴钟馗像和“天师符”、吃“五毒糕”、饮雄黄酒、煽“五毒扇”等陋俗均趋于消亡。一些对下一代关爱的习俗，如在幼儿手腕上套“长命缕”，胸前挂“七彩鸭蛋网”，脊背上悬“绣虎”，让幼儿身穿“虎头兜”和“虎头鞋”，头枕“虎形枕”以及家家包粽子并与亲友互赠品尝等做法仍在传承。特别是端午节前后帮驻军单位包粽子，成为人们慰问人民子弟兵的常见形式，并以此加深军民之间的鱼水情。

图24-1-2　西湖镇传统节日民俗麒麟表演

【中秋节】　家家户户炕烧饼并与亲友互赠品尝，吃月饼，女婿送月饼、红糖、香烟、酒等节礼至岳父母家(俗称“张八月半”)和全家团圆、共赏明月的做法仍在传承。但中秋祭月、摸秋祈子等旧俗已不存。80年代以来，境内群众自发收看中央电视台中秋文艺晚会，届时，常有放焰火和文艺演出助兴，中秋节前夕，亦常有村民和社区组织居民到军营帮子弟兵包烧饼的活动。

【腊八节】　人们多选取各种果实、蔬菜煮成腊八粥全家同食，并与邻里互赠共尝。有些年轻人为图简便，多到商店买听装八宝粥罐头以应时俗。进入21世纪，寺庙施舍腊八粥的做法有所恢复。

新兴节日

【元旦】　90年代起，元旦前，各单位、个人之间有互赠新年挂历和贺年片之俗，有的企业还专门印制带有本企业广告的挂历，配合业务宣传。党政机关忙于年终总结、评比、表彰先进集体和个人。元旦后，境内各级党政领导即组织干部、职工学习贯彻落实党中央和省、市领导的“元旦贺词”精神，谋划新一年工作。

【全民植树节】 自1979年国务院确定每年3月12日为"全民植树节"后，境内地方各级党政领导率先垂范，带领共青团组织和中小学生于此日前后开展义务植树、绿化祖国的活动。

【教师节】 1985年1月21日，全国人大常委会决定以每年9月10日为"中国教师节"。此后每年是日，各级党政机关和学校均召开庆祝大会和教师座谈会，表彰优秀教师，慰问退休老教师。学生们也纷纷向老师敬赠节日贺卡和鲜花，以表尊师之情。

【敬老节】 1988年6月，省人大常委会将每年农历九月初九重阳节定为"敬老节"。每年节日期间，各级党政领导人和各村、社区负责人均携带礼品到敬老院看望孤寡老人，医院亦指派医护人员为老人体检，各级领导干部还到百岁老人、高龄老人及离退休老干部家中慰问，或组织老人外出旅游、观剧聚餐等，以示敬老之心。

外来节日

【情人节】 2月14日，商家开展各类巧克力、葡萄酒、情侣表、情侣包、情侣服饰以及床上用品、玫瑰花等商品专卖促销活动，公共娱乐场所均开设通宵电影、通宵酒会、通宵茶会和通宵舞会专场，婚介所还及时组织相亲会。

【圣诞节】 12月25日，是基督教、天主教认定的耶稣生日。80年代，境内一些外资企业注重此节日庆祝活动。90年代后，商家借此大力促销圣诞树、圣诞礼品以及举行圣诞大餐、圣诞晚会。圣诞节期间，不少人还向朋友发送节日贺卡或在手机上发送问候短信，宠爱小孩的家长们向子女送圣诞礼物。

"母亲节""父亲节""愚人节"等逐渐流行。

六、生产贸易

种植 80年代后，农民重视科学种田。选种和化学肥料改为以购买优良品种为主，落谷、莳秧推广机耕、机种和抛秧等新方法，治虫、施肥均采用化学药剂，灌溉均用电动抽水机，彻底改变旧时"靠天种田望天收"的落后面貌，甩掉农民"头顶黄土背朝天"的劳苦帽子。

养殖 旧时农民养猪和饲养家禽时多为各家分散自养。80年代后，涌现不少饲养专业户，实行科学养殖，大大提高养殖产量，其中一些饲养大户还获得政府表彰的"养猪状元""养鸡能手"等荣誉称号。旧时有一些以捕猎黄鼠狼、野鸭、野鸡为生的农民，遵照保护野生动物法规，或改为以养代捕，实行野生动物家养化，或改行进厂务工。

农时节令

【立夏】 因此日后，天气渐趋炎热，故旧时凡有女儿新出嫁的人家要为女儿"送夏"，以防疰夏。今此俗仍在，但所送夏令用品档次多提升为电风扇、冰箱、空调等家用消暑电器。

【小满】 因此日后，农事进入夏季大忙时期，故大多数工厂企业和建筑工地要暂停工作放几天"忙假"，在外地做工的农村青壮年多将平日积攒的休假集中用于此时，回到家中"过忙"。

【白露、秋分】 旧时人们俗称："白露过后身不露"，指白露后不宜赤膊。又有农谚称："白露过后是秋分，忙过秋收又秋耕。"今因推广联合收割机等农用机械边收边种，农忙时农民的体力消耗和紧张程度大为减轻，故而真正实现"白露过后身不露"。

【小雪】 旧时此日后开始降雪，故农民抓紧利用晴好天气腌制大菜、萝卜干、雪里蕻和咸肉等，以备冬春时期度过"菜荒"之用，俗称"腌咸货"。今因商品大流通保证市场供应，农家也有购买现成的咸货食用。

商贸 1993年，国家政策允许企业职工利用业余时间从事第二职业，使一些有专长的技术能手劳动致富。随着市场经济发展，职工"跳槽"自主择业逐渐成为正常现象。

商店开张，旧时须选"黄道吉日"，并由老板率全体职工在店内供奉的财神像前焚香燃烛。今此俗不存。但多选逢"八"之日开张，以取谐音"发"财之意，并燃放鞭炮以示庆祝。1994年，外来的商业形式连锁"超市"进入扬州，因可以"零距离"自选商品，且价格相对便宜，故受到市民普遍欢迎。2001年，始有大卖场进入境内，随后出现不少大型“超市”，方便城乡人民生活。

2000年以后，各商业银行先后开办“存储卡”业务，并在大型商家开办刷卡消费。此方式既方便，又体面，为时尚者所热衷。

2005～2011年，随着电脑普及，年轻人时兴“网店”订货，由“网店”邮寄货物到家的“网上购物”。

七、游艺竞技

文艺娱乐　80年代，打灯谜、画舫、放风筝、抖空竹、养鸟等传统文艺娱乐形式，逐步恢复流行。90年代初，掀起跳交谊舞和迪斯科、唱卡拉OK的热潮。21世纪后，许多老年人在晨练、晚练时，常以跳自编的广场舞为锻炼主要方式。

90年代初，扬州出现以玩电脑游戏为主的游戏机室，不久发展为“网吧”，供人们上网、聊天、交谊。随着电脑逐步进入许多家庭，上网不仅是青年人的爱好，不少中老年人也步入“网友”队伍。

90年代以后，城乡不少人家先后兴起饲养犬、猫、鱼、龟等宠物的时尚，丰富人们暇余时间文化生活，更让一些“空巢老人”得以消闲添趣。

21世纪后，跳国际标准舞成为城区中青年流行时尚。节日期间，城区常有青年人相约到练歌房“飚歌”，交流感情，增进友谊。

在老人中，还盛行起晨练健身新潮，人们自发地汇合成太极拳、健身舞、健身操、广场舞等各种锻炼项目群体。

竞技博彩　90年代以来，旧时普遍流行于城乡的打纸牌赌钱的陋俗渐渐消亡，出现一批以打麻将为主要形式的棋牌室，供老人们消遣娱乐，其室内多张贴有“文明娱乐”“以牌会友”“禁止赌博”的警示标语。

跳绳、踢毽子等一些传统竞技项目成为中小学校体育考核内容，而拔河、下象棋等一些传统竞技项目，因其简单易行，且不受季节限制，成为各村、社区和企事业单位举行群众性体育比赛主要形式。

第三节　宗　教

一、佛教

大明寺　是全国142座佛教名寺之一，位于蜀冈中峰，因建于南朝宋孝武帝大明元年(457年)，故称大明寺，又曾名为西寺、栖灵寺、法净寺，有教职人员30多人，是全国重点文物保护单位。2001年，被批准为国家AAAA级旅游景区。2003年又被评为市级模范宗教活动场所。

观音禅寺　位于蜀冈东峰，是大江以北的佛门圣地，与江南的大小九华、三茅诸山并称，教职人员数十人。平常观音山清静，每当农历二月、六月、九月十九，即观音诞生日、成道日、出家日香期，远近香客络绎不绝。农历六月十八夜至六月十九，人山人海，比肩接踵，是观音禅寺的一大特色，也成为扬州的一方民俗风情。2011年，观音禅寺住持法融获评“全国创建和谐寺观教堂工作先进个人”称号。

法海寺　位于瘦西湖景区白塔附近，是一座女众道场，教职人员数十人，地方虽不大，但香火旺盛。2011年，法海寺获评“全省创建和谐寺观教堂工作先进集体”。

图24-1-3　2008年3月17日，宗教局领导为清真食品企业颁发清真标志牌

鉴真佛教学院　毗邻大明寺，是国家宗教局批准成立的国家级佛教高等院校，由省佛教协会主

办，扬州大明寺承办。学院占地20.54公顷，建筑面积3.5万平方米，整体设计采用仿唐风格，总投资约4亿元。2003年3月，国家宗教局批复同意筹建鉴真学院，学制4年。2006年、2007年先后招收两年制和一年制本科预科班，人数50人。2008年，面向全国招收本科学生，学制4年，分别开设英语、日语两个专业，形成预科和本科两个教学层次，有学生150人左右。学院旨在培养具有鉴真精神、精通外语，毕业后能从事佛教对外交流、佛经翻译、佛教外语教学等方面的弘法人才。鉴真学院与南京大学中华文化研究院、扬州大学、台湾佛光大学、日本正眼大学等建立合作交流关系。2011年5月，学院主体建筑落成。

二、其他宗教

维扬区没有伊斯兰教场所。2011年，有信教群众829人，其中回族827人，哈萨克族、东乡族各1人。

维扬区没有基督教场所，信众有2000多人。

维扬区没有天主教场所，信众数不详。

维扬区没有道教场所，信众较少，不到10人。

第二章 社会保障

第一节 养老保险

一、机关事业单位养老保险

参保人员 1996年，区劳动人事局制定《扬州市郊区机关事业单位职工实行养老保险制度的实施细则》。同年5月，成立机关事业单位社会保险管理处。6月起，全区机关、社会团体、事业单位和行政性公司中事业性质人员，均实行职工养老保险制度。

2002年，机关与全额拨款事业单位人员暂停参保。此后，参保人员人数下降2000多人。

基金征缴 1996年6月起，实行以在职人员档案工资为缴费基数。1996年6月至2000年8月，机关事业单位养老保险实行全额结算、差额拨付结算办法。2000年9月起，实行收支两条线及全额结算、全额拨付的结算办法，采取银行转账、现金等结算形式的征收模式，由经办机构委托参保单位按时足额发放。

1996～2011年维扬区机关事业单位养老基金征缴比例一览表

表24-2-1 单位：%

执行时间	征缴比例	其中	
		单位征缴比例	个人征缴比例
1996.6～2002.6	23	21	2
2002.7～2005.6	24	21	3
2005.7～2006.6	26	21	5
2006.7～2011.12	28	21	7

1996～2011年维扬区机关事业单位养老保险基金收支情况一览表

表 24-2-2　　单位：万元

年份＼项目	基金收入	基金支出	当期结余	累计结余
1996	117	65	52	52
1997	248	171	77	129
1998	305	209	96	225
1999	362	421	−59	166
2000	386	299	87	253
2001	356	237	119	372
2002	313	266	47	419
2003	315	234	81	500
2004	378	249	129	629
2005	334	246	88	717
2006	401	269	132	849
2007	503	374	129	978
2008	508	385	123	1101
2009	621	482	139	1240
2010	578	513	65	1305
2011	738	535	203	1508

二、城镇企业职工基本养老保险

参保人员　1989年2月，区企业职工养老保险制度建立，在城镇全民、集体企业推行养老保险。当年，参保企业37家，参保职工1351人。1993年，区政府成立区养老保险基金委员会。2007年，参保企业707家，参保职工22621人，分别比1989年增长18.11倍和15.74倍。2011年，参保企业1227家，参保职工34189人。

1989～2011年维扬区城镇企业职工基本养老保险参保情况一览表

表 24-2-3

年份	参保企业（家）	人数（人）	年份	参保企业（家）	人数（人）	年份	参保企业（家）	人数（人）	年份	参保企业（家）	人数（人）
1989	37	1351	1995	80	4650	2001	147	5666	2007	707	22621
1990	50	2113	1996	79	4380	2002	180	6980	2008	860	24085
1991	70	2261	1997	79	4380	2003	298	8172	2009	967	27580
1992	74	2293	1998	79	4125	2004	420	8750	2010	1076	31146
1993	75	2477	1999	79	4360	2005	529	17979	2011	1227	34189
1994	80	3349	2000	127	5290	2006	626	20361			

基金征缴 1989年开展养老保险工作初期,企业按职工工资总额18%提取,个人不缴费。1993年,制定《关于扬州市郊区企业职工养老保险制度改革的实施办法》,由国家、企业、个人三方共同负担,个人按工资总额2%缴纳。1994年,个人按工资总额3%缴纳。1996年,个人按工资总额4%缴纳。1998年,个人按工资总额5%缴纳。2000年,企业按职工工资总额20%提取,个人按工资总额6%缴纳。2000年,按照省养老保险基金征缴体制改革规定,养老保险费不再由劳动部门征收,改由地税部门征收,建立社保、财政、地税三方共管社会保险基金的运作机制。2001年,企业按职工工资总额21%提取,个人按工资总额的7%缴纳。2004年,企业按职工工资总额的21%提取,个人按工资总额的8%缴纳。2007年1月,维扬区纳入扬州市养老保险社会统筹,全区征缴模式与市社保中心模式一致,采取统一缴费基数,统一征缴比例,养老保险基金由市地税局统一征收入库,养老保险费支出由市社保基金列支。

1989～2006年维扬区城镇企业职工基本养老保险基金收支情况一览表

表24-2-4　　单位:万元

项目 年份	基金收入	基金支出	当期结余	累计结余
1989	30	1	29	29
1990	21	20	1	30
1991	35	6	29	59
1992	42	9	33	92
1993	106	34	72	164
1994	162	105	57	221
1995	279	132	147	368
1996	286	127	159	527
1997	339	151	188	715
1998	363	420	−57	658
1999	513	193	320	978
2000	1367	208	1159	2137
2001	1355	380	975	3112
2002	1489	552	937	4049
2003	1944	764	1180	5229
2004	2150	873	1277	6506
2005	3694	1062	2632	9138
2006	4142	1196	2946	12084

说明:2007年1月,基本养老保险基金纳入市级统筹,不再单独核算

企业离退休人员养老金待遇 1991年,社保机构建立退休人员费用台账,与企业差额结算,每季度结算一次。1994年,建立全区企业退休人员养老金正常调整机制。企业离退休人员按月领取的基本养老金,每年7月1日按照所在地上一年职工社会平均工资增长率的一定比例调整一次。负增长时不作调整。1995年,离退休人员费用结算实行差额结算,未纳入结算的退休费全额结算。1996年,《江苏省城镇企业职工养老保险规定》明确退休人员养老保险待遇,由职工退休前工资乘计发比例确定。1998年前,企业离退休人员离退休金由企业发放。

2001年8月，市劳动和社会保障局对全市参保人员和退休(职)人员因病或非因工死亡待遇的享受条件以及计发办法进行规范。丧葬补助费、直系亲属一次性抚恤费标准由市劳动和社会保障局根据职工平均工资水平、基金承受能力等因素确定并不定期公布。全区职工和退休人员因病死亡后，其直接亲属领取的丧葬费、抚恤金和定期救济金按市统一标准执行。

2003年10月1日起，参加城镇企业职工基本养老保险的企业中，1995年底前去世的离休人员供养直系亲属定期救济费，纳入养老保险基金支付。2004年4月1日，扬州市丧葬费标准2800元，直系亲属一次性抚恤费标准2800元，供养直系亲属一次性或定期救济费计发基数900元。2004年起，全区企业离退休人员养老金供养定期救济费全部纳入社会化发放。2005年10月1日，丧葬费标准调整为3400元，抚恤费标准调整为3400元，供养直系亲属一次性或定期救济费计发基数调整为1100元。

2007年，对基本养老保险待遇进行改革，对2006年7月1日以后企业退休人员基本养老金分别按新、老办法计算，按照就高不就低原则确定养老金发放标准，并设置5年过渡期。过渡期结束后基本养老金按新办法计发。新办法基本养老金由基础养老金、个人账户养老金和过渡性养老金构成。考虑到部分参保人员缴费年限较短、缴费基数偏低等因素，在第一个5年过渡期结束后，于2011年7月1日按就高不就低原则，开始第二轮确定养老金发放标准。

1989～2011年维扬区企业离退休人员养老金发放人数与标准一览表

表24-2-5

年份	人数(人)	金额(元/月)	年份	人数(人)	金额(元/月)
1989	101	79.23	2001	588	405
1990	113	86.37	2002	827	455
1991	116	99.6	2003	1054	516
1992	134	106	2004	1107	569
1993	144	122.49	2005	1289	617
1994	194	162.09	2006	1475	787
1995	280	184.57	2007	1650	871
1996	319	204.02	2008	1973	942
1997	330	223.6	2009	2143	1023
1998	369	286.98	2010	2309	1134
1999	373	301.21	2011	2550	1211
2000	449	352			

三、农村养老保险

1992年，区政府在区民政局设立区农村社会养老保险管理处，由各乡镇集体统一参保，收缴保险费用。按照“规范运作，转退自愿，退不付息”原则，2003年，区民政局集中办理部分人员转退手续。至2003年5月，退保2144人，退还本金123.8万元，489人办理转保手续。2004年4月，农村社会养老保险转入区劳动和社会保障局社保中心管理，参保人员660人。对已参保人员梳理、分类，对有退保意愿人员按自愿原则继续在区民政局予以退保；转保人员可继续缴费；对到龄领取养老金人员于年中测算出月领取标准，并将养老金发放金额汇总，报预算经区财政局审批后，以现金支票形式发放。

2009年，区政府制定《新型农村社会养老保险办法》和《新型农村养老保险实施细则》，新型农村养老保险工作进入实施阶段。2010年，区人力资源和社会保障局在全区范围内启动新型农村社会养老保险工作。区政府对符合领取新型农村养老保险金人员全额支付基础养老金每人每月 60 元,缴费标准 100 元/人·年。新型农村养老保险完成登记 13844 人,其中参保缴费 8430 人、享受待遇 5414 人,共发放养老金 192 万元。

2004～2011 年维扬区农村养老保险情况一览表

表 24-2-6

项目 年份	参保人数(人)	领取养老金人数(人)	平均养老金(元/年)
2004	660	133	618
2005	808	159	549
2006	—	184	572
2007	—	183	495
2008	—	203	532
2009	—	242	584
2010	—	279	585
2011	16357	282	608

四、养老保险管理

1989 年,全区养老保险参保范围为国家机关、社会团体、全民与区属集体企事业单位(含部省属驻扬单位)中经劳动部门批准使用的城镇户口的计划外临时工,乡镇(街道)企业中安置的城镇户口就业人员,劳动服务公司所属企业安置的城镇户口就业人员,不包括企业固定职工、合同制职工(含农民合同制职工)。1993 年,区政府成立区养老保险基金委员会,积极稳妥地推进养老保险工作,加强对养老保险基金指导与监督。1996 年起,全区养老保险参保范围进一步扩大至城镇各类企业及其与之形成劳动关系的所有劳动者以及城镇个体工商户从业人员。1998 年,企业职工离退休费用开始纳入社会化发放。1999 年 2 月,市财政局印发《扬州市级社会保障基金财政专户收支两条线管理实施细则》。养老保险基金完全实行收支两条线管理。经办机构按月编报支出月度计划,按月从财政专户下拨养老金。2000 年始,养老基金管理经费由财政预算安排,不再从基金中按比例提取管理费。是年 8 月始,企业养老保险费连同工伤保险费、生育保险费、失业保险费一起移交地税征收,地税征收社会保险费月底全部上缴财政专户。2003 年,维扬区成立社会保险稽核小组,对不按时申报的单位下达催缴通知书直至代申报,另一方面对单位申报基数、缴费情况予以稽核。

2005～2008 年,全区按照"成建制,全覆盖"要求,企业不分大小、不分城乡、不分所有制性质,都必须参保,并做到"五险齐保"(养老保险、医疗保险、失业保险、工伤保险、生育保险)。保险扩面重点放在私营个体企业、改制事业单位以及机关事业单位编外人员上,推进养老保险扩面征缴工作,基金静态备付能力进一步增强。2007 年,维扬区养老保险由市级统筹,不再单独核算。

第二节　医疗保险

一、城镇职工基本医疗保险

2000 年 12 月,郊区开始实施医疗保险,采取参加扬州市医保统筹的模式,由市社保中心统一管理医保工作,维扬区不设立医保基金。

2001 年,区各级行政机关工作人员全部实施医疗保险。2002 年 6 月,区医疗保险启动。2002 年

12月，全区各事业单位职工全部实施医疗保险，医保覆盖城镇所有用人单位及其职工。基本医疗保险基金由市级统筹，实行社会统筹与个人账户相结合的模式，按月将应缴纳基金汇入社保账户。行政机关、事业单位、企业等单位及职工缴纳基本医疗保险费，用人单位缴费比例为工资总额6%左右，个人缴费比例为本人工资2%。单位缴纳的一部分用于建立统筹基金，一部分划入个人账户；个人缴纳的计入个人账户。统筹基金和个人账户分别承担不同的医疗费用支付责任。统筹基金设有起付标准、最高支付限额，用于支付住院和部分慢性病门诊治疗费用；个人账户用于支付一般门诊费用，取消公费医疗。各医疗单位与社保局联网。个人就诊，只需刷卡，不交现金；医疗单位、重点药店，每月凭刷卡记录到社保局对账入户。

2003年12月，维扬区开始承接灵活就业人员参加医疗保险工作。至2005年12月，灵活就业人员参保人数共计811人。

2009年6月，实现"五保合一"，养老、失业、生育、工伤4项保险合并申报，医疗保险单独申报。

2002～2011年维扬区参加城镇职工基本医疗保险人员统计表

表24-2-7　　单位：人

年　份	总人数	其中退休人员	年　份	总人数	其中退休人员
2002	2050	322	2007	13855	1967
2003	4555	862	2008	17814	2389
2004	6502	1250	2009	20641	2662
2005	9503	1418	2010	24495	2831
2006	10536	1712	2011	29919	3101

二、城镇居民医疗保险

2007年4月，维扬区启动城镇居民医疗保险工作，共涉及6个乡镇（街道）53个社区及29所学校。参保对象包括老年城镇居民、一般居民、特困城镇居民、残疾居民和在校学生。无固定工作者60岁以内每年缴纳400元，60岁以上人员每年缴纳200元，市政府补足200元，实行全民医疗保险，参保人员在一级医疗机构就诊住院报销比例为55%，当年参保率98%。至2011年，全区城市人口职工医保、居民医保合计参保率99.5%。

2007～2011年维扬区城镇居民医疗保险情况一览表

表24-2-8

年份	社区居民参保人数（人）	增幅（%）	在校学生参保人数（人）	增幅（%）
2007	7481	—	14833	—
2008	9416	25.87	18822	26.89
2009	17645	87.39	22199	17.94
2010	24091	36.53	22910	3.2
2011	31617	31.24	23143	1.02

第三节　农村合作医疗

1989年，农村实行合作医疗制度，农民在村卫生室缴费就诊。2002年，双桥乡实行村办乡管的合作医疗制度，每年每人缴费30元，村补贴25元、乡政府补贴5元，合计每人年60元标准。30元交村卫生室周转，村民免费在村卫生室就诊；30元由乡政府统一管理，用于村民在卫生院、医院住院就诊的年终补偿。其余乡镇均实行个人缴费就诊,年终适当对大病家庭实行补助,乡村医生工资由村给予补助。2003年,推广新型农村大病统筹合作医疗制度,即个人缴纳20元,区、乡、村各按人均每人补贴5元,合计每人年35元,作为合作医疗基金,汇入全区大病统筹合作医疗管理委员会账户。年末,以参加合作医疗户为单位,全年医药费累计超过3000元以上部分享受报销,各乡按"以收定支、收支平衡"确定报销比例,年末给予一次性报销。2005年,全区农村大病统筹村覆盖率100%,应参加合作医疗37991人,实际参加合作医疗人数37342人,参加合作医疗率98.3%。农民个人缴25元,区、乡镇分别按人均25元安排引导资金,并将全区农村大病统筹资金列入区财政专户储存、专户管理。2010年,新型农村合作医疗投保额提高到每人每年300元,个人缴60元,区、乡政府承担240元。报销比例为一级医疗机构门诊报50%,住院报70%;二级以上医疗机构需经转诊就医方可以在年末再给予一定比例的报销。2011年,全区农村人口参加合作医疗率99.8%。

第四节　失业保险

1989年,开始实施失业保险制度。1998年,国务院和省政府规定,失业保险费由企业单方改为企业和职工个人共同负担,其中企业按全部职工工资总额1%缴纳,职工按其个人工资总额1%缴纳。1999年1月,国务院《失业保险条例》实施,建立失业参保登记管理、缴费申报管理、征缴监督检查、基金财务会计、失业保险金申领发放和失业保险统计等制度。失业保险覆盖范围扩大到城镇所有企事业单位及其职工。城镇企事业单位按本单位上年度工资总额2%,职工按本人上年度工资总额1%缴纳失业保险金。2000年,实行失业保险待遇与缴费挂钩办法。同年7月1日起,新增失业职工全部按失业前12个月平均工资40%计算保险费,最高不超过全市最低工资标准,最低不低于2000年6月前失业保险金标准。享受失业保险金的期限按其累计足额缴纳失业保险费年限核算。2000年8月1日起,移交至地税部门征缴,并建立失业保险基金财政专户。失业保险操作流程、待遇审核方式、缴费期限认定以及失业保险金申领程序等与市劳动和社会保障部门一致。

2001～2011年维扬区失业保险基金收支情况一览表

表24-2-9　　单位:万元

项目 年份	基金收入	基金支出	当年结余	累计结余
2001	153	160	－7	79
2002	149	159	－10	69
2003	236	182	54	123
2004	316	203	113	236
2005	295	359	－64	172
2006	411	263	148	320
2007	613	214	399	719
2008	907	767	140	859
2009	1176	1252	－76	783
2010	1376	715	661	1444
2011	1727	1082	645	2089

说明:2001年前累计结余86万元

第五节　工伤保险

1999年5月，全区实施工伤保险。区社会劳动保险管理处负责工伤保险基金征缴、支付、管理等工作。工伤保险基金征缴按职工工资确定缴费基数，缴费率按照企业风险类型分为3类：一类风险企业按照基数1.2%征收，二类风险企业按照基数1%征收，三类风险企业按照0.6%征收。

2006～2011年维扬区工伤保险基金收支情况一览表

表24-2-10　　单位：万元

项目 年份	基金收入	基金支出	当年结余	累计结余
2006	94	59	35	190
2007	165	69	96	286
2008	259	95	164	450
2009	295	193	102	552
2010	312	215	97	649
2011	506	254	252	901

说明：2006年前累计结余155万元

第六节　生育保险

1995年4月，全区开始实施女职工生育保险。参保范围为参加养老保险的大集体所有制以上职工。1996年，扩大到城镇各类企业。生育保险费按参保单位全部职工工资总额1%比例提取，在单位管理费中列支，由企业按月向区社会保险处缴纳，职工本人不缴纳生育保险费。

参加生育保险单位女职工，凡符合计划生育政策的生育可享受生育保险金补偿。生育保险金以上一年度全区职工社会平均月工资为计算标准支付。正常分娩按6.5个月支付，难产为8.5个月；批准照顾生育二胎的，顺产为5个月，难产为7个月享受待遇。

1999年10月1日，《江苏省城镇企业职工生育保险规定》施行，规定企业职工生育保险按照属地原则实行社会统筹，设立生育保险基金。

1995～2011年维扬区生育保险基金收支情况一览表

表24-2-11　　单位：万元

项目 年份	基金收入	基金支出	当年结余	累计结余
1995	3	1	2	2
1996	7	8	−1	1
1997	8	10	−2	−1
1998	31	32	−1	−2
1999	27	21	6	4
2000	46	17	29	33

续表 24-2-11

年份＼项目	基金收入	基金支出	当年结余	累计结余
2001	42	40	2	35
2002	42	19	23	58
2003	72	44	28	86
2004	51	28	23	109
2005	80	53	27	136
2006	117	60	57	193
2007	171	78	93	286
2008	264	142	122	408
2009	295	105	190	598
2010	314	226	88	686
2011	508	268	240	926

第七节　被征地农民基本生活保障

2005 年 7 月，区政府制定《维扬区被征地农民基本生活保障实施细则》。被征地农民基本生活保障资金实行社会统筹、个人账户相结合。其中，社会统筹部分主要用于个人账户不足、个人账户透支部分补贴和其他应保对象基本生活保障金支出。资金包括：每新征用 1 亩地统筹 1 万元；其他可用于被征地农民基本生活的保障资金；区财政每年预算内安排一部分，向乡镇（街道）、村（社区）集体经济组织等筹措一部分及以上款项利息收入。失地农民养老补助金来源：按照区和乡镇、村各 50％比例承担。乡镇、村承担部分，由各乡镇负责筹集。村承担比例由各乡镇确定，最高不超过 20％。乡镇建立财政专户，每年 6 月和 12 月前，分两次筹足解缴至区失地农民养老补助基金专户。梅岭街道失地农民养老补助资金由区财政局与街道按财政体制规定筹集。

图 24-2-1　2005 年 7 月 6 日，全区被征地农民基本生活保障工作会议召开

2005 年，全区有 5786 人进入被征地农民基本生活保障体系，有 965 人领取保障金，平均每人每月 115.5 元。同年 12 月，区成立被征地农民基本生活保障基金监督管理委员会，对保障基金实施监督与管理。

2011 年 5 月，市政府制定《扬州市市区被征地农民社会养老保险实施办法》，引导被征地农民和失地农民将原有的保障水平较低的被征地失地保障置换为城镇职工养老保险。2011 年 8 月，在平山乡和双桥街道试点。2011 年 10 月，在全区实施。2011 年 12 月，全区共登记置换被征地农民和失地农民共 9500 人。

2011年12月31日前，办理被征地农民养老保险缴费10年(120个月)标准为28187元/人，其中个人缴纳11275元(可用被征地农民基本生活保障中的个人账户余额冲抵)、财政补贴16912元/人(其中市财政补贴20%)。当年符合条件办理退休的人员养老金标准598元左右。

第八节　城乡最低生活保障

1997年10月，区政府印发《扬州市郊区城乡最低生活保障制度实施意见》。全区最低生活保障制度从1998年1月1日实施，保障金由区民政局负责定期(按月或季)发放。保障基金由区、乡镇和村(居)分级负责。区负担20%，乡镇负担40%，村(居)负担40%。区和乡镇负担的部分以财政预算安排为主，辅以单位和个人捐赠、社会福利有奖募捐等。村(居)负担的部分从公益金和工、副业上缴款中列支。

1997年，全区最低生活保障标准为年人均900～1200元，城镇为1200元；乡镇自行确定标准：汤汪乡900元，西湖镇、平山乡1000元，城北乡1100元，湾头镇、城东乡、双桥乡1200元。1998年，低保人数139人，发放金额6.47万元。1999年，全区城乡低保标准由区政府统一确定为城镇140元、农村120元。2002年，保障基金由市、区、乡镇分级负担。城区保障基金市负担70%、区负担30%。农村保障基金，区负担20%、乡镇负担80%。2008年，实行城乡低保标准一体化，统一提高到每月270元。2011年，城乡低保标准每月370元。

1999～2011年维扬区城乡最低生活保障情况一览表

表24-2-12

项目 年份	低保标准(元/月)	低保人数(人)	发放金额(万元)
1999	城镇140、农村120	167	8
2000	城镇160、农村140	147	5
2001	城镇160、农村140	257	11.14
2002	城镇180、农村160	1535	90.1
2003	城镇180、农村160	2411	196
2004	城镇200、农村180	2333	230.3
2005	城镇200、农村180	2700	246
2006	城镇220、农村200	2548	260
2007	城镇240、农村220	3236	386
2008	城乡一体270	3906	586
2009	城乡一体320	3638	612
2010	城乡一体340	3695	577
2011	城乡一体370	3660	669

第九节 住房保障

一、解困房

1991 年,市政府印发《关于加快市区住房解危解困工作步伐的意见》。1994 年,区政府着手解决 1993 年 12 月 31 日前在市区城镇居住,并具有城镇户口、人均居住面积 4 平方米以下的住房困难户所需住房。当年,由区建委牵头,由所在单位自建或在所在乡镇房地产开发公司开发的商品房中合同解决 9 户住房困难户住房。

1995 年,区房改办成立。住房困难户住房由区房改办统一调查登记,报市房管局批准。解决对象是人均居住面积 6 平方米以下住房困难户的住房,后又放宽到 8 平方米。2005 年 12 月,市政府制定《扬州市市区城镇最低收入家庭廉租住房保障管理办法》,进一步放宽保障条件,将原人均住房使用面积 8 平方米扩大到 10 平方米。

二、定销房

2002 年 2 月,市政府印发《扬州市城镇居民最低收入家庭住房保障暂行办法》,确定对人均月收入低于 330 元,且享受最低生活保障连续 6 个月以上,人均住房使用面积 8 平方米,具有 10 年以上市区常住户口家庭(简称"831"),通过租金补贴、租金减免、实物配租 3 种方式实施住房保障。符合"831"条件的住房困难户向所在社区居委会申请,经街道办事处审核并公告 10 天,由市房管局核准,通过公开摇号选房。定销房由政府定价,每平方米销售基准价 790 元,不足商品住宅房价格三分之一。位于城北乡黄金村的黄金苑小区,是市政府用于安置城市"双困户"(生活困难、住房困难)的住宅小区。

三、经济适用房

1995 年 9 月,市政府印发《扬州市区经济适用住房建设供应暂行办法》,由市经济适用住房发展中心统一申请用地、统一办理税费减免、统一组织实施建设。建成的经济适用住房可直接以成本价出售给市区具有常住城镇户口的中低收入家庭职工和居民。在同等条件下优先出售给离退休职工和教师中的住房困难户,不售给高收入家庭。职工个人以成本价购买的经济适用住房,产权属个人所有,一般入住 5 年后,可依法进入房产市场。10 月,市政府在汤汪乡开发建设连运小区,占地 4.7 公顷,一期工程建设 4.25 万平方米,总投资 3005 万元。12 月,市政府将市区友谊新村的部分拆迁安置房转为经济适用住房,建筑面积 4055 平方米,以成本价售给市区人均住房面积 6 平方米以下住房困难户和无房户。

2000 年后,市区住房保障主要有廉租房、经济适用房、公共租赁住房三种途径。

2011 年,全区共有 1158 户购买经济适用住房,76 户领取经济适用住房政策性购房补贴,182 户享受廉租房实物配租,205 户低收入家庭领取低收入家庭补贴,18 户领取廉租房货币补贴,48 户住上公租房。

第十节 退休人员社会化管理

2002 年 11 月,区企业退休人员社会化管理服务中心成立,隶属于区劳动和社会保障局。同年,全区 4300 名退休人员纳入社区社会化管理。

2003 年,6 个乡镇(街道)设立劳动保障服务所,17 个社区设立劳动保障工作站,开展退休人员社会化管理服务工作,退休人员社会化管理服务费主要来源于向企业收取的代办服务费。新办退休人员按每名退休人员每年 120 元标准,在办理退休手续时由用人单位按 10 年一次性缴纳;已办退休人员代办服务费由移交单位按每人每年 100 元标准计 10 年一次性缴纳,也可在两年内分期缴纳;破产和特困企业退休人员按每人每年 60 元标准计 10 年一次性缴纳,破产企业代办服务费在国有资产变现时解决,改制企业在国有资产中核支。自由职业退休人员按每人每年60元标准计10年由个人一次性缴纳。当年，全区8560名退休人员进入社区实行社会化管理。

2004年，区政府成立全区退休人员社会化管理服务工作委员会，委员会下设办公室，办公室设在区劳动和社会保障局。

2004年，全区有社会化管理退休人员9978人。区退管中心和各乡镇(街道)、社区引导退休人员建立29个自管组织、72个活动队伍。同年，建立当月首访慰问制度。全区所有退休人员在移交社区以后，社区退管工作人员在一月内上门首访，详细核对退休人员基本情况，并收集各项资料。8月，向全区退休人员发放1万份公开信和5000份合理化建议书，开展名为“常青树”的系列活动。同年夏天持续高温，全区为600多名高龄、孤寡、病残、特困等特殊退休老人开展送凉爽行动，赠送电风扇25台和其他夏令用品约1万元。“重阳节”前夕，重点慰问106名特困退休人员，并发放1万多元慰问金。

图24-2-2　2005年10月16日，全区退休人员会操表演在市体育馆举行

2005年，全区有退休人员13452人进入社区实行社会化管理。同年，走访慰问220名省劳模、特困、鳏寡孤独、重病退休人员，发放慰问金4.4万元。10月，800名退休人员组成的15支代表队，举行会操表演赛庆祝“敬老节”。启动惠及所有退休人员的“绿色医保健康工程”，用3年时间为所有纳入社会化管理的退休人员免费体检。先期安排3659人体检，并为他们建立健康档案。对进入社区管理的退休人员，确保做到新来必访、生病住院必访、生日必访、病逝必访的“四必访”。全年开展100多场竞赛或表演活动，区劳动和社会保障局累计赞助和发放奖金约30万元。同时，对鳏寡孤独人员，夏季送蚊帐、送凉爽，冬季送钱物、送温暖，先后让300多名鳏寡孤独人员享受到政府温暖。

2006年，全区有社会化管理退休人员14923人，社会化管理率99.31%，社区管理率95.16%。全年共组织8083名退休人员参加免费体检。成立418个自管组织和128支文娱活动队伍。

2007年，全区有社会化管理退休人员16367人，其中80岁以上495人，属鳏寡孤独的66人，社会化管理率和社区管理率均达99%。2007年是区开展“绿色医保健康工程”的第三年。至2007年末，区劳动和社会保障局共组织13627名退休人员进行免费体检。元旦、春节期间，走访慰问251名特困、鳏寡孤独、重病退休人员，发放慰问金共5万多元。全区建立退休人员自管组织418个、活动队伍128支。

2008年，全区有社会化管理退休人员17689人，社会化管理率和社区管理率均达99%。组织15147名退休人员免费体检。元旦、春节期间，走访慰问255名特困、鳏寡孤独、重病退休人员，共发放慰问金5.1万元。

2009年，全区有社会化管理退休人员17336人，其中80岁以上551人，鳏寡孤独人员63人。全年组织14858人体检。全区共组建自管组织410个、活动队伍128支。元旦、春节期间，走访慰问255名特困、鳏寡孤独、重病的退休人员，共发放慰问金5.1万元。

2010年，全区有社会化管理退休人员18483人，社会化管理率和社区管理率100%。

2011年，全区有社会化管理退休人员19336人，其中80岁以上559人，鳏寡孤独人员61人。

第二十五编

民　政

1983年3月，建立区公所，设民政科。1984年10月区政府建立后，区民政科改为区民政局，负责全区民政工作。区民政工作主要包括基层自治组织建设、社会救助、社会福利、拥军优抚和社会事务管理等方面。1989年后，全区民政工作继续坚持以民为本、为民解困、为民服务宗旨，坚持依法行政，以改革促民生改善，让社会弱势群体和优抚对象共享改革发展成果。1989～2011年，引入竞争机制实行差额选举，依法组织8次村委会换届选举；村民自治、村务公开、民主管理进一步完善。2002年2月，市区区划调整，从广陵区划入34个居民委员会，与区内原有3个集镇居民委员会，整合组建为17个社区居委会，社区建设成为区民政工作一项重要内容。2002～2010年，全区开展4次社区居民委员会换届选举工作，社区自治、社区服务、和谐社区建设和星级社区创建工作成效显著。2009年11月，维扬区获首批"全国和谐社区建设示范城区"称号。安平社区获首批"全国和谐社区建设示范社区"称号。社会救济、住房济困和灾害救助工作进一步完善。1989～2011年，先后发放补助经费4350万元，救灾建房616户。1999年，建立区扶贫开发协会和农村经济促进会，强化农村脱贫造血功能，多途径推进扶贫开发，引导和扶持灾民及贫困户发展生产，互救互助，勤劳致富。2003年，建立区慈善协会，开展助医、助学、助困等救济活动。推进社会福利工作，立足解决"五保"对象吃、穿、住、医、葬等问题，增加和改善乡镇敬老院数量和设施，不断提高"五保"对象供养标准和生活质量。福利企业、福利彩票销售和残疾人事业不断发展壮大。双拥共建成效显著，对照创建双拥模范单位考核标准，不断完善双拥工作运行机制。1998年7月，郊区被省政府、省军区授予"双拥模范区"称号。2005年，维扬区被省政府、省军区命名为双拥模范区。2009年，维扬区通过省、市双拥工作检查，实现双拥模范区五连冠。优抚安置工作全面贯彻落实《军人抚恤优待条例》和《退伍义务兵安置条例》，改革和改善优待金统筹办法，不断提高优抚对象待遇，建立重点优抚对象医疗保障体系。妥善安置城乡退伍军人，全面开发利用军地两用人才，先后接受安置1946人，安置率100%。全区社会事务管理取得长足发展。至2011年，民族宗教事务管理、婚姻登记、收养登记、殡葬、民间组织登记和老龄等管理工作不断规范和完善，有力推动全区社会进步与和谐发展。

第一章 基层自治组织建设

第一节 村委会和农村社区建设

一、换届选举

1983年10月，全区实施农村体制改革，原人民公社改称乡，原公社下辖的生产大队、生产队分别改称村和组，各行政村均建立村民委员会。1987年，全区共有72个行政村。是年，选举第二届村民委员会。至11月，全区各行政村均通过选举产生新一届村委会。1990年，全区进行第三届村委会换届选举，各行政村均产生新一届村委会，并逐步建立健全村民代表会议制度。1993年，全区换届改选第四届村委会，对新当选的村委会成员颁发省政府统一印制的当选证书。1994～1995年，全区重点宣传村委会组织法，培训1900多人次。1996年4月，换届选举第五届村委会，大部分村委会委员实

图25-1-1 2004年4月，维扬区开展第八届村民委员会换届选举工作

行等额选举,部分村委会委员实行差额选举。全区 69 个村选出新一届村委会成员 383 人,选民参选率 95%。2000 年,全区 69 个村撤并为 46 个村。2002 年,市区区划调整后,全区尚有 24 个村。2004 年全区第八届村委会换届选举中,平山乡平山村竞争激烈,有 7 人参加村委会主任、副主任、委员等 4 个职位竞选,首次聘请公证员现场公证,受到省民政厅肯定。此次换届,双桥 5 个村居合一的村委会未举行村委会换届。2007 年,全区换届选举第九届村委会,按照"直接、普遍、差额、公平、公正、有序竞争"原则,实行无候选人一次性直接选举,全区 13 个行政村选举一次成功。全区共登记选民 31278 人,参加投票 31031 人,参选率 99.2%,共选出新一届村委会成员 69 人。2010 年,全区换届选举第十届村委会,因甘泉街道划入区内,全区共有 22 个行政村,选出新一届村委会成员 106 人。

1989～2011 年维扬区村民委员会换届选举情况一览表

表 25-1-1

届别	年份	村数(个)	当选人数(人)		
			总人数	主　任	副主任、委员
第二届	1987	72	—	72	—
第三届	1990	72	—	72	—
第四届	1993	72	352	70	282
第五届	1996	69	383	69	314
第六届	1999	69	314	68	246
第七届	2001	46	221	46	175
第八届	2004	18	87	18	69
第九届	2007	13	69	13	56
第十届	2010	22	106	22	84

二、村民自治

1988 年 9 月,湾头镇湾头村民主推选出 11 名村民代表,成立全市第一个村民参政议事会。是年,区民政部门以该村为试点,推进全区村民自治工作。1991 年,在城北乡开展村民自治示范村试点工作。1999 年起,为扩大村民民主权利,加强基层民主法制建设,在全区农村开展以民主选举、民主决策、民主管理和民主监督为重点的创建村民自治示范村活动。2000 年 5 月,各乡镇制定村组集体资产和财务管理办法,建立村组集体资产台账,实行组账村管、村账乡管制度。2006 年 4 月,区委成立村务公开领导小组,建立村民监督委员会,实行村务公开、民主管理。为确保村组集体资产、资金、资源有效管理使用,各村健全财务管理和民主理财制度,规范农村集体财务收支审批程序。为确保集体资产保值增值,平山乡平山村对经营性资产折股量化,实现村集体资产效益最大化。2006 年,区民政部门在全区推行村务公开、民主管理示范单位创建活动,制定考核办法。2007 年 7 月,维扬区被民政部评为全国村务公开民主管理示范区。2008 年,统一印发村务公开内容目录,规范全区村务公开内容和形式。

随着城市化进程加快,城郊型农村工作和村民自治面临新情况和任务。2007 年 7 月,维扬区被确定为全国农村社区建设实验区。是年,为探索农村社区建设,区政府撤销双桥乡武塘、双桥、石桥、卜桥 4 个村村居合一体制,使其完全按城市社区体制运行。在西湖、平山、城北 3 个乡镇中,对 9 个已没有耕地或基本没有耕地的村,建立社区居委会,实行村居合署逐步向社区过渡。2009 年,在城北、西湖、甘泉的 11 个村增设社区居委会,与村委会合署。为推行城乡统筹发展,实现城乡公共服务一体化,2007～2011 年,全区先后在 30 个涉农社区居委会,建成 30 个便民服务中心,面积均在 2000 平方米以上。中心建有文化室、科技信息综合活动室、卫生室、警务室、生产生活资料超市和全民健身休闲广场。

第二节 城市社区建设

一、社区自治

1989年，区内有湾头镇湾头、西湖镇司徒庙和汤汪乡汤汪等3个集镇居委会。1990年，为适应城市化进程，先后建立双桥、城东和城北3个集镇居委会。1990年后，《中华人民共和国居民委员会组织法》施行。全区村委会换届选举时，集镇居委会换届选举同步进行，并建立健全社区党组织、社区居民代表大会和社区协商议事委员会等社区组织。2002年2月，市区区划调整，湾头、汤汪和城东等3个集镇居委会划入广陵区，从广陵区划入34个居委会分属梅岭街道、双桥乡和城北乡。10月，区政府将全区37个居委会整合组建为17个社区居民委员会，其中梅岭街道7个、双桥街道6个、城北乡两个、西湖镇两个。2003年，区委印发《关于加强社区建设工作的意见》，成立区社区建设工作领导小组，乡镇、街道成立协调工作机构。2005年，全区组织第二届社区居民委员会换届选举，其中10个社区居民委员会实行直接选举，直选率53%。17个社区居委会全部改选，选举产生主任、副主任、委员，增设社区协商议事委员会、社区成员代表大会，建立社区服务、卫生、计划生育、文化、环境保护、治安等工作机构，配备居民小组组长，形成社区自治管理和服务网络。2007年，为顺应城市化进程加快需要，全面推进"村改居"工作，撤销平山乡平山、朱塘、荷叶村民委员会，建立西华门、朱塘、荷叶社区居委会；西湖镇金槐村、经圩村、司徒村增挂"社区居民委员会"的牌子，实行村居合署向社区过渡。2008年，市区部分区划调整，全区辖23个社区。9月，全区20个社区居委会换届选举（平山乡3个社区在新建时完成选举）。其中，17个社区居委会实行直接选举，共产生社区工作者103人，其中正职主任20人、副职主任40人；社区居委会成员平均年龄38.7岁，较上届下降1.2岁；大专以上学历58人，占56.3%，较上届上升6个百分点；党员74人，占71.8%，较上届上升5个百分点。此次选举，全区近11万选民投票推选社区"当家人"，登记选民投票率92%，最高的社区达97.6%。2010年，全区有社区居委会24个。11月，全区第四届居民委员会换届选举，19个社区直接选举，直选率上升为79%。新一届社区居委会成员整体素质明显提高，参选群众对选举结果表示满意。是年，各社区普遍推行居务公开和民主评议制度，设置社区"论坛"和"信箱"，社区民主管理意识和自治水平不断增强。

二、社区服务

1989年，区民政部门和乡镇政府组织力量调查居委会服务工作情况，并开展建立集镇居委会社区服务体系试点工作。至1995年，全区6个集镇居委会基本形成治安调解、优抚安置、救灾救济、幼托、婚育、老年人、残疾人、文体、便民等10个系列服务体系。2002年，市区区划调整后，全区城市社区建立社区服务、卫生、计划生育、文化、环境保护、治安调解和解困帮扶等工作机构，形成社区自治管理和自我服务网络。2004年，区直43个部门党组织与全区17个社区党组织联手共建平安环境、共倡文明新风、共育文明市民、共塑良好形象、共担覆盖责任活动。至2005年，全区17个社区组成社会志愿者组织98个、党员志愿者服务队396个4526人、各类社区服务单位533家。2006年后，区政府相关部门在社区设立工作站，将劳动就业和社会保障等工作向社区延伸。还设立法律服务、社区警务等工作室。围绕便民、利民、助民不断拓展服务领域，形成助老助残、安置就业、治安调解、婚姻计生、青少年教育等社区服务组织100多个。各社区举办托老所、银发餐厅等服务设施，及时解决社区老年人生活困难。开办图书阅览室、寒暑假青少年培训班，使学生离校不离教。至2008年，全区组建300个近4万人各类志愿者服务队伍，开展义务消防、治安巡逻、法律咨询等活动，涌现出卜桥社区"红马甲义工队"、丰乐社区"拥军老妈妈义工队"、双桥社区"十姐妹义工队"、虹桥社区"七彩虹义工队"、竹西社区"红帽子义工队"等优秀志愿者队伍。各社区还重视加强社区服务网络建设，打造10分钟服务圈，方便群众生活需要。开设慈善便民超市，为低保和困难家庭提供服务。

图 25-1-2　2007 年 5 月 9 日，双桥街道社工服务中心揭牌

2003 年，为丰富社区居民文化生活，全区举办第一届社区文体活动巡展。2005 年，从第三届社区文体活动巡展开始，注重和法制宣传相结合，在丰富居民文化生活的同时，注重提高居民法制意识和文明程度，促进社区群众走出棋牌室、走向户外，促进邻里交往、健康生活。巡展期间，组织晨练会操、广场舞比赛、书画摄影展览等活动。巡展结束，组织汇报表演。还与电视台、晚报等媒体联合举办“维扬特色社区展示”“维扬和谐社区行”等活动，展示“和而不同”的社区特色。社区文体活动中，涌现一批群众文艺团队，如同心艺术团、康乐艺术团、梅岭老年书画协会、凤凰桥集藏协会等。2010 年起，区政府设立群众文艺团队扶持资金，每年拨出 15 万元，给予奖励扶持。至 2011 年，全区共举办 9 届社区文体活动巡展，各社区举办特色活动，邗沟社区“邻里节”、司徒社区“扬剧沙龙”均具有鲜明特色。

三、社区创建

2003 年前，全区社区办公条件较差，社区平均办公活动用房不足 200 平方米。2003 年，区政府印发《关于创建星级社区工作的意见》，推动全区星级社区创建，按 3～5 星评定社区建设工作。2004 年，区委、区政府将创建省社区建设示范区列入年度工作目标，印发《维扬区创建省社区建设示范区工作的意见》。区民政部门和各乡镇(街道)按照区委、区政府关于创建省社区建设示范区总体目标，多途径改善社区办公条件，因地制宜、因陋就简，借鉴先进地区做法，通过采取“一居一策”办法和“建、租、借、整”等措施解决社区办公和活动用房。2005 年，全区 17 个社区平均拥有办公、活动用房均超过 400 平方米。800 平方米的梅岭街道和双桥街道社区服务中心建成启用，1600 多平方米的区社区服务中心投入使用。5 月 1 日，中共中央总书记、国家主席胡锦涛视察安平社区工作，全区上下以此为契机，掀起社区创建新高潮。区委、区政府与乡镇(街道)签订社区创建目标责任书。区政府实行以奖代投，建立 100 万元社区创建专项奖励资金，对获得国家、省社区建设示范区居委会称号的社区进行奖励。是年，各社区工作经费由原来每年 9 万元提高到 12 万元，编内社区工作者(专职委员、社区副职、社区正职)月工资从原来的 400 元、500 元、600 元分别提高到 600 元、700 元、800 元，2007 年又调至 1000 元、1100 元、1200 元，2008 年调整为 1100 元、1200 元、1300 元。至 2010 年调整为 1500 元、1800 元、2200 元。并为他们办理养老、医疗、工伤、失业、生育等“五险”，调动和保护社区工作者积极性。在创建过程中，区乡政府加强分类指导，走“一居一品”之路，重点打造安平、锦旺、石桥、友谊等精品示范社区，充分发挥精品示范社区示范和辐射作用。至 2008 年，全区 20 个社区完成规范化社区服务中心建设，占全区社区总数 83.33%。2009 年 11 月，维扬区获首批“全国和谐社区建设示范城区”称号，安平社区获首批“全国和谐社区建设示范社区”称号。《中国社会报》《社区》杂志以及省、市主流媒体多次宣传报道维扬区社区建设工作经验。

图 25-1-3　2009 年，维扬区获“全国和谐社区建设示范城区”称号

2003～2011年维扬区社区获省以上综合表彰情况一览表

表25-1-2

年 份	获奖社区	授予机构	荣誉称号
2003	梅岭街道锦旺社区	省民政厅	省社区建设示范社区
2004	梅岭街道锦旺社区	省精神文明建设指导委员会	2003～2004年度省文明社区
2004	梅岭街道锦旺社区	省依法治省委员会	省民主法治示范社区
2004	城北乡安平社区	省委	省先进基层党组织
2005	城北乡安平社区	中央文明办、民政部、国家新闻出版总署、国家广电总局	全国万家社区图书室援建、万家社区读书活动先进社区
2005	平山乡西华门社区(村)	中央精神文明建设指导委员会	全国文明村
2005	梅岭街道锦旺社区	省精神文明建设指导委员会	2003～2004年度省文明社区
2005	梅岭街道锦旺社区	省依法治省委员会	省民主法治示范社区
2005	平山乡西华门社区(村)	省精神文明建设指导委员会	2003～2004年度省文明村
2006	梅岭街道锦旺社区	全国妇联、民政部、文化部、国家环保总局、国家广电总局	全国创建学习型家庭示范社区
2006	双桥街道武塘社区	国务院侨务办公室	全国社区侨务工作先进单位
2003～2006	城北乡安平社区	省委、省政府	“平安江苏”创建先进集体
2006	平山乡西华门社区(村)	省依法治省领导小组	省民主法治示范村
2007	双桥街道石桥社区	中国志愿者协会	全国志愿者服务先进集体
2007	双桥街道卜桥社区	中国志愿者协会	全国社区志愿者服务活动示范单位
2007	双桥街道康乐社区	中国社会工作者协会志愿者工作委员会	全国志愿者服务先进集体
2007	城北乡竹西社区	中国社会工作者协会志愿者工作委员会	全国志愿者服务先进集体
2007	梅岭街道锦旺社区	省精神文明建设指导委员会	2005～2006年度省文明社区
2007	双桥街道文苑社区	省依法治省领导小组	省民主法治示范社区
2007	平山乡西华门社区(村)	省精神文明建设指导委员会	2005～2006年度省文明村
2009	城北乡安平社区	民政部	全国和谐社区建设示范社区
2009	西湖镇翠岗社区	民政部	全国志愿者服务先进集体
2009	梅岭街道广储社区	中国社会工作者协会志愿者工作委员会	全国优秀志愿者组织
2009	双桥街道武塘社区	中国社会工作者协会志愿者工作委员会	全国优秀志愿者组织
2009	双桥街道文苑社区	中国社会工作者协会志愿者工作委员会	全国志愿者服务先进集体
2009	梅岭街道邗沟社区	省民政厅	省和谐社区建设示范社区
2009	城北乡竹西社区	省民政厅	省和谐社区建设示范社区
2009	双桥街道武塘社区	省政府	省和谐社区建设示范社区

续表 25-1-2

年　份	获奖社区	授予机构	荣誉称号
2009	双桥街道双桥社区	省依法治省领导小组	省民主法治示范社区
2009	双桥街道文苑社区	省民政厅	省和谐社区建设示范社区
2009	西湖镇西峰社区	省民政厅	省和谐社区建设示范社区
2009	平山乡西华门社区	省依法治省领导小组	省民主法治示范社区
2010	双桥街道康乐社区	全国妇联、民政部、文化部、环境保护部、国家广电总局	全国创建学习型家庭示范社区
2010	城北乡安平社区	省委、省政府	省级廉政文化示范基地
2011	双桥街道康乐社区	全国妇联	全国基层组织建设示范社区
2011	梅岭街道凤凰桥社区	省民政厅	省和谐社区建设示范社区
2011	梅岭街道广储社区	省民政厅	省和谐社区建设示范社区
2011	双桥街道康乐社区	中央精神文明建设指导委员会	全国文明单位
2011	平山乡西华门社区	省精神文明建设指导委员会	2007～2009 年度省文明社区
2011	平山乡石油山庄社区	省民政厅	省和谐社区建设示范社区
2011	平山乡朱塘社区	省民政厅	省和谐社区建设示范社区
2011	平山乡朱塘社区	省依法治省领导小组	省民主法治示范社区

第二章　社会救助

第一节　救济救灾

一、救济

1989 年后，全区社会救济工作重点主要解决城乡贫困户吃饭问题、农村贫困户安居问题和大病医疗救助。是年，区政府将人均年收入 400 元以下的家庭户作为扶贫对象，全区扶贫 84 户(新扶 69 户、续扶 15 户)。1991 年，区政府为 546 户困难户救济建房 1473 间，总救济金额 22.94 万元。为 10 户特困户建房 24 间。扶贫 111 户，脱贫 83 户。安排 11 户特困户定补，救济金额 2620 元。2002 年，全区资助 40.5 万元，帮助 28 户特困户建房。2003 年，全区按4∶4∶7的比例(即区民政局 4000 元、区建设局 4000 元、乡政府 7000 元)、户均 1.5 万元标准筹集改建危房资金，共为 32 户特困户改造土危房。2005 年春节，全区对 51 名大病人员、930 户低保户分别按照 800 元、300 元标准走访慰问，对 116 名“五保”老人、1355 户临时困难户按每户 300 元标准慰问。各乡镇(场)、街道对农村低保户及其他困难群众还自行组织慰问。是年，区民政部门对全区生活困难群众分类排队、登记造册，下拨春荒救济款 15 万元。2006 年 11 月，区政府制定《区城乡医疗救助实施暂行办法》，将城乡低保对象、农村“五保”对象、临时救济对象、重点优抚对象、特困职工等全部纳入救助范围，救助标准原则上不低于个人自付部分的 30%。当年起，区政府每年安排大病救助资金 100 万元。2007 年春节，全区区、乡、村三级联动，对 20 户特殊困难家庭、117 名大病人员、1266 户低保户家庭按照每户 1 万元、3000 元、400 元标准走访慰问。区民政局对123名"五保"老人、996户临时困难户按每户400元、300元标准走访慰问。是年，区政府制定《临时救助实施办法》，对全区家庭人均收入高于低保标准(240元)，但低于低保标准150%(360元)的低保边缘群众，实施临时生活救济，临时困难家庭可得到最高3000元救助。2009年起，区政府每年安排60万元临时救助资金。2010年，全区救济工作在"健全、完善、规范"上下功夫，推进以最低生活保障为基础，专项救济相配套，应急救济、社会救济为补充的社会救济体系，确保困难群众基本生活。是年，全年审核低保对象1508户3200多人次。为347名临时困难群众发放临时救助款22.75万元，对全区504名重残人员发放重残生活补助152万元。是年，全区实施区级大病医疗救助政策，安排98万元大病救助经费，对180户大病困难家庭按不同病种和个人自负金额情况给予一定补助。对46名大病人员给予医疗救助，救助资金9.6万元，平均每人救助2300多元。区民政局向市民政局争取二次救助政策，获救助资金100多万元。2011年春节前，全区共有36名生活困难和大病人员每人得到2000～5000元生活困难和大病医疗救助资金。全区共申请大病救助金126.09万元。

图25-2-1　2008年5月31日，区红马甲城市义工队为到扬州治疗的四川灾区伤病员送鸡汤

二、救灾

1989年后，全区城乡连续遭受不同程度涝灾和雪灾。区、乡政府和民政部门及时下拨灾害救济资金，帮助受灾群众解决生活和建房等困难。1989年，全年下达救灾款5万元、钢材2吨、木材4立方米，为48户困难户修建房屋84间。1991年6～7月，市区发生特大洪涝灾害，部分居民房屋倒塌。区民政部门及时牵头制定救灾应急预案。是年，全区共筹集募捐款16.4万元、粮票5067.1公斤，区民政部门及时将救灾款物发放给受灾群众。全区为1110户受灾户新建房屋3376间，为1238户受灾户修复房屋3468间，修复率100%。全区因灾缺粮人数2609人，通过及时救助，解决口粮54.5万公斤，救济总额7.85万元。扶贫111户，脱贫83户；安排特困定补11户，每户发放金额2620元。1998年，用于灾民建房5.5万元，建房12户34间。2008年1月，全区发生强降雪，共8个村、1个社区受灾，造成危房28户52间，其中城北乡7户、梅岭街道2户、西湖镇13户、平山乡6户，农作物受损35.88公顷。是年，全区筹集恢复重建资金20多万元(其中上级政府补助资金15万元)，完成救灾建房22户52间。对受灾低保户和因灾房屋倒塌家庭，按每户3间72平方米标准，全部由政府帮助建房。

第二节　慈善事业

一、组织机构

2003年5月，区慈善协会建立，选举产生理事40人，协会办公室设在区民政局。至2005年，西湖、平山、城北、双桥等乡镇、街道相继成立慈善协会。2011年4月，区慈善协会换届，并成立监事会。

二、资金募集

2003年5月，区慈善协会成立时，共募集慈善基金120多万元。2008年5月，四川汶川特大地震发生后，区慈善协会与区民政局成立捐赠办公室，共接收捐赠资金227.69万元，其中留本捐息200万元(天地房地产公司留本捐息100万元,唐城置业发展有限公司、新能源鸿泽置业公司各50万元)。2009年,启动“留本捐息”“冠名基金”等认捐方式,区慈善协会与企业签订大额认捐协议。是年,新能源鸿泽置业公司与区慈善协会签订慈善捐赠协议书,认捐50万元,成立新能源慈善救助基金,支持区慈善事业发展。至2011年,区慈善协会各项总收入1830.16万元,其中捐赠收入1609.49万元、区级财政补助收入216.52万元、资金增值收益4.15万元。

图25-2-2　2008年5月15日,维扬区机关干部为四川汶川地震灾区踊跃捐款

三、慈善救助

2003年起,区慈善协会资助市工人子弟小学扬州慈善春蕾助学基地,每年1万元助学款,资助6年。对全区新入学的贫困大学生给予2000～5000元捐助。是年,高邮、宝应发生龙卷风和洪涝灾害,区慈善协会捐款20万元。2005年,区慈善协会支援西部贫困地区80万元,其中支援陕西10万元、支援新疆伊犁等地区70万元。2008年5月,四川汶川地震发生后,区慈善协会为灾区募集专项抗灾款205.96万元,并对口帮扶市第一人民医院30名汶川伤员。10月,区慈善协会组织募集棉被2435件(床),送往灾区四川绵竹九龙镇。2009年,区慈善协会组织社会各界人士开展“爱心1+1,实现‘五个一’”(为草危房改造家庭添置一张床、一张桌子、一套椅子、一个柜子、一台电视机)活动,为区结对帮扶的高邮扶贫建房户募捐善款30.23万元。是年,全区建立15家“爱心慈善超市”,每月补助低保困难群众每人25元左右;为城镇低保尿毒症患者免费血透,春节组织慰问特困家庭活动,为全区6所敬老院发放助老金19万元。至2011年,区慈善协会共捐献赈灾款287.52万元,“六助”(助医、助困、助残、助孤、助老、助学)1022.31万元,直接受益群众1.52万人次。

第三节　扶贫开发

一、组织机构

1999年5月,区扶贫开发协会和区农村经济促进会(以下简称“两会”)建立,两块牌子、一套班子。协会是由热心服务农村经济和扶贫工作的离退休老同志和部分机关及企业单位,按自愿参加原则组成的具有法人地位的社会团体。第一届“两会”有常务理事8人,会员50人。2004年,“两会”有理事28人,会员720人。2005年,全区7个乡镇(场)和街道建立基层扶贫协会,全区有会员1015人。2009年5月,区农村经济促进会更名为区老区经济促进会。

二、主要活动

1999年,区扶贫开发协会帮助21户农民从事水产养殖、30户农民从事畜禽养殖,并组织区水产技术指导站、区兽医站科技人员多次上门指导,每户年收入增加5000元以上。2000年,协会出资购买扬辐麦1号75公斤、香粳-49号等良种120公斤,分发给40户贫困农户,并组织开展技术指导。当年,每户小麦均产600斤/亩以上,水稻均产1500斤/亩以上。是年,还先后资助28户农民开办小商店、35户农民从事运输、45户农民从事“五匠”、58户农民进厂务工。这些农户年均收入增加万元以上。2003年,区协会结队帮扶35户贫困农户,区、乡两级协会和西湖镇俞桥村、平山乡丁魏村、城北乡瓦窑村对口帮扶。2005年,在区、乡二级协会帮助下,西湖镇俞桥村改水200户,疏浚山塘水库6万立方米,并集资150万元,修建一条长5公里、宽4米的环村水泥路,改善农民生产和生活环境。是年,城北乡协会兴办物管中心，安排贫困户20人就业。平山茶场协会和民营企业联系，帮助20多名下岗工人再就业。梅岭街道协会举办技能培训班，培训178人，树立8名创业典型，为贫困户脱贫起示范带头作用。2006～2011年，区扶贫开发协会帮助建立水稻、三麦、花卉、蔬菜示范地16个，筹集资金18万元，修建水窖(池)8个，解决部分山区群众用水困难；帮助集资修建道路20公里，赠送稻麦良种1800公斤、银杏树苗400株、国内外优良果树苗300株。每年赠送有关期刊80份，给贫困村赠物折合5万元以上，帮助106名困难农户子女上中小学、25名贫困学生上大学。

第三章 社会福利

第一节 “五保”供养和敬老院建设

一、“五保”供养

1989年，按照“以乡统筹，合理负担，多种形式，联合供养”办法，全区对农村生活中没有依靠、缺乏劳动能力或完全丧失劳动能力的老、弱、孤、寡、残人员实行“五保”供养，即保吃、保穿、保住、保医、保葬(或孤儿保教)。是年，全区“五保”供养180人，入院集中供养的生活费每人每年850元，分散供养的生活费每人每年687元。2005年，按照“五保”标准自然增长机制，全区统一提高“五保”供养标准，集中供养标准为每人每年4445元，分散供养标准为每人每年2540元，所有经费由各乡镇财政统筹。是年，全区“五保”供养137人，供养率100%，“五保”户医疗费用全部实行实报实销。2011年，全区“五保”供养153人，集中供养标准为每人每年6500元，分散供养标准为每人每年4500元。

图25-3-1 2003年1月10日，区中学生慰问五保老人

二、敬老院建设

1989年，全区有西湖乡敬老院、湾头镇敬老院、汤汪乡敬老院，共有房屋32间，投入资金37.8万元，新收15名“五保”老人入院。1993年，全区新增平山乡敬老院、城北乡敬老院、城东乡敬老院。人均供养经费由每人每年1068元增至1750元。1994年，湾头镇、汤汪乡敬老院分别被评为省、市级文明敬老院。2002年，市区区划调整后，全区有西湖镇敬老院、平山乡敬老院、城北乡敬老院。2005年，西湖镇敬老院加大投入改造院内环境，按老年人实际需要增设老年活动室，为老人提供安度晚年的健康乐园。2008年，按照“公办民营、民办公助”的基本思路，区民政部门全面规范、改造、管理全区各类养老机构，投入50多万元全面改造升级友谊老年公寓，培植民办华安老年公寓，全区养老机构布局合理、投入多元、门类齐全。同年，甘泉街道敬老院划入。2011年，全区有老年敬老机构7家，其中公办养老机构4家、自收自支养老机构1家、民办养老机构2家。共拥有床位328张，管理人员26人，床位利用率62.78%。

第二节 福利企业

1989年,全区有福利企业13家,安置残疾人员120人就业。1993年,全区有福利企业21家,安置残疾人员251人就业。1995年,全区有福利企业28家,安置残疾人员305人就业。1997年,全区有福利企业28家,安置残疾人员353人就业。是年,全区福利企业实现产值1.58亿元、利税813万元。2002年后,随着福利企业退税政策调整,以及部分企业自身发展不足,部分福利企业申请退出福利企业管理,全区民政福利企业数不断减少。2006年,全区有福利企业23家,职工总人数1229人,其中残疾职工559人,年退税额3293万元。

江苏江扬电缆有限公司1989年建立,为区内建立最早的福利企业。至2011年,该公司成长为规模化经营的现代企业集团,跻身于市工业企业销售30强、省民营科技百强企业和中国机械工业500强企业。

2011年,全区有福利企业16家,职工总人数2072人,其中残疾职工641人,退税总额2046.13万元。

2011年维扬区福利企业情况一览表

表25-3-1

单位名称	残疾职工月人均工资(元)	残疾职工月人均投保额(元)	实际退税总额(万元)	职工总人数(人)	残疾职工人数(人)	安置比例(%)
扬州雪球羽绒有限公司	1064.2	723	42.5	29	13	44.8
扬州市长江电器厂	1336.8	726	49	32	14	43.8
扬州恒诚织布有限公司	1594.5	721.9	910	964	261	27.1
扬州康源电力机械有限公司	981	725	19.6	25	11	44.0
扬州中基机电有限公司	1200	725	63.5	82	36	43.9
扬州市西湖皮革制品厂	1580	725	51.9	58	15	25.9
江苏江扬电缆有限公司	1903.8	723.1	375.96	337	107	31.8
江苏江扬特种电缆有限公司	1755.3	725	119.88	93	32	34.4
扬州润林电子科技有限公司	1129.3	726	43.28	20	13	65.0
扬州通宇压力容器有限公司	1635	721	75	114	44	38.6
扬州唐城装潢五金机械有限公司	1344.8	721.9	24.72	40	11	27.5
扬州甘泉塑料制品厂	930	726	37.34	44	11	25.0
扬州市甘泉羽绒厂	1368	723.9	36.46	32	11	34.4
扬州星力机械有限公司	1374.9	723.1	126	139	36	25.9
扬州远东复合材料制品有限公司	953	537.7	41.99	39	15	38.5
扬州四通月舟有限公司	1200	725	29	24	11	45.8

第三节　福利彩票销售

1989年，区民政部门开始福利彩票销售工作，主要销售“刮刮乐”即开型彩票。是年，全区福利彩票销售额10万元。1993年，全区福利彩票销售额140万元。2000年，全区福利彩票销售额500万元。2003年，全区福利彩票销售额600万元。2006年，电脑销售福利彩票成为区内福利彩票销售主要方式。是年，全区有彩票销售站点15个，年销售额270万元。2010年4月，区“中福在线”即开型福利彩票销售厅开业，票种从单一传统型发展到传统型、即开型、即开传统结合型和电脑型等4大类、数十个品种及上千种票面，形成比较完整的福利彩票销售体系。是年，全区福利彩票销售额1033万元。2011年，全区彩票销售站点20个，福利彩票年销售额2648万元。至2011年，全区福利彩票销售额3788万元，“刮刮乐”即开型彩票销售额1996万元，“中福在线”彩票销售额2231万元。

第四节　残疾人事业

一、组织机构

1991年，区残疾人联合会建立，为副科级建制，归口区民政局管理。12月，召开区残联第一次代表大会，出席大会代表55人。选举产生区残联第一届主席团成员13人，主席1人、副主席2人。1998年，区残联由副科级建制升格为正科级建制。5月，召开区残联第二次代表大会，出席大会代表65人。选举产生区残联主席，第二届理事会理事长、副理事长。2004年，区残联与区民政局分设，机构单列。2007年12月，召开区残联第三次代表大会，出席代表107人。大会选举产生区残联第三届主席团成员33人，主席1人、副主席3人。2008年，建立区残疾人维权中心。2011年，建立区残疾人法律救助工作站。

二、残疾人登记发证

1989年，全区有疑似残疾人7000多人。2001年，经等级评定，全区共有510名残疾人领取残疾人证。2009年，全区残疾人开始统一使用第二代残疾人证，并采集有关信息，建立全区残疾人基础信息数据库。至2011年，全区共有疑似残疾人1.7万多人，经评定领取残疾人证的2539人，其中肢体残疾1268人、智力残疾356人、听力残疾183人、言语残疾8人、视力残疾316人、精神残疾228人、多重残疾180人。

三、残疾青少年、儿童教育

2005年，区政府印发《关于对全区考取大学残疾学生奖励办法》，规定凡残疾学生考取大专院校以上的均给予奖励。当年奖励3人，奖励金额2000元。2008年，区政府制定《关于实施全区贫困残疾学生和贫困残疾家庭子女助学补贴的办法》，对在读贫困残疾学生及贫困残疾家庭子女入学就读给予奖励和补助。是年，共奖励31人，奖励金额3.18万元。2009年，奖励52人，奖励金额5.14万元。2010年，奖励68人，奖励金额7.32万元。2011年，奖励84人，奖励金额9.81万元。

图25-3-2　2009年5月9日，残疾儿童表演文艺节目

四、残疾人扶贫

2002 年,全区共走访慰问残疾特困家庭近 200 户,每户发放 300～500 元慰问金和慰问品,共计发放慰问金 6 万元。是年,区、乡机关和村党政干部与残疾户家庭结对帮扶,全年提供帮扶资金 10 多万元;为全区 32 户最低生活保障线以下残疾家庭落实最低生活保障,发放保障金 12 多万元。2004 年,全国助残日等重大节日前后,区、乡镇(街道)、村(社区)干部先后走访近 400 户残困家庭,送去慰问金和慰问品,全年扶贫帮困资金 50 多万元。是年,区、乡镇(街道)、村(社区)各级干部还和 100 多户残困家庭结对帮扶,为残疾人家庭做实事。285 户残困家庭享受低保待遇,其标准每月 115～230 元,高于普通低保人员 15%,达到应保全覆盖,一批患大病的残疾人还得到区、乡政府 2000～20000 元不等的大病救助资金。全区 17 个社区建立助残志愿者联络站,近 3000 名社区助残志愿者常年为残疾人提供各类服务,为 20 多名盲人办理免费乘车证。2006 年,全区新增 63 户残困家庭,全部进入最低生活保障体系。是年,区、乡政府为残疾人医疗健康设卡,纳入新型医疗保障,对一些重病残疾人采取大病统筹办法,每人得到政府 2000～20000 元不等的大病资金救助。区、乡、村党政干部与残疾户家庭结对帮扶,发放慰问和帮扶资金 9 万元。春节和全国助残日期间,向残困家庭发放慰问金 17 万元。2009 年,区政府印发《维扬区新型农村社会养老保险办法(试行)》,对农村无业重度残疾人给予缴费优惠,贫困重度残疾人费用全免,领取养老补助年龄比健全人提前 5 年,缴费年限缩减 5 年。全区受惠残疾人 400 多人。是年,春节和全国助残日期间,全区向残困家庭发放慰问金 5 万元,对低保残疾人家庭发放困难补助 130 万元。2010 年,全区为 48 户一户多残贫困家庭发放生活费补贴 2.4 万元,为 465 名重度残疾人办理护理费补贴 55.8 万元,为 1037 名残疾人办理意外伤害保险,为 786 名残疾人办理免费乘车卡。是年,还提供各类政策助残资金 59.5 万元,发放扶贫物资 5.9 万元。

五、残疾人康复

2002 年市区区划调整后,原隶属于广陵区文教局的市春蕾聋儿语训康复中心划入维扬区。中心有教师 9 人,在训残疾儿童 37 人,累计参加康复训练儿童 390 人,康复率 80%。2003 年,区残联为梅岭街道 1 名下肢残疾人安装假肢,为 100 名下肢残疾人发放残疾车。区、乡医院实施白内障复明手术 15 例。2004 年,完成白内障复明手术 33 例,肢体康复训练 608 人,在市聋儿语训康复中心受训的聋儿 19 人、脑瘫儿康复训练 10 人。区残联将 35 辆轮椅车、9 台助视器、4 只助听器发给残疾人,为 1 名下肢残疾人安装假肢。11 月,拥有近 60 平方米和价值 1.5 万元康复训练器材的区残疾人康复训练中心建成投入使用。2005 年,区残联为 67 名白内障患者提供复明手术,其中 7 人系免费手术。为 1 名下肢残疾人安装假肢。为残疾人发放 18 辆轮椅车、4 只助听器、35 根盲杖、6 根拐杖。2007 年,区残联为 91 名白内障患者免费进行复明手术,为 3 名下肢残疾人安装假肢,将 20 辆轮椅车、12 根盲杖发给残疾人,为 100 名精神病人免费给药,为 13 名残疾儿童免费康复治疗。2008 年,区康复工作领导小组、社区康复训练与服务技术指导小组建立,形成三级残疾人康复组织网络、康复技术网络和训练与服务网络,明确社区康复员及社区康复协调员。是年,区残联与扬州大学社会发展学院合作开展残疾人康复需求调查,全区有康复需求的 3756 名残疾人全部进入康复需求和服务情况数据库建档立卡。为 60 名白内障患者提供免费复明手术,为 3 名下肢残疾人安装假肢,为残疾人发放 30 辆轮椅车、41 根盲杖,为两名聋儿免费配备助听器,为 71 名精神病患者免费给药,为 8 名 0～6 岁残疾儿童提供免费康复治疗。2009 年 11 月,区政府批准将甘泉街道双塘社区内原市蔬菜研究所地块一幢 1500 平方米的楼房及相邻土地作为区残疾人康复中心新址。是年,全区有正常接受检查的康复室 15 家,创成市级示范社区康复室 4 个,家庭康复 439 人,为康复对象配发器材 112 件。为 40 名白内障患者提供免费复明手术,为 3 名贫困精神病患者住院提供医疗救助,为 103 名精神病患者免费给药,有 132 人享受医疗服务,为 84 户残疾人家庭实施无障碍改造,为 5 名 0～6 岁残疾儿童提供免费康复治疗。2011 年,为 79 名白内障患者提供免费复明手术,为 77 名精神病患者免费给药,为 356 户残疾人家庭实施无障碍改造,为 13 名 0～6 岁残疾儿童提供免费康复治疗。9月,区残疾人康复中心建成,为区级全额拨款事业单位,后因区划调整,区残疾人康复中心未能运营。

六、残疾人就业培训

2003年,区、乡政府通过新办福利企业和扩大企业规模等方式,增加残疾人就业面,城北、双桥、平山3个乡有劳动能力的残疾人基本解决就业岗位。是年,区残联会同税务、财政等部门检查各福利企业落实健残比例、同工同酬、养老保险、医疗保险等政策落实情况,对个别单位政策不到位问题提出整改要求,维护残疾职工合法权益。2004年,区残联依托福利企业,实行集中安置与多渠道就业相结合,利用新办福利企业批量安排残疾职工;配合江扬电缆、明基实业、恒诚织布等福利企业扩大规模,推荐补充残疾职工就业;针对区有劳动能力的残疾人不断减少的实际,鼓励区属福利企业向周边县(市)组织招收;对有一定能力和有一技之长的残疾人采取多渠道安置,如办邮政报亭和福利彩票销售点等。是年,区残联还结合福利企业年检,配合劳动监察部门,推动福利企业强化落实残健职工就业比例以及残疾人同工同酬,切实保障残疾人平等参与社会生活权利。2006年,全区就业培训残疾人115人,安置就业102人。2008年,在西湖镇扬州磁扬工艺制品有限公司建立残疾人扶贫基地,在平山乡创建园艺基地,在梅岭街道创建编织业基地,3个扶贫基地共集中安置残疾人21人,辐射人群60多人。2010年,在甘泉街道大唐工艺品公司建立残疾人就业培训基地,在西湖镇肉鸽养殖场建立残疾人创业基地,在甘泉残疾人托养所开办1家盲人按摩中心和1家干洗店。是年,就业培训残疾人152人,安置就业117人。走访残疾人失业家庭40多户,组织参加市残联举办的招聘会2次,11人和企业签订劳动合同,达成用工意向13人。2011年,在西湖镇久久塑料制品加工厂建立残疾人扶贫基地,在兆国种养基地建立残疾人创业就业示范基地以及8家残疾人创业示范点,新建西湖、平山、城北3家托养所,新建1家舒康盲人推拿按摩康复站。是年,就业培训残疾人147人,安置就业114人。

图25-3-3 2008年9月6日,安平社区举办残疾人运动会

七、残疾人文体活动

1995~1998年,区残联每年组织50多名残疾人参加助残日双向服务活动,让广大残疾人走上社会,服务社会。2001年,市第一届残疾人运动会,区残联组织残疾人参加比赛,取得男子铁饼和男子铅球第一名成绩。2002年,区残联组织残疾人参加省第六届残疾人运动会,取得男子铁饼第二名,男子铅球第二、三名的成绩。2006年,完成盲人论文3篇,其中两篇论文在省残疾人交流大会上交流。2009年5月,区残联和西湖中心小学联合举办联欢会,区残联向残疾学生赠送购书卡。8月,组织编写《令人肃然起敬的残疾人》一书,向新中国建立60周年献礼,并赠送给全区所有残疾人协会、残疾人工作者、中小学学生以及关心支持残疾人事业的爱心人士,让大家真切感受到残疾人"自尊、自信、自立、自强"的精神。国庆前夕,与区民政局联合组织残疾人和残疾人工作者开展庆国庆60周年歌咏比赛。

第四章　双拥和优抚

第一节　双拥共建

一、组织机构

1985年9月，区拥军优属领导小组建立。1991年6月，区拥军优属领导小组改称区拥军优属、拥政爱民工作领导小组(简称双拥工作领导小组)。领导小组下设办公室，办公室设在区民政局，区民政局局长兼办公室主任。

2001年4月，区双拥工作领导小组和区全民国防教育工作领导小组合并，成员单位包括驻区部队负责人和区委、区政府各部门负责人。区双拥领导小组每半年召开一次工作会议，对照创建双拥模范单位考核标准，讨论完善双拥工作运行机制和举措。

二、主要活动

图25-4-1　2003年6月4日，丰乐社区居民与驻区部队官兵共度端午

1989年后，区党政部门、乡镇与驻区部队结成共建对子，军地双方相互支持，拥军优属蔚然成风。每年“八一”建军节和春节，区委、区政府组织慰问驻区部队活动，向驻区部队官兵赠送慰问金、慰问品。1992年1月，全区开展第一个“双拥月”活动，区双拥工作部门与驻区部队开展联谊活动。是年，全区成立拥军优属服务组720个，区政府及相关部门积极解决驻区部队及部队离退休老干部实际问题。全区加强舆论宣传，营造全社会拥军氛围，共张贴拥军标语6500张，出板报15期。1993年5月，全区开展第二个“双拥月”活动，军地共建双拥服务点。城北乡卜杨村为部队建立蔬菜供应点，环球商厦、罗城商场为兰州军区扬州干休所设立“八一”供应专柜。省军区570仓库为西湖镇企业提供仓储服务。1996年，军地双方结对，订立双拥服务协议。兰州军区扬州干休所与平山乡政府结对。1998年7月，郊区被省政府、省军区授予“双拥模范区”称号。1999年，区双拥办举办首期军地两用人才培训班，为区内驻军单位培训电脑、烹饪专业人才，驻区部队50多名官兵参加学习。是年春节，区委、区政府走访慰问613户烈军属、残废、复员军人和6个驻区部队。8月1日，对158户功臣家属慰问，并走访驻区部队，赠送现金1.7万元。2000年，区内军地双方建立5个科技双拥基地。利用市旅游学校师资和教学设备，为部队培训电脑和烹饪专业人才；利用区种植养殖技术优势，帮助江苏陆军预备役高炮二师副食品基地建成部队种植养殖示范基地；利用扬州时新汽车修理厂技术优势，帮助驻区部队提高驾驶人员修理技术水平；利用区三杉花木园艺公司种植花卉技术优势，为省军区570仓库官兵培训栽培技术，帮助绿化、美化营区；利用曲江小商品市场营销

人才众多优势，向官兵传授商品营销知识。2003 年 7 月，丰乐社区与驻地江苏陆军预备役高炮二师、武警扬州市支队、扬州军分区干休一所等单位共签双拥共建协议。2004～2005 年，武警维扬消防大队邗沟路中队与瘦西湖公园、市公路处、扬州发电有限公司、梅岭中学等单位续签双拥共建协议，江苏陆军预备役高炮二师、武警扬州市支队与市公交公司、扬州教育学院、瘦西湖公园、扬州海关等单位续签双拥共建协议，新疆军区扬州干休所与平山茶场签订双拥共建协议。2005 年，维扬区被省政府、省军区命名为双拥模范区。2007～2009 年，扬州军分区干休一所老红军刘应启被丰乐社区市民学校聘任为荣誉校长。江苏陆军预备役高炮二师公勤队官兵与社区 6 名独居老人结对帮扶，2009 年，维扬区通过省、市双拥工作检查，实现双拥模范区五连冠。2010～2011 年，江苏陆军预备役高炮二师、武警扬州市支队、扬州军分区干休所等与丰乐社区共建双拥一条街，设有居民医疗卫生便民服务点、水电维修便民服务点、国防教育便民服务点和拥军优属便民服务点等 4 个窗口。2011 年 4 月，全市双拥基层规范化建设观摩会在梅岭街道召开，与会人员参观丰乐社区双拥一条街。至 2011 年，全区双拥共建活动在扶贫帮困、扶贫助学、抗击自然灾害方面捐款捐物，在帮助军人家属解决就业、就医、就学、住房方面积极协调，累计投入资金 40 多万元。

第二节 优待抚恤

一、优待

义务兵家属优待 1988 年，区政府制定《关于贯彻执行〈江苏省义务兵家属享受优待金暂行办法〉的实施细则》，对区内义务兵家属开始实行现金优待。农村义务兵家属优待金实行乡镇统筹，城镇实行区属以上企事业单位统筹。1989 年，全区收缴乡镇农村义务兵统筹优待金 22241.25 元，发放优待金 10.4 万元。1992 年，区政府修订《郊区军人优待条例》，对农村入伍的义务兵，以当地上年人均收入 70%为标准，由各乡镇统筹、乡镇政府统一发放；城镇义务兵实行先安置后征集，由征兵机构和劳动部门将应征对象落实到具体单位，由单位从入伍之日起，按同年进厂工人全年收入 70%发给优待金。对立功受奖的现役军人，由区、乡政府给予一次性奖励。是年，全区收缴乡镇农村义务兵统筹优待金 28.6 万元，发放优待金 20.3 万元。1993 年，全区共优待义务兵家属 253 户，发放优待金 25.54 万元。其中，农村义务兵家属 224 户，发放优待金 23.57 万元，户均优待金占当年全区农村人均收入 70.1%；城镇义务兵家属 29 户，发放优待金 1.97 万元，户均优待金占当年全区在职职工工资和奖金收入 70%。1995 年，区政府对进藏义务兵给予“农转非”待遇，家属优待金按同期入伍义务兵家属的 3 倍发放，退伍后按城镇义务兵落实安置。是年起，对所有在部队服役期间立功受奖的义务兵，按功绩大小给予 1000～100 元一次性奖励。1996 年，全区共发放义务兵家属优待金 30.25 万元；奖励立功受奖人员 7 人，奖金 3500 元。1998 年起，全区义务兵家属优待金标准实行自然增长机制。是年，全区义务兵家属优待金发放标准为每年 2114 元，超过省、市规定。2000 年，优待义务兵家属 288 户，收缴乡镇农村义务兵统筹优待金 108 万元，发放优待金 84.88 万元。2002 年，市区区划调整，全区城镇义务兵家属优待对象大幅增加。是年，全区共优待义务兵家属 359 户，发放优待金 70.48 万元。其中，农村义务兵家属 200 户，发放优待金 51.4 万元；城镇义务兵家属 159 户，发放优待金 19.08 万元。2004 年，收缴乡镇农村义务兵统筹优待金 187 万元，发放优待金 110.65 万元。2008 年，根据市统一规定，实行义务兵家属优待金自然增长机制，全区及时调整义务兵家属优待金标准。当年发放农村义务兵家属优待金 125.7 万元，发放城镇义务兵家属优待金 284.58 万元。同时，按照《江苏省优军优属工作若干规定》标准，对全区 9 名立功受奖义务兵家属给予褒奖。2011 年，全区共优待义务兵家属 461 户，其中农村义务兵家属 252 户、城镇义务兵家属 209 户(进藏义务兵家属 15 户)。农村义务兵家属优待金每户 6530 元，由乡镇负担；城镇义务兵家属优待金每户 21766 元，全部由区财政负担。

1989～2011年维扬区义务兵家属优待金发放情况一览表

表25-4-1

项目/年份	农村义务兵家属			城镇义务兵家属		
	发放标准(元/年)	发放户数(户)	发放金额(万元)	发放标准(元/年)	发放户数(户)	发放金额(万元)
1989	500	208	10.40	420	28	1.18
1990	500	203	10.15	420	27	1.13
1991	500	249	13.95	480	27	1.30
1992	900	238	20.30	600	28	1.68
1993	1200	224	23.57	680	29	1.97
1994	1400	218	30.52	900	32	2.88
1995	1500	205	30.57	900	28	2.52
1996	1500	236	28.00	900	25	2.25
1997	2080	225	46.80	900	36	3.24
1998	2114	215	45.45	1000	41	4.10
1999	2219	215	59.28	1000	48	4.80
2000	2330	232	79.28	1000	56	5.60
2001	2446	203	49.65	1000	43	4.30
2002	2570	200	51.40	1200	159	19.08
2003	2744	221	60.64	1958	186	36.42
2004	2890	230	66.47	2176	203	44.18
2005	3220	214	68.90	2463	212	52.22
2006	5215	205	106.90	11379	198	225.30
2007	8030	206	165.42	12945	202	261.49
2008	6586	219	125.70	15057	189	284.58
2009	7450	227	169.12	17398	213	370.58
2010	8295	234	194.10	19416	202	392.20
2011	6530	252	164.55	21766	209	454.91

“三属”“三老”优待　1989年，全区有烈属、因公牺牲军人家属、病故军人家属(简称“三属”)，老复员军人、带病回乡退伍军人、残疾军人(简称“三老”)26人。对上述“三属”“三老”人员，区民政部门除按照国家规定标准和自然增长机制形成的新标准给予抚恤和补助外，各部门、乡镇还从生产、生活、住房、医疗诸方面给予优待，区财政每年冬春下拨专项经费，给予临时救济和补助。1990年起，全区对“三属”“三老”人员实行保障性优待，帮助解决住房、生活和医疗困难。1992年，在全市率先采取以乡镇统筹“三老”优待金办法，每月增加生活补助费15元。1993年，全区大幅提高“三属”“三老”优待金定补标准。烈属、因公牺牲军人家属定补标准由原来89元提高到210元(城镇)和200元(农村)，病故军人家

属定补标准由原来84元提高到190元(城镇)和180元(农村)。“三老”人员定补标准由原来统一的每月49元提高到抗日战争参加革命每月180元、解放战争参加革命每月160元、新中国建立初期参加革命每月140元(以下简称“三个时期”),“三老”孤老人员在新标准基础上每人每月增发30元。至1995年,全区共投入资金23.6万元,基本消除“三老”住房破旧的现象。1996年,全区建立抚恤对象定补标准自然增长机制。当年,全区城镇“三个时期”参加革命的老复员军人定期生活标准分别增至每人每年1900元、1600元和1500元,农村“三个时期”参加革命的老复员军人定期生活标准增至每人每年1340元、1290元和1208元。带病回乡退伍军人定期生活标准增至每人每年645元。1998年起,为解决“三老”人员医疗困难,全区以乡镇统筹方式给予医疗费用补助,除减免挂号费、观察费和注射费外,还补助门诊费和住院费,门诊费补助30%,住院费补助40%。是年,全区172名“三老”人员全部做到生活达小康、医疗有保障。2003年,全区老复员军人和带病回乡退伍军人生活定补标准根据市标准实行自然增长机制。是年,全区城镇“三个时期”参加革命的老复员军人定期生活补助标准分别增至每人每年3984元、3486元和2988元,农村“三个时期”参加革命的老复员军人定期生活补助标准分别增至每人每年1764元、1568元和1372元,带病回乡退伍军人定期生活补助标准增至每人每年784元。2006年,全区城镇“三个时期”参加革命的老复员军人定期生活补助标准分别为每人每年6731元、5983元和5235元,农村“三个时期”参加革命的老复员军人生活定补标准分别为3912元、3651元和3390元,带病回乡退伍军人定期生活补助标准为每人每年1565元。2011年,全区城镇和农村“三个时期”参加革命的老复员军人共190人,每人每年生活补助标准从14172元到7097元不等;带病回乡退伍军人43人,每人每年定期生活标准3312元。

1989～2011年维扬区老复员军人、带病回乡退伍军人定期生活补助标准一览表

表25-4-2 单位:元/年

项目 年份	老复员军人						带病回乡退伍军人
	城镇			农村			
	抗日战争时期参加革命	解放战争时期参加革命	新中国建立初期参加革命	抗日战争时期参加革命	解放战争时期参加革命	新中国建立初期参加革命	
1989	144	128	96	144	96	84	70
1990	300	240	228	300	240	228	190
1991	320	260	248	320	260	248	210
1992	336	300	280	326	280	268	230
1993	386	336	300	386	336	300	230
1994	624	588	552	624	588	552	264
1995	1200	1164	1128	1200	1164	1128	582
1996	1900	1600	1500	1340	1290	1208	645
1997	1900	1600	1500	1340	1290	1208	645
1998	2387	2089	1790	1390	1310	1280	670
1999	2484	2174	1790	1480	1420	1380	706
2000	2908	2544	2181	1520	1490	1425	725
2001	3257	2850	2443	1598	1450	1285	725

续表 25-4-2

年份 \ 项目	老复员军人						带病回乡退伍军人
	城镇			农村			
	抗日战争时期参加革命	解放战争时期参加革命	新中国建立初期参加革命	抗日战争时期参加革命	解放战争时期参加革命	新中国建立初期参加革命	
2002	3574	3127	2681	1680	1586	1310	763
2003	3984	3486	2988	1764	1568	1372	784
2004	4138	3620	3103	1858	1651	1445	826
2005	4985	4320	3655	2450	2220	1990	1284
2006	6731	5983	5235	3912	3651	3390	1565
2007	8339	7297	6255	4360	4070	3779	1744
2008	9715	8500	7286	4940	4610	4280	1976
2009	10930	9564	8197	6332	5960	5588	2235
2010	12244	10714	9183	7050	6636	6222	2904
2011	14172	12400	10630	8043	7570	7097	3312

二、抚恤

“三属”抚恤　1989 年，全区“三属”除领取一次性抚恤金外，对丧失劳动能力、孤老和无经济收入等生活困难人员，国家每年还给予定期抚恤。当年，全区城镇户口烈属、因公牺牲军人家属抚恤标准为每年 480 元，病故军人家属为每年 420 元；农村户口烈属、因公牺牲军人家属定补标准为每年 430 元，病故军人家属为每年 400 元。1993 年，全区城镇户口烈属、因公牺牲军人家属抚恤标准为每年 720 元，病故军人家属为每年 660 元；农村户口烈属、因公牺牲军人家属抚恤标准为每年 600 元，病故军人家属为每年 540 元。1996 年，区政府制定优抚对象抚恤定补标准，并建立自然增长机制。城镇户口“三属”抚恤标准分别为上年度职工平均工资 52%、48%和 45%，农村户口“三属”为上年度农民人均收入 80%、75%和 70%。是年，全区城镇户口“三属”抚恤标准分别增至 1968 元、1968 元和 1908 元，农村户口“三属”抚恤标准分别增至 1572 元、1572 元和 1512 元。2003 年起，全区“三属”抚恤标准按市制定标准实行自然增长。2004 年，全区城镇户口“三属”抚恤标准分别为 4138 元、4138 元和 3620 元，农村户口“三属”抚恤标准分别为 3620 元、3580 元和 3103 元。2006 年，全区城镇户口“三属”抚恤标准分别为 6731 元、5983 元和 5235 元，农村户口“三属”抚恤标准分别为 5983 元、5235 元和 4488 元。2011 年，全区享受抚恤待遇的“三属”16 人。其中城镇户口“三属”11 人，抚恤标准分别为 15944 元、14172 元和 12400 元；农村户口“三属”5 人，抚恤标准分别为 14172 元、12400 元和 10630 元。

1989～2011 年维扬区烈士家属、因公牺牲军人家属、病故军人家属抚恤标准一览表

表 25-4-3　　单位：元/年

年份 \ 项目	城镇			农村		
	烈属	公属	病属	烈属	公属	病属
1989	480	480	420	430	430	400
1990	480	480	420	430	430	400
1991	540	540	480	460	460	420

续表 25-4-3

年份＼项目	城镇 烈属	城镇 公属	城镇 病属	农村 烈属	农村 公属	农村 病属
1992	650	650	510	520	520	460
1993	720	720	660	600	600	540
1994	900	900	840	780	780	720
1995	1968	1968	1908	1572	1572	1512
1996	1968	1968	1908	1572	1572	1512
1997	2850	2650	2400	1750	1660	1500
1998	2984	2984	2686	2387	2387	2089
1999	3105	3105	2795	2484	2484	2174
2000	3335	3335	3172	2908	2908	2544
2001	3701	3701	3664	3257	3257	2850
2002	3850	3850	3705	3328	3328	2900
2003	3984	3984	3486	3383	3383	2988
2004	4138	4138	3620	3620	3580	3103
2005	5585	4920	4255	4920	4255	3590
2006	6731	5983	5235	5983	5235	4488
2007	9382	8339	7299	8339	7297	6255
2008	10929	9715	8500	9715	8500	7286
2009	12296	10930	9564	10930	9564	8197
2010	13774	12244	10714	12244	10714	9183
2011	15944	14172	12400	14172	12400	10630

伤残人员抚恤　1989 年，区民政部门负责抚恤的伤残人员为伤残军人、伤残人民警察、因公负伤致残的工作人员和参战致残的民兵民工。是年，全区有伤残人员 73 人（有工作单位 38 人、无工作单位 35 人），其中特等 1 人、一等 3 人、二等甲级 11 人、二等乙级 19 人、三等甲级 21 人、三等乙级 18 人，绝大部分为残疾军人，少数其他残疾人员与残疾军人享受同等标准抚恤金。当年发放残疾抚恤金 6.57 万元。1990 年，全区享受抚恤优待的伤残人员统一换发民政部印制的革命伤残军人证，原等原级不变。1997 年起，全区无工作单位伤残军人抚恤实行自然增长。2002 年，市区区划调整，全区伤残优抚人员大幅度增加。是年，全区有伤残人员 135 人（有工作单位 69 人、无工作单位 66 人）。2003 年起，全区伤残人员抚恤按市统一制定标准实行自然增长。2004 年，新修订的《军人抚恤优待条例》规定，调整残疾军人等级，将原来四等六级改为一至十级，原特等套改为一级，一等套改为三级，二等甲级套改为五级，二等乙级套改为六级，三等甲级套改为七级，三等乙级套改为八级。是年，根据民政部《关于失业伤残人员抚恤问题的复函》精神，区民政部门对全区 129 名伤残军人调查，确定在乡伤残军人伤残抚恤金自然增长标准。2005 年，全区第六次核发伤残军人革命残疾军人证，按照新等级发给证书。2008 年起，区民政部门执行伤残人员抚恤标准自然增长机制，切实保障优抚对象合法权益，严格实施优抚事业经费专款专用，抚恤经费实行打卡发放。是年，全区有伤残人员 125 人，发放抚恤定补金和护理费 106.1 万元。2011 年，全区有残疾军人 126 人（有工作单位 74 人、无工作单位 52 人），其中一级 1 人、二级 1 人、三级 2 人、四级 2 人、五级 14 人、六级 31 人、七级 33 人、八级 39 人、九级 2 人、十级 1 人。一至十级因战、因公、因病和在职、在乡残疾军人按相应标准抚恤。

2011 年维扬区伤残人员抚恤金标准一览表

表 25－4－4　　　　单位:元/年

一级	性质	在职	在乡	六级	性质	在职	在乡
	因战	28690	35429		因战	11390	14172
	因公	27780	34012		因公	10780	13110
	因病	26870	32950		因病	9110	11338
二级	性质	在职	在乡	七级	性质	在职	在乡
	因战	25960	31886		因战	8660	10630
	因公	24600	31178		因公	7740	9212
	因病	23680	30824		因病	—	—
三级	性质	在职	在乡	八级	性质	在职	在乡
	因战	22770	30115		因战	5470	7086
	因公	21410	28344		因公	5010	6023
	因病	20040	26572		因病	—	—
四级	性质	在职	在乡	九级	性质	在职	在乡
	因战	18670	24800		因战	4550	5315
	因公	16850	21258		因公	3640	4606
	因病	15490	20195		因病	—	—
五级	性质	在职	在乡	十级	性质	在职	在乡
	因战	14580	19486		因战	3190	3898
	因公	12750	17715		因公	2730	3543
	因病	11840	15944		因病	—	—

第三节　退役士兵安置

1989 年,区内退役士兵安置工作执行《退伍义务兵安置条例》,按户口性质区别安置。城镇退役士兵安置工作采用“三优先”(优先安置转业志愿兵,优先安置党员和立功受奖、素质好的义务兵,优先安置专业对口岗位)安置办法择优分配。农村退役士兵安置坚持“从哪里来,回哪里去”原则,开发使用农村退伍军人军地两用人才。是年,全区共接收退役士兵 58 人,安置 58 人,安置率 100%。1991 年后,全区退役士兵安置工作实行“四公开”(公开安置政策、公开安置指标、公开优先安置对象、公开安置工作程序)。1992 年,全区共接收退役士兵 45 人,其中 15 人安排进入区属以上企事业单位工作,30 人进入乡镇企业和村“两委会”工作。1989～1994 年,区政府每年下拨专项资金和建筑、生活资料,帮助退役士兵解决生产、生活和住房困难。1995 年,全区共接收退役士兵 93 人,均妥善安置,其中安置在市属单位 6 人、区属企业 22 人、乡镇企业 65 人。1997 年,全区进一步拓宽开发利用农村退役士兵两用人才渠道,采取向单位推荐和向外输送,鼓励、资助从事个体经营和开办联合体等措施,妥善安置退役士兵。是年,全区共接收退役士兵 51 人,均妥善安置,农村退役士兵 6 人走上村级领导岗位。2000 年,全区共接受退役士兵 68 人,安置率 100%。2002 年,为适应社会主义市场经济发展要求,全区退役士兵安置工作引进市场竞争机制,探索指令性安置计划和市场机制相结合途径。是年,全区共接收退役士兵 111 人,其中 12 人进入机关事业单位、36 人进入企业单位、63 人自谋职业。支付自谋职业补偿金 72 万元,发放待安置生活费 10 万元，圆满完成安置任务。2006 年，区政府制定《维扬区农村退役士兵安置暂行办法》，推行城乡退役士兵一体化安置。是年，全区共接收安置退役士兵 123 人，其中岗位安置 14 人、货币安置 109 人，发放安置补偿费 184 万元。2008 年，全区共接收安置退役士兵 108 人，其中岗位安置 15 人、货币安置 93 人，发放安置补偿费 163 万元。2011 年，全区共接收安置退役士兵 114 人，其中岗位安置 6 人、货币安置 108 人，发放安置补偿费 332 万元。

1989～2011 年维扬区退役士兵接收安置情况一览表

表 25-4-5

项目 / 年份	城镇义务兵（人）	农村义务兵（人）	志愿兵（人）	合计（人）	城镇退役士兵安置			志愿兵安置		
					岗位安置（人）	货币安置		岗位安置（人）	货币安置	
						人数（人）	补偿金额（万元）		人数（人）	补偿金额（万元）
1989	6	49	3	58	6	—	—	3	—	—
1990	9	54	4	67	9	—	—	4	—	—
1991	8	48	6	62	8	—	—	6	—	—
1992	10	30	5	45	10	—	—	5	—	—
1993	11	39	2	52	11	—	—	2	—	—
1994	8	53	4	65	8	—	—	4	—	—
1995	22	65	6	93	22	—	—	6	—	—
1996	16	24	5	45	16	—	—	5	—	—
1997	18	25	8	51	18	—	—	8	—	—
1998	10	51	2	63	10	—	—	2	—	—
1999	9	49	7	65	9	—	—	7	—	—
2000	25	32	11	68	25	—	—	11	—	—
2001	14	60	14	88	12	62	32	14	—	—
2002	69	24	18	111	36	57	45	12	6	27
2003	68	26	13	107	30	64	51	5	8	34
2004	74	28	12	114	17	85	71	8	4	18
2005	83	26	7	116	12	97	168	2	5	22
2006	89	28	6	123	8	109	184	6	—	—
2007	82	27	6	115	7	102	177	2	4	18
2008	57	38	13	108	8	87	136	7	6	27
2009	63	37	9	109	9	91	145	8	1	4.5
2010	64	38	5	107	8	94	286	2	3	13.5
2011	65	46	3	114	4	107	320	2	1	12

第五章　社会事务管理

第一节　民族宗教事务管理

一、民族事务管理

2002 年,区民族宗教事务局建立少数民族贫困户扶贫台账。2002～2005 年,向少数民族贫困户 12 户 33 人发放最低生活保障资金,帮助 25 户 56 人脱贫,安排 38 名少数民族下岗职工重新走上工作岗位,春节慰问 32 户少数民族家庭。2004 年 9 月,筹集 5000 元,资助一名回族特困生上大学。2005 年起,每年春节均安排专项资金慰问少数民族困难家庭。2009 年,区民族宗教事务局针对少数民族困难家庭,在全区开展"四个一"活动,即:开展一次走访、扶持一个项目、推荐一份工作、组织一项捐助。

图 25-5-1　2008 年 7 月 4 日,区民族宗教事务局召开外来少数民族流动人员工作协调会

2002 年末,区人大、政协换届,区民族宗教事务局推荐 5 名少数民族人士任区政协委员,1 名参选区人大代表并顺利当选。2005 年 6 月,区民族宗教事务局在梅岭街道漕河社区召开民族工作进社区试点会议。9 月,成立少数民族联谊组织——漕河社区少数民族联谊会。

2006 年 3 月,区属企业及个体商户——市联谊清真食品厂、滋味源拉面餐馆、玛利亚清真牛肉拉面店获"清真标志牌"挂牌资格,市联谊清真食品厂被确定为省首批清真食品基本供应点企业。2010 年,为市伊斯兰教协会换届推荐人选 7 人,其中 5 人当选委员,3 人进入常委班子。2011 年,滋味源拉面餐馆被市民族宗教事务局命名为市清真拉面示范点。

2000～2011 年,为全区 427 名少数民族中考、高考考生办理加分审核。2002～2011 年,办理变更民族成分 42 人。

二、宗教事务管理

2002 年 10 月,区委明确各村、社区支部书记为民族宗教工作第一责任人。12 月,区委制定民族宗教工作责任制,建立全区民族宗教工作区、乡镇(场、街道)、村(社区)三级管理网络和乡镇(场、街道)、村(社区)两级责任制。2002 年起,区民族宗教事务局与各乡镇场、街道签订责任状,实行民族宗教工作百分制考核。2004 年 2 月,在 5 个乡镇(街道)进一步落实民族宗教工作责任,配备民族宗教助理。同年,延伸宗教工作三级管理网络,全区明确 37 个村、社区治保主任兼宗教工作信息员,601 个村(居)民小组长兼任宗教工作联络员。

2004 年,区民族宗教事务局牵头落实观音山禅寺"天池"归宿问题。把"文化大革命"期间寺庙地产"天池"被堡城村占用约 1 公顷水面,归还观音山禅寺,圆满解决拖延近 40 年的历史问题。2006 年,调查因历史原因而未能落实宗教政策的有关宗教活动场所。完成大明寺、观音山禅寺、法海寺等 3 个宗教活动场所换证登记工作。2008 年,完成采集大明寺、观音山禅寺、法海寺等 3 个场所和 48 名教职人员数据,建立完备档案,并健全规范宗教场所和人员信息采集系统。2010 年,对 3 个在区登记发证的佛教场所开展"和谐寺观教堂"创建考评工作。

1992年,全区有基督教私设聚会点4处,分布在汤汪、湾头、西湖3个乡镇。1999年,全区有私设聚会点19处,信教群众473人。2001年,有私设聚会点31处,其中基督教26处(湾头镇8处、西湖镇7处、汤汪乡4处、城东乡3处、平山乡2处、城北乡2处)、佛教4处(平山乡1处、城东乡2处、城北乡1处)、天主教1处(湾头镇),共有教徒1258人。2002年,17处私设宗教聚会点(基督教15处、佛教1处、天主教1处)和信徒642人随区划调整转属广陵区。区内有私设宗教聚会点14处(基督教11处、佛教3处),教徒616人。2003年,全区有基督教私设聚会点10处,信教人员200多人。全区有假僧28人(西湖镇21人、平山乡7人)。有念佛点3处。2011年,全区有私设聚会点7处(西湖镇5处、甘泉街道2处)。

1998年,取缔城东乡邪教"血洗圣灵重建教会"和湾头镇"全能神"支流"东方闪电"。2002年10月,破获邪教信徒电视插播案件。2003年,对10处基督教私设聚会点,分别发放劝散通知,责成停止活动;对3处念佛堂分别谈话,明确要求,进行教育疏导;对28名假僧按照"废止证件、解散队伍、管住假僧(道)、制止非法(活动)"原则,分别下发停止乱做佛事通知,使非法宗教活动得到有效遏制。2004年"6·19"观音山香会期间,处理江都一基督教私设点10多名信徒在观音山一带散发非法宗教印刷品案件,确保香会顺利进行。2006年9月,妥善处置巴西籍来华人员非法传教案,教育转化维扬区6名涉案信教群众,切实抵御境外利用宗教进行的渗透活动。2007年6月,妥善处置一巴基斯坦籍穆斯林留学人员在与区内一穆斯林交往过程中涉嫌讲经传道事件。2007~2011年,区民族宗教事务局不断加强和完善私设聚会点管控体系,逐步形成"五防"并举的多维立体防控格局,即明确社区、村主要负责人责任"布防";落实乡镇(街道)属地管理责任"查防";提升民族宗教系统工作人员执法水平"专防";落实措施,对重点时段关键人头"死防";加强与相关部门协调配合,实行"联防"。

附:观音山香会

观音香会,起源于明代,兴旺于清代。农历二月十九是观音诞生日,六月十九是成道日,九月十九是出家日。这三天是观音菩萨每年的香会期,观音禅寺每年依时举行法会。其时,游人纷至沓来,香客必到观音山顶礼膜拜。三次香期,各具特色。二月以香会盛。九月以道场盛。六月兼具二者之长,香期最为隆重热闹,并有夜市胜景。

每逢农历六月十九,前来拜佛烧香的香客和游人在5万人以上。1989年会期,达到15万之众。朝山进香的各地香客,一般从农历六月初一陆续开始,市区香客和游人一般于农历六月十八登山。当晚寺庙灯火辉煌,钟鼓齐鸣,大殿前后挤满香客和游人。天王殿外"梵天香海",整夜香火冲天,照耀数里,如同白昼。香期过后,香海内仍然烟雾缭绕,达数日之久。

因"梵天香海"附近草木茂盛,香客众多,存在安全隐患。2009年7月,为保证香会安全,市政府推行文明敬香("三支香敬佛"),倡导以鲜花鲜果敬佛表诚意,培养节约、文明、健康的礼佛习俗。观音山禅寺由市民族宗教事务局直接管理,但地属维扬区,区政府主动做好牵头协调工作,制定实施方案和工作计划,重点加强安全管理工作。分解任务,明确各乡镇(街道)和公安、消防、城管、工商、卫生等相关部门职责,对经营网点、售香摊点、食品卫生、消防安全、敬香人流,以及流浪乞讨人员进行有效管理,确保香会安全。

第二节 婚姻登记管理

1989年,全区婚姻登记工作由各乡镇按照民政部《婚姻登记办法》负责办理。区民政局负责业务指导、数据统计和工作检查。是年,区民政部门调查西湖镇1987年以来413对结婚对象,其中应领证结婚407对,已领证206对,领证率50.6%。1990年起,全区强化宣传,逐步规范婚姻登记工作,婚姻登记领证率和登记合格率大为提高,有效杜绝违法婚姻和早婚现象。至1994年,全区共清理违法婚姻168对,依法补办登记168对,实现领证率和登记合格率100%。1996年,全区应登记结婚1200对,已领证结婚1200对,领证率100%,登记合格率100%。1998年5月,区政府印发《关于规范婚前医学检查的通知》,建立婚前健康康检查制度,规定全区结婚登记人员必须到指定医疗保健机构进行婚前健康检查,向婚姻登记机关提交婚前体检证明,办理结婚登记。2000 年,为进一步提高婚姻登记质量,区民政局对各乡镇婚姻登记人员开展业务培训,半年组织一次互查,坚持亮证上岗,杜绝违规收费和搭车收费,严格把好审查登记发证关,做到依法办证。2002 年 4 月,区民政局设立婚姻登记机关,制定《扬州市郊区婚姻集中登记实施方案》,实行全区婚姻集中登记。2003 年 10 月,国务院新颁布的《婚姻登记条例》未将婚前医学检查列为形式要件,结婚登记不再要求婚前医学检查,检查与否由当事人自主决定。2008 年起,为鼓励区内婚姻登记当事人自愿婚检,区政府制定免费婚检实施办法,在全市率先实行婚检经费由区财政统一支付。是年,全区应领证结婚 2213 对,已领证结婚 2213 对,领证率 100%,登记合格率 100%。参加免费婚检 1670 对,婚检率 75.46%。2009 年,为推进全区婚姻登记信息化,区婚姻登记机关启用省婚姻登记管理信息系统。是年,全区应领证结婚 2520 对,已领证结婚 2520 对,办理协议离婚 374 对,领证率 100%,登记合格率 100%。2011 年,全区应领证结婚 2585 对,已领证结婚 2585 对,办理协议离婚 451 对,领证率 100%,登记合格率 100%。

1989～2011 年维扬区婚姻登记情况一览表

表 25-5-1

项目 年份	应领证结婚(对)	已领证结婚(对)	领证率(%)	登记合格率(%)	办理协议离婚(对)	补办夫妻关系证明(对)
1989	1480	1450	98	—	—	—
1990	1312	1312	100	100	10	4
1991	1386	1386	100	100	19	—
1992	1405	1405	100	100	20	—
1993	1331	1331	100	100	15	5
1994	1215	1215	100	100	23	6
1995	1232	1232	100	100	23	4
1996	1200	1200	100	100	28	5
1997	1200	1200	100	100	32	—
1998	995	995	100	100	42	7
1999	1038	1038	100	100	42	7
2000	1124	1124	100	100	45	—
2001	1088	1088	100	100	40	—
2002	1000	1000	100	100	50	—
2003	1250	1250	100	100	55	—
2004	2102	2102	100	100	280	—
2005	1600	1600	100	100	313	—
2006	2112	2112	100	100	327	—
2007	1744	1744	100	100	313	—
2008	2213	2213	100	100	307	—
2009	2520	2520	100	100	374	—
2010	2384	2384	100	100	455	—
2011	2585	2585	100	100	451	—

第三节 收养登记管理

1989年,区民政部门是全区依法履行收养登记行政职能的管理机关。1992年,区民政局转发省民政厅《关于认真贯彻〈中华人民共和国收养法〉,做好收养登记工作的通知》,组织乡镇、村(居)干部学习宣传收养法及公民收养登记若干规定,推进收养工作合法化、规范化。是年,全区办理收养登记两例。1993年,全区收养登记工作由各乡镇民政部门分别负责办理。收养人必须是年满35周岁、无子女、有抚养教育能力的公民。是年,全区办理收养登记3例。2002年4月起,区民政局设立婚姻登记机关后,收养工作由婚姻登记机关代管,实行全区集中登记。是年,全区办理收养登记5例。1992~2011年,全区共办理收养登记116例。

第四节 殡葬管理

80年代,全区遗体火化逐步形成社会风气。1989年后,全区遗体火化率100%。1995年5月,区民政局等部门印发《深化殡葬改革,强化殡葬管理的意见》。区、乡镇和村联动,加强二次土葬管理,基本实现火化一次安葬。1996年后,由区民政局牵头负责,会同各乡镇每年开展"殡葬改革突击月"活动,倡导文明殡葬、绿色殡葬,保护土地资源,加快生态墓地建设,营造科学、健康、文明殡葬的社会氛围,清理乡镇重点路段、重点地域乱埋乱葬的坟头。2001年,区民政局突击清理西北绕城公路、宁启铁路维扬段两侧暴露性坟墓。2009年,区政府制定乡镇和村公益性公墓管理办法。2010年,全区完成公益性公墓规划定点工作,撤并村级公益性墓地。在西湖镇、平山乡和城北乡各设1处公益性公墓,在甘泉街道设两处公益性公墓,封闭平山乡荷叶公墓及其他村级墓区,定点保留的5处公益性公墓均由乡镇(街道)聘用专人维护管理。2011年,区、乡镇和村联动,开展清明节前后平坟工作。甘泉街道按照区公益性公墓规划,控制村级小型公墓,加大公益性公墓管理力度,严格控制收费和占地标准,杜绝超面积建墓、建家族墓和豪华墓等不良现象。

1989~2001年,全区殡葬工作由市殡葬管理所负责。2002年1月,市区区划调整,市殡葬管理所划归区民政局主管,下辖市殡仪馆和茅山公墓。2007年12月,市殡葬管理所整建制划归市民政局管理。

第五节 民间组织管理

1989年10月,国务院颁布《社会团体登记管理条例》。1990年,国务院办公厅转发民政部《关于清理整顿社会团体的请示》,进一步明确社会团体清理整顿有关政策。是年,区民政部门开始实施民间组织登记管理和年检工作。当年,全区登记社会团体25个。1991年,按《社会团体登记管理条例》重新审查登记。当年,全区注销社会团体两个,实有社会团体23个。1992年,全区新增社会团体4个,注销社会团体两个,实有社会团体25个。1995年,首次开展社会团体年检工作,全区26个社团有24个通过年检,审计两个区属社会团体财务,注销两个社会团体。1997年,全区24个社团组织换证。1998年,国务院颁布新的《社会团体登记管理条例》和《民办非企业单位登记管理暂行条例》,区民政部门制定贯彻条例实施意见,推进全区民间组织管理和民办非企业单位登记管理工作规范化、法制化。是年,全区新增社会团体1个,实有社会团体25个。2000年,全区新登记民办非企业单位两个,新增社会团体1个,注销社会团体1个,实有社会团体27个。2008年,全区注册登记民间组织52个,其中社会团体29个、民办非企业单位23个。是年,区民政部门坚持培育发展与监督并举方针,进一步落实双重管理机制,开展民间组织年度检查工作,全区参加年检的28个社会团体、22个民办非企业单位先后通过年检,年检合格率98%。对连续5年未参加年检的民办非企业单位英才早期教育中心作出撤销其民办非企业单位(法人)登记的行政处罚,这是全区首次对民间组织给予撤销处罚。2011 年,全区新登记社会团体 6 个,新登记民办非企业单位 17 个,实有社会团体 40 个,实有民办非企业单位 80 个,其中教育类 25 个、卫生类 13 个、民政类 31 个、劳动类 1 个、文化类 1 个、体育类 1 个、其他类 8 个。

1990～2011 年维扬区民间组织登记情况一览表

表 25-5-2　　　　单位:个

项目 年份	社会团体登记	注(撤)销社会团体	实有社会团体	民办非企业单位登记	注销民办非企业单位	实有民办非企业单位
1990	25	—	25	—	—	—
1991	—	2	23	—	—	—
1992	4	2	25	—	—	—
1993	3	3	25	—	—	—
1994	1	—	26	—	—	—
1995	—	2	24	—	—	—
1996	1	2	23	—	—	—
1997	1	—	24	—	—	—
1998	1	—	25	—	—	—
1999	3	1	27	—	—	—
2000	1	1	27	2	—	2
2001	3	15	15	2	2	2
2002	—	—	15	2	—	4
2003	5	—	20	2	2	4
2004	—	1	19	7	1	10
2005	1	—	20	5	—	15
2006	5	—	25	4	—	19
2007	3	—	28	4	1	22
2008	1	—	29	3	2	23
2009	2	—	31	21	—	44
2010	4	1	34	20	1	63
2011	6	—	40	17	—	80

2011 年维扬区社会团体登记情况一览表

表 25-5-3

团体名称	主管部门	驻所	批准年份
区计划生育协会	区计生局	区行政中心	1992
市风景名胜区新城西区个体私营经济协会	区工商分局	念四桥路 11—1 号	1992
区台属联谊会	区台办	区台办	1992
区信鸽协会	区体育局	长征路 10—1 号	1992
市风景名胜区新城西区消费者协会	区工商分局	念四桥路 11—1 号	1993
区人大工作理论研究会	区人大常委会	区人大常委会办公室	1993

续表 25－5－3

团体名称	主管部门	驻　所	批准年份
区农机安全互济协会	区农水局	西湖镇西湖路 188 号	1993
区服务行业治安管理协会	区公安分局	区公安分局	1994
区青年志愿者协会	区团委	区团委办公室	1996
市北郊田园书画家协会	城北乡文化中心	竹西路 6 号	1997
区红十字会	区政府	区卫生局	1998
区政协联谊会	区政协	平山堂路 1 号	1999
区老区经济开发促进会	区农水局	文昌中路 660 号	1999
区扶贫开发协会	区农水局	文昌中路 660 号	1999
区观赏鱼协会	区农水局	黄金坝路 125 号	2000
区慈善协会	区民政局	区民政局	2003
区钓鱼协会	区体育局	区委老干部局	2003
市风景名胜区新城西区经纪人协会	区工商分局	念四桥路 11—1 号	2003
区预防职务犯罪协会	区检察院	文昌西路 106 号	2003
区双桥慈善协会	双桥乡政府	文汇东路 130 号	2006
区梅岭书画艺术协会	区文教局	梅岭东路 7 号	2006
区福利企业协会	区民政局	西湖镇西峰路	2006
梅岭街道社区工作者协会	梅岭街道办	长征路 10—8 号	2006
平山慈善协会	平山乡政府	平山乡政府	2006
西湖慈善协会	西湖镇政府	西湖镇政府	2007
区见义勇为协会	区公安分局	区公安分局	2007
区建筑业协会	区建设局	西湖路 188 号	2007
区非公企业社会治安综合治理协会	区委政法委	江阳派出所	2008
区安全生产管理协会	区安监局	平山堂东路 1 号	2009
区远大中小企业协会	区工商联	汶河路 7—1 号	2009
区无党派知识分子联谊会	区委统战部	区委统战部	2010
区志愿者协会	区文明办	区文明办	2010
区反邪教协会	区委办公室	扬子江北路 226 号	2010
区农村合作经济联合会	区农水局	西湖镇司徒南街 2 号	2010
区价格协会	区物价局	区物价局	2011
区体育总会	区文教局	维扬路 469 号	2011
区诗词书画协会	区文教局	维扬路 469 号	2011
维扬经济开发区关爱职工协会	区总工会	平山路 123 号	2011
梅岭慈善协会	梅岭街道办	梅岭街道	2011
双桥街道卜桥社区红马甲义工队	双桥街道办	念香苑小区	2011

2011年维扬区民办非企业单位登记情况一览表

表25-5-4　　单位:万元

单位名称	注册资金	主管部门	驻　所	性质	批准年份
平山中心幼儿园	160	区文教局	平山乡平山村	法人	2001
舒康盲人推拿按摩康复站	1	区残联	解放南路85号	个体	2002
久扬艺术幼儿园	20	区文教局	西湖镇	法人	2003
梅苑双语学校	500	区文教局	平山堂路6号	法人	2004
小星星幼儿园	3	区文教局	扬子江北路新庄二村	法人	2004
市旅游学校	100	区文教局	司徒庙路110号	法人	2004
区劳动就业培训中心	3	区劳保局	文汇东路282号	合伙	2004
明航教育培训中心	10	区文教局	扬子江北路116号	法人	2004
道格健身培训班	5	区文教局	文汇东路98号	法人	2004
东方医院区机关门诊部	30	区卫生局	平山堂路1号	法人	2005
新希望教育培训中心	20	区文教局	梅岭东路高桥二村13幢104室	法人	2005
阳光素质教育培训中心	20	区文教局	方圈门81号	法人	2005
康乐幼儿园	20	区文教局	康乐新村111幢	法人	2005
春蕾聋儿康复中心	10	区文教局	念四路	法人	2005
立智教育培训中心	40	区文教局	文汇东路268号	法人	2006
金苹果鸿福艺术幼儿园	29	区文教局	史可法北路58号	法人	2006
燎原成人教育培训中心	44	区文教局	史可法东路34号	法人	2006
老来福老龄公寓	3	区民政局	扬子江北路478号	个体	2007
华桥英语培训中心	40	区文教局	梅岭东路9号	法人	2007
津桥教育培训中心	40	区文教局	邗沟路14—2号	法人	2007
海德幼儿园	80	区文教局	海德公园内	法人	2008
甘泉医院	300	区卫生局	甘泉街道育贤路44号	法人	2008
王小平古筝艺术培训中心	30	区文教局	维扬路349号	法人	2008
甘泉幼儿园	110	区文教局	甘泉街道育贤路112号	法人	2009
甘泉街道焦巷村卫生服务站	6	区卫生局	甘泉街道焦巷村	法人	2009
甘泉街道香巷村卫生服务站	4	区卫生局	甘泉街道香巷村	法人	2009
甘泉街道姚湾村卫生服务站	6	区卫生局	甘泉街道姚湾村	法人	2009
甘泉街道双山村卫生服务站	8	区卫生局	甘泉街道双山村	法人	2009
甘泉街道双塘村卫生服务站	6	区卫生局	甘泉街道双塘村	法人	2009
甘泉街道公路集村卫生服务站	10	区卫生局	甘泉街道公路集村	法人	2009
甘泉街道五湖村卫生服务站	6	区卫生局	甘泉街道五湖村	法人	2009
甘泉街道长塘村卫生服务站	5	区卫生局	甘泉街道长塘村	法人	2009
甘泉街道老山村卫生服务站	8	区卫生局	甘泉街道老山村	法人	2009

续表 25－5－4

单位名称	注册资金	主管部门	驻所	性质	批准年份
区中小企业发展服务中心	3	区发改委	平山堂东路 1 号	法人	2009
盛境艺术培训中心	20	区文教局	友谊路 73 号	法人	2009
志海盲人保健按摩馆	2	区残联	长征东路 9 号	个体	2009
甘泉街道甘泉社区卫生服务站	10	区卫生局	甘泉街道香巷路 18 号	法人	2009
竹西书画院	3	区文教局	竹西路 85 号	法人	2009
休润盲人保健按摩店	2	区残联	沿河街 28—1 号	个体	2009
区首善之家双桥安养所	3	区残联	新庄新村 16 幢	法人	2009
梅岭街道便益门社区卫生服务站	15	区卫生局	莱茵小镇沿河街 16 号	法人	2009
东方剑桥石油山庄幼儿园	100	区文教局	平山路 128 号(石油山庄内)	法人	2009
手下留情盲人保健按摩康复中心	3	区残联	鸿福二村 23 幢 101 号	个体	2009
西峰社区居家养老服务站	0.5	西湖镇政府	西峰社区	法人	2010
竹西社区居家养老服务站	0.5	城北乡政府	竹西社区	法人	2010
金槐社区居家养老服务站	0.5	西湖镇政府	金槐社区	法人	2010
翠岗社区居家养老服务站	0.5	西湖镇政府	翠岗社区	法人	2010
安平社区居家养老服务站	0.5	城北乡政府	安平社区	法人	2010
康乐社区居家养老服务站	0.5	双桥乡政府	康乐社区	法人	2010
甘泉居委会居家养老服务站	0.5	甘泉街道办	甘泉居委会	法人	2010
经圩村居家养老服务站	0.5	西湖镇政府	经圩村	法人	2010
区名扬颐养院	3	区民政局	甘泉街道公路集村	法人	2010
华安老年公寓	5	区民政局	梅岭东路 11 号	法人	2010
东方剑桥扬州天下幼儿园	100	区文教体育局	维扬路 519 号	法人	2010
智汇园教育培训中心	50	区文教体育局	史可法路 39 号	法人	2010
城北乡竹西社区工作站	0.5	城北乡政府	三星路 22 号	法人	2010
城北乡安平社区工作站	0.5	城北乡政府	史可法路 58 号	法人	2010
城北乡鸿福社区工作站	0.5	城北乡政府	上方寺路 18 号	法人	2010
甘泉街道甘泉居委会社区工作站	0.5	甘泉街道办	甘泉街道香巷路 1 号	法人	2010
双桥街道文苑社区工作站	0.5	双桥街道办	扬子江中路 725 号	法人	2010
梅岭街道广储社区工作站	0.5	梅岭街道办	史可法路花家巷 12 号	法人	2010
西湖镇翠岗社区工作站	0.5	西湖镇政府	西湖镇翠岗社区	法人	2010
城北乡卜杨社区工作站	0.5	城北乡政府	卜杨社区	法人	2010
梅岭街道丰乐社区工作站	0.5	梅岭街道办	丰乐社区	法人	2011
梅岭街道漕河社区工作站	0.5	梅岭街道办	漕河社区	法人	2011
梅岭街道邗沟社区工作站	0.5	梅岭街道办	邗沟社区	法人	2011
梅岭街道凤凰桥社区工作站	0.5	梅岭街道办	凤凰桥社区	法人	2011
张氏盲人推拿保健按摩中心	3	区残联	瘦西湖新天地	个体	2011

续表 25-5-4

单位名称	注册资金	主管部门	驻所	性质	批准年份
梅岭街道锦旺社区工作站	0.5	梅岭街道办	锦旺社区	法人	2011
梅岭街道便益门社区工作站	0.5	梅岭街道办	便益门社区	法人	2011
双桥街道卜桥社区工作站	0.5	双桥街道办	卜桥社区	法人	2011
双桥街道双桥社区工作站	0.5	双桥街道办	双桥社区	法人	2011
双桥街道虹桥社区工作站	0.5	双桥街道办	虹桥社区	法人	2011
双桥街道武塘社区工作站	0.5	双桥街道办	武塘社区	法人	2011
双桥街道石桥社区工作站	0.5	双桥街道办	石桥社区	法人	2011
区暴走毅行户外运动俱乐部	3	区文教局	史可法路44号	法人	2011
华康老年公寓	5	区民政局	四季园农贸市场南侧	法人	2011
沃尔得语言培训中心	50	区文教体育局	金马大厦	法人	2011
梅岭物业服务中心	3	区房产管理局	史可法路69号	法人	2011
爱和乐教育培训中心	50	区文教体育局	四季园农贸市场南侧	法人	2011

第六节　老龄工作

1986年6月,区老龄问题委员会建立,副区长任委员会主任,区民政局局长任办公室主任。10月,区编委核定区老龄问题委员会列事业编制,配备1名专职工作人员。1989年后,全区老龄工作围绕“老有所养、老有所医、老有所教、老有所学、老有所为、老有所乐”目标,不断完善社会保障机制,满足老年人生活和医疗基本要求,加强尊老敬老助老教育,组织开展一系列适合老年人的各类活动,落实老年人优待政策和措施。至1992年,全区连续4年开展敬老日活动。2000年9月,区法律援助中心老龄办法律援助站建立,设立维权求助热线电话,发放老年人援助联系卡1万多张,各乡镇(街道)设立老年人权益援助站。2003年9月,区老龄问题委员会撤销,建立区老年工作委员会。2003年起,全区连续9年举办老年文体活动巡演。2004年,全区先后将1500多名城乡困难老人纳入最低生活保障体系,并将70周岁以上老人低保金上浮15%,对70岁以上“三无”(无养老保险、无退休金、无固定收益)老年居民发放生活补贴,城镇户籍每月补贴100元,农村户籍每月补贴60元。同时对全区80~89周岁老人每人每月发放10元尊老金,对90~99周岁老人每人每月发放50元尊老金,对100周岁以上老人每人每月发放300元尊老金。2008年,区民政局建立健全老年人基本情况信息数据库,完善全区70周岁以上“三无”老年居民档案,为全区4022名70周岁以上“三无”老年居民按季度发放养老补贴348.73万元,为363名90岁以上高龄老人发放“尊老金”21.67万元,为10名百岁老人发放“尊老金”3.24万元。2011年,为满足老年人基本医疗需求,各社区全部建成医疗卫生服务站,配置专职医护人员。通过“财政补贴、社区补助、个人分担”方法,使全区农村老人和城镇无社会保障老人100%纳入新型农村合作医疗保障体系。全区老年人在免费参加农村新型合作医疗保障基础上,还可得到慈善救助优先照顾。是年,全区所有城市社区和40%以上村建成居家养老服务站。

图25-5-2　2004年11月30日,区老龄委组织退休人员参加扑克比赛

第二十六编

街道　乡镇　场圃

1989 年,全区辖双桥乡、西湖乡、城东乡、汤汪乡、湾头镇、城北乡、平山乡、平山茶场等 8 个乡镇场,有 72 个村、609 个村民小组、3 个集镇居委会,合计 47944 户,13.28 万人。1990 年,成立双桥、城东、城北 3 个集镇居民委员会。

2002 年,城东乡、汤汪乡、湾头镇划归广陵区管辖。同时,广陵区汶河街道 18 个居委会划入双桥乡,成立双桥街道,实行乡政府与街道办事处合署办公,两块牌子、一套班子。广陵区汶河街道 7 个居委会和东关街道 9 个居委会划入区内,与城北乡梅岭村合并成立梅岭街道。同年 9 月,区政府将两个街道的居委会与双桥、西湖、城北 3 个集镇居委会整合组建为 17 个社区居委会,同时保留西湖、平山、城北原有 24 个村民委员会。

2004 年 10 月,从平山乡、双桥乡、城北乡、梅岭街道划出部分村组和社区成立瘦西湖街道。2005 年 11 月,瘦西湖街道划归蜀冈—瘦西湖风景名胜区管理委员会代管。2007 年 8 月,撤销平山茶场,并入平山乡。2008 年 6 月,邗江区甘泉街道划入维扬区。

至 2011 年,维扬区辖西湖镇、城北乡、平山乡、双桥街道、梅岭街道、甘泉街道、瘦西湖街道,有 25 个村、27 个社区、78671 户、23.05 万人。

第一章　西湖镇

第一节　区域概况

西湖镇地处市区西北部,与蜀冈—瘦西湖风景名胜区毗邻,东接千年古刹大明寺,南临扬冶路,西与邗江区杨庙镇相接,北至维扬经济开发区。地势由北向南逐渐降低,最高点海拔 34 米,丘陵地貌,地质结构稳定。省道扬天公路、扬冶路纵横穿境,西北绕城公路(启扬高速)、宁启铁路从镇内穿越。

1983 年 3 月,西湖乡由邗江县划入郊区,下设 16 个行政村、1 个集镇居委会。1985 年 12 月,朱塘、荷叶两村划归平山乡。1989 年,西湖乡有 14 个村(电力、魏巷、宣塘、中心、蜀冈、俞桥、新谊、经圩、果园、高庄、胡场、西庄、蚕桑、槐柳),143 个村民小组,6653 户,总人口 22442 人。全乡人口密度每平方千米 1231 人。1992 年 10 月,撤乡建镇。1999 年,西庄村与槐柳村合并为金槐村。2000 年,电力村与宣塘村合并为司徒村,高庄村与中心村合并为中心村,新谊村与俞桥村合并为俞桥村,魏巷村与胡场村合并为胡场村,果园村与蜀冈村合并为蜀冈村,蚕桑村与经圩村合并为经圩村。2002 年,成立翠岗社区,并将西湖镇原集镇居委会整合为司徒社区。2004 年 4 月,行政村和居委会合并为 7 个行政村、两个社区、174 个村组(居民)小组。2005 年,人口密度每平方千米 1018 人(不含暂住人口)。2007 年,司徒社区更名为西峰社区。金槐、经圩、司徒村建立社区村民委员会。2010 年,全镇实现地区生产总值 11.5 亿元、财政收入 1.73 亿元、农民人均纯收入 1.3 万元。至 2011 年,全镇经济初步形成工业经济、商贸地产、都市农业“三大板块”和机械装备、毛绒玩具、健身器具、户外休闲用品“四大产业”特色。

2011 年,西湖镇有 3 个村、6 个社区、9066 户、总人口 34833 人,面积 28.5 平方千米,实现地区生产总值 13.73 亿元、财政收入 2.1 亿元,农民人均纯收入 1.51 万元。

1989～2011年西湖镇负责人一览表

表26-1-1

职　务	姓　名	任职时间
党委书记	曹开源	1983.7～1990.7
	王治塔	1990.7～1994.2
	吴永余	1994.2～1997.7
	董德利	1997.7～1998.9
	李宝山	1998.9～2003.1
	曹占田	2003.1～2004.12
	印德明	2004.12～2010.1
	王庆伟	2010.1～2011.11
党委副书记	吴永余	1987.12～1994.2
	王治塔	1988.3～1990.7
	陈春郁	1990.9～1994.1
	冯国英(女)	1992.1～2001.6
	朱士标	1993.12～1995.12
	俞广宽	1993.12～2001.12
	徐佩宏	1994.1～1995.12
	谈广琪	1995.12～1997.3
	陈　云	1995.12～1997.3
	魏福根	1995.12～2001.10
	徐家安	1997.3～1998.9
	钱伯林	2000.8～2003.1
	汤建军	2001.6～2004.12
	曹占田	2001.10～2003.1
	印德明	2003.1～2004.12
	殷德宝	2003.3～2011.3
	周长军	2004.12～2011.3
	赵　斌	2007.8～2008.8
	贾恒煊	2007.8～2010.6
	刘　勇	2008.4～2011.11
	薛　松	2008.8～2011.11
	马九圣	2010.6～2011.11
人大主席	吴永余	1993.1～1996.1
	冯国英(女)	1996.1～2001.12
	俞广宽	2001.12～2004.12
	印德明	2004.12～2004.12
	汤建军	2006.1～2007.8
	殷德宝	2007.8～2011.11
人大副主席	郭井太	1993.1～1996.1
	俞正芳	1996.1～2000.12
	施元真	2000.12～2006.3
	徐志桃	2006.3～2011.11

续表 26-1-1

职　　务	姓　名	任 职 时 间
镇　　长	郭云发	1988.3～1992.3
	陈春郁	1992.4～1994.1
	徐佩宏	1994.1～1996.1
	谈广琪	1996.1～1997.3
	徐家安	1997.3～1998.9
	魏福根	1998.9～2001.10
	曹占田	2001.10～2003.1
	印德明	2003.1～2004.12
	周长军	2005.1～2007.12
	刘　勇	2008.3～2011.11
副镇长	冯国英(女)	1983.9～1992.1
	郭井太	1985.1～1993.2
	俞广宽	1990.3～1994.1
	魏福根	1990.7～1993.2
	毛四祺	1993.2～1996.9
	施文松	1993.2～1999.6
	魏福根	1993.2～1995.12
	王　斌	1996.1～2001.12
	施元真	1996.1～2000.12
	李顺江	1993.2～1995.12
	周维兴	1997.3～2007.12
	吴兰英(女)	1999.6～2007.12
	季安钢	2001.1～2001.10
	殷德宝	2001.10～2004.12
	柴双喜	2001.10～2006.7
	孔桂林	2003.3～2007.12
	潘平学	2004.12～2011.11
	黄文国	2006.6～2011.11
	戴　峰	2007.4～2009.6
	罗永华	2007.12～2011.11
	许　平	2011.1～2011.9
	李　兵	2011.9～2011.11

第二节　经济建设

一、农业

1989年，全镇耕地面积1640.82公顷，其中水稻面积1313.99公顷。1989年，全镇农业产值1013万元，粮食总产1224.1万公斤，其中水稻产量864.6万公斤、小麦总产318万公斤，油菜总产29.4万公斤，多种经营产值1489.68万元。

1990年后，西湖镇农业生产从以种植水稻、小麦、油菜、旱作物为主发展到畜、禽、鱼、茶叶、花木、果树等，多种经营一起发展。全镇形成司徒百亩花木园艺坊、经圩千亩蔬菜、蜀冈千亩茶园以及水芹、荷藕等重点项目。

2000 年,全镇农业总产值 8479 万元,粮食总产 961 万公斤。随着城市化进程加快和工业用地增加,全镇耕地面积逐年减少。至 2005 年,可耕种面积约 800 公顷。2006 年 11 月,成立农村土地股份合作社——金槐村土地股份合作社。2007 年 8 月,金槐村成立村级社区股份合作社。2008 年,全面实行农业政策保险,为水稻、三麦、油菜、能繁母猪提供政府支持的保险。农业生产重点发展高效农业、特色农业,全镇形成一批重点特色农业项目,如中心葡萄园、胡场人家生态园、月亮湾生态园、金泓生态园等休闲观光农业项目。

二、工业

工业生产从维修农具(犁耙等工具)、创办农具厂起步。进入 80 年代,成立镇属建筑站,并迅速发展。至 80 年代末,规模达到 9 个工程队组,并进入深圳建筑市场。工业企业增加化工电镀、长毛绒玩具,以玩具为主要产品。1989 年,全镇工业总产值 8225 万元。扬州乐凯玩具有限公司是西湖镇第一家合资企业,是当时全省最大的长毛绒玩具企业,1991 年,被评为国家二级企业。1992 年,西湖镇成立西湖农工商总公司,统领各镇属公司。1993 年,以扬州乐凯玩具有限公司为核心企业,组成经济联合体——江苏乐凯集团公司。1995 年后,随着乡镇企业快速发展,企业规模不断壮大,形成玩具、渔具等特色产业。1995 年,全镇实现工业总产值 9.75 亿元,实现外贸供货额 5.51 亿元,自营出口 3133 万美元,实际利用外资 888 万美元。村级集体企业 62 家,村组集体固定资产 2669 万元,年产值 1.04 亿元,年利润 170 万元。

1996 年,西湖玩具企业迅速扩张,达到 11 家,先后成立雅伦玩具有限公司、长毅运动器材有限公司等合资、独资、台资企业。西湖镇成为玩具之乡。全镇工业总产值首次超 10 亿元。从 90 年代初期,西湖镇连续 10 多年摘取“扬州市三外第一镇”桂冠。

2005 年后,镇工业从传统玩具行业逐步向电子、机械行业转型升级。2008 年,扬州铭辉数控机床有限公司被列入国家产学研联合体和科技部“火炬”计划。扬州核威碟型弹簧制造有限公司与南京陶瓷研究所、扬州恒旺五金机械有限公司与扬州大学成立产学研联合体。扬州力创机床有限公司与浙江大学合作的院士工作站启动。全镇产学研联合体达到 6 个。扬州久扬渔具有限公司“高登”品牌被评为省著名商标。扬州力创机床有限公司、扬州核威碟型弹簧制造有限公司获批国家高新技术企业。2008 年以后,西湖镇借助维扬经济开发区和蜀冈生态新区两大载体,获批国家中小型创新基金项目两个、国家级新产品 1 个;引进高层次创业创新人才 1 人;建成省级研发中心机构两家、省级高新技术企业两家;新增省级品牌两件,省、市新产品各 1 个,市高新技术产品两个。同时,建立科技文献公共服务平台 4 个,新增注册商标 15 件。2011 年,全镇工业生产总值从 2006 年 35.8 亿元增至 57.32 亿元。

三、第三产业

1989 年,镇内第三产业以供销社、商业合作社以及各村小卖部营业点为主体,主要经营农资、日用百货、糖烟酒、五金电器、农副产品等。1989 年,营业额 1462 万元。1994 年,全镇三产营业额突破亿元。1995 年,随着镇内砖瓦生产兴旺,成立集体运输企业两家,营业额 6000 万元。1995 年,全镇三产营业额 2.31 亿元。

2000 年后,镇区房地产开发发展迅速。万科、华纺、华利、上海中星、嘉联置业等陆续开发建设海德公园、典藏园、柳馨花园、山河园、中信泰富、锦苑、碧水栖庭、御园等一批房地产项目。随着房地产业迅速发展,带动西湖镇餐饮业发展。全镇餐饮业形成品牌,乡村休闲旅游成亮点,“胡场老鸭汤”美食一条街初具雏形。2005 年,全镇三产营业额突破 10 亿元。

2011 年 4 月,位于金槐村的金泓生态农庄被省旅游局认定为省四星级乡村旅游区(点)。是年,全镇三产营业额 23.38 亿元,三产从业人员 7732 人。

1989～2011 年西湖镇主要经济指标一览表

表 26－1－2

项目 年份	地区生产总值（万元）	农业总产值（万元）	工业总产值（万元）	第三产业营业额（万元）	人均纯收入（元）
1989	—	1013	8225	1462	—
1990	—	1035	9913	1575	—
1991	—	2459	12672	1309	—
1992	—	2766	20051	2533	—
1993	10357	3448	45180	—	1500
1994	18680	4079	76389	12779	1807
1995	—	4576	97484	23105	2200
1996	—	4964	119944	31026	2740
1997	—	4711	104345	27988	3248
1998	29977	8253	113510	32650	3730
1999	32500	8265	131309	37686	4029
2000	35842	8479	148381	45132	4351
2001	39316	8650	162025	50865	4840
2002	44570	8482	187484	60200	5400
2003	49375	7472	213712	73318	5604
2004	—	—	—	86726	6458
2005	61247	8077	302802	105800	6826
2006	68908	8195	358028	125663	7902
2007	83254	8374	401488	151177	8706
2008	97504	8554	513832	171050	10276
2009	110000	8525	461818	195000	11300
2010	115000	8452	522317	236396	13385
2011	137300	8700	573175	233771	15051

第三节　社会事业

一、乡村建设

1989 年，西湖镇村镇建设滞后，多数村组未通公路和自来水，平房居多。

2001 年起，西湖镇南片经圩村、蜀冈村，东北片司徒村、金槐村以及中西片中心村、俞桥村，随着城市化建设和维扬经济开发区建设，开始拆迁老庄台。2003 年，金槐农民安置区开始建设，至 2007 年建成，共建成乡村别墅 576 户，户均面积 240 平方米。同年，蜀冈西张庄安置小区建成农民别墅 102 户。2004 年，司徒北苑安置区开始建设，至 2007 年建成，共建成别墅式农民住房 480 户。2008 年，农民住房安置政策调整，规划建设多层和高层安置小区。2009 年，西湖镇自行建设西湖花园 8 万平方米多层安置小区，农民住户708户。2010年，山水锦城14万平方米多层安置小区建成。此后，汇锦花苑、西湖景园、山水锦城4期安置项目规划调整为高层建筑，并全面交付。

2004年10月，由区政府筹资800多万元，按二级公路标准，将镇中心路泥土路面改建成9米宽沥青混凝土路面。2005年，市区公交7路线通至胡场村。2006年，中心路更名为司徒庙路，沿线各村完成亮化工作。2007年，修造道路130多千米，投资1800多万元，完成通村、通组、通户的通达工程。镇内形成以台扬路、西湖路、司徒庙路的"三横"和以扬子江北路、邗江北路、高蜀路、孙庄路、胡场路"五纵"的交通路网。至此，镇内通村通组通自然庄台的干支水泥道路全部建成，通户率94%。市区8条公交车运行路线遍及镇内7个村。

2005年，撤销城郊乡镇水厂，全镇并入城市自来水供水系统。

2010年，蜀冈园林公司苗木基地、月亮湾林木基地、金泓生态农庄、中心成片经济林等绿化项目的实施，有效增加全镇绿化面积。2011年，全镇绿化覆盖率28.2%。

2006年6月，西湖镇成立慈善协会。2011年，镇慈善协会共募集资金120.9万元，支出68.4万元，累计救助数千人次。

2001～2011年，累计拆迁50个项目，拆迁农户房屋1665户66万平方米。2011年，西湖镇被征地农民就业率80%。69个拆迁的村民小组中，9143人纳入失地农民基本生活保障。农村人均收入达到15051元。82家企业参加职工养老保险，参保人数4000人，参保率95%。企业劳动合同签订率98%。

2011年，全镇共有"五保"对象32人，其中集中供养15人、分散供养17人。为分散供养的"五保"人员设立专项资金账户，每人每年1000元作为应急资金，专款专用，按月足额打卡发放到位。全镇共有低保家庭163户，享受低保人数324人。2011年，培育3个扶贫基地，创成两个残疾人自主创业基地、两个残疾人自主创业示范点。

图26-1-1　2006年7月13日，西湖镇为失地农民发放养老补助卡

二、教育

幼儿园　2003年8月，民办久扬艺术幼儿园建立，承担西湖镇集镇及周边村幼儿教育。2007年，幼儿园被评为省优质幼儿园。

小学　2007年，西湖中心小学创成省实验学校，主要承担西峰社区、司徒村、金槐村、经圩村适龄儿童小学阶段教育。

西湖实验学校位于西湖镇中心村，1999年7月，由原西湖镇乐凯中学、西湖镇蜀冈小学、胡场小学、振兴小学合并成为九年一贯制学校。2011年，初中部并入维扬中学，小学部继续以西湖实验学校名称办学，承担西湖镇中心村、胡场村、俞桥村、蜀冈村适龄儿童小学阶段教育。

西湖镇果园小学因区域调整，施教区缩小，生源锐减。2010年，撤销作为西湖实验学校分部运作。

中学　1989年，西湖中学是西湖镇唯一公办完全中学。2006年10月，更名为维扬中学，2010年，迁建于司徒庙路与润扬北路交会处。2011年9月，停招高一新生，承担西湖镇及平山乡初中阶段义务教育。

2000年4月，民营独资新东方中学成立，位于西湖镇司徒庙路101号，主要承担高中阶段教育。

2011年，民办梅苑双语学校从双桥街道迁至西湖镇经圩村，学校主要以双语教学为特色，承担初中阶段教育。

至2011年，西湖镇有各类学校6所。其中，公办学校3所，分别是：维扬中学、西湖中心小学、西湖实验学校；民办学校3所，分别是：新东方中学、梅苑双语学校、久扬艺术幼儿园。西湖镇在校生总数

5227 人,教师总数(含退休)663 人。义务教育阶段入学率、巩固率均为 100%。

三、文化

西湖镇地处蜀冈丘陵,地下文物丰富,先后发现李长乐墓、七仙墩汉墓、金鼓墩汉墓以及胡场汉墓群。西湖镇非物质文化遗产丰富,民间曲艺表演石板鼓曲被当地人称为“按小吹”,广泛用于民间喜庆活动。经过整理挖掘,胡场扎纸工艺渐渐让人们熟悉。

西湖镇文化站成立于 1958 年。1996 年,西湖镇通过省群众文化先进乡镇验收。2011 年,集镇拆迁改造,镇文化站迁至西峰社区,面积 1200 平方米,实用面积 900 多平方米。图书室拥有图书 1 万多册,站外拥有 1000 平方米文体活动广场、两片篮球场、羽毛球场、健身路径。

四、卫生

1989 年,西湖医院是西湖乡唯一公办乡级医院。2002 年 11 月,西湖医院实施股份制改造。同年 12 月,成立西湖卫生保健所,为全民事业单位,定编 5 人。

2009 年,建立西湖镇人口和计划生育世代服务中心,各村、社区建立计生服务室。

2011 年,西湖镇成立村、社区计生协会 9 个,会员 3200 人。建立、整合社区卫生服务站 8 个,全科诊疗医务人员 88 人,床位 111 个。镇农村人口全部参加大病统筹,累计办理城乡医保 7556 人。

2011 年 12 月,政府回购西湖医院,与西湖卫生保健所合并为西湖社区卫生服务中心,为直属区卫生局领导的公立社区卫生服务机构。中心有专业技术人员 44 人,其中中级职称 6 人。中心业务用房 3500 平方米。

第四节　重点村选介

金槐村

1999 年 12 月,金槐村由西庄、槐柳两个村合并组建,区域面积 3.47 平方千米。扬子江北路傍村而过,润扬北路直抵村部,西北绕城高速公路(启扬高速)扬州北出入口以及扬州汽车客运北站坐落于金槐村。全村有村民小组 19 个,农户 858 户,人口 3391 人,工业企业 35 家,其中规模企业 4 家,超市商店 6 家,餐饮网点 12 个。

2001 年 10 月,金槐村先后承担维扬经济开发区、扬州西北绕城高速公路(启扬高速)、扬天路拓宽改造等 16 次拆迁、安置、征地任务,先后拆除自然庄台 54 个、农户 620 户、企业 9 家,面积 16.5 万平方米,征地近 266.8 公顷。金槐村按照安置建设集中化、功能齐全多样化、设施配套一体化要求,高起点规划、高质量建设、高标准配套,建成占地 21.34 公顷、住户 576 户、人口 2400 多人的农民集中安置小区。2011 年,全村工业总产值 5.27 亿元,第三产业营业额 3.12 亿元,村集体经营性收入 285 万元,人均纯收入 15492 元。

图 26-1-2　西湖镇胡场村便民服务中心

胡场村

2000 年 4 月,胡场村由胡场村和魏巷村合并组建,区域面积 4.2 平方千米,耕地面积 152 公顷。扬州西北绕城高速公路(启扬高速)纵越南北,司徒庙路横贯东西。

历史上胡场村曾称呼家场,是仪征后山区乃至安徽天长通往扬州城区必经之地。村内有一段 100 米长的街区,会集烧饼店、米店、铜匠铺、酒坊、南北货铺等,后因扬天公路改道而荒芜。

胡场村结合城郊地理区位特点,调整农业结构,加快发展特色农业、生态农业,打造都市休闲乡村。全村利用低洼地开挖鱼池 21.34 公顷,利用荒地种植茶园近

6.67 公顷。林木培育基地 8.67 公顷，森林覆盖率 34%。胡场村民培育的灵芝以及灵芝鸡、灵芝蛋，是高蛋白、低脂肪、低胆固醇，富含微量元素，无激素残留的绿色生态农产品。村内有鸽禽饲养场 5 户，年饲养量 5 万羽，产鸽蛋 10 万枚。

胡场村素有“豆腐村”之称，盛时从业过百户，尤以“臭大元”享誉周边乡村。

90 年代，“老鸭汤”在村内悄然兴起。几年间，村内新增香水楼大酒店、胡场人家、红庆汤馆、胡场汤馆等近 10 家餐饮店，形成鸭汤一条街，食客云集，生意红火。

2008 年，胡场村注册“胡场老鸭汤”商标。2011 年，成立胡场老鸭汤协会。

胡场人家休闲山庄是集餐饮、垂钓、果品和蔬菜采摘于一体的大型农家乐场所。2011 年 5 月，被评为省 AAA 级乡村旅游景点。

第二章　城北乡

第一节　区域概况

城北乡位于市区东北部，东临京杭大运河，与广陵区泰安镇、湾头镇隔河相望；南以古运河和古邗沟为界，与广陵区曲江街道以及梅岭街道为邻；西以扬菱路为界，与瘦西湖街道、平山乡毗邻；北与邗江区槐泗镇隔槐泗河相望。城北乡地势北高南低，北为蜀冈丘陵地带，南为长江冲积平原。

1951 年 12 月，始建城北乡。1956 年 10 月，城北乡与邗江县瓦窑乡合并为城北乡。1958 年 9 月，城北乡撤销。1963 年 3 月，建立城北公社。1989 年，城北乡有 9 个村(杭家、三星、墩塘、瓦窑、红星、梅岭、黄金、卜杨、渔业村)，107 个村民小组，7172 户，总人口 18118 人。2000 年，撤销渔业村、红星村与瓦窑村，合并为瓦窑村；杭家村与墩塘村合并为槐南村。2002 年，市区区划调整，梅岭村划属梅岭街道，城北乡建立安平、竹西社区。2004 年，卜杨村分析为滨湖和卜杨社区，滨湖社区划属瘦西湖街道。2009 年 5 月，建立鸿福社区。

2011 年，城北乡下辖 4 个村、4 个社区，10321 户，总人口 27344 人，面积 16 平方千米(含市公铁水联运物流集聚区)，实现地区生产总值 13.72 亿元、财政收入 1.74 亿元，农民人均纯收入 1.5 万元。乡文化体育中心 1 个，健身广场 5 个，综合医院 1 所，社区卫生室 5 个，社区卫生中心 1 个。

1989～2011 年城北乡负责人一览表

表 26-2-1

职　务	姓　名	任 职 时 间
党委书记	周长万	1989.1～1992.1
	黄永海	1992.1～1993.4
	董德利	1993.4～1997.8
	李宗林	1997.8～2001.10
	陈德宏	2001.10～2005.12
	苏　剑	2005.12～2009.12
	徐安朝	2009.12～2011.11

续表 26-2-1

职　　务	姓　名	任 职 时 间
党委副书记	谈秋松(女)	1989.1～1991.3
	李宗林	1991.3～1992.1
	俞怀根	1991.3～1993.4
	王志林	1991.3～2000.7
	郭盛华	1991.5～1992.1
	董德利	1992.1～1993.4
	周万中	1992.1～1999.1
	刘贤龙	1992.11～2000.7
	徐凤山	1993.4～2001.11
	杨立平	1993.5～1993.7
	王　海	1993.11～1993.11
	李宗林	1994.4～1997.8
	孙乃康	1995.12～1997.10
	陈德宏	1997.3～2001.10
	陈荣华	1997.8～1999.11
	曹占田	1999.7～2000.1
	朱　燕(女)	2000.1～2000.7
	苏　剑	2000.7～2001.10
	吴金勇	2001.6～2009.12
	徐东进	2001.10～2002.11
	周晓春	2001.10～2009.12
	王相柏	2002.3～2004.4
	许乃坤	2003.6～2009.12
	苏　剑	2004.7～2005.12
	徐安朝	2005.12～2009.7
党委副书记	朱　强	2006.7～2008.9
	孔桂林	2007.8～2011.11
	杜国法	2008.8～2009.12
	朱莉莉(女)	2010.1～2011.11
	吴金勇	2010.1～2011.11
	朱万海	2011.8～2011.11
人大主席	李宗林	1991.3～1992.3
	周万中	1992.3～2003.1
	陈德宏	2003.1～2005.12
	吴金勇	2006.2～2011.11

续表 26－2－1

职　务	姓　名	任职时间
人大副主席	李虎根	1997.3～2005.12
	王万年	2002.1～2005.12
	朱顺林	2005.12～2009.12
乡　长	黄永海	1989.1～1992.3
	董德利	1992.3～1996.1
	李宗林	1996.1～1997.7
	陈荣华	1997.7～1999.11
	陈德宏	1999.11～2001.10
	徐东进	2001.10～2002.11
	王相柏	2002.11～2004.4
	苏　剑	2004.4～2005.12
	徐安朝	2006.2～2009.12
	朱莉莉(女)	2009.12～2011.11
副乡长	高国鉴	1989.1～1996.1
	王万年	1992.3～2002.1
	陈德俊	1993.2～1996.1
	李虎根	1993.2～2002.1
	杭正国	1993.2～2001.1
	石竹南	1993.7～1995.8
	朱　燕(女)	1996.1～2000.1
	朱顺林	1996.1～2009.12
	宋永明	1997.3～1999.1
	吴金勇	1999.1～2001.6
	朱福平	2001.10～2009.4
	王相柏	2001.6～2002.11
	崔庭松	2001.6～2003.1
	赵　斌	2003.1～2009.12
	董长宏	2003.3～2010.12
	朱万海	2007.12～2010.12
	高家驹	2007.12～2011.11
	王　斌	2009.4～2009.12
	李家奎	2011.5～2011.11

第二节　经济建设

一、农业

图 26－2－1　城北乡盆景、花木种植基地

1983 年实行家庭联产承包责任制后，城北乡农业生产格局发生变化。北面杭家、三星、墩塘、瓦窑、红星等 5 个村以粮食生产（水稻、小麦）为主，南面梅岭、黄金、卜杨等 3 个村以各种蔬菜生产为主。全乡多种经营主要有猪、禽、鱼养殖。随着农业生产结构调整，拓展到盆景、花木、水果等种类。

1989 年，全乡粮食总产量 5361 吨，蔬菜总产量 1097.5 万公斤，生猪饲养量 1.37 万头，家禽饲养 29 万只，鲜鱼产量 170 吨。

1991 年，突出推广效益型特种养殖品种，全乡金鱼养殖面积 2.65 万平方米，形成规模和特色。新办花木盆景生产出口合资企业 1 家，出口盆景营业额 5 万美元。竹西公园盆景远销欧美，在全区率先闯出一条创汇农业之路。

2011 年，全乡实现农业总产值 6450 万元。

二、工业

1989 年，工业企业主要有纺织、机电、管件铸造、服装、建材等 43 家，其中，市电扇厂和市第三布厂为区骨干企业。1989 年，城北乡实现工业总产值 8251 万元、利润 190 万元。

1991 年，电扇厂与扬州长江电器厂合并组成扬州捷康电器有限公司。

2011 年，城北乡规模企业发展到 37 家，其中年产值 2000 万元规模以上企业 24 家、年产值 1 亿元规模以上企业 7 家，实现工业总产值 48.67 亿元。

三、第三产业

1989 年，全乡三产服务网点 393 个，从业人员 1573 人，三产营业额 1493 万元，实现利润 193 万元。

1993 年，城北乡以房地产开发和商业网点建设为突破口，房地产建筑面积两万多平方米，全面开发窦庄农贸市场商业网点和邗沟路商业一条街。是年，新增商业网点 200 个，完成第三产业营业额 1.1 亿元，实现利润 741.8 万元。

2005 年，城北乡引进润扬汽车销售有限公司、扬子化工原料有限公司、润扬茶叶批发市场、邗沟贸易公司、青山建材服务部、东方超市等一批新业态、新企业，以及爱琴海浴城、三和浴城等一批具有一定规模的传统行业项目；新建欧亚联运有限公司、百年储运服务有限公司、九海物流发展有限公司、昌盛源燃料中心、杨陵木材站等物资仓储运输项目；对原有的兴森木业市场、振扬储运有限公司等企业分别投入 2000 万元和 3500 万元，扩建二期工程。

2006 年 8 月，市公铁水联运物流集聚区建设指挥部在城北乡挂牌，初步规划园区面积 3.68 平方千米。2007 年 3 月，市公铁水联运物流集聚区党工委、管委会建立。

1989～2011年城北乡主要经济指标一览表

表 26-2-2

年份＼项目	地区生产总值（万元）	农业总产值（万元）	工业总产值（万元）	第三产业营业额（万元）	人均纯收入（元）
1989	—	727	8251	1493	808
1990	—	841	10224	1718	896
1991	—	1832	12905	2067	985
1992	—	1852	14806	2561	1026
1993	7528	2149	28023	11000	1295
1994	13601	2629	50957	19465	1855
1995	—	3178	74973	42075	2330
1996	—	3407	82182	54028	3022
1997	—	2473	82101	50107	3314
1998	25805	4940	86771	56756	3602
1999	26600	5116	85491	60163	3891
2000	29898	5545	95722	70509	4258
2001	32593	5926	102455	81133	4658
2002	32548	5769	113508	67671	5100
2003	37231	6458	131229	76394	5600
2004	—	—	—	77817	6250
2005	41743	7004	138972	88885	7049
2006	49571	7102	165927	101439	7950
2007	57200	7107	196478	119687	8760
2008	72110	7240	314575	251977	9821
2009	99023	6607	395651	306000	11500
2010	115257	6610	218357	385010	12995
2011	137200	6450	486653	492115	14986

第三节　社会事业

一、乡村建设

1989年，乡村道路多是土路。2004年，投资460万元，建成长5.6千米的三星路、槐南路。拓宽改造扬菱路、邗沟路和火车货运站通站路。

2006～2011年，城北乡全面整治环境，推进竹西路拓宽、物港二期、黄金坝北路、平山堂东路延伸和运河北路建设。全乡筹措资金600万元，完成村组道路35千米，安装路灯500盏，实现村组道路硬化、亮化，村组干道硬化率95％；清淤河塘39个，疏浚河道3.7千米，疏浚土方量4.5万立方米；建设农桥3座（宋庄桥、董庄桥、三星桥）、沿槐泗河边的挡洪闸2座；新建三星垃圾中转场1座、垃圾池（房）32个、定位垃圾箱40只，实现乡垃圾清运与城市接轨；新建三格式化粪池640座，改厕640座，创建成市级改厕普及乡；成片造林20公顷，四旁植树5万株，新增苗木6.67公顷，道路绿化12千米，小区绿化35公顷；完成老庄台改造14个，拆除违章违法建筑7026平方米；数字化城管案件处置率100％；新建污水泵站两座(卜杨污水泵站、运河北路污水泵站);创建成市级、省级环境优美乡镇。

2006～2011年,城北乡做好“831”(家庭人均居住面积低于8平方米、人均收入低于300元、在市区生活10年以上住户)安居工程。佳家花园,鸿福一村、二村、三村解困房和瘦西湖景园拆迁安置房一期、二期相继竣工。

二、教育

1989年,全乡有两所全日制中学(城北中学、城北二中)、7所小学(黄金中心小学、墩塘小学、三星小学、李五小学、吴庄小学、杭家小学、瓦窑小学)、幼儿园1所、成人教育中心1家。1994年8月,城北中学与城北二中合并,更名为邗沟中学。黄金中心小学异地新建,更名为竹西小学。1995年,墩塘小学并入三星小学。1996年,撤销李五小学、杭家小学。1997年9月,瓦窑小学并入吴庄小学。1999年,吴庄小学并入三星小学,三星小学更名为蓝天小学。2010年,蓝天小学撤销,并入竹西小学。至2005年,区、乡两级政府共同投入资金820万元,用于全乡各学校新建或维修教学楼、实验室和多媒体教室,完善球场、运动场等体育设施。2006年,竹西小学创建成省实验小学。

2011年,全乡有邗沟中学,5个初中班级、190名在校生;竹西小学,36个班级、1717名在校生;幼儿园1所,16个班级、520名在园幼儿。

三、文化

1989年11月,在隋唐历史遗存“竹西佳处”旧址上建成苏北第一家农民公园——竹西公园。2000年,全乡有线电视入户率100%。2011年,投入1200万元新建占地近2600平方米的乡文体中心,内有演出中心、健身中心、综合展览厅、乒乓球室、书画室、棋牌室、电子阅览室、万册图书馆、舞蹈房、排练厅、多功能教室和2000平方米的竹西文化广场。

四、卫生

1989年,有乡级医院城北医院。1995年,投入500万元改造城北医院门诊大楼。至2005年,全乡新型农村合作医疗基本实现应保尽保,农民“看病难”问题得到基本解决。2000年,投资30万元建成建筑面积500万平方米的乡敬老院。2011年,投入1000万元,建成社区卫生服务中心,建立社区居民医疗档案1.1万份,大病统筹参加人数5406人,参加率99.7%。

第四节　重点村(社区)选介

图26-2-2　2004年5月,中共中央总书记、国家主席胡锦涛(中)视察城北乡安平社区

安平社区

位于古邗沟北侧,建立于2002年10月,区域面积0.8平方千米,有居民1462户、5120人。该社区以扬州市实施解困安居小区为主体,贫困家庭相对集中,是典型的“五多”社区:即特困户多、下岗户多、老年人多、残疾人多、重点人员(解除劳教)多,90%住户相对贫困。针对“五多”实际,社区党总支、居委会密切关注和了解居民所想、所急、所盼、所怨,搭建一条民情排查、办理和反馈的绿色通道,沟通“零距离”,议事靠听证,事事限时结。成立社区服务站,组建27支有2831人参加的志愿者服务队和“一刻钟便民服务圈”。成立社区阳光合唱团、舞蹈队、扬剧票友队、腰鼓队和仪仗队,建立老年活动室、少儿图书室、室外健身广场、文化广场和

“爱心储蓄所”。社区党组织做到“三个必到”“五个必访”，即社区居民有突发事件、有不满情绪、有大的家庭纠纷必到，对困难家庭、大病家庭、下岗失业人员、孤寡老人、刑释人员必访。

2004年5月1日，中共中央总书记、国家主席胡锦涛到安平社区视察。总书记对社区建设工作给予充分肯定和高度评价，走访慰问特困家庭，并为特困户开卫星的女儿——开妍题写“好好学习、立志成才”的赠言。2005年11月，由中央文明办、文化部、中央电视台主办，省文明办、省文化厅和市委、市政府承办的全国第四届“四进社区”文艺展演活动“风情维扬”的主会场设在安平社区。

2009年5月1日，安平社区为纪念胡锦涛总书记视察安平社区5周年，举办大型专场文艺演出，其间，获得省社区文化艺术节奖项的扬剧《总书记来到咱社区》作汇报演出。

瓦窑村

旧时称瓦窑铺，是东北郊蜀冈余脉上的窑业古镇，地处古运河扬州段北端西岸，因窑业发达而得名。1958年，因拓宽京杭大运河，窑业消失。1989年，瓦窑村有10个村民小组，常住人口1362人，耕地面积46公顷，区域面积约2平方千米。工农业总产值436万元。

2000年，合并后的瓦窑村下辖21个村民小组，1290户、总人口2861人，耕地面积96.65公顷。

2008年，瓦窑村投入350万元，建成150平方米村文化活动中心、村卫生服务中心和占地1.1公顷平方米的农民文化广场。2009年，瓦窑村获得“市全面小康村”称号。

2011年，瓦窑村实现工业总产值1.8亿元、农业总产值8500万元，农民人均纯收入1.46万元。

第三章　平山乡

第一节　区域概况

平山乡位于市区北部，是古代邗城及唐代扬州衙城遗址所在，历史遗存丰富。乡境东邻汉广陵王墓博物馆，南依千年古刹大明寺和蜀冈—瘦西湖名胜风景区，西接蜀冈西峰生态公园，北临槐泗河与邗江区槐泗镇相望。

1985年，由城北乡划出丁魏村、雷塘村、综合村，西湖镇划出荷叶村、朱塘村，平山茶场划出平山村、堡城村，组建平山乡，全乡总面积12.68平方千米。1989年，平山乡有7个村，78个村民小组，4237户，总人口12174人。2004年末，综合、堡城两村整体划归瘦西湖街道。2007年8月，撤销平山茶场，划归平山乡管辖。是年，平山乡撤销平山村、朱塘村、荷叶村，分别建立西华门、朱塘、荷叶社区。

2011年，平山乡有两个村、3个社区，4264户，总人口13084人，面积9.23平方千米，实现地区生产总值17.51亿元、财政收入1.2亿元，农民人均纯收入1.54万元。

1989～2011年平山乡负责人一览表

表26-3-1

职　务	姓　名	任职时间
党委书记	潘长正	1988.3～1989.6
	杨定顺	1989.6～1995.8
	刘学根	1995.8～2005.12
	徐长金	2006.1～2011.11

续表 26-3-1

任职时间	姓 名	性 别
党委副书记	董学耕	1986.2～1990.12
	魏福来	1987.12～1992.1
	刘学根	1989.12～1992.1
	李宗林	1992.1～1994.1
	郭云发	1992.1～1995.12
	谈广琪	1992.1～1995.12
	孙纯全	1992.11～1995.12
	尹宏宝	1992.12～2002.3
	孙建兴	1995.12～1997.3
	徐凤山	1995.12～2001.5
	赵桂龙	1997.3～2003.3
	印德明	2001.5～2002.1
	徐安朝	2002.3～2006.12
	张震宇	2002.4～2007.4
	高德霞(女)	2003.1～2006.1
	朱永进	2004.6～2011.11
	毛一波	2006.1～2007.7
	柴双喜	2006.7～2009.8
	朱义东	2007.7～2009.6
	王福军	2009.6～2011.11
	赵 斌	2009.9～2011.11
	朱仕清	2010.8～2011.11
人大主席	魏福来	1989.12～1992.2
	李宗林	1992.2～1994.1
	谈广琪	1994.1～1996.1
	尹宏宝	1996.1～2003.3
	赵桂龙	2003.3～2008.12
	朱永进	2008.12～2011.11
人大副主席	陆少田	1996.1～2007.9
	唐春根	2007.9～2011.2
	谈恒彪	2011.2～2011.11
乡 长	董学耕	1987.2～1990.12
	郭云发	1991.1～1995.12
	徐凤山	1996.1～2001.5
	印德明	2001.9～2003.1
	张震宇	2003.1～2007.9
	柴双喜	2007.9～2009.8
	赵 斌	2009.9～2011.11

续表 26-3-1

任职时间	姓名	性别
副乡长	杭正国	1989.12～1995.12
	陆少田	1993.1～1996.1
	孔　敏(女)	1996.1～1999.7
	谈明勤	1996.1～2001.10
	赵桂龙	1996.1～1997.3
	印德明	1997.3～2001.9
	高德霞(女)	1999.7～2004.12
	谈立才	2000.1～2001.7
	戎祥马	2001.9～2005.9
	朱仕清	2001.9～2011.11
	朱万海	2001.9～2008.12
	陆长高	2003.8～2011.11
	刘建霞(女)	2006.10～2011.11
	万永明	2008.12～2011.11

第二节　经济建设

一、农业

80年代末90年代初，平山乡经济以农业为主。1989年，耕地面积462.28公顷，占全乡总面积36.5%。随着农业结构调整，粮田面积逐渐减少，花卉苗木等经济作物种植面积相应增加。

1995年，堡城村花木园艺和平山村甲鱼养殖形成特色。全年共实现农业总产值1662万元。2002年，平山乡由粮食种植调整为经济作物种植和水产养殖，面积60.5公顷，其中花木林果15.7公顷、蔬菜8.3公顷、观赏鱼19.3公顷、大棚1.1公顷、河虾3.3公顷、反季节小品种蔬菜13.3公顷。2005年，粮田减少至58.8公顷。2008年，平山乡农业质态进一步提升，观赏鱼养殖、花卉苗木种植等精品农业、特色农业初具规模。

2011年，平山乡农业从粮食生产向花卉苗木种植、观赏鱼养殖等特色经济行业转变。

二、工业

1989年，平山乡以汽车配件、服装玩具、机械加工制造为产业特色，共完成工业产值2504万元，其中乡办工业产值624.62万元，完成利润13.84万元。1995年，平山钣金厂获农业部颁发的全国钣金行业最大规模企业第五十名证书。平山特种车辆厂、堡城饰条厂、唐城车灯厂3家企业均进入江苏亚星客车集团紧密层或半紧密层。1997年，实现乡村工业产值4.06亿元、账面利润1294万元、乡村工业利税2327万元、乡村工业销售收入3.6亿元，完成外贸收购额6341万元，自营出口600万美元。2003年，随着城市化进程加快，以及江阳工业园区建设，乡工业经济迅速壮大。至2005年，工业产值比重增加至84.8%。当年，工业企业增加至125家。2011年，工业总产值7.01亿元。

三、第三产业

1989年，完成第三产业营业额327.36万元。2002年，平山乡围绕江阳工业园区建设，坚持服务园区、融入园区，实现第三产业增加值4072万元、利润896万元。2008年，扬子江钢材市场创成省四星级市场。2011年，全乡第三产业营业额超过21亿元。

1989～2011 年平山乡主要经济指标一览表

表 26-3-2

年份 \ 项目	地区生产总值（万元）	农业总产值（万元）	工业总产值（万元）	第三产业营业额（万元）	农民人均纯收入（元）
1989	—	423	2504	537	—
1990	—	437	2755	537	—
1991	—	1169	3684	768	—
1992	—	1247	5691	1327	—
1993	5090	1501	17908	—	—
1994	9280	1809	39323	12577	—
1995	—	1662	52518	12384	—
1996	—	2545	46192	12574	—
1997	—	2323	52013	16690	—
1998	15605	4371	66201	20008	—
1999	18700	4600	74329	20896	—
2000	22385	4688	82017	20819	—
2001	25328	5200	95758	26117	—
2002	17227	5023	64573	35346	5400
2003	21085	4745	81174	58881	5930
2004	—	—	—	72458	—
2005	31748	2060	128164	89689	7278
2006	37901	2148	159365	103612	8120
2007	61800	2440	177753	110666	8947
2008	73682	2581	330599	122476	10175
2009	89388	2663	429848	140000	11951
2010	135786	2882	546063	169961	13385
2011	175125	2894	701017	214000	15447

第三节　社会事业

一、乡村建设

图 26-3-1　平山乡朱塘社区居民服务中心

1989～1990 年，乡村建设稳步发展，全乡建房 140 户，建筑面积 1.7 万平方米。筹集资金 1.3 万元，修建道路 4 千米，60 个村民小组通上石子路。1993～1995 年，平山乡共投资 340 万元，新建村组水泥路 7.2 千米，拓宽双塘路路基 6.25 千米，安装路灯 168 盏，交通条件得到进一步改善。1999 年，投入 267.6 万元，铺设朱塘北路、丁魏南路，整修双塘路朱塘路段，修建水泥路 3.05 千米、石子路 2.78 千米，安装、改装路灯 83 盏。村民新建楼房 119 户。2002 年，支持和服务江阳工业园区建设，拆迁房屋 537 户 12.35 万平方米，让地 136 公顷。按照农民别墅小区标准，统一式样、统一颜色、统一配套、统一签订施工协议，建设朱塘、荷叶两个农民安置小区，安置农户400多户。

2003年，乡政府筹集19.8万元帮助拆迁困难户解决建房困难。共筹资4.65万元为38户103人发放生活补助，为516人次发放7.57万元救济款。筹集资金3万多元，修缮乡敬老院。2005年，平山乡基本完成朱塘、荷叶两个村4000多名被征地农民基本生活保障工作。2008年，平山乡被评为省农村劳动力充分转移乡镇。

2009年，扬城北苑安置小区一期工程竣工。同年6月，作为市政府为民办实事工程之一的平山乡江阳农贸市场项目投入运营，7～12月，市场交易额460万元。2011年10月，平山乡丁魏社区便民服务中心开工建设。

二、教育

1989年，全乡共有3所小学：堡城小学、雷塘小学、平山小学，3所成人教育培训学校：平山钣金厂职工学校、堡城村成人学校、平山成人教育中心校。

1994年，平山乡引进专业人才77人，培养人才120人。区、乡投资20多万元改善办学条件，完善堡城及雷塘小学围墙500米，增扩堡城小学操场2000平方米，维修全乡校舍30多间。1995年，投资60万元，改善办学条件，新建教学楼1幢，建筑面积300平方米，增扩操场6000平方米，维修校舍65间。1997年，投入270万元，易地新建平山中心小学，改善教学环境。2003年，平山中心小学竣工。同年7月，撤销堡城小学、雷塘小学，并入平山中心小学。2005年，全乡小学、初中、高中阶段入学率均达100%。2008年，平山中心小学创建成省教育现代化先进学校。2010年9月，平山集镇拆迁改造，平山中心小学整体拆除，学生分流至西湖中心小学和维扬实验小学开发区分校。成人教育中心校举办培训班73期，培训4597人次。

三、文化

1989年，9个村民小组广播线路达到标准化。1996～1998年，累计投入70万元，新建乡文化中心，建成村级达标文化室5个、万册图书阅览室1个。2006年，全乡开展“十星级文明户”创建活动，在志愿者中组建“爱心妈妈”团队活动。2011年3月，荷叶社区成立特色志愿者服务站——“荷香学堂”。15名扬州大学大学生和荷叶社区大学生村官组成“燎原志愿者”服务队，为中小学生学习娱乐活动提供服务。

四、卫生

1990年，平山卫生保健所建立。2003年，乡政府筹集资金31万元启动农村大病统筹制度，当年参保率98%。同年12月，平山乡创成省卫生乡镇。2008年7月起，推行政府购买医疗服务的药品零差价政策。是年，平山卫生保健所扩建更名为平山社区卫生服务中心。2011年，迁至朱塘路5号，开设内科、中医科、康复科等科室及预防保健部，有卫生技术人员22人，业务收入101万元。

第四节　重点村选介

平山村

位于蜀冈—瘦西湖风景名胜区北首，南临风景秀美的大明寺，西傍扬子江北路。区域面积1平方千米，有5个村民小组，282户1200多人，驻村企业7家。获“省民主法治示范村”“村民自治模范村”“全面小康先行村”“建设社会主义新农村示范村”等称号，并连续多年被评为扬州市、江苏省及全国文明村。

90年代初，平山村调整产业结构，选取地势较高的地方种植经济花木，并成立林业队(后发展为平山园艺公司)。花卉、苗木、盆景年创收入20万元左右。利用地势低洼的田块、河塘，组建平山养殖场，开挖鱼池18.3公顷，集体养殖“四大家鱼”。1992年，筹集数万元资金，开发鱼鳖混养新技术。1993年，投入390万元新建工厂化养鳖场，改隐蔽网沙养殖为进房无沙养殖。此项技术获国家科技发明专利，并被列为省农业高科技示范项目——国家黄淮海农业开发计划。

2007年，组建社区股份合作社，明晰集体资产产权体系，将5564.99万元净资产折成44798股，集体占40%，村民占60%，让1000多名农民变成“持股老板”，每年按股分红。是年，平山村经济总量3.36亿元，农民人均纯收入10615元。

第四章　双桥街道(乡)

第一节　区域概况

双桥街道位于扬州市主城区西部，东临二道河，与扬州老城区及蜀冈—瘦西湖风景名胜区毗连；西濒新城河，与邗江区邗上街道河相望；南到文汇路，与市经济开发区文汇街道相邻；北至台扬路，与西湖镇接壤。扬子江路、文昌路等城市主干道纵横境内，交通便捷。

图 26-4-1　2008 年 1 月，双桥乡获市“2007 年度经济社会发展十强乡镇”称号

1989 年，双桥乡有 7 个村(潘桥、裴庄、武塘、石桥、双桥、卜桥、园林)，80 个村民小组，6801 户，总人口 16125 人。1990 年，成立双桥居民委员会。1992 年 4 月，潘桥、裴庄两村及武塘村文汇路以南部分村民小组划归市经济开发区。2002 年 1 月，市区区划调整，广陵区汶河街道 18 个居委会(柳湖南苑、贾庄、念四桥、扬子江北路、王庄、瘦西湖、梅庄、新庄、西苑、秋南苑、春竹苑、夏荷苑、秋桂苑、冬梅苑、苏农、扬大师院、康乐新村、杨庄)划入双桥乡，并成立双桥街道，双桥街道与双桥乡合署办公，一套班子、两块牌子。双桥街道下辖文苑、武塘、石桥、双桥、卜桥、园林社区(村)。2004 年 12 月，园林社区(村)划归瘦西湖街道。2006 年 1 月，析武塘社区为武塘、康乐社区，析双桥社区为双桥和虹桥社区。

2011 年，双桥街道有 7 个社区，23275 户，总人口 61391 人，面积 7.4 平方千米，实现地区生产总值 19.67 亿元、财政收入 3.98 亿元，城镇居民人均收入 25940 元，农民人均纯收入 2 万元。

1989～2011 年双桥街道(乡)负责人一览表

表 26-4-1

任职时间	姓名	性别
党委书记	肖太山	1986.3～1990.4
	孙家麒	1990.7～1993.4
	朱泽余	1993.11～1995.8
	杨定顺	1995.8～1998.1
	金秋芬(女)	1998.1～2002.5
	刁仁明	2002.5～2003.8
	汤玉林	2003.8～2004.12
	王相柏	2004.12～2008.7
	孟德和	2008.7～2011.11

续表 26-4-1

任 职 时 间	姓 名	性 别
党委副书记	孙家麒	1985.1～1990.7
	郭盛华	1986.3～1988.11
	徐凤山	1988.11～1993.8
	赵广才	1989.12～1994.12
	朱泽余	1990.9～1993.10
	金秋芬(女)	1993.4～1998.1
	俞怀根	1993.8～1998.2
	赵贵荣	1994.9～1997.12
	陈　芳(女)	1997.12～2001.6
	庄绪梅(女)	2001.6～2002.1
	汤玉林	2001.11～2003.8
	苏　剑	2001.11～2004.4
	吴美珍(女)	2002.1～2004.12
	邵　俊	2003.6～2004.4
	王相柏	2004.4～2004.12
	唐铁杨	2004.12～2007.6
	蒋建军	2004.12～2011.11
	马九圣	2005.12～2009.4
	孟德和	2007.6～2008.7
	朱正忠	2007.8～2009.8
	王昌伟	2009.11～2012.6
	颜士加	2010.6～2011.11
人大主席	赵广才	1990.3～2001.1
	赵生和	2001.1～2005.12
	曹宝宏	2005.12～2010.6
	孔桂林	2010.6～2011.11
人大副主席	王相柏	2004.4～2004.12
	张福海	2001.12～2007.12
	杨　军	2001.12～2009.8
乡长(主任)	孙家麒	1986.3～1990.12
	朱泽余	1991.1～1995.8
	金秋芬(女)	1995.8～1998.2
	包桂平	1998.2～1999.10
	汤玉林	1999.10～2002.3
	苏　剑	2002.3～2004.4
	王相柏	2004.4～2004.12
	唐铁杨	2004.12～2007.7
	孟德和	2007.7～2008.7
	蒋建军	2008.7～2011.11

续表 26-4-1

任职时间	姓名	性别
副乡长(副主任)	王兆年	1986.3～1988.8
	任长云	1986.7～1994.1
	朱礼平	1988.8～1991.6
	周平高	1990.7～1995.12
	胡邦祥	1989.6～1997.3
	张福海	1993.1～2001.12
	张宝林	1993.2～1995.5
	肖秀恒(女)	1992.5～1994.5
	赵生和	1994.1～2001.1
	杨　军	1996.1～1997.3
	杨贵云	1997.3～2004.10
	曹宝宏	1997.3～2008.12
	朱正忠	2002.1～2007.8
	蒋建军	2002.1～2004.12
	黄年明	2003.8～2011.12
	杨翠香(女)	2006.3～2009.8
	卞　明	2009.4～2010.5
	马九圣	2009.4～2010.6
	杨福琪	2009.8～2011.11
	蒋干新	2010.6～2011.11
	许　维(女)	2010.12～2011.11
	高德红(女)	2011.9～2011.11

第二节　经济建设

一、农业

1989 年，全乡耕地面积 381.12 公顷，是市区重要蔬菜和副食品生产基地。实现农业总产值 563 万元。

2005 年，市区城市化快速推进，农田征用，全乡农业经济所占比重下降，实现农业产值 2457 万元，比 2000 年下降 36%。2006 年以后，农田大量征用，农业生产萎缩，全乡无农田可耕种。

二、工业

双桥乡是扬州城郊工业起步较早一个乡镇。80 年代后，乡镇企业蓬勃发展，工业成为双桥乡支柱产业，主要门类有机械、五金、电子元件、印刷、制鞋、制线等。1989 年，全乡共有乡村企业 57 家，年产值 7300 万元，是农业产值 21 倍。1991 年，全乡工业产值首次突破亿元大关，达 1.19 亿元。1993 年后，乡政府注重培植规模企业，先后对乡属 18 家企业实行股份合作制改造，在全区组建第一家市级企业集团——金马集团。同时，对税校印刷厂、黏结剂厂、塑料九厂、自动化设备厂、精工阀门厂、包装厂等一批小、微、亏企业实行“关、停、并、转”。至 1997 年，全乡共有江扬电缆、乙炔气、电力机具、五泉制衣等年销售 500 万元以上的重点骨干企业 13 家，其年产值占全乡工业总产值的 67%。

进入 21 世纪，双桥街道一方面对 49 家乡、村、组集体工业企业实行股份制、股份合作制、资产转让、拍卖等形式改制。另一方面引导企业出城进园，先后有江扬电缆、五泉制衣、中汇化妆等企业进入市经济开发区和维扬经济开发区。通过企业改制和出城进园，置换一批集体资产。

2006年以后，双桥街道工业企业全部改制、迁移，境内无工业企业。

三、第三产业

1989年，以商贸、饮食、服务业、运输业为主的第三产业兴起，营业额2174万元。

市城区"东城西市"格局的逐步形成，给服务业发展带来机遇。双桥街道先后建成金宇大厦、金马大厦、泓武商厦、武塘综合楼等项目13个，兴办四季园农贸市场、孙庄菜场、杨庄菜场、江扬营销公司等一批三产项目。1997年，全乡实现三产营业额8.82亿元。2005年，三产营业额28.22亿元，比2000年增长73%。

2006年后，双桥街道把服务业作为主导产业优先发展，全力招引服务业大项目。瘦西湖新天地、凯德广场、沃尔玛广场、双桥商务广场等一批商务楼宇和服务业项目先后建成。2008年，街道被认定为全市现代商务集聚区。2011年，街道完成第三产业营业额135亿元、增加值13.5亿元，占地区生产总值68.63%，服务业成为该街道支柱产业。

1989～2011年双桥街道(乡)主要经济指标一览表

表26-4-2

项目 / 年份	地区生产总值（万元）	农业总产值（万元）	工业总产值（万元）	第三产业营业额（万元）	人均纯收入（元）
1989	—	563	7300	2174	792
1990	—	617	8558	2724	983
1991	—	1790	10630	3292	1064
1992	—	1814	14419	5149	1325
1993	8353	1964	25942	—	1638
1994	11520	2135	31344	32419	1952
1995	—	1827	42784	35063	2587
1996	—	1797	41348	60542	3186
1997	—	1673	51267	88195	3646
1998	24605	3437	53891	11837	4044
1999	29400	3682	63877	137982	4645
2000	33666	3840	72667	163128	5093
2001	37869	4122	80099	177800	5601
2002	46352	4308	92990	221635	6102
2003	53043	4639	117901	252497	6702
2004	—	—	—	273334	7182
2005	62345	2457	151109	282161	8214
2006	76529	2501	180055	305173	9060
2007	90254	2500	187443	338466	12101
2008	107032	2550	183272	657121	13451
2009	138875	2551	174662	950000	15749
2010	158275	2602	218357	1289736	17538
2011	196705	1060	60645	1350000	20082

第三节 社会事业

一、乡村建设

1989 年,全乡农民人均纯收入 792 元,普遍实行农民退休制度。2002 年市区区划调整后,在全区率先推行被征地农民基本养老保障。2005 年,全乡农民人均纯收入 8214 元,比 1989 年增长 9.37 倍。全街道安置下岗失业人员 495 人,创成“无双失业下岗街道”。2005～2011 年,街道挖掘就业岗位 9793 个,推荐 1375 人走上就业岗位,帮助 67 名创业者办理小额免息贷款 134 万元,为 271 名下岗失业人员购买政府公益性岗位,成立 179 个非正规就业劳动组织,吸纳 1743 名下岗失业人员。

2002 年 9 月,街道累计投入 2000 多万元,建成 7 家社区服务中心。街道所有社区办公、活动场所均超过省、市规定的示范社区标准。各社区成立各类义工队伍 84 支,登记义工近 1 万人。涌现卜桥社区“红马甲”、虹桥社区“七彩虹”、武塘社区“星期六”、双桥社区“十姐妹”、康乐社区“康乐好人”等一批在全市有一定影响的志愿者队伍。卜桥社区红马甲义工队、石桥社区新天地广场健身队、武塘社区星期六义工、文苑社区、康乐社区先后获得“全国志愿服务先进集体”称号。2008～2010 年,街道 7 个社区先后获得“省和谐社区建设示范社区”称号,成为全市首家省级和谐示范社区全覆盖街道。2011 年 7 月,卜桥社区红马甲义工队党支部被中组部评为全国优秀基层党组织。街道获得 2011 年度“省和谐社区建设示范街道”称号。

2006 年,双桥街道成立慈善协会。至 2011 年,慈善协会共募集资金 406.72 万元,支出 233.3 万元,累计救助 1000 多人次。2011 年,街道共有现役军人 225 人、在职在乡伤残军人 55 人、参战涉核人员 10 人,共发放慰问金 13.2 万元、优待金 88 万元。

2009 年,对区内 90 周岁以上老人发放尊老金。2011 年,向 137 名 90 周岁以上老人发放尊老金 10.26 万元,为 799 名 80 周岁以上老人发放尊老金 27.03 万元,为 315 名 60 周岁以上“三无”(无养老保险、无退休金、无固定收益)人员发放补贴 21.79 万元。

进入 21 世纪,双桥街道土地被大量征用,石桥、谢庄、新庄、念四等 20 个庄台先后实施拆迁。为妥善安置拆迁群众,先后建设石桥新苑、姚庄新苑、念香苑、西湖东苑、西苑等安置小区,面积近 30 万平方米,安置住房近 3200 套。西湖花园四村安置区于 2011 年启动建设。2011 年,街道无直接从事农业人口。

二、教育

1990 年,双桥小学、念四桥小学、石桥小学合并,定名为双桥实验小学,并作为扬州师范学校附属小学。1994 年,创办四季园小学。2002 年 4 月,双桥实验小学更名为扬州教育学院第一附属小学。2003 年,扬州教育学院第一附属小学更名为维扬实验小学。2005 年 12 月,四季园小学通过省实验小学评估验收,成为街道第二所省实验小学。2008 年,双桥街道与区文教局共同投资 2000 万元建设的梅岭小学西校区对外招生。该校占地约 2 公顷,建筑面积 1.8 万平方米。2011 年,全街道有小学 3 所,在校学生 5786 人,专任教师 311 人,小学适龄儿童入学率 100%。

1989 年,双桥乡有中学两所(双桥乡第一中学、郊区职业技术学校),班级 12 个。1994 年 1 月,双桥乡第一中学更名为市西苑中学,并划为市属直管学校。同年 10 月,区职业技术学校更名为市旅游学校。1995 年 2 月,市新华中学整体迁入境内,西苑中学撤销并入新华中学。2001 年,市旅游学校改制为民营学校,更名为市梅苑双语学校。2004 年 12 月,梅苑双语学校划归新建的瘦西湖街道。

2011 年,有幼儿园 7 所,在园幼儿 2898 人,专任教师 272 人;社区教育中心(成人教育中心校)1 所,社区居民学校 7 所,企业职工学校 1 所。

三、文化

1989 年,文体活动主要以乡文化站和部分村以及乡办企业的俱乐部为中心开展,其内容大多是配合党的中心工作开展时事政治、好人好事、移风易俗、计划生育等方面宣传。

2000年后，街道全面实施全民健身体系“八个一工程”（建立健全一个健身网络、每年开展一次全民健身活动周、建设一个全民健身工程、建设一批晨（晚）练健身点、建设一支社会体育指导员队伍、建立一个国民体质测试站、每年举办一次科学健身系列讲座、形成一个特色体育项目）。2003年，双桥街道被评为省全民健身“八个一工程”先进单位。2005年，被国家体育总局评为2001～2004年度全国群众体育先进单位。

2011年，街道登记备案的文化团队有31支，参加活动人数5000多人，占街道常驻人口5%以上。其中，50人以上文化团队28支。共有社会体育指导员142人，其中国家级2人、省一级15人、二级28人、三级97人。康乐艺术团、红马甲、新天地艺术团分别获得第三届新加坡声乐合唱国际大赛“金狮奖”、第十届中国上海青年舞蹈大赛“金玉兰奖”、省“莲花杯”舞蹈大赛银奖等奖项。各艺术团队共获得国家级荣誉奖项8个、省市级荣誉奖项49个。街道被评为省公共文化服务体系建设示范街道。

图 26-4-2　2007年7月1日，双桥乡组建红马甲服务部

四、卫生

1989年，乡有双桥医院，各村有卫生室。双桥医院有医务人员50人，村和乡办企业有医务人员20多人。1995年7月，在双桥医院原址新建医院新门诊楼，建筑面积3460平方米。撤销双桥医院，成立扬州市郊区人民医院。1999年，石桥村被评为省级卫生村。2002年，街道5个社区卫生室全部达到甲级卫生室标准。2005年，街道合作医疗受益人数2740人，农民合作医疗覆盖率100%，大病统筹参加率99%。2007年后，双桥街道开展新一轮卫生服务站达标建设，对武塘、双桥、石桥、卜桥、康乐、文苑6个社区卫生服务站实施改建，服务人口近8万人。2006年4月，区人民医院增挂“双桥社区卫生服务中心”牌子，承担双桥街道社区卫生服务工作。2010年，街道获“全国计生协会先进单位”“全省人口和计划生育优质服务示范站”称号。2011年12月，撤销区人民医院，保留双桥社区卫生服务中心设置。街道有各类医疗卫生机构10个，病床44张，每千人拥有床位两张。卫生技术人员69人，平均每千人拥有卫生技术人员两人。全街道合作医疗受益人数2483人。

第四节　重点社区选介

康乐社区

成立于2006年1月，面积0.55平方千米，有13个住宅小区，常住居民3000多户1万多人。社区服务中心总面积800平方米，设有一站式便民服务大厅，共有工作人员15人，内设7个服务窗口，分别为警务治安、低保助残、人口计生、退休管理、就业指导、党员服务、城管卫生，另设有卫生服务站、慈善超市、调解室、残疾人康复室等功能站室。还开通“一卡通”、居家养老、家政中介等特色服务项目。社区先后获得“全国文明单位”“全国志愿服务先进集体”“全国创建学习型家庭示范社区”“全国妇联基层组织建设示范社区”“省文明社区”“省和谐社区建设示范社区”“省廉政文化示范点”“省民主法治建设示范社区”等称号。1998年，社区成立康乐艺术团，为群众业余文艺团队。先后获得全国中老年服饰艺术模特大赛金奖，澳大利亚中国文化艺术交流展演最高荣誉奖及编导最高奖，第三届新加坡声乐合唱、舞蹈艺术国际大赛“金狮奖”、组织金奖。2011年，赴韩国参加2011庆州世界文化博览会——中韩老年文化艺术交流活动，以富有民族特色的服饰表演《绿杨花语》和浓郁的地方色彩《茉莉花》配乐，获最高荣誉奖"无穷花奖"。2009年,康乐社区评选出30名"康乐好人"。其中,有下岗在家创业、义务培训青少年的书画家"创业之星",有让扬州民间文化漂洋过海"洋起来"的"文艺之星",有热心采集社区新闻、报道好人好事的"文体之星",带头捐款帮扶邻里的"慈善之星"等。

2009年9月,经过征集意见、推荐候选人、组织选举等程序,楼群建立三级自管网络:楼群自管会、楼幢自管小组、楼道管理员,还组建一支20多人的志愿者服务队,判定《楼群文明和谐建设目标与自管办法》《自管工作有关制度》等。楼群还办起小报纸《楼群新风》,定期通报表扬楼群好人好事。

卜桥社区

为村居合一型城乡接合社区,区域面积1.5平方千米,常住居民2000多户5000多人。2006年6月,15名身穿红马甲的社区健身队,前往市区文昌阁清理垃圾,整治乱停乱放的车辆,驱赶假乞丐,在全市引起反响。7月,红马甲义工队成立。

2007年,红马甲义工队分别组建"红马甲"党员、团员青年、大学生、文娱等义工志愿者队伍,参加人员从15人扩大为300多人,服务范围拓展到志愿服务、文体演出、义务巡逻、维护绿化、环境整治等方面。同年12月,卜桥社区获"全国社区志愿服务活动示范单位"称号。

2008年3月,红马甲义工队在区民政局登记注册。2008年7月,红马甲义工队党支部成立。2009年3月,党支部拟定《卜桥社区红马甲志愿者章程》。"红马甲"志愿服务秉承以知识、体能、劳力、经验、技术、时间等贡献社会的理念,不以获取报酬为目的,旨在提供社会公益所需要的其他各项辅助性服务,提高公益事业及公共事务效率。2011年3月,红马甲义工队在蜀冈西峰认养绿地1334平方米,定期进行保养维护,其事迹被收录扬州市申报国家森林城市的汇报材料。

红马甲义工队推进"党员引领社团、社团凝聚群众"活动,围绕"创建服务型党组织"目标,在全体党员和队员中开展结对帮扶一名困难家庭、对社区提一条合理化建议、帮助社区解决一道难题、帮创一户"五好家庭"、认养一块绿地等"五个一"主题活动,实现义工队志愿服务从自发到自觉、从业余到专业的转变,成为全区、全市有影响的义工组织。2011年7月,红马甲党支部被中组部表彰为全国先进基层党组织。

第五章　梅岭街道

第一节　区域概况

梅岭街道地处扬州古城广储门、天宁门城外。东至古运河,与广陵区接壤;北至邗沟河,与城北乡为邻;西以瘦西湖东、保障湖南线接瘦西湖风景区;南至北城河,紧依扬州明清古城。

2002年,市区区划调整,原属广陵区汶河街道的叶公桥、友谊路、丰乐、梅岭新村、建隆巷、凤凰桥、安庄等7个居委会和东关街道的花家巷、窦庄、马庄、工人第二新村、高桥、便益门、石狮子巷、老虎山、黄金坝等9个居委会划归维扬区,与原属城北乡的梅岭村共同组建梅岭街道。10月,梅岭街道所辖居委会调整合并,成立锦旺、友谊、凤凰桥、丰乐、广储、便益门、邗沟7个社区居委会,有22306户,总人口67089人。

2004年10月,友谊社区划归新建立的瘦西湖街道管辖。2005年4月,梅岭街道广储社区居委会分析为广储和漕河两个社区居委会。

2011年,梅岭街道下辖7个社区,18449户,49774人,总面积4.07平方千米,实现地区生产总值5.23亿元、财政收入1.74亿元。有回族、壮族、蒙古族、满族、仫佬族、畲族、白族等7个少数民族286人。90岁以上老人124人,百岁老人3人。

2002～2011年梅岭街道负责人一览表

表26-5-1

任职时间	姓名	性别
党工委书记	郭云如	2002.1～2004.6
	俞怀根	2004.6～2007.6
	杨学春	2007.6～2010.6
	王勤刚	2010.6～2011.11
党工委副书记	庄绪梅(女)	2002.1～2003.1
	童　进	2003.1～2010.2
	许乃坤	2002.1～2003.6
	侯瑞琴(女)	2003.6～2004.9
	金　燕(女)	2004.6～2006.3
	崔庭松	2004.9～2009.4
	顾永良	2005.1～2006.7
	毛一波	2006.7～2009.4
	王勤刚	2009.4～2010.6
	张秀勤(女)	2009.8～2011.11
	赵　鼎	2010.6～2011.11
	朱万海	2010.9～2011.11
	刘正兵	2010.12～2011.11
人大工委主任	郭云如	2002.1～2004.6
	俞怀根	2004.6～2007.6
	杨学春	2007.6～2010.6
	王勤刚	2010.6～2011.10
	朱万海	2011.10～2011.12
人大工委副主任	侯瑞琴(女)	2003.4～2004.10
	金　燕(女)	2004.10～2006.3
	童　进	2006.3～2010.4
	刘正兵	2010.12～2011.11
办事处主任	庄绪梅(女)	2002.1～2003.1
	钱柏林	2003.1～2005.1
	顾永良	2005.1～2006.7
	毛一波	2006.7～2009.4
	王勤刚	2009.4～2010.6
	赵　鼎	2010.6～2011.12
办事处副主任	童　进	2002.1～2006.3
	崔庭松	2002.1～2009.4
	朱邦柱	2004.9～2009.8
	徐　利(女)	2005.1～2011.5
	李崇和	2005.12～2011.11
	张秀勤(女)	2006.3～2011.11
	孙敬东	2009.3～2011.11
	姜存兰(女)	2010.2～2011.11

第二节 经济建设

一、农副业

梅岭村是扬州市“菜篮子工程”蔬菜生产基地之一，以“大头矮”青菜著称一方。随着城区面积逐步扩大，梅岭地区农副业项目逐步萎缩。2002 年 1 月，梅岭街道成立时，仅存漕河沿岸一带数亩蔬菜田。2005 年，漕河沿岸蔬菜田改建成漕河风光带，至此境内无农田。

金鱼养殖和花卉、苗木、盆景是梅岭农副业传统项目。金鱼养殖距今有 280 年历史。历史上，梅岭村素有“金鱼村”美称。1989 年，全村有 280 户村民养殖金鱼，鱼池面积 2.4 万平方米。梅岭村养殖的金鱼，不仅销往上海、广州、陕西、湖北、安徽、甘肃等 10 多个省市，还远销日本、新加坡、澳大利亚、马来西亚等 20 多个国家和中国港澳地区。至 2001 年，年产商品鱼近 400 万尾，产值 300 多万元，利润近 200 万元。2000 年，扬州城市扩容和“城中村”改造，养殖户陆续退出。2011 年，梅岭辖区金鱼养殖户仅剩不足 10 户，面积约 1000 平方米。

境内有金鱼、花卉、盆景交易市场两个，即红园花鸟虫鱼市场和梅岭金鱼花卉盆景园。其中，红园花鸟虫鱼市场为市属，占地 1 公顷，经营户约有 100 户，是市区花鸟、金鱼、花卉主要交易场所。梅岭金鱼花卉盆景园是花卉、盆景、金鱼生产基地，占地两公顷，花房面积 1000 多平方米，固定资产 200 多万元，是扬州花卉、盆景、金鱼重要生产基地之一。2009 年 5 月，梅岭金鱼花卉盆景园迁至广陵区城东众恒紫园。2011 年，境内仅有红园花鸟虫鱼市场。

二、工业

梅岭街道工业主要是集中在梅岭村。梅岭村村办工业 1970 年起步，从 11 人、500 元资金起家，先后兴办农具厂、纺织厂、标牌厂、皮鞋厂、塑料厂、绒花厂、油漆化工厂、金属制品厂等。改革开放后，全村工业生产呈现快速发展势头。至 2002 年 1 月梅岭街道成立时，拥有梅岭金属制品厂、梅岭电线电缆厂、三利制衣厂、梅岭汽配厂、梅岭建筑装潢工程处、梅岭水泥预制品厂、扬州塑料十一厂、有机玻璃制品厂、富源制衣有限公司和鑫富皮业有限公司等 10 家有一定规模的村属工业企业。其中，三利制衣厂是区属工业企业，主要生产各式出口服装，包括皮装、羽绒服装、牛仔系列服装、其他棉质服装等。当年工业总产值 7601 万元。2003 年，三利制衣厂关闭。2004 年，梅岭金属制品厂关闭，梅岭电线电缆厂停产。2005 年，梅岭汽配厂关闭，梅岭建筑装潢工程处更名为扬州梅岭建筑装潢工程有限公司。富源制衣迁至广陵产业园。有机玻璃制品厂更名为扬州润林电子科技有限公司。2008 年，扬州塑料十一厂破产。2009 年，梅岭水泥预制品厂关闭，鑫富皮业转行。2011 年，实现工业总产值 11.44 亿元。

三、第三产业

2002 年 1 月街道成立前，梅岭村有梅岭果品什杂乳品公司、梅岭商业楼、窦庄农贸市场、亨威房地产开发公司等 4 家村属三产企业。其中，梅岭果品什杂公司分别在梅岭西路、史可法路、玉器街、翠岗小区设立 1 个批发部、4 个连锁超市，总营业面积 1000 平方米，批发仓储 2000 平方米，2001 年实现营业额 1.2 亿元。辖区还有西园宾馆、扬州宾馆、冶春茶社等 3 家扬州老字号服务业企业。

街道成立后，一批从事商贸流通、房地产的企业逐步汇聚梅岭，如餐饮娱乐类的鼎上大酒店、兆丰大酒店、黎江潮宾馆、高佳庄等，商贸流通类的豪泰贸易有限公司、东曦贸易公司等，房地产服务业类的中江置业、易家房产等。辖区先后形成梅岭东路“小美食街”、史可法路服饰购物街、北门外街“月光经济”、沿河街“玉文化”等特色街区。

2009 年，街道先后引进一批扬城知名酒店，新建莱茵百吧街项目。招引注册 1000 万元以上文化创意产业项目。新增数家单项投资上千万元的休闲娱乐业。涌现多家亿元三产企业。辖区形成各类市场、商贸流通、餐饮、休闲娱乐、旅游购物等竞相发展的格局，服务业成为街道经济发展重要产业和财政收入主要来源。

2010 年 9 月，在北护城河北岸，规划建设集商贸、旅游为一体的工艺坊对外开业。该项目是当时江苏省开放面积最大的工艺美术“超市”，是华东地区较大的，集展示、交易、旅游、休闲于一体的综合性特色工艺品集散基地和休闲旅游景点。

2011 年，街道服务业单位 11 家，实现三产营业额 21.06 亿元。

2002～2011 年梅岭街道主要经济指标一览表

表 26-5-2

项目 年份	地区生产总值(亿元)	农业总产值(万元)	工业总产值(亿元)	第三产业营业额(亿元)
2002	0.65	450	0.76	3.60
2003	0.75	490	0.88	3.86
2004	—	—	—	4.36
2005	0.95	550	1.15	4.71
2006	1.21	580	1.39	5.03
2007	1.44	580	1.80	5.48
2008	1.68	—	5.12	11.41
2009	2.87	—	6.95	12.80
2010	3.75	—	8.79	15.79
2011	5.23	—	11.44	21.06

第三节　社会事业

一、乡村建设

梅岭街道建立前，区域为城郊接合部，多为农民庄台、村组集居地，基础设施滞后，且道路狭窄、街巷破旧。

街道成立后，老虎山东西路、史可法东西路、凤凰桥南街、长征路、玉器街等主要干道先后拓宽改造，形成横贯东西的史可法东西路、梅岭东西路、漕河路、老虎山东西路，贯穿南北的高桥路、史可法路、凤凰桥街、友谊路等“四纵四横”主要交通格局。

梅岭区域多处地块被列入扬州市城建规划和市容环境综合整治范围，窦庄、马庄、邱庄、凤凰桥南街、石狮子小区、高桥园、双宁寺、工人二村、阳光水岸、扬州化工学校东南角、邗沟组、新庄等地块先后实施动迁，新建锦旺苑、梅岭佳园、良友新苑、吉祥苑、凤凰新村、莱茵苑、香樟苑、富贵园、阳光水岸、御河苑、御景园香溪里等中高档居民小区和商住楼，各类建筑风格独特、错落有致，其中莱茵苑获“国家级康居示范工程”称号。

街道将所有厕所旱改水，修缮、改造垃圾房，配齐沿街垃圾桶等环卫基础设施，新建和改建金色百汇农贸市场、凤凰农贸市场。古运河风光带、漕河风光带、邗沟河风光带、北城河沿河步行街等相继建成，兴建友谊广场、便益门广场、红园广场、北门遗址广场等文化健身广场。

2011 年，对辖区 127 条 178 千米的背街小巷全面启动市场化保洁，长效管理。至 2011 年，便益门、凤凰桥、广储、漕河等 4 个社区按照标准配备相应的功能室和一站式社区服务大厅。2011 年，街道新增就业岗位 1120 人，扶持创业 135 人，办理失地农民基本生活保障 212 人，创建“充分就业社区”达标率 100%，退休人员社会化管理率 99.5%以上，社区管理率 95%以上，社区“慈善超市”覆盖率 100%。全年共发放慰问金 63.5 万元，增发临时救助款 9 万元。

二、教育

2002 年 1 月,7 个社区自建自办市民学校和社区图书阅览室,组织社区居民开展技能培训、文化知识讲座,开展社会公德、职业道德、家庭美德等各类教育活动,普及法律知识。区内有各类学校 19 所。其中,梅岭小学是全省首批实验小学。市特殊教育学校(聋哑学校),创办于新中国建立初期,是为适龄残疾和弱智儿童专门创办的学校。有幼儿园 4 所,其中明月幼儿园是全省首批 18 所示范幼儿园之一。

三、文化

1992 年,为纪念中日邦交正常化 20 周年,在北门外街 1 号,建设扬州友好会馆。该馆成为市民文化生活重要场所,经常举办各类大型音乐、歌舞晚会。位于古运河沿岸的便益门广场、北护城河畔的冶春休闲广场、莱茵小镇休闲广场、漕河风光带老年门球场等是广大居民喜爱的休闲娱乐场所。街道及社区建立健全文化(健身)活动中心(站),免费向广大居民群众开放。

2006 年 6 月,街道成立梅岭老年书画艺术协会,会员 85 人。协会在扬州八怪纪念馆、史可法纪念馆、个园先后 5 次举办书画、摄影展,开展下社区、进军营慰问创作活动,组织"丹青笔墨会""摄影采风"等系列活动。至 2011 年,街道建有基层群众文艺团队 34 支。

四、卫生

2005 年,街道人口与计划生育工作启用新版信息管理系统,实现市、区、街、居四级宽带联网。同年,街道被中央宣传部、国家人口计生委等表彰为婚育新风进万家活动先进街道。2006 年 12 月,街道扩建成立梅岭社区卫生服务中心,中心面积 1200 平方米,设有门诊室、B 超室、透视室、输液室、药房、病房等。

2011 年,辖区有医疗单位 23 家,其中有中医、牙科两个特色门诊,7 个社区卫生服务站。街道社区卫生服务中心、社区卫生服务站为老年人、特殊群体人员建立健康档案,设立医疗卫生服务热线,置办医疗卫生温馨服务卡,定期组织开展健康知识讲座和义务巡诊活动。

第四节　重点社区选介

锦旺社区

成立于 2002 年 10 月,区域范围南至北护城河、东至玉带河、北至梅岭西路、西至友谊路(瘦西湖路),面积 0.34 平方千米。社区先后获"全国学习型家庭示范社区""省社区建设示范社区""省廉政文化示范点""省婚育新风进万家活动先进集体""省巾帼示范岗""省科普文明社区""省民主法治示范社区""省'五五'普法先进单位""省充分就业社区""省文明社区"以及"省绿色社区"等荣誉。

图 26－5－1　锦旺社区廉政画廊

社区借助驻地单位人才和资源优势,与辖区单位签订共建协议,制定社区共建规划、措施和目标,使驻区单位服务社区建设工作有组织、有制度、有落实,同时为驻区单位发展提供保障。与辖区单位市劳动和社会保障局结对开展"一帮二、二促一"共建和谐活动,与市国家安全局结对共建创建平安社区,与市环保局结对开展"最佳人居环境"系列活动,与市交巡警四大队开展"交通安全进社区"系列活动。

2006 年,锦旺社区开始推行"双卡"(党员先进性积分卡、居民讲文明积分卡)管理模式,通过对党员、社区居民服务活动实行积分量化考评,激发党员和每个居民社区责任心和社会荣誉感,使需要帮助的居民得到实实在在的服务,实现"一张小卡带动一个居民、一个居民带动一个家庭、一个家庭促进整个社会"的理想效果。2011 年,锦旺社区在全市率先提出"社区核心价值观"理念,通过社区党组织,用正确的价值观,引领社区风尚。

丰乐社区

成立于2002年10月，因扬州有“丰乐名区”之称，辖区内有丰乐上下街而得名。社区地处扬州北城区梅花岭上，东起史可法路、西接玉带河、南临北护城河、北至梅岭西路，总面积0.51平方千米，史可法纪念馆、天宁寺、重宁寺、御马头、冶春园由东向西排列于护城河畔。

社区驻有江苏预备役高炮二师机关、军队干休所和市武警支队机关公寓等驻军单位，拥有双拥对象460多人。2002年后，相继成立老妈妈志愿者服务队、双拥志愿者服务队、医疗保健服务队、涉军维权服务队、职介家政服务队、科技拥军服务队、国防教育宣传队等7支拥军队伍，经常送健康、送知识、送技术到军营。每逢传统佳节，老妈妈志愿者服务队走进军营，送节令食品、洗衣晒被、打扫卫生和士兵拉家常等，被部队领导誉为“编外指导员”。2009年，将社区长征路打造成扬州市首条“双拥一条街”。聘请老红军刘应启担任社区市民学校名誉校长，给青少年、党团员及居民做革命传统教育和时事报告。驻地部队开展拥政爱民活动，参加社区环境整治，与30多户困难居民结对帮扶。社区双拥活动被国家、省、市级新闻媒体报道30多次，是维扬区双拥特色社区。2005年，社区获得“扬州市双拥模范单位”称号。2008年，老妈妈志愿者服务队获得“全国优秀志愿者组织”称号。2011年，获“省社区建设示范社区”称号。

图26-5-2　2003年9月，丰乐社区邀请老红军刘应启进行传统教育

第六章　甘泉街道

第一节　区域概况

甘泉街道位于扬州西北部，是扬州北部新城和维扬经济开发区的拓展新区。东与邗江区槐泗镇、方巷镇接壤，北与邗江区杨寿镇交界，南连邗江区杨庙镇以及西湖镇，西与仪征市刘集镇为邻。境内东西宽6.5千米、南北长8.8千米。境内地势西高东低，属蜀冈古陆支脉的低山丘陵地带，起伏较大，平均海拔高度26米。甘泉山(老山)绝对海拔高度63米，是扬州市最高点。

1989年，甘泉乡属邗江区管辖，下辖16个村、201个村民小组，1个集镇、两个居民小组。2000年5月，甘泉撤乡设镇，辖区仍为原甘泉乡辖区。2004年4月，甘泉镇与杨寿镇合并，定名为甘泉镇。镇政府驻地甘泉集镇。2008年6月，甘泉镇划属维扬区管辖，原杨寿镇划归邗江区管辖，原甘泉镇更名为甘泉街道。甘泉街道辖姚湾、双塘、五湖、焦巷、双山、公路集、长塘、香巷、老山9个村民委员会，1个社区甘泉社区。

2011年，甘泉街道有9个村、1个社区，7725户，29465人，面积39.6平方千米，实现地区生产总值11.16亿元、财政收入5257万元，农民人均纯收入1.29万元。有土家族8人，壮族、彝族各6人，回族4人，侗族、穿青族各3人，满族、佤族、苗族、朝鲜族各两人，瑶族、蒙古族各1人。

1989～2011年甘泉街道负责人一览表

表26-6-1

任职时间	姓名	性别
党(工)委书记	周广宏	1987.6～1989.6
	刘在銮	1989.6～1992.8
	纪广余	1992.8～1994.12
	彭以筛	1994.12～2001.12
	王正生	2002.1～2004.9
	祁胜媚(女)	2004.9～2006.6
	叶华生	2006.6～2008.6
	赵同生	2008.6～2011.11
党(工)委副书记	仇金安	1983.3～1990.1
	王正生	1987.4～2001.12
	纪广余	1989.3～1992.8
	姚士杰(女)	1989.7～1997.3
	俞　军	1992.8～1994.8
	王庭国	1994.8～1994.12
	俞春涛	1994.3～1994.12
	顾万勇	2001.12～2011.11
	韩成云	2001.12～2003.10
	朱发奎	2002.1～2003.10
	施宏跃	2003.10～2006.7
	周有桃	2003.10～2011.11
	印祥贵	2003.10～2011.11
	黄金发	2006.7～2008.6
	贺宝兰(女)	2007.6～2008.6
	韦　峰	2008.6～2010.2
	朱义东	2008.6～2010.6
	张广清	2008.6～2011.11
	陆志福	2010.2～2011.11
	郎　俊	2010.6～2011.11
人大(工委)主席	彭以筛	1986～2001
	谈宏云(女)	2002～2003
	周富成	2003～2007
	顾万勇	2008～2011
人大(工委)副主席	邵国庆	1986～2006
	方秀祥	2003～2008
	俞春涛	2006～2011

续表 26-6-1

任职时间	姓　名	性　别
镇　　长(主任)	纪广余	1988.12～1992.8
	俞　军	1992.8～1994.8
	王正生	1994.8～2001.12
	朱发奎	2002.1～2003.10
	施宏跃	2003.10～2006.7
	黄金发	2006.7～2008.6
	韦　峰	2008.6～2010.2
	陆志福	2010.2～2011.11
副镇长(副主任)	黄兆林	1998.4～2005.3
	顾万勇	1999.1～2001.12
	赵同生	2001.1～2004.4
	潘忠良	2001.5～2001.12
	王福军	2001.12～2007.11
	邱正来	2002.1～2011.11
	朱德昌	2003.10～2007.12
	陈德康	2003.10～2005.3
	常开勤	2003.10～2007.12
	俞　祥	2006.3～2008.7
	陈万祥	2007.12～2011.11
	徐广媚(女)	2009.4～2011.12

第二节　经济建设

一、农业

甘泉街道属丘陵山区，历史上有“十年有九年旱”说法。50～70 年代，甘泉大力兴修水利，将邵伯湖水引上甘泉山，同时挖库蓄水。至 2011 年，有省小(2)型水库 6 座，分别是姚湾水库、胡巷水库、香巷水库、长塘水库、向阳水库、金坝水库。农业种植以水稻、三麦、油菜、棉花、西瓜、豆类为主，畜禽养殖以生猪、牛、羊、鸡、鹅、鸭为主，水产类以养鱼、养虾、莲藕、水芹菜为主。

境内农户素有栽植林木和果树习惯。森林覆盖率约 20%，成片林网有焦巷村意杨 33.33 公顷、樱叶 15 公顷，长塘村樱叶 80 公顷，五湖村花木 53.33 公顷。

图 26-6-1　邗江华实特种林食品加工厂研制的樱花樱叶产品

2008 年，街道耕地面积 1498.33 公顷，人口 28330 人，人均耕地 0.05 公顷。随着国际、国内市场和农民自身经济发展需求，农村三大合作社(农民以土地入股组成土地专业合作社、社区股份合作社，以农产品销售为主组成农民专业合作社)组织逐步产生。街道三大合作社组织 10 家，实现农业总产值 2.03 亿元。其中，种植业 6058 万元，占 29.8%；林、牧、渔、服产值 1.43 亿元，占 70.2%。

2009 年，有“三大合作社”组织 16 家。2011 年，“三大合作社”组织增至 20 家，经济服务收入 6450

万元,盈余 845 万元。实现农业总产值 2.36 亿元。其中,种植业 9455 万元,占 40.2%;林、牧、渔、服产值 1.41 亿元,占 59.8%。

二、工业

1989 年,甘泉工业主要是乡村小型企业,工业产值比重低。2002 年,甘泉镇投入基础设施建设资金 3000 多万元,规划面积 4 平方千米,成立甘泉双塘工业园区,有 40 多家企业落户该园区,职工 4500 多人,总投资 7 亿多元,主要产品有旅游用品、毛绒玩具、塑料玩具、服装鞋帽、纸盒包装、编织袋、毛绒毯、汽车配件、五金机械等,年工业产值占全街道 65%以上,成为甘泉工业经济主阵地和经济快速发展重要增长点。

2011 年,甘泉街道有私营企业 138 家、个体工商户 111 家,销售收入 2000 万元以上企业 18 家,企业职工 9500 多人,年产值 30.95 亿元,创利税 2.03 亿元。

三、第三产业

80 年代后,甘泉经济快速发展,甘泉集镇老虎墩路、育贤路、七泉路、久盟路、香甘路"三横两纵"主街道迅速形成,大众居民小区和主干道居民街区商贸服务业经济逐步繁荣。

90 年代开始,甘泉加大集镇建设及房地产开发力度,众多个体商业户和私营业主纷纷购房开店,甘泉第三产业稳步发展。

2011 年,全街道三产营业额 2.64 亿元,从业人员 5100 人,境内有大型超市 8 家,在工商部门登记注册的商贸服务企业有 295 家,未登记的个体经营户及商贩约 1400 家。

1989～2011 年甘泉街道主要经济指标一览表

表 26-6-2

项目 年份	地区生产总值 (万元)	农业总产值 (万元)	工业总产值 (万元)	第三产业营业额 (万元)	人均纯收入 (元)
1989	6626	1904	3681	1038	656
1991	—	2706	4330	1207	777
1993	—	—	—	2112	—
1994	—	2553	20963	3363	1302
1995	14444	4132	5442	4870	—
1996	18405	5450	6470	6485	2720
1997	19131	5670	6135	7326	—
1998	—	13651	29248	12877	—
1999	—	13527	13422	9120	3493
2000	27234	7500	8610	9704	—
2001	33039	15600	48117	10828	3951
2002	34133	16910	56542	12350	4320
2003	40596	17354	73905	13501	4714
2004	91621	30066	235195	21000	5580
2005	114126	15499	299364	25716	6389
2006	143345	35002	391864	29996	7185
2007	145278	37502	531647	37280	7810
2008	78900	20312	305599	22900	9033
2009	89112	22881	268052	18344	9951
2010	108090	23673	333057	22500	11246
2011	111613	23673	309535	26367	12869

第三节　社会事业

一、乡村建设

1989 年，甘泉乡村建设发展缓慢。2008 年 6 月，甘泉街道划归维扬区后，围绕打造扬州“城市后花园”的目标，进行科学规划，着力发展“三大板块”经济，即经济开发区板块、都市农业区板块、商贸居住区板块。随着区划调整和规划实施，甘泉街道经济社会发展不断加快，城市化进程提速。244 省道（扬天公路）贯穿姚湾、双塘、甘泉集镇、长塘、老山、公路集等村。新甘泉大道东连扬菱路，中穿 244 省道，南接邗江北路。东南部双塘村、五湖村、姚湾村、香巷村列入扬州北部新城和维扬经济开发区拓展新区。

2010 年，城镇居民参加养老保险 5400 人，新型农村合作医疗参保人数 10013 人，其中 60 周岁以上享受新农保人数 3863 人，缴费人数 6150 人。实施最低生活保障对象 266 户 570 人。2011 年，全街道参加新型农村合作医疗人数 22565 人，参合率 99.8%，筹资 361 万元，参保人员实行即看即报、实报实销。

二、教育

幼儿教育　1979 年，甘泉政府投资创建甘泉幼儿园。1999 年，幼儿园转制为民办园，当时有 5 个班 200 名幼儿。2001 年 6 月，创建成市一类幼儿园。2007 年 5 月，创建成为市优质幼儿园。2008 年 5 月，成为省优质幼儿园。2011 年，甘泉中心幼儿园占地 4909 平方米，建筑面积 5035 平方米；班级 17 个，在园幼儿 600 多人；专职教师 36 人。园内设有科学发现室、图书室、绿色空间游戏区、幼儿工作间、多媒体教室。

小学教育　1930 年，甘泉山初级小学创建，1952 年更名为甘泉中心小学。2008 年区划调整后，更名为甘泉小学。2005 年，创建成省实验小学。2006 年，被评为省少先队“红旗大队”、全国少先队“红旗大队”。2010 年 7 月，学校被评为全国中小学图书馆先进集体、省青少年科技教育特色学校、国家级《学校学科德育的深化研究》课题实验基地。2011 年，学校占地 1.8 公顷，建筑面积约 6000 平方米，绿化面积约 2000 平方米。2011 年，有 29 个教学班级，在校学生 1300 多人，教职工 80 多人。

中学教育　1958 年 3 月，甘泉初级中学创建。1968 年，增设高中部，学校更名为甘泉中学。2004 年，创成省示范初中。2009 年，高中部停止招生。2011 年，学校占地 4.33 公顷，建筑面积 2.09 万平方米，教学班级 16 个，在校学生 712 人，教职工 105 人。

成人教育　1983 年 1 月，乡成人教育中心校成立。2005 年，镇成人教育中心校和中央广播电视大学联合举办镇企业管理专业成人大专班，有 87 人毕业。

2010 年，成立甘泉社区教育中心，与街道成人教育中心校，两块牌子、一套班子。社区教育中心集党校、人口学校、成人教育、社区教育、家长学校、青少年校外辅导站、老年大学于一体。2011 年，中心占地 0.33 公顷，建筑面积 2650 平方米，有教职工 23 人，其中专职教师 4 人、兼职教师 19 人，拥有 10 间大教室、图书 1.1 万多册、电脑 65 台，建有 6 个劳动力实用技术培训基地。

三、文化

1980 年，甘泉乡文化中心成立。中心有录像机、电视机、黑板报、宣传橱窗、画廊、墙报等宣传工具，有乒乓球、桌球等健身娱乐器材，后逐步增设图书室、棋牌室、康乐球室、录像放映室、农村电影放映队。

2011 年，投入 60 多万元新建星级文体中心，占地 0.27 公顷，建筑面积 2600 平方米，主楼 3 层、局部 2 层。收藏图书 3000 多册、电子图书近 5000 册。2011 年，街道启动电脑、图书、戏曲、字画“四送文化惠民”活动，为 10 个村（社区）发放电脑用于农家书屋，并送体育器材和国民体质监测服务进社区。甘泉社区、姚湾村、双塘村、长塘村新建健身广场，实现村级文体广场覆盖率 60%

以上。

2009年起，街道相继成立新星艺术团、神龙少儿舞龙队、广场舞蹈队、双塘村夕阳红艺术团、姚湾村瑰丽人生艺术团等5支文艺团队。文艺团队自发组织、自筹资金、自主活动、自编自演、自娱自乐先后演出扬剧《男婚女嫁》《五朵红花》《五好家庭》《廉洁村干部》《文明创建人人有责》《扬州好人——徐明峰》等小扬剧。

四、卫生

1956年，设甘泉区卫生所。1961年，撤销甘泉卫生所，建立甘泉地区医院。1981年1月，甘泉地区医院更名为甘泉中心卫生院。1998年，甘泉卫生院更名为邗江县第三人民医院。1999年10月，医院实行股份制改革。2011年，政府回购甘泉医院，甘泉医院与原甘泉卫生保健所合并成立甘泉社区卫生服务中心。中心占地6300平方米，建筑面积3600平方米，专业技术人员38人，其中拥有中级以上职称8人，设有医疗康复部、预防保健部、后勤保障部。

第四节　重点村选介

姚湾村

地处甘泉街道南，与江阳工业园隔河相望，距启扬高速公路扬州北出口处仅500米，S244省道(扬天公路段)、邗江北路纵贯南北，新甘泉路横穿东西，形成"两纵一横"交通网络。村境占地3.3平方千米，其中耕地面积126公顷。有775户3219人。

全村形成服装、羽绒、旅游用品、玩具、印刷、乐器、五金机械等产业结构；农业发展立足结构调整，推广农业新技术，加快农业产业化，有百亩花卉苗木基地、百亩淡水养殖基地、百亩大棚草莓基地，初步实现农业现代化、生态化、休闲观光化。三产服务业立足区域优势，饭店、菜场、大型超市、高档小区相继落户。村环境实现"路面硬质化、路灯亮化、环境绿化、生活美化"，创成市全面小康村、市文明村、市级生态村。

2011年，全村实现工业产值7亿元、农业产值0.2亿元、三产服务业增加值0.2亿元，农民人均纯收入13594元。

图26-6-2　双塘村农家书屋

双塘村

地处甘泉街道东，紧邻维扬经济开发区，S244省道沿村南侧而过，交通便捷。村境面积3.2平方千米，耕地106.3公顷。有595户2395人。至2011年，先后获得"省新农村建设示范村""省生态示范家园""省百佳农家书屋""省三星级康居乡村"称号。

至2011年，全村建成村通组水泥路12.3千米，形成"三横四纵"硬质化道路网络，通组率100%；投入230万元，建成组级内部道路13.5千米，通户道路硬质化率80%；投入150万元，安装高杆路灯160盏，实现道路亮化；投入55万元，新建农民休闲娱乐活动广场、农民活动室、农家书屋；100%农户用上安全卫生的自来水，200户建成新型沼气，95%农户用上卫生厕所。2011年，引进投资8000万元的民资规模企业两家。全村有工业企业45家，实现工业总产值10.05亿元，农民人均纯收入1.74万元。

第七章　瘦西湖街道

第一节　区域概况

境内因有瘦西湖故名。主要职能是服务景区、建设景区。瘦西湖街道区域范围:东至友谊路,与城北乡、梅岭街道接壤;南至大虹桥路;西至扬子江路,与双桥街道、西湖镇为邻;北至宁启铁路以南,与平山乡毗连。

瘦西湖街道地势北高南低。北部为蜀冈丘陵,地面高程10～13米,宜种植果茶林木、粮食和瓜果蔬菜;南部平坦,为瘦西湖主体水系区域,地面高程5～10米,宜种植叶菜类和水生蔬菜。

2004年10月,平山乡划出堡城村、综合村,双桥乡划出园林社区,梅岭街道划出友谊社区,城北乡卜杨村划部分村民小组建滨湖社区,两村三社区合并成立瘦西湖街道。2005年11月,市政府决定,建立蜀冈—瘦西湖风景名胜区管理委员会(简称景区),为市政府派出机构,正县级建制。瘦西湖街道从维扬区划出,随属该管委会代管。

2010年,投入300万元,对境内道路、广场、河道、社区整治和提升,实现供水、管网全覆盖,主干道实现亮化,基础设施全面改善。境内有国家AAAAA级景区——蜀冈—瘦西湖风景名胜区,古邗沟、宋夹城历史遗址。地热资源储量丰富。

2011年,瘦西湖街道辖3个村、两个社区,5571户,14609人,面积9.22平方千米,实现地区生产总值1.21亿元,农民人均纯收入1.02万元。

2004～2011年瘦西湖街道负责人一览表

表26-7-1

任职时间	姓　名	性　别
党工委书记	徐宝林	2004.12～2005.12
	陈克祥	2005.12～2009.9
	印跃进	2009.12～2011.12
党工委副书记	印跃进	2004.12～2009.9
	陈福新	2009.12～2011.12
人大工委主任	杨贵云	2004.12～2011.12
办事处主任	印跃进	2004.12～2009.9
	陈福新	2009.12～2011.12

第二节　经济建设

一、农业

2005 年，耕地总面积 200.17 公顷，其中粮食种植面积 14.54 公顷，粮食总产量 9.7 万公斤，油料总产量 6000 公斤。蔬菜面积 226.37 公顷，其中陆地面积 182.46 公顷、水域面积 43.91 公顷，总产量 990.3 万公斤，蔬菜品种：陆地以叶菜类、茄果类为主，水域以水芹和荷藕为主。堡城村、园林村花木栽种面积共 66.67 公顷。

2006 年，实施景区开发，用地项目增多，征用土地 60 多公顷。2007 年是征用土地最多一年，达 201.67 公顷。2011 年，境内耕地总面积 129.23 公顷，其中堡城村 73.88 公顷、综合村 55.35 公顷，其余村无地可种，农业经济萎缩。

二、工业

2005 年，境内工业门类有机电、服饰、工艺品等。企业性质均为民营个体。规模以上企业 5 家：华成工艺品厂、扬州瑞升工艺品有限公司、唐城装潢五金机械有限公司、扬州嘉富服饰有限公司和扬州五泉制衣厂。全年实现合同利用外资及港澳台资 5100 万美元，实际利用外资及港澳台资 1300 万美元，新增民资注册资金 6692 万元。

2006 年，街道工作中心转向景区开发建设，实施拆迁安置，工厂企业关停、外迁，工业呈下降趋势。2007 年，拆迁企业 180 家，面积 1.7 万平方米。2008 年，拆迁企业 59 家，面积 2.18 万平方米。2011 年，拆除企业 19 家，面积 3446 平方米。2005～2011 年，共拆除企业 292 家。2011 年，仅有扬州嘉富服饰有限公司 1 家规模企业。

2011 年，实现地区生产总值 1.21 亿元。

三、第三产业

2005 年，街道利用景区区位、生态、文化等优势，鼓励和推动全民创业，围绕食、住、行、游、玩、购，发展商贸旅游业。是年，实现第三产业增加值 7380 万元，占地区生产总值 42.82%。其后，陆续开辟长毛绒玩具、花木销售等专业市场，以旅游产品为中心，组织商品流通；在游客集散中心，开辟停车场，在风景区周边发展旅馆和餐饮业；因地制宜开辟温泉浴、垂钓等休闲项目，促进商贸服务业发展。2008 年，拆迁商业门面房 37 家，面积 1.69 万平方米。2009 年，因拆迁范围广、商户门面房拆迁数量多，经营服务受到影响，实现第三产业增加值 6682 万元，比 2008 年下降 18.56%。2011 年，社会商品零售总额 4.14 亿元，实现第三产业增加值 7935 万元，占地区生产总值 65.35%，比 2005 年上升 20%。

2005～2011 年瘦西湖街道主要经济指标一览表

表 26-7-2　　　　单位：万元

项目 年份	地区生产总值	农业总产值	工业总产值	第三产业营业额
2005	17235	6131	39064	—
2006	2791	6477	—	35257
2007	7953	5885	23244	35528
2008	9730	2876	14779	18200
2009	8530	2820	13341	—
2010	7893	3155	13375	—
2011	12143	1496	—	7935

第三节　社会事业

一、乡村建设

2005年，集中组织实施拆迁安置，友谊广场二期、瘦西湖度假村、世界动物之窗及城控集团4个项目用地共拆除4家单位、21户居民，面积0.89公顷，供地5宗32.32公顷。2006年，为万花园、小运河环境综合整治等重点项目供地60多公顷，拆迁面积3.5万多平方米。2007年，分7批次拆除滨湖社区所辖5个组中的4个组，园林社区12个组成建制拆迁，拆迁农户1172户，住宅面积50万平方米；拆迁企业180家，面积1.7万平方米，供地201.67公顷。

2008～2011年，瘦西湖新苑、瘦西湖景苑、瘦西湖名苑、瘦西湖鼎苑4处住宅小区建成，共有3892套住房，拆迁农户基本安置到位。同时，将失地农民纳入生活保障、大病统筹等社会保障体系，确保被征地农民生活安定。2011年，拆迁住户25户、企业19家、商户62家，完成扬菱路及世界动物之窗二期(含原科技馆)等工程供地8.2公顷任务。

2005～2011年，共拆迁民居1616户、工商企业349家。拆除19个村民小组，其中园林村12个村民小组、滨湖社区4个村民小组、综合村九组、友谊社区小刘庄组和糜庄组等，拆除住宅等建筑物面积58.44万平方米，供地302.19公顷。

二、教育

2004年，街道有民办学校两所。其中，梅苑双语学校(初中)，位于观音山南隅的瘦西湖东岸，占地157.83公顷，建筑面积6418平方米。2009年，因瘦西湖景区扩建，学校被拆除。2011年，迁至西湖镇。另一所是世明双语学校(含幼儿园)，位于长春路北侧。2004年，有86名教师、16个班级、785名在校学生。2011年，有110名教师、30个班级、1455名在校学生。

三、文化

2005年后，街道均衡布点公共文体服务设施。堡城剧院建筑面积3000平方米，呈长回字形结构，中部地面层为影剧院，380个座位，外围可加座200多人。2006年，组建象棋队、门球队、腰鼓队、歌咏队、扬剧票友队等，每个社区建有两个以上群众性文娱队伍，开展唱歌、跳舞等活动和全民健身活动。2008年，综合村修建村民活动中心2000平方米，设置图书室，开展职工读书活动，被全国总工会授予“全国职工书屋示范点”称号。

2010年，街道群艺馆设置健身活动室、图书室、廉政书画室、电子阅览室、科普活动中心、青少年活动中心、市民学校等功能室，加速推进文化信息资源共享工程，实现全国文化信息辖区全覆盖。至2011年，每个社区室外文体活动广场在800平方米以上，超过省、市规定的示范社区创建标准。

四、卫生

2005年，各村(社区)均有新型农村合作医疗机构，配有专业医务人员。是年，区内有1677户4513人参加农村新型合作医疗，筹集资金14.89万元，报支户98户，报支金额14.59万元。2006年，形成大病统筹、城镇低保、失地农民基本生活保障等城乡一体社会保障体系。2007年，为失地农民实行全民医保。2008年，落实大病统筹资金31万元。2009年，落实大病统筹资金33.28万元，参保人数共计3239人。2011年，每村设有卫生服务站，配备3名专业人员。

第四节　重点村选介

堡城村

位于蜀冈东峰，为扬州古城遗址之所在。周敬王三十四年(前486)，吴王夫差为北上争霸，在此筑邗城。隋唐时期,盛极一时。至南宋,为抵抗金兵南侵,扬州知府郭棣在唐衙城遗址上重新筑城,因建于宝祐年间,故名堡祐城,又称堡寨(砦)城、堡城。随着南宋灭亡,堡城亦废,沦为村落。堡城村历史悠远,文化蕴涵厚重。村落所在地扬州唐城遗址于1957年、1996年先后被公布为省文物保护单位、全国重点文物保护单位。

堡城村距中心城区约3千米,东、南与综合村、园林社区接壤,西、北与平山乡西华门社区、雷塘村为邻,是街道办事处驻地。2011年,该村辖10个村民小组,共651户,常住人口3040人。全境约1.2平方千米,其中耕地面积73.9公顷。

农业生产以蔬菜种植为主。2011年,有蔬菜11大类80多个品种,上市量约50万公斤。村内水域面积6.67公顷,水生蔬菜有水芹和荷藕,水产上市量约4万公斤。

花木栽种是堡城村特色产业。相传村内花农即是隋炀帝御花园花匠后裔。宋代蜀冈堡城一带栽种的芍药为“天下之冠”,与洛阳牡丹齐名于世。1998年,全村共有花木场圃(含农户)200多个,面积473公顷,销售收入406万元,是花木业鼎盛时期。2000年后,花匠陆续走向全国各地谋求生财之道,村内花木业渐渐萎缩。2005年后,村内仅有花木大户一家承包花木场20公顷,余均为零星分散栽种经营。2011年,堡城村花木业保持剪扎、盆花、鲜花、盆景4大特色,花木销售约200万元。

1998年,全村共有股份制企业两家、村办集体企业1家、私营企业7家,工业产值1.28亿元,占全村经济总量84%。在产权制度改革中,村集体企业改制为民营。2004年后,部分规模企业,如国家中型企业、产值亿元以上的宏福集团迁入工业园区,堡城机械厂等迁址他乡,村内仅剩为数不多的小型企业,工业经济急骤滑落。2005年,实现工业产值6047万元。2007年,工业产值5120万元,跌入低谷。2011年,实现工业产值6707万元,比2005年净增660万元,7年增长10.91%。

1998年,村中心测字街经营百货、日用杂品、农业生产资料、粮油等商店以及各类服务业网点50多个,商铺林立,营业额1300万元。其后,规模企业入驻,如玉成咸货店,经营有方,名播扬城;唐城人家,集餐饮、食宿、沐浴、垂钓休闲于一体,亦具规模,客户盈门。2005年,第三产业营业额3205万元。2006年开始,周边村组(社区)大范围拆迁,农户安置进城,客源渐稀,经营不旺。2009年,经营收入与2005年持平。至2011年,测字街寥寥不足20户商家,实现营业收入3508万元。

第八章　平山茶场

第一节　区域概况

平山茶场位于蜀冈—瘦西湖风景名胜区北部,境内三山夹两水,呈长条状川字形地貌,古唐城遗址贯穿南北。南接观音山、大明寺、瘦西湖,北接江阳工业园,东与瘦西湖街道相连,西与平山乡接壤。1957年12月,国营扬州市平山茶场创建,隶属于省农林厅。1965年12月,国营扬州市平山茶场更名为扬州市平山茶场,收支列入市财政预算,隶属于市郊区工作委员会。1976年12月,堡城大队、平山大队划入,实行以场带队的乡镇建制。1985年,实施场乡划分,堡城大队、平山大队划归新成立的平山乡。1989年,全场有茶园28公顷、水面1.67公顷、果园3.67公顷。以茶叶生产经营为主。1992年,区政府将家禽组(两公顷土地,38户84人)划归平山茶场管理。1997

年，市烈士陵园征用土地 2.67 公顷，1999 年再次征用 1 公顷。2004 年，大明寺创建鉴真佛教学院，征用土地 15 公顷。

2005 年，全场有茶园 21.33 公顷、水面 1 公顷。有企业 18 家，其中农副业企业两家、工业企业 8 家、建筑企业两家、三产流通企业 6 家，职工 2200 多人。2007 年 8 月，区政府决定撤销平山茶场，其区域划归平山乡。

1989～2007 年平山茶场负责人一览表

表 26-8-1

任职时间	姓　名	性　别
党委书记	杨定顺	1986.2～1989.6
党委书记	徐志才	1990.12～1992.1
党委书记	刘学根	1992.1～1994.12
党委书记	杨宝宜	1994.12～1997.10
党委书记	孙乃康	1997.10～2002.4
党委书记	郭云发	2002.4～2005.8
党委书记	高德霞(女)	2005.8～2007.8
党委副书记	周发群	1987.4～1990.12
党委副书记	吕锦顺	1989.3～1991.1
党委副书记	孙乃康	1990.12～1992.8
党委副书记	胡永林	1990.12～1994.5
党委副书记	陈　云	1992.8～1993.4
党委副书记	王有培	1995.12～2000.10
党委副书记	印跃进	2000.8～2004.10
党委副书记	李顺江	2001.7～2007.8
党委副书记	周立成	2004.6～2004.10
党委副书记	殷九龙	2005.1～2007.8
场　长	杨定顺	1984.10～1989.6
场　长	吕锦顺	1990.5～1991.1
场　长	刘学根	1992.1～1994.12
场　长	杨宝宜	1994.12～1997.10
场　长	孙乃康	1997.10～2001.7
场　长	印跃进	2001.7～2004.10
场　长	李顺江	2004.10～2007.8

续表 26-8-1

任职时间	姓名	性别
副场长	吕锦顺	1983.8～1990.5
	许万潮	1986.2～1989.11
	周发群	1987.3～1991.1
	胡永林	1989.6～1994.5
	赵贵荣	1991.1～1994.9
	周　霞(女)	1992.12～1995.11
	韩才龙	1992.12～2001.11
	尹广卿	1993.12～2007.8
	赵祯安	1995.3～2007.8
	印跃进	1997.4～2001.7
	李顺江	1999.5～2004.10
	殷九龙	2001.11～2007.8

第二节　经济建设

一、农副业

茶叶　1989年,茶厂成立市平山茶叶公司。1990年,全场年产干茶27.5吨。1993年,创办市平山茶果经营公司。同年,在市多管局牵头组织下,平山茶场联合扬州其他3家茶场共同研制开发出扬州地产优质高档茶"绿杨春",获市科技进步二等奖。1998年,全场复垦1.2公顷土地,改植换种无性系龙井43号良种苗。1999年,投入36万元,改植换种3.33公顷茶园。2002年,新创自主品牌"贡春",获"市知名商标"称号。新品地产优质无性系龙井43号高档明前茶成功上市,填补扬州无地产明前茶空白。同年,再次引种1公顷无性系优质白茶,实现产值595万元。2002年8月,市平山茶叶公司实施产权制度改革,改制为市平山贡春茶叶有限公司。2005年,公司拥有核心生产基地21.33公顷,另在外地建有133.33公顷茶叶生产基地。相继引种开发出一系列龙井长叶、龙井43号、白茶等优质无性系高档茶。位于蜀冈之上的21.34公顷茶园被确认为省首批无公害农产品生产基地。公司连续8年被市工商局授予"重合同守信用企业",产品检验合格率一直保持100%,贡春牌系列绿茶获得"省名牌产品"称号。

牛奶　1980年,成立市平山乳牛场,有奶牛10头。1981年,鲜奶产量仅50公斤,销售1000多瓶鲜奶,产值500元。1986年,产量增长至1吨左右,产值近1000元。1990年,奶牛达到147头,年产鲜奶25万公斤,上市23万公斤。1992年,茶场与上海兴乐乳品公司实行联营,创办上海兴乐乳品公司扬州分公司。1998年,平山乳牛场与扬州大学农学院实验牧场联营,成立市扬农乳业有限公司,并新增51头带胎奶牛。1999年,新购优质高产带胎奶牛30头。2000年,全场奶牛数量达到180头。2004年,扬农乳业有限公司与扬州大学合作,开展乳牛胚胎移植项目研究推广,增加奶牛产奶量,全年生产鲜奶57.2万公斤,其中成年母牛平均年单产鲜奶7000公斤,在全省处于领先水平。扬农乳业有限公司成为"扬农"奶制品生产基地和扬州大学科研教学实验基地。2005年,鉴真佛教学院建设,征用平山乳牛场土地,平山乳牛场停产并拆除。

二、工业

1989年,全场工业企业10家,年产值555万元。1992年,创建平山金龙特种钢材经销公司,平山茶场地产品经理部更名为市化工管道设备公司,平山机械厂、复合肥厂、乳牛场分别实现与区属轧钢厂、南京大厂复合肥厂、上海兴乐乳品公司联营;开发工业新品6个,新增效益15万元。1993年,实现工业产值3043万元、销售收入2927万元、利润52.57万元。其中,市化工管道厂实现产值2098万元,占全场工业产值72%;实现利润31万元,占全场60%,位列全区骨干企业第十位。1995年,实现工业产值4344万元。同年,市化工管道厂更名为市钢管总厂。1999年,全场90%以上企业完成产权制度改革。是年,实现工业产值1.33亿元、销售收入1.2亿元、利润226.41万元、增加值2340.79万元。

2001年,全场新增企业1家——扬州星鑫汽配有限公司,引进总投资1380万元的防腐工程合资项目1个,实现工业产值1.53亿元、销售收入1.62亿元、利润299.01万元、增加值3154.89万元。

2002年,市钢管总厂、区焊管厂、市钢管公司、市远东钢管制造有限公司4家企业完成产权制度改革。全年实现工业产值1.92亿元、列统企业产值1.65亿元、销售收入1.63亿元、利税650万元、利润260万元。新办私营企业3家,新增注册资本金2020万元,合同利用外资961.7万美元,实际利用外资166.7万美元。

2003年,实现工业产值2.44亿元、增加值4928万元,合同利用外资430万美元,实际利用外资220万美元。

2004年,新增引进项目9个,其中外资项目3个,合同利用外资410万美元,实际利用外资215万美元;引进内民资项目6个,建设投产项目2个。

2005年,实现工业产值4.6亿元、销售收入5.89亿元、利润805万元。全年新办项目19个,其中外资项目1个(中星钢业项目),合同利用外资600万美元,实际利用外资200万美元;内民资项目18个,其中500万元以上项目两个。

图26-8-1 平山茶场及其经济实体

三、第三产业

1989年,平山茶场商业联合公司和平山茶场地方产品经销部等企业实现三产营业额445万元。

1991年,创办文昌商场分部。1993年,创办平山茶果经营公司。1995年,拍卖文昌商场分部。1996年,改革经营方式,三产企业以集体承包形式推向市场。

1989~2005年平山茶场主要经济指标一览表

表26-8-2　　单位:万元

项目 年份	地区生产总值	农业总产值	工业总产值	第三产业营业额
1989	—	34	555	445
1990	—	28	667	641
1991	—	55	902	672

续表 26-8-2

项目 年份	地区生产总值	农业总产值	工业总产值	第三产业营业额
1992	—	53	1320	667
1993	617	39	3043	—
1994	838	39	4524	1810
1995	—	39	4344	2102
1996	—	40	4735	3084
1997	—	34	6376	2450
1998	2649	92	11848	3041
1999	2800	247	13331	3360
2000	3616	326	14356	3665
2001	4342	596	15251	4363
2002	5318	659	19236	—
2003	6645	775	24397	6200
2004	—	—	—	2910
2005	14595	333	46025	2000
2006	14815	195	57651	1030
2007	—	147	63958	—

第三节　社会事业

一、场区建设

1989年,全场为职工改造住房10多间300平方米。1991年,投资修建观音山至茶叶公司的水泥大道,长约800米、宽6米。新建水塔1座。

1995年,修建茶叶公司家属区水泥路1条,长900米、宽6米。为职工住宅区安装有线电视网线,翻建职工住宅楼1幢2000平方米。1997年,投资修建平山路及路边鱼池驳坡,新建4幢职工宿舍楼及配套设施,修建场区主干道并安装路灯,有线电视覆盖率85%以上,职工人均收入5000元,较1993年增长91.57%。1998年,翻建"知青楼",开发商品住宅楼、综合楼两幢3000平方米。1999年,筹资30多万元,新建100平方米场区医务室。完善新住宅区附属设施建设,实施小区全封闭管理,24户职工迁入新居。2000年,翻建职工宿舍楼3600平方米,新建季节工宿舍400平方米,投资50万元建设场区南北水泥主干道1条,长800米、宽6米。2001年,建设职工商住楼两幢2000平方米,增设益民诊所、利群门诊部。2002年,完成茶场电力农网改造工程,实现城乡同网同价,投资兴建场区东西水泥大道1条。2004年,投资50万元新建1条东西向高标准水泥路,同时修复完善堡城路茶场地段。

二、科技

1989年，平山茶场专业技术人员26人，引进人才6人。1990年，技改投入28万元，新增产值近200万元，利润6万元。1991～1992年，技改投入250万元，新增产值(营业额)875万元，开发新品6个。1993年，专业技术人员52人，引进高级技术人才2人，技改投入450万元，新上卷管焊接自动化检测项目、包装单面机组生产线项目和喷涂生产线项目。年末，7家企业12种产品获得省标准局发放的产品采标证书。包装厂外贸包装通过省商检局合格抽检，获得郊区包装行业唯一一份外贸包装生产许可证。1995年，市化工管道厂高频焊管项目成为全区首个省级"火炬计划"项目。1999年，全场专业技术人员40人，技改投入750万元，新上小口径螺旋双面埋弧焊管项目、系列汽车刹车件项目、亚星客车储氯罐等项目，骨干企业市钢管总厂通过美国石油协会API标准认证，取得进入输油产品国内外市场通行证。

2000年，技改投入500万元，新建钢管检测试压中心，开发系列高档红木工艺品和纯天然生物护肤剂等产品。2002年，工业技改投入1500万元。3PE小口径螺旋双面埋弧焊管项目被列入2002年度国家重点新产品计划，同时被认定为2002年度省级高新技术新产品，并被列为2002年度省"火炬计划"。2004年，工业技改投入3540万元，固定资产投入3790万元，获省高新技术新产品1个，建立产学研基地两个，获国家重点科技新产品1个。2005年，固定资产投入7800万元，工业技改投入5600万元，新建产学研合作项目3个。

第二十七编

人　物

维扬区自古人文荟萃、人才辈出。在这块美丽富庶、充满魅力的土地上，有过王侯将相（受封吴王的刘濞）、大德高僧（六次东渡的鉴真），有过民族志士（抗清名将史可法）、文坛星宿（享有“孤篇压全唐”之誉的张若虚），有过画苑名家（被誉为“中国西洋画家中第一流人物”的张玉良）、书坛大师（章草闻名海内外的孙龙父），有过艺海精英（中山先生褒扬“急公好义”的辛亥革命参与者、京剧艺术家潘月樵）、先贤楷模（获得全国群英殊荣、德艺双馨的中医名家任继然）……。正是因为有他们，才使维扬的历史熠熠生辉。

本篇按凡例规定标准收录665人。列3章分述，即人物传略、人物简介和人物名录。收录对象主要是维扬籍人士和外籍在维扬工作有重要贡献者。其中，列入人物传略的21人为2011年前已故人物；列入人物简介的60人为至2011年的全国劳动模范和先进工作者、院士、享受国务院政府特殊津贴者、中小学特级教师和有一定影响的名人、专家、学者，区四套班子主要领导；人物名录收录580人，为2011年前市级以上劳模及省级以上先进（生产）工作者、烈士、高级（含副高）专业技术人员、在外乡贤、能工巧匠、百岁寿星。

第一章　人物传略

本章收录已故人物21人（含补记1人），其中烈士2人、县（市）级以上党政领导6人、离休干部及其他知名人士13人。排列以卒年先后为序。卒年相同者，以生年为序。

杭椿馀（1921—1958）　城北乡人。民国37年（1948）3月，参加革命工作。民国38年5月，加入中国共产党。历任乡助理员、中队长、乡长，青海省西宁公安干校政治指导员等职。同年4月，渡江战役中，杭椿馀带领支前民工队随军作战，冒着枪林弹雨，运输弹药、抢救伤员，出色完成各项任务，被苏北行政公署记三等功，并获支前模范奖章和渡江战役纪念章。在任江都县瓦窑乡（今邗江区城北乡）乡长并领导土改工作期间，夜以继日勤奋工作，立场坚定、廉洁自律，拒收地主金器贿赂，被县政府评为一等功臣。当时《解放日报》报道其先进事迹。后来，在乡里积极规划，组织当地农民兴修水利、发展农业生产，成绩显著，被县政府授予三等功。1951年11月，调至盐城地区方强劳改农场监管部门，工作兢兢业业，忠于职守，乐于助人，得到领导和同志们高度信任和好评。后又奉调支援边疆，到青海公安部门工作。1958年，担任西宁公安干校指导员。其间，奉命组建武装工作团，深入青海玉树藏族自治州开展社会主义改造工作。同年6月4日，工作团车队在途经青海省玉树州称多县境内，遭到西藏分裂势力数百名反叛分子伏击。战斗中，杭椿馀带领干校学员、党政干部一道奋起反击，一直激战至黄昏。除少数党政干部在战友掩护下突围外，杭椿馀和其他40名学员及干部奋勇杀敌，重创叛匪后壮烈牺牲。扬州革命烈士陵园内有杭椿馀烈士衣冠墓，革命烈士事迹陈列馆内有杭椿馀烈士生平事迹介绍。

章昌祥（1932—1989）　西湖镇人。1950年7月，参加革命工作，早年担任乡政府财粮办事员。1952年起从事青年团工作。1953年10月，加入中国共产党。后历任甘泉区团委副书记，江都县、扬州市团委副书记，扬州地区团委组织部部长，邗江县团委书记等职。先后赴苏北团校、省团校、地委党校、中央团校学习。1965年7月起，历任邗江县委副书记兼方巷公社党委书记、杨庙公社党委书记等职。在杨庙工作期间，深入田间抓生产，帮助灾民重建家园，在县内先行大办广播，深得干群好评。1970年9～10月，连续阴雨，水稻受灾。章昌祥指导农民搭“人字头”“八字脚”支架，将倒伏的中稻小把撑着晾干，大大减少水稻发芽霉变。1971年3月，杨庙公社双墩大队吴庄生产队发生火灾，受灾户占生产队总户的46%，章昌祥逐户看望，了解灾情，稳定人心，并争取部分建材和资金，帮助灾民修好房屋，投入春耕生产。同年，章昌祥做好思想发动工作，任务包干到人，20天内安装喇叭4000多只，实现户户通广播。县委组织全县公社干部、大队支书至杨庙公社参观学习。1972年3月，章昌祥带领技术人员至杨庙大队钟林生产队开展省草灶试验。省草灶砌成后，亲自称水、烧火，与老灶对比，结果新灶烧水用草量只有老灶用草量60%。当年,杨庙公社改灶3764户,每年省草9000吨。1975年12月,章昌祥调任江都县委副书记。1978年1月,任江都县委书记。1984年9月,当选中共扬州市第一届委员会委员和省第七次党代会代表。1986年7月,调任市政府副秘书长。1987年11月,兼任市经济技术协作办公室主任。1988年1月,当选为政协扬州市第二届委员会常委。1989年,因病去世。

苏中云(1976—1990) 甘泉乡人。1990年7月7日下午4时许,甘泉中学初一(3)班学生苏中云和曹庄组4名12岁左右的小男孩在水塘游泳。他们在水塘浅处嬉戏打闹,十分开心。细心的苏中云突然发现方同学滑入水塘深处,神色慌张。15岁的苏中云挡住其他小朋友,大声说:"我会游泳,我去!"说着,将救生圈抛向方同学,自己潜入深水中,竭尽全力将其推到浅水区。方同学死里逃生,可苏中云却因筋疲力尽沉入水中。闻讯而来的村民将苏中云抱上岸抢救,但是苏中云的心脏已停止跳动。苏中云舍己救人的事迹很快传开。7月11日,甘泉乡党委、乡政府召开党员干部大会,发出向"赖宁式好少年"苏中云学习的号召,并向苏中云父亲苏久盛颁发"教子有方"特别奖。9月17日,邗江县政府决定,授予苏中云"赖宁式好少年"称号,并召开表彰命名广播大会。1994年4月,邗江县文教局、文教系统关心下一代工作委员会和甘泉乡政府为苏中云树碑,举行揭碑吊唁仪式,铭记其舍己救人事迹。

孔庆昇(1927—1991) 甘泉乡人。民国38年(1949)4月,参加工作。1950年,加入中国共产党。历任扬州市扩征工作队队员,江都县甘泉区公所经费会计,甘泉区委组织干事,江都县委整党工作队队员、县纪律检查委员会纪检员,江都县甘泉区委组织科长,邗江县甘泉乡党委书记,邗江县水利局副局长,邗江县农业局局长、党支部书记,邗江县槐泗公社党委书记,瓜洲汽渡支部书记、主任,扬州地区公路管理处副主任,扬州行署农业局科长,区农水科科长,西湖乡代理书记,区人大常委会委员、财经工作委员会主任。1988年12月,离休,享受副处级待遇。1991年7月,因病去世。

戴正福(1939—1999) 泰州人。农工民主党成员。1963年9月,从苏州医学院医疗系毕业,分配至邗江县甘泉医院任外科住院医师。其后,戴正福作为征兵工作组成员和计划生育手术组成员,先后在邗江县红桥乡、酒甸乡蹲点。1971年9月,在扬州湾头医院任外科住院医师、外科主治医师。1982年10月,被苏北人民医院烧伤整形科借用4年。1986年,首开扬州外科整形、美容门诊,成功地把羊肠线穴位埋藏治疗胃溃疡、哮喘、腰酸背痛、坐骨神经痛药物注射疗法运用于临床,使数百名患者解除痛苦;潜心进行颈椎综合征药物疗法临床分析和总结,有50多例获得成功。多次参加全国美容学术研讨会,并有论文在《中医学刊》和学术研讨会上发表。1988年6月,晋升外科副主任医师。开设外科整形、美容门诊后,每年收治病人300人以上,收到感谢信等逾百件,《扬子晚报》《扬州日报》先后对其事迹作报道,称其为"美的使者"。多次组织、聘请市内知名医师,到平山、西湖等乡镇开设专家门诊,送医上门,为群众治病。先后担任市、县人大代表、政协委员。1993年2月,兼任区第三届政协副主席。1999年1月,去世。

尚义学(1928—2003) 甘泉乡人。中共党员。原国民党28军84师师长。民国33年(1944)10月,参加新四军2师15团侦察队。民国36年10月,加入中国共产党。历任班长、排长、营参谋长、营长、团长、师长。经历抗日战争,解放战争中的淮海战役、苏中七战七捷、渡江战役以及抗美援朝战争,先后获二等功1次、三等功3次、四等功3次,被授予独立自由勋章、解放奖章、独立功勋荣誉章。1981年,离休。2003年5月,因病在南京去世。

任达然(1920—2003) 谱名宝德。双桥乡人。中共党员。主任中医师。幼承家学,耳濡目染,少时随父任继然(任三先生)习医,20岁时步入医界,独立开设诊所。1956年,作为地方名医被延聘到苏北人民医院,成为医院中医科创始人之一。曾任省中医学会常务理事,《江苏省中医杂志》编委,市中医学会理事长、名誉理事长,市科协常委,市中医院名誉院长,苏北人民医院中医内科主任等职。1977年、1982年,分别当选省第五届、第六届人大代表。1981年,获"省劳动模范"称号。1991年,被人事部、卫生部、国家中医药管理局联合批准为全国五百名老中医药专家之一,首批享受国务院政府特殊津贴。1994年,被省卫生厅和省中医药管理局联合认定为省名中医。

任达然从医60年，通晓中医经典著作，博采诸家学说之长，在长期临床工作中积累丰富的诊治经验。擅长中医内科，对暑热的治疗独辟蹊径，从热、痰、虚象辨治，收效很快。治疗脾胃病，提出在明确脾胃生理病理特点前提下，灵活调节升与降，辨别寒与热，掌握虚与实，注重润与燥之间的辩证关系，从而使脾胃调和，取得较好疗效。先后在省级以上杂志发表《中西医结合治疗流行性乙型脑炎的临床体会》《脾胃学说在临床的应用》《苓桂术甘汤的应用》等论文30多篇，许多独到见解在医学界引起很大反响，治病方法被收入由中国医药科技出版社出版的《中华名医特技集成》一书。先后多次受邀赴北京、香港等地为中央首长及知名人士应诊。参加许多中成药生产鉴定，并根据中医理论和自己临床实践提出意见，受到生产部门重视。曾担任全国老中医专家继承班指导老师，言传身教，带教许多学生，培养一批中医骨干。2003年，因病去世。

黄永顺(1937—2003)　城北乡人。中共党员。1956年9月，进入邗江县玉器生产合作小组(次年改称合作社)学艺。1958年9月，被选送南京艺术学院工艺美术专修科学习。1961年7月毕业，回到原合作社与扬州漆器生产合作社合并成立的扬州漆器玉石工艺厂从事玉雕设计。1978年，任扬州玉器厂设计室主任。曾当选广陵区人大代表，担任市政协委员。

黄永顺是扬州琢玉艺术优秀代表之一。40多年玉雕艺术生涯形成自己独特的艺术风格，作品追求新、活、细，技法严谨，立意奇特，构思新颖，灵活多姿，生动活泼，流畅自然。60年代至70年代初，创作的人物历史题材，如岫玉《牛郎织女》《天女散花》等，作品姿态优美，自然流畅，飘逸潇洒。其间，创作设计的产品还有珊瑚《喜鹊登梅》、青玉《三世如来》、白玉《宝塔炉》等。其中，《宝塔炉》于1973年被全国第一次玉器质量评比交流大会评为优秀作品。1981年，该作品赴日本东京展出，被誉为全部展品中的“龙眼”。1987年，被国家作为珍品永久收藏。70年代后期，在恢复失传200多年的“山子雕”品种中，起到重要作用。1977年，其代表作品白玉《月下朝圣图》，在第二次全国工艺美术创作设计人员代表大会和全国工艺美术展览会上展出，受到好评。同年，白玉《庆丰收》在全国玉器质量评比中获优秀作品奖。80年代起，先后领衔制作碧玉山《石刻聚珍图》、白玉山《大千佛国图》。这两件作品分别于1986年、1990年获中国工艺美术“百花奖”珍品金杯奖，并被国家征集永久收藏，陈列在中国工艺美术馆。在其指导下，扬州玉器厂“山子雕”品种不断推陈出新，一批批玉雕设计和制作的后起之秀不断涌现，如《献寿图》《潮音洞》《三星对弈图》等，均先后获中国工艺美术“百花奖”优秀创作设计奖，为“山子雕”成为扬州玉器厂名牌产品奠定基础。1978年，被评为工艺美术师。1986年，被省工艺美术学会授予“从事工艺美术事业取得优异成绩”证书。1987年10月，被市政府授予“一级工艺美术大师”称号。1988年，被评为省劳动模范。同年，经评审确认具备高级工艺美术师任职资格，并被授予“中国工艺美术大师”称号。1989年，被市政府授予“有突出贡献的中青年专家”称号。1991年，首批享受国务院政府特殊津贴。1996年，被省政府授予“省工艺美术大师”称号。2003年6月，因病去世。

韩季良(1929—2005)　扬州市人。中国民主同盟成员。1951年2月起，在市税务局担任稽征员。1953年9月至1956年7月，任城中中心小学教师。1956年9月，考入南京师范学院。1958年9月，分配至湾头中学任教。1959年9月，调至邗江县中学。1969年9月，调至邗江县杨庙中学。1979年9月，又调回邗江县中学。1982年9月，至湾头中学任教。1987年4月至1993年2月，兼任区政协副主席，其间1988年晋升中学高级教师。2001年4月，退休。2005年4月，因病去世。

孙玉龙(1988—2005)　宝应县人。共青团员。2004年9月，进入扬州商业学校学习。2005年暑假期间，孙玉龙到扬州职业大学看望在那里当保安的父亲，并与父亲一起维护校园治安。8月14日凌晨，孙玉龙协助父亲孙维亮在市职业大学巡逻时，发现有人在撬盗自行车，父子俩决定实施围堵抓捕。窃贼慌忙夺路而逃，他俩毫不畏惧，紧追不放。抓捕中孙维亮左腹被歹徒捅伤，鲜血直流，跌倒在地。孙玉龙并未因歹徒有凶器而退缩，而是猛扑上去紧紧抓住歹徒双肩，歹徒拼命挣脱并丧心病狂地挥舞匕首刺中孙玉龙左胸和颈部，孙玉龙因伤势严重，失血过多，经抢救无效英勇牺牲，年仅17岁。孙玉龙的英勇壮举，扬州电视台、扬州人民广播电台、《扬州日报》、《扬州晚报》等多家媒体均作宣传报道。共青团市委追授孙玉龙为市新长征突击手，维扬区政府和市政府先后表彰奖励其见义勇为行为。市教育局和省教育厅分别追授孙玉龙为“市三好学生”、“省优秀学生”。2005年，被市政府追授“见义勇为先进分子”称号。2007年5月，被省政府追授为革命烈士。

李　健(1928—2005)　台北县人。中共党员。民国31年(1942)，参加抗日儿童团，曾担任副股长并参加抗日文娱队伍，后任台北县石港乡自卫队队长、台北县农干学校党支部委员等职。新中国成立后，先后担任台北县沈灶区政府教育股股长、苏北师资训练学校干事、苏北博物馆总务组组长、苏北扬州财政学校辅导室辅导员兼专职人保干事、财政部扬州财政学校人保科副科长、扬州师范专科学校组织科副科长、扬州师范学院生产办公室副主任兼农场场长、扬州师范学院总务处副处长兼农场支部书记。1963年3月，到泰兴县口岸区公所任副区长。1969年3月，调到泰兴县田河公社任副书记。1973年1月，调任城东公社任副书记。其间，为解决扬州水患，受命在城东大运河畔负责建造通运闸，带领干群奋战100多天，与民工同吃同住，按时按质在汛期前完成任务，受到市政府表彰和老百姓好评，当选市第七届人大代表。1984年，调任区基建局副局长兼市第四建筑安装公司经理。1988年6月，离休，享受副处级待遇。2005年12月，因病去世。

许乐之(1922—2006)　泰县人。民国30年(1941)3月，加入中国共产党。民国33年7月起，在泰县县委、县政府文工队工作。民国35年12月，调至泰县蒋垛区张佛乡成人教育处工作。民国37年6月起，任分区担运团政治处宣传干事。1949年10月起，任泰县团县委组织部部长、副书记。1952年3月起，任高邮团县委第一副书记、书记，县委宣传部部长。1956年5月起，任扬州专署水利局副局长，江淮钢铁厂副书记、书记，专署物资局副局长。1963年4月起，先后任六合县化肥厂党委书记、扬州化肥厂党委书记。1977年12月起，先后任扬州地区农水局副局长、中共扬州市郊区工委副书记。1982年，离休，享受副厅级待遇。2006年8月，因病去世。

许万和(1943—2008)　扬州人。中共党员。先后在仪征、扬州、维扬区(郊区)等地工作，历任仪征团委副书记，扬州地区知识青年办公室副主任、多管局副局长，区政府副区长、区委常委、区委副书记、区长，兼任市蔬菜局副局长、局长，区人大常委会主任等职务。在区任职20多年中，恪尽职守，任劳任怨，尤其是在全区水利工程建设和市政府“菜篮子工程”实施中作出积极贡献。2003年，退休。退休后，仍然关注全区经济社会发展，开展扶贫工作。2008年3月，因病去世。

朱福生(1950—2008)　靖江人。中共党员。省第七届人大代表，省政协第九届、第十届委员，市第二次至第五次党代会代表，市第一届、第二届人大代表，市政协第五届、第六届委员、副主席。1968年10月，参加工作。后历任靖江侯河中学教师，扬州地委组织部办事员，团地委学少部部长、副书记，区委副书记、区长、区委书记，市蔬菜局局长，高邮市委书记、高邮市人武部党委书记，市工商行政管理局局长、党组书记，市政协副主席，市委统战部部长，市社会主义学院院长等职。在扬州市郊区、高邮、市工商行政管理局任党政主要负责人期间，发挥党委领导核心作用，重视调动各方面积极性，推动扬州市郊区和高邮市改革开放和经济社会发展。主持市工商行政管理工作，制定支持私营个体经济发展、支持下岗职工就业、支持企业改革具体措施，有力推动市场经济发展。市工商局于2000年被国家工商总局、人事部表彰为全国工商行政管理系统先进单位，他获2002年度省工商系统先进个人。2003年1月，当选市政协副主席，兼任市委统战部部长，分管市政协文史和学习委员会、港澳台侨(外事)委员会，参与市政协履行职能各项工作，重视政协建言献策，善于和党外人士合作共事，为促进新时期人民政协工作作出贡献。2008年5月，因病去世。

吕振坤(1919—2009)　甘泉乡人。14岁离扬到上海卢湾区雁荡路88号“洁而精”川菜馆拜师学艺，继而到杭州一家川菜馆学艺，用淮扬菜打造“吕派川菜”，精通川、京、扬和法式菜。1956年，被评为新中国第一批烹饪大师，给党和国家领导人做过菜，是全国十大名厨之一、“吕派川菜”创始人。2009年，因病去世。

秦玉奇(1919—2009)　扬州人。中共党员。民国38年(1949)1月，为杨庙乡办事员。同年3月，在扬州行政学校学习，并加入中国共产党。6月，任甘泉区组织科干事、副科长。1954年10月，任杨庙、江都银行营业所主任。1956年5月，任邗江县银行副行长、甘泉乡党委副书记。1958年5月，任杨寿乡财贸部部长。1963年1月，任杨寿电灌站站长。1965年6月，任邗江县农机公司计划财务股股长。1970年2月，下放甘泉公社劳动。1973年2月，任甘泉机电排灌站站长。同年4月，任甘泉机电排灌站党支部书记。1986年11月，离休，享受副处级待遇。2009年3月，因病去世。

吴　超(1922—2009)　女，别名吴秀琪，南京人。民国27年(1938)中学毕业后，由于日本侵略者攻占南京城，吴超随父母逃难到公道桥、安徽天长一带。此后，吴超参加抗日队伍。该抗日武装领导者为热血志士陈文，因日军和顽固派追杀，陈文壮烈牺牲。吴超转入解放区，从事抗日宣传和教育教学工作，一直到抗战胜利。民国38年初，吴超经战友陈明介绍，在共产党创办的华东革命军政大学研究生班学习。一年多以后，分配到苏北行署文教处做科员。由于她热爱孩子，喜欢做教师，多次要求回学校工作，经组织同意批准，在南京某小学做校长。后因照顾夫妻关系调至扬州市，先后任埂子街小学校长、城南中心校教师。1970年，作为干部下放至甘泉乡，后留在甘泉中心校工作。1982年，退休，后转为离休，享受副处级待遇。2009年8月，因病去世。

董振刚(1927—2009)　河南商丘人。民国37年(1948)10月，参加华东野战军，为二纵4师11团8连战士、水手队水手。1950年1月，加入中国共产党。1950年6月，在解放军21军61师182团8连，历任副班长、班长、排长。1955年5月，任解放军79速中二队区队长。1958年4月起，历任扬州市上方寺砖瓦厂、扬州第一砖瓦厂、扬州东风砖瓦厂副厂长、厂长。1969年5月，在扬州市"五七"干校学习后下放到高邮县郭集公社劳动。1973年8月，任扬州市平山茶场主任、党支部书记。1978年8月，任区农机公司经理。董振刚参加过淮海战役、渡江战役、登步岛战役，曾获三等战功2次。在后方学习训练中，立三等功3次、四等功1次。1987年3月，离休，享受副处级待遇。2009年9月，因病去世。

聂　峰(1943—2010)　原名聂有韬，甘泉街道人。国家级非物质文化遗产扬州清曲项目省级代表性传承人。扬州清曲近150年来的第六代传人之一。曾任省曲艺家协会会员、市曲艺家协会理事、扬州曲艺之友社常务副社长、广陵清曲之友社社长、扬州清曲研究室副主任。

1960年，聂峰考入市曲艺团，师从扬州清曲大师王万青及清曲名家魏绍章、马福如、曹文玉等，专工扬州清曲"阔口"演唱，善操四胡、二胡、檀板，扬州清曲特种奏乐器"敲瓦碟""碰酒杯"，是其一绝。"珠落玉盘""雨打芭蕉""泉水叮咚""风摆荷叶""蜻蜓点水""海底捞月"等"敲瓦碟"的招式及"鸳鸯双戏水""凤凰三点头""金鸡报五更""风动银铃"等"碰酒杯"的摇、碰、撞、击技法，他能娴熟地掌握，"手口相应"地表演。聂峰演唱的传统经典套曲及一般套曲有100多个、现代曲目及唱段有近100个。60年代创作清曲唱段《雷锋》《新式农民董加耕》《激流丹心》《拆墙头》《为丰收》，80～90年代创作《借妻》《访经理》《计划生育好》《歌唱城市美容师》《关公自荐》《八仙分房》《茉莉情缘》等10多个唱段，其中有多篇作品获有关部门颁发的创作奖和演出奖。他注重扬州清曲理论研究，先后发表《扬州清曲唱念艺术基础》《扬州清曲乐器与伴奏》《扬州清曲字正腔圆之唱法》《扬州清曲唱论》等20多篇学术理论文章，为扬州清曲保护和发展作出贡献。

1986年，聂峰与曲友对唱《活捉张三郎》《小尼姑下山》被收入《中国曲艺乐集成·江苏卷》。其中，《活捉张三郎》演唱录音被中央音乐学院、中国音乐研究所收藏。2001年，他被收入文化部艺术人才中心编纂的《中国地方艺术人才年鉴》，被列为优秀民间艺术人才。2006年，扬州清曲研究专家韦人编著《扬州清曲》一书配套音像DVD碟片，收录聂峰早期演唱经典套曲《俞伯牙摔琴》《华容道》《货郎子与小姐》及其与曲友对唱的《活捉张三郎》《拷打红娘》《乡城亲家》。2007年，他编写《扬州清曲研究资料》一书，为方便学唱，将书中许多扬州清曲套曲翻译成简谱。

他常年在扬州文化艺术学校教学，并带领艺术院校学生进行理论研究，自创"板眼简谱"，再现原始清曲教唱方法。他研创的《扬州清曲常用曲牌句式板眼结构》，在传统曲艺教学中具有较强实用性，使得教传、演唱以及伴奏更加和谐。

2008年，他完成失传百年的《三国》套曲和30万字的《聂峰扬州清曲文集》。他曾说“清曲虽不能谋生，却是我毕生的事业”。聂峰去世后，家人将其生前收藏、整理的100万字清曲资料、光盘、音像磁带、套曲曲词、清曲教材等分别捐赠给广陵区文化局扬州清曲研究室和市档案馆。清末瓦碟4只捐赠在市双博馆展出。

郭　荣(1946—2010)　梅岭街道人。扬州国画院高级画师。扬州山水画研究会会长、民进扬州书画院副院长、广陵区政协委员。自幼酷爱美术，绘画充满激情和灵气。1960年，扬州国画院刚成立，14岁即以优异成绩被遴选入画院，从此开始专业美术创作活动。郭荣绘画注重传统、注重生活，不间断地写生和摹写历代名家字画，并加以融会贯通。早在“文化大革命”前就有作品入选中日青年美术作品展。“文化大革命”中，在极其艰苦环境下，坚持自己的艺术追求，与画友悄悄到偏远的川、滇一带，感受祖国西南的自然风光，收集绘画素材。郭荣画路宽，山水、花鸟、人物俱佳。一生创作数以万计的作品，其作品上百次入选省级和全国性美展，10多次获奖。国内外众多美术馆、博物馆、档案馆收藏其作品。2003年，被选调为中央办公厅布置画作。中南海、人民大会堂等许多重要场所陈列有他的作品。其作品多次参加日本、新加坡等国家和中国香港地区美术展览。出版有《郭荣中国画集》《扬州国画院建院50周年作品集·郭荣卷》。郭荣积极参加抗震救灾、慰问部队、希望工程等各种公益活动。在扬州老年大学教学20多年，在师生中获得极高评价。2010年，因病去世。

王云才(1926—2011)　安徽省来安县半塔人。中共党员。民国30年(1941)，参加抗日游击队。民国34年9月，参加解放战争，任营长。1950年，参加抗美援朝战争。先后获得解放战争奖章1枚、淮海战役奖章1枚、抗美援朝奖章1枚、抗战胜利50周年纪念章1枚、抗战胜利60周年纪念章1枚。1965年3月，转业到邗江县供销合作社任监察室主任。后又调至酒甸公社、杨寿公社以及甘泉食品站工作。1986年，离休，享受副处级待遇。2011年5月，因病去世。

第二章　人物简介

本章共收录各类代表性人物60人。其中，全国劳模和先进工作者4人，以评定时间先后为序；院士3人，以评定时间为序；享受国务院政府特殊津贴者5人，以批准时间为序；省级中小学特级教师4人，以批准时间为序；专家、学者、各界名人、海外侨胞25人，以姓氏笔画为序；区委、区人大常委会、区政府、区政协主要领导19人，以出生时间先后为序。

第一节　全国劳动模范和先进工作者

张建清　1966年11月出生，江都人。中共党员。大专文化。市公安局维扬分局副局长。1987年8月，分配至市公安局郊区分局城东派出所工作，先后任分局刑警大队副大队长、大队长等职。1995年起，先后立三等功1次，获得“全国优秀人民警察”“省劳动模范”“省优秀青年卫士”“全国先进工作者”等称号。张建清以其特有的超前意识和敏锐洞察力，组织、指挥和协调全区刑侦工作，及时破获多起重特大案件，铲除多个黑社会组织和犯罪集团，破案率高，使维扬区刑侦工作始终保持较高水平。2001年，率先在全市推行刑侦民警等级管理，通过等级管理确认刑警的侦查业务水平，并通过每年动态评定实行等级升降。同时，主持制定分局信息主导警务发展规划，开发情报信息主导警务应用系统，使分局信息主导警务工作走在全市前列。

高明宏　1958年6月出生，江都人。中共党员。大专文化。扬州工商行政管理局维扬分局副局长。高中毕业后做教师，后当兵。1994年2月，转业到扬州市广陵区工商行政管理局城南工商所工作。

2000年3月，调任现职。参加工作20多年来，遇难事，从不喊下属给我上，而是让下属跟我上。先后记三等功3次、二等功1次，连续5年被评为优秀公务员，12次受到嘉奖，先后被评为市级优秀共产党员、全省勤政廉政好干部、省级见义勇为先进分子，1999年被市文明委评为“十佳文明市民”，被省政府授予“省人民满意的公务员”称号。2000年，被国务院授予“全国先进工作者”称号。

刘应启 1911年10月出生，河南商城人。民国19年(1930)2月，参加中国工农红军。民国22年6月，加入中国共产党。

刘应启前半生南征北战，经历大小战斗150多次。长征途中，3次过雪山草地。参加土地革命战争、抗日战争、解放战争和抗美援朝战争，获二级红星勋章、二级解放勋章、二级独立自由勋章、二级“八一”勋章。1950年，任中国人民志愿军后勤部二分部政委、政治部主任。1959年，任南通军分区政委。1965年，他成为扬州军分区第一离职干部休养所正军职离休干部。离休后，他又开始了为社会、为人民服务的新长征，写下100多万字的读书笔记，广泛传播我党我军的光荣传统，先后到军地800多家单位作革命传统报告1000多场，听众100万人次。帮扶困难群众和特困学生200多人，累计捐款30多万元。他始终严于律己，不搞特殊化，不以权谋私。其思想境界和党性品格，被人民群众称颂，受各级组织褒奖，先后被中组部和解放军总政治部表彰为关心下一代先进个人、全国先进离休干部、全军先进离休干部、优秀共产党员。2006年10月，被中宣部和解放军总政治部树为全国全军重大典型予以集中宣传。

时庆梅 女，1969年6月出生，梅岭街道人。中共党员。1987年，从扬州玉器学校毕业，后进入扬州玉器厂工作。她虚心向刘筱华、江春源两位大师学习雕刻技艺，刻苦钻研平雕、浮雕、高浮雕、镂空雕等技法，不断总结经验，逐渐形成自己独特的制作风格。她制作的玉雕插屏、炉瓶、花卉等品种，造型逼真、线条流畅，对作品的细部处理干净利落，受到海内外客户和同行专家的赞誉和喜爱。特别是她制作的白玉《白菜》栩栩如生，造型别致，引得多家争购，被誉为“亿元”白菜，时庆梅也被誉为“白菜王”。2010年，获得国务院授予的“全国劳动模范”称号。

第二节 “两院”院士

刘秀梵 1941年5月出生，靖江人。扬州大学医学院教授，博士生导师，动物传染病学家。国务院学位委员会学科评议组成员，农业部畜禽传染病学重点开放实验室主任，扬州大学国家级重点学科预防兽医学科首席带头人。1986年，被人事部授予国家级“有突出贡献的中青年专家”称号。1991年，享受国务院政府特殊津贴。1997年，获香港柏宁顿(中国)教育基金孺子牛金球奖。1999年，获北大农科基金奖。2001年，获全国教育系统先进工作者，当选第十届全国人大代表。他研制的鸡传染性法氏囊病中等毒力活疫苗(NF8株)研究获得2003年度国家科技进步二等奖。2005年12月，当选中国工程院院士。

程顺和 1939年9月出生，溧阳人。江苏里下河地区农科所研究员，小麦育种专家。扬州大学兼职教授，博士生导师，九三学社中央委员。第十届全国政协委员。从事小麦育种研究工作40多年，先后主持承担国家“863”“948”工程、自然科学基金、国家和省重大科技攻关等项目30多项。主持或参与育成小麦新品种9个，获各类科技成果奖7项次。其中，扬麦3号、4号分别获农牧渔业部技术改进一等奖和国家科技进步三等奖，扬麦5号、扬麦158分别于1991年和1998年获国家科技进步一等奖。1992年，被人事部授予国家级“有突出贡献的中青年专家”称号。是年，享受国务院政府特殊津贴。2001年，被评为省劳动模范。同年，被省委、省政府授予“省农业科技功臣”称号。2005年12月，当选中国工程院院士。

陈晓亚 1955年8月出生，西湖镇人。中国科学院上海生命科学研究院植物生理生态研究所研究员、博士生导师。植物生理学家。长期从事植物次生代谢和棉纤维发育研究，早期从事植物分类学研究，对植物倍半萜代谢，尤其是棉花和青蒿萜类生物合成及调控开展系统深入研究。在国内外发表论文60多篇，申请专利数项。1999年，获国家“杰出青年基金”资助。2004年起，担任中国科学院上海生命科学院院长。2005年,当选中国科学院院士。

第三节　享受国务院政府特殊津贴者

吴正贵　1932年1月出生,城北乡人。中共党员。原扬州食品公司生物化学研究室工程师。省政协委员、市人大代表。成功研制治癌药原卟啉钠、光卟啉,上海数家新闻单位记者到扬采访录像。1986年,被人事部授予国家级"有突出贡献的中青年专家"称号。1991年,享受国务院政府特殊津贴。

韩　泽　1937年7月出生,泰州人。湾头锅炉厂总工程师。1988年12月,被评为高级工程师。1993年,享受国务院政府特殊津贴。

任光荣　1940年出生,双桥乡人。苏州市中医院中西医结合主任医师、兼职教授。省名中西医结合专家。先后毕业于苏州医学院医疗系、南京中医药大学中医研究班。擅长用中西医结合治疗消化病及脾胃病。发表论文30多篇。多次获省、市科技进步奖。为"省有突出贡献的中青年专家"。1996年,享受国务院政府特殊津贴。

姚文放　1949年出生,无锡人。中国民主促进会会员。硕士研究生。省"有突出贡献的中青年专家"。1978年4月,毕业于扬州师范学院中文系,并留校任教。1984年8月,在山东大学中文系读硕士研究生。1987年7月,回扬州师范学院中文系任教。1996年,当选民进扬州市委副主委。2002年9月,任扬州大学文学院副院长,博士生导师。2003年1月,任扬州大学文学院院长,兼任区人大常委会副主任。主要学术著作《快餐文化:当代审美文化批判》被收入国家教委高等教育司编写的《升华与超越:大学生文化素质教育讲座集锦》第一辑。《文学概论》于2000年被省教委评为省普通高校第四批优秀课程评选一类课程。《当代审美文化批判》一书被《人民日报》《光明日报》等近20家报刊予以介绍和推荐,中央电视台《读书时间》节目作重点介绍。发表论著400万字。专著《现代文艺社会学》《当代审美文化批判》等先后获省哲学社会科学优秀成果三等奖。《中国戏剧美学的文化阐释》获省普通高校人文社会科学研究成果二等奖。2004年,享受国务院政府特殊津贴。

傅和亮　1961年出生,城北乡人。1989年毕业于南京大学。生物化学博士。高级工程师。先后创立广东天普生化医药股份有限公司,任职于广东华南新药创制中心,兼任扬州艾迪生物科技有限公司总裁。中山大学药学院兼职教授。广东省劳动模范。广东省政协委员。傅和亮胸怀科技强国理想,带领团队,一直致力于自主知识产权的新药研发和推广,先后成功开发出系列产品:高纯度尿激酶、国家二类新药乌司他丁、全球首创性新药尤瑞克林。获广东省科技进步一等奖、国家科技进步二等奖。获16项国家发明专利授权、1项美国专利授权、5项国际专利(PCT)受理。其中,1项专利获得第九届中国专利优秀奖和广东省专利优秀奖。2009年,享受国务院政府特殊津贴。

第四节　省级中小学特级教师

翟裕康　1937年6月出生,江都人。1959年,毕业于扬州师范学校,省特级教师。曾任梅岭小学副校长、市小学数学研究会秘书长。80年代初,他开展"改革课堂结构,提高课内效率,减轻学生负担,大面积提高教学质量"的教改实验,提出"四了三不"要求,即课堂教学要做到该讲的要讲了,该练的要练了,练后要评了,下课前把作业本收了;不上黑课(课表以外的课),不让学生下课时间做作业,不布置回家作业。翟裕康所倡导的"四了三不"教学法,先后被《中国教育报》《光明日报》《新华日报》《江苏教育》等媒体报道。他甘于"渡人",培养出多名省、市特级教师、学科带头人、中青年教学骨干。1983年9月,作为省教委唯一在基层选拔的代表,参加在西安召开的全国第一届小学数学学术交流讨论会,所撰写的论文引起强烈反响。先后有数十篇论文和教学经验文章在全国报刊上发表,还在全省第六、七、九届"教海探航"活动中执教示范课并做专题讲座。受聘广陵区、维扬区教学顾问和市小学数学专业委员会顾问。

岳乃红　女，1972年4月出生，扬州市人。维扬实验小学副校长。市劳动模范，省特级教师，省"人民教育家培养工程"培养对象。知名儿童阅读推广人。2003年9月，在宝应县执教《草房子》，在全国首次尝试将儿童文学的整本书阅读带进小学语文课堂，所教班级一学期生均阅读量超20本，为学生奠定文学素养。2005年，走上区小学语文教研员岗位，开始投身区域性"书香校园"建设，构建从活动到课堂、到课程、到文化的生态阅读系统。主动筹资为农村小学建立流动书箱，让学生有书看，还倡议成立"书香教师工作室"，组织老师们开展儿童阅读推广志愿者行动。2007年秋季，带领团队着手以阅读为核心的小学语文课程改革，并开始语文课堂改革。在完成国标教科书教学基础上，在4个班级开展图画书教学、整本书阅读和读写互动实践研究，将语文课由原来8课时，变成5课时，剩下3课时给孩子们安排丰富的"阅读点心"，即图画书和整本书阅读，从图画书学写作，每天坚持做到"日有所诵"。1年间，其所教班级学生共诵读诗文400多首(篇)，阅读图画书100多本，听读儿童文学整本书26本，加上自主阅读，累计人均阅读量400多万字。该研究实践被《中国教育报》报道，岳乃红被评为"2010年度推动读书十大人物"。

冯长宏　1971年10月出生，高邮人。中学高级教师。区文化教育体育局副局长。市小学品德、小学语文双学科带头人。2008年，被评为省特级教师。多年来，围绕"幸福教育"理念，开展"新二十四孝""新公民教育""生态文化教育""新体验作文"等多个项目探索与实践。1999年，获得市品德课竞赛一等奖第一名，同年获省"灵山杯"品德课竞赛二等奖，先后数十次在国家级、省级、市级教学研究活动中上观摩课和进行讲演，被市教育局聘为网上课堂"特聘教师"。同年，冯长宏和学生设计《我为西部添片绿》手拉手环保活动方案，并用7年时间，与新疆乌恰第二小学师生在祖国西部植造两公顷的小树林，《新华日报》《中国少年报》等进行深度报道，活动获得全国二等奖。2000年后，提出开展探究性德育活动、让德育活动序列化的研究设想，实现品德教学课内外衔接，被确定为市"十五"教育科学规划课题。2003年，江苏省举办首届少先队辅导员创新技能大赛，他夺得第一名，获得"十佳奖"。2004年，代表江苏参加全国首届辅导员风采大赛，获得课题报告、教育随笔、校园剧表演、综合技能对抗、声乐等4个一等奖、1个二等奖。2006年，主编的《生态德育新论——文化视域中的生态德育》一书出版。该书中40多个案例被《中国少年报》等报刊头版或整版发表。在《人民教育》等省级以上刊物发表论文80多篇，主编《生态德育新论》《少先队活动大全》《享受作文》等著作数十本，多篇论文被中国人民大学报刊复印资料转载。先后被评为省优秀科技工作者、全国绿色学校工作优秀教师。2005年6月，在北京人民大会堂接受"全国优秀少先队辅导员"表彰，受到胡锦涛等党和国家领导人亲切接见。

沐文扬　女，1967年出生，泰州人。中共党员，大学学历。市机关第三幼儿园书记、园长。中学高级教师。省特级教师。省学前教育研究会理事。省教科院幼儿教育特约研究员。省教育评估院专家。市幼教学科带头人。先后获得全国教科研先进个人、省"三八红旗手"、宋庆龄幼儿教育奖提名奖等。1983年参加工作，从教近30年，在科学教育方面独立形成"观察发现、思考实践、拓展挑战"的教育模式以及"生态教育理念、阳光教育风格"，得到专家好评。先后10多次参加教学观摩、比赛、展示，多次在国家、省、市、区园长及教师培训会上开设园务管理、课程设计、特色教学讲座。先后主持省、市级课题《幼儿园生态式主题活动的实践与研究》《333与幼儿心理研究》等研究并结题。研究成果《幼儿园生态环境教育的实践与研究》《和谐课程》分别由中国环境出版社及广陵书社出版，个人传记《沐浴阳光——幼教实践与探索》由江苏教育出版社出版。撰写发表论文20多篇，其中《开展生态式评价，促进幼儿可持续发展》《和谐的教育、教育的和谐》等10多篇文章发表于《学前教育研究》《早期教育》等核心期刊，有30多篇论文获得国家、省、市一、二等奖。拓展办园思路，将幼儿园从1所扩展为3所，并在短时间内均被评为省优质幼儿园。在她的带领下，该园不仅教育教学质量高、社会美誉度好，还多次成为全国、省、市幼教观摩现场，先后获得"全国百所创新名园""全国示范家长学校""省示范实验幼儿园""省巾帼建功示范岗""省绿色幼儿园""省优秀家长学校""省平安校园"等称号。

第五节 专家、学者、各界名人、海外侨胞

王小盾 笔名王昆吾，1951年7月出生，江西安福人。1979年，考入复旦大学，师从王运熙教授攻读中国文学批评史专业硕士学位。1982年，考入扬州师范学院，师从任中敏教授攻读中国古代文学专业博士学位。1985年12月，任教于上海师范大学。1991年，晋升为研究员。1993年，任中国古代文学专业博士生导师。1996年，兼任区政协副主席。在《中国社会科学》《中国文化》等重要刊物上发表论文70多篇，出版学术专著8部，其学术研究代表成果有：《隋唐五代燕乐杂言歌辞集》，获1991年中国图书奖最高奖项荣誉奖、全国优秀古籍二等奖、四川省最佳图书奖；《隋唐五代燕乐杂言歌辞研究》获1998年上海市哲学社会科学优秀成果二等奖、教育部优秀著作三等奖；《汉唐音乐文化论集》中的《唐代酒令与词》一文获上海市1986～1993年度哲学社会科学优秀成果一等奖；《唐代酒令艺术：关于敦煌舞谱、早期文人词及其文化背景的研究》获省1997年哲学社会科学优秀成果一等奖。《诗六义原始》一文获上海市2000年哲学社会科学优秀成果一等奖。

王　晖 字志高，1941年出生，通州市人。毕业于南京大学中国语言文学系。国家电影电视文学二级编剧。省摄影家协会会员，省电影家、电视艺术家协会会员，省美术家协会会员。市文联原秘书长。1968年入伍，任某部22指挥部政治部新闻干事，从事新闻摄影和新闻采访工作，在《辽宁日报》《解放军报》《新华日报》《中国青年报》等报刊发表新闻照片、小说、散文、新闻通讯。1978年转业，主要从事电影电视文学创作和摄制工作。发表和拍摄的影视剧本有《古运河畔》《危险坡》《四爹，你在哪里》《渔歌唱晚》《造船工人之歌》《小小新四军》等10多部，分别由中央电视台、上海电视台、江苏电视台播放或由上海《电影新作》刊登。其中，电影剧本《危险坡》获《电影新作》杂志社优秀剧本奖，《四爹，你在哪里》为上海市委宣传部、上海电影发展基金会、上海《电影新作》等单位建党70周年征文入选剧本，《小小新四军》2010年获第19届中国金鸡百花电影节展映奖。

王　晔 女，1969年出生，扬州人。6岁学习书法，师从王板哉、李圣和、桑宝松等先生。早年其书法作品被选送参加省首届书法展，江苏电视台拍摄专题纪录片《书苑新秀》对其予以报道。就读扬州中学期间，参加华东六省一市作文比赛，获最高奖项一等奖。1985年，被保送复旦大学新闻系，毕业后，在上海从事媒体工作。1997年，赴日留学，在大阪大学读硕士、博士。2005年，移居瑞典，为瑞典作协会员，作家和翻译家。著有《看得见的湖声》《欧洲人文地理》《这不可能的艺术》等散文和短篇小说集，儿童文学作品集《十七岁的猫》被列入世界华文儿童文学系列。另译有《格拉斯医生》《贝拉·巴托克独自对抗第三帝国》《海姆素岛居民》等经典作品，由上海译文出版社等出版。

王章涛 1944年出生，扬州人。扬州无线电总厂工程师、动力设备科科长。1965年，参加省电子工业考察团，赴西北、西南等电子工业基地考察学习。1985年，赴日本三菱公司岩冢研究所学习，获中级培训结业证书。长期业余从事中国园林史、书画史、建筑史、清代学术史和扬州地方文化研究，致力于清代、民国文学史研究和文学评论，亦从事散文、人物传记等文学作品创作。现为省作家协会、省民间文艺家协会、市文化研究会、市史学会、市儒商研究会会员，扬州学派研究会理事、副秘书长，市语言学会方言研究中心研究员。其专著主要有：《阮元传》获省第五次哲学社会科学优秀成果奖二等奖，《阮元年谱》获第七届华东地区优秀古籍图书一等奖，《阮元评传》获省第九次哲学社会科学优秀成果奖三等奖。《王念孙王引之年谱》获省第十次哲学社会科学优秀成果奖三等奖等。另与他人合作的主要作品有《落日辉煌话扬州》《大明寺志》《中国园林之旅——南京镇江扬州园林掇英》等，并发表论文50多篇，散文、传记等文学作品100多篇。

刘广青 1963年出生，西湖镇人。中共党员。高级技师。1981年邗江县方巷农业中学植保专业毕业后，一直在江苏里下河地区农科所从事水稻育种与栽培研究。1998年，分别获“市青年岗位能手”“省杰出青年岗位能手”和“全国青年岗位能手”称号。2002年，获“省有突出贡献的技术能手”称号。

2004 年、2007 年，分别获“省有突出贡献的技师与高级技师”称号。2005 年，获“省有突出贡献的中青年专家”称号。2010 年，被评为全国技术能手。育成的扬稻 1 号、2 号、3 号、4 号、6 号分别获省科技进步二等奖和国家“星火计划”一等奖、省科技进步二等奖和国家科技进步三等奖、国家科技进步二等奖及省科技成果转化一等奖。育成杂交水稻丰优香占、扬两优 6 号等，率先突破杂交籼稻优质与高产结合的难题，丰优香占获中国首届优质稻米博览会金奖，被誉为“赛泰米”；扬两优 6 号被誉为“革命性的超级稻”，分别获农业部及省科技进步二等奖。育成扬粳 186、扬粳 9538 等品种，获省科技进步一等奖。作为主要完成人，育成水稻新品种 37 个，研制新技术 5 项、新产品 5 个，获成果奖励 16 项，获得发明专利 4 项、品种权 18 个。参与发表研究论文 34 篇。新品种、新技术(产品)累计推广应用 13.34 万公顷，创社会经济效益 200 多亿元。

任光霞 女，1950 年出生，双桥乡人。市中医院主任医师，副教授。全国名老中医任达然后裔与学术继承人。省中医药学会内科委员会常务委员，从事中医内科临床工作 30 多年，具有丰富的中医内科诊治经验，尤其对反流性食管炎、慢性肠胃炎、糜烂性胃炎、胃溃疡、肝胆疾病、神经官能症、血管性头痛等中医治疗有独到经验。多年来发表学术论文 10 多篇，并著有《任达然经验录》一书。

沈建元 1956 年出生，梅岭街道人。扬州玉器厂玉器研究所设计员。研究员级高级工艺美术师。中国工艺美术大师。省级非物质文化遗产项目“扬州玉雕”代表性传承人。1972 年，从事玉雕工艺专业，广泛吸取中国画、雕塑等艺术之长，尤其是设计大型玉山，较好地运用山子雕艺术表现形式，分层布局，章法得宜，作品题材构思、远近透视、疏密层次日臻成熟。30 多年来，创作设计上百件优秀作品。获奖作品有：金奖 7 件、银奖 6 件、铜奖 1 件，最佳创意奖、最佳工艺奖和优秀奖 7 件。黄玉《岱岳览胜图》、碧玉《溪山行旅图》等大件作品受到全国玉雕同行关注。创作的主要作品还有碧玉籽雕《丽人行》、翡翠《红叶题诗》、碧玉《佛国图》等。特别是黄玉《神州五岳》的创作，得到国内客商和同行专家好评，在《收藏家》《中国宝玉石》及《河北画报》等国家级、省级刊物上发表，《新华日报》《扬州日报》《扬州晚报》等作专题报道。2010 年，创作黄玉《瑶池乐庆》，得到同行专家和收藏家认可和赞赏。2004 年，入选《中国民间文艺家大辞典》。2011 年，受省工艺美术行业协会秘书长汪彤邀请，出任中国邳州玉石雕精品展评委。2011 年，出任第五届省工艺美术大师名人评审会评委。

李大金 1957 年出生，西湖镇人。中国民主同盟成员。现任复旦大学附属妇产科医院副院长、妇产科研究所所长，教授、研究员、博士生导师。1992 年，在上海医科大学获妇产科生殖免疫学博士学位，主要从事生殖免疫学研究及生殖医学临床医疗及教学工作。先后 9 次承担国家自然科学基金面上项目。2006 年起，承担国家重大研究计划(973)项目。发表 SCI 学术论文 90 多篇，获卫生部、教育部、上海市及国家中医药管理局等科技进步奖 15 项。研究的“一种与人分子佐剂 hC3d3 同义突变体交联的疫苗读框”和“环孢素 A 在制备保胎药物中的用途”均被授予国家发明专利。培养的学生博士学位论文均获上海市优秀博士学位论文。主编学术专著有《临床免疫学》《生殖免疫学》。2007 年，承担国家自然科学基金重点项目。2009 年，获得国家自然科学基金重大国际合作项目资助。2010 年，为国家自然科学基金委员会生命科学部专家评审组成员。2006 年、2008 年，分别入选上海市医学领军人才、上海市领军人才。2007 年，获“上海市劳动模范”称号。2008 年，获卫生部授予的“有突出贡献的中青年专家”称号。

李宏来 1962 年出生，甘泉镇人。中共党员。大专文化。高级经济师。江苏阿珂姆野营用品有限公司董事长、党支部书记，甘泉镇双塘村党总支委员。2008 年 5 月 12 日汶川特大地震发生后，公司捐款、捐物近 400 万元，承担 12 万顶救灾帐篷紧急生产任务，并及时发往灾区。先后获省首届“诚信道德模范”、市政府和扬州军分区“履行国防义务好厂长”等称号。同年 5 月，受到胡锦涛总书记接见。10 月在人民大会堂接受“全国抗震救灾英雄集体”表彰。

吴永余 1946 年出生，平山乡人。中共党员。大专文化。高级国际商务师。1984 年，任西湖乡工业公司经理。1988 年，任扬州乐凯玩具有限公司总经理。其间，兼任西湖乡党委副书记、人大主席团主席。1994 年，任西湖镇党委书记。1997 年，任区人大常委会副主任。2001 年退休。吴永余投身企业 10

年时间,将一个濒临倒闭的玩具加工厂发展为省明星企业和国家中型企业。1988年10月,成立全区第一家合资企业扬州乐凯玩具有限公司。1991年12月,该公司产品获北京国际博览会金奖。为全国长毛绒玩具行业第一家国家二级企业。主持兴办企校结合的乐凯中学和乐凯职业中学,被授予"省重教明星"称号。1994年任西湖镇党委书记后,实施"以外引外"的战略。该镇外贸收购额和创办中外合资企业数连续5年名列全市各乡镇之首,成为苏北"外贸第一镇"、苏中综合经济实力50优乡镇之一。吴永余先后获得省优秀共产党员、省劳动模范、省优秀乡镇企业家、全国五一劳动奖章等荣誉称号。

张玉琪　1938年出生,平山乡人。当今扬州"四大名厨"之一。1956年10月,进入扬州饭店(月明轩饭店前身)学徒。1961年1月,任富春茶社红案厨师长。1976年8月,任扬州文园饭店业务经理。1987年9月,任扬州大酒店餐厅部经理。1982年,晋升为特三级烹调师。1989年,晋升为特二级烹调师。1992年3月,到海南省为参加国际环境科学研讨会的80个国家代表献艺,以其精心设计的菜肴,受到各国代表好评。《江苏年鉴(1996)》附录《能工巧匠》栏刊登有张玉琪专文,称其"将粤菜生猛海鲜,川菜众味纷呈,鲁菜浓厚赤酱,外国菜简练明达、注意营养和寻求刺激的特点,与传统淮扬菜特点相结合,推出新一代淮扬菜"。1994年9月,获得"特一级中式烹调师"称号。1999年,被劳动部授予"高级烹调技师"称号。2000年,获"中国烹饪大师"称号。1964年,扬州烹饪学校聘请张玉琪担任兼职教师。他将传统的口传手授的带徒法,逐步改变为正规教学,并协同王镇编写一套烹饪初级教材,在全省乃至全国均有较大影响。1983年9月,江苏商业专科学校受商业部委托举办多期全国厨师培训班,张玉琪被聘为讲师团成员,是江苏烹饪界最早从事高层次烹饪教学的厨师之一。

张世纲　1941年出生,梅岭街道人。中共党员。工笔画花鸟画家,亦工书法和文史。系中国工笔画学会会员。省美术家协会、省花鸟画研究会会员。省文联书画中心、中国农民书画研究会研究员。邗江区美协名誉主席。作品6次入选由中国美协、中国工笔画学会主办的中国画展,并被主办单位收藏。40次入选由省美术家协会、省文化厅和省花鸟画研究会主办的美术展览,并获金奖两次、银奖两次、铜奖4次。40多次在全国、省、市报刊上发表工笔花鸟画作品。2007年,被省文化厅命名为"省特色文化标兵",出版有《张世纲工笔花鸟画集》。

陆树娴　女,1924年出生,梅岭街道人。扬州绣品时装总厂刺绣技术指导。市工艺美术大师。8岁开始学习刺绣,师从画家顾伯奎习画。1958年,参加工作。长期从事扬州仿古绣和写意绣创作和研究,受素描画由线条组成的启发,不拘泥于原有的苏绣(扬州写意绣)"散套针"和湘绣"擞和针"等针法,而模拟铅笔画中的网纹法,发明"施网针"。为反映写意画一笔多色的水墨效果,她采用"麦芒针",先把一根线分成32缕,再将一缕劈分为几根单丝,绣到最细致处往往只用两根丝,肉眼很难看清。她善于选用名人字画为蓝本制作手绣欣赏品,将施针、散套针、乱针等多种针法糅合使用,使扬州刺绣形成独特风格和艺术特色。尤其擅长刺绣"扬州八怪"画作,如罗聘的手指画《葫芦》、黄慎的《柳鸭图》、李鱓的《喜上梅梢》等。她的作品参加全国展评,屡获盛誉。主要作品有《草虫见叶》《鉴真和尚》《孔雀》等,其代表作《竹》1962年赴加拿大参加中国工艺美术展览,获得一致好评。2007年,被中国文联、中国民间文艺家协会命名为"首批中国民间文化杰出传承人"。2008年,被省文化厅认定为第二批省级非物质文化遗产项目代表性传承人。

高顺康　1945年出生,扬州人。省江海书画会副会长、扬州民进书画院院长、《人民日报》神州书画院特聘画师。唐人书画院特聘画师。扬州国画院原副院长、高级画师。60年代初从事美术事业,擅长山水花鸟。作品到欧美、日本、东南亚展出,并为海外人士收藏。《典范》入选第七届全国美展。《一湾清泉润山村》获全省画院作品联展二等奖。《溪山雨过》获百家画展优秀奖。《溪谷冷艳》获中国首届旅游书画艺术节优秀奖。《春进幽谷》《净谷之春》等作品编入《中国当代书画家作品——中国风韵》香港编《中华当代书画选》《中国国画百人佳作选》等画集。1991年,赴新加坡举办画展。1994年,《心随春风到花溪》《峡江云舒》等作品赴韩国参展,并由韩国出版《君子之风》书画专集。1994年,于中国历史博物馆举办十二画家联展。1996年,海峡之声广播电台《名家风采》节目,以"妙笔丹青抒情怀——记著名画家高顺康先生"对外播出。1997年，为纪念中日邦交25周年，应邀赴日本进行交流活动。其简历收入《世界美术家》《中国当代美术家名人录》等多部辞典。

顾 风 1953年出生，扬州人。市政协第四届委员会委员，省政协第五届委员会委员，联合国教科文组织中国海上丝绸之路研究中心特约研究员、省考古学会常务理事、省博物馆专家组成员、市历史学会常务理事、市书画研究会会长等。他幼承家学。1975年担任双桥公社文化站站长时就对文物考古产生浓厚兴趣。曾独立发现位于石塔桥西著名的唐代手工业作坊遗址。1983年9月，在扬州三元路（现文昌中路）某基建工地首先采集到唐代青花瓷器标本，并对其进行研究，把中国青花瓷烧造年代从元代提早到400多年前的中晚唐时代。先后组织唐城遗址调查，参与和组织铁佛寺手工业作坊遗址、唐城南门遗址、石塔西路（现文昌路）唐城遗址、宋大城西门遗址、宋大城东门双瓮城遗址考古工作。1993年，参与组织扬州有史以来第一个出国文物展——"中国历史文化名城扬州二千年文物精华展"，赴日本福岛县展览。先后组织在故宫博物院、辽宁博物馆举办"清代扬州书画精品展"，扩大扬州博物馆知名度。2000年，被评为全国文博系统先进工作者，受到劳动人事部和国家文物局联合表彰。

顾 锋 1964年出生，扬州人。研究员级高级工艺美术师。省工艺美术大师。市级非物质文化遗产项目"扬州玉雕"代表性传承人。1980年，毕业于扬州玉器学校。同年进入扬州玉器厂，在继承传统玉雕技艺基础上，博采众长，不断丰富创作设计内容，形成独特的个性化艺术风格。代表作品有：2004年创作的大型黄籽玉《大千佛国图》获中国玉雕"天工奖"金奖。2006年8月，作品《对弈图》获首届中国收藏家喜爱的玉雕大师金奖。2006年，获"中国收藏家喜爱的玉雕艺术大师"称号。2008年，《对弈图》获得中国玉器"百花奖"金奖。2010年，担任上海世博会特许藏品《东方之子·中华玉玺》系列产品专家顾问组艺术顾问，由他创作的和田玉《东方之冠·中华玉玺》获上海世博会特许藏品金奖、海峡两岸文化之旅艺术收藏品金奖和法中民间艺术交流日特别奖。2010年，白玉《放鹤图》获工艺美术精品大奖赛"艺博杯"金奖。2011年，多件个人作品在《工艺美术——玉器典藏》第二期刊登。

徐 中 1944年出生，如皋人。1965年，毕业于南京师范学院美术系。现为中国美术家协会会员、中国版画家协会会员、中国田园画会副主席、《人民日报》神州书画院特邀画师、市国画院国家一级美术师。作品多次参加全国、省美展。《北上的鸿雁》参加第六届全国美展，获优秀作品奖。《秋林归牧》获江苏百家中国画展大奖。《玄黄图》获1995年世界华人中国画展金奖。部分作品被中国美术馆等国家及地方博物馆和私人收藏。先后在扬州、南京、深圳、纽约、新加坡、北京、西安、沈阳、广州等地举办个人画展。出版有《徐中画集》。中国美术大师刘海粟评价徐中的作品，特别是山水画，旷达秀逸，清爽新目，不拘一格，运笔入情。既有传统笔墨的风范，又融汇现代人的审美感受。

徐东进 1964年出生，金坛人。中共党员。农技推广研究员。农学硕士。1998年，被授予"省有突出贡献的中青年专家"称号。先后任市蔬菜研究所副所长、所长，区农业委员会副主任，城北乡党委副书记、乡长。在市蔬菜研究所工作期间，先后在《园艺学报》《长江蔬菜》《江苏农业学报》等专业杂志发表论文10多篇。2006年，主编《豆类蔬菜高效实用栽培技术》和《现代蔬菜育苗实用技术》（江苏人民出版社）。培育的扬早豇12和扬豇40两个豇豆品种先后于1999年和2000年分别通过陕西省和江苏省品种审定，此后迅速在全国20多个省（市）推广，并成为90年代末全国主栽品种。作为此科研项目第一完成人，于2001年和2006年分别获得市科技进步一等奖、省科技进步三等奖、农业部丰收奖三等奖。1996年，获得"省优秀知识分子"称号，省"333工程"一期、二期培养对象。

徐兆华 1963年出生，平山乡人。中共党员。大专文化。1985年11月，参加公安工作，瘦西湖派出所友谊社区民警。多年来，扎根社区，为群众服务，让一批失足青少年、服刑人员子女，成长为社会有用之人。悉心照料3名年高体弱的独居老人，使他们安度晚年。2007年，被评为扬州市十大文明榜样、扬州市十大爱民警察、全省公安系统先进个人。2008年，被评为全省公安机关爱民模范、省关爱女孩十大新闻人物，并立一等功。2009年4月，获全国五一劳动奖章。同年5月，被授予"全国公安系统一级英雄模范"称号。

徐明峰 1962年出生,安徽天长人。中国民主促进会会员。大专学历。邗江爱心壹加壹食品厂厂长。1994年退伍不久,从安徽老家到扬州,用人力三轮车贩卖蔬菜。3年后,先开小批发部,后办爱心壹加壹食品厂。15年来,资助近百名孤儿、残疾儿童,被誉为“69个孩子的爸爸”,获得“扬州好人”、全国“爱心榜样”“爱心爸爸”称号,被中国关心下一代工作委员会授予“中华爱国慈善家奖”和“公益慈善功勋人物奖”金牌,并受到全国人大常委会副委员长顾秀莲接见。2010年9月,被民进中央授予“民进学习践行社会主义核心价值体系先进个人”称号。

蒋永义 1946年出生,扬州人。中国书法家协会会员、西泠印社社员、省书法家协会篆刻委员会委员、南京印社副社长、市书法家协会副主席、竹西印社社长。自幼爱好书法篆刻,1964年,拜扬州印坛耆宿蔡巨川(易厂)为师。治印以秦汉为宗,书法攻习秦篆。后从林散之、孙龙父、桑愉等人游学多年。作品入选1981年日本·中国书道交流20人展,全国第一、三、四届书法家展;1985年河南国际书法大展,全国第一、三届中青年书法篆刻展,全国首届篆刻艺术展;1988年第四回日本篆刻展;1999年江苏省——日本福冈县第一回书法交流展,新千年当代篆刻家新作展;2000年第六届中国艺术节国际书法大展等。其作品获省书法家协会优秀作品奖。作品被收录于各种专集:《中国新文艺大系(1976～1982)书法集》《当代中国书法艺术大成》《中国现代美术全集·篆刻集》,日本出版的《中国当代墨宝集》、《西泠印社社员百印集》、《当代江苏书画精品选》、《江苏书法五十年专辑》、《中国篆刻全集》第五卷、《全国印社社长作品集》等。其事迹收入韩天衡编著的《中国印学年表》、西泠印社编辑出版的《中国印学年鉴》印人传、《中国当代书法家辞典》和《中国当代篆刻家辞典》等。1993年,南京出版社出版蒋永义个人专集《永义印存》。

彭勇贵 1951年出生,扬州人。1966年,参加扬州地区毛泽东思想宣传队。1968年,插队兴化海南公社西荡大队。1970年,参加兴化文工团乐队。1977年后,先后在兴化县农机厂、邗江县红桥电器厂、扬州市供销社物资经理部、扬州蓝辉物资公司、扬州利津物资公司任厂长、经理、总经理、董事长。2000年,创办扬州新东方中学。曾担任市第五、六届政协委员,区政协常委,区无党派知识分子联谊会副会长等职。创办新东方中学后,先后资助200多名家庭困难学生,仅此一项就开支300多万元。2002年,专门开办两个“助学工程班”,招收品学兼优贫困学生,所有费用全免,每学期补助每个学生1000元生活费。还专门派人驱车1400多千米将西安市蓝田县一贫困生接到扬州读书,并承担其高中三年所有费用。热心社会公益事业,每年都到敬老院看望老人,为社会弱势群体送温暖,资助社会大型公益文化活动。关心扬州民办教育事业发展,每年“两会”期间,都会就民办教育问题提交提案,向有关部门建言献策。曾被市政府授予“教育工作先进个人”称号。

窦文鼎 1931年出生,梅岭街道人。中国台湾书法家。民国38年(1949)8月,随国民党军队到台湾。1969年,调“国防部军法局”服务,先后任连营辅导长、主任书记官、参谋等职。1985年退伍后,学习书画。作品获国际金奖6次、一等奖7次。新加坡艺术学院授予高级名誉院士、顾问、特聘高级书画大师,入选《中国名人录》《中日现代美术通鉴》《世界文化名人辞海》《世界文化名人成就奖》《北京世纪之交书画作品展及作品集》。

薛春梅 女,1965年出生,梅岭街道人。研究员级高级工艺美术师。省劳动模范。中国扬州玉石料市场副总经理、中国工艺美术大师、中国玉石雕刻大师、省级非物质文化遗产项目“扬州玉雕”代表性传承人,省政协委员、市人大常委会委员。扬州玉器学校第一届毕业生,曾参加省工艺美术高级班研修。1980年,进入扬州玉器厂工作。1992年,进入扬州玉器研究所工作。从事玉雕艺术创作研究30多年,秉承传统,善于创新,融合“南秀北雄”艺术之长,形成“清新婉约、细腻隽永”的个人艺术风格。擅长玉雕人物“山子雕”创作设计,尤其是在表现孩童的神态、动态上别具匠心。其个人作品主要有《观瀑图》《百子瓶》《罗汉图》《吹箫引凤》《枫桥夜泊》《人生如意·福泽千秋》等,在全国玉雕博览会、大师精品展和国家级评比中获两个特等奖、25个金奖。许多精品佳作先后被国家、省市及香港的专业书刊和报纸收录、登载报道,得到专家学者、国内外客商及收藏者的赞誉和收藏。先后收徒多名,悉心授艺,一批新人脱颖而出，且先后被授予“省工艺美术名人”“市工艺美术大师”等称号，成为扬州玉雕新秀。

鞠伏强　1943年出生，扬州人。中国美术家协会会员。国家一级美术师。市国画院副院长。省国画院特聘画师。市美术家协会名誉主席。市政协常委，省政协委员。其作品多次在《中国画》、《人民日报》、《光明日报》、中国香港《文汇报》、美国《华侨日报》等报纸杂志发表。代表作品《青山图》《秋水共长天一色》《清溪鸣涧》《砥柱中流》等先后入选中国现代美术大展、中国名家书画展、全国美术作品展，并获省专业画院联展“金狮奖”一等奖。《秋山图》获省百家画展优秀奖、现代书画艺术作品展览金奖。《万壑钟流》《惊鸟鸣涧》等20多幅作品为中国美术馆等收藏。赴日本、新加坡、马来西亚、澳大利亚、美国等国家和中国香港、台湾地区举办画展。其事迹入编《中国当代美术家人名录》《中国当代文艺界名人大辞典》《世界名人录》《中国美术年鉴》等。

第六节　区委、区人大常委会、区政府、区政协主要负责人

程启旭　1928年9月出生，江都人。中共党员。1950年，任江都大桥供销社副主任。1951年8月，任江都县联社科员。同年5月，任邗江酒甸、槐泗供销社主任。1958年9月，任江都县计委副主任。1959年4月，任江都县高汉公社党委副书记。同年8月，任江都县嘶马公社党委书记。1966年1月，任江都县渌洋养殖场党委书记、主任。1969年9月，任江都县“五七”干校副书记、副主任。1972年10月，任江都县商业局局长、县委委员。1974年8月，任江都大桥指挥核心组长。1978年2月，任扬州市（县级）郊区工委书记。1979年6月，任扬州市委常委、市革委会副主任。1981年2月，任扬州市委常委、副市长。1983年3月，任区委书记。1984年8月，兼区人大常委会主任。1986年6月，任区人大常委会主任。1990年12月，退休。

俞广涛　1932年4月出生，西湖镇人。中共党员。初中学历。1950年，任村会计。1952年，任副村长。1953年，任乡财经干事。1955年10月，任甘泉区财粮助理。1956年1月，任甘泉区组织科副科长。同年10月，任七里乡党委副书记。1958年，任红旗公社党委副书记。1971年，任运西公社党委副书记。1973年，任湾头公社党委副书记、书记。1983年3月，任区公所副书记、区长。1984年8月，任区委副书记、政法委书记。1987年4月，任区委副书记、区政协主席。1988年5月，任区政协主席、区委政法委书记。1990年6月，任区政协主席。1993年4月，退休。

杜青山　1938年9月出生，江都人。中共党员。1956年9月，任省水利厅建工局旅营科材料员。1958年1月，先后任江都县邵伯、艾菱公社文书、秘书。1965年9月，在北京中央团校学习。1966年2月，任江都县艾菱公社团委书记。1972年11月，任江都县邵伯公社党委副书记。1975年1月，任江都县昭关公社党委书记。1976年6月，任江都县委副书记。1979年5月，任西藏错那县委书记。1980年11月，内调休假。1981年5月，任邗江县委副书记、副县长。同年9月，在浙江农业大学学习。1984年2月，任邗江县委副书记。1986年4月，任邗江县委副书记、县政协主席。1990年1月，任区委书记。1991年1月，调离郊区。

钱存昱　1941年10月出生，东台人。中共党员。大专学历。1959年12月，入伍，历任战士、文书、排长、连政治指导员、师政治部秘书、营副政治指导员。1978年10月，任扬州地区水产公司科长。1979年12月，任扬州地区人事局副科长。1982年3月，任扬州地委组织部青干科副科长。1985年5月，在北京大学国际政治系党政干部大专班学习。1987年7月，任市委组织部青干科副科长。同年10月，任区委组织部副部长、区劳动人事局局长。1988年5月，任区委组织部部长、区劳动人事局局长。1989年9月，任区委常委、组织部部长。1991年5月，任区委副书记。1993年2月，任区委副书记兼区政协主席。1996年5月，任区政协主席。2001年1月，任区政协党组书记。2002年3月，退休。

许德涛　1944年9月出生，邗江人。中共党员。1964年10月，任邗江县赤岸公社水利技术员、公社党委委员、贫下中农协会副主席。1971年3月，任邗江县赤岸公社兽医站站长、团委书记。1973年

10月，任邗江县赤岸公社党委副书记，滨湖农场党委副书记、书记。1980年9月，在南京农学院农经管理干部专修科学习。1983年8月，任邗江县委政策调研室副主任。1984年2月，任邗江县委副书记兼县人大常委会主任。1986年12月，任区委副书记、区纪委书记。1990年4月，任区委副书记兼区人大常委会主任。1996年5月，任区人大常委会主任。同年12月，调离郊区。

潘天骐 1946年5月出生，安徽人。中共党员。本科学历。1964年9月，在中国科技大学近代物理系读书。1970年8月，在辽宁锦州市十八中学任教。1973年11月，任辽宁锦州市三二二研究所技术员。1978年1月，任扬州行署工业经理部、国防工办技术员。1981年2月，任扬州行署经委科技科科员、副科长、企管科科长。1984年8月，任扬州宝城无线电厂党委书记。同年11月，任市电子工业公司党委书记。1987年9月，任扬州职大校长、党委书记。1993年5月，任市科委主任、党组书记。1995年3月，任江都市委副书记、副市长、市长。1997年2月，任区委书记、区人大常委会主任。2001年1月，调离郊区。

翁振进 1946年9月出生，泰兴人。中共党员。1969年9月，任泰兴县溪桥中学教师、溪桥公社秘书、县农办秘书。1981年1月，任泰兴县北新公社党委副书记。同年9月，在南京农学院农经系农经专业干部专修科学习。1984年8月，任泰兴县委、县政府研究室主任。1985年2月，任泰兴县副县长(其间，1985年2月至1986年3月，兼县建筑安装总公司党委书记)。1986年8月，任泰兴县委常委、副县长。1989年6月，任泰兴县委副书记。1990年12月，任市委副秘书长。1991年12月，任市委副秘书长、市委研究室主任。1992年5月，任区委书记。1995年1月，调离郊区。

赵昌智 1946年12月出生，江都人。中共党员。1966年3月，在江都宗村团结小学任教。1968年2月，任江都宗村公社农机水电站会计。1968年3月，在铁道兵11师52团12连任文书。1973年4月，任江都宗村公社秘书。1976年6月，任江都县委、县革委会办公室秘书。1981年5月，任江都县委办公室副科长、科长。1985年3月，任江都县委办公室副主任。1986年7月，任市委研究室副主任。1988年3月，任市委副秘书长、研究室主任。1990年3月，任市委副秘书长、办公室主任。1995年1月，任区委书记。1996年11月，调离郊区。

吴　红 女，1948年5月出生，宜兴人。中共党员。大专学历。1968年8月，任邗江县人民医院麻醉医师、院团支部书记、县级机关团总支副书记。1976年5月，任邗江县人民医院手术室负责人、麻醉医师。1984年3月，任邗江县卫生局副局长、副书记。1986年9月，任邗江县委组织部副部长。1989年3月，兼任邗江县人事局局长。1991年3月，任区委常委、组织部部长。1997年12月，任区委副书记。2001年1月，任区委副书记、区政协主席。2001年3月，任区政协主席。2008年12月，退休。

陈宝田 1949年1月出生，泰兴人。中共党员。1969年9月，任泰兴县白庄中学教师、校团总支书记。1974年9月，任泰兴县刘陈公社团委书记。1978年12月，任泰兴县焦荡公社革委会副主任。1979年4月，任共青团泰兴县委副书记。1980年9月，在扬州工业专科学校机械制造专业干部专修科学习。1983年7月，任泰兴县泰兴镇党委书记。1984年6月，任市委组织部干部一科科长。同年8月，任区委副书记、区纪委书记、区委组织部部长。1986年6月，任区委书记。1990年1月，调离郊区。

潘长正 1951年2月出生，城北乡人。中共党员。党校大学学历。1969年9月，在城北公社政工组工作。1970年12月，入伍，历任战士、文书、班长。1976年2月，任城北公社秘书。1979年9月，任城北公社党委办公室副主任、主任。1983年9月，任城北乡副乡长、党委副书记。1987年6月，任平山乡党委副书记(主持工作)。1988年2月，任平山乡党委书记。1989年5月，任城东乡党委书记。1993年3月，任区委常委、纪委书记。1996年4月，任区委副书记。1997年2月，任区委副书记兼政法委书记。1998年1月，任区委副书记。2001年4月，任区委副书记兼政法委书记。2003年1月，任区人大常委会主任。2011年2月，退休。

高瑞芹 1952年6月出生，宝应人。中共党员。大专学历。1974年1月，任宝应县小官庄公社工业办公室会计、公社团委副书记。1975年6月，任宝应县小官庄公社革委会副主任。1980年5月，任宝应县小官庄公社党委副书记。1981 年 3 月，任宝应县小官庄公社经联会主任。1984 年 1 月，任宝应县小官庄镇党委书记。1990 年 4 月，任宝应县城镇党委书记。同年 12 月，任宝应县委常委。1991 年 5 月，任宝应县委常委、副县长。1993 年 5 月，任宝应县委副书记、政法委书记。1996 年 1 月，任宝应县委副书记、代理县长。1998 年 1 月，任宝应县委副书记、县长、县政协主席。1999 年 1 月，任宝应县委书记、县人大常委会主任。2001 年 1 月，任区委书记。2007 年 10 月，调离维扬区。

张　建　1955 年 8 月出生，江都人。中共党员。大专学历。1973 年 9 月，在江都县麾村公社江家大队插队，后任大队团支书。1977 年 2 月，在扬州地区工业经理部人秘股工作。1980 年 4 月，在扬州地区重工业物资公司工作。1983 年 4 月，任市建材工业公司秘书科科员、副科长。1987 年 7 月，任区委组织部干部科副科长、科长。1990 年 5 月，任区委组织部副部长。1992 年 9 月，任市委组织部干部一科副科长、青年干部科科长，县(市)干部科科长兼青年干部科科长。1999 年 1 月，任区委常委、组织部部长。2002 年 2 月，任区委副书记、组织部部长。2002 年 10 月，任区委副书记、区纪委书记。2011 年 1 月，任区政协主席。2011 年 12 月，调离维扬区。

顾　敏　1955 年 10 月出生，安徽怀远人。中共党员。大专学历。1970 年 12 月，入伍，历任战士，班长，通信股参谋，通信连副连长、连长。1980 年 9 月，在解放军武汉通信学院读书。1982 年 2 月，任通信股正营职股长。1986 年 12 月，任市财政局人事教育科科员、副科长、科长。1995 年 6 月，任区政府副区长。2002 年 12 月，任区委常委、副区长。2006 年 5 月，任区委副书记、区长。2008 年 8 月，调离维扬区。

尹宏宝　1956 年 1 月出生，扬州人。中共党员。大专(在职教育)学历。高级经济师。省劳动模范，1978 年 1 月，任平山钣金厂水厂工地负责人。1983 年 1 月，任平山钣金厂副厂长、厂长。1989 年 8 月，任平山乡平山村党支部副书记、书记，平山钣金厂厂长。1992 年 10 月，任平山乡平山村党总支书记、平山钣金厂厂长。同年 11 月，任平山乡党委副书记、平山村党总支书记、平山钣金厂厂长。1995 年 1 月，兼任扬州客车制造总厂特种车辆厂厂长。同年 2 月，明确正乡级。1996 年 1 月，兼任平山乡人大主席。同年 10 月，任江苏亚星客车集团有限公司副总经理兼特种车辆厂厂长。1998 年 9 月，任扬州亚星股份有限公司副总经理兼特种车辆厂厂长。2000 年 3 月，任江苏亚星客车集团有限公司副董事长、党委委员、扬州亚星股份有限公司副董事长、总经理。2003 年 1 月，任江苏亚星客车集团有限公司副董事长、党委委员。2003 年 2 月，任区委副书记。2007 年 12 月，任区政协主席。2011 年 1 月，任区人大常委会主任。

刘在銮　1956 年 10 月出生，邗江人。中共党员。党校大学学历。1976 年 1 月，在邗江县杨寿农科站工作。1979 年 4 月，任邗江县杨寿公社墩留大队挂职副大队长、支书、公社生产科长。1984 年 5 月，任邗江县杨寿乡管委会副主任。1985 年 4 月，任邗江县杨寿乡副乡长。1986 年 12 月，任邗江县杨寿乡党委副书记。1987 年 2 月，任邗江县公道镇党委副书记、镇长。1989 年 7 月，任邗江县甘泉乡党委书记。1992 年 8 月，任邗江县公道镇党委书记。1995 年 3 月，任邗江县副县长(挂任陕西省留坝县副县长)。1997 年 12 月，任邗江区(县)委常委、邗江区(县)副区(县)长。2001 年 3 月，任邗江区委副书记、邗江区副区长。2002 年 2 月，任区委副书记、代区长。2003 年 1 月，任区委副书记、区长。2006 年 5 月，调离维扬区。

杨明荣　1957 年 5 月出生，扬州人。中共党员。大专学历。1975 年 10 月，在扬州市城东乡沙口村务农。1976 年 10 月，在市自来水公司工作。1978 年 12 月，在扬州师范学院历史科学习。1981 年 1 月，在共青团扬州地委工作，历任办公室副主任、主任。1986 年 7 月，任市政府办公室秘书、计划经济科科长。1992 年 11 月，任市政府办公室副主任。1996 年 2 月，任区委副书记。1997 年 10 月，任代理区长。1998 年 1 月，任区委副书记、区长。2002 年 2 月，调离郊区。

姚苏华　1961 年 9 月出生，睢宁人。中共党员。本科学历。1978 年 9 月，在东北石油学院石油炼制系化学专业学习。1982 年 7 月，在江苏油田第二中学工作。1984 年 7 月，任江苏油田第二中学教导处主任。1985 年 9 月，在市化学工业公司企管科工作。1987 年 3 月，任市化学工业公司团委副书记、企管科副科级干部。1989 年 6 月，任共青团扬州市委青工部部长、组织部部长。1993 年 7 月，任市经济开发区管委会办公室副主任。1995年8月，任靖江市委常委。1997年4月，任区政府副区长。2002年10月，任市国土资源局副局长、党组副书记。2003年3月，任市国土资源局局长、党组副书记。2003年8月，任市国土资源局局长、党组书记。2007年10月至2011年11月，任区委书记。

杨　蓉　女，1973年1月出生，扬州人。中共党员。硕士(在职教育)学历。1991年9月，在扬州大学师范学院物理系学习。1995年7月，任江都市邵伯镇团委副书记。1996年4月，任共青团江都市委学少部副部长。1997年12月，任市计委第三产业科科员。2001年3月，任市计委第三产业科副主任科员。2002年7月，任共青团扬州市委副书记。2005年3月，任共青团扬州市委书记。2006年11月，任广陵区委常委(正处级)。2006年12月，任广陵区委常委、副区长。2008年8月，任区委副书记、区长。2011年11月，调离维扬区。

第三章　人物名录

本章表列人物共580人。其中市级以上劳动模范和省级以上先进80人(入简介者除外，吴秀萍先后当选市、省劳模)，以受表彰时间先后为序；革命烈士12人，其中11人为补记，以牺牲或批准时间先后为序；高级(含副高)专业技术人员380人(入简介者除外)，按类以评定时间先后为序；维扬籍在外地任副县(处、团)级以上人员、高级(含副高)专业技术人员58人(入简介者除外)，按乡镇(街道)以姓氏笔画为序；能工巧匠28人，按类以出生时间先后为序；百岁以上寿星22人，以出生时间先后为序。

第一节　先进人物名录

维扬区(郊区)市级以上劳动模范和省级以上先进人物一览表

表27-3-1

姓　名	性别	工作单位	荣誉称号	授予单位	表彰年份
陈明霞	女	梅岭小学	先进工作者	省政府	1960
刘宽厚	男	区文教局	先进工作者	省政府	1960
王开发	男	区运输总公司	省劳动模范	省政府	1977
罗葆春	男	扬州汽车电机厂	省劳动模范	省政府	1977
张四江	男	邗江锻造厂	省劳动模范	省政府	1977
陆文瑞	男	湾头公社田庄大队	省劳动模范	省政府	1980
吴耀庭	男	区政协	省劳动模范	省政府	1980
王凤鸾	女	平山乡	全国计生先进个人	国家计生委	1985
方志才	男	堡城村	省劳动模范	省政府	1985
曹长玉	男	双桥砖瓦厂	省劳动模范	省政府	1988
巫　玲	女	梅岭小学	全国教育系统劳动模范	国家教委、人事部	1989
陈一兵	女	梅岭小学	全国教育系统劳动模范	国家教委、人事部	1989
徐　育	女	西湖中学	全国优秀教师	国家教委、人事部	1989

续表 27-3-1

姓　名	性别	工作单位	荣誉称号	授予单位	表彰年份
李自慧	女	沙口中心小学	全国优秀教师	国家教委、人事部	1989
王蕙琴	女	区人民医院	市劳模	市政府	1989
高仁福	男	市第四建安公司一处	市劳模	市政府	1989
许云珠	女	平山荣坊乳牛场	市劳模	市政府	1989
胡年福	男	双桥乡	省劳动模范	省政府	1991
吴永余	男	扬州乐凯玩具有限公司	省劳动模范	省政府	1991
韩爱萍	女	区纪委	省优秀纪检监察干部	省委、省政府	1994
刘学根	男	平山乡党委	市劳模	市政府	1994
冯正才	男	市公安局郊区分局	市劳模	市政府	1994
高咸秋	男	西湖中学	全国教育系统劳动模范	教育部、人事部	1995
张　彦	女	工人子弟小学	全国教育系统劳动模范	教育部、人事部	1995
尹广卿	男	扬州钢管厂	省劳动模范	省政府	1996
朱淑琴	女	市第三布厂	省劳动模范	省政府	1996
俞广宽	男	扬州久扬渔具有限公司	省劳动模范	省政府	1996
胡朝美	女	扬州利达玩具有限公司	省五一劳动奖章	省总工会	1998
谢　敏	男	区纪委	省优秀纪检监察干部	省委、省政府	1999
冯国英	女	西湖镇	省优秀共产党员	省委	1999
周　平	男	区委组织部	省优秀共产党员	省委	1999
李开富	男	双桥乡双桥村	市劳模	市政府	1999
赵宝庆	男	区政府	维护国家安全先进个人	省政府	2000
朱永进	男	市特种车辆厂	省五一劳动奖章	省总工会	2000
俞吉荣	男	扬州久美渔具有限公司	省劳动模范	省政府	2001
刘贤龙	男	市三布厂	省劳动模范	省政府	2001
董志友	男	区纪委	全省纪检监察先进工作者	省委、省政府	2001
管学志	男	区殡葬管理所	省劳动模范	省政府	2001
范梅青	女	双桥实验小学	省优秀共产党员	省委	2001
尹忠涛	男	扬州宏福集团公司	市劳模	市政府	2002
姚开顺	男	区检察院	市劳模	市政府	2002

续表 27-3-1

姓　名	性别	工作单位	荣誉称号	授予单位	表彰年份
姜荣浦	男	市溶解乙炔气厂	市劳模	市政府	2002
徐有斌	男	市唐城房地产公司	省五一劳动奖章	省总工会	2003
胡朝华	女	扬州海星玩具有限公司	省五一劳动奖章	省总工会	2004
李恒云	男	平山乡	全国孝星	全国敬老爱老主题教育活动组委会	2004
余秀华	女	区统计局	先进个人	国务院全国第一次经济普查领导小组	2005
刘润生	男	市润扬汽车销售公司	市劳模	市政府	2005
赵春林	男	市鸿大房地产公司	市劳模	市政府	2005
韩太升	男	市钢管厂	市劳模	市政府	2005
冯远松	男	平山乡朱塘村党支部	市劳模	市政府	2005
吴明江	男	甘泉镇	省劳动模范	省政府	2006
刘桂兰	女	扬州久扬渔具有限公司	省劳动模范	省政府	2006
兰宝华	女	梅岭街道	全国"三八红旗手"	全国妇联	2006
申宝俊	男	区计生协会	全国人口文化工作先进个人	中国人口文化促进会	2006
朱正兴	男	双桥街道	中国百名优秀青年志愿者	团中央	2006
葛长龙	男	区纪委、监察局	全省纪检监察先进工作者	省委、省政府	2006
吴兰英	女	西湖镇	国家人口和计生工作先进个人	国家人口和计生委	2006
杨　敏	女	区公安分局	全国优秀人民警察	公安部	2007
王长海	男	梅岭街道	全国民兵优秀"四会"教练员标兵	解放军总参谋部	2007
翟　进	男	区工商分局	优秀工商行政管理员	国家工商总局	2008
王　勰	女	双桥乡	先进个人	国务院第二次农业普查领导小组办公室、国家统计局	2008
俞红梅	女	西湖镇	先进个人	国务院第二次农业普查领导小组办公室、国家统计局	2008
刘亚敏	男	扬州三布纺织有限公司	市劳模	市政府	2008
吴秀萍	女	扬州美迪制衣有限公司	市劳模	市政府	2008
孙寿章	男	双桥街道双桥村	市劳模	市政府	2008
孔志达	男	江苏江扬电缆有限公司	市劳模	市政府	2008
钱晓宝	男	区检察院	一等功	最高人民检察院	2009
仲桂林	男	梅岭街道	全国优秀志愿者	民政部	2009
潘　静	女	梅岭街道	全国群众体育工作先进个人	国家体育总局	2009
谈立才	男	区安监局	先进个人	国家安监总局	2009
单文彬	男	平山乡	先进个人	国务院第二次经济普查领导小组	2009

续表 27－3－1

姓　名	性别	工作单位及职务	荣誉称号	授予单位	表彰年份
胡永金	男	扬州星力机械有限公司	省五一劳动奖章	省总工会	2010
沈伯平	男	区水产技术指导站	先进个人	中国科协	2010
罗玉霞	女	平山乡计生协会	先进会员	中国计划生育协会	2010
杭春玉	男	区法院	省劳动模范	省政府	2011
吴秀萍	女	江苏美迪制衣集团有限公司	省劳动模范	省政府	2011
吴雪清	女	城北乡	省劳动模范	省政府	2011
吴克俭	男	扬州新凤凰光电有限公司	市劳模	市政府	2011
周祥东	男	江苏罗思韦尔电气有限公司	市劳模	市政府	2011
刘晓信	男	江苏牛牌纺织机械有限公司	市劳模	市政府	2011
苏立宏	男	扬州润扬豆品合作社	市劳模	市政府	2011

第二节　烈士英名录

1989～2011 年维扬区被批准的革命烈士一览表

表 27－3－2

姓　名	性别	生卒年份	籍贯	牺牲时所在单位及职务	牺牲地点及原因	批准(追认)年份
张　瑾	男	1914—1938	江苏海安	国民党陆军第 62 师 371 团 3 营 9 连上尉连长	在浙江吴兴(现湖州市吴兴区)金鸡山与日军作战时牺牲	1940
惠能如	男	1921—1946	甘泉乡	新四军某部班长	因战牺牲于涟水	1946
张登巨	男	1927—1946	甘泉乡	新四军某部战士	因战牺牲于涟水	1946
俞德宝	男	1921—1947	甘泉乡	新四军甘泉支队四连战士	因战牺牲于仪征朴树湾	1947
柏根生	男	1924—1950	甘泉乡	中国人民志愿军某部战士	在朝鲜因战牺牲	1963
汪玉国	男	1923—1950	双桥乡	解放军某部战士	解放战争中负重伤，后因旧伤复发在常州去世	*
王亚山	男	1923—1951	甘泉乡	中国人民志愿军 120 师 352 团 2 营机枪连排长	在朝鲜因战牺牲	1951
杨芳郙	男	1934—1953	甘泉乡	中国人民志愿军 24 军 72 师 215 团 1 营 2 连战士	在朝鲜因战牺牲	1953
桑中亮	男	1932—1953	甘泉乡	中国人民志愿军 24 军 72 师 215 团 1 营 2 连战士	在朝鲜因战牺牲	1953
吴金余	男	1942—1968	甘泉乡	解放军 6446 部队战士	在安庆市因公牺牲	1968
晋鲁嘉	女	1955—1976	西湖镇	解放军 225 医院战士	在唐山大地震中因公牺牲	1976
孙玉龙	男	1988—2005	江苏宝应	扬州商业学校电子班学生	与盗窃自行车歹徒搏斗中英勇牺牲	2007

说明：带 * 号的烈士证遗失。省民政厅、市烈士陵园名册均有记载

第三节　高级专业技术职务人员名录

1988～2011年维扬区高级专业技术职务人员一览表

表27-3-3

姓　名	性别	工　作　单　位	评定时间	职　　称
郭　斌	男	扬州西湖碟型弹簧厂	1988.10	高级工程师
顾仑岗	男	郊区人才服务部	1988.12	高级工程师
袁钟琪	男	区科委	1988.12	高级工程师
阚育南	男	区文教局	1988.12	高级工程师
郭益善	男	市第四建筑安装工程公司	1991.2	高级工程师
彭式勤	男	区农水局	1991.3	高级工程师
曹　洪	男	区科委	1991.7	高级工程师
殷传麟	男	区政府	1992.5	高级工程师
戴　俊	男	区计经委	1992.5	高级工程师
赵恒俊	男	区农水局	1993.4	高级工程师
杭庆余	男	扬州捷康集团	1993.9	高级工程师
孟乐匀	男	市第四工业设备安装公司	1994.4	高级工程师
陆寅生	男	区文教局	1995.12	高级工程师
刘少平	男	扬州中机环建建设工程有限公司	1995.12	高级工程师
李家训	男	扬州家具公司	1997.12	高级工程师
宋俊毅	男	扬州中机环建建设工程有限公司	1999.9	高级工程师
陈立建	男	平山特种车辆厂	1999.12	高级工程师
徐安祥	男	平山特种车辆厂	1999.12	高级工程师
刘光荣	男	区建委	2000.5	高级工程师
李德良	男	扬州日模邗沟装饰工程有限公司	2000.5	高级工程师
叶章林	男	扬州中机环建建设工程有限公司	2000.5	高级工程师
焦玉龙	男	市第四建筑安装工程有限公司	2002.4	高级工程师
郁涌泉	男	市第四建筑安装工程有限公司	2002.4	高级工程师
李德田	男	扬州日模邗沟装饰工程有限公司	2002.4	高级工程师
黄甫连	男	扬州日模邗沟装饰工程有限公司	2002.4	高级工程师
成伯恒	男	扬州中机环建建设工程有限公司	2004.5	高级工程师
巫金林	男	江苏环建建设投资有限公司	2004.11	高级工程师
桂玉泉	男	江苏环建建设投资有限公司	2004.11	高级工程师
俞金鹏	男	扬州日模邗沟装饰工程有限公司	2004.5	高级工程师
张广松	男	扬州日模邗沟装饰工程有限公司	2004.5	高级工程师

续表 27-3-3

姓 名	性别	工 作 单 位	评定时间	职 称
刘 丹	男	江苏环建建设投资有限公司	2005.8	高级工程师
张连华	男	江苏环建建设投资有限公司	2005.8	高级工程师
陈鸿明	男	江苏环建建设投资有限公司	2005.8	高级工程师
张 健	男	市第四建筑安装工程有限公司	2005.8	高级工程师
李鸿明	男	扬州中机环建建设工程有限公司	2005.11	高级工程师
蒋义连	男	市第四建筑安装工程有限公司	2006.5	高级工程师
陈正桂	男	市第四建筑安装工程有限公司	2006.5	高级工程师
王宏祥	男	市第四建筑安装工程有限公司	2006.5	高级工程师
江 滨	男	市第四建筑安装工程有限公司	2006.5	高级工程师
刘国利	男	市第四建筑安装工程有限公司	2006.5	高级工程师
李广发	男	市第四建筑安装工程有限公司	2006.5	高级工程师
李大中	男	市第四建筑安装工程有限公司	2006.5	高级工程师
潘中林	男	市第四建筑安装工程有限公司	2006.5	高级工程师
唐福全	男	市第四建筑安装工程有限公司	2006.5	高级工程师
周小和	男	江苏环建建设投资有限公司	2006.5	高级工程师
成文济	男	江苏环建建设投资有限公司	2006.5	高级工程师
靖崇祥	男	市四维建设监理有限公司	2006.8	高级工程师
周春辉	男	市四维建设监理有限公司	2006.8	高级工程师
曹金芳	男	市天地房地产开发有限公司	2006.8	高级工程师
郭贵龙	男	市第四建筑安装工程有限公司	2006.12	高级工程师
杨文俊	男	扬州恒进设备安装工程有限公司	2006.12	高级工程师
陈正桂	男	市第四建筑安装工程有限公司	2006.12	高级工程师
蒋宽林	男	市第四建筑安装工程有限公司	2006.12	高级工程师
李德华	男	扬州日模邗沟装饰工程有限公司	2006.12	高级工程师
杨文俊	男	扬州恒进设备安装工程有限公司	2006.12	高级工程师
李俊华	男	扬州日模邗沟装饰工程有限公司	2006.12	高级工程师
王树凤	男	扬州力创机床有限公司	2007.9	高级工程师
杜明桂	男	区林蚕技术指导站	2007.10	高级工程师
周耀斌	男	扬州中机环建建设工程有限公司	2008.9	高级工程师
华义胜	男	区林蚕技术指导站	2008.9	高级工程师
郁 青	男	市第四建筑安装工程有限公司	2009.8	高级工程师
蒋圣荣	男	扬州恒进设备安装工程有限公司	2009.8	高级工程师
徐向阳	男	扬州恒进设备安装工程有限公司	2009.8	高级工程师
余世平	男	扬州恒进设备安装工程有限公司	2009.8	高级工程师
解庆龙	男	扬州恒进设备安装工程有限公司	2009.8	高级工程师

续表 27-3-3

姓　名	性别	工　作　单　位	评定时间	职　　称
佴立安	男	扬州恒进设备安装工程有限公司	2009.8	高级工程师
薛　峰	男	扬州恒进设备安装工程有限公司	2009.8	高级工程师
王志林	男	扬州辛普森工程设备有限公司	2009.8	高级工程师
涂廷来	男	市第四建筑安装工程有限公司	2009.8	高级工程师
丁长根	男	市第四建筑安装工程有限公司	2009.8	高级工程师
李国平	男	市第四建筑安装工程有限公司	2009.8	高级工程师
张　洪	男	市第四建筑安装工程有限公司	2009.8	高级工程师
肖庆朝	男	市第四建筑安装工程有限公司	2009.8	高级工程师
窦庆云	男	市云腾建设工程有限公司	2009.8	高级工程师
朱成庭	男	市云腾建设工程有限公司	2009.8	高级工程师
肖红旗	男	扬州中机环建建设工程有限公司	2009.8	高级工程师
李　伟	男	扬州日模邗沟装饰工程有限公司	2009.8	高级工程师
吴许红	男	扬州日模邗沟装饰工程有限公司	2009.8	高级工程师
黄建有	男	扬州日模邗沟装饰工程有限公司	2009.8	高级工程师
蔡　瑞	男	扬州日模邗沟装饰工程有限公司	2009.8	高级工程师
李　玮	男	市业星建筑装饰工程有限公司	2009.8	高级工程师
刘培德	男	市业星建筑装饰工程有限公司	2009.8	高级工程师
栾文成	男	扬州中机环建建设工程有限公司	2009.8	高级工程师
朱杨华	男	扬州中机环建建设工程有限公司	2009.8	高级工程师
唐　群	男	市通宇压力容器有限公司	2009.12	高级工程师
方晓东	男	江苏通宇钢管集团有限公司	2009.12	高级工程师
孔庆善	男	扬州力创机床有限公司	2009.12	高级工程师
钱　武	男	扬州五亭桥缸套有限公司	2009.12	高级工程师
任红春	男	扬州扬开电力控制设备有限公司	2009.12	高级工程师
朱荣中	男	市维扬勘测规划技术中心	2009.12	高级工程师
严信泰	男	西湖中学	1988.7	中学高级教师
林广义	男	西湖中学	1988.7	中学高级教师
胡新文	男	西湖中学	1990.1	中学高级教师
何承谟	男	西湖中学	1992.5	中学高级教师
高季泉	男	西湖中学	1993.1	中学高级教师
冯宏宝	男	西湖中学	1993.1	中学高级教师
陈生华	男	西湖中学	1993.1	中学高级教师
黄春华	女	西湖中学	1994.1	中学高级教师
蒋惠芳	女	西湖中学	1994.1	中学高级教师
陈彭庚	男	西湖中学	1995.1	中学高级教师

续表 27 - 3 - 3

姓　名	性别	工　作　单　位	评定时间	职　　称
邱龙涛	男	甘泉中学	1996.11	中学高级教师
周位年	男	西湖中学	1996.12	中学高级教师
宗大鹏	男	区文教局	1996.12	中学高级教师
罗美霞	女	西湖中学	1997.1	中学高级教师
陈庆凯	男	西湖中学	1997.1	中学高级教师
郭葆琪	女	西湖中学	1997.12	中学高级教师
许文根	男	西湖中学	1997.12	中学高级教师
任宝贵	男	邗沟中学	1997.12	中学高级教师
黄文瑾	男	西湖中学	1998.3	中学高级教师
刘大成	男	邗沟中学	1998.3	中学高级教师
韦永顺	男	邗沟中学	1998.3	中学高级教师
童本秋	男	邗沟中学	1998.12	中学高级教师
成　来	男	邗沟中学	1998.12	中学高级教师
凌遵武	男	邗沟中学	1998.12	中学高级教师
袁如萱	男	邗沟中学	1999.3	中学高级教师
周关友	男	邗沟中学	1999.3	中学高级教师
程　坚	男	区文教局	2000.12	中学高级教师
郭祥明	男	邗沟中学	2000.12	中学高级教师
王书生	男	西湖中学	2001.6	中学高级教师
顾耀明	男	邗沟中学	2001.9	中学高级教师
赵　玉	女	西湖中学	2001.9	中学高级教师
严淑英	女	西湖中学	2001.1	中学高级教师
沈　莹	女	区文教局	2002.1	中学高级教师
阚国平	男	甘泉中学	2002.1	中学高级教师
罗久林	男	西湖中学	2003.9	中学高级教师
纪玉银	男	甘泉中学	2003.9	中学高级教师
刘宝丰	男	甘泉中学	2003.9	中学高级教师
方德泰	男	甘泉中学	2003.9	中学高级教师
辛雪兰	女	西湖中学	2003.12	中学高级教师
毛法元	男	西湖实验学校	2004.3	中学高级教师
李国勋	男	甘泉中学	2004.11	中学高级教师
朱德勇	男	甘泉中学	2004.11	中学高级教师
张春来	男	甘泉中学	2004.11	中学高级教师
张惠明	男	甘泉中学	2004.11	中学高级教师
郭　斌	男	邗沟中学	2004.12	中学高级教师

续表 27-3-3

姓　名	性别	工　作　单　位	评定时间	职　　称
黄国如	男	维扬中学	2005.8	中学高级教师
龚　红	女	甘泉中学	2005.8	中学高级教师
姚正祥	男	甘泉中学	2005.8	中学高级教师
冯坤琦	男	四季园小学	2005.8	中学高级教师
彭扣玲	女	市税务幼儿园	2005.8	中学高级教师
尹秀莲	女	维扬中学	2005.9	中学高级教师
徐羊巧	女	维扬中学	2005.9	中学高级教师
高　静	女	梅岭小学	2005.9	中学高级教师
叶　红	女	维扬中学	2005.9	中学高级教师
李旭红	男	甘泉中学	2005.12	中学高级教师
朱月丹	女	维扬中学	2006.1	中学高级教师
高红梅	女	甘泉中学	2006.1	中学高级教师
高菊红	女	甘泉中学	2006.1	中学高级教师
桑祖海	男	甘泉中学	2006.1	中学高级教师
汪桂祥	男	甘泉中学	2006.1	中学高级教师
沈仁斌	男	甘泉中学	2006.1	中学高级教师
李万来	男	甘泉中学	2006.1	中学高级教师
刘金贵	男	甘泉中学	2006.1	中学高级教师
王信心	男	甘泉中学	2006.1	中学高级教师
徐尤梅	女	维扬中学	2006.1	中学高级教师
邵翠红	女	甘泉中学	2006.1	中学高级教师
孔凡明	男	甘泉中学	2006.1	中学高级教师
郭福祥	男	甘泉中学	2006.1	中学高级教师
傅广鑫	男	四季园小学	2006.10	中学高级教师
周　茜	女	维扬实验小学	2006.10	中学高级教师
姚新燕	女	西湖中学	2006.10	中学高级教师
黄淦云	男	西湖中学	2006.10	中学高级教师
薛德芳	男	西湖中学	2006.10	中学高级教师
周玉芬	女	西湖中学	2006.10	中学高级教师
宋竹松	男	西湖中学	2006.10	中学高级教师
王　健	男	西湖中学	2006.10	中学高级教师
王志强	男	维扬实验小学	2006.11	中学高级教师
丁　丹	女	明月幼儿园	2006.11	中学高级教师
刘　骏	男	甘泉中学	2007.1	中学高级教师
王健峰	男	甘泉中学	2007.1	中学高级教师

续表 27－3－3

姓　名	性别	工　作　单　位	评定时间	职　　称
周万阳	男	甘泉中学	2007.1	中学高级教师
陆汉俊	男	维扬中学	2007.10	中学高级教师
王秀华	女	维扬中学	2007.10	中学高级教师
杨春明	男	维扬中学	2007.10	中学高级教师
刘跃宏	男	维扬中学	2007.10	中学高级教师
李红花	女	维扬中学	2007.10	中学高级教师
谈明荣	男	维扬中学	2007.10	中学高级教师
季建国	男	维扬中学	2007.10	中学高级教师
梁永华	男	维扬中学	2007.10	中学高级教师
赵春梅	女	维扬中学	2007.10	中学高级教师
陈冬云	男	梅岭小学	2007.10	中学高级教师
黄　宁	女	工人子弟小学	2007.10	中学高级教师
秦凤玲	女	维扬实验小学	2007.10	中学高级教师
耿士科	男	甘泉中学	2007.12	中学高级教师
张志桃	男	西湖实验学校	2008.10	中学高级教师
柏基红	男	甘泉中学	2008.10	中学高级教师
唐正兴	男	甘泉中学	2008.10	中学高级教师
戴明才	男	甘泉中学	2008.10	中学高级教师
陈　斌	男	甘泉中学	2008.10	中学高级教师
陈粉云	女	维扬中学	2008.10	中学高级教师
卞爱燕	女	维扬中学	2008.10	中学高级教师
许秀田	男	维扬中学	2008.10	中学高级教师
徐龙梅	女	维扬中学	2008.10	中学高级教师
王维春	男	维扬中学	2008.10	中学高级教师
徐新生	男	维扬中学	2008.10	中学高级教师
姜有凤	女	维扬中学	2008.10	中学高级教师
罗德美	女	维扬中学	2008.10	中学高级教师
程国英	女	梅苑双语学校	2008.10	中学高级教师
潘立峰	男	新东方中学	2008.10	中学高级教师
陈文艳	女	梅岭小学	2008.10	中学高级教师
沈建年	男	甘泉小学	2008.10	中学高级教师
宁　莹	女	金太阳幼儿园	2008.10	中学高级教师
潘国俊	男	区文教局	2008.10	中学高级教师
田　菁	女	维扬中学	2009.12	中学高级教师
吴学根	男	维扬中学	2009.12	中学高级教师

续表 27-3-3

姓　名	性别	工　作　单　位	评定时间	职　　称
步维敏	男	维扬中学	2009.12	中学高级教师
周爱萍	女	维扬中学	2009.12	中学高级教师
周春祥	男	甘泉中学	2009.12	中学高级教师
严雨花	女	甘泉中学	2009.12	中学高级教师
潘爱华	女	甘泉中学	2009.12	中学高级教师
刘德芳	女	甘泉中学	2009.12	中学高级教师
朱万福	男	甘泉中学	2009.12	中学高级教师
陈秀华	女	西湖实验学校	2009.12	中学高级教师
徐玉君	女	西湖实验学校	2009.12	中学高级教师
焦建兰	女	梅苑双语学校	2009.12	中学高级教师
李瑞亭	男	区文教局	2009.12	中学高级教师
孟东升	男	区文教局	2009.12	中学高级教师
刘玉宝	男	维扬实验小学	2009.12	中学高级教师
朱林洁	男	维扬实验小学	2009.12	中学高级教师
房崇德	男	维扬实验小学	2009.12	中学高级教师
刘　健	男	维扬实验小学	2009.12	中学高级教师
刘庆昌	男	甘泉小学	2009.12	中学高级教师
杨桂珠	女	明月幼儿园	2009.12	中学高级教师
陈　勇	男	梅苑双语学校	2010.10	中学高级教师
朱向军	男	梅苑双语学校	2010.10	中学高级教师
唐登松	男	甘泉小学	2010.10	中学高级教师
刘永赤	男	甘泉中学	2010.10	中学高级教师
许寿云	女	甘泉中学	2010.10	中学高级教师
李宏昌	男	甘泉中学	2010.10	中学高级教师
邵美云	女	甘泉中学	2010.10	中学高级教师
刘　霞	女	邗沟中学	2010.10	中学高级教师
李明明	男	邗沟中学	2010.10	中学高级教师
崔海芳	女	金太阳幼儿园	2010.10	中学高级教师
王　俭	男	梅岭小学	2010.10	中学高级教师
孔国娟	女	梅岭小学	2010.10	中学高级教师
周贞卿	男	梅岭小学	2010.10	中学高级教师
张金平	男	梅岭小学	2010.10	中学高级教师
张玉妹	女	梅岭小学	2010.10	中学高级教师
李　玲	女	梅岭小学	2010.10	中学高级教师
朱莉蓉	女	四季园小学	2010.10	中学高级教师

续表 27-3-3

姓　名	性别	工　作　单　位	评定时间	职　　称
李吉银	男	维扬实验小学	2010.10	中学高级教师
郑　丽	女	维扬实验小学	2010.10	中学高级教师
束家珍	女	维扬中学	2010.10	中学高级教师
陈　平	男	维扬中学	2010.10	中学高级教师
赵荣春	男	维扬中学	2010.10	中学高级教师
蒋爱红	女	维扬中学	2010.10	中学高级教师
杨如玲	女	维扬中学	2010.10	中学高级教师
许开昌	男	西湖实验学校	2010.10	中学高级教师
吴金凤	女	西湖实验学校	2010.10	中学高级教师
朱玉玲	女	竹西小学	2010.10	中学高级教师
纪　芳	女	工人子弟小学	2010.10	中学高级教师
温　洁	女	工人子弟小学	2010.10	中学高级教师
刘　愈	女	甘泉小学	2011.12	中学高级教师
徐长凤	女	甘泉小学	2011.12	中学高级教师
周　峻	男	甘泉中学	2011.12	中学高级教师
郭永兰	女	甘泉中学	2011.12	中学高级教师
陈建山	男	甘泉中学	2011.12	中学高级教师
陈希凤	女	工人子弟小学	2011.12	中学高级教师
张居勋	男	工人子弟小学	2011.12	中学高级教师
董红梅	女	邗沟中学	2011.12	中学高级教师
张　晖	男	邗沟中学	2011.12	中学高级教师
丁　晶	女	梅岭小学	2011.12	中学高级教师
周海雯	女	梅岭小学	2011.12	中学高级教师
高　璐	女	梅岭小学	2011.12	中学高级教师
吴春梅	女	梅岭小学	2011.12	中学高级教师
房文婷	女	梅岭小学	2011.12	中学高级教师
陈红燕	女	梅岭小学	2011.12	中学高级教师
林　君	女	梅岭小学	2011.12	中学高级教师
丁秀琴	女	梅岭小学	2011.12	中学高级教师
戴　彦	女	明月幼儿园	2011.12	中学高级教师
田　亮	女	维扬实验小学	2011.12	中学高级教师
徐宝凤	女	维扬实验小学	2011.12	中学高级教师
张建平	男	维扬中学	2011.12	中学高级教师
周　萍	女	维扬中学	2011.12	中学高级教师
马艳红	女	维扬中学	2011.12	中学高级教师

续表 27-3-3

姓 名	性别	工 作 单 位	评定时间	职 称
尤 健	男	维扬中学	2011.12	中学高级教师
周桂香	女	维扬中学	2011.12	中学高级教师
王红梅	女	西湖实验学校	2011.12	中学高级教师
朱庆江	男	西湖实验学校	2011.12	中学高级教师
周秋香	女	西湖实验学校	2011.12	中学高级教师
刘志彪	男	竹西小学	2011.12	中学高级教师
李文富	男	竹西小学	2011.12	中学高级教师
陈绍业	男	区人民医院	1989.11	副主任医师
胡世和	男	区人民医院	1996.11	副主任医师
张 永	男	区人民医院	1999.8	副主任医师
范志平	男	区人民医院	1999.8	副主任医师
陈 南	男	区人民医院	2001.8	副主任医师
李明堂	男	甘泉医院	2001.8	副主任医师
蔡亮亮	女	梅岭小学	2003.8	副主任医师
张文彬	男	城北医院	2008.9	副主任医师
任建民	男	西湖医院	2010.9	副主任医师
王为松	男	区水产指导站	1988.8	高级农艺师
吴敬泽	男	区水产指导站	1988.8	高级农艺师
朱兆锦	男	市蔬菜研究所	1988.8	高级农艺师
林秀珠	女	市蔬菜研究所	1988.8	高级农艺师
钱 涛	男	区政府办公室	1991.7	高级农艺师
路桂芬	女	市蔬菜研究所	1991.7	高级农艺师
殷 越	男	市蔬菜研究所	1991.7	高级农艺师
张菊芬	女	区人大常委会	1992.8	高级农艺师
申宝俊	男	区政府	1992.1	高级农艺师
李梓钧	男	市蔬菜研究所	1992.12	高级农艺师
张慕信	男	市蔬菜研究所	1992.12	高级农艺师
王名祥	男	市蔬菜研究所	1992.12	高级农艺师
项 东	男	区畜牧兽医站	1993.1	高级兽医师
蒋炳康	男	区农水局	1993.1	高级农艺师
陈镇波	男	区农水局	1993.1	高级农艺师
张兆林	男	区政府	1995.5	高级农艺师
杭素莲	女	市蔬菜研究所	1996.11	高级农艺师
罗健勤	女	区农水局	1997.12	高级农艺师
肖 娟	女	区种子公司	2000.12	高级农艺师

续表27-3-3

姓　名	性别	工　作　单　位	评定时间	职　称
周长军	男	区委办公室	2000.12	高级农艺师
张书良	男	区植保站	2000.12	高级农艺师
朱　端	男	市蔬菜研究所	2001.1	高级农艺师
赵锦根	男	区种子公司	2001.1	高级农艺师
王洪珍	女	市蔬菜研究所	2002.8	高级农艺师
姜存兰	女	区种子公司	2002.11	高级农艺师
顾永良	男	区发展投资有限公司	2002.11	高级农艺师
王明清	男	区农机站	2007.11	高级农艺师
华义胜	男	区农水局	2008.9	高级农艺师
戴邦信	男	区畜牧兽医站	1991.7	高级兽医师
葛　浩	男	区农水局	1991.7	高级兽医师
陈修齐	男	区畜牧兽医站	1998.11	高级兽医师
赵宏勤	男	区农水局	1993.4	高级畜牧师
张映涛	男	区畜牧兽医站	1997.11	高级畜牧师
叶　莉	女	区畜牧兽医站	2002.8	高级畜牧师
赵秀花	女	区畜牧兽医站	2002.8	高级畜牧师
侯学新	男	区畜牧兽医站	2002.11	高级畜牧师
吴燕玲	女	—	1999.12	高级会计师
钱春荣	男	平山特种车辆厂	1999.12	高级会计师
龚建云	男	扬州力创机床有限公司	2006.9	高级会计师
王　萍	女	扬州丽华汽车内饰件有限公司	2006.9	高级会计师
卜云霞	女	区财政局	2006.9	高级会计师
李　玮	女	区财政局	2006.9	高级会计师
孙春梅	女	区发展改革和经济贸易委员会	2007.8	高级会计师
曹春大	男	区财政局	2007.8	高级会计师
陆　合	男	区财政局	2007.8	高级会计师
郑庆武	男	区统计局	2004.12	高级统计师
余秀华	女	区统计局	2011.8	高级统计师
陈宝金	男	区计经委	1992.12	高级经济师
蒋庆岳	男	区供销社	1993.9	高级经济师
尹宏宝	男	区政协	1993.12	高级经济师
尹忠涛	男	市宏福集团	1993.12	高级经济师
刘贤龙	男	市三布厂	1993.12	高级经济师
陈永龙	男	市第四建筑安装工程有限公司	1995.3	高级经济师
施文松	男	西湖镇政府	1995.3	高级经济师

续表 27-3-3

姓　名	性别	工　作　单　位	评定时间	职　　称
刘学根	男	平山乡	1995.12	高级经济师
俞广宽	男	扬州久扬渔具有限公司	1995.12	高级经济师
许春林	男	市乙炔气厂	1995.12	高级经济师
胡建进	男	扬州恒进设备安装工程有限公司	1999.12	高级经济师
印跃进	男	平山茶场	1999.12	高级经济师
邵祖全	男	市天地房地产开发有限公司	1999.12	高级经济师
徐凤山	男	区建设局	1999.12	高级经济师
赵春林	男	市鸿大房地产开发有限公司	2001.5	高级经济师
唐春根	男	平山乡政府	2001.5	高级经济师
孔志达	男	江苏江扬电缆有限公司	2006.11	高级经济师
尹广卿	男	市钢管总厂	2006.11	高级经济师
王春松	男	扬州恒丰电气有限公司	2006.11	高级经济师
高　展	男	江苏江扬电缆有限公司	2007.11	高级经济师
张文彬	男	城北医院	2008.9	高级经济师
夏建中	男	扬州双鸿电子有限公司	2008.12	高级经济师
陆志来	男	江苏通宇钢管集团有限公司	2008.12	高级经济师
严　庆	男	市新兴金属材料有限公司	2008.12	高级经济师
唐振民	男	扬州扬开电力控制设备有限公司	2008.12	高级经济师
周祥东	男	江苏罗思韦尔电气有限公司	2010.10	高级经济师
张元松	男	市建业庆松集团有限公司	2010.10	高级经济师
王兆宏	男	市建业庆松集团有限公司	2010.10	高级经济师
林若庸	男	扬州雅伦玩具有限公司	2010.10	高级经济师
程裕祥	男	区委宣传部	1992.8	副研究员
刘　飚	男	区人大常委会办公室	1992.8	副研究员
钱传仓	男	区文教局	1992.8	副研究员
翁振进	男	区委	1992.1	副研究员
陈　宁	男	区政府办公室	1992.12	副研究员
汪贵宝	男	区档案馆	2006.9	副研究员
任开志	男	区委宣传部	1992.12	高级政工师
戴庆群	男	区总工会	1995.12	高级国际商务师
姚顺利	男	平山乡	1995.12	高级国际商务师
陈德华	男	—	1995.12	高级国际商务师
石志明	男	区大寅装饰设计中心	2003.9	高级工艺美术师
胡三成	男	扬州日模邗沟装饰工程有限公司	2003.9	高级工艺美术师
姚士奇	男	扬州日模邗沟装饰工程有限公司	2008.10	高级工艺美术师
吴晓平	女	区吴晓平刺绣工作室	2008.10	高级工艺美术师

第四节　在外乡贤名录

1989～2011年维扬籍在外地任县处级和高级专业技术职务者一览表

表27-3-4

姓　名	性别	出生年份	籍　贯	单位及职务(职称)
王风美	女	1966	西湖镇	上海市委宣传部办公室副主任
王定勇	男	1978	西湖镇	扬州大学文学院副教授
王德平	男	1964	西湖镇	市科协副主席
吕立宁	男	1954	西湖镇	北京空军指挥学院某部门政委(团级)
李明安	男	1963	西湖镇	市粮食局局长
杨宝发	男	1949	西湖镇	南京熊猫电子集团厂长
吴正松	男	1953	西湖镇	总装备部江阴基地副司令员(正师)少将军衔
陈明山	男	1953	西湖镇	市政协社会和法制委员会主任
陈秀华	女	1968	西湖镇	邗江县中学中学高级教师
郑桂林	男	1951	西湖镇	扬州军分区技术七级(副师级)
林正玉	男	1963	西湖镇	市人大常委会秘书长、市委党校常务副校长(副市级)
俞正禄	男	1950	西湖镇	北京第二外国语学院办公室主任(正处级)
施正德	男	1946	西湖镇	淮安市政府秘书长
高景桃	男	1956	西湖镇	市第一人民医院门诊部主任医师
曹长林	男	1954	西湖镇	北京空军指挥学院(副师级)
曹恩荣	男	1949	西湖镇	市国税局总经济师
蒋国才	男	1947	西湖镇	邗江县中学中学高级教师
马年兵	男	1973	甘泉街道	空军航空兵第五师后勤部部长、空军中校
王亦柏	男	1978	甘泉街道	国土资源部地籍司权属处副处长
王庭国	男	1962	甘泉街道	宝应县委副书记、县长
王振林	男	1949	甘泉街道	省高级法院调研员、正处级审判员
田怀香	女	1976	甘泉街道	上海应用技术学院办公室副主任、教授
许世明	男	1971	甘泉街道	江苏华建建设股份有限公司北京分公司项目经理、高级工程师、一级建造师
刘宝田	男	1961	甘泉街道	江苏桩基公司项目经理、总工程师、地矿高级工程师、一级建造师
李中泉	男	1971	甘泉街道	中国科学院高能物理研究所研究员、高级工程师
李文喜	男	1930	甘泉街道	中国台湾《世界论坛报》主任记者
李宏明	男	1948	甘泉街道	扬州商城副总经理(正处级)
李明智	男	1966	甘泉街道	南开大学戈德集团董事长、教授、校务委员
李　翔	男	1968	甘泉街道	北京军区装备部军人保障卡管理办公室主任(正团级)
李春阳	男	1963	甘泉街道	邗江区副区长、邗江公安分局局长
吴长年	男	1966	甘泉街道	南京大学环境科学与工程系副教授

续表 27－3－4

姓　名	性别	出生年份	籍　贯	单位及职务(职称)
胡　荣	男	1980	甘泉街道	南京航空航天大学副教授
胡　俊	男	1970	甘泉街道	德国赫斯曼电子公司驻上海代表处首席代表
唐伟太	男	1949	甘泉街道	中江城建公司党支部书记、副总经理
顾红光	男	1950	甘泉街道	第三军医大学附属大坪医院教授、主任医师(正军级少将)
聂有朝	男	1954	甘泉街道	邗江县人社局副局长(正处级)
聂晓东	男	1965	甘泉街道	中国科学院信通集团北京纵横公司总裁、北京市青联委员、北京市海淀区政协常委
徐广科	男	1951	甘泉街道	海军装备部航空技术保障部副部长
钱德怀	男	1964	甘泉街道	上海警备区保卫股股长(正团级)
潘旭生	男	1950	甘泉街道	解放军海军司令部编研室主任
戴前良	男	1960	甘泉街道	市规划局党组书记
王广玉	男	1936	瘦西湖街道	徐州矿务局党委书记
王惠星	男	1969	瘦西湖街道	解放军海军乐团副团长兼艺术总监、海军上校军衔
夏国泉	男	1979	瘦西湖街道	中国特种设备检测研究院 ASME 授权主任检验师、高级工程师
杨幸平	男	1956	城北乡	上海警备区后勤部原部长(正师级)
杭建强	男	1954	城北乡	市公安局党委原副书记、副局长(正处级)
吴永安	男	1949	城北乡	市公安局仪化分局原局长(副处)
吴立香	女	1966	城北乡	省高级法院审监二庭庭长(正处)
朱正海	男	1952	双桥乡	市政协副主席
赵祯田	男	1949	双桥乡	市人事局副调研员(副处)
赵祯清	男	1942	双桥乡	市人大常委会副秘书长(正处)
赵长松	男	1964	双桥乡	广陵区委副书记
梅翠珍	女	1953	双桥乡	市工商联副主席、市商会副会长
程兆君	女	1963	梅岭街道	市发改委副主任
窦少峰	男	1961	梅岭街道	滁州市残联理事长、党组书记、市政协常委
尹巨明	男	1966	平山乡	外交部驻澳门特别行政区特派员、公署政策研究室主任
钱正康	男	1941	平山乡	山东省国家安全厅副厅长(退休)
刘茂芝	男	1948	平山乡	中铁物资集团党委书记(正厅级)

第五节　能工巧匠名录

1989～2011 年维扬区各类能工巧匠一览表

表 27－3－5

类别	姓名	性别	出生年份	住址或单位	主要专业特长(事迹)
厨师	徐长岭	男	1975	西湖镇胡场村	19 岁在扬州大饭店当厨师，3 年后回村自办小吃店。专门邀请扬州大学烹饪教授探索老鸭汤工艺，由于经营理念创新、烹制方法独特，成功打造“胡场老鸭汤”餐饮文化知名品牌
	王红梅	女	1977	梅岭街道鸿福社区	2006 年跟随父辈学习里下河鱼汤面制作。在汤料上选择野生鲫鱼、黄鳝骨等原料。食后不上火、不口干，营养丰富。她制作的鱼汤面汁乳白，清爽不腻，面条细而软滑，鲜美可口

续表27-3-5

类别	姓名	性别	出生年份	住址或单位	主要专业特长(事迹)
民间医师	许凯芝	男	1918	平山乡堡城村	地方名医。其父是一名资历颇深的医生,从小受父亲指点,加之自学,故渐通医道。1957年,与人联合创办中西医联合诊所,后来改为西湖卫生院,一直担任该院医师,直至1986年退休。1988年,去世
	郭全金	男	1941	双桥街道双桥社区	自幼师承拳师何玉山、回族名拳师沙有庆学习各路拳法、器械,融汇各家之长,自创套路,兼修气功。擅长推拿、理筋整骨。40岁从医,为扬州工人疗养院主治医师,尤长于伤科。曾为中国女篮运动员现场推拿治疗,在广交会任专职推拿师,编入《中国气功名人录》
	臧承惠	女	1942	城北乡三星村	掌握一些民间偏方和民间医药知识,在生产和生活中,总结摸索许多偏方验方,对治疗头痛、失眠、多梦、记忆力差、打嗝、晕车、小儿磨牙、流口水、腿抽筋、落枕、皮肤痒、蚊虫咬伤、偷针眼、虫入耳、鱼刺卡喉、流鼻血等有功效
	赵国凤	女	1969	西湖镇蜀冈村	1989年8月从事眼科专业医疗工作。2006～2008年,用自己购置的进口医疗设备和器械参加市白内障无障碍防盲工作,使2000多名患者重见光明。凭其医技,吸引许多省内外患者慕名前来就诊。对一些困难患者还时常少收或不收医药费。
雕刻	杨忠宝	男	1954	梅岭街道便益门社区	1982年,师从省工艺美术大师南林余大师学习漆器产品造型、木雕设计。先后设计地屏、台屏、屏风、橱柜、几凳、盘盒等近千件作品,多次在国内外展出并获奖,很多作品为国家礼品赠送国内外友人。代表作品有:《万紫千红》《唐宫戏乐图》《湖山叠翠》等。2003年,被评为高级工艺美术师。2008年,被授予"省工艺美术大师"称号
	吴伟华	男	1961	梅岭街道便益门社区	1980年,师从陈礼仁学习木制品制作,有丰富的生产实践经验,广泛了解明清传统家具结构和工艺。作品有地屏、台屏、围屏、挂屏和各种家具,每件产品具有独特的工艺技法,并符合传统的审美理念,结构稳固,工艺简繁适当
园林营造	吴玉林	男	1963	双桥乡	高级技师。就职于扬州古典园林建设有限公司,20多年来从事园林营造施工管理工作。2006年,泰国世界园艺博览会上参展建造的"中国唐园"获世界园博会金奖。主持的主要新建工程有瘦西湖万花园一、二期,扬州"西大门"广场,漕河风光带,古运河风光带等。还在德国、加拿大、美国、泰国等国家参与建造扬州园林
	王鹿枝	男	1964	平山乡堡城村	叠石传承人。祖辈均为叠石名师,是被誉为扬州现代叠石名师王再云——"王老七"之孙。2009年6月,被命名为市级非物质文化遗产扬州叠石项目代表性传承人。参与东关街街南书屋假山堆叠,何园、个园假山修缮,曾受聘于北京、南京、南通、宝应等地叠石
文化技艺	刘仁年	男	1925	西湖镇	擅长舞茶担,自幼随父刘建祥学习龙舞、茶担等民间绝活,在庙会时表演。舞茶担是一种近似杂技表演形式的民间舞蹈,其形式很特别,表演者自茶担放在肩后便不再用手扶持茶担,仅靠头、肩与身体的韵律来平衡、舞动茶担,使茶担颠、甩,直至旋转成一条略带弧度的曲线,表演结束后,茶担内茶水无一点泼出
	蒋志龙	男	1953	城北乡	自幼酷爱书画艺术,1982年进入市中山书画学校,师从画家王板哉、何庵之、汪亮、卢星堂,学习中国花鸟画、山水画,几十年如一日笔耕不息,逐步形成独特的个人风格。其作品多次参加省、市、区各类大型书画展并获奖。市美术家协会会员,兼任市老年大学绘画教学工作

续表 27-3-5

类别	姓名	性别	出生年份	住址或单位	主要专业特长(事迹)
技术和技艺	邵德广	男	1931	梅岭街道凤凰社区	世代从事篾器制作，尤其精通蒸笼制作。竹编器具外形美观、质地坚韧、轻便实用、制作精巧。现竹编制品从生产、生活必需品逐渐变成观赏和收藏品
	嵇惠源	男	1942	西湖镇胡场村	祖父辈开始扎纸，他12岁从事扎纸。嵇氏制作的灯笼、神像、轿马、亭台楼阁、花鸟虫鱼等各种物品，制作精巧、形象逼真。该项技艺以剪、刻、画、扎、糊、贴为主，工艺要求高，非一般人所能为，唯有正宗的传人方可制作。嵇氏画匠扎纸在地方独树一帜
种植和养殖	王林甫	男	1926	平山乡堡城村	穿扎鲜花和盆景制作能手，尤以“疙瘩梅”盆景堪称一绝。2008年，去世
	仇正元	男	1933	平山乡堡城村	扬派盆景大师。1958年，做花工，接触盆景。翘皮榆、瓜子黄杨等作品在扬州、苏州、南京等地盆景展览上均获得荣誉奖，是当年堡城村第一个“万元户”。在其带动和影响下，堡城村花木盆景日益兴旺
	凌玉龙	男	1939	平山乡堡城村	1978年，开始研究培育菊花新品种，品种最多时达270多个，培育品种有十丈珠帘、黄石弓、枫叶如花、猩猩官等
	陶唯唯	男	1943	平山乡堡城村	从事花木种植40多年。疙瘩梅是梅花造型中的一种特殊形式，也是扬州文化遗产中的一个重要部分。受扬州社会、经济、文化等因素影响，形成“严整而富于变化、清秀而不失壮观”的风格，讲究工艺精湛，犹如国画中的工笔细描。它虬曲多姿，造型别致，是扬派盆景艺术中的一枝奇葩。“疙瘩梅”名品繁多，主要有宫粉梅、绿萼梅、骨红梅、冠城梅、品字梅、玉蝶梅、朱砂梅、檀香梅和杏红梅等数十个品种
	方志才	男	1951	平山乡堡城村	花木培植技术能手。改革开放初期，利用家前屋后空地栽培花木，销售到省内各地和山东、河南等地，年利润在2万～3万元，是堡城村最早的“万元户”之一
	王龙宝	男	1963	甘泉镇长塘村	邗江华实特种林食品加工厂厂长，1999年下岗后自主创业，先后种植樱花800多亩，又扩种樱叶80亩、柿40亩、青梅30亩，在业界被称为“樱花大王”。还陆续开发荷叶、荷花、菊花、山茶花、梅子花和桃花等新产品，“润嫩牌”农副产品打入国际市场
	李顺江	男	1965	平山茶场	“绿杨春”贡茶研制传承人，研制的“绿杨春”具有“形如新柳，翠绿秀长，香气高雅，滋味鲜醇，叶底嫩匀”的品质特征。该项目获1991年度市科技进步二等奖
	郑玉权	男	1973	西湖镇胡场村	自主创业，成立扬州康源堂科技生物有限公司，主要从事灵芝、白灵菇、杏鲍菇等食用菌栽培、研发、加工、销售，同时研发用含灵芝的饲料饲养灵芝鸡。2009年，获得“湖场”商标使用权。1999年，获得市“十大杰出青年农民”称号
	沈伯平	男	1955	区水产指导站	研究员级高级工程师。长期从事水产养殖技术以及金鱼品种改良、培育技艺等研究与推广工作，多次指导、遴选、组织扬州金鱼参加全国各类金鱼展示比赛。培养的铁包金水泡眼金鱼、紫绒球金鱼等均获得中国金鱼大赛二等奖。2010年，获“全国科普先进个人”称号，并著有《金鱼文化艺术欣赏》一书

续表 27-3-5

类别	姓名	性别	出生年份	住址或单位	主要专业特长(事迹)
土陶制作	苏义奎	男	1938	西湖镇蜀冈村	16岁跟随父亲学习制作土陶花盆。制作工序非常繁杂,需经过选泥取泥、搅拌、搓泥制作、晒干、装窑和烧作、出窑浸水等几十道环节,距今有100多年历史
扬州灯彩	许福林	男	1957	梅岭街道	市工艺美术大师。1978年,进入扬州工艺厂学习字画装裱,精通旧画复新。1989年后,从事扬州灯彩设计和策划,对剪纸和灯彩的传承发展做了很多工作。1999～2003年,设计上海城隍庙灯会。2001～2003年,在扬州荷花池公园策划扬州灯彩展。2006年,设计策划台湾佛光山寺迎新年平安灯会
绒花制作	杨家惠	女	1957	城北乡卜杨村	1979年,进入扬州制花厂,专业从事绒花制品造型设计制作。1998年企业改制后,创立市佳惠工艺品有限公司,由传统产品绒鸡、绒鸟、头戴花、盆景等,创新新型的海洋动物系列(如海狮、海豹、八爪鱼、鲸鱼等)、卡通系列(如卡通狗、猪、青蛙、熊猫等),以及畅销国外的复活节、万圣节、圣诞节节日装饰品(如圣诞老人、圣诞树、雪人等),产品远销日本、英国、美国
活字制作	张永林	男	1965	梅岭街道凤凰社区	工艺美术师。扬州广陵古籍刻印社社长,从事活字制作研究。活字制造技艺非常繁杂,经反复研究,结合古代文献资料,不断探索、总结、提高,终于研制恢复出中国古代五种活字(泥、锡、木、铜、瓷活字)制作工艺。该技艺被列入省级非物质文化遗产名录
雕版印刷	陈义时	男	1947	梅岭街道凤凰社区	工艺师。出身于雕版世家,14岁起随父亲刻苦钻研雕版技艺,40多年来从未间断。掌握一整套雕版技术精髓,主要作品有《西厢记》《红佛记》《毛泽东诗词六十七首》《唐诗三百首》《论语》《孙子兵法》等,几十年来累计刻字约60万个,刻图几百张(片)

第六节　百岁以上寿星名录

2011年维扬区百岁寿星一览表

表 27-3-6

姓　名	性　别	出生年份	家庭住址
许李氏	女	1898	瘦西湖街道堡城村许巷组
方长风	女	1900	甘泉街道长塘村
梅陈氏	女	1902	梅岭街道梅岭村梅岭组
陈张氏	女	1903	张庄小区
朱徐氏	女	1904	大虹桥路10号
吴氏亮	男	1904	名雅花园
陈王氏	女	1904	老虎山路20号

续表 27－3－6

姓　名	性　别	出生年份	家庭住址
孙明氏	女	1905	老来福老年公寓
孟东名	女	1906	梅岭街道梅岭村梅岭组
施毓芬	女	1907	念四三村
汪陈氏	女	1907	城北乡竹西社区邗沟路 20 号
唐世英	女	1909	甘泉街道双山村时巷组
闵万金	男	1909	双桥街道扬子江北路
徐淑华	女	1909	武塘新村
李炳元	男	1909	康乐小区
彭凤英	女	1910	武塘新村
张有训	男	1910	长征西路
刘应启	男	1911	长征路 2 号
朱云亭	男	1911	凤凰桥街
郑继武	男	1912	友谊新村
俞广英	女	1912	西湖镇中心村
陆宗昌	男	1912	双桥街道卜桥社区念香苑

第二十八编

地名考录

地名是信息的载体之一，是人们赋予各个地理实体的专有名称，也是当地历史、地理、政治、经济、文化等情况的反映。维扬是扬州的发祥地，有 2500 年的历史。境内人文积淀深厚，古桥、古寺、古迹众多；地理条件优越，有山、有水、有平原、有丘陵，有城区的街巷，也有乡村的庄台。其地名特色显著。地名的产生主要有以下几种情况：一是以姓氏命名，二是以历史上遗址、遗迹命名，三是以纪念某件事或某个人命名，四是以历史典故或传说命名，五是以历史上著名风景名胜命名。

第一章　西湖镇地名

第一节　村庄地名

一、经圩村

桃园　庄名。原名叫郝家院。据史籍记载，明末有位叫郝明銮的官员，所守城池失守。他父子二人及一位仆人被农民起义军张献忠的部下活捉，三人拒降被杀。明朝廷为表彰其忠心，厚葬于此，并建有房屋、院墙等，故名郝家院。1958 年，此处辟为桃园，庄名始为桃园。

赵庄　庄名。清代中叶，赵氏祖先有两兄弟，从苏州阊门移居此地。其后，长兄为官府看管国库，将原宅改建为四合院瓦房，此地遂名赵庄。

蒋巷　庄名。明正统年间(1436～1449)，勋臣蒋贵之父蒋云墓葬金匮山，父因子贵追赠定西侯，其子孙有一支居此守墓。其后约距今 150 年前，又有由山东迁来的蒋士乔父子在此定居，因而得名蒋巷。

二、蜀冈村

蚂蚁　庄名。据说，因村落呈蚂蚁形而得名。另还有两种说法：一是说古时这里屯兵较多，人马密如蚂蚁而叫蚂蚁庄；二是曾有人在此挖坑埋死人，发现蚂蚁较多而叫蚂蚁庄。

窑庄　庄名。该庄村民历来以烧制土陶花盆为业，故得名窑庄。

谕葬坟　又称御葬坟，庄名。该庄原为皇帝指定安葬王侯或有战绩的将军等名人的地方。明代户部尚书高铨死后，根据皇帝谕旨厚葬于此，故得名谕葬坟。

三、中心村

谈沟圈子　庄名。庄上居住谈姓弟兄三户，且庄四周有沟塘，故名。

四、胡场村

胡场　庄名。200 多年前这里是荒芜土丘。自外乡牧民呼氏在此建放马场之后，此地称呼家场。其后又将此地改作军事训练场，店铺和街道遂应运而生，有胡姓业主于此开麻油厂，故呼家场又改称小胡家厂，后讹传为胡场。

五、司徒村

宣塘　庄名。此庄名一称靴塘。传说隋朝大将杨林，突破敌军重围之时，一只马靴陷落于此，此地遂有池塘如靴，故得名靴塘。后来被人们讹传为宣塘。此外，宣塘又称李家大院。因民国初年有一李姓老人带领子孙在此开垦，勤劳而致富，乃造屋围墙，担心盗匪劫掠，即在居处开挖护庄河自卫，四面环水，只有东西两处通道可供出入，故人们称之为李家大院。

六、金槐村

尚桥　庄名。该庄四面环水，像一座小岛。岛上原有和尚居住，为与外界沟通，和尚在水上架一座木桥，供人们行走，故后来称该庄为尚桥，即和尚修桥之意。

金庄　庄名。该庄原名金鼓墩庄。因许多年前该庄挖鱼塘时，挖出一只香炉，从塘里挖上来的泥被堆成高墩，成为置放香炉的墩子，因而人们给该庄起名金鼓墩子，后俗称金庄。

第二节　道路(街巷)地名

糙石街　位于经圩村。早年这里是西山交通要道，常有大量商客和周围村民从扬州西门，经念四桥、大教场、卜家桥、金匮山、头道山、二道山、三道山、花园庵、胡场，再分流到甘泉山、杨寿坝、古井寺、铁牌甸、大仪、陈集、刘集、马集、高集、月塘、秦栏、仁和、金集等地，俗称十三集。因前人长期习惯往返于扬州和十三集，穿越三道山，故留下一条夹在山缝中间的古道，人们俗称此路叫大陆巷子。此条古道因长年车马人行，往来通过，形成山坡缺口，路基低凹，两边的土山高出一丈多，加之草木丛生，常有盗匪拦路抢劫。遇到雨雪天气，道路泥泞难行。到明代，为便利行人，特用条形糙石铺成一条长约百余米道路。路旁设有茶馆、酒店、杂货铺，供来往客商歇息，糙石街由此得名。糙石街直到70年代尚存。糙石街上曾有一小学，即以糙石街命名。

台扬路　建于1989年。当时西湖镇为扬州外贸第一镇，为营造招商引资环境新建此路，并以该路段东首第一家台资企业——台扬机械公司而命名。

第三节　建筑物(桥梁)地名

吴公台　又名斗鸡台、戏马台、弩台。原址在今西湖镇南蜀冈西峰，今蜀冈西峰生态公园所在地，今不存。据史料记载，西汉时吴王刘濞，建都蜀冈之上。因刘濞酷喜斗鸡，便在蜀冈西峰建一座斗鸡台。南北朝时，南朝宋大将沈庆之攻打竟陵王刘诞时，据传曾在此台施发弩箭射向扬州城内，故又名弩台。其后，南朝宋大将吴明彻为围北齐刺史敬子猷，曾扩建此台，以为攻城之指挥台，故此台又名吴公台。唐代诗人刘长卿《秋日登吴公台远眺》诗中所述的吴公台，即指此台。

养志园　又名于家花园。原址在今西湖镇维扬中学内，与现隋炀帝陵相邻。此园建于清同治初年。园主人于汉卿，曾任清都将军江北大营后路粮台，官至安徽候补知府。官场失意后，因爱慕瘦西湖、平山堂一带的山光水色，故在此筑园休养。养志园占地约1公顷。园子四面环水，有一吊桥出入。园内西侧为园主人住宅，计20余间；园东侧为花园。园内有八桂堂、多子阁、东暄堂、草堂、新膳堂、风亭等建筑。另有梅花山、荷花池、牡丹台、芍药台等景点，颇具诗情画意。园主人于汉卿曾撰写一篇《养志园赋》刻于碑上(原碑已失，仅有拓片，内容完整，现藏于维扬中学)。抗战前后，此园被于氏后人拆卖一空。1970年，为发展教育事业，在养志园废墟上兴办西湖中学(2006年10月更名为维扬中学)。1986年春，84岁的美籍华人徐瑛回到阔别82年的衣胞之地——养志园寻根。扬州女书画家李圣和书写"清·养志园故址"石刻，镶嵌在校门口西侧砖墙上。2011年，因发展需要，迁建维扬中学，该园故址遂划入隋炀帝陵景区。

第四节　寺庙地名

司徒庙　位于蜀冈西峰，今西湖镇司徒村的南徒、北徒两个村民组境内。该庙建于隋代以前，始称司徒，唐代又加封为侯。庙门石额题为"显应司徒庙"。第一进是歌台，第二进为大殿。因岁月沧桑，庙渐毁，至民国时尚有石马二尊，今全部无存。当时庙中供奉茅、许、祝、蒋、吴五神君。其传说有两种。一种说法是：南北朝时扬州刺史王琳与南陈交战，兵败被杀。王琳在扬州深得民心，他被杀后百姓哭声如雷，尸体暂厝公山。不久扬州义民茅智胜等五人不畏艰难险阻，将王琳棺柩运回扬州安葬。为纪念这五位义民功绩，扬州百姓故立此庙祭祀。另一种说法源于《增补搜神记》。茅娃等五位猎人长居扬州,结为兄弟。其住地多虎狼,对人畜为害极大。某日,五兄弟在山溪旁遇一孤寡老人,便将老人接到住地侍奉为母。不久,五人出猎归来,其母被老虎啖食。五兄弟便奋身到山间逐虎,忽有一虎伏地就降,从此虎患平息。后人感谢五兄弟义勇之举,故建庙祀之。

建隆寺　原址在今西湖镇胡场村红星组境内。初为宋太祖赵匡胤御营。宋太祖平定李重进后,为追荐阵亡将士,于建隆二年(961),将御营改建为寺,并以年号命寺名。该寺规模宏大,占地百亩。寺中前后建大殿13座。两侧建僧舍等附属用房上百间。四周砌有围墙,寺内有亭台楼阁,铺有甬道,辟有花园。金兵南侵后,殿宇被毁,后虽重建,但远逊于前。清咸丰年间,该寺再次毁于兵火。虽又重建,但更不如前。到解放时,该寺仅有房屋20间,占地约1公顷。1958年,建隆寺被拆,木料砖瓦为兴建蒋巷电灌站和西湖公社建房所用。

南都天庙　位于西湖镇中心村南庄组。建于清代。原有庙房9间,其中大殿5间,为东南向,两侧厢房各两间。庙内住僧人5～6人。解放初期为胡场乡政府驻地,1958年在此创办西湖农业中学。旧时,此庙香火盛旺。每年三月初八为庙会期,每次出会由当地大户人家牵头组织,出会时由红衣执事,信徒们用神轿抬着木雕都天大帝、钟馗像出巡,扛旗打伞、鸣锣开道,细吹细打,直到傍晚请驾回庙。另每年六月栽秧季节,这里求雨风俗盛行,庙内摆设佛堂,信徒烧香跪拜,和尚诵经念佛,各路善男信女到此拜神求雨,据说灵验异常。现该庙所在地被国家建设征用,庙已无存。

第五节　水域地名

新城河　(详见第一篇第二章第三节)

沿山河　原为蜀冈古陆正脉南麓的自然河道,西起仪征乌塔沟北端,其水向东流至保障湖,河宽10～20米。明末清初,农民因需水灌田,此河被拦截多节引灌,造成河道淤塞不通,每遇山洪暴发,常泛滥成灾。1955年,江都县政府为解除水患,组织干部群众沿自然河床开挖新河。因河道沿蜀冈山脚下,故取名沿山河。1977年,沿河乡镇对此河又进行一次全面疏浚。2005年,市、区政府再次整治沿山河。

俞桥水库　(详见第一篇第二章第三节)

第六节　地形地名

蜀冈　位于扬州城西北郊,海拔30～40米,犹如一道天然屏障横亘在扬州城郊北部。自春秋时期至唐宋,蜀冈一直是古扬州城所在地。蜀冈三峰自古以来为扬州第一名胜。其东峰有观音禅寺、鉴楼、成象苑,南麓有汉墓博物馆、古铁佛寺;中峰有大明寺、鉴真纪念堂、栖灵塔、平山堂、欧阳祠、天下第五泉、辛亥革命烈士熊成基墓和扬州烈士陵园;西峰有蜀冈生态公园和玉钩亭等景点。另在蜀冈—瘦西湖风景名胜区之北有阮元墓和隋炀帝陵,西北有甘泉山汉墓群。

图28-1-1　十里蜀冈风光带

玉钩斜　(详见第二篇第一章第二节)

金匮山　位于西湖镇经圩村金庄组境内。该山旧时因古墓葬多而名闻遐迩,其中最著名的有明代嘉靖年间官至兵部侍郎、总制三边军务火药专家曾宪的墓地。墓区内原有石人、石马、石羊等,“文化大革命”中被毁。金匮山还有刘寿曾墓。刘寿曾为扬州学派学者刘文淇之孙,世居扬州东圈门,通经术、能文章。曾国藩总督两江,开金陵书局,聘其校勘经文,所校书多精善。著有《传雅堂诗文集》及札记若干卷。后因金匮山建有双桥、振兴两砖瓦厂,故古墓葬多遭毁坏。

第七节　旅游景点地名

蜀冈西峰生态公园　（详见第五篇第二章第五节）

第二章　城北乡地名

第一节　村庄地名

一、黄金村

盐厅子　庄名。位于古运河北岸。据传，唐代时，古运河上来扬商船甚多，为征收商船税赋，官府在对岸的湾头古镇设征税处。船多时，盐厅子即为船只停泊等候完税之处。后官府遂在此建造码头，并专门设立查缉私盐的搜盐厅，俗称盐厅子。70年代，建扬州闸和疏浚拓宽古运河航道时，在此挖出许多杉木和青石。据专家分析，此乃当年建造码头之遗物。

二、槐南村

鸭成荡　庄名。地处村东北角，因地势低凹，多为河田，村庄和农田常受洪水之患，新中国成立前有"十年就有八年水灾"之说。该庄庄北，河道弯曲，浅滩较大。洪水时，上游农家鸭子漂流到此，成群成荡停下，加之本庄村民亦多养鸭，故称之为鸭成荡。该庄还有编扎灯笼的传统手工艺。相传，祖上从苏州迁来之前就有此手艺。历史上，村民编扎的灯笼有上百个品种，有天灯、方灯、堂明灯、庙灯、子孙灯笼等，大小不一，形式各异，闻名遐迩，曾远销盐城、淮安、天长、马坝及周围四乡。

香火庄　庄名。位于槐泗桥南首。相传，该庄是清朝末期扬州民间戏剧"香火戏"发源地，故名。"香火戏"是扬剧源头之一，已故扬剧表演艺术家筱桂童曾居住于该庄，后移居上海，曾创办上海华联扬剧团。

三、三星村

三星村　三星为猎户星座中三颗最亮的星，它们在天空隐没时，就是天色黎明的时候，故取名三星村，预示光明的到来。解放初，三星村由胡八村、新华村、叶桥村合并而成。该村名胜古迹有汪中墓，在叶桥。汪中是清朝扬州学派杰出人物，现墓地仍在，并砌有牌坊与墓碑供人瞻仰。

袁庄　庄名。据传，该庄为清乾隆年间学者袁亮所建，故名。袁亮，性情耿直，在文学方面有很高造诣，却一生不得志，是著名学者汪中的好友。

老庄　庄名。因该庄吴姓人家早先有人在苏州任县官，旧时村民以此为荣耀，故称该庄为吴家老庄，后简称老庄。

汪家楼　庄名。相传，该庄为清代学者汪中祖籍所在地。当时，该庄四周有护庄河，汪中住宅楼在护庄河东南角，人称汪家楼。因其名盛，故亦为庄名。

姜家园　庄名。因历史上庄内有姜姓大户的私家花园而得名。该庄38号处，原为吉亮工墓。其墓西北角，为其子墓，土改时均被平毁。吉亮工，晚清举人，工书画，性嗜酒，举止豪放，自号"莽书生""风先生"。瘦西湖内"徐园"二字匾额即为其所书。

四、瓦窑村

瓦窑铺　庄名。是东北郊蜀冈余脉上的窑业古镇，原名蜀冈镇，距黄金坝约5千米，地处古运河原扬州段北端的西岸，因窑业发达而得名。1958年，因拓宽京杭大运河而废除。自隋唐以来，由于运河的开凿，扬州的繁荣，给窑业带来兴旺机遇。宋时，窑业日益集中于此。该镇以盛产砖瓦而名闻遐迩，人们便通称此地为瓦窑铺，而原名蜀冈镇反而被逐渐淡忘。

五、卜杨社区

安南、安北　庄名。由安家庄划分而来。安家庄无一人姓安，而以杜、叶姓氏为主。庄名冠以“安”，据传是因古代一位将士战死沙场，其马鞍丢在此地，以“鞍”的谐音，演变为“安”。

六、安平社区

安平社区原为安庄居委会，始建于1993年4月。2002年10月，社区范围扩大，改名为安平社区，以造福居民平安之意而命名。城北乡政府驻该社区内。该社区有安居房3.3万平方米。2004年5月，时任中共中央总书记、国家主席胡锦涛到安平社区黄金苑小区视察安居工程，并慰问特困居民。

七、竹西社区

该社区位于隋唐至清中叶时扬州风景名胜区“竹西佳处”遗址，故名。2002年10月，竹西社区(新中国成立初期成立的黄金坝居委会和1990年成立的城北乡集镇居委会及广陵区五里庙居委会部分居民组)组建。社区地处黄金坝最繁华地段，古运河在其南缘。

第二节　道路(街巷)地名

黄金坝路　因位于黄金坝附近，故名。南起竹西路路口，北至三星村沈山坡口。1963年建成，1997年重修，并定名为黄金坝路。全长1千米、宽35米。路西为唐大云寺遗址，是唐代鉴真和尚出家的地方，市政府在此立有纪念碑一方(现存放在竹西公园内)。

竹西路　因古代扬州著名风景名胜区“竹西佳处”遗址即在路北，故名。东起扬州发电有限公司，西至邗沟路东端。全长2.5千米、宽12米。民国34年(1945)，建成。2000年，重修为水泥路，并命名为竹西路。路南有邗沟大王庙和大王庙广场，路北有苏北第一家农民公园——竹西公园。

史可法路　该路西侧有史公祠，为纪念抗清名将史可法故名。1979年，始建，原名国庆北路，后改名史可法路。1987年，向北延伸至邗沟路。后又继续延伸至鸿福家园前与平山堂东路延伸段相接。

第三节　建筑物(桥梁)地名

古邗沟桥　位于卜杨社区。1961年8月，市政府在古邗沟大王庙前建一座石头和水泥结构的邗沟桥。1985年7月，史可法路向北延伸时，又在古邗沟上建造一座钢筋混凝土结构的公路桥，并在桥北头竖有一块石碑，上书“古邗沟”三字。

图28-2-1　古邗沟遗址

图28-2-2　扬州闸

扬州闸(桥)　位于区境东北部古运河东首,原名湾头闸,是沟通曲江街道与城北乡水陆交通的纽带。该闸(桥)上接大运河,下连古运河,为汛期挡洪防涝重要屏障,又是航运、灌溉、给水、换水、交通枢纽工程。该闸为桥带闸,于1972年5月建成,总投资103万元。该闸分节制闸与船闸两部分,通航能力100吨,启闭能力20吨/台。

朱良钧墓　位于黄金村。朱良钧系扬州人,年幼随父居北京,后就读于春明中学。民国15年(1926)3月18日,参加北京各界反对八国通牒国民大会时,被北洋军阀段祺瑞杀害,时年仅16虚岁。其灵柩于民国17年运返扬州安葬。墓前有牌坊,墓碑上题写“三一八朱烈士良钧墓”,落款“江邑乡人公立”,现仍保存完好。

汪中墓　(详见第二篇第二章第四节)

第四节　寺庙地名

大云寺　该寺初建于隋代,原名长乐寺,隋炀帝时改名长乐道场。唐武则天执政时期,颁诏天下诸州皆建大云寺度僧。此诏一下,扬州一时来不及建寺,遂以长乐道场改为大云寺。寺以《大云经》而命名。神龙元年(705),中宗复位,该寺奉旨改名龙兴寺。据载,唐高僧鉴真即出家于该寺。鉴真于日本圆寂后,扬州诸寺众僧均着丧服会于该寺设大斋,举哀三日。寺后圮,寺僧慧礼重建,又名龙兴讲院。宋末,金、元兵占领扬州后复毁,现已不存。市政府在该寺原址立碑以记之(该碑现存竹西公园)。

禅智寺　又名上方寺,一名竹西寺。始建于隋大业二年(606),本为隋炀帝行宫。传说隋炀帝某夜梦游兜率宫,听阿弥陀佛讲经说法,醒后便把行宫改为佛寺,题名“禅智寺”。一说隋炀帝幸江都,合东南西北四寺为一寺,更名为上方禅智寺。另一说系因隋炀帝占卜得“山火贲”以为不吉,遂改宫为寺。该寺地处蜀冈之尾,地势好,环境美,曾为扬州胜景之一,历代诗人对此留下很多著名诗句。明、清两代屡有修建。清乾隆南巡时,临幸该寺,并题“竹西精舍”匾额。该寺有房99间半,门外冈下池塘和小河上建有月明桥,寺院山门石额上刻有“敕赐上方禅智寺”7个字。寺左建竹西亭(又名歌吹亭),通芍药圃。寺右筑昆丘台。寺前有蜀井(苏东坡题为“第一泉”)。寺内有吴道子所画宝公像,李太白作赞、颜真卿书丹的《三绝碑》,还有苏文忠公(即苏东坡)石刻——《次伯固韵·送李孝博诗》。廊外有吕祖照面池。清咸丰三年,该寺毁于兵火。同治、光绪年间,僧人慈光、月沁、竺乘先后募捐重建,但旧时楼殿终未能复原。抗日战争时期,伪军进驻,寺庙渐废。到扬州解放时,寺中和尚仅剩3人。该寺最后三代住持为仰知、广七、铁成。1966年,旧有庙房全拆,《三绝碑》移至扬州博物馆,旧物仅存蜀井一眼、“竹西”残碑一块。该寺旧址,现为邗沟中学所用。

第五节　水域地名

邗沟河　(详见第一篇第二章第三节)

槐泗河　(详见第一篇第二章第三节)

京杭大运河　(详见第一篇第二章第三节)

古运河　(详见第一篇第二章第三节)

第六节　地形地名

肖家山　位于槐南村境内。因村民肖姓居多,且地势较高,故名肖家山。1958年,该庄分为肖东、肖西两个生产队。由于肖家山地处蜀冈,居高临下,坡面朝阳,成为旧时风水宝地。该庄古墓葬具有时代延续性。民国10年(1921),此处发现古墓,农民挖至深处,发现一隧道长约里许,中有石雕大龟盘踞,近处为石板铁门,牢固异常,后封土停勘。1974～1975 年,在该村挖掘出 9 座汉代和新莽时期小型土坑木椁墓,并清理出漆器(其中有一件漆器面罩,造型奇特,被专家鉴定为珍品)、钱币(铸有"大泉五十"和"小泉值一"字样,为国内罕见)和陶器、铜器、铁器、木器等随葬品 250 多件。同期,挖掘一组唐代墓葬,出土目前国内罕见的饰有阿拉伯文"真主最伟大"字样的青釉绿彩背水扁瓷壶和造型流畅、釉色晶莹似雪的白瓷执壶,均为国家一级文物。

沈家山　位于三星村境内。因这里原为一座 30 米高黄泥山,太平天国期间,从苏州阊门迁来沈姓家族聚居此地,故名沈家山。这里是古代风水宝地,古墓成群,从汉唐至明清的墓葬均有,出土文物很多。

第七节　旅游景点地名

竹西公园　(详见第二篇第一章第四节)

第三章　平山乡与平山茶场地名

第一节　村庄地名

一、荷叶村

荷叶　庄名。该庄西南有古迹名荷叶地,即古代上雷塘。民国《甘泉县志》载"上雷塘在荷叶地"。《扬州水道记》载"上雷塘长广共六里"。当地群众传说 该地中间低洼,周围较高,形如荷叶,每次发大水时,周围受淹,唯此地不受淹,据说是水涨荷叶高之故,因而称为荷叶地。后被破坏,成为农舍、农田。

二、雷塘村

雷塘　古时称"雷陂"。隋朝末年,隋炀帝杨广在扬州被心腹大臣宇文化及策划杀害,据传葬于此地。其墓地被雷击成一个塘,故名雷塘。

第二节　道路(街巷)地名

平山路　1996 年建造,南至平山堂东路,北至双塘路。该路因贯穿平山村而得名,长 2.64 千米、宽 10 米,为水泥路面,途经鉴真佛学院、平山乡政府、平山村。

蜀冈东路　西起扬子江北路,东至平山路。该路 2004 年建成,全长 1.6 千米、宽 50 米。因此路地处蜀冈风景区东侧,且是江阳工业园区内主要干道而得名。

第三节　建筑物(桥梁)地名

翁家祠堂　位于平山乡平山村西南、司徒庙西边、坡路东侧冈上。翁家祠堂即清同治《扬州府治城图》所称之翁公祠,七间正房带两边庑廊,大门上建有小门楼,组成四合院。本地并无翁姓,祠主可能是城里某翁姓人家纪念之祠。

王钓台　位于平山乡雷塘村钱家组东南角小河上。据说为西汉时吴王刘濞所筑。刘濞于汉高祖十二年(前 195)十月被封为吴王,以广陵城为都城后,励精图治,广罗人才,开沟疏渠,煮盐铸钱，奖耕免税，人丁兴旺，一派繁荣景象。他还在广陵城外的护城河边，筑台建园，以便闲暇之际到此游玩垂钓，故称之为王钓台。王钓台亭台不知何时被毁，加之年代久远，地形变异，原有古迹荡然无存。

雷塘桥　位于平山乡雷塘村西北的槐泗河上。清乾隆三年(1738)，扬州富商汪应庚为方便行人而建。该桥旧时是扬州通往西北乡十三集的重要通道桥，原为石桥，后改为木桥，桥长10余米、宽5米。今雷塘桥已毁，为土坝代替。1975年，在旧桥之北约100米处兴建一座钢筋混凝土结构的新雷塘桥。

图28-3-1　雷塘桥

尹家桥　位于平山乡雷塘村南端。原名迎驾桥。传说是一位养牛农夫在此遇到真命天子朱元璋，桥名便叫迎驾桥。后来周围姓尹的人家居多，便谐音改叫尹家桥。旧称击雷桥。桥长10.8米、宽5.6米，水泥桥面。

第四节　寺庙地名

平山堂　（详见第二篇第一章第二节）

大明寺　（详见第二篇第三章第一节）

鉴真纪念堂　1963年，为纪念唐代律学高僧、日本律宗创始人鉴真大师圆寂1200周年，国务院决定在大明寺内建鉴真纪念堂。由著名建筑大师梁思成仿日本唐招提寺大殿设计，建筑面积339平方米。1973年建成，并被公布为省级文物保护单位。

第五节　水域地名

荷花池　平山村中部有一池塘，叫荷花池。其实池中并无荷花。相传此地本为潘家花园，荷花池便是潘家花园中栽植荷花之处。约在清咸丰年间，园毁人去。到同治末年，于汉卿到司徒庙镇建养志园，便将潘家花园残存的砖石材料全部购去。从此，其地便一片荒芜，后变为园田。现存荷花池是其唯一遗迹。

楼后塘　在显应司徒庙东北，原有一楼，早已不存，但楼后一口池塘，至今仍叫楼后塘。塘前为维扬区政府。

朱塘　位于平山乡朱塘村朱庄组。庄中原来有大池塘一口，名九龙塘。旧时旱情严重，蜀冈大小池塘均塘底朝天，唯九龙塘塘水不涸，原来此塘塘底有口土井，井口直径1米，深不可测。现在井还在，但已被淤泥填满。

第六节　地形地名

绞关墩　扬州革命烈士陵园东门外，有一条宽路通西华门路。此路西段原有一座高约两米土墩，名绞关墩。墩上有一座绞关亭，亭内设绞关。清末民初，绞关亭圮废。相传，古代运粮船到九曲池后，需用绞关将粮船拉到山上，此处系设绞关处。70年代开挖鱼池时，将此墩铲平。

帽儿墩　位于平山乡朱塘村，是该村地面上一处高出地面的土墩子。关于此土墩，有几个传说。一说是，此墩原是高邮湖湖西天山的山尖子，当初秦始皇到这一带赶山填海时，被他挥动神鞭，将天山的山尖削下，飘落到这里形成的。一说是，古时有一农民在帽儿墩四周种番瓜，满田番瓜藤只结一个牛腿形番瓜。有一天，来了一位回族人，要买这个番瓜。农民向他一打听，才知道帽儿墩里有宝贝，只须用此番瓜朝迎南的石门上连撞三下，石门即会打开，可自由取出墩里的金银财宝。农民得知此秘密，便于当晚去撞开石门，果见里面不少宝贝，便进去取宝，不料门又关上了。原来，回族人话未讲全，撞开石门后，还须将番瓜搁在门槛上，以免关门。该农民不知此诀窍，遂被关在墩内，至今未能出来。还有一说是，隋朝老将杨林在今西湖镇司徒村宣塘组一带与唐王手下一小将罗成交战被围困，恶战之中，杨林的头盔被对方一枪挑下，飞落至此地，后变成一座土墩，即今之帽儿墩。

第七节　旅游景点地名

扬州革命烈士陵园　(详见第二篇第二章第四节)

第四章　双桥乡(街道)地名

第一节　村庄地名

一、双桥村(社区)

贾庄　庄名。原名独旗杆庄，起因于从前庄后土地庙前供居民上灯用的一根高旗杆。1953年初级社成立后，因庄内贾姓居多，遂改名为贾庄。宋末丞相文天祥被俘脱逃后，自真州到扬州。因扬州守将李庭芝疑其为降元说客，拒不接纳。文天祥在贾庄彷徨终夜，离扬赴高邮，留诗中有“司徒庙下贾家庄”句，即指该庄。

二、虹桥社区

劳动　庄名。因有三条道路分别伸入该庄，村民俗称其为三岔子。境内原有隆庆寺。该寺建于清代嘉庆年间，最盛时占地近百亩，房屋有99间半，其中半间用来关疯和尚。末代住持缪安。新中国成立后，成立互助组，因该庄地处劳动公园附近，故定名为劳动组。

三、武塘村(社区)

秋雨　庄名。历史上曾叫求雨庵、瓜徐庄。扬州大学农学院南大门处，原有秋雨庵，在筹建农学院时被拆除。该庵坐北朝南，有房10多间。末代老和尚法号朝堂，其衰老后，由慧全代住持。有一年，久旱不雨，百姓抬着雷公菩萨四乡周游，拜神求雨。行近该庵时，天空突然乌云密布，电闪雷鸣，狂风大作，人们匆忙抬着雷公像躲进该庵后，顿时大雨倾盆，旱情遂解。此后，人们就称该庵为求雨庵。因“秋”与“求”谐音，遂被叫作秋雨庵，该庄因此而得名秋雨庄。又传新中国成立前，在该庄西头的土堆上，曾长出一棵冬瓜苗，结了一个约600多斤大冬瓜，当时县衙老爷见该庄内徐姓甚多，便将秋雨庄改名为瓜徐庄，以纪其事。

第二节　道路(街巷)地名

文昌西路　原名石塔西路，后改名为文昌西路。因此路中有一扬州地标性建筑物文昌阁而得名。该路东自扬子江北路口，西至新城河路延向邗江区境，是扬州东西方向交通主干道。全长2.5千米、宽50米。

文汇东路　原名苏农路，1992年拓宽后命名为文汇东路。该路以古代扬州曾有著名的藏书阁——

文汇阁而得名。东起双虹桥，西至维扬路。全长2.6千米、宽40米。

扬子江北路　原名通港北路。因该路向南通往长江边扬州港，沿线有古代著名的扬子津，故名。该路南起文昌西路，北至西北绕城高速公路(启扬高速)。全长8千米、宽50米。

扬天公路　因该路从扬州通往安徽省天长市，故名。初建于30年代，新中国成立初期定名炳辉路。90年代改称扬天公路。21世纪后，从启扬高速公路至文昌西路一段改名为扬子江北路，是扬州北大门。全长15.4千米、宽60米。

维扬路　以扬州古名称命名。南起兴扬路，北接平山堂西路。是扬州西区重要南北向通道。全长6.5千米、宽50米。

念四桥路　该路北首有著名的二十四桥，又名念四桥，故名。南与四望亭路交界，北与扬子江北路相连。路东侧为瘦西湖公园。全长1.5千米、宽40米。

第三节　建筑物(桥梁)地名

双桥　位于双桥乡双桥村缪庄东北方的蒿草河上。旧时，是西北乡进扬州城的必经之路。双桥地名在李斗《扬州画舫录》中便有记载。另据《扬州唐城遗址1975年考古工作简报》认定，蒿草河系唐城西缘的古城壕，双桥原是清乾隆年初建在古城壕上的一座桥。现双桥为钢筋混凝土桁架拱，系1956年重建，于1979年改建，1988年又扩建为桥长12米、宽22米的钢筋混凝土架拱桥。

石塔桥　又名石塔桥二桥。地处双桥村邵庄组境内、原石塔路中段。该桥横跨西门二道河上，始建于1976年，为钢筋混凝土双曲拱桥，今为市区东西向主干道文昌中路上的一座重要桥梁。

三里桥　原地处石桥村村委会门前，旧时因从西门城门口到该桥整三里路程，故命名为三里桥。相传该桥于民国初期由一徐姓人建造。另有一说为扬州一丁姓建造。桥为单孔拱形，长20米左右，宽约4米，顶高5～6米，全部由砖石砌成，桥下的水路由现在经圩村经北水沟可直到平山堂，旧时是扬州一些盐商运盐的通道。扬冶公路建成后，该桥在交通上的作用日渐减弱。“文化大革命”期间，该桥被拆除，其大量石料用于新城河砌建团结桥的桥基，原有河道改挖成精养鱼塘，“三里桥”从此不复存在，仅成为一个地名。

念四桥　又作廿四桥、二十四桥。位于卜桥村境内念四桥路上。旧名吴家砖桥。明清时，因桥畔广种芍药，故又名红药桥。据清李斗《扬州画舫录》载，唐诗中杜牧名句“二十四桥明月夜，玉人何处教吹箫”，即指此桥。1957年，该桥被列为省级文物保护单位。1986年，国家旅游局和市政府投资246万元，在原桥东北角200多米处，建二十四桥景区，含二十四桥、玲珑花界、望春楼、熙春台等8个主要景点，融楼台亭阁、桥廊水舟、花木山石为一体，并竖有毛泽东手书的唐杜牧诗碑，成为风景胜境。

图28－4－1　念四桥

大教场　又名新教场。原址在今西湖镇下山坡，包括市农科院范围内一片土地。清乾隆年间，城内教场逐步为市廛所侵，不便操练，后经两江总督高晋决定在此建新教场。该教场四周筑壕，环水植柳。前为演武厅，中为退堂，后为官厅，再后为兵厨堂，左右有耳房，月台前东西列鼓吹亭，东有将台，上立帅纛。将台前有洗心亭，下有泉，由时任扬州营游击的白云上题碣曰“柳营第一泉”，盖取自汉周亚夫细柳营的故事。民国年间，大教场仍占地百余亩，东至念四桥，西讫今市农科院大塘，北至七里河，南至砖瓦厂。旧时，前后尚存房屋四进，每进6间，平时留人看守，或委地保代管。北伐前，淮扬镇守使马玉仁及五省联军总司令孙传芳曾登将台阅兵。民国25年

(1936),为加强抗日战备,曾在西郊兴建一座军用飞机场,大教场部分场地圈入当时的飞机场。抗日战争期间,大教场无人管理,为当地农民垦种耕作。新中国成立后,经苏北行署决定,在此建立苏北农场,后改为里下河地区农科所,即今之市农科院。

第四节　寺庙地名

秋雨庵　位于双桥乡武塘村境内、扫垢山之尾、今扬州大学农学院南大门处。清代,该庵乃当地人杨氏出家之地。临潼张仙洲感于梦,来此构筑此庵,初名扫垢精舍。康熙五年(1666),建成大殿。后于八月十三日晨,得浙江僧人赠桂花树种植于庵中,故名金粟庵。乾隆年间,该庵住持祖道,善琴工诗,盐运司卢见曾与之多交往。后庵毁于战争,于同治年间重建,仍名秋雨庵。民国时,庵荒废。新中国成立初期,苏北农学院创建时,该庵被拆除。

隆庆寺　位于双桥乡双桥村境内。隆庆寺旧名隆庆庵,清嘉庆年间,阮元改庵为寺,遗址在今扬州大学瘦西湖校区内。隆庆寺寺门朝南,占地近百亩,有寺房99间半。咸丰年间,遭兵火大部分被毁。三四十年代,该寺一度为西郊飞机场库房,到新中国成立时仅剩寺宇10间左右。1952年,苏北师范专科学校建校时,该寺被围入其中。后校舍改建,寺房被拆除。

龙兴寺　唐代寺庙,原址位于罗城内西侧。据传,该寺是隆庆寺前身,原址在今扬州大学瘦西湖校区内。龙兴寺原名中兴寺,唐中宗神龙三年(707)改为龙兴寺。寺门朝南,规模宏大,寺内有普善堂、琉璃殿、大佛殿。大佛殿之西有罗汉院,内有五百罗汉堂。大佛殿后面东廊有13间刻经处,刻有《法华经》等经板,称为法华院。寺东有宝塔,称东塔院。鉴真和尚第一次东渡前,第二次、第五次东渡后,均住龙兴寺。鉴真在日本圆寂后,扬州诸寺众僧均着丧服于该殿设大斋,向东举丧三天。晚唐时在寺内建鉴真纪念碑和素影阁。南宋末期,龙兴寺毁于兵火。

古井庵　位于双桥乡石桥村境内。该庵前后两进共4间。因庵西有一古井而得名。民国年间,该庵由东台人龙华和尚住持,自日军盘踞扬州后,龙华和尚外出未归。相传此庵是扬州大明寺和尚收租的歇脚点,后因年久未修,倒塌废弃,古井亦埋在地下。

第五节　水域地名

蒿草河　(详见第一篇第二章第三节)

二道河　(详见第一篇第二章第三节)

新城河　(详见第一篇第二章第三节)

念四河　位于双桥乡卜桥村境内,因靠近念四桥而得名。明嘉靖年间开浚,为人工河道,一直作灌溉、防洪排涝用,全长1.7千米。2003年,城市改造,疏浚念四河,并全部绿化、美化,作为城市的一条景观河。

第六节　地形地名

扫垢山　位于西门二道河外、今大学路(原文化路)西侧,为南北走向的土丘。据《扬州览胜录》载,扫垢山本名骚狗山,在西门城外,长约二里,山无树石,古冢累累。相传明末清初,清军攻占扬州后,殉难军民埋葬于此。50年代初,在扫垢山东山坡新辟可通安徽天长的炳辉路(后更名为文化路)。1952年,苏北农学院建校后,扫垢山被划入校园,并在土丘上遍栽果树,建起附属兽医院。至此,扫垢山不复存在,仅留下一个历史地名。

第五章　梅岭街道地名

第一节　村庄地名

一、广储社区

广储门　为扬州历史上12个城门的名称之一。清雍正年间，在广储门(原为新城镇淮门)外建有广储仓，因运粮从镇淮门进出频繁，遂称广储门。

窦庄　庄名。该庄位于史可法路以东、玉器街以西、梅岭东路以北。相传清代时邗江黄珏一窦姓家族在此落户，且庄内居民窦姓居多，故名。该庄以饲养金鱼闻名省内外，且历史上曾以“大头矮”青菜著称一方(现无农田)。抗日战争期间，该庄村民窦炳铭，为反抗日军暴行，曾用绳索将一日兵捆打泄恨的故事，被北乡民众至今传为佳话。

广储　庄名。位于史可法路以东，史可法东路以南，老护城河以北，因邻近广储门而得名。庄南护城河上有广储门桥，建于清代，系青砖单孔拱桥，为历史上扬州人进出城的主要通道之一，现保存完好。

二、漕河社区

新庄　庄名。原名建隆庄，因境内有清代八大名刹之一的建隆寺而得名。1954年发大水时，该寺大殿被冲毁，遂改庄名为新庄。现庄址位于梅岭东路北侧、史可法路以东。

三、便益门社区

便益门　系扬州的12个古城门名称之一，位于扬州城之东北角。

太平　庄名。位于漕河南岸，便益门街以西。其庄名由来有二说。一说为，村民为图吉利，故取名太平庄；二说为，太平天国攻打扬州城时，在此扎营驻兵，对百姓秋毫无犯，故称太平。

四、锦旺社区

刘庄　庄名。因庄内居民以刘姓为多，故名。该庄位于友谊路以东、梅岭西路南侧。境内有旧民主主义革命时期的革命烈士熊成基的纪念祠——熊园(后改建为工人疗养院)。该庄村民以擅养金鱼而闻名。

井汪　庄名。亦称锦汪，现名锦旺。锦汪原系小金山下的水池，传说小金山即为其挖土堆积而成。一说该庄有一低洼水塘，终年不干，遂以此为名。

五、凤凰桥社区

凤凰桥　又名迎恩桥，桥在迎恩河上，意为迎奉皇帝临幸之恩，为明代古桥之一。凤凰桥街为旧日著名米市。该社区因境内有凤凰桥而命名。

吕庄　庄名。地处史可法路以西、梅岭西路北侧。因庄内吕姓居多而得名。

六、邗沟社区

邗沟　公元前486年，吴王夫差为沟通长江和淮河，开了一条中国最早人工运河。因该运河位于邗城附近，故称邗沟。又为庄名。该庄位于邗沟南岸、老虎山之北。因该庄紧靠古邗沟，故名。旧时，该庄境内有建于西汉时大王庙(亦称财神庙)。每逢阴历正月初五有财神庙会，城乡内外民众，争相前来敬神，十分热闹。新中国成立后，香火日渐冷落。1951年2月，该庙被拆除。2006年，市政府筹资，重建邗沟大王庙。

第二节 道路(街巷)地名

史可法路 该路起点西侧有史公祠,为纪念史可法,故名。该路1979年始建,原名国庆北路,后改名史可法路。1987年,向北延伸至邗沟路。后又向北延伸至鸿福家园前,与平山堂东路相接。该路全长1.76千米、宽30米。

沿河街 因该街系紧沿北城河北岸一线贯通,故名。清同治、光绪年间绘制的《扬州府治城图》上即有此街,民国期间依然。新中国成立后多次维修。长1.4千米、宽3.5米。

玉器街 因扬州玉器厂临近本街,故名。长1.42千米、宽15米。70年代,玉器街北首与史可法东路、梅岭东路交接,到80年代,延伸至漕河。1981年8月,正式命名。

石狮子巷 因该巷两端巷口旧时均设置有青石雕凿的石狮子各一只,其设置目的是出于祈望除邪魔、保平安之意,故名。长700米、宽4米。该巷为民国时期旧有街巷。

长征路 该路上有扬州军分区干休一所。因是一些军队老干部居住,为激励世人发扬革命前辈的光荣传统,故名。东起史可法路,西至北门外大街,长580米、宽8米。1966年始建,为条石路面。1972年改建为水泥混凝土路面。1980年,改建为沥青路面。后跨北门外街向西直至友谊路,为长征西路。

丰乐上街、下街 清康熙下江南时,多次驻跸于天宁寺内,在寺西形成两条商业街,以供采买之需。就地势而言,上首称上买卖街,下首称下买卖街。此后,清乾隆又多次下江南,此二街更名为丰乐上街和丰乐下街,有祝福之意。长450米、宽5米,东起史可法路,西接北门外大街。

相别路 因该路北端路经象鼻桥,故原名象鼻路。传象鼻桥西北处是汉代诸侯国外交官员离任或回国时,诸侯王送别之处,故古代亦名相别桥。今桥恢复相别之名,路亦随之更名。全长1.39千米。

凤凰桥街 因该街西侧的玉带河上有凤凰桥,故名。路长884米、宽4米左右。凤凰桥街是唐代南北向十里长街的北段,为唐代繁华的商业街。民国年间,街上多设米行,共有数十家,遂成米市。每日清晨,扬州城市居民中凡批量购米多来此。街北首,原有法华庵一座(后改为凤凰桥小学,现已拆毁)。庵内有太平天国遵王赖文光的墓地,今均已不存。街东侧,有闻名全国的扬州古籍刻印社。

第三节 建筑物(桥梁)地名

天星桥 位于北城河东首与古运河连接处。因河水流动,映照天空,群星闪烁,故名。该桥所在地为明万历二十年(1592)筑坝以蓄城河之水处。清同治年间建桥,后改建为石梁桥。1978年,拆除老桥,改建为双孔钢筋混凝土拱圈一结构,桥下附建闸板关水。

高桥 位于古运河西岸、漕河东端,跨漕河南北岸,因地势较高,故名。该桥始建于明正统十二年(1447),原名北来桥,因桥南原有古圆通寺(又名北来寺)故名。清雍正十年(1732),建高桥闸,是漕河上现存的最古老桥闸。1958年,重建为砖拱结构的闸、桥,现为一座宽6米、长20.5米的砖拱桥。

北门桥 又称老北门桥,因位于北门外街南端的北城河南北两岸,故名。该桥始建于元末清初,由张德林建造。清光绪七年(1881),修建为木吊桥,为旧时扬州四水关六吊桥之一。1950年重建,1957年、1961年修建,1965年改建为钢筋混凝土梁板桥,桥宽6米、长6.5米。

问月桥 位于北门外街南端西侧,跨玉带河的一座砖拱桥。旧时桥侧嵌石额一块,上书“问月”二字。因该桥向西便是高冈,乃旧时赏月的好去处,故名。该桥始建于明代,清光绪二十八年(1902)改建为砖拱桥,桥宽4.7米、长13.7米。2004年,原桥被载重卡车压塌,现桥为2004年重建。

叶公桥 因明代刑部左侍郎叶相墓在桥侧而得名(叶相墓早已平毁)。相传该墓地为骆驼地。旧时墓后土阜高十余丈,前临小迎恩河,右有叶公桥。墓地有石枋、石几、翁仲、石马、石羊排列墓前。里人于清明时常在此放纸鸢,掷瓦砾于翁仲帽上,以卜幸获,谓之“飞堶”。重阳节时在此登高,成为习俗。

农田方整化时，在此挖出金戒指 4 只，分别镌有“福、寿、康、宁”字样，现藏扬州博物馆内。

小市桥　原名宵市桥。位于北门外街北端与凤凰桥相接处的西侧，东西跨玉带河。该桥始建于隋代。相传隋炀帝在此设夜市，所谓“夜市千灯照碧云”就是指的这里，是扬州的历史名桥。该桥历代多次改建，1937 年、1959 年翻建，今为钢筋混凝土桥梁，其桥址基本无变迁。

迎恩桥　原名迎门桥，取其与古城门相对之意。该桥位于凤凰桥街中段，南北跨漕河。此桥始建于宋代，清雍正五年(1727)重建。1947 年、1952 年修缮，今为砖石拱桥。原桥建造精美，镂镌如玉，早年桥上有过桥亭，雕檐峻宇，出没云霞，上可结驷，下可方舟。清康熙、乾隆南巡扬州时，官商于桥前建迎恩亭迎驾，故更名迎恩桥(1947 年修建此桥时，亭已毁)。

凤凰桥　位于凤凰桥街中段，东西跨玉带河。相传建于明初。民间传说，明太祖建国前曾逃亡于玉带河边，无法渡河。时有一对凤凰飞来此处，衔嘴结桥，让其渡河免灾。明太祖建国后为感念凤凰搭救之恩，故在此建桥，取名凤凰桥。清雍正五年(1727)重修时，为减少明王朝的影响，改名为迎恩桥。1947 年、1952 年修建后恢复原名。1965 年改建为钢筋混凝土梁板桥，今仍为人行桥。

便益门大桥　位于盐阜路东首，横跨北城河，因临近旧时的便益门，故名。该桥初建于明万历二十年(1592)，原为木吊桥，是旧时扬州四水关六吊桥之一。清光绪元年(1875)修缮，改为石梁桥。1968 年，重新修建为宽 4.9 米、长 8 米的石梁钢筋混凝土桥面。2003 年，泰州路向北延伸，该桥隐于新建的横跨古运河上的便益门大桥西首的引桥下。新桥为钢筋混凝土 T 形梁。

友谊桥　位于友谊路中段。该桥初建于 1961 年，原为木桥。1967 年 5 月，扩建为钢筋混凝土梁板桥，改名为反修桥。1978 年后恢复原名。

天宁门桥　位于盐阜西路东段的北城河上，因旧时的天宁门而得名。该桥始建于明代，原为吊桥，是旧时扬州四水关六吊桥之一。清代改建成砖木桥面，1959 年重建，1967 年又改建为钢筋混凝土双曲拱桥。桥宽 6 米、长 8.4 米。

图 28－5－1　天宁门桥

史公祠　(详见第二篇第二章第四节)

便益门广场　(详见第五篇第二章第五节)

友谊广场　(详见第五篇第二章第五节)

梅岭东路电视发射塔　位于梅岭东路老电视台原址。该电视发射塔于 1986 年 9 月建成，1987 年 5 月安装完毕，7 月 11 日投入使用。该电视发射塔有 3 个工作平台，可容纳 6 套电视和 4 套广播视频发射天线。1998 年，电视台迁至维扬路后，仍继续使用。

市人民体育场　位于大虹桥路。该体育场于 1952 年动工，1954 年基本建成，是从原东关街人民体育场迁建于此。该场建有 8 道次 400 米跑道，场中为足球场和各项田赛场地，西侧建有面向东的主席台。2008 年 11 月，拆除搬迁至文昌西路体育公园。

扬州体育馆　位于友谊路与大虹桥路交会处西北角，1978 年 10 月建成，初名扬州地区体育馆(国家丙级)。比赛场地 600 平方米，观众席 2944 座。1984 年，改建为钢架砖墙，木板地面，观众席 2840 座。2008 年 11 月，拆除并入体育公园。

市游泳池　位于大虹桥路北侧。1952 年 4 月，始建第一座游泳池。1977 年，改建为标准游泳池，可容纳观众 1200 人。1981 年，改为游泳旱冰两用场地。2008 年 11 月，拆除。

第四节　寺庙地名

建隆寺　位于梅岭西路北侧。该寺是宋太祖为追荐阵亡将士而建，于建隆二年(961)以御营改建为寺，并以年号作为寺名。后金兵入境，寺毁(原址在西湖镇)。南宋嘉熙三年(1239)，在梅岭境内重建该寺。宝祐年间又加修葺，庙宇颇具规模。明、清两代多次重修。清乾隆十年(1745)，僧人宗森住持，立南山派，为清代扬州八大名刹之一。乾隆皇帝数次临幸该寺，多有赏赐。其时，寺中僧人多习艺文，宗森弟子小支上人纂《建隆寺志略》，辑有前代诗人梅尧臣、苏轼、王禹偁和清代文人蒋士铨等游寺名人的诗文。该寺经咸丰兵火后，大部庙房毁圮，其后未有修复。新中国成立前夕，僧人印隆任住持，寺中僧人不足5人。1953～1954年，龙卷风刮倒该寺大殿，后所遗庙房改作儿童用品厂。1978年，拆除剩余旧房，其址辟为住宅区和农贸市场。

慧因寺　位于新北门桥以东、问月桥以西。据传始建于南宋宝祐年间，初名舍利庵。明洪武年间，僧人德云重建。清乾隆十六年(1751)，乾隆皇帝乘船过寺，赐名"慧因禅寺"，并赐"慈缘胜界"匾额。以后又有多次赏赐，成为清初扬州八大名刹之一。该寺于咸丰三年(1853)毁于兵火。光绪年间，又在旧址建庙宇3间，远逊旧貌。新中国成立前夕，僧人岚权住持该寺，庙房仅剩5间，和尚只有2人。新中国成立后，拆除庙房，建成红园(老红园)。

北来寺　位于便益门大街北端，原扬州麦粉厂西南角。始建于南宋乾道年间。明正统十二年(1447)，僧人如瑶募化在寺北建北来桥(即高桥)。清康熙皇帝南巡时，赐北来寺寺名"慈云寺"。咸丰三年(1853)，毁于兵火，珍藏之物散失殆尽。后经数代僧众30年经营，到光绪十年(1884)左右始复旧观。该寺原有闻角、如意、毗卢、紫竹4座别院，均在寺周数里内。1953年，该寺被拆除，改建为扬州粮食二库。

天宁寺　(详见第二篇第三章第三节)

重宁寺　(详见第二篇第三章第四节)

第五节　水域地名

古运河　(详见第一篇第二章第三节)

北城河　此河系扬州古代旧城、新城的北城门外城壕，故名。元末筑旧城时开西段，明万历二十年(1592)复浚。明嘉靖三十五年(1556)，筑新城时开东段。清康熙、雍正年间两次复浚。乾隆年间，在北岸天宁寺前建御马头。1958年、1978年疏浚，1987年兴筑块石护坡。流域面积0.58平方千米，长2.4千米。

玉带河　原名宵市河、小草河。原玉带河为明代所开，称宝带河，系今蒿草河一带。今以漕河至北城河一段水道称玉带河。因河道较直、河水清漪，河面上有运草船点缀以绿色，似玉带一般，故名。流域面积0.2平方千米，长1.04千米。玉带河河床大体属唐代官河，宋、元市河位置。宋嘉定年间，浚深市河。明代时，此河与汶河经整治后，原河床缩小，仅作运柴草小船通道。民国年间更显衰落。80年代，全面清淤疏浚，兴筑块石护坡、栏杆、小道等，沿岸得以美化。

漕河　(详见第一篇第二章第三节)

第六节　地形地名

梅花岭　位于广储门桥西、北城河北岸之北。此处原为一片空地。明万历二十年(1592)，疏浚城壕，掘出淤泥堆成土岭，后在其上广植梅花，建楼台池榭，遂变成风景区，为平山别墅。又在岭东西建偕乐园，作为在扬州停留的州县官吏休憩之所。偕乐园后改为崇雅书院，供诸师讲学之用。清雍正时又更名为梅花书院，桐城派主要作家姚鼐曾为主讲。因这里梅花繁茂，故俗称梅花岭，简称梅岭。民族英雄史可法衣冠冢即在此。

老虎山　位于漕河与邗沟之间，东连高桥，西接凤凰桥街，是低于蜀冈的一座条形山丘。总面积0.2平方千米。此山原名卧龙山，与凤凰桥之"凤凰"相邻，是"龙凤呈祥"的吉地。据传，清末时被一名为徐志虎的地主霸占后，不准人上山放牧、割草，以致长期荒芜，人们遂称此山为老虎山。新中国成立后，始有张、王、周、尹四姓外地人逃荒上山安家。合作化后，此处建立林业队，开山造林。现山地被征用，林被毁，成为漕河和邗沟的居民小区。

第七节　旅游景点地名

御马头　位于北城河北岸丰乐街东端，今西园大酒店门前。御马头处原景为"西园华盖"，建于清乾隆二十一年（1756）。时乾隆第二次下江南，接驾官员及盐商在天宁寺西香园（今西园大酒店内）兴建行宫、御花园。临北城河筑码头，为乾隆游览瘦西湖登舟之处，名御马头。因满人骑马，不愿因石头绊住，便将码头的"码"字去掉石旁。码头用石块驳岸，条石砌阶，共39级。阶宽6米，坡道平缓，轿马皆可行。拾阶西下，临水长达60米，有背负土丘的砖墙相围，土丘上遍植花草树木。旧时，随着战火连年，经济萧条，昔日繁华不再，御马头成为百姓洗衣洗菜的地方。1989年，市政府拨款修复御马头，于岸边重修风亭一座，内竖"御马头"石碑一块，题字按清曹寅字复制。90年代，开辟乾隆水上游览线后，御马头成为画舫行船的起点。

扬州盆景园　该景点原为古西园茶肆旧址，几易其主，清道光、咸丰后，园圮。民国初年复筑，后亦圮。新中国成立初期成农田。1955年春，始复建。1958年，在此广辟绿地造林。1960年，迁建歌吹台和石舫于此。1979年11月，建院墙、花房等，组建扬州花鸟盆景公司。1984年，市政府拨款在西园曲水、卷石洞天两景点筹建扬州盆景园，复建濯清堂，新建浣香榭及曲廊。1985年10月，成立扬州盆景园。1986年，市政府再拨款新建西园曲水门厅，改草亭为瓦亭，续建曲廊和方亭，并维修铺路。1986年10月，对外开放。

第六章　甘泉街道地名

第一节　村庄地名

一、长塘村

长塘村　取名于50年代。据传很早以前，该村有个大户人家新娶了一个媳妇，为考察新过门媳妇的农活技能，在当年夏收季节，就安排新媳妇及其嫂子和小姑子一起到自家一块最长的田里收割麦子，3人各割一垄，看谁割得快。尽管天气很热，大家还是你追我赶，互不相让，都想率先完成任务，第一个到达终点。尤其是这位新媳妇更不甘示弱，因为刚进男家门，生怕落后了被人瞧不起，就全然不顾疲劳，以最快的速度第一个到达终点。由于天气太热，麦田太长，收割速度太快，这位新媳妇完成任务后上气不接下气，随即就躺在田埂上休息。她这一歇就再没能站起来，永远离开人世。

为颂扬这位新媳妇不辞劳苦、勇于争先的精神，庄上人为纪念她，就把庄名定为"长趟活"。后来这户人家为不让悲剧重演，就把这块大长田开挖成水塘不再种粮，起名为"长塘"。

高庄　庄名。高庄其实没有一户人家姓高。据传,在清朝有一位姓高的阁老在此居住,拥有百余亩田地,因为无后,到了晚年就把他的田地全部赠送给佃户。大家为纪念他,就把庄名改为高庄。高阁老的墓遗址仍在。

二、公路集村

砖桥　庄名。因其区域内有一座黄家砖桥而得名。清朝中叶,在公路集黄庄有一姓黄的大户人家,老祖宗黄壁雄距今大约20代,黄壁雄孙子黄四曾是清朝战将,由于血战沙场,屡立奇功,最后为保护皇帝,战死在金銮殿上,因而被雍正封为黄四大将军,授予良田万顷、黄金万两。黄家后来搬迁到扬州,成为扬州第一大户,在传到第12代黄国渠时达到鼎盛。当时有这样一副对联形容黄家富甲扬州 :“诗书自古传江夏,孝友余今震广陵”。据说,从扬州到天长一带沿路良田都属于黄家。黄家房屋有方圆一公里。黄国渠有一个女儿,年方十六,长得极其标致,精通琴棋书画。黄国渠一直视她为掌上明珠,疼爱有加,一心想找个门当户对人家把姑娘嫁出去,但由于黄家家大业大,找个门当户对的人家非常困难,后来经媒人撮合,嫁到九道周九房家。周九房家也是大户,幼时家中贫寒,靠贩猪为生。他生性快乐,在一次贩猪路上,一边赶猪一边唱歌。忽然他看见路边有一块金灿灿的东西,拾起来一看是一块黄金。他得到一笔横财,不到10年,便拥有田庄99个半处,周九房在每个田庄建一座土地庙,供奉土地老爷,一共修了99座半,以感谢土地老爷帮助他发了财。黄家姑娘嫁到周九房家后,生活很好,周府特地为她养一匹快马,每天早上仆人骑马到扬州买富春茶社小笼包子作早点,马跑回来,包子还是热乎乎的。时间长了,黄家姑娘想回娘家,一日早上,她带着丫鬟回家,走到军坝、民坝时,看到水哗哗地淌,自己裹的又是小脚,面对湍急河水无法过河,在河边上急得直哭,把眼睛都哭肿了。黄国渠回来看到女儿眼睛肿了,心疼地问女儿:“是不是在周九房家里受气了,我找他家算账去!”黄家姑娘哭着说:“不是,不是,是我想爹娘回来,走到军坝、民坝淌水过不来。”黄国渠笑道:“此乃小事一件,我们在民坝上修一座桥不就可以了吗!”说罢,黄国渠就找来管家,命他找些工匠在民坝上修一座桥。桥是用砖头砌的,又是黄家出钱,因此附近老百姓就把桥叫作黄家砖桥,附近村落也改名砖桥。这个名称一直沿用至今。现在的后黄、上黄、下黄、黄一 、黄二5个组的得名都与黄家有关。

三、双山村

双山　(详见本篇本章第七节)

团结　庄名。因居住此地的居民姓氏太多,故取名团结,惟愿大家合力同心、团结一致。

四、焦巷村

焦巷　很久以前,有焦氏家族聚居于此。由于家族较大,人多地少,居住困难又无地建房,只有在祖屋周边建房,房屋之间只留人走巷道,逐渐成为一个较大村落,故而取名焦巷。焦巷村由此得名。

井塘　庄名。过去甘泉山十年就有九年干,遇到干旱年景,村里吃水很困难。村民就在一块叫坝子田边上挖塘取水吃,水还是不够吃,村民又在塘底挖井。后方圆几里村民都到这口井中取水吃,因而得名井塘。

高院　过去,有一个大户人家在此买田定居,为防盗贼打抢,将护院砌成高墙,因此得名高院墙。新中国成立后,该高墙被拆除。

道仁　庄名。很久以前有一个道士居住在此地,方圆几十里村民都来请他做道场,因而得名道仁。

五、老山村

老山　又叫甘泉山。(详见本篇本章第六节)

军庄　庄名。因隋炀帝叔父杨林领兵驻守甘泉山,兵马营地在此地驻扎,故名军田庄,后改名军庄。

六、五湖村

五湖村　名源于原五岔村和引湖村两村合并,各取一字而得名。

顾巷　庄名。原名小林庄。200年前，苏州阊门武陵堂顾玉先到此定居，故得名顾巷。至今全庄人家全部姓顾。

电站　庄名。原名埂头坂。100多年前，俞姓人家在此定居。1960年建设电灌站，因此得名电站。

七、双塘村

蛇口　庄名。以前，农民抽干水塘挑塘泥做有机肥料，有一次，一位农民将铁锹扦入泥中，发现所扦处塘泥有血状物，传为蛇头部所在处，得名蛇口。

瓦房　庄名。以前有胡氏安定堂分出，迁至此处定居后，新建很多砖瓦房，因此得名瓦房。原胡氏聚居未迁出的，叫胡庄。

花庄　庄名。以前有胡氏安定堂分出，迁至此处定居。各自砌房造屋，开枝散叶如同花状，得名花庄。

八、姚湾村

苗巷　庄名。因此地地形像鸭子，得名梅鸭巷。后来人们叫成苗巷。

三墩　庄名。因当时有3座大墩子(实际上是3座汉墓)连在一起，呈三点角分布，故名三墩。三墩村一带流传一个"三墩借碗"的美丽传说。相传王母娘娘派3位贴身宫女到甘泉山察看风景，看到三墩有个清水塘，便下水玩耍，一时忘了时间。王母娘娘就派吕洞宾到人间来寻找。吕洞宾看到仙女们在水中嬉戏，便装成卖鸡郎走向水塘。仙女们大惊，急忙上岸穿衣，吕洞宾已经走到她们面前，在每人头上放一把土，3位仙女顿时变成3座大土墩。然后，吕洞宾又装成卖鸡郎来到甘泉山，对百姓说："这3座墩子里头有许多宝贝，有金碗、银碗。你们可以去借，不过，用过了要及时归还。"附近的人家家里要做大小事的，家里买不起碗盏家伙的，就在三墩前烧上一炷香，念几句咒语，就可以拿到自己想要借的东西。后来其他地方的人见财起意，生了坏心思。他们也学三墩的人，烧香求碗，但是借了金碗还银碗，借了银碗还铁碗，有的人甚至不还了。仙姑发现这些贪财的人不守信用，就不再借碗给老百姓了。

九、香巷村

香巷　得名于从前徐氏自然村庄内的一条南北向巷道。该巷道宽约4～5米、长约60米。每年正月十五，有前后左右村庄的村民到此烧香敬佛、求子、玩灯等，影响越来越大，每年聚集的人越来越多，后就发展为每年正月十五的重要娱乐场所。项目增加玩龙、花担子、大舞船、踩高跷、高杆抽灯、麒麟送子等。传说当时麒麟送子很灵验，所以香火越来越盛旺，四边群众称为香巷。

十、甘泉居委会

前庄　庄名。百年前此处有私家庵堂1座，1966年"文化大革命"初期，庵堂破坏无余，大殿被拆毁，木材砖瓦用于砌甘泉大队部，大铁钟敲碎后被农具厂化成铁水浇成犁头。庵堂前面庄台叫前庄，庵堂后面庄台叫后庄。

瓦房　庄名。约200年前，有吴姓在此地开糕饼店，取名吴糕庄，后来有刘姓村民新建小瓦房，因而改名为瓦房庄。

第二节 道路　(街巷)地名

公长路　起于扬天路公路集段至杨庙界，全长3.44千米、宽6米，水泥路面，沿途经公路集村、长塘村，故名。

姚香路　2006年建造，起于槐泗，至杨庙，全长3.48千米、宽5米，水泥路面，沿途经姚湾村、香巷村，故名。

七泉路　1987年建造，起于扬子江北路，至扬天路，与扬子江路平行，全长4.57千米、宽9米，原为水泥路面，沿途经双塘村、甘泉居委会、老山村。因甘泉老山上有泉，故名七泉。

焦巷路　2013年改造，起于五湖路，至道仁，全长3.9千米、宽6米，水泥路面，途经焦巷村，故名。

三山路　2007年改造,起于七泉路,至杨寿村,全长3.79千米、宽5.5米,水泥路面,沿途经老山村、双山村,故名。

公焦路　2008年改造,起于公路集村,至焦巷路,全长4.07千米、宽3.5米,水泥路面,沿途经公路集村、老山村、双山村、焦巷村,故名。

第三节　建筑物(桥梁)地名

翻到桥　在甘泉居委会境内,为梁式钢混结构。建于2010年,长10米、宽6米。建造该桥前,此处是一座漫水闸,当水位超过40厘米时,闸板自动翻到排水,人称之为翻到桥,后改建沿用原名。

五湖大拖桥　在焦巷村内(原引湖村和胡巷村交界处),为梁式钢混结构。1993年建,长27.5米、宽6.7米。此处原为一座水泥板搭起的便桥,改建后,桥面比较宽阔牢固,能承载当时的大拖拉机,故称为大拖桥。

马庄桥　地处焦巷村境内,为梁式钢混结构。建于2008年,长15.5米、宽5米。

前进桥　地处焦巷村境内。1974年,建胡巷水库时,此处兴建一座由4个直径1米的涵洞组成的石桥,因时值"文化大革命"期间,桥名为前进桥。2010年,石桥改为梁式钢混结构,长15米,宽5.2米。桥名仍用原名。

蚂蟥涧桥　在甘泉居委会境内,为梁式钢混结构。建于2010年,长15米、宽6.1米。因横跨蚂蟥涧水库而得名。

第四节　寺庙地名

惠照寺　始建于南朝刘宋元嘉十七年(440),原名高公寺。至唐先天元年(712),改为东大安国寺。唐乾元二年(759),始称惠照寺。唐开成元年(836),惠照寺移于甘泉山,亦名甘泉山寺。寺内有古井通泉,水甘味美,久旱不竭。清咸丰年间毁于兵火。2001年5月,在甘泉山顶,居民颜德高老夫妇住的小屋东山墙下,发现一石碑,上刻"惠照"二字。石碑左边竖刻着一排小字"民国七年(1918)谷旦重建"。据当地百姓回忆,民国重建的惠照寺是一座外围砖墙、小瓦屋面、木结构的大四合院。大门朝东,前殿3间小7架梁,后殿3间大7架梁,两边是厢房各3间小5架梁,石碑嵌于前3间大门的门头上,大殿内有3尊同样大小的菩萨,菩萨面前有一只铸铁大香炉,大殿中有一个铸铁含铜的直径1米多、高近2米大钟,钟上密密麻麻地铸着慈善捐款人的姓名,钟声洪亮,可传数里远,厢房为和尚居室。惠照寺和尚有5～6代。惠照寺和尚只有十几人,常住3～5人,最少时仅剩1～2人。最后一个小和尚名叫刘元福,师从本源、本茂。惠照寺址今为甘泉林场办公室。

第五节　水域地名

王冲涧　为县级小(2)型涧河。1978年10月起,征调周边几个乡镇民工历时数月开挖而成。全长1.3千米,北接杨寿河引邵伯湖水至此,用于三级提水灌溉。该工程受益面积2000多公顷。

蚂蟥涧　为1982年10月改造的乡级三级水库,流经甘泉居委会黄庄,到香巷村徐庄、小李,再经甘泉居委会马庄到双塘村瓦房,然后进入姚湾水库,最后到巷口小区出水口,全长2千米。

向阳水库　起于长金涧,止于金坝水库,全长1.7千米,流域面积3.92平方千米,库容38.66万立方米。该水库开挖于1974年2月,途经公路集村三星组、后黄组,老山村西庄组、徐庄组、曹西组。

长塘水库　起于甘泉影视大道,止于长金涧,全长0.7千米,流域面积2.06平方千米,库容18.24万立方米。该水库开挖于1974年2月,途经长塘村姚东组、新民组、居庄组。

金坝水库　起于扬天路，止于银坝涧，全长 0.8 千米，流域面积 7.3 平方千米，库容 17.31 万立方米。该水库开挖于 1975 年 6 月，途经公路集村金坝组、马庄组、殷庄组。

胡巷水库　起于曹庄，止于三岔涧，全长 1.6 千米，流域面积 1.6 平方千米，库容 11.6 万立方米。该水库开挖于 1975 年 4 月，途经胡巷村井塘组、居庄组、王巷组、杨庄组、周庄组、胡东组、胡西组。

香巷水库　起于俞桥水库，止于槐泗河，全长 1.3 千米，流域面积 8.13 平方千米，库容 10.2 万立方米。该水库开挖于 1974 年 4 月，途经香巷村李庄组、大塘组。

姚湾水库　起于蚂蟥涧，止于巷口小区，全长 1.8 千米，流域面积 7.34 平方千米，库容 26 万立方米。该水库开挖于 1974 年 2 月，途经姚湾村秦庄组、公路组、涂庄组、苗巷组、三墩组、王庄组、吴庄组。

第六节　地形地名

甘泉山　又叫老山。甘泉街道境内地势西高东低，属蜀冈古陆支脉的低山丘陵地带，起伏较大，平均海拔高度 26 米，甘泉山绝对海拔高度 63 米，是扬州市最高点。汉宣帝五凤四年(前 54)，广陵王刘胥死，为葬刘胥而人工挑土堆积而成。老山占地 20 多公顷，山上有七峰，形如北斗星座，最高的山峰 63 米，山上有驻军守墓。守墓人在山上打一口深井，通泉眼，水甘洌，从不干涸。人们把此井叫作甘泉，列为天下第七泉，把老山叫做甘泉山。

老虎墩　1975 年，农民烧砖瓦取土发现的汉代砖券墓室。1984 年 4 月，由扬州博物馆发掘清理。此墓占地 0.5 公顷，封土高 10 多米，墓门坐北朝南，全长 14 米，最大宽度 8.65 米，由墓道、墓门、甬道、双耳室、前室和后室组成。所用青砖数目达 13 万块之多，总面积 100 平方米，是一座规模宏伟、结构严谨的大型砖室墓，为东汉中期广陵国有相当地位的刘氏家族墓。出土文物有黄釉陶楼、陶灶、陶井，漆鞘玉饰铁剑，飞熊玉水滴，“宜子孙”玉佩饰、夔龙璧形玉饰，玻璃杯等，现存于扬州博物馆。老虎墩现为县文物保护单位。

第七节　旅游景点地名

双山　双山是人工挑土堆积而成的两座土山。东汉永平十年(67)，广陵王刘荆死，葬于双山。1980 年春，邗江县甘泉砖瓦厂在双山东侧一座土山取土制砖时，发现砖砌墓室券顶，南京博物院进行清理。此墓虽早期被盗，仍出土很多珍贵文物。在甘泉砖瓦厂打工的农民陶秀华在挖土时拾到“广陵王玺”金印一枚，上交南京博物院，成为镇院之宝。

影视城　江苏甘泉影视服务外包基地是省文化产业集团投资、由省影视制作服务外包基地有限公司负责建设并运营管理，成立于 2011 年 8 月，注册资本 1 亿元。总规划占地 66.67 公顷，一期规划占地 22.13 公顷。已开工第一期工程建设面积 5.8 公顷，建筑面积 3 万平方米。第二期工程建设面积 6.67 公顷。至同年 12 月，建设实际使用面积 6000 平方米的全国最大的标准摄影棚 1 座、1000 平方米小摄影棚 3 座。基地全部建成后，将成为与国际接轨的影视服务外包中心，提供从影视前期筹备到成片拷贝的全过程“一站式”服务基地。

基地于 2011 年 10 月对外营业。《清江浦》《江湖正道》《特务 037》《非凡英雄》《刘伯承市长》《大红灯笼高高挂》《与狼共舞》等多个剧组进驻拍摄，同时带动周边群众演员、劳务用工、餐饮服务、旅游观光等。影视基地创作生产《你是我的幸福》《决战南京》《上将许世友》等 40 多部影视剧作品。同年 11 月，由集团和扬州市共同投拍的大型电视剧《大清盐商》在该基地举行开机仪式。

陈园　2000 年开始修建，已初具规模。计划打造成与个园、何园齐名的扬州第三园。主要分为明清生活博物馆、明清建筑博物馆等。陈园是一个贯穿唐宋元明清历朝文化、融合徽派与扬派建筑特色、汇集众多古家具与古木的集大成者，是对扬州乃至江苏旅游文化的一个有益补充，将是扬州文化旅游的新亮点。

图 28-6-1　陈园

樱花园　1999 年，甘泉王龙宝下岗后自主创业，开办华实食品有限公司，开始从事樱花生产。用 20 年时间，将默默无闻的长塘村，变成闻名遐迩的樱花之乡。在业界被称为“樱花大王”。如今，当地樱花种植面积 66.7 公顷，成为远近闻名的樱花园，也是甘泉一大特色农业、特色旅游项目。一到初春，樱花次第开放，游人如织，美不胜收。“润嫩”樱叶产品占领日本市场份额 10%以上，成为中国最大的樱叶出口企业。

第七章　瘦西湖街道地名

第一节　村庄地名

一、堡城村

堡城　南宋时期，扬州知府郭棣为抵抗金兵，在蜀冈汉唐故城废墟上重新筑城，名为“堡城”，此名沿用至今。遗址位于观音山东北角、汉广陵王墓西侧、保障湖北面。

西华门　唐代衙城即有西华门。位于堡城村凌庄组西半部，今有“唐城遗址”石碑立于此地。

二、园林村(社区)

园林村　因该村地处扬州西郊瘦西湖风景区，园林绿化秀美，故名。现原有村庄住户均迁出，原址改造为瘦西湖公园万花园景区。

童家套　庄名。原址在长春桥东侧、宋夹城南侧。清初，该庄土地属一户姓童的大户人家私有，又因该庄四周被一条条环形河围住，所以当地人称之为童家套。

三、滨湖社区

桑树脚　位于保障湖东。原庄台已拆迁。该庄始建于唐代，距今有1200年历史。早先是扬州北郊的南北交通要道，有扬州城北大门之称。旧时，这里居民以栽桑养蚕为生。新中国成立后，有桑田40多亩，年产蚕茧60多担，这里又曾有很多大桑树，行人常在此歇脚，“桑树脚”庄名由此而来。

第二节　道路(街巷)地名

古测字街　位于堡城村许巷组境内，曾经是唐子城中心繁华街道。传说明朝开国前，军师刘基曾在此替后为明朝开国皇帝的朱元璋测过字。明开国后，为纪念此事，称此街为测字街，后人在其名前冠一“古”字，以纪其年代久远。明代时盛极一时，后随历代战争而荒败。如今成为堡城村街市中心。

牌楼坟　位于堡城村许巷花木田之南。这里原有一座石牌楼，牌楼后为坟地，当地群众称之为牌楼坟。

第三节　建筑物(桥梁)地名

象鼻桥　位于堡城村东南角、汉广陵王墓西侧。始建时间无考。原名相别桥。相传，桥东北角系外国驻扬州的外交官住地，每当外交官离职或离任回国时，扬州地方官员必相送他们到此地告别，故名相别桥。这种送客至此分别的仪式，据说最早始于西汉时江都国相董仲舒。因桥下小沟及乡道形似象鼻，桥名又称象鼻桥。清朝末年(1911)，杨姓回民再次对桥进行重建。该桥为单孔砖砌拱桥，长18米、宽5米，桥面中间铺两条共宽约两米的石条板，供独轮车通行。拱瓮顶上嵌砌一块白矾石石额，右边竖刻“宣统三年吉日”，中间横刻“象鼻桥”，左边落款“四知堂杨重修”，字皆楷书。

汉广陵王墓博物馆　(详见第二篇第二章第四节)

汉陵苑　即汉广陵王墓博物馆。

第四节　寺庙地名

城隍庙　位于测字街东侧，始建于隋代。初时规模较大，有大殿、配殿、楼阁、客堂和其他配房，传说原有房屋九十九间半。大殿前后植有4株银杏树，四周围墙高砌。隋炀帝下扬州时，有嫔妃、美人住此。唐代时，此庙为扬州大都督府(帅衙)署所，南唐时作行宫。唐末以后，城隍庙几经战火焚毁，又几度募资修复。清嘉庆十二年(1807)，将象鼻桥旁已废圮的将军庙前的两根“将军柱”(即高两米多，直径0.5米，身为八角形，下为扁鼓形的旗杆座)移至庙前，以存古迹。江浙巡抚阮元为之撰文勒石，以记其事。清咸丰年间，庙宇再次毁于战火。光绪年间，再度募资重建，规模终究未能复原。后又因年久失修，庙房逐渐破败，仅剩西部4座各4间的庙房尚完好，被分为火星庙(东两座)和七星庙(西两座)两座小庙，共围一院，合开一门。院内东、西各有1株银杏树，庙内供奉火神、眼神、痧神、痘神、送子娘娘、催生娘娘和雷公等神像。庙后另建5间僧房。民国11年(1922)，经僧人满道化缘筹资，重修五楹大殿。后来，僧人觉恨又募建大殿东南的僧房6间。日军占领扬州后，伪军在庙的四周筑起4座碉堡。抗战胜利后的1946年3月，当地人利用火星庙房屋开办堡城小学。新中国成立后，旧庙房逐渐被拆除，改建为堡城小学校舍。唯5间楠木大殿作为文物予以保留。1982年6月，公布为市级文物保护单位。因损坏严重，1985年，市文物保护管理委员会对其进行抢救维修。

铁佛寺　位于汉广陵王墓东侧，瘦西湖街道滨湖社区佘田组境内。原为五代时杨行密故宅，后舍宅为寺，初称光孝院。宋建隆四年(963)，在寺内铸造铁佛，始称铁佛寺。当时，该寺规模很大，有“骑马关山门”之称。寺门朝南，寺前坡下有一条浊河通邗沟，河上有一座石拱桥，名“回龙桥”。桥两头各有一口对称的“龙眼井”,为寺中和尚饮用之水。传说古时寺旁的桑树脚庄上常起火灾,风水先生谓桥东的井是火井,为避火灾,即毁掉东井,西井至今尚存。新中国建立后,该寺仅存大、小两殿各3间,大殿东侧有禅房5间1厢。该寺最后一位住持法号叫同元。1959年,在此寺办起城北农业中学,并在大殿西侧新建两间办公室,殿中大小泥塑菩萨全部被毁。1967年,佘田队拆除小殿,用拆下的材料在打谷场上砌仓库。寺中现尚存一张石桌、4张石几、大殿3间和4间禅房。原有石碑一块,其上方右起横书“铁佛寺”三字,中下方右上竖书“嘉庆□年”小字,正中竖书“南无阿弥陀佛”6个字,现存放在槐南村肖东组董其福家中,已断成两截。1986年,该寺被公布为市级文物保护单位。

观音山 (详见第二篇第三章第二节)

第五节 水域地名

夹城河 南至长春桥,北至保障湖。原是南宋为抗金而筑夹城时所开挖的一条人工河,因位于宋夹城,故名夹城河。该河是京杭大运河进入扬州段的支流,故又称小运河。流域面积1.2平方千米,长4.3千米。

瘦西湖 (详见第二篇第一章第一节)

第六节 地形地名

猪头山·小方壶 原汉墓博物馆所在地,与其东南的小山连在一起,形状像一头猪。西北边是猪身,东南边是猪头。其西南有一口方塘,像猪食槽。传说古代有测字术士游历到此,发现此山形状怪异,怕他将来成精作怪,便在两山之间的“猪颈部”开一条路,将“猪头”割断。又在方塘中栽下无数木柱,在塘中建一座亭子,将“猪食槽”破坏,取此景名为小方壶。群众称此塘为小方池,称汉墓博物馆东南侧小山为猪头山。

小茅山 位于瘦西湖街道综合村九组境内,扬菱公路西侧,城北乡卜杨村北首,原市火葬场南,东邻卜家冲。小茅山因庙得名。茅山庙始建于清代后期,坐落在山丘上,庙门朝南,规模不大,有前后两进和两边厢房组成四合院。前进3间为山门殿,后进3间是大殿,两边各有两间厢房作僧房。庙门前竖两根旗杆,大殿的神龛内塑供三茅菩萨。该寺当初为道教庙宇,小茅山之地开始没有居民,比较旷野,一些浪迹萍踪的江湖艺人、术士、行乞者及盗贼常宿于庙中,此地常有拦路抢劫之事发生。后来有些流浪至此的人定居下来,成为当地村民。新中国成立前,庙房逐渐被国民党军队拆除,用作筑碉堡的材料,小茅山作为地名被沿袭下来。1965年,市火葬场迁建于此,群众习惯仍称其为小茅山。从此,小茅山又变成火葬场代称。2000年,市火葬场迁至杨庙西屏山。

第七节 旅游景点地名

成象苑 (详见第二篇第二章第一节)

瘦西湖景区 (详见第二篇第一章第一节)

扬州盆景园 (详见本篇第五章第七节)

附　录

一、区委、区政府重要文件选录

关于加强社区党的建设工作的意见

扬郊发〔2002〕14号

各乡镇场党委、街道党工委，区委各部委办局，区各办局党委(党组、总支、支部)，各人民团体党支部，区各直属单位党组织：

为加强社区基层党组织和基层政权建设，积极探索解决社区党建工作中出现的新情况、新问题，促进社区两个文明建设和各项事业发展，现就加强社区党的建设工作提出如下意见：

一、社区党建工作的指导思想与工作目标

1. 社区党建工作的指导思想是：以邓小平理论和江总书记“三个代表”重要思想为指导，深入贯彻党的十五大和十五届六中全会精神，紧紧围绕改革、发展、稳定的大局，从巩固党的执政地位和基层政权的战略高度出发，以加强党的基层组织建设为重点，扩大党组织在社会和基层工作中的覆盖面，充分发挥其在社区工作中的思想导向作用、重要决策作用、组织保证作用和行为表率作用，做到有群众的地方就有党的工作，有党员的地方就有健全的党组织，有党组织的地方就有健全的组织生活和坚强的战斗力，从而不断增强社区党的工作的影响力、渗透力和社区党组织的创造力、凝聚力和战斗力，把广大人民群众紧密团结在党组织周围，推进城区社会主义物质文明和精神文明建设。

2. 社区党建的工作目标是：经过3至5年的努力，使街道领导班子的整体素质有明显提高，社区党的建设工作有明显加强，社区精神文明建设有明显改进，形成以街道党工委为核心，社区党组织为基础，社区党员为主体，社区内其他基层组织共同参与的社区党建工作新格局。

二、发挥街道党工委在社区党建与社区建设管理中的领导核心作用

3. 街道党工委是区委的派出机关，是街道各种组织和各项工作的领导核心。抓社区党建工作，主要在于加强和改进街道党建工作，充分发挥街道党工委的领导核心作用。

4. 街道党工委应履行的主要职责是：宣传、贯彻党的路线、方针、政策和国家的法律、法规，执行上级党组织的决议、决定，团结、组织党员和群众，保证党和政府各项任务在辖区内顺利完成；讨论决定本街道社区建设、社区管理、社区服务、街道经济发展、精神文明建设、社会治安综合治理等方面的重大问题；领导街道办事处和街道工会、共青团、妇联等群众组织，支持和保证行政组织、经济组织和群众自治组织依照法律、法规和各自的章程充分行使职权，协调好各方面的关系；加强党组织的自身建设，充分发挥党工委的领导核心作用、党支部的战斗堡垒作用和党员先锋模范作用；按照干部管理权限，做好本街道干部的教育、培养、任免、考核和监督工作；领导街道的思想政治工作和精神文明建设。

5. 街道党工委应对社区建设和管理的各项工作负全面责任。要以强化社区管理功能、互助服务功能、社会治安综合治理功能为目标，领导、支持和保证街道办事处对辖区内的社区建设、社区管理、社区服务、街道经济发展、精神文明建设、社会治安综合治理行使组织领导、综合协调、执法监督检查等行政管理职能，组织、指导和协调辖区内的机关、企业、事业单位基层党组织参与地区性、社会性、群众性的社区管理和服务工作。区属机关、企业、事业单位的党组织要积极推动和督促所属基层党组织参与和支持社区的两个文明建设；街道党工委要主动争取辖区内各机关、企业、事业单位党组织的支持与配合，通过社区党建工作联席会及时通报情况、沟通信息、交流经验、协调工作。

三、切实加强社区党建的组织网络建设

6. 发挥街道社区党建工作联席会的作用，以“精神文明共创、社会事务共管、社会稳定共保”为纽带，及时通报情况、沟通信息、交流经验、协调工作，通过开展形式多样的活动，形成资源共享、优势互补的整体合力。

7. 加强新经济组织、新社会组织的党建工作。凡是有党员且条件成熟的新经济和新社会组织都要建立独立的党支部，也可以按地域相邻、行业相近、属地管理的原则，成立联合党支部或明确挂靠关系；暂不具备建支条件的新经济组织、新社会组织，街居党组织要向其派出党的工作指导员，帮助开展党的工作。

8. 加强居民区党支部建设。居民区党支部是党在社区最基层的一级组织，是居民区各种组织和各项工作的领导核心。居民区党组织的主要职责是：(1)宣传贯彻党的路线、方针、政策和国家的法律法规，执行上级党组织的决议，团结组织党员和群众完成本社区所担负的各项任务；(2)加强党组织自身建设，发挥党员的先锋模范作用；(3)支持和保证居民委员会依法履行职责；(4)密切联系群众，反映群众的意见和要求，做好群众工作，搞好各项服务；(5)加强社区思想政治工作，搞好精神文明建设。

街道党工委要重视选好配强居民区党支部书记，注意选拔那些政治素质好，热爱地区群众工作，富有奉献精神，有一定政策水平、管理知识和组织领导能力，年富力强的党员担任居民区党支部书记。居民区党组织要做好与驻地单位党组织的结对共建，主动为驻地单位党组织提供服务，并争取他们的支持，本着平等协商、自愿参与的原则，发挥驻地单位人才、资金、设施等资源优势，促进共同发展。

9. 加强对群团组织的政治领导，发挥群团组织的作用，增强党的工作的影响力和渗透力。要充分利用社区各类群众组织特别是工青妇组织在群众工作中的优势，在社区内组织开展各种健康向上的群众性文体活动，增强党在群众工作中的凝聚力、号召力，形成社区党建工作的合力。

四、加强对社区各类党员的教育和管理

10. 根据流动党员、下岗职工党员以及人户分离党员的特点，通过建立流动党员党支部、临时党支部、党员联络站等形式和直管、代管、协管等办法，切实加强对这些党员的管理，并逐步建立和健全各类管理制度，不断提高社区党员教育管理工作的质量。

11. 针对人口老龄化的趋势，在做好离退休人员中党员老有所养、老有所乐、老有所为、老有所学工作的同时，做到老有所教，使他们始终保持正确的理想信念，继续在社会生活中发挥积极的作用。

12. 要强化社区在职党员的社区意识，逐步建立在职党员参与社区党的活动的制度，充分发挥在职党员在社区建设和管理中的先锋模范、表率作用，积极探索单位和社区党组织共同管理在职党员的新途径，从组织管理、活动方式、工作监督等方面，探索既符合党章的基本要求，又适应社区工作需要的党员教育、管理的新路子。

五、加强组织领导

13. 建立健全党建工作责任制。街道党工委书记是本街道社区党建工作的第一责任人。要坚持一级抓一级，一级带一级，层层抓落实，并切实做到分工明确、责任到人、措施有力，年初有目标、年中有督查、年底有考核，真正把社区党建工作落到实处。

14. 街道党工委要加强对社区党建工作的调研，及时分析存在的问题，研究、制定对策措施，认真总结推广新经验，逐步形成规范化、制度化、操作性强、具有社区特点的工作机制。居民区党支部要本着有利于开展工作和加强管理的原则，从实际出发，加强社区内党员教育管理工作的研究，并注意不断改进工作方法，提高管理水平。

15. 区委有关职能部门要加强对社区党建工作的指导，做好街道与社区有关单位的协调工作，研究、解决工作中的突出问题和矛盾，及时总结、推广成功做法和经验。

各乡镇区域内具有社区特点的居民相对集中地的党建工作，可根据实际情况，参照本意见精神执行。

中共扬州市郊区委员会
2002年5月23日

关于促进村级经济加快发展的决定

扬郊发〔2002〕16号

各乡镇场党委、街道党工委，各乡镇人民政府、街道办事处，平山茶场，江阳工业园，区委各部委办局，区各局办，区直各单位：

按照江总书记"三个代表"的要求，针对宏观经济激烈竞争的新形势和扬州市区划调整以后的郊区实际，依据富民强区的总体目标和融入城市、建设城市、管理城市的总体思路，区委决定，全区上下必须积极实施加快村级经济发展战略，努力把村作为乡来建。

一、从实践"三个代表"要求的高度，统一对加快发展村级经济重要性的认识

1. 发展村级经济，为村级经济服务，是我区各级党政组织实践"三个代表"的具体要求。经过多年的努力和拼搏，我区村级经济已经成为全区经济的重要组成部分，其主导地位和主导作用日益显现。实践证明，没有村级经济的快速发展，就没有全区经济的快速发展和综合实力的提升；没有村级经济的积极贡献，就没有"富民强区"，实现初步现代化的基础和保障；没有村级经济的快速提升，就没有融入城市步伐的加快。对此，全区上下必须形成共识。

2. 进一步加快村级经济发展的指导思想是：以江总书记"三个代表"重要思想为指导，以"富民强区"、加快实现初步现代化为目标，坚持发挥优势、因村制宜、各具特色、三业协调的发展原则，创新招商引资、培植规模、提升层次、建设载体的发展思路，狠抓强化领导、硬化考核、深化改革、优化环境的措施，努力使村级经济在新的起点上实现新的跨越，为增强区域经济综合实力和竞争能力奠定坚实基础，作出新贡献！

二、进一步明确加快村级经济发展的总体目标及思路

3. 村级经济发展的总体目标：全区村级二、三产业的产销，每年都要保持15%以上的增长，农业每年增长6%左右，农民人均纯收入每年增长6%以上。到"十五"期末，全区25个村力争工农业总产值达55亿元，其中工业产值达52亿元以上。力争实现工业销售亿元以上的村达到20个左右。实现服务业营业额亿元以上的村10个左右。

4. 着力调整和优化村级经济结构。产业结构要突出发展工业，加快发展服务业，稳定发展农业，到"十五"期末，全区三次产业结构比例要从去年8.30∶56.4∶35.3发展到7.8∶52.2∶40。农业的粮经比例要从去年4∶6发展到2∶8，60%以上的村要基本实现无粮村。产品结构要重点提高新材料、新工艺、新产品、新品种的比重，提高高新技术产品比重，提高外贸出口产品比重，提高终端产品比重。优化股本结构，原则上集体股本要从生产经营性领域全部退出。要大力推进企业股权流转，促进股权不断向经营层和经营骨干集中，促进企业不断增资扩股，促进股份合作制企业不断向个体私营企业和有限责任公司分离。

完善人才结构，加强现有人才的教育培训，有计划、有步骤地引、聘一批国内各类专业人才、经营管理人才和复合型人才，特别是要下功夫招引带项目、带资金、带技术、带市场的“四带”型人才。到“十五”期末，农业获得绿色证书的人才比重提高6－7个百分点，工业中、高级以上人才比重提高5个百分点。调整技术结构，切实重视抓好重点规模企业研发机构、农业技术队伍网络和科研基地建设，不断增加三次产业的科技投入，切实加强科技研究和开发，注重消化、吸收先进技术和工艺，坚持用高新技术改造传统产业，积极发展高新技术产品，到“十五”期末，村级农业科技进步贡献率要从去年55％提高到65％，工业科技进步贡献率要从去年33％提高到45％。

5. 大力培植和发展村级规模经济，加快村级经济载体建设。到“十五”期末，全区要力争培植一批百只（头）特禽特畜、千亩花木、万只（头）畜禽种养殖和亿元产加销一条龙的龙头骨干企业，培植5个以上营业额超亿元的大市场、大卖场，50％的村有一个产销超亿元的工业企业。根据“山上集中办工业，山下突出兴商贸”的总体设想，今后，全区工业项目原则上应向江阳工业园集中，农业项目在注重特色、相对集中的原则下，有重点地向东部花木带、西部林果带集中，服务业项目原则上向“四路”（四望亭西路、扬天路、扬菱路和火车站站前路）集中，努力在全区形成“一园、二带、四路”的经济发展布局。

6. 要把强化招商引资作为发展村级经济的重中之重来抓。村和企业要进一步充分发挥招商引资的主体作用，在招商引资上真正做到全员参与，全力支持，全身心投入，常抓不懈，持之以恒。要一切围绕客商转，一切围绕项目转。要采取以优质资产引资（村组资金和资产），以优良资源引资（土地资源、花木、蔬菜等资源、旅游资源等），以优势企业引资（外资外贸企业和重点规模企业）的办法，提高招商引资成功率。要坚持三次产业并举，大中小项目并举，引资、引智并举，通过招商引资，实现村村有项目，年年有投入，三次产业的投入每年都要与其发展速度相适应。

7. 切实加强以村组财务管理为重点的集体资产管理。按照“组级村管，村级乡管”的原则，切实加强村组的财务管理，采取有效措施，努力降低村级负债。要对村组资产情况进行全面调查，逐一登记造册，集中管理。要通过改制和招商引资等途径，盘活村组资产存量，整合各方面的资源，采取有效措施，促进集体资产的保值增值，年增值率要努力达到10％。

三、加大村级经济政策扶持和服务力度

8. 建立区促进村级经济发展奖励基金。区财政每年从预算内、外资金中筹集50万元，对当年增幅达到或超过全区平均水平、村级经济综合实力列前10名的将按档分别予以奖励；对经济薄弱村，当年三次产业总量增幅和三次产业投入增幅有三分之二以上项目分别超过全区平均增幅的，将分别给予适当奖励；对村级引进和新办的规模大、含量高、见效快、前景好或具有特色的项目，将按项目规模分别给予一定比例的优惠奖励（具体奖励办法另订），此项奖励资金必须坚持专款专用，结余滚存。奖励给各村的资金，只能作为经济发展的资金，用于经济建设或奖励给投资者，不得挪作他用，更不得作为村干部奖金福利发放。

9. 项目规费减免。对村级新办的一二三产项目在办理项目审批、注册登记和基建前置手续时，各种政策性规费，属于区、乡级的一律减半征收（规费标准另行公布），企业投产后一律免收区、乡级的各种规费和基金，严禁区、乡级各种乱收费、乱摊派、乱集资、乱罚款。

10. 税收分成部分实行次年返还。即对上年村新办的一二三产企业所实现的税收收入，乡级分成部分，当年由乡镇一次性按50％比例返还给村，作为村级收入。具体操作程序是，每年末由各村向所在乡镇申报，乡镇负责审核并根据区财政财力分配结算情况，据实返还，区财政局负责监督落实。

11. 加强和改善对村级经济的服务。规划和国土管理部门要及时帮助乡镇村调整和完善农田保护区规划、用地总体规划、村镇建设规划，积极向上级有权部门申报批准，争取村级经济有一个宽阔的发展空间。属于本区权限内的项目规划定点，规划部门必须在3个工作日内办结，属于符合市规划要求，但需市规划部门审批的，区规划部门要明确专人，跟踪办理，力争在7个工作日内办结。符合规划和用地要求的项目，区国土管理部门也必须明确专人，跟踪办理，力争在30个工作日内完成土地报批手续。计经、外经、环保、建设、工商、公安、卫生、文教等部门，在企业办理项目审批、注册登记和基建前置手续时，在符合办理条件的前提下，也必须分别负责在1—3个工作日内办结。部门服务一定要按照"五制"的要求抓好落实，一切要以投资者的要求为部门办事取向，以投资者的时间为部门办事期限，以投资者的满意为部门办事标准。

四、切实加强对村级经济发展的组织领导

12. 区、乡(镇)两级党委、政府都必须把促进村级经济加快发展摆上重要位置来抓。区、乡两级党政主要负责同志要亲自抓好规划，帮助理清思路，加强指导协调，每年专题研究村级经济发展问题不少于两次。要明确得力干部主抓村级经济。机关每个部门原则上都要联系一个村，对经济相对薄弱的村，要有重点部门挂钩联系。各级领导干部和机关部门都要切实转变观念，克服抓农村就是单纯抓农业的思想，要做到三次产业一起抓，力求三次产业一起上；要切实转变职能，重点抓好村级经济发展的宏观规划、指导、管理、服务和协调，创造有利于村级经济加快发展的软、硬环境，督促各村把经济发展的关键环节落实到位；要切实转变作风，对村级经济的领导和服务一定要做到贴紧靠前，要深入实际，了解实情，全力为村级经济的加快发展出实招，鼓实劲，办实事，求实效。

13. 加强村级领导班子的建设是加快发展村级经济的根本保证，在思想建设上，要坚持解放思想、实事求是，以江总书记"三个代表"的重要思想和"5.31"讲话精神统领大家的思想，不断巩固村级班子"三个代表"学教活动的成果，进一步落实整改措施。切实加强理论学习和学历培训，特别要加强世贸规则、市场经济知识、经济法规的教育和培训，不断提高村级领导班子的综合素质和驾驭经济工作的能力。切实加强村级班子的组织建设，充分发挥村级党总(支部)的战斗堡垒作用和村民委员会民主自治的作用，坚持把德才兼备、熟悉经济、实绩明显、群众公认的年轻干部大胆地选拔到村级领导岗位上来，对不懂经济、不抓经济、政绩平平、群众意见较大的干部要坚决从村级领导岗位上调整出来，特别是要把村党总支(支部)书记配强，争取全面达到"一把手"年纪轻、活力强、懂经济、能驾驭、有作为的要求。同时，要加大村组体制调整和干部制度的改革力度，原则上村域规模以3000亩或3000人、组域规模以300亩或300人以上为标准，村组干部的职数以2＋X为标准(即2名专职干部加村民小组数为村组干部总职数)，通过两年的努力，必须全部调整、改革到位。在作风建设上，要坚持既要抓勤政，又要抓廉政，在村级领导班子中大力培养一个实事求是、雷厉风行的工作作风，密切联系群众、关注民心、关爱民生的思想作风，艰苦奋斗、洁身自好的生活作风。

14. 在村级领导班子中，要健全严格考核的责任机制和论功行赏的奖惩机制。村级经济发展的年度目标要落实到人头，对落实的目标要严格考核，通过考核，实现压力传递，把加快发展村级经济的责任真正落到实处。村干部的工资和奖金一定要与村和个人年度经济指标完成情况挂钩，每人至少要拿出工资的50％和全部奖金额进行浮动，按绩效定报酬。区每年将根据各村工业销售额、农业产值、建安业产值、服务业营业额、村级总收入、村级积累、农民人均纯收入等七项指标总量和增幅实绩，进行综合考核和排名，凡村级经济当年增幅达到或超过全区平均水平、综合实力排名列前十位的将予以表彰和奖励。

中共扬州市郊区委员会
扬州市郊区人民政府
2002年7月12日

关于进一步推动服务业加快发展的意见

维扬发〔2005〕14号

各乡镇场党委、街道党工委，各乡镇人民政府、街道办事处，平山茶场，江阳工业园，区委各部委办局，区各委办局，各人民团体：

为认真贯彻扬州市委、市政府"关于'再十三五年，实现新跨越'的实施意见"，全面实施"服务业富区"战略，大力推进服务业发展，不断提高服务业的贡献份额，为我区全面实现小康，构建和谐社会提供保证，现提出如下意见：

一、认清加快服务业发展的重要性和紧迫性

加快服务业发展是我区审时度势，积极应对机遇和挑战，发挥区位优势的必然选择。当前，国际、国内资本正加速向长三角转移，国家、省、市出台了一系列加快服务业发展的政策意见，发展服务业符合国家产业导向。我区是扬州政治、经济、文化、金融中心所在地，人文环境优势、交通优势、信息优势、地域优势、旅游优势，在全市处于最佳，资源得天独厚。市委、市政府提出"再干三五年，实现新跨越"是历史赋予我们的一次难得机遇，只有抓住利用好机遇，才能实现新跨越，否则就可能丧失机遇，贻误发展。全区上下必须提高认识，统一思想，从落实科学发展观的需要出发，从执政为民的高度出发，从追赶先进的要求出发，从完成三年翻番的任务出发，充分认识加快服务业发展的重要性和紧迫性，把服务业加快发展摆上重要议事日程，抢抓机遇，奋力拼搏，扎实工作，为建成全面小康社会，构建和谐社会提供产业支撑和物质支持。

二、明确指导思想和总体目标

指导思想：以邓小平理论和"三个代表"重要思想为指导，以科学发展观统领服务业工作，围绕城市发展规划，充分发挥区位优势，充分拓展发展空间，坚定不移地走服务业致富之路，全力打造维扬新商圈，为我区"三年翻一番，实现新跨越"奠定坚实基础。

总体目标：通过三年努力，力争实现"五个翻番"，速度为年增幅26%以上。

一是服务业增加值翻番，达13亿元，占全区经济总量比达36%，每年增加2个百分点；

二是社会消费品零售额翻番，达28亿元；

三是服务业投资总额（含房地产）翻番，达30亿元；

四是服务业税收翻番，达2亿元；

五是服务业亿元以上销售企业个数翻番，达18个，其中5亿元以上销售企业5个以上。

2005年全区服务业发展总体目标是按上述"五个翻番"的增长要求，力争超额完成年度目标。

三、坚持规划导向，把握发展重点

根据城市规划和我区服务业发展的总体目标，必须进一步完善服务业发展的空间布局和规划，培育五大各具特色、有一定规模的增长板块。

一是东部物流加工区：以扬州火车货站为轴心，抓住市物流园区开发和公、铁、水联运中心建设的契机，积极争取联手开发、项目进园等，努力用3—5年时间，初步建成一个集仓储、物流、配送、运输、加工等为一体的扬州北部新型物流加工园区。

二是南部商贸服务区：以城区为依托，大力发展传统商贸业，社区服务业、大型超市等现代服务业，打造扬州规模更大、品位更高、人气更旺的新商圈。

三是西部生态住宅区：以蜀冈西峰为背景，把周边3平方公里左右打造为扬州品位最高，环境最佳，服务最优的新型住宅区，形成扬州最佳人居地。

四是北部工业配套区:以为江阳工业园配套服务为主,积极发展物流、商铺和生产生活服务业。

五是中部优秀旅游区:以蜀冈—瘦西湖景区为主,实现主导型、配套型、服务型项目全面跟进,全方位配套。

要紧紧围绕上述产业布局,进一步把握发展重点。

1. 力促房地产业加速做大,打造维扬新品牌。一方面,从组建开发企业协会入手,鼓励和引导现有房地产开发企业加快实现联手联合,行业自律,资源共享,努力提高开发规模和开发水平。另一方面,发挥基础设施不断改善、生态环境优美、熟地资源丰厚的比较优势,引进更多的开发商来我区投资开发、注册纳税,力促其把企业总部迁入我区,着力培植一批品牌企业、品牌产品和品牌小区。

2. 力促各类市场加速扩张,打造维扬新商圈。以四望亭路和念四路改造为契机,打造生活消费品类新商圈。以园区开发和扬子江北路、扬菱路改造为契机,打造建材和生产资料类新商圈。以火车货站开发为契机,打造物流加工类新商圈。以瘦西湖景区扩容为契机,打造旅游服务类新商圈。利用已改造的扬子江北路和扬菱路,沿路两侧集中打造两条各具特色的市场群经济带,再引进和建成一批大市场、大卖场、大货场(鼓励社会资本兴办钢材市场、煤炭市场、塑料市场、旅游商品市场、化工市场、汽车销售修理)等专业市场,再提升一批中小型市场,做大规模,做亮特色,做出品位。

3. 力促旅游业加速跟进,打造维扬新亮点。抓牢和发挥瘦西湖景区扩容开发的契机与优势,积极跟进,兴办旅游业。按照规划布局和项目目录,引进旅游项目进入景区,开发旅游产品打入景区,着力建设一批主导型旅游项目。围绕提供游、购、娱、食、住、行一条龙服务,着力建设一批配套型旅游项目。根据景区需要,加快发展物业、商务、劳务等,着力建设一批服务型旅游项目。

4. 力促现代服务业加速崛起,打造维扬新业态。大力发展物业、家政服务,为单位和家庭提供全方位、系列化、一条龙的有偿服务;大力发展连锁经营、物资配送、信息网络、会计、法律、管理咨询等各类新兴服务业,不断提高服务业的水平和档次;大力发展各类便民利民的社区服务,鼓励社区单位、家庭、个人积极兴办社区服务网点,将服务向人性化、社会化方向拓展。

四、加强领导,优化服务业加快发展的体制环境和政策环境

从2005年起,区决定设立促进服务业发展基金,专项用于鼓励服务业招商引资,鼓励服务业企业做大做强、多作贡献、增加投入、创品牌、创特色,鼓励乡镇场、街办、园区、部门和人员为加快服务业发展多出力和鼓励多上带动力强、影响力大、特色明显的项目。各乡镇场、街道、园区也要相应设立服务业发展专项资金。

(一)政策激励

1. 鼓励服务业招商引资

对招引外资或民资兴办服务业企业的各乡镇场、街道、园区、区机关部门或个人按区委、区政府招商引资奖励办法执行。

2. 鼓励乡镇加快发展服务业

对服务业发展突出的乡镇场、街道、园区党政主要负责人、分管负责人和服务业工作人员实施奖励。

(1)完成区下达的增加值(含房地产)指标且增长26%以上,奖励人民币1万元;

(2)完成区下达的税收(含房地产)指标且增长30%以上,奖励人民币1万元;

(3)完成区下达的投入(纯服务业,不合房地产)指标,当年新办一个项目,单体实现投入5000万元以上或营业收入亿元以上,奖励人民币1万元。

3、鼓励服务业企业加快发展

(1)对列入国家、省重点服务业项目并获得财政贴息的给予一定资金配套。

(2)服务业投入项目在税费、土地、规划等方面按市政府有关文件给予优惠支持。

(3)对销售收入5000万元以上服务业企业且当年增长30%以上的;对当年投入财务发生数3000

万元以上的服务业企业(不含房地产);对获得省名牌或著名商标以上的服务业企业;对本区域新评上旅游景区(点)国家3A级或宾馆(酒店)三星以上或在此基础上当年升级升星的企业。分别由区委、区政府颁发给企业主要负责人金质奖章一枚,证书一本,但不重复计奖。

(二)优化服务

1. 机关各部门要为服务业企业提供优质高效服务,帮助企业解决发展中遇到的困难,形成加快发展的良好氛围。

2. 进一步拓展服务业空间。一是拓宽准入领域。除国家法律法规明确禁入的领域外,所有政府承诺对外开放的领域,都鼓励服务业加入,鼓励民间资本参与国有、集体服务业企业改制改组,任何部门和单位不得以任何理由设置限制条件。二是全面降低门槛。凡符合国家法律法规及工商部门注册要求的,可上门服务,特事特办,急事急办。三是扩大创业范围。鼓励各类人才创办服务业。

3. 加快构建公平竞争平台。公平税收政策,在税收征管上与工业等其他行业一视同仁。公平资源使用政策,统筹安排土地,合理规划定点。公平人才使用政策。

4. 规范行政许可。对现有行政许可项目进行全面清理,依法保留的要向社会公布,不在公布之列的,一律暂停执行。除国家法律法规规定外,对服务业的各类前置审批一律取消,减少收费项目,能免则免,能减则减,对服务业企业违规不得同一事多部门处罚。

5. 完善服务体系,改进政府服务。积极发展各类中介组织,加快建立法律咨询、信用担保、产权交易、创业辅导等社会服务体系,为服务业加快发展创造条件。

(三)加强领导

成立区服务业发展领导小组,由区委、区政府领导同志负责,有关部门参加,办公室设在区商贸局,具体负责制定鼓励服务业发展规划,负责服务业发展的综合指导、协调、统计和考核,研究解决服务业发展中的重大问题。

各乡镇场、街道、园区要把加快发展服务业摆上重要议事日程,成立专门的领导班子,调整、充实人员,建立健全各项制度,做到压力层层传递,工作层层分解,并将此作为考核的重要内容。

各相关部门要切实转变观念,转变职能,转变作风,制定加快服务业发展的配套意见,加强协作配合,形成合力,工商、税务、公安、规划、国土、环保、建设、城管、物价、商贸等部门,要提高办事效率,靠前服务,简化程序,降低收费,共同推动服务业加快发展。

中共扬州市维扬区委员会
扬州市维扬区人民政府
2005年5月20日

关于推动全民创业工作的意见

维扬发〔2005〕16号

各乡镇场党委、街道党工委,各乡镇人民政府、街道办事处,平山茶场,江阳工业园,区委各部委办局,区各委办局,各人民团体:

为深入贯彻"三个代表"重要思想和党的十六大、十六届三中全会精神,大力推动全民创业和富民强区进程,依据市政府关于加快私营个体经济发展和推进全部放开、全民创业、全民致富、全面小康的意见,结合我区实际,现提出如下意见:

一、充分认识大力推进全民创业的重要意义,进一步激发全民创业的活力和动力

1. 推进全民创业是各级政府和部门的重要任务。强势推进全民创业是深入学习贯彻党的十六届三中全会精神的具体实践;是广大人民群众追求富裕、实现自我价值的迫切愿望;是提升区域经济和企业扩张及竞争力的内在要求;是加快“两个率先”,谋求苏中争先的重大举措。各地、各部门要进一步增强“富民强区、加快发展”的责任感和紧迫感,把推动经济社会发展和支持全民创业、提高城乡居民收入统筹起来,把实现人民群众的长远利益和当前利益统一起来,把借助外力、扩大招商引资与激活内力、发动全民创业结合起来,加快实现全面小康目标。

2. 推进全民创业的总体要求是:牢固树立“富民优先、重在创业”的思想。坚持以宽阔的视野审视全民创业的重要性和长期性,以宽松的政策支持全民创业,以宽广的胸怀塑造创业文化,不断增强全民创业和经济发展的动力,增强就业岗位和人民收入,努力在全社会形成政府鼓励创业、百姓自主创业的良好氛围。

二、坚持“放”,力促“活”,为全民创业创造良好环境和发展空间

(一)放宽政策,鼓励全民创业

3. 鼓励各类人员和投资主体创业

(1)鼓励下岗失业人员创业、再就业。下岗失业人员从事个体经营的,除从事建筑业、娱乐业以及广告业、桑拿、按摩、网吧、氧吧等行业外,自工商部门批准经营之日起,3 年内免交有关登记类、证照类和管理类的各项行政事业性收费;凡在 2005 年底之前领取税务登记证的,按规定 3 年内免征营业税、城建税、教育费附加和个人所得税。

凡在 2005 年底之前领取工商营业执照,从事个体经营的下岗失业人员和吸纳下岗失业人员再就业的企业,符合享受再就业扶持政策对象范围条件的,都可享受 3 年时间社会保险补贴和税费减免政策。企业与下岗失业人员签订一年以上劳动合同即可享受每吸纳一名下岗职工减免 2000 元企业所得税的优惠政策。签订两年以上劳动合同、实际就业两年以上并缴纳社会保险费的,可以申请享受再就业安置补助费。

(2)鼓励农民兴办各类企业。对农民申请从事个体工商经营,发展无污染或基本无污染的家庭手工业、加工业,凭农村居民户口簿可参照下岗失业人员享受有关扶持政策。对合法经营的农村小商小贩,除国家另有规定的外,免于工商登记和收取有关税费。对农民兴办的从事农产品流通企业和独立核算的农村信息服务机构,自开业之日起免征企业所得税 3 年。经登记成立的农民专业合作经济组织通过向其成员农户提供产前、产中、产后技术服务和劳动所取得的收入免征企业所得税。对专营种植业、养殖业、饲养业的个体工商户或个人,取消农业税和农业特产税。

(3)鼓励大专院校毕业生和留学生创业。凡高校毕业生 5 年内从事个体经营的,在提供规定的有效证件经核定无误后,免交个体工商户注册登记费。高校毕业生新办从事咨询、信息、技术服务业的企业或经营单位,免征企业所得税两年;新办从事交通运输、邮电通讯的企业或经营单位,第一年免征企业所得税,第二年减半征收企业所得税;新办从事公用事业、商业、对外贸易业、旅游业、物流业、仓储业、居民服务业、饮食业、教育文化事业、卫生事业的企业或经营单位,免征企业所得税一年。回国创业的留学人员创办企业可享受市政府有关优惠政策。

(4)鼓励其他各类人员参与投资和创业。支持民间资本与政府资本合作发展;支持私营个体经济以多种形式参与国有、集体企业改造、改组和改制;支持、鼓励经营层和技术骨干在企业改制、改革中多持股,持大股;支持除法律法规和政纪限制对象外的在职人员投资、创业;支持农村镇村干部带头创业、带头致富、带领群众致富;支持鼓励本地能人、“凤还巢”回本地创业;支持鼓励外地民间资本进入维扬投资。

对纳税额在 500 万元以上民营企业的经营者、技术和业务骨干,交纳个人所得税达到 5 万元的,地方财政可对其上交个人所得税形成的当年新增地方财力给予 50%的奖励。

4. 放开市场准入,凡是国家法律未明令禁止、限制的经营项目,凡是能实行市场化经营的项目,都最大限度地向民间资本开放。支持民间资本投资经营性基础设施、市政公用设施、旅游景点建设、文化、卫生、体育、教育事业尤其是幼儿教育、职业技术教育、高等教育等非义务阶段教育和学生公寓、食堂等教育后勤设施等领域。

5. 鼓励和支持民营企业技术创新、技术改造、争创名牌、做大做强，工业企业按维扬办发(2005)8号《关于鼓励工业技术创新、二次创业的实施办法》享受优惠和奖励。鼓励私营个体经济发展科技型、出口创汇型、就业型、资源综合利用型、环保型、农副产品加工型、社区服务型企业。重点鼓励私营企业、个体工商户投资农业产业化经营、高新技术项目、小城镇建设、房地产开发，参与农田基础设施、水利、交通、能源、中介服务、社会服务等社会事业和服务业的建设。私营科技型企业承担国家科技计划项目的可以使用科技三项费用，并享受有关优惠政策。对符合国家技改贴息条件的私营企业项目，积极帮助申报争取列入国家省市年度贴息项目计划。

6. 国有、集体企业改制为民营企业的，可使用原名称、字号、企业联用名称。改制为公司制企业的，企业可选择变更登记程序直接办理变更登记。改制企业经营范围中属于法律、法规限制的项目，原审批文书在有效期内的，可直接变更登记，不再重新办理审批手续。

7. 工业企业按国家规定在技术改造中购置国产设备，其投入的40%可抵免企业新增所得税额；如当年企业新增所得税额不足以抵免时，未予抵免的投资额可用以后5年内每年新增的企业所得税额延续抵免。

企业当年发生的技术开发费均可在税前列支，第二年比上一年度实际发生额增长幅度在10%以上的(含10%)，除按规定据实列支外，可再按当年实际发生额的50%抵扣应纳税所得额。

提高增值税、营业税起征点标准，增值税起征点按月为销售额5000元，按次为每次(日)200元；应税劳务起征点月经营额为3000元；营业税起征点按月为营业额5000元，按次为每次(日)100元，低于起征点的货物销售和劳务不征税。

(二)建设载体，推动全民创业

8. 精心打造“五圈两带”，即工业经济圈、商贸业经济圈、物流业经济圈、休闲娱乐经济圈、房地产经济圈、沿路两侧两条市场经济带，为个体私营经济发展提供产业集聚和创业平台。

9. 加快江阳工业园区的规划建设和功能配套，为民营企业构筑新的发展平台。鼓励符合条件的民营企业进园投资兴业。加快园区创业园建设，为中小企业或项目提供发展空间。

10. 鼓励同行业、同类型产品的企业和产业链相对较为完整的企业组团进入园区投资兴业，逐步形成园区中的特色小区。

11. 通过建设各类市场、商贸街、商业网点等多种形式为私营企业和个体工商户提供经营场所。

(三)优化服务，支持全民创业。

12. 切实保护一切创业者的合法收入和权益，进一步健全对所有市场主体一视同仁的政策制度，创造各种市场主体平等使用生产要素、公平竞争的环境；严格禁止和坚决整治乱收费、乱罚款、乱摊派的行为，对现有行政事业性收费项目进行清理，杜绝借助其他中介机构转移收费的行为，全力打造法制维扬、平安维扬。

13. 各行政执法部门要对个私企业实行提醒指导在先，处罚在后的制度，给企业一定的纠正完善时间，不得以罚代管；实行执法检查属地管理制度，同一部门的上下级单位不得对同一企业重复检查，平行单位之间也不得跨越属地越区检查。发挥市行政办事窗口和园区办事服务中心的作用，简化审批程序，完善事中、事后服务，对各类投资者实行“一站式”、“一条龙”服务；抓紧建设网上审批系统，实行审批表格网上发布，网上提交，逐步实行网上审批。

14. 放宽企业注册登记、注册资本金限制、成立集团登记的管理适合企业开展生产经营活动的场地，只要提供场地租赁合同和房屋产权证明，不需要再提供房屋租赁许可证明。

实行企业预备期登记制度，对在申请设立非公司制企业过程中一般条件尚有欠缺，但在一年之内能够予以完善筹办企业,可先行核发营业执照,同时加盖"预备期企业"印章,实行预备期企业管理。

新设立注册资本在2000万元以下的有限责任公司,其注册资本金可在3年内分期到位。从事高新技术、进出口、农产品加工和吸纳安置下岗失业人员超过50人的有限责任公司,首期出资额达到注册资本10%以上,其余部分可在3年内分期到位。

母公司注册资本在3000万元以上且控股子公司在4个以上,且母子公司注册资本总额在5000万元以上的企业可成立企业集团;从事技术研究、技术咨询、技术服务的母公司注册在1000万元以上且控股子公司在3个以上,且母子公司注册资本总额在2000万元以上的科技型企业可成立企业集团。

凡不在国家禁止之列,符合省市规划、非政府投资的项目均实行备案管理,不再需要项目建议书和可行性研究报告。项目当事人或委托代理人只要到指定的登记备案办理点或网站,向项目所在地投资主管部门提出申请,主管部门在收到申请时要实行即办制,规定工作日内必须办结备案手续。

15. 所有涉及民营企业的行政性收费项目一律按收费的下限收取。与行政管理行为相联系的所有证、照、牌等的制作工本费原则上免收。确需收取的,由价格部门按照实际成本核定收费标准,并向社会公布。

16. 吸纳残疾人就业数量达到国家规定比例、承担民政福利企业相应社会义务的民营企业,参照国有、集体企业享受有关税收政策。

17. 积极调整土地规划,向上争取用地扶持,加快办理用地手续,为民营经济提供用地保障;用地可以采取租赁、出让、分期缴纳土地出让金等方式;对工业用地按最低保护价收取国有土地协议出让金或年租金。

三、切实加强对全民创业工作的领导

18. 各地、各部门应将私营个体经济发展纳入总体发展规划,列入年度考核内容,加大对个体私营企业的扶持力度,确保各项优惠政策落实到位,保证投资安全。

19. 加强和完善对私营个体经济的统计工作。由区统计局牵头,工商、税务、发改、科技、外经、商贸、农水、劳保等部门配合,统一统计口径,规范基础工作。私营企业、个体工商户按照《统计法》和国家有关规定,定期如实提供统计资料。

20. 健全组织领导体系,强化责任机制和工作机制。各级党政组织都要成立有一把手任组长的全民创业领导小组,明确领导分管这项工作,形成组织网络。各级要把这项工作摆上重要议事日程,作为重中之重,狠抓落实,促进民营经济健康发展。

中共扬州市维扬区委员会
扬州市维扬区人民政府
2005年5月20日

二、区划调整文件选录

关于同意调整扬州市市区部分行政区划的批复

苏政复〔2001〕221号

扬州市人民政府：

你市《关于调整我市市区行政区划的请示》(扬府发〔2001〕204号)悉。现批复如下：

一、同意将郊区汤汪乡划入广陵区管辖。

二、同意将广陵区东关街道办事处的花家巷、窦庄、马庄、工人第二新村、石狮子巷、便益门、高桥、老虎山、黄金坝9个居委会，汶河街道办事处的丰乐、梅岭、建隆巷、凤凰桥、安庄、友谊路、叶公桥、柳湖南苑、贾庄、念四桥、扬子江北路、王庄、瘦西湖、梅庄、新庄、西苑、秋南苑、春竹苑、夏荷苑、秋桂苑、冬梅苑、苏农、扬大师范学院、康乐新村、杨庄25个居委会，城南街道办事处的土坝、扬联、裴庄、水上第一、水上第二、曙光厂、工学院、供电局8个居委会划入郊区管辖。

区划调整后，广陵区行政区域39.44平方公里，人口26.56万人，辖东关、汶河、城南、广陵4个街道办事处和汤汪乡，共87个居委会、14个村委会。区政府驻地不变；郊区行政区域108.56平方公里，人口26.94万人，辖湾头、西湖2个镇和双桥、城北、平山3个乡，共47个居委会、32个村委会。区政府驻地不变。

行政区划调整涉及面广，请你市切实加强领导，精心组织，周密部署，妥善处理行政区划调整中涉及的干部人事、资产和债权债务等问题，确保平稳过渡，维护社会稳定。

江苏省人民政府
2001年12月26日

关于明确市开发区和广陵区、郊区、邗江区行政管理区域的通知

扬府发〔2002〕7号

各县(市)区人民政府，市各委、办、局(公司)，市各直属单位：

根据省政府《关于同意调整扬州市市区部分行政区划的批复》(苏政复〔2001〕221号)文件精神，结合我市实际情况，经研究，现明确扬州经济开发区和广陵区、郊区、邗江区行政管理区域如下：

一、将郊区湾头镇划归广陵区代管。

二、郊区行政管理区域范围为：从红星岛北端的京杭大运河起，向南折西入古运河，沿古运河向西至黄金坝，转向南至天星桥，沿北护城河向西至二道河，折南沿二道河、安墩闸入古运河与广陵区分界，

北部、西部与邗江区毗邻的原界址不变,南部至文汇东路、西路。其行政管理区域 81 平方公里,人口 19.74 万人。

特此通知。

扬州市人民政府
2002 年 1 月 14 日

关于同意将郊区湾头镇划归广陵区管辖的批复

扬府复〔2002〕43 号

广陵区人民政府、郊区人民政府:

根据 8 月 10 日《省政府关于同意将扬州市郊区湾头镇划归扬州市广陵区管辖的批复》(苏政复〔2002〕89 号),现同意广陵区政府《关于将郊区湾头镇划归我区管辖的请示》(扬广府发〔2002〕57 号),郊区政府《关于同意将我区湾头镇整建制划归广陵区管辖的报告》(扬郊政〔2002〕28 号),具体批复如下:

同意将郊区湾头镇划归广陵区管辖。湾头镇行政区域和镇政府驻地不变。

行政区划调整后,扬州市郊区行政区域面积 81 平方公里,人口 19.74 万人,辖梅岭、双桥 2 个街道办事处,西湖镇和城北、双桥、平山 3 个乡。扬州市广陵区行政区域面积 67 平方公里,人口 29.31 万人,辖文峰、东关、汶河、曲江 4 个街道办事处和湾头镇、汤汪乡。

此复。

扬州市人民政府
2002 年 10 月 22 日

关于扬州市郊区更名为维扬区的通知

苏政发〔2002〕143 号

各市、县人民政府,省各委、办、厅、局,省各直属单位:

为加快城市化进程,促进地方经济社会加速发展,按照政区名称标准化要求,经省政府研究,并报国务院批准,决定将扬州市郊区更名为维扬区。更名后,其行政隶属关系、行政管辖范围、区人民政府驻地均不变。

江苏省人民政府
2002 年 11 月 25 日

关于市区行政区划调整的通知

扬府发〔2008〕101号

邗江区、广陵区、维扬区人民政府：

根据省政府《关于调整扬州市部分行政区划的批复》（苏政复〔2008〕24号），我市市区行政区划作如下调整：

1、撤销邗江区甘泉镇，以所辖杨寿社区和永和、爱国、宝女、新龙、东兴、方集、墩留等7个村区域设立邗江区杨寿镇，镇政府驻杨寿；以所辖甘泉社区和长塘、公路集、双山、老山、焦巷、五湖、双塘、姚湾、香巷等9个村区域设立甘泉街道办事处，并将其划归维扬区管辖。

特此通知。

扬州市人民政府
2008年6月3日

关于调整扬州市部分行政区划的通知

苏政发〔2011〕159号

各市、县（市、区）人民政府，省各委办厅局，省各直属单位：

经国务院批准，对扬州市行政区划作如下调整：

一、撤销县级江都市，设立扬州市江都区，以原江都市行政区域为江都区行政区域，江都区人民政府驻仙女镇江淮路388号。

二、将扬州市邗江区的李典镇、头桥、沙头、杭集、泰安5个镇并入扬州市广陵区。

三、撤销扬州市维扬区，将原维扬区的行政区域与划出5个镇的邗江区合并，合并后的邗江区人民政府驻邗上街道办事处境内、邗江中路338号。

上述行政区划调整涉及的各类机构要按照“精简、统一、效能”的原则设置，所需人员编制和经费等由扬州市自行解决，有关行政区域界线要按规定及时勘定。扬州市要严格执行中央关于厉行节约的规定和国家土地管理法规政策，加大区域资源整合力度，优化总体布局，促进区域经济社会协调健康发展。要加强领导，精心组织，严密细致做好各项调整工作，保持工作的连续性和稳定性，确保区划调整平稳有序实施。

江苏省人民政府
2011年11月10日

三、碑文选录

《养志园赋》并序

(清)于汉卿

冯宏宝　林广义标点

木寿者散,龟刳乃神,絪蕴以降,惟用为天,残腐秽滓,还富地媪。藉使谷实犹亩,蚕茧不釜,虽愚妇弱稚,皆曰暴殄矣。豫章七载,思见般斤;骐骥奔蹄,亦归穆厩。鲍焦弃蔬于洛上,宁戚叩角于稷下。隐侯托病,遂赋《郊居》;孝标不偶,属论《辨命》。乃知按剑而呼,必非夜光;连城之价,终归抱璞也。若仆则已陨之萚,岂望还柯;不育之女,归宁谁怨。干旄俎豆,俱无取乎鹪鹩;击缶拊髀,两不和于韶郑。素已可泣,更涅以缁。焦犹中琴,遽化为炭。此则含生之废物,有昊所不受。譬之泡沫,暂以形名;烟在风中,宕之则灭。徒以蜉蝣未夕,犹楚其羽;醯鸡能天,且舞于瓮。孔乃羡不食之瓠瓜,舜亦有与居之木石。翥丑罅蓋而翳叶,蟕负子而衔泥,朐忍无口而饮泉,蝂蝓负屋而自枯。岂非全归于所生,返真于大始欤!况乃介推偕隐,望绝鼎牲;子路伤贫,尽欢菽水。瓮无可却之鲊,床有已剉之荐。赋魴鱼而怀惭,顾林鸟而色动。加之桑虞无姊,孰识胜哀;高行守孤,弗获专意。烦怨谁告?孤孩犹幸。非女生命何苦,兄嫂赖可久居。三十余年,盘郁五内。思得及釜之乐,每动奉檄之喜。而一锺未致,三黜贻戚。顾瞻帟帷,奄矣劬劳,神明虽峻,齿发渐非。善养之训苟违,知足之戒必贫。万石莫致而望累门闾,贰膳之年而养亏犬马。三千之大,天乎莫逭。嗟嗟!潘岳用多之拙,遗诮通人;敬通过实之才,见弃明代。行将五十,冀可知非。好学未闻,焉能不贰?思元之扬子逐贫,娱亲之老莱变志。自来矰缴之下多逸翮,渊渟之中有动鳞。太上敻矣,忘情者谁?溺烬燎原,遗粒滋漫。翰音希天,跛鳖思海。则以北门拒北山之移,解韦饰绝裾之忍。非惟人言幸中,吾亦岌岌自危矣。邓林已化,日影犹驰。骫桑可卧,束脯谁赐?陶渊明不免叩门,华子鱼竟甘割席。是以闲居奉母之篇,小园容身之作,玩辞则乐已浮云,责行则形非槁木。此仆闲闲十亩之间,悠悠七稔之久,惧率尔以操觚,复惕然于覆辙也。今则手栽稚树,渐可荫牛;自种鱼苗,又将孕子。商开出火,谢绝取锦之宾客;华子病忘,幸无破产之妻子。自谓非病,倚蓬荜以抗声;人信其康,被布褐以待尽。乃为赋曰:

芜城之北,栖灵寺西,有冈隆起,南俯较高,东仰差低。过江晴翠,参出无翳,沃壤畸错,悬磵落蹊。最多松阜,罫以稻畦。间有废垒,下必新菑。村鲜百家之聚,树无十年之枝。有妇馌饷,有夫负犁。大都虎晊不死,鸿嗷复归,更造庐井,新有子妻。我非此产,胡乃与侪?爰室爰家,不蔡不蓍,歌哭之计,将于斯基。盖年未三十,即于兹役,新觏丧乱,此焉最剧。剥尽必复,损极乃益。休朕已胚,旧物云革。宅厥初气,庶可永息。乃规十亩,以度以荒。周缭凿渠,交注为塘。霖潦潴之,如墉期隍。距渠十步,脉坟如璜。即其曲中,遂构草堂。左达闺寝,右翊圃场。堂下有池,一亭孤翔,有阁侧矗,艳以夕阳。旃檀之象,来自西方,趺坐其上,时发妙香。二者之间,一瓠初剖。取径入园,故哆厥口。松柏互荫,槿萝并纠。东风破梅,春动培塿。负垣而瞻,青坲翠陡,罨不知其中之何有。豁然上跻,瞥尔下瞩。悬磴促步,又入嬴腹。篱隙忽张,泥行侧目。有褐者夫,辈出于屋。斧斯樗栎,绳曳碌碡。一夫最劳,方转铲镳。风偃丛而瓜堕,霜破塍而菜绿。豕鸣于牢,牛犹戴福。播糠尘飞,鸡鹜争啄。间出诵声,旁开一塾。有髦与髻,据书而读。于是还眺木末,坐引远山,一室丽其背,卑后崇前。牖可洞远,垣不露棼,进者蜷跼,慎吾颡之触门。可避炎歊，尤足能寒。羲皇上人，扁曰冬暄。月明之夕，鹤鸣竹间，晨曦当户，上有炊烟。辄闻清磬，戛于树颠。我母登阁，头面合十，讽经数策，饮酒数合。石榴育子，莹赤匝匼，我母顾之，欢融于颊。阁名多子，我母所颜。藤阴幂绿，横与廊接。下有戴维之妻，织蒲之妾。拾薪燎釜，淅米出汲。彼饕者笋，我粳斯粒。持供长斋，腥膻勿杂。尔洁乐馨，惟意之洽。凡佐馂者，率由此入。入则重屋离娄，我母所居。空其上，以藏书。黯缣败素，蠹腹之余，亦有巾箱之秘，麻沙所无，类王有之一毡，等惠子之五车。操豚而祝，迎猫以驱。抗万户之蹲鸱，傲千头之木奴。公田雨兴，畀私蓄租者，盖之前除。勖哉我孥，惟二为宝，矢勿异储，以缵乃祖德，高厥门闾。且待我食者几百数，缀楼而处，如蟹腹蛣，如蛩负駏，一作一息，靡纤不睹。丰杀俭庶，乐与共苦。伏腊上寿，酌兕烹羜。著代施缨，婚男嫁女。弗堂弗房，礼将焉举。茅兮足履，击兮可堵。既崇其阶，载广其庑。盖自楼之西偏，避枨而行，跬步及所。乃奉怀袖，行药扶筇。孙曾群辈，舁笋以从。有均参出，三面可通。日景欲仄，新凉洗空。絺服犹御，时袭微风。目之所忻，随指而东。韭花乍白，枣已有赤。娇女呼姊，相与生摘。诗负之婴，牙牙争索。绿蒙一丘，上可布席，埽枿汲泉，煎槚以息。稻花送香，稆穛辨色，沟水见底，鉴之遂北。忽逢村女，粲然起逆，语其侪辈，争前辩识。殷勤起居，交颂庭硕。水禽惊飞，穿树格格。笼鹦和之，呼于窗隙。槐柳离立，高逾楼壁。晚霞向人，戴之而行。下照芙蕖，灼灼残英。暝色到门，中有犬声。新月上树，灿灿数星。蝙蝠掠檐，虫声满庭。然明上堂，侧盼色喜，哈尔而言曰：不图小子，乃克办此。非其凶荒，无虑饥死矣。我寝斯安，乐而靡已。于是婆娑绕膝，振衣而起。歌曰：园有泉兮甘而清，酿为醴兮醉弗醒。园有蔬兮洁而馨，茹为菹兮饱无伤。园之木兮檿与桑，治为丝兮衣且裳。园之禽兮群翔，媚以音兮笙簧。园之花兮英英，助颜色兮光莹。园之石兮峥嵘，养寿命兮永贞。

文登于八丈汉卿既摒于时，奉太夫人园居吾邗之西山，制斯赋诵以自适，宝为写之，且镵石置壁，使后之人知其趣也。光绪丁丑四月朔，东台陈宝记。

录自《扬州郊区文史》第一辑

徐园碑记

(清)吴恩棠

扬州名胜，城西北称最。按《画舫录》，虹桥迤北，旧为“长堤春柳”。堤上有韩醉白园“韩园”，比邻则“桃花坞”。郑氏于桃花丛中构园，门在河曲处。沧桑以后，风流歇绝，诗坛酒社，倏焉蔓草。吾侪好事，凭吊烟水，瓣香冶春。春秋佳日，集饮村舍，买鱼烧笋，觞咏竞夕。我生也晚，流连图志，某丘某壑，尚能摭拾旧闻，粗述大概。后起髦俊，鲜有知其旧名者。地运盛衰，理有固然，无足深怪。至于亭沼爵位，林木名节，丹青照人，湖山有光，地灵人杰，亦自有说。

吾扬自洪杨乱后，休养生息将数十载，风尚文靡，民不知兵。宣统辛亥，武汉义师，响应全国。九月十七日，突有孙天生者挟驻扬定字营变兵，掠运库，纵狱囚，居民大恐，不知所措。亟电京口，乞援于徐公怀礼。十八日，徐公来，被拥为军政分府，旋下令捕劫库匪，生禽孙天生，乱遂定。江淮草木，知名向风，马首既东，所至欢跃。时苏浙诸军会攻金陵，公谋夺浦口，断金陵之后，私计浦口有失，必扰天、六。天、六不保，行祸吾扬。乃星夜往攻浦口，亲冒矢石，督战甚力。金陵克复，联军推公为江北北伐总司令。旋南北统一，共和告成，以公统第二军，嗣以饷绌，改编成一师兼护军一营。讲武馀暇，审定金石，鉴别精微，室中图书彝鼎，古香溢座，彬彬有儒将风。

顾韩范威重，憎极生忌；彭歙功高，祸来无端。民国二年春，南北风潮激烈，奸谋谲诡，杀机潜伏，大星實地，乃惊一军。吁，可哀已！溯义旗初起，奸人乘机煽乱，东南半壁糜烂相寻，吾扬当孙匪之扰，大局危如累卵。其从容坐镇,使吾扬人生命财产得无毫末之损者,谁之赐与?盛德大业,允宜不朽。张君锦湖、方君维新、杨君少彭、马君伯良,皆公旧部,累功至中将,思所以报公,拟于扬州谋建祠园以为纪念。首先集银币三千元,合词吁前都督张公转请中央补助。前大总统袁公许之,给帑万元,俾资建筑,典至隆也。方君泽山、许君云浦、金君树滋、杨君丙炎,曩以殚力筹饷,有功徐军,商请担任监造,而以吴君次皋总其成焉。

吴君于徐公,以平原故人作将军揖客。公长第二军时,官高等顾问,军事多所赞画。以为今兹建筑,首重择地。锦官翠柏,依丞相祠而永春;岳庙灵旗,并西子湖而千古。几经相度,而始于小金山之对岸得地九亩馀,在旧日韩园、桃花坞之间。其河曲处有村曰"钟庄",养鱼种竹,食息于兹,以长养其子女者有年矣。称其屋之,直使迁之,而此九亩馀之旷土,遂一空其障碍。鸠工庀材,缭以周垣,面东则朱门临水,门内南向,建享堂三楹,中设上将徐公位,附祀攻宁死难诸将士。面南有门为圆形,榜曰"徐园"。西北建厅事二,回廊蜿蜒,衔接一气,有花木、竹石、池沼之胜。

当其缔造伊始,工拙而惰,縻金旷时。经营及半,款绌不继,匠石辍斤,将亏一篑。公夫人孙阆仙女士闻而叹曰:"今日之事,凡我夫子袍泽同俦,车笠旧交,莫不崇德报功,输金负土。其家之人第坐观厥成而已,在天之灵,其能无怨恫乎?"乃易簪珥,得二千元为助。复由吴、方、许诸君丐于淮鹾各商,又共得万馀元。杨君丙炎躬任其劳,亲为监督,以周甲老翁,日徒步往来工次,侵晨而出,戴星月而返,一花一石,位置不称意,往往画船箫鼓络绎归去,犹见翁指挥夕阳人影间,如是者阅一寒暑。暇乃拾其所遗木头竹屑为制园中陈设,器略备。不足,又取诸其家所有者以益之。沿岸筑高堤,种桃柳殆遍。湖桥烟雨,长堤柳色,顿复旧观,邦人游讌,咸集于是。

是役也,经始于乙卯,落成于丁巳,计费银元三万有奇。碑亭翼然,执事者将刊石以垂久远,余为之记其始末,并详考地址,以告来者,庶亦好古之士所乐闻与!

录自《扬州名园记》,顾一平编,广陵书社,2011年3月第一版

平山堂记

(清)汪懋麟

扬自六代以来,宫观、楼阁、池亭、台榭之名,盛称于郡籍者莫可数计,而今罕有存者矣。地无高山深谷,足恣游眺,惟西北冈阜蜿蜒,陂塘环映。冈上有堂,欧阳文忠公守郡时所创立,后人爱之,传五百年屹然不废。康熙元年,土人变制为寺,而堂又无复存焉矣!扬在古今号名郡,僚庶群集,宾客日来,所至无以陈俎豆、供燕飨,为羞孰甚?而老佛之宫,充塞四境,日大不止,金钱数千万,一呼响应,独一欧阳公为政讲学之堂,亦为所侵灭,而吾徒莫之救,不甚可惜哉?!

堂初废,余为诸生,莫能夺。六年释褐,与余兄叔定为文告守令,将议复,又迫于选人去京师五年,而兹堂之兴废,未尝一日忘也。十二年秋,山阴金公补扬州,余喜曰:"是得所托矣!"金公诺。至郡,废修坠举,士民和悦。会余丁先妣忧归里,相与蓄材量役度景于明年之七月,经始于九月,告成于十一月,不征一钱、劳一民,五旬而堂成。公置酒大召客,四方名贤,结驷而至,观者数千人,赋诗落之。会公迁按察驿传道,移治江宁去。明年春,公按部过郡,又属余拓堂后地,为楼五楹,名"真赏楼",祀欧阳公与宋代诸贤于上,皆昔官此土而有泽于民者。堂下为公讲堂,左钟右鼓,礼乐巍然,所以防后人不得奉佛于斯也。堂前高台数十尺,树梧桐数本,旧名行春之台,今仿其制,台下东西长垣,杂植桃李梅竹柳杏数十本,敞其门为阀阅,广其径为长堤。垣以西,古松蓊翳,松下有井,即第五泉,覆以方亭,罗前人碑石,

移置其上，是则平山堂之大概焉。为用二千四百四十八两六铢，为工万有八千五百六十，为时周一岁，资出御史、转运、太守、诸佐令、乡土大夫、两河诸商，而百姓无与焉。任土木之计者，道人唐心广，劳不可没，例得书。

噫嘻！平山高不过寻丈，堂不可衡宇，非有江山奇丽、飞楼杰阁，如名岳神山之足以倾耳骇目，而第念为欧阳公作息之地，存则寓礼教、兴文章，废则荒荆败棘，典型凋落，则兹堂之所系何如哉？余愿继此而来守者，尚其思金公之遗意，而吾郡人亦相与保护爱惜则幸矣！因勒此以告后祀。

录自《扬州名园记》，顾一平编，广陵书社，2011年3月第一版

江都王君墓志

君讳钟麒，字毓仁，更字无生，扬州江都人也。王氏之先，出于周胤，历祀绵暖，枝庶繁分。爰及清世，自歙居吴。君祖开焯、父均，遭咸丰之乱，是迁江都。世谱散阙，莫能详其旧望焉。君姿性敦敏，神采秀澈，耽玩艺文，早善辞笔，时人高其才艳，而君弃其幼志，既丧二亲，遂断干禄。于时俗化陵夷，诽议有作。君本其恻怛，形为讽喻，哀烝民以儆有位，语小不害其士，处和不忘其介。虽以仲长发愤于理乱、徐干流叹于谴交，比物殊星，义均纳约，然非君之所尚也。夫其秉心温悫、笃慕纯德，见过能讼，闻善斯服，将以求反躬之不远，循前圣之彝则，故朝夕之诫，诵之终身，冰渊之惧，犹存启足，秀而不实，其命也。夫年三十有四，昭阳赤奋若之岁，仲冬月在毕，遭疾陨灵，素蕴未弘，叡音永绝。近执摧恸，远识咨嗟。原君志行，莫不悲之。聚简氏，婉娩同心，君之良匹。有子曰灏，方在襁褓。以明年仲春，葬君小茅山之阴赵家庄之原，敛形复土，顺其终始，古之制也。其友马浮，式寻遗占，敬述斯志，俟诸百世，考迹怀仁，毋坏其宫，因埋石勒文，垂信幽壤。

该墓志刊于1914年第5期《雅言》，墓志勒石藏于扬州博物馆

四、前志勘误

根据已发现《扬州市郊区志》1996 年 11 月第一版中的差误，特作更正。

《扬州市郊区志》(1996 年版)差误更正一览表

页数	行数	原　　文	更　　正
21	19	两岸杨柳尽依水	两岸花柳全依水
21	倒 15	崇宁寺	重宁寺
33	倒 14	木郭墓	木椁墓
35	倒 7	木郭墓	木椁墓
38	8	侯补委员	候补委员
58	倒 4	小余庄	小佘庄
61	倒 18	宁扬江国道	328 国道
64	倒 13	接攘	接壤
81	倒 9	潮河桥	漕河桥
126	倒 16	潮河桥	漕河桥
144	倒 11	1995～1961 年	1949～1961 年
182	9	1652	1752
205	倒 3	大官桥至雷圹桥	大官桥至雷塘桥
209	15	菜坝村	蔡坝村
213	7	武圹大队	武塘大队
213	倒 4	卜扬大队	卜杨大队
216	倒 15	里闸	甪里闸
323	7	黑桥	红桥
352	8	扬州市人民政府委员会	扬州市人民委员会
409	倒 4	屈泽平	居泽平
413	8	赵春云	赵德云
421	5	诸候	诸侯
538	倒 8	双桥乡卜杨村	双桥乡卜桥村
538	倒 7	(即念四桥)村	(即念四桥)
543	倒 6	本区全民、大集体、企事业单位	大集体后标点去掉
546	倒 8	国家体育	国家体委

索　引

D

E

F

G

H

J

K

L

M

N

P

Q

R

X

Z

编后记

《扬州市维扬区志(1989～2011)》以下简称《维扬区志》历经十年,终于编修完成。本志的出版为维扬区的撤销划上了句号,也为后人留下了可资查询参考的历史资料。

续修《维扬区志》经历了复杂曲折的过程。

2006年,按照上级要求,当时的维扬区政府开始启动二轮修志工作。鉴于前志《扬州市郊区志》下限为1988年,续修《维扬区志》确定断限为1989年至2005年。经过一段时间的筹备,当年12月1日,区政府召开会议,全面动员部署续修维扬区志工作,落实编纂班子、人员、经费和办公用房。2007年4月,《维扬区志》篇目进行评审。5月,召开修志任务分解会议,举办业务培训班。其后,区方志办采取上门指导以及编印修志工作简报的方式,抓资料征集和质量进度。2009年,区方志办对财政税务部门提交的初稿进行评议。至2010年,《维扬区志》完成篇目的二度审读修改,资料收集和初稿编写均完成90%,分纂完成约50%。后因机关清理临时用工,编纂班子基本解散。2011年,维扬区并入邗江区,整个修志工作则完全搁置。

2012年,对于已撤销的维扬区,有无必要继续为其修志,新的邗江区委、区政府认为,原维扬区历史虽短,但其是扬州市的重要组成部分,理应为历史留下印记;后人为前人修志,为历史负责,理应是新邗江区人的历史责任。不仅要续修维扬区志,而且其断代年限要从2005年下延至2011年底,为维扬区保留完整的历史资料。

因此,2012年11月重新启动续修维扬区志工作,落实编纂人员、专项经费和办公用房等。2013年4月,区政府专门召开会议,统一思想,动员部署,分解任务,签订工作责任书。其后,又两次召开工作推进会议,使续修《维扬区志》的工作快速有序地开展。至2013年底,完成编纂纲目的重新编写和论证工作;2014年上半年,各承编单位完成资料收集整理、初稿编写任务。

其后,编纂人员合理分工,分解落实分纂篇目,一竿到底,先分纂后总纂,交叉审读,主编统稿,并广泛聘请省、市专家审改稿件。根据专家的意见和建议,编纂人员对篇目进行修改,调整少数篇章,增加部分节、目,规范篇章名称。对篇章内容资料单薄的进一步充实,文字粗疏的认真进行加工。2015年底,通过扬州市地方志办公室组织的终审。参加评审的专家一致认为《维扬区志》稿政治观点正确,主旨鲜明。客观地记述了维扬区1989～2011年间的自然风貌、经济发展、政治建设、文化教育、社会生活等方面的基本情况,内容全面,结构合理,资料丰富,特色鲜明,记述清晰,是一部相对成熟的志稿。专家在一致同意通过终审的同时,也指出存在的不足和问题。2016年上半年,编纂人员对专家建议认真梳理,区别不同情况,根据终审意见,逐篇进行修改,6月上旬形成验收稿。是年9月顺利通过市方志办的验收。2017年5月,通过省方志办审核。

全志除总述、大事记和附录外,计28编、111章,总计约165万字;志首彩页照片72幅,文中插图170幅,表格315张。

《维扬区志》历经艰难,终于编纂完成,主要得益于以下四个方面。

一是领导高度重视。对于一个已被撤销的维扬区,新的邗江区不修其志,也无可非议,更何况修志是一项费钱、费时、费人力物力的事。区划调整后,邗江区领导决定续修《维扬区志》,充分体现了高度的历史责任感和高度的文化自觉。在编修《维扬区志》过程中,区政府分管领导经常过问,推进工作的开展;经常看望编修人员,了解工作状况,给予慰问指导,切实帮助解决工作中的困难;关心志书质量,重视对评审中提出问题的修改工作;把握序时进度,推进编纂工作健康、有序的开展。

二是各部门通力合作,克难求进。重新启动修编工作,面临着一大堆难题。首先是两区部门调整合并，与原先的维扬区各部门不完全重合，交叉重组，职能不对位；其次是人员完全打散，工作职责前后不一，且一部分人员又调离邗江区，部门分管修志及文字工作的人员也不完全了解维扬区情况；再次是在撤并过程中，资料散失严重。但面对修志任务，各承编部门领导高度重视，不分老邗江、原维扬，将修好维扬区志作为自己应尽的历史使命，通力合作，克难求进，保证了编纂工作的顺利进行。

三是编纂人员不畏艰难，敬业负责。2012 年，修志工作重新启动后，编纂小组最初由 4 人组成，2013 年增至 6 人，人手一直处于紧张状态，且年龄最大者七十开外，最小者也已达退休年龄。所好的是，参加编修的人员都曾在多个岗位任职，对维扬区情况熟悉，工作经验丰富，文字功底较好，组合在一起，工作和知识结构也比较全面，为编修区志奠定了良好的基础。尽管如此，这些老同志并不以此为满足，仍然认真学习修志的业务知识，面对重重困难，认真论证史实依据，特别是对各项统计数据，逐一核实，力求无误，做到言必有据，符合实际，充分体现了老同志对维扬的深厚感情，历史责任和敬业奉献精神。

四是邗江史志办领导有方，组织得力。邗江区史志办先后两任主要负责人，始终将维扬区志的编修视为主要工作，紧抓不放。分管负责人既抓组织协调，又作专业指导，还亲自动手，审稿改稿。其他后勤服务、打字校对工作的同志，也数年如一日，兢兢业业，任劳任怨，保证了修志工作的质量和进度。市方志办相关专家领导，一直关注本志的编写，从篇目的调整修订到初稿的审读，评审后更是逐篇亲笔修改，给予了细致入微的指导帮助。区史志办的组织领导，保证了本志编修工作的顺利推进。

在编修过程中，我们深受资料缺失的困扰，加之业务水平有限，致使本书稿留下了不少缺憾。文中疏漏、谬错和不尽如人意之处，恳请广大读者批评指正！

编者
2017 年 8 月

《扬州市维扬区志(1989～2011)》撰稿人员

（以姓氏笔画为序）

丁志成	丁祺俊	于正国	于光明	马　玲	王　迅	王　兵	王　威
王　胤	王　萍	王　翔	王久平	王成信	王孝鹏	王尚兵	王建明
王茸茸	方满华	孔雪雁	孔逾豪	叶　伟	叶　剑	叶尚鼎	毕学知
毕维真	吕　静	朱　丽	朱龙娣	朱吉丽	朱建秋	朱莲香	任　峰
华义胜	向俞川	刘　坚	刘　锋	刘长春	刘文忠	刘志宏	江晓敏
汤开峰	汤永军	许　平	许　华	许　维	许永芳	许明婧	孙　军
孙银霞	孙婕莹	孙道祥	纪小平	纪晓星	贡海燕	严　军	李　萍
李　彬	李天鹏	李志敏	李宏清	李国清	李晓光	杨　静	杨小蓓
杨山民	杨威虎	杨俊云	吴东海	吴志猛	吴静波	何　骅	余庆子
汪贵宝	汪锦初	沙　婧	沈家琪	沈煦燕	张　东	张　祎	张　洁
张　鹏	张书良	张青松	陆玉胜	陆佳佳	陆晓芳	陈　飞	陈　刚
陈　伟	陈　坚	陈　荣	陈　慧	陈　璐	陈永胜	陈向阳	邵国荣
季　军	季晓芸	金　戈	金　文	周　娅	周　婷	周晓春	单晓峰
赵　欣	赵长虹	赵玉山	赵玉高	赵连高	赵建理	赵培亮	段叶青
禹传金	俞　健	施有军	施旭东	袁　磊	莫小蓉	贾恒煊	夏海洋
顾一平	顾学勇	顾标飞	倪　宏	徐佳佳	徐顺荣	翁　蓉	高　杰
高志祥	高贵军	郭　彧	郭　浩	郭庆丰	陶　云	陶　涛	陶晓飞
陶腾飞	黄春山	曹正大	曹寿安	曹明明	曹燕杰	龚方艳	董　治
蒋荣祥	蒋微波	智爱斌	程裕祥	傅婷婷	储　琅	褚　林	谢雪虹
腾家华	蔡　君	蔡向存	管冬军	管社平	廖　勇	潘平珠	薛　花
戴小飞	戴安庆	戴春鸿	戴晓云	魏恒荣			

《扬州市维扬区志(1989～2011)》审稿人员

（以姓氏笔画为序）

卜广年	万玉美	马立华	王　健	王　祥	王　斌	王国兴	王娟萍
王勤刚	尹金荣	孔凡彤	孔雪雁	田　沃	史宁强	朱　彬	朱　燕
朱万安	朱永华	朱邦柱	朱金坤	朱建扬	任　峰	任冬林	华　伟
刘　扬	刘　静	刘　燕	刘大敏	刘义同	刘正兵	刘正明	刘贵领
刘恒发	江为亮	汤开峰	汤建军	许　平	孙　荣	孙乃银	孙友林
孙长国	孙雷霆	杜国法	杜道尧	李　彦	李　鹏	李　磊	李宏清
杨业龙	杨兆祥	杨清龙	杨翠香	束　明	时克祥	吴　明	吴敬东
吴德和	余庆子	沈光琪	张　华	张　艳	张传波	陆开凤	陈　飞
陈　洁	陈玉宝	陈庆贵	陈国华	陈美华	范梅青	杭春玉	罗玉林
罗葆春	季　军	金　文	周　强	周　霞	周长安	周仁山	周向红
周宪国	周桂仁	周晓春	郑庆武	宗　文	孟德和	赵　鼎	赵建理
赵培亮	胡康生	段叶青	侯学新	俞正平	施有军	聂德勇	贾恒煊
夏正良	顾　标	顾其军	徐　文	徐家安	高　平	高　源	高存娣
郭盛华	唐荷云	谈红群	谈明勤	桑青山	曹问林	董祥龙	蒋道章
韩才华	韩爱萍	谢　昕	裴志坚	戴　峰	鞠　进	鞠福根	

《扬州市维扬区志(1989～2011)》审稿人员

（以姓氏笔画为序）

王妮姗　　刘扣林　　陈　华　　宗金林　　柏桂林　　姚　震　　蒋永才　　谢连生

《扬州市维扬区志(1989～2011)》验收人员

（以姓氏笔画为序）

王妮姗　　刘扣林　　陈　华　　柏桂林　　姚　震

《扬州市维扬区志(1989～2011)》主要摄影人员

（以姓氏笔画为序）

丁春晴　　任妍芳　　刘元松　　张卓君　　陈建新　　茅永宽　　郭一金

《扬州市维扬区志(1989～2011)》审定验收单位

扬州市地方志办公室
江苏省地方志编纂委员会办公室

《扬州市维扬区志(1989～2011)》批准出版单位

中共扬州市邗江区委员会　　扬州市邗江区人民政府